财经易文
www.ewinbook.com

请访问本教材网页

http://www.mhhe.com/stock

战略物流管理

[美] 詹姆士 · R · 斯托克　道格拉斯 · M · 兰伯特 / 著

邵晓峰 等 / 译

Strategic Logistics Management

中国财政经济出版社

图书在版编目（CIP）数据

战略物流管理/（美）詹姆士·R·斯托克，（美）道格拉斯·M·兰伯特著；邵晓峰等译．-北京：中国财政经济出版社，2003.1（2010.1重印）

书名原文：Strategic Logistics Management

ISBN 978-7-5005-6291-7

Ⅰ．战… Ⅱ．①斯… ②兰… ③邵… Ⅲ．物流-物资管理-高等学校-教材 Ⅳ．F252

中国版本图书馆 CIP 数据核字（2002）第103617号

Strategic Logistics Management

by James R. Stock & Douglas M. Lambert

ISBN 0-07-118122-9

著作权合同登记号：图字01-2002-0667

中国财政经济出版社 出版

URL：http：//www.cfeph.cn

E-mail：webmaster@ewinbook.com

社址：北京海淀区阜成路甲28号 邮政编码：100036

发行电话：010-88191017

三河市祥达印装厂印刷 各地新华书店经销

787×1092毫米 16开 53.25印张 754千字

2003年1月第1版 2010年1月北京第4次印刷

定价：80.00元

ISBN 978-7-5005-6291-7/F·5489

（图书出现印装问题，本社负责调换）

使用指南

www.mhhe.com/stock

本书是迄今为止惟一以营销为导向并从客户满意角度来看待物流问题的教科书。您在学习和教学时，请注意本书的下列特色与课件：

一、从管理的角度来分析问题，每一章都以有助于管理决策的形式介绍基本的物流概念，并给出公司应用这些概念的例子，说明如何管理物流活动来正确地实施营销。

二、以客户服务为焦点，全书每一章都充分考虑了这一课题，并单列一章专门讨论。

三、以物流成本核算为主线，贯彻始终，并特辟专章——物流绩效的财务控制——进行详细分析。

四、广泛包含物流领域的学术文献和行业文献，并在每章后面提供了推荐阅读材料，全书后面还附有15个来自企业的案例。

五、本书还配有丰富的学习和教学课件：

1. 教师用资料光盘，包括教师手册，内有补充案例、插图、章末问题的答案及案例注记等教学素材，还包括270多张教学幻灯片以及计算机测试题库。
2. 配合教材制作的录像节目（光盘版）。
3. 本教材网站 www.mhhe.com/stock。

六、本书开发了专门的网站 www.mhhe.com/stock：

1. 信息中心：包括本教材的一般介绍、背景资料。
2. 教学指导中心（仅供教师使用，需密码），包括：
   - 物流与供应链管理的专业网站链接；
   - 网络版教师手册；
   - 教学幻灯片。
3. 学生中心（全开放，自由链接），包括：
   - 补充材料：世界主要物流与供应链管理杂志、研讨会及其他资讯；
   - 每章的学习目标、重点和难点；
   - 世界主要物流与供应链管理网站。

作者简介

詹姆士·R·斯托克（James R. Stock）是南佛罗里达大学工商管理学院的营销与物流教授。斯托克博士先前在密歇根州立大学、俄克拉荷马大学、圣母玛利亚大学执教。从1986年至1988年，他在莱特－帕特森（Wright-Patterson）空军基地空军技术学院的系统与物流学院担任物流管理特级访问教授。斯托克博士撰写和合著了包括专著、专论、文章和会议论文在内的90多篇出版物。他是《逆向物流计划的制定与实施》（Development and Implementation of Reverse Logistic Programs）、《逆向物流》（Reverse Logistic）的著者，《分销顾问：鉴别、选择和使用管理指南》的合著人，《物流管理基础》的合著人。他目前是《国际实物分销与物流管理》杂志的编辑。斯托克博士获得了SOLE——国际物流协会颁发的Armitage勋章（1988年），褒奖其对该学科所做出的学术贡献。他的专业领域包括逆向物流、供应链管理、营销与物流的结合。他在欧洲和非洲做了各种物流专题讲座。斯托克博士在迈阿密大学（佛罗里达州）获得学士学位和工商管理硕士学位（MBA），在俄亥俄州立大学获得博士学位。

道格拉斯·M·兰伯特（Douglas M. Lambert）是俄亥俄州立大学费歇尔商学院雷蒙德·E·梅森（Raymond E. Mason）运输与物流教授和全球供应链论坛的理事。他还是Prime F. Osborn Ⅲ运输杰出教授，营销与物流教授，北佛罗里达大学工商管理学院国际竞争力中心的理事。在1983年至1985年期间，他是密歇根州立大学百事可乐（PepsiCo）营销教授。兰伯特博士已在北美、南美、欧洲、亚洲和澳大拉西亚的超出500次的经理人员发展计划培训中担任教员，而且他已在全世界给专业协会做了100多次演讲。他是《库存成本核算方法的设计》、《分销渠道决策和产品放弃决策》等书的著者和《营销渠道管理》、《物流管理基础》、《战略物流管理》和《新北美供应链指南》等书的合著者。他撰写和合著了150多篇出版物。在1986年，兰伯特博士因其对物流管理做出的贡献而获得了物流管理协会的杰出服务奖——“能够授予个人在实物分销/物流行业所取得成就的最高荣誉”，他还获得了物流管理协会的创始人奖（1997年）和博士研究津贴（1975年）。他在西安大略湖大学获得了优秀学士学位和MBA学位，在俄亥俄州立大学获得博士学位。兰伯特博士是《国际物流管理》杂志的副编辑。

目　录

案例

《战略物流管理》序

《战略物流管理》一书是詹姆士·R·斯托克（James R. Stock）的经典之作，特别是该书的第四版，与前三版相比较在内容上有了相当大的扩充，更具前瞻性和系统性。

通读全书，你可以强烈地体会到这是一部从物流管理战略角度出发，基于供应链物流一体化管理，以营销为导向的系统性极强的物流管理教科书。

作者力图从管理的角度来分析物流系统中的问题并提出解决问题的一般方法。这也是该书的主要特点之一。书中不是对物流管理进行简单的说明，而是从组织、协调、控制等方面进行全方位的系统论述，既有术语和一般原则的介绍，也有公司内具体运作的描述，还有相应的案例分析，最后提出站在供应链管理的层面进行全过程的物流一体化管理。

该书的第二个特点是以营销为导向和从客户满意度的角度来看待物流管理。这是国内少见的将营销理论与物流系统紧密结合的写作手法，必然能够为营销系统的推广应用与再认识提供一种新的思路和方法。所以，该书也同样适合于作为市场营销专业和MBA的教科书。

该书的第三个特点是以物流成本核算为主线，贯穿全书的始终。目前，关于物流成本管理的教科书在国内尚不多见，人们在谈到物流时都知道物流管理可以降低成本，为企业带来效益，但是如何进行系统、科学的评价与具体计算，就都不是很清楚了。该书的推出，为在此领域从事教学与科研的人们提供了最新的系统知识。

该书的第四个特点是强调物流的服务性。服务是物流的核心，物流企业的行为准则就是两个字——“服务”。该书从第1章到最后一章，每章都必提及服务，这在其他的教科书中是看不到的。该书对客户服务的评估和销售部分的内容，特别是怎样理解如何销售你的服务，对我们都会有很大的启发。

该书的第五个特点是内容丰富。该书涉及的知识领域十分广阔。无论是站在物流的角度去阐述逆向物流，还是站在供应链的角度去阐述全球物流；无论是对物流绩效的分析与控制，还是对物流价值的衡量与销售；无论是提出计算机管理信息系统的应用，还是提出电子商务与互联网推动物流管理水平的提高，作者都进行了详实生动的阐释。

该书的第六个特点是适合作为教材。在编排上，该书每章的最前面都提出本章大纲和本章目标，进入正文后，通过小标题和特有文字框指导学习者阅读重点内容，每章都有案例素材和思考题，特别是每章最后的推荐阅读材料和指导附录，都十分有助于学习者的学习。

这是一本优秀的物流管理教科书。相信本书不仅适用于物流管理专业的学生，也适用于管理工程专业、市场营销专业、经济管理专业、电子商务专业以及 MBA 的学生，同样也适用于教师、科研人员以及物流企业的管理人员。

21 世纪中国电子商务网校　校长
北方交通大学物流所特聘研究员
张　铎
2002 年 12 月 8 日　书于北京静淑苑

译 者 序

任何一个经济发达的国家和地区都离不开完善的物流体系的支持，任何一个管理高效的企业都离不开科学、有效的物流管理。自20世纪90年代以来，物流在我国得到了快速发展，但是种种因素又制约了物流的进一步发展。这些制约因素，一方面来自于体制，另一方面则来自于人。“人”的因素是一个关键，缺乏物流专业人才、缺乏科学的物流管理知识是我国企业物流管理水平不高的主要原因之一。因此，物流教育是我国物流发展急需解决的一个重要问题。

《战略物流管理》是一本非常优秀的物流管理教科书，被国外许多著名大学指定为物流管理与供应链管理、营销管理课程的本科生和研究生（MBA）的教科书和参考书。本书自1982年第一版以来，作者一直紧紧把握物流领域理论和实践的新发展，进行了多次修订，形成了现在的第四版。本书对物流管理的诸多方面进行了深入阐述和分析，主要涉及供应链管理、客户服务、订单处理和信息系统、库存的财务作用、库存管理、物料管理、运输决策、仓储、材料搬运、包装、采购、全球物流战略、物流组织、物流绩效的财务控制、物流价值的衡量、战略物流计划等内容，是迄今为止惟一的一本以市场营销为导向、从客户满意角度来分析物流的教科书。本书的一大特点在于将物流的财务控制和客户服务贯穿于全书，深入分析了其他物流著作没有或仅粗略涉及的一些重要问题，如客户服务、物流价值的衡量与推销、订单处理和管理信息系统、物流组织和全球物流等。此外，本书理论与实践并重，包含大量例子和案例，给读者提供了供应链管理过程中的物流全貌，适用于物流管理与供应链管理课程的本科生和研究生（MBA）做教科书和参考书，以及供从事物流工作的管理人员做参考之用。

本书由上海交通大学管理学院邵晓峰组织翻译，第1章、第2章、第5章由中国百胜餐饮集团徐雄杰翻译，并由邵晓峰审核，作者简介、序、致谢、第3章、第4章、第6章、第18章、案例14~15由邵晓峰博士翻译，第7章、第17章由中欧国际工商管理学院刘胜军博士翻译，第8章、第9章由中欧国际工商管理学院张珩博士翻译，第10章由上海交通大学管理学院郑晓娣和连海佳翻译，第11章由上海交通大学管理学院王翔鸿翻译，第12章由上海交通大学管理学院许志焱和邵晓峰翻译，第13章、第14章由上海交通大学管理学院赵振锟翻译，第15章、第16章由上海交通大学管理学院连海佳和张弦翻译，案例1~13由中欧国际工商管理学院陈东君翻译。全书的审校、统稿由邵晓峰负责。

由于时间仓促以及译者水平有限，翻译中不可避免会出现一些错误，恳请读者批评指正。

邵晓峰

于交大安泰楼

2002 年 10 月 21 日

序

自本书的前三版（1982年、1987年和1993年）出版以来，全球市场上出现了显著变化，包括电子商务和互联网的广泛应用、对供应链管理日益增加的兴趣、全球不断激增的计算机和信息技术、随着许多组织在全球运作而发展的24小时市场、公司不断重视质量和客户满意度等。贸易协议，如北美自由贸易协议（NAFTA）、欧共体、东南亚国家联盟（ASEAN）和南方共同市场（Mercosur)，使公司能够实施区域性的物流战略(如果不是彻底全球化)。

《战略物流管理》第四版进行了相当大的扩充，反映了以上这些变化以及许多其他已经发生的变化，并包含了最新的物流信息与技术。在保留前几版的基本原则不变的基础上，第四版增加了许多新的素材，使本书更加具有管理性、完整性和“前沿性”。《战略物流管理》仍然是惟一的一本以营销为导向和从客户满意角度来看待问题的教科书。尽管强调的是物流的营销因素，但本书综合了企业所有的职能领域，并将物流结合到供应链管理中。

物流是一项大业务。它对土地、劳动力、资本和信息的消耗——以及它对世界生活水准的影响——使其具有重大的意义。在20世纪最后的1/4时间中，物流的重要性不断增加，从一项被认为是无足轻重的职能发展到：（1）一项能够显著节约成本的活动；(2) 一项具有巨大潜力、能够影响客户满意度，从而增加销售额的活动；（3）一种能够有效利用以获取持续的竞争优势的营销武器。

《战略物流管理》是从管理的角度来分析问题的。每一章都以有助于管理决策的形式介绍基本的物流概念。当然，本书包含了基本的要素——术语、概念和原则，但本书是从这些基本要素之间的相互关系和与公司的其他职能之间的相关作用角度，来对这些基本要素进行分析的。在每一章中，我们都给出了公司应用这些概念的例子，说明如何管理物流活动来正确地实现营销理念。这些例子具体体现在每章中叙述性的文字框中——全球化、技术和创造性方案。

本书理论与实践应用并举。书中包含了所有的传统物流活动。然而，本教科书独特之处在于涉及了几个重要的主题或者以不同的方式分析了这些主题。例如，物流的财务控制贯穿了所有章节，并在单独的章节——物流绩效的财务控制中进行了详细的分析。我们特意采用这种方法，因为物流对公司赢利具有重要的影响作用。因为物流最终影响营销部门产生和满足需求的能力——从而创造客户满意度，因此我们在本书的开始部分就强调了客户服务活动。客户服务可以看做是物流职能的产出。为此，客户服务为本书提供了一个焦点，在全书18章中的每一章都考虑了客户服务的问题，包括单列的一章——客户服务。因为除非在公司内部和外部都进行客户服务的评估和销售，否则客户服务不可能会得到合适的回报，因此本书还包含了一章有关物流价值的衡量与推销的内容。

本教科书着重分析了很多其他物流教科书中没有涉及或只是很粗略地涉及到的重要主题，包括：供应链管理；物流价值的衡量与销售；订单处理与管理信息系统；电子商务与互联网；逆向物流与包装；物流绩效的财务控制；物流组织和全球物流。除了传统的活动，我们涉及这些主题的目的在于，为读者提供掌握供应链管理过程背景下物流的全貌。

第四版做了许多值得做的改进。因为物流对多种业务过程产生影响，我们在第四版中加进了来自多种企业和其他文献的更多的参考资料和例子。第四版广泛地包含了物流领域的学术性文献和行业文献，并包含了最新的信息和例子。读者会注意到大量的引用来自2000年。我们保留了那些不受时间影响的内容和那些使前几个版本获得成功的内容。

第四版具有几个新的特点。我们增加和更新了每章后的推荐阅读材料。相应地增加了脚注，根据需要也对图表进行了更新和修改。在每章中对几个文字框的使用也突出了物流发展的主要内容。我们相信对于教师和学生来说本书的这一版本更具有可读姓。本书包含了15个案例，比前一版本增加了3个。本版本中有几个案例是新的，其他一些案例则是更新过的或经过修改的。我们的目标是为教师和学生提供市场上最佳的教科书。我们相信我们已经取得了成功。

注重实际和应用的特点、以管理为导向以及提供建议与详细指导的附录－使本书成为目前和将来物流专业人员必备的参考书。每章结尾的问题、文字框以及案例素材，有助于读者应用各章讲述的内容。问题、疑问和案例的有效组织，激发了读者的管理技能。在本质上，这些问题是完整的，它们研究当今物流经理人员面临的重要问题。

本教科书是一整套教学和学习资料的基本组成部分。本书的支持性项目包括：

- 教师手册，包含一些附加的例子和插图、每章末尾的问题的参考答案和案例材料的评论等教学素材
- 大约1,500道客观问题的测试题库。这些问题是经过编码的，能够显示问题的类型（定义、概念和应用）和在教科书中的位置
- 超过270张幻灯片，这些幻灯片为每一章内容提供了附加的图表
- 一张教师用的资料光盘，包含电子版本的教师手册、计算机测试（电子版的测试题库）和幻灯片
- 补充教科书的录像节目
- 网页，包括可以下载的补充文件与其他的资源和阅读材料的链接、互联网习题、电话和其他一些在线特征

詹姆士·R·斯托克

道格拉斯·M·兰伯特

CHAPTER 1

物流在经济与组织中的角色

本章大纲

本章目标

- 识别物流是如何影响经济和组织的绩效的
- 简要探讨物流是如何随时间变化而发展的
- 理解物流如何促使价值的创造（增值）
- 理解系统法的概念，系统法与物流和营销、总成本概念及赢利能力有关
- 说明如何使用总成本分析去贯彻一体化物流管理的思想
- 说明如何识别物流绩效可以得到改进的领域

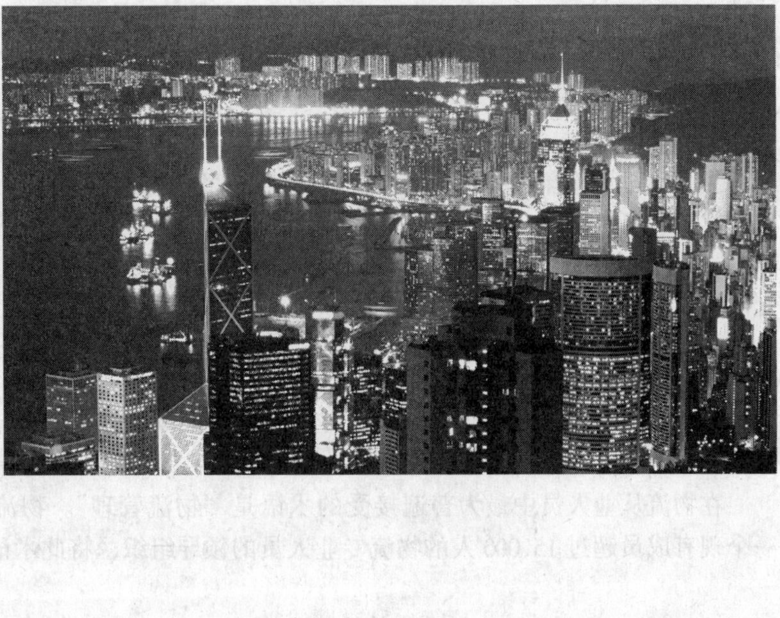

引　言

物流对顾客来说具有许多含义

物流过程直接或间接地影响着人类活动的几乎每一个领域。很少有商业领域能像物流一样对社会的生活水准产生重大影响。作为顾客，我们只在下列问题发生时才会注意到物流：

- 顾客通过互联网为其家庭成员购买生日礼物，虽然得到准时送货的承诺，但是物品还是姗姗来迟了。
- 当顾客试图在本地一家零售商店购买周末报纸插页上的广告商品时，却买不到。
- 要将一船医疗物资和食品运送给国外遭受自然灾害的受难者，却因为没有或缺乏运输设备和库存设施而无法将这些物品送达那些急需的人的手中。
- 卡车司机罢工阻碍了运送那些对准时制生产系统（just-in-time manufacturing system）的运转至关重要的零部件和设备，一家汽车厂因此而关闭了。
- 货物发给了别的客户，需要花费几天才将错误纠正；与此同时，必须用空运快递来重新送货，从而增加了销售商的额外成本。

通常我们直到事情出错时，才想起物流在我们生活中的作用，幸好上述事例只是偶然发生，而不是惯例。

由于物流对社会、产业、组织和个人的重大影响，我们在第1章采用概括性的切入方法。本章将具体集中在下列方面：提出物流过程的基本解释；解释系统法（system approach），因为它适用于物流；探讨物流在经济和组织中的角色；探讨物流如何随着时间的变化而发展；总结一体化物流管理的重要性；研究组织如何运用总成本分析法；探讨组织如何衡量物流过程的产出；研究主要的发展趋势和当前影响物流的事件。

物流管理的定义

要正确理解物流过程，第一步先要清楚地理解物流管理意味着什么。物流管理有很多别名，包括：

商业物流	物流
渠道管理	物料管理
配送	实物分销
工业物流	快速反应系统
物流管理	供应链管理

在物流从业人员中最为普遍接受的术语是“物流管理”。物流管理委员会（CLM），一个现有成员超过15,000人的物流专业人员的领导组织，将此术语定义如下：

物流管理的定义

物流管理是供应链流程的一部分，它对从起始点到消费地的货物流和货物储存、服务及相关信息进行有效的计划、实施和控制，以满足顾客的需要。①

物流与所有类型的组织都有关

这个定义包含了货物、服务和信息在制造和服务两个领域的流动。制造实体包括所有类别的制造公司，它们生产的产品有汽车、电脑、化妆品、假肢、航空器和食品等等。服务领域包括诸如政府组织、医院、银行、大学、零售商店和批发商等等实体。② 来自这些不同的制造和服务部门的实例将贯穿于全书，以说明物流管理与各类运作部门之间的相关性。

物流系统的输入

图 1.1 列举了一些包含在物流管理中的活动。物流过程的输入包括自然、人、财务和信息资源。物流从业人员对这些不同形态的输入进行计划、实施以及控制，这些输入包括原材料（如组装件、部件、包装材料、基本商品）、在制品库存（即部分完工且尚不能销售的产品）、制成品（即完工准备销售给中间商或最终客户的产品）。

物流系统的输出

物流系统的输出包括营销导向和营运效率及效果所导致的组织竞争优势、时间和空间效用以及向客户的有效移动。这样的物流服务组合又产生了另一个输出，即物流成为组织的专有资产。图 1.1 底部所示 13 种物流活动的有效和有效率的履行使这些输出成为可能。每一种活动都将在本章稍后做简要解释，并在本书的其他各章中进行详细的阐述。

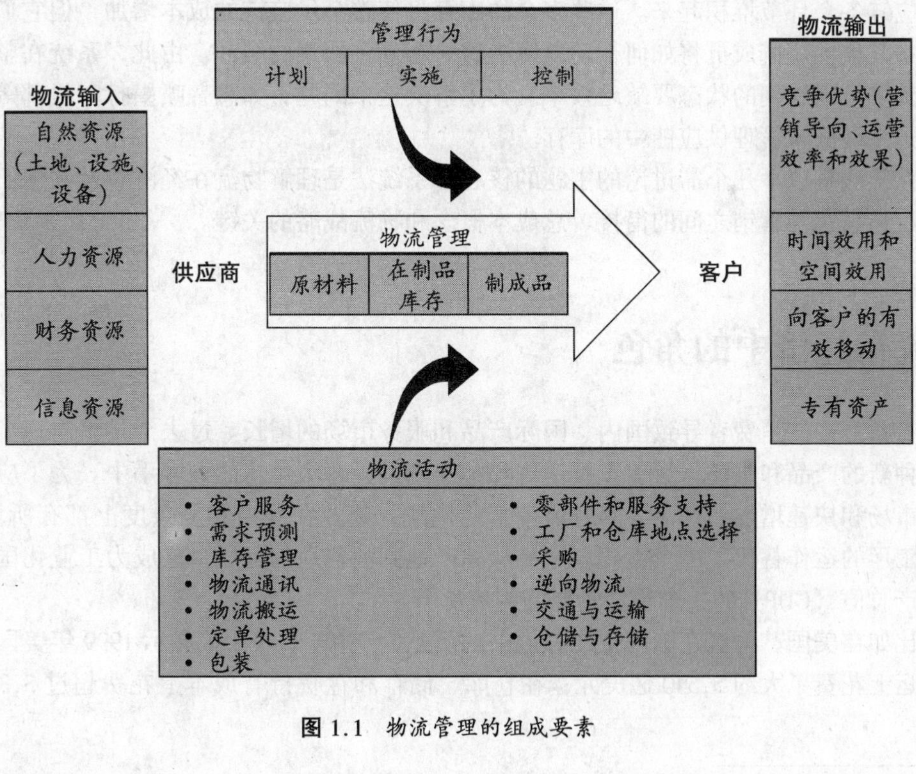

图 1.1　物流管理的组成要素

---

① 物流管理委员会（http://www.clml.org）。

② Peter A. Smith, Jack Barry, Joseph L. Cavinato, John J. Coyle, Steven J. Dunn, and William Grenoble, Logistics in Service Industries (Oak Brook, IL: Council of Logistics Management, 1991), p. xvii.

系统法/集成

系统法是物流中的一个关键概念。物流，就其本身而言，就是一个系统，它是由那些为了在物流渠道内管理物料、人员的有序流动而相互联系的活动所组成的网络。

系统法的定义

系统法是一个理解事物内部联系的简化的然而又强有力的方式。系统法简单地阐明，在理解所有功能和活动时，需要理解它们如何影响和受制于其他与之相互作用的因素和活动。意思是一个人如果孤立地看待活动，他或她将无法了解事物的全貌，或换句话说，无法了解这种活动如何影响或受制于其他活动。实质上，一系列活动的总和或产出，要大于其个别部分。[①]

系统必须被视为一个整体

虽然企业很希望拥有较高的库存水平以提高客户订单满足率，但较高的库存水平在增加存储成本的同时，还会增加过期报废的危险。在决定库存水平之前，必须将决策的有利方面和那些不利因素进行权衡。如果不考虑决策对更大的系统的影响，就会发生"次优化"。就是说当系统内的个别活动看似运转良好，其带给整个系统的实际结果却是相对拙劣的绩效。为了理解改进提高的机会以及这些机会的含义，必须将系统视为一个整体。

如果不了解旨在提高服务水准的物流决策对整个供应链的影响，多余的库存就会沿着供应链各个环节堆积起来。这些多余的库存将使整个供应链的成本增加，但它们充当了防备其他供应链成员将如何行动以解决这一不确定因素的缓冲。由此，系统在整体上比它其实可以达到的状态要缺乏效率。为了解决这个问题，如惠普喷墨打印机部等组织采取了系统法来管理供应链中的库存。

系统法是以下几个需讨论的主题的核心。系统法是理解物流在经济中及在组织中的角色，包括它与营销之间的衔接、总成本概念和物流战略的关键。

物流在经济中的角色

日益富裕的消费者导致国内、国际产品和服务市场的增长。过去十年里出现了成千上万种新的产品和服务，目前正被销售和配送到世界每个角落的顾客手中。为了应对扩大的市场和快速增加的产品、服务所带来的挑战，企业在规模和复杂度上都有所增大。多个工厂的运作替代了单个工厂。产品从原产地到消费地的配送，已成为工业化国家国内生产总值（GDP）的一个非常重要的组成部分。

比如在美国，物流在国内生产总值中的贡献为9.9%。表1.1显示1999年美国工业在货运上花费了大约5,540亿美元；在仓库、储存和存货持有成本上花费超过3,320亿

① 如想了解关于系统法更为全面的论述，见C. W. Churchman, The Systems Approach and Its Enemies（New York: Basic Books, 1979）；R. L. Ackoff, "Science in the Systems Age: Beyond IE, OR and MS," Operations Research 21, no.3 (1973), pp.661-71；Heiner Müller Merback, "A System of Systems Approachs" Interfaces 24, no.4 (July-August 1994), pp.16-25；and Peter Senge, The Fifth Discipline（New York: Doubleday/Currency, 1990）。

美元；在行政、通信和管理物流过程上花费超过 400 亿美元 ——总计 9,210 亿美元。① 在运输和配送设施上的投资估计达数千亿美元，其中不包括公共资源。考虑到它对土地、人力和资本的消耗，以及它对生活水准的影响，物流确实是个大产业。

物流是 GDP 的重要组成部分

作为 GDP 的一个重要组成部分，物流影响着通货膨胀率、利率、生产率、能源成本和可供性，以及经济的其他方面。一项研究报告指出，美国的组织平均可以将物流生产率提高 20%或更多。一个国家生产率的提高会对以下方面产生正面影响：货物和服务的支付价格、国民支出的平衡、货币价值、在全球市场有效竞争的能力、工业利润（较高的生产率意味着以较低的价格生产和配送同样数量的产品）、投资资本的可获取情况以及经济增长——导致更高的就业水平。

表 1.1　1999 年物流成本的组成（10 亿美元）

库存持有成本(所有企业的库存:13,760 亿美元)	
利息	70
税收,报废,折旧,保险	187
仓储	75
小计	332
运输成本	
汽车承运商:	
卡车——城际	300
卡车——本地	150
小计	450
其他承运商:	
火车	35
水路(国际 16;国内 9)	22
输油管道	9
空运(国际 7;国内 19)	26
转运公司	6
小计	98
与托运人有关的成本	5
物流管理费用	35
物流总成本	920

资料来源：Robert V. Delaney and Rosalya Wilson，11th Annual "State of Logistics Report," Washington，D. C.，National Press Club（June 5，2000），Figure 10.

也许，说明物流在美国经济中所扮演的角色的最好办法，是比较物流和其他社会活动的开支。商业物流上的开支是广告开支的 10 倍，国防开支的 2 倍，等同于医疗开

① Robert V. Delaney and Rosalya Wilson，11th Annual "State of Logistics Report," Washington，D. C.，National Press Club（June 5，2000），Figure 10.

支。①

1981年，物流开支大约占GDP的16.5%。如果物流开支仍旧这样高（而不是现在占GDP 9.9%这个数字），美国1999年将会在物流上多花费大约3,000亿美元。这将导致对消费者更高的价格，对企业更低的利润，或两者兼而有之。结果将会是全面降低生活水准或是减小税收基础。因此，提高物流运作的效率从整体上对经济做出了重要贡献。

物流也支持着许多经济交易的运动和流动，它是促进几乎所有货物和服务销售的一项重要活动。为了从系统的观点来理解这个角色，想像一下如果货物无法准时到达，顾客就不会购买；如果货物没有到达适当的地方，或是没有在良好的状况下到达，销售就不会成交，因而贯穿供应链的所有经济活动都会受到影响。

物流在组织中的角色

近几年，有效的物流管理已被认为是提高赢利能力和企业竞争绩效的关键因素。在20世纪80年代末期和90年代早期，客户服务在许多组织中占据了中心地位。即使那些原先坚持“市场营销理念”（在下文说明）的组织也在重新考虑客户驱动的含义。强烈的以客户为中心的趋势延续至今。加上运营效率和效果，市场营销导向给组织提供了获取竞争优势的机会。

物流导致竞争优势

市场营销理念

市场营销理念是一种“营销管理哲学，它认为组织目标的实现，取决于明确目标市场的需求和需要，并且比竞争对手更高效和更有效率地提供所期望的满意度”②。换句话说，营销理念认为企业的存在是为了满足顾客需求。图1.2显示了营销理念的3个关键要素（客户满意、整体的作用力和公司利润）。物流在每一个要素中都以几种方式起着重要作用。

营销组合的“4P”

为了使企业成功，任何的营销工作必须将适当的产品（product）、适当的定价（price）、适当的促销（promotion）和在适当的地点（place）可买到产品这四者相结合——这些是营销组合的4个“P”。物流扮演着关键的角色，尤其是支持在适当的地方获得产品。我们将在随后有关效用创造的内容中注意到，一件产品或服务只有当它可以在顾客需要的时间和地点被买到时，才会给顾客带来满意。获取客户满意，需要内部和外部（供应商以及最终客户）的共同努力。

在物流中进行权衡是很重要的

此外，一个组织的中心目标是长期赢利能力最大化，或者在公共部门和非赢利部门有效地分配预算，理解这一点是非常重要的。实现上述目标的一个主要方法如图1.3所示，并将在下文进行介绍，是通过分析选择方案之间的权衡，从而减少系统内所有活动的总成本。

① Robert V. Delaney, “CLI's ‘State of Logistics’ Annual Report,” press conference remarks to the National Press Club, DC (June 15, 1990), p. 4.

② Phillip Kotler and Gary Armstrong, Principles of Marketing, 5th ed. (Englewood Cliffs, NJ: Prentice Hall, 1999), p.14.

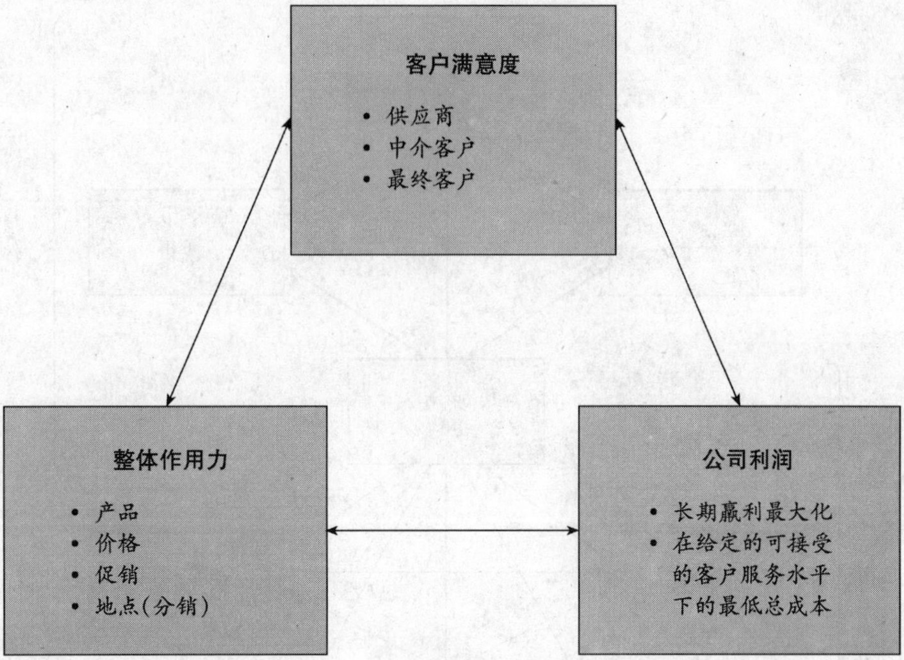

图 1.2　营销/物流管理理念

为了更好地解释图 1.3，以下部分就营销组合的每种主要因素与物流之间的相互作用及其受物流影响的方式进行探讨。

产品。产品系指作为购买活动的结果，客户所得到的效用和特性的集合。为了努力降低价格，管理者可能会决定降低产品质量、删减产品的某些特性、减少产品提供的可选范围、降低客户服务或对质量的保证，或者延长产品型号改进的时间。但是，任何这类活动都可能减少产品对顾客的吸引力，造成顾客流失，从而减少长期利润。为避免做出不良的决定，管理层必须理解物流和其他营销活动之间的权衡关系和相互作用。

定价考虑的因素

价格。顾客为一项产品或服务所支付的货币的数量通常称为产品或服务的价格。价格因素包括因批量购买或者隶属于某个特定的顾客群而提供的折扣、付款期限内付款的折扣、回扣、交货安排和配送成本。

供应商可能试图通过降低产品价格，或者改变条款或提供的服务来增加销售。除非对该物品的需求是非常具有弹性的（就是说，由于价格改变而使销售发生急剧变化），这种策略可能造成更高的销售数量，但不见得会必然带来更高的利润——增加的销售也许不足以抵消较低的售价。这在成熟行业尤为如此，在这种情况下顾客需求相对固定，并且竞争会伴随着价格的下降。在这种情形下，整个行业的销售和赢利能力将会遭受损失。

向客户销售增值的价值

促销。产品和服务的促销既包括个人销售又包括广告。尽管增加广告开支或扩大直销队伍的规模会对销售带来积极影响，但存在一个收益递减点。在这一点，额外花费的资金并没有产生足够高的销售和/或利

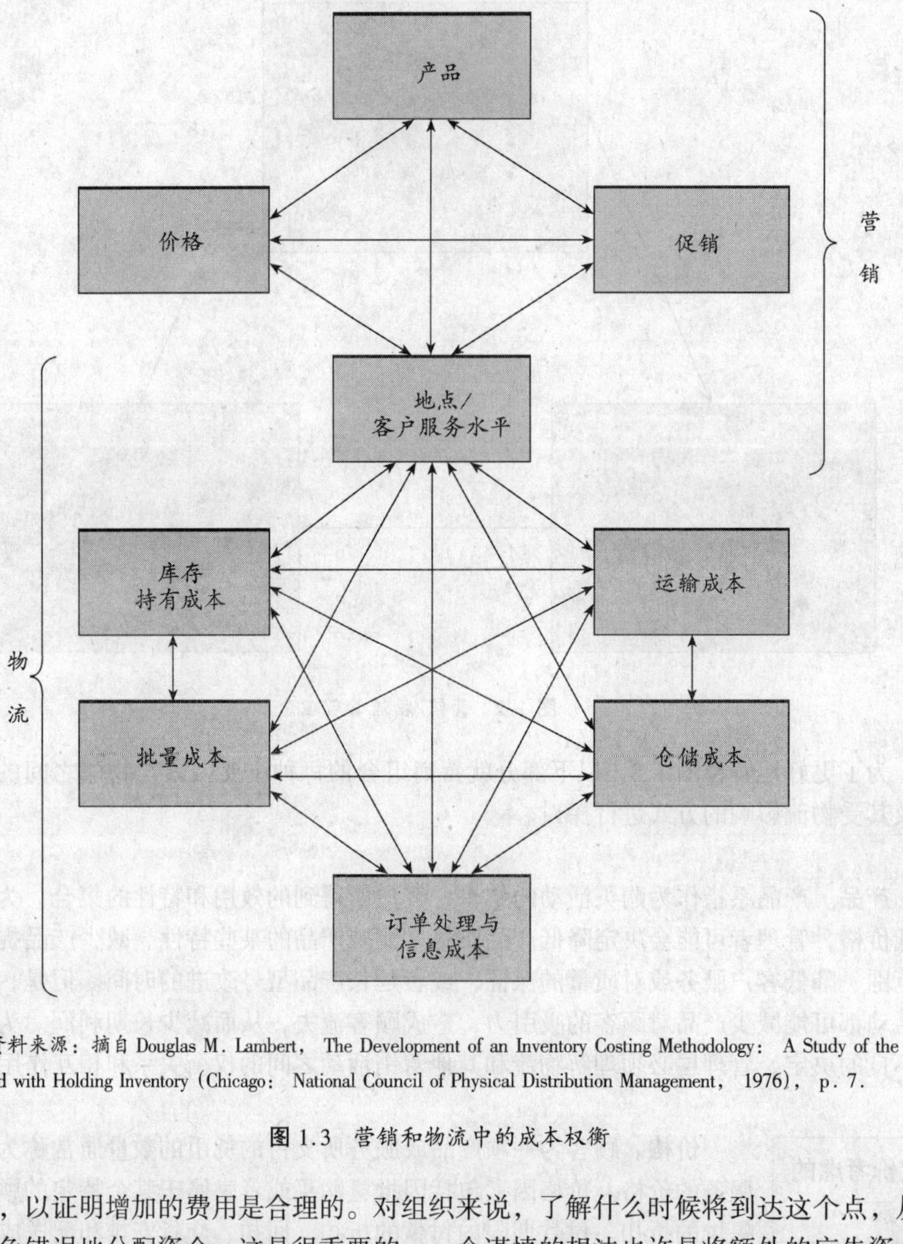

资料来源：摘自 Douglas M. Lambert, The Development of an Inventory Costing Methodology: A Study of the Cost Associated with Holding Inventory (Chicago: National Council of Physical Distribution Management, 1976), p. 7.

图 1.3 营销和物流中的成本权衡

润增长，以证明增加的费用是合理的。对组织来说，了解什么时候将到达这个点，从而能够避免错误地分配资金，这是很重要的。一个谨慎的想法也许是将额外的广告资金重新分配给员工的培训。比如销售队伍经过培训可以向客户提供更多增值服务，或使客户更加清楚企业最近通过出色的物流所提供的附加价值。

客户服务是物流系统的一个产出

地点。在营销组合的"地点"这个因素上的支出，支持组织所提供的客户服务水平。这包括准时送货、较高的订单完成率和一致的运输时间。客户服务是物流系统的一个输出，并且代表着企业在物流方面的支出。另一方面，当组织在营销组合的所有要素上都表现良好时，客户满意就产生了。

对许多组织而言，客户服务会是取得竞争优势的关键。① 通过调整客户服务水平以满足顾客的期望和购买愿望，组织可以同时改进客户服务水平和降低成本。所有在图1.3下部列出的物流权衡应该加以考虑，分析它们对客户服务的影响。为了实现这种分析，必须运用总成本概念（在本章后面讨论）。

另外，一旦结合了采用和实施诸如供应链管理（SCM）、全面质量管理（TQM）、准时制（JIT）和快速反应（QR）等技术以及各种管理策略所带来的运作效率和效果，组织就能够发展竞争优势。技术和管理策略将在本章后面和贯穿全书进行讨论。

物流增加时间和空间效用

制成品具有某种价值和效用，因为一件组装好的产品远比它尚未装配的部件或原材料有价值。比如对顾客来说，一辆完工汽车的价值大大超过其还未装配的配件。使材料成为完工的可用形态的价值或效用称为“形式效用”。对顾客而言，产品不仅应该具有形式效用，而且应该在合适的地点、在适当的时间可以被买到。附加在产品上的超出制造所附加价值（形式效用）的那部分价值可以称为“地点、时间或占有效用”。② 物流活动提供地点和时间效用，而其他营销活动则提供占有效用。③

管理层十分关注物流所附加的价值，因为地点和时间效用的改进最终反映在企业的利润之中。物流成本节约和因物流系统改进所带来的更强有力的营销地位，两者都会导致最终的财务结果得到改善。物流对产品价值贡献越多，物流管理的重要性就越高。

地点效用

地点效用是通过使产品可在合适的地点被购买或消费而为产品创造或增加的价值。因为物流有效地将原材料、在制品库存和制成品从原产地移动到消费地，所以物流直接负责为产品附加地点效用。

时间效用

时间效用是使某件事物可在适当的时间被得到而创造的价值。如果客户在需要的时候却恰恰无法得到产品，那么产品对客户就不那么有价值了。例如，一家食品加工公司必须在生产过程开始前得到原材料（食品）、包装材料和其他物品；或者，如果生产已经开始，在现有物资用完前得到。无法在适当的时候收到这些物品会导致代价很高的生产停顿，并使企业处于竞争劣势。本书的其余各章将会表明，物流活动为产品同时增加了地点效用和时间效用。

占有效用

占有效用是通过允许顾客拥有产品而附加给产品的价值。占有效用不是物流的结果，而是提供信贷、数量折扣和延期付款而使顾客得以取得产品拥有权的结果。物流和营销过程以占有效用而告终。

---

① Joseph B. Fuller, James O'Conor, and Richard Rawlinson, Tailored Logistics: The Next Advantage, Harvard Business Review 71, no.3 (May-June 1993), pp.87-98.

② 见 L.D.H.Weld, The Marketing of Farm Products (New York: Macmillan, 1916).

③ 美国营销协会的正式定义：营销是“计划和执行概念、定价、促销和分销想法、产品和服务以产生满足个体和组织目标的交换的过程”。见“AMA Board Approves New Markering Definition.”, Marketing News 19, no.5 (March 1, 1985), p. 1.

物流为向客户的有效运动提供了可能

物流系统的5个“适当”

E·格罗斯范德·普洛蒙（E. Grosvenor Plowman）所说物流系统的5个“适当”是指将适当的产品在适当的时间、适当的地点以适当的条件和适当的价格供应给那些消费该产品的客户。[①]

“适当的价格”这个词值得思考。虽然普洛蒙的前4个适当类似于制造和营销所创造的形式、时间、地点和占有效用，增加价格因素对物流过程来说极其重要。唐纳德·帕克（Donald Parker）在大约40年以前就表达了成本方面的重要性：

> 营销效率的改进和营销成本的降低仍然有待于将来，代表了成本经济一个主要的待开发领域……特别是营销的实物配送职能的绩效还有巨大的改进空间，营销的实物配送职能构成了总营销成本的主要部分。[②]

彼得·德鲁克（Peter Drucker）以类似的方式表述：

> 美国人花费的每1美元中，大约有50美分是花在产品制成以后的活动上的，即在产品已经达到完工的形式以后……从经济学的角度看……配送是将事物的物质特性转换为经济价值的过程；它为产品带来了客户。[③]

虽然有些人不同意德鲁克的50美分的估计，但涉及增加时间效用和地点效用的成本却是重大的。因为成本控制是高层主管在新千年最主要的关注点之一，因此物流职能的有效率和高效的控制能带来巨大的影响。

物流是一项专有资产

一个有效率的和经济的物流系统类似于公司账本上的实物资产。物流的能力不会被企业的竞争对手所轻易地复制。如果公司能够迅速地以低价向客户提供产品，它就能取得超过竞争对手的市场份额的优势。作为物流效率的结果，公司能够以较低的价格销售产品，或是提供更高的客户服务水平，从而创造商誉。虽然现在还没有组织在它们的资产平衡表上确认此项资产，但在理论上它可以被看做“无形资产”，这类资产包括诸如专利、版权和商标等内容。

物流管理的发展

如果追溯到最早形态的有组织的贸易，物流活动差不多已有几千年的历史了。然而

---

① George A. Gecowets, “Physical Distribution Management,” Defense Transportation Journal 35, no. 4 (August 1979), p. 5.

② Donald D. Parker, “Improved Efficiency and Reduced Cost in Marketing,” Journal of Marketing 26, no. 2 (April 1962), p. 16.

③ Peter F. Drucker, “The Economy's Dark Continent,” Fortune 65, no. 4 (April 1962), p. 103.

作为一个研究领域，物流最早是在20世纪初农产品配送中，作为支持组织的商业策略以及提供时间和地点效用的方法而开始引起注意的。为了理解物流管理在当今企业中的重要作用，就很值得来研究它的历史发展过程。

历史发展

在1901年，约翰·F·克罗威尔（John F. Crowell）在美国政府的《行业委员会关于农产品配送的报告》中讨论影响农产品配送的成本和因素。① 后来，阿切·W·肖（Arch W. Shaw）在他的《商业问题的解决途径》（1916年）中讨论了物流战略方面的问题。② 同年，L·D·H·魏尔德（L.D.H. Weld）引进了营销效用（时间、地点、占有）和配送渠道的概念。③1922年，弗瑞德·E·克拉克（Fred E. Clark）在市场营销中确认了物流的作用。④ 在1927年，物流这个词被定义成很接近它今天的使用方式：

物流的早期定义

> 配送这个词有两种用法必须清楚地区别开……首先，用这个词描述实物配送，如运输和存储；第二，配送这个词用来描述市场营销。⑤

随着第二次世界大战的开始，物流得到进一步的发展和提炼。由于物流方面的工作对盟军取得第二次世界大战的胜利做出了明确的贡献，物流开始受到更多的认可和重视。类似地，在1990年到1991年的波斯湾战争中，具备有效率和有效地发送、储存供给品和人员的能力是美军成功的一个关键因素。⑥

与20世纪50年代兴起的一种新的公司哲学——营销理念结合使用，物流开始在更大程度上与客户服务以及企业营销工作的成本因素联系在一起。

1956年一项关于空运经济性的研究为物流领域增加了一个新的研究方向：总成本分析的概念。⑦ 空运是一种高成本的运输方式。然而，当空运用来替代其他运输方式时，可以导致较低的库存和仓储成本，因为它使企业可以直接将产品发送给客户。

第一部关于物流管理的著作的出版

物流在20世纪60年代经历了许多发展。1961年，爱德华·西密卡（Edward Smykar）、唐纳德·鲍尔索克斯（Donald Bowersox）和弗兰克·莫斯蒙（Frank Mossman）写了第一部关于物流管理的著作。⑧ 该书从系统的和全公司的角度研究物流，并讨论了总成本概念。这时候彼得·德鲁克，一个著名的商业专家、作者和顾问，声称物流对于那些希望改进公司效率的组织而

---

① John F. Crowell, Report of the Industrial Commission on the Distribution of Farm Products, Vol. 6 (Washington, DC: U.S. Government Printing Office, 1901).

② Arch W. Shaw, An Approach to Business Problems (Cambridge, MA: Harvard University Press, 1916).

③ L. D. H. Weld, The Marketing of Farm Products (New York: Macmillan, 1916).

④ Fred E. Clark, Principles of Marketing (New York: Macmillan, 1922).

⑤ Ralph Borsodi, The Distribution Age (New York: D. Appleton, 1927), p. 19.

⑥ William G. Pagonis, Moving Mountains: Lessons in Leadership and Logistics from the Gulf War (Boston: Harvard Business School Press, 1992).

⑦ Howard T. Lewis, James W. Culliton, and Jack D. Steele, The Role of Air Freight in Physical Distribution (Boston: Harvard Business School, 1956).

⑧ Edward W. Smykay, Donald J. Bowersox, and Frank H. Mossman, Physical Distribution Management (New York: Macmillan, 1961).

言，是最后几个真正有机会开发的领域之一。这些因素结合在一起，增加了人们对物流的兴趣。①

全国实物配送管理委员会（1985年更名为物流管理委员会）在1963年成立，“以求发展（物流）过程的理论和促进理解，提升管理（物流）系统的艺术和科学，培育在专门的非赢利运作领域里以及与其他组织和公共机构相互协作中的专业对话和发展”。②

在20世纪60年代余下的时间直到80年代，一大批教科书、论文、专题著作、期刊和会议专门致力于物流管理这个课题。1972年，迈克尔·施夫（Michael Schiff）出版的《会计和实物配送管理中的控制》是最早的研究会计和物流之间的联系的著作之一③，这一研究有助于人们认识到会计和财务信息对物流活动进行研究是至关重要的。1976年，拉－伦德（La Londe）和津泽（Zinszer）出版了具有划时代意义的著作：《客户服务：意义和衡量》，第一次对客户服务这个课题进行了详细的探索。④作为营销理念的一部分，客户满意要求对客户服务的完整理解。这些研究还在继续影响着物流行业。

运输管制的解除

始于20世纪70年代后期并持续贯穿于20世纪80年代，美国的物流管理受到运输行业管制的解除的极大影响。1977年的《解除航空管制法案》和1978年的《斯塔格斯铁路法案》，1980年的《汽车运输者法案》和1984年的《航运法案》分别解除或修改了当时对航空、铁路、汽车和远洋运输的经济约束。其对承运人和发运人的影响是深远的。

就承运人而言，解除管制导致行业之间和行业内部的竞争加剧、更大的定价自由（即制定和修改运费价格）、更多的弹性来安排路线和时间表、更加需要成为市场导向型，以及需要在提供营销组合方面更具创造性。发运人有更多的承运人可供选择。有新的和各种类型的服务现在可供使用。大多数的价格可以谈判，并且包含长期协议或合同。依据出发地或目的地的不同组合，承运人提供的服务水平存在着巨大差别。

技术

计算机技术和配送软件是另外两个使企业对物流管理更感兴趣的因素。计算机技术的发展，尤其是微机，使主管人员可以比以前更有效和高效率地实施物流管理。由于电脑的速度和准确性，企业得以提升其成本效率，他们可以使用复杂的技术来管理和控制诸如生产计划、库存控制和订单处理等活动。事实上，这种进步和由此导致的对企业营销、生产和财务活动的影响，帮助最高管理层认识了物流。

全球竞争

全球竞争的发展和扩大始于20世纪70年代并在20世纪90年代开始加速发展。从国外采购的原材料、零部件、半成品和劳务的增长，可以证明企业已经变得更加国际化。⑤许多公司已经在全球拓展了新市场。

例如，在20世纪70年代和20世纪80年代，美国成为亚洲和欧洲汽车、电子产品和电脑制造企业具有吸引力的市场。类似地，西欧（1992年欧盟成立的结果）、中国、

---

① Drucker, The Economy's Dark Contient, pp.103, 265-70.

② 物流管理委员会提供的信息表明1999年的成员人数超过15,000名，包括物流从业人员、顾问和教育家。

③ Michael Schiff, Accounting and Control in Physical Distribution Management (Chicago: National Council of Physical Distribution Management, 1972).

④ Bernard J. La Londe and Paul H. Zinszer, Customer Service: Meaning and Measurement (Chicago: National Council of Physical Distribution Management, 1976).

⑤ Graham Sharman, "The Rediscovery of Logistics," Harvard Business Review 62, no. 5 (September-October 1984), pp. 71-79.

苏联以及东欧都越发成为生产各类产品和提供服务的公司的重大市场。遍及全世界的企业都已认识到需要变得更加适应国际化的形势。在许多例子中，公司发现他们的国际市场较之国内市场呈现出更高的增长率和销售量。

在20世纪90年代，市场变化加剧，导致人们更深刻地认识到物流能够帮助组织创造可持续的竞争优势。电子商务、重组和供应链管理的发展革新了商业活动的所有方面，也包括物流。在21世纪的第一个十年里，这些技术和方法的应用和改进将给公司和其客户带来巨大的潜在利益。

表1.2列出了一些在物流管理发展过程中最为重要的事件。①

表1.2　物流管理的历史发展

年份（年代）	事　件	意　义
1901	John F. Crowell,《行业协会关于农产品配送的报告》,第6卷(华盛顿特区:美国政府印刷办公室)	第一部涉及影响农产品配送成本和因素的著作。
1916	Arch W. Shaw,《商业问题的解决途径》(剑桥,MA:哈佛大学出版社)	讨论物流战略方面的著作。
1916	L.D.H. Weld,《农产品的营销》(纽约:Macmillan)	介绍营销效用和配送渠道的概念。
1922	Fred E. Clark,《市场营销的原则》(纽约:Macmillan)	著作将营销定义为影响货物所有权转移及其实物配送管理的努力。
1927	Ralph Borsodi,《配送时代》(纽约:D. Appleton)	第一本将物流定义成类似它当前使用方式的著作。
1941～1945	第二次世界大战	军事后勤运作证明配送活动如何能够被整合为一个单一的系统。
20世纪50年代	营销理念的发展	公司开始强调客户满意是一种效益,此后客户服务成为物流管理的基础。
1954	Paul D. Converse,“营销的另一半”《第26届波士顿配送会议》(波士顿:哈佛商学院)	一个领袖权威指出学者和从业人员需要研究营销的实物配送方面的内容。
1956	Howard T. Lewis, James W. Culliton 和 Jack D. Steele,《空运在货物配送中的角色》(波士顿:哈佛商学院)	将总成本分析的概念引入物流领域。
20世纪60年代早期	引入雷锡恩(Raytheon)公司的“统一市场”概念	最早被报道的公司采纳和实施物流管理概念的尝试。雷锡恩利用一个配送中心结合航空运输网络支持其美国市场。
20世纪60年代早期	密歇根州立大学和俄亥俄州立大学制定大学生和研究生的物流课程	为培训物流从业人员和教学人员而开发的第一批正式教程。
1961	Edward W. Smykay, Donald J. Bowersox 和 Frank H. Nossman《实物配送管理》(纽约:Macmillan)	最早关于实物配送的著作之一,讨论了系统法和总成本概念。

① 对20世纪60年代早期以来物流方面的发展有一个有意思的回顾，见“The Times, They've Been A-Changin',” Logistics Management 36, no. 1 (January 1997), pp.52-55.

年份 （年代）	事件	意义
1962	Peter F. Drucker，"经济的黑暗大陆"，《财富》第65期，第4篇（1962年4月）	一个领袖权威指出配送在美国的重要性。许多人认为这篇文章对从业人员具有重大的影响。
1963	全国实物配送管理委员会成立（1985年成为物流管理委员会）	第一个为了教育和培训的目的把所有物流领域的专业人员集合在一起的组织。
1972	Michael Schiff，《会计和实物配送管理中的控制》（芝加哥：全国实物配送管理委员会）	使人们认识到会计和财务信息对制定最优物流决策的重要性。
1976	Douglas M. Lambert，《库存成本计算方法的发展：对与拥有库存相关的成本的研究》（芝加哥：全国实物配送管理委员会）	确认了最大的物流费用项目之一的成本组成，并开发了一套企业计算库存持有成本的方法。
1976	Bernard J. La Londe 和 Paul H. Zinszer，《客户服务：意义和衡量》（芝加哥：全国实物配送管理委员会）	第一次对那些主要公司内的客户服务活动进行综合性、最高水平的评估。
20世纪70年代～80年代	MRP，MRPII，DRP，DRPII，看板（kanban）和JIT的发展和实施	这些技术的广泛实施突出了整合物流活动以及将其效能最大化的需求。它们还指出了物流与其他企业功能（如营销和制造）之间的关系。
20世纪70年代晚期～80年代早期	美国解除运输管制	大大地减少了运输领域的经济约束。增加了竞争，并对承运人的价格和服务水平产生实质性的影响，使物流的运输方面变得意义重大。为其他国家解除管制的尝试提供了一个先例。
20世纪80年代	电脑，特别是个人电脑的使用急剧增加	技术进步，加上降价，使组织可以使用电脑，为更有效地整合物流活动提供了可能。可以更快和更优地进行成本权衡决策，提升了物流效率和生产率。
1985	Michael E. Porter，《竞争优势》（纽约：The Free Press）	引进价值链的概念，为组织发展竞争策略提供了一个框架。具有深远意义的是，它将进货和发货物流作为营销战略的关键成分。使人们明显意识到物流能够帮助组织创造和维持竞争优势。
1987	美国国会建立 Malcolm Baldrige 全国质量奖	提升了质量意识，认可美国组织的质量成就并宣传成功的质量进取精神。质量奖的评分系统中一个重要的部分是基于物流的输出，包括组织对客户的了解、全面的客户服务系统以及满足客户需求和期望的快速反应和能力。
20世纪90年代	市场重组在亚洲、欧洲和北美等全球区域出现	诸如北美自由贸易协定、1992年的欧洲和亚洲金融危机等事件导致全球市场和基础设施的重大改变。
20世纪90年代	电子商务（如互联网、电子数据传输、电子邮件）作为沟通手段为全球所接受	即时和低成本的通信系统使组织得以发展和保持联络。这种系统允许实施24小时、每周7天的商务时间。

年份（年代）	事　件	意　义
1993	Michael Hammer and James Champy,《重组公司:一个商业革命宣言》(纽约: Harper-Collins)	许多组织评价其企业流程以决定是否有更好的实施方法。物流是一个主要的能使重组工作实现重大改进的职能领域。
20 世纪 90 年代中期	供应链管理方法被认可为一个重要概念。它的发展和实施在许多行业开始了。	多个组织和职能领域能够整合它们的力量以优化其个别的或是组合的绩效的观念,导致了系统法在这个配送渠道的发展。

解释对物流管理的兴趣发展的因素

许多因素解释了对物流管理重要性的认可:计算机技术和定量分析技术的进步;系统论和总成本分析概念的发展;对物流在企业的客户服务过程中所起作用的认可;许多企业由于无法审视那些可能实现成本节约的功能领域而使利润受到侵蚀;来源于物流效率增加的利润水平;自从 20 世纪 50 年代以来总的经济形势;以及对物流可以帮助获取市场竞争优势的认可。

物流成本占产品价值百分比

成本和服务的影响。确认物流过程对成本和服务的影响是物流获得认可的重要的第一步。例如,物流成本占产品价值的百分比,对工业消费品(用于制造最终产品的原材料和工业产品)的生产者来说会远远高于制药公司。通常,就药品而言其产品价值(以美元/英镑衡量)远高过诸如化学品和燃料等工业消费品。因此,对制药公司来说物流成本将是企业销售额的很小一个百分比,但是服务的考虑因素正在逐渐变得更加重要。

举个例子,假设制药公司的一批需运输的产品的价值为 10,000 美元,另一批工业消费品企业的产品的价值为 2,000 美元。由于市场条件、竞争程度、运输方式、产品易腐坏性(即易损坏性和保质期)、存货持有成本和搬运的特点等因素,制药公司支付 500 美元配送它的产品,而工业消费品企业支付 250 美元。从绝对值的角度来看,制药公司支付更多;但从相对的角度来看,它仅支付了产品价值的 5%,而工业消费品企业支付了产品价值的 12.5%。

利润挤压。除了企业的物流开支,由物流效率提升所导致的利润的增加和潜在的利润杠杆对促进人们对物流管理的兴趣的发展起了重大作用。在 20 世纪 80 和 90 年代,许多企业发现由于国内外竞争的加剧、市场饱和、政府法规和其他因素,要维持传统的利润水平和增长率变得越来越困难。

提高赢利能力的策略

一个组织在一个利润挤压的环境中,可以在三个基本的策略中选择一个或多个。首先,可以试图通过增加营销力量以促进销售的增长。然而,这可能非常困难,而且代价很高。在饱和的或者高度竞争的市场中,企业很难取得销售的增长。在低增长市场,增长率可能低于企业产生销售增长的需要。

即使在高增长的市场环境中，由于资源问题、竞争和其他市场条件，企业也许无法获得期望的销售增长。

第二个提高赢利能力的方法也许是提高企业产品的售价。同样，由于市场条件，这种增长不太可能。依赖于需求弹性，涨价不见得能对销售产生期望的影响。除非材料、生产和人力成本上升使涨价不可避免，企业一般不愿意涨价。因此，第三个策略——削减企业经营成本——为大多数企业所追求。

当企业将目光投向内部时，它们试图找出那些可以实现成本节约和/或生产率提高的领域。许多公司发现很难在制造领域降低成本，因为它们早已实现机械化和生产高效了。它们可以提高生产率来降低制造成本，但这种方法的增量成本会非常高。尽管有些行业正在取得显著的生产效率，但这并不适用于其他许多企业。

在营销领域，许多企业不愿意减少营销活动，尤其是广告，因为他们害怕市场会产生不利的反应。在高度竞争的市场上销售消费品的公司(如宝洁、利维兄弟、通用汽车、福特汽车公司、麦当劳)一般不愿意减少营销开支。实际上，它们通常每年都增加其总营销预算。

物流成本节约的利润影响

在许多组织里，物流是最能保证获取重大成本节约的领域之一。在很多例子中，这种成本节约对企业的赢利能力所造成的影响要远远超过增加销售量。一项对"财富500强"的制造和服务企业的首席行政官所做的调查表明，CEO们相信提高公司赢利能力的最重要的方法是通过削减成本和控制成本。[①] 因此，不管所有那些对其他问题的讨论和强调，如质量和客户服务，被CEO们在重要性上列为第二位和第三位，削减成本仍然被视为最重要的因素。

有许多成本和销售相关，如产品销售成本以及物流相关成本。因此，销售增加1美元不会导致利润也增加1美元。如果组织的税前边际利润(销售收入减成本)是2美分，企业仅从每1美元销售额收到2美分税前利润(见表1.3)，然而物流节约的任何美元不需要增加销售或降低其他成本来产生节约。也就是说，物流成本节约的1美元也就是利润增加的1美元。因此，就获得的美元而言，减少物流成本比增加销售具有更多的优势。随着成本节约变得更大，相应的销售增长也一样。

表1.3 减少物流成本所提供的利润杠杆

如果销售净利润为2.0%，那么……	
节约额	等于销售额增长
$ 0.02	$ 1.00
2.00	100.00
200.00	10,000.00
2,000.00	100,000.00
20,000.00	1,000,000.00
200,000.00	10,000,000.00
$ 2,000,000.00	$ 100,000,000.00

资料来源：摘自 Bernard J. La Londe, John R. Grabner, and James F. Robeson, "Integrated Distribution Systems: A Management Perspective," International Journal of Physical Distribution Management 1, no. 1 (October 1970), p. 46.

① "CEO's Still Don't Walk the Talk," Fortune(April 18, 1994), pp. 14-15.

例如，在 20 世纪 60 年代，一家大型电器公司发现它的物流活动并没有整合、由一个单独的物流主管负责，而是分散在整个组织的许多不同职能领域里。一些物流要素置于制造部的权限之下，另一些则在营销部之下，其他在财务部中。高层主管发现公司在物流活动上花费了 2000 万美元，却没有人将物流作为主要的成本中心来管理。企业设置了一个高层物流主管的职位，并将所有物流活动置于他一个人的管辖之下。

随着管理层的注意力具体专注于物流，企业能够消除重复活动，对物流活动进行更好的控制，并降低成本。在实施新的物流组织架构的第一年中，企业节约了大约 1,000 万美元的成本。该成本节约额对赢利能力有相当大的影响，是企业通过同等程度的额外销售所无法实现的。竞争、缓慢的市场增长率和有限的公司资源可能会排除任何重大的销售增长。

计算机和信息技术。20 世纪 70 年代，信息技术开始爆炸式的发展。这使组织能够更好地监控交易密集型的活动，例如货物和材料的订购、移动和储存。这种信息与计算机量化模型的综合使用，提高了物流管理以及库存水平优化和物料移动的能力。像物料需求计划系统（MRP，MRPII）、配送资源计划系统（DRP，DRPII）和准时制系统（JIT，JITII）可以将许多物料管理活动连接起来，从订单处理到库存管理、向厂商订购、预测和生产计划。

电子商务

电子商务（如互联网、电子邮件）的发展使组织可以更好地管理他们的活动，并在促使企业获取全国性和/或全球性的市场中发挥了作用。将对客户服务重视程度的提高、对系统法和总成本概念的逐渐认可以及认识到物流可以用做一种战略竞争武器相结合，这些组织能够更好地开发完全一体化的物流系统。

世界级的竞争对手

竞争压力。20 世纪 70 年代，随着利率上升和能源价格上涨，物流作为主要的成本驱动因素而受到关注。此外，由于工业全球化，物流成本对于许多组织变得更为关键。这在两方面对物流造成影响：首先，其他国家的世界级竞争对手的成长导致企业寻找新的办法来区别他们的组织和销售产品。物流当然是搜寻的目标，因为国内的组织向其邻近市场提供的服务应该能比海外竞争对手更可靠、反应更快速。

更加复杂的供应链

第二，由于组织更多地向海外购买和销售，在组织及其贸易伙伴之间的供应链变得更长、成本更高和更为复杂。需要出色的物流管理来充分利用全球贸易机会。

渠道力量从制造商向零售商的转移

渠道力量的转移。在供应链中，渠道力量从制造商向零售商、批发商和分销商的转移对物流有着深远的影响。当主要的消费品行业的竞争升级时，许多供应商和制造商被淘汰，因此只有很少的领先的竞争者留存下来。那些生存下来的企业非常具有竞争力，并且提供质量非常高的产品。在很多事例中，消费者将领先的品牌视为相互的替代品。品牌忠诚度的下降降低了制造商的力量，这增加了零售商的力量，因为销售取决于库存里有什么现货而不是提供哪个特别的品牌。

总之，物流随着它所处的计划、实施和控制的环境的变化而改变。改变很可能以加快的步伐持续发生。所有这些改变和其他改变所涉及的广度和范围将物流推到组织战略和计划的最前沿。

关键的物流活动

在产品从原产地到消费地的流程中涉及下列活动（见图 1.1）：

主要的物流活动

- 客户服务
- 需求预测
- 库存管理
- 物流通讯
- 物料搬运
- 订单处理
- 包装
- 零部件和服务支持
- 工厂和仓库选址
- 采购
- 逆向物流
- 交通与运输
- 仓储与储存

虽然并非所有的组织都将上述活动中的每一项当成是物流的组成部分，但它们都影响着物流过程。我们将在下面简要介绍各个活动，并在后续各章中详细介绍。

客户服务

良好的客户服务维持客户满意

客户服务被定义为“一种以客户为导向的价值观，它整合及管理在预先设定的最优成本—服务组合中的客户界面的所有要素”①。客户服务担负着捆绑和统一所有物流管理活动的力量（见第 3 章）。

如果组织的全部营销努力获得成功，就会产生客户满意（客户服务是其中的一个整体部分）。物流系统的每一组成部分都会影响顾客是否在适当的时间、适当的地点，以适当的条件、适当的价格收到适当的产品。因此，为了以可能的最低总成本提供必要程度的客户满意，客户服务包含成功实施一体化物流管理概念。

① La Londe and Zinszer, Customer Service: Meaning and Measurement, p. iv.

需求预测

需求预测包括确定客户会在未来某个时点所需要的产品数量及其伴随的服务。准确地了解产品需求将会是多少，对企业运作的所有方面——营销、生产和物流都很重要。对未来的需求预测决定了营销策略、销售队伍配置、定价以及市场调研活动。销售预测决定生产计划、采购和购并策略以及工厂内的库存决策。

物流管理的需求预测决定了公司生产的每种产品有多少要运到企业所服务的各个市场。同样地，物流管理必须知道需求来自何方，从而可以将适当数量的产品投放或储存到各个市场区域。对未来需求的准确预测使物流经理能够将资源（预算）分配到服务于该需求的活动中去。在不确定的情况下制定的决策不会是优化的，因为不了解需要何种产品和服务，很难在物流活动之间分配资源。因此，组织很有必要执行某种类型的需求预测，并将结果传递到营销、制造和物流部门。复杂的计算机模型、趋势分析、销售队伍估计或其他方法可以帮助开展这种预测。

预测是个复杂的问题，在各个职能和预测变量之间存在许多相互作用。这个主题将在第 6 章和第 7 章进行深入探讨。

库存管理

由于在财务上必须维持产品的充足供应以满足客户和制造两方面的需求，库存控制活动显得非常关键。原材料和零部件、在制品以及制成品的库存都会消耗物理空间、人员的时间和资产。库存占用的资金无法用于别的地方。

库存的财务影响

库存管理涉及持有的库存水平与高水平的客户服务之间的权衡，这是以库存持有成本为代价的，包括库存占用的资本、仓储成本和过期报废成本。在一些事例中，每年这些成本超过库存现金价值的 50%。[①] 成功的库存控制涉及在考虑到执行其他物流活动的成本的同时，决定获得期望的客户服务水平所必需的库存水平。

考虑到高技术商品、汽车和迅速过时的季节性货物等产品的高成本，像惠普、施乐和西尔斯公司等组织已经增加了它们对库存管理的关注。[②] 库存问题将在第 5 章和第 6 章进行探讨。

物流通讯

想在今天的商业环境中取得成功需要管理一个复杂的通讯系统。有效的通讯必须发生在：

---

① Douglas M. Lambert, The Development of an Inventory Costing Methodology: A Study of the Costs Associated with Holding Inventory (Chicago: National Council of Physical Distribution Management, 1976).

② Tom Davis, "Effective Supply Chain Management," Sloan Management Review 34, no. 4 (Summer 1993), pp. 35-46.

有效通讯很有必要

1. 组织、组织的供应商和客户之间。
2. 组织内部的主要职能之间，如物流、工程、会计、营销和生产。
3. 上面列出的13种物流活动之间。
4. 每种物流活动的各个方面之间，如协调原材料、在制品和制成品的仓储作业。
5. 供应链的各种成员之间，如中间商和二级客户或供应商，他们可能没有直接和企业发生联系。

通讯是整个物流过程和企业客户之间极其重要的联系。准确和及时的通讯是成功的物流管理的基础。下面的例子说明了这一点：

Sequent 计算机系统公司的通讯

Sequent 计算机系统公司提供“数据中心准备（data-center ready）”开发系统。企业认识到它必须迅速、明白、准确地传递订单信息。经过和音速空运（SonicAir）——一家替 Sequent 公司运送备件和替换件给客户的第三方物流供应商——的合作，开发了一个实时电子数据交换系统（EDI）。“在两个公司之间发展出来的通讯系统简单而又直截了当。当 Sequent 的一个客户需要一个备件时，就会生成一份订单确认备件编码、数量和客户信息。然后用电子方式将订单传输到音速空运位于路易斯维尔的设施，同时确认函被返回以确认收到信息传输。调度员在几分钟内收到订单并且发回订单确认。音速空运随后发运订单并在客户收到时向 Sequent 送出发运确认。”其结果是更快速的反应时间、更准确的订单和更严格的库存控制。[①]

企业的通讯系统可以复杂到计算机化的管理信息系统（MIS），或者简单到个体之间的口头话语沟通。无论何种系统，必须可以获取关键的信息，并传递给适当的个体。信息系统将在第4章中讨论。

物料搬运

物料搬运关系到原材料、在制品库存以及制成品在工厂或仓库内部移动或者流动的每一方面（见第11章）。物料搬运的目标是：

物料搬运的目标

- 在任何可能的地方消除搬运
- 使行走距离最短
- 使在制品最少
- 提供无瓶颈的均衡流动
- 尽量减少由于浪费、破损、变质和偷盗所造成的损失

每次搬运物品时，企业就要发生相应的成本。由于通常搬运不为产品产生附加价值，它应被控制在最低限度。对那些单价很低的物品，物料搬运成本占产品总成本的比例会非常大。通过仔细分析物料流动，物料管理可以为组织节约大量的资金。

① Francis J. Quinn, “Communicating in Real Time,” Logistics Management and Distribution Report 37, no. 1 (January 1998), p. 71.

订单处理

订单处理的组成要素

客户订单触发物流过程并且指导企业采取行动以满足订单需求。订单处理的组成要素可以分为三类：（1）运行要素，如订单录入/编辑、安排时间、订单发运准备和开发票；（2）通讯要素，如订单修改、订单状况查询、追踪和加急、错误纠正和产品信息请求；（3）信用和收款要素，包括信用查询和应收账款处理/收集。[①]

企业订单处理活动的速度和准确性与公司所提供的客户服务水平有着很大关系。因为订单处理周期是客户与组织接口的关键领域，它会对客户对于服务的感知和由此产生的满意度产生很大的影响。[②]

订单处理的自动化被广泛使用

计算机和电子商务可以帮助减少订单下达和产品发运之间的时间。在很多事例中，订单可以从购买方的电脑直接传输到销售方的电脑，这被称为电子数据交换（EDI）。订单下达还可以通过其他电子方式，如互联网和传真机。计算机化的系统，对公司来说虽然一开始很昂贵，但可以充分提高订单处理的准确性和反应时间。通常，其他物流费用的节约（如库存、运输、仓储）或者由于客户服务改善所增加的销售可以证明计算机化的订单处理系统的成本是合理的（见第 4 章）。

包装

包装的功能

包装履行两个基本功能——营销和物流。从营销的角度，包装担当一种促销和广告的形式。它的尺寸、重量、颜色和印刷的信息吸引着顾客并且传递着有关产品的信息。在物流中，包装充当着双重角色：首先，包装防止产品在储存和运输过程中发生损坏。第二，适宜的包装能够使产品的储存和移动更加容易，从而减少物料的搬运成本。第 11 章将研究包装问题。

当企业涉及国际营销时，包装变得更加重要。在国外销售的产品比起那些在国内销售的产品，要运输更远的距离和经受更多的物理搬运。在许多国家，管理层必须处理缺少足够的物料搬运设备的事务，必须依靠未经充分培训过的人员。总之，国内的包装不够坚固，将无法满足国际配送的严格要求。

零部件和服务支持

售后服务

除了移动原材料、在制品库存和制成品，物流应该与维修以及产品服务所包括的许多活动有关。在产品发给客户之后，物流的职责并没有结束。企业的部分营销活动是向客户提供售后服务，这包括在产品发生

---

① A. T. Kearney, Inc., Measuring Productivity in Physical Distribution (Chicago: National Council of Physical Distribution Management, 1978), p. 191.

② Benson P. Shapiro, V. K. Rangan, and J. J. Sviokla, "Staple Yourself to an Order," Harvard Business Review 70, no. 4 (July-August 1992), pp. 113-22.

停顿或故障时提供替换的零部件。例如，汽车销售必须有高效的服务部门提供完整的保养和汽车维修。拥有充足的备件和替换零部件，对于服务和维修活动显得至关重要，并且物流负责确保无论在何时何地，客户只要需要就能得到那些零部件。

在工业市场中，产品也许是一件制造设备，如果产品故障导致生产线减速或停机，停工时间对客户来说代价会是极高的。供应备件和替换用零部件的企业必须能够快速、果断地做出反应。无论何时只要售后服务是企业营销努力的一部分，充足的备件和服务支持就极为重要。

最后，如果企业涉及任何形式的产品服务程序，就有责任提供产品的售后服务支持，这一时期还经常会延长。这将要求企业的战略和程序与其他逆向物流活动协调一致。

工厂和仓库选址

无论设施是企业自己拥有还是租赁的，工厂或仓库（存储设施）的位置都极为重要。工厂或仓库的战略性设置能帮助企业改善客户服务水平。合理的设施位置还能使产品从工厂到仓库、从工厂到工厂或是从仓库到客户的移动取得更低的与量相关的运输费率（见第10章）。

选址的考虑因素

选址第一个要考虑的因素是企业目标市场的定位。客户的需求和原材料、零部件、组件的位置也是主要的考虑因素，因为除了出货流动，公司也必须关注进货移动和材料储存。其他的重要因素包括：劳动力价格，运输服务，市、县、州的税率，安全，法律关注，当地的因素（比如社区对新的行业的态度），土地成本以及公用事业的可用性。

举个例子说明选址的重要性，英特尔公司必须为它新的半导体制造设施决定位置。公司从许多主要城市收到投标，包括俄勒冈州的波特兰、得克萨斯的奥斯汀和亚利桑那的钱得勒。最终英特尔选择了亚利桑那的位置，因为它在附近已经有一个工厂，当地正在成长并有吸引人的劳动力队伍，该市提供税收和其他优惠，并且英特尔和当地政府有着很好的关系。①

采购

每个公司都在某种程度上依靠其他企业提供的材料和服务。在大多数行业，公司将收入的40%到60%花费在外界资源提供的材料和服务上。② 这个获取材料和服务以确保企业的制造和物流过程有效运行的过程，称为采购。采购的职能包括选择供应源的位置、决定材料的获取形式、安排购买的时机、决定价格以及质量控制（见第12章）。

近几年以材料的供应和价格的大幅变动为标志的变化的经济环境，使采购在物流过

① "Intel Building $1.5 Billion Plant," Rocky Mountain Construction 74, no. 24 (December 20, 1993), p. 15; and William Carlisle, "States Are Closing Firms' 'Candy Store'" Arizona Republic (July 24, 1994), pp. 1E-2E.

② Michiel Leenders and Harold E. Fearon, Purchasing and Materials Management, 10th ed. (Homewood, IL: Richard D. Irwin, 1993).

程中的地位显得更为重要。由于组织与为数更少的几个关键供应商形成长期合作关系，采购在组织中的重要性不断增大。

逆向物流

处理退货以及废品回收和废料处理是更大的过程——逆向物流的一部分，逆向物流是物流的一个重要组成部分。购买方可能由于产品缺陷、过期、发货差错、以旧换新或其他理由将货品退回给销售方。退货处理被比做是在单行道上逆向行驶，因为大多数产品的发运朝一个方向移动。大多数物流系统在处理产品在逆向渠道的移动中配置不当。

退　货

在许多行业，客户因保修、调换、再改造或再生循环等原因退货，逆向物流成本相对前向物流成本来说更高。通过系统将产品从客户运回生产者的成本，可能是将相同产品从生产者运到客户的成本的 5~9 倍。退回的产品常常无法像原来的产品那样容易运输、储存和搬运，导致更高的单位成本。

逆向物流也包括从生产、配送或包装过程去除和处理废料。如果废料不能用来生产其他产品，就必须用某种方法处理掉。无论何种副产品，物流过程必须高效和有效率地对它进行搬运、运输和储存。如果副产品可以再度利用或可再生，物流将设法将其运到重新制造或再处理的地点。这些活动经常由公司外包给各种第三方企业。[①]

随着客户增大他们对灵活和宽松的退货政策的需要，以及随着回收和其他环境问题变得尤为重大，逆向物流有望变得更加重要。

交通与运输

物流过程的一个主要组成部分是产品从原产地到消费地的移动或流动，以及可能发生的产品退货。交通运输活动涉及产品移动的管理，并且包括选择运输方法（航空、铁路、水路、管道、汽车、联运），选择专门的路径（排程），遵守各种地方、州和联邦的运输法规，以及了解国内和国际的运输需求。

运输常常是物流过程中最大的单项成本。因此，它是一个必须得到有效管理的重要因素。运输问题将在第 8 章、第 9 章介绍。

仓储和储存

除非在产品刚生产好的那一刻客户就需要它们，否则产品必须储存在工厂或销售现场以备随后的销售和消费。通常生产和消费之间的时间间隔越长，所需的库存水平或金额就越大。仓储和储存活动包括管理所需的空间以容纳和维持库存。具体的储存活动包括：决定储存设施是应该自己拥有还是租用或租赁，储存设施的布局和设计，产品组合的考虑（如应该储存什么样的产品?），安全和维护流程，人员培训，以及生产率测算。这些主题将在第 10 章进行研究。

---

① James R. Stock, Development and Implementation of Reverse Logistics Programs (Oak Brook, IL: Council of Logistics Management, 1998), pp. 87-90.

为什么必须整合物流活动

物流是一个包含许多组成部分或子过程的系统或过程。它是一个由相关活动组成的网络，其首要目的在于管理物料和人员在企业或供应链中的有序流动。图 1.4 对此进行了说明，它显示了关系网络的一个简化实例，在供应链的某一部分，必须管理物流。

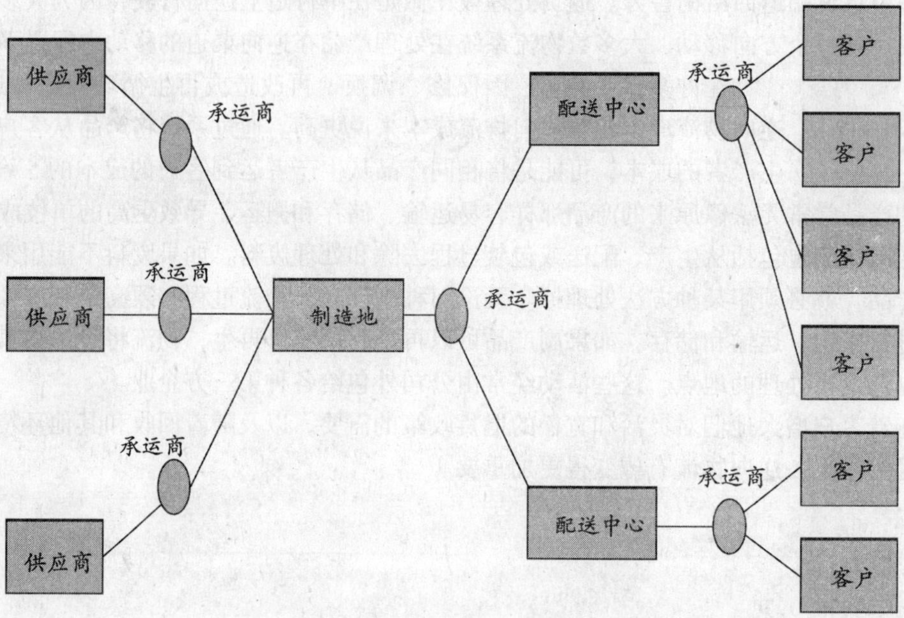

尽管流的方向主要是从左向右，但物流还负责从左到右的回收或移动，因而产生了“逆向物流”的术语。

图 1.4　在整个供应链中物流管理流

基本上，一体化物流管理概念是指将各种物流活动作为一个完整的系统来管理。在那些还未采用系统法的企业，物流常常只是分散在整个组织各个职能中的一些分离的、未得到协调的活动，其中每个单独的职能都有自己的预算、优先项目和评估系统。许多企业，如荷曼·米勒（Herman Miller）、3M、桂格燕麦片（Quaker Oats）以及惠而浦（Whirlpool）公司，已经发现通过整合那些与物流有关的活动，如客户服务、运输、仓储、库存管理、订单处理和信息系统以及生产计划和采购，物流总成本可以得到降低。如果没有这种整合的方法，会导致在以下关键的商业界面发生库存堆积等无效率的情形：

关键商业界面

- 供应商－采购
- 采购－生产
- 生产－营销
- 营销－配送
- 配送－中间商（批发商和/或零售商）
- 中间商－客户

额外的库存使企业付出金钱（见第 5 章和第 6 章）。举例说，在制造环境中，由于下列某个或几个原因，产生了库存堆积的现象：

库存堆积的原因

1. 作为回报，采购管理常常因此获得低成本的原材料和其他供应物品。
2. 作为补偿，生产管理通常可以取得可能的最低单位生产成本。
3. 销售员喜欢通过将大量库存放置在尽可能靠近顾客的现场。这使销售人员能够提供可能的最快订货周期，并将和客户需求预测有关的困难降至最低。
4. 在某些公司，运输是惟一受到密切监控的物流成本。运输经理受到更多的激励而采用整卡车或整列火车车皮来运输产品，以取得可能的最低运价。一般来说，这些大批量产品运输要求同时在原产地和目的地增加库存（如制造厂家、批发商、零售商）。
5. 客户和中间商可能试图通过更频繁的订货来减少其库存，从而迫使其库存和相关的存货持有成本返回到制造商那里。这种情况在中间商关注其现金流时更是如此。

集成的好处

除了改善库存流，集成还提高了运输和仓储资产的利用率，并且常常会消除重复的努力。比如，与其让采购部与进货运输商谈判、物流部与发货运输商谈判，不如让一个组织可以同时谈判进货和发货运输。其典型的结果是更低的总运费，因为其涉及更大的货量。这也使企业和它的运输商得以更高效和有效率地计划运输活动。物流活动的集中协调促使企业在两种或几种物流活动之间进行成本权衡，比如客户服务、运输、仓储、库存管理、订单处理、生产计划以及采购。

全球化

为何关注逆向物流和环境问题？

NKL，一家纵向一体化的挪威食品公司，相信逆向物流和环保计划能为公司提供竞争优势。特别地，NKL 指出了四个有助于创造竞争优势的因素：

- 企业的零售商店可以提升它们的环保地位。
- 公司将会吸引那些想要“绿色”购物的顾客团体。
- 成为“绿色”零售商店将会降低众多方面的成本。
- “绿色”商店将会在社区中树立一个正面形象。

NKL 在 1997 年的环保产品销售中，经历了 220% 的增长，并且依靠 150 万个可重复使用的水果和蔬菜容器（代表 14,000 吨或全挪威 70% 的水果蔬菜销量），降低了成本并改进了订货周期。另外，NKL 对火车运输的使用从 50% 增加到 60%（导致更低的成本、更少的污染和更佳的能源效率），并且为 6,500 多名公司雇员提供了环保培训。

资料来源：James R. Stock, *Development and Implementation of Reverse Logistics Programs* (Oak Brook, IL: Council of Logistics Management, 1998), p. 41.

总成本概念

总成本分析是管理物流职能的关键。组织的一个主要目标应是减少物流活动的总成本，而不是集中在孤立的单一活动。[①] 试图减少单个活动的成本也许会导致总成本增加。[②] 例如，将制成品库存合并到少数几个配送中心将会减少存货持有成本和仓储成本，但可能导致运费的巨大上升或是由于客户服务水平下降所导致的销售量减少。类似地，与大批量采购有关的节约可能低于库存持有成本的关联上升。

图 1.5 指出了物流的六个主要成本类别。管理层必须考虑图中所描述的所有物流成本的总和。一项成本的减少必然导致其他组成部分的成本上升。只有通过将物流看成是一个完整的系统，并以给定企业的客户服务目标为前提，将总成本最小化，才能实现有效的管理和真正的成本节约。

物流活动与物流成本的关系

物流成本是由支持物流过程的活动所驱使或造成的。主要的成本类别——客户服务、运输、仓储、订单处理和信息、批量以及存货持有（见图 1.5）——在以下段落中进行讨论。

客户服务水平。与不同客户服务水平相关的关键的成本权衡因素，是丧失销售的成本。客户服务成本包括订单履行成本以及零部件和服务支持的成本，还包括与退货处理相关的成本，这主要影响着客户对组织服务的感受以及最终的客户满意水平。

丧失销售的成本

丧失销售的成本不仅包括失去的现有销售所带来的贡献，还包括未来的潜在销售。公司可能由于以前顾客的反面的口头宣传而丧失未来的销售机会。某一项评估表明，每个不满意的顾客会将他或她对于产品或服务的不满向平均其他九个人诉说。[③] 毫无疑问，要衡量客户服务的真实成本是多么困难！

目标在于以给定客户服务目标为前提使总成本最小化

因此，最好的办法是根据客户需要决定希望达到的客户服务水平，并考虑那些需求将会如何受营销组合其他方面的开支的影响。正如我们前面所说的，其思想是在给定客户服务目标的前提下，使总成本最小化。因为其他五个主要的物流成本因素共同作用来支持客户服务，物流经理需要得到有关每个成本类别的开支的正确数据。

---

① 这一节大量节选自 Lambert, The Development of an Inventory Costing Methodology, pp.5-15, 59-67.

② Joseph Cavinato, "A Total Cost/Value Model for Supply Chain Competitiveness," Journal of Business Logistics 13, no. 2 (1992), pp. 285-301.

③ George R. Walter, Upside-Down Marketing (New York: McGraw-Hill, 1994), Summarized by Audio-Tech Books 3, no. 2 (March 1994), p. 8.

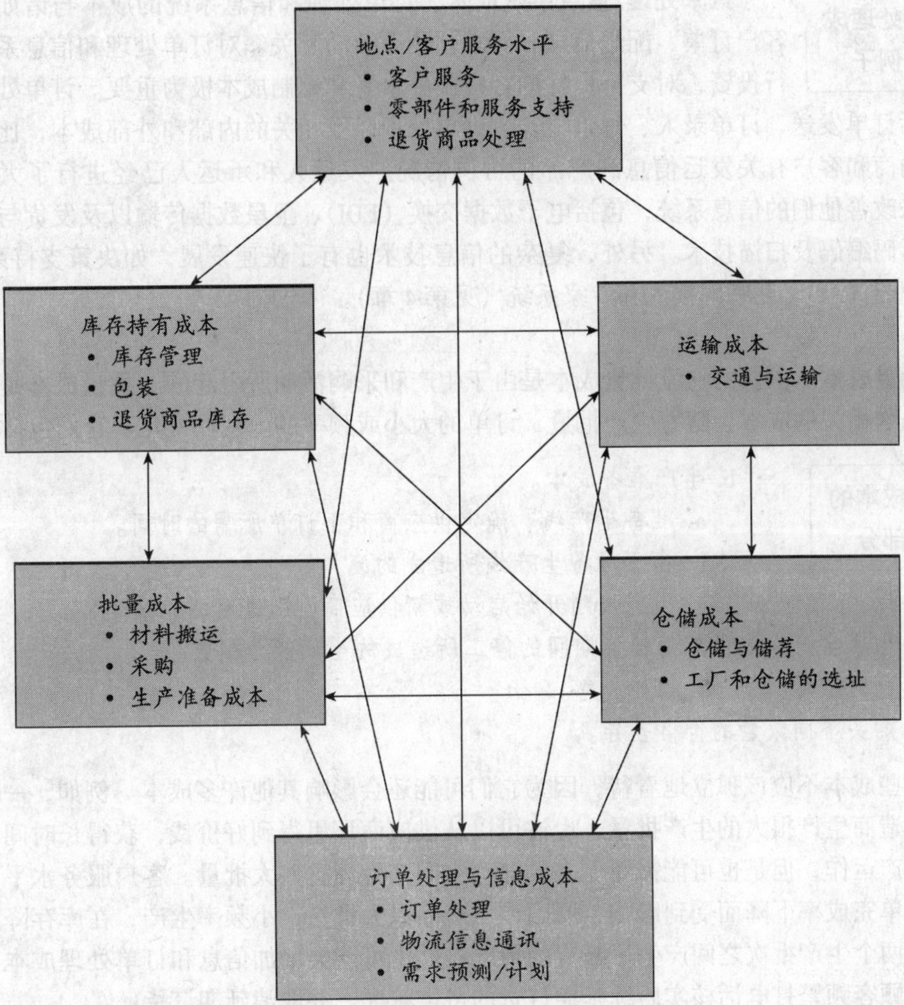

资料来源：摘自 Douglas M. Lambert， The Development of an Inventory Costing Methodology： A Study of the Costs Associated with Holding Inventory（Chicago： National Council of Physical Distribution Management， 1976）， p. 7.

图 1.5　物流活动如何驱动物流总成本的发生

运输成本。根据分析个体的不同，可以用多种不同的方法来考察支持运输的支出。成本可以按客户、生产线、渠道类型、运输商、方向（进货对发货）等等分类。根据发运量、运输的重量、距离以及出发地和目的地不同，成本相应地变化很大。成本和服务还会随着所选择的运输方式的不同而发生大幅度的变动（见第8章和第9章）。

仓储成本。仓储成本由仓储和储存活动以及工厂和仓库的选址过程所造成，包括由于仓库数量和位置的变化而引起的所有成本（见第10章）。

订单处理成本的例子

订单处理/信息系统成本。订单处理和信息系统的成本与诸如处理客户订单、配送信息和需求预测等活动相关。对订单处理和信息系统进行投资，对支持良好的客户服务水平和控制成本极为重要。订单处理成本包括订单发送、订单录入、订单核实、订单处理以及相关的内部和外部成本，比如通知运输商和客户有关发运信息和产品的可供情况。发运人和承运人已经进行了大量投资，来改善他们的信息系统，包括电子数据交换（EDI）、卫星数据传输以及发货与销售的条形码编码及扫描技术。另外，复杂的信息技术也有了快速发展，如决策支持系统、人工智能（AI）、互联网接入和专家系统（见第4章）。

批量成本。主要的物流批量成本是由于生产和采购活动所引起的。批量成本是和生产或采购相关的成本，随着生产批量、订单的大小或频率的改变而变化。它们包括：

批量成本的组成部分

1. 生产准备成本。
   a. 准备生产线、确定供应商和下订单所需的时间。
   b. 由于准备生产线所造成的废料。
   c. 生产线刚开始启动或新供应商刚引进时的无效运作。
2. 由于生产线或供应商转换期间的停工所造成的生产能力损失。
3. 物料搬运、安排计划和加急。
4. 购买不同数量的价格差异。

这些成本不应该孤立地看待，因为它们可能还会影响其他许多成本。例如，一个消费品制造商生产很大的生产批量，也许可以从供应商那里得到好价钱，获得长时间有效率的生产运作，但是也可能需要更多的储存空间来处理这些大批量。客户服务水平可能因为订单完成率下降而受到影响，原因在于产品以大批量、小频率生产，在库存降到零时，在两个生产批次之间产生了断货的情况。这也可能会增加信息和订单处理成本，原因在于顾客频繁打电话核实后续延期订货的可供状况，并取消延期订货。

由于向客户部分地或分拆订单发货，运输成本也可能上升。这归咎于大批量，由于在库存耗尽为止一直持有大量库存，存货持有成本可能会上升。某项成本对另一项成本的影响必须加以清楚的考虑。

存货持有成本。可能影响存货持有成本的物流活动包括库存控制、包装以及废品回收和废物处理。存货持有成本由许多因素组成，除销售的丧失成本之外，存货持有成本是最难确定的。为了要制定决策，惟一要考虑的库存相关成本是那些随着存货金额变动而变化的项目。这些成本将在第5章进行详细探讨。存货持有成本的四个主要组成部分是：

存货持有成本的组成

1. 资本成本，或者机会成本，即公司原本在库存占用资金上所可能得到的回报。
2. 库存服务成本，包括库存的保险和税金。
3. 储存空间成本，包括那些和仓储空间相关的随着库存水平而变动的成本。
4. 库存风险成本，包括过期、偷盗、库存系统内的移动和损坏。适当的包装可以减少损坏和偷盗的成本，便于移动，并有助于防止产品过期。

物流和公司利润绩效——战略利润模型

改善现金流和 ROA 的策略

在一个不确定的经济环境中，高层管理者会对妥善地管理资产和现金流更感兴趣。用来改善现金流和资产收益率（return on assets，ROA）的两种最普通的策略是：（1）减少应收账款；（2）减少对库存的投资。表 1.4 包含所选择的制造商、批发商和零售商的财务数据，使我们得以明晰为什么会是这样。它显示应收账款占制造商总资产的 2.0% 到 39.4%，占服务企业总资产的 10.0% 到 60.7%。库存占制造商总资产的 1.5% 到 26.2%，占服务企业总资产的 13.0% 到 48.6%。加在一起，应收账款和库存分别占总资产的 3.5% 到 45.2% 和 33.9% 到 80.5%。

表 1.4 制造企业、批发商、零售商的部分财务数据（百万美元，1998）

	销售额	净利润	净利润占销售额的百分比	总资产	应收账款	库存投资	应收账款占资产的百分比	库存占资产的百分比
制造企业								
Abbott Labs	$ 11,883.0	2,094.5	17.6%	12,061.4	1,782.3	1,280.0	14.8%	10.6%
Borden	3,481.6	278.2	8.0	3,049.7	n/a	n/a	n/a	n/a
Clorox	2,741.3	298.0	10.9	3,030.0	428.5	211.9	14.1	7.0
Ford Motor	122,937.0	6,920.0	5.6	85,079.0	3,513.0	5,468.0	4.1	6.4
General Electronic	53,404.0	8,203.0	15.4	304,012.0	6,125.0	4,473.0	2.0	1.5
General Mills	6,033.0	421.8	7.0	3,861.4	394.1	389.7	10.2	10.1
Goodyear	13,155.1	558.7	4.2	9,917.4	1,733.6	1,835.2	17.5	18.5
Halliburton	8,818.6	454.4	5.2	5,506.0	2,205.0	326.9	39.4	5.8
Honeywell	8,027.5	471.0	5.9	6,411.4	1,837.8	1,028.0	28.7	16.0
NCR	6,589.0	7.0	0.1	5,293.0	1,471.0	489.0	27.8	9.2
Newell	3,234.3	290.4	9.0	3,943.8	524.6	625.2	13.3	15.9
Pfizer	12,504.0	2,213.0	17.7	15,336.0	2,527.0	1,773.0	16.5	11.6
Sara Lee	20,011.0	(523.0)	-2.6	10,989.0	1,800.0	2,882.0	16.4	26.2
Xerox	18,166.0	1,452.0	8.0	27,732.0	6,744.0	2,792.0	24.3	10.1
服务公司								
Baxter	6,138.0	300.0	4.9	8,707.0	1,739.0	1,208.0	20.0	13.9
Bergen Brunswig	17,121.7	3.1	0.0	3,003.2	958.6	1,458.3	31.9	48.6
Target Stores	27,757.0	751.0	2.7	14,191.0	1,555.0	3,251.0	11.0	22.9
Fleming	15,372.7	25.4	0.2	3,924.0	334.3	1,018.7	8.5	26.0
Kmart	32,183.0	249.0	0.8	13,558.0	0.0	6,367.0	0.0	47.0
Nordstrom	4,851.6	186.2	3.8	2,865.2	664.4	826.0	23.2	28.8
Sears	41,296.0	1,188.0	2.9	38,700.0	23,494.0	5,044.0	60.7	13.0
Wal-Mart	117,958.0	3,526.0	3.0	45,384.0	976.0	16,497.0	2.2	36.3
Winn-Dixie	13,617.5	204.4	1.5	3,068.7	196.2	1,404.9	6.4	45.8

资料来源：各种公司年报、10-K 报告、网站和其他出版物。

当最高管理层下令减少应收账款和/或库存，其目标是改善现金流和减少公司的资产投资。通常，管理层假设收入和其他成本将维持不变。但是销售项目的减少，甚至原有销售项目的强制执行，实际上都会改变企业营销组合的价格组成。另外，如果现有的库存已经设定在这样一个水平，它使企业能够针对期望的客户服务水平实现最低成本的物流，那么单纯降低库存水平只会增加物流成本。

在没有技术改变或物流过程重组的情形下，武断地减少应收账款和/或库存会对公司的利润绩效带来破坏性的影响。例如，如果制造商改变了它的销售项目，对批发商和零售商的作用会是双重的。

改变销售条款的影响

首先，这个变化改变了制造商的价格，并由此改变了产品的竞争地位，可能导致销售下降。第二，它使制造商的客户现金流问题更加复杂化。强制快速支付发票，会造成供应链成员通过降低他们对制造商产品的库存来改善他们的现金流。他们通过下达更小、更频繁的订单来达到目的，结果可能会增加制造商及其客户双方的物流总成本。这种情形也许还会导致制造商的产品在渠道的批发或零售级别发生断货，从而进一步减少销售量。

类似地，如果没有系统的改变，制造商武断地减少库存水平以改善库存周转的政策，可能增加运输成本和/或生产准备成本，因为物流系统需要忙乱地以更低的库存达到设定的客户服务水平（假定公司在政策改变之前，有效率和高效地配送它的产品）。作为另外一种选择，降低费用的压力可能会排除使用最优的运输或增加生产的准备次数，以达成期望的客户服务水平。

要确定一项改变系统的建议将会如何影响利润绩效和资产收益率，一种有用的办法是使用战略利润模型（见图 1.6）。战略利润模型表明净资产收益率——即股东投资加上留存收益的收益率——是管理层能够控制的三个因素的函数：净资产、资产周转率和财务比例。

净利润

净利润占销售的百分比是产品制造及销售的效率和有效性的衡量标准。然而，净利润本身并不是一个令人满意的衡量绩效的标准。例如，存在一个净利润率为 2%的公司或是一个 10%的公司，购买哪家公司的股票会更好？

为了回答这个问题，我们需要了解该公司的销售量，以及为了实现销售量水平所需的投资。我们还应该衡量管理者利用资产的效率情况。

资产周转率

资产周转率，销售额除以总资产，表示为了产生一定水平的销售资产是如何被有效使用的。

资产收益率

资产收益率（ROA），通过销售利润率乘以资产周转率而确定，将赢利能力和使用的资产价值联系起来。为此，它是公司绩效的最好的单一衡量标准。这个指标可用来比

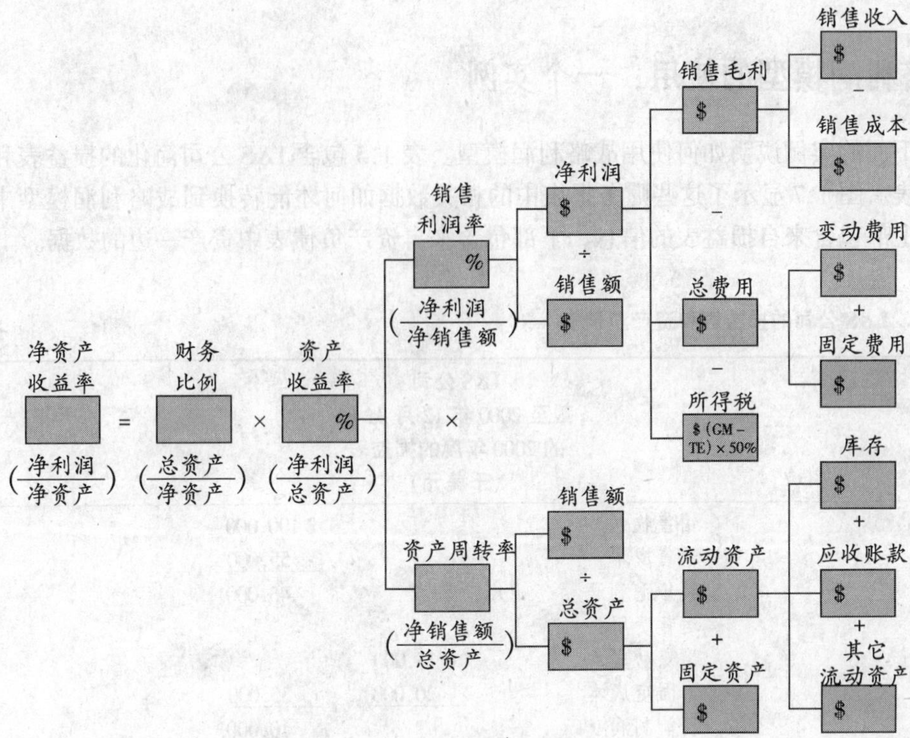

图 1.6　战略利润模型

较不同的选择方案，不管它们是近似的还是不同的项目或公司。不过，像其他任何绩效衡量标准一样，资产收益率不应该被单独使用，因为它可能会由于行业环境或资本投资水平而有相当的不同。

企业可以通过增加净利润和/或减少使用的资产来改善资产收益率。换句话说，提高销售利润率或资产周转率，保持其他事项不变，将导致更高的资产收益率。

财务杠杆

财务杠杆通过将总资产除以企业的净资产而计算获得。它衡量管理层如何利用外界融资来增加企业的净资产收益率。净资产或股东权益等于股东的资本股票投资加上留存收益。简单地讲，如果公司能够以税前 10%和税后 5%的成本借到钱，并能将资金投资在提供 15%税后收益的资产上，那么如果企业通过借款和使用营运中产生的现金，而不是通过销售更多的股票为它的成长提供资金，每股收益将会更大。但是应该指出，管理层可能过多地使用财务杠杆（即借款太多），从而在销售下降的时候使企业的现金流产生问题。

净资产收益率

对股东来说一个重要衡量标准是净资产收益率（RONW），等于净利润除以股东权益。它可由 ROA 乘以财务比率而确定。

战略利润模型的使用：一个实例

下面的实例说明如何使用战略利润模型。表 1.5 包含 L&S 公司简化的损益表和资产负债表。图 1.7 显示了这些财务报表中的相关数据如何才能转换到战略利润模型中。模型的上部包含来自损益表的信息，下部包含来自资产负债表中资产一边的数据。

表 1.5　L&S 公司的损益表和资产负债表

L&S 公司
截至 2000 年 12 月 31 日
的 2000 年度的损益表
（千美元）

销售收入		$ 100,000
销售成本		55,000
销售毛利润		45,000
运营费用：		
变动成本	$ 15,000	
固定成本	20,000	35,000
税前利润		10,000
所得税		5,000
净利润		$ 5,000

L&S 公司
2000 年 12 月 31 日
的资产负债表
（千美元）

资产			负债和股东权益		
流动资产：			负债：		
现金		$ 1,000	应付账款		$ 8,000
应收账款		8,000	应付票据		2,000
库存		15,000	总流动负债		$ 10,000
其他流动资产		1,000	长期票据		15,000
总流动资产		$ 25,000	总负债		$ 25,000
固定资产：					
土地		$ 4,000			
工厂与设备		25,000			
减去：			股东权益：		
累计折旧	10,000	15,000	股本		$ 5,000
其他固定资产		6,000	留存收益	20,000	25,000
总资产		$ 50,000	负债与股东权益之和		$ 50,000

既然财务比例是由最高管理层制定的战略决策，大多数运营经理必须改善 ROA 来提高净资产收益率。这可以通过增加销售利润率或增加资产周转率来实现。净利润是实现的销售量和为取得该销售水平所承受的费用的函数。资产周转率是销售量和资产使用水平的函数。换句话说，管理层可以通过实现下列目标之一，同时保持其他不变来改善

ROA：(1) 增加销售；(2) 减少费用；(3) 减少资产使用水平。

图1.7表明L&S公司的ROA是10%。如果管理层想把它增加到12%，如何才能做到？一个方法是将销售额提高7%，达到1.07亿美元。这将导致销货成本（COGS）和变动成本相应增加7%，不过税后净利润将从500万美元上升到605万美元（见图1.8）。销售利润率将从5.0%提高到5.65%，并且资产周转率将从2.0%提高到2.14%。结果将会是12%的ROA。由于财务比例维持相同，RONW将上升到24%。

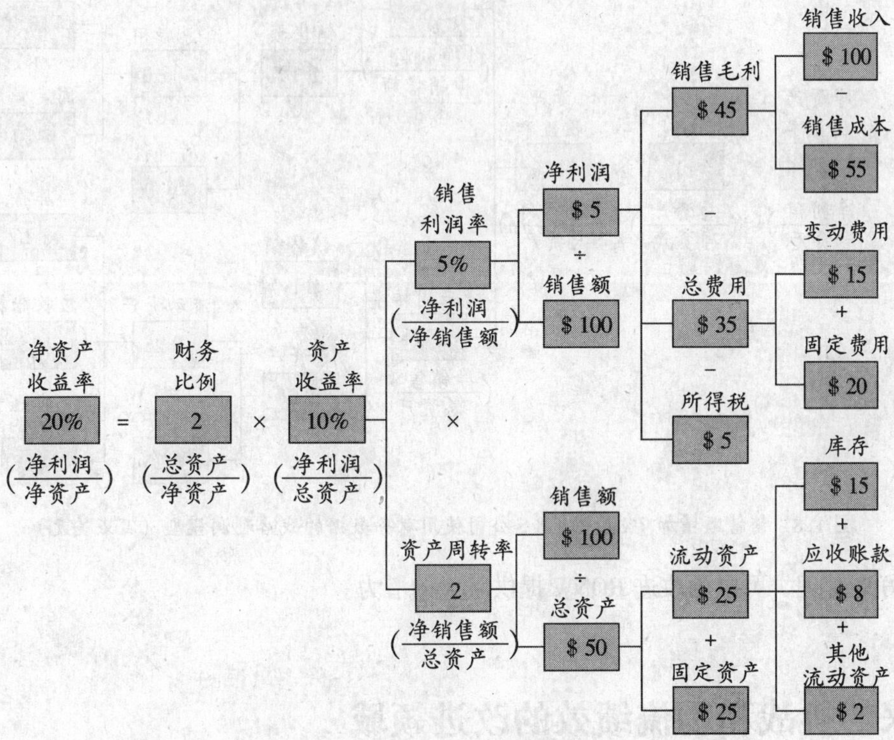

图1.7　L&S公司使用财务数据的战略利润模型（百万美元）

第二种达到24%的净资产收益率的办法是管理层将下列一种或多种费用减少200万美元：

- 销售成本（COGS）
- 变动费用
- 固定费用

200万美元的费用节省将使税后净利润增加100万美元，达到600万美元。因为资产周转率保持不变，ROA将会提高到12%。财务比例保持不变，RONW将会达到24%。

第三种达到比率要求的ROA的方法是将资产减少600万美元。假设这可以通过减少400万美元库存和200万美元应收账款来实现，还假设该收益将会用来归还利率12%的600万美元贷款，结果将会使ROA增加到12.17%（见图1.9）。然而，还清600万美元贷款将使财务比例降低到1.76（44/25），并导致21.4%的RONW。一般来讲，投资更多的生产性资产比归还贷款要好。

当然，管理层可以使用上述三种方法的任意组合来达到要求的12%的数字。因为物流成本代表着可能占25%的企业运作成本和30%的制造商资产，因此，对物流职能进

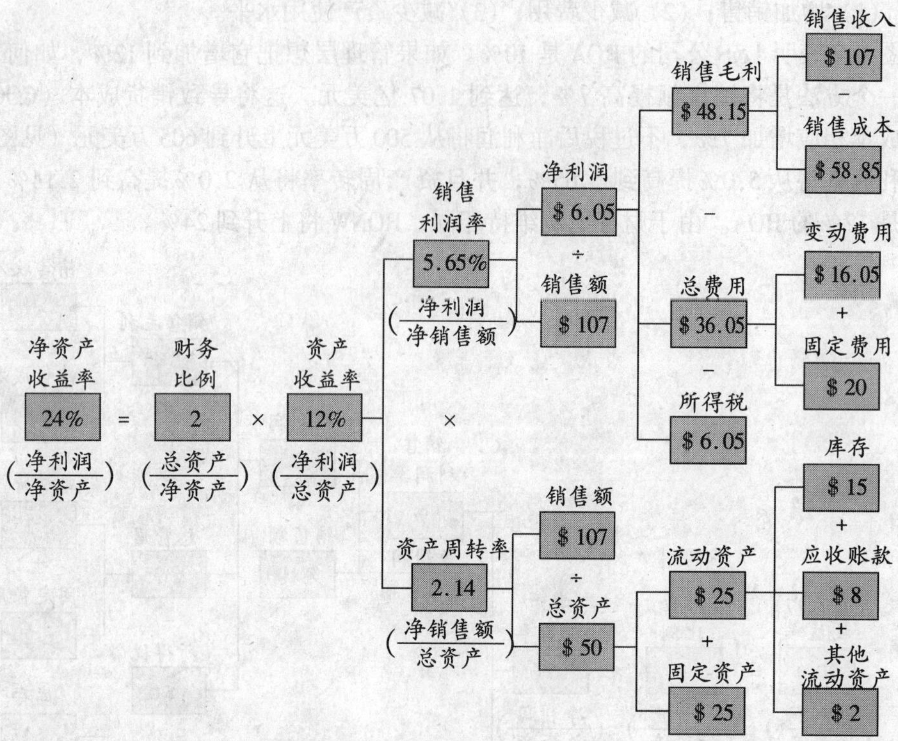

图 1.8 销售额增加 7%后的 L&S 公司使用财务数据的战略利润模型（百万美元）

行更好地管理，可以为改进 RONW 提供巨大的潜力。

未来的挑战和物流绩效的改进领域

物流专业人员将在这个新千年中面临许多复杂的挑战。以下领域将发生重大的改变：供应链管理（supply chain management，SCM）、战略计划、全面质量管理（total quality management，TQM）、准时制（just-in-time，JIT）、快速反应（quick response，QR）、有效客户反应（efficient consumer response，ECR）、物流成为竞争武器、物流成本会计、物流成为跨界活动、全球化物流、增长的技能要求、物流信息系统、战略联盟和伙伴关系、外包、技术、电子商务以及绿色营销和逆向物流。

这些主题将会结合在一起贯穿本书，从而提供连贯性，并帮助理解其中的某些问题如何影响到各种物流活动的绩效和人们对其重要性的认识。

供应链管理

供应链管理（SCM）有几种方法来定义，包括：

设计、开发、优化以及管理供应系统的内部和外部组成部分的过程，包括物料

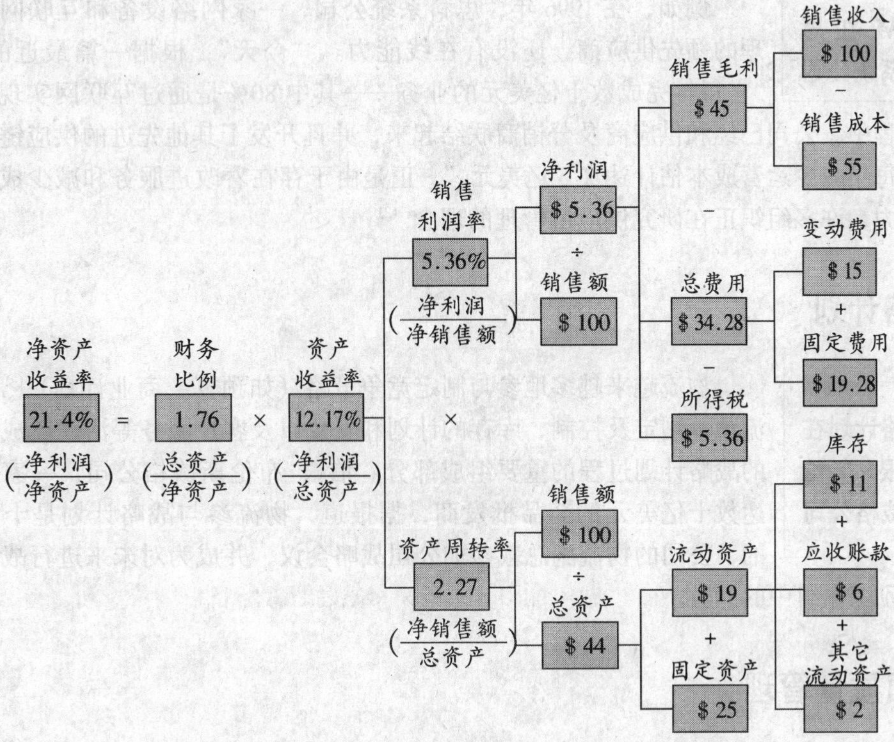

图 1.9　流动资产降低 600 万美元并以 12% 的利率偿还负债后的 L&S 公司使用财务数据的战略利润模型（百万美元）

供应、物料加工和将制成品或服务配送给客户，它与整体的目标和战略是一致的。①

管理一组三个或更多的组织，这些组织通过产品、服务、资金和信息从源头到客户的一个或多个正向流或逆向流而直接联结在一起。②

我们将在第 2 章中讨论到，SCM 的最佳定义与这两个观点不同：

供应链管理的定义

对从最终用户一直到原始供应商的关键商务流程的集成，提供能为客户和其他股东增加价值的产品、服务和信息。③

作为一种在 20 世纪 90 年代广受企业团体信奉的方法，SCM 聚焦于许多企业和职能在向客户提供高质量产品和服务的过程中所做出的贡献。虽然很难实施，但 SCM 为供应链中的客户和企业提供了巨大的潜力。供应链成员组织的协调一致，再加上实时信息的共享，可以导致成本和服务的协同作用。

① Robert E. Spekman, John W. Kamauff Jr., and Niklas Myhr, "An Empirical Investigation into Supply Chain Management," International Journal of Physical Distribution and Logistics Management 28, no. 8 (1998), p. 631.

② J. T. Mentzer, W. DeWitt, J. S. Keebler, S. Min., N. W. Nix, C. D. Smith, and Z. G. Zacharia, "A Unified Definition of Supply Chain Management," working paper, University of Tennessee, 1999.

③ Douglas M. Lambert, Martha C. Cooper, and Janus D. Pagh, "Supply Chain Management: Implementation Issues and Research Opportunities," International Journal of Logistics Management 9, no. 2 (1998), p. 1.

SCM 在思科系统公司

例如，在1996年，思科系统公司，一家网络设备和互联网网络管理的领先供应商，还没有在线能力。“今天”，根据一篇最近的文章，“它每年完成数十亿美元的业务——其中80%是通过互联网实现的。在此过程中，公司已经和供应商及分销商联结起来，并且开发了其他先进的供应链操作方法，每年减少运营成本估计达2.5亿美元。”① 正是由于存在着改进服务和减少成本的巨大潜力，许多组织正在研究供应链管理的理念。②

战略计划

战略计划在伯根·布伦斯威格公司

物流越来越多地参与制定竞争策略（如预算、商业计划）。③ 诸如物流预算制定及控制、库存的计划和安置以及客户服务等活动已成为组织的战略计划过程的重要组成部分。伯根·布伦斯威格公司，一家销售额达数十亿美元的药品批发商，据报道，物流参与战略计划是十分关键的，公司的物流副总裁参加公司战略会议，并成为对未来进行战略思考的特别工作组中的一员。④

全面质量管理

全面质量管理（TQM）是一个通用的商业原理，可以用在企业的各个方面，包括制造、营销和物流。作为一种商业方法，TQM应该深入物流运作的所有方面之中。TQM要求物流管理者积极地在第一次就以正确的方法执行正确的活动，并持续改进，直到达到所需的水平。

马尔科姆·波里奇全国质量奖

举个例子，由于各种质量奖项的出现，比如马尔科姆·波里奇（Malcolm Baldrige）全国质量奖（美国）、欧洲质量奖（欧洲）以及戴明（Deming）奖（全球），物流受到越来越多的公司关注。波里奇奖由美国商务部管辖，表彰那些在国内和世界市场非常卓越的、取得高水平竞争优势的公司。许多组织正在使用该奖项的评比标准来评估和改进它们的物流过程及流程，尽管它们并不想申请该奖项。⑤

物流在企业赢得波里奇奖中扮演了一个关键角色。该奖项评选的很大一部分分值是以客户的满意度为依据的。通过创建客户服务，物流对营销满足客户需求的能力做出了重要贡献。该奖项的“聚焦客户和市场”以及“聚焦客户的结果”两个大类检查公司有

① Robin Palmer, “The Five Stages of Supply Chain Management,” Supply Chain Technology News 1, no. 2 (November/December 1999), p. 38.

② 见 Douglas J. Bowersox, David J. Closs, and Theodore P. Stank, 21st Century Logistics: Making Supply Chain Integration a Reality (Oak Brook, IL: Council of Logistics Management, 1999); and James S. Keebler, Karl B. Manrodt, David A. Durtsche, and D. Michael Ledyard, Keeping Score: Measuring the Business Value of Logistics in the Supply Chain (Oak Brook, IL: Council of Logistics Management, 1999).

③ Martha C. Cooper, Daniel E. Innis, and Peter R. Dickson, Strategic Planning for Logistics (Oak Brook, IL: Council of Logistics Management, 1992), p. 10.

④ 同上，p. 105.

⑤ David Greisling, “Quality: How to Make It Pay,” Business Week (August 8, 1994), pp. 54-59.

关客户知识、全面客户服务系统、反应能力以及满足需求和期望的能力。① 如果没有良好的物流系统和将物流包含在战略计划过程之中，企业不可能期望在这个重要的领域得到高分。

ISO9000 系统

除了各种质量奖项，还有很多质量认证系统，最受认可的是国际标准化组织（ISO）的 9000 系列。ISO9000 系列是国际公认的认证系统，根据这一认证系统对企业的质量程序进行督察，以核查它们是否具备有效的、完好存档的质量程序。ISO9000 系列是在欧洲诞生的，其初衷在于支持欧洲经济共同体成员之间的贸易往来。② 虽然并不是所有企业都想获得 ISO9000 认证，但该标准影响着很多公司如何着手处理质量问题，尤其是在物流领域（如仓储和运输）。③

准时制

准时制（JIT）是一种库存管理原理，试图通过消除安全库存（即用来应对预料之外的需求变动的额外产品）来尽量减少库存。通过 JIT 方法，产品、组件或其他材料精确地在组织需要的那一刻送达，或者尽可能地接近那一刻。

JIT 对于物流的影响

我们将在第 11 章和第 12 章讨论到，JIT 对物流系统有着深远的影响。JIT 要求密切协调各职能领域之间（如物流、制造、营销）和与其他渠道成员之间（如承运人、供应商）的需求。JIT 还代表着物流的一个重大机会：在维持或改进客户服务水平的同时，通过减少库存及其相关成本，为组织的成功做出贡献。

快速反应

快速反应（QR）是一个零售领域的策略，它融合了许多策略，在加快库存流动的同时，改进库存管理。大多数 QR 仅限于制造商和零售商之间。在得到充分实施时，QR 将 JIT 原理应用于整个供应链，从原材料供应商一直到最终客户。

该理念通过电子数据交换（EDI）和条形码技术的结合而运作。销售数据被即时获取，信息传递给制造商，后者随后通知其原材料供应商，并根据需要制定生产和发运计划，以满足补充的需要。这使库存得以降低，同时加快反应时间、降低缺货次数、减少搬运以及使过期报废最小化。虽然 QR 产生在纺织/制衣行业，如今它在零售领域的许多行业得到应用。包装消费品领域，尤其是百货行业，实施了一种改进型的 QR，称作有效客户反应（ECR）。

---

① Malcolm Baldrige National Quality Award 2000 Criteria（Milwaukee，WI：American Society for Quality，1999）.

② James R. Evans and William M. Lindsay, The Management and Control of Quality, 2nd ed.（St. Paul，MN：West Publishing，1993），pp. 412-15.

③ 见 Toby B. Gooley，"ISO 9000 Is Coming!" Traffic Management 34，no. 2（October 1995），pp. 77-80；Samuel K. M. Ho，"Change for the Better via ISO 9000 and TQM，" Management Decision 37，no. 4（1999），pp. 381-85；and Lance L. Whitacre，ISO 9000：Certifying Quality in Warehousing and Distribution（Oak Brook，IL：Warehousing Education and Research Council，March 1994）.

接驳式转运

QR 对物流运作有着重要影响。配送中心现在被要求“移动”产品，而不是“储存”产品。这种要求常常由接驳式转运过程来完成，包括卸下进货、按每个商店理货以及将发货重新装上前往指定商店的卡车。除了几个小时或最多一天之外，产品几乎不发生仓储作业或储存。①

技　术

快速反应，加拿大风格

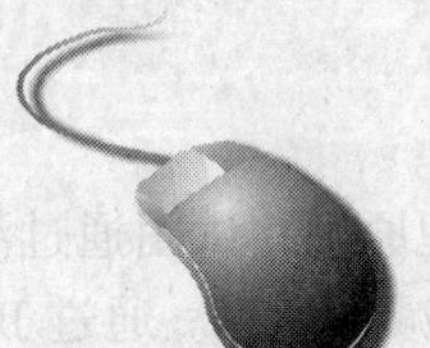

当位于多伦多的哈德逊海湾公司(Hudson's Bay Co.)开始开发快速反应技术时，公司的经理们将开拓精神留给了美国零售商，而他们自己则站在局外，观察和学习他们的美国同行好多年。

随后，在1991年末，哈德逊海湾公司决定要实施 QR 技术，公司的管理者迅速弥补了失去的时间。从 UPC 编码到场地预备过程的每件事都在不到两年的时间里生效。具有讽刺意味的是，如今当美国零售商和制造商仔细研究场地预备商品的指导原则时，他们期望向北面的邻居多学习。

据哈德逊海湾的商品系统总监佩吉·莫塞(Peggy Macek)所说，使供应商遵守各种标准，包括场地预备商品的处理，涉及许多伙伴协作和理解，还有一点点抨击和强制。

“我们非常清楚地向供应商表明我们对他们的期望，并为他们提供实施方面的指导。就我们的思维方式而言，没有商品的场地预备而空谈 QR 是毫无意义的，并且我们尽力帮助他们看到这样做的好处。”莫塞说。

“有些供应商在刚开始的时候拒绝，但我们是加拿大最大的零售商，他们很快做出结论：你不能对抗市政厅。”

毫无疑问，哈德逊海湾公司因为某家最大的供应商拒绝遵守标准而切断其供货一个月的事实，向加拿大的制造商发出了明确的信号。

最近，哈德逊海湾公司要求供应商在发货前就对商品标价。悬挂装置根据商品类别被标准化，装运箱经过配送中心（DC）而不必打开。

虽然加拿大的零售情况和美国差别很大——比如，零售商很少而制造商更加分散——哈德逊海湾公司得到的好处十分重大。

“我们正从配送职能中节约几百万美元，”莫塞报告说，“我们以前有五个配送中心。现在，由于已经实施的技术以及我们推动产品通过产品供应线的速度，我们能够关闭三个 DC。”

过去，产品要经过长达两到三个星期才能从 DC 到达哈德逊海湾的销售场地。今天，发往多伦多和蒙特利尔的门店的产品通常在到达 DC 一到两天后就会出现在销售商店。更多的座落在国内遥远地区的门店可以让产品在到达 DC 五至六天以后出现在销售场地。

哈德逊海湾公司，北美最老的零售商，1993年的总销售额超过50亿美元，经营着102家称为海湾（Bay）的全系列百货商店，以及一个叫做泽乐（Zellers）的折扣商店部。

资料来源：Stores（April 1994），p. 42.

① 如需要进一步了解接驳式转运，请参见 Tom Andel, “Define Cross-Docking before You Do It,” Transportation and Distribution 35, no. 11 (November 1994), pp. 93-98; and “Implementing a Cross-Docking Program,” Distribution Center Management 30, no. 5 (May 1995), p. 3.

场地预备商品

为了进一步提高零售效率，某些供应商正在发运事先悬挂好或事先贴好标签的货物。这种货物被称为“场地预备商品”，正在日渐风行。作为 QR 的结果，商业百货商店（Mercantile Stores）将它拥有的配送中心数目从 12 个减少到 8 个。[①] 一个零售管理者评论说，如果没有零售价格标签和合适的悬挂装置，商品按惯例要在配送中心（DC）多消耗三天时间。[②] 结果，场地预备商品导致 DC 数量的进一步减少，因为处理时间大大缩短了。

有效客户反应

有效客户反应（ECR）的好处首先在 1993 年的一项研究中得到确认。研究得出结论：如果包装消费品行业的大多数公司都实施 ECR 战略，有可能产生 300 亿美元的成本节约。[③]

“ECR 设想消费家庭、分销商和供应商三者直接连接在一起。ECR 进一步设想该连接是快速、准确、无纸化的信息流动，驱使产品的移动精确地满足客户（需求）。该设想要求贸易伙伴的思维方式发生重大改变。”[④]

ECR 包括以下策略：[⑤]

有效客户反应的策略

1. 电子数据交换沿供应链向上和向下、在供应商和分销商之间以及分销商和客户之间广泛使用。
2. 更多地使用通过更广泛、更准确的应用条形码技术所获得的销售点的数据。
3. 分销商、供应商和客户之间相互协作。
4. 连续的库存补充和“直通”配送。
5. 改进的产品管理和促销。

通过应用第四点——连续的库存补充和“直通”配送，库存可在 JIT 基础上得到管理，导致成本的节约和服务的改善。

物流作为一种竞争武器

物流能力无法轻易模仿

就像一个好产品、促销和/或定价策略，物流可以成为企业竞争优势的一个来源。然而，相对于营销组合的其他组成部分，物流是最难模仿的。竞争者可以在短期内开发出竞争产品。许多名牌正在失去其相对于非名牌产品的优势，因为越来越多的产品变得毫无差异（即普遍的）。营销努力会被

① Gary Robins, “Less Work, More Speed,” Stores (March 1994), p. 24.

② Susan Reda, “Floor-Ready Merchandise,” Stores (April 1994), p. 41.

③ Richard J. Sherman, “ECR Vision to Reality: Creating Innovative Strategies to Astonish Customers,” Annual Conference Proceedings of the Council of Logistics Management (Cincinnati, OH, October 16-19, 1994), p. 142.

④ 同上，p. 143.

⑤ Carol Casper, “ECR: Waiting to Move Center Stage?” Industrial Distribution (February 1994), pp. 83-85.

其他有办法使用同样的广告代理、大众媒体和其他促销活动的公司所模仿。因为价格几乎可以在瞬间改变，由降价而形成的优势是非常短命的。相反，物流能力是竞争者无法在短期内轻易或廉价模仿的。

在以强大和老练的竞争者为特色的环境中，每个公司都试图发展可持续的竞争优势，许多组织认识到物流能力是发展和维持持续的商业成功的关键。通过物流重组、员工培训和授权、计算机化的信息系统以及其他努力改善客户服务，能为组织提供竞争优势。

在过去几年，物流在实现组织的客户服务目标和支持客户满意度方面的能力，受到新闻媒体越来越多的关注。[①] 理解并将物流潜力作为竞争武器的组织，将物流作为它们的营销和企业总体战略的一个关键组成部分。

即使其他人想要尝试去模仿成功组织所做的努力，那些具有优势的组织会执行持续改进的计划。只要领先的企业还在追求持续改进，竞争者之间的差异就会一直保持，虽然这种差异可能变得越来越小。在一个日益复杂的市场中，客户将能识别竞争者之间越来越小的差异。

那些将物流视为进攻性营销武器的组织（即视为能为它们提供可持续竞争优势的战略），很可能将物流当做组织战略的一个不可或缺的部分。

物流成本会计

如本章前面所述，一体化物流管理是以总成本分析为基础的。然而，由于历史原因，有关的必需的成本数据很难获得，并且数据的缺乏阻碍了许多企业实现最小总成本的物流。物流成本信息的可获得能力应该是管理层的一个首要考虑。为决策的制定和控制而开发物流成本信息，是组织面临的最最关键的任务之一。

作业成本计算

通常来讲，会计系统并不充分适合于准确说明物流活动和物流决策中固有的许多成本权衡问题。及时、准确、有意义的物流信息在实践中很少能得到。不过，这种情况正在开始改变，因为更多的组织实施了能抓获具体信息的会计系统，并且使用作业成本计算系统（activity-based costing，ABC），在准确、有意义的基础上把成本分摊到具体活动。[②] 这个领域里有许多工作有待完成。与 ABC 在物流中的应用有关的一些问题将在第 16 章介绍。

一体化物流管理理念的未来潜力，有赖于组织获得准确、实时的会计信息的能力。另外，虽然许多组织正在利用赢利能力（全成本）和贡献率报告，但那些报告的质量相差很大。仅仅有现成的物流会计系统是远远不够的。必须从这些信息中产生报告，并且有情况需求的经理人员必须得到这样报告。只有这样，最优的物流成本权衡才会实现。

---

① 见 Ulf Casten Carlberg，"Information Systems Must Offer Customized Logistics and Increase Profitability，" Industrial Engineering 26，no. 6（June 1994），pp. 23-30；Daniel Innis and Bernard J. La Londe，"Customer Service：The Key to Customer Satisfaction，Customer Loyalty and Market Share，" Journal of Business Logistics 15，no. 1（1994），pp. 1-28；and "Logistics Mandate Is Customer Satisfaction，" Transportation and Distribution 34，no. 12（December 1993），pp. 28-30.

② Terrance Lynn Pohlen，The Effect of Activity-Based Cost on Logistics Management，an unpublished doctoral dissertation，Ohio State University，1993；and Philip G. Deely，"Activity-Based Costing：What to Measure and How，" Annual Conference Proceedings of the Council of Logistics Management（Cincinnati，OH，October 16-19，1994），pp. 211-18.

物流是一项跨越职能界限的活动

物流在整个供应链中起着关键的作用

物流在整个供应链中起着关键的作用，跨越其所有成员内部和相互之间的界限。在组织外部，物流在订单处理、订单履行和产品交货周期等方面衔接着客户、承运人、仓储企业、供应商、卖主以及其他第三方。

在组织内部，物流连接着所有主要的职能领域。例如，它在计划过程和物流投资（如建筑物、设备和技术）的资本支出分析方面和财务相衔接。物流在为各种产品、客户和配送渠道建立物流成本（如运输、配送、储存）方面和会计相衔接，并且它要求从会计那里得到有关预算和实际开支的信息。

物流必须和生产/运营紧密协作，因为它接受来自生产部门的物料订单，并必须确认所需的物品已经准时订购、运输和收到。物流经常管理着组织中的材料和/或在制品流（work-in-process），并且必须和生产部门在产品完工后就制成品的储存和发运条款协调一致。

新产品开发

物流还应该参与新产品开发的所有方面，如产品和包装工程。在新产品开发过程中考虑物流是极其重要的，因为这将确保消除潜在的物流问题或使其最小化。[①] 物流的输入对以下方面极为关键：设计适当的配送渠道，预测库存需求，确保生产原料的可供能力，以及为了使配送渠道中的搬运、运输和储存最大化而设计产品包装。

全球化物流

如我们在本章前面所简要提到的，越来越多的组织已经涉及了某种形式的国际营销、制造和/或配送。这个趋势还会继续。随着向全球市场扩展，发展世界范围的物流网络和信息系统的需求也随之产生。物流管理者将不得不设法获得涉及多个领域的额外技巧和能力（如国际金融、进出口文件、政治学、国外商务实践以及全球习俗文化）。当组织向国际化扩展时，一体化物流管理和总成本的权衡分析变得越来越复杂和难以控制。

可能影响组织全球化运作的未来趋势包括下列方面：

全球化趋势

1. 越来越多的物流管理者拥有国际职责和职权。
2. 国际文书和文件日益标准化，尤其是发运提货单，另外，有纸化交易的数量在减少。
3. 越来越多的小企业通过许可证、合资或直接隶属的方式与大企业从事出口贸易。
4. 越来越多的物流服务供应商是全球性的，并在全球范围内运作。
5. 配送渠道的纵向一体化日渐增多，将会包括来自许多国家的渠道成员（尤其在获取原材料供应资源方面）。
6. 全球化供应链的成长和发展。

---

① Philip R. Witt, Cost Competitive Products (Reston, VA: Reston, 1986).

当组织在世界其他部分寻找目标市场时，它们必须建立满足各种客户需求的物流系统。影响向国际市场扩展的最为关键的因素之一将是物流管理者的熟练程度和专业知识的增长。

增长的技能要求

因为上升的成本预示着企业物流活动的开支占销售的百分比可能会增加，物流职能将继续在组织内部受到关注。许多物流管理者在其组织中被安排在高层（如总监、副总裁）。

物流经理人员的教育需求

有关研究已经揭示了物流职能宽广的职责范围。副总裁、总监和总经理把他们很大一部分时间花在传统意义上的物流活动之外，经常涉足包装、产品计划和销售预测。伴随着这些职责而产生了理论培训的需要，包括信息技术、全球化物流、公司财务、供应链管理、市场营销管理和人力资源。

在最近一项调查问卷中，对于有关影响物流未来成长和发展的因素这一问题的回答，突出强调了物流管理人员持续获取许多领域的专业知识的必要性。在管理人员提到的因素中有信息技术、供应链管理、成本/财务影响、全球化、客户价值和电子商务。其中每一项因素都要求具备许多领域的管理专长。①

这里特别提到有关供应链管理，为了将供应链的思想整合到战略计划和运营之中，物流管理人员需要新的技能。有五项任务十分重要：（1）为取得战略优势而设计供应链，其中创新对竞争优势至关重要；（2）实施合作关系，它将会取代命令和控制式的关系；（3）建立伙伴关系；（4）管理信息；（5）评估、管理价格和成本以获利。②

物流信息系统

“许多物流专家相信，正确识别、集成和实施信息技术工具是物流经理们在今天和可预见的未来所面对的最重要的一个问题。”③

组织将物流作为一种竞争武器加以使用的部分能力是以组织实时地评估和调整实际物流绩效的能力为基础的。这种能力指的是：一旦有客户需要、生产需求和库存水平发生即对其实施监控；及时行动防止产品断货；维持与客户的及时沟通。这需要有一体化的物流信息系统。这种系统不仅必须在内部集成，考虑到营销和生产活动，还必须和供应链的其他成员相集成，以提供从最早的供应商直至最终客户的、贯穿整个渠道的准确信息。

---

① Bernard J. La Londe and Terrance L. Pohlen, “The 1999 Ohio State University Survey of Career Patterns in Logistics,” Annual Conference Proceedings of the Council of Logistics Management (Toronto, Ontario, October 17-20, 1999), pp. 359-77.

② “Up Front: An Executive Summary of Industry News,” Logistics Management and Distribution Report 37, no. 12 (December 1998), p. 5.

③ Richard L. Dawe, Max Day, and Bill Goldsborough, “Using Information Technology to Improve Logistics Productivity,” Annual Conference Proceedings of the Council of Logistics Management (Chicago, IL: October 5-8, 1995), p. 123.

沃尔玛如何使用电子信息

信息系统可以连接各种信息技术。例如，沃尔玛（Wal-Mart）使用EDI与供应商沟通。它从供应商那里接收有关发运状况、送货时间表、数量甚至账单/发票等信息。沃尔玛还在零售商店的付款通道使用条形码读码器来捕获实时销售信息，并随即下载给厂商。厂商使用此信息决定要发运什么产品给沃尔玛。订单会自动生成。该系统将销售情况迅速反馈给厂商，厂商因此能够依据准确、及时的销售数据预测生产需求。他们也能更早地收到付款，这对其现金流很有帮助。沃尔玛得到的好处是它再也不用向众多的厂商直接下订单，并且可以将库存水平保持在最低水平。这两项策略都降低了沃尔玛的成本，并提高了客户服务水平。

战略联盟、伙伴关系与外包

在20世纪80年代，许多企业开始将各种物流活动外包给第三方，并研究与这些第三方企业之间建立起战略联盟和伙伴关系的可行性。简单地说，他们是参与物流中的不是制造中的“制造还是购买”的决策。由于公司面对着竞争压力、预算收缩、规模减小以及改善客户服务水平的需求，它们将部分或全部物流活动外包给了第三方。

举个例子，某家企业可能发现虽然自己拥有一个大型的汽车运输队，但与一家专业运输商签约，由它来服务某个特定的市场，可能更加有利。有些客户可能位于偏僻的地区，使用企业自己的车队为这些客户提供服务，其成本会非常高贵。在这种情况下，企业让外部的运输商去给那些客户送货将远比尝试自己来做要有利得多。

历史上，传统的发运人和物流服务供应商之间的关系是保持一定距离的交易关系，即每个企业都试图将它自己的利益最大化，而几乎不考虑这样的关系会怎样有益或有害于另一方。然而，在最近几十年里，企业和物流服务供应商开始逐渐认识到外包以及发展伙伴关系或联盟能够带来好处。科学上称这种有益于双方的关系为共生（symbiosis）。①

关系营销

有一个超越外包的概念叫做关系营销，是一种伙伴结盟的形式。这种与产品或服务的供应商建立紧密、长期的工作关系的理念在博士（Bose）公司实施JIT II时得到采纳。作为一家音响设备制造商，博士公司运用了一个“在厂内”的思想，关键的厂商和服务供应商实际上都位于博士公司的工厂设施内。博士公司和罗德威快运（Roadway Express）公司就建立了这种关系。博士公司声称这样的关系在它和承运人之间创造了效率，导致了沟通改善、更好的服务以及共享的成本节约。②

虚拟公司

外包的使用和联盟或伙伴关系的数量逐年增长，因为更多的组织认识到协同作业、而不是独立工作能够带来共生效益。所有的迹象表明，在可预见的未来这种趋势还将继续。例如，随着虚拟公司（virtual corporations，即能够对出现的市场做出快速反应的组织，因为它们集中专注于创新设计和营

---

① 关于外包问题的精彩论述，见 Arnold B. Maltz，“Outsourcing the Warehousing Function：Economics and Strategic Considerations，” Logistics and Transportation Review 30，no.2（1994），pp. 245-66.

② William J. Warren，“JIT II Puts Bose a Little Ahead of the Cutting Edge，” American Shipper 33，no. 12（December 1991），p. 47.

销，而将其他必需的企业职能外包出去）的产生，更多的企业会将物流活动外包给第三方。爱森宝（Ensemble）是贺卡公司豪迈（Hallmark）的一个子公司，负责新产品创新。它识别市场需求并开发适合那些需求的产品。所有的生产和物流活动都外包给第三方。①

技术

技术影响着企业的所有方面，不过在物流领域，这种影响确实很重大。技术的扩散改变着公司做生意的方法以及企业联系客户和供应商的方法。②计算机、互联网以及信息和通讯系统越来越多地应用于每一项物流活动中，包括运输、仓储、订单处理、材料管理和采购。

传统的物流活动的管理方法在今日快速发展的经济环境中被证明是不够充分的，从而迫使管理人员去进行创新。如果企业不能对此做出恰当的反应，它们可能面临市场份额的丧失，使自身处于不利的竞争地位。幸运的是，最近的技术创新和发展提供了帮助。

技术发展

技术发展在支持物流的领域中的扩散包括：人工智能（AI）、电子数据交换（EDI）、条形码扫描、局域网（LAN）、销售点信息收集、无线电频率设备、卫星数据传输以及仓库管理系统（WMS）软件。许多制造和销售企业利用新技术来获取财务和客户服务方面的便利。

Toys "R" Us 在配送中心使用的技术

Toys "R" Us 就是这样的一个公司，它是世界上最大的玩具零售商之一。1990 年，该企业决定在其位于加州的一个配送中心使用最现代化的技术。花费了 4,000 多万美元，通过堆高到 50 英尺、61.2 万平方英尺的设施配备了超过 8 万个栈板或贮物箱。这项风险投资非常成功，Toys "R" Us 的总裁在企业年度股东大会上的评论可以说明：

> 操作人员使用由地面导线引导的前移式的叉车拣取货物，并使用激光扫描器识别外箱。该（配送）中心比公司已有的仓库多存放 45% 的商品，同时只占用 2/3 的空间。它使公司更快地从仓库中取出玩具并放上商店的货架，保持很低的搬运成本，并使 Toys "R" Us 公司能够持续地击败其他任何竞争者的价格。③

J·C·派尼公司通过卫星传输信息

类似地，J·C·派尼公司使用卫星传输系统与商店及客户保持衔接。采购员或是向公司总部下订单，或是直接向那些通过电子订购系统和派尼联系的供应商下订单。"这些卫星传输系统使零售商不仅减少了采购员的旅行时间，而且更快地对时尚的变化做出反应，并给每家商店一个独特的外观。"④

---

① James Aaron Cooke, "Virtual Companies Need Real Logistics Support," Logistics Management 36, no. 11 (November 1997), pp. 47-49.

② 关于某些技术趋势的简要论述，见 Peter Bradley, "We've Only Just Begun..." Logistics Management 36, no.1 (January 1997), pp. 63-64.

③ Susan Caminiti, "The New Champs of Retailing," Fortune 122, no. 7 (September 24, 1990), p. 94.

④ 同上，pp. 94, 98.

电子商务

越来越多的产品通过互联网销售给顾客和企业，目前每年的订单已超过 20 亿项。[①] 这种被称为电子商务的技术的急速增长使物流的高效和有效性显得极为重要。简单地说，组织必须发展最优的履行订单的基础设施以使客户服务最大化，并使成本最低。在这种环境中，快速和准确的信息系统是至关重要的。

在电子商务环境中，对一个在供应链中运作的组织来讲，它的信息需求包括：

电子商务供应链中的信息需求

- 处理大量库存存储单元（stock keeping units，SKUs）的能力
- 管理加速补货周期的能力
- 高水平的库存准确率
- 提供增值的客户服务的能力
- 提供实时的订单和库存数据[②]

许多组织已经开始使用电子商务，有些甚至已经仅仅使用电子商务了。亚马逊（Amazon.com）是最大的在线书刊和媒体销售商，年收入超过 10 亿美元。戴尔计算机公司（Dell Computer）从它的互联网营销努力中实现的收入超过了 5 亿美元，Gateway 公司的电子商务收入超过 2.5 亿美元。[③] 在下一个十年中，和互联网相关的商务收入预期将会大幅度增长。1999 年互联网的收入估计在 5,000 亿美元。[④]

绿色营销和逆向物流

环保问题越来越重要

绿色营销处理与环境有关的营销问题，成为越来越多受到关注的领域，尤其是在欧洲。运输和处理危险物料屡次受到管制和控制。全世界的组织越来越多地被要求消除并处理用在产品生产、储存或移动中的包装材料。这些问题，如果不妥善应对，将可能使成本上升并造成负面的客户服务影响，从而使物流的任务复杂化。

逆向物流的定义

应对绿色营销的物流活动被称为逆向物流（见图 1.10）。逆向物流包括产品退货、货源减少、再循环、材料替换、材料再使用、水处理以及翻新、维修和重新制造。从商业物流的角度看，相关的问题是那些有关成本、客户服务、赢利能力、伙伴关系/联盟和竞争优势的问题。

作为一项活动、计划或过程，逆向物流与组织中的其他每个职能领域相衔接，如会计/财务、制造、营销、包装工程以及采购。物流和其他职能领域所做出的决策，影响着组织保存资源、产生附加收益以及达成绿色营销目标的能力。[⑤]

---

① Lisa H. Harrington, "Fast, First, Frightened," Supply Chain Technology News 2, no. 1 (January 2000), p. 39.

② 同上，p. 40.

③ Lisa H. Harrington, "Whatever the Customer Wants, the Customer Gets," Supply Chain Technology News 1, no. 2 (November/December 1999), p. 34.

④ "Revenues for Internet-Related Business Will Rise by 68 Percent," Competitive Edge (Winter 1999), p. 20.

⑤ Stock, Development and Implementation of Reverse Logistics Programs, p. 21.

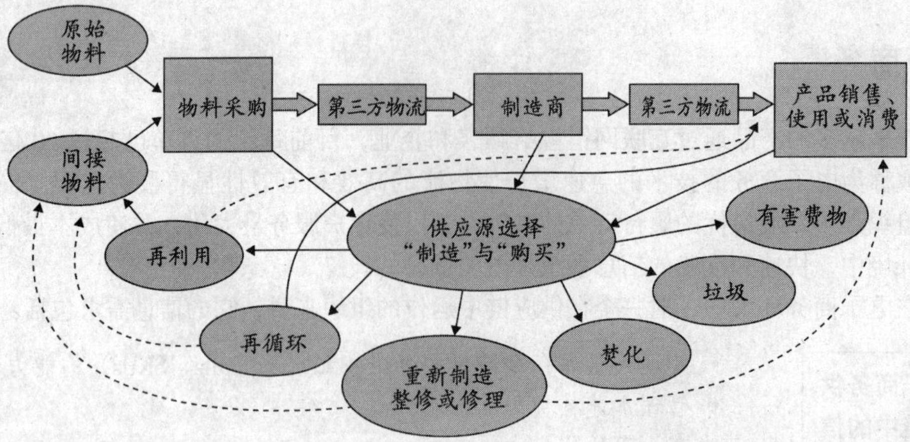

资料来源：James R. Stock, Development and Implementation of Reverse Logistics Programs (Oak Brook, IL: Council of Logistics Management, 1998), p. 22.

图 1.10 一典型供应链的某一部分中的逆向物流

创造性的解决方案

创建伙伴关系，在物流领域内外产生解决方案

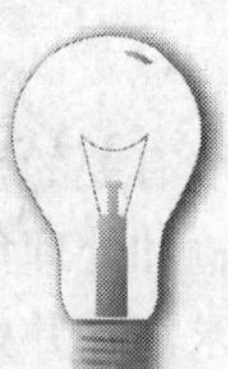

传统上，发运人在物流伙伴关系中寻找最高服务水平和最低成本的结合。IMB、施乐（Xerox）和空中快运（Airborne Express）在这方面已经迈出了一步，甚至几步。这些公司创造了一种伙伴关系，在物流领域内外都产生了解决方案。

例如，IBM 帮助空中快运更新了信息管理系统。空中快运则在自己的合同范畴内为 IBM 和施乐的行政专机提供加油服务，并且通过和空中快运的协议，施乐与 IBM 都可以为其他的商业伙伴提供快运折扣价。

该伙伴关系源自 1995 年施乐和 IBM 联合举行的一次对照检查会议。双方达成共识，在用来配送零部件的空中快递运输中，它们有可能达成协同效应（许多零部件中心基本上位于相同地点）。

当两家公司审视重叠的配送系统时，有几个能够提供潜在的成本和/或服务改进的问题浮现出来：

- 有没有可能的仓库合并机会
- 如果一个区域有不止一个仓库，使用最先进（现代化）的设施是否明智
- 难道单个空运承运人不能通过服务于更多的单个拣货和发货点，而不是多个地点取得优势

空中快运被选为空运承运人，因为它与施乐和 IBM 都已经发展了伙伴关系。通过减少多余的运作并消除了没有附加价值的配送活动，三个合作伙伴共同节约了 1,000 万美元。现在 IBM 和施乐将库存共同放置在圣路易斯和西雅图的零部件中心。

资料来源：Jim Thomas, “Imagination Unlimited,” Logistics Management and Distribution Report 37, no.9 (September 1998), pp.71-74.

小结

在本章中，我们介绍了物流的概念，并从整体上描述了它的发展过程以及与组织和经济的关联。介绍了系统法的概念，并联系到物流与营销及其他职能部门之间的关系。我们强调了物流在客户服务中的关键作用。系统法还和总成本概念以及权衡的原理相关，因为它和物流活动的绩效及与之相联系的成本有关。主要的物流成本包含存货持有成本、客户服务、运输、仓储、订单处理/信息系统成本以及批量成本。

在本章中，我们描述了一体化物流管理的重要性及其成长的原因。我们分析了企业如何使用总成本分析来实施一体化物流管理，以及如何评估物流决策对公司利润绩效的影响。我们通过实例说明了企业是如何实施物流管理的。最后，本章以总结物流专业人员面临的未来挑战而结束。

很明显，未来的物流职能面临许多机遇和挑战。我们将从第2章开始，进行更深入的论述，首先重点分析供应链管理。

推荐阅读材料

Andersson, Jesper. "On Activity Based Costing in Supply Chains." In Proceedings of the 11th Annual Conference for Nordic Researchers in Logistics, ed. Everth Larsson and Ulf Paulsson. (Lund, Sweden: Lund University, 1999), pp. 141-56.

Andranski, Joseph C. "Foundation for Successful Continuous Replenishment Programs." The International Journal of Logistics Management 5, no.1 (1994), pp.1-8.

Blanchard, Dave. Best Practices: Knowledge Management (From Data to Knowledge) Supply Chain Technology News 2, no. 1 (January 2000), pp. 19-25.

Bowersox, Donald J.; David J. Closs; and Theodore P. Stank. 21st Century Logistics: Making Supply Chain Integration a Reality. Oak Brook, IL: Council of Logistics Management, 1999.

Bowersox Donald J.; Patricia J. Daugherty; Cornelia I. Droge; Richard N. Germain; and Dale S. Rogers. Logistics Excellence: It's Not Business as Usual. Burlington MA: Digital Press, 1992.

Clarke, Mike P. "Virtual Logistics: An Introduction and Overview of the Concepts." The International Journal of Physical Distribution and Logistics Management 28, no.7 (1998), pp. 486-507.

Cooke, James Aaron. "To Outsource or Not to Outsource?" Logistics Management & Distribution Report 37, no.10 (October 1998), pp. 57-59.

Emerson, Carol J., and Curtis M. Grimm. "The Relative Importance of Logistics and Marketing Customer Service: A Strategic Perspective." Journal of Business Logistics 19, no.1 (1998), pp. 17-32.

Gentry, Connie. "The Dot. Com Dash," Inbound Logistics 20, no. 4 (April 2000), pp. 32-

64.

Leenders, Michiel, and Harold E. Fearson. Purchasing and Materials Management. 11th ed. Burr Ridge, IL: Richard D.Irwin, 1997.

LeMay, Stephen A., and Jon C. Carr. The Growth and Development of Logistics Personnel. Oak Brook, IL: Council of Logistics Management, 1999.

The Logistics Forum Research Report. New York: Richmond Events, 1999.

Martin, James D. "CEO's and Logistics: Thinking Out of the Box." Inbound Logistics 17, no. 6 (June 1997), pp. 22-28.

Schwartz, Beth M. "From the End of the Supply Chain and Into the Abyss." Supply Chain Technology News 2, no.5 (May 2000), pp. 27-29, 34-35.

Shapiro, Benson P.; V. K. Rangan; J. J. Sviokla. "Staple Yourself to an Order." Harvard Business Review 70, no.4 (July-August 1992), pp.113-22.

Smith, Peter A.; Jack Barry; Joseph L. Cavinato; John J. Coyle; Steven J. Dunn; and William Grenoble. Logistics in Service Industries. Oak Brook, IL: Council of Logistics Management, 1991, p. xvii.

Stock, James R. "Logistics Thought and Practice: A Perspective." International Journal of Physical Distribution and Logistics Management 20, no.1 (1990), pp. 3-6.

——. Development and Implementation of Reverse Logistics Programs. Oak Brook, IL: Council of Logistics Management, 1998.

问题与习题

1. 物流效率的提高如何从整体上影响经济以及单个顾客的地位？
2. 物流如何和营销工作相联系？必须讨论客户服务、客户满意度、整体的努力以及成本和绩效产出。
3. 效用有哪些不同类型？物流如何直接或间接地影响每一种效用？
4. 物流为什么作为组织的战略职能而受到更多的关注？
5. 什么是物流的利润杠杆作用？物流最大的成本节约机会是什么？
6. 根据表 1.3 所示和第 17～18 页所描述的例子，如果销售净利润率是 7%，销售必须增长多少，才能和物流节约 35 万美元对税前利润产生同样的影响？
7. 讨论今天物流所面对的主要挑战。确认你认为物流最大的改进领域，并解释你为什么选择该领域。
8. 物流的作用和绩效如何随技术的发展而加强，尤其是信息技术？你认为未来的主要趋势是什么？
9. 图 1.1 列出的 13 种物流活动中，你认为哪一种将在今后五年左右发生最大的变化？为什么？

CHAPTER 2

供应链管理

本章大纲

本章目标

- 使读者熟悉供应链管理（SCM）的概念
- 说明物流在供应链管理中的作用
- 说明供应链管理如何能在企业获取成功的过程中发挥关键作用
- 说明影响供应链网络结构、供应链业务流程以及供应链管理组成要素的因素
- 列出供应链设计的考虑事项
- 说明如何在供应链中进行物流成本权衡

引　言

在任何社会中——工业化或非工业化——产品必须从它们的生产地点运到消费地点。除了非常原始的社会，那里每个家庭满足其自身的家庭需求，交换过程是经济活动的基础。当可供产品和需求产品之间存在数量、类型、供应时间的差异时，交换就发生了。如果社会中的一个或许多个人和组织拥有过剩的产品，而这些产品又是其他人所需要的，交换的基础就产生了。当生产者和顾客之间发生许多交换时，那些将产品或服务带到市场上的企业所组成的序列就称为供应链、需求链或价值链。在本书中我们将使用供应链（supply chain）这个术语代表企业所组成的序列。

供应链管理是一个自20世纪80年代后期使用和风靡起来的术语，虽然对它的实际含义存在众多的混淆。很多人将其用作物流的替代词或同义词。然而，本书中所使用的供应链管理的定义要远比物流广泛。

什么是供应链管理？

供应链管理是对从最终用户直到原始供应商的关键业务流程的集成，它为客户和其他有关者提供价值增值的产品、服务和信息。①

供应链管理过程

上述供应链管理的定义和物流管理委员会对物流的定义之间存在许多重要的差异。首先，供应链管理对八个关键业务流程进行管理：

1. 客户关系管理。
2. 客户服务管理。
3. 需求管理。
4. 订单履行。
5. 制造流程管理。
6. 采购。
7. 产品开发和商业化。
8. 回收。

要成功地实施供应链管理，关键是得到管理支持、领导、对改变的承诺以及授权。这些要求将和关键流程一起在本章后一部分进行分析。

因此，供应链管理（SCM）是一个高度相互作用的、复杂的系统方法，要求同时考虑许多权衡。如图2.1所示，SCM跨越了组织的界线，因为它要在组织内部和组织之间考虑有关应在何处设置库存以及应在何处采取行动的种种权衡问题。

产品跟随信息流而流动

除了这八个业务流程，图2.1说明了必须在供应链中实现产品流和信息的连接。信息虽然不是一个过程，但信息是供应链集成的一个关键使能器（key enabler）。记住只有在信息流启动后，产品流才会发生。

① Douglas M. Lambert, Martha C. Cooper, and Janus D. Pagh. "Supply Chain Management: Implementation Issues and Research Opportunities," The International Journal of Logistics Management 9, no. 2 (1998), p. 1. 网站：http: //www.ijlm.org.

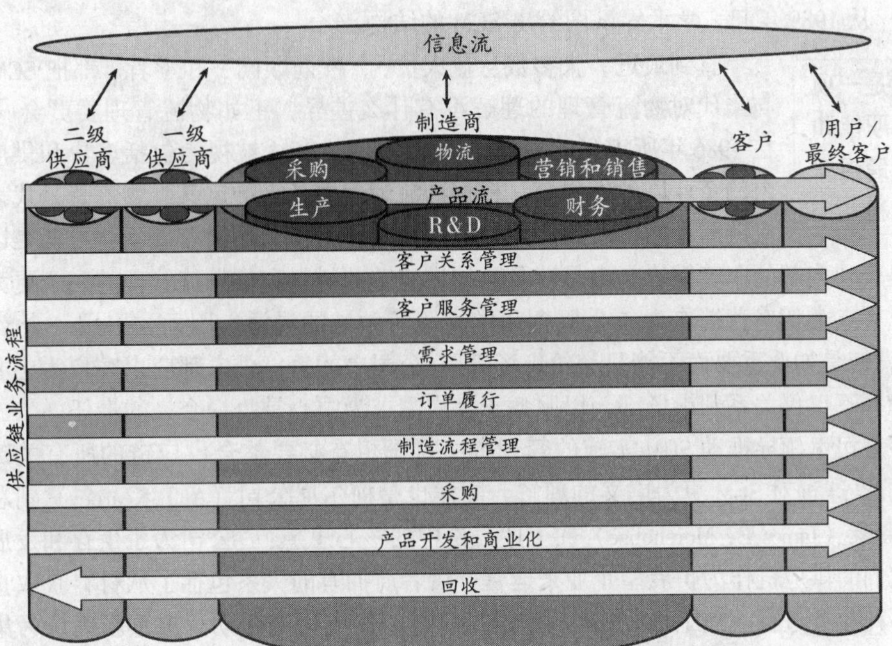

资料来源：Douglas M. Lambert, Martha C. Cooper, and Janus D. Pagh. "Supply Chain Management: Implementation Issues and Research Opportunities." The International Journal of Logistics Management 9, no. 2 (1998), p. 2.

图 2.1 供应链管理：集成和管理跨越整个供应链的业务流程

由于商业环境的动态特征，管理层必须有规律地、经常地监控和评估供应链的绩效。一旦绩效目标没有达到，管理层就必须评估其他可能的供应链可供替选方案，并施行改变。SCM 在成熟市场和衰退市场以及在经济减速时期尤为重要，此时市场的增长已无法掩盖无效的作业。SCM 在新产品和市场开发中也至关重要，因为此时组织正在制定与供应链配置相关的决策。

本章以解释 SCM 和物流的差异开始；接着，将提出与供应链结构相关的一些问题；然后，将说明供应链的业务流程以及业务流程链；随后是 SCM 的管理组成要素和供应链设计。本章以供应链管理的绩效考虑、改进重组供应链以及一体化供应链管理的实施而结束，这些章节使用了 3M 公司的大量经验。

供应链管理与物流[①]

供应链管理这个术语在 20 世纪 80 年代早期由咨询顾问提出[②]，随后获得了极大的

① 本节摘自同上的文献，pp.2-5.

② R. Keith Oliver and Michael D. Webber, "Supply Chain Management: Logistics Catches Up with Strategy," Outlook (1982), cited in Martin G. Christopher, Logistics: The Strategic Issue (London: Chapman and Hall, 1992).

关注。[①] 从1989年起，学术界试图给出SCM的结构。[②]

物流是一项公司职能和一个跨组织的过程

直到最近，大多数从业人员[③]、咨询顾问[④] 和学者[⑤] 都把SCM视为与当代对物流管理的理解没有什么差异，正如物流管理委员会（CLM）在1986年所定义的那样。[⑥] 也就是说，SCM被视为包括客户和供应商在内的企业以外的物流。根据物流管理委员会的定义，物流总是代表着供应链的导向，从原产地到消费地。那为什么还会有混淆？可能是因为物流既是公司内部的职能模块，也是涉及跨越供应链的材料和信息流管理的一个更大的概念。这有点类似对营销作为一个概念和作为职能领域的混淆。因而，引用一个CEO的话，"营销是如此重要而不能只交给市场部"。公司中的每一个人都应以客户为中心，营销观念并不仅仅关系到市场部，以服务于客户需求为中心是每一个人的责任。

在公司里领导推动SCM实施的管理者一直设想有必要整合供应链的所有关键的业务活动。[⑦] 这种对SCM更为广义的理解，同样也是柯尔尼公司（A.T.Kearney）副总裁詹姆斯·莫豪（James E. Morehouse）在下述言论中的核心思想："公司为了生存和发展，必须将它们的供应链作为扩展型企业来运营，后者所拥有的关系包括了从材料获取直至消费的各种业务过程。"[⑧]因而，SCM从跨越供应链的集成物流活动，被重新确认为集成和

---

① Bernard J. La Londe, "Supply Chain Evolution by the Numbers," Supply Chain Management Review 2, no. 1 (1998), pp. 7-8.

② 例如，Graham C. Stevens, "Integration of the Supply Chain," International Journal of Physical Distribution and Logistics Management 19, no.8 (1989), pp.3-8; Denis R. Towill, Mohamed M .Naim, and J. Wikner, "Industrial Dynamics Simulation Models in the Design of Supply Chains," International Journal of Physical Distribution and Logistics Management 22, no.5 (1992), pp.3-13; Lisa M. Ellram and Martha C. Cooper, "The Relationship Between Supply Chain Management and Keiretsu," The International Journal of Logistics Management 4, no.1 (1993), pp.1-12; and Christian Bechtel and Jayanth Jayaram, "Supply Chain Management: A Strategic Perspective," The International Journal of Logistics Management 8, no.1 (1997), pp.15-34.

③ Tom Davis, "Effective Supply Chain Management," Sloan Management Review 34, no. 4 (Summer 1993), pp. 35-46; Bruce C. Arntzen, Gerald G. Brown, Thomas P. Harrison, and Linda L. Trafton, "Global Supply Chain Management at Digital Equipment Corporation," Interfaces 25, no. 1 (1995), pp. 69-93; Haul L. Lee and Corey Billington, "The Evolution of Supply Chain Management Models and Practice at Hewlett-Packard," Interfaces 25, no. 5 (1995), pp. 42-63; and Robert C. Camp and Dan N. Colbert, "The Xerox Quest for Supply Chain Excellence," Supply Chain Management Review, Spring 1997, pp. 82-91.

④ John W. Scharlacken, "The Seven Pillars of Global Supply Chain Planning," Supply Chain Management Review 2, no. 1 (1998), pp. 32-40; Gene Tyndall, Christopher Gopal, Wolfgang Partsch, and John Kamauff, Supercharging Supply Chains (New York: John Wiley & Sons, Inc., 1998); and William C. Copacino, Supply Chain Management: The Basics and Beyond (Boca Raton, FL: St. Lucie Press, 1997).

⑤ Marshall L. Fisher, "What Is the Right Supply Chain for Your Product?" Harvard Business Review 75, no. 2 (March-April 1997), pp. 105-16; Hau L. Lee and Corey Billington, "Managing Supply Chain Inventory: Pitfalls and Opportunities," Sloan Management Review 33, no. 3 (Spring 1992), pp. 65-73; Robert B. Handfield and Ernest L. Nichols Jr., Introduction to Supply Chain Management (Upper Saddle River, NJ: Prentice Hall, 1999); and Donald J. Bowersox and David J. Closs, Logistical Management-The Integrated Supply Chain Process (New York: McGraw-Hill, 1996).

⑥ 该定义原文如下：为了满足客户的需要，计划、实施和控制原材料、在制品库存、制成品及相关信息流从原产地到消费地的有效率的、成本有效的流动和储存的过程。What's It All About? (Oak Brook, IL: Council of Logistics Management, 1986).

⑦ Lawrence C. Giunipero and Richard R. Brand, "Purchasing's Role in Supply Chain Management," The International Journal of Logistics Management 7, no. 1 (1996), pp. 29-37; and Donald J. Bowersox, "Lessons Learned from World Class Leaders," Supply Chain Management Review 1, no. 1 (1997), pp. 61-67.

⑧ Annual Conference Program (Oak Brook, IL: Council of Logistics Management, 1998), p. 11.

管理供应链的关键业务过程。[①] 基于所形成的这个 SCM 和物流的区别，物流管理委员会在 1998 年修订了物流的定义。修订后的定义（已在第 1 章给出，表示如下）清楚地表明了物流管理委员会的立场，即物流管理仅仅是 SCM 的一个组成部分。

1998 年物流管理委员会修订了物流的定义

物流管理是供应链过程的一部分，它对从原产地到消费地的有效率且高效的货物流和货物储存、服务及相关信息进行计划、实施和控制，以满足顾客的需要。[②]

管理供应链是一项非常复杂的任务，甚至管理从原产地到消费地的物流，也是说起来容易，而实际做起来却很难。如果你真的要管理所有直至原产地的供应商和所有直到消费地的产品和服务的话，想像一下你将面对的复杂程度。或许您会更容易地理解管理者为什么想要管理直至消费地的供应链，因为无论是谁，只要和最终用户发生关系，就会在供应链中拥有权力。英特尔（Intel）通过让计算机制造商在它们的电脑上贴上标有“Intel inside”的标签创造了和最终用户之间的关系。这直接影响到计算机制造商更换芯片供应商的能力。但是管理原产地的所有一级供应商的网络是一项巨大的事业。正如图 2.2 所示，管理整个供应链是非常困难和具有挑战性的任务。

根据谁是核心公司——即公司的管理者确定供应链，供应链网络结构会具有不同的特点。例如，如果核心公司是像沃尔玛一样的零售商，最右面的客户“群”就会移到图中央的黑方框旁边。如果核心公司是一个农场主，一级以上的供应商就不会包含在供应链图中。一级供应商是核心公司采购产品和服务的供应商，二级供应商是一级供应商的供应商，依次类推。

早期的营销渠道研究者，如罗·奥得森（Wroe Alderson）和路易斯·巴克霖（Louis P. Bucklin），将有关渠道为什么和如何建立及构成的关键因素概念化。[③] 从供应链的角度来看，这些研究者基本上是在正确的路径上，特别是在以下领域：（1）找出谁应该是营销渠道的成员；（2）说明协调渠道的必要；（3）绘制实际的营销渠道。然而，在过去的 30 年中，渠道研究者们研究了权力和冲突，得出了可疑的结论，并忽视了两个关键问题：首先，他们没有以早期的论文为根据，将供应商包括在制造商之中，从而忽略了供应链总体观念的重要性。第二，他们注重于营销活动和横跨渠道的流，而忽视了集成及管理跨越不同公司的多种关键过程的需要。

供应链管理的框架

与营销渠道的文献有所不同，时至今日，有关 SCM 文献的一个主要不足是作者似乎总是假设每个人都知道谁是供应链的成员。很少有人尝试去识别具体的供应链成员，需要集成的关键过程，或者管理层应该做些什么来成功地管理供应链。这里所提出的 SCM 框架包括三个相互紧密联系的要素的结合：供应链的结构、供应链的业务流程、供应链管理的组成要素（见图 2.3）。我们

---

① Martha C. Cooper, Douglas M. Lambert, and Janus D. Pagh, “Supply Chain Management: More Than a New Name for Logistics,” The International Journal of Logistics Management 8, no. 1 (1997), pp. 1-13.

② 修订后的定义在 1998 年 10 月物流管理委员会于加州 Anaheim 举行的年度商务会议上提出，定义公布在物流管理委员会的网址：http://www.clml.org。

③ Wroe Alderson, “Marketing Efficiency and the Principle of Postponement,” Cost and Profit Outlook 3 (September 1950); Reavis Cox and Wroe Alderson, Theory in Marketing (Chicago: Richard D. Irwin, 1950); and Louis P. Bucklin, A Theory of Distribution Channel Structure (Berkley, CA: Institute of Business and Economics Research 1966).

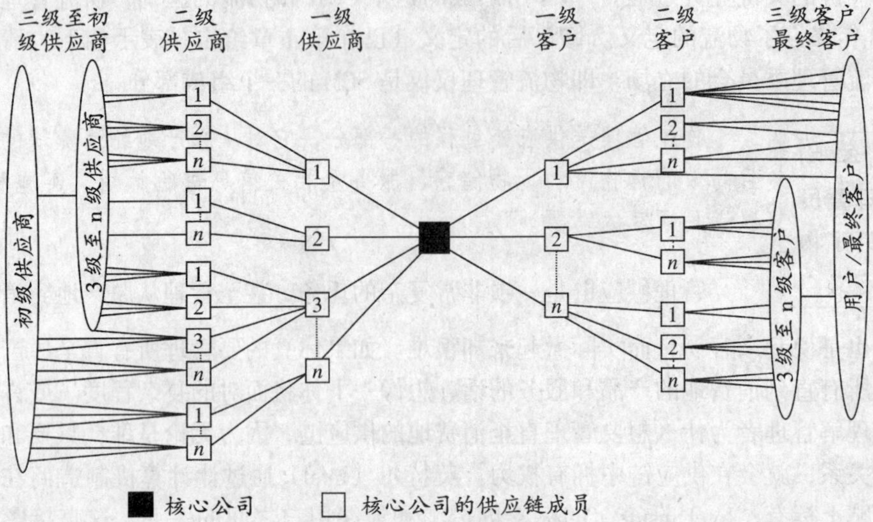

资料来源：Douglas M. Lambert, Martha C. Cooper, and Janus D. Pagh, "Supply Chain Management: Implementation. Lssues and Research Opportunities," The International Journal of Logistics Management 9, no. 2(1998), p. 3.

图 2.2 供应链网络结构

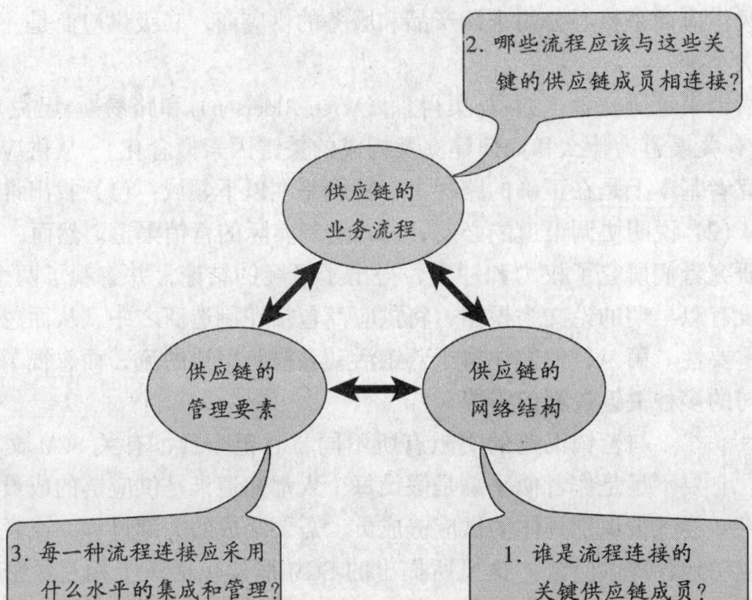

资料来源：Douglas M. Lambert, Martha C. Cooper, and Janus D. Pagh, "Supply Chain Management: Implementation Issues and Research Opportunities," The International Journal of Logistics Management 9, no. 2 (1998), p. 4.

图 2.3 供应链管理框架：要素与关键决策

相信这三个要素的结合抓住了 SCM 的本质。

供应链的结构是由供应链成员及成员之间的联系所组成的网络。业务流程是指为客户产生具体的价值输出的活动。管理组成要素是那些使业务流程跨越整个供应链上得到集成和管理的管理变量。SCM 的定义与这个新的框架结合起来，使 SCM 的原理迈向了下一个革命性的发展阶段。

SCM 的实施关键

供应链管理的实施包括识别所需连接的关键供应链成员，有哪些流程必须和每一个关键成员相连接，以及对每一个过程连接采用什么类型或程度的集成。供应链管理的目标是使公司和包括最终客户在内的整个供应链网络的竞争力和赢利能力实现最大化。因此，对供应链流程进行集成以及积极的重组行动的目的，应该在于提升横跨供应链成员的总体流程的高效和有效性。

渠道结构

巴克霖的渠道结构理论

营销著作中所阐述的关于渠道结构的理论为供应链结构的研究提供了有用的基础。根据这些著作，渠道结构可以被视为产品生命周期、物流系统、有效沟通网络[①]、产品特性[②] 和/或企业规模[③] 的函数。然而，最详细的渠道结构理论是由巴克霖提出来的。[④] 他宣称渠道的目的在于，以最低的成本提供消费者需要的输出组合（批量、发运时间和市场分散化）。消费者通过购买服务输出的组合来决定渠道的结构。当没有其他的机构组合可以在每一美元产品成本上产生更多的利润或更高的客户满意度时，最佳的渠道就形成了。巴克霖得出结论，职能将从某个渠道成员转移到另一个成员，以实现最有效率和高效的渠道结构。

给定消费者期望的输出水平和竞争条件以后，渠道中的机构将会按照使渠道总成本最小化的方法来安排它们的职能任务。特定职能的转移可能导致渠道成员的增加或减少。

当要决定在何时、何地使用渠道中间商时，企业实际上在考虑自己制造还是购买或者“外包”的决策。组织是否有必要在内部发展所需要的技能和能力？或者是否能通过使用第三方更快、更有效地完成？

外包

在美国大约 400 亿美元的物流服务正被外包出去。[⑤] 并且还存在将其他的物流服务外包的重大机会。一些外包例子如下：

- 一家大型制药公司将公司在全世界的配送业务外包，在某些配送中心提供现场

① Ronald Michman, “Channel Development and Innovation,” Marquette Business Review, Spring 1971, pp. 45-49; and Lisa M. Ellram and Martha C. Cooper, “Supply Chain Management, Partnerships and the Shipper-Third Party Relationship,” The International Journal of Logistics Management 1, no. 2 (1990), p. 2.

② Leo Aspinwall, “The Characteristics of Goods and Parallel Systems Theories,” in Marketing Management, ed. Eugene Kelley and William Lazer (Homewood, IL: Richard D. Irwin, 1958), pp. 434-50.

③ Robert E. Weigand, “The Marketing Organization, Channels and Firm Size,” Journal of Business 36 (April 1963), pp. 228-236.

④ 18 Bucklin, A Theory of Distribution Channel Structure.

⑤ Third-Party Logistics (Piper Jaffray Equity Research, January 1999), p. 18.

药剂师，分配高价值的产品。

- 一家第三方公司负责为某家大型妇女服装公司处理全部的制成品库存。当零售商购买服装后，分销商贴上商店自己的标签，将服装复原，装进商店的包装里，然后发送给零售商。
- 一家邮购零售商不仅让联邦快递（FedEx）处理它的发货，而且处理存货的储存和管理。
- 除了为一家工具制造商处理商店补货和向客户发运产品，UPS现在正准备管理仓库。如果零售商店需要产品，在早上9:00发到配送中心的订单将在第二天早晨送达到商店。①

设计供应链时应该评估外包

如以上实例所示，外包显示了在供应链设计和现有供应链评估时应该加以考虑的一个机会。此外，分销商的角色正在改变。在一些案例中，供应商和客户的合并降低了分销商的价值和作用。

例如，沃尔玛的大型商店使用直接分销，代替了可能使用分销商的小型商店。类似的，如电子数据交换（EDI）等先进技术可以交换库存信息，减少了分销商和零售商拥有库存的需要。更好的信息技术和承运人所提供的更多的服务（如接驳式转运）也减少了对分销商的服务需求。②

延迟和投机

延 迟

巴克霖的渠道结构理论是以延迟和投机的概念为基础的。③节约成本可以通过：（1）将产品形式和特性的改变延迟到营销过程的尽可能的最晚时刻；（2）将存货地点延迟到尽可能的最晚时刻，因为产品一旦变得更加差异化，风险和不确定成本就会上升。延迟之所以导致成本节约，是因为它使差异化的时刻靠近购买的时刻，而那时的需求会更容易预测。这就减少了风险和不确定成本。在相对未差异化的状态下，分拣大宗产品会降低物流成本。第三方服务提供者可以通过在收到订单时才为单个客户将栈板混合，重新包装产品以适合特殊客户或国家的需要，以及在现场执行最终装配或定制等等来支持延迟。

公司可以使用延迟将拥有产品的风险从一个渠道成员转移到另一个成员。也就是说，制造商可能拒绝生产产品直到它收到确定的订单为止；中间商可能通过向交货更快的销售商采购，通过寄售方式或通过只在销售达成时才采购来延迟拥有库存；客户可能通过从有现货产品的零售店购买来延迟拥有。

关于延迟的一个很好的例子是，在零售店混合油漆颜色。不必再去预测客户将要购买的确切颜色，零售商等到客户购买的时刻，才将油漆混合成客户想要的颜色。其他例子包括固定式厨房家具前面的彩色板，同一套厨具可以是很多颜色中的任意一种；将销售缓慢的产品集中在一个仓库里，在收到订单后才装配产品。

---

① Helen L. Richardson, "How Much Should You Outsource?" Transportation and Distribution 35, no. 9 (September 1994), p. 61.

② Copacino, Supply Chain Management: The Basic and Beyond, pp. 173-175.

③ Louis P. Bucklin, "Postponement, Speculation and the Structure of Distribution Channels," Journal of Marketing Research 2, no. 1 (February 1965), pp. 26-31.

投 机

投机是延迟的对立面。就是说，一个渠道中的机构不是转移风险，而是承担风险。投机可以通过以下方法减少营销成本：（1）大规模生产的经济性；（2）下达大批量订单，减少订单处理和运输成本；（3）减少缺货及其相关成本；（4）减少不确定性。为了减少投机性库存的需要，许多企业的经理们正在探索基于时间的竞争战略。①通过运用基于时间的竞争，管理者可以大大减少企业制造产品的时间，同时降低库存、提高库存周转次数、减少拥有产品的成本并且改进客户满意度。

产品上市时间的压力

速度是一种竞争优势

速度可以用做竞争优势的一个来源。实际上，在所有市场部门——服务、制造和零售，这都是正确的。零售商在很大程度上依靠包括条形码和EDI在内的先进的计算机系统来支持快速反应（这将在第4章深入说明），零售商在基于时间的竞争领域已经成为领导者。这类系统的使用正在承运人中间快速增长。但仅有计算机系统，对于面临营销时间压力的公司来说远远不够，还需要运作关系的根本改变。这些改变包括供应商、制造商和零售商之间的信息共享；信息可能涉及订货周期、销售预测、生产、采购需求、发运、新产品计划以及付款。

基于时间的有效管理的一些好处在于：

- 通过更好的反应，增强了客户价值
- 由于较短的订货周期，减少了库存需求
- 减少了“增加成本”或重复的职能
- 通过搬运的减少和更低的库存，提高了产品新鲜度和质量
- 提高了竞争地位
- 增加了对变化的市场需求的反应
- 提高了生产率

其他影响渠道结构的问题

其他影响渠道结构的因素包括以下方面：

- 技术、文化、自然、社会和政治因素
- 自然因素，如地理、市场大小、生产中心的地点以及人口的集中度
- 当地、州和联邦的法律
- 社会和行为变量

例如，社会、文化、政治和经济的变量可能支持那些不必和它们应该的那样有效率和高效的渠道。

---

① 请参见：Robert Handfield，“The Role of Materials Management in Developing Time-Based Competition，” International Journal of Purchasing and Materials Management 29，no. 4（Winter 1991），pp. 2-10；Maynard Rafuse，“Reducing the Need to Forecast，” The International Journal of Logistics Management 6，no. 2（1995），pp. 103-8；and Martin Christopher and Helen Peck，“Managing Logistics in Fashion Markets，” The International Journal of Logistics Management 8，no. 2（1997），pp. 63-74.

供应链网络结构①

管理供应链的一个关键因素是清楚地知道和了解供应链的网络结构是如何构成的。公司网络结构的三个主要的结构性因素是：(1) 供应链的成员，(2) 网络的结构性维度和 (3) 跨越供应链的不同类型的流程连接。这三个问题全都和图 2.3 所示的第一个要素——供应链网络结构有关。现在，让我们来逐个分析每一个问题。

识别供应链的成员

谁是供应链的一员

当要决定网络结构时，必须找出谁是供应链的成员。将所有类型的成员包括进来，可能导致整个网络变得高度复杂，因为一级级叠加起来的成员总数可能会很大。② 如果并非不可能的话，在大多数情况下，集成及管理跨越供应链的所有成员之间的所有流程连接会起到相反作用。关键在于精选出一些基本原则，以决定哪些成员对公司的成功最为重要，从而应该给予管理上的关注和为其分配资源。

根据谁参与了各种营销流程，包括产品、名称、支付、信息和促销流，营销渠道研究者可以识别渠道成员。③ 每种流程包括相关的成员，例如银行是支付流，广告代理是促销流。渠道研究者曾经寻求将所有参与营销流程的成员包括进来，而不管每个成员在多大程度上影响到向最终客户或其他有关者所提供的价值。

供应链成员包括从原产地到消费地，核心公司通过供应商或客户直接或间接地与之相互作用的所有公司和组织。不过，为了使非常复杂的网络更加容易管理，似乎有必要区分主要成员和辅助成员。

主要成员和辅助成员

供应链的主要成员是指所有那些自主管理的公司或战略业务单位，在为特定的客户或市场产生特定输出的业务流程中，这些公司实际上执行着运营和/或管理活动。相反，供应链的辅助成员是指那些仅仅为供应链主要成员提供资源、知识、公共设施或资产的公司。

例如，辅助公司包括出租卡车给制造商的代理商，贷款给零售商的银行，提供仓库空间的房屋业主以及供应生产设备、打印营销宣传册或提供临时秘书工作的公司。这些供应链成员现在和将来都支持着主要成员。对公司和供应链来说，资源、知识、公共设施或资产的提供者是重要的贡献者，但是在为最终用户将输入转变为输出的增值过程中，它们并不直接参与或执行活动。

---

① 本节摘自 Lambert，Cooper，and Pagh，“Supply Chain Management: Implementation Issues and Research Opportunities.” pp. 5-9.

② Martha C. Cooper，Lisa M. Ellram，John T. Gardner，and Albert M. Hanks，“Meshing Multiple Alliances，” Journal of Business Logistics 18，no. 1 (1997)，pp. 67-89.

③ Louis W. Stern，Adel El-Ansary，and Anne Coughlan，Marketing Channels，5th ed. (Englewood Cliffs，NJ: Prentice Hall，1996)，pp. 8-22.

同一家公司可以同时执行主要和辅助活动

同一家公司可以同时执行主要和辅助的活动。同样，同一家公司可以执行与一个过程相关的主要活动以及和另一个过程相关的辅助活动。举一个例子，原始设备制造商（OEM）从供应商那里购买一些关键和复杂的生产设备。当 OEM 开发新产品时，它和设备供应商紧密合作；因而，该供应商是 OEM 产品开发过程的主要成员。但是，当考察制造流的管理过程时，该供应商是辅助成员而不是主要成员，因为供应设备本身并没有为过程的输出增加价值，虽然设备的确增加价值。

应该指出的是，主要成员和辅助成员之间的区别并不是在所有情况下都很明显。不过，这一区别提供了合理的管理简化方法，并且抓住了谁应该被认为是供应链的关键成员这一本质方面。区分成员类型的方法有点类似于波特（Porter）在他的"价值链"框架中区分增值和辅助活动的方法。[①]

主要成员和辅助成员的定义，使确定供应链的原产地和消费地成为可能。当没有主要供应商存在时，供应链的原产地就出现了。原产地成员的所有供应商都仅仅是辅助成员。消费地是不存在主要客户并且消费产品或服务的地方。

网络的结构维度

在说明、分析和管理供应链时，网络的三个结构维度是必不可少的：水平结构、垂直结构以及核心公司离供应链终点的水平位置。

三个结构维度

水平结构这个术语，指的是跨越供应链的层次的数目。供应链可以很长，有数不清的层次；或者很短，只有很少几个层次。垂直结构指的是每个层次中所出现的供应商/客户的数量。一个公司可以有很窄的垂直结构，每个层次只有几家公司；或者很宽的垂直结构，每个层次有许多家供应商或客户。第三个结构维度是公司在供应链中的水平位置。一个公司可以位于初始供应源或其附近，位于最终的客户或其附近，或位于供应链两端之间的某个地方。

这些结构变量可能有不同的组合。例如，供应商一头很长、很窄的网络结构可以和客户那头的短、宽的结构组合。增加或减少供应商和/或客户的数目将会影响供应链的结构。当公司从拥有多个供应商转向单一的供应源时，供应链的结构会变得更窄。外包物流、制造、营销或产品开发活动，是另一个可能改变供应链结构的决策事例。这可能增加供应链的长度和宽度，同时影响核心公司在供应链网络中的水平位置。

拥有太多的一级客户或供应商的供应链，会使公司的资源过分紧张，并且限制了核心公司可以整合及严格管理的一级以上的流程连接数。通常，拥有宽的垂直结构的公司的经理所积极管理的第 2 层次客户和供应商的数目很少。有些公司将对小客户的服务转移给分销商，由此使小客户在供应链上离核心公司的距离更远。这个原则在渠道文献中称为职能脱离（functional spin-off），[②]可以应用于核心公司的供应商网络和客户网络。

从每个公司的角度看，供应链都是不同的，因为每个公司的管理者都将自己的企业

① Michael E. Porter, Competitive Advantage—Creating and Sustaining Superior Performance (New York: The Free Press, 1984), p. 36.

② Stern, El-Ansary, and Coughlan, Marketing Channels, p. 20.

看做是核心公司，因此对成员关系和网络结构的观点就会随之而不同。所以，被感知到的供应链网络结构随意性很大。然而，因为每个企业都是其他企业的供应链的成员之一，因此，所有管理者理解他们之间的相互作用和观点就显得极为重要。原因在于要想取得跨越公司界限的业务流程整合和管理的成功，只有每个公司都认为这是有意义的。①

业务流程连接的类型

四种类型的业务流程连接

集成和管理贯穿整个供应链的所有业务流程连接通常是不恰当的。因为集成的驱动因素是依情况而定的，会随着流程连接的不同而变化，集成的水平也根据连接的不同随着时间而变化。因此，有一些连接比其他连接更为关键。② 因此，一项关键的任务是在跨越供应链的不同业务流程连接之间分配稀缺的资源。在供应链的成员之间可以识别出四种基本不同类型的业务流程连接。③ 这四种类型分别是：受管理的业务流程连接、受监控的业务流程连接、不受管理的业务流程连接和非成员业务流程连接。

受管理的流程连接。受管理的流程连接是指核心公司认为是重要的、需要进行集成和管理的那些连接。这可能需要和供应链的其他成员公司相互合作。在图 2.4 所显示的供应链中，粗实线表示的是受管理的流程连接。核心公司将集成和管理与第 1 层客户和供应商之间的流程连接。如图 2.4 剩下的粗实线所示，核心公司积极参与管理第 1 层之上的其他许多流程。

受监控的流程连接。与受管理的流程连接相比，受监控的流程连接对核心公司而言，不那么关键。然而，这些连接在其他成员公司之间得到适当的集成和管理，对核心公司来说却是很重要的。因此，核心公司仅仅按必要的频率，监控或审核每个流程连接是如何得到集成和管理的。图 2.4 中的粗虚线显示受监控的流程连接。

不受管理的流程连接。不受管理的流程连接是指核心公司不积极参与，或是其重要性不足以让核心公司花费资源进行监控的那些连接。换句话说，核心公司要么完全信任其他成员能够妥善管理这些流程连接，要么由于资源有限的原因，听任其自身发展。图 2.4 中的细实线显示不受管理的流程连接。例如，一个制造商拥有许多家纸板运输箱的供应商。通常制造商不会选择集成和管理从纸板供应商之上到树木种植供应商的那些连接。制造商想要确定可靠的供应，但并不认为集成和管理纸板供应商之上级数的供应商的连接是必要的。

图 2.5 说明了集成和管理连接的三种选择方案。A 公司可能选择集成和积极管理连接 2（方案 1）；或者 A 公司可以选择不进行集成，仅仅监控公司 B 和 C 集成和管理连接

① Cooper, Ellram, Gardner, and Hanks, "Meshing Multiple Alliances."

② Hakan Hakansson and Ivan Snehota, Developing Relationships in Business Networks (London: Routledge, 1995).

③ Lambert, Cooper, and Pagh, "Supply Chain Management: Implementation Issues and Research Opportunities." pp. 7-9.

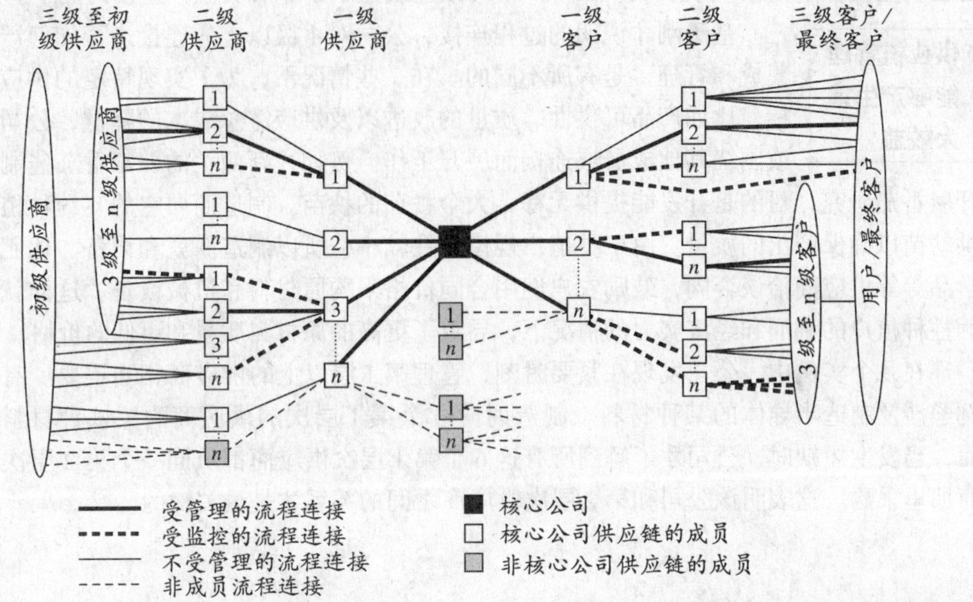

资料来源：Douglas M. Lambert, Martha C. Cooper, and Janus D. Pagh, "Supply Chain Management: Implementation Issues and Research Opportunities." The International Journal of Logistics Management 9, no. 2 (1998), p. 7.

图 2.4　公司之间业务流程连接的类型

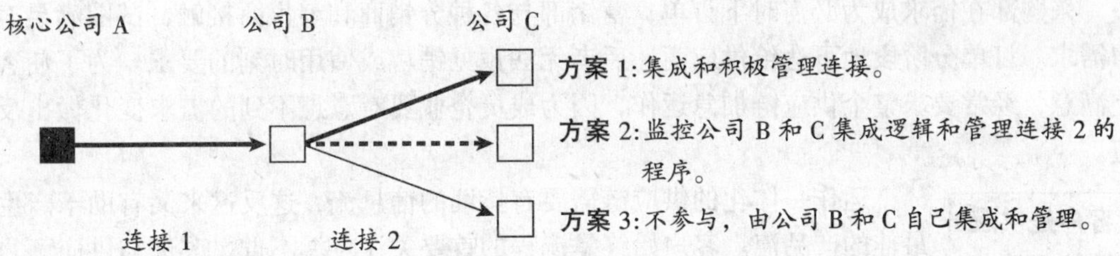

资料来源：Douglas M. Lambert, Martha C. Cooper, and Janus D. Pagh, "Supply Chain Management: Implementation Issues and Research Opportunities." The International Journal of Logistics Management 9, no. 2 (1998), p. 8.

图 2.5　核心公司参与连接 2 的选择方案

2 的流程（方案 2）。无论方案 1 还是方案 2，A 公司都必须分配某种程度的资源。最后，A 公司可以选择不参与，而仅将连接 2 的集成和管理交由公司 B 和 C 去进行（方案 3）。

非成员流程连接。管理者了解到，他们的供应链受到其他相连接的供应链所做出的决策的影响。例如，核心公司的某个供应商也是公司的主要竞争对手的供应商。这种供应链结构可能影响到供应商为核心公司的产品开发过程分配人力资源，或在产品短缺时的供应状况和/或机密信息的保护。由此导致我们提出了第 4 种类型的业务连接，即非成员流程连接。非成员流程连接是指核心公司的供应链成员和非成员之间的流程连接。

非成员连接不被看做是核心公司供应链结构中的连接，但是它们能够而且经常会影响核心公司及其供应链的绩效表现。图 2.4 中的细虚线显示了非成员流程连接的例子。

供应链管理能够产生重大效益

基于刚才说明的过程连接，公司对 1 级以上的连接进行如何严格的集成和管理，是有所不同的。在一些情况下，为了实现特定的供应链目标，比如产品可供性、质量的改进以及供应链总成本的降低，公司通过或围绕其他成员或连接而展开工作。例如，新西兰的一家番茄酱制造商开展番茄研究，目的是开发能提供无籽、大个番茄的秧苗。制造商向它的签约种植户提供幼苗以确保产出的质量。由于种植户规模往往较小，所以制造商就和设备、化肥、化学品等等供应商洽谈合同，鼓励农户们用合同价格采购原材料和机械设备。这样就在不牺牲种植户的利润和经济实力的情况下，导致了更高的原材料质量和更低的价格。

在几个实例中，公司发现在紧要时刻，管理第 1 层以上的供应商相当重要。有一个例子涉及制造半导体的某种材料。制造商向 6 个第 1 层次的供应商购买该种材料。然而，当发生短缺时，公司才了解到所有这 6 个第 1 层次供应商都从同一个第 2 层次供应商那里采购。这表明该公司和第 2 层次供应商之间的关系才是最关键的。

供应链业务过程①

成功的供应链管理要求从单个职能的管理转变为将各种活动集成到关键的供应链流程之中。传统上，无论供应链的上游部分还是下游部分，都作为接收零星的信息流的分离实体而相互作用。

采购部在需求成为必需时下订单；营销部与各种分销商和零售商接触，试图满足客户需求。订单分阶段地下达给供应商，后者无法预见销售或使用时刻的要求。为了使客户满意，经常要求整个供应链加急运作，因为成员企业要对意想不到的需求变化做出反应。

客户是供应链管理的首要关注点

运作一体化的供应链需要有持续的信息流，这反过来又有助于产生最佳的产品流。客户始终是流程的首要关注点。不过，改进与供应商之间的连接是必需的，因为控制客户需求、制造过程和供应商的绩效的不确定性，对有效的供应链管理是很关键的。要实现一个良好的以客户为中心的系统，需要准确又及时地对信息进行处理，因为快速反应系统要求频繁改变以对客户的需求波动做出回应。

3M 公司识别出的关键供应链流程

在许多大的公司里，如 3M，管理者得出结论：不对业务实施流程法，是无法实现产品流的最优化的。在 1995 年，供应链的优势和客户的忠诚被 3M 公司的董事长认定为公司成功的关键。其目标是“成为全世界最具创新性的企业”和“成为在我们所服务的市场上受欢迎的供应商”。取得供应链管理的优势的积极想法，激励 3M 的业务部门去实施流程法。公司的供应链小组所认定的流程和本章所推荐的那些流程很相似。事实上 3M 的加里·瑞登豪

① 素材摘自 Douglas M. Lambert, Larry C. Guinipero, and Gary J. Ridenhower, “Supply Chain Management: A Key to Achieving Business Excellence in the 21st Century.” unpublished manuscript, 1998. 已获得授权。

(Gary Ridenhower) 领导了这个小组，他对我们关于供应链管理的思想具有重大的影响。结果，对那些使用流程法实施供应链管理的3M业务部门而言，成本节省和服务改进的效果是激动人心的。

虽然个别企业所认定的具体的流程可能和图2.1所列出并在后续章节中说明的8个流程稍有不同，但我们相信这些流程可以应用于任何制造企业和那些使用类似流程推动供应链集成的企业。

当然，必须对传统只抓取个别企业的结果的绩效衡量指标加以改变，来反映跨越供应链的过程绩效，并且应调整奖励和激励，使其和这些衡量指标保持一致，以促进变革的发生。

客户关系管理

与关键客户的伙伴计划

向一体化供应链管理迈进的第一步是识别出那些对组织的业务使命至关重要的关键客户或客户群。企业业务计划是这一识别过程的出发点。客户服务团队开发和实施与关键客户之间的伙伴计划。与这些关键客户群共同建立体现绩效水平的产品和服务协议，在许多情况下，需要对这些协议进行调整，以满足个别关键客户的需要。

新的客户关系导致沟通的改善和对客户需求的更好的预测，反过来又导致提高客户服务水平。客户服务团队和客户合作，以进一步找出和消除需求变动的根源。管理人员通过执行绩效评估来分析为客户提供的服务水平以及客户的赢利能力。

技　术

价值链行动（The Value Chain Initiative）

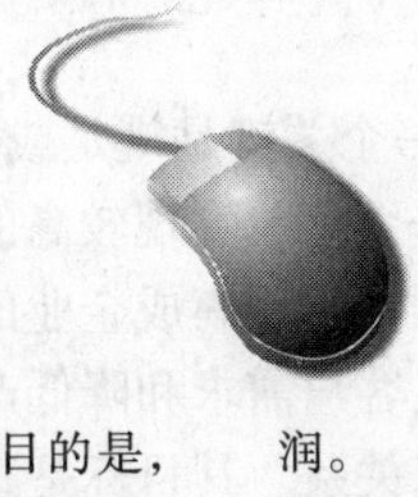

供应链管理的目标是通过无缝的信息流将最终用户、原材料供应商和所有贸易伙伴连接在一起。价值链行动（VCI）的宗旨在于使用因特网——一种势必革新全世界商业协议的通讯媒体，将高水平、不间断的数据流从原材料一直转换到客户手中。其目的是，将强大的Microsoft Windows NT客户/服务器技术延伸到供应链的所有方面，并使公司可以实时获取这些数据！

今天的供应链数据流大多是书面的和由事件驱动的。因此，它基本上是静态的或者“类似EDI”的数据流。当事件已经发生后，赚钱或省钱的机会也就随事件而消逝了。

VCI数据流的目标是，使决策者能够事先得到和控制数据，从而能够持续地拥有动态模拟和重新分配这些资源的能力。大多数零售商和制造商都知道，通过在供应链的较低层次节约一分一角，他们能够将这些增加的节约一直转移到最高层次，最终它们将实现总和达几百万的新的或“重新发现的”节约和利润。

为什么这就是“价值链”？因为通过提供控制这些分散零散的资源的能力，使它们成为资产而不是负债。通过发挥现有内部IT投资的作用来获取这一价值，是采纳VCI的合理的商业原因。

资料来源：摘自微软公司的Mark Waller在全球供应链论坛冬季会议上的发言。俄亥俄州立大学，1997年2月12日。

客户服务管理

客户信息的单一来源

客户服务管理提供了有关客户信息的单一来源，它成为管理产品和服务协议的关键接触点。通过和组织的生产及配送业务合作，客户服务向客户提供有关承诺的发货日期和产品可供状况的实时信息。

管理 SCM 环境中的客户服务需要在线、实时的系统提供产品和报价信息，来支持客户查询和方便订单下达。售后服务也是一种需求。最后，客户服务技术小组必须能够在产品应用和建议方面为客户提供有效的帮助。

需求管理

需求管理过程是成功的关键

惠普的经理们已经确定，库存要么是必需的，要么就是系统变动的结果。[①] 必需库存包括工厂里的在制品和从某地到另一地点的移动过程中的产品。定期检查库存管理系统导致了一定数量的库存。变动引起的库存是由于过程、供应和需求的变动而产生的。以不规则的订货方式为特征的客户需求，是变动的最大的根源。客户订货具有变动性，需求管理就成为有效的供应链管理过程的关键。

需求管理过程必须平衡客户的需求和企业的供应能力。需求管理的部分工作包括确定客户将会购买什么和在何时购买等问题。良好的需求管理系统采用销售点数据和“关键”客户数据来减少不确定性，并提供整个供应链的有效的信息流。

营销需求和生产计划必须在整个企业中协调一致。因此，在收到订单时，需要考虑多种供应源和行程选择，从而使市场需求和生产计划在整个组织中得以协调。在非常先进的 SCM 系统中，通过实现客户需求和生产速度的同步化，以进行全球库存管理。

客户订单履行

目标在于提供一个无缝的过程

有效 SCM 的另一个关键是满足或超越“客户需求的日期”。通过或是一个在线项目或一个订单实现较高的订单满足率是非常重要。要有效的完成订单履行过程，需要集成企业的制造、配送和运输计划。如前文所描述的，为了满足客户需求和降低产品交付的总成本，企业应该与关键的供应链成员及承运人建立起伙伴关系。其目标是建立一个从供应商到组织、然后到各个客户细分市场的完全无缝的过程。

制造流程管理

使需求和生产能力相匹配

按库存制造的企业的制造过程传统上根据历史预测来生产产品，然后供应给配送渠道。产品被推动经过工厂以满足企业安排进度。结果，经常会生产出有差错的产品组合，导致不必要的库存、额外的库存持有成本、削价和产品的转运。

---

① Davis, “Effective Supply Chain Management.”

有了 SCM，产品基于客户需求推动工厂。制造过程必须是柔性的，能够应对市场变化。这就要求企业具备快速调整的能力，以适应大规模定制生产模式的需要。订单在准时制基础上，按最小批量进行处理。生产的优先次序受客户要求的发货日期所驱动。按大规模定制和小批量进行运作的关键之一是，管理人员必须将精力集中在将准备/转变成本保持在非常低的水平。这可能要求过程重组、产品设计变更以及对产品先后顺序的关注。忽视这些方法会使成本上升，使企业失去竞争地位。

在 3M 公司，生产计划员和客户计划员一起工作，为每个客户细分市场制定策略。制造流程的改变导致更短的周期，意味着对客户需求反应能力的提高。

采购

供应商开发

企业应该与供应商一起制定战略计划，来支持制造流程的管理过程和新产品开发。根据供应商对组织的贡献和重要性，可以对供应商进行战略性的分类。在那些业务遍及全世界的公司中，应该从公司总部在全球基础上寻找供货源。

公司应与少数的核心供应商建立起长期的伙伴关系。理想的结果是一种双赢的关系。这代表着对传统的出价——购买方法的一种改变。让关键的供应商较早地参与到设计周期中来，能够大大地缩短产品的开发周期。获得供应商的早期输入，可以在设计完成之前就在工程、采购和供应商之间达成所要求的协调一致，从而缩短了时间。

采购职能开发了如 EDI 和因特网连接等快速通讯机制，迅速地传递需求信息。这些快速通讯工具为减少花在采购交易上的时间和金钱提供了一种手段。

产品开发和商业化

必须将客户和供应商集成到产品开发过程中

如果新产品是公司的生命力，那么产品开发是公司新产品的生命力。客户和供应商应该被集成到产品开发过程中，以缩短产品上市的时间。随着产品生命周期的缩短，为了使组织保持竞争力，必须在更短的时间段中开发和成功投放适当的新产品。

负责产品开发和商业化过程的经理必须做到：

- 与客户关系管理相协调，确认明确的或含糊的客户需求
- 与采购联合选择材料和供应商
- 针对产品/市场组合，开发有关制造流的生产技术，评估生产能力以及与最佳供应链流程的集成

退货

将退货渠道当做一个业务流程进行管理，为组织提供了一个与从发货的角度管理供应链相同的、获得可持续的竞争优势的机会。[①] 退货渠道的有效过程管理能够识别改进

① John A. Clenden, "Closing the Supply Chain Loop: Reengineering the Returns Channel Process." The International Journal of Logistics Management 8, no. 1 (1997), pp. 75-85.

生产率的机会和突破性的项目。

> “从退货到可用”是关键的周期时间衡量指标

在施乐公司，退货分四个类别管理：设备、零部件、供应和竞争折价回收品。“从退货到可用”是将资产回复到有用状态所需的周期时间的衡量指标。在产品失灵的情况下客户会立即得到一个替代品，该指标对那些产品特别重要。另外，注定要报废的设备和来自制造厂的废物是根据组织收到现金所需的时间来衡量的。

供应链业务流程的总结

将工作集中在从最终用户延伸到原始供应商的关键业务流程上，提供了供应链管理思想的基础。这些流程的目标或结果是：

- 建立以客户为中心的团队，为重要的战略性客户提供互利的产品和服务协议
- 提供一个联络点，有效处理所有客户的询问
- 持续地收集、编辑和更新客户需求，使需求和供应相匹配
- 开发对变化的市场环境做出快速反应的柔性生产系统
- 管理需要快速反应和持续改进的供应商伙伴关系
- 准确和准时履行100%的客户订单
- 尽量缩短从退货到可用的周期时间

全 球 化

惠普公司的通用产品本地化

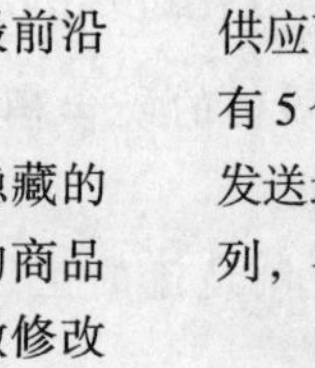

在一个以极短的产品生命周期和极其不可预测为特征的行业里，保证适当的产品准时到达适当的市场是绝对必须的。对计算机设备制造商惠普公司来说，快速、可靠和更加低成本地制造及发运产品的需要，已经导致公司开发将公司置于全球化供应链管理最前沿的能力。

产品复杂性对惠普公司来说是一个隐藏的“敌人”，因为公司虽然凭借看似全球化的商品服务于全球市场，但这些产品几乎总要做修改以适应当地的标准。它们必须在发货的时候随带电源线和变压器以适应当地的电压，并且提供用适当的当地语言注明的键盘、手册和运行软件。这意味着与处理单一产品系列并进行生产和配送以满足整体的全球需求相反，惠普公司正在生产不同配置的机器以满足众多相对较小的市场中每一个市场的预估需求。但是市场越小，订单的模式就可能越不稳定，要准确地预测需求就越难。

从供应链的每个环节返回的不确定性，导致夸大的安全库存和不断增加的库存过期的风险以及对内、外部供应商同样昂贵的返工风险。例如，惠普公司有5个地理位置上完全分离的工厂负责制造和发送最畅销的低成本喷墨打印机（DeskJet）系列，导致其供应渠道将近长达6个月。

由于紧密分布的众多民族和语言差异，欧洲市场的供应尤其麻烦，需要巨大的安全库存来满足惠普公司所要求的98%的服务水平。产品经理希望能够少受供应链变动的影响，同时也急于减少系统中的库存数量，空余出现金以供其他用途。于是公司开展了一项关于如何能在更低的成本下维持现有服务水平的调查。

在当时的系统下，打印机在中心工厂进行“本地化”，包装好以后发往目的地国家销售。地区配送中心堆放每一种不同语言版本的库存，准备应付突发的需求变化。一个问题迅速产生了：改为生产单一形式的通用打印机，将本地化延迟到配送中心阶段，由此将定型的时刻延迟到收到确切的订单为止，这种做法有没有价值？

惠普公司在库存网络模拟技术方面已有一定的经验了，已能够将这些技术应用于模拟喷墨打印机的供应链。结果表明，如果引进一款通用打印机，安全库存成本可以显著降低。首先，安全库存可以从7个星期的成品降低到大约5个星期的通用型号，因为只需要较少的通用打印机来维持服务水平。其次，每一件库存品的成本会降低，因为到此时为止只附加了较少的价值。按现有产量计算，预期将每年节约3,000多万美元。与在配送中心执行本地化过程有关的成本会略高于在工厂处理的成本，并且随着这一活动的分散化将会需要更高的本地化材料的总库存。但这些成本与产品库存的总体相比要小得多。同时，还可以节约总值达每年几百万美元的运输成本。通用打印机可以更加紧凑地包装，从而降低运输成本。

在欧洲市场上将打印机转变为通用打印机的逻辑无懈可击。通用打印机的美国市场已经有了它自己的工厂生产型号，所以表面上似乎没有理由要把这种实践延伸到欧洲市场。确实对如此巨大和同质的市场延迟完工可能没什么好处吗？并非如此。一项喷墨打印机的扩展研究评估了一项建议：在工厂生产两种型号的打印机——一种极低成本的美国型号和一种服务于其他国家的通用型号。然而，这个建议被拒绝了，原因就是单一的通用打印机战略能够提供潜在的战略时间优势。这里的关键因素在于，和预测全球总需求相比，即使是地区性的预测（美洲、亚洲和欧洲），其不可预测性也上升了。如果与所有较早时的情形相反，对新产品的需求没有在——比方说美国——实现，同时世界其他地方的销售以空前的速度上升，那么供应渠道将早已被填满以满足所预测的需求。通用打印机战略允许以最低的成本、最小的延误及服务损失，将库存即刻转移到所需求的地方。与此相反的候选方案是，在转移发运方前重新修改不需要的库存，或者一直等到预测的产出能够满足需求为止。在一个机会之窗日渐狭窄的市场里，后者的风险必定很大。惠普公司引进了它的全球化通用打印机。

来源：摘自 Martin Christopher, Marketing Christopher, Marketing Logistics (Oxford, UK: Butterworth Heinemann, 1997), pp.128-130。参考的有关材料包含在 Tom Davis, “Effective Supply Chain Management,” Sloan Management Review 34, no.4 (Summer 1993), pp.35-46. Reprinted by permission of the publisher. Copyright 1993 by Sloan Management Review Association. All rights reserved.

反应灵敏的、柔性的一体化供应链能够实现这些目标。如前面所描述的，由于这些过程超越了企业职能，所以使用系统法来检查和重组每一个关键过程是很重要的。

业务流程链①

每个公司都涉及供应链关系

公司内执行和协调着数千项活动，每一家公司在某些方面都会涉及与其他公司之间的供应链关系。② 当两家公司建立起一种关系时，它们的某些内部活动将会在两家公司之间连接起来并进行管理。③ 由于两家公司都有一些内部活动与它们的供应链的其他成员连接在一起，因此两

① 本节摘自 Lambert, Cooper, and Pagh, “Supply Chain Management: Implementation Issues and Research Opportunities,” pp. 9-11.

② Douglas J. Bowersox, “Integrated Supply Chain Management; A Strategic Perspective,” Annual Conference Proceedings (Chicago: Council of Logistics Management, 1997), pp. 181-89; George E. Stigler, “The Division of Labor Is Limited by the Extent of the Market,” Journal of Political Economy 59, no. 3 (1951), pp. 185-93; and R. H. Coase, “The Nature of the Firm,” Economica 4 (1937), pp. 386-405.

③ Håkansson and Snehota, Developing Relationships in Business Networks.

家公司之间的连接就可以被认为是供应链网络的一个连接。例如，一个制造商的内部活动连接着并能够影响某个分销商的内部活动，后者又连接着并能影响某个零售商的内部活动。最终，零售商的内部活动连接着并能够影响最终客户的活动。

韩森（Håkansson）和施诺塔（Snehota）强调，“公司内部和公司之间的活动结构是产生独特和优越的供应链绩效的重要基础”。[①] 领先公司的管理人员相信，如果本公司内部的关键活动和业务流程跨越多个公司实现连接和管理，那么公司的竞争能力和赢利能力都会得到加强。因此，“成功的供应链管理要求从管理单个职能转变为将各种活动集成到关键的供应链业务流程之中”[②]。

公司在供应链组织活动中缺乏一致性

同一供应链中的公司可能具有不同的活动组织。有些公司强调职能结构，有些强调过程结构，其他公司强调的是过程和职能结合的结构。各个公司经常具有不同数目的过程，包含不同的活动和活动之间的连接。另外，相似的过程使用不同的名称，或者不同的过程使用相似的名称。公司间缺乏一致性是在供应链中产生重大冲突和无效率的原因之一。至少由于职能（集中于内部事务的公司各部门）的存在，对营销、制造和会计等等职能所代表的含义通常会有所了解。如果每个企业都识别了它自己的一套过程，我们如何进行沟通，如何跨越公司将这些过程连接起来？对这种断裂的供应链的简单说明如图2.6所示。

过程可以被认为是为某种作用而设计的活动的结构，它以最终客户和包括产品、信息、现金、知识和思想在内各种流动的动态管理为中心。

在一项涉及30位供应链再设计的成功实践者的调查研究中，佛瑞德·休伊特（Fred Hewitt）发现公司所识别出的内部业务流程在9到24种之间，其中两种最为广泛认同的过程是订单履行和产品开发。[③]

内部协调一致是供应链管理获取成功的先决条件

成功的供应链管理的一个先决条件是协调企业内部的活动。要达到这点，一个方法是找出关键的业务流程，并且使用跨职能的团队对之进行管理。在一些情况下，内部业务流程已被延伸到供应商，并且在某种程度上在所涉及的两个企业之间进行管理。这可能意味着：当一个企业扮演领导角色时，它的内部业务流程可以成为供应链的业务流程。它的明显好处是“乐队”的每个成员都在演奏相同的“音调”。

就重要性和获益程度来讲，需要在公司之间集成和管理的业务流程的数目很可能是变动的。在有些情况下可能只连接一个关键过程是适当的，在其他情况下可能要连接多个或所有关键的业务流程。针对每种具体的情况，管理人员彻底分析并讨论哪些关键的业务流程需要集成和管理，这一点非常重要。以下章节分析集成和管理供应链网络所需要考虑的主要组成要素。

---

① 同上。

② Lambert, Guinioero, and Ridenhower, “Supply Chain Management: A Key to Achieving Business Excellence in the 21st Century.”

③ Fred Hewitt, “Supply Chain Redesign,” The International Journal of Logistics Management 5, no. 2 (1994), pp. 1-9.

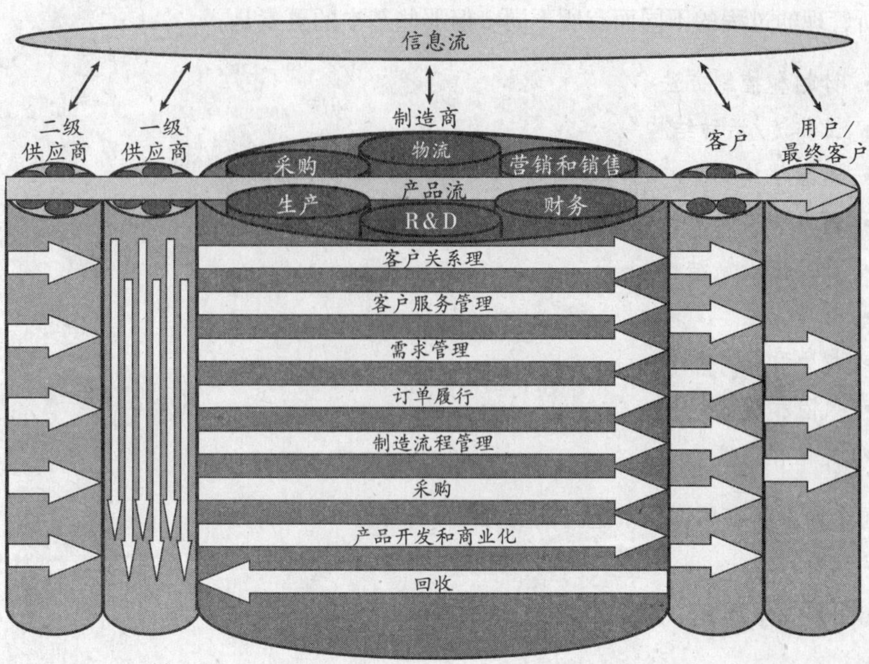

资料来源：Douglas M. Labert, Martha C. Cooper, and Janus D. Pagh, "Supply Chain Management: Implementation Issues and Research Opportunities." International Journal of Logistics Management 9, no. 2 (1998), p. 10.

图2.6 供应链管理：断裂

供应链管理的组成要素

SCM的管理组成要素是SCM框架结构的第三个要素（见图2.3）。SCM框架结构的一个基本前提是某些管理要素对供应链的所有业务流程和成员来讲是共同的。① 我们相信这些共同的管理要素对成功的供应链管理是关键性和基础性的，因为它们从本质上代表和决定了每种过程连接是如何得到集成及管理的。一种业务流程连接的集成和管理水平，是加到连接上的要素数量和水平——范围由低到高——的函数。② 结果，增加更多的管理要素或者提高每种要素的水平可以提升业务流程连接的集成水平。

有关SCM、业务流程重组和买方—卖方关系的文献建议，在管理供应链关系时，有无数可能的要素应该受到管理者的关注。③ 每个要素可能有几个子要素，其重要性可能

① Cooper, Lambert, and Pagh, "Supply Chain Management: More Than a New Name for Logistics."

② Douglas M. Lambert, Margaret A. Emmelhainz, and John T. Gardner, "So You Think You Want a Partner?" Marketing Management 5, no. 2 (Summer 1996), pp. 25-41; and Cooper, Ellram, Gardner, and Hanks, "Meshing Multiple Alliances."

③ 见以下文献评论：Cooper, Lambert, and Pagh, "Supply Chain Management: More Than a New Name for Logistics"; Lambert, Emmelhaiz, and Gardner, "So You Think You Want a Partner?"; Rasmus F. Olsen and Lisa M. Ellram, "A Portfolio Approach to Supplier Relationships," Industrial Marketing Management 26 (1997), pp. 101-13; and Peter W. Turnbull, "A Review of Portfolio Planning Models for Industrial Marketing and Purchasing Management." European Journal of Marketing 24, no. 3 (1990), pp. 7-22.

根据所管理的过程的不同而有所不同。但那些基本的要素是：

- 计划和控制方法
- 工作流/活动结构
- 组织结构
- 通讯和信息流设施结构
- 产品流设施结构
- 管理方法
- 权力和领导结构
- 风险和奖励结构
- 文化和态度

每个要素将在后面章节进行简要介绍。

计划和控制方法

对作业实施计划和控制是使组织或供应链朝着预期的方向发展的关键。联合计划的程度将对供应链的成功产生重大影响。在供应链的生命期内，可能会在不同的时间强调不同的要素，但计划会超越时间阶段。[①] 控制方面则可以用来作为衡量供应链成功的最好的绩效指标。

工作流/活动结构

工作流/活动结构表明企业如何执行任务和活动。整个供应链流程的集成程度是组织结构的一个衡量指标。在为本章所检索的文献中，除了一篇以外的其他文献都将工作结构看成是一个重要因素。

组织结构

组织结构可以指单个企业和供应链。跨职能的团队的使用提出一种过程方法。当这些团队跨越组织界限时，诸如驻厂的供应商人员，供应链应该变得更加一体化。

通讯和信息流设施结构

信息流设施结构是关键。流经供应链成员的信息种类和及时性对供应链的有效性有较强的影响。这很可能是在供应链的部分或整体中得到集成的第一个要素。

---

① Martha C. Cooper and Lisa M. Ellram, "Characteristics of Supply Chain Management and the Implications for Purchasing and Logistics Strategy." The International Journal of Logistics Management 4, no. 2 (1993), pp. 13-22.

产品流设施结构

产品流设施结构是指跨越供应链的采购、制造和配送的网络结构。随着库存的减少，所需的仓库数量也越来越少。库存在系统中是需要的，但是有些供应链成员可能持有数量不相称的库存。由于持有未完成或半制品产品的库存比制成品要便宜，所以上游成员可能要更多地承担这个负担。使供应链网络合理化对所有成员都是有意义的。

产品结构问题包括新产品开发是如何在供应链和产品组合中进行协调的。新产品开发过程缺乏协调会导致生产的无效率，而且也有泄露企业专利信息的危险。产品的复杂性很可能影响不同部件的供应商数量，并使集成供应链面临挑战。

管理方法

管理方法包括公司的价值观和管理技术。要将一个自上而下的组织结构和一个自下而上的结构集成在一起是非常困难的。供应链成员在日常运营中的管理参与水平随供应链成员的不同而不同。

权力和领导结构

供应链中的权力和领导结构将会影响供应链的形式。一个强有力的领导将会驱动供应链的方向。在迄今为止所研究的大多数供应链中，企业中有一到两个强有力的领导。权力的行使或缺乏会影响其他供应链成员的承诺水平。在给定机会的条件下，强迫加入将会鼓励退出的行为。[①]

风险和利益共享

供应链中共担风险和共享利益的期望影响着其成员的长期协议。发生在丰田公司某个供应商的一场大火证明了丰田对其供应商的承诺以及来自供应链其他成员的协助。

文化和态度

企业文化的重要性及其在供应链成员之间的相容性不容忽视。使文化和个人的态度相融合是费时的，但在某种程度上，为了使供应链作为一个协调的网络运作也是必需的。文化方面包括雇员如何被评价和被结合到企业的管理之中。

---

① Ian R. Macneil, The New Social Contract: An Inquiry into Modern Contractual Relations (New Haven, CT: Yale University Press, 1980); and Oliver E. Williamson, Markets and Hierarchies: Analysis and Antitrust Implications (New York: Free Press, 1975).

管理要素的两种类别

图 2.7 说明如何将管理因素分成两类，显示某些基本的差别。第一类，物质和技术类，包括大多数看得见、摸得着、可衡量以及容易改变的要素。很多关于变革管理①的文献指出，如果这类管理要素是管理关注的惟一焦点，那么供应链的管理极有可能是注定要失败的。

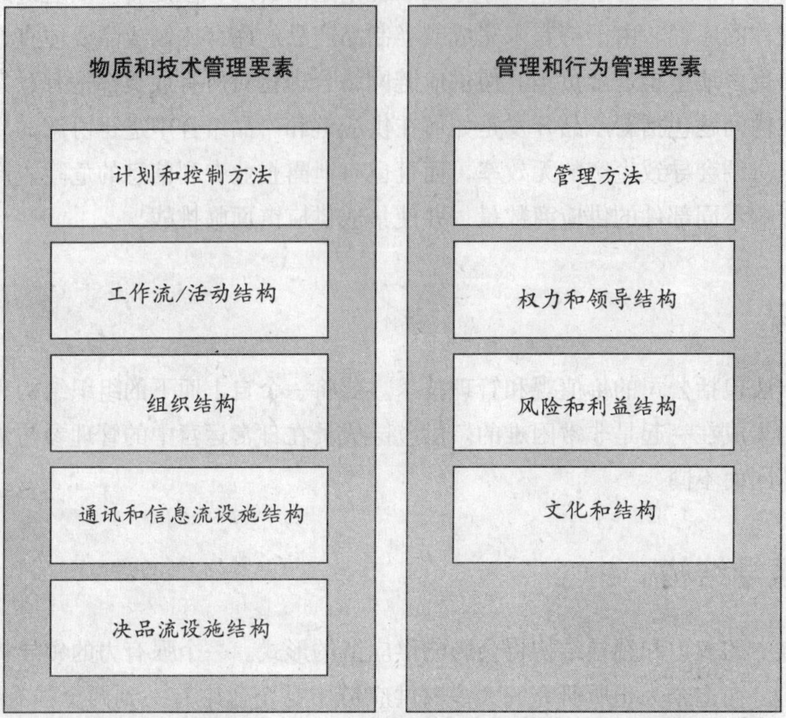

资料来源：Douglas M. Lambert, Martha C. Cooper, and Janus D. Pagh, "Supply Chain Management: Implementation Issues and Research Opportunities." The International Journal of Logistics Management 9, no. 2 (1998), p. 12.

图 2.7 供应链管理：基本的管理要素

第二类由管理和行为要素组成。这些要素比较难以触摸和看见，常常很难评估和改变。管理和行为要素定义了组织行为，并影响着物质和技术管理要素如何得以实施。如果管理和行为要素没有协调一致以驱动和加强用于支持供应链目标和运作的组织行为，则供应链很可能是缺乏竞争力和赢利能力的。如果物质和技术类中一个或更多要素发生改变，管理和行为类中的管理要素可能同样必须重新调整。因此，通过理解每个管理要素和它们之间的相互依赖关系，成功的 SCM 基础就建立起来了。休伊特（Hewitt）宣称，只有当公司内部和公司之间真正的业务流程管理或重新设计，被认为是一个需要同时明确地处理所有 SCM 要素的多要素的变化过程时，业务流程管理或设计才有可能取

① Dennis T. Jaff and Cynthia D. Scott, "Reengineering in Practice: Where Are the People? Where Is the Learning?" Journal of Applied Behavioral Science 34, no. 3 (1998), pp. 250-67; Dorine C. Andrews and Susan K. Stalick, Business Reengineering: The Survival Guide (Englewood Cliff, NJ: Yourdon Press, 1994); Michale Hammer, "Reengineering Work: Don't Automate, Obliterate." Harvard Business Review 68, no. 4 (1990), pp. 104-12: Michael Hammer and James Champy, Reengineering the Corporation: A Manifesto for Business Revolution (New York: Harper Business, 1993); and Stephen Towers, Business Process Re-engineering: A Practical Handbook for Executives (Stanley Thorns, 1994).

得成功。①

物质和技术要素在供应链上下最远的端点都得到最好的理解、应用或管理。例如，一家公司通过应用下列要素：计划和控制方法、工作流/活动结构、沟通和信息流设施结构以及产品流设施结构，将其跨越四个连接的需求管理过程集成为一体。不过，管理和行为要素没有在这些企业间连接起来。一般来讲，与物质和技术要素相比，管理者并不理解管理和行为要素，并在实施中遇到许多困难。

供应链设计

大多数供应链没有设计

虽然一些先锋企业正在对它们的供应链制定诸多计划，但有证据表明大多数供应链并没有经过设计，只是随着时间发展而已。尽管如惠普② 和数字设备公司③ 这样的公司规划新的渠道/供应链，并运用供应链管理策略来修订现有的网络，但这些例子看来也只是例外，而不是惯例。

目前的实践表明大多数企业缺乏计划。对供应链进行更好地管理能够创造更多的效益。例如，在许多事例中，组织在开始协商结构安排，甚至还不知道所有的供应链候选方案；由此导致的决策可能在后来被证实是不够优化的。识别次优化的供应链安排，并进行结构性改变，将导致赢利能力的提高。

另外，未预料到的环境改变可能使重新考虑供应链和重新评价伙伴关系的安排成为必要。环境因素包括最终客户的需求的变化、市场、产品和产品系列、竞争环境、经济以及政府法规和激励政策等。

供应链策略必须和公司整体策略协调一致。供应链的绩效目标必须用运营项目予以说明，比如：计划市场覆盖率、销售和服务支持、销售量、赢利性、库存周转次数、现金—现金时间周期以及投资收益率。供应链策略包括关于配送强度、直接或非直接渠道的使用、在每个地理区域内中间商的服务以及执行计划的决策。

当企业管理层在考虑引进新产品时，或者当现有供应链达不到绩效目标时，管理层必须参与供应链的设计过程。供应链设计过程包含下列步骤：④

供应链设计过程的步骤

1. 建立供应链目标。
2. 制定一个供应链策略。
3. 决定供应链结构的候选方案。
4. 评价供应链结构的候选方案。

---

① Hewitt, "Supply Chain Redesign."

② Lee and Billington, "Managing Supply Chain Inventory: Pitfalls and Opportunities"; and Davis, "Effective Supply Chain Management."

③ Arntzen, Brown, Harrison, and Traffton, "Global Supply Chain Management at Digital Equipment Corporation."

④ 摘自 Douglas M. Lambert, The Distribution Channels Decision (New York: National Association of Accountants; Hamilton, Ontario: Society of Management Accountants of Canada, 1978) .pp.44-45.

5. 选择供应链结构。

6. 决订单个供应链成员的候选企业。

7. 评价并选择单个供应链成员。

8. 衡量和评价供应链的绩效。

9. 当绩效目标未达到或有新的具有吸引力的选择存在时，评价供应链的候选方案。

根据所期望的供应链成员的相对市场影响力、财务实力和可获得性，制造商、批发商或零售商都有可能领导设计过程。

制造商的观点

当客户需要它的产品时，制造商就具有了市场影响力。在这种情况下，零售商，当然还有批发商急于销售制造商的现有产品和新产品，因为这些产品将会吸引客户。制造商、批发商和零售商在国内和全球范围的合并更加导致影响力向零售商一边的转移，因为它们能够接触大量的客户。制造商的合并导致全球性供应商的减少，他们生产的品牌正越来越被顾客视为替代品。零售商的商店品牌，如沃尔玛，变成全国性甚至一定程度上的全球性，从而进一步导致削弱了传统的强势制造商品牌。

一个制造没有知名度的品牌的小厂商可能发现，就它所提供的现有产品和新产品要吸引供应链成员是很困难的。这种制造商在参与供应链谈判时缺乏市场影响力。同样，由于财务资源决定了制造商内部执行营销职能的能力，小制造商通常无力做到直接发货给零售商或是地理上分散的工业客户，因此必须依靠批发商。而且，在某些地方，并不能为每一类贸易，都找到可接受的中间商。处在这种环境中的企业包括一些电器商品和手工工具的制造商。

即便是全系列产品的制造商，虽然拥有地理上集中的客户，也可能发现对某些产品和客户来讲，直接渠道的赢利性比非直接渠道的赢利性要差。例如，许多制药公司已经开始更多地使用批发商，甚至是集中的市场区域，原因在于所要求的客户服务水平很高。

批发商的观点

批发商使有效率地提供拥有、时间和地点效用成为可能。批发商在经济上证明是合理的，因为它们通过“化整为零”、建立商品分类以及为零售商或工业客户提供融资提高了配送效率。

当零售商订购少量的各个制造商的产品，或者当所涉及的制造商只有有限的财务资源时，批发商的市场影响力是最大的。对某些产品，如惠而浦（Whirlpool）电器和一些珠宝及时装系列，单件产品的价格和利润可能已经高到足够支持制造商直接销售给零售商，即使销售给每个零售商的件数很少。但对低价值或低利润的产品，如烟草和一些食品类产品，制造商可能发现即使每个零售商也许会大批量地订购，但仅通过批发商销售会更有利可图。

批发商和分销商的财务实力决定了它们所能履行的服务的数量。每种服务代表了一个获利机会，同时也代表了相关的风险和成本。市场上是否存在或缺乏提供类似服务的其他企业，会影响单个批发商的市场影响力。传统上，批发商在活动范围上是地区性的。在有些行业，如制药业，批发商的合并已经出现了。红色健康（Cardinal Health）、麦科逊（McKesson）和伯根·布伦斯威格（Bergen Brunswig）公司已成为全国范围内的大型药品批发商，它们加在一起控制了美国超过一半的药品批发业务。

零售商的观点

零售商的存在是因其在某个给定的地理市场中提供了方便的产品分类、可获得性、价格和形象。零售商在一个特定区域所能获得的客户偏爱程度（由于客户服务和价格/价值绩效而产生的忠诚度）直接影响到它协商供应链关系的能力。零售商的财务能力和规模大小也同样决定了它对其他供应链成员的影响程度。

供应链设计的考虑事项

管理层在建立供应链时必须考虑的因素包括：市场覆盖范围目标、产品特性、客户服务目标和赢利能力。①

市场覆盖范围目标

为了建立市场覆盖范围目标，管理层必须考虑顾客购买行为、分销类型、供应链结构以及取得成功所必需的控制程度。

顾客购买行为。为了设计一个能够最有效率和最高效运作的供应链，必须事先确定潜在客户细分市场的购买动机。这一分析使设计者能够确定最能达到目标市场的零售市场细分。行业营销人员还必须识别出潜在的用户，并确定这些客户如何做出采购决策。行业的采购者的决策制定过程取决于企业是一个用户、一个原始设备制造商还是一个分销商。

分销类型。基本上可以采用三种类型的分销方式将产品提供给客户：

密集分销

① 本节材料摘自 Donald J. Bowersox，M. Bixby Cooper，Douglas M. Lambert，and Donald A. Taylor，Management in Marketing Channels（New York：McGraw-Hill，1980），Chapter 7，pp.201-209.

1. 密集分销（Intensive distribution）。

2. 选择性分销（Selective distribution）。

3. 独家分销（Exclusive distribution）。

在密集分销方式下，产品被销售给尽可能多的合适的零售商或批发商。密集分销适用于如口香糖、糖块、软饮料、面包、胶卷和烟草等产品，对这些产品而言，影响采购决策的首要因素是便利性。可能需要密集分销的工业产品包括铅笔、纸夹、透明胶带、文件夹、打印纸、幻灯片底片、螺钉和钉子。

选择性分销

在选择性分销方式下，销售某种产品的门店数量是有限的，但还达不到独家专卖的地步。通过小心地选择批发商和零售商，制造商能够全神贯注于有赢利潜力的客户，并与之发展牢固的业务关系以确保产品被适当地销售。如果产品要求有专门的服务和销售支持的话，生产者还可能限制零售门店的数量。选择性分销可能适用于如服装、电器、电视机、音响设备、家具和体育设备等产品类型。

独家分销

当单个门店被授予在某个地理区域销售产品的独家特许权时，这种安排被称为独家分销，如特种汽车、某些重要的电器、某些品牌的家具以及某些系列的服装等享有很高品牌忠诚度的产品，很有可能以独家专卖的方式分销。当客户愿意克服距离的不便以获得该商品时，这种方式就显得尤其正确。通常，当制造商希望批发商或零售商能更积极地销售，或者当渠道控制十分重要，制造商就会采取独家分销的方式。独家分销可以加强产品的形象，并且使企业能够获得更高的零售价格。

有时候为了向一家以上的零售商或分销商提供独家分销，制造商会采用多个品牌。相对于零售层次，独家分销更频繁地发生在批发层次上。例如，安豪塞·布希（Anheuser-Busch）向分销商提供独家销售权，后者随后在零售层次使用密集分销（在佛罗里达等州这是允许的）。一般来讲，独家分销适合于直接渠道（从制造商到零售商），密集分销则更可能涉及拥有两个或更多中间商的非直接渠道。

供应链结构。有了客户需求和确定的分销类型，管理层必须为供应链的进货和发货部分选择供应链机构。选择供应链成员时应考虑的因素包括：（1）财务实力；（2）能力；（3）连接过程的能力；（4）业务成长的能力；（5）供应链竞争力。

控制。在许多情况下，企业可能需要对供应链的其他成员施加某种控制，以确保产品质量或售后服务。对这种控制的需求的原因在于，管理层希望保护企业的长期赢利能力。

产品特性

产品特性是供应链设计中的一个主要考虑事项。设计者应该分析九个产品特性：

(1) 产品的价值；(2) 产品的技术性；(3) 市场接受的程度；(4) 可替代程度；(5) 产品大小；(6) 产品易变质性；(7) 市场集中程度；(8) 季节性；(9) 产品系列的宽度和深度。

价值。单位成本很高的产品要求大量的库存投资。因此，高价值产品特别要求更短的供应链（更少的成员）以使库存总投资最小化。除非销售量很高，否则，当单位价值较低时，供应链趋向于变得更长。一般来讲，密集分销适用于低价值产品。

产品的价值还会影响库存持有成本以及对优质运输的需求。低价值、低利润的杂货产品可用铁路车皮发送，储存在户外的仓库里。高价值的零部件和产品，如特别时尚的商品，可能通过空运来运输，使在途库存最小化，并降低库存持有成本和降价损失。

技术性。高技术类产品通常需要由销售员作示范，还需要售前和售后服务，这经常要求储存维修备件。技术类产品包括如家用电脑、高价立体声系统、昂贵的照相机和视频设备、进口赛车以及多种工业产品等。一般来讲，这些类型的产品采用直接渠道和选择性或独家分销策略。

市场接受程度。市场接受程度决定了所需投入的销售工作量。如果一个领先的制造商提供一种新产品并策划了重大的推介广告，客户接受度将会很高，而且中间商会希望持有该产品。但是市场接受度很低和品牌认知度很低的新产品就要求大胆积极的推销。

替代性。产品替代性和品牌忠诚度密切相关。当品牌忠诚度很低时，产品替代是很有可能的，并且要求采用密集分销。企业为在交通繁忙区域进行产品现场展示而投入额外费用。为了获得批发商或零售商的支持，生产者可能提供高于正常的利润。选择性或独家分销会使产品支持更加容易。

大小。通常，价值低、重量大的产品被局限在靠近原产地的市场。这些产品经常要求特殊的产品处理技巧。如果是低重量、小体积，那就可以将更多件数的产品装进一辆卡车、火车车皮或集装箱里发运，由此减少了每件产品的运输成本。用罐装车将橙汁浓缩液从佛罗里达运送到北部市场以供包装，是将产品移到靠近消费地以克服价值和大小局限的例子。

易变质性。易变质性是指物质的变质，或者指由于改变客户购买模式或技术改变而造成的产品过期。易变质的产品通常采用直接的方式销售，以使产品更加快速地通过供应链，并减少潜在的库存损失。

市场集中。当市场集中在一个地理区域时，短的供应链是最高效和有效率的方法。不过，当市场广为分散时，采用特定的中间商是必需的；它们能够利用与大批量移动有关的效率而获利。因为市场广为分散，许多食品加工公司使用代理人来推销产品。这个因素也同样解释了集中代理商的存在，如货运代理公司和当地的货车运输企业，将小批量发货汇集成整卡车或整车皮以运到遥远的地点。

季节性。如果适用的话，季节性应当加以考虑。有些产品，销售量在一年的某个时候会达到高峰（如圣诞节的玩具销售）；在其他情况下，如新鲜水果和蔬菜等原材料可能只在特定的时间可以提供。这两种情况都要求季节外的库存。制造商必须投资仓库，使用第三方，或向执行储存职能的中间商提供激励措施。例如，制造商也许会向同意提早进货的批发商或零售商提供季节性折扣或寄售库存。

宽度和深度。供应商的产品系列的宽度和深度影响供应链的设计。如果产品系列的宽度大到足够导致比较大的平均销售量的话，低单价产品的制造商可以使用直接销售的密集分销方式。杂货制造商如家乐氏（Kellogg）和通用食品（General Food）就是例子。通常，只有有限系列产品的制造商会使用批发商以合理的成本实现充分的市场覆盖率。

客户服务目标

客户服务代表营销组合中的地点要素。客户服务可以用来区分产品或影响市场价格——如果客户愿意为更好的服务付出更多。另外，供应链的结构将会决定提供某个特定客户服务水平的成本。

客户服务指标

客户服务是个复杂的课题，将会在第3章详细探讨。不过，对它的衡量通常是根据：(1) 产品的可供性；(2) 客户订单周期的速度和一致性；(3) 销售方和客户之间的信息沟通。管理人员应该在仔细研究客户需求后再建立客户服务水平。

可供性。客户服务最为重要的衡量指标是在一个特定订货周期内的库存可供性。可供性的一个共同的衡量指标是在一个特定时期内完整发运的订单数量与收到的总订单数的百分比。所选择的衡量指标应该反映客户对客户服务的观点。最佳的客户服务衡量指标反映了产品对客户的重要性和客户对公司的重要性。

订货周期。订货周期是在客户订单下达和产品收到过程经历的时间。一致地实现订单周期时间目标的能力影响着整个供应链所持有的库存的数量。所以，订货周期的速度和一致性是供应链设计的首要因素。大多数客户喜欢一致的服务而不是快速服务，因为前者与快速但高变动性的订货周期相比，允许它们在更大程度上规划库存水平。

信息沟通。信息沟通是指企业向客户及时提供信息的能力，包括下列因素：订单状态、订单追踪、延期订单状态、订单确认、产品替换、产品短缺以及产品信息需求。使用自动化的信息系统通常极少引起发货、拣货、包装、贴标和文件方面的差错。供应链成员提供良好的信息系统的能力是供应链设计中的一个重要因素。

供应链绩效评估

很少有文献关注供应链绩效的评估，原因很多：

1. 评估供应链的绩效很困难。
2. 供应链绩效的某些方面难以量化，致使难以建立共同的绩效标准。
3. 供应链的差异致使建立可供比较的标准很难。

供应链绩效的一个评估指标是在给定企业目标的前提下，公司的目标最终用户市场的满意程度。这将会包括评估产品的可供性、客户服务的充分性以及品牌形象的实力。

供应链结构效率的评估指标

下一步，管理层必须分析供应链结构以决定公司的策略能否得到成功的实施。结构效率的评估指标包括人员流动率、竞争实力和相关的问题。当管理层评价供应链结构时，必须将企业自己开展活动的能力和其他成员开展这些活动的能力进行比较。

供应链绩效的一些潜在的量化衡量指标包括单位物流成本、现金到现金的周期以及供应链的总库存天数。在重新评价供应链和特定成员时，管理人员可能使用的定性指标包括：协作程度、冲突程度以及所需信息的可获得性。管理人员应该为供应链和个别成员设立目标，评估实际的绩效，并与计划的绩效相比较。同样，评价指标应该随着时间的变化而发展，并用来隔离潜在的问题领域。也许最好的绩效评估指标是为客户创造的价值和供应链及其成员的赢利能力。

回忆一下第1章里我们介绍过一体化物流管理的概念和物流系统所需的成本权衡(见图2.8)。成本权衡分析既可以在单个企业中进行，也可以在供应链中跨企业进行。对于单个企业，其目标是寻找达到期望的客户服务水平的最有效的方式。对于供应链，其目标是通过在成员之间重新分配职能及其成本来改进整体的效率。单个成员企业所提供的客户服务水平将对其他成员和供应链的总绩效产生重大的影响。

例如，一个制造商的产品可供状况很差，订货周期时间不稳定，这迫使批发商为了向零售商提供可接受的服务水平，可能不得不拥有更多的存货作为安全库存。在这个例子中，制造商较低的物流成本是以供应链的其他成员为代价而获取的，并且整个供应链可能不太有效率。

信息技术能够提升供应链的效率和有效性

然而，如果管理层把精力集中在提升物流效率或效能的系统改变上，那么满足企业所有的目标是可能的。例如，通过连接供应链成员、使用先进的信息技术以及共享关键数据，企业也许能够实现下列一些或所有的目标：(1) 客户服务水平的上升；(2) 库存的降低；(3) 资金回收的加快；(4) 运输成本的降低；(5) 仓储成本的降低；(6) 现金流的改善；(7) 高资产回报率。因此，所有供应链的决策都从系统的角度当成一个整体来看

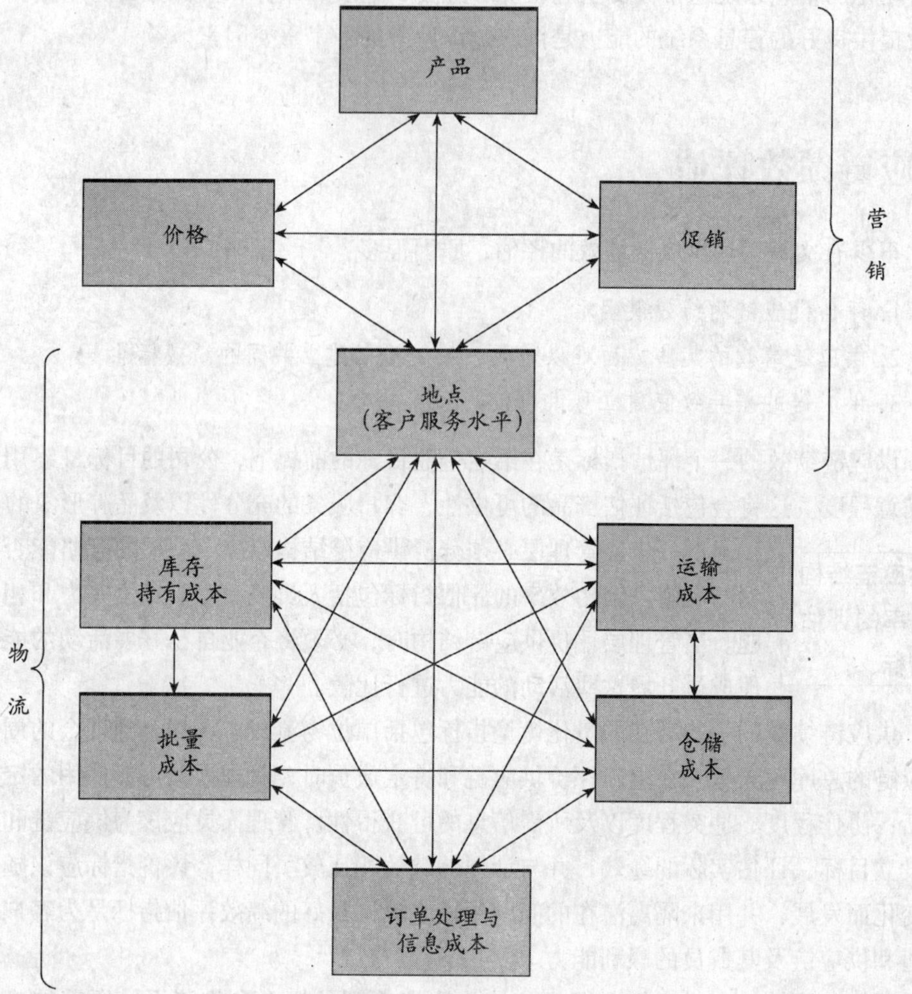

营销目标：将资源分配给营销组合，使企业的长期收益最大化。

物流目标：在给定客户服务水平目标前提下使总成本达到最小，其中：

总成本 = 运输成本 + 仓储成本 + 订单处理与信息成本 + 批量成本 + 库存持有成本

资料来源：摘自 Douglas M. Lambert, The Development of an Inventory Costing Methodology: A Study of the Cost Associated with Holding Inventory (Chicago: National Council of Physical Distribution Management, 1976), p. 7.

图 2.8 营销和物流中需要进行的成本权衡

待。

相对于在制造商的仓库里持有库存，制造商在客户拥有的库存中所投资的额外现金是很少的。而且，库存持有成本的非资金成本因素转移到了供应链的下一级。然而，对供应链整体来讲这可能并不是最有效的，因为越接近消费者，库存价值就越高，这是由于每个后续成员的加价或者供应链的各个阶段附加的价值而造成的。将库存保持在价值最小的形态会使供应链的整体经济性比较好。另外，库存越是未差异化，一般就越有可能被用在不同的用途。这在本章前文中说明延迟时曾解释过。在供应链中不同的地方持有库存的成本将在第 5 章详细介绍，第 5 章内容将分析库存的财务影响。

除了重新考虑改善供应链的现金流和资产收益率等传统策略，供应链中的领导企业会希望考虑在供应链中实现信息系统的自动化和集成化。这能减小订货周期的变动性，并为制定计划创造时间。如果组织改善整个供应链中的信息流，那么所有成员将能在改进客户服务的同时降低库存。

此外，由信息沟通速度的提高而导致的额外计划时间将允许运输合并、仓储成本的节约和更低的批量成本。客户服务水平能够提高，并且总运营成本得到降低——这实在是一个独特的机会。

在本章的最后一节，我们将说明领先的企业如何采用集成化方法来管理供应链。

重组改进供应链

简化供应链的一个至关重要的部分涉及重组关键过程以满足客户需求。重组是一个以迅速产生显著变化为目的的过程。迈克尔·海默（Michael Hammer）和詹姆士·钱佩（James Champy）把它定义为：根本性的再思考和激进的业务流程再设计，以获取同期的关键绩效指标如成本、质量服务和速度的显著改进。[①] 通过重组方法并不是随随便便就能实现改进。这些改变必须在高层得到支持，并由全面的管理计划所推动。

重组过程中的三个阶段

典型的重组过程经过三个阶段：

1. 寻找事实。
2. 识别改进的领域直到业务流程再设计。
3. 创造性的改进。

寻找事实阶段是对现有系统、流程和工作流进行非常详细的研究，主要的注意力定位在区分意见与事实。

有了在第一阶段收集的事实，重组团队识别改进的领域。团队分析如果重点特别放在目前缺乏效率或效果的客户联络点和产品信息传送上，就会在某个地方为最终客户增加价值。识别改进点以后，重组团队进入了重新设计业务流程和信息流的创造性阶段。创造性阶段的结果将会从根本上改变工作的特性及其执行的方式。

图 2.9 显示了一个执行重组过程的一般计划。组织的精力需要集中在企业的使命上。使命推动组织中的业务需求。一份完整的评估是由企业的文化、战略、业务实践和过程组成的。

如果该分析证明是可接受的，管理层就会在供应链中实施业务解决方案。通常，会要求在某一领域有所改善以提高供应链的绩效。这种重组的一个实例是奔驰汽车公司基

① Hammer and Champy, Reengineering the Corporation.

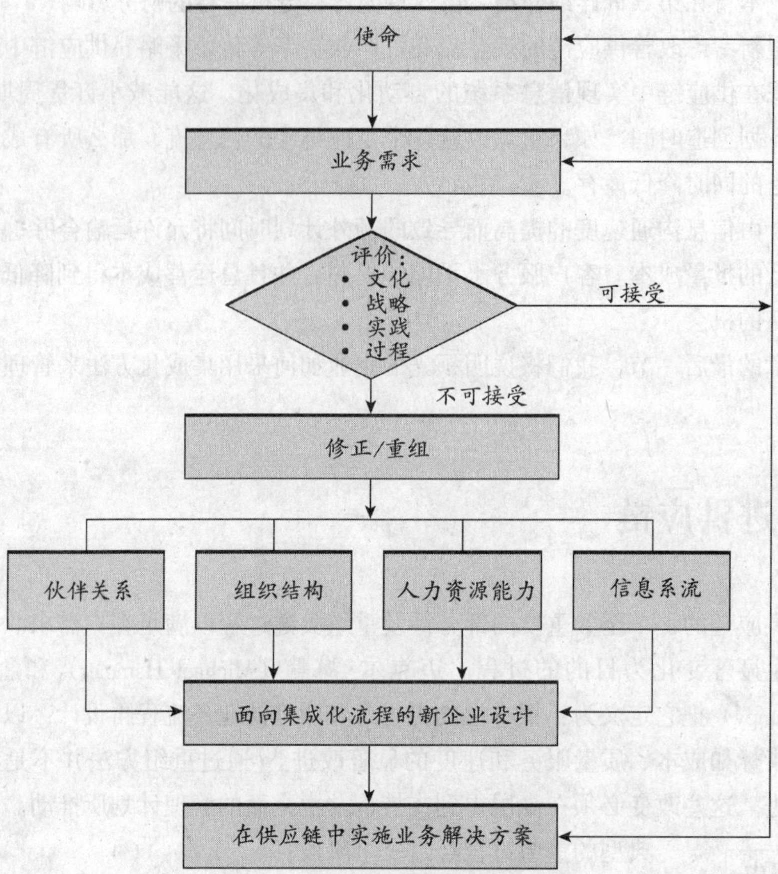

资料来源: Douglas M. Lambert, Larry C. Guinipero, and Gary J. Ridenhower, "Supply Chain Management: A Key to Achieving Business Excellence in the 21st Century." unpublished manuscript (1998). All Rights reserved.

图 2.9 重组供应链流程图

于系统供应原理重组的新式微型汽车。① 这次重组过程导致将更多的设计活动委托给供应商，减少了初级制造商的工程师和员工数量，结果是由这些效率引起的节约以增加价值的形式传递给了客户。

一体化供应链管理的实施

供应链管理的实施要求将组织所关注的焦点从职能转到过程。图 2.10 说明了组织中的六个典型职能如何与七种关键过程交织。

例如，在客户关系管理过程中，销售和营销部门提供客户管理的专业知识，工程部

① J. L. Coleman, A. K. Bhattacharya, and G. Brace, "Supply Chain Reengineering: A Supplier's Perspective," The International Journal of Logistics Management 6, no. 1 (1995), pp. 85-92.

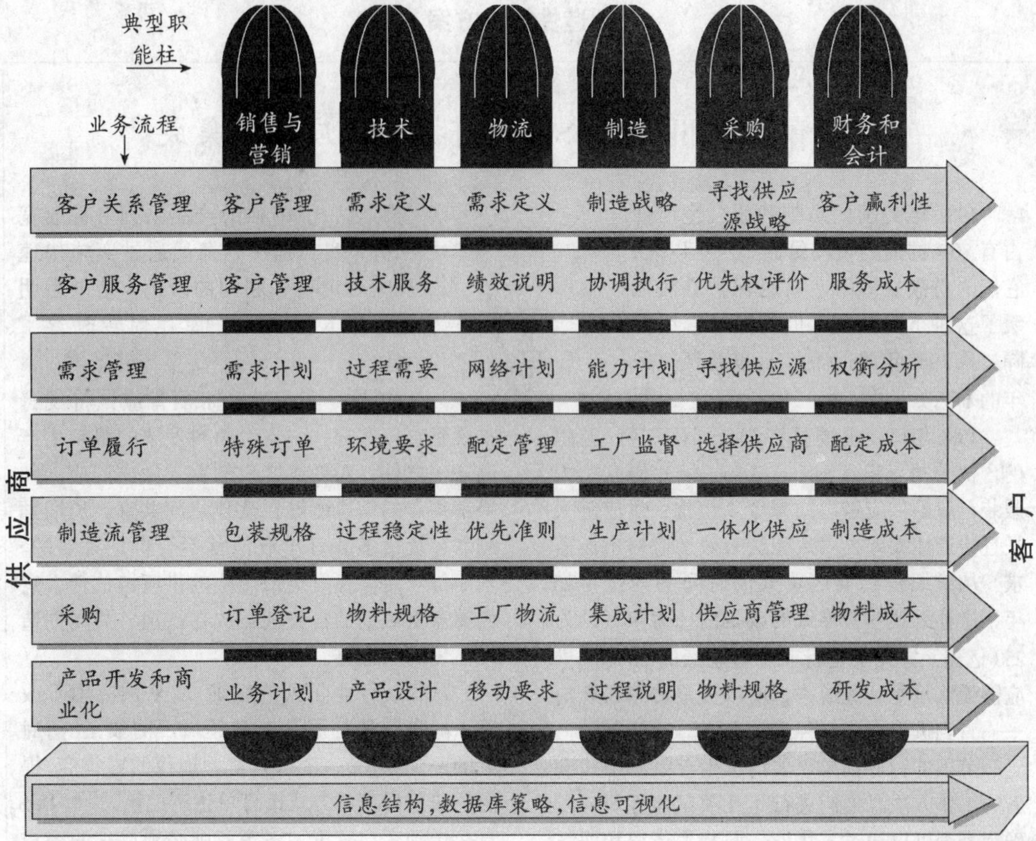

注：必须建立流程保证机制和所有权，来推动供应链远景的实现，并消除人为地将流程隔离的职能障碍。

资料来源：Douglas M. Lambert, Larry C. Guinipero, and Gary J. Ridenhower, "Supply Chain Management: A Key to Achieving Business Excellence in the 21st Century." unpublished manuscript (1998). All rights reserved.

图2.10　供应链管理的实施

门提供定义需求的规格说明，物流部门提供客户服务需求的信息，制造部门提供制造策略，采购部门提供采购策略，财务和会计部门提供客户赢利性分析报告。客户服务需求应该作为制造、采购和物流策略的输入。

如果缺乏横跨各个职能的妥善的协调机制，过程就会既无效也没有效率。以过程为中心，所有接触产品或提供信息的职能必须共同工作。例如，贯穿生产进度表的销售/营销数据被用来评估特定的订单水平和需求的时间选择。这些订单推动着生产需求，而后者则被依次传递给上游的供应商。

创造性解决方案

米丽肯（Milliken）公司如何推动供应链的集成

1981年美国的纺织和服装生产商占有80%的国内市场份额。六年以后，它们的份额是60%。贸易保护立法减缓了这种下降速度，但利润却直线下降，从1987年的19亿美元跌落至1991年的6亿美元。[1]

1986年该行业委托咨询公司库尔特·塞尔门合伙公司（Kurt Salmon Associates）研究美国服装行业的供应链。结果令人担忧：供应链太长且协调性太差，以致无法有效地应对市场需求。从纺织机到商店货架的时间平均是1.25年，这种无效率所导致的成本估计每年大约为250亿美元，几乎是行业总营业额的20%。[2]供应链无法承受这些成本，所以被迫转嫁给客户——直到进口变成一种威胁为止。

美国的行业如果想要继续生存就必须找到新的工作方法。他们进行了几项试验性研究以确定是否可以通过零售商、服装生产商和面料生产商的合作将渠道缩短。首批参加试验性研究的企业中有一家是全国最大的面料生产商——米丽肯公司。

在开始试验之前，米丽肯公司的绩效如下：米丽肯通过邮件收到订单——很慢；纺织通常在棉纱备齐8周后才完成；染色和后期整理还要花4到5周；库存直到客户要求时才会转到中心仓库。从收到订单起生产周期将近18~20周。使工厂的运作保持最大的生产能力占据了压倒一切的优先地位。

在米丽肯之后，服装生产商从收到布料开始会花大约18~20周将服装交付给零售商。[3]零售商由于害怕缺货，经常过多地订货，使它们的库存持有成本增加，并导致多余库存必须通过削价处理。如果零售商库存太高，就会削减采购量，导致生产商多余库存的增加。后者随后将会取消面料订单，导致米丽肯持有不想要的库存。

在试验研究中，米丽肯和服装生产商赛美娜（Seminol）以及沃尔玛结成伙伴关系。咨询公司对一个单独的产品系列（普通宽松裤）实行监测，衡量通过实施快速反应对销售和利润的改进，结果表明销售增长了31%，库存周转改善了30%。[4]

这一实践教会米丽肯应该将视野扩展到直接客户——支付面料发票的服装生产商——之外，对最终客户的需求做出回应。如果销售点的信息能够在伙伴之间共享，长期预测、存货过多和订单取消就不会再是必要的。米丽肯开始寻找有类似想法的供应链伙伴，它们愿意将短期的自身利益放在一边，共同创造一体化的供应链。

从服装行业学到的教训，后来被应用于改善米丽肯其他的服装业务领域。例如，公司对它的一个客户，一个东方格调地毯的零售商，提出用快速反应的方式按订单生产地毯，并由UPS直接送到客户家里。零售商则必须将它的客户订单每天转发给米丽肯，并充分告知所计划的促销活动。零售商开始有些犹豫，但后来同意了。该举措使零售商取消了所有产品库存，只保留展示产品；同时因为地毯不再经过配送中心，从而缩短了发货时间，节约了成本。

---

① Walecia Konrad, "Why Leslie Wexner Shops Overseas." Business Week（February 1992）, p. 33.

② George Stalk Jr. and Thomas M. Hout, Competing against Time（New York: Free Press, 1990）, p.249.

③ "Time Based Competition"（video）, Harvard Business School Management Programmes, 1993, Program 2.

④ Stalk and Hout, Competing against Time, p.252.

资料来源：摘自Martin Christopher, Marketing Logistics（Oxford, UK: Butterworth Heinemann, 1997）, pp.81-84.

越来越多地使用外包加速了协调供应链过程的需要。随着组织变得更加依赖于外部供应商，必须在组织内部建立协调机制。这些协调机制放在哪里以及由哪个团队和职能负责等成为了重大的决策问题。

管理者可以应用几种过程再设计和重组技术中的任何一种。克莱斯勒（Chrysler）公司通过150名内部雇员的共同努力，完成了Neon车型的开发。这个核心群体通过他们的成果影响着600名工程师和289个供应商，以及克莱斯勒的生产线员工。并行工程技术（Concurrent engineering techniques）要求来自所有关键职能领域的人员与供应商合作在42个月里开发出汽车。使用并行工程技术避免了事后的意见不和、误解和延误等问题。

为了成功地实施供应链管理，供应链中的所有企业必须克服它们自己的职能分离的问题，并接受过程法。成功实施SCM的要求包括：

成功的供应链管理的要求

- 经理人员的支持、领导和对变革的承诺
- 理解必要的变革程度
- 在SCM的远景和关键过程方面达成一致
- 承诺给予必要的资源和授权以实现所规定的目标

小结

在本章中我们了解了：

1. 供应链管理和供应链中的物流管理是不同的。
2. 运用的各种供应链结构。
3. 供应链管理是一种以过程为导向的方法管理供应链中的关系；领先的企业如3M正在实施SCM。
4. 信息通讯可以提高供应链的效率和有效性。
5. 许多因素影响供应链的设计、演化和绩效。
6. 实施一体化供应链管理要求一个过程管理团队结构。

既然我们已确立了供应链管理的必要背景和物流在供应链中的角色，我们将从第3章客户服务的主题，开始深入地分析主要的物流活动。

推荐阅读材料

Abrahamsson, Mats, and Staffan Brege, "Structural Changes in the Supply Chain," The International Journal of Logistics Management 8, no. 1 (1997), pp. 35-44.

Andraski, Joseph C. "Foundations for Successful Continuous Replenishment Programs." The International Journal of Logistics Management 5, no. 1 (1994), pp. 1-8.

Ballou, Ronald H., Stephen M. Gilbert, and Ashok Mukherjee. "New Managerial Challenges from Supply Chain Opportunities." Industrial Marketing Management 29, no. 1 (2000), pp. 17-

18.

Bechtel, Christian, and Jayanth Jayaram. "Supply Chain Management: A Strategic Perspective." The International Journal of Logistics Management 8, no. 1 (1997), pp. 15-34.

Berry, Danny, and Denis R. Towill. "Material Flow in Electronic Product Based Supply Chains." The International Journal of Logistics Management 3, no. 2 (1992), pp. 77-94.

Bhattacharya, Arindam K., Julian L. Coleman, Gordon Brace, and Paul J. Kelly. "The Structure Conundrum in Supply Chain Management." The International Journal of Logistics Management 7, no. 1 (1996), pp. 39-48.

Bowersox, Donald J., M. Bixby Cooper, Douglas M. Lambert, and Donald A. Taylor. Management in Marketing Channels. New York: McGraw-Hill, 1980.

Bucklin, Louis P. A Theory of Distribution Channel Structure. Berkeley, CA: Institute of Business and Economics Research, University of California, 1966.

Burgess, Rachel. "Avoiding Supply Chain Management Failure: Lessons from Business Process Reengineering." The International Journal of Logistics Management 9, no. 1 (1998), pp. 15-23.

Cavinato, Joseph L. "Identifying Interfirm Total Cost Advantages for Supply Chain Competitiveness." The International Journal of Purchasing and Material Management 27, no. 4 (Fall 1991), pp. 10-15.

Christopher, Martin. "The Agile Supply Chain: Competing in Volatile Markets." Industrial Marketing Management 29, no. 1 (2000), pp. 37-44.

Christopher, Martin, and Lynette Ryals. "Supply Chain Strategy: Its Impact on Shareholder Value." The International Journal of Logistics Management 10, no. 1 (1999), pp. 1-10.

Clendenin, John A. "Closing the Supply Chain Loop: Reengineering the Returns Channel Process." The International Journal of Logistics Management 8, no. 1 (1997), pp. 75-85.

Closs, David, Anthony S. Roath, Thomas J. Goldsby, James A. Eckert, and Stephen M. Swartz. "An Empirical Comparison of Anticipatory and Response-Based Supply Chain Strategies." The International Journal of Logistics Management 9, no. 2 (1998), pp. 21-34.

Coleman, Julian L., Arindam L. Bhattacharya, and Gordon Brace. "Supply Chain Reengineering: A Supplier's Perspective." The International Journal of Logistics Management 5, no. 2 (1994), pp. 1-10.

Cooper, Martha C., and Lisa M. Ellram. Characteristics of Supply Chain Management and the Implications for Purchasing and Logistics Management 4, no. 2 (1993), pp. 13-24.

Cooper, Martha C., Douglas M. Lambert, and Janus D. Pagh. "Supply Chain Management: More Than a New Name for Logistics." The International Journal of Logistics Management 8, no. 1 (1997), pp. 1-14.

Ellinger, Alexander E. "Improving Marketing/Logistics Cross-Functional Collaboration in the Supply Chain." Industrial Marketing Management 29, no. 1 (2000), pp. 85-96.

Ellram, Lisa M., Martha C. Cooper. "Supply Chain Management, Partnerships and the Shipper-Third Party Relationship." The International Journal of Logistics Management 1, no. 2 (1990), pp. 1-10.

——. "The Relationship Between Supply Chain Management and Keiretsu." The International

Journal of Logistics Management 4, no. 1 (1993), pp. 1-12.

Fernie, John, and Clive Rees. "Supply Chain Management in the National Health Service." The International Journal of Logistics Management 6, no. 2 (1995), pp. 83-92.

Gattorna, John. Strategic Supply Chain Alignment: Best Practice in Supply Chain Management. Hampshire, England: Gower Publishing Limited, 1998.

Guinipero, Larry C., and Richard R. Brand. "Purchasing's Role in Supply Chain Management." The International Journal of Logistics Management 7, no. 1 (1996), pp. 29-38.

Gunn, T. G. In the Age of the Real-Time Enterprise. Essex, VT: Omneo, 1994.

Hewitt, Fred. "Supply Chain Redesign." The International Journal of Logistics Management 5, no. 2 (1994), pp. 1-10.

Hines, Peter. "Integrated Materials Management: The Value Chain Redefined." The International Journal of Logistics Management 4, no. 1 (1993), pp. 13-22.

Hines, Peter, Nick Rich, John Bicheno, David Brunt, David Taylor, Chris Butterworth, and James Sullivan. "Value Stream Management." The International Journal of Logistics Management 9, no. 1 (1998), pp. 25-42.

Horscroft, Peter, and Alan Braithwaite. "Enhancing Supply Chain Efficiency: The Strategic Lead Time Approach." The International Journal of Logistics Management 1, no. 2 (1990), pp. 47-52.

Houlihan, John B. "International Supply Chains: A New Approach." Management Decision 26, no. 3 (1998), pp. 13-19.

Jenkins, Gareth P., and Derek S. Wright. "Managing Inflexible Supply Chains." The International Journal of Logistics Management 9, no. 2 (1998), pp. 81-88.

Johnson, D. T., and A. Simpson. "International Service Parts Management." Annual Conference Proceedings of the Council of Logistics Management, vol. 2 (Oak Brook, IL: Council of Logistics Management, 1993), pp. 331-46.

Johnson, Russell, and Paul R. Lawrence. "Beyond Vertical Integration: The Rise of the Value-Adding Partnership." Harvard Business Review 66, no. 4 (July-August 1988), pp. 94-101.

La Londe, Bernard J., and Terrance L. Pohlen. "Issues in Supply Chain Costing." The International Journal of Logistics Management 7 (1991), pp. 1-12.

Lambert, Douglas M., and Martha C. Cooper. "Issues in Supply Chain Management." Industrial Marketing Management 29, no. 1 (2000), pp. 65-83.

Lamming, Richard. Beyond Partnerships. Englewood Cliffs, NJ: Prentice Hall, 1993.

Lancioni, Richard A. "New Developments in Supply Chain Management for the Millennium." Industrial Marketing Management 29, no. 1 (2000), pp. 1-6.

Lancioni, Richard A., Michael F. Smith, and Terrence A. Oliva. "The Role of the Internet in Supply Chain Management." Industrial Marketing Management 29, no. 1 (2000), pp. 45-56.

Mallen, Bruce. Principles of Marketing Channel Management. Lexington, MA: Lexington Books, 1977.

Mason-Jones, Rachel, Mohammed M. Naim, and Denis R. Towill. "The Impact of Pipeline Control on Supply Chain Dynamics." The International Journal of Logistics Management 8, no. 2

(1997), pp. 47-62.

Moon, Mark A., John T. Mentzer, and Dwight E. Thomas Jr. "Customer Demand Planning at Lucent Technologies." Industrial Marketing Management 29, no. 1 (2000), pp. 19-26.

Pano, Robin. "Pull Out the Stops in Your Network." Transportation and Distribution 35, no. 8 (August 1994), pp. 38-40.

Stern, Louis W. Adel I. EI-Ansary, and Anne Coughlan. Marketing Channels, 5th ed. Englewood Cliffs, NJ: Prentice Hall, 1996.

Trafton, L., and M. McElroy. "Logistics Network Design and Pipeline Optimization: The Optimizer." Proceedings of the Annual Conference of the Council of Logistics Management, vol. 2 (Oak Brook, IL: Council of Logistics Management, 1993), pp. 375-95.

Treacy, M., and F. Wiersma. "Customer Intimacy and Other Value Disciplines." Harvard Business Review 71, no. 1 (January-February 1993), pp. 84-93.

Webber, Mary Margaret. "Calculating the Cost of Variances in the Supply Chain." Industrial Marketing Management 29, no. 1 (2000), pp. 57-64.

Wilding, Richard D. "Chaos Theory: Implications for Supply Chain Management." The International Journal of Logistics Management 9, no. 1 (1998), pp. 43-56.

Van Hoek, Remko L. "Reconfiguring the Supply Chain to Implement Postponed Manufacturing." The International Journal of Logistics Management 9, no. 1 (1998), pp. 95-110.

Van Hoek, Remko L., and Harm A. M. Weken. "The Impact of Modular Production on the Dynamics of Supply Chain." The International Journal of Logistics Management 9, no. 1 (1998), pp. 95-110.

问题与习题

1. 给出供应链管理的定义。物流和供应链管理的不同/相似之处是什么?
2. 在供应链管理中外包的角色是什么?
3. 举例说明在供应链中:(a) 一家企业使用延迟;(b) 一家企业使用投机。
4. 说明业务流程连接的四种类型,举例说明每种类型在什么条件下是合适的。
5. 识别 8 种供应链过程,并解释它们为什么是跨职能的?
6. 当管理层试图与企业的供应链成员实施业务过程法时,可能遇到什么困难?
7. 解释产品特性如何影响供应链设计。
8. 可以如何使用通讯技术来改进供应链的效率和有效性?
9. 在试图评估供应链绩效时,你预计将会遇到哪些困难?
10. 成功实施供应链管理面临的主要障碍是什么?

CHAPTER 3

客户服务

本章大纲

本章目标

- 定义客户服务的概念
- 说明客户服务职能对公司营销和物流工作的重要性
- 说明如何计算成本/收益的平衡点
- 说明如何执行客户服务督察
- 识别提高客户服务绩效的机会

引 言

一个世界级水平的组织必须为其客户提供高水准的物流服务。了解客户的期望并知道公司在物流服务诸方面（相对于其竞争对手）的绩效，对于实现卓越的服务水平是十分关键的[①]。随着国内竞争和国际竞争的加剧以及客户要求的提高，管理必须将物流当成一种武器，在市场中创造持续的竞争优势。

我们在第1章已提到，客户服务反映了物流系统的产出和公司市场营销组合中的地点要素。客户服务是对物流系统在创造产品的时间效用和空间效用方面的有效性的一种衡量。客户服务水平不仅决定了现有的客户是否会继续保持成为客户，而且也决定了有多少潜在的客户会变为客户。因此，客户服务对于公司的市场份额的大小[②]、物流总成本以及最终的赢利水平具有直接的作用。为此，将客户服务作为任何物流系统设计与运行的一个组成部分，是必不可少的。

客户服务是什么？

市场营销导向对于企业成功的重要性已经得到了很好的证实。[③]管理者如何将稀缺的资源分配给市场营销组合的各个组成部分——产品、价格、促销和地点——将决定一个公司的市场份额和赢利能力。图3.1概括了管理必须进行的成本权衡。

地点要素反映制造商对客户服务的支付，可看成是物流系统的产出。客户服务是物流与市场营销之间的界面。尽管客户服务是物流系统的产出，但只有当公司在市场营销组合的所有组成要素方面都做得很好时，才能产生客户满意的结果。对于许多公司来说，提供优秀的客户服务可能是获取竞争优势的一种最佳的方法。[④]通过在客户服务和物流上花费比竞争对手更多的资源，公司也许能够显著地提高其市场份额和赢利能力。然而，通过系统地调整客户服务的各种要素，公司可以提高服务水平，并降低物流的总成本。在评价各种可选的客户服务战略时，管理应该尽力实现公司长期赢利的最大化。

如我们在第1章中提到的，当我们介绍总成本概念时，管理者必须考虑图3.1中所描述的所有物流成本项目的总额。一项成本的减少总会导致另外成本项目的增加。在给定客户服务目标的条件下，只有将物流看成是一个集成的系统，并将物流的总成本最小化，才能实现有效的管理和真实的成本节约。没有首先建立企业的客户服务目标，设计一个高效和有效率的物流系统是不可能的。

---

① James R. Stock and Douglas M. Lambert, "Becoming a 'World Class' Company with Logistics Service Quality," The International Journal of Logistics Management 3, no. 1 (1992), p. 73.

② 客户服务与市场份额之间的关系已经在杰伊·U·斯特林（Jay U. Sterling）文献中得到证实，见 Jay U. Sterling, "Integrated Customer Service and Marketing Strategies in a Channel of Distribution: An Empirical Study," unpublished Ph.D. dissertation, Michigan State University, 1985.

③ Thomas J. Peters and Robert H. Waterman Jr., In Search of Excellence (New York: Harper & Row, 1982).

④ Jay U. Sterling and Douglas M. Lambert, "Establishing Customer Service Strategies Within the Marketing Mix," Journal of Business Logistics 8, no. 1 (1987), pp. 1-30.

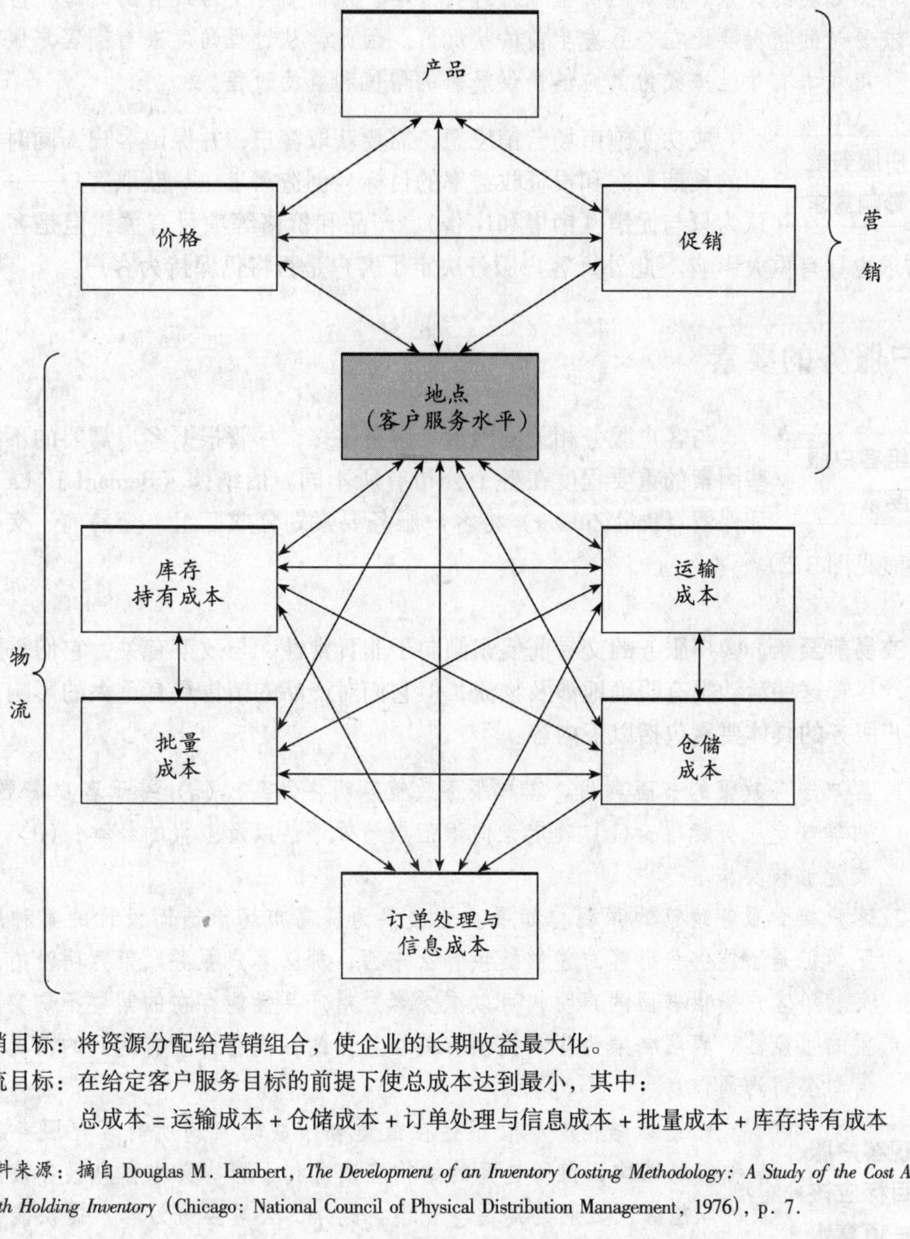

营销目标：将资源分配给营销组合，使企业的长期收益最大化。

物流目标：在给定客户服务目标的前提下使总成本达到最小，其中：

总成本 = 运输成本 + 仓储成本 + 订单处理与信息成本 + 批量成本 + 库存持有成本

资料来源：摘自 Douglas M. Lambert, *The Development of an Inventory Costing Methodology: A Study of the Cost Associated with Holding Inventory* (Chicago: National Council of Physical Distribution Management, 1976), p. 7.

图 3.1　营销与物流的成本权衡

确定客户服务目标是物流系统设计的第一步。只有当我们已经实施了这一步，我们才能进行有关运输、仓储、库存投资、订货策略或生产方面的决策。

客户服务的定义

客户服务可以定义为：

> 发生在购买方、销售方和第三方之间的一个过程。该过程导致交易的产品或服务的价值增值。在交易过程中增加的价值可以是短期的，如单次交易，或者是长期

的，如契约关系。增加的价值也可进行分享，从而参与交易或合约的每一方在完成交易时的状况要比在交易发生前的状况好。因此，从过程角度来看：客户服务是一个以成本有效性方式为供应链提供显著的增值利益的过程。[①]

客户服务能够影响需求

成功实施市场营销思想，需要获取客户，并保留客户，同时满足公司的长期利润和投资收益率的目标。创造需求——获取客户——常常被认为只与促销（销售和广告）、产品和价格等项目有关，但是客户服务对需求也具有重大影响。[②]此外，客户服务决定了客户是否将仍保持为客户。

客户服务的要素

三组客户服务要素

与客户服务相关的因素一般有许多，尽管根据客户需要的不同，这些因素的重要程度在各个公司有所不同。伯纳德（Bernard J. La Londe）和保罗（Paul Zinszer）将客户服务要素划分成三组：交易前、交易、交易后（见图3.2)。[③]

交易前要素。客户服务的交易前要素倾向于非日常性、与政策有关，它们需要管理投入。尽管这些活动没有明确地涉及物流，但它们对产品的销售具有重大的影响。交易前客户服务的具体要素包括以下内容：

1. 客户服务政策的书面声明。客户服务政策声明将做到：(a) 基于客户需要；(b) 明确规定服务标准；(c) 确定谁向谁汇报绩效评估以及汇报的频率；(d) 可操作或能够被实施。
2. 客户接受服务政策的声明。如果企业提供为提高市场渗透而设计的某种服务水平，但是不能够告诉客户能够提供什么东西，那么客户服务政策声明没有什么意义。给客户提供书面的声明，可以减少客户对产品性能存在的某些不切实际的期望的可能性。声明必须为客户提供有关在具体的性能指标没有达到的情况下，如何向公司沟通信息。

实现客户服务目标应该是一项高水平的责任

3. 组织结构。尽管不存在最适合于成功实施所有客户服务政策的某种组织结构，但所选择的结构应该有利于那些实施客户服务政策所涉及的职能部门之间的沟通与合作。此外，公司应该为客户提供能够满足他们对信息需要的具体个人的姓名和电话号码。那些管理客户服务内容的个人必须具有适当的职责和职权，并且必须以某种能够激励他们与公司其他职能部门之间合作的方式得到奖励。
4. 系统柔性。为了有效地对无法预料的事件做出反应，例如暴风雪、原材料或能源的短缺、罢工等，系统必须是柔性的。

---

① Bernard J. La Londe, Martha C. Cooper, and Thomas G. Noordewier, Customer Service: A Management Perspective (Chicago: Council of Logistics Management, 1998), p.5.

② Sterling and Lambert, "Establishing Customer Service Strategies Within the Marketing Mix."

③ Bernard J. La Londe and Paul H. Zinszer, Customer Service: Meaning and Measurement (Chicago: National Council of Physical Distribution Management, 1976), pp. 272-82.

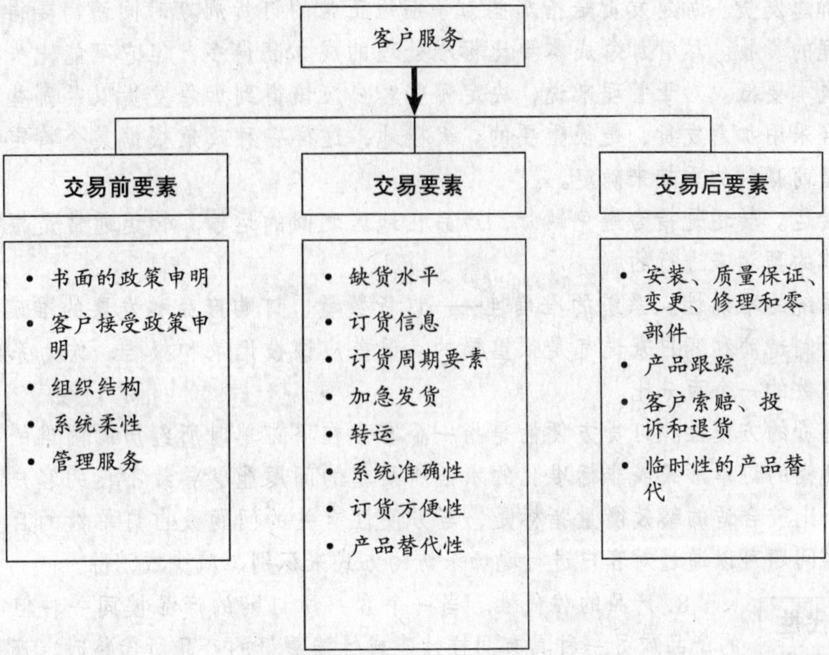

资料来源：Bernard J. La Londe and Paul H. Zinszer, Customer Service: Meaning and Measurement (Chicago: National Council of Physical Distribution Management, 1976), p. 281.

图3.2 客户服务要素

5. 管理服务。管理服务——如设计来帮助客户提高库存管理、订货或购买的培训手册和研讨会——是客户服务的要素。

所有以上客户服务的交易前要素都是成功的市场营销战略必不可少的组成部分。

交易要素。交易要素是指那些通常与客户服务相关的活动，包括以下内容：

1. 缺货水平。缺货水平是对产品供应情况的一种测度。为了确定问题存在的地方，缺货情况应根据产品和根据客户来进行登记。当缺货出现时，公司可以通过安排合适的替代产品，或当产品已入库时，可以通过加速发货，来维持与客户的良好关系。
2. 订货信息。订货信息是指为客户提供关于库存情况、订单状态、预期发货和交付日期以及延期交货情况的快速和准确的信息的能力。延期交货的能力使公司能够确定和加速那些需要加以立即关注的订单。公司可以利用延期交付的订单数量及其相关的订货周期时间来评估系统的绩效水平。延迟交付的能力很重要，因为其他方法可能是被迫缺货。公司应该按客户和按产品类别将延期交付的数量记录下来，从而识别和纠正比较差的系统绩效水平。

订货周期的定义

3. 订货周期要素。订货周期是指从客户开始发出订单到产品交付给客户过程的总时间。订货周期的各个组成部分包括：订单传递、订单输入、订单处理、订单分拣和包装、交付。因为客户主要关心的是总体时间，因此很重要的是，监控和管理好订货周期的每一个组成部分来决定订货周期任何变动的原因。

4. 加急发货。加急发货是指那些为了缩短正常的订货周期时间而需要得到特殊处理的货物。尽管加急成本要比标准处理的成本高得多，但它可能比失去客户的成本要低。对于管理来说，决定哪些客户应该得到加急发货以及哪些客户不适合采用加急发货，是很重要的。大概地，这样一种政策根据某个特定客户对制造商赢利的贡献来确定。
5. 转运。转运是指为避免缺货，产品在地区之间的运输。转运通常是根据客户订单的预测来进行的。
6. 系统的准确性。系统的准确性——订货数量、订购产品和发票的准确性——对于制造商和客户来说都是很重要的。误差应该被记录和报告，作为系统处理订单数的一个百分比。
7. 订货的方便性。订货方便性是指一个客户在下订单时所经历的困难的程度。由模糊的订单形式或非标准化的术语所引起的问题能够导致不良的客户关系。一个比较合适的绩效衡量指标是，与方便性有关的问题数占订单数的百分比。这些问题可以通过对客户进行现场采访的方式来识别、减少或消除。

产品替代性能提高客户服务

8. 产品的替代性。当一个客户所订购的产品被同一种但不同尺寸的产品或另一种具有同样性能或性能更好的产品所代替时，产品替代就发生了。例如，一个客户订购了一箱每瓶为 15 盎司的适用于中性发质的象牙牌（Ivory）洗发水。如果在缺货期间，该客户愿意接受 8 盎司装或 20 盎司装的洗发水，那么制造商就能够提高以特定时期内产品的可获得性为评估指标的客户服务水平。图 3.3 举了一个例子，两种替代产品可以使制造商在保持库存水平不变的情况下将客户服务水平从 70%提高到 97%。如果在不存在替代产品的情况下，公司实现了 97%的客户服务水平，那么两种替代产品将使企业在库存减少 28%的情况下，维持同样的服务水平。

为了发展一个合适的产品替代政策，制造商应该与客户密切合作，为他们提供信息或征求他们的同意。公司同时也应该保留产品替代的记录来监控绩效水平。一个成功的产品替代计划需要制造商与客户之间的良好沟通。

客户服务的交易要素是最明显的，因为它们对销售具有直接的作用。

交易后要素。客户服务的交易后要素支持产品的售后服务。具体的交易后要素包括：

1. 安装、质量保证、变更、修理和零部件。客户服务的这些要素在采购决策中是一个重要的因素，它们应该以类似于交易要素的方式进行评估。为了执行这些功能，公司需要做到：(a) 协助确保产品在客户开始使用时其性能与期望的要求相符；(b) 可获得零部件和修理人员；(c) 对现场人员的文件支持以及容易获取零部件的供应；(d) 证实质量保证有效的管理职能。①
2. 产品跟踪。产品跟踪是客户服务的另一个必要的组成要素。为了避免诉讼，公司必须能够一发现问题，就收回存在潜在危险的产品。

---

① 同上，p. 278.

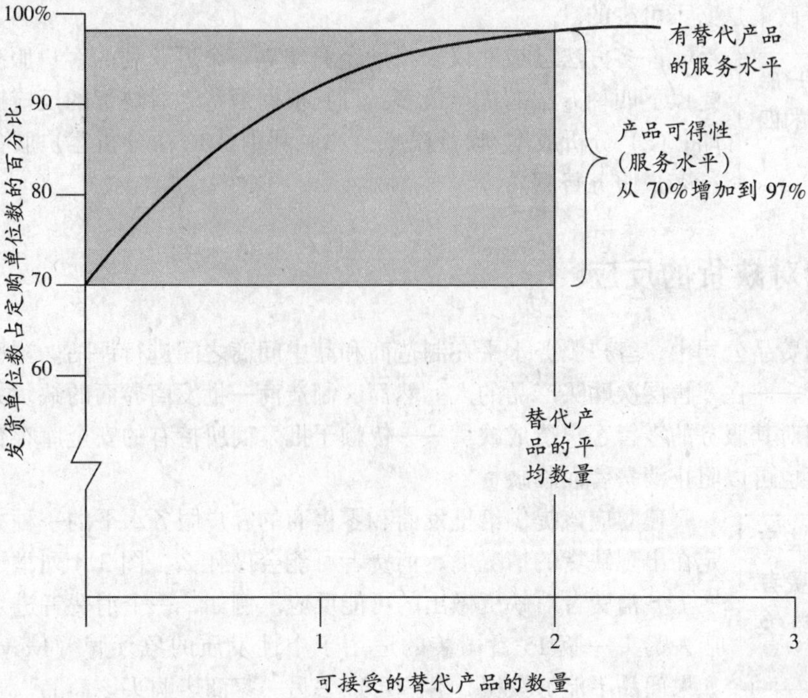

图 3.3　产品替代对服务水平的影响

3. 客户索赔、投诉和退货。一般来说，设计物流系统时，考虑的是将产品朝一个方向移动——指向客户。然而，几乎每一个制造商都有一些退货产品，对这些物品进行的非日常性处理成本是很高的。公司政策应规定如何处理索赔、投诉和退货。公司应保留有关索赔、投诉和退货方面的数据，从而为产品开发、市场营销、物流和其他公司职能部门提供有价值的客户信息。
4. 临时性的产品替代。客户服务的最后一个要素是临时性的产品替代，当客户在等待接受采购的物品或等待先前采购的产品被修理时，为客户提供临时性的产品替代。

建立客户服务战略的方法

让人感觉很差的客户服务政策会使一个公司的整个营销努力成为无效。然而，客户服务是市场营销组合中的一个常常被人遗忘的构成要素，客户服务水平常常是根据行业标准、管理判断或以往的实践来确定——而不是根据客户需要什么或者什么将使公司的赢利最大化来确定。[①] 如果客户不能够在零售商店的货架上找到所需的产品，即使公司开发很好的适合市场需要的产品并定好销售价格、进行很好的促销活动，那又有什么优势呢？然而，过多地强调客户服务将会不必要地降低公司的利润。因此，公司采用一个基于客户需要的、与总体的市场营销战略相一致的并能够促进公司长期利润目标实现的

① Harvey M. Shycon and Christopher R. Sprague, "Put a Price Tag on Your Customer Service Levels," Harvard Business Review 53, no. 4 (July-August 1975), pp. 71-78.

客户服务政策是必不可少的。

建立客户服务战略的四种方法

许多方法已被建议来帮助企业建立一个可获利的客户服务战略，但是以下四种方法的优点最多：(1) 根据消费者对缺货的反应确定服务战略；(2) 分析成本/收益权衡；(3) 利用 ABC 法分析客户服务；(4) 执行客户服务督察。

消费者对缺货的反应

在消费品公司中，客户服务水平在制造商和其中间商之间进行评估。这些评估排除了消费者——在零售层次购买产品的人。然而，制造商—批发商界面的缺货并不总是导致批发商对其服务的零售客户造成缺货——依赖于批发商所持有的安全库存数量。零售商的库存也可以阻止消费者面临缺货。

对于某些产品，消费者愿意转换商店

建立应该提供给批发商和零售商的客户服务水平的一种方法是，决定在出现缺货的情况下，消费者可能会做什么。图 3.4 列举了在零售层次上，消费者对缺货做出的可能反应。例如，一个消费者进入某家零售店去购买一瓶 15 盎司装的适用于中性发质的象牙牌（Ivory）洗发水。如果商品不能够获得，客户可以去另一家商店购买该商品。当然，为了买一瓶洗发水，进行这样的往返行程可能是不值得的，但是存在许多产品，客户愿意为它们转变商店。[①]

例如，大多数生产婴孩食品的制造商并不采用全国性的媒体为他们的产品做广告。他们花费大量资金，将产品提供给医院和医生，医院和医生再将产品提供给新妈妈。因为新妈妈觉得为婴孩买营养食品存在着很高的风险，因此她们会请求医生或医院提供产品的品牌。[②] 尽管领先的品牌可能具有完全相同的成分，消费者愿意转换商店，而不愿意转换品牌。

因此，有关消费者对缺货反应的信息对于婴孩食品的制造商在建立客户服务战略时，具有重要的作用。尽管对零售商缺货所引起的惩罚成本可能是很低的，但是如果医生或医院缺货了，制造商将发生很高的成本。如果服务失败造成医生将罗斯实验室（Ross Laboratories）的产品 Similac 变换到米德约翰逊（Mead Johnson）的产品 Enfamil，那么罗斯实验室将失去该医生在未来治疗的所有妈妈的业务。同样，如果由于较差的产品供应情况或任何其他客户服务问题，某家医院停止储存某个品牌的产品，那么该公司将失去未来来自于在该医院生孩子和使用婴孩食品的母亲的利润贡献。虽然很难确定失去一个医生或医院的业务的准确成本，但客户服务的含义是很清楚的。医院和医生需要高水平的客户服务，可能要涉及 48 小时供应水平和 99%的供应可行度。

相比之下，如果零售商出现 Similac 产品的缺货，零售商将很有可能失去销售机会。因为零售管理必须知道其商店相对于竞争对手的定位，因此，零售商必须关注那些消费者愿意转换商店的物品的缺货频率。这种物品的频繁缺货会使消费者永久地将他们购买

① 消费者可能非常愿意为具有某种特性的洗发水（例如，能够解决头皮屑问题的洗发水）转换商店。

② 实际上，许多医生通过告诉新妈妈不要变换婴孩食品的牌子，进一步降低了品牌更换的可能性。

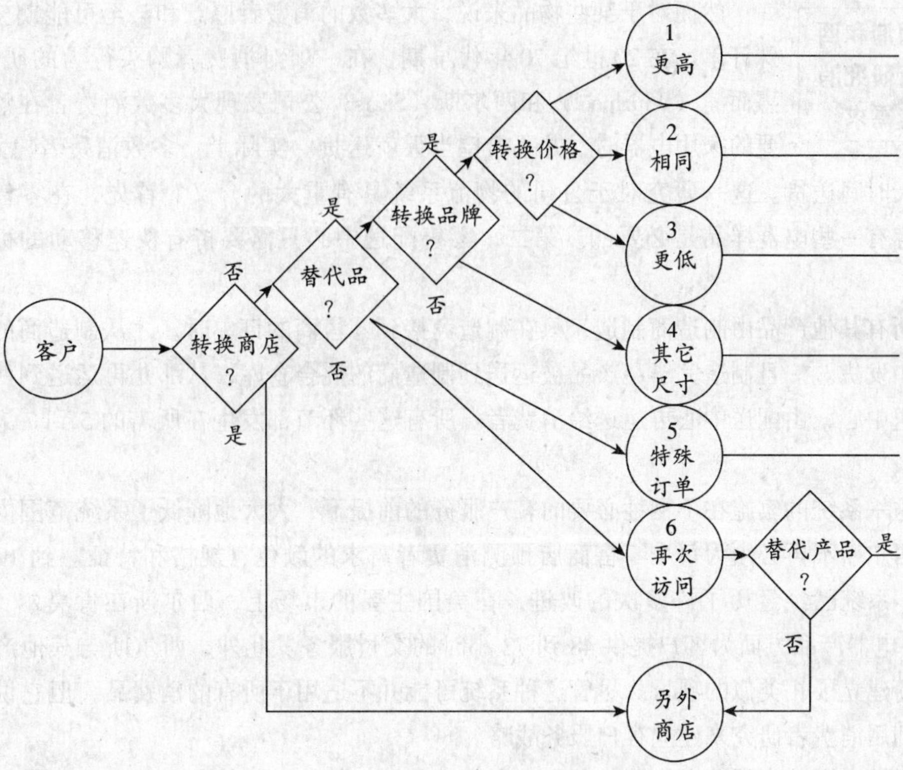

资料来源：Clyde K. Walter，"An Empirical Analysis of Two Stockout Models，" unpublished Ph.D. dissertation，Ohio State University，1971.

图 3.4　消费者对重复缺货的反应模型

的忠诚度转换到另一家商店。① 有了这一信息，制造商可以为零售商设置一个更长的订货周期，但可以利用额外的时间来减小提前期的变动性，并提供更高水平的库存供应的可行性。尽管零售商将需要适应更长的提前期，但更大的稳定性和高水平的供货可行性将使他们能够在不需要维持过量库存的条件下满足其客户。

在大多数缺货情况下，消费者不会转换商店

然而在大多数缺货情况下，消费者并不愿意接受转换零售商店所带来的不便。这使我们回到图 3.4 中的第 2 个决策点——替代产品。在这一点上，消费者必须决定替代产品是否可以接受。对于想要购买象牙牌洗发水的消费者，如果家里还剩一些洗发水，他们可能愿意将购买延期，直到下次光顾。如果家里的洗发水已经用光了，消费者可能换用另一种品牌的洗发水。消费者不大可能为像洗发水之类的产品下特殊订单。

① 一份对 7,189 个购物者的研究发现那些经历过缺货情况的人在离开商店时，对该商店的印象变差了，感到不满意，也减少了购买的打算。见 Paul H. Zinszer and Jack A. Lesser，"An Empirical Evaluation of the Role of Stockout on Shopper Patronage Process，" 1980 Educators' Conference Proceedings（Chicago：American Marketing Association，1980），pp. 221-24.

惠而浦和西尔斯研究消费者需求

然而对于某些物品来说，大多数的消费者愿意和甚至可能期望下特殊订单。在20世纪70年代早期，在一项对消费者购买行为的研究中，惠而浦（Whirlpool）和西尔斯（Sears）公司发现大多数消费者在购买主要的家用电器时，并不希望当天就送货。实际上，多数消费者愿意等5到7天时间送货。这一研究对于公司的物流系统具有重大的含义。首先，在零售层次上，存有一些电器样品是必要的。第二，零售配送中心只需要持有快速移动的标准物品。

所有其他产品由制造商制造，只在制造商接到零售商的订单时，才从制造商的混合仓库中发货。一旦制造完毕，产品被运送到制造商的混合仓库，从那儿再运送到西尔斯的配送中心，由配送中心再运送给消费者。所有这些环节都发生在所需的5到7天的时间内。

这一系统的实施在不牺牲必要的客户服务的前提下，大大地降低了系统范围内的库存。西尔斯不再必须为每个零售商店预测消费者需求的颜色、规格和特征。到1984年为止，系统已经经历了许多次的改进，在美国主要的市场上，西尔斯在肯莫尔（Kenmore）电器产品方面为客户提供48到72小时的交付服务。此外，西尔斯与其他产品的供应商建立了相类似的项目。尽管这种系统可能并不适用于所有的消费品，但它说明了如何利用消费者研究来建立客户服务战略。

通常来说，当消费者经历某种具有高度品牌偏好的物品（如婴孩食品）缺货时，他们将会转换商店。但是对于其他产品来说，消费者会购买其他规格或品牌的产品。回忆一下图3.3，该图表明如果客户愿意接受两种替代产品，那么公司可以在不增加相应的库存的条件下，将客户服务水平从70%提高到97%。如果情况如此，客户服务水平不应该根据每种库存存储单元（例如15盎司瓶装的适用于中性发质的象牙牌洗发水）来评估，而应该根据该产品的所有库存存储单元（所有规格的适用于中性发质的象牙牌洗发水）来评估。[①]

当面临缺货时，消费者可能会转换品牌

面临零售缺货的消费者的最后一种选择是转换品牌。他们可以转换到相同价格、更高价格或更低价格的品牌。当产品替代发生时，零售商并没有失去销售机会。依赖于消费者所采用的替代战略，销售商可能不会经历销售额或利润的任何负面作用。例如，消费者可能会替代一种销售价格更高的商品，或者可能会购买某种国有品牌而非其他品牌。

如果制造商知道消费者愿意购买其他规格的产品，制造商应该利用这一信息来说服零售商和批发商也应该接受这些替代产品。[②]然而，如果品牌转换发生了，制造商肯定至少失去从这次购买中所能获得的利润贡献。由于缺货，使消费者处于转换品牌的处境，制造商使竞争对手可以在消费者中进行产品试验，并从中得到补偿。此外，替代品牌可能会在未来成为消费者的第一选择。如果这样的情况发生了，制造商就失去了在该

① 库存存储单元（SKUs）是指在形状、规格、颜色或一些其他特征方面不同于其他产品的产品单位数。

② 想要回顾有关客户对缺货的反应的文献以及建议的研究方法论，请参阅 W. E. Miklas，“Measuring Customer Response to Stockouts，” International Journal of Physical Distribution and Materials Management 9，no. 5（1979），pp. 213-42.

客户不改变他或她的购买行为的情况下所能实现的所有未来利润贡献的现值。这些数量很难确定，或者几乎不可能确定。①

成本/收益权衡

诸如运输、仓储、订单处理和信息系统、生产准备、采购以及库存管理等物流活动的费用总和可以被看成是公司用于客户服务的支出。

抵消客户服务改善的支出需要增加多少销售量

为了实现最低的物流成本，管理必须在给定的具体客户服务水平的情况下，将物流总成本最小化。因此，与提高服务水平相关的成本要与弥补额外的成本所需增加的销售额相比较。例如，管理者常常通过增加库存投资来尽量提高客户服务水平。图 3.5 表明，随着客户服务水平的提高库存如何以递增的速度增加。这条曲线可以根据平均需求、平均提前期以及需求和提前期的变动情况进行计算（我们将在第 6 章中说明如何来画这条曲线）。然而，因为在许多公司中，管理者并不从数学上确定客户服务水平与库存之间的关系，因此，实际的库存投资与必要的库存相比要多得多。在图 3.5 中，如果 A 公司从曲线左侧的当前位置移动到曲线上的某个位置，公司能够降低库存、提高服务，或者既降低库存，又提高服务。

假设某个公司，该公司目前提供95%的客户服务水平——公司自我评估的——并处于最低的总成本状态。如果销售管理者坚持认为，为了实现公司的市场渗透目标，客户服务水平应该提高到98%，那么可以为新的服务目标计算最有效率的物流方法的成本，并与目前的成本相比较。

假设 98%的客户服务目标的最有效率的物流系统的成本比现有系统的成本高 200 万美元。如果每增加一美元销售额对固定费用和利润产生 25%的贡献——也就是说，为了实现 1 美元的收入，公司要产生 75 美分的实际支付的制造、营销和物流成本——公司需要额外增加多少销售量才能弥补物流成本的增加？我们可以通过把增加的 200 万美元的成本除以 25 美分的边际贡献计算公司在提高服务方面的收支平衡点。公司需要每年增加 800 万美元的销售额。我们可以通过确定 800 万美元体现的销售额增长的百分比来估计产生销售额的可能性。销售量增加 2%可被认为是可能的，而在给定竞争的情况下，销售量增加 20%可能就被认为是不可能的。图 3.6 表明了客户服务水平对收入、物流成本和利润的影响。公司的目标在于实施一个使利润得到最大化的客户服务战略。对于任何给定的客户服务水平，物流内部的目标应该是使与提供该服务水平有关的总成本最小化。然而，随着客户服务水平的提高，相关的物流成本的总额将以递增的速度增加，根据服务对收入的影响，将会产生递减的回报。

确定其他客户服务水平的成本/收益权衡问题的另一种方法在于，利用由诸如罢工、

① 想要了解当面临准备购买的产品缺货时 1,182 名消费者是如何反应的，请参见 Larry W. Emmelhainz, James R. Stock, and Margaret A. Emmelhainz, "Retail Stockouts: Now What? Annual Conference Proceedings (Oak Brook, IL: Council of Logistics Management, 1989), pp. 71-79.

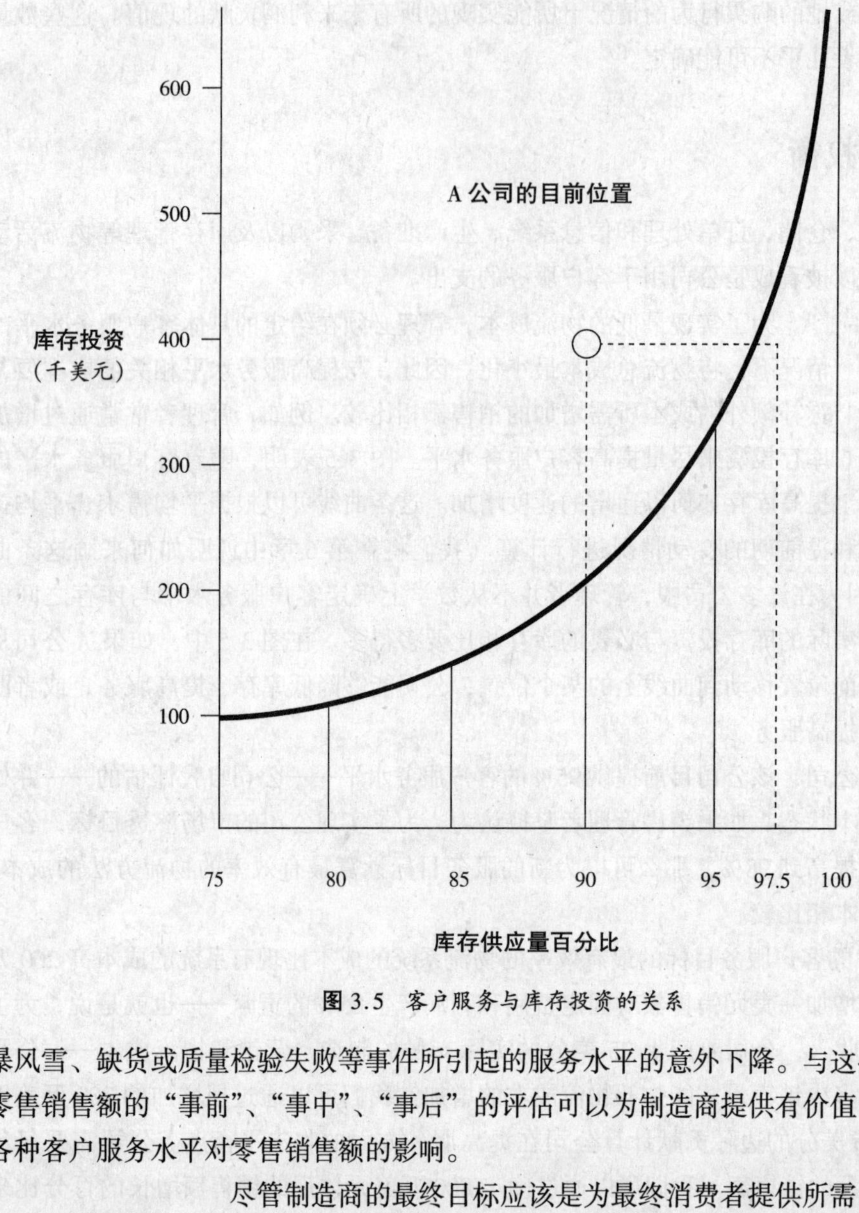

图 3.5 客户服务与库存投资的关系

暴风雪、缺货或质量检验失败等事件所引起的服务水平的意外下降。与这些事件有关的零售销售额的“事前”、“事中”、“事后”的评估可以为制造商提供有价值的信息，了解各种客户服务水平对零售销售额的影响。

确定中介机构如何对服务失败做出反应也是很重要的

尽管制造商的最终目标应该是为最终消费者提供所需的产品，但是制造商很少与最终消费者进行直接交往。通常情况下，制造商是通过如批发商和零售商等中介机构接触消费者的。为此，确定中介机构如何对服务失败做出反应也是很重要的。在对 6 个年销售额均超过 50,000 万美元的批发机构进行的案例研究中，马库斯·本尼恩（Marcus Bennion）发现当购买者遇到缺货时，许多短期和长期的反应都是可能发生的（见图 3.7）。[①] 例如，对缺货、发货量不足或订货周期问题的反应，在短期内，购买者可以选择所需产品的延期交货或用另一个产品替代。具体的反应会受服务失败的类型和购买者的时间约束的影响。供应商的服务绩效记录会影响寻找长期解决方案

① Marcus Lyndsay Bennion, “An Investigation of Wholesale Buyer Reaction to Manufacturer Customer Service Failures in the Grocery Channel,” unpublished Ph.D. dissertation, Michigan State University, 1980.

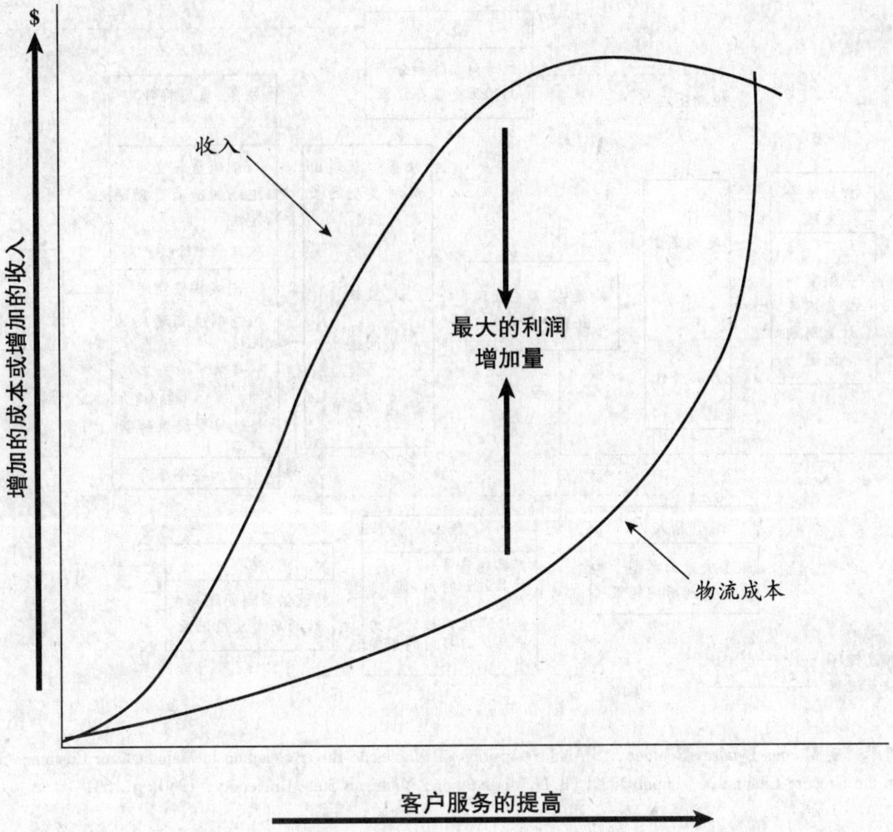

图 3.6　客户服务水平的增加对收入、物流成本和利润的影响

的决策。长期反应分成三类：直接的、间接的和内部调节。直接反应包括削减专用于该产品的货架空间，拒绝参与制造商的促销活动，或者从目录上除去该产品。间接的反应包括削减货架空间，拒绝参与促销活动，从目录上除去制造商的另一种产品，拒绝接受提供的新产品。一般来说，内部调节是增加所谓的安全库存。为了评价各种服务政策的成本和收益，制造商必须确定其客户的反应。

ABC 分析

在第 1 章中，我们用缩写 ABC 表示作业成本法。在这里，ABC 分析用来表示根据物品或活动的相对重要程度进行分类的一种工具（A 类物品比 B 类物品更加重要，等等）。用于提高客户服务效率的 ABC 分析与用于库存计划的 ABC 分析是类似的，我们将在第 6 章中描述用于库存计划的 ABC 法。这种方法背后的逻辑在于，一些客户和产品比其他客户和产品更有利可图。因此，公司应该为赢利性最大的客户—产品组合维持最高水平的客户服务。应该在贡献的基础上评价赢利性，排除联合成本和固定管理费用的分配（我们将在第 16 章中描述在市场细分的基础上分析赢利能力的方法）。赢利水平的发展趋势也应该被评价或预测，从而公司可以判断成长的潜力。

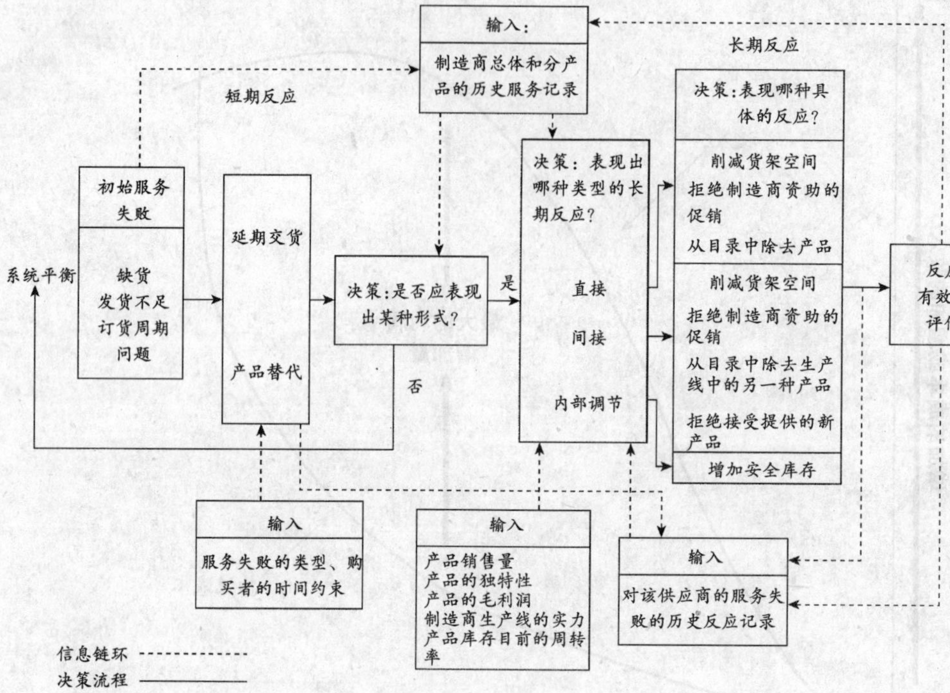

资料来源：Marcus Lyndsay Bennion，"An Investigation of Wholesale Buyer Reaction to Manufacturer Customer Service Failures in the Grocery Channel，" unpublished Ph.D. dissertation，Michigan State University，1980，p.163.

图 3.7 客户服务失败反应的一般模型

客户—产品贡献矩阵

表 3.1 列举了一个客户—产品贡献矩阵，根据客户和产品对制造商利润水平的影响，该矩阵可用来对客户和产品进行分类。有关解释如下：

1. A 类包括公司最赢利的产品，接下来是 B 类、C 类和 D 类。A 类中的产品代表总产品线的一小部分比例。
2. D 类中的产品代表公司最不赢利的产品。一般来说，80%的产品线归到这一类中。

表 3.1 客户—产品贡献矩阵

客户类别	产品类别			
	A	B	C	D
Ⅰ	1	2	6	10
Ⅱ	3	4	7	12
Ⅲ	5	8	13	16
Ⅳ	9	14	15	19
Ⅴ	11	17	18	20

资料来源：Bernard J. La Londe and Paul H. Zinszer，Customer Service Meaning and Measurement（Chicago：National Council of Physical Distribution Management，1976），p. 181.

3. Ⅰ类中的客户是公司最赢利的客户；他们的数目可能不会超过5个或10个。
4. Ⅴ类中的客户是最不赢利的客户，因为这些客户进行小批量购买或者产生的年销售量较小。他们接受的价格和服务的减让总计可达到几千或几万美元。Ⅴ类通常包含大多数的客户。
5. 最赢利的客户—产品组合发生在A类中的产品销售给Ⅰ类中的客户时（优先级数为1）。第二最赢利的组合发生在B类中的产品销售给Ⅰ类中的客户时。接下来最赢利的组合是A类中的产品销售给Ⅱ类中的客户时，等等，直到最不赢利的客户—产品关系——当D类中的产品销售给Ⅴ类中的客户时（优先级数为20）。

客户—产品贡献矩阵以类似于表3.2所表示的方式付诸实施。优先级在1~5范围的组合分配100%的在库库存标准，交付标准为48小时，订单完整发货的次数为99%。订单完整发货的标准为99%，而在库库存的标准为100%，其原因在于Ⅰ类中的客户也订购优先级在6~10范围内的产品。最低的优先级范围——16~20，其在库库存标准为90%，交付标准为120小时，订单完整发货的标准为93%。

表3.2　客户—产品贡献矩阵的实施

优先级范围	在库标准	交付标准	订单完整性标准
1~5	100.0%	48小时	99%
6~10	97.5	72小时	97
11~15	95.0	96小时	95
16~20	90.0	120小时	93

资料来源：Bernard J. La Londe and Paul H. Zinszer, Customer Service Meaning and Measurement（Chicago: National Council of Physical Distribution Management, 1976）, p. 182.

这种方法认识到为最赢利的客户提供鼓励其重复交易的服务水平的需要。这种方法的一个缺陷是优先级范围本身并不订购产品，客户订购产品。如果最赢利的客户是根据订单发货的完整性来对供应商进行评价，那么管理并不希望这些最赢利的客户所订购的最赢利的产品或赢利较少的产品出现缺货。通过降低服务成本，赢利较少的客户也可以变得更加有价值。例如，使不赢利的客户变成赢利的一种方法是限制订单的下单时间，然后将这些合并起来，运送给各客户。通过要求特定地理区域内的小客户在双周的星期一发出订单，公司在下周的星期五交货，公司能够增加赢利。客户所得到的好处包括：订货周期的变动性减小，更高的库存供应水平，运输成本的降低（如果客户支付运费）。大型的赢利较高的客户可以在任何时候下订单，并可以在规定的提前期内收到货物。

创造性解决方案

客户保留的价值

尽管客户服务的主题在过去的十年中已得到了相当多的关注，但对于广大的公司来说，客户忠诚度刚刚开始成为公司的一个关键的关注问题。随着这些公司开始对客户保留的实际价值（和失去客户的实际成本）进行定量分析，人们才清楚地认识到有效的客户保留战略能够显著地改善财务绩效。

客户保留领域的最新研究已进一步证实了这样一个显而易见的问题：在保留客户方面做得好的公司比那些做得差的公司能够产生更好的财务结果。还不清楚的是客户保留对利润的确切的影响程度。一些分析估计，流失的客户数减少5%，利润可以增加50%——或者更多。另一个重要的发现是，由一般客户产生的利润通常在供应商—客户关系开始的四或五年中的每一年都会增加。

客户保留对财务绩效具有如此强大的作用的原因有：首先，在大多数行业中，获取新客户的成本是巨大的。如果你计算一下与获取客户相关的各种费用——例如广告成本、促销成本、结算成本和为新客户做的准备成本——你很快就能理解客户获取的最重要影响。例如，我最近对食品零售业的客户获取的成本进行了评估，获取一个新客户的成本要高于300美元。在许多行业中，客户获取成本可能相当于全年从同一个客户获取的利润。

除了客户获取的成本，满意的客户为公司产生的价值包括：基本采购的边际利润、产生增量销售的机会、降低运营成本、被推荐给其他客户。

我的同事斯科特·普波罗（Scott Puopolo）已经开发了一种评估客户生命周期价值的方法。这种强大的分析方法有助于我们的客户理解和开发保留最赢利客户的战略，以及开发提高低赢利客户的赢利战略。而且，它可以促使公司了解失去一个客户的真实成本。

物流经理们能够在客户保留项目的开展中起着领导的角色，因为他们处于许多客户服务要素的核心。为了保证有效性，客户保留项目应该：

- 定量确定不同细分市场的客户价值，明确考虑客户获取的成本和客户的生命周期价值
- 评定客户流失的原因。这常常包括：听取已流失的客户的意见，来了解他们不满意的源头是什么
- 分析客户是如何被服务的，他们需要的是什么，他们关心的是什么，以及他们对服务绩效的满意程度。这可以通过正在运营中的客户服务小组、客户调查和交易调查等活动得到最佳的实现

大多数公司每年失去10%到20%或者更多的客户。如果公司能够将客户流失率减小一半，就可能使利润翻倍。通过建立客户忠诚度、加强客户保留、减少客户流失，物流计划可以在利润贡献方面起到关键的作用。

资料来源：William C. Copaccino, “The Value of Customer Retention,” Logistics Management 35, no. 5 (May 1997), p. 37.

客户服务督察

客户服务督察的四个阶段

客户服务督察用来评价一个公司提供的服务水平，并用来充当评估客户服务政策变动影响的基准。督察被设计用来识别客户服务的重要要素、绩效控制的方式、内部通讯系统。督察的程序应该包括四个不同的阶段：外部客户服务督察、内部客户服务督察、识别潜在的解决方案、建立客户服务水平。[①]

外部客户服务督察的目标

外部客户服务督察。在任何完整的客户服务研究中，起始点是从外部督察开始的。外部督察的主要目标在于：(1) 识别客户在进行购买决策时认为重要的客户服务要素；(2) 确定客户如何感知市场中每一个主要的供应商所提供的服务。

外部督察的第一步是识别对公司的客户最重要的客户服务变量。对于一个消费品公司来说，相关的客户服务变量可能包括以下方面：平均的订货周期时间、订货周期的变动性、完整发货的订单数、在库库存变动性、履行订单的准确性、订单状态信息、对投诉采取的行动、退货政策、远程订单发送（计算机到计算机的订单输入）、加快紧急订单的能力、开发票的程序、涉及搬运效率的托盘化装载和统一装载、开具发票的速度和准确性、索赔处理、库存状态信息的可获取性、给愿意到制造商仓库取货的分销商的取货折扣、回程运费政策、选择承运商的能力。

根据与公司的客户进行会谈提出变量的清单，是很重要的。如上面的清单或由管理者创建的清单，可以充当与客户讨论的有用开端。如果还涉及营销主管经理，那么清单还可以加以扩展，把市场营销组合中的其他要素包括进来，如产品质量、价格、销售条款、折扣结构、销售访问次数、合作广告以及产品的全国性广告支持等等。

包含营销职能的优势

把营销职能包含进来有三大优势：首先，营销职能的参与有助于实施营销组合内部的权衡。其次，营销职能一般在问卷调查表的设计方面具有相当丰富的专业知识，这是外部客户督察过程中的第二步。第三，营销职能的参与增加了研究发现的可信性，这提高了被接受的程度，并有助于成功实施。

识别研究的赞助者可能会使反应带有偏见

利用公司市场研究部门进行调查的其他替代方法包括：利用公司外部的市场研究公司；利用当地的大学，可通过MBA班级、博士生或教授来开展研究；或者利用咨询公司或具有特定专业知识的供应商。利用这些替代方法的优势在于，资助研究项目的公司不必被消费者所识别，并可以获得问卷设计的帮助。识别资助公司可能会使问卷调查结果带来偏见，而且调查问卷的长度和明了性都会影响问卷的回复比例。

应该强调，利用外部督察的变量必须具体为所研究的行业定制。利用来自于过去的研究方法的变量，尤其是那些为具有不同的供应链结构的不同行业设计的变量，将导致

① 以下材料摘自 Douglas M. Lambert and Douglas E. Zemke, "The Customer Service Component of the Marketing Mix," Proceedings of the Twentieth Annual Conference of the National Council of Physical Distribution Management, 1982, pp. 1-24.

曲解和无反应。[①] 此外，因为用于选择和评价供应商的变量的数量和类型是很复杂的，简单地采用以前的研究和努力手段是不可能的。

变量是行业特有的

例如，在一个对塑料行业的全面的研究中，根据营销组合的要素将110个变量划分成以下几类：产品（21）、价格（14）、促销（29）、客户服务（46）。类似的研究早在塑料行业研究之前就在办公系统行业开展过了。然而，在塑料行业研究中，只有34个变量与办公系统行业研究中所使用的变量相同，12个变量是根据办公系统行业研究所使用的变量进行修改后形成的，64个变量是塑料行业特有的。虽然几乎有一半的价格、促销和服务变量与那些利用办公系统行业研究的变量相类似，但21个产品变量中有17个是不同的。[②]

当有关的客户服务要素已被确定时，外部督察程序的第二步是设计问卷表格，从一组统计上有效的样本中来获取信息反馈。本章的附录包含一个设计用来确定客户对营销变量的重要程度评价的问卷表格的例子。客户被要求在1至7的数字范围上画圈，被画圈的数字最能够表达他们给每一个变量所赋予的重要程度。调查规定，在供应商评价过程中，重要的变量具有大的权重，而不重要的变量则具有较小的权重。[③]

外部督察的一个重要考虑因素是为主要的供应商确定竞争性的绩效等级。这可以通过要求问卷回答者评估主要供应商在每个变量上的绩效来实现（见附录中问卷A部分）。这些问题的回答可以帮助公司比较消费者对供应商绩效的印象。很显然，供应商希望在那些对客户来说是最重要的变量上得到高分。

确定对供应商的总体满意度

问卷应包括需要回答者评估对各个供应商的总体满意度，并表明他们分配给每一家供应商的业务量比例（见问卷B部分）。同时，问卷应该尽量获取关键变量的期望绩效的具体水平，例如销售访问的次数（见问卷C部分）。

最后，问卷应包括人口统计信息，使公司能够确定各个变量的回答是否存在显著的差异，变量如：客户的类型（批发商、零售商等等）、服务的市场（全国性市场还是地区性市场）、具体的地理位置、销售量、销售增长、利润占销售额的比例、每个供应商的产品的销售量（见附录中问卷D部分）。

预调查是绝对必要的

在邮寄问卷之前，公司应该对少数客户进行预调查，确信问卷中的问题是可理解的以及重要的变量没有被忽略。邮寄的名单可以从以下途径获取：应收账款列表，销售/营销部门的潜在客户名单，或合同列表、项目列表、投标失败列表、小交易量的客户名单。应收账款列表可以使公司能够对样本进行分层，得到足够量的大型、中型和小型客户。如果管理者希望对交易量少的客户进行分析，可以用标有不同颜色的问卷来区分这些客户。

---

① Sterling and Lambert, "Establishing Customer Service Strategies Within the Marketing Mix."

② Douglas M. Lambert and Thomas C. Harrington, "Establishing Customer Service Strategies Within the Marketing Mix: More Empirical Evidence," Journal of Business Logistics 10, no. 2 (1989).

③ 尽管在服务行业中，服务质量方面的大量研究利用“强烈同意”和“强烈不同意”的期望等级作为评价值基准点，但有关研究已经表明从中所得到的结论与采用重要值得到的结论是相同的。见 Douglas M. Lambert and M. Christine Lewis, "A Comparison of Attribute Importance and Expectation Scales for Measuring Service Quality," in Enhancing Knowledge Development in Marketing, ed. William Bearden et al. (Chicago, IL: American Marketing Association, 1990), p. 291.

外部督察使管理者能够识别问题与机遇

外部督察中所使用的客户服务调查的结果使管理者能够识别问题与机遇。表3.3列举了调查结果能够提供的信息类型。这张表格的调查结果既评估了客户服务，又评估了营销组合的其他变量。表3.3的左边两栏表明变量的顺序不受问卷中问题出现的先后顺序的影响。

在该例中，平均客户重要性得分最高的12个变量中的7个是客户服务变量。这一结果突出了在公司的市场营销组合中客户服务的重要性。客户重要性评估的一个较小的标准偏差意味着回答者对变量重要性的评价存在的差异很小。然而，对于具有很大标准偏差的变量来说，重要的是，利用人口统计信息来确定哪些客户需要哪些服务。同样的观点也支持最后一个变量——“制造商对商店布局计划的协助”。例如，大量交易、高速成长的客户对这一变量的重要性评价高于小型的客户吗？

物流支配着一系列非常重要的变量

前面所描述的塑料行业的研究揭示了有关客户服务重要性的类似结论。回答者评估的十分重要的18个变量中（在1~7评分范围内，平均分值为6或者以上的变量）包含了9个物流/客户服务变量（履行订单的准确性、提前期的一致性、以快速反应的方式加快加急订单的能力，下单时提供的信息——计划发货日期、运输延误的提前通知，下单时提供的信息——计划交付日期、投诉处理、承诺的提前期长度，下单时提供的信息——库存可供应情况）；5个产品质量变量（供应商的树脂具有稳定的质量、树脂的可加工性、供应商的树脂具有一致的颜色、供应商的树脂具有稳定的熔体流、树脂相对于价格的总体质量）；2个价格变量（价格的竞争性和价格变动的提前通知）和2个促销变量（销售人员的素质——诚实性，以及销售人员的素质——快速的后续行动）。①

应该注意的是，“销售人员的诚实性”变量在很大程度上是一个物流变量。深入的访问揭示，诚实性变量与销售人员提供的关于产品的可获得性和交付方面的信息的准确程度有关。因为库存记录不是在线的和实时的，客户会被告诉存在可供应的库存，而实际上库存已被销售出去了，但批处理系统还没有更新库存水平。当产品没有准时到达时，客户才意识到存在问题。

尽管对于塑料行业和办公系统行业来说，非常重要的属性的组合存在某种程度上的不同，但在那些最重要的属性方面存在很多相似性。为了使办公系统的数字与塑料行业中得分在6或6以上的18个属性更具有可比性，选择了最前面的16个变量。在办公系统行业的最重要的16个属性中，10个是物流方面的；而在塑料行业前面的18个属性中，9个是物流方面的。表3.4揭示了以下的变量是相同的：满足承诺的交付日期的能力，履行订单的准确性，运输延误的提前通知，对客户服务投诉采取的行动，有关发货日期的信息，在库产品的承诺提前期的长度，相对于价格的总体质量，价格的竞争力，销售人员的快速的后续行动。这些变量也被认为是其他行业最重要的属性。

① Lambert and Harrington, “Establishing Customer Service Strategies Within the Marketing Mix,” p. 50.

表 3.3　总体重要性与经销商评估的主要制造商的部分绩效比较

			总体重要性——所有经销商		经销商对制造商的评估											
					制造商 1		制造商 2		制造商 3		制造商 4		制造商 5		制造商 6	
等级	变量数	变量描述	均值	标准差	均值	标准差	均值	标准差	均值	标准差	均值	标准差	均值	标准差	均值	标准差
1	9	制造商满足承诺的交付日期的能力(准时发货)	6.4	0.8	5.9	1.0	4.1	1.6	4.7	1.6	6.6	0.6	13.7	1.8	3.3	1.6
2	39	履行订单的准确性(发送正确的产品)	6.4	0.8	5.6	1.1	4.7	1.4	5.0	1.3	5.8	1.1	5.1	1.2	4.4	1.5
3	90	价格的竞争力	6.3	1.0	5.1	1.2	4.9	1.4	4.5	1.5	5.4	1.3	4.4	1.5	3.6	1.8
4	40	运输延误的提前通知	6.1	0.9	4.6	1.9	3.0	1.6	3.7	1.7	5.1	1.7	3.0	1.7	3.1	1.7
5	94	合同/项目报价方面能得到特殊的价格折扣	6.1	1.1	5.4	1.3	4.0	1.7	4.1	1.6	6.0	1.2	4.7	1.5	4.5	1.8
6	3	相对于价格和涉及的范围,产品的总体制造和设计质量	6.0	0.9	6.0	1.0	5.3	1.3	5.1	1.2	6.5	0.8	5.2	1.3	4.8	1.5
7	16	制造商提供了更新的最新的价格数据、规格和促销材料	6.0	0.9	5.7	1.3	4.1	1.5	4.8	1.4	6.3	0.9	4.9	1.7	4.3	1.9
8	47	对需要制造商的销售代表协助的要求的及时反应	6.0	0.9	5.2	1.7	4.6	1.6	4.4	1.6	5.4	1.6	4.2	2.0	4.3	1.7
9	14	订货周期的一致性(承诺的交付与实际交付的变动较小)	6.0	0.9	5.8	1.0	4.1	1.5	4.8	1.4	6.3	0.9	3.6	1.7	4.4	1.7

（续）

			总体重要性——所有经销商		经销商对制造商的评估											
					制造商1		制造商2		制造商3		制造商4		制造商5		制造商6	
等级	变量数	变量描述	均值	标准差	均值	标准差	均值	标准差	均值	标准差	均值	标准差	均值	标准差	均值	标准差
10	4b	基本在线/在库（“快速发货”）产品的承诺订货周期（提前期）的长度（从订单发出到交付）	6.0	1.0	6.1	1.1	4.5	1.4	4.9	1.5	6.2	1.1	4.3	1.7	3.7	2.0
11	54	制造商预测和执行估计的合同/项目订单的发货日期的准确性	6.0	1.0	5.5	1.2	4.0	1.6	4.3	1.4	6.3	1.1	3.8	1.7	3.5	1.6
12	49a	订单的完整性（最终完整发货的产品%）——按订单制造产品（合同订单）	6.0	1.0	5.5	1.2	4.3	1.2	4.7	1.3	6.0	1.1	4.4	1.4	4.0	1.6
50	33a	为主要卖主提供的产品价格的范围（如低、中、高档）	5.0	1.3	4.4	1.5	4.6	1.6	5.1	1.5	5.2	1.4	4.3	1.6	3.9	1.6
101	77	制造商对商店布局计划的协助	2.9	1.6	4.2	1.7	3.0	1.5	3.4	1.6	4.7	1.6	3.0	1.4	3.4	1.2

注：均值（平均分数）基于1（不重要）到7的标度（非常重要）。

资料来源：Douglas M. Lambert and Jay U. Sterling, “Developing Customer Service Strategy,” unpublished manuscript, 1986.

表 3.4 办公系统行业与塑料行业共同的最重要变量一览表

营销组合要素	变量数		共同的变量
	办公系统	塑 料	
物流/客户服务	10	9	满足承诺的交付日期的能力 履行订单的准确性 运输延误的提前通知 对客户服务投诉采取的行动 有关发货日期的信息 在库产品的承诺提前期的长度
产品	3	5	相对于价格的总体质量
价格	2	2	价格的竞争力
促销	1	2	销售人员快速的后续行动
总计	16	18	

在两个行业中，6 个物流变量是相同的。然而，认为只有必要考虑行业之间的相似变量的想法是错误的，因为在办公系统行业中，还有另外 4 个与这 6 个共同变量同样重要的变量将不会被考虑。在塑料行业中，还有 3 个变量将会被忽视，而这 3 个变量与 6 个共同变量同等重要。这就是客户服务研究必须根据行业具体特点进行的原因。

在产品方面，两个行业中只有一个变量是类似的：相对于价格的总体质量。在价格方面，也只有一个变量是类似的：价格的竞争力。至于促销，两个行业共同的变量是销售人员快速的后续行动。其他的促销变量是销售人员的诚实性，办公系统行业是被研究的 15 个行业中惟一的一个没有将销售人员的诚实性当作是最重要的评价标准之一的行业。在其他每一个行业，销售人员的诚实性是一个关键的属性，这意味着销售人员做出即使在最好的情况下他们的公司也无法实现的承诺。他们会说："你想在星期五得到产品，没问题。"但实际上，即使在最好的情况下，公司也无法在星期五将产品交付到那儿。

重要性评估不能单独使用

大多数客户服务研究强调研究变量的重要性等级，这假定重要性等级最高的变量决定分配给各个供应商的业务份额。但是，由于以下一个或多个原因，这可能并不正确：

- 一个行业所有的主要供应商可能处在"极限"水平，或处于大体相同的水平上，这使企业很难对这些供应商进行区分
- 供应商绩效方面存在显著差异的变量相对于以上描述的变量，可能是市场份额更好的预测器
- 客户可能会将某一变量评价得极其重要，但可能很少有或没有供应商提供该变量方面满意的服务水平。这样的变量提供了市场提供差异化服务的机会
- 某个差异较低的变量的重要性可能被评价得很低。此外，可能不存在哪个供应商能够提供足够的服务水平。因此，客户不能够识别该变量良好服务的优势。

如果某个供应商提高了绩效水平，可能会导致获取更多的市场份额①

重要性指标和绩效指标两者皆需要

为了确定哪些变量体现增加市场份额和/或赢利的最佳机会，重要性指标和绩效指标两者都是必要的。为此，表3.3包含了客户（经销商）对被研究的公司及其五个竞争对手的绩效的评估。这使管理者从公司的客户角度了解到每个供应商的相对竞争地位。对于管理者来说，重要的是要确定排名最前的供应商是通过什么给客户创造这种印象的。管理者也必须考虑，为了改善客户对公司服务的印象，公司可以采取什么措施。

公司必须将客户对服务的印象与公司内部的绩效评估进行比较。这可能会表明客户并不知道所提供的服务，或者管理者对服务绩效进行了不正确的评价。

内部客户服务督察。内部客户服务督察要求对公司现行的惯例进行检查。这将为评估客户服务战略变化的影响提供一个基准。② 内部客户服务督察应该提供以下问题的答案：

内部督察问题

- 目前公司内部是如何评估客户服务的
- 评价指标的单位是什么
- 绩效标准或目标是什么
- 目前达到了什么水平——结果与目标
- 这些指标是如何从公司的信息流和订单处理系统中得到的
- 什么是内部客户服务报告系统
- 企业的每个职能领域（如物流和市场营销部门）如何感受客户服务
- 在信息和控制方面，这些职能领域之间是什么关系③

内部督察的目的

内部督察的总体目的在于识别公司管理与客户期望之间的矛盾。检验客户的印象也是很重要的，因为客户可能会感觉服务绩效比实际情况要差。在这种情况下，公司应该改变客户的印象，而不是改变所提供的服务水平。

信息系统在很大程度上决定了公司内部客户服务的复杂性和控制。如La Londe和Zinszer所说，“如果公司内部以及公司与其客户之间没有良好的信息流控制，客户服务职能通常就会被降级到报告绩效水平的统计数据和对特殊问题做出反应。”④ 那就是为什么内部督察必须既要评价从客户到公司的信息流，又要评价公司内部的信息流，而且还必须检查客户服务的评估和报告系统。内部督察应该使高层管理者清楚地了解公司与客户之间的信息。

---

① Sterling and Lambert, "Establishing Customer Service Strategies Within the Marketing Mix."

② 本章节摘自 Douglas M. Lambert and M. Christine Lewis, "Managing Customer Service to Build Market Share and Increase Profit," Business Quarterly 48, no. 3 (Autumn 1983), pp. 50-57.

③ 本章节摘自 Douglas M. Lambert and M. Christine Lewis, "Managing Customer Service to Build Market Share and Increase Profit," Business Quarterly 48, no. 3 (Autumn 1983), pp.52.

④ La Londe and Zinszer, Customer Service, p. 168.

客户与公司之间的大多数信息可根据与订货—发货—开票周期的关系，划分成以下8种类型：订单输入，订单输入后的查询和修改，交付，交付后的损坏、短缺或超额报告，开发票，开票后的争议，支付延期，支付。[①] 这些信息组织和管理的程度能够显著地影响市场份额和赢利情况。督察将有助于评价这些信息的有效性和成本。

管理会谈是一个很好的数据源泉

管理会谈是收集数据的另一条途径。会谈应该在负责订单处理、库存管理、仓储、运输、客户服务、会计/财务、生产、物料管理和销售/营销等业务的管理者之间进行。这种会谈有助于确定每个职能部门的管理者如何感受客户服务、与客户沟通以及与其他职能领域之间的连接。具体地来说，会谈提出以下内容：

- 职责的定义
- 规模与组织结构
- 决策制定的职权和程序
- 绩效评估与结果
- 客户服务的定义
- 管理者对客户如何定义客户服务的感觉
- 改变或改善客户服务的计划
- 职能内部的沟通
- 职能之间的沟通
- 与主要的关系户之间的沟通，如消费者、客户、公共承运商和供应商

为了确定如何评估客户服务、评估的单位、采用的绩效标准、目前的结果、公司控制每项活动的职能、数据的来源、报告的格式和编辑方法、报告频率、报告的分发和发送方法，管理者必须评价客户服务评估与报告系统。同样重要的是，要了解客户是如何从公司获得信息的。因此，内部督察应该确定客户可获取的信息类型、公司内负责提供每种信息的人、客户联系这些部门的方式、对客户询问做出反应的平均时间、负责回答询问的人对所需信息的获取程度。第18章的附录A提供了在内部客户服务督察中可提出的问题的例子。

识别潜在的解决方案。外部督察使管理者能够找出公司客户服务和市场营销战略方面存在的问题。与内部督察结合使用，外部督察有助于管理者根据细分市场调整这些战略和进行改变，从而提高赢利。但是，如果管理者希望利用这些信息来开发最优赢利的客户服务和市场营销战略，那么管理者必须利用这些数据与其竞争对手进行基准比较。

最有意义的竞争性基准管理出现在，当客户对竞争对手的绩效评价之间相互比较以及与客户对供应商属性的重要性评估相比较时。[②] 一旦管理者已经利用这种类型的分析来确定获取竞争优势的机会，那么就要尽力找出最佳的做法，即技术和系统的最佳成本效益性的使用，不管这些技术和系统已成功实施在什么样的行业。非竞争对手之间更有可能相互分享他们的知识，有可能揭示获取超越行业竞争对手的显著竞争优势的机会。

---

① Lambert and Lewis, "Managing Customer Service," p. 53.

② 该部分内容摘自 Douglas M. Lambert and Arun Sharma, "A Customer-Based Competitive Analysis for Logistics Decisions," International Journal of Physical Distribution and Logistics Management 20, no. 1 (1990), pp. 17-24.

一种竞争性基准管理的方法

一种竞争性基准管理方法是与从化学品行业的某个细分市场收集到的数据一起提出的。这一分析涉及该行业中的两个主要的供应商之间的绩效比较。这些公司销售的产品被认为是一些日用品。在该例子中，只分析了两个公司，但该分析可扩展到多个竞争对手或者多个细分市场。

第一步是制作一个表格，表中给出每个变量的重要性评估值以及公司与其主要的竞争对手的绩效评估值，如表3.5所示。为了简化该例子的数据，我们只考虑客户服务的一些属性，只考虑10个因素。这些属性根据平均重要性等级（由客户评价）进行分类，然后选择系统的10个随机样本指标。这种选择保证分析和讨论是基于一系列能够代表客户评价的重要性的全范围的属性。

竞争地位矩阵

下一步是准备一个具有两维的竞争性地位矩阵：重要性和相对绩效。绩效是通过计算发起公司的评估值减去主要竞争对手的评估值之间的差额来确定的。矩阵中的9个单元格可以被划分成3大类：

1. 竞争优势。
    a. 重要的强项（重要程度高，相对绩效值高）。
    b. 次要的强项（重要程度低，相对绩效值高）。
2. 竞争均势。
3. 竞争劣势。
    a. 重要的弱项（重要程度高，相对绩效值低）。
    b. 次要的弱项（重要程度低，相对绩效值低）。

表3.5　部分客户服务属性的重要性和绩效评估值

编号	属性	重要性	绩效评估		
			公司A	公司B	相对绩效
1	履行订单的准确性	6.42	5.54	5.65	-0.11
2	以快速反应的方式加快加急订单的能力	6.25	4.98	5.23	-0.25
3	对投诉（如订单服务、发货、产品）采取的行动	6.07	4.82	5.18	-0.36*
4	供应商预测和执行定制产品的发货日期的准确性	5.92	4.53	4.73	-0.20
5	完整率（最终发货的订单比例）	5.69	5.29	5.27	+0.02
6	快速调整开票和发货差错	5.34	4.64	4.90	-0.24
7	一揽子订单的可获得性	4.55	5.03	4.15	+0.88+
8	交付的频率（供应商将多个/分离的发货合并成一个更大的、频率更低的发货）	4.29	5.07	5.03	+0.04
9	订单处理人员分布在你所在的市场区域	3.58	5.33	5.21	+0.12
10	计算机对计算机的订单输入	2.30	4.07	3.53	+0.54+

*在 $p \leqslant 0.05$ 时，公司A和公司B的绩效评估值是显著不同的。

+在 $p \leqslant 0.01$ 时，公司A和公司B的绩效评估值是显著不同的。

资料来源：Douglas M. Lambert and Arun Sharma, "A Customer-Based Competitive Analysis for Logistics Decisions," International Journal of Physical Distribution and Logistics Management 20, no. 1 (1990), p. 18.

第一个也是最重要的单元格代表了公司的重要强项。在这个单元中的属性需要在与客户的沟通过程中得到强调。第二重要的单元格代表了公司的重要弱项。这些属性应该得到改善，或者需要说服客户，让他们感到这些属性是不重要的。次要的强项单元格代表了那些公司做得好但客户认为不重要的因素，应该使客户相信这些属性对他们是很重要的，或者需要减少这方面的支出。

准备竞争地位矩阵时的选择

根据管理者的目标，可以采用多种方式建立竞争地位矩阵。例如，公司可以与整个行业的所有竞争对手的平均水平进行比较。这种矩阵体现了公司在整个市场中的竞争地位。第二种选择是将公司与每个细分市场的所有竞争对手的平均水平进行比较。这种矩阵体现了公司在每个细分市场上的竞争地位，并提出了针对各细分市场的战略。第三种选择是针对某些客户，将公司与某个特定的竞争对手进行比较。这种矩阵体现了对于某一群同时从两家公司购买的客户来说，公司相对于某个特定的竞争对手的竞争地位。这使管理者能够开发针对具体客户细分市场和竞争对手的战略。利用具体的竞争对手进行分析，当公司是第二或第三个供应源时，可以使管理者瞄准竞争对手的主要客户。它也可以提供有关信息，运用于设计战略，避免公司的主要客户受到竞争威胁。

回到表3.5，该表表明了公司A与公司B相比较的相对绩效。从该表中可以看出，公司A和公司B在绩效评估方面很相似，以7分制计算，最大和最小的差异分别为0.88和0.02。有三个属性的评价值在统计上是有差异的。竞争地位矩阵如图3.8所示，该图表示，在客户看来，主要的竞争对手的绩效实质上是完全相同的。此外，找不到基于地理、客户类型或销售量的绩效评估方面的任何在管理上有用的差异。

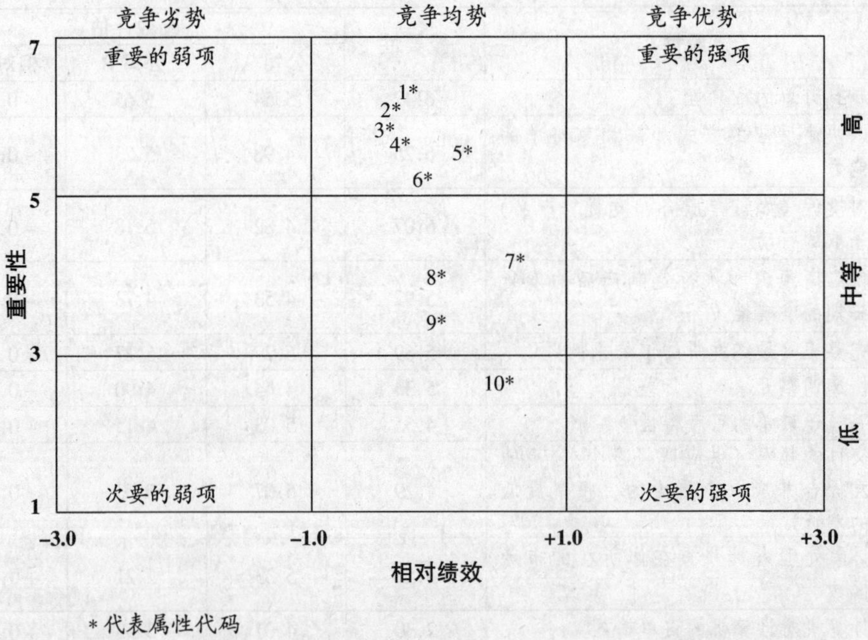

资料来源：Douglas M. Lambert and Arun Sharma, "A Customer-Based Competitive Analysis for Logistics Decisions," International Journal of Physical Distribution and Logistics Management 20, no. 1 (1990), p. 21.

图3.8 竞争地位矩阵

竞争均势一栏的上部单元格表明，只要与实现改善相关的增量成本不大于通过实现改善所得到的增量收入，那么就应该改善属性 1、2、3、4、5 和 6 的绩效。例如，在配送中心实施服务质量计划可能会导致订单履行的正确性，而这种成绩的获取可能是以相对低的成本或对公司来说没有产生净成本来实现的。在另一方面，供应商预测和执行定制产品的发货日期的准确性可能会需要新的预测软件包和/或生产计划模型。同样，提高订单的完整率可能需要新的计算机系统或库存的显著增加。总之，有两个变量可以被操纵：首先，通过更好地执行，或者在如果可以利用公司内部的绩效数据说明客户的感觉是不正确的情况下，通过改变客户对公司绩效的感觉，可以提高客户对公司的偏好。其次，通过向客户证实为什么某个属性应该比客户感觉的要更加重要或次要，可以改变属性的重要性。

正如所显示的那样，单独利用竞争地位矩阵来识别获取竞争优势的战略机会是危险的。对于公司来说，有必要建立绩效评估矩阵，与竞争地位矩阵结合使用。绩效评估矩阵可通过创建 3×3 的二维矩阵来得到，两个维度为每个属性的重要性和公司的绩效评估值。矩阵可划分成以下 9 个单元格：

- 保持/提高服务（重要性高，绩效水平高）
- 提高服务（重要性高，绩效水平中等）
- 绝对提高服务（重要性高，绩效水平低）
- 提高服务（重要性中等，绩效水平低）
- 保持服务（重要性中等，绩效水平中等）
- 保持服务（重要性低，绩效水平低）
- 降低/保持服务（重要性中等，绩效水平高）
- 降低/保持服务（重要性低，绩效水平中等）
- 降低/保持服务（重要性低，绩效水平高）

图 3.9 中给出的绩效评估矩阵表明，在客户评价的重要性最高的 6 个变量中，公司 A 在 4 个方面没有满足客户的期望，在 2 个最不重要的变量方面（重要性评价值为 2.30 和 3.58）超出了客户的期望。从回答者评估的其他供应商中，也发现类似的结果：没有一个供应商在客户评价的重要性高的所有变量方面符合客户的期望。以下应予注意的注释是很适当的：重要性或绩效评估值的较高标准偏差使确定是否存在细分市场很重要。如果细分市场确实存在，分析必须按细分市场来进行。

图 3.9 意味着，如果市场营销资源能够以最有效率和高效的方式进行分配，所有的数字应该落在对角线上。也就是说，我们需要将客户认为是高度重要的变量的评价值提高到 5 或 5 以上，将客户认为是中等重要的变量的评价值保持在 3 至 5 之间，等等。然而，正如第四步将要表明的，当同时要考虑图 3.8 中所包含的信息时，这可能不会是理想的战略。

两个矩阵必须结合使用

这两个矩阵（图 3.8 和图 3.9）必须结合使用，因为孤立的使用竞争地位矩阵会导致有关改进领域的不正确的结论。例如，竞争地位矩阵表明管理者应该增加在属性 1、2、3、4、5 和 6 上的支出，尽力使它们成为重要的强项。实际上，所有这 6 个属性表面上看来提供了同等的机会，然而，绩效评估矩阵表明属性 2、3、4 和 6 提供了建立竞争优势的最大的机会。

在所有这些属性方面，对竞争对手进行了非常相似的评估。因此，需要对绩效评估矩阵进行研究，找出能够提供最大的改进机会的领域。在某些情况下，整个行业可能在某个属性上表现得都比较差，提高公司的绩效可能代表了获取竞争优势的一个巨大的机

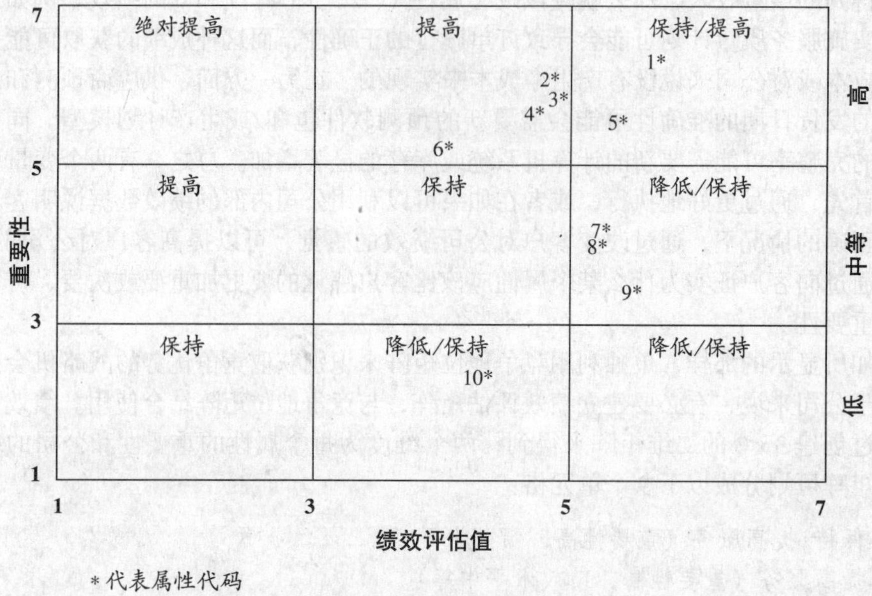

资料来源：Douglas M. Lambert and Arun Sharma, "A Customer-Based Competitive Analysis for Logistics Decisions," International Journal of Physical Distribution and Logistics Management 20, no. 1 (1990), p. 21.

图 3.9 绩效评估矩阵

会。举个例子，客户觉得订单履行的准确性（属性 1）是客户服务的最重要的属性之一(以 7 分制计算，得分 6.4)。然而，公司与其主要的竞争对手对这一属性的评估值，几乎处在同一绩效水平上（分别为 5.5 和 5.7)，而且存在着改进的绝对机会。同时考虑图 3.8 和图 3.9 时，我们可以发现属性 5 并不与属性 1、2、3、4 和 6 体现同样的改进潜力。这是因为公司 A 在属性 5 上的表现已接近客户的期望了。虽然图 3.9 表示公司能够减少在属性 7、8、9 和 10 上的支出，但图 3.8 表示对属性 8、9 和 10 应该谨慎行动，因为在这些属性上的开支的削减，可能会导致相对的竞争弱势。很显然，在理解某些属性的数据时必须仔细考虑。例如，“计算机对计算机的订单输入”的总体重要性得分比较低。然而，这一属性对于少量的大客户来说，可能是至关重要的。不能够实施计算机对计算机的订货系统可能会导致失去这些大客户。另一方面，小型的制模企业或挤压企业可能会将这种技术看做是“星球大战计划”。对于大多数这种客户来说，在卖方地安排员工接电话并利用具有在线能力的计算机将订单输入系统就足够了。然而，一些客户可能会发觉利用互联网来下单具有很强的吸引力。在不显著影响购买决策的条件下，为了确定是否可以减少费用，还需要进行更多深入的研究。

在通过改变什么方面的支出来实现竞争优势这一问题上，图 3.10 提供了最深刻的见解，因为它根据属性对客户的重要程度和公司相对于其主要竞争对手的绩效，列举了获取竞争优势的战略机会。图 3.10 表明，属性 1、2、3、4 或 6 能够变成相对竞争强项，属性 2 和 4 有潜力变成重要的强项和竞争优势的源泉。为了使属性 1、3、5 和 6 变成重要的强项，首先必须使客户相信这些属性对他们来说是更重要的。否则，相对竞争绩效大于 + 1.0 将要求公司 A 的绩效超过客户的期望。公司应该减少对所有客户对属性 7 的强调，除非存在某一个赢利的客户细分市场认为这一属性的重要性很高。如果这样的细分市场存在的话，那么应该为这个细分市场加强属性 7 。应该向客户表明为什么“交付

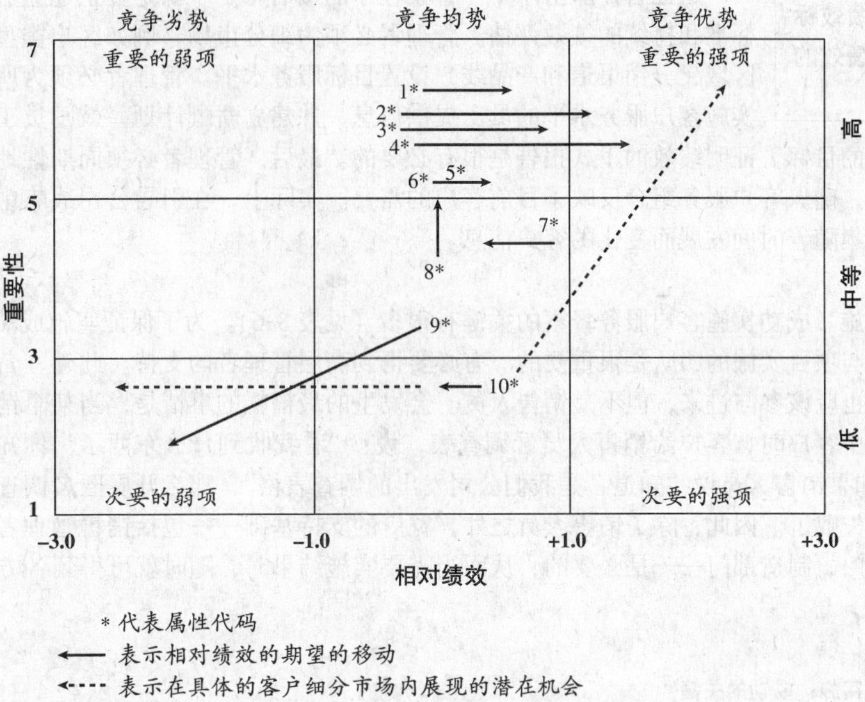

资料来源：Douglas M. Lambert and Arun Sharma, "A Customer-Based Competitive Analysis for Logistics Decisions," International Journal of Physical Distribution and Logistics Management 20, no. 1 (1990), p. 23.

图3.10　获取竞争优势的战略机会

的频率"（属性8）的重要性比他们目前认为的还要高。一般来说，当把多次/分离运输合并成大型的、少频次计划交付时，客户会更喜欢这种服务，因为这种服务的一致性高，从而提高他们的计划能力。另外，还要说服客户，没有必要在地方市场安排"订单处理人员"（属性9），应该减少地方市场的订单输入支出。集中订单处理人员的高水平的绩效将改变客户需要地方市场订单处理人员的观念。细分市场分析揭示，属性10应该为赢利性客户移动到重要的强项类，而针对将计算机对计算机的能力的重要性评估较低的小型制模企业或挤压企业，应减少支出。

绩效评估矩阵和竞争地位矩阵可以结合使用，引导建立获取竞争优势的物流战略。需要特别强调的是，公司物流战略的设计，需要充分考虑公司的基本战略以及战略改变所需涉及的成本。在客户服务组合中，加长对某些客户的提前期是可能的，利用额外的计划时间为这些客户提供更高水平的供货可靠性和更加稳定一致的交付。这可以在增加成本的条件下改进服务，从而可以提高赢利水平。如果服务水平的提高导致销售额的增加，那么利润会进一步增加。

在客户宁愿用更低的营销水平换取更高的客户服务水平的情况下，公司的营销组合应该进行调整。当然，公司内部的权力结构决定了这种可能性的程度。

服务绩效标准和绩效的评估

建立客户服务水平。督察程序的最后一个步骤是真正建立服务绩效标准和持续的绩效评估。管理者必须为细分市场（例如客户类型、地理区域、分销渠道和产品线）设置目标服务水平。管理者必须为所有负责实施客户服务水平的员工提供信息，并建立薪酬计划，鼓励员工达到客户服务的目标。证明绩效的正式报告是很有必要的。最后，管理者必须周期性地重复整个程序，确保客户服务组合反映了目前客户的需要。实际上，在引导公司战略中最有用的是收集随着时间发展而变化的客户信息。

实施。成功实施客户服务督察的关键有很多（见表 3.6）。为了保证实施成功，拥有一支参与项目实施的团队是很重要的。有必要得到高层管理者的支持。此外，营销和销售经理也应该参与进来，但不是销售人员。会发生的最糟糕的事情是，当某个销售人员访问某个客户时，客户给销售人员看调查表，说："看我收到什么东西了！你知道这个吗?"如果销售人员说"知道，是我们公司发出的调查表格"，那么开展匿名调查的整个想法就失败了。因此，除了销售人员之外，宽广的支持基础——包括销售管理者、市场研究部门、制造部门——是必要的，从而当需要实施结果时，随时就可得到各方面的支持。

表 3.6 实施：成功的关键

- 具有宽广基础的团队参与支持大宗采购和质量
- 数据收集需要相当多的时间和精力
- 涉及整个营销组合的分析使预测工作最小化
- 实际原因或觉察到的原因可能引起差异——响应是变化的
- 当前客户比新客户提供获取更多业务的更容易的机会
- 将战略建议转化成作业结果有利于实施
- 变革需要花费时间
- 高层的承诺是必要的
- 市场环境是动态的，因此需要持续监督

执行彻底、全面的客户服务督察需要花费至少 6 个月，因此需要有耐心，这不是一项你能够在两三个星期内就可以做得很好的工作。涉及整个营销组合的分析工作使预测工作实现最小化。如果调查工作是全面的，那么在研究完成后，通常能够回答有关企业经营的许多问题，即使这些问题在研究开始时并没有提出。考虑购买的所有影响。今后，如果提出有关客户如何购买的额外问题时，就有可能回答这些问题了。一种有用的方法是，要求管理者提出一系列他们喜欢问的有关经营的问题，从而可以在问卷的不同部分提出这些问题。如果管理者认为某个行业中将要发生重大的变化，那么可以准备一系列有关未来的叙述，并要求回答者是同意还是不同意这些叙述。例如，"该行业中的每一个供应商都将在三年之内采用 EDI"（同意/不同意）。如果某些重大的变化即将发生，这些变化在目前还不是普遍的做法，但可能会影响未来的经营，那么可以在问卷中单设一部分来分析这些未来的问题。对于企业来说，重要的是，因为没有预料到行业中的一些变化，不要实施目前可以使公司成为领先企业而过一两年就过时的战略。

为了扩展业务或保护现有业务，重点应该放在能够提供最大机会的差异上。差异可能是由实际原因或觉察到的原因导致的，而且反应会不断变化。如果在某个属性上存在巨大的差异，并且公司的内部绩效指标表明公司做得比客户想的要好，你会希望改变客户的印象，而不是改变公司的做法。

当前的客户比新客户提供获取更多业务的更容易的机会。因此，应该通过更好的客户服务，激励目前只从公司购买10%的需求量的客户将从公司采购的需求量增加到30%；这种增加销售额和赢利的方法比尽力开发新客户的业务要容易得多。

战略建议必须转化成员工能够理解的操作细节。如果目标是在客户服务的某个方面获得更好的绩效，那么需要确定为了实现目标必须改进哪些方面。正是在这一层次上，必须进行绩效评估。为了避免失去信心，请记住：变革需要花费时间，你必须坚持到底。

来自企业高层领导的承诺是必要的。客户服务督察不应该被认为是一个物流研究问题，而应该是一个公司研究问题。这将有助于研究结论的实施。一般来说，客户服务督察对营销，有时对生产具有许多建议，因此，如果高层管理者不致力于将公司变成客户导向型的，那么要实施根据调查结论制定的计划是不大可能的。有许多事情，物流职能是无法单独实现的。

当客户的期望增加时，客户服务战略必须随之改变。客户满意度是一个变动的目标。为此，有必要定期重复进行调查。市场环境是不断变化的，而且竞争对手会变得更强，因此，客户基础的研究是一项持续的项目。伴随着重大的调查，你可以进行一些季度性的调查，通过季度调查，可以找出公司的问题，并要求客户评估公司在那些需要改进的属性方面的绩效。通过这种方式，你可以确定你制定的战略是否正在发挥作用，而不需要等待三年时间来做另外一项重大的基准研究。

客户服务标准的建立和报告

一旦管理者已经决定客户服务的哪些要素是最重要的，就必须建立绩效标准。指定的员工应定期向合适的管理层汇报结果。客户服务绩效可通过以下方式进行评价和控制：

客户服务绩效的评价与控制

- 为每一项服务要素建立量化的绩效标准
- 为每一项服务要素评价实际的绩效水平
- 分析实际服务水平与标准水平之间的差异
- 根据需要采取纠正性措施，使实际绩效与标准水平相一致①

为了使公司获取有关速度、可靠性和交付产品的状态信息，客户合作是必要的。必须让客户相信，公司的服务评估和监督将有助于提高未来的服务水平。

图3.11包含了服务绩效的许多可能的评价指标。制造商必须根据客户认为什么是重要的，将重点放在各个要素上。提高如库存可靠性、交付日期、订单状态、订单跟踪和延期订货等服务要素，需要制造商与其客户之间良好的沟通。

① William H. Hutchinson Jr. and John E Stolle, "How to Manage Customer Service," Harvard Business Review 46, no. 6 (November-December 1968), pp. 85-96.

自动化的订单处理改进了客户服务

订单处理为改进客户服务提供了巨大的潜力，因为许多公司还没有跟上新技术的发展。如果客户能够将订单通过电话方式传送给配有计算机终端的客户服务代表，或者客户将订单输入他们自己的终端，那么可以考虑信息沟通改进的可能性。客户服务代表或计算机可立即提供有关库存可获得情况的信息，并能够在缺货的情况下，安排替代产品。客户还可以获知目标交付日期。

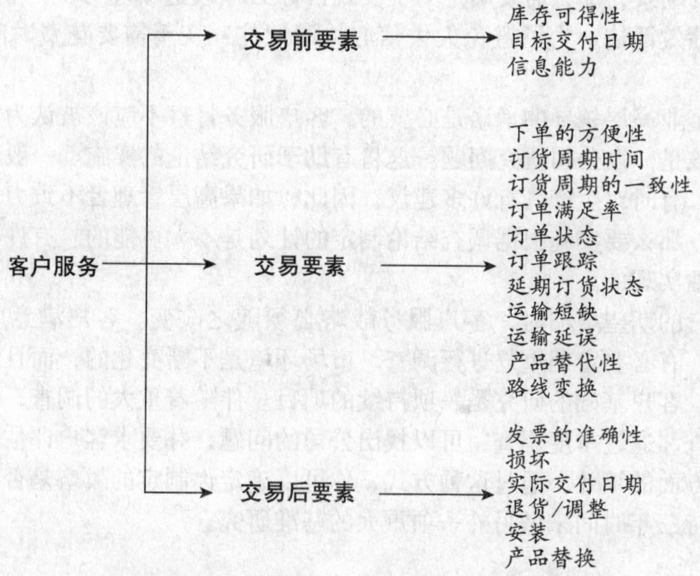

图 3.11　客户服务评估的可能指标

图 3.12 给出了客户服务标准的例子。公司的标准应该反映客户的需要，而不是管理者认为的客户需要。指定的员工应该评估绩效，将绩效水平与标准水平相比较，并定期、及时地将这种信息汇报给合适的管理层。

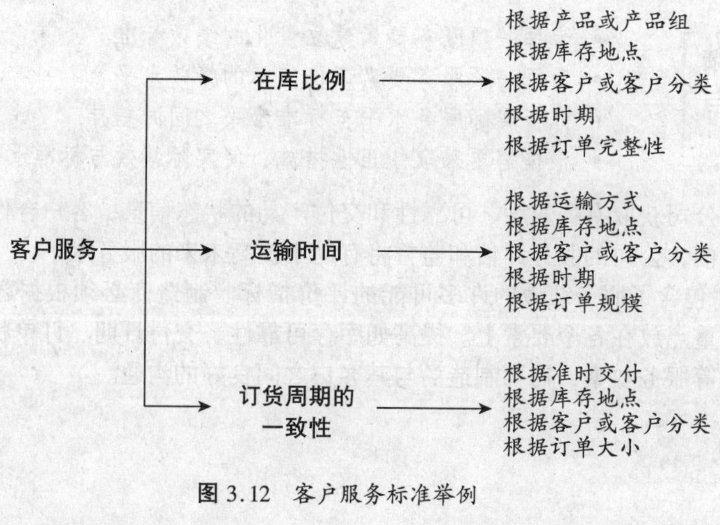

图 3.12　客户服务标准举例

公司订单处理和会计信息系统能够为客户—产品贡献矩阵的构建和有意义的客户服务管理报告提供许多必要的信息。我们将在第 4 章和第 16 章详细描述这些重要的界面。

有效客户服务战略的阻碍因素

许多公司缺少有效的客户服务战略。即使是管理得最好的公司也会在消除成功实施公司客户服务战略的阻碍因素方面遇到困难。

技　术

"戴尔公司重演第一需要做什么?"

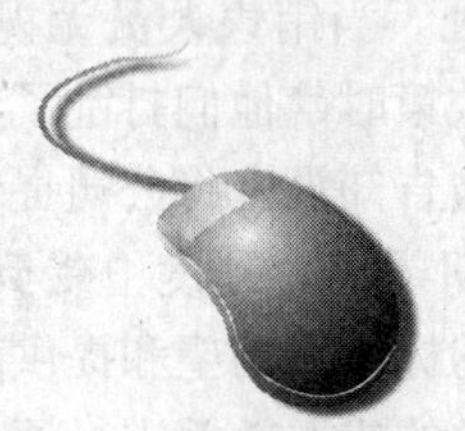

现在，戴尔公司是互联网上最大的商家，每天销售价值600万美元的设备。所有这些是通过前三年类似的炫目成绩而实现的。这就是为什么戴尔能在《商业周刊》杂志的信息技术100强企业中排名第一的原因。

公司重演第一需要做什么?当向首席执行官迈克尔·戴尔询问这个问题时，他会带着那种特有的直率的表情告诉你：要比现在做得更多。当然，那是你已经预料到他会说的内容。只是戴尔公司——通过将客户服务重新定义为快速交付定制化的个人计算机，其直接制造模式震动了整个行业——现在希望与购买方建立起更加紧密的和个性化的联系。"我们所处的行业通常忽视了客户。我希望将客户的体验带到一个全新的水平。"戴尔说道。

那可不是营销方面的胡言乱语。对于戴尔来说，这是一次新的竞争的呼声。33岁的首席执行官将客户服务看做是"下一个夺取市场份额的战场"。分析家说，没有其他行业比消费者和家庭—办公个人电脑市场更加确切地体现这一趋势，而戴尔刚开始瞄准这一市场。戴尔宣称："消费者和家庭—办公市场将会是快速成长的市场，那也是我希望我们下一步要保持增长的市场。"

这一消息对位于得克萨斯州奥斯汀郊区的戴尔总部的大部分员工产生了影响。在大量拥挤的工作室之间的一面墙上钉着戴尔的一张照片。有人在戴尔的照片上给他画了一顶帽子，山姆大叔（Uncle Sam）戴的那种帽子。下面潦草地写着一条标语："迈克尔希望你与客户建立关系。"以免出现任何怀疑，今年戴尔已将至少15%的红利与利润分享与服务改善联系在一起。成功将以运输的最终期限、机器修理的一次性完成、在24小时内将修理人员派送到客户等指标来衡量。

戴尔的新客户服务计划：利用互联网来实现服务的自动化和定制化，与戴尔的流水线和定制化生产非常相似。以客户的方式做事的口号已经为戴尔在个人计算机业务中与客户之间，创造了最紧密的——最让人羡慕的——关系。通过利用基于迅速的私人网络和巨大的互联网基础上的通讯链接，戴尔计划不仅为非公司型客户提供个性化的网页，而且以网络才能实现的闪电般的速度来回答棘手的服务问题。"所有我们的客户在我们这儿都具有在线的个人文档，"戴尔在线的经理斯科特说，"为什么不将这些文档扩展，用来进行一种新的能够促使与客户之间关于服务、行业趋势和新产品——或者将来甚至包括天气和新闻——沟通的直接服务模式呢?"

对于戴尔来说，在网络上实施更多服务的好处是双重的："它能够成为不满意的客户解除烦恼的一条重要途径，"梅塔说——也是对股东的一种解脱。国际数据公司（International Data Corp.）的一位客户服务分析家道格·钱德勒预测，通过电话来提供服务和支持会花费个人计算机公司每单位25美元。他说，戴尔的在线服务业务节省了许多——每周几千个电话，潜在的几百万美元的成本。如果在线服务扩展到包含更大比例的戴尔客户，那么公司又可以节省几百万美元。

资料来源：Marcia Stepanek, "What Does No.1 Do for an Encore?" Business Week, no. 3602 (1998), p. 112.

没有根据所提供的服务来细分市场的做法可能是一个代价很高的失误。例如，大型、高赢利的客户可能获得的提前期为3天，而小客户可能获得的提前期为5天，并只在每周的某个特定时间收到货物。管理者常常犹豫，是否应该提供不同的服务水平，因为他们怕违背鲁宾逊—帕特蒙法案（Robinson-Patman Act），这一法则要求公司判断这种政策的成本合理性。可是，大多数公司并不拥有必要的成本信息来这么做。[①] 然而，管理者可以根据客户对营销服务的重要性的评价来细分市场，可以利用取样技术来获得必要的财务数据。

销售人员常常产生不切实际的期望

销售人员会滥用客户服务，为了获得订单，他们会向客户承诺更快的交付。但是大多数客户对订单履行的可靠性和一致性的评价要高于交付的速度。因此，为缩短订货周期的临时性做法会增加加急运输的运输成本；由于打乱了正常的工作流，订单的装配成本也会增加。此外，客户和公司都没有从中获得很多好处。当销售人员无视有关运输日期、提前期、运输点、运输方式和销售单位等客户服务政策时，他们打乱了其他客户的订单，造成物流成本的增加。在其他情况下，销售人员被告知没有将公司提供的服务“销售”给客户。[②]

公司的客户服务标准和绩效期望很大程度上受到竞争环境和传统的行业惯例的影响。因此，管理者必须了解行业的标准、期望和提供高水平的客户服务所需的成本。有现象表明许多公司并不对客户服务的成本效益进行评估，并缺乏一种确定竞争性客户服务水平的有效方法。在许多情况下，销售组织提供的信息常常与提高客户服务水平有关。信息的另一个来源是有关受到不良待遇的客户的行业新闻。最终的结果是管理者可能会对来自市场或甚至来自于自己组织内部的不准确的信息产生过度反应。[③]

考虑一下公司花费在研发和广告上的巨额资金，如果公司对获取赢利性的长期业务发展所需的客户服务水平研究不足，那么在研发和广告上的巨额投资意义不大。

最后，自20世纪70年代后期以来的经济环境已促使高层管理者努力争取更多的库存周转次数和更少的应收账款。我们在第1章中已了解，这两个反应能够导致客户服务水平的下降，最后导致公司赢利的下降。

客户服务绩效的改进

有效的客户服务战略要求全面理解客户

有效的客户服务战略必须建立在对客户如何定义服务的理解基础之上。客户服务督察和客户调查是必须的。一旦管理者已经确定了公司客户对服务的观点，管理者必须选择客户服务战略，推动公司的长期利润目标和投资收益率目标的实现。最佳的客户服务水平并不总是等于成本最低的服务水平，而是能够保留“正确”或“希望”的客户服务水平。

① 见 Douglas M. Lambert, The Distribution Channels Decision (New York: National Association of Accountants, and Hamilton, Ontario: The Society of Management Accountants of Canada, 1978); Douglas M. Lambert and John T. Mentzer, "Is Integrated Physical Distribution Management a Realty?" Journal of Business Logistics 2, no. 1 (1980), pp. 18-27; and Douglas M. Lambert and Howard M. Armitage, "Distribution Costs: The Challenge," Management Accounting, May 1979, pp. 33-37, 45.

② Douglas M. Lambert, James R. Stock, and Jay U. Sterling, "A Gap Analysis of Buyer and Seller Perceptions of the Importance of Marketing Mix Attributes," in Enhancing Knowledge Development in Marketing, ed. William Bearden et al. (Chicago: American Marketing Association, 1990), p. 208.

③ La Londe, Cooper, and Noordewier, Customer Service: A Management Perspective, p. 29.

有效客户服务计划的发展也需要建立客户服务标准，实现以下内容：

- 反映客户的观点
- 提供可操作的和客观的服务绩效的指标
- 为管理者提供改进措施的线索[①]

此外，管理者应该评估和评价单个物流活动对客户服务水平的影响——例如运输、仓储、库存管理、生产计划/采购和订单处理。指定的员工应该定期地将所取得的成绩汇报给合适的管理层。管理者应该将实际的绩效水平与标准水平进行比较，当绩效水平没有达到标准水平时，采取适当的改进措施。为了使管理成功和有效率，公司需要及时获得信息。同时，由专人负责各自的绩效水平也是必要的，因为仅有信息并不能保证决策的改善。

完美订单：各方面都实现服务承诺

各方面都实现服务承诺的订单被命名为"完美订单"。[②] 实现完美订单意味着客户服务的每一个要素的表现都是符合客户需要的。完美订单的一个较普遍的定义是：交付准时、完整、无差错的订单。准时交付是根据协定的提前期来衡量的，完整是通过订单满足情况来衡量的，无差错包括避免发票方面的差错和在订单履行过程中的质量不合格等其他问题。

这甚至对于最佳运行的组织来说，也是一个相当具有挑战性的指标。在某一段时期内的服务绩效的总体水平是由完美订单的各个分散要素的综合作用决定的。因此，每个要素的绩效水平应该相乘来提供服务达到的实际水平：

$$\text{完美订单实现水平} = \%\text{准时性} \times \%\text{完整性} \times \%\text{无差错}$$

让我们假设，在过去的12个月中，满足某个客户要求的实际绩效水平如下所示：

90%的准时交付率。

80%的完整订单比例。

70%的无差错和无损坏比例。

在该案例中，用完美订单实现水平来衡量的实际服务绩效水平应该是90%×80%×70%，大约等于50%。

组织如何能够取得成功，实现完美订单呢？答案在于全面质量管理（TQM）中所要学习的一些课程中。许多年以来，生产设施的经理们已经发觉，任何过程实现100%的质量输出的惟一方法是对该过程的持续控制。

如果过程处于控制之中，那么产出质量就能够得到保证

在生产环境下，经理们会努力理解某一过程的关键因素，如果这些因素出现故障，产出的质量将会受到影响。然后，理解了这些关键的潜在故障源头，就可以将重点放在对它们不断地进行监督和控制。一般地，需要采用统计过程控制（Statistical Process Control，SPC）方法。过程控制技术也可以被应用于服务过程的控制。

首先，必须清楚地了解过程，并对过程进行定义。这会涉及对服务过程的每个方面（例如，订单管理过程）进行详细制图和绘制流程图。

---

① La Londe and Zinszer，Customer Service，p. 180.

② 摘自 Martin Christopher，Marketing Logistics（Oxford，English：Butterworth-Heinemann，1997），pp. 40-43.

一般来说，一旦这些过程的制图工作完成了，经理们会对过程的复杂性感到惊讶。执行这项工作的好处在于，能够引发过程重新设计来简化过程。

通过运用采用鱼刺图（Fishbone Diagram）的因果分析方法，能够有助于找出服务过程中的关键故障源头。这种简单的方法是基于 80/20 的概念基础上的，表明在任何过程中 80%的问题产生于 20%的原因。

如果我们以调查不能满足客户要求的交付日期的失败原因为例，我们会发现许多经常发生的原因，例如，产品供不上货、较差的承运商的绩效水平、提前期太短，然后，我们调查产生这些问题的原因。通过以鱼刺图的形式绘制问题的因果，我们能够开始寻找为了降低或消除问题，管理者必须重点关注的关键方面。图 3.13 提供了一个简化的鱼刺图例子。

通过重点关注关键的方面，公司将会找到方法来引进故障——安全系统。在任何情况下，对这些关键的方面进行持续监督是至关重要的，从而可以快速地识别潜在的问题。统计过程控制（Statistical Process Control）方法可用于建立控制界限，这些活动必须在界限范围之内进行（SPC 将在第 16 章中加以叙述）。看重完美订单实现水平的经理们会建立起合适的评估因素，会将这些评估因素结合到他们的关键绩效指标文件中。

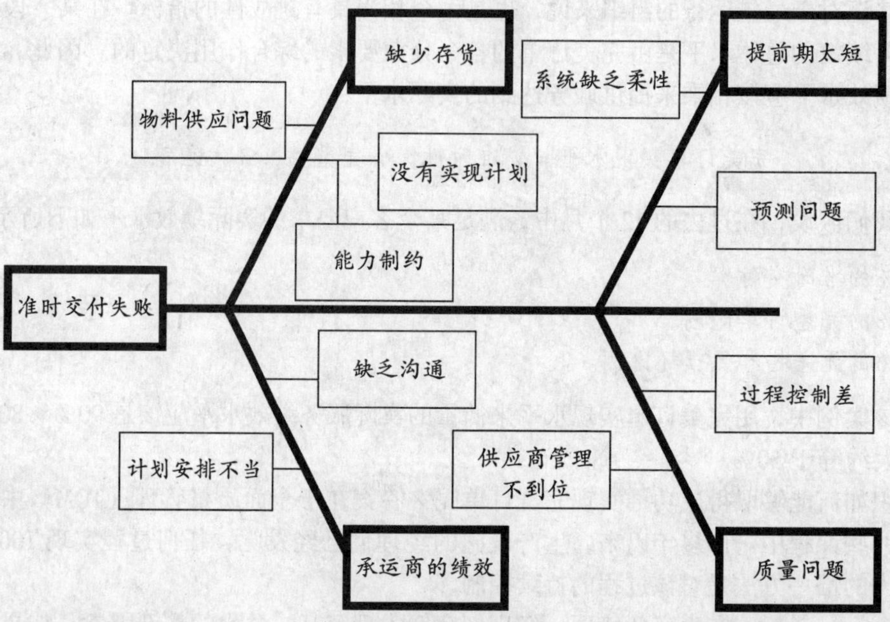

资料来源：Martin Christopher, Marketing Logistics (Oxford, England: Butterworth-Heinemann, 1997), p. 43.

图 3.13 采用鱼刺图进行因果分析的例子

全球化

IBM是如何接近其全球客户的?

在全球，IBM公司每年接到超过50,000个客户投诉（不包括向公司的免费技术支持系统打进的电话）。IBM公司的客户收到含有关于产品质量和客户满意度的10个具体问题的调查问卷。从整个公司不同领域的IBM员工组成的小组对来自于他们已经交往过的客户反馈的调查问卷进行研究。每一小组都被赋予必要的立即采取措施的权力，来解决客户投诉问题。

每年，IBM公司以26种语言、在71个国家进行40,000次客户访问。一个中央数据库对数据进行分类，并使经理们能够获得这些数据，采取全公司范围的行动。据IBM公司的销售与分销高级副总裁内德介绍，这一数据库包含“我们曾经遇到过的每一个已知的问题，因而我们能够快速地对客户的问题做出反应，并将其解决。我们在我们从事业务的每一个国家设立一个目标，力图实现最高等级的客户满意度。我们已在我们经营的超过一半的国家内达到了这一目标，是三四年前的两倍”。

作为公司对客户服务的新看法的一个主要结果，IBM公司现在将IBM研究中心的1200多名员工分配去与具体的客户一起工作，他们常常驻扎在客户地，提供如创建规划和订货数的算法等解决方案。此外，IBM公司已经开发了新技术，使财务服务公司能够为他们的客户提供更好的投资战略，例如在线贸易与风险管理系统。“IBM研究中心现在投入大约25%的资源来资助这种客户服务支持。”内德说，“而过去是0%或几乎是0%。因此，这是一次巨大的变革。”

另一项巨大的变革是IBM的“客户第一”的首创行动。这一计划开始于1996年，该计划赋予每一位第一线员工权力，在不需要先得到管理批准的条件下，每一件事故可花费达5,000美元为客户现场解决问题。

遇到更加复杂的问题要求第一线的员工得到IBM主管经理的帮助。来自北美不同地区或来自其他国家的经理们组成了客户行动理事会（Customer Action Councils，CACs）。每一个理事会每月召集一次，与第一线员工讨论那些需要进行大量研究的问题、产品开发或经费等问题。如北美的客户满意度主管吉姆·沃所描述的，CACs为高层管理者提供了一种与员工进行交谈的途径，“将你们的问题向我们提出来，我们可以一起来解决。”

此外，IBM公司的“伙伴关系经理”计划将470名经理人员分配到1,300名客户，这些客户包括许多财富500强企业和IBM公司的战略性业务伙伴。这些经理自己充当“联系点”，就像客户的前线经理。该计划中的每一位IBM的经理每年两次去各伙伴公司访问客户经理，进一步加强客户关系，内德将这称为“我们IBM公司具有的最有价值的资产。”

作为业务重组的核心部分，提供优秀的客户服务已经使IBM公司重新夺得失去的市场和获得新的成功。通过在员工和客户之间创造个性化的、赢利性的关系，在第一线和管理员工中间树立一个强烈的合作意识，以及建立促使员工更好地增强客户对IBM公司产品与服务的体验的培训计划，公司已经掌握了这种最佳的实践。

“在过去的四或五年里，”沃说，“客户的期望还没有改变。他们希望有一个容易接近的公司、具有丰富经验的后续服务以及基本上每次都是完美的经历。当然，那是不可能的，但是我们IBM公司正在不断地接近。”

资料来源：Robert Hiebeler，Thomas B. Kelly，and Charles Ketteman，Best Practices：Building Your Business with Customer-Focused Solutions（New York：Simon & Schuster，1998），pp. 168-70.

全球化客户服务问题

树立全球化观点需要寻找全球性的共同市场需求，而不是将世界市场划分成具有完全不同产品需要的分离的实体。[①] 另一方面，世界的不同地方对关于信息获取、订单完整性和期望提前期等方面具有不同的服务需求。[②] 此外，所在地的交通堵塞、基础设施、通讯和时差可能会使实现全球同一水平的客户服务变得不可能。服务应该在最大可能的程度上与所在地的客户需要和期望相匹配。因此，虽然我们可以提出非常有说服力的实施集中协调的全球化物流战略的观点，但有一项是应该根据所在地具体情况执行的活动建立客户服务战略。

可口可乐在日本和美国提供不同的服务

例如，可口可乐在日本提供的服务类型完全不同于在美国提供的服务类型。日本的可口可乐送货卡车司机的工作集中在为超市提供商品的促销，帮助小型的夫妻店处理发票，对来自自动贩卖机的通讯系统做出反应，从而及时向自动贩卖机补充商品。[③] 为不同的国家定制服务可以创造最高效率和最有效的客户服务政策，而不是简单地在全球实施同一战略。

小结

本章从叙述如何定义客户服务开始。尽管客户服务的各个要素的重要性随公司的不同而变化，我们描述了大多数公司都关心的基本要素。我们还分析了客户服务战略与营销和公司战略保持一致的必要性。集成化物流管理概念的成功实施依赖于，管理者对于不同系统设计相关的成本的了解以及对系统设计与客户服务水平之间关系的了解。我们分析了管理者如何能够获取与不同客户服务水平相关的成本和收益方面的更好的知识，以及如何进行成本/服务权衡。

客户服务督察是一种确定现有的服务水平、确定如何评估和报告绩效、评价客户服务政策变化的影响的方法。调查问卷是找出管理者和客户认为的客户服务的重要方面的一种手段。

尽管客户服务可以反映公司获取持续的竞争优势的最好机会，但许多公司实施的客

---

① Martin Christopher, “Customer Service Strategies for International Markets,” Annual Proceedings of the Council of Logistics Management (Oak Brook, IL: Council of Logistics Management, 1989), p. 327.

② 如想了解一些全球化的例子，请参见 Mauro Caputo and Valeria Mininno, “Internal, Vertical and Horizontal Logistics Integration in Italian Grocery Distribution,” International Journal of Physical Distribution and Logistics Management 26, no. 10 (1996), pp. 64-90; Jae-II Kim, “Logistics in Korea: Current State and Future Directions,” International Journal of Physical Distribution and Logistics Management 26, no. 10 (1996), pp. 6-21; and Andrei N. Rodnikow, “Logistics in Command and Mixed Economics: The Russian Experience,” International Journal of Physical Distribution and Logistics Management 24, no. 2 (1994), pp. 4-14.

③ Joseph B. Fuller, James O'Conor and Richard Rawlinson, “Tailored Logistics: The Next Advantage.” Harvard Business Review 71, no. 3 (May-June 1993), p. 88.

户服务战略只是其主要竞争对手实施的战略的简单复制品。本章提出的督察的框架可被管理者采用，用于收集和分析客户信息和竞争信息。

我们分析了实施有效客户服务战略所存在的一些基本障碍——以及提高绩效水平的一些方法。在第4章中，我们将说明，订单处理和信息系统如何影响物流职能的效率和有效性。

简单地向客户提供出色的客户服务是不够的，还有必要分析提供给客户的价值，并推销所提供的价值。该讨论将在第17章中提出。

推荐阅读材料

Daugherty, Patricia J., Theodore P. Stank, and Alexander E. Ellinger. "Leveraging Logistics/Distribution Capabilities: The Effect of Logistics Service on Market Share." Journal of Business Logistics 19, no. 2 (1998), pp. 35-52.

Emerson, Carol J., and Curtis M. Grimm. "The Relative Importance of Logistics and Marketing Customer Service." Journal of Business Logistics 19, no. 1 (1998), pp. 17-32.

Gilmour, Peter. "Customer Service: Differentiating by Market Segment." International Journal of Physical Distribution and Materials Management 12, no. 3 (1982), pp. 37-44.

Harding, Forest E. "Logistics Service Provider Quality: Private Measurement, Evaluations and Improvement." Journal of Business Logistics 19, no. 1 (1998), pp. 103-20.

La Londe, Bernard J., and Martha C. Cooper. Partnerships in Providing Customer Service: A Third-Party Perspective, Chicago: Council of Logistics Management, 1989.

La Londe, Bernard J., Martha C. Cooper, and Thomas G. Noordewier. Customer Service: A Management Perspective, Chicago: Council of Logistics Management, 1988.

Levy, Michael. "Toward an Optimal Customer Service Package." Journal of Business Logistics 2, no. 2 (1981), pp. 87-109.

Levy, Michael; John Webster; and Roger A. Kerin. "Formulating Push Marketing Strategies: A Method and Application." Journal of Marketing 47, no. 1 (Winter 1983), pp. 25-34.

Maltz, Arnold, and Elliot Maltz. "Customer Service in the Distribution Channel: Empirical Findings." Journal of Business Logistics 19, no. 2 (1998), pp. 103-32.

Mathe, Hervé, and Roy D. Shapiro. "Managing the Service Mix: After Sale Service for Competitive Advantage." The International Journal of Logistics Management 1, no. 1 (1990), pp. 44-50.

Ozment, John, and Douglas N. Chard. "Effects of Customer Service on Sales: An Analysis of Historical Data." International Journal of Physical Distribution and Materials Management 16, no. 3 (1986), pp. 14-28.

Perreault, William D., and Frederick A. Russ. "Improving Physical Distribution Service Decisions with Trade-Off Analysis." International Journal of Physical Distribution and Materials Management 7, no. 3 (1977), pp. 117-27.

Sterling Jay U., and Douglas M. Lambert. "Customer Service Research: Past, Present and

Future." International Journal of Physical Distribution and Materials Management 19, no. 2 (1989), pp. 3-23.

——. "Establishing Customer Service Strategies Within the Marketing Mix." Journal of Business Logistics 8, no. 1 (1987), pp. 1-30.

(p135)

Van der Veeken, Danielle J. M., and Werner G. M. M. Rutten. "Logistics Service Management: Opportunities for Differentiation." The International Journal of Logistics Management 9, no. 2 (1998), pp. 91-98.

Zemke, Ron, and John A. Woods. Best Practices in Customer Service, New York: HRD Press, 1998.

问题与习题

1. 解释管理者在制定公司的市场营销战略时，为什么应该将客户服务与营销组合的其他组成要素相结合？
2. 解释客户服务的交易前要素、交易要素和交易后要素的重要性。
3. 客户服务已被认为是公司物流系统的产出。这意味着什么？客户通常期望从这一产出中得到的好处是什么？物流经理人员可以获得什么技术来帮助建立最赢利的客户服务组合？
4. 解释 ABC 分析法如何能用于提高客户服务活动的效率。
5. 在建立公司的客户服务战略时，客户服务督察为什么是重要的？
6. 管理者应该如何着手提高客户服务的绩效？
7. 有人建议，客户服务决策应该留给各个国家的经理们，而不应该把它当作全球化物流战略的实施部分而集中起来。为什么会是这种情况？
8. 给定以下信息，说明管理者如何能够利用成本/收益权衡，来确定是否应该将在库库存供应的客户服务水平从 95% 提高到 98%：

   a. 运输成本将增加 135,000 美元。
   b. 库存水平将增加 300 万美元。
   c. 仓储成本将增加 15,000 美元。
   d. 库存持有成本占库存价值的百分比为 35%。
   e. 目前年销售额为 5,000 万美元。
   f. 公司产品的边际贡献平均为销售价格的 30%。

附录　客户服务问卷

UNF
UNF
UNF
UNF
UNF
UNF
UNF
UNF
UNF
UNF
UNF
UNF
UNF
UNF
UNF

血库试剂行业

营销与分销

实践调查

佛罗里达州杰克逊维尔市
北佛罗里达大学（UNF）管理、营销与物流系

血库试剂行业营销与分销实践调查

A 部分：选择和评价血库试剂供应商考虑因素的重要性。

说明

以下几页列举的是试剂供应商常常提供给客户的各种要素。本部分内容涉及两项任务。每一项任务分别解释如下：

第一项任务涉及：当您在选择一个新的试剂供应商时，或当您在评估现有供应商的绩效时，您对可能考虑到的各种因素所给出的评估值。请在 1 至 7 数值范围内的某一数上画圈，您所画的数字应最能体现这些因素的重要程度。如果某个因素在您评估供应商的过程中，没有使用或权重很低，请在数值 1（不重要）上画圈。分值 7（非常重要）应给予那些会引起您重新评估与某一个供应商交易的业务量，或在绩效水平不够时会引起您放弃某个供应商的因素。

第二项任务是评估三个主要供应商的目前绩效水平。请在以下标有“供应商 A”、“供应商 B”和“供应商 C”的空格上列出三个主要的试剂供应商。如果您使用的供应商数少于三个，那么请您只评估那些您所使用的供应商。接下来，利用标有“绩效印象”的数值范围，请在相应的供应商标题下面的空格中写上最能体现您对供应商目前绩效水平的 1 至 7 之间的评估值。如果您觉得某个供应商的绩效很差，请在空格中填 1。评估值 7 是针对优秀的绩效水平的。如果某项服务不能从某个供应商那儿获取，请在合适的空格中填 NA（NOT AVAILABLE），意思是没有得到。

请找出以下三个主要的供应商：

供应商 A（您采购的最多数量的试剂来自于该供应商）：________

供应商 B（您采购的第二多数量的试剂来自于该供应商）：________

供应商 C（您采购的第三多数量的试剂来自于该供应商）：________

例子	重要性							绩效印象		
	不重要						非常重要	供应商（1 至 7 的数值）		
考虑的因素	1	2	3	4	5	6	7	A	B	C
• 产品质量	1	2	3	4	5	6	7	7	6	6
• 平均提前期	1	2	3	4	5	6	7	6	5	2

	重要性							**绩效印象**		
	不重要						非常重要	供应商（1 至 7 的数值）		
考虑的因素	1	2	3	4	5	6	7	A	B	C
1. 开票(开发票)的准确性和及时性	1	2	3	4	5	6	7	___	___	___
2. 最低的价格	1	2	3	4	5	6	7	___	___	___
3. 计算机对计算机的订单输入	1	2	3	4	5	6	7	___	___	___
4. 提前期的一致性(供应商一直达到承诺的交付日期)	1	2	3	4	5	6	7	___	___	___
5. 提前支付或预先支付的现金折扣	1	2	3	4	5	6	7	___	___	___
6. 供应商满足特殊服务和交付需要的能力	1	2	3	4	5	6	7	___	___	___
7. 订单处理人员位于										

考虑的因素	重要性 不重要 1	2	3	4	5	6	非常重要 7	绩效印象 供应商 (1至7的数值) A	B	C
• 您所在的城市	1	2	3	4	5	6	7	___	___	___
• 您所在的州	1	2	3	4	5	6	7	___	___	___
• 美国某个集中的地点	1	2	3	4	5	6	7	___	___	___
8. 开票差错的快速调整(由于价格出错)	1	2	3	4	5	6	7	___	___	___
9. 缺货时,供应商吸收加急运费和处理的成本	1	2	3	4	5	6	7	___	___	___
10. 运输用纸板箱的清楚的识别/标签	1	2	3	4	5	6	7	___	___	___
11. 供应商参与会议	1	2	3	4	5	6	7	___	___	___
12. 提供价格变动的提前通知	1	2	3	4	5	6	7	___	___	___
13. 在交付前供应商对新产品进行仔细检验	1	2	3	4	5	6	7	___	___	___
14. 有关订单状态信息的获取情况	1	2	3	4	5	6	7	___	___	___
15. 每10毫升容量的检验次数	1	2	3	4	5	6	7	___	___	___
16. 可获得的与供应商之间的长期(长于1年)合同关系	1	2	3	4	5	6	7	___	___	___
17. 供应商为回报承诺购买所持有的专用库存	1	2	3	4	5	6	7	___	___	___
18. 在引进新产品时,新产品让人满意的可获得性(供应商交付的能力)	1	2	3	4	5	6	7	___	___	___
19. 供应商遵守特殊的运输说明	1	2	3	4	5	6	7	___	___	___
20. 从供应商那儿可获得指导材料	1	2	3	4	5	6	7	___	___	___
21. 条形码位置										
• 外纸盒箱	1	2	3	4	5	6	7	___	___	___
• 产品上	1	2	3	4	5	6	7	___	___	___
22. 供应商提供单克隆的试剂	1	2	3	4	5	6	7	___	___	___
23. 为计算数量折扣,供应商将不同产品的采购结合考虑	1	2	3	4	5	6	7	___	___	___
24. 产品的稳定性(货架寿命)										
• 红细胞	1	2	3	4	5	6	7	___	___	___
• 抗血清	1	2	3	4	5	6	7	___	___	___
25. 提供免费的长途电话服务(800电话号码)										
• 用于输入订单	1	2	3	4	5	6	7	___	___	___
• 用于技术或维修服务	1	2	3	4	5	6	7	___	___	___
26. 包装材料的质量/清洁	1	2	3	4	5	6	7	___	___	___
27. 供应商资助的技术研讨会										
• 在使用者地点	1	2	3	4	5	6	7	___	___	___

	重要性							绩效印象		
	不重要						非常重要	供应商(1至7的数值)		
考虑的因素	1	2	3	4	5	6	7	A	B	C
• 在供应商地点	1	2	3	4	5	6	7	___	___	___
28. 宣布提价后,供应商给您一个足够长的价格保护期	1	2	3	4	5	6	7	___	___	___
29. 供应商的仓储设施位于您邻近的区域	1	2	3	4	5	6	7	___	___	___
30. 编码的产品(所使用的编码类型)										
• 条形码	1	2	3	4	5	6	7	___	___	___
• 颜色码	1	2	3	4	5	6	7	___	___	___
31. 能够获得公开的价目表	1	2	3	4	5	6	7	___	___	___
32. 销售代表具有协商特殊价格的权力	1	2	3	4	5	6	7	___	___	___
33. 能够获得一揽子采购单	1	2	3	4	5	6	7	___	___	___
34. 无损坏的运输	1	2	3	4	5	6	7	___	___	___
35. 当存在缺陷产品的现象时,供应商替换整批货物	1	2	3	4	5	6	7	___	___	___
36. 供应商在全国性贸易杂志上刊登广告	1	2	3	4	5	6	7	___	___	___
37. 销售代表的特征:										
• 容易相处	1	2	3	4	5	6	7	___	___	___
• 诚实	1	2	3	4	5	6	7	___	___	___
• 具备产品知识	1	2	3	4	5	6	7	___	___	___
• 具备行业知识	1	2	3	4	5	6	7	___	___	___
• 具备技术知识	1	2	3	4	5	6	7	___	___	___
• 关心/投入	1	2	3	4	5	6	7	___	___	___
38. 供应商的新产品开发	1	2	3	4	5	6	7	___	___	___
39. 快速处理由于产品失效、缺件或运输差错所引起的索赔	1	2	3	4	5	6	7	___	___	___
40. 延长支付的延期(供应商允许超过60天支付)	1	2	3	4	5	6	7	___	___	___
41. 订单处理人员能够提供以下信息:										
• 产品特征	1	2	3	4	5	6	7	___	___	___
• 技术问题	1	2	3	4	5	6	7	___	___	___
• 库存可供应情况	1	2	3	4	5	6	7	___	___	___
• 预计的发货日期	1	2	3	4	5	6	7	___	___	___
• 预计的交付日期	1	2	3	4	5	6	7	___	___	___
• 替代产品的可获得情况	1	2	3	4	5	6	7	___	___	___
42. 可以从供应商处获得技术材料	1	2	3	4	5	6	7	___	___	___
43. 基于年总采购量的数量折扣结构	1	2	3	4	5	6	7	___	___	___

考虑的因素	重要性 不重要 1	2	3	4	5	6	非常重要 7	绩效印象 供应商（1至7的数值） A	B	C
44. 承诺的提前期的长度(从订单发出到交付)										
• 正常订单	1	2	3	4	5	6	7	___	___	___
• 紧急订单	1	2	3	4	5	6	7	___	___	___
45. 供应商吸收由于损坏或产品发货差错所引起的退货的运输和处理成本	1	2	3	4	5	6	7	___	___	___
46. 与订单服务和运输有关的投诉处理措施	1	2	3	4	5	6	7	___	___	___
47. 与供应商直接交易(相对于通过分销商)	1	2	3	4	5	6	7	___	___	___
48. 与供应商高层管理的接触	1	2	3	4	5	6	7	___	___	___
49. 供应商提供以下方面的协助/咨询服务:										
• 信用	1	2	3	4	5	6	7	___	___	___
• 库存管理	1	2	3	4	5	6	7	___	___	___
• 技术支持	1	2	3	4	5	6	7	___	___	___
• 数据管理	1	2	3	4	5	6	7	___	___	___
• 工作流改进	1	2	3	4	5	6	7	___	___	___
50. 经过我方初始样本评估通过之后，供应商交付的产品的一致性	1	2	3	4	5	6	7	___	___	___
51. 供应商对竞争性降价做出快速反应	1	2	3	4	5	6	7	___	___	___
52. 有关新产品的提前信息(印刷品、规格、价格等等)	1	2	3	4	5	6	7	___	___	___
53. 供应商资助的娱乐活动	1	2	3	4	5	6	7	___	___	___
54. 产品的可靠性(在运输过程中性能的一致性)	1	2	3	4	5	6	7	___	___	___
55. 环境考虑因素	1	2	3	4	5	6	7	___	___	___
56. 技术服务人员的特征:										
• 容易相处	1	2	3	4	5	6	7	___	___	___
• 快速反应	1	2	3	4	5	6	7	___	___	___
• 解决问题的能力	1	2	3	4	5	6	7	___	___	___
• 具备产品知识	1	2	3	4	5	6	7	___	___	___
• 后续服务	1	2	3	4	5	6	7	___	___	___
• 新技术/方法	1	2	3	4	5	6	7	___	___	___
57. 试剂包装的质量/耐久性(在运输过程中保护试剂的安全性)	1	2	3	4	5	6	7	___	___	___

考虑的因素	重要性 不重要 1	2	3	4	5	6	非常重要 7	绩效印象 供应商 (1至7的数值) A	B	C
58. 订单履行的准确性(发送正确的试剂)	1	2	3	4	5	6	7	___	___	___
59. 交付的频率(供应商将多次和/或分离的运输合并成规模更大、频次更低的运输)	1	2	3	4	5	6	7	___	___	___
60. 在没有销售人员的情况下的服务支持	1	2	3	4	5	6	7	___	___	___
61. 在处理承运商损失或损坏索赔时得到供应商的协助	1	2	3	4	5	6	7	___	___	___
62. 试剂的敏感性(专用性)	1	2	3	4	5	6	7	___	___	___
63. 运输延误的提前通知	1	2	3	4	5	6	7	___	___	___
64. 供应商提供促销礼品(日历、杯子等)	1	2	3	4	5	6	7	___	___	___
65. 可以从供应商处获得质量控制信息	1	2	3	4	5	6	7	___	___	___
66. 供应商资助的培训	1	2	3	4	5	6	7	___	___	___
67. 供应商具有种类齐全的试剂	1	2	3	4	5	6	7	___	___	___
68. 供应商对要求的交付日期变动做出反应的能力	1	2	3	4	5	6	7	___	___	___
69. 对竞争性投标价格做出快速和全面的反应	1	2	3	4	5	6	7	___	___	___
70. 价格的竞争力	1	2	3	4	5	6	7	___	___	___
71. 供应商以快速反应性的方式加速处理加急订单	1	2	3	4	5	6	7	___	___	___
72. 对供应商的销售代表提出的协助要求的及时反应	1	2	3	4	5	6	7	___	___	___
73. 快速通知技术分析结果	1	2	3	4	5	6	7	___	___	___
74. 供应商与您合作来改进流程(工作流)的能力	1	2	3	4	5	6	7	___	___	___
75. 供应商提供咨询服务的参考	1	2	3	4	5	6	7	___	___	___
76. 基于单个订单批量的数量折扣结构	1	2	3	4	5	6	7	___	___	___
77. 您个人每年接到来自供应商的销售代表电话的次数	1	2	3	4	5	6	7	___	___	___
78. 供应商及时通知产品问题	1	2	3	4	5	6	7	___	___	___
79. 由供应商支付运费	1	2	3	4	5	6	7	___	___	___
80. 供应商每年提价的次数不超过1次	1	2	3	4	5	6	7	___	___	___

B 部分：总体绩效水平的评估

1. 请说明目前每个供应商供应的产品数量占您年需求量的百分比，以及未来在理想的情况下，您愿意给予每个供应商的百分比（您给出的百分比的总和应该等于 100%）。

	目前%	理想（希望）%
供应商 A（您的试剂采购量的最大份额来自于该供应商）：	______%	______%
供应商 B（您的试剂采购量的第二大份额来自于该供应商）：	______%	______%
供应商 C（您的试剂采购量的第三大份额来自于该供应商）：	______%	______%
其他供应商：	______%	______%
	100 %	100 %

2. 请在以下线段上的任何位置标上一个点，该点最能说明您对以上供应商的满意水平。如果您对某个供应商的绩效水平极其不满意，那么该点应该标在最接近线段左端的位置（标有"差"的位置）。如果您对某个供应商的绩效水平特别满意，那么该点应该标在最接近线段右端的位置（标有"优秀"的位置）。标在线段中间的点对应于一个"满意的"绩效水平。

总体的供应商绩效

	差	满意	优秀
供应商 A	|________	.	________|
供应商 B	|________	.	________|
供应商 C	|________	.	________|

	供应商 A	供应商 B	供应商 C
3. 您愿意将该供应商推荐给其他的实验室吗？	__是 __否	__是 __否	__是 __否
4. 您曾经向该供应商提出有关您接受的服务上的问题吗？	__是 __否	__是 __否	__是 __否
5. 该供应商对您提出的问题做出充分的反应了吗？	__是 __否	__是 __否	__是 __否
6. 在典型的月份中，您从主要供应商处准时接受到的发货的百分比是多少？	____%	____%	____%

7. 如果您的主要供应商是一个分销商（而不是一个制造商），那么您从这些分销商采购的主要原因是什么？（只在一项上打勾）

________更快速的交付　　________价格　　________惟一可以获得的试剂供应源

________小批量　　________本地化服务　　________其他（具体指明）________

8. 对于您已经评估完的三个供应商，请给出价最低的供应商赋予一个 0% 的分值。对于其他供应商，给出您支付给他们的额外百分比。如果两个或多个供应商提供同样的价格，那么赋予他们同样的分值。（例子：如果供应商 B 是价格最低的供应商，他将被分配一个 0 值；如果供应商 A 的价格比供应商 B 的价格高 2%，他将被分配一个 2% 的值；如果供应商 C 所定的价格和供应商 A 相同，那么供应商 C 也被分配一个 2% 的值；如果供应商 C 的价格比供应商 B 的价格高 3%，那么供应商 C 将被分配一个 3% 的值。）

供应商 A ______%　　**供应商 B** ______%　　**供应商 C** ______%

C 部分：期望的绩效水平

请提供以下有关您需要从血库试剂供应商处得到的客户服务水平的信息。供应商 A 被认为是您所采购的试剂中供应量最大的供应商。

1. 在某个典型的年份中，您从供应商 A 处得到多少次销售联系？

a. 面对面的访问：______每年　　b. 电话访问：______每年

2. 在某个典型的年份中，您希望从供应商 A 处得到多少次销售联系？

a. 面对面的访问：______每年　　b. 电话访问：______每年

3. 您期望供应商 A 的销售代表的反应时间和目前实际的反应时间为多少？

	期望	**目前实际情况**
a. 紧急情况的反应时间	________小时	________小时
b. 非紧急情况的反应时间	________小时	________小时

4. 您需要供应商 A 在价格变动方面提供多长时间的提前通知？

________天　　________周　　________月

5. 目前您从供应商 A 得到的价格变动的提前通知有多长？

________天　　________周　　________月

6. 在正常的情况下，您以多大的频次向供应商 A 发出订单？（选一项）

a. 一天几次 ________　b. 一天一次 ________　c. 一周几次 ________

d. 一周一次 ________　e. 一个月几次 ________　f. 一个月一次 ________

g. 其他（请指明）________________________________

7. 在正常的情况下，以日历天数计算的平均总提前期为多长（从下单到收到货物）？

a. 您需要供应商 A 的提前期？ ________天

b. 您实际从供应商 A 获得的提前期？ ________天

8. 在典型的月份中，您向供应商 A 发出多少份订单？ ________份订单

9. 您认为可以接受的延误最多为承诺的交付日期之外的多少天？ ________天

10. 一旦您已下单了，需要多长时间才能获得供应商 A 提供的关于期望的（承诺的）交付日期的通知？（请具体指明所需的分、小时或天数。如果供应商什么也不提供，则回答“N”。）

________分　________小时　________天

11. 请您说明最初以下列方式发送给供应商 A 的订单占您的试剂订单的百分比：

a. 美国邮寄	________%
b. 电传打字交换、传真机和/或其他通讯终端	________%
c. 免费的电话专线（由供应商支付话费）	________%
d. 其他电话通讯（由您自己支付话费）	________%
e. 手工传递给制造商的销售代表	________%
f. 其他（具体指明）________________________	________%
总计	100 %

12. 您发出的订单中有多大比重的订单是需要加急服务的“紧急”订单？ ________%

13. 对于能从多个供应商获得的产品，说明在您的订单不能在承诺的和/或要求的交付日期内得到满足的情况下，以下方案使用的次数的比例：

a. 延期订货（保留订单，直到所需的产品全部能获得，并完整运输）	________%
b. 取消不能获得的物品，其余的按承诺的日期运输	________%
c. 分开运输（当产品能够获得时运输）	________%
d. 取消订单，转向另一家供应商	________%
e. 从其他供应商那里采购还没有得到满足的产品	________%
f. 其他（具体指明）________________________	________%
总计	100 %

14. 您的主要供应商对提早付款提供了什么支付条款（例如 2/10，净 30 天）？

	折扣 %	**天数**	**净天数**
a. 供应商 A	________%	________	________
b. 供应商 B	________%	________	________
c. 供应商 C	________%	________	________

15. 您从供应商 A 实际得到什么样的支付条款：天数________　提早支付获得折扣%________

16. 对于紧急订单和加急订单，供应商应该向您收取多少个百分点的额外处理成本和运费？ ________%

17. 您向供应商A发出的试剂订单一般的价值是多少？ ________ .00美元

18. 供应商A愿意运输的订单的最小价值是多少？ ________ .00美元

19. 供应商A在承诺的交付日期内发送的产品比例是多少？ ________%

20. 供应商A的产品到达时无损坏的比例是多少？ ________%

21. 您利用以下方法对供应商进行评估吗？(选一项)

 a. 正式的过程/系统　　b. 非正式的过程/系统

 c. 没有评估过程/系统　　d. 不知道/不确信

22. 您对供应商绩效的评估频率是多少？(选一项)

 a. 连续________　b. 每周________　c. 每月________　d. 每季度________　e. 每年________

 f. 从不________

23. 您多少比例的订单实际上需要在以下时间内得到：

同一天	________%
1天	________%
3天	________%
5天	________%
7天	________%
10天或更多	________%
总计	100%

24. 在您对供应商绩效进行评估的过程中，您考虑了以下哪些因素？(请选择所有您考虑的因素)

 a. 第一次发货的满足率____　b. 提前期____　c. 提前期的变动____

 d. 开票的准确度____　e. 运输产品的质量____　f. 损坏____

 g. 其他（请列举）________________

D部分：人口统计数据

需要这一信息的目的是为了找出主要的细分市场，对前几部分内容提供更加有意义的分析。在确切的数据无法得到的情况下，请采用近似数字。

1. 您的试剂采购量在过去5年中的平均增加率为多少？(用负号表示采购量的减少) ________%

2. 您每年对试剂采购量的预算大约是多少？ ________ .00美元

3. 您持有的试剂库存有多少（产品的平均供应天数)？ ________天

4. 在过去12个月、2年、5年内，您已经增加和取消了多少个试剂产品供应源？

	过去12个月	过去2年	过去5年
增加的供应商	________	________	________
取消（停止交易）的供应商	________	________	________

5. 您的试剂采购占运营成本的百分比为多少？ ________%

6. 请确认您对以下每一个试剂供应商的总体评估情况。

供应商	**评估信息不足**	**非常不满意**						**非常满意**
Baxter Dade	________	1	2	3	4	5	6	7
Gamma Diagnostics	________	1	2	3	4	5	6	7
Immucor	________	1	2	3	4	5	6	7
Organon Teknika（BCA）	________	1	2	3	4	5	6	7
Ortho Dignostic Systems	________	1	2	3	4	5	6	7
其他________________	________	1	2	3	4	5	6	7

7. 请说明您医院的主要专业（您可以选多项）：

____外伤中心　____癌症研究/治疗　____心内直视手术　____新生儿护理

____灼伤中心　____器官/组织移植　____妇产科　____医疗技术设施/协会

____其他____________________　____其他____________________

	是	否	不确定
8. 您是否有权力选择（或指定）一个具体（偏好的）的试剂供应商？	____	____	____
9. 您是否有权力拒绝某个具体的试剂供应商？	____	____	____
10. 您所在机构属于向实验室供应商进行大量采购的团体或组织吗？	____	____	____

如果是的话，您所在机构属于哪个团体或组织？____________________

11. 您是如何向供应商订购试剂产品的？________个人直接从供应商订购试剂产品

________通过机构的采购部门下单

12. 您的职位或头衔是什么？____________________

您已经拥有该职位多长时间了？________年

13. 您的最高教育程度是什么？　高中文凭________　社区学院学历________

本科（学士）学历________　研究生学历________

14. 请确认您的时间用于以下工作的比例：　a. 行政管理职责　________%

b. 实验室工作　________%

100%

15. 您所在地的邮编的前三位是什么？________

感谢您在这次调查中的参与和合作。真诚感谢您所花费的时间和精力。

请将问卷装入所提供的信封内返回，或邮寄给：

道格拉斯·兰伯特博士和罗纳德·亚当斯博士

佛罗里达州杰克逊维尔市北佛罗里达大学（UNF）管理、营销与物流系

邮编：32216，电话：（904）620-2585

CHAPTER 4

订单处理与信息系统

本章大纲

本章目标

- 说明订单处理系统如何影响物流职能的绩效水平
- 说明如何利用订单处理系统来促进客户通讯和提高物流领域的效率
- 说明订单处理系统如何构成战略与战术物流信息系统的基础
- 说明信息技术如何支持基于时间的竞争
- 说明先进的信息技术如何支持物流与供应链的集成

引　言

订单处理系统是物流系统的神经枢纽中心，而客户订单是引发物流过程运转的信息。信息流的速度与质量对整个运作过程的成本与效率具有直接的影响作用。低速、缺乏稳定性的通讯方式不但会导致失去客户，而且还会导致多余的运输、库存和仓储成本，以及由于频繁的线路变更，有可能导致生产的无效率。订单处理与信息系统构成了物流与企业管理信息系统的基础，这是一个能够为提高物流绩效水平提供巨大潜力的领域。事实上，对世界级水平的物流实践的有关研究，把物流信息系统引证为竞争力的一个关键要素[①]。

电子商务

电子商务包括无纸化环境下开展商务活动所使用的范围广泛的工具和技术。电子商务对组织的商务活动方式正在产生重大的影响。互联网使企业能够在全球范围内低成本而又有效地传递信息，使电子商务成为供应链集成的一个关键要素。

基于计算机的决策支持系统（decision support systems，DSSs）已经超越了交易处理和跟踪的范围，起到支持执行性决策制定过程的作用。决策支持系统是一个为决策者提供信息的集成化系统；没有决策支持系统，许多选择将是不可能的。

面临着基于时间的竞争，组织正越来越多地将信息技术看成是获取竞争优势的一种工具。信息系统，如快速反应（QR）、准时制生产（JIT）和有效客户反应（ECR），通过对一些基于信息的技术进行集成，达到缩短订单周期时间、加速反应能力和降低供应链库存的目的。此外，更加复杂的信息技术应用，如决策支持系统、人工智能和专家系统，正被直接应用于支持物流方面的决策制定。

订单处理与信息系统在以有竞争力的成本实现客户服务目标方面起着关键的作用。如图 4.1 所示，信息成本与运输、仓储、库存成本和批量因素处于一种权衡状态之中。此外，订单处理与信息系统对企业和整个供应链所达到的客户服务水平有着直接的影响。企业可以用信息系统成本来替代高得多的运输或库存成本。在本章中，我们将讨论信息在集成企业内部物流以及供应链物流中的关键作用。

客户订货周期

订货周期的6个组成部分

客户订货周期从下单开始，到客户收到产品并将产品入库为止。典型的订货周期包括以下组成部分：（1）订单准备与发送；（2）订单接受与订单输入；（3）订单处理；（4）仓库分拣和包装；（5）货物运输；（6）客户交货和卸货。

图 4.2 显示了与订货周期有关的流程。在该例中，从客户角度来看，总订货周期为

① Global Logistics Research Team，Michigan State University，*World Class Logistics*：*The Challenge of Managing Continuous Change*（Oak Brook，IL：Council of Logistics Management，1995），pp. 137-64.

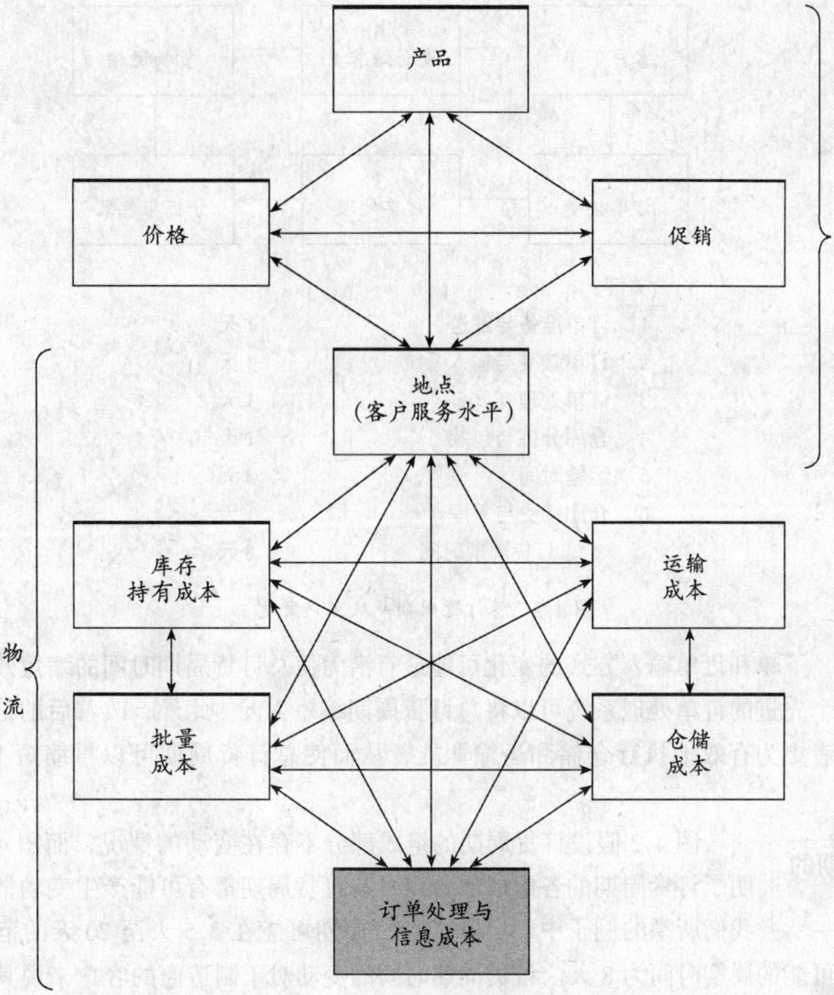

营销目标：将资源分配给营销组合，使企业的长期收益最大化。

物流目标：在给定客户服务水平下使总成本达到最小，其中：

总成本 = 运输成本 + 仓储成本 + 订单处理与信息成本 + 批量成本 + 库存持有成本

资料来源：摘自 Douglas M. Lambert, *The Development of an Inventory Costing Methodology: A Study of the Cost Associated with Holding Inventory* (Chicago: National Council of Physical Distribution Management, 1976), p. 7.

图 4.1　营销与物流的成本权衡

8 天。然而，许多制造商会犯错误，他们只衡量和控制订货周期中属于企业内部的那一段时间。也就是说，这些制造商只是监控从收到客户订单到发运产品的这一段时间。图 4.2 中的例子表明这一做法的缺陷。在总订货周期中属于制造商内部的那一部分时间（步骤 2、3 和 4）总计只占 8 天的 1/3。这一比例对于没有自动订单输入与处理系统的企业来说是很普遍的。提高订货周期中由制造商所控制的 3 天部分的效率与消除非制造商直接控制的 5 天中的 1 天相比，所需花费的成本可能要高。例如，通过监控承运商的绩效并将业务转交给那些速度最快和运输时间最稳定的承运商，有可能使运输时间减少 1 天。

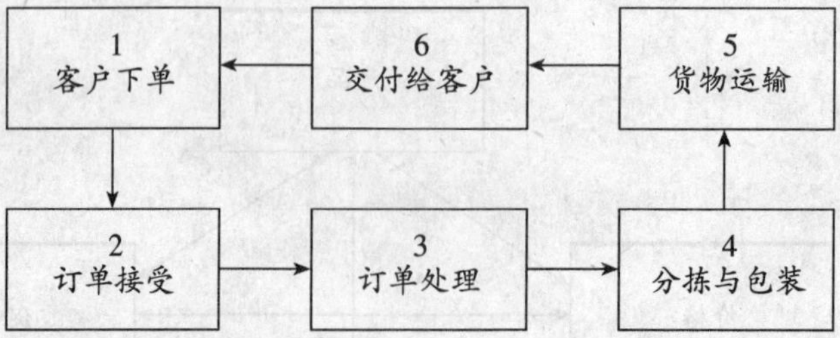

关键：

1	订单准备与发送	1天
2	订单接受与输入系统	1天
3	订单处理	1天
4	仓库分拣与包装	1天
5	运输时间	3天
6	仓库接受与入库	1天
	总订货周期时间	8天

图 4.2 总订货周期：从客户角度

然而，下单和订单输入方式的变化可能最有潜力使总订货周期时间的缩短效果最为显著。一个先进的订单处理系统可以将总订货周期缩短 2 天。此外，改善后的信息流能够使管理者更为有效地执行仓储和运输职能，从而使总订货周期可以再缩短 1 天或 2 天。

订货周期的变动

图 4.2 假设订货周期的组成部分不存在变动的情况，而图 4.3 则说明了订货周期的各组成部分以及总订货周期都有可能产生变动情况。在我们所举的例子中，实际的订货周期可能在 3.5 天至 20 天的范围内变动，而最可能的周期时间为 8 天。订货周期时间的变动对于制造商的客户来说其代价是很高的，客户必须备足安全库存来避免可能的延迟交货情况，否则将因为缺货而失去销售机会。

在图 4.3 中，如果平均订货周期时间是 8 天，但最长的周期时间可以长达 20 天，此时，客户必须维持额外的相当于 12 天销售量的库存来预防提前期的变动。如果日销售量等于 20 单位，企业的经济订货批量为 160 单位——8 天的供应量，那么平均周期库存为 80 单位（订货批量的 1/2）。用于预防 12 天的订货周期变动所需的额外库存为 240 单位。排除需求的不确定性因素，由于订货周期的变动，平均库存将从 80 单位上升到 320 单位。

下面哪一项对客户的库存影响最大——订货周期缩短 3 天，还是订货周期变动减小 3 天？如果客户继续以 160 单位的经济订货批量进行订货，那么订货周期缩短 3 天对库存的影响将很小或者几乎没有任何变化。客户只是简单将下单时间向后挪 3 天而已。相反，如果客户每 5 天订 100 单位，而不是每 8 天订 160 单位，那么平均周期库存将是 50 单位，而不是 80 单位，但是此时仍需要 240 单位的安全库存来预防订单延期 12 天的可能情况。结果将导致总平均库存下降 30 单位，即从 320 单位下降到 290 单位。然而，订货周期变动减小 3 天将使安全库存下降 60 单位，从而导致总平均库存下降为 260 单位

(80 + 180)。因此，安全库存的下降效果是周期库存下降效果的两倍。该例说明了为什么订货周期的稳定比快速交货更为优越。

在下面两个章节中，我们将分析客户订单如何进入订单处理功能和客户订单所经的典型路径。

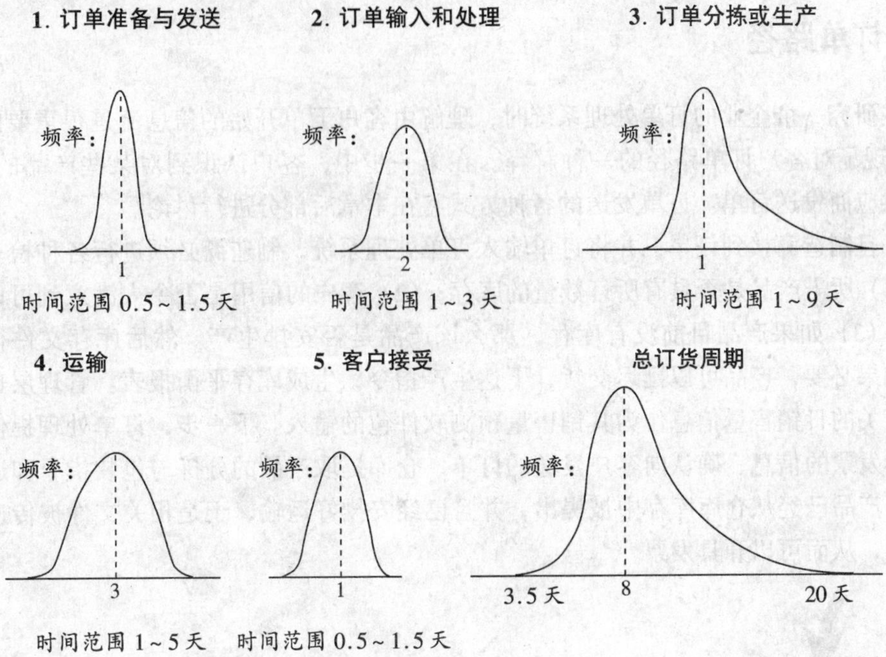

图 4.3　变动的总订货周期

客户订单如何进入企业订单处理功能？

订单输入方法

客户订单的下单、发送和输入制造商订单处理功能的方法有许多种。传统的方法是客户填写订单，然后将订单交给销售人员或者邮寄给供应商。略高层次的方法是通过电话将订单告诉制造商的订单接受文员，文员再将订货信息详细记录下来。先进的系统可以使客户通过电话将订单信息传递给在制造商总部办公并配备计算机终端的客户服务代表。这种类型的系统允许客户服务代表确定所需产品是否有库存。如果有库存，所需的物品将从库存中扣除，从而避免再将这些物品承诺给其他客户。如果所需物品缺货，客户服务代表可以当场为客户安排替代产品，或者告知客户何时有货。实际上，这种类型的系统消除了图 4.2 中所描述的订货周期中最初的两天时间。

订单输入的电子化方式日益普遍

为了在订单发送和订单输入方面达到最快的速度和实现最高的准确度，电子化方式（例如通过电话线发送信息的电子终端和计算机与计算机之间的联网）正得到更广泛地应用。许多公司逐渐使客户通过互联网来下单。我们将在本章的后部分详细描述这些类型的系统。

库存持有成本与通讯成本之间有着直接的权衡关系。然而，通讯系统越复杂，企业对内部或外部通讯故障的抵御能力越薄弱。这是因为存在这样一个事实：由于先进订单处理系统和较低的库存水平，安全库存被大大减小了，从而导致减少客户在由于订货周期时间的任何变动所引起的缺货情况下所受的保护。在许多供应链中，存在着通过利用先进订单处理来提高物流绩效水平的重大潜力。

客户订单路径

在研究一个企业的订单处理系统时，理解由客户下单开始的信息流是很重要的。图4.4体现了对客户订单路径的一种解释。在第一步中，客户认识到对某些产品的需要，并向供应商发送订单。订单发送的各种方式将在本章后部分进行讨论。

一旦制造商接到订单，并将订单输入订单处理系统，制造商必须进行各种检查来确定：(1) 所需产品是否具有所订数量的库存；(2) 客户的信用是否令人满意到可以接受订单；(3) 如果产品目前没有库存，那么该产品是否安排生产。然后库存文件得到更新，如果必要，产品可以延迟交货，下达生产指令，生成库存平衡报表。管理层也可以利用有关的日销售量信息作为其销售量预测软件包的输入。下一步，订单处理提供：会计开具发票的信息、确认向客户发送的订单、仓库提取产品的分拣与包装指令和运输文件。当产品已经从仓库库存中被提出，并且已经安排好运输，于是相关文件被传递到会计部门，从而可以开具发票。

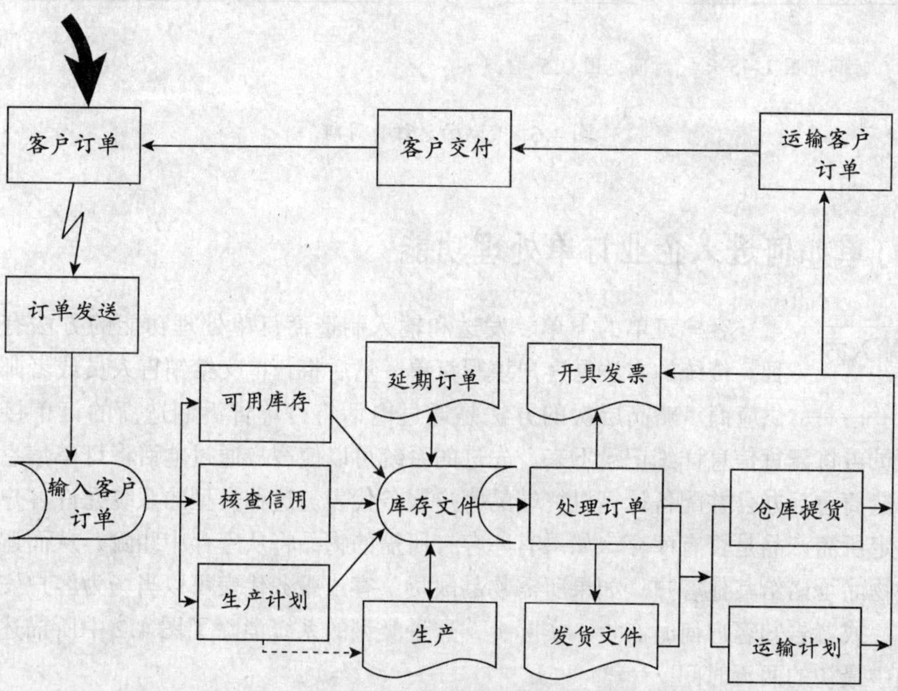

图 4.4 客户订单路径

通讯功能

评价订单发送方式的四种方法

订单处理系统的主要功能在于提供一个连接客户与供应商的通讯网络。管理层应该评价各种订单发送方式的信息传递的一致性。通常来说，较大的不一致性与订单发送方式较慢的速度相关。订单发送的手工方式需要更多的由个人进行的处理，结果导致更高的通讯差错的可能。管理者可以在速度、成本、一致性和准确性的基础上来评价订单发送的各种方式。订单发送应尽可能直截了当，用电子方式替代手工方式进行订单发送可以使人为过失风险降低到最低程度。

此外，订单处理系统可以把有用的销售信息传达给营销部门（用于市场分析和预测）、财务部门（用于现金流计划）以及物流或生产部门（用于生产计划和进度安排——见表 4.1)。最后，订单处理系统为那些向仓库分配订单、审核客户信用、更新库存文件、准备仓库分拣指令以及准备运输指令及相关文档的员工提供信息。通讯极其重要，因为它使物流系统处理运转之中。

表 4.1　某先进订单处理系统提供的管理信息

信息		管理层可以获得：
销售/市场营销		状况
日订单状况		例外情况
购买量累计		绩效水平
销售与定额		计划
促销绩效		
目前产品的市场地位		
物流/生产		
客户服务		
计划库存水平		
实际库存水平		
可销售的库存		
物流例外处理		

先进订单处理系统

计算机完善了订单处理系统

在物流职能的组成要素中，没有其他要素从电子和计算机技术中获得比订单输入与处理更多的好处。一些先进的信息系统非常高级，这些系统所需的人工仅仅是输入订单和监控结果。

在先进订单处理系统中，客户与销售人员可以通过免费电话将订单发送到配送中心或公司总部。订单处理员配备有数据终端，可以实时输入和访问信息。订单处理员一输入客户代码，包括客户姓名、账户地址、信用代码以及运输地址的订单格式就显示在屏幕上。职员口头接受订单的其他信息，然后在终端上将其输入系统，这些信息将与标题信息一起显示出来。标准程序的一些例外情况，例如促销中的产品、特殊定价安排和分配，将在屏幕上被着重显示出来，以确保订单处理员对这些情况给予特殊关注。系统能够将订货数量与最低运输数量相匹配，以保证订单能够满足必要的规格。然后，职员可能会将订单返回给客户。当订单全部满足准确和完整的标准格式时，将进入处理阶段。

一家大型的化学品公司采用类似于上述描述的利用计算机的输入系统代替了原有的手工操作系统。在使用新的订单输入系统之前，员工通过电话接受订单，并通过手工将其记录在表格中。然后订单被转换成用于穿孔的另外一种表格，最后这些订单通过批处理进入系统。计算机订单输入系统相对于手工系统来说，在成本节约方面是合理的。采用计算机系统后，公司的销售额增加了23%，而订单处理费用没有增加。此外，采用计算机系统的另一好处在于，客户开票与产品运输是在同一天发生的，而不像原来的系统，是在5天后发生的。这改善了现金流。

图4.5列举了一种零售商品的典型的供应链。消费者需求信息从零售商流向分销商、制造商，然后再流向制造商的供应商，而产品以相反的方向流动。然而，图4.6更加准确地描述了这一过程中发生的事情。销售商定期用将订单“扔过墙”的方式向分销商订货。分销商在订单正式到达之前对订单的具体情况一无所知。没有任何迹象可以表明零售商的实际销售数量。分销商以同样的方式，将订单“扔过墙”给制造商。制造商重复这种做法，把订单“扔”给其供应商。供应链中的每一成员都是利用历史数据来进行预测的，在预测中，假设未来的销售量与过去的销售量是相似的。很显然，如果销售量存在着变动情况，这种方法就意味着由于不必要的高库存水平以及为了处理滞销或呆滞的库存而进行降价所带来的灾难。

图4.7说明了可能的解决方法。供应链中的每一位成员接受关于销售层次上的实际销售量的及时信息，并根据其运营情况做出相应的调整。通过零售商收集销售点数据，然后利用这些数据来促使整个供应链中的信息流与物流同步。制造商根据销售商的销售数量而不是基于历史数据的预测值来做短期的生产计划。

曼费利加拿大公司的先进系统

曼费利（Manville）加拿大公司是一家已经成功地实施先进订单发送、订单输入和订单处理系统的公司[①]。曼费利加拿大公司在计算机系统上投资了750,000美元，在不到两年的时间内就收回了投资。

在实施新系统之前，客户通过电话向位于多伦多的三位客户服务员中一位订购玻璃纤维内部绝缘体——曼费利加拿大公司的产品之一。这些职员中的一位被安排从事接电话工作，而其他两位则忙于记录订单。接话员接受订单，然后将订单传递给其他两个人中的一个进行处理。完成订单所需的信息来自于许多地方的不同文件，通过手工填写在每一份订单中。

当这一过程完成时，职员将订单送到订单与开票部门，在这里输入并送到运输地点。一旦订单已发运，运输部门将订单表格和一份运输文件返回给客户服务员，客户服务员进行核实并将其转送到开票部门再进行输入。

这三位客户服务员平均每天处理12份订单，在高峰期间还需要加班。这种处理客户订单的不连贯的方式造成了相当大的压力，导致了相对高的人为失误的发生概率。

---

① 该例子由曼费利加拿大公司主管公司商业物流的前任副总裁唐纳德·J·安利森（Donald J. Allison）提供。

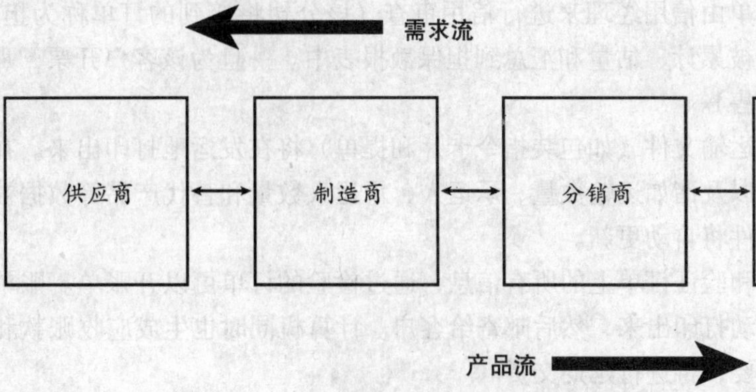

图 4.5　传统的供应链流

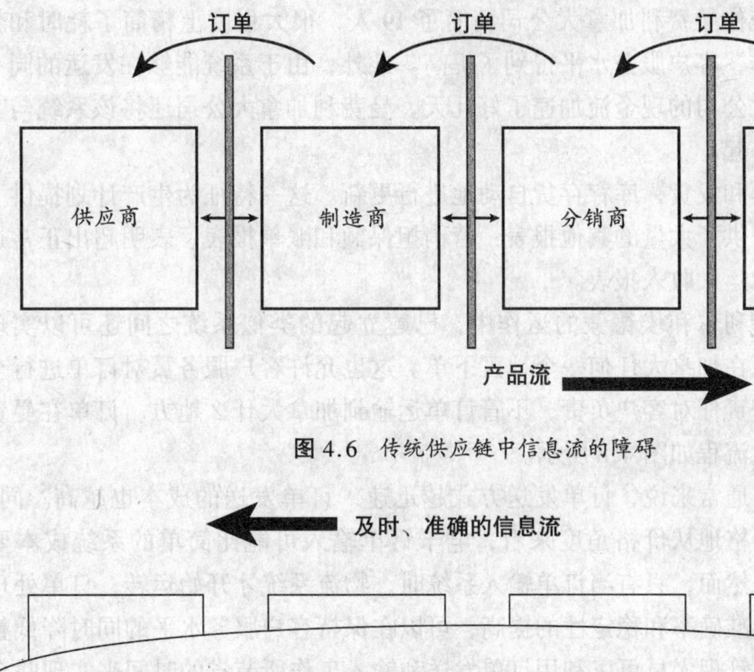

图 4.6　传统供应链中信息流的障碍

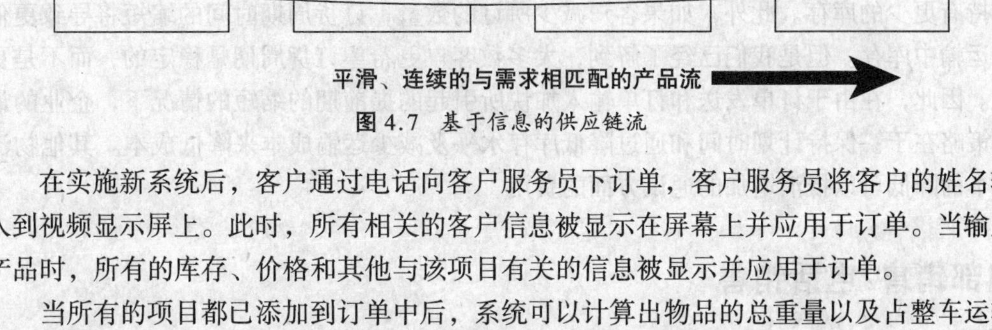

图 4.7　基于信息的供应链流

在实施新系统后，客户通过电话向客户服务员下订单，客户服务员将客户的姓名输入到视频显示屏上。此时，所有相关的客户信息被显示在屏幕上并应用于订单。当输入产品时，所有的库存、价格和其他与该项目有关的信息被显示并应用于订单。

当所有的项目都已添加到订单中后，系统可以计算出物品的总重量以及占整车运输的百分比。如果订单中的物品数量小于整车运输的数量，客户会告知将订单增加到整车运输的成本以及可以获得的折扣。通过这种方式，客户服务员提供了内部销售的职能。计算机也会计算出订单的总价值，并将其与为该客户设立的信用额度相比较。如果担保额大于信用额度，订单由信用经理来进行信用审查（该公司将接到的订单称为担保额。当订单达到时，订单被累计、估量和汇总到担保额报表中。一旦为该客户开票，那么该订单就算做是一次销售）。

一旦订单完成，运输文件（如包装指令卡片和提单）将在发运地打印出来。在每一个发运地，运输日期以及诸如运输数量、承运人、承运人数量和替代产品等数据被输入终端。此时，库存文件将自动更新。

客户服务员检查和验证订单上的所有信息，通过检验的订单可以开账单。账单由计算机用法语和英语自动打印出来，然后邮寄给客户。计算机同时也生成应收账款和销售的详细报表。如果需要，将进行延期交货。

新系统带来的好处是十分巨大的。系统的校订功能使开票的出错率降低了85%。由于系统中设定的5%合理因素，使计算机能够察觉工作人员在订单各处理阶段处理订单所犯的错误。新系统使曼费利加拿大公司精简了19人，很大程度上精简了耗时和耗场地的打字和归档工作，客户服务水平得到了提高。此外，由于系统能够在发运的同一天生成客户账单，因此公司的现金流加速了好几天。曼费利加拿大公司还将该系统与其库存管理系统集成在一起。

随着订单的下单和发货，库存存货自动地进行更新。这一特征为生产计划提供了准确的数据，同时也提供了大量的其他报表：营销担保额和账单报表、表明超出正常运输成本的例外报表和承运人收入报表。

在多伦多、蒙特利尔和埃德蒙的运作中，已建立起的类似系统之间还可以实现连接。这使得订单可以在加拿大任何一个地区下单。这也允许客户服务员对订单进行全程控制，客户服务员有责任对客户负责，不管订单运输到加拿大什么地方。订单在曼费利加拿大公司系统中的流程如图4.8所示。

订单促使物流系统处于运动之中

通常来说，订单发送方式越迅速，订单发送的成本也越高。同样，当严格地从价格角度来看，电子订单输入可能比简单的系统成本要更高。然而，只有当订单输入系统时，物流系统才开始运转；订单处理速度、准确率和稳定性的提高，可以在保持客户服务水平的同时降低整个系统的库存。此外，管理人员可以利用订单发送和输入工作所节省的时间来实现联合运输的机会。另一替代策略是，企业可以缩短其提供给客户的订货周期时间，这可以使客户持有更少的库存。此外，如果客户减少所订的数量，订货周期时间的缩短将导致更低的运输中库存。但是我们已经了解到，大多数客户更希望订货周期是稳定的，而不是更短。因此，在由于订单发送和订单输入加快所引起的提前期的缩短的情况下，企业的最佳策略在于：保持计划时间和通过降低库存水平及减少运输成本来降低成本。其他物流成本的降低可以抵消增加的通讯方面的费用。

内部销售/电话销售

电话销售的好处

内部销售/电话销售是我们已讨论过的自动化订单处理系统的一个延伸。它使企业能够：(1) 保持与那些购买量不足以进行频繁的销售访问的现有客户之间的联络；(2) 增加与可获利的大客户之间的联络；

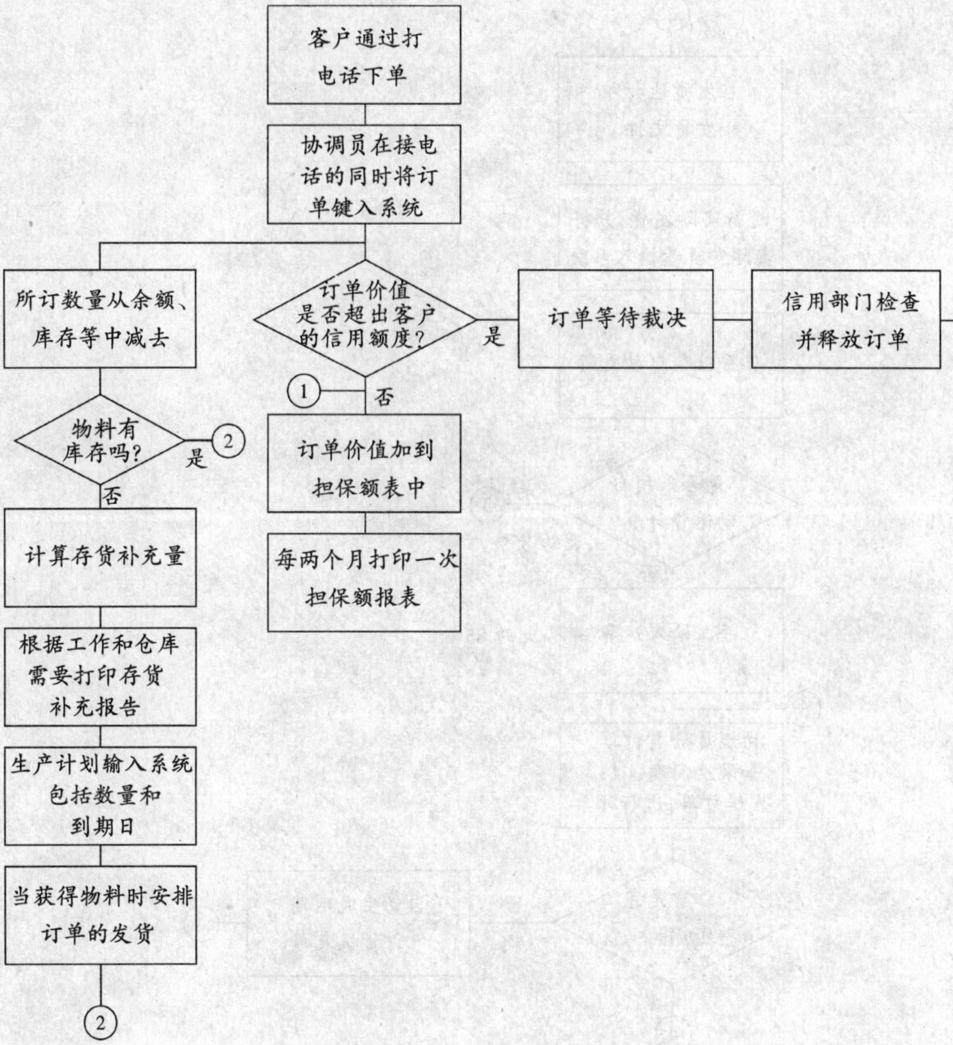

资料来源：唐纳德·J·安利森，曼费利加拿大公司主管公司前任副总裁——主管公司商业物流。

图 4.8　曼费利加拿大公司实施的先进订单处理系统

(3) 有效地开拓新的市场机会。由内部销售团队通过电话进行的客户联络将以经济的、节约成本的方式达到期望的市场覆盖面。此外，可进行直接订单输入的数据终端的使用将内部销售与物流运作结合起来。内部销售/电话销售的一个主要的成本优势来自于与此联系的物流效率。

内部销售/电话销售在增加销售额、降低费用，或者既增加销售额、又降低费用的基础成本上是合理的。如果管理部门期望扩大销售量，那么也许不能减少与现有销售人员有关的销售费用。内部销售可能会增加企业的总销售费用，因此需要增加销售量来补偿额外的费用。然而，在大多数情况下，如果正确实施方案，降低费用也是可能的。提高效率的方法之一在于：把所有小客户的订单安排到给定的交货计划中，从而降低运输成本和其他物流成本。至少可以这么说，仅在预测的销售增加量的基础上判断内部销售的费用是否合理的做法是危险的。许多因素可能会阻碍企业实现期望的销售量，这可能

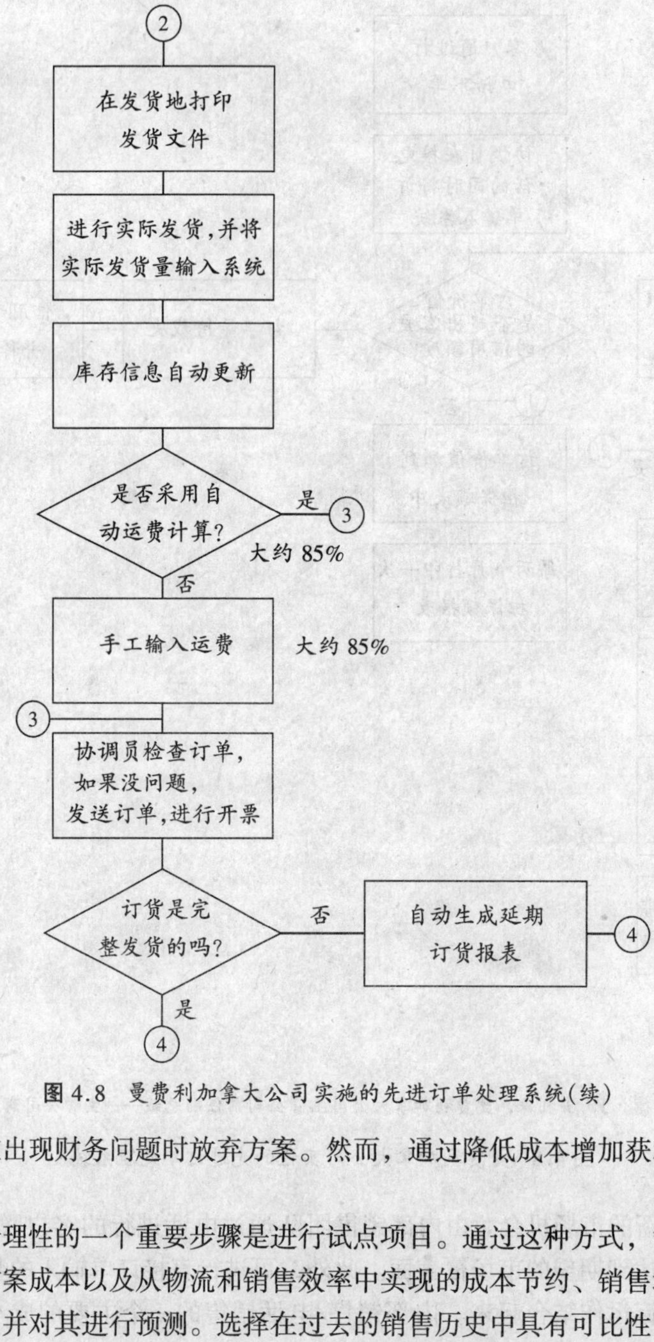

图 4.8 曼费利加拿大公司实施的先进订单处理系统(续)

导致管理部门在出现财务问题时放弃方案。然而，通过降低成本增加获利的方案将被保留。

判断成本合理性的一个重要步骤是进行试点项目。通过这种方式，管理部门能够使全国性方案的方案成本以及从物流和销售效率中实现的成本节约、销售增加所导致的利润贡献具体化，并对其进行预测。选择在过去的销售历史中具有可比性的州或其他市场区域、市场渗透度、竞争以及其他重要变量作为控制市场（旧系统）和实验市场（提议的内部销售方案）。控制市场和实验市场应反映企业的总体业务，从而可以根据试点项目进行预测。

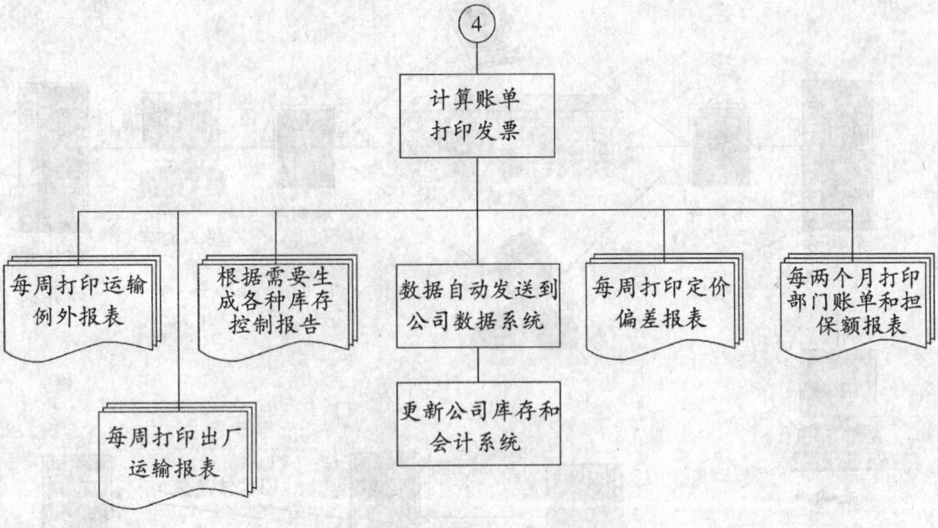

图 4.8　曼费利加拿大公司实施的先进订单处理系统(结束)

电子数据交换

EDI 的定义

电子数据交换（EDI）可定义为“组织之间以结构化、可计算机处理的形式进行商业文件的交换”[①]，或者简单地说，一台计算机直接与另一台计算机进行的通讯。如图 4.9 所示。EDI 采用电子化的通讯方式替代语音和书面的通讯方式。因为 EDI 发送是计算机对计算机的，因此传真发送不符合要求。此外，EDI 发送具有标准的商业文件或格式。因此，发送非正式的电子邮件信息也不符合 EDI 的定义。

EDI 发送允许接受方直接对文件进行处理和根据文件采取行动。依赖于系统的先进性，接受端可以不需要任何人为干预。EDI 替代了诸如邮件、电话和传真之类的传统的文件传送方式。

在以下的几页中，我们将描述 EDI 标准、各种类型的 EDI 系统、EDI 实施的好处、电子邮件和互联网[②]。

EDI 标准。为了使 EDI 正常运行，要求计算机语言相互兼容。首先，使用者必须具有共同的通信标准。文件以某种速度在特定的设备上传送，接受方的设备必须能够接受这种速度。此外，使用者必须共享一种共同的语言或信息标准或者具有转换能力。这意味着 EDI 贸易伙伴必须具有文字、代码、符号的共同定义，以及共同的发送格式和顺序。

---

① Margaret A. Emmelhainz, Electronic Data Interchange: A Total Management Guide (New York: Van Nostrand Reinhold, 1990), p.4.

② 资料摘自于 Lisa M. Ellram and Laura M. Birou, Purchasing for Bottom-Line Impact (Burr Ridge, IL: Irwin Business One, 1995).

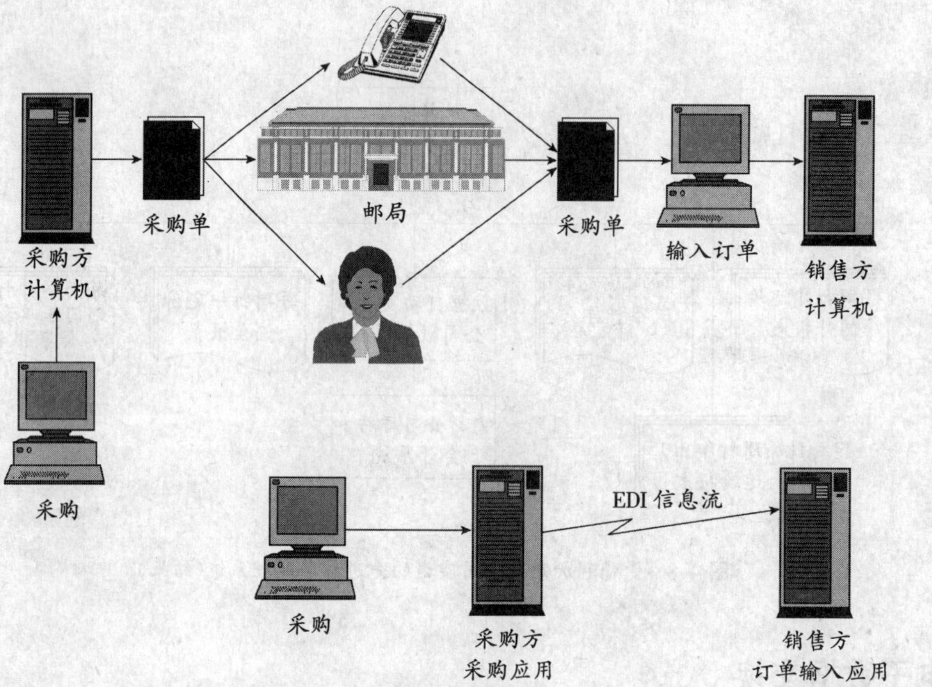

资料来源：Margaret A. Emmelhainz, Electronic Data Interchange: A Total Management Guide (New York: Van Nostrand Reinhold, 1990), p.5.

图 4.9 EDI与传统方式

EDI协议

目前使用的EDI协议有许多种。有一些协议是由某个特定的企业创造和使用的独特的系统。有一些标准已经被某个行业所采纳。美国国家标准协会（ANSI）建议企业使用ANSI X12标准，这是一种支持几乎与标准客户订单相关的文件的EDI形式。然而，许多行业协会已经建立了自己的EDI标准，这些标准将被其行业内的企业所采用。这些行业包括食品杂货业、汽车、零售、仓储、化学和药品批发业。

增值网（VANs）

EDI系统的类型。尽管使用中的EDI系统有好多种类型，但主要的EDI系统有专用系统、增值网（Value-Added Networks，VANs）以及行业联合系统。专用系统与增值网之间的区别如图4.10所示：

专用系统

专用系统涉及由单个企业所有、管理和维护的EDI系统，该企业直接向许多供应商采购或者直接从客户那儿接受订单。当拥有系统的企业相对于其供应商来说是强大的并且能够促使供应商成为其网络的成员时，专用系统的运作效果最佳。

系统所有者的优势在于控制，缺陷在于由企业自己建立和维护系统的成本太高，供应商可能不希望成为要求具有专用终端的独特系统的成员。

增值网

增值网（VANs），也称第三方网络或多对多系统，是使用最广泛的EDI系统。当使用某一增值网时，所有的EDI信息发送都经过第三方企业，第三方企业充当中央票据交换所。

例如，某一购买方企业通过某一增值网向不同的供应商发送许多采购订单（POs）。

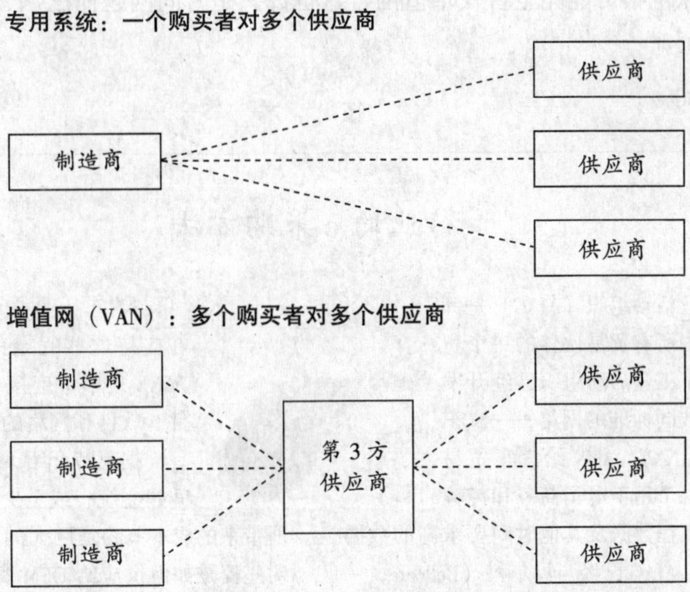

资料来源：GE信息服务，见 Lisa H. Harrington, "The ABC's of EDI." Traffic Management 29, no. 8 (August 1990), p.51.

图4.10 典型的EDI结构

增值网根据供应商将采购订单进行分类，然后将采购订单发送给合适的供应商。当购买方和供应商使用不兼容的通讯或信息标准时，价值增值就产生了。增值网起到了翻译的作用，因此使用者不必担忧与其贸易伙伴之间系统的兼容性问题。这体现了增值网相对于专用系统的一个很大的优势。

此外，使用者不必具备EDI标准与主题的专业知识，因为增值网提供了齐全的现成的系统，从而降低了启动成本，缩短了启动时间。

增值网络通常利用邮件箱的特征。有了邮箱，接受方可以选择在任何时候接受文件。也可以一天固定几次时间，使文件的发送方也可以相应地进行计划安排。这样就使接受方企业具有灵活性，特别是在订单以确定的次数发送的情况下。使用者的系统不必被塞满那些不需要立即处理的信息。

增值网络的另一个优势在于它能够接受专用系统的文件和向专用系统发送文件。这就意味着如果供应商的一个客户或几个客户具有专用系统，该供应商不必具备专用终端，或者与每一个系统直接连接。许多大公司，如通用汽车和可口可乐，在选择EDI系统时都选择了增值网络①。

EDI与互联网

使用基于互联网的EDI正在快速成为现实。经过初始的软件购买和系统启动之后，基于互联网的EDI几乎是免费的，而增值网络则需要收取服务费。由康柏、惠普、数字设备公司、微软和甲骨文等著名公司组成的互联网工程任务组正在展开研究，确保基于互联网的EDI产品的性能。②

像NASA戈达德（NASA Goddard）、AVEX电子和UNISYS等大公司使用互联网来替

① Mike Cassidy, "The Catalyst to Electronic Commerce." EDI World, April 1996. pp. 14-16.

② Rik Drummond, "EDI over the Internet Inter-operability," EDI World, April 1996. p. 8.

代 EDI，互联网很可能完全替代增值网，这也许只是时间问题而已。①

技　术

行业的 e 采购方法

汽车工业活动组织（AIAG）是针对汽车行业中所有贸易伙伴的一个贸易协会，汽车工业活动组织已经开发了一个基于共同标准的网络——汽车网络交换（ANX）。ANX 给汽车贸易伙伴提供了一个用于电子商务和传输有关采购、工程数据及其他时间要求高的数据的安全网络。AIAG 已经与贝尔科（Bellcore，一个领先的通讯软件和工程提供商）签订合同，由贝尔科来维护 ANX。

根据贝尔科负责该项目的总经理布赖恩·惠特（Brian Whittle）的观点，对贸易伙伴提出的重要建议在于合并多种网络。“汽车供应商和 OEM 商已经具有针对贸易伙伴之间传递每种数据的一对一的应用，”惠特说，“结果导致了目前存在于整个汽车供应链中复杂、冗余和高成本的多种连接的系统。”

惠特举例说，一个供应商用某个系统向某个 OEM 商传递 CAD 工程说明书，用另一个系统向另外一个 OEM 商传递数据。对于采购应用来说，供应商与每一个 OEM 商之间存在着完全不同的网络。

“汽车行业 60% 的网络成本花费在支持这些冗余的网络，”惠特说，“ANX 是单个连接，从而消除了对硬件、软件和网络的大量需求。”

据惠特介绍，通过在贸易伙伴之间建立统一或至少是相似的数据方式所带来的成本节约是巨大的。他说，最近关于对座椅是如何供应给 OEM 商的问题研究表明，如果所有的 OEM 商和他们的供应商以同样的方式处理这些部件的通讯问题，那么行业将节约 10 亿美元，也就是说每辆车可节约 71 美元。此外，周期时间将缩短 4 倍。

经过了广泛的验证和测试阶段，ANX 于 1998 年 11 月 1 号开始投入使用。目前 ANX 系统中已有 22 家贸易伙伴，有 100 家即将加入，大约以平均每天 1 家的速度增加。另外 3,500 家供应商已经得到 OEM 商的资助或邀请加入该系统。

资料来源：Thomas A. Foster, “Global eProcurement Solution.” Supply Chain Management Review Global Supplement 3, no. 1 (1999), p.21.

EDI 具有许多潜在的好处

实施 EDI 的好处。电子数据交换是很复杂的，但是一旦定位了，它又是协调与通讯的非常简单的系统。实施 EDI 的潜在好处在于：

- 减少文书工作
- 由于手工处理工作的减少而提高准确率
- 加快订单和其他数据的发送速度
- 减少数据输入、文件归档、邮寄以及相关任务方面的文书/管理工作
- 由于可以在文书工作上花费更少的时间而提高员工发挥能动性的机会

① Newton D. Swain, “Surfing for EDI information,” EDI World, April 1996. p. 12; Howard Smith, “Caught in the Web,” EDI World, July 1996. pp. 44-48.

- 降低下达订单和相关的加工和处理工作的成本
- 由于确认和运输通知的快速而提高信息的有效性
- 通过将 EDI 与其他系统〔如条形码库存和电子资金转移（EFTs)〕对接而降低了其他部门的工作负担并提高了这些部门的工作准确度
- 由于准确度的提高和订货周期时间的缩短而降低了库存

有专家估计，EDI 可以降低一份采购订单 80% 的处理成本。[①] 由于库存准确性的提高和订货周期时间的缩短，显著地降低库存成为可能。实际中存在实施 EDI 的大量的成功案例。

俄勒冈钢铁制造厂的 EDI

俄勒冈钢铁制造厂（Oregon Steel Mills）是一家生产用于建筑和军事方面的钢板的小型制造厂，该厂的运输部门实施了 EDI。通过只采用个人计算机，公司以电子化方式将提单发送给其主要的铁路承运商。差错减少了，铁路火车的追踪只需花几分钟而不是几个小时，运输部门对劳动力的需求减少了，客户服务水平提高了。[②]

大型的零售商和制造商要求他们的供应商提供详细的条形码标签和 EDI 的预先运输通知，这对于仓储运营和信息系统具有重大的影响。[③]

巴克斯特医疗保健公司的 EDI

运输部门的劳动密集型特点及其繁琐的文书工作使运输行业成为最早转向 EDI 的行业之一。巴克斯特医疗保健公司（Baxter Healthcare）利用 EDI 来传送有关每 500 英里的收货和负载状态的信息。公司为其所有的大型承运商提供运费支付 EDI 和电子资金转移（EFT）系统，公司正在向自助开票、由托运人开具账单的方向发展。[④] 加拿大国家铁路利用 EDI 来加快美国与加拿大两国之间的货物运转。

EDI 已经在客户与工业产品供应链中得到广泛应用。诸如伊斯曼柯达、施乐、美国快递、福特和美国本田等公司为其大多数在各自供应链中移动的产品采用了 EDI 技术。[⑤]

电子邮件与互联网。EDI 的一种变化形式——电子邮件，包含电子化传输数据，电子邮件已经成为数据传输的一种重要形式。电子邮件市场是一个经历了巨大增长的具有数十亿美元业务量的市场。电子邮件通常出现在互联网上。许多个人和组织向美国在线、Prodigy 和 Gateway 等在线服务商订阅信息，在线服务商则向他们提供访问多种数据源的权限以及服务（一些内容和服务是收费的），并允许他们向全世界其他组织的互联网使用者发送电子邮件。[⑥] 许多公司，例如 MCI，要求供应商通过电子邮件进行投标和有规则地相互沟通。

---

① James Carbone, "Make Way for EDI," Electronics Purchasing, September 1992, pp. 20-24.

② "EDI Proves 'Godsend' to One-Man Department," Traffic Management 28, no. 8 (August 1989), pp. 56-67.

③ Tim Stevens, "R_x for Logistics," Industry Week, September 18, 1995, p. 51.

④ Ann Saccomano, "A Primer on Warehousing Information Technology," Traffic World, April 1996, pp. 24-26.

⑤ Michael Hammer and James Champy, Reengineering the Corporations (New York: HarperCollins, 1993), pp. 90-91.

⑥ 参见 Harley Hahn 和 Rick Stout 的《互联网黄页》一书（Berkeley, CA: Osborne McGraw-Hill, 1994)，可以获得更广的数据源清单。

联合货车运输公司的电子邮件

电子邮件除了数据发送的速度与准确性之外，其快速发展的主要原因之一在于节约成本。圣路易斯的联合货车运输公司（United Van Lines）已经使用电子邮件若干年了，结果已经取得了显著的成本节约。在以前的手工系统中，联合货车运输公司发送一份信息需要花费几美元。有了电子邮件后，成本降低到每份信息 30 美分。

互联网与电子商务

汽车工业在实施先进通讯系统方面行动较慢，但这种情况正在改变。福特汽车公司已宣布公司计划利用互联网来简化供应商和汽车的分销管理。客户将能够在线配置汽车，可以要求定制，并要求厂商在几天后将车直接送到他们的家门口（详见实例 4.1）。福特公司正试图通过转变整个汽车供应链来获取持续的竞争优势。

实例 4.1

电子商务是福特的第一工作

高度工业化地区（Rust Belt）正在接近网速（Net-speed）。1999 年 6 月，福特汽车公司的一个任务小组向首席执行官雅克·A·纳塞（Jacques A. Nasser）及其高层经理们作了一个报告。起初分配给这个小组的任务是研究互联网如何能够改进制造，这个任务小组全力以赴，向纳塞演示了未来汽车公司的计算机仿真模型。其想像是惊人的：工厂按订单生产汽车；代理商立即报告问题，从而车间能够做出调整；供应商控制福特工厂内的库存——就像零售商沃尔玛百货公司的做法，将其货架的补货责任交给了供应商。福特的一个经验丰富的采购经理——艾丽斯·迈尔斯说："我们被迷住了。"纳塞立即对该设想跷起了大拇指，他说："这简直可以说是对汽车工业的彻底改造。"

从此之后，历史悠久的福特公司与某些新的 dot-com 公司一样一直抓住了网络。在 2000 年 1 月份，福特公司展示了装有如互联网和电子邮件的吸引人的计算机类东西的未来"24/7"概念型汽车。现在，迈尔斯成了汽车交易市场（auto-xchange）的负责人，汽车交易市场是为福特公司 30,000 家供应商新成立的在线贸易市场。为了把广布在各地的 350,000 名公司员工连接起来，福特公司在 2000 年 2 月 8 号宣布，公司将为每一位员工提供一台家用计算机和一台打印机，以及每月 5 美元的上网费。

在福特领导世界进入大规模制造时代的大约 90 年之后，这家世界第 2 位的汽车制造商想要重新担任开拓者的角色——重现其几十年前的风采。通过利用网络来废除官僚机构，从根本上开展计划、制造和销售汽车的新方式，福特公司可以成为互联网时代的效率楷模。戴安罗斯切公司（Dain Rauscher）的分析家乔纳森·劳伦斯（Jonathan Lawrence）说，利用网络来简化供应商和分销管理能够达到节约相当于汽车零售价 25% 的成本。汽车交易市场能够在 5 年内产生 30 亿美元的交易费用——福特将获得巨大的份额。而且这还没有考虑福特向那些在高速公路上飞驰时想要连接到网络的司机收取每月 20 到 30 美元的服务费。

纳塞的设想有着深远的影响。他描绘着某一天，购买者轻击按钮在线订购定制的野马牌（Mustang）福特车，将许多信息直接发送给交付汽车的经销商、担保汽车的金融和保险组织、生产汽车的工厂、提供汽车零部件的供应商以及通过头脑风暴法设计未来车型的福特汽车公司的设计师。对于购买者来说，这将意味着在几天后得到的恰恰是他们订购的东西，并且能直接送到他们的家门口。

首当其冲

许多历史悠久的制造商正在进入计算机世界，但是没有哪家公司像福特这么大胆和彻底。除了主要的竞争对手——通用汽车公司之外，没有哪家公司以这么巨大的规模进入计算机世界。在 1999 年，通用汽车创建了 e-GM，这是一项连接供应商和经销商来实现与坐在计算机前和汽车中的客户之间的网络纽带的创举。然而，通用汽车还没有宣布将整个公司的所有员工用网络连接起来的计划……

电子商务是福特的第一工作（续）

戴姆勒—克莱斯勒和丰田汽车公司正在从事在线投资和实验，但是其规模要小得多。戴姆勒—克莱斯勒的管理委员会的成员乔根·汉伯特（Jurgen Hubbert）说，他对仓促地进行大规模的互联网交易感到担心。他问："在没有人能够挣钱的时候，为什么要投入这种业务？"

迄今为止，华尔街还没有受到影响……分析家怀疑纳塞做了力所不能及的事。尽管被电子商务的潜力所逗弄，他们担心所有这些计算机诱惑将会使福特偏离设计和制造轿车和卡车的主营业务。

当然，存在许多风险。怀疑论者怀疑消费者是否确实想购买那些装有昂贵的、容易产生技术问题和易于淘汰的小玩意的汽车。"人们希望随身携带他们的便携式通讯设备，"戴姆勒—克莱斯勒的董事长罗伯特·伊顿（Robert Eaton）说，"我们准备要在每一辆轿车中安装那些设备吗？不。"一些供应商担心福特所说的将由在线市场——汽车交易市场带来的大量的成本节约会把供应商的利润榨取到极限。

尽管存在着潜力，但是电子商务发现自己面临着最大的障碍：具有一个世纪之久的汽车工业的基础阻碍了变革。将轿车直接销售给购买者的灵活的在线新方式与受到严格的政府特许经营法保护的不容易改变的经销商网络相冲突。能够制造定制轿车的计算机系统与推动工厂经理们全速运转工厂的高固定成本的经济学原理相冲突。

阻碍高度工业化地区快速模仿如戴尔计算机之类的技术偶像公司的因素不仅仅是无知。底特律担负着比任何计算机设备复杂得多的制造任务。戴尔从零做起，可以建立最先进的直销模式。在 16 年期间内，戴尔已经能够调整它的订货和制造流程——并且将它们进行更新，适应网络的需要。那就是为什么戴尔在去年能够为客户定制装配多于 25,000 种不同配置的计算机的原因。戴尔公司与成百上千家供应商打交道，但是大约 90%的零件和部件来自于 20 多家公司。而且戴尔与这些供应商密切合作，确保零件是针对快速装配和向工厂准时交付需要而设计的。

但是比起按订单生产的汽车企业所面临的挑战，戴尔的复杂水平只是小孩子的游戏。轿车包含 10,000 个零件，在福特的整个生产线上，大约有 100 万种可能的不同零件。仅仅福特的 F-150 标准型货车，就提供了超出 1,000 种的发动机、传动、车型和颜色的组合——还没有考虑卡车的可选特征。

为了实现这项具有重大意义的任务，纳塞已经组建了一支称为消费者连接（Consumer Connect）的工作队伍，促进整个公司的电子商务工作。他还走出公司，寻找他想领导的小组成员。布赖恩·P·凯利（Brian P. Kelley），39 岁，通用电气公司医疗器械的前任销售主管，以支持客户沟通和创建 GE 网站而出名，于去年 9 月份被任命为消费者连接工作组的负责人。从那开始，凯利从惠而浦（Whirlpool）、布兹（Booz）、艾伦 & 汉密尔顿（Allen & Hamilton）和宝洁（Procter & Gamble）等公司聘用了许多其他的优秀网络人才。公司改革项目的主管米歇尔·戈斯威勒（Michelle Guswiler）说："我们把自己看做是一支优秀的小组，去领导变革和帮助进行将福特带进 21 世纪所需的文化上的改变。"

消费者连接小组的最有希望的成就之一就是汽车交易市场，这是一个在线的贸易网站，在这里，福特的 30,000 家供应商能够与福特连接在一起，实现更快的通讯、更优的价格以及更快的交付速度。分析家说汽车交易市场能够为福特每年在采购价格方面节约 80 亿美元，并由于减少的管理费用和文书工作及其他的交易效率，另外可节约将近 10 亿美元。福特拥有汽车交易市场的大部分股份，硅谷（Silicon Valley）巨头甲骨文公司和思科系统公司各占有部分股份。

电子商务是福特的第一工作（续）

三家公司对汽车交易市场的计划比现状还要美好得多。他们希望汽车交易市场会变得如此流行，以至于汽车工业的所有企业都会利用它来交易零部件和办公用品。实际上，华尔街期待着福特能在2001年末将汽车交易市场面向公众，到那时，福特将得到估计超出50,000万美元的收入。

鸟瞰图

为了使福特的电子商务投资健康发展，还有许多东西必须进行摸索。甲骨文公司正在承担提高交换信息和进行无缝交易所需的软件和数据库的重任。思科将提供大量的网络专业技术。另外，微软公司的汽车销售和信息服务网站——汽车焦点网（CarPoint）将帮助福特开发按订单生产的服务。互联网服务提供商UUNet、个人电脑制造商惠普以及经纪商PeoplePC签署了协议，将福特分散的员工连接到网络上来……

其他技术伙伴也在帮助福特更加接近其客户。在线门户网站Yahoo！和Priceline.com与位于丹佛市的呼叫中心奇才——电话技术公司（TeleTech）将联合设计，根据司机的生活方式和购买习惯提供个性化的担保、贷款、修理和定制化服务的系统。福特的总设计师梅斯（J.Mays）说："这为我们在生产汽车前提供了关于消费者所需要的汽车的鸟瞰图。"

与此同时，消费者连接小组与福特的Visteon汽车零部件组织正在合作，给未来的福特汽车安装电子邮件和新闻接收系统、语音识别系统以及卫星电话服务，凯利说："这些服务将使家用汽车变成一个处于四个轮子上的网站门户。"回报是：在市场上产生一系列新的服务，而汽车的基本价格得到下降。更加合理的是，网络服务和电话可以以订阅的方式出售，从而产生每月费用，保证在汽车的寿命周期内有现金不断流入福特的金库。

既然有风险，纳塞为什么还要冒风险？——尤其是既然福特已经是全球汽车工业中获利最多的企业了。网络提供了彻底改造制造方式的机会。请忘记边际效率提高的概念。在得失攸关时，汽车制造业神圣的追求目标是：由一个世纪之久的"推动"模式向现代化的"拉动"系统转变将为汽车制造商节约几十亿美元。传统来说，一个汽车工厂进行满负荷地运转——生产预先确定的汽车组合——并将汽车运输给经销商，然后经销商依靠用强制手段的策略或者丰厚的折扣来推动客户购买不需要的汽车。

精确定制

在一个拉动模型中，客户决定他们想要制造的东西。厄恩斯特 & 扬（Ernst & Young）汽车公司的顾问李·塞奇（Lee A. Sage）说，这能够缩短目前从客户订单到交付之间平均64天的时间，将目前美国成品车库存占用的600亿美元的大量资金释放出来。

为了实现这一目的，汽车制造商需要迅速交付那些汽车。他们需要准确地定制汽车和进行定价，否则，高管理成本的工厂将无所事事。凯利说，福特希望在两年内交付其大规模的按订单生产的汽车。公司可能为了快速交付，先提供某几种流行的组合，花更多时间进行与众不同的配置。福特希望在五年内能看到净收入的结果。凯利说，到那时候，福特的网络计划将能够为公司节约几十亿美元的浪费。

在彻底改造制造模式的同时建立高技术联盟可能是一项艰巨的任务，但是纳塞认为他别无选择。尽管如此，纳塞下定决心要不断向前迈进。"我们将改变古老的方式，"他说，"这可能不会立即发生，但是变革是不可避免的。"根据福特自去年6月以来的进展情况，纳塞想要证实公司没有浪费任何时间。

资料来源：Kathleen Kerwin，Marcia Stepanek，David Welch，"At Ford，E-Commerce Is Job 1." Business Week，February 28，2000，pp. 74-78.

订单处理与企业物流管理信息系统的集成

订单处理系统引发许多活动

订单处理系统引发以下物流活动：

- 确定运输方式、承运商和装载顺序
- 分配库存，并准备分拣和包装清单
- 执行仓库分拣和包装
- 更新库存文件，从库存中减去实际分拣的数量
- 自动打印补货清单
- 准备运送文件（如果使用的是公共承运人，运送文件是一份装载清单）
- 把产品运送给客户

其他计算机订单处理应用包括维持库存水平和准备生产率报告、财务报告和特殊的管理报告。

订单处理系统为MIS提供重要的信息

处理一份订单需要信息从一个部门向另一个部门流动，以及参考或访问几个数据库——如客户的信用状况、库存可用情况和运输计划。信息系统可能是完全自动的或者是手工的，大多数信息系统则处于两者之间。取决于订单处理系统和公司管理信息系统（MIS）的精确度，信息流的质量和速度不同，从而影响制造商实现联合运输和最低可能库存水平的能力。通常来说，手工系统的速度是非常缓慢的，并且容易产生差错。完成各种活动所需的时间倾向于很长和变动，并且经常产生信息延误。这样的系统严重制约了一个公司实施集成化物流管理的能力——明确地说，在保持或提高客户服务水平的同时降低总成本。一些共同的问题包括：不能察觉定价错误、及时访问信用信息，或者确定库存的可用情况。负面结果包括：发票错误、支付延误以及由于不正确的库存信息导致对订单不适当地拒绝。失去销售机会和较高的成本两者共同降低了制造商的获利。

及时、准确的信息确实具有价值。信息延误牵制随后的流程中的所有活动的完成。将订单处理自动化和集成，可以解放时间，并且降低信息延误的可能性。自动化有助于管理者集成物流系统，并允许他们通过减少库存和运输费率降低成本。在实现最低的物流总成本时，通讯网络无疑是一个关键因素。

对信息的基本需要

物流MIS的好处

为了给管理人员提供有关开发新市场的知识，在包装设计方面进行改变，在公共运输、合同运输和私人运输之间进行选择，提高或者降低库存，确定客户的赢利性，建立可赢利的客户服务水平，在公共仓储与私人仓储之间进行选择，以及确定现场仓库数目和订单处理系统应具有的自动化程度，物流管理信息系统是必需的。为了进行这些战略性的决策，管理人员必须了解在给定考虑方案的情况下，成本和收入是如何变化的。

一旦管理人员做出了决策，为了确定系统的运行是否处于控制之中和是否处在与最

初利润期望相一致的水平，以及目前的运行成本是否证明测试其他系统是正当的，他必须在日常的基础上评估绩效。这被称为运营决策（operational decision making）。订单处理系统是战略决策和运营决策的一个主要信息来源。

一个先进的订单处理系统能够向组织内的各个部门提供大量的信息。数据访问的终端可提供给物流管理、生产管理和销售/营销管理。系统能够在有规律的计划基础上提供各种报告，根据需要提供状态报告。系统也能够适应需要提供所有当前的报告以及各种数据，包括客户订单历史、订单状态、市场和库存情况。

信息系统设计

了解客户需要是系统设计的第一步

物流管理信息系统的设计应该从调查客户的需要和确定满足这些需要的绩效标准开始。接下来，必须将客户需要与公司目前的能力相匹配，并且必须调查目前的运行情况，找出需要监控的领域。在这一阶段与各层次的管理人员面谈是很重要的。通过这种方式，企业能够确定需要做哪些战略决策和运营决策，以及决策需要什么样的信息和通过什么形式。表 4.2 列举了在每一个物流职能内部，管理人员必须做的战略决策和运营决策。

表 4.2　按物流功能划分的典型的战略与运营决策

决策类型	客户服务	运输	仓储	订单处理	库存
战略	确定客户服务水平	选择运输方式 联合运输计划 公共承运人与私营货车运输业	确定仓库的数目和位置 仓库自动化程度 公共与私营仓库	机械化程度 集中的还是分散的	补货系统 安全库存水平
运营	服务水平衡量	估计运费 运费账单审计 索赔管理 车辆调度 费率谈判 发货计划 有轨车管理 运输路线与调度 选择承运商 绩效衡量	分拣 包装 存货计量 仓库库存转移 安置职工 仓库布局与设计 选择物料搬运设备 绩效衡量	订单跟踪 订单确认 信用审核 发票核对 绩效衡量	预测 库存跟踪 持有成本计算 库存周转

应建立一个公共数据库

接下来的阶段是调查现有的数据处理能力，确定必须进行哪些变革。最后，必须创建一个公共数据库和设计管理报告，同时应考虑成本和收益因素。图 4.11 指出了集成化信息系统的基本特征。一个优秀的系统设计必须支持前面所描述的管理应用，并必须具备将信息从收集的地点传递到合适的管理层的能力。电话机、电传打字机、个人交谈、计算机之间的连接只是信息传递方式中的几种而已。为了保留信息直到决策所需要，因此，除了信息处理，计算机信息系统还必须具备存储的能力。

数据源

物流管理信息系统所需的数据可以来自多种信息源。公共数据库所需数据的最重要的来源（见图 4.11）是：（1）订单处理系统；（2）公司记录；（3）行业数据；（4）管理数据。

订单处理系统能够提供客户的位置、所需的物品、根据客户和物品划分的收入、销售方式（物品在什么时候订购）、订单的规模以及销售员等数据。公司记录可用来提供制造和物流的成本信息、资本的成本、公司资源，以及在保险、税收、报废和损坏等方面所花费的资源数量。

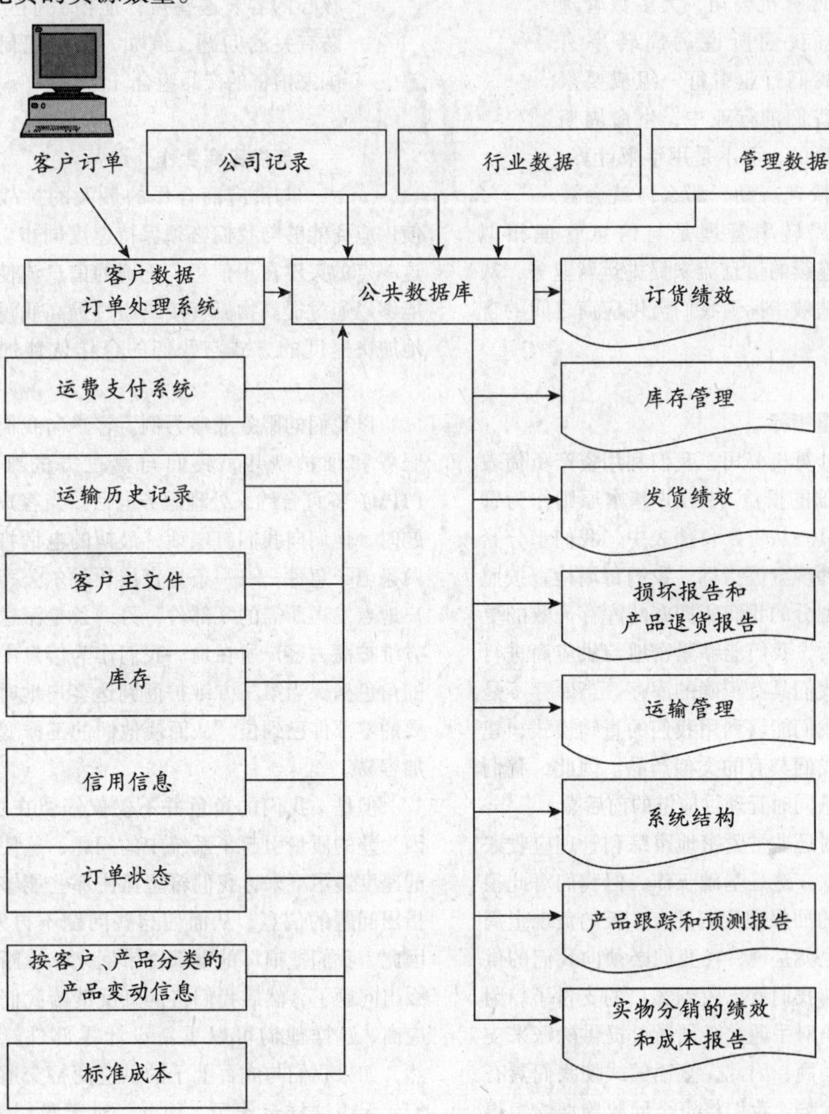

图 4.11　物流信息流

行业数据可以从贸易组织和专业性的组织机构获取。有些公司，如 A·C·尼尔森公司（A. C. Nielsen Company）出售有关竞争对手的统计数据以及他们相对市场份额方面的数据。专业期刊和贸易出版物也是一种很有用的数据源，这些出版物可能会出版一些有关研究项目和现状调查方面的报告。联邦政府编辑的统计资料也是具有重大价值的，因为这些统计资料报道了有关人口变动、库存水平、住宅规划开工和消费者信用消费等统计数据。

创造性解决方案

利用信息来加速执行过程

在戴尔计算机公司，大多数管理上的挑战与我们所说的周转率有关——加快我们行业中每一组成要素的速度。在我们的行业中，生命周期是用月来计算的，而不是用年来计算，如果你没有快速行动，那么你就会被淘汰出局。周转率管理是与信息管理相似的——利用连续的信息流来促进运营业务，从我们跟踪的绩效指标到我们与供应商之间的合作方式。

绩效衡量指标

在戴尔计算机公司，我们利用资产负债表和以月为基础的损益（P&L）基本原则作为管理运营的工具。从资产负债表中，我们十分紧密地跟踪三种现金流指标。我们每周检查按照产品零部件划分的我们所拥有的库存天数的更新数据。然后，我们能够紧密地与供应商进行合作，从而我们具有正确的库存。当库存不是很正确时，我们能够利用我们的直销模式，建议客户购买我们具有的类似产品。因此，我们利用库存信息同时管理供应链的前后端。

我们同时还非常紧密地跟踪和管理应收账款和应付账款。这是基础工作，但我们对此很重视。对此的回报是我们拥有5天的负现金周转周期——也就是说，在我们必须向我们的供应商支付之前我们就已收到客户的支付了。因为我们的竞争对手通常必须通过提供赊账来支持他们的经销商，因此，直销模式使我们具有内在的成本优势。我们将资金回收周期缩短得越多，我们的优势也就越大。

我们认为在损益表中反映公司健康发展的实时性的绩效指标是：我们的利润、我们的平均销售价格以及与销售有关的管理费用。我们将损益细分成按客户、产品和国家划分的这些核心内容。这些指标能使我们立即提防有关的问题，例如，正在任何特定国家销售的产品组合。

与供应商合作

与供应商合作的最大的挑战在于使供应商能够与我们必须保持速度同步。做到这一点的关键在于信息。正确的信息流使我们能够以通过提高物流直接或通过提高质量间接地加快速度的方式与我们的合作伙伴加强合作。

以我们的服务战略为例。客户向我们支付服务和维护费用，我们与第三方的维护商（TPM）签订合约来处理服务电话。当客户有问题时，他们向我们打电话，最初的电话将触发两条电子急件——一条是直接从戴尔公司向客户地点发送所需的零部件，另一条是派送第三方维护商去客户所在地。我们作为信息中间人的角色确保当第三方维护商到达客户地时，必要的零部件已到位，从而使他们的工作变得更加容易。

但是，我们的角色并不仅仅停留在那儿。因为差的质量引起了系统中的问题，这使我们的速度慢了下来，我们希望抓住那些能够用来指出问题的信息，从而使这些问题不再发生。因此，我们把损坏的零部件带回来，诊断是什么出问题了，然后我们将信息反馈给我们的供应商，这样他们可以重新设计零部件。很显然，如果我们与成百上千的供应商打交道，我们就无法这样运作了。因此，对于我们来说，与少数的合作伙伴进行合作是提高我们系统中的质量——从而提高速度的关键之一。

资料来源：Kevin Rollins. Harvard Business Review, 76, no. 2 (March-April 1998), p.81.

计算机信息系统的性能

管理人员也能够为计算机数据库提供有用的输入数据。这些输入数据可包括：竞争对手的可能反应、销售量的未来发展趋势、政府政策、供应物品的可获得情况、其他替代方案成功的可能。

通常来说，数据库包含：计算机数据，如运费支付系统、运输的历史记录、库存状态、未完成的订单、撤消的订单和各项物流活动的标准成本，以及营销和制造的标准成本。计算机信息系统必须能够进行：（1）数据检索；（2）数据处理；（3）数据分析；（4）报告生成。

数据检索是指检索如运输费率、标准仓储成本或客户订单的目前状态等数据的能力。从根本上来说，数据仍处于他们的原始形式；计算机记录允许快速和方便地访问这些信息。

数据处理是指通过相对简单和直接的转换方式，将数据转换成一个更加有用的形式的能力。数据处理能力的例子包括：仓储分拣指令的准备、提单的准备以及采购订单的打印等。

数据分析是指从订单中获取数据，并为管理层提供用于制定战略决策或运营决策的信息。有许多数学和统计模型可用来协助企业的管理，包括线形规划和仿真模型。线形规划可能是物流管理中使用得最为广泛的一种战略和运营计划工具。它是一种最优化技术，用来求解在由管理者识别的约束条件下的各种可能方案。仿真是一种对某一情况进行建模的技术，从而管理者能够确定在选择各种替代策略的条件下系统的绩效可能的变化情况。模型是通过利用已知的事实来进行检验的。尽管仿真不能够提供一个最优的解决方案，但是仿真技术可以使管理者从一系列的方案中确定满意的解决方案。如果公司不具备自我开发仿真模型的资源，那么有许多仿真模型可供企业购买。①

信息系统的最后一个特征是报告生成。物流管理信息系统能够生成的典型的报告包括订货绩效报告、库存管理报告、发货绩效报告、损坏报告、运输管理报告、系统结构报告（可能包括数学模型和仿真模型产生的数据分析的结果）以及物流成本报告。

利用物流信息系统来支持基于时间的竞争

客户变得越来越挑剔。他们需要不变的交付时间、不变的订货周期以及关于可用库存和期望的发运到达时间方面的出色的信息传递。为了满足这些需求，实施由集成化物流信息系统支持的集成化物流系统是很必要的。这些应用得到许多技术的辅助，例如条形码、EDI、销售点（POS）数据收集与发送、电子资金转移（EFT）。条形码和POS技术能够相互连接，支持快速反应或者有效消费者反应（ECR），从而大大缩短总订货周期时间。

条形码。几乎在所有类型的有包装的消费物品上都能见到条形码。条形码是一串宽度各异的平行的条纹，条纹与条纹之间的间距是不等的。条纹的形状和间距表达了有关的信息，例如字母、数字以及特殊的字符。这些条纹是通过光束扫描来进行光学读取的。条纹中包含的信息直接读取到计算机或者被储存起来，过一段时间再下载到计算机

① 见 Logistics Software（Oak Brook，IL：Council of Logistics Management，1998）.

系统中去。

德克萨斯仪器公司已经将 EDI 与条形码连接起来

德克萨斯仪器公司（Texas Instruments）在订单安排和办公用品的管理方面已经将 EDI 与条形码连接起来了，取得了肯定的结果。公司减少了 200 万美元的冻结在库存中的资金，腾出了 4 万平方英尺的仓库空间，将原负责办公用品供应控制的 11 位员工重新分配到其他岗位，并将周期时间缩短了 1/3 多。而且，利用条形码的入厂发运使整个物料管理功能能够获取关于实际收货的更加准确的数据。与手工输入的数据每 25 或者 30 个数据中有 1 个错误数据的错误率相比，条形码导致的错误率估计为 1/100 万到 1/10,000。[①]

埃默里国际公司（Emery Worldwide）正在花费 7,000 万美元来更新与公司基于条形码的包装跟踪系统有关的信息系统。条形码跟踪系统的更新是一个两方面的计划。在俄亥俄州代顿市的埃默里国际公司的网络中心，正在安装 120 台全息条形码扫描仪来加快获取每天通过的重达 520 万磅包裹数据的速度。在全国，向司机提供 3,000 个可携带的笔式广域网络终端来进行包裹和运输路线数据的交换。这对于埃默里和客户都有利。

埃默里国际公司利用扫描仪来提高劳动生产率和优化运输路线

在位于代顿市的网络中心，“新的扫描仪将提高劳动效率，并导致更高的产出、更高的准确度和降低成本。”中心的运营副总裁蒂姆·温德林（Tim Wendling）介绍，“（在路上，）系统将允许我们从地域性的司机路线转移到动态的路线安排，导致司机更高的生产率和飞机利用效率的显著提高。”温德林还期望能看到“通过充分提高埃默里在每天开始的时候对运输路线安排量的了解使客户服务水平”有一个提高。期望在 1999 年下半年能够首次展示全息扫描仪和便携式终端。

信息提供了包裹位置的实时性的更新数据

在中心安装位置固定的扫描仪的工作开始于 1998 年。在白天，大约有 25,000 个总重为 150 万磅的包裹通过中心。晚上要更忙一些。总重量约为 370 万磅 50,000 多个包裹达到和离开中心。埃默里专长于处理重型包裹（那些重量超过 5 磅的包裹）。

信息被用来更新客户关于他们的包裹在整个埃默里的交付系统中的处理过程。通过尽早了解每一个地点每天应交付什么样的包裹，公司能够根据量而不是地理范围来给司机分配路线。除了能从每个交付中的包裹获取数据，终端 2.4 千兆赫的无线电通讯通过广域网络与服务中心交换数据。结果，司机可以接受到全天的更新了的取货和交付计划。获取这些数据意味着客户能够获得关于某个具体包裹的实时更新资料。此外，埃默里能够更快、更全面地掌握当天已经分拣了哪些货物和当晚需要发运哪些货物的信息。[②]

收货也能够自动化，这进一步有利于周期时间的缩短和数据准确性的提高。应付账款部门可利用条形码数据来生成支票，使发票与采购订单和实际收货相一致。条形码体现了组织信息系统的一个合乎逻辑的延伸以及与 EDI 系统的一个连接。

---

① Ed Hatchett, “Combining EDI with Bar-Coding to Automate Procurement,” 1992 National Association of Purchasing Management Conference Proceedings (Tempe, AZ: National Association of Purchasing Management, 1992), pp. 45-50.

② Gary Forger, “How Emery Knows Where Your Package Is Every Step of the Way.” Modern Material Handling 54, no.2 (1999), pp. A10-A11.

条形码技术正在快速发展。两维的条形码逐步被人接受，在相同面积中，这些编码能够处理比普通条形码多100倍的数据。①

沃尔玛的POS数据收集

销售点数据。销售点（POS）数据收集通常是指在零售层次简单地将所售物品的条形码进行扫描。数据可发送给相关的供应商，这些供应商可根据销售情况补充库存。沃尔玛使用了这种类型的系统。在其他情况下，零售商可以干预、利用POS数据自己来下订单。

李维斯公司的快速反应

快速反应（QR）和有效消费者反应（ECR）集成了以上的技术，努力加快产品上市的时间。因此，它们支持基于时间的竞争，同时降低库存和提高或保持客户服务水平。例如，李维斯公司（Levi Strauss & Company）采用了一个称为LeviLink的快速反应系统集成了公司的客户订单处理系统。零售商能够利用EDI直接订货或者让李维斯来为他们下订单。发票通过EDI的方式进行发送，客户采用电子资金转移来进行支付。

李维斯公司经历了销售额的增加，而库存水平比原来更低，利润提高了35%。零售商也从中获益，因为LeviLink创造了一个电子化的包装文件，这一文件可通过扫描纸板箱的条形码标签来核实。这节省了点数和相关的文书工作，例如包装卡、发票和收货文件。条形码加快了产品存放到货架的速度，将零售商的员工从繁琐的工作中解放出来，可以花更多的时间在现场帮助客户。②

集成化信息系统通过提供更加准确的订单履行直接支持一个组织的全面质量管理（TQM）工作。这是因为系统的自动化程度越高，人为因素引起失误的概率越小。这样的系统通过缩短订货周期时间和提高订货周期的一致性提高了客户服务的质量。此外，系统创造了为客户提供有关库存情况、订单状态和发运状态的实时信息的能力。

尽管所描述的系统类型集中于日常的运营活动，物流信息系统还能够被用来支持战略决策。其他系统，如决策支持系统（DSSs）和人工智能（AI），能够根据物流信息为物流决策提供许多灵活性和支持。

决策支持系统

决策支持系统（DSSs）包括大量设计用来减轻和提高决策的模型、仿真软件和应用程序。这些系统从组织的数据库中采集信息，将信息收集到能体现数据间的相互关系和模拟不同的运营环境（如车辆行程安排和规划）的分析框架中。这些系统也考虑了不确定性和如果—怎么样（what-if）的分析，利用运算法则或者试探法。决策支持系统实际上提供了分析，以及根据分析推荐决策。

人工智能工具能够被采纳到决策支持系统中去，它可包含决策分析结构、预测模型、仿真模型和线形规划模型。人工智能工具能用于辅助许多物流决策，例如评价各种备选的运输方案，确定仓库的地理位置以及设置库存水平。

尽管目前决策支持系统的使用还不是很普遍，但是随着决策支持系统潜在的贡献被

① Saccomano, "A Primer on Warehousing Information Technology." pp. 24-26; and Ginger Koloszyc, "New 2D Bar-code Standard Seen Benefiting Retail." Stores 80, no.12 (1998), pp. 28-30.

② Don Tapscott and Art Caston, Paradigm Shift: The Promise of New Information Technology (New York: McGraw-Hill, 1993), pp. 116-117.

越来越多的人所理解，并且计算成本不断下降，决策支持系统的使用正在不断增多。图4.12表明了决策支持系统的组成。

决策支持系统是应用导向型的。更加明确地说，决策支持系统具有以下的目标：

- 辅助物流经理的决策过程
- 支持（但不是替代）管理判断
- 提高物流决策的有效性①

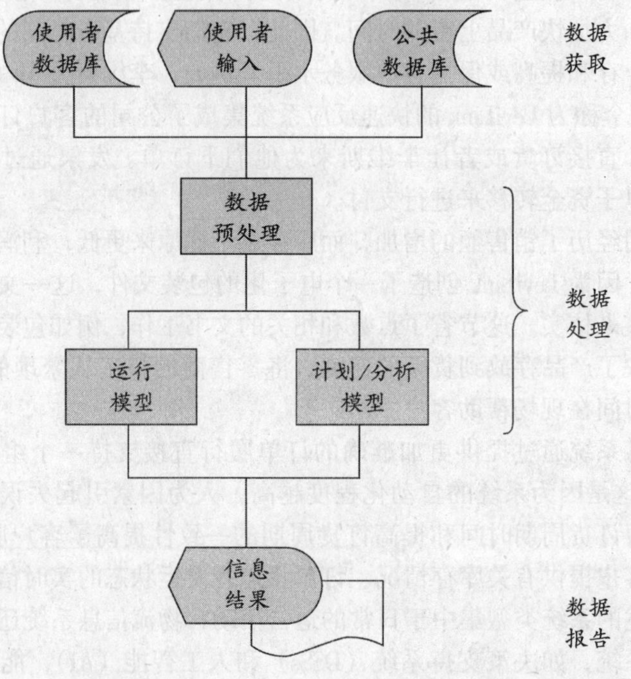

资料来源：Allan F. Ayers, Decision Support Systems: A Useful Tool for Manufacturing Management (King of Prussia. PA: K. W. Tunnell Company, 1985), p. 2.

图4.12 决策支持系统

也许决策支持系统最关键的要素是作为系统输入的数据质量。决策支持系统需要关于组织内部与外部环境的信息。因此，决策支持系统计划、实施和控制的重要的第一步在于具有良好的外部信息。这将在第18章战略计划相关内容中进行论述。同时还需要模型来提供数据分析。

建模可定义为开发一个总系统的象征性表示的过程。模型必须准确地体现“现实世界”，并对于管理来说是有用的。模型的目的被描述为：

模型的目的

尤其……为了复制现实和评价发生变化时现实的行为。模型支持管理决策的制定过程，而不是替代这一过程。通过采用模型，我们能够建立当前的状态，然后进行“如果—怎么样”的游戏。这种“如果—怎么样”的能力是很重要的。它使我们能够快速地考虑许多不同的方案，并检验结

① Eframin Truban, Decision Support and Expert Systems (New York: Macmillan, 1998), p. 8.

果。[1]

彼得公司的建模

在公司收购中利用物流建模的一个有趣的例子发生在1989年，当彼得公司（Pet Inc.）——一家生产特制食物的制造商，收购范德坎普（Van de Kamp）的冷冻海鲜食品公司。在收购完成之前，彼得公司利用其公司自己的物流模型来评估成本和服务。在收购后的三天之内，所有范德坎普的订单都在彼得公司的系统中进行处理，并且所有的产品都通过彼得公司的物流系统进行分销。

这一系统与运作的成功集成的收益是什么呢？从定量的角度来看，与前一年相比，1989年的月库存平均降低了约150万美元。尽管销售数量增加了10%，但还是实现了库存水平的下降。

彼得公司实现了公司历史上的5.34次/年的最高库存周转率，并且销售满足率始终达到了98%的目标。值得注意的是，分销部门在实现这一目标的时候并没有增加人力。[2]公司期望推广使用计算机模型来辅助公司的市场营销和物流过程。

人工智能与专家系统

在计算机科学领域内得到发展，人工智能（AI）是：

人工智能（AI）的定义

人工智能与计算机推理的概念和方法以及推理过程中所使用的知识的象征性表示有关。智能这一术语涵盖了许多认知技能，包括：解决问题、学习、理解语言的能力，以及普遍地，从人类身上观察到的被认为是聪明的方式行动的能力。[3]

人工智能是一个包含许多领域的综合性术语，包括：计算机辅助教育、语音合成和识别、游戏执行系统、自然语言翻译器、机器人和专家系统（ES）。[4]尽管人工智能的应用是很有限的，但是它在物流方面应用的潜力是让人难以置信的。人工智能已经被用来模仿客户交付的反应时间的要求；模仿运输成本和各种运输模式、位置和路线安排的时间；确定哪些仓库应服务哪些工厂和哪些产品，以及库存水平的高低；模仿各种可靠度水平的客户服务反应；以及进行敏感性分析，确定在不影响最优方案结构的条件下，输入能够变动多少。[5]

物流经理特别感兴趣是人工智能的子领域，如专家系统（ES）、自然语言识别和神经网络。专家系统被定义为：

---

① John H. Campbell, "The Manager's Guide to Computer Modeling." Business 32, no. 4 (October-December 1982), p. 11.

② Francis J. Quinn, "A Model Distribution System," Traffic Management 29, no. 6 (June 1990), p. 34.

③ Mary Kay Allen and Omar Keith Helferich, Putting Expert Systems to Work in Logistics (Oak Brook, IL: Council of Logistics Management, 1990), p. A6.

④ Omar K. Helferich, Stephen J. Schon, Mary Kay Allen, Raymond L. Rowland, and Robert L. Cook, "Applications of Artificial Intelligence—Expert System to Logistics," Proceedings of the Annual Conference of the Council of Logistics Management, Vol. 1 (Oak Brook, IL: Council of Logistics Management, 1990), pp. 45-86.

⑤ Paul S. Bender, "Using Expert Systems and Optimization Techniques to Design Logistics Strategies," Proceedings of the Annual Conference of the Council of Logistics Management (Oak Brook, IL: Council of Logistics Management, 1994), pp. 231-39.

专家系统（ES）的定义

专家系统是利用知识和推理技术来解决通常需要人工专家能力的问题的一个计算机程序。专家系统是一个通过利用一系列有关任务和任务领域的知识进行推理，实现在执行某项专业任务时的能力的人工智能（AI）程序。①

专家系统能够被应用来解决许多市场营销和物流方面的问题，包括解释、监督、检测、修理、指导和控制。②

施乐公司、数字设备公司和伊斯曼柯达公司的专家系统

施乐公司（Xerox Corporation）是一家销售额达数十亿美元的办公产品设备制造商和马尔科姆·波里奇（Malcolm Baldrige）国家质量奖的获奖企业，施乐公司已经采用专家系统来管理公司的车辆行程安排和时间安排。数字设备公司（Digital Equipment Corporation）是一家计算机制造企业，公司已经采用专家系统，通过更好地管理在制品库存和不同业务之间的物流，将在制品周期时间从35天缩短到了5天。伊斯曼·柯达公司（Eastman Kodak Company）是一家生产胶卷和照相机的跨国公司，柯达公司在其配送中心采用专家系统来提高工人在分拣和用货盘装运产品方面的生产率。例如，新员工的培训时间从6~12天缩短到了1~2天。③

有5个标准可帮助决策者确定是否应该采用专家系统来解决某个特定的物流问题。如果任何一个标准都满足了，那么采用专家系统是合适的。

什么时候应该采用专家系统?

1. 任务或者问题的解决需要利用人的知识、判断和经验。
2. 任务需要利用经验法则（即单凭经验的方法）或者根据不完备的或不确定的信息进行决策。
3. 任务主要需要符号推理而不是数字计算。
4. 任务既不是太简单（只需一个专家花费几分钟），也不是太困难（需要一个专家花几个小时来执行）。
5. 人执行该项任务的能力存在很大的变化性。新手需要经验来增强能力；在执行该项任务时，专家比新手更加胜任。④

贝纳通公司人工智能与EDI共同发挥作用

如果专家系统是适合的，那么物流经理面临的下一步决策是专家系统在经济上是否合理以及EDI是否能够与其他系统（如人工智能）相结合。在贝纳通公司（Benetton）——一家意大利制衣公司，计算机不仅确定在未来的生产运转中将包括哪些产品，而且还为所有完工产品指派最佳的路线安排。

在贝纳通的每一家商店里，销售点现金收款机维持一个连续的物品销售记录，并将这些记录通过EDI方式发送到分支机构的计算机系统。然后，分支机构将数据发送到总部的计算机系统中，总部计算机系统采用人工智能和模拟程序来进行关于生产运转的决策。如果红色的毛衣销售得快，那么计算机将告诉制造系统设计和生产更多的红毛衣。

---

① Allen and Helferich, Putting Expert Systems to Work in Logistics, p. A10.

② 见 Paul Harmon 和 David King, Expert Systems (New York: John Wiley, 1985), p. 94.

③ Allen and Helferich, Putting Expert Systems to Work in Logistics, pp.14, 44-45.

④ 同上, p. 115.

接着系统确订货物如何发送到各个商店，从而使运输部门——只有6个人——减轻负担，把时间花在研究新的路线安排和搬运问题上。[①]

米德公司采用自然语言处理系统

自然语言识别。米德公司（Mead Corporation）是一家生产纸张的公司，公司采用了人工智能的自然语言能力来使员工更加容易地访问储存在公司计算机系统中的数据。过去常常是这样一种情况，一个简单的要求，如“查询某个商品的历史使用情况”，都需要花上一个小时，因为工人要从一页页的报表中把有关记录挑选出来。米德公司的决策支持部门建议公司创建一个采用自然语言处理系统的可进行语音访问的在线数据库。自该系统建立之后，工人们能够通过简单地用语言向系统提问的方式在三分钟内访问数据，而不再需要一个小时了。这对采购部门以及公司内的其他部门的生产率做出了巨大的贡献。[②]

神经网络。神经网络仍处于发展阶段。神经网络可看做是专家系统的一个分支，因为神经网络是通过使用逻辑和规则来辅助决策的。一个关键的区别在于，神经网络实际上是根据过去的决策和结果来创造自己的规则，而不是依赖于“专家”。一旦开发出来了，这些系统将对于那些需要处理大量数据、而不是一个人能够有效处理的重复性活动十分出色。因此，神经网络可用于提醒管理者在供应商绩效、质量、交付、开发票和类似问题方面的潜在问题。航空公司正在“训练”神经网络来预测乘客的运输量。[③]

数据库管理

如前文所提到的，计算机擅长于管理数据。数据库管理系统允许应用程序检索存储在计算机系统中的所需的数据。储存的数据类型如图4.12所示。为了使检索有效率，一个数据库管理系统必须以某种逻辑方式储存数据，表明不同的数据是如何相互联系的。这是物流中的一个关键问题，因为物流产生了大量的数据，这些数据可能在以后时期内需要进行分析。例如，一个采购者可能希望查看订货周期时间和过去6个月中某种特定物品的供应商交货满足率的历史记录。

数据库管理系统必须执行多项任务

数据库管理系统必须能够利用物品号码来提供订单以及“找到”相关的数据。如果采购者查看到已有两个供应商被采用，采购者则希望系统能够提供在某一给定的时期内这两个供应商的交易历史记录。数据库管理系统必须具有能够以对使用者有意义的多种方式对数据进行分类的灵活性。

目前，关系数据库结构很受欢迎，因为它们允许通过建立数据与其他数据之间的联系来访问数据和对数据进行分类。越来越多的企业开始使用局域网（LAN）。这是由一

① Marsha Johnston, “Electronic Commerce Speeds Benetton Business Dealings.” Software Magazine, January 1994, pp. 93-95.

② Gary M. Bramble, Bette Clark, and Robert Florimo, “Artificial Intelligence in Purchasing,” 1990 National Association of Purchasing Management Conference Proceedings (Tempe, AZ: MAPM, 1990), pp. 186-90.

③ Kyundo Nam and Thomas Schaefer, “Forecasting International Airline Passenger Traffic Using Neural Networks,” Logistics and Transportation Review 31, no. 3 (1995), pp. 239-51.

台小型机连接到许多有权限访问公共数据库、软件和其他系统特征的微型机或终端的小型机组成的[①]。局域网赋予微型机主机系统的能力。

不管软件和硬件如何完备，如果系统中的数据不准确、不及时，系统也不能够提供很好的结果。因此，系统数据的准确性、一致性和安全性是至关重要的。如果人们不始终如一地使用系统（例如，不对每一个条形码物品进行扫描），那么系统数据将很快就变得不准确。数据准确性问题的更正是十分困难的，而且代价昂贵，还需要花费许多时间。

企业资源计划

企业资源计划（ERP）是：

> 企业范围内的处理工具，它能够获取数据，并减少与处理财务、库存和客户订单信息相关的手工活动和任务。
>
> 对于大多数组织来说，提高核心业务过程的基本关键因素之一在于：快速、准确地集成、获取和检索信息。ERP系统通过利用单个数据模型、开发对共享数据内容的共同理解以及建立一套访问数据的规则，实现高水平的集成。单个企业内部的ERP系统利用一个公共数据库作为组织内部联络的基础，各信息系统通过标准网络协议访问数据。
>
> 尽管横跨整个供应链的单个数据模型理念对于数据共享问题是一个一流的解决方案，但是事实证明实施起来很困难，甚至在大型企业内部实施也是有困难的。与目前的ERP系统不同，供应链方案必须能够处理跨越整个供应链的任何数量的、完全不同信息系统之间信息集成的复杂问题。这一问题已经部分得到了解决——先前通过EDI技术，最近通过企业普遍接受将互联网和相关协议作为企业之间的一个标准通讯机制。然而，这种通讯局限于发送标准的交易信息，而非主动的决策支持数据。
>
> 尽管在供应链中集成主要的业务交易对于成功是至关重要的，但是这只是理想结果的一部分，理想的结果是一个集成的供应链管理方案。[②]

德国SAP AG公司是提供ERP软件的世界级的领先企业。其王牌产品为R/3。[③]许多国际大型公司都使用这一软件，包括美国的巴克斯特医疗保健公司（Baxter Healthcare）、埃克森石油（Exxon），甚至还有软件巨人微软公司（Microsoft）。SAP公司的R/3软件由四个主要的模块组成：财务会计、人力资源管理、制造与物流管理、销售与分销管理。

SAP公司的R/3软件被设计成以三层的客户/服务器为构架进行运营。如图4.13所示，系统的核心是一个由数据库服务器组成的高速网络。这些数据库服务器是一些设计用来有效处理大量数据库信息的特殊计算机。应用程序由以上所列举的模块组成，可以

① Ellran and Birou, Purchasing for Bottom-Line Impact, p.149.

② Bruce Richmond, Ann Burns, Jay Mabe, Linda Nuthall, and Rick Toole, "Supply Chain Management Tools," in Strategic Supply Chain Alignment, ed. John L. Gattorna (Hampshire, England: Gower, 1998), pp. 512-13.

③ 本节的其余内容摘自Richard B. Chase, Nicholas J. Aquilano and F. Robert Jacobs的著作《生产与运营管理》（第8版）（Burr Ridge, IL: Richard D. Irwin, 1998), pp. 654-56.

在独立的计算机上运行。应用程序成网络状地分布在数据库族的周围，并有权单独访问数据库。使用者通过前端服务器与应用程序连接，前端服务器通常是运行微软 Windows NT 的 PC 机。

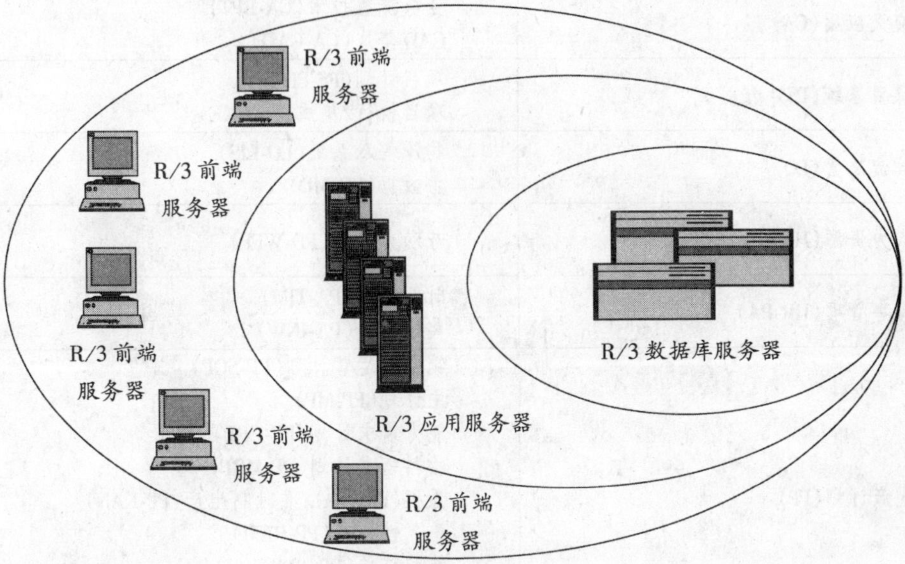

资料来源：Richard B. Chase, Nicholas J. Aquilano 和 F. Robert Jacobs 的著作《生产与运营管理》（第 8 版）(Burr Ridge, IL: Richard D. Irwin, 1998) 中（第 655 页）引用的 Jonathan Blain, *Using SAP R/3* (Indianapolis, IN: Que, 1996), p.42; and Nancy H. Bancroft, *Implementing SAP R/3: How to Introduce a Large System into a Large Organization* (Greenwich, CT: Manning Publications, 1996)。

图 4.13　SAP 的三层客户/服务器结构

R/3 应用程序是完全集成化的，从而数据在所有的应用程序中实现共享。例如，如果一位员工在销售与分销模块中输入一笔发货业务，这笔业务可立即被财务会计模块中的应付账款管理程序和物料管理模块中的库存管理程序所看到。制造与物流模块具有支持本书所描述的许多主题的应用程序。表 4.3 显示了 R/3 软件中给人印象最深的一些特征。会计、财务和市场营销智能领域同样也可以列出类似的清单。然而，许多 SAP 的使用者也使用由 i2 技术或者麦纽吉斯（Manugistics）公司提供的即插软件，这些软件支持更多的供应链的具体应用。

在某种意义上来说，SAP 公司已经改变了信息技术的面貌。现在，我们可以拥有整个企业范围内的集成系统，管理人员现在能够考虑将企业的基本业务流程自动化。然而，事情不是如此简单。问题在于许多应用程序与企业运作的方式并不一致。SAP 的咨询师们指出，这些应用模块是根据行业的“最佳实践”而设计的。但是，在许多情况下，这意味着一个企业想要使用 SAP 的软件，就需要将其业务程序改成那些由 SAP 的程序员所实施的业务流程。这可能是一个痛苦而要花费时间的过程。

表 4.3　SAP R/3 的应用模块

SAP 应用模块	程　序
交叉应用(CA)	业务流程技术(CA-BPT) CAD 集成(CA-CAD)
项目系统(PS)	项目计划(PS-PLN) 项目执行/集成(PS-EXE)
物流总管(LO)	物流信息系统(LO-LIS) 主数据(LO-MD)
人力资源(HR)	劳动力计划(PD-WFP)
人事管理(HR-PA)	时间管理(PA-TIM) 奖励工资(PA-INW)
生产计划(PP)	销售与运营计划(PP-SOP) 主计划(PP-MP) 能力需求计划(PP-CRP) 物料需求计划(PP-MRP) 看板(Kanban)/准时制生产(PP-KAN) 重复性生产(PP-REM) 装配订单(PP-ATO) 流程式行业的生产计划(PP-PI) 工厂数据收集(PP-PDC)
物料管理(MM)	物料需求计划(MM-MRP) 采购(MM-PUR) 库存管理(MM-IM) 仓库管理(MM-WM) 电子数据交换(MM-EDI)
质量管理(QM)	计划工具(QM-PT) 检验处理(QM-IM) 质量控制(QM-QC) 质量认证(QM-CA)

资料来源：摘自 Richard B. Chase, Nicholas J. Aquilano 和 F. Robert Jacobs 的著作《生产与运营管理》（第 8 版）(Burr Ridge, IL: Richard D. Irwin, 1998), p. 655.

图 4.14 体现了 ERP 系统和 EDI 相对于本书以后章节将要描述的其他物流管理和供应链管理工具的地位。该图表明，在实施跨越整个供应链的应用程序之前，企业内部的应用程序必须实现集成。

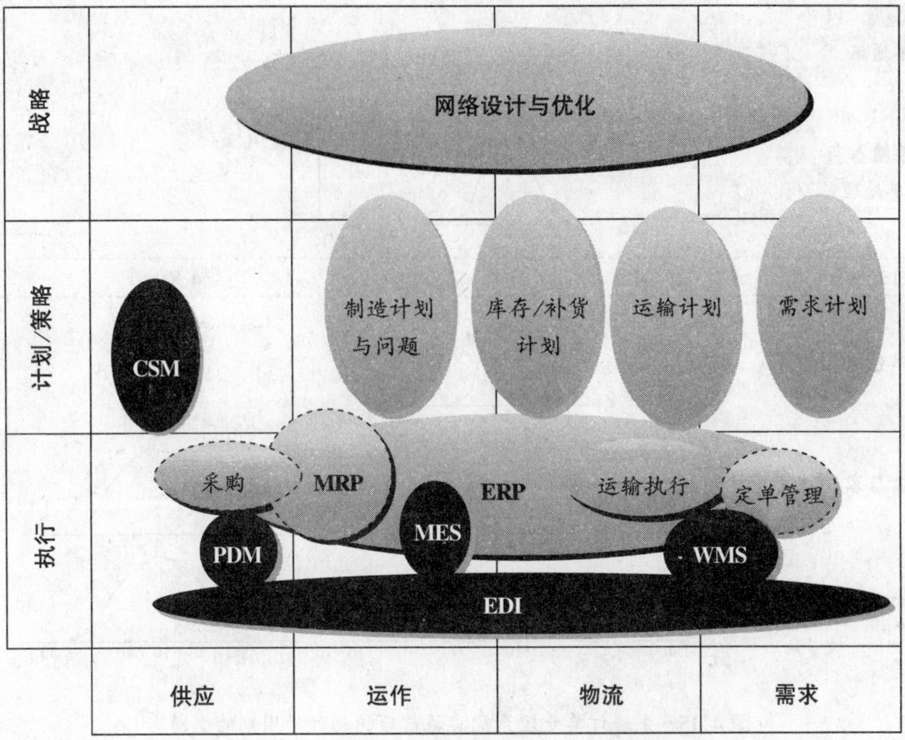

注：CSM = 零部件货源管理（Component Source Management）
MES = 制造执行系统（Manufacturing Execution System）
PDM = 产品数据管理（Product Data Management）
WMS = 仓库管理系统（Warehouse Management System）

资料来源：麦纽吉斯软件公司（Manugistics）产品和行业营销高级副总裁玛丽·卢·福克斯（Mary Lou Fox），1999。

图 4.14　典型的企业应用程序

财务考虑因素

> 先进订单处理系统的成本可行性分析

当然，在实施先进订单处理系统或者在进行信息系统方面的任何其他投资之前，有必要通过成本/收益分析来判断投资的合理性。系统的开发成本和启动成本的合理性分析，可以通过将实施新系统所提高的现金流折现，并将折现值与初始投资进行比较。在大多数情况下，如果处理的订单数量是巨大的，那么通过转换到先进的订单处理系统将提高现金流。在一些规模比较小的企业运作中，如果提议的系统大大超过了企业的需要，那么可能就不是这样了。

在任何情况下，实施提议的系统所引起的现金流的差异可以采用图 4.1 中所表示的框架来进行计算。需要注意的是，在计算现金流时，分析中只包括那些随系统变化而变

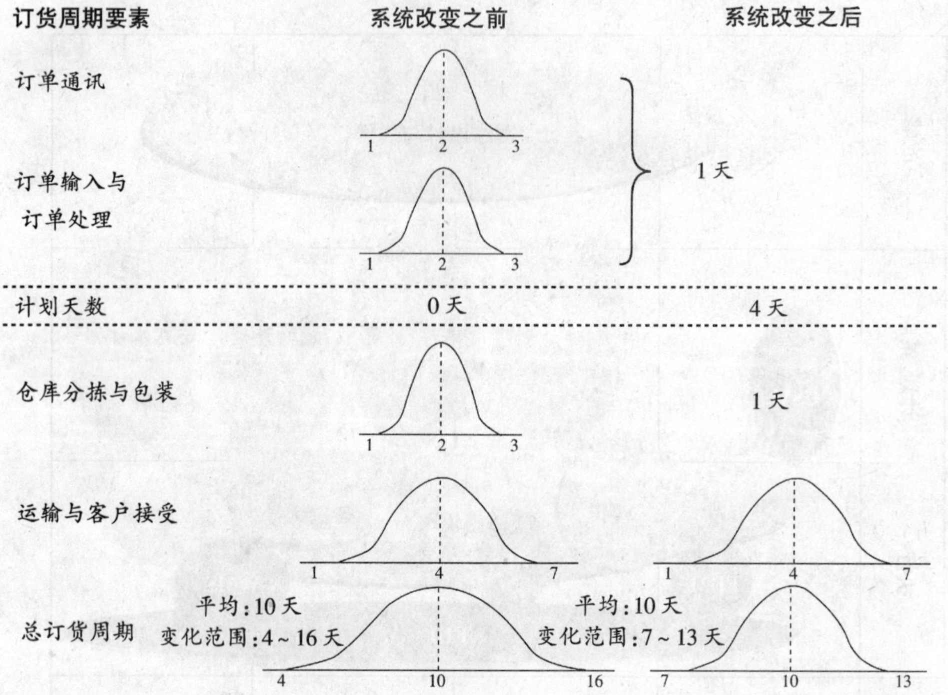

图 4.15 先进订单处理系统实施前后的总订货周期的变动

化的成本。通常来说，最显著的成本差异产生在订单处理成本、库存成本、运输成本和仓储成本方面。衡量和评价物流价值的详细信息将在第 17 章中提出。

图 4.15 表明了先进订单处理系统如何能够将时间节省下来用于计划。通过将订单通讯、订单输入和订单处理时间从平均 4 天减少到 1 天，平均可以有 3 天时间用于计划。这些计划时间意味着销售预测和生产计划可以提前 3 天得到销售信息，同样主管如仓储、运输和库存管理等物流活动的经理们也可以提前 3 天得到相关的信息。通知的提前可以使仓库更有效地分配订单，实现量的均衡。在任何情况下，进行将所有的订单都在第 6 天后从仓库地发货的计划是可能的。因此，实际上 4 天可用来计划仓库分拣和包装、联合运输和降低安全库存水平。当然，这需要假定制造商的客户认为 10 天的订货周期是可接受的，订货周期的缩短没有转移给他们。如果运输和客户收货是订货周期中惟一的变量因素，那么总订货周期可以从 6 天（当订货周期处在 4 天到 16 天范围内）缩短到 3 天（订货周期在 7 天与 13 天之间变动）。订货周期稳定性方面的提高使制造商的客户可以将其安全库存减半。实际上，计划时间的增加往往导致了运输时间的缩短和运输时间变动程度的减小。在该例子中，结果也可能是计划时间增加了 1 天，客户订货周期在 9 天到 11 天的范围内变动。在任何情况下，由于应用了先进订单处理系统，整个分销渠道将变得更加有效率，并能节约成本。此外，客户服务水平的提高可能还会引起制造商销售额和市场份额的增加。

通常来说，与先进订单处理系统有关的固定成本要比手工作业系统要高。然而，先进系统的每份订单的变动成本要小得多。我们将在第 6 章详细进行这种类型的成本分析，具体解决物流成本节约值的计算问题。

小结

在本章中，我们了解了订单处理系统如何直接影响物流职能的绩效。我们也分析了如何利用订单处理系统来改进客户通讯和缩短总订货周期时间，并且/或者导致库存的大幅度下降和运输效率的提高。信息对于物流系统的计划与控制是至关重要的，我们了解了订单处理系统如何构成物流信息系统的基础。

现代计算机技术和通讯系统使管理者掌握物流职能战略与运营计划所需的信息成为可能。信息系统方面的最新技术可以显著地提高决策的质量。我们也描述了决策支持系统以及其他与信息有关的物流管理工具。在第5章，我们将着眼于分析持有库存的财务影响，并向读者讲解如何计算库存的持有成本。

推荐阅读材料

Bookbinder, James H., and David M. Dilts. "Logistics Information Systems in a Just-in-Time Environment." *Journal of Business Logistics* 10, no. 1 (1989), pp. 50-67.

Bundy, William. "Leveraging Technology for Speed and Reliability." *Supply Chain Management Review* 3, no. 1 (1999), pp. 62-69.

Emmelhainz, Margaret A. "Strategic Issues of EDI Implementation." *Journal of Business Logistics* 9, no. 2 (1998), pp. 55-70.

Fontanella, John. "The Web-Based Supply Chain." *Supply Chain Management Review* 3, no. 4 (2000), pp. 17-20.

Henriott, Lisa L. "Transforming Supply Chain into e-Chains." *Supply Chain Management Review Global Supplement* 3, no. 1 (1999), pp. 15-18.

Lewis, Ira, and Alexander Talalayevsky. "Logistics and Information Technology: A Coordination Perspective." *Journal of Business Logistics* 18, no. 1 (1997), pp. 141-57.

Mulligan, Robert M. "EDI in Foreign Trade: Case Studies in Utilization." *The International Journal of Physical Distribution and Logistics Management* 28, no. 9/10 (1998), pp. 794-804.

Murphy, Paul R., James M. Daley, and Patricia K. Hall. "EDI Issues in Logistics." *Journal of Business Logistics* 19, no. 2 (1998), pp. 89-102.

Salcedo, Simon, and Ann Grackin. "The e-Value Chain." *Supply Chain Management Review* 3, no. 4 (2000), pp. 63-70.

Schary, Philip B., and James Coakley. "Logistics Organization and the Information System." *The International Journal of Logistics Management* 2, no. 2 (1991), pp. 22-29.

Sheffi, Yosef. "The Shipment Information Center." *The International Journal of Logistics Management* 2, no.2 (1991), pp. 1-12.

Weiss, Martin A. "Implications of Electronic Order Exchange Systems for Logistics Planning and Strategy." *Journal of Business Logistics* 5, no. 1 (1984), pp. 16-39.

Williams, Lisa R., George D. Magee, and Yoshinori Suzuki. "A Multidimensional View of EDI: Testing the Value of EDI Participation to Firms." *Journal of Business Logistics* 19, no. 2 (1998), pp. 73-87.

Williams, Lisa R., and Kant Rao. "Information Technology Adoption: Using Classical Adoption Models to Predict AEI Software Implementation." *Journal of Business Logistics* 19, no. 1 (1998), pp. 5-16.

问题与习题

1. 从批发商和零售商角度来思考，制造商提供给他们的订货周期是指什么？
2. 解释订货周期变动对批发商和零售商的库存水平的影响。
3. 物流绩效是如何受企业所采用的订单处理系统的影响的？
4. 实施集成化和自动化订单处理系统所带来的主要优势是什么？
5. 在最近几年中，电子数据交换应用已经经历了快速发展的阶段。你认为 EDI 成长产生的原因是什么？EDI 的主要好处在哪些地方？你认为 EDI 应用的增长率将会保持住吗？为什么会或为什么不会？
6. 在本章中，我们描述了福特汽车公司是如何计划利用电子商务来连接客户和供应商的。管理层的目标之一在于利用互联网来促使福特根据客户订单的要求生产汽车。对于福特、福特的客户与供应商以及整个供应链的效率来说，这一物流的战略将意味着什么？
7. 订单处理系统是如何构成物流管理信息系统的基础的？
8. 物流管理信息系统如何利用支持物流运作的计划的？
9. 解释销售点数据与条形码技术对于供应链集成的贡献。
10. 公司 X 具有一个订单处理部门，该部门的成本包括月租赁费用、间接劳动成本（客户服务代表和数据录入文员）、管理工资以及其他一般的公司费用。该部门被看做是一个成本中心，其费用先累计计算，然后再根据其他成本和利润中心承受这种费用的能力对费用进行分配。

    公司目前正在研究更加公平地评估使用部门的订单处理费用的方法。作为第一步，你被要求去研究订单处理部门的成本行为，确定量（以处理的订单数计算）与部门总成本之间是否存在着某种显著的关系。你已经获取了以下这些数据（考虑到通货膨胀，这些数据已进行了调整）：

季　度	处理的订单数	部门成本
1	40,000	44,000
2	64,000	52,000
3	52,000	40,000
4	90,000	68,000
5	50,000	48,000
6	58,000	48,000
7	76,000	61,000
8	88,000	64,000
9	62,000	54,000
10	85,000	60,000
11	72,000	54,000
12	80,000	68,000

确定固定费用和变动费用的分类：

a. 分析每年随着订单数量的变化，成本的变化情况。

b. 在附带的图上绘制散点图，并做出关于成本行为的合理的推断。

注：如果你需要温习一下回归分析和散点图（绘制数据），可查阅第 5 章。

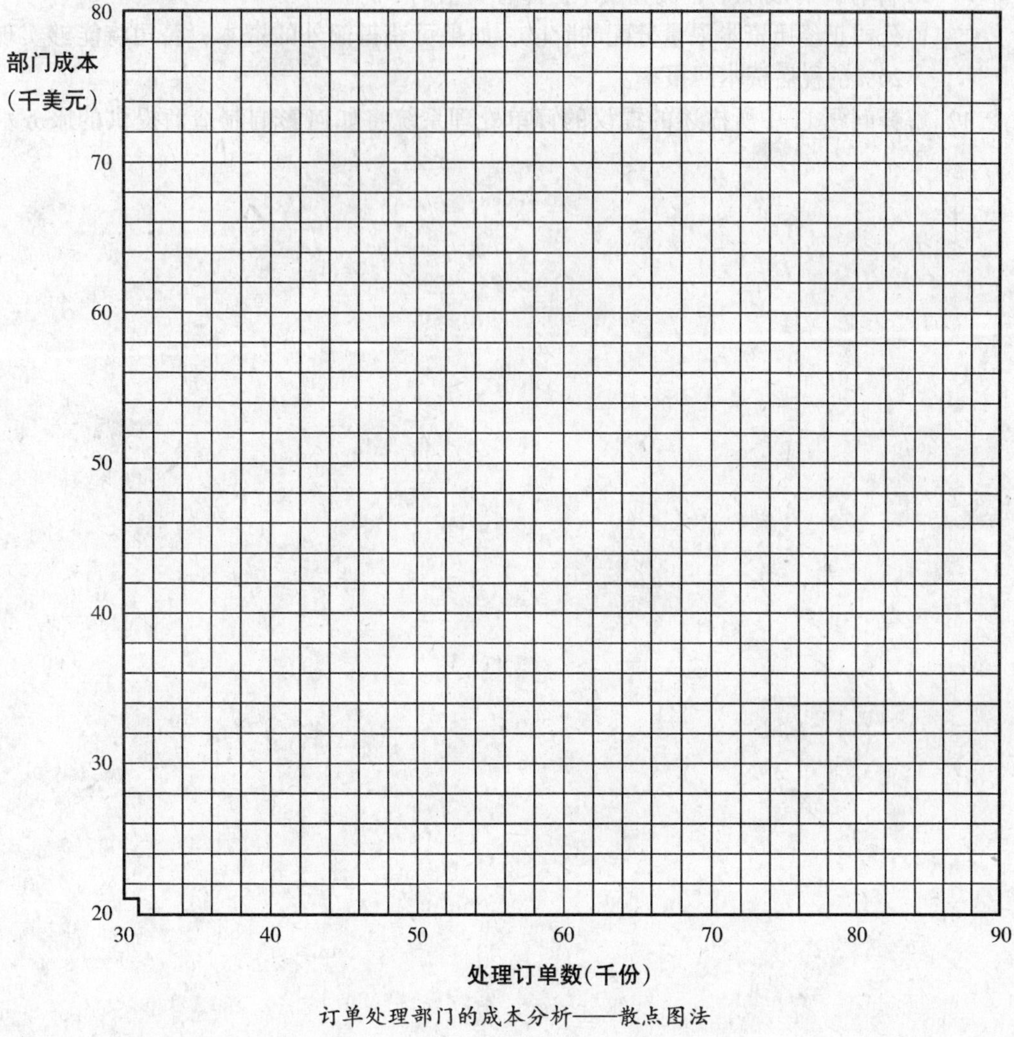

订单处理部门的成本分析——散点图法

11. 给定以下信息，表明实施自动化订单处理系统对制造商投资回报率的影响：

a. 税后净利润为 200 万美元。

b. 目前的资产收益率为 10%。

c. 在目前的系统中，客户订单是实行邮寄的；销售人员收集订单，然后随身将订单带回销售办公室（在这里将订单信息打电话或邮寄到总部）或者直接向总部打电话或直接将订单邮寄到总部。

d. 在提议的订单处理系统中，客户将通过电话将订单传给配备计算机终端的内部销售人员（客户服务代表），销售人员立即将订单输入系统。

e. 提议的订单处理系统将为管理者提供附加的 4 天计划时间，消除订货周期中 2 天的变动时间。

f. 由提议的订单处理系统所导致的计划时间将使管理者能够减少200万美元的库存；由于联合运输，使运输成本节约450,000美元；由于直接从工厂运输到客户，使公共仓库的处理费用减少了75,000美元。

g. 提议的系统将使每年的订单处理成本增加225,000美元。

h. 库存持有成本中非资金成本占库存价值的5%。

i. 公司正经历资本限量分配的阶段，如果可获得额外的资本，公司将能够实现20%的税后资本回报率。

12. 解释问题11中所描述的提议的订单处理系统将如何影响制造商提供的服务水平。

CHAPTER 5

库存的财务影响

本章大纲

本章目标

- 说明库存投资如何影响公司的利润绩效
- 说明库存管理如何有助于实现最低的物流总成本
- 说明如何计算库存持有成本
- 说明库存周转对总体和单位库存持有成本的影响
- 说明库存持有成本如何因企业在供应链中的位置的不同而不同

引 言

对大多数制造商、批发商和零售商而言，库存代表着资产中最大的单项投资。高度竞争的市场导致产品种类数的激增，因为公司试图满足不同细分市场的需求。另外，在大多数行业中，客户已经习惯了高水平的产品可供性。对许多企业来说，结果就必须持有更高的库存水平。在制造业公司，库存投资一般占总资产的10%或更多，在有些情况下甚至会超过总资产的20%。对批发商和零售商来讲，库存投资占总资产的百分比通常超过20%，甚至可能接近50%（见表5.1）。

库存必须和其他投资竞争

因此，库存管理是一项重要的活动。投资于库存的资本必须和企业可利用的其他投资机会相竞争，同时与持有库存相关的实际支出的成本代表了企业经营的一项重大成本。管理层必须了解库存持有成本以制定基于可靠信息的决策，包括物流系统设计、客户服务水平、配送中心的数量和位置、库存水平、库存的储存、运输方式、生产计划和最小生产批量。例如，在更频繁的基础上以更小的批量订货将会减少库存投资，但一般也会导致更高的订货成本和运输成本。必须将节约的库存持有成本与增加的订货和运输成本相比较，以确定小批量订货决策如何影响赢利能力。同样，确定库存持有成本对新产品评价、价格协议和折扣的评价、制造与购买决策以及赢利性报告也是必需的。从整个供应链的角度来看，不同层次的库存持有成本对于库存应该放置供应链的什么地方有重大影响。因此，非常有必要对库存持有成本进行详细的分析。

库存策略的财务方面

库存管理的质量和企业所制定的库存政策，会对公司的赢利能力和管理层执行总成本最小的物流活动的能力产生重大影响。

库存和公司赢利能力

过多的库存会降低赢利能力

库存代表着企业资产的很大一部分。因此，过高的库存水平会从两个方面降低公司的赢利能力：（1）与持有库存相关的实际支付的成本，如保险、税金、储存、过期、破损和利息费用（如果企业为库存而贷款的话），减少了净利润；（2）库存投资增加了总资产，降低了资产周转率。结果导致资产收益率和净资产收益率的下降。

例如，图5.1概括了ABC公司的财务数据。由于预测不准、缺乏对库存管理的关注以及没有采用集成系统方法来管理物流，公司的多余库存达600万美元。如果管理方法发生下述改变：（1）库存降低600万美元所释放出的现金用来偿还利率10%的贷款；（2）降低库存所节省的其他实际支付的成本总额相当于库存价值的5%，会对赢利能力和净资产收益率产生什么影响？图5.2给出了答案：

表 5.1　1998 年某些制造商、批发商、零售商的部分财务数据（百万美元）

公　　司	销售额	销售成本	净利润	净利润占销售额的百分比	总资产	库存投资	库存占资产的百分比	库存周转次数
制造商								
Abbott Laboratories	$ 12,478	$ 5,394	$ 2,333	18.7%	$ 13,216	$ 1,411	11%	3.8
Clorox	2,741	1,193	298	10.9	3,030	212	7	5.6
Colgate Palmolive	8,972	4,290	849	9.5	7,685	746	10	5.8
Ford Motor	144,416	104,782	22,071	15.3	237,545	5,656	2	18.5
General Electric	100,469	31,772	9,296	9.3	355,935	6,049	2	5.3
General Mills	6,246	2,594	535	8.6	4,140	427	10	6.1
Goodyear Tire & Rubber	12,626	9,673	682	5.4	10,589	2,165	20	4.5
Harris Corp.	3,939	2,165	133	3.4	3,784	604	16	3.6
Lucent	30,147	16,156	970	3.2	26,720	3,081	12	5.2
3M	15,021	8,744	1,175	7.8	14,153	2,219	16	3.9
Proctor & Gamble	37,154	21,064	3,780	10.2	30,966	3,284	11	6.4
Pfizer	13,544	2,094	3,351	24.7	18,302	1,828	10	1.2
Sara Lee	20,012	12,208	1,191	6.0	10,580	2,624	25	4.7
Whirlpool	10,323	7,805	325	3.2	7,935	1,100	14	7.1
Xerox	19,449	5,724	395	2.0	30,024	3,269	11	1.8
批发商和零售商								
Baxter International	$ 6,599	$ 3,623	$ 315	4.8%	$ 10,085	$ 1,324	13%	2.7
Bergen Brunswig	17,122	16,371	3	0.02	3,003	1,458	49	11.2
CVS	15,274	11,144	383	2.5	6,736	3,190	47	3.5
Dayton Hudson	30,951	22,634	935	3.0	15,666	3,475	22	6.5
Fleming Companies	15,069	13,594	511	3.4	3,491	984	28	13.8
Kmart	33,674	26,319	518	1.5	14,166	6,536	46	4.0
Nordstrom	4,852	3,296	186	3.8	2,865	826	29	4.0
Sears, Roebuck	41,322	27,257	1,048	2.5	37,765	4,816	13	5.7
Wal-Mart Stores	117,958	93,438	3,526	3.0	45,384	16,497	36	5.7
Winn-Dixie	13,617	9,994	199	1.5	3,069	1,405	46	7.1

注：库存投资用的是期末库存数据。所有数据都是 1998 年度的数据。

- 流动资产和总资产减少 600 万美元
- 资产周转次数从 1.67 次上升到 1.85 次
- 总费用减少 90 万美元（60 万固定利息费用加上 30 万其他固定费用）
- 税前净资产增长 90 万美元，但所得税增加 45 万美元，导致税后净利润增长 45 万美元
- 净利润率由 5%增加到 5.45%
- 资产收益率从 8.35%增加到 10.08%
- 财务比例由 2 降低到 1.8
- 净资产收益率由 16.7%上升到 18.15%

资金配额提高了存货持有成本

但是，如果公司正在经历资金限额供给——即没有足够资金投资于所有可行的新项目——那么管理层不得不决定将降低库存所节省下来的资金投资在什么地方和获取多大的收益率。例如，如果 ABC 公司想要投资于工厂现代化改造项目，该投资将会降低制造成本，产生 20%的税

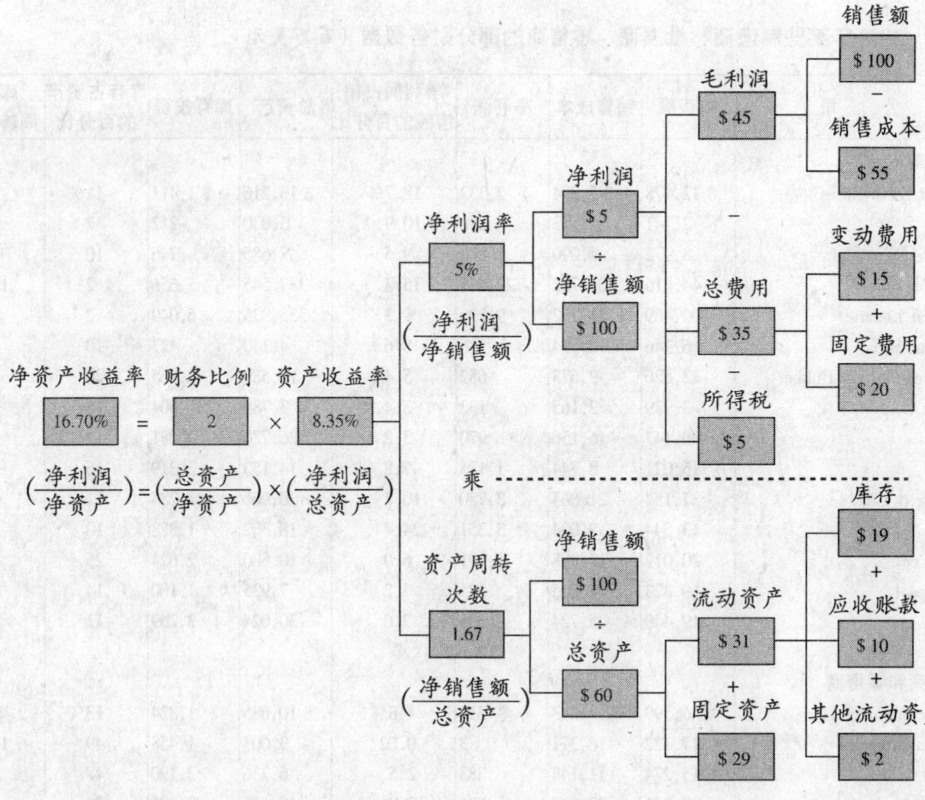

注：假定所得税等于税前净利润的50%。

图 5.1 附带财务数据的ABC公司的战略利润模型（百万美元）

后收益率（相当于税前收益率为40%），这一机会成本就应该在分析中得到反映。除去资金成本，与库存投资相关的实际支付的成本相当于库存价值的5%。库存降低600万美元将会如何影响公司的净资产收益率？图5.3表明：

- 库存降低600万美元减少了流动资产，固定资产增加600万美元，即工厂现代化改造的成本
- 总资产和资产周转次数维持不变
- 由于生产效率提高，销货成本减少240万美元（600万×40%），毛利润从4,500万美元增加到4,740万美元
- 库存相关费用方面减少了30万美元的固定费用和总费用（600万×5%）
- 税前净利润增长270万美元，但所得税增长135万美元，导致税后净利润增长135万美元
- 净利润率由5%增加到6.35%
- 资产收益率由8.35%增加到10.60%
- 财务比例保持为2
- 净资产收益率由16.70%增加到21.20%

以上两个例子都表明持有过多库存会侵蚀净利润和净资产收益率。然而，从图5.2和图5.3可以看出，正在经历资金限额供给的公司可以通过降低库存得到最大的好处。

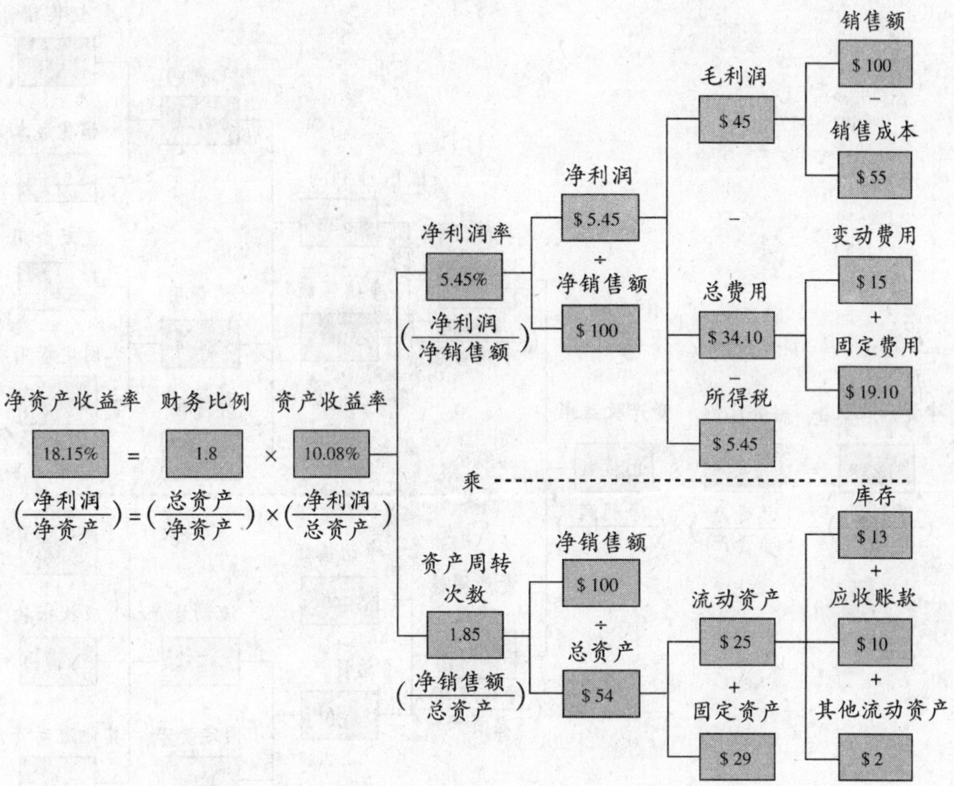

注：假定所得税等于税前净利润的 50%。

图 5.2　当偿还银行贷款时，库存降低对 ABC 公司净资产的影响（百万美元）

为了建立最优的库存存储策略，管理层必须考虑有关物流系统所需的成本权衡问题。

库存和最小总成本物流

存货持有成本影响物流政策

最小的物流总成本是通过在给定的客户服务水平的条件下，将图 5.4 所列举的全部成本最小化而实现的。不过，成功地实施成本权衡分析，要求管理层获取足够的成本数据。如果对库存持有成本和物流系统总成本还没有充分了解，管理层不应该武断地建立库存水平和库存周转政策。

库存持有成本不仅直接影响到公司维持的仓库数量，而且影响企业物流政策的所有方面。给定相同的客户服务水平，低库存持有成本导致多个仓库和缓慢的运输方式，如铁路。相反，高库存持有成本导致有限数量的储存位置并要求快速的运输方法，如汽车或空运，以使总成本最小化。缺乏对库存持有成本的准确估计，公司就不可能选择使成本最小化的物流政策。

另外，准确地确定经济制造批量、经济订货批量和销售折扣，需要有关库存持有成本的信息，在大多数使用这些公式的公司里，所有这些决策通常都是在估计的成本基础上计算得到（我们将在第 6 章讨论这些公式）。

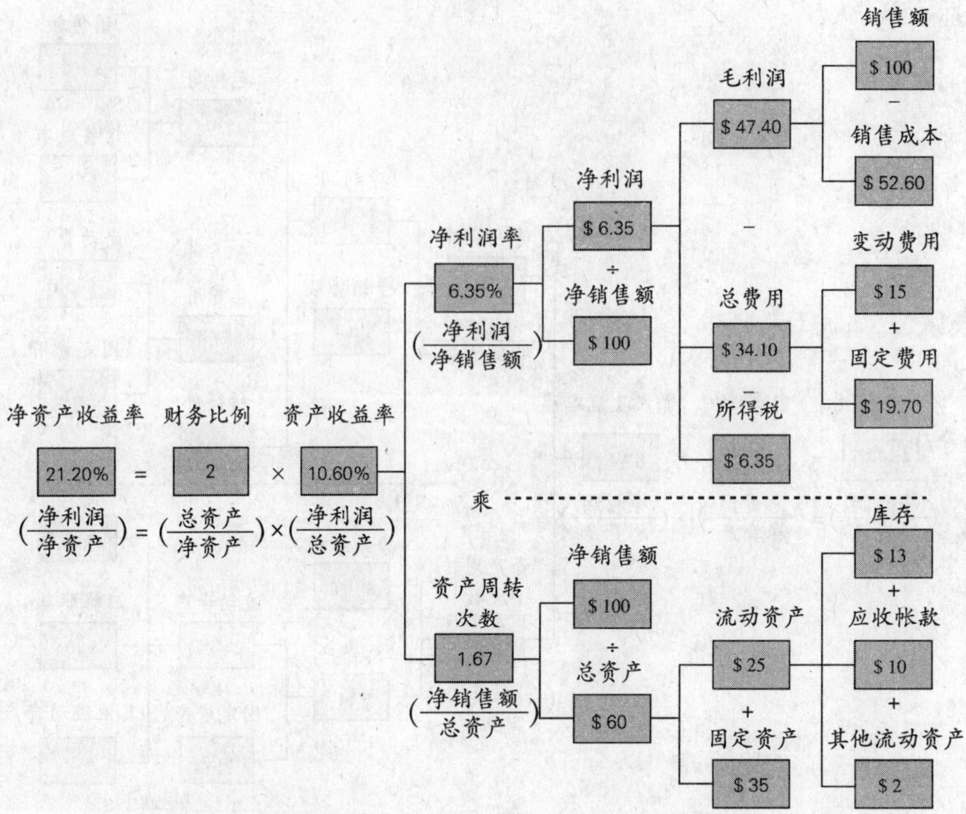

注：假定所得税等于税前净利润的50%。

图5.3 当存在资产配额时，库存降低对ABC公司净资产的影响（百万美元）

库存持有成本

库存持有成本，即与储存的库存数量有关的成本，包括许多不同的成本组成要素，通常代表着最高的物流成本之一。[①] 这些成本的数量以及库存水平受物流系统的结构所影响的事实证明，如果要在企业内部和供应链中进行适当的权衡，就必须准确地估计存货的持有成本。然而，大多数考虑库存持有成本的管理人员使用粗略的估计数据或传统的行业参考数据。

什么是存货持有成本？

我们已经了解了库存水平会怎样影响公司的利润水平，并说明了在物流系统设计中估计库存持有成本的必要性。下一个问题可能是：为了物流系统设计决策（成本权衡分析）以及确定经济订货批量和销售折扣等问题，管理人员目前使用的库存持有成本的百分比是多少？

① 本节大量内容摘自 Douglas M. Lambert, The Development of an Inventory Costing Methodology: A Study of the Costs Associated with Holding Inventory（Chicago: National Council of Physical Distribution Management, 1976）.

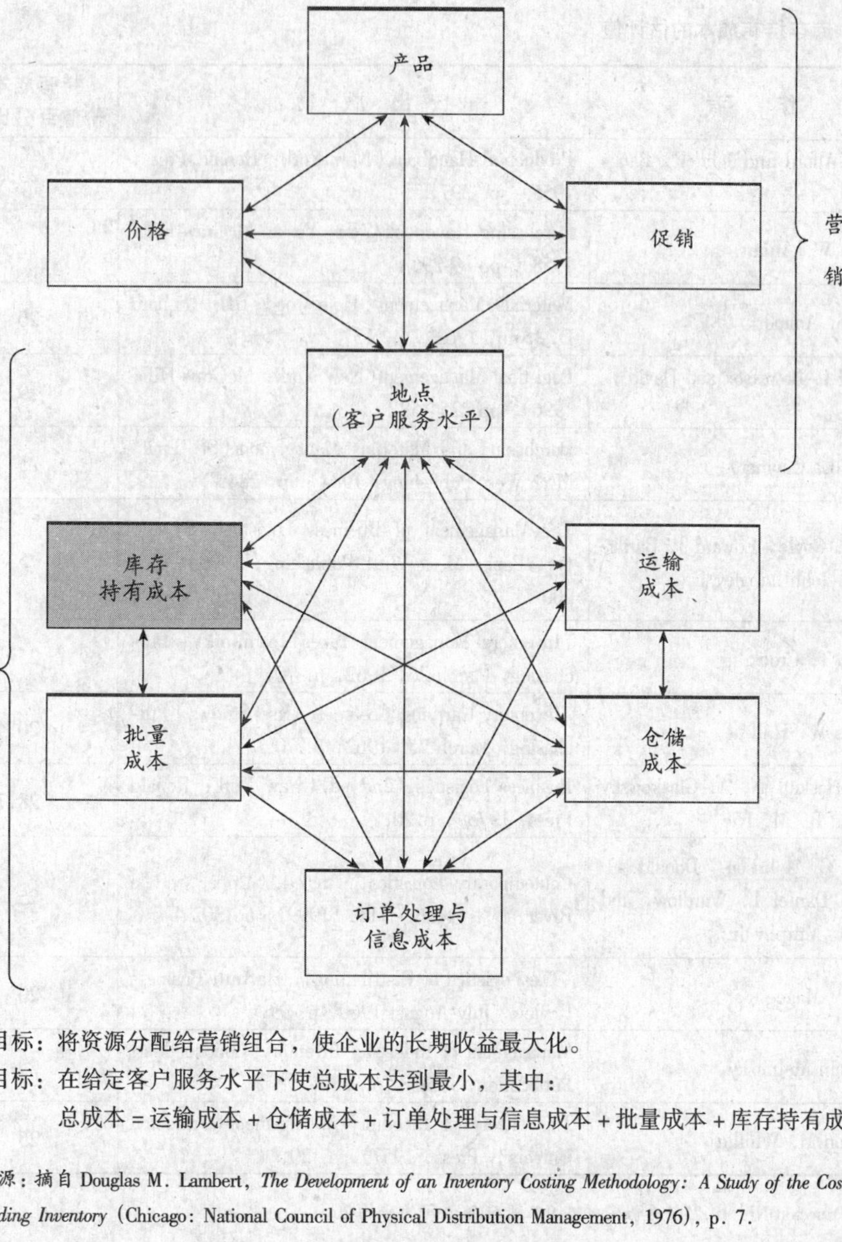

营销目标：将资源分配给营销组合，使企业的长期收益最大化。

物流目标：在给定客户服务水平下使总成本达到最小，其中：

总成本＝运输成本＋仓储成本＋订单处理与信息成本＋批量成本＋库存持有成本

资料来源：摘自 Douglas M. Lambert, *The Development of an Inventory Costing Methodology: A Study of the Cost Associated with Holding Inventory* (Chicago: National Council of Physical Distribution Management, 1976), p. 7.

图 5.4 营销和物流中需要考虑的成本权衡

不幸的是，在许多公司，库存持有成本从来没有被计算过，虽然这些成本是实际存在的，而且又很高。即使计算库存持有成本，他们也经常只考虑当前利率加上诸如保险和税金等支出。还有许多管理人员使用传统教科书上的百分比或行业平均值。所有这些方法都是有问题的。

教科书上的持有成本是值得怀疑的

首先，只有在一些特定情况下，当前利率才等于相关的资金成本（随后我们将研究这些情况）。传统教科书上的百分比同样存在严重缺陷。表 5.2 包含了在物流和库存管理文献中广泛提到的对库存持有成本的许多粗略估计。

表 5.2 库存持有成本的估计值

作者	出版物	持有成本占库存价值百分比的估计值
L. P. Alford and John R. Bangs (eds.)	Production Handbook (New York: Ronald Press, 1955), p. 397.	25%
George W. Aljian	Purchasing Handbook (New York: McGraw-Hill, 1958), pp. 9-29.	12~34
Dean S. Ammer	Materials Management (Homewood, IL: Richard D. Irwin, 1962), p. 137.	20~25
Donald J. Bowersox and David J. Closs	Logistical Management (New York: McGraw-Hill, 1996), pp. 254-58.	19.25*
Joseph L. Cavinato	Purchasing and Materials Management (St. Paul, MN: West Publishing, 1984), p. 284.	25
John J. Coyle, Edward J. Bardi, and C. John Langley Jr.	The Management of Business Logistics, 6th ed. (St. Paul, MN: West Publishing, 1996), pp. 200-7.	25
Gordon T. Crook	"Inventory Management Takes Teamwork," Purchasing, March 26, 1962, p. 70.	25
Thomas W. Hall	"Inventory Carrying Costs: A Case Study," Purchasing, March 25, 1962, p. 70.	20.4
J. L. Heskett, N. A. Glaskowsky Jr., and R. M. Ivie	Business Logistics, 2nd ed. (New York: Ronald Press, 1973), p.20.	28.7
James C. Johnson, Donald F. Wood, Daniel L. Wardlow, and Paul R. Murphy Jr.	Contemporary Logistics, 7th ed. (Upper Saddle River, NJ: Prentice Hall, 1999), pp.302-4.	25
John F. Magee	"The Logistics of Distribution," Harvard Business Review, July-August 1960, p. 99.	20~35
Benjamin Melnitsky	Management of Industrial Inventory (Conover-Mast Publication, 1951), p. 11.	25
Thomson M. Whitlin	The Theory of Inventory Management (Princeton University Press, 1957), p. 20.	25

* Princeton NJ: 19.25%是假定的在9%到50%之间的平均值。

乔治·艾尔建（George Aljian）的《采购手册》所提出的12%到34%的范围是如此之大，以致在此范围选取的数字可以使管理人员从成本角度证明几乎任何库存政策都是适当的。[①]1960年《哈佛商业评论》上发表的约翰·迈基（John Magee）的文章存在与艾尔建的著作同样的缺陷，但是迈基承认资金成本应该只应用于实际支付的库存投资。[②]1974年托马斯·豪（Thomas Hall）发表于《管理会计》杂志上的文章中，持有成本的计算结

① George W. Aljian, Purchasing Handbook (New York: McGraw-Hill, 1958), pp. 9-29.

② John F. Magee, "The Logistics of Distribution." Harvard Business Review 38, no. 4 (July-August, 1960), p. 99.

果为 20.4%，但豪在其他税前成本要素上增加了税后资金成本。[①] 另外，他在计算中还包括了不随库存持有数量变动的储存成本。

表 5.2 所列出的出版物涵盖了从 1951 年到 1999 年的文献。然而，那个时期所使用的大多数持有成本的百分比大约为 25%。在此期间，基本的利率在 3% 和 20% 之间波动，如果 25% 在 1951 年是准确的，到 1990 年又怎么会是准确的呢？

库存持有成本不应该基于行业的平均值

最后，有一种计算库存持有成本的方法是基于行业的平均值。大多数企业人士似乎对这种数字很放心，但这种做法有其固有的许多问题。例如，一家化妆品制造商的物流管理人员是希望将他或她的企业与雅芳（Avon）——一家门对门销售产品的公司相比，还是和露华浓（Revlon）——一家通过主要的百货商店销售产品的公司相比呢？或者——更糟糕——该管理人员将会使用两家公司的平均值吗？当然，后一种方法是将企业与虚构的实体——完全不存在的公司做比较。

即使两家公司在产品制造和配送方面非常相似，但资本的可获得性可能导致两种完全不同的库存策略。也就是说，一家企业可能经历资金短缺——资金限额供给——而另一家可能拥有充足的现金。前者对库存决策有 40% 的税前资金成本，也就是公司在新投资上赚取的报酬率。后者有 5% 的税前资金成本，即公司的现金所赚取的利率。如果两家公司都是管理良好的，哪一家可能拥有较多的库存？答案是资金成本为 5% 的公司。因为资金成本越低，公司就越会增加库存水平，转向整车皮或整卡车地运输产品，并生产越大的批量。资金成本为 40% 的公司将会拥有较低的库存，但为了实现这一点，公司将会承受较高的生产准备成本、较高的运输成本和/或更多的缺货。每家公司可能都拥有最小总成本的物流，但一家公司可能每年周转库存 12 次，而另一家才 6 次。资金成本为 40% 的公司运输成本占销售额的百分比可能要高得多。但是，如果任何一家公司试图改变它的物流系统的任何组成要素与另一家的绩效相比，总成本会增加并且净资产收益率会下降。

库存持有成本的计算

存货持有成本的四个组成要素

在给定客户服务目标的前提下，每一家公司都应该确定它自己的物流成本，并尽力使这些成本的总和达到最小。库存持有成本应该只包括那些随库存数量变动并能被归入下列种类的成本：（1）资金成本；（2）库存服务成本；（3）储存空间成本；（4）库存风险成本。

库存投资的资金成本。持有库存占用了可以用于投资的资金。这一推论适用于内部产生的资金和从企业外部资源获取的资本，如来自银行和保险公司的贷款，或来自于出售普通股。因此，公司的资本机会成本——从其他资金用途所能实现的收益率——应该被用来准确地反映所涉及的真实成本。在资金限额供给的公司——也就是绝大多数公司

---

① 本节大量内容摘自 Douglas M. Lambert, The Development of an Inventory Costing Methodology: A Study of the Costs Associated with Holding Inventory（Chicago: National Council of Physical Distribution Management, 1976）.

——障碍率（hurdle rate，即新投资的最小收益率）应被当做资金成本。当公司不再执行资金限额供给时，必须决定应该将来自库存降低的现金投资在哪里。如果资金投资于有价证券，那么收益率就被算作库存持有成本。如果资金放置在银行账户或用来减少某些形式的贷款，那适当的利率就被当作机会成本。同样的逻辑也适用于增加库存。当现金投资于库存时，什么样的收益率将被放弃？

一些公司将项目按照风险分类，并寻找反映所估计的风险程度的收益率，以此来区别不同的项目。例如，管理层可以将项目分为高风险类、中风险类和低风险类。高风险项目可能包括对新产品的投资，因为市场接受情况难以预测；或对工厂新设备的投资，技术变化太快会导致设备可能很快过时。对高风险项目的期望收益率可能是税后的25%。另一方面，中风险项目可能要求取得18%的税后收益率。对低风险项目，包括如仓库、自有运输车队和库存等投资，可能期望实现10%的税后收益率。厌恶风险的企业可能要求库存降低所释放的现金用在另一个低风险类项目上。因此，库存持有成本中的资金成本将是税后10%，相当于税前20%（假设50%的税率）。[①] 库存持有成本的所有组成要素必须用税前数字表明，因为权衡分析中的所有其他成本，如运输和仓储，都是用税前金额表示的。

在一些非常特殊的情况下，如罐头水果行业，可能采用短期融资为季节性库存提供资金。建立季节性库存与用来实现最小总成本的物流的产品战略部署所确定的库存相反。在后者的情况下，库存的任何改变将影响全年持有的库存数量，并且通常将和其他长期投资竞争资金。在前者的情况下，建立库存是短期的并且实际的借款成本是可接受的资金成本。

管理层一旦建立了资金成本，就必须确定计算库存持有成本的库存实际（现金）价值。对批发商和零售商而言，库存的实际价值就是库存当前的重置成本，包括支付的任何运费；或是当前的市场价格，如果产品正在逐步被淘汰。对制造商的情况而言，必须了解使用的是哪些成本计算方法。例如，公司是在使用直接成本法确定库存价值，还是在使用某种形式的吸收成本法？

直接成本法与吸收成本法

直接成本法是一种以将成本划分成固定和变动组成要素为基础的成本会计方法。从管理计划和控制的目的来看，固定－变动成本的分解产生的信息要比针对外部报告而设计的现有财务报表产生的信息更多。在直接成本法中，从库存价值中扣除固定生产成本，因此库存价值更接近于反映它们的重置付现成本。如果是吸收成本法（或被称为全部成本法或全部吸收成本法），它是大多数制造商所使用的传统方法，库存价值中包括固定的制造管理费用。

除了直接成本法和吸收成本法的区别，公司也可能基于实际成本或标准成本计算库存的价值。有四种不同的成本计算方法：

1. 实际吸收成本法，包括实际的直接材料和直接人工成本，加上预先确定的变动和固定的制造管理费用。
2. 标准吸收成本法，包括预先确定的直接材料和直接人工成本，加上预先确定的变动和固定的管理费用。
3. 实际直接成本法，包括实际的直接材料和直接人工成本，加上预先确定的变动

① 如果所得税率不是50%，简单地用税后收益率除以1减去边际所得税率的差。

制造管理费用；它将固定的制造管理费用排除。

4. 标准直接成本法，包括预先确定的直接材料和直接人工成本，加上预先确定的变动制造管理费用；它将固定的制造管理费用排除。

上述库存计价方法支持了以下这一结论：使用行业平均值来计算库存持有成本不是一个好的方法。这是因为使用类似的库存计价系统，可能会将很多种要素的百分比未计算在内。

如果考虑到几种库存会计方法的话，情况会更加复杂。大多数制造业公司使用下列三种库存会计方法中的一种：

三种库存会计方法

1. 先进先出（First-in，first-out，FIFO）：假设最先取得的库存先销售，留下的是最近取得的库存。在先进先出的情况下，库存价值接近当前的重置成本。
2. 后进先出（Last-in，first-out，LIFO）：销售是从最晚取得的库存开始，留在库存里的是在最早时期取得的产品。这种方法试图将最晚的库存获取成本与销售相匹配。在物价上涨时期，LIFO 将会比 FIFO 导致较低的库存定价，较高的销货成本和更低的利润。当物价回落时情况则相反。
3. 平均成本（Average cost）：此方法可以是移动平均，即每项新的采购和剩余的库存取平均值以获得一个新的平均价格；或是加权平均，即期初库存加上所有采购项目的总成本除以总件数。

FIFO 和 LIFO 都没有单独衡量成本波动的影响。不过，当使用标准成本法时，最近得到的标准成本和实际成本相比较，提供了成本差异的衡量指标——盈余或损失——而它们可以被分别报告。①

确定库存的现金价值

为了计算库存持有成本，公司采用 FIFO、LIFO 还是平均成本进行库存定价是无关紧要的。用来计算持有成本的库存价值是这样确定的：将库存中每种产品的件数乘以与产品制造及转移到储存地点有关的标准或实际直接（变动）成本。制造商减少库存投资的方法是，从库存中销售产品的同时不再生产替代品。因此，所获得的现金等于不生产替代品所节省的现金。类似的，库存增加是由于制造了超过现有需求量的产品。所以在两种情况下，和决策有关的都是当前的制造成本，因为这些成本在库存增加时发生或者在库存减少时得以避免。同样，如果产品放在商业地点，所付出的将它们转移到那里的运输成本，加上与将它们转移到库存有关的变动成本就是计入库存的成本，就跟直接人工成本、直接材料成本以及变动制造管理费用一样。例如，储存在公共仓库内的一件产品的付现价值等于变动制造成本加上从工厂到仓库的运输成本以及付给公共仓库的搬运费。

一个隐含的假设是，制成品库存减少将会导致贯穿制造商内部物流系统的库存相应减少（见图 5.5）。也就是说，一次制成品库存减少导致一次原材料采购减少，因为库存是被向后推过系统的。类似的，一次计划的制成品库存增加导致一次原材料采购数量的

① 需要阅读更多的有关直接、吸收成本法和库存会计方法的学生可以参考 Charles T. Horngren，George Foster，and Srikant Datar，Cost Accounting: A Managerial Emphasis，9th ed.（Englewood Cliffs，NJ: Prentice Hall，1996）.

增加并由此被推过系统。如果我们将资产平衡表上存货科目的一次价值变动，乘以资金的机会成本，得出的数字就反映了每年将资金投资于库存的成本；这个成本是一个损益表的科目。库存持有成本的其他所有组成要素都是影响损益表的年度成本，这类似于其他物流成本类别，如运输、仓储、批量和订单处理。

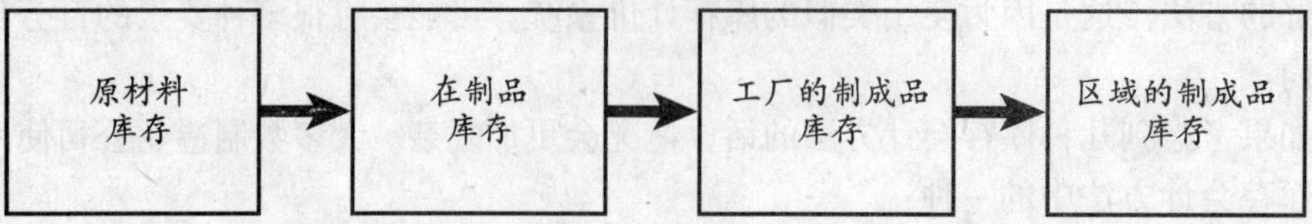

假设：制成品库存的一次性增加（下降）导致采购的原材料的一次性增加（下降）

图 5.5 制造商物流系统中的库存位置

资金成本等于资金的机会成本乘以库存的付现投资

总之，许多企业人士认为，库存是相对流动和无风险的投资。为此，他们觉得可以证明相对较低的库存投资收益率是合理的。然而，库存需要原本可以用于公司其他投资的资本，并且由于将资金投资于库存，公司放弃了原本可以在这些投资上获得的收益率。因此，公司的资本机会成本应该适用于库存投资。资金成本应该适用于库存的付现投资。虽然大多数制造商对库存使用某种形式的吸收成本法，但只有变动（直接）制造成本是有关的。也就是说，公司的最低可接受回报率，或适当的资金机会成本，应该只适用于与库存直接有关的变动成本。针对批发商和零售商，或针对制造商所采购的原材料，库存的付现投资就是当前的重置成本加上运输成本，如果产品采购价格没有包括运输成本的话。

税　金

库存服务成本。库存服务成本由从价（个人资产）税和因持有库存而支付的火灾及盗窃保险所组成。税金随库存放在哪个州而不同。税率范围从库存免税的州为 0 直到估计为 20%。通常，税金直接随库存水平而变化。许多州对库存是免税，条件是如果它们是为随后运给另一个州的客户而作的储存。因此，通过妥善计划，公司能在建立仓储网络时将此因素最小化。

保　险

保险费率并非严格地与库存水平成比例，因为通常购买保险是为了在一定时期保护一定价值的产品。但是，保险政策会根据预期的库存水平变化作阶段性调整。有些时候，保险公司会发布保险政策，规定保险费以每月的保额为基础。保险费率是依据储存建筑所使用的材料、它的年代以及如安装的消防设备类型等因素来确定的。

上一年实际花费的保险和税金金额可以计算为当年库存价值的百分比，并加上持有成本的资金成本因素。如果可以得到来年的预算数字，它们可以被用作基于库存计划的——预测的库存水平——库存价值的百分比，以提供面向未来的持有成本。大多数情况下，库存持有成本的税金和保险要素极少有任何重大变化。

储存空间成本。我们将考虑四大类设施：（1）工厂仓库；（2）公共仓库；（3）租用（包租）的仓库通过；（4）公司自有（私有）仓库。

工厂仓库

与工厂仓库有关的成本是基本固定的。如果有任何成本变动，它们通常是随着通过设施的产品数量（吞吐量）变动，而不是随着库存数量变动。如果有些变动成本，如盘点成本或其他任何费用，会随着库存水平而变化，管理层应该将其包括在库存持有成本中。固定费用和分摊成本与库存政策的决定无关。如果企业可以出租仓库空间，或将它用于某些生产目的而不是储存库存，并且如果管理层不容易得到相关的机会成本，那时使用分摊成本作为替代的衡量指标就是有道理的。不过，最好的方法还是估计合适的机会成本。

公共仓库

公共仓库的收费通常是根据转进和转出仓库的产品数量（搬运费）以及储存的库存数量（存储费）来计算。大多数情况下，搬运费是在产品进入仓库时核算，而存储费是在阶段性的基础上，如每月，进行核算。有时候第一个月的存储费同样必须在产品进入仓库时支付。结果，这使第一个月的存储费变成了搬运费，因为它是按每箱产品支付的，而不管产品在仓库里放多久。

使用公共仓库是管理层所制定的政策，因为它是既能提供期望的客户服务水平而又不承担额外运输成本的最经济的方法。因此，由于搬运费代表了与使用公共仓库有关的大部分成本，它们应被视作吞吐量成本；也就是说，它们应被认为是成本权衡分析中的仓储成本的一部分，而不是库存持有成本的一部分。库存持有成本中只应该包括仓库储存费用，因为这些是随着库存水平而变动的公共仓库费用。

在吞吐量费率（搬运费）根据库存周转次数而给出的情况下，有必要考虑，如果库存周转次数发生变化，每箱的吞吐量成本将如何随之改变，由此估计仓储成本要素。当然，当库存放置在商业区域时，公司所支付的公共仓库费用应该被包括在库存投资价值中。

租用仓库

租用的仓库空间通常是包租的，而且租约是在一定时期内有效。所租用的空间数量是基于租约有效期内的最大储存需求。因此，虽然租金价格会在新的租约商定时每月或每年发生变化，但仓库租金费用不会随着库存水平变化而每天波动。大多数成本，如租金、管理人员的薪资、保安成本以及维护费用，在短期内是固定的。但有些成本，如仓库人工和设备运行费用，随着吞吐量的不同而变化。在租约期内，很少有成本会随着库存数量而变化。

只要不续订租约，租用仓库的所有成本都可以消除，因此，租用仓库的成本也成为物流决策的一个相关输入。不过，那些不随库存数量而变动的运作成本，如在前面章节中讲述过的成本，不应该被包括在持有成本中。这些成本更应该属于成本权衡分析中的仓储成本类。将固定成本和那些随吞吐量而变动的成本包括在库存持有成本中是缺乏理念基础的。这种做法是完全不正确的，并将导致错误的决策。

公司自有仓库

与公司自有仓库相联系的成本基本上是固定的，虽然有些可能会随吞吐量而变动。所有一旦关闭公司自有仓库就能消除的运作成本，或转换为公共仓库就能导致的净节约，都应该包括在仓储成本而不是库存持有成本中。只有那些随库存数量变动的成本属于库存持有成本。通常，在公司自有仓库内这些成本都是可以忽略不计的。

库存风险成本依据各家公司而不同，但通常包括下列费用：(1) 过期；(2) 破损；(3) 损耗；(4) 库存迁移。

过　期

过期成本是必须做亏本处理的每件产品的成本，因为它们不能再以正常价格出售。过期成本是产品的原始成本和它的回收价值之间的差价；或者，如果是降价促销，原来的售价和降低后的售价之间的差价。这一数字可能，或不可能作为单独的项目在损益表上出现。通常，过期成本包含在产品制造成本科目或销货成本科目里。所以，管理人员要得到这些数字可能有些困难。

破　损

破损成本应该只包括随库存数量变动的破损部分。运输途中承受的破损应该被认为是吞吐量成本，因为不管库存水平如何它将会持续发生。由于公共仓库的运作而引起的破损，通常在超出规定的最大数量后由仓库作业人员承担。一般破损被确定为索赔后的净值。

损　耗

损耗越来越成为美国商业的一个重要问题。许多权威人士相信库存盗窃是比挪用现金更为严重的问题。盗窃更加常见，涉及更多雇员，并且很难控制。不过，损耗成本可能与公司保安措施而不是与库存水平更加密切相关，虽然它们的确会随仓库地点的数量而变化。它随行业而不同，但保安是材料管理和运输中的主要问题。在有些公司，和库存有关的保安成本是一项随库存数量变动的显著开支。损耗可能同样来源于记录保管不善，或将错误的产品或数量发给客户。在很多公司，损耗成本更可能是随着仓库地点的数量而不是库存数量发生变化，并且管理层发现，将部分或全部损耗成本分配到仓储成本中是比较恰当的。

迁移成本

当公司为了避免库存过期，将库存从一个仓库转运到另一个仓库时，迁移成本（relocation costs）就出现了。例如，在中西部销得很好的产品不一定在西海岸也销得好。通过将产品发运到能够销售得掉的地方，公司避免了过期成本，但承受了额外的运输成本。为了避免过期或跌价而转运，是拥有太多库存的结果，其成本应该被包括在库存持有成本中。转运成本经常不是单独报告，而只是包括在运输成本中。在这种情况下，通过从管理上进行估计或是对运单进行统计性审核，公司能够分离出转运成本。这类发运的频率将决定哪种方法在给定的环境下是最实际的。也就是说，如果这类发运很少，占持有成本的百分比将会非常小，那么通过管理估计就已经足够了。

在有些情况下，企业因其库存政策而承受转运成本。例如，如果商业地点的库存设置太低，缺货就可能发生，并且可能由距离最近的拥有该商品库存的仓库发货来进行补救。与为避免缺货而转运库存有关的运输成本，是一个涉及在运输成本、仓储成本、库存持有成本和/或缺货成本之间进行权衡的决策的结果。它们是运输成本，不应该列入库存持有成本。

由于管理人员并不总是了解有多少破损、损耗和迁移成本是与库存量有关的，所以他们可能不得不用数学方法确定是否存在着某种关系。例如，也许可以得到某个破损成本，但是由库存数量引起的破损成本金额却可能不得而知。破损是下列因素的函数：如吞吐量、一般库房管理、管理人员和工人的素质与培训、产品类型、所使用的防护包装、材料搬运系统、产品搬运次数、产品如何搬运以及库存数量（可能由于仓库过度拥挤而导致破损）。要说明哪个因素最重要以及每个因素造成多少破损，是极其困难的。由于雇员会试图推脱产品破损的责任，即使是很精细的报告系统也可能无法产生理想的结果。收货时破损筛选的质量，以及较高的库存可能掩盖产品破损直到库存逐渐降低为止的事实，不管其原因如何，都可能影响到所报告的破损程度。

使用回归分析确定库存相关成本

要确定某个随库存变动的成本的比率，分析人员可以使用回归分析或在图表上标示出数据。[①] 考虑表5.3给出的破损率和库存水平。可以使用简单的线性回归方法分离出与库存持有水平有关的某个成本要素的比率。简单线性回归分析的主要目标是建立起两个相关变量之间的量化关系。为了建立两个变量——*X*和*Y*——之间的关系，首先必须获得如表5.3中那些数据相似的成对的观测值。

表5.3　不同时点的破损及相应的库存水平

	时期						
	1	2	3	4	5	6	7
X,破损(千美元)	80	100	70	60	50	70	100
Y,库存(百万美元)	11	15	13	10	7	9	13

例如，我们能够获得许多时间段的总破损金额，但我们不知道这些破损有多少是和库存水平直接有关的。第一对观测值（$Y=80$，$X=11$）表示在库存为1,100万美元这个时段发生了价值8万美元的破损。

现在可以将数据标示在绘图纸上，图上每一点代表一对观测值（见图5.6）。通过在横轴上标出自变量*X*和在纵轴上标出因变量*Y*得到一个点。当所有成对的观测值标示完毕，画出一条直线使所有的点到该直线的距离最短。（统计技术称为最小平方回归，使所有的点到直线的距离的平方和最小。）

一旦完成这一步，在估计的回归线上选择两点A和B。从A到B的破损增加量与从A到B的库存变化量应该表示成以下的百分比：

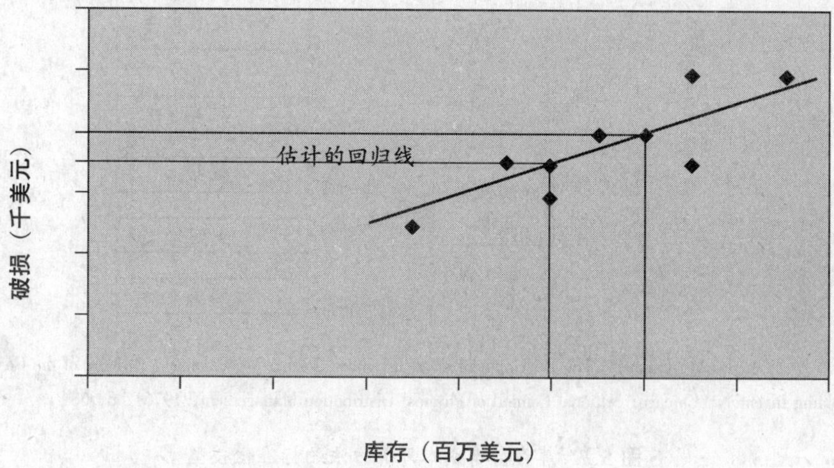

图5.6　绘制破损与库存水平之间的关系图

① 需要了解更多的有关回归分析的内容，可参考任何基本的统计学书籍。例如，见Terry Sincich，A Course in Modern Business Statistics，2nd ed.（San Francisco：Delien Publishing Company，1994）.

$$(\triangle D/\triangle I)/ \times 100\% = \frac{\$10,000 \times 100\%}{\$2,000,000} = 0.5\%$$

0.5%可以解释为由于产品放在库存中而造成的破损占库存投资的百分比。这一百分比可以和其他成本要素相加以确定总的持有成本百分比。注意，如果破损确实随着库存水平增加而增加，那么所估计的回归线应该朝右上方移动。垂直的、水平的或是从左朝下倾斜的直线都表明这种关系不存在。能否使直线成功应合所标出的点取决于相关性的程度，即所存在的关系的强度。如果点分散得到处都是，这表明不存在什么关系。当点的位置都相对靠近所估计的回归直线时，存在中等程度的相关性。当所有点都落在直线上时，存在完全相关性。这时的相关性是1.0。相关性越接近1.0，关系就越强。

图5.7总结了应该用来计算库存持有成本的方法。该模型是标准化的，因为它的使用将导致准确反映企业库存的持有成本。

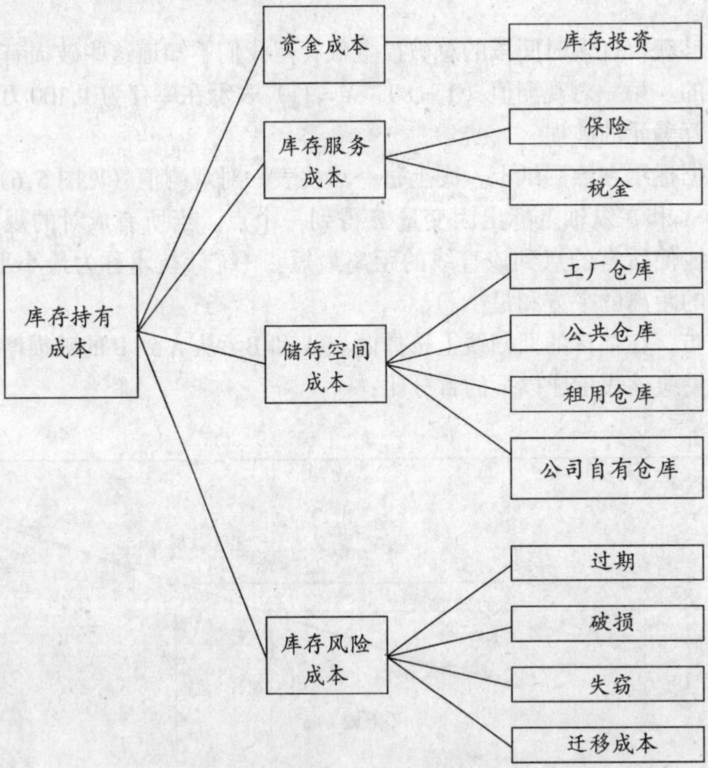

资料来源：Douglas M. Lambert, The Development of an Inventory Costing Methodology: A Study of the Costs Associated with Holding Inventory (Chicago: National Council of Physical Distribution Management, 1976), p. 68.

图5.7 库存持有成本计算方法的标准化模型

行业实例

现在让我们来研究一个包装产品制造商对库存持有成本计算方法的实际应用，随后是一个来自散装化学品行业的实例。

一个包装消费品行业的实例

使用图 5.7 所总结的方法，该包装消费品制造商发现有必要计算下列四个基本类别的成本：(1) 资金成本；(2) 库存服务成本；(3) 储存空间成本；(4) 库存风险成本。

需要税前的资金成本

资金成本。为了计算资本的机会成本——新投资的最低可接受收益率，和公司的会计主管进行一下面谈。由于资本限额供给，目前新投资的最低可接受收益率是税后 15%（税前 30%）。为了证实收益率，公司对大多数项目进行事后审计。这是公司政策所要求的，虽然单个营销项目会有很大不同，但在绝大多数情况下都达成了期望的收益率。由于无法预测市场对新产品的接受程度，所以很难估计营销项目的收益率。因此，库存持有成本的资金成本被设置为税前 30%。因为库存持有成本的其他所有要素以及物流成本权衡分析中的其他成本类别（如运输和仓储）都是税前成本，所以需要税前的资金成本。

资本的机会成本应该只应用于库存的付现成本。这是指到库存放在仓库里为止所承受的直接变动费用。换句话说，必须获得发到仓库里的产品平均变动成本。由于公司使用标准完全分摊制造成本来为库存定价，所以必须调查每种产品的标准成本以确定单位变动制造成本。使用公司来年的库存计划，就可能计算得到每种产品的平均库存。每个仓库地点和整个系统都可由此确定。

下一步，每箱产品的平均运输成本被加到变动制造成本上。这是必需的，因为运输成本与制造人工和原材料成本一样必须支付出去。最后，如果产品移动到商业地点的库存时发生了任何仓储成本，这些成本应该在每箱基础上加到标准变动制造成本中。当使用公共仓库时，在产品移进仓库时支付的任何费用应该在每箱基础上加到库存的所有产品上。如果是公司的设施，那么只应该包含与将产品移进库存有关的变动付现成本。

按全部制造成本计价，公司全系统的平均制成品库存有 1,000 万美元。年销售额 1.75 亿美元，或按制造成本大约是 1.25 亿美元。基于变动制造成本和预估的产品组合的库存价值是 700 万美元。700 万美元是为了实现最小物流成本而在工厂和商业地点持有的年平均库存。与运输战略性部署的商业库存和将其移进公共仓库有关的变动成本总计 80 万美元。因此，当以发到仓库的变动成本定价时，系统的平均库存是 780 万美元。

计算非资金成本因素

所有余下的库存持有成本要素应该被算作变动发货成本（780 万美元）的一个百分比，并加到资金成本上。不过，在有些公司，库存报表可能只用完全标准制造成本来为产品定价，并且更改报表实践所涉及的成本和时间相对于所能得到的好处来说似乎很高。如果企业面临这类情况，可以在计算持有成本时对资金成本进行调整，从而反映出它是被应用在比库存减少所能产生的现金还要大的价值上。表 5.4 显示了调整持有成本的计算方式的方法，使之只反映变动成本。

表 5.4 调整资金成本以适应库存估价方法

方法一	
库存的完全成本	$ 10,000,000
变动成本为完全成本的 80%	× 80%
库存的变动成本	$ 8,000,000
税前资金成本为 30%	× 30%
与库存投资有关的资金成本	$ 2,400,000
方法二	
税前资金成本	30%
变动成本是完全成本的 80%	80%
库存的完全成本	$ 10,000,000
调整后的资金成本	× 24%
与库存投资有关的资金成本	$ 2,400,000

假设变动成本占全部成本的 80%，并且资金成本是税前 30%或税后 15%。如果管理报表所显示的库存是以完全成本计价的 1,000 万美元，那么管理人员可以取这个金额的 80%，然后施加 30%的资金成本。这将会产生 240 万美元的资金成本。另一种方法是在计算库存持有成本的时候，就调整资金成本。取 30%资金成本的 80%，调整后的资金成本——24%——可以应用在管理报表所示的库存价值上。这种方法同样产生 240 万美元的资金成本。如果使用的是完全成本并且资金成本已经经过适当地调整，那么所有余下的成本要素都应该以完全成本计价的库存价值的百分比来进行计算。

库存服务成本。回到包装消费品的例子，系统库存以发到存储地点的变动成本计价是 780 万美元。全年税金是 90,948 美元，即 780 万美元库存价值的 1.17%；这个数字加到 30%的资金成本上（见表 5.5）。全年的库存保险成本是 4,524 美元，即库存价值的 0.06%。

储存空间成本。公共仓库的储存成本是全年 225,654 美元，相当于库存价值的 2.89%。工厂仓库的变动储存成本应该只包括那些随库存量变动的成本。绝大部分的工厂仓储费用实质上是固定的。那些变动的成本随着移进和移出仓库的产品数量（吞吐量）波动，而不是随着库存水平发生变化。所以，工厂仓库的变动储存成本是可以忽略的。

库存风险成本。过期成本，即产品放在库存中超出了使用寿命的成本，在这家公司有所显示，在过去 12 个月里代表了库存价值的 0.80%。

损耗和破损成本。损耗和破损成本没有被单独记录。回归分析本可以是分离出这些随库存变动的成本比率的可行办法。不过，管理层认为与库存水平有关的是不会超过全部损耗和破损成本的 10%，即 100,308 美元。因此，就使用 10%这个管理估计。这相当于 780 万美元库存价值的 1.29%。

迁移成本。那些为了避免过期，在将产品从一个地方运到另一个地方时所承受的成本，是无法得到的。管理层认为这些成本发生的频率是如此之低，以致没有必要将它们从普通运输成本中分离出来单独记录。

表 5.5　数据收集流程一览表

步骤	成本类别	来　源	解　释	数量(目前的研究)
1	资金成本	主管会计	这代表资金投资于库存的成本，并且收益率应该相当于其他投资机会的收益率。	税前 30%
2	以发送到配送中心的变动成本计价的每月平均库存	1. 标准成本数据——主管会计所在部门 2. 运价和产品规格来自配送报告 3. 以箱计算的每月平均库存数据来自销售预测的输出	只需要变动成本，因为不管制造和储存的产品数量如何，固定成本会持续发生——遵循报告中描述的步骤。	以发送到 DC 的变动成本计价为 780 万美元。(变动制造成本相当于全部制造成本的 70%。DC 离岸价中的变动成本平均为全部制造成本的 78%。)
3	税金	主管会计所在部门	为库存支付的个人财产税	90,948 美元，相当于 1.17%
4	保险	主管会计所在部门	每 100 美元库存的保险费(变动成本)	4,524 美元，相当于 0.06%
5	重复储存(公共仓库)	配送作业	这代表与库存量有关的仓储成本比率	每年 226,654 美元，相当于 2.89%
6	变动储存(工厂仓库)	运输服务	应该只包括那些随库存量变动的成本	0
7	过期	配送部的报告	持有产品库存超过其使用寿命的成本	库存的 0.80%
8	损耗	配送部的报告	需要管理判断以确定归因于库存的比率	100,308 美元，相当于 1.29%(步骤 8、9 合计)
9	破损	配送部的报告	需要管理判断以确定归因于库存的比率	
10	迁移成本	无法得到	应该只包括为了避免过期而承受的迁移成本	无法得到
11	总持有成本	计算步骤 3、4、5、6、8、9 和 10 产生的数字，计算以发到配送中心的变动成本计价的平均库存的百分比，把它们加到资金成本上(步骤 1)		36.21%

库存持有成本的计算结果为36%

总库存持有成本。当将各个单个百分比进行汇总，得出库存持有成本是36.21%。因此，管理层在计算物流系统的成本权衡时使用36%的库存持有成本。另外六家包装产品公司的库存持有成本的计算包括在本章的附录中。

表5.5总结了包装消费品公司使用的数据收集流程。注意库存持有成本的资金成本要素与其他成本要素之间的区别。所有的非资金成本要素（表5.5中第3步到第10步）都是年度费用。因此，它们出现在损益表上，并影响公司的净利润。然而，库存是一个平衡表的科目。只有在它被销售并且库存成本和由它的销售而产生的收入进行匹配时，库存才成为一项费用。通常，在被销售以后库存会被替换，因而平衡表上的库存科目保持不变。如果库存未被替换，没有花费在库存上的金额就会增加在现金科目上。

虽然现金与库存一样是个平衡表科目，现金所赚得的收益率却会影响损益表。将库存减少或增加的现金价值乘以资金机会成本，就将库存变动表示成了损益表的“费用”；这可以加到其他费用上，如保险和税金。和库存有关的付现费用（非资金成本要素）应该被简单地计算成库存投资（现金价值）的百分比，并加到资金成本上以确定总的库存持有成本百分比。

到目前为止，我们假设公司有一个相对同质的产品系列，也就是说，产品在各个工厂地点制造，以混合的数量发运，并储存在相同的仓库里。所以，如果公司有12个月的库存计划并能得到标准成本，就可以对所有产品和地点使用加权平均的库存持有成本。这个数字需要每年在获取新的库存计划、更新过的标准成本以及前一年的保险、税金、储存和库存风险成本开支以后进行更新。

存货持有成本可能随储存地点而变化

General Mills公司的管理人员对每个产品存放地点计算了库存持有成本，并发现了明显的差异。[①] 由于成本必须从储存地点收集而来，所以只需花最小的额外工夫来调整数字，以供有关具体布局或库存类型的决策之用。如果差异是非常小的，那么加权平均库存持有成本就足够了。

不过，在拥有异质的产品系列的公司，库存持有成本应该按每种产品单独计算。例如，散装化学品不能以混合的数量发运或存放在相同的罐内。因此，运输和储存成本应该在特定的产品/地点基础上计算，而不是与同质产品一样使用平均的运输和储存成本。下一节包含一个来自散装化学品行业的实例，将会阐明同质和异质产品之间的区别。

一个散装化学品行业的实例

由于散装化学品存在巨大的本质差异——在储存要求、损耗和目的地点等方面——并且由于缺乏库存预测，有必要对每一种主要产品或产品类别分别确定库存持有成本。还有另外一个问题，每吨的销售价格、完全制造成本以及每吨的变动成本在不同的工厂是不同的，并且在一个工厂内也会在全年内发生变化。

① William R. Steele, “Inventory Carrying Cost Identification and Accounting,” Proceedings of the Sixteenth Annual Conference of the National Council of Physical Distribution Management (Chicago: National Council of Physical Distribution Management, 1979), pp. 75-86.

这个例子将集中在工业化学品部门所制造的两种产品上。选择一种产品是因为它有相对较低的变动生产成本，选择另一种是因为它的变动生产成本代表了完全制造成本非常大的百分比。按成本、发运和储存需求，这两种产品是公司制造的产品范围的代表。因为运输变动成本在每一个存放点都不同，并且代表了商业目的地库存价值中的很大一个组成部分，所以应对每个储存地点计算库存持有成本。在这个例子中，代表各个制造地点的库存持有成本，以占变动制造成本的百分比进行计算。

资金成本。通过与主管会计的面谈，了解到 50 万美元以上的新投资要求有 20% 的税后收益率。作为会谈的结果，建立起了税后 20% 或税前 40% 的资本机会成本。资本机会成本应该只适用于库存的付现投资。第一步是确定每种产品的标准变动成本，并将这些成本表示为完全制造成本和平均每吨净收入——即每吨的平均销售价减去销售费用——的百分比。① 因为月度报告以平均净收入为库存计价，因此所有的库存成本要素均表示为平均每吨净收入和变动成本以及完全制造成本的百分比（见表 5.6 和表 5.7）。不过，根据库存放置的地点，变动成本占每吨平均净收入的百分比会有所变化。这是因为运输成本应该被加在区域库存上。

库存服务成本。公司为在每个仓库地点价值 25 万美元的制成品库存自我保险，但是对于任何特定地点超出 25 万美元的库存，平均每 100 美元库存的保险费是 0.265 美元。由于不容易得到第一笔 25 万美元库存的保险成本，每 100 美元 0.265 美元这个数字就被用来计算库存持有成本，并且知道它和实际数字的差异是微乎其微的。

库存支付的税金依据终点所处的州和城市而不同。应该在确定终点的特定地点时，使用每个地点的实际支付税率。在这个例子中，管理层认为下一年度的税率不会改变，所以就使用上年的平均税率。基于平均月库存数字和上一年度的税率，这代表了以平均净收入计价的库存的 0.274%。由于税金只代表总持有成本中如此小的比率，因此使用每个地点的实际税率也不可能会显著地改变持有成本百分比。

库存空间成本。与工厂的储存罐相关的成本是固定的，所以它与在任何特定的储存罐中增加库存水平的决策无关。如果库存增加要求有额外的工厂储存空间和安装新的罐，就需要一个资本预算决策。一旦额外的储存罐安装完毕，罐中的产品库存水平的变化就不再会影响储存成本。

有一个类似的争议是针对租用的终点空间，因为这种空间的成本是在每年基础上固定的。每加仑的成本可能在包租更大数量的储存空间时有所下降，但通常每年的总成本是不受给定罐中所存放的产品数量影响的。搬运成本与销售有关（吞吐量），与储存的产品数量无关。对于仓库和终点业务中的管理人员说，在有些情况下必须保证库存每年周转 4 次。一位物流分析家确认，虽然在决定终点位置时需要终点的租赁成本，但一旦终点就位，在考虑其他客户是否应该经过终点时，它的成本被认为是固定的。

---

① 在化学行业供货紧缺期间，企业开始在月度报告中以平均每吨净收入为库存投资定价。由于企业有能力销售库存的产品，所以因等待未来来自老客户的订单而持有库存阻碍了立刻向新客户销售。因此平均每吨净收入，即销售价格减去与销售有关的付现成本（如销售佣金和运费），被用来代表库存的现金价值。

表 5.6 产品 LMN 的库存持有成本

	基于每吨平均净收入的百分比($393)	基于预算的每吨完全制造成本的百分比($138.51)	基于每吨变动成本的百分比($80.43)
Ⅰ. 资金成本 资金成本(最低的可接受收益率=税后20%,税前40%)	8.188%[a]	23.227%[b]	40.000%
Ⅱ. 库存服务成本保险 税金(随地点而变动—平均)	0.265 0.274	0.752 0.777	1.295 1.338
Ⅲ. 储存空间成本[c]	—	—	—
Ⅳ. 库存风险成本 过期 失窃(损耗) 破损 迁移成本 总计(税前)	 — 3.220 — — 11.947%	 — 9.137[d] — — 33.893%	 — 15.735 — — 58.368%
库存持有成本(每吨)	$46.95	$46.95	$46.95

a. 基于变动成本 80.43 美元/吨和平均净收入 393 美元/吨。变动成本 = 平均每吨净收入的 20.47%。因此,资金成本 = 0.2047×40% = 平均每吨净收入的 8.188%。

b. 完全制造成本的预算为 138.51 美元。变动成本占完全制造成本的百分比 = 58.068%。因此资金成本 = 0.58068×40% = 23.227%。

c. 在相关的库存水平范围内是固定的。

d. 在损耗吨数占库存平均吨数百分比的基础上计算。作为变动制造成本加运输成本的替代被应用于全部制造成本,并且根据每吨净收入和变动成本调整为相应的百分比。

资料来源: Douglas M. Lambert, The Development of an Inventory Costing Methodology: A Study of the Costs Associated with Holding Inventory (Chicago: National Council of Physical Distribution Management, 1976), pp. 167-68.

库存风险成本。过期不是一个因素,因为公司正由于化学行业的产品紧缺而经历产品的“卖方市场”。不过,如果是一个“买方市场”,就应该衡量过期的成本。

在承运人运输期间导致的产品损坏会得到赔偿,所以损坏不是一项很大的成本。当然,索赔管理职能是有成本的。但是向承运人索赔的变动成本不应该被包括在库存持有成本中,因为绝大多数索赔和吞吐量有关,而与库存数量无关。

所有其他损耗成本总计占所有产品平均库存的 1.51%,不过,它们随产品不同而大幅变化。由产品的生产工厂和供需关系等诸多因素而导致的每种产品价格的大幅波动,使管理人员很难有依据地确定损耗金额。因此为所研究的两种产品计算了一个每吨加权平均成本(见表 5.8)。不过,这个问题可以通过只考虑损耗吨数占年平均库存吨数的百分比而加以解决。这会产生一个与金额无关的百分比数字。

表 5.7　产品 XYZ 的库存持有成本

	基于每吨平均净收入的百分比（$50.84）	基于预算的每吨完全制造成本的百分比（$28.89）	基于每吨变动成本的百分比（$2.34）
Ⅰ. 资金成本 资金成本（最低的可接受收益率 = 税后 20%，税前 40%）	1.841%[a]	3.240	40.000%
Ⅱ. 库存服务成本保险	0.265	0.466	5.757[b]
税金（随地点而变动——平均）	0.270	0.482	5.865
Ⅲ. 储存空间成本[c]	—	—	—
Ⅳ. 库存风险成本			
过期	—	—	—
失窃（损耗）	0.730	1.284[d]	15.852
破损	—	—	—
迁移成本	—	—	—
总计（税前）	3.106%	5.472%	67.474%
库存持有成本（每吨）	$1.58	$1.58	$1.58

a. 这取决于变动制造成本加变动运输成本占每吨平均净收入的百分比。对放在工厂的产品，基于每吨变动成本 2.34 美元和每吨平均净收入 50.84 美元，变动成本 = 0.04602 × 40% = 1.841%。对于地区库存，将在计算变动成本百分比前加上运输成本。

b. 基于变动成本 2.34 美元/吨和平均净收入 50.84 美元。变动制造成本 = 平均每吨净收入的 4.602%。所以，50.84 美元的 0.265% = 2.34 美元的 5.757%，50.84 美元的 0.270% = 2.34 美元的 5.865%。全部制造成本是每吨 28.89 美元，并且基于此数字的百分比是用类似于基于平均每吨净收入的百分比的方式计算的。

c. 在相关的库存水平范围内是固定的。

d. 在损耗吨数占平均库存吨数百分比的基础上计算。作为变动制造成本加运输成本的替代被应用于全部制造成本，并且基于每吨净收入和变动成本调整为相应的百分比。

资料来源：Douglas M. Lambert, The Development of an Inventory Costing Methodology: A Study of the Costs Associated with Holding Inventory（Chicago: National Council of Physical Distribution Management, 1976）, pp. 165-66.

迁移成本。为了避免过期而将产品从一个储存地点运到另一个地点所发生的成本相信是可以忽略的，因而没有被包括在内。

库存持有成本可能因产品而不同

总库存持有成本。用于决策的总库存持有成本是：产品 LMN 占税前变动成本的 58.37%，产品 XYZ 占税前变动成本的 64.47%。这些百分比可能看似很高，但它们只牵涉到与库存有关的变动成本，而不是完全制造成本。例如，如果这些数字算作完全制造成本的百分比，它们会分别是 33.89% 和 5.47%。如果算作平均每吨净收入的百分比，它们分别为产品 LMN 的 11.95% 和产品 XYZ 的 3.11%，用美元来表示，库存持有成本是：产品 LMN 每吨为 46.95 美元和产品 XYZ 每吨为 1.58 美元（分别见表 5.6 和表 5.7）。

所有百分比的计算都假设库存会放在工厂里。然而，如果库存放在地区仓库里，变动成本还要包括运输成本并加上与把产品运进仓库有关的任何成本，因此，计算结果代表完全制造成本和平均每吨净收入的更高的百分比。建议在计算库存持有成本时，使用基于变动成本的百分比。

表 5.8　年终的库存和损耗

	产品 XYZ			产品 LMN			总计
	美元	吨数	每吨美元	美元	吨数	每吨美元	
1 月							
2 月							
3 月							
4 月							
5 月							
6 月							
7 月							
8 月							
9 月							
10 月							
11 月							
12 月							
月平均值							
年平均值							
损耗率		*			*		

* 可使用的最佳数字，因其与每吨价格无关（因为百分比可以适用于任何库存价值）。不过，这一百分比应该只应用于付现成本。由于变动制造成本不包括运输成本，建议此损耗百分比应用于完全制造成本（替代变动制造成本加上运输）。来自《仓储估价汇总》“配送会计”的报告。

资料来源：Douglas M. Lambert. The development of an Inventory Costing Methodology: A Study of the Costs Associated with Holding Inventory (Chicago: National Council of Physical Distribution Management, 1976), p. 164.

这个化学品行业的实例清楚地说明为什么使用行业平均或教科书上的库存持有成本百分比是错误的。库存持有成本不仅随着所考虑的每种产品而显著不同，并且根据所使用的库存定价方法，对每种产品也会有很大的变化。

这两个例子已经说明了计算方法及其如何被应用。至此，读者应该能够为一家公司计算出库存持有成本的百分比。

库存周转率对库存持有成本的影响

增加库存周转可能会减少利润

在第 1 章我们了解到，许多企业的管理层试图通过强调改善库存周转的必要性来提高赢利能力。但是努力争取提高库存周转率而不考虑其对总物流成本的影响，实际上却可能会导致赢利能力的降低。

例如，表 5.9 说明了提高库存周转率对总持有成本的影响。[①] 对于

① 该例子摘自 Douglas M. Lambert and Robert H. Quinn, “Profit Oriented Inventory Policies Required a Documented Inventory Carrying Cost,” Business Quarterly 46, no. 3 (Autumn 1981), pp. 64-65.

某个销售额为 75 万美元的产品、产品类别、部门或公司，当平均库存为 75 万美元时，库存周转率将等于 1。如果库存持有成本是 40%，那么库存持有成本为每年 30 万美元。将库存周转率从 1 提高到 2 将会导致库存持有成本降低 15 万美元；这代表 50%的节约。将库存周转率从 6 提高到 12 同样导致库存成本节约 50%，但它只代表很小的节约 25,000 美元。许多时候管理层发觉自己处在这样一个位置上，即期望每年都能提高库存周转率。如果公司不够有效率并有过多的库存，提高库存周转率将导致赢利能力提高。然而，持续提高库存周转率却不改变过程，最终将导致企业将库存水平降到最优水平以下。如果目前的物流系统是有效率的，目标是将库存周转率由 11 提高到 12，那每年库存持有成本将节约 2,273 美元。必须注意，运输成本、批量成本、仓库拣货成本以及订单处理和信息成本的上升不应该超过这个金额；降低的客户服务水平所丧失的利润贡献不至于超过持有成本的减少；或者上述情形的某种组合不会发生。

表 5.9　库存周转率对库存持有成本的影响

库存周转率	平均库存	持有成本为 40%	持有成本的节约值
1	$ 750,000	$ 300,000	—
2	375,000	150,000	$ 150,000
3	250,000	100,000	50,000
4	187,500	75,000	25,000
5	150,000	60,000	15,000
6	125,000	50,000	10,000
7	107,143	42,857	7,143
8	93,750	37,500	5,357
9	83,333	33,333	4,167
10	75,000	30,000	3,333
11	68,182	27,273	2,727
12	62,500	25,000	2,273
13	57,692	23,077	1,923
14	53,571	21,428	1,649
15	50,000	20,000	1,428

资料来源：Douglas M. Lambert and Robert H. Quinn，"Profit Oriented Inventory Policies Require a Documented Inventory Carrying Cost，" Business Quarterly 46，no. 3（Autumn 1981），p. 65.

图 5.8 使用表 5.9 给出的数据说明了库存持有成本和库存周转次数之间的关系。这个例子表明当每年库存周转次数少于 8 次时，提高库存周转次数具有最大的效果。事实上，超过 8 次以后曲线变得相对平坦。将库存周转从 5 次提高到 6 次所产生的库存持有成本节约值与从 10 次提高到 15 次相同。而库存周转从 1 次提高到 2 次将会减少一半的库存持有成本。为了节约另一半，就必须取消所有剩余的库存。每次库存周转次数翻倍，就会节约前一次翻倍所节约金额的一半。库存周转超过 8 次，曲线开始转为水平。这并不表示应该满足于 8 次，而是说如果企业达到了 8 次，目标就应该是 16 或 24 次，而不是 9 次。将次数提高到 16 或 24 不可能通过渐进的改进而实现，而是需要突破性的思维，如在供应链内中共享信息。每当设立库存周转目标时，必须充分证明各种选择策略将如何增加其他物流成本，并将其与节约的库存持有成本相比较。

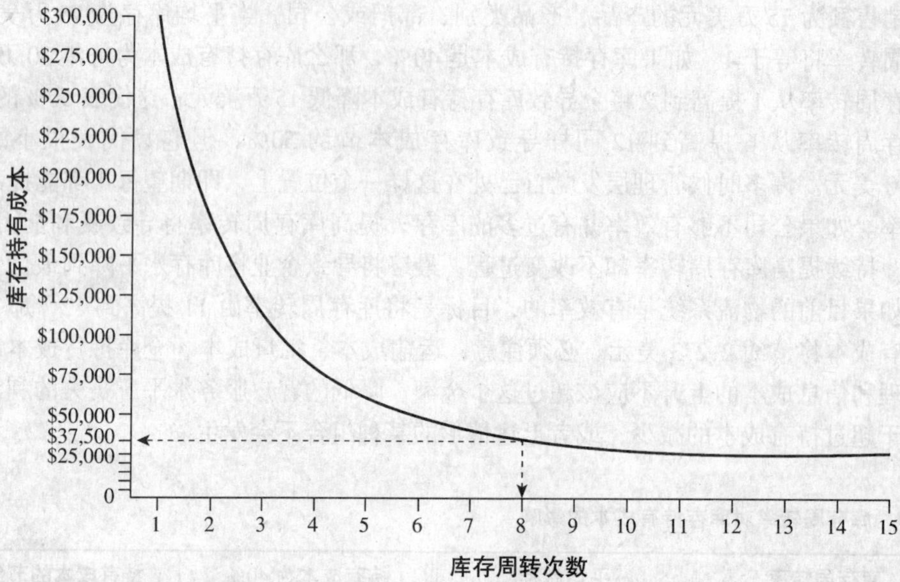

资料来源：Douglas M. Lambert and Robert H. Quinn, "Profit Oriented Inventory Policies Require a Documented Inventory Carrying Cost." Business Quarterly 46, no. 3 (Autumn 1981), p. 65.

图 5.8 库存周转次数与库存持有成本之间的关系

每单位的库存持有成本

对许多管理决策而言，在每单位的基础上计算库存持有成本可能是有用的。与每单位销售产品有关的库存持有成本对高周转产品和低销量、低周转产品会有巨大的不同。为了说明这一点，使用每单位持有成本的例子重复分析前面的库存持有成本和库存周转次数。例如，如果某件产品的变动制造成本是 100 美元，并且每年库存持有成本是 30%，那么每月持有产品库存的成本就是 2.50 美元（30/12）。每年周转 1 次（库存 12 个月）将消耗 30 美元的持有成本，而每年 2 次将消耗 15 美元；4 次，7.50 美元；8 次，3.75 美元（见图 5.9）。某个产品系列的某些型号每年周转少于 1 次也并非罕见。当库存持有成本被包括在产品赢利能力报告中时，低库存周转次数会将一个产品置于亏损的地位。每年库存周转 1 次会导致每件销售产品付出 30 美元的库存持有成本。相反，每年 15 次将仅仅导致每件 2 美元的支出。这个例子清楚地说明库存周转如何影响每件销售产品的利润率。在第 6 章我们将分析通过改善管理库存而改进产品利润率的方法。

供应链中的库存持有成本

供应链的目标：提高总体效率

物流系统所需的成本权衡分析（见图 5.4）可以在单个企业内部、供应链的不同层级之间或是在整个供应链中进行。对于单个企业，目标是找到最有效率的途径以提供期望的服务水平。对于供应链，目标是通过在其成员之间重新分配职能以及由此产生的成本来提高总体效率。例如，制造商所提供的客户服务水平，将对供应链的其他成员产生显著的影响。

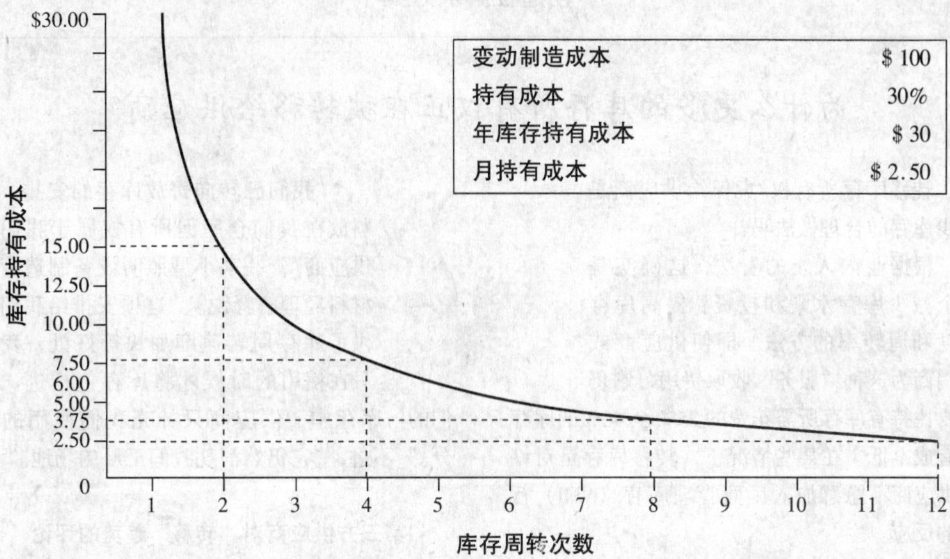

资料来源：Jay U. Sterling and Douglas M. Lambert, "Segment Profitability Reports: Your Can't Manage Your Business without Them," unpublished manuscript, 1992

图 5.9　年库存持有成本与库存周转率

制造商的产品可供性很差，并且订货周期时间不一致，将迫使批发商持有更多的库存作为安全库存，以便为渠道的零售层级提供可接受的服务水平。在此情况下，制造商取得较低的物流成本是以供应链的其他成员支出更多的成本为代价，并且整个供应链可能是缺乏效率的。

信息技术可以提升供应链的效率和有效性

然而，如果管理人员关注于提升物流效率和有效性的系统改变，就有可能满足所有企业的目标。例如，许多公司在订单处理方面没有与技术保持同步。正如我们在第 4 章所说的，通过用先进的科技替代过时的订单处理和信息系统，企业可能实现下列某些或全部：（1）提高客户服务水平；（2）降低库存；（3）加速取货；（4）降低运输成本；（5）降低仓储成本；（6）改进现金流和资产收益率。

相比在制造商的仓库里，制造商在客户库存里的额外现金投资是极少的。进一步说，库存持有成本的非资金成本要素被转移到了供应链的下一级。为此，如果制造商拥有客户的库存直到它被消费为止，供应链的效率可能会有所提高。图 5.10 说明库存是如何靠近最终消费者时增加价值的。供应商的变动产品成本是 5 美元，但制造商是 11 美元。制造商的变动制造成本——也就是投资于库存的实付现金——是 25 美元，但批发商的投资是 62 美元。类似的，零售商的成本是 82 美元。当制造商持有库存时，承受的额外付现成本是最小的，并且库存持有成本的非资金成本要素被转移。

创造性解决方案

为什么更多的库存所有权正在被转移给供应商？

转移库存所有权/责任给供应商是减少库存的合理做法吗？

根据业内人士的看法，这确实是一个减少库存水平和投资、提高库存速度和周转率的方法。即使供应商或分销商为这种“服务”收取费用，它仍然要比持有库存所需花费的25%至40%的库存持有成本低。在某些情况下，转移库存是对许多供应商不愿意加入厂商管理库存（VMI）行动的反应。

通过将库存所有权/责任转回给供应商，库存经理可以表示更多强制性的VMI和未来的供应链创新活动。许多业内人士正在坚持要求某些“增值”活动。例如，这些是库存管理人员对此问题的看法：

发挥MRO购买数量的优势

“我们已向几个关键供应商转移了库存所有权和管理责任”，一个大型包装制造商的采购经理说，“我们发挥了我们MRO物品库存量的优势，使用更少的供应源，并要求它们为增加的货量提供更高水平的增值服务。”虽然没有计算时间节约，他提到成本节约平均在10%到20%之间。

供应链审查发起了政策改变

“我们将库存使用/所有权转移给了分包商，从前是由我们向这些分包商供应库存的”，据一家中等规模便携式电源装置制造厂的国际分包经理说。“对供应链的重新审查表明，大量库存被采购并随后发运给与我们的供应商没有伙伴和联盟关系的分包商。这一实践的改变已经使我们的库存投资降低了25%以上。”

寄放的库存——一个不完整的解决方法

“我们已转向寄放库存的安排，材料放在我们仓库但所有权属于我们的供应商”，一家小型照明设备制造商的材料经理解释说。“这项安排给我们提供了库存周转速度加快等好处，我们只在使用的时候才将库存包括进‘我们的’库存中，供应商只补充我们使用的部分。”不过，“它仍然消耗我们工厂的场地。”

第三方供应商对“转移”趋势的评论

“就我们所服务的组织而言，大多数正在将库存责任转移给我们”，据一位供应链解决方案副总裁说。“我们的获得是……看得见的库存及其使用，不再遭受由于预测、未抵达的订单等等引起的库存波动。”

可用空间减少迫使转向供应商伙伴关系

“我们开始将更多库存转移给第三方物流/仓库供应商，同时还坚持供应商维持库存的所有权”，一家公用事业公司的材料配送经理说。“我们与那个供应商建立起了伙伴关系。”

转移所有权，但共享计划

“当我们开始向供应商转移库存拥有权时，我们也通过EDI和电传使供应商了解我们的生产计划和时间安排”，一家中等规模的液体控制装置生产商的计划员说，“这个尝试是贸易伙伴关系的开始。安排的一部分要求每个季度讨论服务、发运和其他合适的议题。”

资料来源：摘自 Inventory Reduction Report Issue 99-2, February 1999, pp. 1 and 7. Reprinted by permission. © Joe Mazel, IOMA's Inventory Reduction Report, (212) 244-0360. http://www.ioma.com.

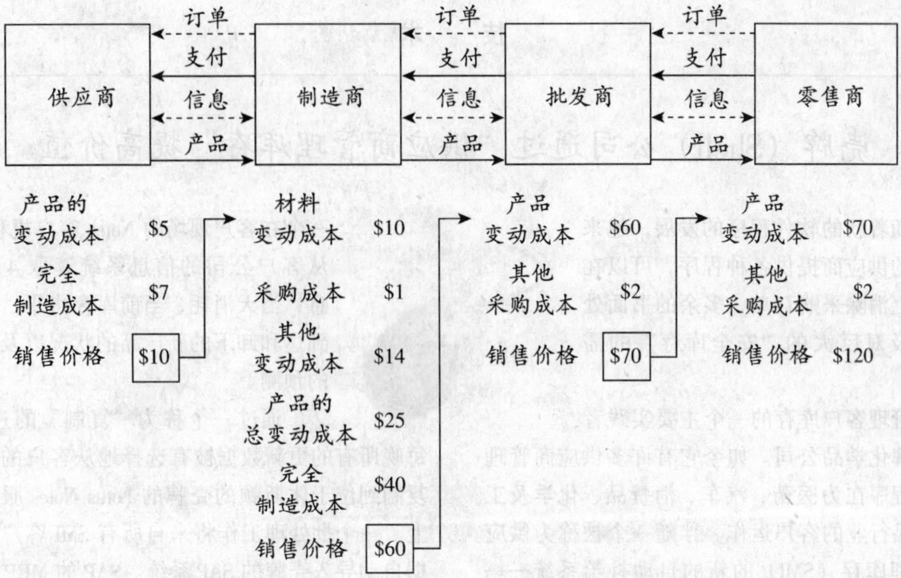

资料来源：摘自 Douglas M. Lambert and Mark L. Bennion, "New Channel Strategies for the 1980s," in Marketing Channels: Domestic and International Perspectives, ed. Michael G. Harvey and Robert F. Lusch (Norman: Center for Economic and Management Research. School of Business Administration, University of Oklahoma, 1982), p. 127.

图 5.10　供应链中的库存位置和主要的流

库存布局影响供应链的总成本

供应链中的库存布局影响供应链的总成本和提供给最终消费者的客户服务水平。通常，产品放得离客户越近，库存持有成本就越高。如果提供的销售条款可以鼓励其他渠道成员购买更多的数量或接受更长的订货周期，或者，如果增加的销售来自更高的服务水平，整个供应链可能获取更多的利润。以创新的策略响应市场挑战的公司将获得回报。

除了重新思考改进现金流和资产收益率的传统策略以外，供应链领导企业可能希望考虑将供应链内部的信息系统自动化和集成化。这会缩短订货周期和减小订货周期的变动，并为制定计划提供时间。最新的通讯技术为提高供应链的效率和有效性提供了独特的机会。如果整个供应链中的信息流得到改善，所有成员将会在改进客户服务的同时减少库存。另外，所产生的计划时间将允许货运合并、仓储成本节约，并降低批量成本。① 集成化信息系统的好处在第4章详细说明。

通常，提高客户服务水平会造成费用的增加，并且必须增加销售，从而与服务的改进达到平衡。然而，通过改进信息流，企业可以提升客户服务水平并减少总运作成本——实在是一个独特的机会。

---

①　有关消费品公司如何对改进供应链信息流需要的反应的一个例子，请见 www.transora.com。

技 术

壳牌（Shell）公司通过“供应商管理库存”提高价值

随着新的软件程序的发展，越来越多的供应商提供各种程序，可以在事实上消除采购订单、多余的书面处理以及对巨大的“安全库存”的需求。

管理客户库存的一个主要实践者是壳牌化学品公司。如今它有许多供应商管理库存程序在为医药、汽车、消费品、化学及工业产品行业的客户运作。伴随一个被称为供应商管理库存（SMI）的新的自动补给系统——许多壳牌的客户对壳牌提供的全系列产品不再下达订单。取而代之的是，壳牌根据客户提供的信息预测需求并积极地补充库存。

SMI（Supplier Managed Inventory）是目的在于减少壳牌的生产计划和运作过程成本的一系列重组努力的产物。经过许多研究以后，壳牌得出结论：如果公司能更好地理解客户的使用模式，就能更准确地预测公司自己的生产，从而使工厂所持有的库存合理化。

据营销总监肯·华伦廷推理，了解客户使用模式的最好办法就是实际上为客户承担供应管理工作——马上提供一项增值服务并得以洞察客户需求。“此外”，他推理到，“通过为客户管理库存，壳牌将得到更多的业务回报……在大量的日用品业务方面。”

为了尝试发展提供这种增值服务所需的基础设施，壳牌随后集合起公司的资源。结果：一个基于“Lotus Notes”的在线工具，称为“SIMON”——壳牌库存管理订购网络——使客户和壳牌得以共享信息。每个夜晚，SIMON，一个在客户现场的Notes客户机程序，从客户公司的信息系统读取4段信息：当天消耗、当前库存水平、当天到达和卸下的新产品的状况以及客户的预测。

通过一个称为“复制”的过程，每晚所有的更新数据被有选择地从客户的工厂复制到位于休斯顿的壳牌的Lotus Notes服务器上。一个批处理工作将来自所有SMI客户的数据自动导入壳牌的SAP系统。SAP的MRP随后计算出一个新的再供应计划，每天早晨客户服务代表就可以得到这个计划。

到了每月月底，SIMON基于客户提供的数字计算出消耗量。客户随后根据该计算用电子方式向壳牌付款。不需要发票，因为壳牌和SMI客户是在审查SIMON中的相同数据。

作为服务的回报，客户同意使用壳牌作为由SMI管理的产品的独家供应商。这是必须的，因为客户是基于消耗量付款，而不是根据有多少产品运到工厂。如果来自多个供应商的产品在罐中混合，就无法区分出壳牌产品的消耗量。

壳牌列举的主要好处包括：客户所持有的库存量的大幅减少，供应商库存减少（由于更加准确的预测和消费信息），以及交易处理的急剧下降。

资料来源：Shell Improves Value through “Supplier Managed Inventory.” Purchasing 128, no. 8 (November 27, 1997), p. 79.

小结

在本章中我们了解了如何确定库存投资对企业的公司利润绩效的影响。我们还研究了库存政策影响最小总成本物流的方式，并且说明了可以用来计算库存持有成本的方法。最后，我们分析了库存周转率与库存持有成本之间的关系。

到目前为止，库存是昂贵的投资已是明白无误了。了解了这个事实，并且知道了用来确定库存持有成本的流程，我们就可以对库存管理进行详细的审视。这是第 6 章的主题。

推荐阅读材料

Edelman, Martin P. "Use of the Inventory Turnover Measurement." Hospital Material Management Quarterly 12, no. 1 (1990), pp. 50-56.

Huq, Faizul, and William E. Pinney. "Impact of Short-Term Variations in Demand on Opportunity Costs in a Just-in-Time Kanban System." Production and Inventory Management Journal 37, no. 4 (1996), pp. 8-13.

Lambert, Douglas M. The Development of an Inventory Costing Methodology: A Study of the Costs Associated with Holding Inventory. Chicago: National Council of Physical Distribution Management, 1976.

Lambert, Douglas M., and John T. Mentzer. "Inventory Carrying Costs: Current Availability and uses." International Journal of Physical Distribution and Materials Management 9, no. 6 (1997), pp. 256-71. Reprinted in Martin Christopher, ed. "New Horizons in Distribution and Materials Management." International Journal of Physical Distribution and Materials Management 12, no. 3 (1982), pp. 56-71.

Ptak, Carol A. "A Comparison of Inventory Models and Carrying Costs." Production and Inventory Management Journal 29, no. 4 (1988), pp. 1-3.

Sheffi, Yosef, Babak Eskandari, and Haris N. Koutsopoulos. "Transportation Model Choice Based on Total Logistics Costs." Journal of Business Logistics 9, no. 2 (1988), pp. 137-54.

Steele, William R. "Inventory Carrying Cost Identification and Accounting." Proceedings of the Sixteenth Annual Conference of the National Council of Physical Distribution, Chicago: National Council of Physical Distribution Management, 1979, pp. 75-86.

问题与习题

1. 解释过多的库存如何侵蚀公司的赢利能力。
2. 许多企业人士根据行业平均值或教科书上的百分比，以此作为库存持有成本来设定库存水平。为什么这种做法是错误的？
3. 解释你将如何确定库存决策所使用的资金成本。
4. 你将如何确定制造商的制成品库存投资的现金价值？对于批发商或零售商的情况又将有何不同？
5. 物流成本权衡分析中的运输成本要素和库存计价（现金价值）中所包含的运输成本有何不同？
6. 在收集计算一家公司的库存持有成本所需的成本信息时，你预计会有什么问题？

7. 描述在什么情况下，一个特定公司内的库存持有成本会发生变化。解释为什么随着库存周转率的增加，库存持有成本会以递减的速率下降。请在你的答案里考虑原材料、在制品和制成品库存。

8. 使用下列数据为这个工厂仓库确定固定和变动的仓储成本。

月	运输量	工厂总仓储成本
1月	$ 750	$ 9,200
2月	1,080	10,800
3月	1,010	11,400
4月	840	9,900
5月	860	10,900
6月	830	10,800
7月	970	11,200
8月	920	10,000
9月	1,160	11,000
10月	1,200	12,300
11月	1,100	11,600
12月	510	9,300

9. a. 根据下列信息为ABC公司计算库存持有成本百分比：

- 制成品库存以完全制造成本计价是2,800万美元
- 根据库存计划，每箱的加权平均变动制造成本是完全制造成本的65%
- 将库存从工厂移到靠近客户的仓库地点所承受的变动运输成本是150万美元
- 经计算，将库存移到这些仓库地点的变动成本是30万美元
- 公司目前正经历资本限额供给，要求新投资赚取15%的税后报酬率
- 为库存支付的动产税（personal property tax）大约是20万美元
- 防止库存损失的保险费是10万美元
- 公共仓库的存储费总计50万美元
- 工厂仓库的变动存储成本被认为是可以忽略的
- 过期成本是10万美元
- 损耗是10万美元
- 与库存相关的破损成本是5万美元
- 与为避免过期而迁移商业地点库存有关的运输成本是5万美元
- 所得税率是40%

b. 每年增加72万美元的生产准备成本和额外运输成本以实现库存降低10%的目标，是不是一个好的决策？

10. 根据下列有关杰克逊威尔（Jacksonville）制造公司的信息，计算新的信息系统对净资产收益率的影响：

- 销售1亿美元
- 税后净利润为200万美元
- 资产周转率是2.5次
- 财务比例为2

- 税率是净收入的 50%
- 新系统将为管理层提供额外的计划物流运作的天数
- 库存将降低 200 万美元，以发到储存地点的变动成本计价
- 公司的库存持有成本是库存价值的 36%，包括税前资金成本 30% 和非资金成本要素 6%
- 由额外的计划时间所促成的可能的运输合并将每年减少运输成本 43 万美元
- 仓储成本 15 万美元将被消除
- 新的订单处理系统将比现有系统每年多花费 30 万美元

11. 使用第 10 题的答案，为了实现相同的净资产收益率的增长，销售必须增长多少百分比？
12. 为什么管理人员想要将库存向后推给供应商？这样做好不好？评估通用汽车公司的策略：将零部件库存向后推给供应商，将完成的汽车向外推给经销网络。通常经销商持有 60 天到 120 天的汽车供应量。

附录　库存持有成本——六个案例研究

为了进一步提供有关如何计算库存持有成本的知识，此附录给出了来自包装品制造商的六个案例研究资料。虽然某些公司有大量的事业机构销售额，但大多数销售额还是在家用消费市场。所有公司的年销售额都超过10亿美元。

三家公司使用公共仓库来满足100%的地区仓储需求。一家公司只使用租赁的设施，另一家按50－50的比例使用公共仓库和公司管理的设施。第六家公司使用自有、租赁和公共仓库的比例分别为10%、40%和50%。除了工厂仓库，这些企业所使用的地区仓库的数量从5个到20多个，有两家公司是属于最后一类。

从六家公司收集的数据如表5A.1所示。结果支持每家公司应该计算各自的数字这一论点，因为它们各自的税前持有成本百分比在最低14%到最高43%的范围内变化。当所得税率不是50%时，出现了不常见的资金成本数字，如公司B、C和F分别是29.11%、25.50%和26.00%。这是由于为了取得税前资金成本，税后资金成本必须除以1减所得税率。所有其他成本都已经是税前数字。

除了少数例外之外，在每家公司中，数据都很容易得到；不过，还是遭遇了一些数据收集的小问题：

1. 有家公司对新投资没有规定障碍率。另一家公司使用20%的障碍率，却只要求为投资于库存和应收账款的资金向公司总部支付8%。因此，采纳8%这个数字，因为它反映了部门的真实成本。
2. 大多数情况下库存投资数据以及库存投资上的保险和税金很容易得到。但是在一家公司，有三天的工作被用在准确地确定占库存价值0.46%的税金计算上。由于很小的百分比差错对30%的持有成本几乎没有影响，建议将来把每个产品组所代表的全部库存百分比应用于总的税金数字。这个过程只需要大约15分钟。
3. 与库存持有数量有关的变动成本在每家公司都可以得到；不过，破损和损耗成本以及在某种程度上的报废成本需要管理估计。只有在一家公司这些成本没有被记录。
4. 迁移成本，就是与为了避免过期将库存从一个储存地点转运到另一个有关的成本，相信可以忽略不计。

对所有六家公司，计算持有成本数字所需的时间都很少。然而，必须注意应该把数据收集所需的时间视为绝对最大值。这是因为所报告的时间是假设公司的会计系统已经有了相当的完备程度。在一家不够完备的公司，可以想像需要付出大量额外的努力以准确追踪某些成本要素。例如，在库存风险成本代表了总库存持有成本的一个重大比例的组织里，对与库存持有水平有关的这些成本的比例进行管理估计将是不够的。所以，有必要实施一个能准确反映这些成本的报告系统，或使用回归分析以确定这些随库存数量变动的成本的比例。

表5A.2汇总了在六个组织里，个别的持有成本要素是从何处得到的。这个表格有重大用途，它表明了在一家公司里，应该在哪些方面寻找特定的库存持有成本要素。

表 5A.1　来自6家包装品公司的库存持有成本数据汇总表

库存持有成本要素	公司 A	公司 B	公司 C	公司 D	公司 E	公司 F
Ⅰ.资金成本	40.00%	29.00%	25.50%	8.00%	30.00%	26.00%
Ⅱ.库存服务成本						
保险	0.09	0.21	1.69	0.13	0.02	4.55
税金	1.90	0.46	0.09	1.22	0.03	0.33
Ⅲ.储存空间成本						
再储存	0.74	—	0.57	2.68	0.46	2.93
Ⅳ.库存风险成本						
过期	—	—	—	0.79	1.70	n.a.
破损	0.23	0.40	0.50	1.39	0.12	—
损耗	—	—	—	—	0.33	—
转运成本	—	—	—	n.a.	0.30	—
库存总持有成本(税前)[a]	42.96%[b]	30.07%	28.35%	14.21%[c]	32.96%	33.81%[d]
以前使用的库存持有成本	9.5%	15%	20%	8%	25%	15%
库存估价方法	完全制造成本法	交付给客户的变动成本	实际的生产变动成本	完全制造成本法	交付给配送中心的变动成本	完全制造成本法
数据收集所需时间	16小时	70小时[e]	40小时	30小时	20小时	20小时
所研究的部门或产品的平均库存	$10,000,000	$25,000,000	$8,000,000	$500,000	$45,000,000	$2,000,000

a. 占交付到配送中心的变动成本的百分比（这允许在所有公司之间进行比较）。

b. 库存持有成本为完全制造成本的35.44%。

c. 库存持有成本为完全制造成本的14.10%。

d. 库存持有成本为完全制造成本的27.32%。

e. 但是每年只需要20小时进行更新。

最后，在将库存持有成本百分比用于经济订货批量（EOQ）分析方面有一个小问题。如果由这个公式所产生的批量要求增加额外的固定储存空间，那么EOQ就必须重新计算，以包括额外设施预计的年度成本。即使EOQ只有略微的改变，也需要很多另外的重新计算以找到订货批量和额外资金成本之间的最佳成本权衡。

表 5A.2　表明数据来源的数据收集过程的汇总表

步骤	成本类别	说　明	公司 A	公司 B	公司 C	公司 D	公司 E	公司 F
1	资金成本	代表资金投资于库存的成本，收益率应和其他投资机会相当	公司审计员	部门副总裁和总经理	副总裁和审计员	副总裁，审计员和财务总管	财务分析经理	副总裁和审计员
2	以发到配送中心的变动成本计价的平均月库存	只需要变动成本，因为不管库存水平如何变动，固定成本保持不变	标准成本来自会计，储存计划来自物流，储存地点和运费价格来自物流	每月电脑打印输出	物流计划总监，来自每月库存打印输出	标准成本数据来自审计员的部门，运费价格和产品规格来自物流报告，平均每月库存箱数来自销售预测	库存计划经理	来自预算报告
3	税金	为制成品库存支付的动产税	公司税务经理	资产税代表	公司保险总监	审计员的部门	价税经理	来自预算
4	保险	为库存投资支付的保险	预算数字来自物流	公司保险经理	公司保险总监	审计员的部门	助理财务总管	
5	变动储存	只包括那些随库存数量变动的成本	材料管理经理	仓库经理	配送中心营运总监	物流	月度报告年底汇总	物流报告
6	过期	因持有库存造成的过期	材料管理、计划和分析经理	损耗和破损索赔经理	得不到确切数字，使用估计值，来自物流计划经理	来自物流部的报告	回收费用报告	物流报告或经理的知识
7	损耗	与库存量有关的损耗					回收费用报告	
8	破损	因库存水平造成的破损					材料搬运系统经理	
9	迁移成本	只考虑为避免过期的迁移成本		物流研究经理	得不到	得不到	库存计划经理	
10	总持有成本百分比	计算第 3 到第 9 步产生的数字占平均库存的百分比，并加到资金成本上（第 1 步）						

CHAPTER 6

库存管理

本章大纲

本章目标

- 说明如何应用库存管理的基本概念
- 说明如何计算安全库存
- 说明生产策略如何影响库存水平
- 说明库存与客户服务水平是如何相互联系的
- 说明如何识别拙劣的库存管理
- 说明如何改善库存管理
- 说明系统库存的减少是如何提高利润指标的

引　言

在第5章中，我们已经了解到，库存是一项巨大的、代价很高的投资。对公司的库存进行更好的管理，可以提高现金流和投资收益率。然而，大多数的企业（零售商、批发商和制造商）在周期性的库存惯例中遭受损失；也就是说，这些公司每几年制定一些紧急的降低库存的计划。“（降低库存的计划）通常只持续两三个月，其特征是高层管理者的命令发布、中层管理者的口头承诺——企业各层人员对于如何控制库存投资缺乏充足的知识。”①

显然，建立一个更加一致的库存管理计划很必要。本章将向读者提供提高库存管理实务所需的有关知识。

基本的库存概念

在本节中，我们将思考一些基本的库存概念，例如，持有库存的原因和库存的各种类型等。

为什么持有库存？

持有库存的5个原因

设计库存策略首先需要理解库存在制造和市场营销中的作用。在企业中，库存起着5个方面的作用：

1. 库存使企业能够实现规模经济。
2. 库存能够平衡供应与需求。
3. 库存促使制造的专业化。
4. 库存提供了对付需求与订货周期不确定性的保护措施。
5. 库存充当供应链中重要界面之间的一个缓冲器。

规模经济。如果一个企业想要实现采购、运输和制造方面的规模经济，那么就需要设立库存。例如，如果制造商想要实现与大量采购相关的每单位价格的下降，那么原材料库存是必要的。然而，当采购的数量足够大时，采购合同是根据年采购量来进行谈判，而不是根据每个订单的采购数量来确定。如果采购的量较大，那么采购物料的每单位的运输成本就比较低。每单位运输成本较低的原因在于：整车装载和铁路运输收取的运输费率要比卡车零担或低于车皮容量（LCL）的少量运输收取的费率低。如果供应商都位于同一地理区域内，那么有可能将少量的货物合并起来形成大量运输。这将在第8章详细加以描述。

① Professor Jay U. Sterling, University of Alabama.

持有产成品库存的理由类似于持有原材料库存的理由。当运输数量很大时，实现运输的规模经济是可能的，但是为了使企业能够利用这些经济费率，需要在制造地点、仓库地点或者客户地设立较多数量的产成品库存。只能运输大的客户订单的一个替代方案是，对于长距离运输，可将许多客户订单合并形成一次运输，到本地市场后，再支付本地运输的运费。

产成品库存也有可能实现制造的规模经济。如果一个企业长期生产运转的规划涉及很少的品种变化，那么工厂的能力是比较大的，每单位的制造成本是比较低的。小批量制造导致短期的生产运转和高的设备调整成本。然而，大批量生产可能需要一些物品在出售之前的相当长的时期内以库存的形式存在。大批量生产也会阻碍及时和快速地恢复那些正在经历缺货的物品，因为大规模的生产运转意味着物品不是频繁生产的。维持库存的成本必须与实现的生产成本的节约值相比较。尽管频繁的生产更换减少了必须持有的库存数量，缩短了缺货情况下所需的提前期，但它们需要花费某些本来可以用于制造产品的时间。当工厂处于充分利用能力或接近能力的情况下运行时，频繁的产品更换可能意味着失去对利润的贡献，因为没有足够的产品来满足需求。在这样的情况下，必须将失去销售的成本加上更换成本，与较长的生产运转所导致的库存持有成本的增加值相比较。尽管在短期内，存在这些权衡问题，但是，从长期来说，管理者应该投资于那些能够实现快速更换和有效率的小批量生产的制造技术。

平衡供应与需求。季节性的供应与/或需求使企业有必要持有库存。例如，一家生产高档盒装巧克力产品的生产商会在圣诞节、情人节、复活节和母亲节经历销售量的显著增加。为应付这些高峰期的需求量，建立相应的生产能力的成本是巨大的。此外，如果企业想要根据需求而生产，那么将会产生大量的闲置生产能力和劳动力需求的剧烈波动。维持相对稳定的职工总数，在全年内以某种基本不变的水平生产产品，这将在一年内的不同时期造成巨大的库存累积，但是对于企业来说，总成本是相对比较低的。季节性的库存被储存在临近工厂的冷冻仓库内。

与此相反的一种情况是，在一年中的不同时期，产品的需求相对比较稳定，但是原材料可能只有在一年中的某些时期才能采购到。例如生产罐装水果和蔬菜的制造商就属于这种情况。因而，除非能够从具有不同生长季节的世界的其他地方采购到原材料，否则对于制造商来说，有必要生产超出当前需求量的产成品，并将产品储存到库存中。在这种情况下，采购成本的增加值必须与本地供应有关的库存持有成本相比较。

集中型工厂

专业化。库存使企业的每一个工厂都有可能专长于其制造的产品。可以将产成品运输到大型的混合型仓库，客户订单和运往分仓库的产品可以从这里发货。由较长期的生产运转所导致的经济性，以及运输成本的节约，可以完全弥补额外的搬运费用。许多公司，例如惠而浦公司，在将仓库合并的运作过程中，已经感到了显著的成本节约，合并仓库使公司能够根据工厂分布实现专业化制造。专业化的生产设施被称为集中型工厂。[①]

① 参见 Wickham Skinner. "The Focused Factory." Harvard Business Review 52, no. 3 (May-June 1974), pp.113-21.

原材料库存

预防不确定性的保护措施。持有库存也可以作为预防不确定性的保护措施。超过支持生产所需的原材料库存可能是由不确定性采购所引起的，不确定性采购的原因在于管理者预期未来价格要上涨或者可能要发生罢工等等。其他原因还包括季节性的供应，如罐头水果或蔬菜的情况，或希望维持一个供应源。不管维持原材料库存的原因是什么，持有库存的成本应该与持有库存所实现的成本节约或避免的成本相比较。

在制品库存

为了避免由于关键设备出故障而引起停工，以及为了实现均衡物流（因为并不是所有的制造作业都是以同一速度进行生产的），在工厂内的制造作业之间经常保持在制品库存。在不出现工作停顿的情况下，制造组织中的在制品库存的存在，有可能使生产实现最大的经济性。越来越多的管理者开始着手消除导致在制品库存的制造瓶颈。相关内容将在第7章中进一步分析。

库存计划对于制造作业的成功运作是很重要的，因为原材料的短缺会使生产线停顿下来，或者会引起生产计划的修订；这些事件可能会增加费用，或导致产成品的缺货。虽然原材料的短缺会破坏正常的制造运作，但过量的库存增加了库存持有成本，会增加成本和降低利润。

产成品库存

最后，产成品库存通过降低由于无法预料的需求或提前期的变动所引起的缺货概率，可作为一种提高客户服务水平的手段。如果库存处于均衡状态，那么增加库存投资将使制造商能够提供较高水平的产品供应能力和减小缺货概率。均衡库存是指包含与期望需求成比例的物品的库存。

整个供应链中的一个缓冲器。在整个供应链中，库存为以下的主要界面充当缓冲器的作用：

- 供应商—采购（购买）
- 采购—生产
- 生产—市场营销
- 分销—中介
- 中介—消费者/用户

因为供应链中的成员在地理位置上是相互分离的，因此，为了成功地实现产品的时间和空间效用（见第1章），有必要将库存存放在整个供应链中。

图6.1表示在一条由“供应商—制造商—零售商—消费者”构成的供应链中库存的典型位置。原材料必须从供应源移动到制造地，在制造地，原材料将被投入到制造过程中。在许多情况下，这将要求持有在制品库存。

一旦制造过程已经完成，产品必须移动进入工厂地的产成品库存。接下来则要对产成品库存进行调度，分配到各区域，可能包括公司自有或租赁的配送中心、公共仓库、批发商的仓库和/或零售连锁企业的配送中心。然后设立库存，使客户能够购买。类似的，客户也持有一定的库存来维持个人或机构消费。

信息传递时，产品才移动

所有这些产品的移动，是制造商与客户之间的交易的结果或者最终消费者或用户购买产品的决策的结果。整个过程依赖于将信息从客户传递给企业、由企业又反馈给客户以及企业的供应商的通讯网络。显然，信息沟通是供应链中物流管理的一个必要的组成部分。

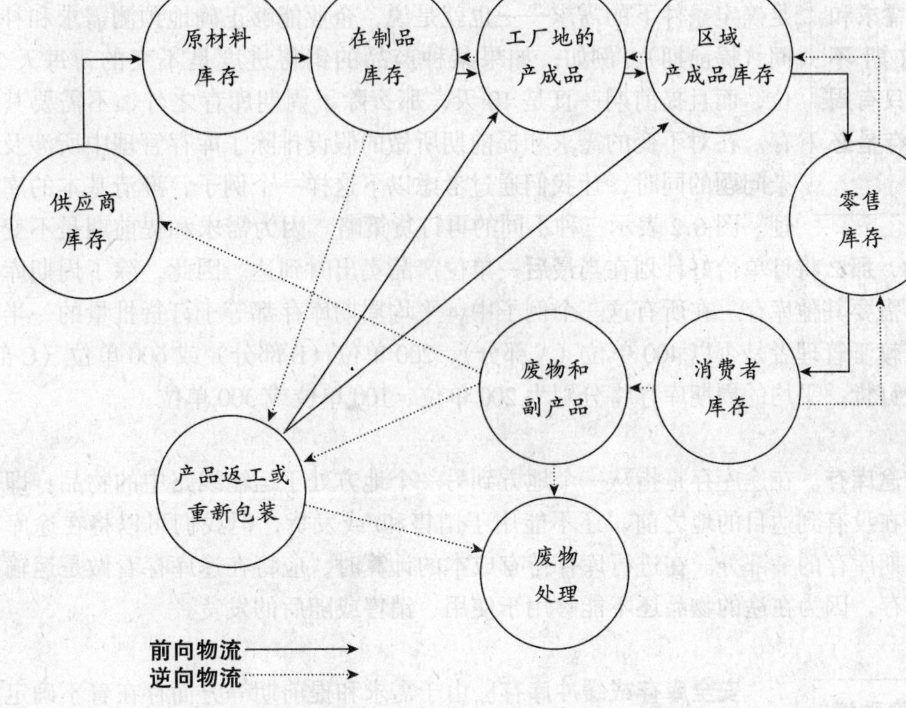

图 6.1　物流

有时，出于各种原因，经常有必要将产品在供应链中逆向移动。例如，因为产品损坏了，客户会退回产品，或者由于产品缺陷问题，制造商会收回产品。如我们在第 1 章中所解释的，这被称为逆向物流。①

最后，在未来有希望发展成一个大方向的方面是废物处理。一个具体的例子涉及“容器法”，例如密歇根州、佛蒙特州、俄勒冈州、爱荷华州所颁布的有关法规。随着人们对包装垃圾的敏感性和对资源利用的关注程度的提高，其他州的——如果不是全国的话——环境保护论者和有关市民有可能推动这些法律的制定。到目前为止，这些法律只应用于啤酒和软饮料的包装容器，但其他的包装材料会成为未来管理的对象。

库存类型

库存的 6 种类型

库存可以划分成以下这些类型，表示库存积累的原因：周期库存，在途库存，安全库存或缓冲库存，投机库存，季节性库存，闲置库存。

① James R. Stock, *Development and Implementation of Reverse Logistics Programs* (Oak Brook, IL: Council of Logistics Management, 1998).

如果需求和提前期不变，只有周期库存是必要的

周期库存。周期库存是指由补货过程导致的库存，周期库存用来满足确定条件下的需求——也就是说，企业能够正确地预测需求和补货时间（提前期）。例如，如果某种产品的销售进度是不变的，每天20单位，而且提前期一直是10天，那么除了周期库存之外，不需要其他库存。在对不变的需求和提前期所做的假设排除了库存管理中所涉及的复杂问题的同时，让我们通过考虑以下这样一个例子，澄清基本的库存原理。图6.2表示三种不同的再订货策略。因为需求和提前期是不变的和已知的，那么将订单恰好计划在当最后一单位产品卖出时到达。因此，除了周期库存之外，不需要其他库存。在所有这三个例子中，平均周期库存都等于订货批量的一半。然而，依赖于管理者是否以400单位（A部分）、200单位（B部分）或600单位（C部分）的批量订货，平均的周期库存将分别为200单位、100单位或300单位。

在途库存。在途库存是指从一个地方到另一个地方处于运输线路中的物品。即使在途库存在没有到达目的地之前，还不能用于销售和/或发货，但我们可以将在途库存看做是周期库存的一部分。在进行库存持有成本的计算时，应将在途库存看做是运输出发地的库存，因为在途的物品还不能够用于使用、销售或随后的发货。

需求变动增加安全库存

安全库存或缓冲库存。由于需求和提前期等方面存在着不确定，需要持有超过周期库存的安全库存或缓冲库存。这一概念认为平均库存的一部分应专门用于应付短期的需求和提前期的变动。面临需求或提前期变动的库存储存地的平均库存等于订货批量的一半加上安全库存。例如，在图6.3中，如果需求和提前期是不变的，那么平均库存将是100单位。但是，如果需求实际上为每天25单位，而不是预测的每天20单位，提前期为10天，库存将在第8天（200/25）就消耗尽。因为下一个订单到第10天才能到达（在第0天下的订单），公司将面临两天的缺货。以每天25单位的需求量计算，这将导致总计50单位的缺货。如果管理者认为需求的最大变动将会是正负5单位，那么50单位的安全库存就可以防止由于需求变动所引起的缺货。这将需要持有150单位的平均库存。

提前期变动增加安全库存

现在考虑这样一种情况：需求是不变的，但是提前期可以变化，变化幅度为正负2天（图6.3中的B部分）。如果订单提前2天到达，手头的库存将等于12天的供应量，或240单位，因为销售是以每天20单位的进度进行的，因此，在新订单到达时，库存中有40单位的库存。然而，如果订单滞后2天到达，在第12天——这天发生的可能性更大——公司将经历2天的缺货（40单位）。如果管理者认为运输滞后将不会超出2天，如果需求保持不变，那么40单位的安全库存就可以保证由提前期变动所引起的缺货不再发生。

需求和提前期变动是不可避免的事

在大多数情况下，管理者必须能够应付需求和提前期的变动。预测方法很少能够足够准确地预测需求，需求很少固定不变。此外，供应商的运输延误和生产问题都会使提前期的变动成为不可避免的事情。考虑图6.3中的C部分，这种情况结合考虑了需求的不确定性（A部分）和提前期的不确定性（B部分）。

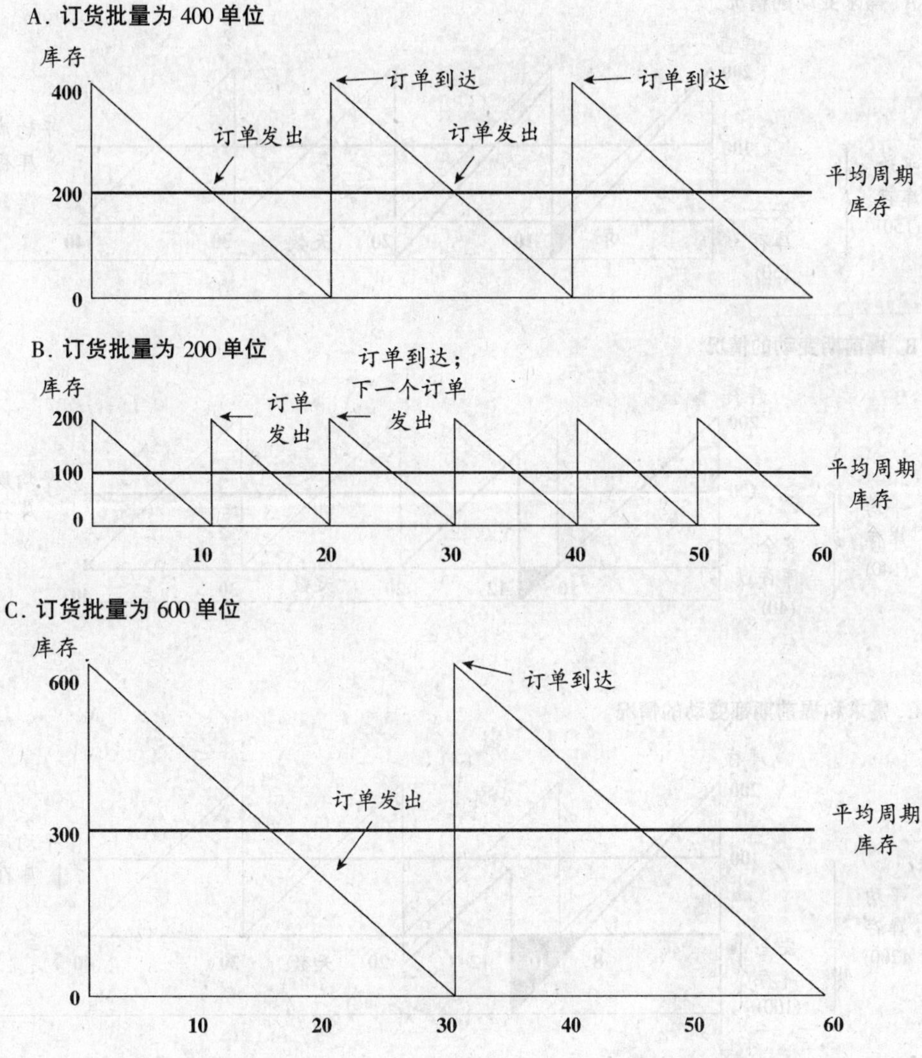

图6.2 在需求和提前期不变的情况下，订货批量对平均库存投资的影响

需求不确定和提前期不确定的同时发生是最糟糕的事。在该例中，需求高于预测，为每天25单位，而不是每天20单位，而且即将来临的订单迟到了2天。结果导致连续4天每天缺货25单位的产品。如果管理者希望能够预防需求和提前期两者的最大的变动，公司将需要100单位的安全库存。这一库存政策导致平均库存变为200单位。

总之，需求和提前期的变动导致了安全库存，或者导致了缺货问题。尽管消除需求的变动是不可能的，但是预测方法可用来更好地预测需求，从而导致更少的安全库存。然而，通过采用能够准时交付的运输公司的服务，以及通过选择具有一致不变的、可靠的提前期的供应商，消除与提前期变动有关的安全库存是可能的。回过头，再参考图6.3中的C部分，消除提前期的变动将使安全库存从100单位降低到50单位（见图6.3的A部分），而总库存将从200单位下降到50单位——或者总库存减少25%。

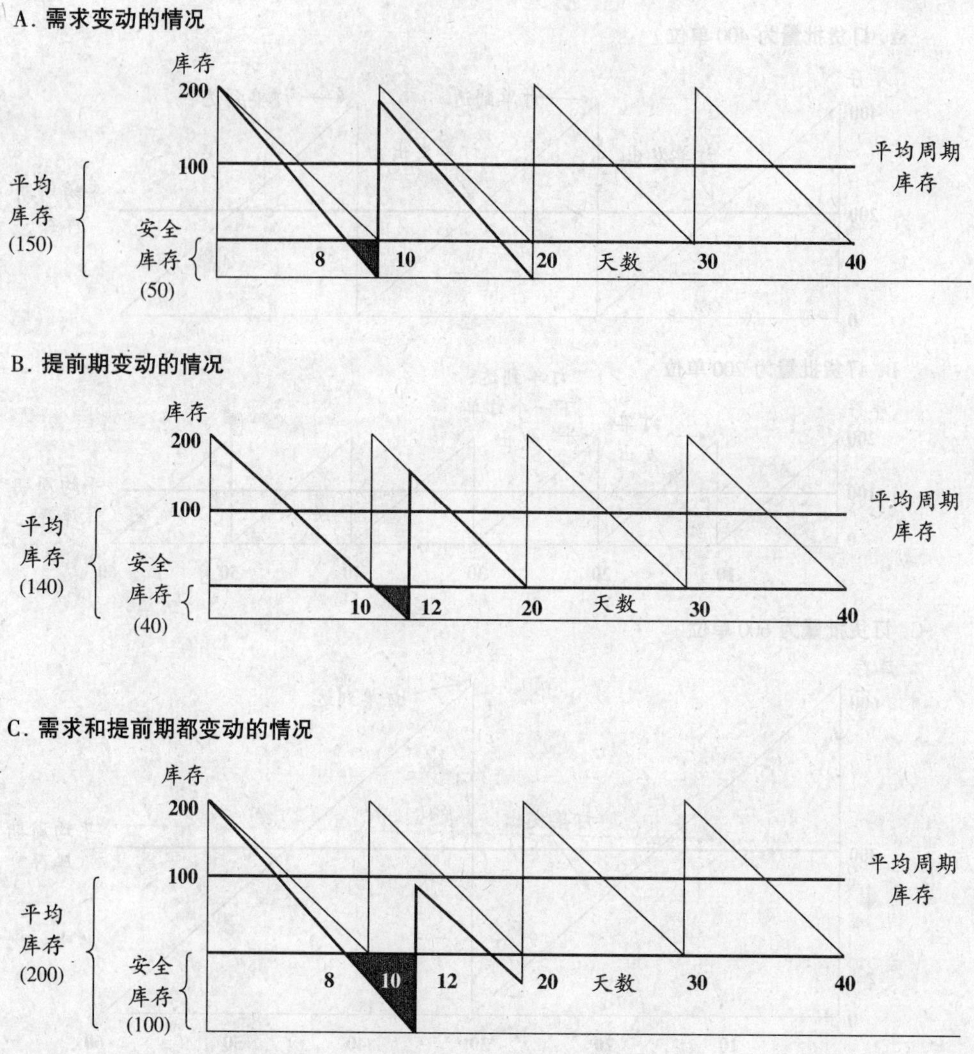

图 6.3 不确定条件下的平均库存投资

投机库存。持有投机库存不是为了满足目前的需求，而是为了其他的原因。例如，因为预测到的价格的上涨或物料的短缺，或者为了预防罢工的可能，在物料采购时，为了获得数量折扣，企业会购买大于需求数量的物料。生产的经济性也会引起在不需要的时候制造产品。最后，商品可能在一年中根据消费进行季节性的生产，或者为了维持稳定的工作量和劳动力，在预测季节性需求的条件下，以不变的水平进行生产。

季节性库存。季节性库存是投机库存的一种形式，涉及在季节开始之前累积库存，目的在于维持稳定的劳动力和稳定的生产运转，在农副产品的情况下，库存的累积是因为农副产品存在生长季节，从而限制了在整年中获取产品。

闲置库存。闲置库存是指这样一组物品，在某些具体的时期内不存在需求。这种库存可能在整个公司中或者仅仅在库存储存的地方已不再使用了。如果是后者，那么可以将物品转运到另外一个地点，以避免废弃的损失，或者降低价格，在所在地进行销售。

基本的库存管理

库存管理的目标

库存是资本的一个主要占用因素，为此，库存管理的目标在于增加公司的赢利能力，预测公司政策对库存水平的影响，以及使物流活动的总成本实现最小化。

公司的赢利能力的提高可以通过增加销售量或者削减库存成本。如果高库存水平可以导致在库库存可供量的改善和更加稳定的服务水平，那么增加销售量通常是可能的。较低的库存水平会减小客户订单的满足率，导致失去销售机会。然而，与较高的库存水平相关的成本通常超过了所得到的收益。降低与库存有关的成本的方法包括：减少延期交货的数量或者加快运输，从系统中将废弃库存或闲置库存消除，或者提高预测数据的准确度。通过更好的库存计划，也可以减少区域仓库之间的库存转运和小批量转移。更好的库存管理能够提高控制与预测库存投资对管理政策变化的反应能力。例如，公司面临的问题的变化将如何影响所持有的库存数量？

最后，综合考虑总成本是库存计划的目标。也就是说，在给定要求的客户服务目标的条件下，管理者必须确定所需的库存水平，来实现最低的物流总成本。

库存管理者必须确定需要多少库存，以及什么时候发出订单。为了说明订货策略的基本原理，让我们来考虑确定条件和不确定条件下的库存管理。后一种情况是一种常规问题，而不是一种例外情况。

确定条件下的库存管理

订货成本

确定条件下的补货策略要求权衡订货成本与库存持有成本。[①] 例如，非频繁性的大批量订货政策会导致库存持有成本超过订货成本的节约值。从外部供应商购买的产品的订货成本通常包括：(1) 订单发送成本；(2) 产品接受成本；(3) 储存成本；(4) 与处理支付发票相关的成本。

在公司对自身各区域仓库再储存的情况下，订货成本通常包括：(1) 发送和库存转移的处理成本；(2) 产品的搬运成本（如果有库存），或者生产准备成本和搬运成本(如果产品没有库存)；(3) 各区域仓库的接受成本；(4) 与文件相关的成本。请记住，只计算直接的实付费用。这些成本项目已在第4章中详细解释过了。

EOQ模型

经济订货批量。通过采用经济订货批量（economic order quantity, EOQ）模型，将库存持有成本和订货成本的总成本最小化，可以确定最佳的订货策略。

参考图6.2中给出的例子，以下两个问题看来是合适的：

1. 我们应该定200单位、400单位，还是600单位，或者其他数量？

---

① 当供应商支付运费时。

2. 如果订单以10天、20天或30天的间隔或其他时期发出，那么会对库存产生什么样的影响？假定需求和提前期不变，每天销售20单位，每年240个工作日，年销售量将是4,800单位。[①] 如果订单每10天发出，那么将要发出24份订单，每份订单的批量为200单位。如果以20天为间隔发出订单，那么需要发出12份订单，每份订单的批量为400单位。如果选择30天的订货间隔，那么需要8份订单，每份订单的批量为600单位。以上三种情况的平均库存分别为100单位、200单位和300单位。哪一种策略是最佳的？

确定最经济的订货批量所需进行的成本权衡以图形的形式表示在图6.4中。通过确定经济订货批量，将年需求量除以订货批量，我们能够求得使库存持有成本和订货成本达到最小的订货频率和订货批量。

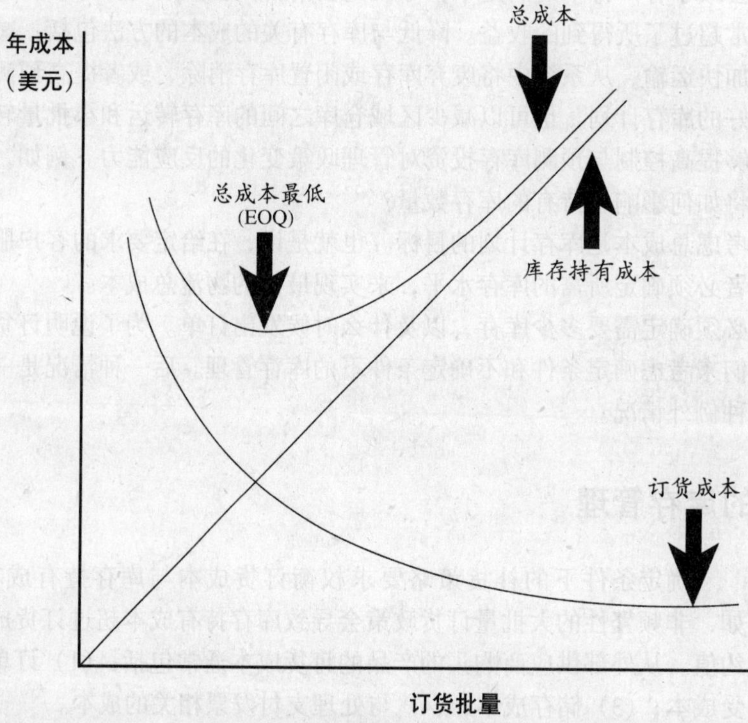

图6.4 确定经济订货批量的成本权衡

EOQ可以采用如下的公式进行计算：

$$\text{EOQ}=\sqrt{\frac{2PD}{CV}}$$

其中：

P = 订货成本（美元/每份订单）
D = 年需求量或产品的使用量（单位数）
C = 年库存持有成本（产品成本或价值的一个百分比）
V = 每单位库存的平均成本或价值

① 在该例子中，假定每年工厂关闭4周。在进行行业应用时，我们应使用分析中的企业的实际工作天数。

图 6.5 包含了 EOQ 模型的数学推导，这是运筹学最早的应用之一。

现在，利用 EOQ 模型，我们来为图 6.2 中所描述的情况确定最佳的订货策略：

$V = 100$ 美元/单位

$C = 25\%$

$P = 40$ 美元

$D = 4,800$ 单位

$$\text{EOQ} = \sqrt{\frac{2\ (\$40)\ (4,800)}{(25\%)\ (100)}}$$

$$= \sqrt{\frac{384,000}{25}}$$

$$= 124 \text{ 单位}$$

如果 20 单位的产品正好符合一个托盘的容量，那么设定的订货批量为 120 单位（由于凑整的原因）。这一分析以表格的形式表示在表 6.1 中。

年总成本（TAC） = $\left[\frac{Q \times V \times C}{2}\right] + \left[\frac{P \times D}{Q}\right]$

其中：Q = 在订货周期内，经济订货批量的平均单位数

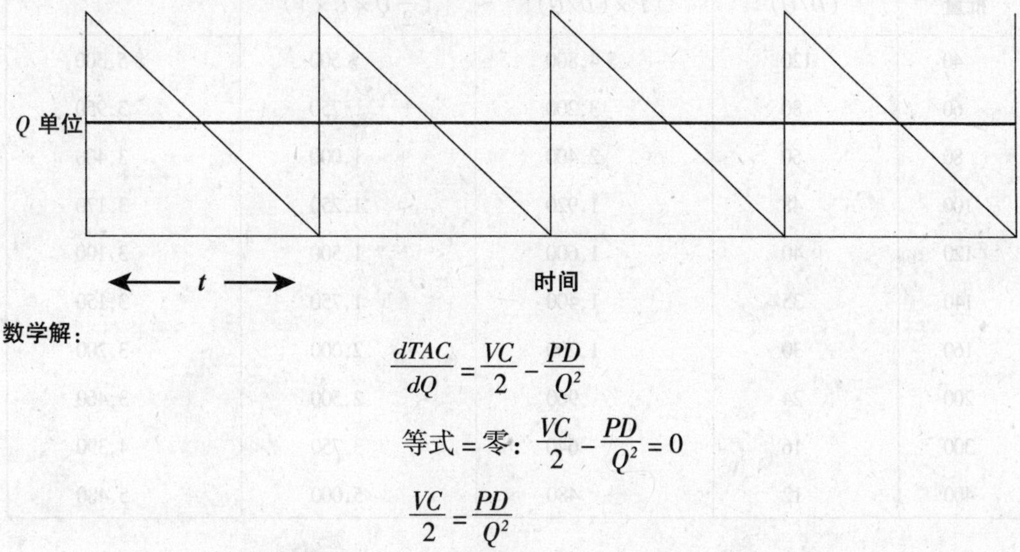

数学解：

$$\frac{dTAC}{dQ} = \frac{VC}{2} - \frac{PD}{Q^2}$$

$$\text{等式} = \text{零：}\ \frac{VC}{2} - \frac{PD}{Q^2} = 0$$

$$\frac{VC}{2} = \frac{PD}{Q^2}$$

$$Q^2 = \frac{2PD}{CV}$$

$$Q = \sqrt{\frac{2PD}{CV}}$$

图 6.5　经济订货批量模型的数学推导

EOQ 模型在行业中得到了重大关注和广泛使用，然而，并不是说它没有缺陷。简单的经济订货批量模型是基于以下假设条件之上的：

1. 需求是连续的、稳定不变的和已知的。
2. 补货或提前期是稳定不变和已知的。

3. 采购价格是稳定不变的，不受订货批量或时间的约束。
4. 运输成本稳定不变，不受订货批量或时间的影响。
5. 满足所有的需求（不允许有缺货）。
6. 无在途库存。
7. 只有一种物品库存，或者至少物品之间没有相互作用。
8. 计划期无限长。
9. 资本的获取不受限制。

需求是不变的，提前期是稳定的，并且两者都是确定已知，而且成本是准确已知的，要找到这样一种情况是极其困难的。然而，这些对问题简化的假设具有重要的意义，只要订货策略随所作假设的变化而变化。经济订货批量方案对于输入数据的微小变化相对缺乏敏感性。回过头看图 6.4，我们能够发现 EOQ 曲线在方案解附近相对比较平坦。这在表 6.1 中得到证实。尽管计算得出的 EOQ 为 124 单位（凑整后为 120 单位），EOQ 变动 20 单位或者甚至 40 单位，对总成本变化的影响不是很大。

表 6.1　确定经济订货批量所需的成本权衡

订货批量	订单个数 (D/Q)	订货成本 $[P\times(D/Q)]$	库存持有成本 $(\frac{1}{2}Q\times C\times V)$	总成本
40	120	$4,800	$500	$5,300
60	80	3,200	750	3,950
80	60	2,400	1,000	3,400
100	48	1,920	1,250	3,170
120	40	1,600	1,500	3,100
140	35	1,400	1,750	3,150
160	30	1,200	2,000	3,200
200	24	960	2,500	3,460
300	16	640	3,750	4,390
400	12	480	5,000	5,480

考虑数量折扣，调整EOQ模型

对 EOQ 的调整。对 EOQ 模型所做的典型的改进包括调整数量运输费率和数量折扣。简单的 EOQ 模型没有考虑这两个因素的作用。可以对 EOQ 公式进行以下调整，改进后的公式将考虑数量折扣和/或运费折扣的影响：[1]

$$Q_1 = 2\frac{rD}{C} + (1-r)Q_0$$

---

① 见 Robert G. Brown, Decision Rules for Inventory Management (New York: Holt, Rinehart & Winston, 1967), pp. 205-6.

其中：

Q_1 = 使获取单位成本折扣合理的经济订购的最大批量

r = 订购更大的批量所获得的价格下跌的百分比

D = 年需求单位

C = 库存持有成本的百分比

Q_0 = 根据现有价格计算得到的 EOQ

EOQ 的计算

利用修改后的 EOQ 模型，我们将为强生（Johnson）制造公司确定最佳的订货策略。强生制造公司生产和销售全系列的工业空调产品，产品通过独立的分销商在全国进行销售。公司从中西部的一家制造商采购用于其空调产品的一系列继电器。公司大约订购 300 箱，每箱 24 单位，一年订购 54 次；年采购数量大约为 16,000 箱。采购价格为每箱 8 美元，订货成本为每份订单为 10 美元，库存持有成本为 25%。继电器每箱的重量为 25 磅；强生制造公司支付运输成本。运输量低于 15,000 磅时，每 100 磅（cwt）的运输费率为 4 美元；运输量在 15,000 磅和 39,000 磅时，每 100 磅的运输费率为 3.90 美元；运输量大于 39,000 磅时，每 100 磅的运输费率为 3.64 美元。继电器以 20 箱为一托盘进行运输。

首先，有必要计算不存在运输量折扣的情况下每箱产品的运输成本。运输量低于 15,000 磅——600 箱——每 100 磅的成本为 4 美元，或者每箱 1 美元（4 美元/100 磅 × 25 磅）。

因此，在运输量超过 15,000 磅时不存在运输折扣的情况下，每箱产品的交付成本为 9 美元（8 美元的成本加 1 美元的运费），EOQ 为：

$$\begin{aligned}\text{EOQ} &= \sqrt{\frac{2PD}{CV}}\\ &= \sqrt{\frac{2\ (\$10)\ (16{,}000)}{(25\%)\ (\$9.00)}}\\ &= \sqrt{\frac{320{,}000}{2.25}}\\ &= 377\text{，或 }380\text{（凑整到最接近的整数托盘量）}\end{aligned}$$

如果公司的运输量为 40,000 磅或更多，每箱的成本将为 0.91 美元（3.64 美元/100 磅 × 25 磅）。通过以最低的运输成本进行运输，可以实现价格下降的百分比 r 为：

$$\frac{\$9.00-\$8.91}{\$9.00\times 100}=1.0\%\text{，交付成本下降 }1.0\%$$

经调整的 EOQ 的计算如下：

$$\begin{aligned}Q_1 &= 2\,\frac{(0.01)\ (16{,}000)}{0.25}+\ (1-0.01)\ (380)\\ &= 1{,}280+376\\ &= 1{,}656\text{，或 }1{,}666\text{（凑整到最接近的整数托盘量）}\end{aligned}$$

尽管最大的运费折扣只能导致每箱产品的交付成本降低 1%，但是每年的采购量是足够大的，经济订货批量从 380 箱显著地变化到 1,660 箱。

利用以上公式进行分析的一个替代方法是进行类似于表 6.1 的分析，在表中增加一栏，包括与每一个订货批量相关的年运输成本。年总成本包括与不同的订货批量相关的运输成本。强生制造公司的例子以表格的形式表示在表 6.2 中，说明运输成本对采购决策具有重要的影响作用。每份订单的经济订货批量为 380 箱的采购策略要求每年发出 43 份订单，或者第 1 年内采购 16,340 箱。因此，这种选择不如订货批量为 400 箱的策略具有吸引力，订货批量为 400 箱时，需要 40 份订单来采购需要的 16,000 箱产品，其成本要少 348 美元。然而，将运输成本考虑进来时，以 10 份订单采购 1,600 箱产品产生最低的总成本。

表 6.2　确定考虑运输成本的最佳经济订货批量所需的成本权衡

A 可能的订货批量	B 年订单数	C (A× $8) 每份订单的采购价格	D (B×C) 第 1 年的订单价值	E 每份订单的运输成本	F 年订货成本	G 年运输成本	H 库存持有成本[d]	I 年总成本[e]
300	54	$ 2,400	$ 129,600	$ 300[a]	$ 540	$ 16,200	$ 338	$ 17,078
380	43	3,040	130,720	380[a]	430	16,340	428	17,198
400	40	3,200	128,000	400[a]	400	16,000	450	16,850
800	20	6,400	128,000	780[b]	200	15,600	898	16,698
1,200	14	9,600	134,400	1,170[b]	140	16,380	1,346	17,866
1,600	10	12,800	128,000	1,458[c]	100	14,580	1,782	16,462[f]
2,000	8	16,000	128,000	1,820[c]	80	14,560	2,228	16,868

a. 低于 15,000 磅（600 箱）的订单的运输费率为 4.00 美元/100 磅，相当于 1.00 美元/箱。

b. 重量在 15,000 磅和 39,000 磅之间（600 箱和 1,560 箱）的订单的运输费率为 3.90 美元/100 磅，相当于 0.975 美元/箱。

c. 重量超过 40,000 磅或更多（1,600 箱）的订单的运输费率为 3.64 美元/100 磅，相当于 0.91 美元/箱。

d. 库存持有成本 = 1/2（C + E）(25%)

e. I = F + G + H。

f. 最低的总成本。

也可以将采购折扣考虑进去，在表格中增加一栏“年产品成本”，适当调整库存持有成本和年总成本两栏目的数据。同样，理想的 EOQ 是导致总成本最低的订货批量。①

递增补货的 EOQ。② 基本的 EOQ 模型假设每份订单在单个时点上进行交货（瞬间补货）。然而，当一个公司既是生产者，又是使用者时，或当交付是随时间展开时，库存的补充是随时间分布的，而不是瞬间的。

① 想了解具体问题的 EOQ 模型的更多举例，请参考 Richard B. Chase, Nicholas J. Aquilano and F. Robert Jacobs, Production and Operations Management, 8th ed.（Burr Ridge, IL: McGraw-Hill/Irwin, 1998）, pp. 586-98.

② 本小节内容摘自：William J. Stephenson, Production/Operations Management, 6th ed.（Burr Ridge IL: McGraw-Hill/Irwin, 1999）, pp. 572-73.

如果使用和生产（或交付）的速度相同，就不会有库存累积起来，因为所有的产出都将被立即使用，也就不会出现所谓的批量问题。通常来说，生产或交付的速度超过使用的速度，从而造成了图 6.6 中所描述的情况。在典型的生产情况下，生产只出现在每个周期的一段时间内，因为生产的速度大于使用的速度，而使用则出现在整个周期内。在每个周期的生产时间阶段期间，库存以等于生产速度与使用速度之差的速度累积起来。例如，如果每天的生产速度为 20 单位，每天的使用速度为 5 单位，库存将以每天 20－5＝15 单位的速度累积。只要存在生产，库存水平就会连续增加；当生产停止时，库存水平将开始减少。因此，库存水平将在生产停止的那一刻达到最大。当手头的库存量被用尽时，生产又开始了，又开始新的周期。

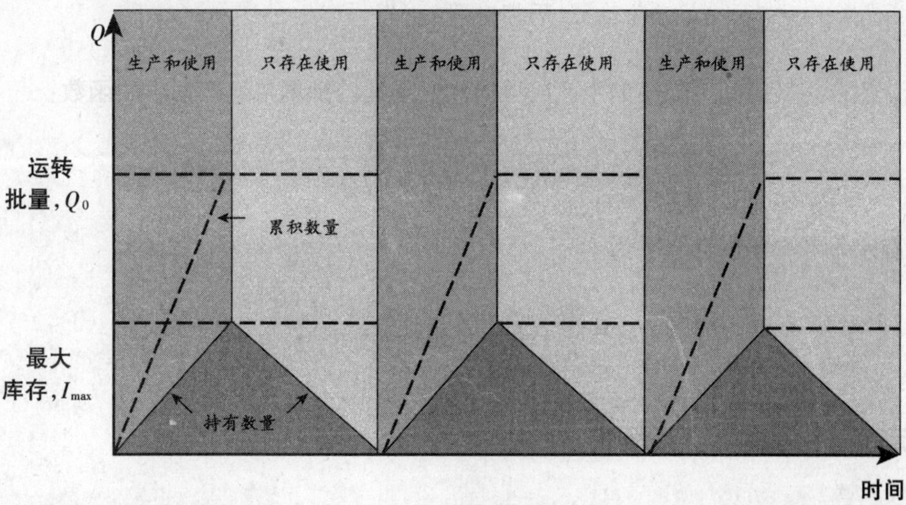

资料来源：William J. Stephenson, Production/ Operations Management, 6th ed. (Burr Ridge, IL: Irwin/ McGraw-Hill, 1999), p. 573.

图 6.6　递增补货的 EOQ

如果一个企业自己生产产品，就不存在订货成本，但是每次生产运转都会发生准备成本——设备准备生产所需要的成本，例如清洗、调整和工具与配件的更换等。准备成本类似于订货成本，因为它们与批量大小无关。在公式中，准备成本的处理方式与订货成本完全一样。生产运转批量越大，所需的运转次数就越少，年准备成本也就越低。生产运转的次数是年需求量与 EOQ 之商（D/Q）的结果，年准备成本等于每年的生产运转次数与每次运转的成本之积：（D/Q）S。

总成本（TC）为：

$$TC_{min} = \text{持有成本} + \text{准备成本}$$

$$= \left(\frac{I_{max}}{2}\right)CV + \left(\frac{D}{Q_0}\right)S$$

其中：

I_{max} = 最高库存水平

经济运转批量为：

$$Q_0 = \sqrt{\frac{2PD}{CV}} \sqrt{\frac{p}{p-u}}$$

其中：

p = 生产或交付速度

u = 使用速度

经济运转批量模型的周期时间（前后两份订单之间的时间或者前后两次生产运转开始之间的时间）是运转批量与使用（需求）速度的函数：

$$周期时间 = \frac{Q_0}{u}$$

类似地，生产运转时间（周期的生产阶段时间）是运转批量与生产速度的函数：

$$生产运转时间 = \frac{Q_0}{p}$$

最高库存水平和平均库存水平为：

$$I_{\max} = \frac{Q_0}{p}(p-u) \text{ 和 } I_{平均} = \frac{I_{\max}}{2}$$

不确定条件下的库存管理

我们已经注意到了，管理者很少能够有把握地知道公司产品的预期需求是什么样的。许多因素会影响预测的准确度，包括经济环境、竞争行为、政府政策的变化、市场的变化、消费者购买方式的变化等。订货周期时间也不是稳定不变的。运输时间也是变动的，可能要花费更多的时间来满足一份订单，或者有时候要等待已编排好的生产计划，供应商的零部件和原材的供应提前期可能是不稳定的，而且供应商可能不具有对需求变化做出及时反应的能力。

结果，管理者面临选择，要么以安全库存的形式（如图 6.3 中所示）维持额外的库存，要么冒配送中心缺货而引起的潜在销售收入损失的风险。因而，我们必须考虑另外一种成本权衡：库存持有成本与缺货成本。

与需求和提前期相关的不确定性使大多数管理者将工作重点放在何时订货问题上，而不是放在订货批量问题上。订货批量在某种程度上是重要的，它影响了订单数，结果也就影响了在每一个订货周期末，公司处于潜在的缺货状态的次数。订单发出的点，是在等待库存补货的同时企业满足需求的未来能力的一个主要的决定因素。

固定订货点，固定订货批量模型

在不确定的环境下库存控制所采用的一种方法是固定订货点、固定订货批量模型。在这种方法中，当手头和已订购的库存数下降到预先确定的满足订货周期内的需求所需的最小库存水平时，发出订单。无论何时需求使库存水平下降到订货点，企业订购数量等于经济订货批量的产品。

固定订货间隔周期模型

相反，固定订货间隔周期模型将现有库存与需求预测值相比较，然后在规定的时间定期地发出订单，订购必要数量的产品。也就是说，订单之间的间隔期是固定的。这种方法有利于将一个供应商采购的各种物品的订单结合起来，从而有资格获取采购的数量折扣和联合运输所引起的成本节约。图 6.7 表示了这两种方法。

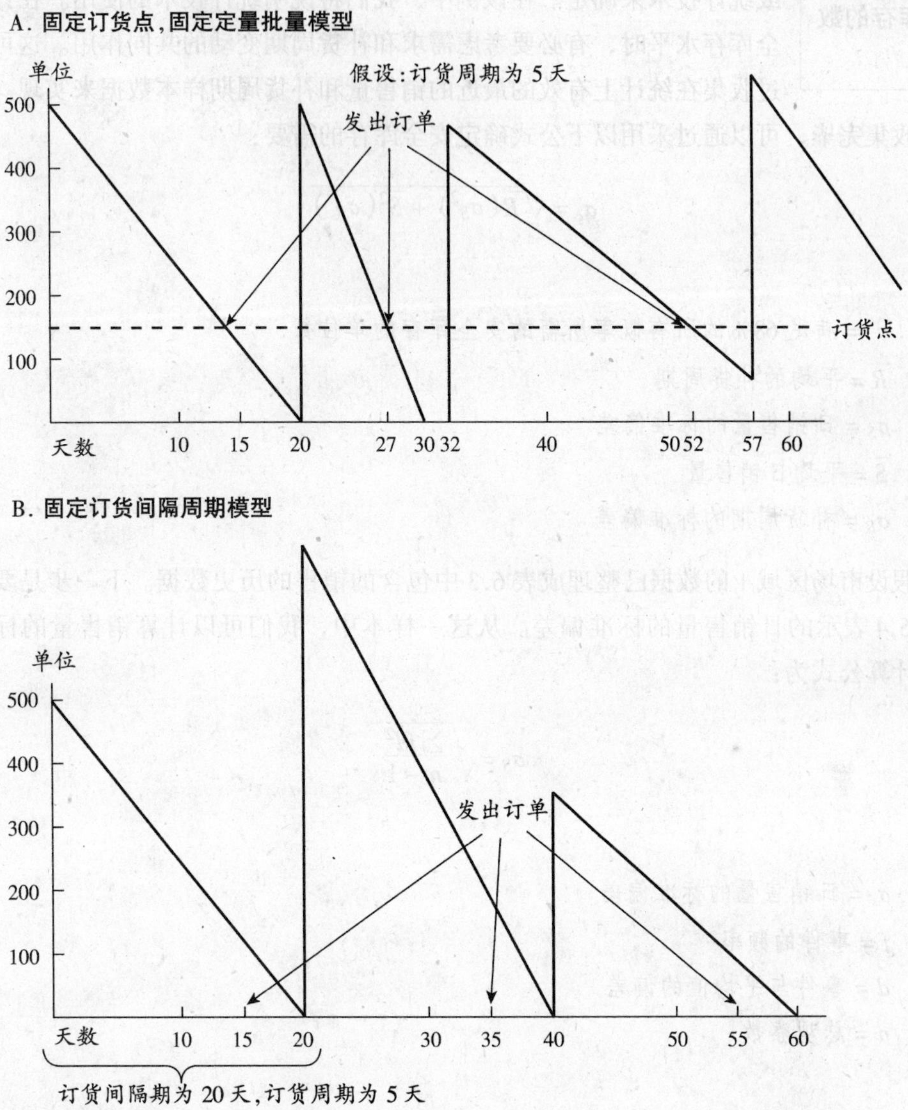

图 6.7　不确定条件下的库存管理

图 6.7 中的 A 部分表示在固定订货点、固定订货批量模型中，补货订单分别在第 15、27、52 天发出。相反，当采用固定订货间隔周期模型时（B 部分），在第 15、35、55 天每隔 20 天的间隔发出订单。在采用固定订货间隔模型时，有必要在第 15 天预测从第 20 天到 40 天的需求，在第 35 天预测从第 40 天到第 60 天的需求，等等。固定订货间隔周期系统更加有适应力，因为管理者不得不考虑销售活动的变化，为每一个订货间隔期的需求进行预测。

安全库存的计算

如何确定安全库存的数量

用于满足给定水平的需求所需的安全库存数量可以通过计算机仿真或统计技术来确定。在该例中，我们将说明统计技术的使用。在计算安全库存水平时，有必要考虑需求和补货周期变动的共同作用。这可以通过收集在统计上有效的最近的销售量和补货周期样本数据来实现。一旦数据收集完毕，可以通过采用以下公式确定安全库存的需要：①

$$\sigma_c = \sqrt{\overline{R}(\sigma_S{}^2) + \overline{S}^2(\sigma_R{}^2)}$$

其中：

σ_c = 满足68%的所有概率所需的安全库存的单位数

$\overline{R}$ = 平均的补货周期

σ_S = 日销售量的标准偏差

$\overline{S}$ = 平均日销售量

σ_R = 补货周期的标准偏差

假设市场区域1的数据已整理成表6.3中包含的销售的历史数据。下一步是要计算如表6.4表示的日销售量的标准偏差。从这一样本中，我们可以计算销售量的标准偏差。计算公式为：

$$\sigma_S = \sqrt{\frac{\sum fd^2}{n-1}}$$

其中：

σ_s = 日销售量的标准偏差

f = 事件的频率

d = 事件与平均值的偏差

n = 总观察数

① 麦肯锡公司的罗伯特·哈蒙德（Robert Hammond），发表在 Robert Fetter and Winston C. Dalleck, Decision Models for Inventory Management（Homewood, IL: Richard D. Irwin, 1961），pp. 105-8. 如想了解该公式在仿真模型中的应用，请参考 Walter Zinn, Howard Marmorstein, and John Charnes, "The Effect of Autocorrelated Demand on Customer Service," Journal of Business Logistics 13, no. 1 (1992), pp. 173-92.

表 6.3　市场区域 1 的销售历史数据

天	销售箱数	天	销售箱数
1	100	14	80
2	80	15	90
3	70	16	90
4	60	17	100
5	80	18	140
6	90	19	110
7	120	20	120
8	110	21	70
9	100	22	100
10	110	23	130
11	130	24	110
12	120	25	90
13	100		

表 6.4　销售量的标准偏差计算

日销售箱数	频率(f)	离均值的偏差(d)	偏差的平方(d^2)	fd^2
60	1	−40	1,600	1,600
70	2	−30	900	1,800
80	3	−20	400	1,200
90	4	−10	100	400
100	5	0	0	0
110	4	+10	100	400
120	3	+20	400	1,200
130	2	+30	900	1,800
140	1	+40	1,600	1,600
$\overline{S}=100$	$n=25$			$\sum fd^2=10,000$

将公式应用于数据，产生销售量的标准偏差，大约等于 20 单位：

$$\sigma_S=\sqrt{\frac{10,000}{25-1}}$$
$$=20$$

这意味着 68%的时间内，日销售量位于 80 单位与 120 单位之间（100 单位 ± 20 单位）。两倍的标准偏差的保护或 40 单位，将能预防 95%的所有事件。然而，在设置安全库存水平时，很重要的一点是，只需要考虑超出平均销售量的事件。因此，40 单位的安全库存水平实际上提供了预防几乎 98%的所有可能事件（见图 6.8）。给定近似于“钟形”分布的数据，均值加上或减去一个标准偏差，将包含大约 68%的数据。在“钟形”分布的两个尾端各剩余 16%的数据，这意味着超过日平均销售量一个标准偏差的库存，实际上将提供 84%的客户服务水平（如果样本数据不符合正态分布，可以参考一般的统计书，进行其他处理)。

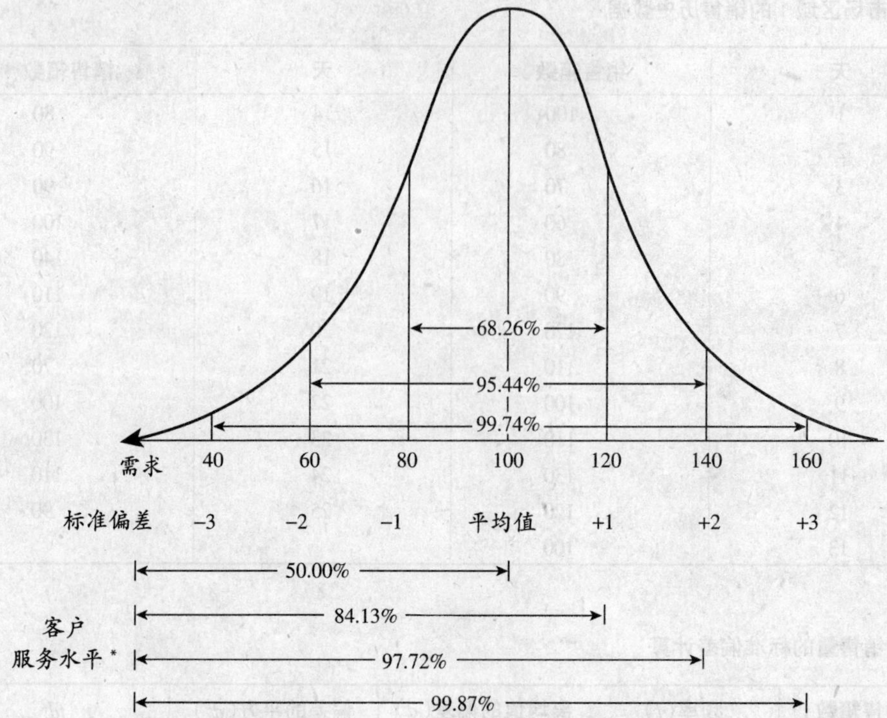

* 用不受缺货影响的订货周期的比例来衡量。它是补货周期内不出现缺货的概率。

图 6.8 正态分布的区域关系

同样的程序可用于计算补货周期的平均值和标准偏差。一旦完成补货周期的平均值和标准偏差的计算，可用上面所表示的公式来确定特定需求水平所需的安全库存。例如，补货周期的分析可能得到表 6.5 所表示的结果。补货周期的标准偏差为：

$$\sigma_R = \sqrt{\frac{\sum fd^2}{n-1}}$$

$$\sigma_R = \sqrt{2.67}$$

$$= 1.634$$

平均的补货周期为：

$$(\overline{R}) = 10$$

覆盖需求和提前期的变动所需的联合安全库存可以采用以下公式计算：

$$\begin{aligned}\sigma_c &= \sqrt{\overline{R}(\sigma_S)^2 + \overline{S}^2(\sigma_R)^2} \\ &= \sqrt{10(20)^2 + 100^2(1.634)^2} \\ &= \sqrt{30,700} \\ &= 175(\text{箱})\end{aligned}$$

表 6.5　补货周期的标准偏差计算

提前期天数	频率(f)	离均值的偏差(d)	偏差的平方(d^2)	fd^2
7	1	−3	9	9
8	2	−2	4	8
9	3	−1	1	3
10	4	0	0	0
11	3	+1	1	3
12	2	+2	4	8
13	1	+3	9	9
$\overline{S}=10$	$n=25$			$\sum fd^2=40$

因此，在日销售量在 60 箱至 140 箱之间变动、库存补货周期在 7 天至 13 天之间变动的情况下，175 箱的安全库存将使制造商能够满足 84%的所有可能产生的情况。为了实现预防 98%的所有可能情况，还需要增加 350 箱安全库存。表 6.6 表示了客户服务水平与安全库存需要之间的选择。

为了为各种水平的客户服务建立平均库存，我们首先必须确定 EOQ。预测的年需求量是通过将平均日需求量乘以 250 个工作日得出的①，等于 25,000 箱（250×100）。库存持有成本以 32%计算，每箱产品的平均价值为 4.37 美元，订货成本为 28 美元。满足每种服务水平所需的平均库存如表 6.7 所示。

注意，安全库存承诺的建立实际上是建立一种客户服务和库存供应量的政策。尽管我们已经证明了计算预防各种概率水平的缺货所需的安全库存量的定量方法，但为了确定缺货发生时的具体的满足率，还有必要进行额外的计算。满足率表示用手头现有的库存来满足的需求单位数的百分比。

表 6.6　服务水平与安全库存需要关系一览表

服务水平	所需的标准偏差数(σ_c)	安全库存需要(箱)
84.1%	1.0	175
90.3	1.3	228
94.5	1.6	280
97.7	2.0	350
98.9	2.3	403
99.5	2.6	455
99.9	3.0	525

① 在该例中，假设平均的工作日为 250 天。

表 6.7　给定的不同服务水平条件下的平均库存水平一览表

服务水平	平均周期库存($\frac{1}{2}\times$ EOQ)	安全库存(单位)	平均总库存(单位)
84.1%	500	175	675
90.3	500	228	728
94.5	500	280	780
97.7	500	350	850
98.9	500	403	903
99.5	500	455	955
99.9	500	525	1,025

满足率的计算

满足率代表了缺货的大小。如果一个管理者希望持有 280 单位的产品作为安全库存，那么满足率将是多少?[①] 满足率的计算可以采用以下公式进行计算:

$$FR = 1 - \frac{\sigma_c}{EOQ}\left[I(K)\right]$$

其中:

FR = 满足率

σ_c = 考虑提前期与需求的变动（一个标准偏差）所需的联合安全库存

EOQ = 订货批量 = 1,000（在该例中）

$I(K)$ = 根据期望的标准差确定的服务函数重要性因素（由表 6.8 给出）

K（安全系数）是管理人员决定持有的安全库存与 σ_c 之商。回到前面提出的问题，管理者的经济订货批量（EOQ）为 1,000 单位。管理者确定的安全库存为 280 单位。因此，K 等于 280 除以 175 之商，或等于 1.60。如果 $K = 1.60$，表 6.8 可用来查得 $I(K) = 0.0236$（见表 6.8 中的最后一列）。

现在，可以利用以下公式计算满足率:

$$\begin{aligned} FR &= 1 - \frac{\sigma_c}{EOQ}\left[I(K)\right] \\ &= 1 - \frac{175}{1000}(0.0236) \\ &= 1 - 0.0041 \\ &= 0.9959 \end{aligned}$$

因此，平均满足率为 99.59%。即，如果管理者采用 280 单位安全库存，每次订货 1,000 单位，则所需要的每 100 单位的 A 产品中，99.59 件产品可用手头现有的库存来销售。[②]

---

① 这个例子由密歇根州芒特普莱森特市（Mount Pleasant）的密歇根大学总部的罗伯特·L·库克（Robert L. Cook）教授提供。

② 如果需求、提前期、订货批量或安全库存显著变化，满足率也将变化。

表6.8　安全库存系数

σ{安全系数 K	库存保护(单尾 σ)	缺货概率 F(K)	服务函数(重要因素)部分 I(K)估计值
0.00	0.5000	0.5000	0.3989
0.10	0.5394	0.4606	0.3509
0.20	0.5785	0.4215	0.3067
0.30	0.6168	0.3832	0.2664
0.40	0.6542	0.3458	0.2299
0.50	0.6901	0.3099	0.1971
0.60	0.7244	0.2756	0.1679
0.70	0.7569	0.2431	0.1421
0.80	0.7872	0.2128	0.1194
0.90	0.8152	0.1848	0.0998
1.00	0.8409	0.1591	0.0829
1.10	0.8641	0.1359	0.0684
1.20	0.8849	0.1151	0.0561
1.30	0.9033	0.0967	0.0457
1.40	0.9194	0.0806	0.0369
1.50	0.9334	0.0666	0.0297
1.60	0.9454	0.0546	0.0236
1.70	0.9556	0.0444	0.0186
1.80	0.9642	0.0358	0.0145
1.90	0.9714	0.0286	0.0113
2.00	0.9773	0.0227	0.0086
2.10	0.9822	0.0178	0.0065
2.20	0.9861	0.0139	0.0049
2.30	0.9893	0.0107	0.0036
2.40	0.9918	0.0082	0.0027
2.50	0.9938	0.0062	0.0019
2.60	0.9953	0.0047	0.0014
2.70	0.9965	0.0035	0.0010
2.80	0.9974	0.0026	0.0007
2.90	0.9981	0.0019	0.0005
3.00	0.9984	0.0014	0.0004
3.10	0.9990	0.0010	0.0003
3.20	0.9993	0.0007	0.0002
3.30	0.9995	0.0005	0.0001
3.40	0.9997	0.0003	0.0001
3.50	0.9998	0.0002	0.0001
3.60	0.9998	0.0002	
3.70	0.9999	0.0001	
3.80	0.9999	0.0001	
3.90	0.9999	0.0001	
4.00	0.9999	0.0001	

资料来源：阿拉巴马州大学的杰伊·U·斯特林（Jay U.Sterling）教授；摘自 Robert G. Brown，Materials Management Systems（New York：John Wiley & Sons，1977），p. 429.

如果管理者希望知道为实现95%的满足率，需要持有A产品多少安全库存，那么可以利用同样的公式：

$$FR = 1 - \frac{\sigma_c}{EOQ}[I(K)]$$

$$I(K) = (1 - FR)\left(\frac{EOQ}{\sigma_c}\right)$$

$$I(K) = (1 - 0.95)\left(\frac{1{,}000}{175}\right)$$

$$= (0.05)(5.714)$$

$$= 0.2857$$

从表6.8中查得相应的 K 值大约为0.25。因为 K 等于管理人员决定持有的安全库存与 σ_c 之商，因此，为提供95%的满足率，所需的安全库存为44单位（175×0.25）。

订购多少：固定订货间隔周期模型[①]

订单在固定的时间间隔内发出

当订单必须在固定的时间间隔如每周或每半个月发出时，需要采用固定订货间隔周期模型。在每一个订货点所需回答的问题是：应该为下一个（固定）间隔期订购多少产品？如果需求是变动的，订货批量将在每一个周期内都是变动的。这与EOQ/ROP（订货点）法是完全不同的，EOQ/ROP法在各周期内订货批量基本保持固定，而周期的长度是变动的（如果需求高于平均值，周期的长度变得短一些；如果需求低于平均值，周期的长度变得长一些）。

采用固定订货间隔周期模型的理由

在某些情况下，供应商的政策可能会鼓励在固定的时间间隔订货。即使不存在这样的情况，把向同一个供应商的订单集中起来可能引起运输成本的节约。此外，有些情况实际上并不适合对库存水平进行连续检查。许多包括药店和小型的杂货商店在内的零售情况属于这类情况。对于这些情况，合适的方法在于采用固定间隔订货法，只需要定期检查库存水平。

确定订货数量

如果需求速度和提前期都是稳定不变的，固定间隔模型和固定批量模型起的作用是完全相同的。只有在变动的条件下，两模型的区别明显。与ROP模型不同，固定间隔周期模型允许只有需求变动，或只有提前期变动，或需求与提前期都变动。然而，为了简便起见，我们将只集中于分析需求变动、提前期不变的情况。

在固定批量的计划中，订单是由批量（ROP）引起的，而在固定间隔计划中，订单是由时间（再次参考图6.7）引起的。因此，固定间隔系统必须为提前期和下一个订货周期准备安全库存，而固定批量系统只需为提前期准备安全库存，因为可以在任何时候发出额外的订单，发出的订单在提前期之后即可收到。因此，固定间隔周期模型所需的安全库存要高于固定批量模型。

这两个模型对订货前的需求变化情况都是很敏感的，但是以不同的方式表现出来的。在固定批量模型中，一个高于正常水平的需求引起订单与订单之间的时间缩短，而

① 本小节内容摘自 Stephenson，Production/Operations Management，6th ed.，pp.586-89.

在固定间隔周期模型中，结果是订单批量的增大。另一个区别在于，为了知道什么时候手头现有的库存量已经降到订货点，固定批量模型需要严格地监控库存水平。固定间隔周期模型则只需要在发出订单之前定期地检查库存水平（即实物检查），确定需要订购多少量。

固定间隔周期模型中订货批量由以下计算公式确定：

$$\text{订货数量} = \text{保护间隔期内的预期需求量} + \text{安全库存} - \text{订货时手头现有库存}$$
$$= \overline{S}\,(OI + \overline{R}) + z\sigma_S\sqrt{OI + \overline{R}} - A$$

其中：

$\overline{S}$ = 平均每天的销售量
$\overline{R}$ = 平均补货周期
z = 标准偏差数
OI = 订货间隔期（前后两份订单之间的时间长度）
A = 订货时，手头现有的库存量

如前面的模型，我们假设保护间隔周期内的需求是正态分布的。

给定以下信息，确定订货数量：

$\overline{S}$ = 每天 30 单位
σ_S = 每天 3 单位
$\overline{R}$ = 2 天
期望的服务水平 = 99%
在订货时，手头现有库存量 = 71 单位
OI = 7 天
$z = 2.33$（对应于 99% 的服务水平）

$$\text{订货数量} = \overline{S}\,(OI + \overline{R}) + z\sigma_S\sqrt{OI + \overline{R}} - A$$
$$= 30\,(7+2) + 2.33\,(3)\sqrt{7+2} - 71$$
$$= 220\ (\text{单位})$$

优点与缺陷

由于需要进行定期检查，固定间隔周期系统提供了库存 ABC 分类中的 A 类物品所需的严格控制。此外，当有两项或多项物品是向同一家供应商采购的，将订单集中起来可以产生订货、包装和运输成本方面的节约。另外，如果库存的提取不能够进行严格地监控，那么固定间隔周期模型可能是惟一实用的方法。

然而，因为需要预防整个订货间隔期和提前期内（而不是只考虑提前期）的缺货，固定间隔周期系统需要为给定的缺货风险设置更大数量的安全库存，这增加了库存的持有成本。另外，存在着与定期检查相关的成本。

库存与客户服务

确立服务水平，继而确定安全库存政策，实际上是管理判断问题。管理者应考虑的

因素包括客户关系、企业支持连续生产的能力。

在许多企业中，管理者通过简单地增加安全库存来提高客户服务水平。这是因为企业经常没有计算库存持有成本或者武断地将持有成本设定在很低的水平。图 6.9 用图例的形式表示了客户服务水平与表 6.7 表示的库存投资之间的关系（此时，先忽略图 6.9 中的点线和箭头）。

尽管库存投资数将随不同的情况而变化，但是类似于该例子中的关系是成立的。随着客户服务水平往 100%移动，库存水平呈不均衡的增长。很显然，客户服务水平的提高不应该只通过增加库存来实现。为了计划目的，应该明确计算准确的库存持有成本的需要。

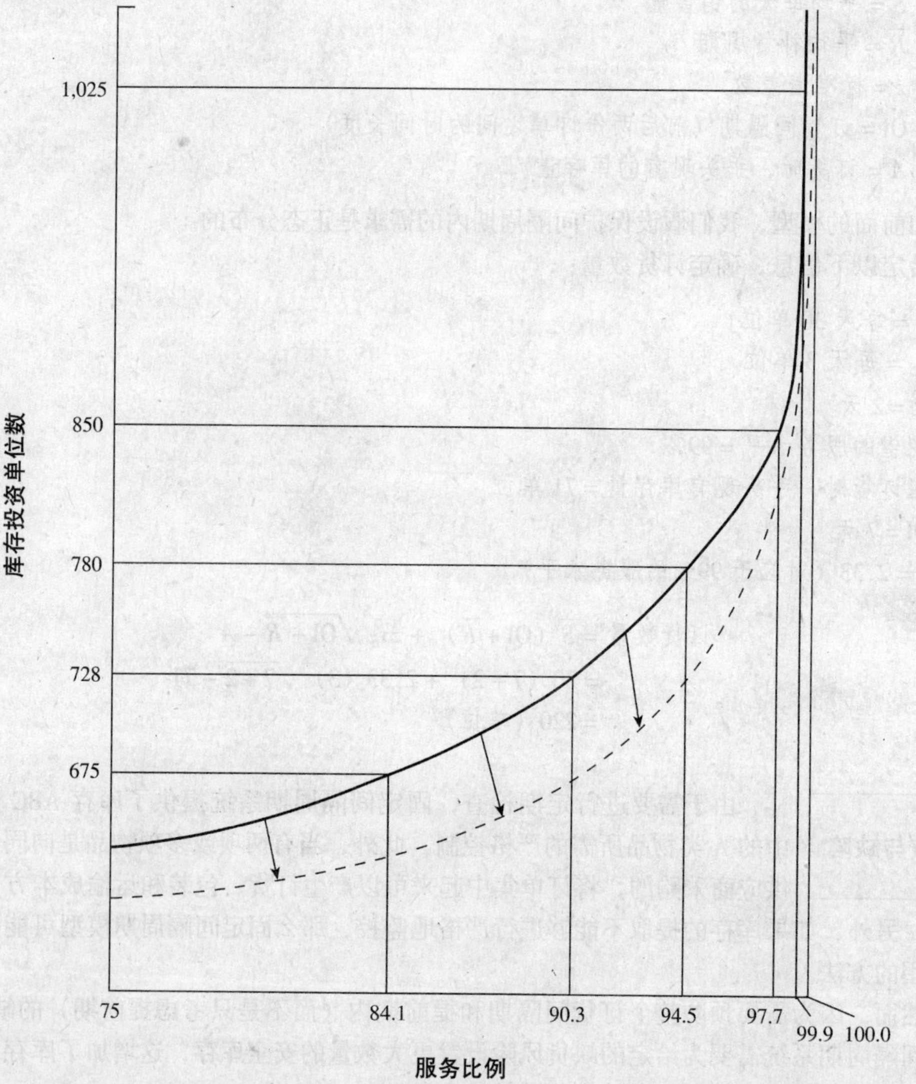

图 6.9 库存投资与客户服务水平之间的关系

解决这一问题的一种方法在于用运输成本来代替库存持有成本，通过采用高质量的运输来提高客户服务。另一种可能的方法是识别与各种产品相关的需求水平和需求变动方面存在的很大的区别，相应地为各种产品设置库存水平。管理者经常犯这样的错误，将所有的产品同等对待。一般来说，一个更加经济的政策是，将需求量最大的物品储存在零售地点，将需求量大和中等的物品存放在区域仓库，而将移动慢的物品存放在集中的地点。集中的地点可以是配送中心或者工厂仓库。这种类型的多级储存程序被称为ABC分析法，我们将在本章的后面部分对它进行讨论。图6.9中的点线表示，通过采用一些这样的策略，库存投资与客户服务水平之间的关系是如何移动的。

生产计划

物流策略的变化能够增加生产成本

在本章的前面内容中，我们描述了库存水平是如何受生产策略的影响的。反之也是正确的。在许多情况下，物流策略的改变——尤其是那些减少库存水平的策略——会引起制造管理者无法控制的总生产成本的显著增加。例如，General Mills公司具有一个生产运营部门，为公司的各个营销部门制造和配送产品。物流职能部门从市场营销部门收到有关的销售预测值，在给定各部门的库存调度策略和最小化物流总成本的目标的前提下，制造部门被告知每一种物品生产多少单位。然后，制造部门建立起生产计划。

然而，该系统不是没有问题。制造部门的绩效是通过比较实际的生产成本和每一种产品的标准制造成本与生产单位数相乘得出的成本来进行判断的。标准成本是一种完全成本标准，包括：(1) 直接材料；(2) 直接人工；(3) 可变的管理费用；(4) 固定的管理费用。管理费用包括生产准备成本，生产准备成本的计算是以每种产品一年计划的准备次数与一年中预计生产的单位数之间的商为基础的。

物流决策能够影响制造成本

物流影响了制造部门实际发生的准备次数，但是标准成本在一年的时期内并不改变来反映这一情况。因为发生的准备次数将影响制造部门的绩效，工厂管理者反对任何改变计划准备次数的策略。解决方法在于为每种产品维持两套独立的标准成本。一套是去除准备成本部分的每单位产品的变动成本，另一套是每一种产品的标准准备成本。制造部门的绩效根据其有效率地制造某一具体数量的产品的能力进行判断。物流部门负有在确定库存策略的分析中考虑准备成本的责任。

物流成本的减小值低于生产准备成本的增加值的库存策略决策，使公司导致更低的总体利润水平。为此，物流管理者必须意识到他们的决策对制造运营的效率的影响，从而在建立物流策略时，考虑制造成本方面的相关变化。

拙劣的库存管理的症状

如何识别拙劣的库存管理

本小节处理如何识别库存没有得到合理管理的情况。识别问题所在，是确定提高物流绩效机会的第一步。

以下所列出的症状是与拙劣的库存管理相关的：

1. 延期交货数量不断增加。
2. 库存投资额不断增加，而延期交货的数量保持不变。

3. 很高的客户流动率。
4. 被取消的订单的数量不断增加。
5. 周期性缺少足够的存储空间。
6. 配送中心之间和主要库存物品之间的库存周转率差异很大。
7. 与中介之间的关系在恶化，特征是交易商取消和订单减少。
8. 废弃物品的数量很大。

全球化

DHL 帮助富士通加强全球服务

富士通个人系统（FPS）是富士通（Fujitsu）的一个全资子公司，总部位于美国加利福尼亚州。富士通的这个子公司生产便携式电脑，销售人员或服务工程师所使用的那一种。制造是在日本进行的，而市场是全球性的。

为了更好地服务于公司的欧洲客户，富士通与敦豪速递公司（DHL）建立了伙伴关系。产品流经位于比利时首都布鲁塞尔市的 DHL 的快递物流中心（ELC），于第 2 天交付给 FPS 的欧洲客户。ELC 执行入库质量和功能检验、配备、配置和修理任务。ELC 拥有 400 平方米具有完全“无尘”环境的技术支持设施。完全合格的技术人员由 DHL 雇佣，但经过富士通工程师的培训，ELC 的设施是经过认可的富士通的一个修理中心。中心所执行的所有工作得到富士通的授权。

ELC 中执行的产品的配备和配置工作使富士通能够在给定服务水平下持有更低的库存，因为 ELC 能够对基本的模型进行客户化，并当天就可以发货。DHL 现在代表 FPS 承担了欧洲所有的订单处理和库存管理工作。

备用的计算机存放在 ELC 中，作为完成部分配置的库存。当销售人员的机器出故障时，ELC 会得到通知。备用计算机接通客户的全球通讯网络，接受从位于美国的客户的主机上为销售员下载适当的数据库。在包装和第 2 天发货给该销售员之前，ELC 的技术人员正确地检验机器的功能。

最近，DHL 与 FPS 联合，共同为 FPS 的一个潜在客户作了一次销售报告。该客户正在为其欧洲销售组织寻找便携式电脑，最后根据富士通的售后服务能力（由 DHL 提供），将订单交给了富士通。

资料来源：Martin Christopher，Marketing Logistics（Oxford，England：Butterworth-Hememann，1997），pp. 131-32.

减少库存水平的方法

在许多情况下，可以采用以下措施中的一种或多种来降低库存水平：

1. 多级库存计划。ABC 分析法是这种计划的一个例子。
2. 提前期分析。
3. 交付时间分析。这可能会导致承运商的改变或者与现有承运商之间的谈判的变化。
4. 消除库存周转率低的库存和/或废弃物品。
5. 分析包装尺寸和折扣结构。

6. 检查退回产品的程序。
7. 鼓励/自动进行产品替代。
8. 安全、正式的订货检查系统。
9. 用库存储存单元（SKU）来衡量满足率。
10. 分析客户需求特征。
11. 采用预先确定的逻辑，进行正式的销售计划和需求开发。

在许多公司中，降低库存的最佳方法在于通过采用先进的订单处理系统缩短订货周期时间。如果目前提供给客户的订货周期是令客户满意的，那么订单发送、订单输入和订单处理方面节约的时间可用来进行库存计划。结果将导致库存方面的显著下降。

库存管理的改善

库存管理可以通过采用以下技术中的一种或多种来加以改善：ABC分析法（类似于第3章中描述的客户服务的ABC分析）、预测、企业资源计划（ERP）系统（第4章中描述的）、先进的订单处理系统。

ABC分析法

帕累托原理——80/20规则

在18世纪，威利弗雷德·帕累托（Villefredo Pareto）在一项对米兰（Milan）财富分布的研究中，发现20%的人控制了80%的财富。这种少数的具有最重要的作用和多数的具有不重要的作用的逻辑已经被不断推广，包括了许多情况，并被称为帕累托原理。这在我们的日常生活中是真实的（例如，我们所做的大多数决策是相对不重要的，但是有一些决策则能够影响我们的未来），在库存系统中确实也是真实的。[①]

ABC分析法背后的逻辑是，公司20%的客户或者产品占了80%的销售额，也许占了更大比例的利润。库存计划的ABC分析法的第一步是，在能够获得有关数据的条件下，根据销售额或对公司利润的贡献对产品进行排序。下一步是，检查高需求量物品与低需求量物品之间的区别，这一区别可能会暗示某些物品应如何进行管理。

库存水平随库存储存地点数的增多而增加。[②] 通过将低需求量物品储存在许多物流中心，这些产品的全国需求按地点数进行划分。每一个地点必须维持安全库存。如果对于这些物品采用集中储存的仓库，那么总的安全库存数将会低得多。例如，如果只采用一个集中型的仓库，而销售量的预测是以全国市场为基础的，那么洛杉矶销售量的增加可能会抵消纽约销售量的下降。然而，需要安全库存来预防需求的变动，当全国需求被划分地区时，需求的变动性将更大。随着地区仓库数目的增多，系统总成本也将随之增加，因为在每一个地点都必须考虑需求的变动，即一个区域市场销售量的增加将不会被

① Chase, Aquilano, and Jacobs, Production and Operations Management, p. 606.

② 尽管随着仓库数目的增加，每个仓库的平均库存减少了，但是系统的总库存（包括所有的仓库）增加了。

另一个市场需求量的下降所抵消。

当公司将移动较慢的物品集中在一个中央仓库，运输成本通常会增加。然而，这些成本可以被更低的库存持有成本和更少的缺货惩罚成本所抵消。通过将需求量低的物品集中起来，可以提高客户服务水平，从而可以降低缺货的概率。ABC分析法是一种决定哪些物品应该考虑采用集中仓储的方法。

一个ABC分析的例子

在这一问题上，让我们来考虑一个ABC分析的例子。[①] 根据产品进行的销售数量分析揭示，A类物品占物品种类数的5%和销售额的70%，B类物品占物品种类数的10%和销售额的20%，而C类物品占剩余的65%的物品种类和只有10%的销售额。最后20%的物品在过去一年中没有销售额(见图6.10)！在公司的库存中几乎总能够发现这种类型的统计分布。[②] "物品的销售集中程度将随公司的不同而不同，但是曲线的形状都是相似的。"[③]

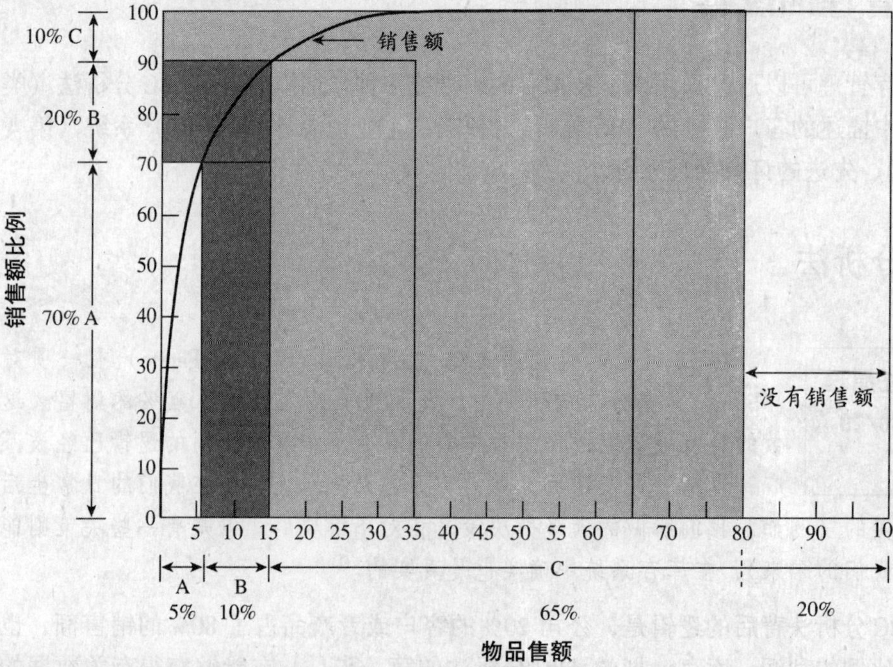

资料来源：Lynn E. Gill, "Inventory and Physical Distribution Management," in The Distribution Handbook, ed. James F. Robeson and Robert G. House (New York: The Free Press, 1985), p. 664. Copyright © 1985 by The Free Press, a Division of Macmillan Inc. Reprinted by permission of the publisher.

图6.10 ABC分类

对于A类物品，进行每天检查或连续检查库存状况是比较合适的。B类物品可以每周进行库存检查，而C类物品则应该得到最少的关注。可以为每一类的库存建立起不同的客户服务水平。A类物品可设置98%的订单满足率，B类物品设置90%的满足率，C

① 该例摘自Lynn E. Gill, "Inventory and Physical Distribution Management," in The Distribution Handbook, ed. James F. Robeson and Robert G. House (New York: The Free Press, 1985), pp. 664-67.

② 称为对数正态分布。

③ Gill, "Inventory and Physical Distribution Management," p. 664.

类物品设置85%的满足率。这一策略将导致95%的总体客户服务水平，如表6.9所示。通过将注意力集中在A类物品上，管理者将更多重点放在了能够为公司带来最大销售额和赢利的产品上。

类似地，当在更少的地点存放更少量的物品时，安全库存量将减少。如果公司使用20个配送中心。A类物品可能存放在所有这20个仓库中，B类物品存放在5个区域性仓库，C类物品只存放在工厂仓库内。尽管B类物品和C类物品的运输成本会增加，但库存降低额通常足够使这种库存策略值得选择。管理者可以测试各种可选的库存策略对客户服务和赢利的影响。例如，去除移动慢的物品，将如何影响库存？销售额增加25%对库存的影响会是什么样的？

表6.9　采用ABC分析的客户服务水平

种　类	销售额的百分比	客户服务水平	加权客户服务水平
A	70%	98%	68.6%
B	20	90	18.0%
C	10	85	8.5%
	100%	总体服务水平：	95.1%

资料来源：Lynn E. Gill, "Inventory and Physical Distribution Management," in The Distribution Handbook, ed. James F. Robeson and Robert G. House (New York: The Free Press, 1985), p.664. Copyright © 1985 by The Free Press, a Division of Macmillan Inc. Reprinted by permission of the publisher.

按价值分类的报告构成了ABC分析的基础

按价值分类的报告构成了ABC分类的基础（见表6.10）。通过将各种物品的年销售额按递减的顺序排列，形成报告。为了简化该例，一些物品在顺序中已被省略。按价值分类的报告在计算机化的库存系统中很容易准备。每一项累计总和也以占总物品的百分比和占总销售额的百分比来表示。

预测

对每一种可能被购买的产品的需求数量进行预测，是库存管理的一个重要方面。一种预测方法是通过邮寄问卷、电话采访或个人采访来调查购买者的意向。这些数据可用来进行销售预测。但是，这种方法不是没有问题的。这种方法的成本很高，而信息的准确性可能也是有疑问的。

另一种方法是，征求销售人员的意见或者该领域中的著名专家的意见。这种方法被称为判断意见采样，相对来说，这种方法比较快速，成本也较低。然而，数据容易受销售人员或专家个人偏见的影响。

表 6.10 按价值分类的报告

物品排序	部件号码	年销售额	累计销售额	累计物品比例	累计销售额比例	分类
1	K410	$ 126,773	$ 126,773	0.01	1.74	A
3	9999	74,130	285,602	0.02	3.92	A
5	410	44,800	397,075	0.03	5.45	A
8	2300	32,666	510,732	0.05	7.01	A
16	K820	22,838	730,034	0.10	10.02	A
35	2601	16,899	1,158,439	0.22	15.90	A
60	K53	13,009	1,467,356	0.39	20.14	A
90	5401	10,988	1,889,201	0.58	25.93	A
126	1101	9,388	2,191,561	0.82	30.08	A
168	K860	7,879	2,610,494	1.09	35.83	A
219	1302	6,538	2,936,895	1.42	40.31	A
279	3600	5,639	3,307,741	1.81	45.40	A
321	5601	5,017	3,567,115	2.08	48.96	A
351	K350	4,619	3,642,887	2.28	50.00	A
438	1603	3,823	4,047,249	2.84	55.55	A
543	540P	3,118	4,438,494	3.52	60.92	A
674	2305	2,496	4,837,759	4.37	65.91	A
839	920L	2,000	5,231,186	5.44	70.01	A
1000	K82T	1,635	5,508,045	6.48	75.60	B
1261	1304	1,186	5,784,905	8.18	79.40	B
1394	1806	1,017	5,908,764	9.04	81.10	B
1632	5304	831	6,127,337	10.58	84.10	B
1823	2600	693	6,312,395	11.82	86.64	B
2452	3501	463	6,570,312	15.90	90.18	B
2698	4200	357	6,775,043	17.49	92.99	C
2920	460P	300	6,787,428	18.93	93.16	C
3186	131M	250	6,906,187	20.66	94.79	C
3506	4304	207	6,953,544	22.73	95.44	C
4442	410G	116	7,130,588	28.80	97.87	C
5202	3500	78	7,150,989	33.73	98.15	C
5414	K542	71	7,176,762	35.11	98.50	C
5688	3402	60	7,193,246	36.88	98.73	C
6048	110G	50	7,198,345	39.22	98.80	C
6256	1308	45	7,208,546	40.56	98.94	C
6386	11oP	42	7,210,732	41.41	98.97	C
6437	2306	41	7,212,917	41.74	99.00	C
6493	920K	40	7,249,346	42.10	99.50	C
7711	83J4	8	7,261,732	50.00	99.67	C
9253	172R	6	7,266,103	60.00	99.73	C
12318	4404	1	7,285,775	79.87	100.00	C
12970	X438	0	7,285,775	84.10	100.00	C
15422	999J	0	7,285,775	100.00	100.00	C

资料来源：摘自 Lynn E. Gill，"Inventory and Physical Distribution Management，" in The Distribution Handbook，ed. James F. Robeson and Robert G. House（New York：The Free Press，1985），p666.

为各组库存存储单元进行预测，提高了预测的准确性

大多数公司简单地根据历史销售数据预测未来的销售量。因为大多数库存系统只需要一个月或两个月的预测值，因此，短期预测是可以接受的。许多技术可用来协助管理者进行短期销售量预测。① 进行预测的一种方法如图 6.11 所示。比起在每一种库存储存单元层次上进行预测（将导致很大的预测误差），通过在高得多的集合层次上进行预测，管理者可以显著地提高预测的准确性。例如，在图 6.11 中，通过利用预测模型，预测是在整个公司或产品系列层次上进行的。下一步是，根据销售历史，按产品类和库存储存单元，将预测值分解。然后，利用以下方法中的一种，将库存从中央配送中心分拨到分支/地区配送中心：

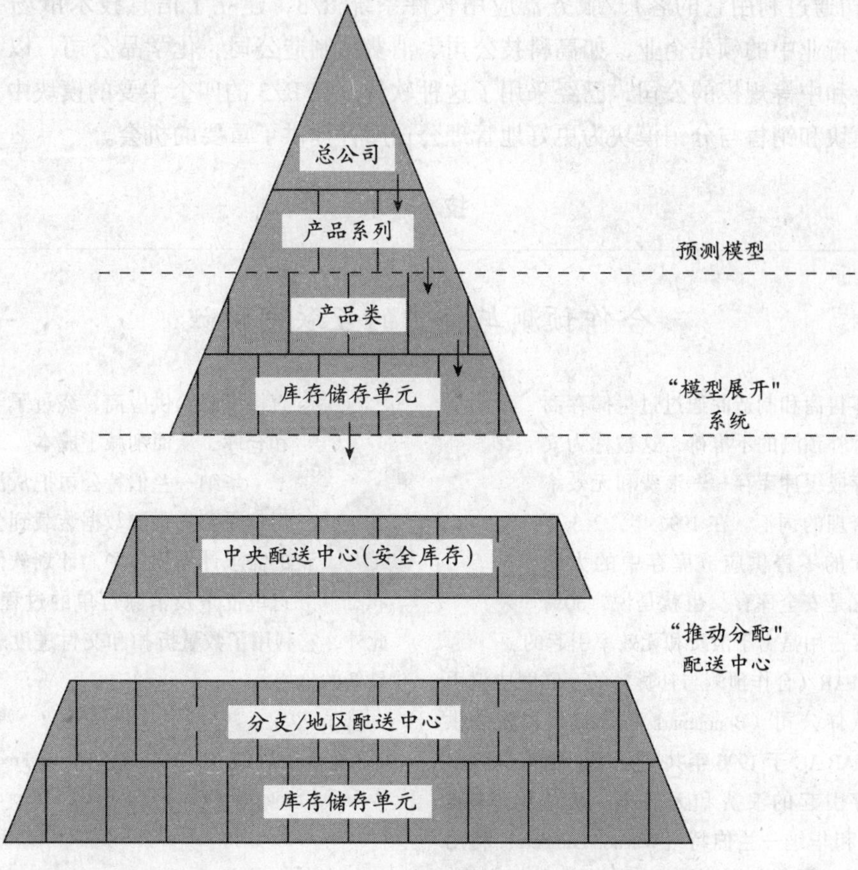

资料来源：阿拉巴马州大学的杰伊·U·斯特林(Jay U. Sterling)教授，经授权许可。

图 6.11　预测

- 运转速度——每个地点的库存储存单元所经历的销售速度
- 供应周数/月数——根据预计的未来销售量，管理者希望在每一个地点存放的库存的销售周数/月数
- 可用库存——目前可用的库存减去延期交货的订单

① 如需要了解有关各种预测方法的深入分析，参考 Steven C. Wheelwright and Spyros Makridakas, Forecasting Methods for Management, 5th ed.（New York: John Wiley & Sons, 1989）.

在进行预测时，惟一确定的事是，预测值将不会是100%准确的。为此，许多公司正在开发注重于缩短从原材料获取到最终产品交付之间的总时间的战略。这一段时间变得越短，预测的重要性就变得越小，因为公司能够更快地对需求变化做出反应。基于时间的竞争战略将在第8章中详细讨论。

ERP系统如何有利于提高库存管理[①]

如我们在第4章中所提到的，德国SAP AG公司是提供企业资源计划（ERP）软件的一家国际性领先企业。尽管目前存在许多家提供ERP系统的公司，但是普遍认为SAP AG公司通过利用它的客户/服务器应用软件系统R/3，建立了信息技术市场中的新标准。各行业中的领先企业，如高科技公司、消费品制造公司、化学品公司，以及大量小型企业和中等规模的公司，已经采用了这种软件。在R/3的四个主要的模块中，制造与物流模块和销售与分销模块为更好地管理公司库存提供了重要的机会。

技　术

合作预测与补货的互联网协议

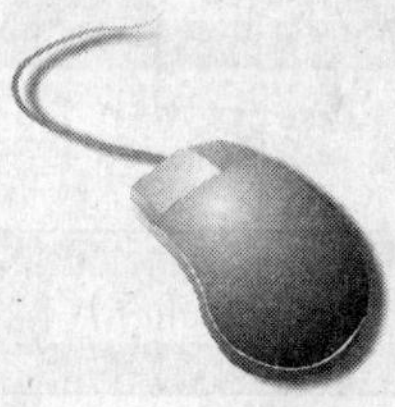

零售商和制造商通过过量储存商品来弥补预测的不准确，这被称为安全库存或缓冲库存——浪费和无效率的不合理的词汇。在1996年，2.3万亿美元的零售供应链库存中的大约7000亿是安全库存。也就是说，30%的库存占用是由于浪费和无效率引起的。

CFAR（合作预测与补货）的互联网协议由基准伙伴公司（Benchmark Partners）和软件供应商SAP AG于1996年共同开发，用来消除安全库存引起的浪费和无效率。沃尔玛（Wal-Mart）和华纳—兰伯特（Warner-Lambert）利用CFAR协议将它们的预测模型（电子数据表格）直接下载给供应商，绕过了卡车司机和仓库，从而削减了成本。

华纳—兰伯特公司把从沃尔玛公司接受到的预测数据装载到公司自己的需求计划软件中。计划软件使预测订单批量及消除订单的过程自动化。此外，它利用了数量折扣和交付进度表，实现最低的价格。

资料来源：T. G. Lewis, The Friction Free Economy: Marketing Strategies for a Wired World (Harper Business, 1997).

制造与物流

制造与物流部分在四大模块中是最大和最复杂的一个模块。它有五个主要的组成部分：物料管理（MM）、工厂维护（PM）、质量管理（QM）、生产计划与控制（PP）、项目管理系统（PS）。每个组成部分又可以分成子部件。物料管理包括基于消耗的计划、采购、供应商评估和发票核实。它也

① 这一部分内容摘自Chase, Aquilano, and Jacobs, Production and Operations Management, pp.669-75. 想了解可获得的库存软件的详细摘要，参见Andersen Consulting, Logistics Software (Oak Brook IL: Council of Logistics Management, 1998).

包括库存和仓库管理，管理库存直到使用发出指令，周期应重新开始。模块支持电子化的看板（kanban）/准时交付。

生产计划与控制既支持离散型制造过程，又能支持流程型制造过程。模块提供重复性和按订单配置的方法。这些模块支持所有的制造阶段，提供能力平衡和需求计划、物料需求计划、产品成本核算、物料清单的增加和压缩、计算机辅助设计（CAD）对话界面以及设计变更管理。系统允许使用者将修订订单与生产计划相连接。订单可从内部销售订单产生或从与网站相连的连接中产生。

销售与分销

销售与分销模块提供预期客户和客户管理、销售订单管理、配置管理、分销、出口控制、发货和运输管理，以及开账单、开发票和折扣处理。与所有 SAP 模块结合起来，这些模块可以全球实施。例如，一份订单可能在香港收到。如果当地没有可用的产品，所需的产品可以向世界其他地方的仓库进行内部采购，然后运输到香港的客户地。在实施销售与分销模块时，公司的结构必须在系统中得到体现，从而 R/3 可以知道在什么地方和什么时候产生收入。从会计角度、物料管理角度或销售与分销角度体现公司的结构都是可能的。这些结构也可以结合起来。

创造性解决方案

塞特恩公司愉快的经销商

通用汽车的全资子公司塞特恩（Saturn）公司设计、制造和营销汽车，在美国市场中，汽车的销售是通过独立的经销商来完成的。当 GM 成立塞特恩时，公司主要业务目标之一是提供高层次、豪华车水平的售后客户支持，尽管塞特恩产品系列的价格只定在 13,000 美元至 20,000 美元的范围之内。一般来说，采用经销商渠道模型的制造商负责管理其自身的零部件库存，并依赖于他们的交易商来管理由经销商所有和持有的零部件库存。

塞特恩采取了一种不同的方法。公司与其经销商通过复杂的信息系统相互连接，系统使塞特恩能够“看见”每个经销商的零部件库存的可用情况和销售数据。公司利用这种信息，生成补货订单，来补充经销商的服务零部件的库存。这种新方法保证所有的服务零部件供应链的计划决策都是由客户需求所驱动的，从而降低了整个供应链中的库存，并提高了零部件对客户的供应能力。如客户所体验的，塞特恩公司经销商的零部件的供应能力稳定在 90% 到 95% 的范围内，而典型的库存供应能力水平为 78% ~ 80%。这种特别高的零部件供应能力不是通过维持过量的库存来实现的。塞特恩的经销商的零部件库存的周转率（即零部件销售额除以库存水平）一般为每年 6 到 7 次，而行业的正常水平为每年 2 到 4 次。

这种创新性的供应链关系对渠道经销商模型进行了重新定义，已促使塞特恩的竞争对手以及汽车工业外采用经销商渠道模型的其他企业追求类似的运营战略。

资料来源：Robert Evans and Doug Castek, “Customer Support Logistics: The Key to Customer Satisfaction.” In Strategic Supply Chain Alignment: Best Practice in Supply Chain Management, ed. John Gattorna (Hampshire, England: Gower, 1998), pp. 65-66.

当一份销售订单输入时，订单自动地产生包括有关定价、促销、可得性和运输选择等正确信息。专业化的行业，如食品、药品或化学品，可以采用批量订货处理方法。使用者具有为特定客户预留库存的能力，要求生产子部件，或者输入按订单装配、按订单制造或按订单设计的订单以及特殊的定制订单。

如我们在第4章所谈到的，SAP所构建的模块考虑了行业的最佳实践。SAP的研究和开发组织不断地寻找执行某个特定过程或子过程的最佳方式。设计系统更新，用来反映最新的最佳实践方法。

订单处理系统

改进的信息系统可以降低库存需要

许多公司还没有开展全面的和正在进行中的库存策略的分析和计划工作，因为这些公司缺少时间和缺乏信息。[①] 在许多情况下，比较差的通讯系统是一个主要的因素。库存管理的一个主要的目标是在库存持有成本与客户服务之间实现一个最优的平衡。确定合适的平衡的基本任务，需要持续和全面的计划。这取决于信息的获取。通讯促使信息的获取。用及时和准确的产品使用信息将供应链的成员连接起来，可以缩短执行订货周期中某些环节所需的时间，包括订单输入、订单处理和库存补充。另外，还可以减小补货周期的变动程度。采用这种方式，公司能够通过降低自身的安全库存及其客户和供应商的库存，获得大量的成本节约。

此外，更好的信息系统能够减少信息误差和意外的时间延误。这有利于决策的制定和提高公司内部之间的协调能力。结果将导致库存的降低和开票速度加快，从而提高现金流。

有了有关订单的全面的、最新的信息，原材料库存和生产计划可以得到更好的管理。配送中心能够在不增加库存的条件下，满足客户的需求。此外，可以准备更加准确的发票，更快地为客户开票，需要更少的对账，更快地接受货款。当对账必要时，能够以十分快的速度得到解决。库存的降低和开票速度的加快提高了现金流。通过将重要的信息交给决策制定者，以及通过为他们提供必要的时间来将这些信息用于库存策略的计划中，库存管理能够得到改善。

降低库存对公司利润绩效的影响

为了说明库存降低对公司利润绩效的影响作用，考虑XYZ公司的例子，该公司的财务数据如图6.12所示。公司的销售额为1亿美元，减去0.6亿美元的商品成本，产生0.4亿美元的毛利润。当减去0.18亿美元的变动费用、0.18亿美元的固定费用以及0.02亿美元的所得税，净利润为0.02亿美元，净利润率为销售收入的2%。

在模型的资产负债表部分，流动资产为0.22亿美元，包括0.14亿美元的库存，0.06亿美元的应收账款，以及其他流动资产0.02亿美元。流动资产加上0.18亿美元的固定资产，实现总资产为0.4亿美元，资产的周转率为2.5次。2%的净利润乘上2.5次的资产周转率，得到资产收益率为5%。财务比例为2:1，使净价值收益率增加到10%。

---

① 摘自Milliken大学Tabor商学院道格拉斯（Douglas E. Zemke）院长提供的材料。

物流系统的改变将如何影响公司的净价值收益率

需要思考的问题是：订单处理系统的变化将如何影响物流职能的绩效和影响公司的净价值收益率？为了回答这一问题，需要以下公司信息：

1. 客户每周订货一次，但有时候频率要小一些，尤其是在一个季度刚结束之后。公司销售额的约36%是在每年的20天内产生的。对于客户每天或每周的产品使用情况不清楚。假设客户的销售量等于所订购的数量。
2. 公司不计算库存持有成本。如果计算的话，库存持有成本的非资金成本部分，如保险、税收、变动储存成本、废弃成本、贬值成本和损坏成本，大约是平均库存价值的5%。公司不具体核算库存持有成本的事实并不能使这些成本变得不是真实的。这些成本仍然发生。
3. 公司正在实行资产定量配给。也就是说，公司缺乏资金投资于新项目，税后收益率低于20%或税前收益率低于40%的投资项目是不允许进行的。如果能够获得资金，管理者将投资500万美元用于工厂的现代化建设项目，项目将产生40%的税前收益率。如果进行这样的投资，投资将以10年期的直线折旧基础进行折扣（如果投资为500万美元，每年折旧额为50万美元）。

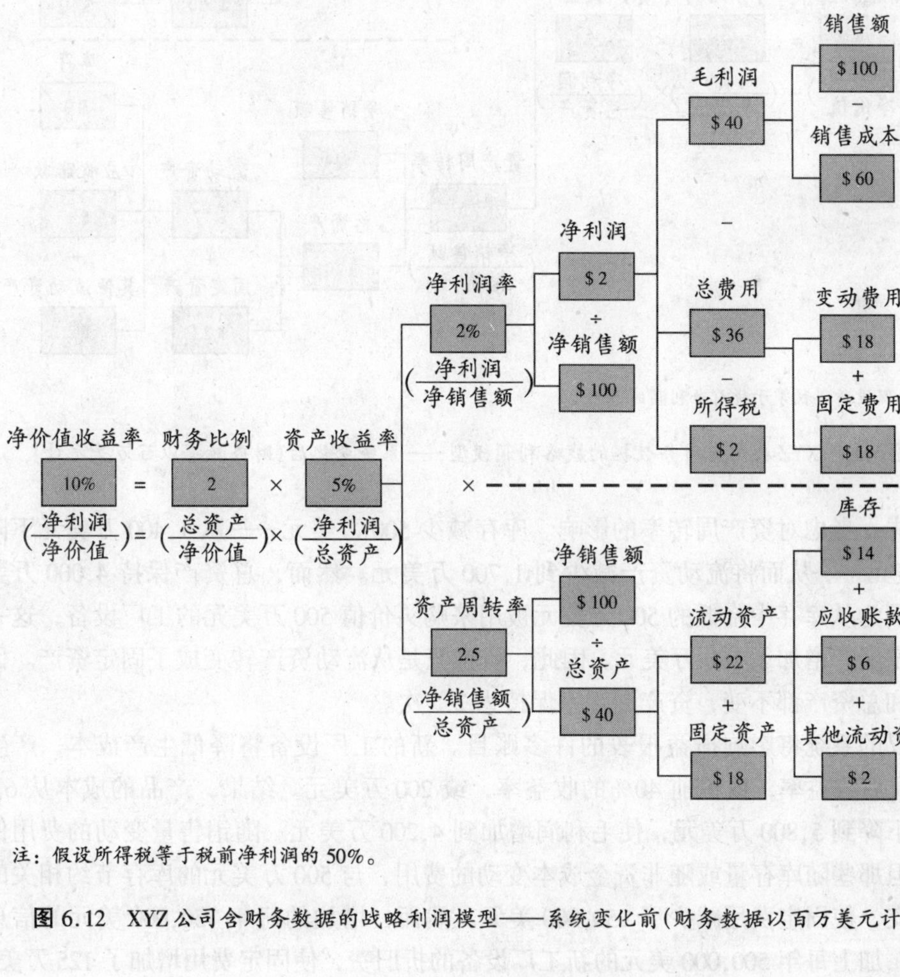

注：假设所得税等于税前净利润的50%。

图6.12　XYZ公司含财务数据的战略利润模型——系统变化前(财务数据以百万美元计)

如果将公司的信息系统改进，使其能够接受来自大型零售商的销售点数据和来自关键的原始设备制造商的物料需求数据，管理者能够利用信息来进行生产计划和补充库存，这将导致在整个公司范围降低500万美元的库存。从库存降低中所获得的500万美元的节约将可用来投资于新的工厂设备，而这在以前由于缺乏资金而被否决。

此外，据预测，提议的系统变革所需的年费用将是750,000美元。提议中的系统对净价值的税后收益率的财务作用是什么样的？图6.13提供了答案。

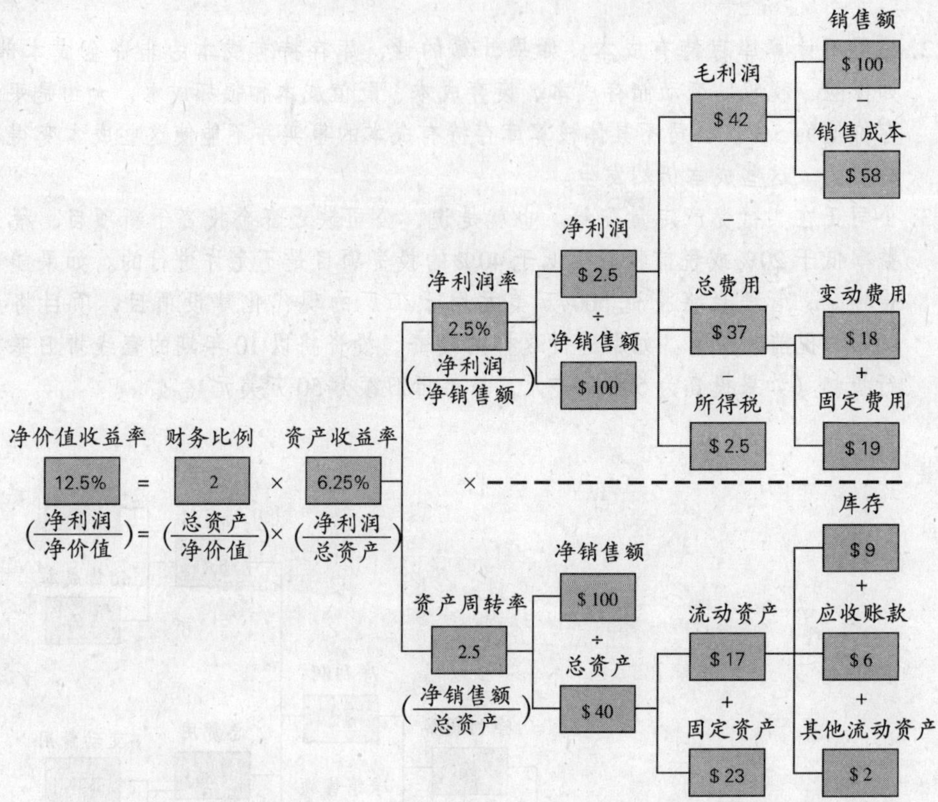

图6.13　XYZ公司含财务数据的战略利润模型——系统变化后（财务数据以百万美元计）

首先，考虑对资产周转率的影响。库存减少500万美元——从1,400万美元下降到900万美元——从而将流动资产减少到1,700万美元。然而，总资产保持4,000万美元不变，因为从库存中降低的500万美元被用来购买价值500万美元的工厂设备；这一购买使固定资产增加了500万美元。因此，资产只是从流动资产转变成了固定资产。因为销售额和总资产都不变，资产周转率保持为2.5次。

提议的系统将影响损益报表的许多账目。新的工厂设备将降低生产成本，产生了20%的税后收益率，或税前40%的收益率，或200万美元。结果，产品的成本从6,000万美元下降到5,800万美元，使毛利润增加到4,200万美元。随销售量变动的费用保持不变。但那些随库存量或随非资金成本变动的费用，与500万美元的库存节约相关的预算外开支，使固定费用减少了250,000美元。然而，增加的每年750,000美元的信息系统费用，加上每年500,000美元的新工厂设备的折旧费，使固定费用增加了125万美元，因此，固定费用增加到1,900万美元，总费用增加到3,700万。税前净利润从400万美元上升到500万美元，导致250万美元的所得税。税后净利润为250万美元，净利润率为2.5%。因此，资产收益率从5%上升到6.25%。因为公司筹集资金没有受影响，因此，财务比例仍然为2:1，净价值收益率从10%上升到12.5%。

该练习的目的是双重的。首先，它说明了战略利润模型如何可用来分析物流运营的变化对资产收益率和净价值收益率的影响。该例子也表明，即使公司不计算库存持有成本，成本也是真实存在的。库存持有成本的资金成本应该反映如果资金不投资于库存，资金将如何被使用。

在该例子中，假设资金可以被重新投资于一个能够产生20%的税后收益率的项目。图6.14表示，如果资金可用来将银行贷款减少500万美元，那么净价值收益率将会是多少。假设贷款的利息率为10%。当然，这是一项税前费用。

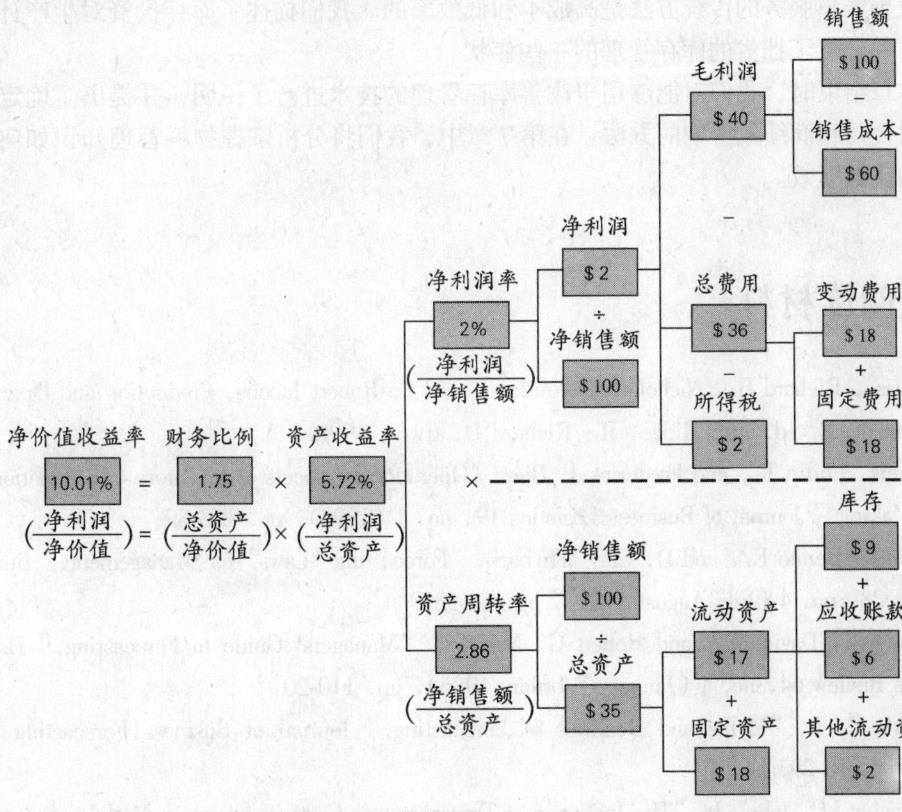

注：假设所得税等于税前净利润的50%。

图6.14 XYZ公司含财务数据的战略利润模型——系统变化后，假设偿还银行贷款(财务数据以百万美元计)

因为资金被用来减少负债，总资产将减少500万美元，下降到3,500万美元，资产周转率从2.5次增加到2.86次。在该例子中，毛利润没有变化。固定费用下降了750,000美元——非资金成本和库存有关的成本减少250,000美元，加上减少的500,000美元的利息费用。然而，增加的750,000美元的信息系统和通讯成本抵消了费用的减少，导致总体上没有发生什么变化。净利润率保持在2%，资产收益率变为5.72%。负债的减少是财务比例从2:1（4,000万美元比2,000万美元）下降到1.75:1（3,500万美元比 2,000 万美元)。对净价值收益率的影响是较小的，净价值收益率从 10% 上升到 10.01%。

请再次注意，对物流系统的修改所引起的库存水平的变化是如何影响公司的净价值收益率的。

小结

在本章中，我们分析了库存管理的基本概念。介绍了 EOQ 模型，以及对 EOQ 模型进行调整的方法。此外，我们描述了需求与订货周期的不确定性，并分析了在计算安全库存的时候，同时考虑两种类型的不确定性问题的方法。我们还了解了，通过增加库存投资改善客户服务的传统方法是高成本和低效率的。我们描述了库存投资对生产计划的影响，并分析了拙劣的库存管理的一些症状。

本章结束时，我们对能够用于改善库存管理的技术进行了说明，并提出了确定库存降低对公司利润绩效影响的方法。在第 7 章中，我们将分析掌握物料管理知识如何能够提高物流的绩效。

推荐阅读材料

Chase, Richard B., Nicholas J. Aquilano, and F. Robert Jacobs, Production and Operations Management, 8th ed. Burr Ridge, IL: Richard D, Irwin, 1998.

Evers, Philip T., and Frederick J. Bier, "Operational Aspects of Inventory Consolidation Decision Making." Journal of Business Logistics 19, no. 1 (1998), pp. 173-89.

Flores, Benito E., and D. Clay Whybark. "Forecasting 'Laws' for Management." Business Horizons 28, no. 4 (July-August 1985), pp. 48-53.

Georgoff, David M., and Robert G. Murdick. "Managers' Guide to Forecasting." Harvard Business Review 64, no. 1 (January-February 1986), pp. 110-20.

Jain, C. L. "Myths and Realities of Forecasting." Journal of Business Forecasting (Fall 1990), pp. 18-29.

Langley, C. John, Jr. "The Inclusion of Transportation Costs in Inventory Models: Some Considerations." Journal if Business Logistics 2, no. 1 (1980), pp.106-25.

Lee, Hau. "Postponement for Mass Customization." In Strategic Supply Chain Alignment, ed. John Gattorna. Hampshire, England: Gower Publishing, 1998, pp. 77-91.

Mentzer, John T., and R. Krishnan. "The Effect of the Assumption of Normality on Inventory Control/Customer Service." Journal of Business Logistics 6, no. 1 (1985), pp. 101-20.

Merrils, Roy. "How Northern Telecom Competes on Time." Harvard Business Review 89, no. 4 (July-August 1989), pp. 108-14.

O'Neil, Brian F., and Gerald O. Fahling. "A Liquidation Model for Excess Inventories." Journal of Business Logistics 3, no. 2 (1982), pp. 85-103.

Pagh, Janus D., and Martha C. Cooper. "Supply Chain Postponement and Speculation Strategies: How to Choose the Right Strategies." Journal of Business Logistics 19, no. 2 (1998), pp. 13-33.

Rafuse, Maynard. "Reducing the Need to Forecast." The International Journal of Logistics Management 6, no.2 (1995), pp. 103-8.

Tersine, Richard J., and Michele G. Tersine. " Inventory Reduction: Preventive and Corrective Strategies." The International Journal of Logistics Management 1, no. 2 (1990), pp. 17-24.

Tyagi, Rajesh, and Chandrasekhar Das. "Extension of the Square-Root Law for Safety Stock to Demands with Unequal Variance." Journal of Business Logistics 19, no. (1998), pp. 197-203.

Van Hoek, Remko I., Harry R. Cammandeur, and Bart Vos. "Reconfiguring Logistics Systems Through Postponement Strategies." Journal of Business Logistics 19, no. 1 (1998), pp. 33-54.

Wilkinson, Gary F. "Why Did You Use That Forecasting Technique?" Journal of Business Forecasting (Fall 1988), pp.2-4.

Zinn, Waker. "Developing Heuristics to Estimate the Impact of Postponement on Safety Stock." The International Journal of Logistics Management 1, no. 2 (1990), pp. 11-16.

问题与习题

1. 为什么库存对于一个公司的有效管理来说，是如此重要?
2. 需求和提前期的不确定是如何影响库存水平的?
3. 经济订货批量（EOQ）模型在数学上如何选择最佳的经济订货批量?
4. 法哈批发食品公司（Farha Wholesale Foods）经营的产品系列之一是由加利福尼亚罐头公司（California Canners, Inc.）制造的一系列罐装水果。琼斯（Jones）先生是罐装食品的采购员，他知道公司并没有以一种系统的方式向供应商订货，他考虑 EOQ 模型是否适合于公司。例如，公司每周订购 250 箱水果鸡尾酒，而年采购量大约为 13,000 箱。采购价格为每箱 10 美元，订货成本为每份订单为 15 美元，库存持有成本为 45%。加利福尼亚罐头公司支付运输费用，订货量超过 250 箱时，不存在价格折扣。在这种情况下，经济订货批量模型是否适用？如果适用的话，请计算经济订货批量。
5. 解释固定订货点、固定订货批量模型和固定订货间隔周期模型之间的基本区别。哪一种模型可能导致最大的库存水平?
6. 给定以下信息，计算经济订货批量和为了实现 98% 的客户服务水平所必需的安全库存和平均库存：

   a. 以 25 天为一个周期的每天的平均需求量为：

天	需求单位数	天	需求单位数	天	需求单位数
1	8	11	7	21	7
2	5	12	8	22	8
3	4	13	12	23	8
4	6	14	9	24	10
5	9	15	10	25	11
6	8	16	5		
7	9	17	8		
8	10	18	11		
9	7	19	9		
10	6	20	7		

b. 订货周期不存在变动。

c. 订货成本为每份订单 20 美元。

d. 年需求量为 2,000 单位。

e. 每单位产品的成本为 100 美元。

f. 库存持有成本为 35%。

g. 产品以离岸价格采购。

7. 给定以下补货周期的样本，重新计算问题 6：

补货周期	提前期天数	补货周期	提前期天数
1	10	10	9
2	12	11	8
3	11	12	10
4	10	13	11
5	10	14	9
6	9	15	9
7	8	16	10
8	12	17	11
9	11	18	10

8. 给定问题 6 和问题 7 的计算结果，如果管理者愿意持有等于一周销售量的产品作为安全库存，那么实际的满足率将是多少？

9. 给定以下信息，由制造商的供货周期变动减少 2 天所导致的客户的成本节约是多少：

a. 每天平均销售量为 40 箱。

b. 采购价格为每箱 45 美元。

c. 运输成本为每箱 5 美元。

d. 订货周期为 10 天。

e. 库存持有成本为 40%。

此结果与订货周期的变动程度不变，而订货周期缩短两天所引起的成本节约相比较，结果会怎样？

10. 利用图 6.12 中的财务数据，给定以下条件，说明库存下降 400 万美元的影响：

a. 库存持有成本为 45%，其中包括 5% 的非资金成本部分。

b. 交付到储存地点的库存的平均变动成本为全部制造成本的 70%。

c. 库存的降低伴随铁路运输的取消，原来铁路运输占总运输量的30%，所有产品全部采用卡车运输。结果，运输成本增加了350,000美元。

11. 作为库克百货商店（Cook Department Stores）的库存计划小组，你们的主要责任之一是协助部门经理进行库存决策。电器部门的经理已经来到你们小组，希望提供部门的库存计划和赢利能力。该部门储存一种品牌名为Super View的录像机（VCR）。

a. Super View的财务数据：

销售价格/单位	$555.00
销售的产品的成本	
包括在目前运营水平和库存策略条件下的交付成本	$495.00

b. Super View的销售数据（具有代表性的10天的销售数据——假设库克百货商店每年开360天）：

销售量/天	天数(f)
1	2
2	2
6	2
10	2
16	2

c. Super View的提前期数据（Super View由Syonara制造公司从日本东京直接供应）：

交付方式：	10个订货周期天数样本
Super View:	9，9，42，13，22，33，11，18，36，27

d. 目前Super View的服务和库存策略：

订货策略：	EOQ：订单批量等于平均提前期内的平均需求量
满足率：	99%

e. 以下是收集的库存持有成本（公司的税前资本机会成本是37%）：

库存税率：	1.6%
保险：	0.4
储存：	3.3
废弃：	0.7
损坏：	2.0

f. 该经理有几个关于库存策略的问题：

(1) Super View采用以下哪个满足率（99%，95%，91%，或87%）将导致最高的年利润？

(2) Syonara制造公司声明，如果价格额外增加1.5%，他们能够雇佣更为可靠的国际承运商，可以将提前期的标准差减小一半。电器部门的经理应该接受这种提议还是应该拒绝？（假设他们目前99%的满足率和订货策略不变。)

(3) 在底特律地区有5家库克百货商店的分店(见表1)。公司的管理者想要比较一下两种战略的赢利情况:

- 通过在各个分店储存合适数量的安全库存,为 Super View 产品提供99%的满足率。
- 在当地地区配送中心,Super View 产品提供99%的满足率,配送中心服务所有5个分店,必要的时候将安全库存快速发送到各个分店,每周的总加速费为150.00美元。

假设如果第2种战略不会造成销售机会的损失,请问哪一个战略是最有利的?

表1 Super View 的销售量(每天,每个分店)

天	分店				
	1	2	3	4	5
1	1	1	1	16	16
2	2	2	2	10	10
3	6	6	6	6	6
4	10	10	10	2	2
5	16	16	16	1	1
6	1	1	1	16	16
7	2	2	2	10	10
8	6	6	6	6	6
9	10	10	10	2	2
10	16	16	16	1	1
平均销售量/分店	7	7	7	7	7
σ_S/分店	5.81	5.81	5.81	5.81	5.81

CHAPTER 7

物料管理

本章大纲

本章目标

- 确定物料管理的内容
- 分析全面质量管理（TQM）的概念
- 介绍各种物料管理技术，包括：看板/准时系统、MRP、ERP和DRP

引 言

物料管理的定义

根据本书给出的定义，物流管理是供应链流程的一部分，它对从起始点到消费地的货物流和货物储存、服务及相关信息进行有效地计划、实施和控制，以满足顾客的需要[①]。物料管理完整的组成部分包括对原材料、零部件、制成品、包装材料和在制品库存的管理[②]。简单地讲，物料管理研究的是与组织内物料的供应相关的活动。

物料管理对整个物流过程具有十分重要的作用。尽管物料管理并不与最终客户直接打交道，但是生产过程能否顺利得到原材料、零部件和组件是客户能否得到产品的最终决定因素。本质上讲，内部客户和最终客户同等重要。

物料管理的重要性

对物流过程中物料管理的决策无论好坏，都将直接影响客户服务水平、公司与其他对手竞争的能力及销售和利润状况。在没有有效的物料流管理的情况下，生产过程难以按照所期望的价格和时间生产出符合客户需求的产品。物流负责人必须理解物料管理的作用及其对组织成本/服务组合的影响。

从20世纪80年代以来，越来越多的公司意识到了物料管理的重要性。随着公司的发展和成熟，物料管理的作用被扩展，以满足市场驱动而非生产驱动的经济的挑战。表7.1对物料管理的历史作用和当今及将来的作用进行了对比。

尽管许多事情仍将继续保持非常重要的地位，如降低成本和向客户提供更好服务，但在将来的环境中，许多问题的重要程度将不断改变。一些问题可能涉及全球化、产品生命周期的缩短、降低库存水平、电子商务和市场导向等。在第1章我们讨论了这些问题，本书接下来仍将继续讨论这些问题。

本章指出物料管理的各个组成部分，并讨论如何在制造业环境中有效地管理物料。我们将研究在组织内对物料流实施计划、控制和执行时所使用的具体管理战略和技术。

物料管理活动的范围

物料管理通常由四部分内容组成：

1. 预测物料需求。
2. 寻找和获得物料。
3. 将物料引入组织。
4. 监督作为流动资产的物料的状态。

本章中的物料管理定义将活动描述为一个拥有各种子系统功能的组织系统。物料管理的目标是：

① 定义见物流管理协会网站（www.clml.org）。

② 一些组织以物料管理表示物流，但是在大多数公司中，物流是更广义的概念，物料管理仅是它的一部分。

物料管理的目标

通过协调各物料功能的活动、提供通讯网络和控制物料流，从整个公司的角度来解决物料问题。①

物料管理的具体目标将和公司的主要目标紧密相关，即获得可接受的利润率和/或投资收益，并在竞争不断增加的市场中保持竞争力。

表7.1　物料管理——过去，现在和将来

	过　去	现在和将来
市　场	卖方市场 低竞争 限制出口	买方市场 激烈竞争 全球导向
产　品	种类较少 生命周期长 科技含量低	种类齐全 生命周期短 高科技含量
生　产	满负荷 柔性低 较大的批量规模 较长的提前期 低成本 制造而非购买	满负荷 柔性高 较小的批量规模 较短的提前期 低成本 购买而非制造
服务水平	高服务水平 高库存 缓慢的物流过程 缓慢运送时间	高服务水平 低库存 快速的物流过程 快速的运送时间
信息技术	手工数据处理 文书管理	电子数据处理 无纸化工厂
企业战略	生产导向	市场导向

资料来源：Hans F. Busch，"Integrated Material Management"，International Journal of Physical distribution and Materials Management 18，no.7 (1988)，p.28.

图7.1列出了物料管理的主要目标：低成本、高服务水平、质量保证、资本占用少及对其他部门的支持。每一目标均明确地与公司整体目标相关联。

> 主要目标——对利润做出重大贡献——通过最优化采购、管理和分配作为生产资源的物料来实现。因此集合化的物料管理的目标包括：通过协调低物料成本与管理费用之间的冲突目标来实现最优供应，以及实现高水平的客户服务和很低的库存资本占用。供应功能的最优和无形价值的增加，可通过完全控制物料和信息从供应市场、通过企业、到最终销售点的流动而实现。②

---

① Michael Leenders and Harold E. Fearon，Purchasing and Materials Management，10th ed.（Burr Ridge，IL：Richard D. Irvin，1993），p.5.

② MCB University Press Limited，Yunus Kathawala，and Heino H. Nauo，"Integrated Material Management：A Conceptual Approach"，International Journal of Physical Distribution and Material Management 19，no.8 (1989)，p.10.

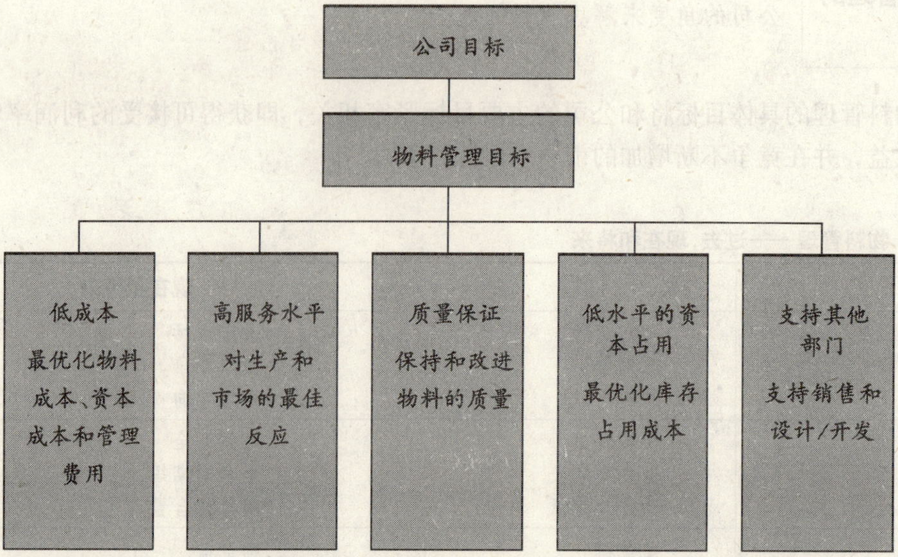

资料来源：MCB University Press Limited，Yunus Kathawala，and Heino H. Nauo，“Integrated Material Management：A Conceptual Approach”，International Journal of Physical Distribution and Material Management 19，no.8（1989），p.10.

图 7.1 集成化物料管理的目标

物料管理与产成品配送的区别

物料管理包括多种物流活动。与制成品配送的管理类似，物料经理必须关注购买与采购、库存控制、仓储、订单处理、运输和几乎每一项物流活动。物料管理过程与产成品配送过程的主要区别在于：物料管理所处理的对象是原材料、零部件和组件，配送服务的接受者是生产或制造团体，而不是最终客户。

物料管理的完整的组成内容包括：购买与采购、生产控制、交通运输、仓储、MIS控制、库存计划与控制、废品回收与废料处置。

购买与采购

无论过去还是将来，物料的获得都是物料管理的重要内容。飞速变化的供应环境、充足与短缺时期的交替、价格波动和提前期的变动，向那些期望实现最优化物料管理的组织提出了挑战。

购买与采购并不一样

购买（purchasing）和采购（procurement）两词常交替使用，尽管两类活动在范围上并不相同。购买一般是指物料的实际购买及与购买过程相关的活动。采购则更为宽泛，包括购买、运输、仓储和收货等。

技 术

互联网 101——为供应链提供支持

什么是技术？简单而言，技术不过是一种使能器。如果你拥有坚实的业务和合适的供应链管理，互联网能助你更快地取得成功的结果。如果现在状况很差，互联网将使你以指数的成长提高速度。

就互联网和采购而言，我们发现有两大主要的成长领域：资格和能力。就资格来说，公司能接触比前互联网时代多得多的观众。互联网是一个全球性的招揽场所，制造商可以找到更多的潜在供应商。这一最初的选择过程允许制造商按照具体的资格标准对潜在供应商进行筛选。制造商的利益在于，更多的潜在供应商和更具竞争性的商业环境。提高的资格是服务质量的整体改进，正如我们现在所看到的，当供应商相互竞争时，我们就可以提出更多的要求。类似地，供应商的利益是他们可以接触以前不知道或无法接触到的制造商。一旦取得资格，供应商就有机会与制造商进行交易。

资料来源：Kevin Q. Sullivan, "Internet 101—Enabling the Supply Chain", Annual Conference Proceedings of the Council of Logistics Management (Oak Brook, IL: Council of Logistics Management, 1998), pp.331-32.

物料、产品设计和工程、制造、配送和运输、销售和营销、数据处理、财务与管理功能，都经常性地从外部供应商那里购买。外包的扩展赋予了购买功能新的战略地位。在许多公司中，从供应商处购买的商品和服务已成为公司成本结构的主导部分，占总支出的70%～80%。新波音飞机的2/3的成本和某家主要的计算机制造商3/4的成本来自供应商提供的零部件和组件。①

将来购买和采购的重要性还会上升（见第12章）。许多因素将影响这一趋势，包括：

采购与购买地位上升的原因

- 更短的产品生命周期、快速的技术变化和更老练的客户使得在购买过程中柔性和敏捷性至关重要
- 全球化经济的出现，迫使许多公司拓宽其采购来源，在全球范围内确定能提供质优价廉的商品和服务的潜在供应商
- 信息技术和电信技术革命为取代传统的购买部门的手工活动提供了低成本、高速度和自动化的选择②

表7.2对比了购买的传统和有限的作用与创新和扩展的作用。在公司追求一流的供应链管理和最优客户服务水平的过程中，采购提供了巨大潜力。③

① Scott A. Elliff and Robert Sabath, "Beyond Purchasing: Managing Procurement for Advantage." Mercer Management Journal, no.4 (1995), p.67.

② 同上，pp.68-70.

③ Lisa H. Harrington, " Buying Better," Industry Week 246, no.14 (July 21, 1997); Shawn Tully, " Purchasing's New Muscle," Fortune 131, no.3 (February 20, 1995), pp.75-83.

表 7.2 购买与采购

	传统的购买功能	创新的采购功能
组织定位	后台支持功能	战略功能
作用	窄	宽
高层的可视性	低	高
员工状况	职员	职业
文化	反应的	积极主动的
购买过程	官僚的	简化的
供应商关系	不利的，僵硬的	合作的，灵活的
绩效标准	单位价格	总成本和质量

资料来源：Scott A. Elliff and Robert Sabath，"Beyond Purchasing: Managing Procurement for Advantage"，Mercer Management Journal，no.4 (1995)，p.70.

生产控制

物流与制造的关系

传统上生产控制被定位在制造管理范围之内，尽管个别公司将其置于物流管理范围之内。只要制造和物流都有对生产控制活动的输入，其在公司组织架构中的定位可能就不是关键的。

生产或制造在物流中的作用是双重性的。首先，生产活动决定了生产什么和生产多少。这又进而决定什么时候和如何将产品提供给客户。其次，生产直接决定了公司对制造过程所需原材料、部件的需求。因而，制造和物流共同决定生产控制这一点是不言而喻的。

入厂物流

物料管理涉及产品如何流进公司。物料经理的客户是制造或生产部门而非直接的或最终的顾客。与公司目标市场很相像的是，制造要求一定的客户服务水平。制造依赖于物料管理充分管理各种功能的能力，这些功能包括交通运输、仓储、存储和 MIS 控制。

入厂运输

物料管理的最重要活动之一是入厂交通运输功能。与负责最终产品的运送的部门类似，物料经理必须意识到可供公司利用的各种运输方式或方式的组合、可能影响公司所使用的运输公司的规章、自有与雇佣及租赁决策、评价可选方式及运输商的绩效、在产品入厂运输中涉及的成本/服务权衡。

入厂和出厂运输的区别

入厂和出厂运输之间基本上存在三点主要的差别。首先，产生出厂运输需求的市场需求通常被认为是不确定的和波动的。物料经理关注的需求起源于生产活动且比市场需求更具可预测性和稳定性。因此，物料经理在入厂运输决策中面临的问题不同于出厂运输方面的负责经理所面临的问题。

其次，物料经理更倾向于关注原材料和零部件的大批量运输。此外，原材料和部件具有不同的搬运和损失/损毁特征，这对整体的方式/承运商的选择及评价过程带来了影响。再次，公司通常倾向于对入厂运输施加较少的限制，因为购买程序关注的是“总的交货成本”。关于入厂成本的单独分析，不是经常进行的或者分析的程度不深。因此，大量节约成本是可能的。

仓储与存储

公司必须将原材料、零部件和组件放到仓库中，直到制造过程需要它们。与产成品的仓储不同，产成品的仓储通常发生在各个地区市场，而等待在生产过程使用的物品通常放在制造的现场，或者通过一个准时制（just-in-time，JIT）供应商送货。

JIT环境中的仓库

在采用JIT交付系统的公司，入厂仓储的需求被大大减少了或者干脆消失了。在其他公司，仓库被广泛地用于储存入厂物料，因此物料经理通常更为关注仓储和库存成本，因为它们占产品价值更大的比重。通常，产成品的价值要远远高于在制品、原材料、零部件和部件。因此，从比较的角度看，仓储和存储成本并没有物料经理认为的那么重要。

此外，对原材料和其他物品的仓储要求是非常不同的，例如许多原材料（如铁矿、沙、煤、沙砾及其他未加工的物料）露天或外部存储是可能的，而且由于单位价值低，原材料的损毁、风蚀、腐烂或偷窃的成本较低。

数据与信息系统

物料经理所需的信息

为了合适地管理物料流，生产经理需要具有对公司的信息系统的直接访问权限。物料经理通常需要的信息类型包括：生产的需求预测、供应商名称及特征、价格数据、库存水平、生产安排、运输路线和计划数据及各种财务和市场信息。此外，物料经理也向公司的信息系统提供输入数据，例如物料库存水平、交货计划、定价、预购和供应商的信息等。

> 集成化物料管理总是有多种数据需要处理，这一任务如果没有EDP支持系统是难以完成的。过去几年，已开发了集成物料管理各单个功能的大量软件包，这些软件包被个性化以满足特定行业或特定规模的公司的需要。这样，现代信息技术为大量数据的处理提供了快速和安全的发送与处理机会，既可面向公司内部的用户，也可面向外部的供应商和客户。无纸化通讯的实现大大便利了日常的订单处理和安排。结果，新的信息技术为将目前独立运作的物料计划、控制和处理功能的结合创造了机遇，进而奠定了建立一体化物料管理的基础。[①]

随着计算机信息系统（包括电子数据库）的完备，物料管理在未来将更加重要。

库存计划与控制

原材料、组件、零部件和在制品的库存计划与控制和产成品的库存管理同样重要。

① MCB University Press Limited, Kathawala and Natto, “Integrated Materials Management: A Conceptual Approach,” p.15.

第 5 章和第 6 章讨论的许多概念（如 ABC 分析、库存持有成本和经济订货批量 EOQ）都可直接应用于物料管理。

JIT 系统、物料需求计划（MRP I）、制造资源计划（MRP II）、企业资源计划（ERP）、分销需求计划（DRP I）、分销资源计划（DRP II）和其他系统或方法也可有效地改进库存计划与控制的效率。我们将在后面几章中简单地讨论这些系统。

逆向物流

常被公司忽视或轻视的物料管理的最重要的领域之一是逆向物流。废料、剩余或废弃物料的回收或处理，重新制造的或修理的货物的采购，退货或产品缺陷的处理等都是整体的逆向物流之内容①。此类任务曾经被认为是其他物料管理活动的附属活动，但由于环境因素的变化和对逆向物流的价值的认可，这些活动已变得越来越重要了。现在，许多客户要求供应商处理这些任务。

许多物料都可以被回收和再利用，带来收入和利润的增长。例如，一家胶片处理公司一直在以相对较低的价格出售作为副产品的残余化学物料。公司购买了可以将废物分离为不同部分的机器设备。尽管公司仍能将一些废物出售给同一家一直从事废物分离的废品回收公司，银是其中的一种物料，公司可将其出售给贵金属交易商，从而获得丰厚利润。分离机器在不到 2 年时间内就收回了成本。

几乎所有公司都有剩余物品、退货或作为经营副产品的废物，无论他们是制造商、零售商还是服务机构。此类物品的存在，可能是由对销售预测的过度乐观、产品特性的改变、物料使用的估计偏差、处理过程的损失、担保、客户退货、因预先采购而导致的购买过量或者大额购买的数量损失等原因引起的。②

在物料管理中，逆向物流问题的重要性将来还会提高。本书在后面的内容还将探讨这一问题。

预测

预测是物料管理中需着重强调的另一个问题。预测试图运用定量或定性（或并用）的方法对未来做出预言。预测的实质是辅助物流决策③。

为何预测？

预测的必要性在于两个方面：首先，物料管理的适当控制要求提前计划；提前计划又进而要求预测。如果物料经理希望保持经营的顺畅、对将来的市场条件做好充分准备并最小化物料购买中的潜在风险，那么就非常需要提前计划。

---

① 有关退货所涉及的物流问题的全面分析，参见 Dale S. Rogers and Ronald S. Tibben-Lembke, Going Backwards: Reverse Logistics Trends and Practices（Reno, NV: Reverse Logistics Executive Council, 1999）.

② 有关逆向物流的讨论，参见 James R. Stock, Development and Implementation of Reverse Logistics Programs（Oak Brook, IL: Council of Logistics Management, 1998）.

③ 有关预测过程及大量案例，参见 Leslie Benard Trustrum, F. Robert Blore and William James Paskins, "Using Demand Forecasting Models", Marketing Intelligence and Planning 5, no.3（1987）, pp.5-15.

其次，管理层要对未来做出较为精确的大致估计，就离不开预测。预测可为将来提供一幅清晰的图景，并为提前计划提供动力。一项对许多公司的预测行为的研究表明，最常见的预测理由包括：

1. 提升顾客满意度；
2. 减少库存；
3. 更有效率地安排生产；
4. 降低安全库存要求；
5. 降低产品过时成本；
6. 改善运输管理；
7. 改进定价和促销管理；
8. 与供应商协商更有利的条款；
9. 做出信息含量更高的定价决策①。

有效的和富有效率的物料管理要求做出许多类型的预测，包括：

预测的类型

- 需求预测。即调查公司对物品的需求，包括当前和预期需求、库存状况和提前期。也应考虑到按行业划分和按最终产品用途分类的当前的和预期的竞争需求
- 供应预测。收集有关以下方面的资料：当前生产厂商和供应商，当前总量和预测的供应态势，可能影响供应的政治和技术变化
- 价格预测。根据收集的信息分析供给和需求，对短期和长期价格做出预测并给出理由②

此外，预测也可分为短期、中期和长期。公司将选择最符合的时间跨度：

预测的时间框架

- 长期预测通常指三年以上的预测，主要用于长期计划和战略设计。长期预测在更广泛意义上进行——按部门或产品线划分的销售，按每时期吨数或美元数划分的全部投入能力，等等
- 中期预测——通常1到3年——涉及预算问题和销售计划。同样，需要预测的不仅仅是需求
- 短期预测对物流计划过程而言最为重要。它们对几个月内（有时超出一年）的需求进行预测。这些需求是以有限时期（每月或每周）内按需要实际运输的单位数来表示的③

组织常使用各种预测技巧，从基于一般市场信息（供应商、销售队伍、客户和其他）的技巧到高度精密的计算机模型。公司选择的特定技巧或方法应与公司及其市场的特征相适应。

---

① Glen Galfond, Kelly Ronayne, and Christian Winkler, "State-of-the-Art Supply Chain Forecasting", PW Review (November 1996), p.3.

② Leenders and Fearon, Purchasing and Material Management, p.457.

③ Allan F. Ayers, "Forecasting: Art or Reality?" Transportation and Distribution 35, no.6 (June 1994), pp.29-30.

全面质量管理（TQM）

TQM（total quality management）被定义为：

TQM 的定义

TQM 既是一种哲学也是一系列指导原则，它代表一个不断改善的组织的基础。TQM 是定量和人力资源的应用，旨在改善现在和将来向组织供应的物料服务、组织内部的全部过程及满足客户的程度。TQM 将基本的管理技巧、现有的改进努力和技术工具结合成统一的方法，该方法的目标是不断改进。①

全 球 化

ISO9000 质量认证

ISO9000？全面质量管理？品质保证？质量体系？质量政策？如果你就这些概念咨询不同的人，你很可能得到各种各样甚至相互矛盾的解释。

自 1987 年以来，ISO 系列质量标准试图为"质量"和"质量体系"给出一个统一的定义。ISO9000 是五类国际标准组成的系列，它对组织的质量体系提出了最低要求。

五类标准由国际标准委员会规定，国际标准委员会总部位于瑞士日内瓦。与流行的印象相反，ISO 并非国际标准委员会的缩写，ISO 是一个官方别名，起源于希腊语的 isos，意为平等。

标准被记为 ISO9000，9001，9002，9003 和 9004。ISO 系列被美国采用作为 ANSI/ASQC Q90 标准系列（ANSI 即美国国家标准机构，ASQC 为美国质量控制协会）。每一项标准都有其特定的应用，解释如下：

- ISO9000/Q90 为选择和运用其他标准系列提供指导
- ISO9001/Q91 为设计、开发、生产、安装和服务某产品的组织提供质量体系模型
- ISO9002/Q92 为生产和安装某产品或服务的组织提供质量体系模型
- ISO9003/Q93 为包含最终检验和测试的组织提供质量体系模型
- ISO9004/Q94 为组织开发和实施质量体系、解释其他标准系列提供指导

当一个公司被 ISO9000 认证时，他们向独立的评估机构证明已满足了 ISO9001/Q1、ISO9002/Q2 或者 ISO9003/Q3 的全部要求。一般而言，ISO9000 证书有效期为 3 年。

资料来源：Lance L. Whitacre, ISO 9000: Certifying Quality in Warehousing and Distribution (Oak Brook, IL: Warehousing Education and Research Council, March 1994), pp.5-6.

由宝洁公司赞助的《全面质量领导与指导委员会报告》，提出了另一个更具有管理

① Office of the Deputy Assistant Secretary of Defense for TQM, Total Quality Management: A Guide for Implementation, DOD 5000, 51-G, final draft (Washington DC: August 23, 1989).

意义的定义：

> 全面质量（TQ）是以人为核心的管理体系，其目标是以不断降低的实际成本不断提高客户满意度。TQ是一种整体系统方法（而非单独的领域或计划），是更高层次战略的有机部分：它在不同的职能和部门之间运作，涉及所有职员，自上而下，向前后延伸并包括了供应链和客户链。TQ强调学习和对不断变化的条件的适应是组织成功的关键。①

TQM对物流中的物料流动而言具有特别的重要性。许多权威都强调了业务中质量的重要性，包括W.Edwards Deming和Philip B.Crosby②。此外，美国商业部的Baldrige全国质量奖计划也促进了公司对质量的关注。传统的质量概念已经被修正并形成了表7.3中的TQM方法。

表7.3　传统管理与TQM的比较

传统管理	全面质量管理
寻求“快速解决”	采用新的管理哲学
救火	采取精心构造的、有约束力的经营方法
按相同的老方法经营	主张以小的创新实现突破性思维
随意地采取改进措施	通过管理层行为树立榜样
关注短期收益	强调长期的、持续的改进
寻找错误	防止错误
为任务投入资源	用人增加价值
利润驱动	以客户为中心
依赖于计划	一种新的生活方式

资料来源：James H.Saylor, “What Total Quality Management Means to the Logistician,” Logistics Spectrum 24, no.4 (Winter 1990), p.20.

TQM方法强调系统、计划、产品和人方面的持续改进所产生的长期收益。改进通常产生于小的创新的结合。一项构造好的、有约束性的经营方法被用于最大化客户服务水平。

实施TQM的困难

尽管TQM对公司和客户都具有明显的优点，但并非所有公司都能成功实施。实施困难或不能成功的原因很多，包括太多的培训要求、对人事问题的关注不够、低估了所需的时间和资源、忽视客户要求、企图包括太多的要素及未能与公司核心价值和竞争力结合起来。③

表7.4解释了TQM和物流之间的关系。表中各项目背后的观点是经营哲学。它类似于营销概念、成本权衡分析和系统方法。每一项都是一种经营定位或方法，并影响着

① S.W.Becker, “TQM Does Work: Ten Reasons Why Misguided Attempts Fail,” Management Review 82, no.5 (May 1999), p.30.

② 参见Howard S.Gitlow and Shelby J.Gitlow, The Deming Guide to Quality and Competitive Position (Englewood Cliffs, NJ: Prentice Hall, 1987); and Philip B.Crosby, Quality Is Free (New York : McGraw-Hill, 1979).

③ Paul D.Larson and Ashish Sinha, “The TQM Impact: A Study of Quality Managers' Perceptions,” Quality Management Journal 2, no.3 (Spring 1995), p.53.

个人、部门和组织计划、行动并控制着营销和物流活动。因此，物流所涉及的每一个人在向供应商、客户和卖主提供质量时都必须理解自身的作用。

表 7.4 TQM 和物流之间的直接关系

TQM	物流
提供 TQM 管理环境	运用系统的、集成的、一致的组织范围的视角让客户满意
减少长期浪费	强调"第一次就要做对"
涉及每个人、每件事	涉及几乎每个过程
培养供应商和客户关系	知道供应和伙伴关系的重要性 客户关系的关键。客户关系直接依赖于培训、文件管理、维护、供应支持、支持设备、运输、人力、计算机和设施
创造持续改进的体系	运用物流支持分析，持续地改进系统
质量作为设计的要素	通过强调以人力和技术的最佳组合实现可靠性、可维持性、支持力等来影响设计
不断地提供培训	为每个人提供连续的技术培训
防止错误的长期持续努力	通过质量提升来降低生命周期成本
鼓励团队合作	强调所有人的集成化的努力
满足内外部客户	客户第一

资料来源：James H. Saylor, "What Total Quality Management Means to the Logistician," Logistics Spectrum 24, no.4, (Winter 1990), p.22.

TQM 成功的关键

TQM 成功的关键在于持续的努力，这些努力导致组织内部和外部的更高的质量和更好的客户支持水平。它通常要求一种文化变革，因为当今的多数组织关注的是行为而非过程的改进。

更重要的是，TQM 要求员工的成功参与。没有员工参与，核心目标就难以实现。高层经理的承诺和领导对确保员工建议得到注意是必要的。各层次的承诺是保证组织"引擎"工作的"油料"。①

如前文所提到的，TQM 是一个过程。它涉及几乎每一项物流活动，并要求从系统的、集成的和一致的组织视角来满足客户要求。TQM 还强调持续的努力。正如图 7.2 所表明的，过程起始于确定物流的要求（例如客户服务水平、库存水平、运输策略等）。这些要求是物流督察的结果，该督察检查了整体物流系统的物料管理和实物配送。

要求被确认后，过程要不断地检查以找到改进的途径。例如，根据历史信息，供应商评价标准可能被修正，入厂物流策略可能被修正，很可能与挑选的卖主或供应商建立 JIT 关系。

"准备一项行动计划……和过程改进建议。行动计划应包括每一步的目标、完成日

① Scott A. Wagoner, "Logistics and Quality Management: Leadership and the Process Improvement Links," Logistics Spectrum 23, no.4 (Winter 1989), p.13; also see Johann L. Von Flue, "Quality Management," Logistics Spectrum 24, no.4 (Winter 1990), p.13-17.

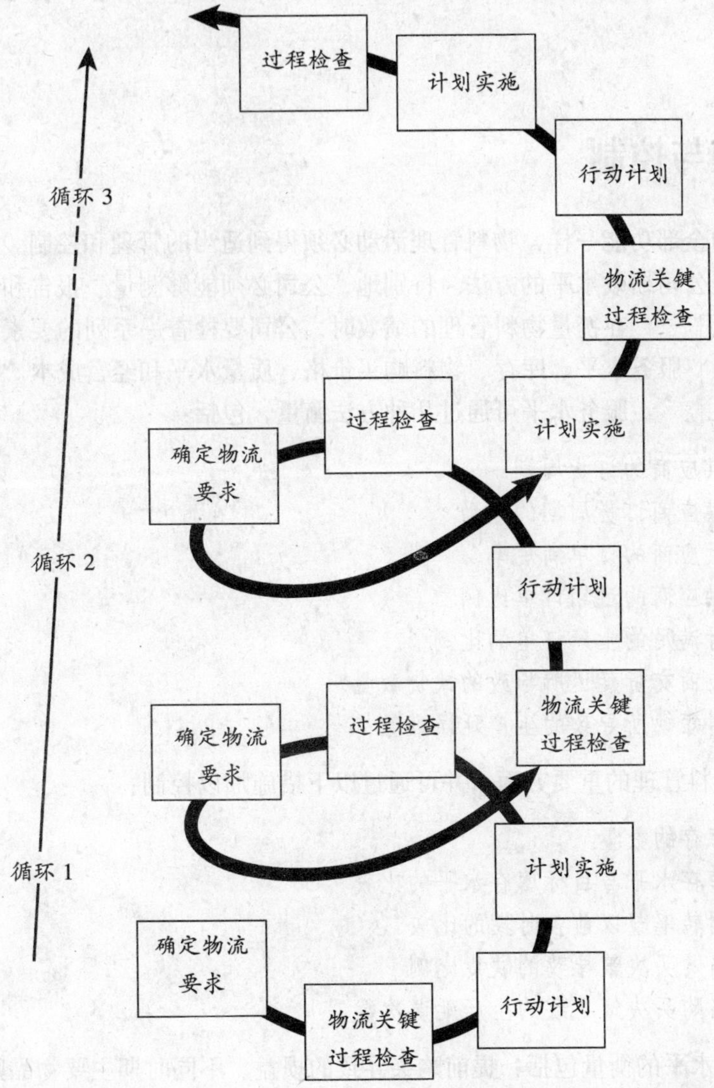

资料来源：Scott A. Wagoner, "Logistics and Quality Management: Leadership and the Process Improvement Link," Logistics Spectrum 23, no. 4 (Winter 1990), p. 15.

图 7.2　TQM/物流过程

期、负责人员和资源要求。物流小组即可根据计划采取行动并定期检查过程。"[①] 实质上，该过程可描述为图 7.2 中的螺旋形。

在物料管理环境中实施 TQM 为许多公司带来了显著的收益。麦道公司（McDonnell Douglas Corporation）采用了 TQM 概念并将废料减少了 58%。波音公司弹道系统部将部件和物料等待时间减少了 30%，并将物料储存从 12%减少到 0。AT&T 公司将产品缺陷率和全部过程时间分别减少了 30%和 46%。惠普公司通过 TQM 将废料减少了 75%并减少

① Wagoner, "Logistics and Quality Management", p.15.

了60%的产品失败。[①]

简言之，TQM和物流是相互关联的。经理通过运用TQM概念来管理和控制物流是非常关键的。

物料管理与控制

与物流的全部功能一样，物料管理活动必须得到适当的管理和控制。适当的管理与控制要求确定公司绩效水平的方法。特别地，公司必须能够测量、报告和改进绩效。

物料管理绩效的衡量

在衡量物料管理的绩效时，公司要检查一系列的要素，包括供应商服务水平、库存、物料购买价格、质量水平和经营成本。

服务水平可通过几种方法衡量，包括：

- 每个供应商的订货周期
- 每个供应商订货周期的波动
- 每个供应商的订单满足率
- 每个供应商的过期订单比例
- 未准时满足的生产订单的比例
- 因供应商交货延迟所导致的缺货数量
- 因物料短缺所导致的生产延误数量

库存是物料管理的重要方面，并可通过以下措施加以控制：

- 闲置库存的数量
- 实际库存水平与目标库存水平的比较
- 库存周转率与以前各时期的比较
- 因不当购买决策导致的缺货比例
- 因不当购买决策导致的生产延误次数

物料价格水平的衡量包括：提前购买导致的损益、不同时期主要物品购买价格的比较、实际购买价格与目标价格的比较。

在质量控制领域，可使用的指标是因物料缺陷导致的产品失效的数量，以及每一供应商每次发货货物中被拒收的比例。

作为绩效的全面测量手段，管理层可将物料经理花费的实际预算与经营时期开始之初的目标预算相比较。

物料管理经营报告

一旦公司为物料管理过程的每一环节建立了绩效指标，就必须收集数据并将结果汇报给处于决策地位的经理人员。物料管理者必须提交的经营报告主要包括：(1) 市场与经济条件和价格水平；(2) 库存投资变

① Joe W. Meredith and Benjamin S. Blanchard, "Concurrent Engineering: Total Quality Management in Design," Logistics Spectrum 24, no.4 (Winter 1990), pp.31-40; and R.I. Winner, J.P. Pennell, H.E. Bertrand, and M.G. Slusarczuk, The Role of Concurrent Engineering in Weapons System Acquisition, IDA Report R-338 (Alexandria, VA: Institute for Defense Analysis, December 1988).

化；(3) 采购及其效果；(4) 影响管理和财务活动的运作。表7.5总结了所需的报告。

表7.5 采购和物料管理部门需提供的经营报告

市场、经济条件与价格水平

- 价格趋势和采购的主要物料和商品的变化,与下列相比较:
  1. 采用此类会计方法时的标准成本。
  2. 市场报价。
  3. 由成本分析决定的目标成本。
- 主要采购物品之供给与需求的变化;罢工或罢工威胁的影响
- 主要物品的预期提前期

库存投资变化

- 库存投资金额,根据主要商品和物料分类
- 主要商品或物料的每日或每月供给或订单供给
- 库存投资与销售收入之比
- 主要物品的库存周转率

购买运作与效果

- 因对采购和价值分析的研究而节约的成本
- 主要物品的质量不合格率
- 按时送货率
- 库存缺货情况导致的生产中断次数
- 根据原因分类的订单变更数
- 收到要求并处理的数量
- 购买订单数量
- 员工工作量与生产率
- 运输成本

影响管理和财务活动的经营

- 部门的实际经营成本与预算的比较
- 每箱折扣收益或现金折扣损失
- 采购承诺,按正式合同和采购订单类型划分
- 供应商允许的现金折扣变化

资料来源：Michael R. Leenders and Harold E. Fearon, Purchasing and Material Management, 10th ed.,(Burr Ridge, IL: McGraw-Hill/Irwin, 1993), p.467.

最后，绩效被衡量和报告后，公司必须随时加以改进。为了推动改进，物料经理必须处理几个关键问题。这些关键问题包括：

1. 应制造多少产品？预测的需求是多少？可利用的生产能力有多少？
2. 工厂何时满足需求？数量多大？
3. 原材料何时下订单？数量是多少？来源是什么？有何防备措施以对付短缺？
4. 季前库存预备规模多大？
5. 目标库存水平是多少？库存应放置在何处？库存何时应改变位置？
6. 在供应短缺时客户如何分配？
7. 如何管理储备？
8. 信息要求是什么？需要什么样的记录和状态报告？必须收集什么成本数据？

9. 计划与安排何时修正？需要哪些信息？计划与安排应提前多少时间制定？
10. 谁制订生产计划的管理政策？
11. 谁负责计划——物流、销售和生产控制？
12. 谁负责安排？①

计算机也被应用到物料管理绩效的改进之中。在许多公司中被广为接受的系统是看板/JIT、MRP、ERP和DRP。

看板/JIT系统

丰田公司的看板系统

看板。近年来，看板/JIT系统在制造和物流经营中的重要性不断上升。看板也称为TPS（丰田生产系统），是丰田汽车公司在20世纪50年代和60年代开发的。图7.3给出了最初的看板程序。一位作者描述到，"看板基本上是一种在工厂生产需要时及时提供零部件与物料的系统，以保证它们能即时投入使用。"② 通过降低库存，丰田公司找出了供应和产品质量中的问题，因为问题被暴露出来了。被用于对付供应延误的安全库存被消除了，这迫使丰田公司消除隐藏的生产与供应问题。

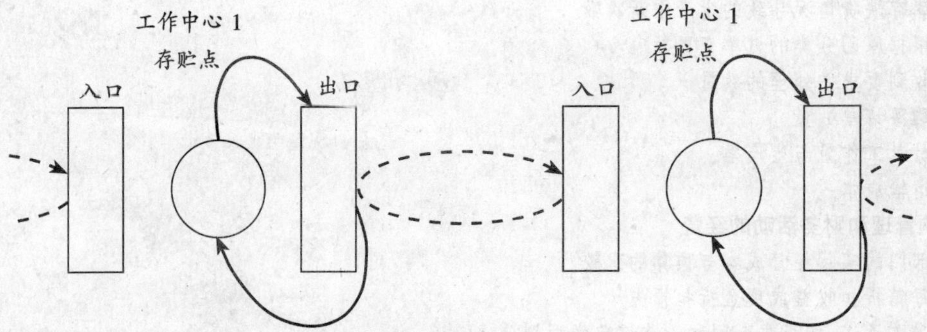

------ 移动卡的路线。当某个零部件容器从入口存储点被选用时，从容器中取下移动卡，并拿到前一工作中心的出口存储点，作为领取另一容器的授权。

——— 生产卡的路线。当某个零部件容器从出口存储点被选用时，从容器中取下生产卡，并被留下，作为用一个标准的零部件容器替换所取走的容器的授权。

图7.3 看板卡程序

最近，丰田公司将其看板计算机化并在线提供给供应商：

数据记录技术使系统能容纳比看板卡多100倍的数据。在提高供应商可获取的信息的同时，新的系统大大降低了提前期。看板卡程序中，卡到达生产点需要7~8个小时。在新的系统中……供应商在线接受订单信息并将其打印出来，然后贴到所订部件上，再交付给丰田公司。根据估计，如果丰田公司将所有交易交到由一个指

① 由阿拉巴马大学Jay Sterrling教授提供。
② Bruce D. Henderson, "The Logic of Kanban," The Journal of Business Strategy 6, no.3 (Winter 1986), p.6.

定的供应商进行电子化处理，则该供应商每月将节约 2,000~3,000 小时。①

创造性解决方案

看板卡系统

看板在日语中最初的含义是"记号板"。该系统涉及使用贴在容器上的卡（被称为看板卡），容器装有标准数量的单一部件。看板卡有两种类型：移动卡和生产卡。

一个工人开始使用容器时，取下附在上面的移动卡，而后或者送往或者被前面的或反馈的工作中心（常为供应商）取走。这就是信号——或者"记号"——要求供应商发出另一容器以替换正在使用的容器。替换容器有一个生产卡，在发送前被换成移动卡。然后生产卡授权工作中心生产另一箱部件。这些卡分别在工作中心内或之间或在供应商与流水线之间循环。

为确保看板卡的有效运作，必须遵守以下规则：

1. 一个容器一次只能附一个卡。
2. 使用的（或随后的）工作中心必须从供应的（或前面的）工作中心获得部件。
3. 在没有看板生产卡的情况下禁止任何部件磨损。
4. 决不生产看板卡指定数量以外的产品。
5. 看板卡必须按照 FIFO（先进先出）原则使用。
6. 制成的部件必须放置到看板卡指定的地点。

由于每一张看板卡代表了生产过程中制造或使用的部件的标准数量，通过控制工厂的卡的数量即可轻松地实现对生产库存数量的控制。日本经理，只须简单地取走一两张卡，就能测试或考验系统并发现瓶颈。然后他们便会发现自己可以处理的问题——一个改进生产率的机会，这也是看板卡的主要目标。

资料来源："Why Everybody is Talking About ('Just-in-Time')", Warehousing Review 1, no.1 (October 1984), p.27. Reprinted by permissions of the International Warehouse Logistics Association.

尽管看板卡的使用通常与汽车行业相联系，它同样适用于任何重复性的运营过程。从看板卡系统中获益的一个代表性的企业是位于俄亥俄州辛辛那提的 OPW 燃料部件公司。该公司库存水平下降了 10%，库存周转率从 6 提高到 8，准时交货率也上升到 95%。②

JIT 的定义

JIT。与看板密切关联的是 JIT。JIT 这一概念或哲学并非新的，它诞生于 20 世纪 70 年代。许多词汇和 JIT 交替使用，尽管含义不尽相同。在食品行业，ECR（有效客户反应）是最适词语，而在零售部门，通常采用 QR（快速反应）一词。③

JIT 将购买与采购、制造与物流联系了起来。其主要目标是最小化库存、提高产品质量、最大化生产效率和提供最佳客户服务水平。它基本上是一种经营的哲学。

JIT 有多种定义，包括：

---

① "Why Kanbans Are Now Catching the Attention of Inventory Managers", Inventory Reduction Report, Issue 99-2 (February 1999), p.4.

② 同上，p.3.

③ Mike Jenkins, "The New Game and the New Players," Logistics Today (Summer 1998), pp.1-2.

一种主要关注消除浪费的库存控制方法。[1]

一项寻求消除经营中不创造价值的活动，目标在于生产出高质量的产品（即零缺陷）、高生产率、低库存和与渠道成员建立长期关系。[2]

JIT 系统的核心是这样一种观点：任何超出所需的最低数量的部分都属于浪费。这与传统的“以防万一”哲学形成了鲜明对比，根据传统的“以防万一”哲学，公司持有大量库存或者安全库存以备需要。在 JIT 中，理想的批量或 EOQ 是一个单位，安全库存是不必要的，库存根本不应存在。

JIT 的好处

近年来，许多美国公司应用了 JIT 程序。不是每一部件都可以通过 JIT 方法处理，但是对那些重复使用的、体积不大、形状规则的物品而言，这一系统的运行效果极其明显。

JIT 计划好处很多，包括：

- 加速库存周转
- 改善客户服务
- 减少仓储空间
- 缩短反应时间
- 降低物流成本
- 降低运输成本
- 改善供应商的产品质量
- 减少供应商的数量
- 减少运输公司的数量[3]

施乐欧洲的 JIT

施乐欧洲公司（前身为 Rank Xerox）是一个成功应用 JIT 系统的案例。作为施乐公司在美国之外最大的机构，施乐欧洲——施乐公司与英国兰克（Rank）公司的合资企业——生产和修理中等规模的复印机设备并在世界范围内销售。

20 世纪 80 年代，施乐欧洲开始实施 JIT 计划。作为计划的一部分，公司还安装了自动化物料处理系统和信息处理系统，同时也修正了生产流程。作为 JIT 计划和其他系统改变的结果，施乐欧洲获得了以下好处：

1. 其供应商从 3,000 个减少到 300 个。
2. 入厂交货的准时率高达 98%，其中有 70%是在需要时一小时内送达的。
3. 仓库库存从 3 个月的供给下降到半个月。
4. 整体物料成本减少了约 40%。
5. 由于供应商物料质量的提高，多数入厂产品检验站被撤消了。

---

① Richard Germain, Cornelia Droge, and Nance Spears, “The Implication of Just-in-Time for Logistics Organization Management and Performance,” Journal of Business Logistics 17, no.2 (1996), p.19.

② Larry C. Giunipero and Wai K. Law, “Organization Support for Just-in-Time Implementation,” The International Journal of Logistics Management 1, no.2 (1990), pp.35-36.

③ Francis J. Quinn, Robert C. Liebm and Robert A. Millen, “Why U.S. Companies Are Embracing JIT,” Traffic Management, 29, no.11 (November 1990), p.34.

6. 因缺陷或质量不佳而拒收的水平从17%剧降至0.8%。
7. 由于标准化的包装，40个重新打包职位被取消。
8. 入厂运输成本减少了40%。
9. 入厂运送的准时率提高了28%①。

其他成功地引入JIT系统的公司还有卡明斯发动机（Cummins Engine）公司、福特汽车公司、通用汽车公司、3M公司、泰克斯顿公司（Textron）和惠尔浦。总之，实施JIT系统的组织具有下列一个或多个特征：

1. 绩效指标的形成。
2. 对具有专门技能的物流人员的高度依赖。
3. 在组织架构中对有关战略物流的决策进行授权。
4. 在制订物流战略时，来自不同部门的高层管理人员的广泛的参与。
5. 随着公司规模的增大，高级物流经理的控制范围扩大。
6. 改进组织相对于行业内其他公司的绩效②。

与JIT有关的问题

尽管JIT优点很多，该方法并不适用于全部公司，它也有内在的问题。这些问题可分为三类：生产安排（工厂）、供应商生产安排和供应商位置。

当由于不稳定的需求导致必须对生产安排进行平衡时，公司将出现较高的库存水平。物品可能在需求低迷时被生产出来，尽管较晚时间才会需要，这导致了最终产品的大量库存。而且，产成品库存因效用而具有较高价值，这也导致了因产品过时、损毁或损失而产生的较高财务风险。然而，较高库存与一致的生产安排的组合优于较少库存与波动的安排的组合。此外，当由于生产放慢或停顿导致库存成本高昂时，JIT未必是好的选择。JIT将库存水平减少到安全库存和部件库存很少的地步，可能对生产运作带来不利影响。

JIT的第二个问题与供应商的生产安排有关。JIT系统的成功要求供应商能根据公司的生产安排来提供部件。小而频繁的订单会导致较高的订货成本，在计算库存减少所带来的成本节约时必须考虑到这一点。供应商因大量的小批量生产而承受更高的生产成本。一般而言，这会导致采购价格的上升，除非供应商能看到自己作为JIT的一部分从中获得利益。

供应商位置是第三个问题。随着供应商与公司之间距离的扩大，送货时间可能变得更不正常和难以预测。运输成本也随着小批量运输的增多而上升。运送时间的波动可能导致库存异常并冲击生产安排。这一点与高送货成本的结合，会导致总成本超过库存减少所带来的好处。表7.6总结了在全球范围内实行JIT系统可能面临的困难。

其他可能阻碍JIT系统的因素还包括：组织抵制、缺少支持系统、服务水平的错误定义、计划不周和库存转移到供应商。消除这些和上述问题需要组织内和组织间的合作与整合。

① Lisa H. Harrington, "Why Rank Xerox Turned to Just-in-Time," Traffic Management 27, no.10 (October 1988), pp.82-87.

② Germain et al., "Implications of Just-in-Time for Logistics," pp.30-32.

表 7.6 全球采购中的 JIT 与物流

所需要素	JIT	全球采购
频繁送货	必要	困难
小批量	必要	困难
供应商位置	近	远
单一来源	常见	高风险
长期关系	必要	困难
设计和制造中的 ESI(供应商早期介入)	可能和很可能	不可能
计划和市场的协调与监督	高	困难
价格	不重要	重要考虑因素
运送成本/损毁	低	高
信息共享	高	低
潜在的渠道不稳定	低	高
质量	高	不稳定
供应商灵活性和反应时间	高	低

资料来源：Ajay Das and Robert B. Handfield, "Just-in-Time and Logistics in Global Sourcing: An Empirical Study," International Journal of Physical Distribution and Logistics Management 27, no.3-4 (1997), p.247.

JIT 的物流含义

对物流经理而言，JIT 有许多含义。首先，JIT 的适当应用要求公司整合所有的物流活动。这要求进行许多权衡，但是没有物流管理的协调与整合，JIT 系统是不可能被完全实施的。

其次，运输成了 JIT 系统中更为关键的部分。在此类环境中，对公司运输网络的需求是很大的，并且需要更短的、更一致的运输时间，更先进的通讯，使用较少的具有长期关系的运输商，有效设计的运输与物料处理设备和更好的运输决策战略。

第三，仓储在 JIT 中地位上升。仓库成为一个整理设施而非存储设施。由于许多产品在较短的间隔内进入制造过程，对存储空间的要求下降，但是必须有足够的能力处理和整理物品。为处理大量的小批量产品，可能需要不同形式的物料处理设备。针对入厂物料需求的仓库位置决策可能也需要改变，因为在 JIT 系统中，供应商通常更靠近制造设施。

博士公司的 JIT

JIT 系统也可与计划和控制制造过程的物料流进流出的系统结合起来。这些系统包括 JIT II、MRP 和 DRP。JIT II 通过在购买组织处设立一个供应商代表，将 JIT 概念应用到采购功能。该方法由全球声响设备厂商博士（Bose）公司提出，促进了供应商和采购商间的相互沟通，减少了浪费和冗余，改善了供应商反应，并创造了一个积极的工作环境。①MRP 和 DRP 将在后面的章节讨论。简单地讲，DRP 管理产成品分销的库存，而 MRP 管理生产过程中的物料和库存。

MRP 系统

MRP 是对 MRP I（物料需求计划）和 MRP II（制造资源计划）的缩写。MRP II 是对

① Lance Dixon and Anne Millen Porter, JIT II: Evolution in Buying and Selling (Newton, MA, Cahners, 1994).

MRP Ⅰ的改进，增加了财务、营销和采购部分。

MRP 的基本逻辑

MRP——一个例子。[①]MRP 的基本逻辑是一个始于客户及组织能在多大程度上满足其需求的简单过程。让我们考虑一家假设的公司"优良商品实业"，该公司生产书写工具。假定你是该公司的物料经理，销售经理走进你的办公室宣布已经出售了一些钢笔。你需要什么信息？首先是她卖了多少钢笔？客户什么时间要货？接下来是一些细节：我们谈论的是哪种钢笔？如何包装？客户是谁？如何分配订单的优先权？

根据 MRP 的基本逻辑，我们需要知道钢笔的数量——比如 20 只——和客户要求的交货时间——假设是下周五。当然，作为物料经理你的主要任务是公司是否能满足客户要求。第一件事是看一下是否有现成的钢笔库存。如果有，只需添一份运输订单即可，而不必进入生产过程。

但是，如果答案是否定的，手头库存已全部用完，我们该从何入手？钢笔基本上有三个部分：上筒、下筒和墨水袋。我们要在下周五向客户提供 20 支钢笔，那么需要多少上筒？答案当然是 20，因为一支笔仅有一支上筒。同样，要完成这一订单，对下筒和墨水袋的需求也都是 20 个单位。

主生产计划

上面的案例阐释了 MRP 的核心逻辑。我们讨论了 MRP 系统的三种投入：为了完成订单，我们需要做些什么？在该案例中，下周五 20 只钢笔。这被称为主生产计划（master schedule）。接下来，我们检查库存余额，如果没有库存，就去看物料清单，并决定所需的各部件的数量。每一特定部件需求之和被称为总需求。下面我们考察对上筒的需求，我们知道是下周五 20 只。

预定接收

一旦明确了要求，我们将库存从中扣除。我们查看储藏时，看架子上有多少上筒。结果找到 25 只。那么，我们能在下周五交货吗？这取决于其他两个部件的情况，但是我们的确有足够的上筒。我们有 25 只但满足客户需求只要 20 只，那么我们到下周五还剩下几只？答案显然是 5 只。

自由订单

上述过程通常被称为预期手头余额的计算。我们当前的手头余额是 25，并可以预期下周五的余额是 5。不过，还有一个库存信息必须考虑：我们是否有这些上筒的预定接收（scheduled receipts）？预定接收是指补充库存的订单。例如，如果我们从一家小型供应商那里购买上筒，我们可能与供应商签订一份购买订单，并注明数量和日期，许多公司称之为预定接收。该词还有更广的含义，因为如果部件在我们自己的工厂完成，则称之为"自由订单"（open order）。

时间分段格式

总需求减少手头的预期余额，而预定接收却增加预期的手头余额。我们不应将视野仅局限于当前和下周五之间，我们还要考虑将来的情形。因而，我们要不断检查我们的需求、预定接收和预期的余额。这可被称为"时间分段格式"（time-phased format）。在我们的例子中，每一个时期代表一周。当然这并非标准，时期可以不是一周，长短可变化。

我们检查了库存水平，并有在第 2 周交货的 25 只上筒的预定接收。我们还想了解

① 本部分内容摘自 Lunn Tery, and Susan A. Neff, "Basic Logic of MRP," Chapter 3 of MRP: Integrating Material Requirement Planning and Modern Business（New York: McGraw-Hill/Irwin, 1992), pp.33-47.

不同时间的需求状况。我们已经知道了在第 1 周的 20 只需求，其他主生产计划信息告诉我们在第 4 周还有 20 只的需求。当然，与其他许多公司一样，我们制造钢笔之外的东西。我们还制造机械铅笔。尽管铅笔有许多部件，眼下我们主要关注上筒。如果我们拿一支铅笔的上筒，你认为它会适用于钢笔吗？

我们的工程部做了设计，使得上筒可以相互交换。因此，对上筒的需求不仅应包括钢笔，还应包括铅笔。已知有两批关于铅笔的需求：第 3 周 20 只、第 6 周 5 只。总需求等于铅笔、钢笔和其他对上筒的需求之和。而后，所有这些要求都被放到时间分段格式中，赋予适当的日期。

净需求量

有了这些数据，我们可以轻松地计算出在时间分段格式内每周的预期余额。第 2 周的预定接收使得余额从 5 增至 30，而第 3 周的需求又使余额从 30 下降到 10。我们可以预期各周发生的情况。如果我们不采取行动，手头的预期余额将会变成负数。这意味着短缺，我们将不能满足订单需求，因为我们缺少 10 件上筒，这一短缺被定义为“净需求”（net requirement）。

补充库存订单

净需求是指为完成订单我们需要的数量。我们可以知道每周的净需求：在该例子中，第 4 周净需求为 10，第 6 周为 5。净需求意味着我们必须购买更多的上筒才能满足客户订单。怎样才能达到这一点？订购。这常被成为“补充库存”（replenishing stock）或“补充库存订单”（replenishing stock order）。

批量规模

我们应该一次性订购多少呢？决定的订货数量称为批量规模（lot sizing）。为方便起见，我们假定规模为 25。这取决于组装时间长短，可能也取决于供应商的包装限制。

计划订单接收

逻辑上讲，我们现在计划获得 25 个上筒的货物，在第 4 周收到。这被称为“计划的订单接收”（planned order receipt）。这代表某个特定日期预期的需求量。

你应该记住计划的订单接收和预定接收的区别在于：预定订单代表自由订单，而计划的订单接收尚未发送给店铺或供应商。

预期可得

假定计划的订单接收按计划送到，我们可以计算一个称为“预期可得”（projected available）的数量。预期可得等于手头余额加上预定接收，减去总需求，再加上计划的订单接收，预期可得记录每周的剩余数量。

为了实现计划的订单接收，必须填写订单以补充库存。我们的计划订单接收告诉我们订单应为 25 只，在第 4 周交货。下一个问题是，我们何时发出该订单以保证第 4 周收到。

提前期

从订单发出到我们的结束时间之间的期间被称为“提前期”（lead-time）。在多数公司中，提前期是指订单发出到收到货物之间的时间。如果自己生产，则称之为“制造提前期”（manufacturing lead time）。在我们的例子中，提前期是三周。因此，可以计算出，我们应在第 1 周发出订单，以保证第 4 周收到货物。

这是 MRP 系统中的关键要素之一：计划的订单接收必须被设定时间以满足净需求。我们必须在与需求日相匹配的日期发出订单。我们运用时间分段格式预测未来并发出计划订单，这些订单保证物品能及时出现在仓库以避免短缺。同样，我们也要检查那些与需求日期不相符的物品。MRP的逻辑要求我们对其做出重新安排。在我们的例子中，我们在第2周表明预定接收，但是真正的需要是在第3周。MRP要求我们重新安排通知将接收转移到第3周。

MRP工作表

我们要做的是将这些信息浓缩成一个格式，该格式表明关键的物品和我们需要采取的行动。我们不需要知道计算机在提出建议时的计算细节，我们只需要结果。有四类信息值得我们关注：总需求、预定接收、预期手头余额和计划订单发布（参见图7.4）。

在图7.4中，你可以注意到预期手头余额假定计划订单发布将和预期的那样出现在第4周和第8周。因而，手头余额随计划订单接收而增多。

如果上筒是要购买的部件，则图7.4中的MRP工作表就告诉了我们要完成需求所应采取的必要行动。第1周的计划订单发布告诉我们现在应向供应商发出购买订单以保证第4周收到25只上筒。我们还应将本应在第2周的现有的25个上筒的预定接收延迟一周，到第3周。此外，还应在第5周发出另一批要求第8周交货的订单。我们可以考虑一个世界级的战略，现在建议供应商将来的预期需求。

另一方面，如果我们在自己的工厂制造上筒，我们需要推进该计划，提供必要的零部件来制造上筒。我们的上筒由两个部分组成：夹和笔套。根据MRP逻辑，一个层次的计划订单发布创造出对下一层次的需求。因而，我们在第1周发出的25只的订单给了我们对25只上筒的需求。在第5周还有对夹的第2层次的需求。对笔套也有相应的需求，参见图7.5。

时期	现在	1	2	3	4	5	6	7	8	9
需求		20		20	20		5		20	
预定收货			25							
手头	25	5	30	10	15	15	10	10	15	15
计划订单发布		25				25				

资料来源：Terry Lunn, with Susan A. Neff, MRP: Integrating Material Requirements Planning and Modern Business (New York: McGraw-Hill/Irwin, 1992), p.43.

图7.4　MRP工作表

我们必须强调的是，总需求反映了对某种特定部件的所有需求的总和。在图7.5中，我们可以看到，第4周的30只笔套的需求必须来自计划订单发布的部分要多于我们前面讨论的部分。在计算净需求和发布计划订单之前考虑对某部件的全部需求是至关重要的。这些需求中的一部分可被视为独立需求，必须被加到非独立需求之上。

上筒

	现在	1	2	3	4	5	6	7	8	9
需求		20		20	20		5		20	
预定收货			25							
手头	25	5	30	10	15	15	10	10	15	15
计划订单发布		25				25				

夹

	现在	1	2	3	4	5	6	7	8	9
需求		25				25				
预定收货										
手头										
计划订单发布										

笔套

	现在	1	2	3	4	5	6	7	8	9
需求		25			30	25				
预定收货										
手头										
计划订单发布										

资料来源：Terry Lunn, with Susan A.Neff, MRP: Integrating Material Requirements Planning and Modern Business (New York: McGraw-Hill/Irwin, 1992), p.45.

图 7.5　分解

对夹也存在同样的逻辑，考虑总需求、手头余额和预定接收，以制订夹的计划订单发布。夹的批量规模可能生成表明对钢卷的总需求的计划订单。这样做的目的是确保我们拥有足够的原材料来制造足够的夹。

分　解

这一运用计划订单发布计算总需求的过程可以继续延伸到许多物料层次，直到可对产品制造的每一部件进行购买的水平。这一过程被称为“分解”（explosion）。

或许你已注意到第 2 周对上筒的预定接收并未表现出对部件的需求。这源于 MRP 逻辑中的一个假设：部件已经被从仓库发送到现有的购货订单。当部件被从仓库转移到购货订单时，手头对该部件的余额已经减少了。

我们可将 MRP 的逻辑要素提炼成更易理解的格式。从总需求开始，我们减去库存，得到净需求。对净需求，我们运用批量规模和提前期就得到了计划订单发布。一个层次的计划订单发布会引致对下一层次的总需求。

MRP 系统的产出

运用 MRP 逻辑，我们可以发现首要的产出是计划订单发布，它被用来向供应商或者我们自己的工厂发出新订单。第 2 个产出是重新安排通知，它被用于对预定接收做出调整，以使到期日与需求日匹配。第 3 个产出是我们用于决定完成生产安排所需能力的数据。

从 MRP 逻辑中我们还可以发现，总需求最初是从主生产计划中推导出来的，该计划是 MRP 系统的三项主要投入之一。第 2 项投入是库存状况，我们用该信息决定手头余额和预定接收记录。第 3 项投入是物料清单，它将对生产线的计划订单发布转换为对部件的总需求。

MRP I。MRP I（物料需求计划）在 60 和 70 年代成为流行的概念。它由以下部分组成：(1) 一个计算机系统；(2) 制造信息系统；(3) 管理概念与哲理。MRP I 采用大量的计算机软件和硬件。作为一种信息系统，它集中于库存、生产计划和所有制造资源的管理——人、资金、设备和物料。作为一种管理哲理，它被认为是满足最终需要的手段。

与其他方法和商业哲理一样，MRP I 企图在最小化库存水平的同时保持充足的物料满足生产过程。在 MRP I 系统内，主要生产安排（每周更新）直接启动后续的采购和制造过程。MRP I 在以下情形时被采用：(1) 物料的需求或使用是不连续的或者很不稳定的；(2) 物料需求取决于其他库存物品或制成品的生产；(3) 购买/采购、供应商和制造过程拥有每周处理其他安排或送货要求的灵活性。

MRP I 系统与传统系统相比有许多优点，包括：

- 改善经营绩效（如投资收益、利润）
- 改善制造过程
- 更好的制造控制
- 更精确和及时的信息
- 库存下降
- 分时间段的物料订购
- 物料过时的减少
- 提高可靠性
- 对市场需求的更积极反应和更低的生产成本

MRP I 的缺点

MRP I 也有不少缺点，任何考虑采用该系统的公司必须重视这些缺点。首先，MRP I 未必能实现最佳物料采购成本。由于库存水平被控制到最低，物料必须更经常地进行小批量购买。这导致了订购成本的上升，除非这些条件在与供应商的合同中进行谈判。由于公司不大可能获得大批量折扣，也可能承受更高的运输费用和单位成本，除非供应商提供累积数量折扣。公司必须比较库存成本下降的预期收益与因更频繁的小批量购买而导致的潜在购买成本的上升。

另一问题是因不可预见的送货问题和供应商物料短缺而导致生产停顿或减慢的潜在危险。安全库存给予了生产过程一定程度的防护。随着安全库存的减少，将失去这一保护。

MRP I 最后一个缺点是因使用计算机软件包导致的。组织必须决定应采用标准化软件还是定制的软件。标准化软件成本低，但未必能满足公司具体需求。定制软件不仅昂贵而且开发时间较长。

图 7.6 描述了 MRP I 系统及其产出。主要生产安排是 MRP I 的主要投入，其他投入包括物料清单和库存记录文件。物料清单中有产成品的各组成部分及其数量。库存记录文件记录手头的和订购的所有库存。它还记录了全部部件和产成品的到期日。

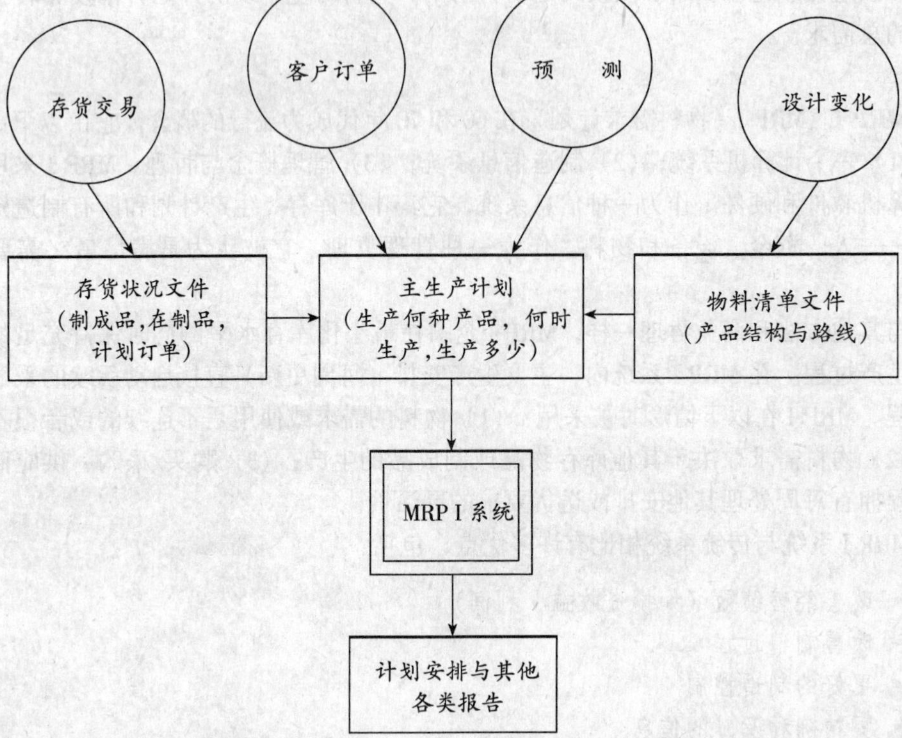

资料来源:MCB University Press Limited, Amrik Sohal, and Keith Howard, "Trends in Materials Management." International Journal of Physical Distribution and Materials Management 17, no.5 (1987), p.11.

图 7.6 MRP I 系统的要素

MRP I系统产生的报告包括:计划报告(可被用于预测库存和计算未来需求)、绩效报告(决定实际的和计划的物品提前期是否与实际的和计划的使用与成本一致)、异常报告(指出偏差,例如错误、延误、订购过量、废品过多和不存在的部件等)。[①]

尽管 MRP I系统正被许多公司运用,它已经被升级和扩展到包括财务、营销和物流要素。这一新的版本称为 MRP II(制造资源计划)。

MRP II 的优点

MRP II。MRP II 影响组织的许多职能,包括工程、财务、物流、制造、采购和营销。[②] 它是一个计算机软件包,包括了生产的计划与控制涉及的全部活动:生产计划、资源需求计划、主要生产安排、物料需求计划(MRP I),订购控制和采购(参见图 7.7)。

各组织已报告了与实施 MRP II 有关的许多好处,包括:

- 库存下降 1/3 到 1/4
- 更高的库存周转率

① Leenders and Fearon, Purchasing and Material Management, p.211.

② Paul A. Hoy, "The Changing Role of MRP II." APICS Online Edition 6, no.6 (June, 1996), (http: //207.87.14.34/jun96/mrp.htm).

- 向客户准时交货的一致性的改善
- 由于远程运输减少所导致的采购成本的下降
- 使工人加班时间最小化[①]

这些好处通常为公司带来实施 MRP II 初始成本之外的节约。在安装系统的第一年，成本通常高于 75 万美元，尽管小公司的花费可能不到 25 万美元，因而，收益必须是有形的和显著的。

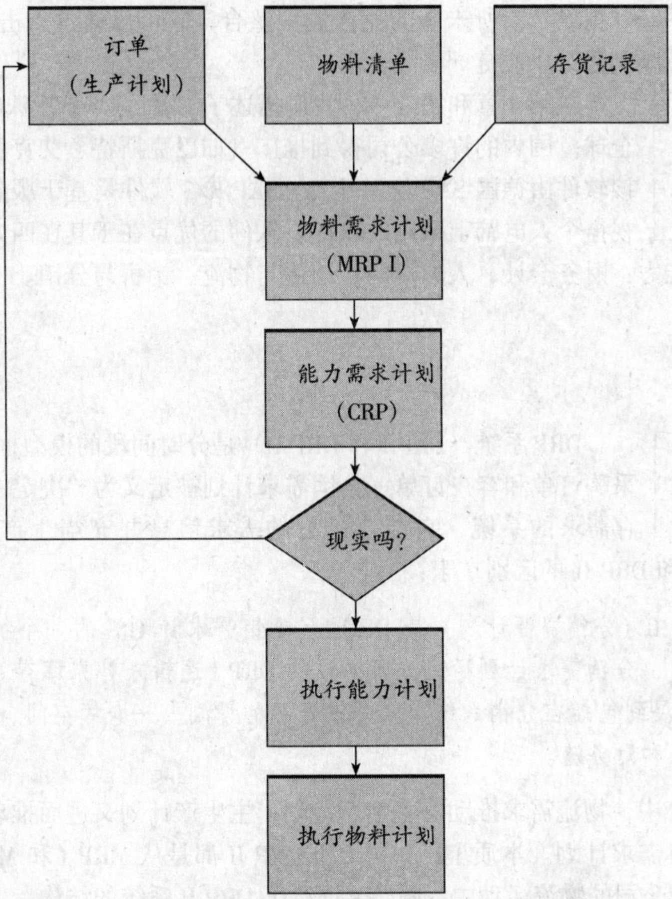

资料来源：Karl A. Hatt, "What's the Big Deal about MRP II?" Winning Manufacturing 5, no.2 (1994), p.2.

图 7.7 MRP II 系统的要素

ERP 系统

ERP 即企业资源计划，是一个包含了应收、应付和分类账等核心会计功能及物流功能的系统，其目的是管理组织的销售和制造功能。正如一位作者所写到的："集成的库

① Peter Duchessi and Charles M. Schaniger, "MRP II: A Prospectus for Renaissance." Operations Research 34, no.3 (1994), pp.325-51; and "Benefits Multiply with MRP II," Modern MaterialHandling 48, no.7 (July 1993), pp.60-65.

存处理产成品、原材料和采购，所有这些都通过一个需求系统得到支持，该系统来自物料需求计划（MRP I）和销售预测……ERP成了组织的加速器，将数据从一个部门传递到另一部门，并对其进行集中管理。"① 从本质上说，ERP是新一代的MRP系统。ERP系统所支持的部门功能从固定资产到仓库管理系统不等（参见第11章）。

可口可乐的ERP系统

ERP系统可与供应链管理（SCM）业务解决方案相连接。例如，可口可乐联合瓶装公司，一家位于北卡罗莱纳州的软饮料瓶装公司，将其ERP和SCM软件结合起来，以集中和顺畅其各分支机构的计划活动。结合起来的系统"提供了前所未有的业务流程整合，它可以通过点击界面实现个性化，使信息和决策顺利通过供应链。"②

SAP R/3——ERP的一个应用

在第4章和第6章，我们描述了ERP的一个特殊应用，该应用已在全球范围内的许多公司得到推广（如巴克斯特、艾克森、柯达和微软），该软件由德国SAP公司开发。SAP R/3软件是基于服务器的、常在微软视窗个人电脑上采用的软件。软件的优点在于其在四大主要模块处理大型数据库的能力：财务会计、人力资源、制造与物流、销售与分销。③

DRP系统

DRP I的定义

DRP系统（DRP I和DRP II）是分时间段的模型，它包括需求预测、采购订单和客户订单。分销需求计划被定义为"决定一个分销中心的库存需求的系统，它结合过去的需求信息并充当生产和物料系统的投入。"④DRP I和DRP II的区别在于：

> DRP II（分销资源计划）是DRP I（分销需求计划）的一个扩展。在多级的仓库系统中，分销需求计划运用分时间段的DRP I逻辑来补充库存。分销资源计划将DRP I扩展到包括在分销系统中的关键资源的计划——仓库空间、运输能力（汽车、火车等）和财务流。⑤

在DRP II中，物流需求推动着主生产计划，主生产计划又进而推动物料清单，物料清单控制物料需求计划。本质上，DRP I和DRP II都是从MRP I和MRP II中演化而来的，被应用到公司的物流活动中。图7.8描绘了DRP II系统的结构。

尽管并未在图中反映出来，准确的预测是DRP II系统成功的关键要素："一个DRP（II）系统，将对在每一仓库和分销中心的每一SKU（库存单位）的需求预测转换为分时间段的补充计划。如果SKU预测不够准确，则计划也就不可能准确。"⑥

---

① Robert L. Olsen, The Elements of Software Selection, unnumbered and undated.

② "Coke Chooses Manugistics", Supply Chain Technology News 1, no.2 (November-December 1999), p.40.

③ 有关SAP及其软件的信息可登陆http://www.sap.com。

④ Joseph L. Cavinato, Transportation-Logistics Dictionary, 3rd ed. (Washington, DC: International Thomson Transport Press, 1989), p.72; R. Neil Southern, Transportation and Logistics Basics (Memphis TN: Continental Traffic Publishing, 1997), p.28.

⑤ John F. Magee, William C. Copacino, and Donald B. Rosenfield, Modern Logistics Management: Integrating Marketing, Manufacturing and Physical Distribution (New York: John Wiley & Sons, 1985), p.150.

⑥ Mary Lou Fox, "Closing the Loop with DRP II," Production and Inventory Management Review 7, no.5 (May, 1987), pp.39-41.

实例7.1是一个关于DRP Ⅱ如何在假设的公司中运作的案例。实例7.1的逻辑可从真实的公司中得到反映——ICI汽车色彩公司（为英国和欧洲汽车提供油漆的领先厂家）。该公司将良好的预测工具、供应链管理原理和DRP结合起来，以控制在其市场上的诸多仓库和降低总体库存水平。这些系统、技巧和方法使得公司能够将库存维持在正确的水平，以允许需求波动，加快库存周转，同时向其全球20多万名客户提供到位的服务。[①]

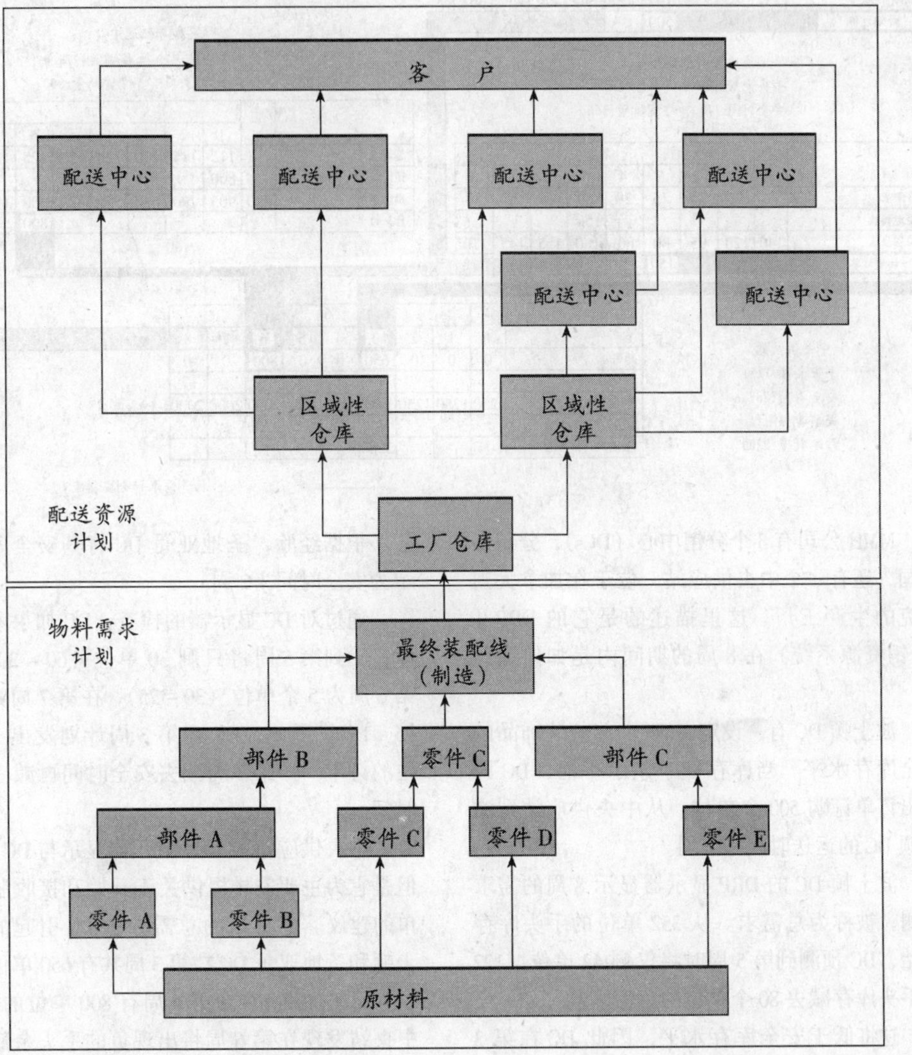

资料来源："How DRP Helps Warehouse Smooth Distribution," Modern Materials Handling 39, no.6 (April 9, 1984), p.53. Modern Materials Handing, copyright 1984 by Cahners Publishing Company, Division of Reed Holding.

图7.8　DRP Ⅱ系统的要素

实施DRP Ⅱ系统有许多潜在的好处，尤其是在营销和物流领域实施。

营销获得的好处包括：

① "Global View," Logistics Europe 3, no.3 (June 1995), pp.46-48.

实例 7.1

DRPⅡ如何预测需求——一个案例

波士顿配送中心
手头余额:352　提前期:2周
安全存货:55　订货批量:500

	上一周	1	2	3	4	5	6	7	8
总需求		50	50	60	70	80	70	60	50
预定接收						500			
预期手头	352	302	252	192	122	542	472	412	362
计划订单				500					

圣地亚哥配送中心
手头余额:140　提前期:2周
安全时间:2周　订货批量:150

	上一周	1	2	3	4	5	6	7	8
总需求		20	25	15	20	30	25	15	30
预定接收						150			
预期手头	140	120	95	80	60	180	155	145	110
计划订单				150					

芝加哥配送中心
手头余额:220　提前期:2周
安全存货:115　订货批量:800

	上一周	1	2	3	4	5	6	7	8
总需求		115	115	120	120	125	125	125	120
预定接收		800							
预期手头	220	905	790	670	550	425	300	175	855
计划订单							800		

中央供应站
手头金额:1250
安全存货:287
提前期:3周
订单数量:2200

	上一周	1	2	3	4	5	6	7	8
总需求	0	0	0	650	0	0	800	0	0
预定接收									
预期手头	1250	1250	1250	600	600	600	2000	2000	2000
主生产计划接收							2200		
主生产计划开始				2200					

物资需求计划安排 →

MMH公司有3个分销中心（DCs），分布在美国，还有一个中央供应站，位于在加拿大魁北克的生产工厂。这里描述的是它的DRPⅡ（分销资源系统）在8周的期间内是如何运作的。

波士顿DC有一设定在55个单位装饰品的安全库存水平，当库存低于该水平时，DC即发出订单订购500个单位。从中央供应站到波士顿DC的运送时间是2周。

波士顿DC的DRP显示器显示8周的需求预测，被称为总需求。从352单位的手头库存开始，DC预测到第5周时将仅剩42单位（122个手头库存减去80个单位的总需求）。

这将低于安全库存水平，因此DC在第3周发出500单位的订单（第5周减去提前期）。货物如期到达，DC又重新回到安全水平。

装饰品在芝加哥销量很高，因此，芝加哥DC的总需求高于波士顿DC。它一次性订购的数量也更大。芝加哥DC的DRP显示器显示有800单位的装饰品已经在途，并于第1周抵达。下一个800单位的订单被安排在第6周，以应付第8周即将出现的库存消耗。

根据经验，圣地亚哥DC将其安全库存表示为安全时间（2周）。

通过对DC显示器的检查，DC如果不补充库存，到第5周将只剩30单位（60－30），到第6周为5个单位（30－25），在第7周为负数（5－15）。因此，DC在第3周计划发出150单位的订单——第7周减去安全时间再减去等待时间。

中央供应站的DRP显示器显示与DC类似；但是它为主要安排提供关于开始和接收制造订单的建议。中央站的总需求是DC引起的：波士顿和圣地亚哥DC在第3周共有650单位的需求，而芝加哥DC在第6周有800单位的需求。中央站发现在第6周将出现负的手头余额。因而，它决定在第3周发出2,200单位的主生产计划订单，以避免出现短缺局面。

资料来源：“How DRP Helps Warehouses Smooth Distribution.” Modern Material Handling 39，no.6（April 9, 1984），p.57，Modern Material Handling，copyright 1984 by Cahners Publishing Company，Division of Reed Holding, Inc.

1. 提高服务水平，导致准时客户交付和更少的客户投诉。这是因为管理者能够对所需要的物品进行计划，然后按照计划执行。公司向客户的承诺可以实现，而不会失言。
2. 对促销和新产品引入有效计划的能力。这包括将广告结合到计划过程中。
3. 事先了解产品在什么时候将无法获得的能力，从而当供应不足时，可以减少该种产品的营销投入。在大多数情况，实施 DRP 意味着公司能够获得他们需要的产品。但是，即使有时候不可能，但至少营销人员能够事先意识到这种情况，并能够采取某些措施。
4. 与公司其他职能之间更好的工作关系。这是因为每一个人都是和其他许多人一起工作的，而且因为引起问题的原因比以前更明显了。有了 DRP，人们可以弄懂为何出错，并采取措施纠正。没有这一工具，情况常变得混乱，让人搞不清什么出错及为何出错。
5. 向客户不仅提供产品而且提供服务的能力，该服务帮助他们管理自身的库存。一个公司可通过将 DRP 系统扩展到客户库存而实现这一点。

物流收益包括：

1. 分销中心减少运输成本，源于更少的赶货或高价运输、更好的装卸计划。
2. 更低的库存。DRP 能准确地告知需要什么、何时需要，并在变化时对这些信息进行更新。
3. 更少的库存导致更小的仓库空间。
4. 更好地对库存过时进行控制。DRP 可对每一分销中心的每件物品何时用完进行监控，并在时间尚有充裕时向计划人员发出警告。
5. 因延期订单的减少而导致的从 DC 向客户配送成本的下降。DRP 能保证在需要时提供相应的产品，因而它们能被一次性运送。
6. 在分销和制造之间更好的协调和相互受益的工作关系。有了 DRP，制造部门可以真正地了解分销网络的需求，并在情况改变时更新信息。这几乎提供了分销需求和制造间的完全交流。此外，分销和制造使用的是同一信息系统，因此，职员能够相互理解和协同工作。
7. 更好的预算工具。DRP 是非常精确的分销模拟，因而能用于辅助预算。[①]

一个 DRP 模型可以改进组织的绩效。"培训和实施可能需要 2 ~ 6 个月的时间。总投资是企业解决方案的一小部分，而收益却非常显著。这为大多数组织提供了一个绝佳的投资收益机会。"[②] 在许多组织中，DRP 模型成了采用和实施 SCM 模型的基石（参见第 2 章）。

---

① Andre J. Martin and Darryl V. Landvater, Distribution Resource Planning-Distribution Management's Most Powerful Tool (Essex Junction, VT: Online Weight Limited Publications, Inc. 1983), pp. 4-6.

② Olsen, The Elements of Software Selection.

物流—制造界面

联合计划和决策是必要的

看板、JIT、MRP、ERP 和 DRP 之类的系统要求公司的物流和制造部门紧密协作。没有这种合作性的努力，此类系统的优势就难以充分体现。现实的和潜在的冲突都必须被最小化。这要求联合计划和决策。在许多领域内，合作非常必要、改进空间也很大。下列行动可能带来显著收益：

- 物流必须支持制造部门在增加设备、计算机软、硬件投资方面的努力，这些投资能增强制造灵活性并减少补货提前期
- 在生产计划方面，制造和物流必须协同工作，以减少生产计划周期。物流可为生产安排和系统需求提供投入
- 必须消除严格的制造或生产导向。缩短提前期、准备时间和减小生产运作规模，可以使平均库存水平最小化
- 物流战略必须降低卖方/供应商供货的提前期
- 物流必须采取的哲学是：移动慢的产品（即库存周转率低的产品）只能在收到订单后才开始生产。不应该为这些产品保留库存

技　术

信息技术的 7 个优点

信息技术至少可在 7 个方面让你成为更合格的物流经理：

1. **更精确**。通过消除手工数据输入，信息技术可使错误最小化，并给予你精确信息。这又可带来更好的管理决策。
2. **更节约**。通过简化和自动化数据输入和交换，技术能以更低成本提供精确信息。
3. **更快**。条形码扫描、EDI 系统、卫星跟踪系统和类似的即时信息传递——比信件、传真甚至电话快得多。
4. **更高的可视性**。当今的物流技术给予你全面检查运营的机会。例如强大的软件系统可让您迅速看到仓库、零售网点和销售地点的库存情况。
5. **迅捷可得性**。技术使物流专家可迅速获得有关分销中心管理、跟踪货物、运转车队和审核运费账单等所需信息。
6. **更重视客户**。精确、及时的信息交流是客户满意的关键。信息技术是这一关键活动的使能器。
7. **更高的生产率**。信息技术将职员从重复性的手工操作中解放出来，使其成为更具创造性、客户服务意识和高效的人。

资料来源："Logistics Technology Takes Off," Traffic Management 34, no.10 (October 1995), p.S-4.

创造性解决方案

卓越的物流战略

序列计算机系统公司有一个完美物流供应商计划，该计划让企业集中于少数表现突出的供应商。一位商品团队经理负责管理该计划。

“我们有一个正式的订单完成减少计划，”公司全球物流经理玛莎·麦克马洪（Martha McMahon）说，“它的确是组织内部的团队努力，并集中于三个主要领域。”这些领域包括物料供应与物料管理。

另一个关注的领域是将客户联系起来。序列公司的预备订单计划让公司能够知道哪些潜在订单即将到来并预期那些物料需求。

第三个领域涉及员工教育。“每个人都理解公司目标是什么、为何设立，并监督实现这些目标的进展是很重要的。”

序列计算机系统公司已经将从订货到发货之间的时间从35天显著地减少到7.5天，这超过了行业中的10天的最好水平。如果客户的计算机出故障了，那么备件可以在2到4个小时内获得。从该计划中，已实现了显著的成本节约，每年降低350,000美元，库存降低300万美元。理想的供应商的准时交付平均达到了98%。

资料来源：Sarah A. Bergin, “Recognizing Excellence in Logistics Strategies,” Transportation and Distribution 37, no.10（October 1996），p.50. Reprinted from various editions of Transportation & Distribution and Industry Week. Copyright 1995 permission granted by Penton, Cleveland, Ohio.

物流与制造还存在许多其他界面。非常重要的一点是，公司的每一部门都审视自己在JIT、MRP、ERP或DRP系统中的作用，并找出如何能够单独和合作工作以最优化组织战略地位的方法。

小结

本章考察了物料流的诸多领域。我们讨论了购买与采购、生产控制、入厂物流、仓储和储存、数据与信息系统、库存计划与控制和物料处理的运作。我们还指出了物料管理和全面质量管理之间的关系。然后讨论了TQM，并给出了实施TQM的若干例子。

物料流的管理与控制要求公司测量、报告和改善绩效。正在使用的或开发的概念和方法包括看板/JIT、MRP、ERP和DRP系统。每一系统都有大量公司应用并取得了显著效果。计算机技术的优势使许多系统能成功地被应用到制造、零售和服务类公司。其对物流的影响是显著的。

在第8章，我们将考察组织内最重要的领域之一，即与物料流活动直接作用的——运输。

推荐阅读材料

Chase, Richard B,; Nicholas J.Aquilano; and F.Robert Jacobs, Production and Operations Management: Manufacturing and Service, 8th ed., especially Chapter 16, "Inventory Systems for Dependent Demand MRP-Type Systems," pp.624-67, New York: McGraw-Hill/Irving, 1998.

Das, Ajay, and Robert B.Hanfield, "Just-in-Time and Logistics in Global Sourcing: An Empirical Study," International Journal of Physical Distribution and Logistics Management 27, nos.3-4 (1997), pp.244-59.

Daugherty, Patricia J,; Dale S.Rogers; and Michael S.Spencer, "Just-in-Time Functional Model: Empirical Test and Validation," International Journal of Physical Distribution and Logistics Management 24, no.6 (1994), pp.20-26.

Demmy, W.Steven, and Arthur B.Petrini, "MRP II + JIT + TQM + TQC: The Path to World Class Management," Logistics Spectrum 26, no.3 (Fall 1992), pp.8-13.

Dixon, Lance, and Anne Millen Porter, JIT II: Revolution in Buying and Selling, Newton, MA; Cahners, 1994.

"Evolution Continues in MRP II Type System: New Functionality for Flexible Enterprise Management," Manufacturing Systems 12, no.7 (July 1994), pp.32-35.

Gariond, Glenn; Kelly Ronayne; and Christine Winkler, "State-of-the-Art Supply Chain Forecasting," PW Review (November 1996), pp.1-12.

Germain, Richard; Cornelia Droger; and Nancy Spears, "The Implication of Just-in-Time for Logsitics Organization Management and Performance," Journal of Business Logistics 17, no.2 (1996), pp.19-34.

Ho, Samuel K.M., "Is the ISO 9000 Series for Total Quality Management," International Journal of Quality and Reliability Management 11, no.9 (1994), pp.74-89.

Laskey, Frederick J. " Innovations in Business Process and Technology: Interdependent Forces Drive Change," In Annual Conference Proceedings of the Council of Logistics Management (Oak Brook, IL: Council of Logistics Management, 1999), pp.99-108.

Masters, James M.; Greg M.Allenby; and Bernald J.La Londe, "On the Adoption of DRP." Journal of Business Logistics 13, no.1 (1992), pp.47-67.

Purchasing Magazine Just-in-Time USA, Newton, MA: Cahners, no date.

Sillince, J.A.A., and G.M.H.Sykes, "Integrating MRP II and JIT: A Management Rather Than A Technical Change," International Journal of Operations and Production Management 13, no.4 (1993), pp.18-31.

Simpson, Mike; Geoff Sykes; and Adini Abdulah, "Case Study: Transitory JIT at Proton Cars Malaysia," International Journal of Physical Distribution and Logistics Management 28, no.2 (1998), pp.121-42.

Snehemay, Banejee, and Damodar Y.Golhar, "EDI Implementation: A Comparative Study of JIT and Non-JIT Manufacturing Firms," International Journal of Physical Distribution and Logistics

Management 23, no.7 (1993), pp.22-31.

Sohal, Amrik S,; Liz Ramsay; and Danny Samson, "JIT Manufacturing: Industry Analysis and a Method for Implementation," International Journal of Physical Distribution and Logistics Management 23, no.7 (1993), pp.4-21.

Stevenson, William J. Production/Operations Management, 6th ed., especially Chapter 14, "Material Requirement Planning," pp.617-55, New York: McGraw-Hill/Irving, 1999.

Waters-Fuller, Niall. " The Benefits and Costs of JIT Sourcing: A Study of Scottish Suppliers," International Journal of Physical Distribution and Logistics Management 26, no.4 (1996), pp.35-50.

问题与习题

1. 讨论预测在制造商的物料流管理中如何发挥重要作用？简要地指出可被应用的预测的种类，并考虑每种类型的预测的相对时间长度。
2. 在一个制造商或零售企业中，TQM（全面质量管理）与传统的管理模式有何差异？如何将 TQM 应用到物流活动和过程之中？
3. XYZ 集团的物流与制造副总裁被 COO（首席运营官）问到是否应采用 JIT（准时）物料供应技术。在回答 COO 的问题时，两位副总裁应对公司经营中的哪些条件进行分析和评估？
4. 讨论在供应链的 JIT 系统中，卖主和供应商的作用？
5. MRP、DRP 和 ERP 是物料管理与制造中最新的系统创新，请描述 MRP、DRP 和 ERP 可在组织中被应用的各类情形。

CHAPTER 8

运　输

本章大纲

本章目标

- 分析运输在物流中的作用及其与组织的营销活动之间的关系
- 分析各种运输模式、多式联运及将产品配送给客户的过程中可采用其他运输机构
- 对有关运输管制及解除管制进行总结，并列举它们对托运人和承运人的影响
- 分析运输的全球性问题

引　言

美国的运输成本为 5,290 亿美元

缺乏有效的运输系统，任何一个工业化社会都无法生存。通常，在考虑产品从生产地运到消费地的问题时，人们常常假设所耗费的成本和时间最小。大多数工业化经济中，运输是如此之普遍，因此，人们常常忽略了运输体系对社会所产生的影响。实际上，在美国，运输费用大约占国内生产总值（GDP）的 6.0%，1999 年，美国的运输成本大约为 5,540 亿美元①。

自 20 世纪 70 年代起，运输行业的发展相当快。图 8.1 显示了货运业的逐年变化趋势，并给出了相应年份的国内生产总值。由于有关运输经济管制的解除、新技术的引入以及大量前沿实践和管理理念的应用，自 1980 年或 1981 年起运输费用的增长率开始减缓。

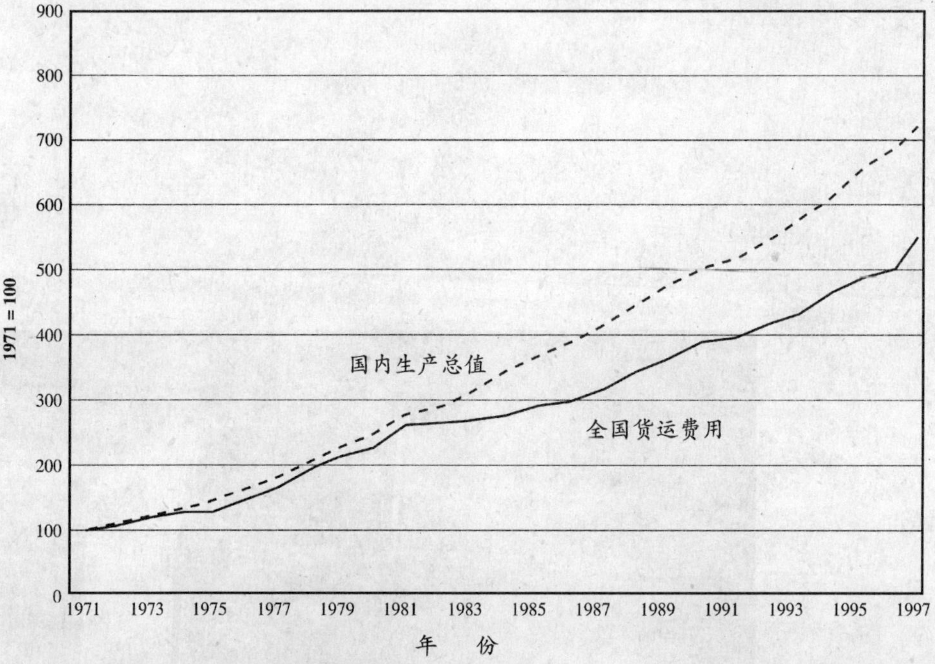

数据来源：Robert V. Delaney, "10th Annual State of Logistics Report", Press Conference remarks to the National Press Club, Washington, DC (June 7, 1999), Figure 34.

图 8.1　货运费用与 GDP

本章回顾运输活动及其在物流中所占的重要地位。本章将给出各主要运输方式和多式联运的特性。同时，我们也分析运输管制及解除管制的历史过程，并分析目前的规则对托运人和承运人的影响。

① Robert V. Delaney, "11th Annual State of Logistics Report", Press Conference remarks to the National Press Club, Washington, DC (June 5, 2000), Figure 12.

时间和空间效用

物流涉及到产品（原材料、部件、供应产品和最终产品）从始发地运往目的地的全过程。除非所生产的产品运到了消费地点，否则，对潜在客户而言，没有任何价值。运输就是实现这种转移的活动。

运输所创造的价值或者空间效用

运输创造了价值或者空间效用。在货物被消费前，通过存储和保管货物，增加了货物的时间效用，而由于运输决定了货物从一个地点运往另一地点的速度和一致性，运输也可以创造时间效用。这些因素被称为运输时间和服务的一致性。如果产品不能及时发送到消费者的手中，就会形成很大的负面效用，如销售量降低、客户不满意和生产线的停顿等。

大多数物流管理者都很明白由于产品发送延迟可能造成的问题。UPS、联邦快递（Federal Express，FedEx）、DHL、陆路快运公司（Roadway Package Express，RPS）以及其他24小时承运公司之所以获得成功，其原因正是因为它们能够通过快速和一致的产品交付，提高了产品对客户的时间和空间效用。

运输—物流—营销界面

客户满意度是营销理念的一个要素

通过运输，产品从一个地方运输到一定距离外的另一个地方，快速、有效的运输可以提高客户的满意度，而满意度是营销理念中的一个重要要素。

空间效用和时间效用是营销获得成功的必要条件，由于运输可以创造空间效用，并对时间效用有着重大的影响，运输的可得性、合适性及成本影响表面上与运输无关的一些企业决策。下文简单描述部分决策。

产品。企业应该生产何种产品？货物运输的难易程度（例如，产品的物理特性影响了该类货物运输的难易程度）、运输成本、运输工具的实用性以及运输工具的负荷等，都会影响到许多产品部件的决策。

运输的无效增加了成本

价格。由于运输成本是可变成本，对企业确定产品和服务的价格有着巨大的影响，为了补偿成本、获得利润，必须在产品定价时考虑运输成本，无效的运输过程和额外的成本都会迫使企业提高产品价格。

目标市场。产品应该在什么市场销售？为不同市场提供服务的能力取决于许多因素，包括诸如运输方式的有效性、运输成本和运输方式准时交付产品的能力等。

购买/采购。很大程度上，企业的运输条件决定了购买什么样的产品。不管是零部件、原材料、供应产品、组件还是最终产品，运输的有效性、合适性及成本都对何时、何地购买何种产品有着重要的影响。

设施的选址。运输是设施选址决策时必须考虑的诸多因素之一。运输的有效性、合适性及成本将影响生产厂、仓库、零售点到最终客户之间的距离。

> 当产品价值低廉时，运输更为重要

沙、煤等基本原材料产品的运输成本可能占产品价值的50%，对计算机、机械设备及电子器件等货物而言，运输成本占产品价值的比重可能不到1%。一般而言，运输成本占产品价值的比重越大，运输管理就越重要。尽管货物越昂贵，运输成本可能越高，但其所占比重可能较小；相反，对廉价货物而言，运输成本很可能在产品价值中占很大的比重。

有效管理所有运输要素是非常重要的，企业必须对采购原材料、零部件及供应产品的运输成本，以及把最终产品运送到消费者手中的交付成本等所有运输成本都进行有效控制，因此，物流管理人员必须关心与运输成本相关的所有要素。

运输成本、定价及相关问题

影响运输成本和定价的因素可以划为两大类：产品要素和市场要素。这些因素决定了承运人在两类定价策略（服务成本定价策略和服务价值定价策略）之间选择哪类策略。一个相关的问题是确定销售条款。

> 许多因素影响运输成本

产品要素。产品特性很大程度上可以影响运输成本及定价策略。企业可以利用这些要素，对不同货物确定不同的运输费率，这些因素可以分为这样几类：（1）密度；（2）装载性能；（3）搬运难易性；（4）可靠性。

> 密　度

密度，是指货物的重量/体积比。类似于钢、罐装食品、建筑类产品及纸张等货物，一定体积的货物，重量较大，也即密度较大；相反，电子产品、服装、行李和玩具等具有较小的密度（也即一定体积的货物，重量较轻）。通常情况下，密度低的货物，也即具有较小的重量/体积比的货物，单位重量的运输成本较低。

> 装载性能

装载性能，又称为空间利用率，是指货物利用运输工具空间的程度。例如，谷物、矿石和散装石油具有良好的装载性能，因为这些货物可以完全填满运输工具（例如火车车厢、货车车厢、管道等），其他货物，如车辆、机械、牲畜和人，都不具有良好的装载性能。货物的装载性能由其大小、形状和弹性等物理特性所决定。

> 搬运难易性

与装载性能相关的是货物搬运的难易程度。搬运难度较高的货物，运输成本通常较高，产品大小或形状一致的货物（如纸箱、罐头、筒）或可以用专门搬运设备处理的产品，搬运费用较低，因此，运输成本也较低。

技　术

路线安排软件提高了服务效率

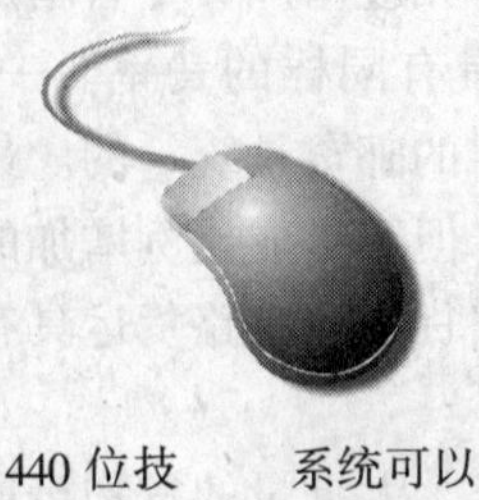

经过多年手工管理服务车队之后，最近惠而浦公司向未来迈出了一大步，安装了一个有关路线选择、计划和调度的计算机系统。这个称为 RIMMS（移动管理系统资源，Resource in Motion Management System）的系统帮助惠而浦公司管理其遍布全美国的 440 位技术服务人员。

在安装 RIMMS 以前，位于全国各地的调度员采用一种费力的人工方法来协调各种服务车队。采用了 RIMMS 后，借助软件系统的导航功能，调度员可以更好地处理自身所在区域的市场信息。

在休斯顿（Houston）/达拉斯（Dallas）/圣安东尼奥（San Antonio）等市场测试后，惠而浦公司决定安装 RIMMS 系统。这一开拓性的计划使得惠而浦公司的平均运输里程降低了 10%，单次运送里程的降低幅度为 6%～30%。

惠而浦公司通过采用 RIMMS 系统提高了对客户的响应能力，该软件系统可以实时更新，使得惠而浦公司可以及时调整其发送路线和计划，因此，更好地满足了客户需求。

资料来源："Routing Software Streamlines Service," Transportation and Distribution 38, no.8 (August 1997), p.41. Reprinted from various editions of Transportation & Distribution and Industry Week. Copyright 1995 permission granted by Penton, Cleveland, Ohio.

可靠性

对容易损坏或者容易被偷盗的、单位价值高的许多货物而言，可靠性是非常重要的一个指标，货物运输时，需要承运人提供的可靠性越大（例如，计算机、珠宝及家用娱乐产品等货物的运输），货物的运输价格就越高。

其他因货物种类不同，其重要性也不同的因素包括：产品是否是危险品、是否需要牢固、严格的包装等，对化学行业和塑料行业的产品而言，这些因素尤其重要。

市场要素举例

市场要素。除了产品特性以外，其他重要的市场要素同样也会对运输成本和定价造成较大的影响。最明显的要素有：(1) 同一运输模式和不同运输模式间的竞争程度；(2) 市场位置（例如，产品运输距离）；(3) 政府管制的特点和程度；(4) 市场中货运的均衡性或不均衡性；(5) 产品流动的季节性；(6) 产品运输的国际性。这些因素交互作用，影响运输的成本与定价，并最终使得承运人确定是采用服务成本定价法还是服务价值定价法，或者采用其他的定价策略。

服务成本定价法

服务成本定价法与服务价值定价法。服务成本定价法，是在承运人的固定成本和可变成本基础上，加上一定的利润率，形成运输费率。自然，由于这种方法可以确定费率的极限，所以具有一定的吸引力，但是，这种方法也有一些内在缺陷。

首先，承运人必须确定其固定成本和可变成本，也即，企业必须识别与成本相关的因素，并且能够合理、准确地确定这些成本。许多承运人无法准确获得这些信息，最多确定其中的因果关系。其次，这种方法需要把固定成本分摊到每一次的运输业务中，而随着运输业务次数的增加，固定成本的分摊将涉及大批量的运输业务，此时，单位固定成本降低了。最后，除非可以精确知道或准确预测运量，否则，从某种程度上讲，固定成本分摊便没有很大的意义。

因为距离和运量这两个主要因素的不同，采用服务成本定价法得到的运输成本也会不同。通常而言，距离越长，费率相应增加，尽管增加的速度不是很快。最简单的形式是，相同始发地和目的地的运输具有同样的费率。一个典型的例子是邮资，同样距离下，优先投递的邮件每盎司所支付的邮资是统一的。另一个距离测算费率的原则是锥形原则。费率随距离的加长而增加，但不是成比例增加的，因为不管距离多长，终端费用和其他固定成本总是不变的。铁路货运比公路货运具有更高的固定费用，因此，铁路货运的锥形效果更为明显。

运量是另一个重要的影响因素。大批量的货物运输具有规模效应，运量可以从多个方面影响费率结构，费率可以建立在托运货物的数量之上，超过一定数量，可以采用整车托运（TL）或者整厢托运（CL）[①] 的费率，介于这些规定数量之间的托运，就采用未满车托运费率。特殊货物的大宗货物运输也可以要求承运人给予特别的费率。

服务价值定价法

第二种定价方法是服务价值定价法，这种方法主要从市场角度来考虑，从运输服务的需求和竞争态势两方面来确定价格，给出费率上限。费率设定的目的是使得一次运输的收入和可变成本之间的差值最大化。

服务价值定价法举例

例如，假设在同一市场上有两家生产厂商进行竞争。厂商 A，坐落于该目标市场，产品销售单价为 2.5 美元，每件产品赢利 50 美分。不考虑运输成本的情况下，厂商 B 具有与厂商 A 相同的生产成本，但是它所在地位置离该市场 500 英里，因此，厂商 B 可以支付的最高运输费用就是 50 美分。而且，如果厂商 B 可以利用两种不同运输方式，产生同样的执行效果，则在参与竞争时，定价较高的方式必须满足费率较低方式的要求。多数情况下，当价格处于上、下限之间时，最终由竞争状态来决定价格水平。

离岸价格。一般而言，卖方向买方提供的离岸价格对物流、尤其是对运输有着深远的影响。例如，卖方可能向买方的零售点提供到货价格，这个价格包含了产品成本和产品运送成本，这个简单的描述强调了买方或收货人的重要性（例如，配送产品的接受）。

为什么销售条款是重要的？

首先，买方在购买前知道了最终的到货价格。其次，买方不必关心怎样把产品从卖方运送到自己所在地的过程。第三点，这点与前一点密切相关，买方不必控制运输决策。

从管理角度而言，采购产品采用离岸价格更为容易，但由于买方无法控制运输过程，就可能会存在一些潜在问题。例如，由发货人选择的承运人，可能为买方提供不好的服务，或者不能在买方希望接收货物的时间准时送达货物，此时，买方应熟悉包括运送在内的所有托运业务，以确保自己的决策最优。

图 8.2 简略提供了简单的离岸运输的销售条款的概况及其对卖方和买方的影响。

---

① 较少量的汽车托运是指公路运输中的零担托运（LTL），LTL 可以规定为任何一个不能装满一整车（TL）的运量，类似地，拼厢托运（LCL）是指不能装满一整车厢的铁路托运。

到货价格。在到货价格中，通常向买方提供包括运输的产品价格。正如在离岸价格中所提及的，实质上，这种定价方式是目的地交货定价法，由卖方选择运输模式或者承运人，并把货物运给买方，根据卖方定价因素的不同，这种方式可能给交易一方或双方带来一定的好处。

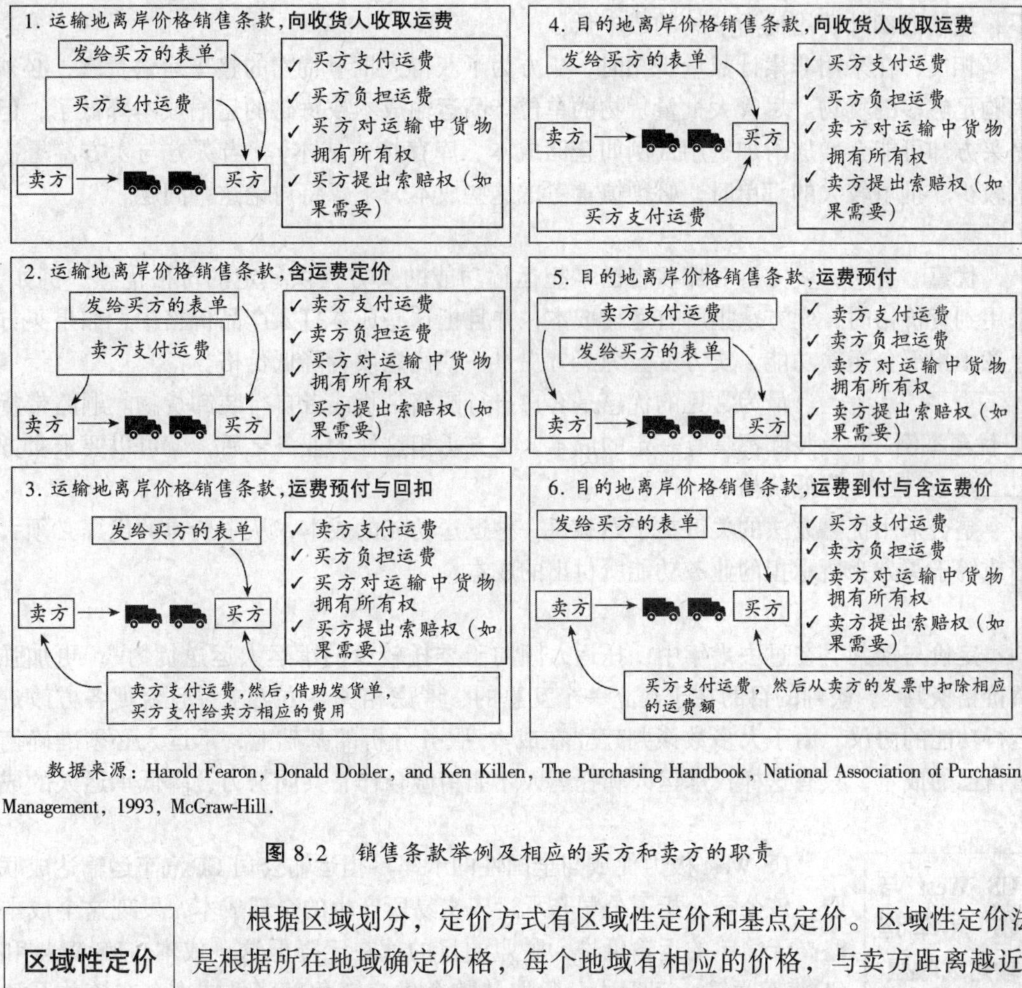

数据来源：Harold Fearon, Donald Dobler, and Ken Killen, The Purchasing Handbook, National Association of Purchasing Management, 1993, McGraw-Hill.

图 8.2 销售条款举例及相应的买方和卖方的职责

区域性定价

根据区域划分，定价方式有区域性定价和基点定价。区域性定价法是根据所在地域确定价格，每个地域有相应的价格，与卖方距离越近，运输成本就低，距离越远，所需支付的运输成本就越高。根据买方的确切位置，一些卖方所支付的运价因距离的差异而不同。

基点定价

在基点定价系统中，卖方把某个或几个地点作为运输定价的基础，买方从中选择一个运价，确定自己支付多少运费。卖方的定价地点，通常是生产厂、配送中心、港口或者自由贸易区。选择不同的地点，买方所支付的运费对自身有着不同的影响，譬如，在买方所在的地区，厂商有一个配送中心，但卖方所提供的定价地点可能是位于另一个地区的办事处。产品可能在定价地点的同一个区域，也可能在另一个地区生产出来。

累计数量折扣与非累计数量折扣

数量折扣。数量折扣可以是累计折扣，也可以是非累计折扣。累计数量折扣指买方的采购数量在一定期间内达到一定数量时，给予买方一定的价格折扣，非累计数量折扣是针对单张订单而言的，不会对一定时期内的采购数量进行累计。

从运输角度看，可以享受累计数量折扣时，买方的采购批量可以较少。由于享受了数量折扣，批量小的运输尽管成本较高，买方仍旧可以享受成本优势。在数量折扣条件下，运输的额外费用比所节约的成本低。

相反，在采用非累计数量折扣时，买方为了获得大批量货物的整车运输费率，必须采购足够多的货物。尽管大批量货物的单位产品运输成本或每磅的运输成本降低了，但是买方却可能会增加附加费用（例如仓储成本、库存持有成本）。当买方与卖方签署次数较少、批量较大的订单时，必须慎重考虑这些成本，下章将讨论这些问题。

优惠。有时，卖方会对那些自己承担运输功能的买方提供一定的价格优惠。例如，采用到货价格时，卖方承担所有运输成本，并且把这些成本打入产品价格中，如果买方愿意承担部分运输功能，卖方就会为买方提供一些优惠或者降低价格。

优惠举例

最为常见的优惠是客户自行顺路带货或者自行装卸货物。顺路带货及装卸都具有一定的成本，买方承担这样的业务之后，就可以要求卖方降低价格。

是否采用优惠方法的关键在于熟悉每一种运送功能的成本，从中获得的优惠必须大于或等于买方为所承担的业务功能所付出的成本。

定价与谈判。在过去十年中，托运人倾向于委托较少的承运人运送货物[①]，更加强调价格谈判[②]。谈判的目的在于建立一个互惠的、考虑相关各方需求并且督促各方改进运行功能的协议。由于大多数谈判建立在成本/服务分析的基础上，承运人必须准确衡量自己的成本，只有这样，承运人和托运人才能精诚合作，共同努力，降低承运人的成本。

US West与CF汽车运输达成联盟

US West 极力促成与全国性的卡车零担运输公司 CF 汽车运输达成联盟，该公司分析了公司与承运人交易所产生的全部成本，发现这个成本略高于简单的运输价格，联盟的目的就在于降低这一成本，US West 和 CF 汽车运输一起努力，争取从整个供应链角度降低成本，在该关系建立的前两年，US West 的基础运价降低了 15%[③]。

---

① 有关这一趋势及其他的运输业客户服务问题的讨论，请参阅 Bernard J. La Londe，Martha C. Cooper，Thomas G. Noordewier，Customer Service：A Management Perspective（Oak Brook，IL：Council of Logistics Management，1988）.

② 有关承运人与托运人谈判的管理论述，请参阅 Joseph V. Barks，“Who's Getting a Bad Deal?” Distribution 93，no.3（March 1994），pp.34-38；Jack Barry，“Advanced Negotiating：Preparation Is the Key，” Distribution 87，no.6（June 1988），pp.54-56；Robert J. Bowman，“Risk and Reward：How Shippers Are Negotiating the Best Possible Transportation Deals in a Time of Radical Change，” Distribution 95，no.4（April 1996），pp.42-49；and Joseph Cavinato，“Tips for Negotiating Rates，” Distribution 90，no.2（February 1991），pp.66-68.

③ Peter A. Buxbaum，“Winning Together，” Transportation and Distribution 36，no.4（April 1995），pp.47-50.

长途运输费率

费率分类：承运人估算的费用有两类：运输费率，支付装货地与到达地之间的货物运输费用；附加费用，承运人所支付的包括运输、装卸或托运服务等所有其他费用。运输费率可以分为四大类：（1）等级费率；（2）等级例外费率；（3）商品费率；（4）其他费率。值得注意的是，自从美国解除对大多数运输的经济管制以来，承运人对运输价格都进行折扣。结果是承运人为了努力开拓市场，不同费率之间的差异体现得不太明显。解除管制后可以实施的协商费率变得比以前更为重要。

等级费率

从运价角度看，等级费率减少了根据产品类别划分的运输费率的项目。不同产品根据其类别不同，费率也不同，基本费率可以划分为100种，产品号码越大，费率越高，号码越小，费率越低，产品的费率排列决定了在任意两点之间移动单位重量（如100磅）的货物所支付的费用。

等级例外费率

等级例外费率，或者指不包括在等级费率内的产品运输费率，为托运人提供了低于公布的等级费率的运输费率。由于竞争或产量等原因，要求承运人提供较低的费率，承运人就会根据某些特定区域、特殊线路或者某类商品来提供特殊的费率。一旦发布等级例外费率，通常所使用的分类就需要进行改变。当使用例外费率时，通常与运输有关的服务与等级费率情况是一样的。

商品费率

对于常规线路而言，当托运的某种产品的数量巨大时，就采用商品费率。这些费率一般按点到点的形式公布。

在特定条件下的收费费率，都纳入其他费率中。例如，合同费率是承运人和托运人之间协商的结果，并以书面合同的形式记录下来的运费费率。随着合同运输的增加，承运人越来越多的采用这种形式的费率。最近，运输中经常采用综合费率（FAK），这种费率通常根据运输成本进行核算，而不再区分运输产品的类别，承运人根据运输产品的重量提出每次运输的收费费率。在零售商和生产厂商向零售消费者固定发送不同产品时，就经常采用综合费率。

其他费率

费率局。费率局是一个设定和发布费率的公共承运人机构。20世纪80年代以前，美国费率局就公路运输、铁路运输以及国内水上运输发布了大量的普通费率，但是，由于解除了主要运输方式的管制，大多数承运人和托运人并不采用这个机构所定的费率，而是自行建立和调整费率。目前，这一机构仅仅发布所谓的“官方”费率（很少被真正采用的费率）信息，但不再对实际费率进行许多控制。

运输服务特性

正如本书一再强调的，客户服务是物流管理中至关重要的要素，物流管理中的任何一个活动都能影响到该公司为其客户提供的服务质量，其中，运输对客户服务的影响程度是非常明显的。

最为重要的服务特性

对客户服务影响最大的运输特性是可靠性（服务一致性）、运输时间、市场覆盖（提供门到门服务的能力）、灵活性（可以运输不同的货物种类及满足托运人特定需求的服务）、货物损失与破损情况以及承运人可以提供的运输以外的服务（也即成为托运人营销计划的一个部分）。

每一种运输方式都有不同的服务能力。下面将说明众多运输方式的特性。

运输承运人特性

许多方案都可以把货物从一处运至另一处，基本运输方式有五种：公路运输、铁路运输、航空运输、水路运输或管道运输，一个公司可以从中任选一种或几种方式运输产品。表 8.1 表明世界上不同运输方式的使用模式，从中可以发现不同方式间的巨大差别。

表 8.1 1989 年货运量(10 亿吨公里)

	公 路[a]	铁 路[b]	内河水运[b]	海 运	内陆管道
欧共体					
比利时	31.0[c]	8.0[c]	5.3	—	1.0
丹麦	9.2[c]	1.7	0	2.0[c]	1.6[c]
联邦德国	124.2	60.0[c]	54.0	0.6[c]	8.8[c]
法国	116.7	52.3[c]	7.0[c]	—	31.0[c]
希腊	12.5[c]	0.6[c]	0	—	—
爱尔兰共和国	4.0[c]	0.6[c]	—	—	—
意大利	165.0[c]	20.0[c]	0.1	36.0[c]	9.0
卢森堡	0.2[c]	0.7	0.4	0	—
荷兰	22.1[c]	3.1	36.0	—	4.6
葡萄牙	12.05[c]	1.7	—	—	—
西班牙	143	11.9	—	28.0[c]	4.8[c]
英国	134.3	17.0	0.3	56.2	9.1
欧洲其他国家					
奥地利	8.0[c]	11.2[c]	1.8[c,d]	0	5.3
捷克斯洛伐克	23.8	72.0	4.8[d]	0	9.0[c]
民主德国[f]	16.9	59.0	2.3	—	4.3
匈牙利	13.4	19.8	2.1[d]	0	3.4
瑞典	22.6[c]	19.2	0	8.0[c]	—
瑞士	7.5[c]	8.2	0.1	0	1.1
南斯拉夫	25.0[c,e]	25.9	8.8	—	3.4
世界上其余地区					
日本	260.0[c]	23.0[c]	0	2,405	—
美国	1,200.0[c]	23.0[c]	550.0[c]	900.0[c]	9205
苏联	510.0[c]	4,000.0[c]	239.6	—	1,422

a. 以车辆数计，净重不超过 3.5 吨或总重不超过 6 吨（欧共体国家）。

b. 由本国车辆和国际车辆载运。

c. 根据前一年数据估计。

d. 由本国船舶载运的国内外货物。

e. 只包括租赁及回报。

f. 现已与联邦德国统一。

数据来源：Kevin A. O'Laughlin, James Cooper, Eric Cabocel, Reconfiguring European Logistics Systems (oak brook, IL: Council of Logistics Management, 1993), p.72.

此外，还存在一些联合运输方式，包括公铁联运、公水联运、汽车—航空联合及铁水联运。这些联合运输方式提供单一运输方式无法完成（有时是低成本）的特殊服务。最后，还有其他的运输方案，包括间接的、特殊承运人或者可以为托运人提供一系列服务的非运输第三方企业，这些运输机构包括货运代理、货主协会、包裹邮递、UPS、联邦快递及其他专业承运人。

运输的法定形式

根据法定形式或类型，运输承运人可以划分为：公共承运人、合同承运人、豁免承运人或者自营承运人，前三种类型是承接运输业务的租赁承运人，最后一种则是承担自身的运输需求。租赁承运人的载运货物属于其他，并受到各种联邦、州及当地法规的制约。一般来讲，自营承运人利用所拥有的运输工具运输自身产品，因此，不受除安全及税收之外的多数法规的影响。

管制解除已改变了物流管理者对运输模式的看法，尤其是影响了他们对运输法定形式的看法。理论上讲，由于管制的解除，这些法定名称不再存在，例如，1994年卡车运输法规变革法案消除了公共承运人与合同承运人之间的差异。但是，业内依旧采用这些名词，而且，确实提供了有关运输类型的一些指导。

公共承运人

公共承运人采用具体线路的公布费率为任何货主提供运输服务，为了操作的合法性，它们必须从有关管理机构处获得相应的经营权。随着管制的解除，公共承运人在市场进入、线路安排及定价方面具有相当大的弹性。公共承运人为大众服务时，必须遵循无差异歧视准则，也就是说，他们必须在自身条件许可下为所有货主提供服务。公共承运人面临的一个严重问题是不能确切地预先知道未来客户的数目，因此，未来需求是不确定的，这导致许多公共承运人向合同运输的领域拓展。

合同承运人

合同承运人是不面向社会的出租承运人，它只根据特定的合同向小范围的托运人提供服务。承运人与托运人之间的合同要求承运人在某一规定的成本下提供规定的运输服务，许多情况下，考虑到成本和效率，承运人运输的商品是他愿意接受的，因此，运输合同费率低于公共承运人费率，其优点是承运人了解其未来的运输需求。

豁免承运人

豁免承运人是运输某类货物的出租承运人，这些货物包括未加工农产品及相关货物，如农用品、牲畜、鱼、家禽和种子等，此外，运输报纸也是豁免的。最初，设立豁免情况是为了使农民可以利用公路运输他们的产品。豁免现已拓展到利用不同运输方式运输许多产品的情况，此外，本地货运公司在地区范围内的运输或者在本商业地区内的运输也享受了豁免。

通常，豁免费率比公共费率或合同费率低。但是，享受豁免的产品范围相当有限，对大多数公司来讲，采用豁免承运人形式不太可行。事实上，运输管制已经消除了价格限制，因此基本上所有的承运人都可被视为不受价格限制。

自营承运人

自营承运人一般不是出租并且不受地方经济法规的限制。公司主要利用自有车辆运输自身产品。因此，公司必须拥有或租用运输工具自行运作。从法律角度出发，区别自营承运人和出租承运人的最重要的因素是前者的运输只是从属于企业主业的一个分支。

一般而言，由于所具有的灵活性和经济性，比起其他承运人而言，自营承运人有着一定的优势，但是，随着运输系统管制解除的深入，公共运输和合同运输也可以在合理成本下提供极好的服务质量，在第9章中将深入讨论自营运输与出租运输之间的差别。

基本运输模式

五种基本运输模式

基本运输方式有五种：公路运输、铁路运输、航空运输、水路运输及管道运输。

公路运输。在20世纪60年代末，美国的公路运输代替铁路运输成为最主要的运输方式。美国农产品（如新鲜和冷冻肉类、奶制品、面包制品、甜食、饮料及雪茄烟等）货运量中，75%由公路运输承担。

公路运输的制造类产品有运动产品、玩具、表、钟、农业机械、无线电设备、电视、CD播放机、微机、毛毯地毯、服装、药品及办公与会计用计算机等。事实上，大多数消费品都由公路运输。

公路运输与航空运输的竞争

公路运输与航空运输的竞争主要在小批量产品运输方面，而与铁路运输的竞争主要在大宗货物运输方面。运距小于1,000英里时，一个有效的公路承运人可以在门到门服务方面与航空运输竞争任何运量的运输，因为公路运输在终端服务、装载以及发送业务方面具有一定的优势。

例如，查塔努加帐篷公司（Chattanooga Tent Company）必须把一个60英尺×150英尺的帐篷发送到纽约一个宗教机构手中，该机构在纽约举行信仰复兴大会，“大会举行的第一个晚上，一个地方着火了，把帐篷30英尺×60英尺的地方给毁了，与会人数为1,500人，并有可能面临暴雨的袭击，因此，必须立即修补毁坏部分……罗伯特快递（Robert Express）连夜把替换部分从查塔努加送到布朗克斯区，行程837英里，及时搭起新的部分，使得庆典得以照常进行。”[①]

公路运输与铁路运输的竞争

公路承运人在长距离（通常远于500英里）的整车托运（TL）方面直接与铁路运输竞争。但是，当货运量超过100,000磅时，铁路运输仍占有明显的优势，而公路运输则在零担货运方面占有优势。

汽车运输的平均运距略大于400英里。[②] 一些全国性运输公司的平均运距长达几倍，一些地区性公司的平均运距则可能只有5英里或更短。通常，零担托运（LTL）的运距较短，但是其变化程度更大。在美国，大约10%以上的租赁公路运输公司从事LTL业务，但他们占收入的比例超过1/4。[③]

---

① Karen Thuermer, “Truckers Move Fast to Capture Lucrative Business,” Logistics Management and Distribution Report 38, no.2 (February 1999), p.73.

② “News Capsule: In for the Long Haul”, Logistics Management and Distribution Report 37, no.4 (April 1998), p.20.

③ “News Capsule: Less is More”, Logistics Management and Distribution Report 37, no.2 (February, 1998), p.18.

公路运输的服务特性

相比其他运输方式，公路运输具有较大的灵活性和通用性。美国公路的总长度超过 400 万英里，确保公路运输具有足够的灵活性[①]，使得公路运输可以实现任何一起始点/终点间的点到点服务。公路运输的通用性是指可以满足任何距离不同规模与重量的运输需求，也可以运载任何产品，包括那些需要不同工具运载的货物。同时存在灵活性与通用性，使得公路运输不但在美国是一种主要的运输方式，在其他国家也同样如此。

公路运输为客户提供快速、可靠的服务，并且货物损耗低，通常，其运输速度快于铁路运输，在短距离运输方面，也快于航空运输。许多公路运输公司，特别是那些涉足于准时生产项目的运输公司，运输作业遵照既定时间表进行，运输周期短且可靠。公路运输公司的货损货差率远低于大多数铁路运输，略高于航空运输，没有其他运输方式可以提供公路运输所能提供的市场覆盖能力。

通用货运公司及专业货运公司

公司运输业中，承运人可以划分为两大类：通用货运公司及专业货运公司。通用货运运输占公路货运总收入的绝大部分，包括地区性通用运输及其他常规运输。余下的收入由特种运输产生，包括运输重型机械、液体汽油、冷冻产品、农用品、车辆、建筑材料、日用品及其他特种产品。

多年来，公路运输的货运量持续稳定上升，由于公路运输的特性比其他运输方式更能满足客户需求，因此，对于大多数企业的物流网络而言，公路运费是一个非常重要的因素。只要可以提供快速、有效的服务，并且，其运输费率介于铁路费率与航空费率之间，公路运输将继续繁荣下去。

铁路。在世界许多地区，如欧洲和中国，铁路运输是主要运输方式。1996 年，美国的铁路运输货运量为 10,000 亿吨英里，铁路总长度大约为 17.5 万英里[②]，铁路运输占地区间货运量（以吨英里计）的 1/3。从二次大战至 20 世纪 80 年代中期，美国运输市场中，铁路运输的市场份额明显下降，以吨英里计的交通量从 2/3 降为不到 1/4，这种下降趋势最后出现了反弹，1996 年，尽管铁路运输的货币价值只占所有运输的 4%，铁路运输量（以吨英里计）占地区间货运量的 26%[③]。

多数货物一旦经由铁路运输后，马上由汽车继续载运。水路运输或管道运输通常会在大宗运输方面与铁路运输竞争，部分货物运输市场就被它们抢占了。铁路运输的平均载运里程大约为 850 英里[④]。

铁路运输的服务特性

世界上几乎任何主要的大城市都能提供铁路运输服务，许多较小的城镇也有铁路运输服务。但是，在多数国家，铁路网络不如公路网发达。因此，由于铁路轨道的局限性，铁路运输缺乏公路运输所具有的通用性和灵活性。所以，与航空运输、水路运输及管道运输一样，对大多数托运人而言，

① 交通运输统计局，《运输手册》（美国华盛顿特区，交通部，1998 年 12 月），第 3 页。
② 同上。
③ 同上，第 16 页。
④ "News Capsule: In for the Long Haul", p.20.

铁路运输提供“站点到站点”的运输服务，而不是提供“点到点”服务（除非有一条铁路直达该托运人的生产地，否则另当别论）。

通常，铁路运输的成本（单位重量计）比航空运输和公路运输低[①]，在货损货差率方面，与其他运输方式相比，大多数的铁路运输都不占优势。尽管自1980年的解除铁路运输行业管制之后，铁路运输在运输时间和服务频率方面取得了长足的进步，但与公路运输相比，铁路运输在这些服务领域仍旧较差。铁路运输根据既定时间表进行，但发车频率比公路运输低，如果托运人对货物抵达和发送有着严格的要求，则相对公路运输而言，铁路运输通常不具有竞争优势。

TOFC与COFC

可以采用“平车载拖车”（TOFC）或者“平板车装运集装箱”（COFC）的方法来弥补铁路运输的部分缺点。这两种方法为铁路或水路运输提供了公路运输所具有的与灵活性相关的经济性，载拖车或者集装箱送至火车站点，装上火车，运至目的站后，又被卸下火车，送至收货人（也即接收货物的客户）手中，在本章稍后的内容中将详细讨论这些服务。

相对公路运输而言，铁路运输的另外一个缺点是设备的有效性。铁路运输利用各种车厢，有时，有关设备没有停留在需要的地方。由于货物正在装/卸、在铁路拣选场内移动或者正在维修等原因，可能不能利用铁路车厢，而其他的车厢正在漫长的铁路线上闲置或者遗失了。

近期铁路业的发展

人们寻找到许多方法来解决铁路运输中的使用问题，如利用计算机确定行程与计划、设备路基和站点的升级、车厢识别系统的改进、托运人自有或租赁车厢的扩充、利用为某货运单位专编的往返于大城市间的循环直达列车（中途不停靠或者只装载少数托运人货物）。大多数车厢属于铁路系统，少数被托运人租用或拥有，拥有或租赁车厢的托运人大多数都是铁路运输的主要大客户，由于市场惟一和竞争情况，这些托运人对车厢短缺十分敏感。

在20世纪80年代后期，铁路运输夺回了被公路、水路、管道运输等所抢去的部分市场，主要原因是上文所提到的铁路运输所作的改进，以及对火车的监督与控制都得到了完善，此外，也由于铁路部门对客户服务予以重视。

加拿大最大的铁路公司（加拿大国家公司）的总经理、执行总裁认为，铁路部门销售的产品是服务，客户“有权对以客户为中心、服务质量、执行标准、交付的一致性、责任制度、透明度、竞争价格、质量设备、丰富的资源以及合伙关系等提出一定的要求”[②]。

最后，比起公路承运人，铁路运输在节约能量方面具有一定的优势，随着收购与兼并的进行，这个优势更为明显，加上解除了铁路系统的管制，这种运输方式必定有一个美好的未来。

---

① 在一些运输线路（也即路线）及市场中，比起铁路运输来，公路运输的价格相当具有竞争性，某些情况下，公路承运人可以采用铁路运输费率相同或更低的费率。

② “Railroad/shipper Meeting Gets Mixed Reviews,” Railway Age (October 1998), p.20.

航空运输可以最好地满足时间紧迫的运输要求

航空运输。从国内运输看，尽管航空货运的收入占总运输收入的比例超过 2%，但航空运输完成的吨英里数占所有运量的比例不到 1%。1999 年的上半年，企业界在航空运输方面花费了 160 亿美元[①]，尽管采用航空运输进行日常运输的托运人数目增加了，由于航空运输的成本高昂，大多数人仍把航空运输视为紧急情况下所采用的运输模式。如果货物必须在短时间内运输到远距离外的另一地点，航空运输是运输费时最短的一种运输方式。但是，对大多数托运人而言，这种对时间要求非常高的情况仍很少见。

现代航空飞机时速可达 500 到 600 英里，并且可以实现国内外的长途运输。国内航空运输，直接面临公路运输的挑战，而国际货运的竞争，则在航空运输与水路运输之间展开。对于大多数商用航班而言，货运是客运过程的附属产品，但是，也有许多公司只运输货物，这些只承运货物的公司近乎承运了所有国内航空货运量的 50%，这个数字比起 1968 年前的数字大大增加了，当时，只有相当少的航空货运由专业航空货运承运人来承担。

产品特性决定是否采用航空运输

航空承运人通常只运输高价值货物，如果运输低价值货物，通常不合算，因为其高昂的成本在货物产品中占据的比例太大了。例如，一个电子元件和一本教科书，在相同重量下，销售价格差异很大，假如利用航空运输的方式把它们同时从 A 点运至 B 点，对于课本而言，运输成本占总成本的比例很高，而对电子元件而言，这一比例就很小。这种情况下，也许客户服务可能在选择运输方式时有一定的作用，但只有在服务质量比成本重要时，才会选择航空运输。

航空运输提供了迅捷的运输，但是，中转与交付的延迟和拥挤可能会降低一部分优势。从点到点的运输要求出发，公路运输所花费的总时间可以与航空运输相当或者更有优势。

航空运输与公路运输的比较

相对航空运输，就货物的全部转移时间而言，经由运作良好的专业公司（如合同或专用承运人）的公路运输可以在中、短途运输中占有相当的竞争优势。例如，一个全国性的女子时装零售商，委托专门的合同承运人，把急需货物从其位于中西部的全国配送中心运往西海岸的商店，该公司发现，航空运输在陆地上消耗的时间（如装车、运送、等待规定航班等），加上途中运输时间，超过了公路运输所消耗的总在途时间。[②]

对托运人来讲，总在途时间比起站点与站点之间的运输时间更为重要。通常，航空货运的发送频率与可靠性非常好。尽管在较小城市中也有部分航空货运服务，但航空服务通常限于大城市之间的运输。

航空货运的运输量逐年增加，即使其成本高于其他运输方式，其增长趋势仍将维持下去。毋庸置疑，随着客户需求层次的提高以及国际运输项目的增加，航空货运将在许多组织配送计划中继续占有战略性的地位。

例如，1999 年，南加州物流空运公司（SCLA，Southern California Logistics Airport）和

---

① "Heavy-Airfreight Market Lost Altitude Last Year," Logistics Management & Distribution Report 39, No.5 (May 2000), p.28.

② 该案例由阿拉巴马大学的 Jay U.Sterling 教授提供。

瑞士全球货运（Swiss Global Cargo/ Panalpina，一家一体化运输服务公司和主要的航空货运服务提供者），开始提供一种专业航空运输服务，按固定航线每周围绕全球一周。此外，SCLA 还开设了一个保税仓库、一家美国报关机构以及一个外贸区。[①]

水路运输。水路可以划分为几个类型：（1）内陆河道，如河道与运河；（2）湖泊；（3）沿海与内海；（4）远洋深海。由于水路运输主要运输大量的半成品或原料，前三种水路运输方式主要与铁路和管道运输竞争。

国内水运适合于装运易于装卸的重、大、单位价值低的产品，对这些产品而言，运输速度通常不是最关键的指标。水路运输承运的货物通常也不太容易在运输过程中发生货损货差，同时，水路运输也必然伴有陆地运输。美国的公司通常利用水路运输运入产品，水路承运人通常运输散装物料，如铁矿石、谷物、原木产品、煤、石灰石、石油等，通过国际、国内运输，运输到对这些物料生产加工的地点。从国际运输的角度出发，水路运输的运出与运入同等重要，其运输产品的范围也远为广泛。

与深海远洋不同，水路运输在利用湖泊、河道、运河或近海海域等水路通道方面有着一定的局限，对水路运输工具的依赖程度则取决于所在的地理位置，以美国为例，大约 5,080 亿吨英里的货运量或者说 15%的城市间运输是由水路来承担的。[②]

在西欧，水路运输更为重要

西欧具有大量水道，通过水路可以抵达大多数人口聚集的城市，水路运输也就显得分外重要。在德国，水路运输占总货运量的 20%，这一比例在挪威和荷兰更高[③]。水路运输的距离则几乎完全依赖于其类型，对于国际远洋运输而言，运输距离可达几千英里。

巨型油船

在运输大体积、低价值产品时，水路运费可能是最为廉价的方式。尽管国际贸易的发展使得海运业的地位越来越重要，但是，由于水路运输的内在缺陷，它不太可能在国内运输中占有较高的地位。随着巨型油船（VLCCs）或者超大型油轮的发展，石油生产国和石油消费国之间的石油运输，主要由海运业来承担。对于工业国家而言，能源非常重要，因此，在能源运输中，水运必将继续维持其非常重要的地位。此外，世界各国开始大力发展集装箱船运输各种产品。

国际航运中的集装箱运输

许多国内及大多数国际的运输采用了集装箱运输方式。某国的托运人在自己的生产地点或发货地把货物装到自有或租赁的集装箱中，通过铁路或公路运输，把集装箱运至某一港口，再装载到集装箱船，运至目的港卸载，通过铁路或公路，运送到客户或收货人手中。货物从托运人手中发出，抵达收货人手中，途中对集装箱内的货物所作的处理控制在最小的范围内。使用集装箱，使得物流联运系统可以减少所需人员、降低在途货损货差、因在港周转时间的缩短而缩短了在途时间，并且使得托运人可以利用大量运输费率。

管道运输。以吨英里计，管道运输大概占据了所有国内城市间货运量的 19%。[④] 管

---

① 南加州物流空运公司发布，“南加州物流空运公司及瑞士全球货运建立了把亚洲、欧洲与南美洲联系在一起的重要运输供应链”（1999 年 10 月 20 日）。

② 美国统计局,《美国统计摘要》:1999,第 119 版(华盛顿特区:美国政府印刷所,1999 年 10 月),第 631 页。

③ Alan C. McKinnon, Physical Distribution Systems (London: Routledge, 1989), p.153.

④ 美国统计局，《美国统计摘要》：1999 年，第 631 页。

道运输载运的货物种类有限，有天然气、石油产品、水、化学制品、浆类产品，其中，天然气与原油是管道运输的主要产品。

浆类产品（通常是煤泥）在管道运输中占的比例较少。煤被打成粉末，漂浮在水中，通过管道被运送至目的地，从水中把煤提出来，以备使用。鉴于全球性的能源需求，管道运输将在一些特别产品的运输中占有重要的地位，煤泥的运输尤为如此，特别是在一些国家目前打算从基于天然气或石油类产品等的能耗系统转变为基于煤产品类的能耗系统之际，更是如此。

管道运输的服务质量高

美国现有 11.4 万多英里的油管、26 万多英里的天然气管道①，管道运输的可靠性非常好，运作成本极低，由于如下原因，管道运输可以按时运送货物：

- 管道内的货物流动由计算机监视与控制
- 由于管道渗漏或破裂造成的货损货差非常低
- 管道内货物移动基本不受气候条件影响
- 管道运输不是劳动密集型的，基本不受罢工或员工缺席的影响

相对其他运输方式而言，管道运输具有可靠性与成本优势，这吸引了许多托运人采用管道运输运送货物。当然，只有当货物是或者可以是以液体、气体或浆状状态的存在时，才可以采用管道运输。随着其他运输方式成本逐渐上涨，托运人可能改进管道运输，从而利用管道来运输非传统类的货物。

运输方式的选择。所有运输方式可用来运输对应的货物，每种方式可托运的货物种类相当多（参阅表 8.2）。托运人选择何种运输方式，由该运输方式的特性以及本企业和收货人的需求共同决定。表 8.3 总结了五种基本运输方式的经济和服务特性。有些时候，一种运输方式可以与其他方式同时使用，下文就讨论这些多式联运。

表 8.2　城市间货运吨英里分布估计

运输方式	1997（10 亿吨英里）	占当年总数的百分比				
		1997	1990	1980	1960	1940
铁路运输	1,421	38%	36%	38%	44%	61%
公路运输	1,051	28	25	22	22	10
航空运输	14	*	*	*	*	*
水路运输	508	15	16	16	17	19
管道运输	628	19	23	24	17	10
总计	3,622	100	100	100	100	100

*数值小于 1。

数据来源：美国统计局，《美国统计摘要》：1999 年，第 119 版（华盛顿特区：美国政府印刷所，1999 年 10 月），第 631 页；以及 “Railroad Gain Traffic Share but Lose Dollar Market Share”, On Track 5, no.16 (August 21, 1991), p.1.

① 美国统计局，《美国统一摘要》：1999 年，第 2 页。

表 8.3 美国国内运输方式的比较

	公路运输	铁路运输	航空运输	水路运输	管道运输
经济特性					
成本	中	低	高	低	低
市场覆盖率	点到点	站点到站点	站点到站点	站点到站点	站点到站点
竞争程度(竞争对手数)	许多	中	中	很少	很少
主要货运	所有类型	低－中价值，中－高密度	高价值，低－中密度	低价值，高密度	低价值，高密度
平均运载距离	短－长	中－长	中－长	中－长	中－长
设备负载(以吨计)	10～25	50～12,000	5～125	1,000～60,000	30,000～2,500,000
服务特性					
速度(在途时间)	中	慢	快	慢	慢
利用率	高	中	中	低	低
一致性(运送时间变化率)	高	中	高	低－中	高
货损货差	低	中－高	低	低－中	低
灵活性(根据托运人需求的调整能力)	高	中	低－中	低	低

多式联运

除了五种基本运输方式以外，托运人还可以采用各种多式联运的方式，最为常见的联运模式有平车载拖车（TOFC）或背负式运输（Piggyback）、平板车装运集装箱（COFC）及公铁两用车辆。理论上讲，多式联运方式在运输单种货物时同时拥有两种或多种运输方式的成本与服务优势。

背负式运输（TOFC/COFC）。尽管采用的技术不同，多数物流管理人员都把 TOFC 和 COFC 视为背负式运输。这种运输方法是在两个或多个站点之间运输一个放置在平板车上的运送拖车或者集装箱，可以把临时轴安置在集装箱上，利用卡车或拖车运送这些集装箱，由运输工具在运输终点处卸装并发送它们，因此，背负式运输既拥有了铁路长距离运输的低成本优势，又可以发挥短距离汽车运输的灵活性。

背负式运输逐渐推广

近年来，托运人越来越多地采用背负式运输方式。自 20 世纪 70 年代中期以来，背负式运输得到了极大的发展，1999 年，不同形式的多式联运完成了 14,046 亿吨英里的运输量①。图 8.3 显示了 1955 年以来多式联运的增长趋势。多式联运是美国铁路业的第二大收入来源②，TOFC/COFC 的应用前景一片光明。

多式联运的一个例子

举一个有关多式联运的有趣例子。1989 年末，伯灵顿北方圣特菲铁路公司（Burlington Northern Santa Fe，BNSF）与 J·B·亨特运输服务公司（J. B. Hunt Transport Services）建立合作关系，一个大型铁路公司与一个全国性公路货运公司的彼此合作，使得托运人可以享受从加利福尼亚到中西部的门到门

① "US Intermodal Volume Sets Record," American Shipper 42，no.2 (February 2000)，p.74.

② "Up Front," Logistics Management and Distribution Report 38，no.5 (May 1999)，p.3.

服务。两者联营，信息交流统一，并采用统一的单据系统和加急处理流程，BNSF承担长距离运输，J·B·亨特则负责装载及客户与铁路站点之间的运输。①

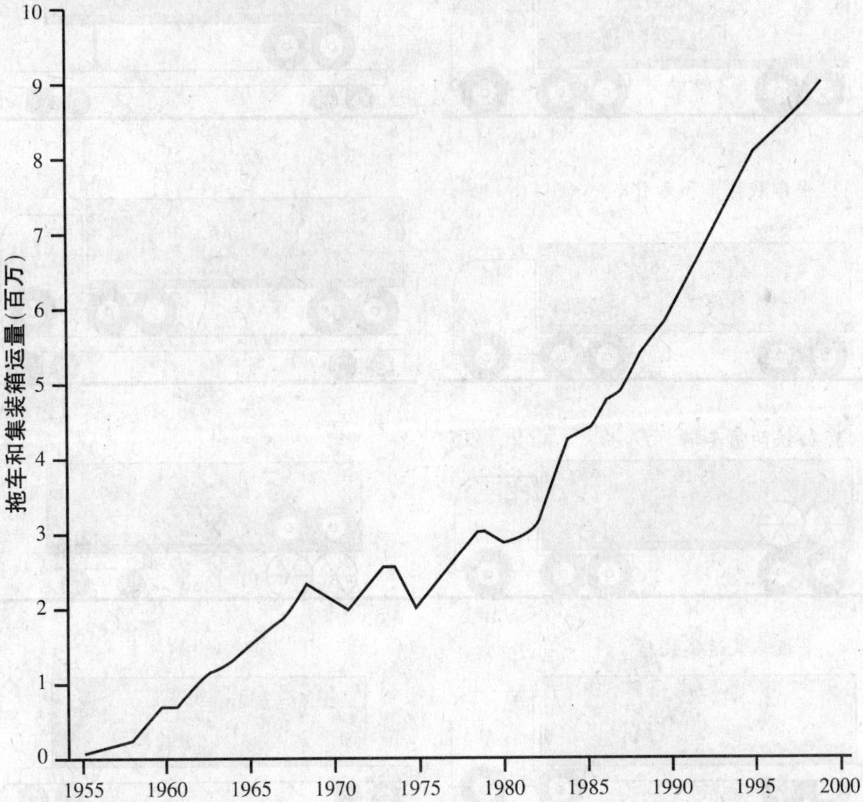

数据来源：Peter Bradley, "Railroad: The Big Get Bigger," Logistics Management and Distribution Report 37, no.7 (July 1998), p.39; "TM News Capsule," Traffic Management 29, no.7 (July 1990), p.19; and "US Intermodal Volume Sets Record," American Shipper 42, no.2 (February 2000), p.74.

图 8.3 多式联运的发展

> **公铁两用车辆把公路与铁路结合起来**

公铁两用车辆。20世纪70年代末，出现了一种新的多式联运概念"公铁两用车辆"，这种车可以既用于公路运输，又可用于铁路运输。如图8.4所示。公铁两用车辆看起来与传统的货车挂车类似，但是，这种拖车既有橡皮轮胎，又有钢轮胎，在高速公路上，货车车头以正常方式拖拉这种挂车，但在铁路运输中，并不是把它安放在火车平车上，而是采用它的钢轮胎，直接在铁轨上拖行。

这种运输模式的优点是不再需要火车平车，换放车厢轮胎的时间少于从火车平车装卸拖车的时间；其主要缺点是增加了轮胎的重量，油耗加大，在公路上运输时的成本有所提高。

公铁两用车辆的其他变体是安装可折叠的高速公路轮胎。在铁轨上运行时，拖车放置在可移动的铁路轮胎上。但迄今为止，由于运作成本与设备成本的问题，公铁两用车

① Mitchell E. MacDonald, "Intermodal Battles a Perception Problem," Traffic Management 29, no.5 (May 1990), p.32.

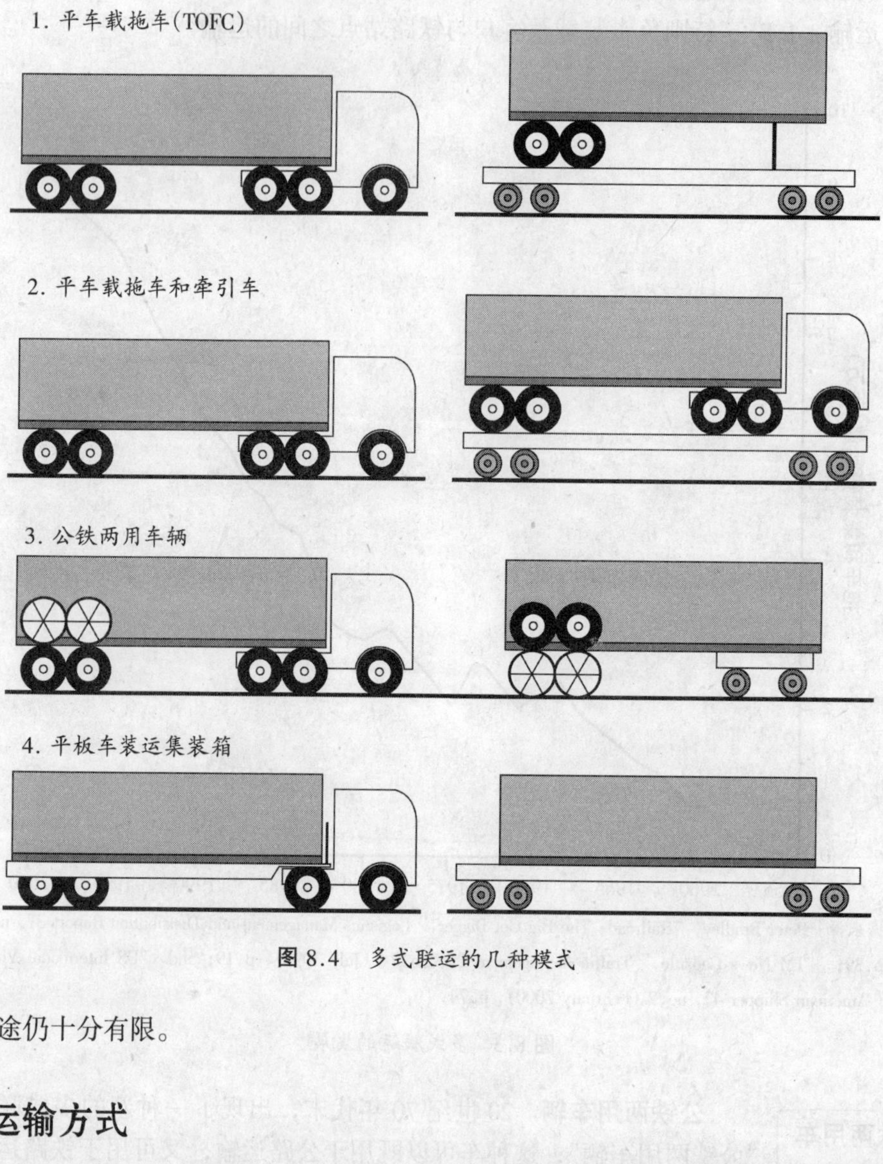

图 8.4 多式联运的几种模式

辆的用途仍十分有限。

其他运输方式

除了把背负式运输和公铁两用车辆结合起来的方法以外，运输系统中的重要因素还包括可能是单一方式或者多方式联运的非运输性第三方企业，主要有货运代理（国内与国际）、货主协会或货主同盟、租船代理、多式联运公司（或货运代理）及第三方物流[①]。

货运代理提供多种服务

货运代理。尽管货运代理不属于五种基本运输方式，对于许多公司而言，是一种可行的运输方案。货运代理，类似于销售渠道中的零售商，他们从运营一种或多种基本运输方式的运输公司中购买运输服务，然后，把许多托运人的货物集中在一起，形成规模，从运输公司那里获取较低的费率。

---

① 多种运输方案的回顾，参阅 Pricewaterhouse Coopers LLP,《第三方物流的崛起》，白皮书（1999）。

由于小批量货物的单位运输成本高于大批量货物，所以，货代公司向托运人提供的费率比托运人直接经由运输公司处获得的费率要低。一定条件下，货代公司能够提供比运输公司更为快捷、更完整的服务。

根据业务是面向国内的还是面向国际的，货代公司可以划分为国内或国际公司，而根据其所利用的特定的运输模式，货代公司又可以分为单一和/或多样化的公司。即使一个货代公司从事的是国际货运代理业务，它仍可以提供一些咨询服务，尤其在面对那些不熟悉国际业务的客户时，更是如此。

货主协会的定义

货主协会或货主同盟。另一种多式联运模式是货主协会或货主同盟。从运作方式来看，它比较类似于货运代理公司，但根据有关权威解释，又与货代有所区别。货主协会的定义是"为了保证获取整车载荷，或者其他数量费率，或服务合同，成员们统一发送或配送货物的非赢利性托运人集合。"①

最初，货主协会仅限于针对公路和铁路承运人，对于发送少量货物的客户而言，这些协会是十分重要的，因为小批量货物的托运费率远高于大批量货物，通过联盟，把许多公司集中在一起，以降低这些公司的运输成本（也即把许多小批量货物集中在一起，组成一个大批量），货主协会的成员在获取低费率时，也特别意识到服务质量得到了改进。

货主协会通过购买大批平板车厢，获得一个折扣费率，然后，用各会员的货物装满这些车厢，托运人获得一个独立运营无法获得的低费率，而铁路部门则提高了设备利用率、实现大规模直线背负式运输的经济性，双方都从中获利。

代理人提供的服务

运输代理。运输代理是指那些安排货物运输并从中获取报酬的人或机构，他们是合法运输实体，但并非承运人。C·H·罗宾逊全球有限公司（C.H. Robinson Worldwide Inc.）是其中一个大机构，与北美的承运人签署了17,000个合同，其119个代表处遍布全球。② 运输代理的作用有："运输代理签署运输合同，并参与费率谈判。一份标准的代理合同由运输代理与承运人签署，表明该代理是该承运人的代理机构，意味着此代理有权以该承运人的名义开发票并收取报酬。"③

托运人与承运人选用代理人出于多种原因，最为重要的原因也许是由于取消了运输领域的价格管制导致承运人提供各不相同的费率。代理商使承运人在返回时可以运载回程货，这样，提高了承运人的设备利用率，使得他们可以"满载"，而非"空载"。

如果托运人缺乏足够的专家、时间、人员，代理就非常有用。托运人的运输能力很低或者根本不具备任何运输条件时，就可以聘请代理来完成费率谈判、海外运输及许多托运人由于缺乏资源而自身无法完成的工作。在这些情况下，代理就可以相当于公司的一部分或全部的运输部门，特别是对中小型托运人公司而言，事实就是如此。

---

① "Associations Must Follow Rules: Justice Department Scrutinizes Operation of Shippers' Associations," American Shipper 41, no.4 (April 1999), p.71.

② 参阅公司站点 www.chrobinson.com。

③ Mike Prince, "Tools for More Effective Transportation Management," Competitive Edge (Winter 1998), p.13.

多式联运公司或货运代理。多式联运公司（IMCs）或货运代理的运作方式，与货主协会或货主联盟非常相似，但这些公司专门为托运人提供背负式运输服务，因此，它们是托运人和承运人之间多式联运的重要环节。IMCs 以折扣费率获得大批量 TOFC/COFC 服务，然后，再划分成小批量。随着多式联运的推广，IMCs 的地位将越来越重要。

第三方物流。第三方物流的发展非常快速，从承运人发展而来的第三方物流公司有赖德物流（Ryder Logistics）、ROLS、施耐德物流（Schneider Logistics）、定制运输（Customized Transportation）及门龙物流（Menlo Logistics）等[①]。例如，西尔斯（Sears，一个大型零售商）和门龙物流（一家第三方物流服务公司）建立了一种互惠关系，由门龙为西尔斯提供每年 12 亿磅的货运服务。[②]

第三方物流使用的增长

随着企业对供应链管理的重视，越来越多的企业采用第三方物流。对一些企业而言，与负责自身所有货运业务的第三方企业打交道有着一定的优势，如由第三方进行信息管理，使得企业可以从每日与承运人交涉的日常琐事中脱身，由第三方来监视成百上千次的运输，让第三方管理诸如运费支付、确认运费等业务活动。不管怎样，额外的运输和物流活动正在不断外包。有些情况下，甚至由第三方来负责所有的物流业务。

对于企业来讲，像五种基本运输模式或者多式联运模式一样，所有本部分所描述的这些运输机构都可以成为企业的一种物流解决方案，物流管理者必须从中选择最适合本公司发展的一种综合运输方案。

小型包装搬运公司。对电子公司、商品目录商、化妆品公司及教材发行人等大多数托运人而言，借助于像包裹邮递和航空快递公司等小型包装搬运公司的运输功能是非常重要的。

美国邮政总局

美国邮政总局向客户提供单一和全面的包裹邮递服务，这种包裹邮递服务的优点是低成本、覆盖区域广，既可邮寄至国内的地方，又可邮寄到国外。其缺点是包裹的大小与重量受一定限制，运送时间变化较大（国际运输尤为如此），相对其他运输方式，货损货差较为严重，并且，不方便，因为必须预先把包裹送到邮政部门、并预先支付费用。邮购商行可能是利用包裹邮递最多的用户。

UPS

美国联合邮包服务公司（UPS）是一个私营企业，业务操作类似于包裹邮递，利用航空与地面运输工具运输小型包裹。它直接与包裹邮递竞争，并占领了美国小型包裹运输的大部分市场。UPS 的优点是成本低，运营区域覆盖全球，而且，运送时间相对固定。其缺点是包裹的大小与重量受到限制（比包裹邮递更为严格）、不太便利（UPS 仅对大单子实行上门服务，小单子必须由

① Pricewaterhouse Coopers，《第三方物流的崛起》，第 3 页。

② Thomas A. Foster, "How Sears Leverages Its LTL," Distribution 91, no.9 (September 1992), pp.46, 49-50. 有关采用第三方物流的其他例子，见 James Aaron Cooke, "Third Time's a Charm!" Logistics Management 35, no.3 (March 1996), pp.85-87; James Aaron Cooke, "Three 'Takes' on Third Party," Logistics Management 35, no.5 (May 1996), pp.53-55; and Toby B. Gooley, "Why GM Pushed Inbound Shipments Back Out the Door," Traffic Management 34, no.6 (June 1995), pp.49-52.

客户自行送至UPS的机构)。

联邦快递

由于客户服务质量高，航空快递业自1973年起开始快速发展起来。联邦快递公司（FedEx）就是航空快递业中最为著名的公司之一，它阐明了高度一致性下提供快速运输服务的概念，1999年，FedEx的全球收入为180亿美元，服务遍及210个国家，每日快递数量500万次，经由500航次，涉及数千辆汽车的运输服务。[①]

许多电子商务公司采用航空快递

因为企业需要迅速运输的服务，航空快递业可以提供全球性隔夜或隔日发送小包裹的服务，许多在网上销售书籍的电子商务公司，如亚马逊（Amazon.com)、博德斯书店（Borders Books）及巴恩斯 & 纽伯(Barnes & Noble)，都是利用航空快递向客户发送产品。[②]

埃尔博快递（Airborne)、敦豪速递公司（DHL)、爱默利全球公司（Emery)、联邦快递（FedEx）和UPS等行业巨头之间的竞争十分激烈，许多情况下，这些公司通过成立自己的卡车货运公司或其他提供快速公路货运的下属机构实现公路运输服务（例如，FedEx运营的RPS)。

只要存在快速运输货物及提供高质量一致性服务的需求，航空快递公司就将继续提供非常重要的服务。[③]

运输法规及管制的解除

运输法规涉及两大领域：经济和安全/环境。美国所有货运法规都是以大量的安全和环境法规以及少量的经济法规为依据。经济法规影响着许多物流问题的决策，如运输方式/承运人的选择、运载费率和服务、行程安排与计划以及承运人服务水平等。安全与环境条目，诸如劳动标准、运输人员的工作条件、危险品运输、车辆维修、保险、污染及其他有关公共卫生与安全的因素等，是许多美国法律与法规所关注的。

法规史

从历史角度出发，运输领域的法规及相应的管制解除对托运人和承运人起着十分重要的作用。表8.4对美国主要经济和安全/环境法规进行了总结。

经济管制的解除

通常而言，经济法规的调整徘徊于管制和取消管制的周期中。20世纪70年代至90年代之间，美国、加拿大及全球其他国家都在解除经济管制。与此相反，安全与环境法规则从广度和深度上都得到了加强。

政府机构通常认为运输业是需要维持、保护及提高的行业，因此，它被视为公共事业，为了实现其目标，政府努力控制行业中的竞争者数目、费率以及所提供的服务。

---

① FedEx，1995年和1999年年报，参阅网站 www.fdxcorp.com。

② Marcia Jedd，“Internet Logistics: Booking Success，” Inbound Logistics 19，no.1（January 1999)，pp.140-148.

③ 有关快递公司如何在电子商务环境下提供运输服务的案例，参阅 Gordon Forsyth，“Uncovering Cost，” American Shipper 42，no.2（February 2000)，pp.24-28.

美国运输法规的起源

过去100年中，美国运输法规得到不断发展，“1887年，国会首次发布了有关铁路的法规，公路法规是在1935年出现的，美国轮船承运人的法规出现在1936年，航空法规出现在1938年，国内水运法规出现在1940年，货运代理法规出现在1942年。随着运输模式的增加，无论新出现的运输模式和承运人具有什么样的特性，相应的类似法规总在不断出现。”①

主要美国管理机构

如表8.4所示，过去100年中发布了一系列的法规，在新世纪也同样如此。有关运输法规的主要联邦管理机构有：表面运输司（STB）、交通运输部（DOT）、联邦海事委员会（FMC）、联邦能源管理委员会（FERC）等。

表8.4 美国运输法规的发展历程

日期	事 件	意 义
1887	管理贸易法（州际贸易法案）	运输业第一次立法，建立了美国国内运输管理委员会（ICC）——最早负责铁路运输管理，后来，负责几乎所有运输模式的管理
1903	厄尔金法案（Elkins Act）	称为“反回扣法”。触犯管理贸易法时，承运人和托运人同样有罪
1906	赫伯恩法案（Hepburn）	ICC规定承运人可以收取的最高费率，而且，还宣布油管承运人为公共承运人，由ICC管辖
1910	曼恩—厄尔金法案（Mann-Elkins）	当ICC认为费率无道理时，ICC有权推迟费率调整一段时间
1916	海运法	建立美国海运司（联邦海事委员会的前身），由它管理海洋运输业
1920	运输法	旨在整顿重建铁路业，同时，允许铁路承运人在特定条件下可以联营，调整州际贸易法规的“费率制定规则”，使得铁路业投资可以获得相对公平的回报，并令ICC有权设立最低费率，当现行费率被认为不合理时，ICC可以强行要求客户支付费用时按实际费率实施
1935	公路承运人法案	ICC有权判罚公路承运人，并设定公路承运人的四种类别：公共、合同、自营及豁免承运人，为实现运作，承运人需要申请到由ICC颁发的执照
1938	民航法	成立了民航司，管理民用航空业的费率、航线及市场进入
1940	运输法	令ICC管辖除豁免企业外的水运企业，颁发国家运输政策
1942	货运代理法	在州际贸易法规中纳入货运代理业务，使得货代业由ICC管理
1948	里德—布林卡法案 Reed-Bulwinkle	修正州际贸易法规，设立费率部
1958	运输法	修改1940年发布的国家运输政策，增加“保护伞”费率制定条例，同时，废除放弃铁路空运服务的限制条款
1966	交通运输部法案	建立交通运输部（DOT）
1970	铁路客户服务法	成立从事铁路客户服务的“美铁”，铁路部门可以把其客户服务转给“美铁”，并收取费用
1973	东北地区铁路重组法案	在破产的佩恩中心铁路公司的基础上，成立美国铁路协会（USRA）和联铁（Conrail）

① Charles A. Taff，《配送和运输管理》，第7版（Homewood, IL: Richard D. Irwin, 1984），第513页。

（续）

日期	事 件	意 义
1974	危险品运输统一安全法	1974年运输安全法的一部分，规定危险品运输由DOT的物料运输部门管理，要求公司接收培训，令DOT制定危险品运输路线及装卸规则，加重对违法行为的处罚
1976	铁路复兴与法案修订	称为“4-R法规”。为“联铁”、“美铁”及其他铁路公司提供政府财政支持，为ICC提供有关“公正与合理”的费率准则，并定义“市场操纵”
1977	能源部法案	成立联邦能源管理委员会(FERC)，由它管理石油和天然气管道
1977、1978	解除航线管制法案	解除美国民用航空委员会(CAB)规则中有关航空货运的管制，允许航空承运人享受很大的价值弹性、具有市场准入/退出及航线确定的自由。CAB限制将逐步撤消，并于1985年1月1日正式废除
1978	Toto高级法院决议［Toto采购与供应，公共承运人委托书128 MCC 873(1978)；编号MC-118］	撤消专门承运人的回程承运限制
1980	公路承运人法案	调整公路运输业的综合法规。主要允许承运人可以无需ICC批准，在“合理区间”内调整自身的费率，削减费率部门的权限，使得合同运输获得更大的弹性，放松市场进入限制，提高市场竞争性，并且允许专门承运人之间可以进行联合运输
1980	Staggers铁路法	大规模削减ICC有关铁路费率的权力，削减费率部门的权限，准许铁路部门与托运人签署协议
1980	日用品运输法	降低政府有关日用品运输方面的定价、设备申报、可靠性(如保险)和客户支付等方面的限制
1984	航运法	部分取消有关海运业的法规。允许运输公司采用联营或配载的方式，可以指定港口、控制船期，公开港口－港口或站点－站点的费率，可以与托运人签署秘密协议，允许托运人成立非赢利性机构以获得大批量运输的费率
1993	协议费率法	为破产公路承运人提供一个机制，处理有关协议费率的赔偿申请问题
1994	卡车运输业法规改革法	承运人无需向ICC或者其替代机构表面运输司汇报自己的费率
1994	联邦航空管理局授权法案	在有关价格、航线和公路承运人的服务等方面，601条例要比州立法律与法规具有优先权，而且，在多式联运方面，也比州立经济法规具有优先权
1995	ICC终止法案	取消国内运输管理委员会，由交通运输部的表面运输司负责交通法规
1998	远洋运输改革法案	解除美国商务中对远洋班轮的管制，托运人可以与航海承运人私下协商合同，其价格无需在联邦海事委员会存档备案

DOT规定了运输模式的安全特性和航空承运人的经济特性，STB、FMC与FERC规定了其他运输模式的经济特性。运输业的联邦法规是由技术安全规程和劳动保护法规(OSHA)、危险品运输安全统一法、国家环境政策等法律共同组成。

州政府也对运输设立法规，对有关现存法律的研究不是本文所包含的内容，但托运人和承运人必须十分熟悉所在州的所有法律法规。

物流管理人员很重要的一个职责是必须迅速了解法规变化的情况，因为这些法规影响到公司的物流运作，对过去法规变化的熟悉有助于准确评估现有和未来的变化。

管制解除的影响

解除经济限制是发展趋势

运输领域的法规随着年代的不同而不同，自 1977 年以来，美国的趋势是越来越减弱经济方面的各种限制。航空业首先被取消了各种限制，1977 年，对联邦航空法进行了修改，1978 年又通过了“取消航空限制”的法令。随之，铁路业和公路业也逐步取消各种限制性法规，1980 年，通过了 Staggers 铁路法和公路承运人法令，1984 年，航海法部分取消了对远洋运输公司的限制，20 世纪 90 年代中，1993 年的协议费率规定、1994 年的公路运输业法规整顿法案（TIRRA）、1994 年的联邦航空管理局法案（包括影响公路业的 601 条款）、1995 年的 ICC 终止法、1998 年的远洋运输改革法令等，这些法规使得运输市场受到的限制更少。

主要运输方式的管制逐步取消，对公路、铁路、航空、水路运输的承运人与相关托运人都有着很大的影响，货运业进入了一个新的纪元。对于承运人和托运人而言，下一十年将是值得期待的十年。下文首先回顾汽车运输业的有关情况。

1980 年公路承运人法令

公路运输。1980 年的公路承运人法令主要减弱了对州际汽车货运的限制，特别着重于解除市场进入、路线确定、联合运输、合同承运人、费率与运输代理等方面的管制。

这个法令的实施，要求公路承运人为了生存必须实现低成本运作。例如，1980 ~ 1989 年间的零担托运（LTL）市场，大约一半的大型公路承运人宣布破产，在取消管制的头十年（1980 ~ 1989 年）中，非赢利、无效的承运人纷纷推出市场，从 1990 起，整个公路运输业相对稳定下来。

市场进一步自由化，其带来的另一个效果是在费率与所提供的服务方面有着长足的发展。1984 年后，整车费率（TL）和零担费率（LTL）都下降了，能耗与其他因素可能提高费率，但从长期看，费率将继续保持下降或者相对稳定的趋势。管制取消，解除了公路承运人在产品、服务、价格等方面所受的约束，并且出现了新型的价格/服务协议。

20 世纪 90 年代中，出现了大规模的解除管制，主要有 1993 年的协议费率规定、1994 年的公路运输业法规整顿法案（TIRRA）、1994 年的联邦航空管理局法案、1995 年的 ICC 终止法等。

20 世纪 90 年代中的经济管制取消

- 1993 年的协议费率规定：承运人和托运人可以就运输服务问题进行价格协商

当公路承运人不能正确地向 ICC（如今改为 STB）汇报存档协议费率，或者某些条件使得折扣价难以实现时，问题就出现了。一旦承运人停止运作并申请破产时，如果确认、征收的费率低于适用费率，收货人或受托人常常派遣一名审核员来追踪承运人的记录，等等。一旦发现了其中的差异，收货人或受托人就可以把托管存档，并要求托运人赔偿，而托运人常常会拒付这笔赔偿，其理由是托运人和承运人曾达成低费率的托运业务协议……近年来，大量公路承运人的破产导致了许多有关协议费率的赔偿问题[①]

本法规旨在处理有关协议费率的赔偿问题。[②]

- 1994 年的公路运输业法规整顿法案（TIRRA）：承运人无需就其费率在美国国内运输管理委员会（ICC）存档备案，只有日用品运输仍必须在 ICC 存档备案
- 1994 年的联邦航空管理局法案（601 条款）：在有关承运人的价格、航线及服务等方面，本条款优先于州法律和法规。大体上取消了州运输法令[③]

ICC 的终止

- 1995 年的 ICC 终止法：美国国内运输管理委员会停止运作，运输法令由交通运输部下属表面运输司负责

TIRRA 和 ICC 终止法的实施，公路货运法规方面出现了如下显著变化：

取消管制公路承运人的结果

1. 消除了公共承运人与合同承运人之间的差异，所有公路承运人都可以承担合同运输业务，或者提供一些合同并没有提到的服务，仍旧保留了公共承运人提供合理服务的义务。
2. 废除了除涉及间断性国内运输和私人日用品运输的法令之外的所有残留的有关公路承运人运价报表和费率的法规。
3. STB 享有除货损货差、保险、安全措施和反托拉斯豁免权之外的豁免权力。
4. 改由 DOT 负责公路承运人注册业务，注册时只要登记安全措施和财务情况。[④]

近年来对公路承运人管制的取消，使得行业中的 LTL 承运人提供的跨州运输服务迅速增长，提出了许多新的州内运输定价方案，简化承运人服务清单和相关费用的支付，从固定价格转化为与客户签署定价协议，特定条件下由托运人确定特许价格的“现场定价”方式得到推广，承运人定价方法更为创新，承运人新的服务项目不断涌现。

铁路。取消管制对铁路运输的影响很大。在 1975 年至 1987 年期间，年收入超过 5,000 万美元的铁路公司（称为一级铁路公司）所载运的货运量（以吨英里计）提高了 1/3；同期的运输距离则下降了 30%、货车车厢减少了 25%、火车机车减少了 29%、铁路员工减少了 49%。[⑤]

由于加强了费率弹性、提高了与托运人签署长期合同的能力，铁路运输提供了大量

---

① 小公司法律委员会，《有关 1993 协议费率法规的指导》（帕克·李居，IL：美国仓储协会，1993），第 2 页。

② 有关本条例的详细讨论，参阅 William J. Augello，《在新运输法律下行商：1993 年协议费率法规》（Huntington，纽约：运输赔偿与防护法令，1994 年 1 月）。

③ Ray Bohman，“The Brave New World of Tariff-Free Pricing”，Traffic Management 34，no.6（June 1995），pp.41-45.

④ Peter Bradley，“The ICC Fades Away，But Regulation Never Dies”，Traffic Management 35，no.2（February 1996），p.14.

⑤ “The Staggers Rail Act：Why It Was Passed…What It Has Accomplished”，Association of American Railroads Publication No. AAR6-040389（1989），p.8.

不同的成本/服务组合，极大地吸引了货主。[1] 目前，大多数铁路费率是经由协商确定的，铁路-托运人协议数不断增加，并成为铁路货物运输中的主要运作模式。

超级承运人不断涌现

自1980年以来，发展大型地区铁路公司或者超级承运人成为一种趋势。美国最大的铁路公司，伯灵顿北方/圣达菲铁路公司、CSX运输公司、诺福克南方公司（norfolk southern）和联合太平洋/南太平洋公司（union pacific/southern pacific）运输所有托运业务中的大批量运输。[2] 企业兼并使得企业有可能享受巨大的规模效益，并有可能在不同始发点-终点的航线上，提供单一费率。

铁路行业取消管制的法令有Staggers铁路法规、ICC终止法。

Staggers铁路法规是最早旨在消除铁路管制的法令

- 1980年的Staggers铁路法规：关闭了许多有关铁路费率的联邦管理机构，为承运人开放了费率弹性的空间，并减弱了费率管理机构的重要性，允许托运人与承运人签署长期铁路货运合同
- 1995年的ICC终止法：美国国内运输管理委员会停止运作，运输法令由交通运输部下属表面运输司负责。主要内容有：

1. 由STB审阅铁路企业的兼并，审阅周期最长为15个月。
2. 除有关农产品的托运业务之外，废除了铁路业的运价报表和大多数合同表格，但是，承运人必须提前20天发布有关提高或变动服务项目的费率的通知。[3]

受限制的托运人

美国运输业管制解除的一个结果，由几家铁路企业的兼并与收购所引起，是增加了受限制的托运人的数目。企业面临只有一个铁路承运人的市场，对这些企业而言，没有其他的竞争者可作选择，也无法确定它们是否支付了比多个承运人市场较高的费率，或者接受的服务较差。美国政府正面临着一些压力，民众希望通过立法手段（如再次进行管制）提高市场竞争程度，这些问题都影响着未来的物流管理者，物流管理者也必须在交通运输模式决策过程中关注这些问题（参阅第9章有关交通运输模式和承运人选择问题的探讨）。

航空运输。1977年联邦航空法案作了一些改动，随后，1978年，通过了解除航线管制法案，航空运输成为美国第一个真正解除管制的运输方式。大体上讲，解除管制对航空运输公司（包括客运与货运公司）的影响是多方面的。航空业的经营效益是很不稳定的。[4] 导致航空业财务状况不稳定的部分原因是竞争压力、经济环境、行业定价、飞机燃油价格的波动以及设备更新等。然而，解除管制本身对航空业造成了重大的影响。

航空业的解除管制主要措施如下：

- 1977年的联邦航空法案（修正）：停止使用统一费率，终止有关空中货运的管理条款，包括取消有关货物航空公司、FedEx及所有定期航班航空业务的管理条款，也取消了对航空企业规模的限制

① Lewis M. Schneider, "New Era in Transportation Strategy," Harvard Business Review 63, no.2 (March-April 1985), p.122.

② Peter Bradley, "Railroads: The Big Get Bigger," Logistics Management and Distribution Report 37, no.7 (July 1998), p.37.

③ Bradley, "The ICC Fades Away," p.14.

④ "Uncertain Weather Patterns Ahead," Distribution 93, no.6 (July 1994), pp.49-54.

- 1978 年的解除航线管制法案：取消了对航空客运的管制，反过来，又影响了定期航班的货运业务，对客运业的影响间接影响了货运业。此外，取消了所有市场进入和费率控制方面的限制
- 1994 年的联邦航空管理局授权法规。个别州取消了对航空联运公司的经济管制

水路运输。最后解除管制的运输行业是海运业。1984 年的航运法是改变远洋运输公司经营环境的主要依据，由联邦海事委员会（FMC）管理公共承运人或班轮公司。

- 1984 年的航运法：部分解除了远洋运输业的管制，允许运输公司采用联营或配载的方式，可以指定港口、控制船期、公开港口—港口或点—点的费率，可以与托运人签署私下协议，允许托运人成立非赢利性机构以获得大批量运输的费率
- 1998 年的远洋运输改革法案：托运人可以与航海承运人“私下协商合同，其价格无需再在联邦海事委员会（FMC）存档备案”①

航运联合会

很久以来，远洋运输公司就成立了一个承运人组织联合会，目的在于确定运输费率、决定抵达的港口、联合运营及在参与成员中分配收入。根据 1916 年的航运法，航运联合会享有一定的反托拉斯豁免权，根据 1984 年的航海法，则享有更大的反托拉斯豁免权。

点对点费率

为了满足托运人和市场现状的要求，航运费率可以上下调节。公布点对点费率的能力，促进了多式联运的发展，例如大陆桥（远洋—大陆—远洋运输）、微型桥（内陆点—港口—远洋运输）以及小型大陆桥（利用船舶渡过海洋、利用铁路跨越大陆）。下文将深入讨论有关内容。与铁路和公路运输业一样，合同运输将在远洋运输领域得到进一步发展。②

许多情况下，托运人在取消对公路、铁路、航空和远洋承运人的经济管制中可以享受到利益，因此，在可见的未来，运输业必定还是倾向于解除管制，尽管不能确切地知道今后取消管制的具体措施，可以确定的是托运人与承运人将更为密切地合作。

运输业的全球因素

航空和水路运输是主要的国际运输方式

企业进入全球性市场，其运输管理者必须了解本国和销售国和两国间可利用的运输模式以及所能提供的运输服务和成本。例如，除毗连两国间的运输外，大多数国际运输业务，采用航空和水路运输为主要运输方式，在大多数国家，公路和铁路运输是主要运输方式，管理人员在比较不同方案时，就必须考虑多种因素。许多相关问题将在第 14 章中予以论述。

不同运输方式的差异，可以归因于税收、补贴、法规、政府对承运人的所有权、地

---

① The National Industrial Transportation League annual report (November 1998), p.4.

② 有关对早期解除运输管制所造成的影响的论述，参见 Philip Damas, “Fewer Carriers, Higher Rates”, American Shipper 42, no.1 (January 2000), pp.30-31.

理情况以及其他因国家或地理区域的不同而各不相同的因素。例如，由于铁路部门是国家所有的，或者欧洲国家对铁路运输的补贴，使得铁路服务可以从设备、路轨和工具的更新或改进维护中受益，这些改进或更新常常伴随着大规模的政府预算。正如本书曾提到的，由于日本和欧洲水路长度更长、海岸线和内陆水路的条件更好，在利用水路运输方面，这些国家远强过美国或加拿大。

国际运输的花费远高于国内运输

国际运输成本在商品价值中占的比重远高于国内运输，这是由于国际运输的运输距离长、管理要求高且国际运输涉及的文档工作更多所引起的。①

多式联运在国际运输中也更为常见，尽管多式联运重新处理的成本高于单一模式的运输，但是，从总体上讲，依然能节约成本、改进服务。图 8.5 描述了国际多式联运服务的三种基本模式。

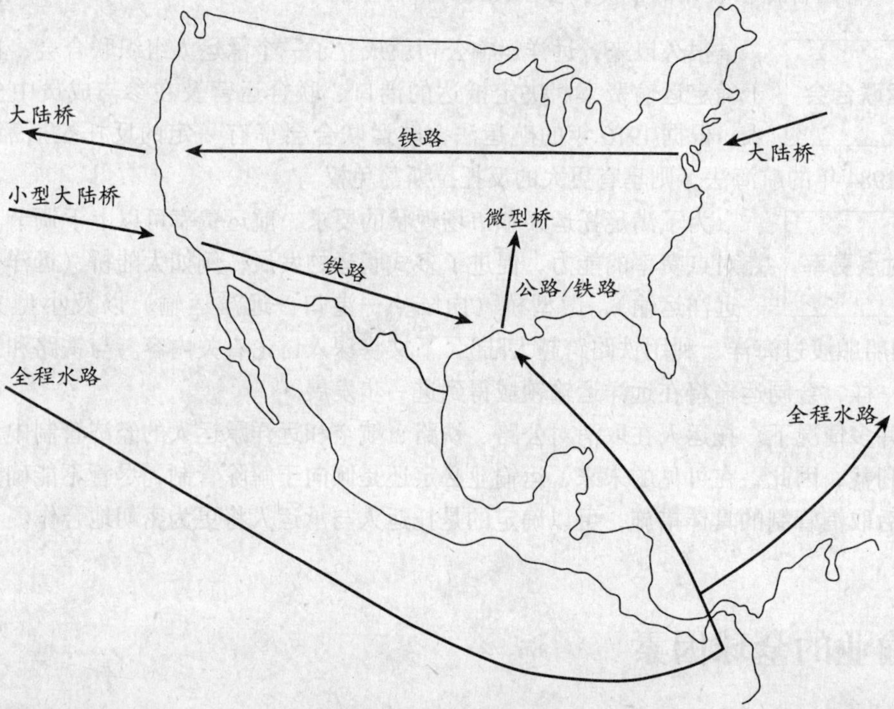

数据来源：David L. Anderson, "International Logistics Strategies for the Eighties", Proceedings of the Twenty-Second Annual Conference of the National Council of Physical Distribution Management (1984), p.363. Used by permission of the Council of Logistics Management.

图 8.5 国际配送航运方案

大陆桥

大陆桥是指国外货物路过一个国家到另一个国家的运输服务。例如，欧洲货物要运到日本，可能通过海运抵达美国东海岸，然后，通过铁路运输至美国西海岸，再通过海运，运至日本。

① 参阅 Paul S. Bender, "International Logistics," in The Distribution Management Handbook, ed. Tompkins and Dale Harmelink (New York: McGraw-Hill, 1994), pp.8.5-8.6.

小型大陆桥

小型大陆桥（也称小型桥）是大陆桥的一种特例，国外运输的起点或终点位于美国境内。

微型桥

微型桥是由美国西海岸港口提供的一种新式服务。与小型大陆桥相比，这种服务提供的不是港口到港口的服务，而是门到门的服务。微型桥最大的优势是它能提供把铁路、海运运输整合在一起的单一费率，这个费率要低于两种运输方式简单相加所得到的费率。[①]

全 球 化

与墨西哥的贸易

AES 是美国海关总署、统计局及其他联邦机构的一个合作项目，目的在于实现出口业务无纸化，该项目实现自动提交并处理“托运人出口申请”（SED）表格。据估计，500,000 例手工处理的 SED 中，大约 50% 是不完全的或不正确的。

Roadway 是一家全国性的卡车运输公司，它与美国海关总署、统计局合作，发起了 AES 项目，其工作步骤如下：

第 1 步：Roadway 从它在拉雷多（得克萨斯州）的终端向美国运输代理在拉雷多的仓库发送装运通知及相关文档。

第 2 步：运输代理检查货物是否符合墨西哥法律，并准备附加文件。同时，墨西哥的报关行支付关税和税款，然后，向该运输代理发布进口报单及其他文件。

第 3 步：当货物准备运过国境时，运输代理把 AES 出口资料和墨西哥进口资料发送给该代理协会位于拉雷多的服务中心，由该中心管理其成员的运输信息电子数据传送。

第 4 步：代理协会把有效资料发送给位于华盛顿特区的 AES 服务中心，同时，把墨西哥进口资料传给墨西哥的同类机构，Nuevo 拉雷多报关行协会。这些报关行又把信息发送给墨西哥的报关行和海关部门。

第 5 步：AES 承认电子 SED，并向代理协会发送一个惟一的 AES 出口许可号码，随后，再发送给 Roadway 及其运输代理。

第 6 步：利用本地运输工具载运货物，随行附上相应文档，文档包括 AES 许可号码及通过电子方式填写的 SED 声明。

第 7 步：边境的报关代理人接受文档，引导运输者到墨西哥海关，该代理人通过计算机输入 AES 号码，告示 AES 在华盛顿的中心该批货物离开美国境内。

第 8 步：运输者通过墨西哥海关，把货车送至 Roadway 的 Nuevo 拉雷多站点，Roadway 的追踪系统发布抵达确认。

所有各方都可以追踪货物在运输过程所处的各个阶段。

数据来源：“AES Pilot Program Fills Broker Information Gap,” Logistics Management and Distribution Report 38, no.2 (February 1999), p.91.

比较远东和美国西海岸之间的单一模式和多式联运模式，可以发现多式联运模式的优势。比较全程水路运输与小型大陆桥（MLB）的类似运输，则可以发现其成本也大致

① Paul S. Bender, “The International Dimension of Physical Distribution Management,” in The Distribution Handbook, ed. James A. Robeson and Robert G. House (New York: Free Press, 1985), pp.791-92.

相同，但小型大陆桥要快得多，因此，订货时间就可能缩短，从而提高了客户服务的水平。

创造性解决方案

固特异轮胎橡胶公司采取一种新方法提高承运人的生产率

1992 年以前，固特异公司在与运输公司谈判中就费率采取了一个强硬措施。谈判过程是一个“年费率战争”，不仅消耗了大量的准备时间，而且，真正谈判过程也很长。固特异的物料管理副总裁理查·亚达认识到这个过程的无效性，“我们认识到可以进一步加强信息的共享。”他说，“并且，应该建立起一种系统，让每一方都了解对方更多的运营信息……我们认识到我们工作的方式影响到他们的业务及成本结构。”

因此，固特异建立了如下谈判战略：

1. 确立一个为期三年的固定价格零担货运合同。
2. 巩固国内零担承运人，让满意的承运人运输更多的货物。
3. 与每一方进行高度透明的谈判，每一方研究对方的流程，寻找降低整个系统成本的途径。

Yellow 货运系统反映，一开始，这种创新性的方案并没有被承运人很好地接受，他们成立了一个联合筹划指导委员会以降低成本，双方同意，一旦一年后任何一方不满意，就解散这个委员会。双方一起工作，设定取得关系成功的指标，所设立的指标包括：

- Yellow 公司的营运比例
- 及时运送占 Yellow 公司平均数的百分比
- 平均在途天数
- 运输数据：每张单子的成本、每英担的成本
- 装载与交付成本：每单、每英担

关系发展十分顺利，双向的信息共享以及共同管理下的不断努力是对这个项目和关系做出的承诺。

数据来源：摘自 E.J.Muller，“A New Paradigm for Partnerships，” Distribution 93，no.1（January 1994），pp.45-48. Reprinted by permission of Logistics Management & Distribution Report.

NAFTA

本书的第 14 章将讨论北美自由贸易协议（NAFTA），本章先对这个协议中的运输意义稍作简要介绍。上一个十年中，美国和加拿大、墨西哥和美国之间的贸易明显增长，美国和加拿大之间 70% 以上的货物都由公路运输。蒙特利尔机场改进了基础设施，可以更快、更好地联系加拿大和美国 1/3 的人口。此外，温哥华的一个现代化港口与加拿大太平洋和加拿大国家铁路公司联合起来，实施低费率的多式联运，使得货物可以从亚洲运往北美洲。[①]

交通运输决策中，物流管理者必须知道并了解国内外运输市场的差异，运输模式的有效性、费率、法规限制、服务水平及其他运输特性都可能随市场的不同而有着明显的差异。

① Anne Fitzgibbon，“Two-Way Transportation：US & Canada”，World Trade 13，no.2（February 2000），pp.50，52.

小结

本章回顾了运输在物流中的作用，运输与仓储为产品增加了时间和空间方面的效用，也影响着许多营销和物流中的决策问题，比如新产品开发、目标市场定位、采购/购买、设施布置与定价等。

本章描述了运输的法定形式（公共、合同、豁免及自营承运人等），并讨论了运输定价问题（成本/服务与价值/服务、等级费率、例外运费及商品费率）。

公路、铁路、航空、水路及管道运输等五种基本运输模式提供了产品产地与消费地之间的运输服务，每种模式都有着自身特有的经济特性和服务特性，且有着不同的成本，此成本又随着产品与市场等因素的不同而不同。物流管理者必须意识到每种模式的特性及不同的多式联运、非运输性第三方物流及其他运输组织（例如，背负式运输、集装箱、货运代理、国际海运委员会、货主协会、经纪人、UPS、包裹邮递）的特性。

本章回顾了运输法规及解除管制的历史进程，讨论了两类主要法规（经济和安全/环境）。

解除对主要运输模式的管制，对公路、铁路、航空和水路承运人有着巨大的影响，本章详细讨论了最为重要的几个运输法律。解除管制对费率、市场进入、合同的使用、线路安排与计划、兼并、服务水平和使用代理人方面的影响最大。

在本章资料的基础上，第9章将讨论托运人和承运人的管理功能，此外，我们还将讨论运输领域的其他决策问题。

推荐阅读材料

Bigness, Jon. “In Today's Economy. There Is Big Money to Be Made in Logistics.” *The Wall Street Journal*, September 6, 1995, pp. A1 and A11.

Cavinato, Joseph L. *Transportation-Logistics Dictionary*, 3rd ed. Washington, DC: International Thomson Transport Press, 1989.

Cooke, James Aaron. “Trucking into the 21st century.” *Logistics Management* 36, no.11 (November 1997), pp.50-53.

Coyle, John J., Edward J. Bardi, and Robert A. Novack. *Transportation*, 5th ed. Cincinnati, OH: South-Western, 1999.

Cunningham, Francesca. “The Missing Links.” *Logistics Europe* 4. no.6 (December 1996), pp.10-15.

Gillis, Chris, and Philip Damas. “Maersk Sealand: After the Deal.” *American Shipper* 42, no.2 (February 2000), pp.52-58.

Hanna, Joe B., Robert A. Junkel, and Gregory A. Kuhlemeyer. “A Financial Analysis of the Interstate Commerce Commission (ICC) Termination Act of 1995 on the Motor Carrier Industry.”

Journal of Transportation Management 11, no.1 (Spring 1999), pp.23-36.

Harding, Forrest E. "Characteristics of the Market for International Airfreight in Intermodal Logistics." Journal of Transportation Management 9, no.1 (Spring 1997), pp.28-37.

Hoffman, Kurt C. "Land-Air Freight Partnerships Expand Carriers' Services." Global Sites and Logistics 3, no.2 (March 1999), pp.60-70.

Lieb, Robert C., and Luigi A.Peluso. "1999CEO Perspectives on the Current Status and Future Prospects of the Third-Party Logistics Industry in the United States." Proceedings of the Annual Conference of the Council of Logistics Management. Oak Brook, IL: Council of Logistics Management, 1999, pp.379-97.

——. "The Use of Third-Party Logistics Services by Large American Manufacturers: The 1999 Survey." Proceedings of the Annual Conference of the Council of Logistics Management. Oak Brook, IL: Council of Logistics Management, 1999, pp. 159-71.

Muller, Gerhardt. Intermodal Freight Transportation, 4th ed. Washington, DC: Eno Foundation, 1999.

Murphy, Paul R., and James M.Daley. "Examining International Freight Forwarder Services: The Perspectives of Current Providers and Users." Journal of Transportation Management 9, no.1 (Spring 1997), pp.19-27.

——. "Investigating Selection Criteria for International Freight Forwarders." Transportation Journal 37, no.1 (Fall 1997), pp.29-36.

NITL ocean Shipping Reform Act (OSRA) Reference Book. Arlington, VA: National Industrial Transportation League, 1999.

Taylor, Stephen. "Shipping Forecast." Logistics Europe 5, no.2 (April 1997), pp.18-23.

Weart, Walter. "Intermodal: What Now?" Inbound Logistics 20, no.3 (March 2000), pp.24-35.

Wisner, Joel D., and Michael C.Majza. "Quality Assessment and Improvement Practices in the U.S. Railroad Industry." Journal of Transportation Management 11, no.1 (Spring 1999), pp.37-49.

问题与习题

1. 解释时间效用和空间效用的涵义，并确定运输功能是怎样为商品提高效用的。
2. 根据基本运输模式的定义和比较各运输方式，简单讨论五种基本运输模式的经济和服务特性。
3. 尽管第三方物流不属于五种基本运输模式之一，对许多企业来讲，这种方式是一种可行运输方案。请讨论第三方物流在运输系统里的作用和功能。
4. 除五种基本运输模式之外，还有许多多式联运方式。应用最为广泛的是“平车载拖车”(TOFC) 和“平板车装运集装箱”(COFC)，这些方式被称为背负式运输。请从成本、服务、可用性等方面描述背负式运输，并确认其长处与短处。

5. 出租运输公司有三种类型，简单确定并描述各自的特性，如果解除管制对它们产生影响，请确定各自所受的影响。
6. 服务成本定价法和服务价值定价法之间的差异如何？每种方式对承运人费率的影响是怎样的？

CHAPTER 9

运输战略决策

本章大纲

本章目标

- 提供有关交通运输管理的基本观点
- 识别托运人、承运人的主要运输管理活动
- 指出受技术影响的运输领域
- 简单评论估算运输生产率的方法
- 描述运输审核流程

引　言

运输是物流与供应链系统中的基本组成部分，如果物流组织的目标是在令客户满意的同时，自己也获得满意的投资收益率，就必须有效管理运输。

有效的运输战略，对托运人及运输承运人都十分重要。托运人必须意识到进/出货运输、运输方式/承运人的选择、合约、运输代理人、自营运输方案、承运人评估等等各种因素的利弊；承运人则必须十分熟悉营销、定价、谈判、路线制定与计划、理解客户需求、人力资源管理等环节的多个领域。

在本章中，我们将描述交通管理的基本要素、托运人和承运人所面临的一些重要决策问题。为了评价运输在物流、营销及公司战略中的作用，我们将研究运输生产率、计算机技术以及战略计划等相关问题。

交通与运输管理

承运人与托运人的战略彼此密切相关。竞争环境要求运输战略必须是物流战略中完整的一个部分。承运人必须明白其运输在客户物流体系中的作用，而托运方的物流管理者则必须意识到承运人如何帮助他们在获取利润的同时实现客户的满意度。

在许多组织中，运输工作人员的传统职能范围已经大大拓展了，他们对运输决策如何影响公司的营销组合和创造持续竞争优势给予了更多关注。

运输与其他功能交互作用

运输功能必定与物流系统内、外各部门发生交互作用，这些部门有财会（运费单）、工程（包装、运输设备）、库存管理（原材料、零件、部件、产成品）、法律（仓库与托运合同）、生产（准时交付）、采购（加急任务、供应商选择）、营销/销售（客户服务水平）、验收（索赔、单据）以及存储（设备供应、计划）等。表9.1列出了供应链中受运输影响的一些环节。

表9.1　供应链中受运输影响的环节

计　划	采　购	生　产	配　送
网络与资产合理化	卸货成本	生产场地间的产品移动	装载计划
提前期	入厂运输中的在途库存管理	准时化生产与其他特殊服务	分拣清单 准备运输文档资料
寻找供应商	原材料与在制品		站台排序计划
经济订货批量	库存的减少		出厂运输管理 运输方式/承运人的选择

资料来源：摘自 The Emergence of Third-Party Logistics, White Paper no.4 (Atlanta, GA: PricewaterhouseCoopers, 1998), p.5.

承运人/托运人关系

承运人/托运人之间的关系很重要，直接影响着运输管理是否有效。下文将着眼于讨论托运人与承运人对运输管理的看法。所关心的托运人问题有：入厂和出厂运输、运输方式/承运人的选择、合同、运输外包、自营车辆/租赁以及战略伙伴与联盟；从承运人角度所关心的问题，则有定价/谈判、线路制定与计划、服务类型、竞争以及营销活动。

在讨论这些问题前，首先介绍最为重要的运输单据和交通运输管理活动。

交通管理的基本要素

探讨全部交通管理功能或所有在运输管理中使用到的、与运输有关的单据超出了本书的范围。但是，本书描述了交通运输管理的主要因素，这将重点突出组成运输管理重要领域的各种任务。

单据。交通管理人员在运输产品给客户时使用各种单据：提货单、运费单、货物索赔单和载货清单。

提货单

提货单是最基本的运输单据。简单地说，它是承运人和托运人之间关于运输服务的合同。一般而言，提货单的信息包括：货物发出地点（如托运人的姓名和地点）、运输货物的描述、产品的重量和数量、合同条款以及货运的目的地。实际上，提货单向承运人提供了在将货物从起点运到目的地的整个运输过程所需的所有信息。

提货单，也是运输货物的收据，一旦运输中产品发生货损货差，需要进行索赔时，它就很重要。图9.1是一张典型的提货单。虽然托运人和承运人使用的提货单在格式和结构上有一些不同，但所有的提货单都包括着同样的基本信息。许多提货单是电子生成的，并且可以用电子数据交换（EDI）或网络传输。

运费单

运费单是承运人的发票。运费单可以预付（即托运人在运输之前支付运费）或货到付款（即收货人在货物到达后支付运费）。大多数运费单是电子生成的，这减少了文件编制成本和笔误，并加快了文件处理的速度。运费单具有多种功能，除了发票外，它还可以作为到达通知和交货收据。[①]

载货清单

当单一运输工具多次装运或需要停靠多个点时，需要使用载货清单。此单据和提货单一起使用，单子上列出了中转点、收货人和产品性质。实际上，载货清单概括了在单次运输中的多次装运信息。

货物索赔单

虽然货物索赔单不像前面的单据那样用得频繁，但它在运输发生损坏或遗失时是极其重要的。图9.2列出了货车运输业中通常使用的单据，而这样的单据对于所有运输都是相同的。提货单中的许多信息包括在货物索赔单中。托运人必须详细描述途中发生的货损货差，并且还要提供索赔所需的其他附件。通常，这样的单据通过传真或电子方式发给承运人。

① Joseph L. Cavinato. Transportation Logistics Dictionary, 3rd ed.（Washington, DC: International Thomson Transport Press, 1989）, p.96.

ABF

ABF Freight System, Inc.

Shipper Provided Bill of Lading
Not Negotiable — Original

ABF Freight System, Inc.
3801 Old Greenwood Road
Post Office Box 10048
Fort Smith, Arkansas 72903

Pro #:
B/L #:
SCAC: **ABFS**

PO Number:
Reference Numbers:

RECEIVED, subject to individually determined rates or contracts that have been agreed upon in writing between the carrier and shipper, if applicable, otherwise to the rates, classifications and rules that have been established by the carrier and are available to the shipper, on request; the property described below, in apparent good order, except as noted (contents and condition of contents of packages unknown) marked, consigned, and destined as shown below, which said carrier agrees to carry to destination, if on its route, or otherwise to deliver to another carrier on the route destination. Every service to be performed hereunder shall be subject to all the conditions not prohibited by law, whether printed or written, herein contained, including the back hereof, which are hereby agreed to by the shipper and accepted for himself and his assigns.

From: **Date:**
Street: **City:** **State:** **Zip:**

Consigned To:

On Collect on Delivery Shipments, the letters "COD" must appear before the consignee's name

Destination Street:
City: **State:** **Zip:**
Delivering Carrier:
Additional Shipment Information:

Collect on Delivery: Street:	and remit to: City:	State:	C.O.D. Charge to be paid by	Shipper Consignee

Hdlg. Units No. Type	Packages No. Type	HM (*)	Kind of Package, Description of Articles, Special Marks and Exceptions (Subject to Correction)	Weight (in lbs) *Subj. to Correction*	Class or Rate Ref. *For Info. Only*	Cube (in lbs) *Optional*

Total Handling Pieces: Pieces: Weight:

(*) Mark X to designate Hazardous Materials as defined in DOT Regulations.

Note(1) Where the rate is dependent on value, shippers are required to state specifically in writing the agreed or declared value of the property as follows:

The agreed or declared value of the property is specifically stated by the shipper to be not exceeding per "

NOTE (2) Liability Limitation for loss or damage on this shipment may be applicable. See 49 U.S.C.§14706(c)(1)(A) and (B)

NOTE (3) Commodities requiring special or additional care or attention in handling or stowing must be so marked and packaged as to ensure safe transportation with ordinary cara. See Sec. 2(e) of NMFC Item 360.

Freight Charges are PREPAID
unless marked collect
CHECK HERE IF COLLECT >>

FOR FREIGHT COLLECT SHIPMENTS:
If this shipment is to be delivered to the consignee, without recourse on the consignor, the consignor shall sign the following statement:

The carrier may decline to make delivery of this shipment without payment of freight and all other lawful charges.

(Signature of Consignor)

Notify if problem enroute or at delivery (for informational purposes only):
Send freight bill to:

Shipper:
Per:

Carrier: **ABF Freight System, Inc.**
Per:

Shipper Certification	Carrier Certification
This is to certify that the above named materials are properly classified, packaged, marked and labeled, and are in proper condition for transportation according to the applicable regulations and DOT.	Carrier acknowledges receipt of packages and required placards. Carrier certifies emergency response information was made available and/or carrier has the DOT emergency response guidebook or equivalent document in the vehicle.
Per: Date:	Per: Package Nos.:

Source: ABF Freight System, Inc. <http://www.abfs.com/forms/abfbol.jpg>.

图 9.1 提货单

交通运输管理活动。除了本章后面所讨论的活动，基本的交通运输管理活动包括索赔处理、运费单审核、运输费率谈判、运输跟踪和加急。

索赔处理

索赔处理指发生与承运人职责有关的货损货差进行索赔时，所进行的正确记录、处理和监测。正确、实时的数据收集和索赔文件整理是此过程的关键。此外，公司必须保存索赔的历史记录，以了解承运人货损货差的发展趋势以及支付索赔额的反馈周期。

STANDARD FORM FOR PRESENTATION OF LOSS AND DAMAGE CLAIM

To: ABF Freight System, Inc.
Customer Service Department
Post Office Box 10048
Fort Smith, AR 72917-0048

(Date)
(Your File Reference)
(Carrier's Freight Bill Number)

This claim is for: ☐ Damage ☐ Loss

(Shipper's Name) (Consignee's Name)
(Point Shipped From) (Final Destination)
(Date of Bill of Lading)

DETAILED STATEMENT SHOWING HOW AMOUNT CLAIMED IS DETERMINED
(Number and description of articles, nature and extent of loss or damage, invoice price of articles, amount of claim, etc.)
(ALL DISCOUNTS AND ALLOWANCES MUST BE SHOWN)

TOTAL AMOUNT CLAIMED

The following documents are submitted in support of this claim:

☐ Original Bill of Lading
☐ Document bearing notation of loss or damage
☐ Carrier's Inspection Report Form
☐ Complete invoice or copy showing cost of goods
☐ Other:

Please add any comments in the space below:

ABF's goal is to conclude all claims within 30 days of receipt at its corporate offices in Fort Smith, Arkansas. Should you want to fax your claim, our number is 501-785-8800. DO NOT mail originals if you fax claim. Our telephone number is 501-785-8741.

Your Company Name
Street Address or Post Office Box
City, State, Zip
Your Name
Your Phone　Your Fax

PLEASE PRINT OR TYPE

CS-1　AB 101901

Source: ABF Freight System, Inc. <http://www.abfs.com/forms/LossDamageClaimForm.jpg>.

图 9.2　索赔单格式

运费单审核

运费单审核由托运人执行，它确保了以合理的费率收取每次运输的费用。因为可能发生笔误或产品分级错误，托运人必须审察每个潜在的问题。可以使用人工或自动的审核方法，也可由许多提供运费单审核服务的第三方进行审核。

运输费率谈判

因为大多数货运都是通过合同执行的，因此，运输费率谈判是一个重要的交通运输管理活动。运输费率随着具体的承运人、地理区域、时间、运输方式内部以及不同运输方式之间的竞争、产品性质这些因素的变化而变化，最好的费率通常由最好的谈判者争取到。在供应链管理的环境下，合作和战略联盟以及最优化的谈判过程会使各方（如托运人和承运人）实现双赢。

运输跟踪和加急

因为托运人和承运人需要提供关于订单和产品运输的实时信息，货运跟踪和加急比以往更为重要。由于订单周期的缩短、客户需求的改变、快速反应系统的要求和电子商务这些因素的影响，准确而及时的信息对于有效的交通运输管理是很关键的。有时，需要立刻知道产品位于运输过程的具体位置。这种能力被称为运输跟踪。

此外，当客户要求运输更快或者订单周期缩短时，运输必须加快速度。这种产品快速运输的能力称为加急运输。

运输跟踪和加急，要求利用专业人员和专用设备（如计算机和信息系统）进行监测和管理。而且，为了使这些活动成功，托运人和承运人必须互相配合。

托运人的观点

物流战略的发展，要求托运人深入了解运输的重要问题。虽然物流中存在许多影响运输因素的问题，本章只选择性地介绍其中几项，这些问题是许多托运人所共同关心的，并且通常对客户服务有很大影响。

运输影响成本和服务

入厂与出厂运输。归因于运输对客户服务水平和公司成本结构的影响，它成为物流管理最为重要的环节之一。入厂与出厂运输成本占产品价格的10%～20%，有时甚至更高。有效管理运输可以大幅度提高利润。[1]

CYDSA 因运输效率提高了利润

CYDSA是墨西哥最大的私有企业集团，从事化学、包装材料和纺织产品业务，它把运输活动的审核视为物流审核的一部分，对运输进行全面审核。在发现和利用许多减少成本和改进服务水平的机会后，CYDSA将纺织部门的运输费用减少了6%，相当于节约了大约400万美元左右。为了获得这一结果，公司采取了如下行动：

- 承运人数目减少了30%，从171个承运人减少到120个
- 重新进行费率谈判，对更少的承运人分配更多的运量
- 从承运人处获得提高服务水平的承诺
- 提高了卡车零担货物运输的效率
- 在某些线路上进行不同部门之间的配合，从而提高承运人的使用效率[2]

托运人可以用许多方式改进他们的运输系统。降低成本和提高服务的潜在方面包括：线路制定和计划、自有车队管理、运输合并、合同运输以及费率谈判。

---

① James Aaron Cooke, "Should you Control Your Inbound?" Traffic Management 32, no.2 (February 1993), pp.30-33.

② Eduardo Martinez. Adan D. Rodriguez. And James K. Wilson. "Quantifying Logistics and Its Effect on the Bottom Line: "A Case Study," Proceedings of the Annual Conference of the Council of Logistics Management. (Oak Brook IL: Council of Logistics Management, 1998), pp.525-44.

运输方式/承运人选择。经济和资源方面的约束，要求组织尽可能的选择最有效、产出最高的运输方式和承运人。因为运输可以影响客户服务、运输时间、服务的一致性、库存、包装、仓库和环境，运输决策者必须做出最优化选择。必须发展和评估定量和定性的因素。有时在选择过程中，可以考虑表9.2列出的因素。

表9.2　在运输方式/承运人选择中经常考虑的成本和服务因素

成本相关因素
运费成本
在途库存的库存持有成本
接收地点的周期库存的库存持有成本
接收地点的安全库存的库存持有成本
在途库存的投资成本

服务相关因素
感知的客户服务质量(如:服务一致性、准时装载和交付、运输时间、索赔处理、运输跟踪)
运输跟踪能力
单据和发票的准确性
电子数据交换能力(EDI)
发展长期互惠合作关系的潜力
货运量限制
提供运输中不损坏商品的服务能力
国际货运中海关的清关能力
托运人的谈判地位/对其他运输活动的杠杆影响

数据来源：摘自 Matthew J. Liberatore and Tan Miller. "A Decision Support Approach for Transport Carrier and Mode Selection." Journal of Business Logistics 16, no.2 (1995), p.88.

运输方式/承运人选择过程

在运输方式/承运人选择决策中共有四个决策阶段：(1) 问题识别；(2) 寻找；(3) 选择；(4) 选择后评估。

问题识别

问题识别。运输方式/承运人选择过程的问题识别阶段是由许多因素引起的，如客户订单、对现有运输方式的不满意和公司配送模式的变化。通常，最重要的因素是和服务相关的。在客户没有具体指定运输方式和/或承运人的情况下，需要通过寻找可行的运输方法。

寻找过程

寻找过程。运输人员查询一系列信息资源，作为运输方式/承运人选择过程的输入信息。可能的资源包括：过去的经验、承运人推销电话、现有的公司运输记录、印刷材料（如广告小册子）、客户等。如果决策者只使用过去的经验作为信息资源，寻找过程的工作量会很小。查阅资料需要花费大量时间。

选择过程

选择过程。这一阶段中，运输管理人员面临的任务是从几个可行运输方案中选择一组运输方式和承运人。利用早先收集的信息，有关工作人员确定哪个方案可以满足组织的要求。一般而言，如果一种运输方式或承运人提供的价格可以接受的范围内，服务相关的因素是选择运输方式/承运人方案时的主要因素。表9.3和表9.4分别列出了许多评估公路承运人和海运承运人时使用的选择标准。

获得选择和评估承运人的相关信息很重要。本章的附录介绍了收集这种数据的一种可行方法。

不同的运输方式，在选择和评估承运人时所采用的最重要的指标是相似的。不论何种运输方式或承运人，准时装载和发送、对客户查询的快速反应、一致的运输时间和富有竞争力的费率等特征都是重要的。①

表9.3 在选择和评估汽车零担承运人时考虑的最重要的特征

特征描述	重要平均值*
发送人员的品质(诚实性)	6.5
准时装载	6.5
准时交付	6.5
竞争性的费率	6.5
账单的准确性	6.4
在处理损失索赔时从承运人处得到的帮助	6.4
对与承运人服务有关的抱怨的快速反应	6.4
司机的品质(诚实性)	6.4
对索赔的快速反馈	6.4
承运人对问题/抱怨的一般态度	6.3
交付状态信息的快速获得性	6.3
一致的(可靠的)运输时间	6.3

* 被调查人要求在一个7分的范围内指出选择LTL汽车承运人时该特征的重要性，从1（不重要）到7（很重要）。

数据来源：摘自 Douglas M. Lambert, M. Christine Lewis, and James R. Stock. "How Shippers Select and Evaluate General Commodities LTL Motor Carrier," Journal of Business Logistics 14, no.1 (1993), p.135.

选择后评估

运输管理人员随后能选择更好地满足决策标准的运输方式或承运人，然后确定线路。对于未来可能再次出现的决策，如从一个客户处拿到相同订单，管理者可以设立一个规定程序，从而无需重复同样的选择过程。规定程序消除了重复决策导致的低下效率。

① 有关选择其他运输方式和相应运输服务的因素，请参阅 Edward A. Norash and Roger J. Calantone, "Rail Selection, Service Quality and Innovation." Journal of the Transportation Research Forum 32, no.1 (1991), pp.205-15; Paul R. Murphy and James M. Daley, "A Comparative Analysis of Port Selection Factors," Transportation Journal 34, no.1 (Fall 1994), pp.15-21; Paul R. Murphy and Patricia K. Hall, "The Relative Importance of Cost and Service in Freight Transportation Choice Before and After Deregulation: An Update." Transportation Journal 35, no.1 (Fall 1995), pp.30-38; and "What Do Air Shippers Want?" Traffic Management 31, no.7 (July 1992), pp.65-67.

统计过程控制

选择后评估。一旦管理者选择了运输方式和承运人，必须制定一些评估步骤来衡量运输方式和承运人的状况，具体公司各自采用不同的方法。选择后评估可以非常详细，也可以根本不存在。对大多数的组织，评估的程度都处在两个极端的中间，很少会出现一个组织根本不对客户关于其运输方式或承运人的投诉做出任何反馈的情况。这也是一种选择后评估的形式。许多公司使用其他技术进行选择后评估，如成本研究、审核、准时装载和发送的评估和货损/索赔检查。一些公司使用统计过程控制对许多承运人服务特征的质量进行统计分析（这将在第16章讨论）。

表9.4　集装箱承运人的选择标准

特 征 描 述	重要平均值*
在途时间可靠性/一致性	1.31
设备的可得性	1.41
服务频率	1.48
承运人协商费率的意愿	1.69
操作人员的品质	1.84
门对门运输总时间	1.97
承运人的财务稳定性	1.97
货损货差	2.02
加急运输	2.10
运输跟踪	2.19
承运人协商服务变化的意愿	2.22
门对门运输费率	2.24
计划灵活性	2.24
承运人推销人员的品质	2.48

* 被调查人要求在一个5分的尺度范围内指出选择承运人时该特征的重要性，从1（最重要）到5（最不重要）。

数据来源：摘自 John L. Kent and R. Stephen Parker. "International Containership Carrier Selection Criteria: Shippers/Carriers Differences," International Journal of Physical Distribution and Logistics Managment 29, no.6 (1999), p.403.

在一些情形下，如果运输方式或承运人表现不尽如人意，根据评估步骤，我们需要重新回到问题识别阶段。进行自营运输的公司也将这个方法作为自我评估的一部分。

获得反馈

运输方式/承运人选择的一个不可或缺的部分是获得反馈。信息反馈可以不在运行评估过程中得到。选择过程的决策环境，也为反馈过程提供了输入信息，如销售人员的反馈和部门之间的交流信息。

反馈可以充当过程中任何一个阶段的输入。反馈具有很高的价值，因为它与其他绩效指标同时产生，又独立于其他指标。选择运输方式或承运人是一个通用的过程，虽然由于地理位置或行业的不同，这个过程的输入信息也各不相同，决策的基本结构仍然是一致的。

托运人引入核心承运人的概念并且减少了承运人的数量，随之，运输方式和承运人的选择也日益重要起来。通过调整运量来得到更大的折扣和更高水平的服务，托运人能够缩减他们的运输成本。同时，承运人通过委托更少的托运人承担运输服务而获益，它可以在更长的时期内每次运输更多的产品。

Square D公司减少了其承运人的数量

Square D（一家电子设备制造商）声明它已成功地减少了承运人的数量。五年前，1,500多个承运人运输该公司产品。现在，55个承运人运输该公司98%的货物。节约了很多成本……当三年前该项目刚刚实施时，该项目节约了3,500万美元的运输成本。现在，公司每年的运输成本固定在三年前的水平，而运量则不断稳定地增加。[①]

合同。自从20世纪70年代末运输业放松管制以来，美国托运人和承运人之间采用合同运输的形式非常普遍。自1980年Staggers铁路法生效以来，铁路运输合同已有好几万例。随着托运人—承运人合同的使用，在海运业和汽车运输业的合同运输也在不断增加。

托运人/承运人合同的优点

合同运输的优点很多。一个好的合同是托运人和承运人之间实现战略合作或联盟的基础。[②]合同使托运人可以更好地控制他们的产品运输，它们有助于确保费率的可预测性，并且预防费率的波动。此外，合同为托运人确保了服务水平，并使得托运人可以利用运输获得竞争优势。

PMI食品设备公司从合同的使用中获利

自1981年起，俄亥俄州的PMI食品设备公司为食品服务市场提供商用洗碗的、烹调的、制冷的产品，该公司与其公路零担承运人签订运输合同，把产品运到遍布美国的400多个分销商处。[③]PMI以四个运输公司作为主要承运人，每年在运输上的支出大约2,100万美元，其中LTL运费为1,200万美元。该公司为承运人提供了一定程度的收益，作为交换，承运人则要满足该公司的服务要求。

征求承运人的标准招标包

可以证明，承运人—托运人合同对双方而言都是很有用的，但重要的是，合同应该包括运输协议上涉及的所有相关要素。在招标承运人时，应该开发一个包括如下内容的标准招标包或要求处理包（RFP）：

- 承诺条款。托运人承诺一定数量的货物，而承运人承诺提供必要的设备运输这些货物
- 评估条款。双方应该建立如何评估绩效的方法
- 定价。物流服务公司收费多少？收费是每次运输分别收取还是在整个合同期间收取固定的费率
- 控制法。在发生争执时应采用哪个州的法律
- 服务的描述。根据合同，各方要履行什么服务
- 商品的交付。货物交付包括哪些内容？如果货物接收方拒绝接受货物应怎么办
- 责任。如果运输中发生损失由谁负责
- 保密性。建立保密条款来确保所有信息是保密的，并且不和其他托运人或运输服务公司共享
- 时间长度。这种委托关系持续多久？如果其中一方想在未到期终止合约，怎么

---

① Mitchell E, MacDonald, "Why Shippers Are Cutting Carriers," Traffic Management 29, no.4 (April 1990), p.49.

② Douglas K.Cooper, "Contracts: Cementing a Dedicated Relationship," Private Carrier 32, no.9 (September 1995), pp.16-20.38

③ Deborah Catalano Ruriani, "Nothing Beats a Good Solid Contract," Inbound Logistics 16, no.9 (September 1996), p.28.

办[①]

在RFP中的同样内容也构成了最终由托运人和承运人谈判达成的合同的基础。合同是法律文件，因此具有约束力。

每个承运人—托运人合同的确切格式是变化的，这取决于涉及的运输方式和承运人、船运公司的特点、运输的产品、竞争水平和其他因素。

第三方市场的规模巨大

运输外包。[②]包括运输的外包在内的各种物流服务外包已经存在许多年了，现在，这种方式日益增多。据估计，第三方市场总共大约为4,500亿美元，其中只有180亿~200亿美元已经开发。[③]在全部的市场中，运输外包所占的比例大约为80%。

托运人为何要外包运输

托运人外包运输有许多原因，其中包括：成本节约、潜在的收益增加、运输非托运人的核心能力、与运输管理有关的内部问题、物流再造等。[④]

简单地说，运输外包决策是一个“制造或购买”的决策。第三方是否可以在花费更少的前提下承担同样的工作，并且提供同样的或者可能更好的客户服务？在美国，外包每年预期增加15%~20%，鉴于这一原因，许多组织已经认识到第三方是可行的运输选择。实例9.1介绍了施乐公司（Xerox）向赖德（Ryder）外购运输的决策。

大多数自营运输是卡车运输

自营运输/租赁。一个自营承运人可以是任何运输实体，它为拥有这个运输实体的制造组织或商业组织运输产品，然而大部分的自营运输是卡车运输。虽然有时自营承运人可能运输不属于公司的产品，但从传统角度出发，自营承运人是用来运载他们自己企业产品的。事实上，在20世纪80年代运输业放松管制之前，自营承运人运输任何不属于自己企业的产品是极端困难的。

自营运输是一项财务决策

自营运输应该不仅仅被严格地看做是一种运输决策，同时也应该是一项财务决策。在评估自营承运运输的成本时有两个步骤。第一步是进行可行性研究，比较目前租赁承运人所需的成本与服务数据和自营承运运输的那部分数据。第二步是设计实施计划和系统控制的步骤。

可行性研究应该从对目前运输状况的评估开始，并与拓展潜在市场的企业目标结合起来。企业目标应该包括：对过去、现在和未来想要达到的服务水平的描述，还要考虑到商业环境，如法律约束和总的经济趋势。一个组织应该遵循10个步骤来完全地评估其自营承运运输决策。下面就对这些步骤进行讨论。[⑤]

---

① Steven E.Salkin. “Breaking Up is Hard to Do.” Logistics Management and Distribution Report 38, no.4 (April 1999), p.76.

② 综合性的外包文献综述，请参阅 Mohammed Abdur PEDERSEN AND Richard Gray. “Outsourcing of Logistics Functions: A literature Survey.” International Journal of Physical Distribution and Logistics Management 28, no.2 (1998), pp.89-107.

③ The Emergence of Third-Party Logistics. White Paper no.4 (Atlanta, GA: PricewaterhouseCoopers, 1998), p.3.

④ Sandor Boyson, Thomas Corsi, Martin Dresner, and Elliot Rabinovich, “Managing Effective Third Party Logistics Relationships: What Does It Take?” Journal of Business Logistics 20, no.1 (1999), p.81.

⑤ 解除管制前后，多年来，私人承运人运输就一直是一种运输方案，早期给出评价私人承运人运输方案的步骤，在今天依旧适用，请参阅 Barrie Vreeland, Private Carriage from A to Z (New York: Commerce and Industry Association Institute, 1968), p.6.

实例 9.1

一个外包的案例研究：赖德/施乐

20 年前赖德（Ryder）开始处理施乐（Xerox）产品的配送业务，自此，开始了赖德/施乐的关系。刚开始时，赖德管理了 10 个施乐的配送中心，为其客户准备机器、给客户发送机器并且搬走旧机器。这种业务关系为赖德创造了 1,200 万 ~ 1,500 万美元的年收益。

随着公司实施更为复杂的供应链管理策略，赖德和施乐的关系在 20 世纪 90 年代大规模发展起来。1993 年，施乐在纽约的制造厂 Webster 有一个复杂但效率低下的进货物流系统，Webster 使用 40 多个卡车零担货物（LTL）和整车运输承运人，成本居高不下，但客户的要求没有得到满足。经常有卡车在 Webster 企业前排长队，等候卸货。

经过内部评估后，施乐认为其供应链物流不具备核心能力，决定把 Webster 的进货物流外包。施乐给许多 3PL 发出了估价表（RFQ），其中包括赖德，以实现 Webster 的进货物流。经过竞争投标，赖德获得了合同，并随后为 Webster 设计了一个物流系统，来支持准时进货物料管理。赖德在 1994 年实施这个网络，确保施乐在时间、成本和持续增长等方面的要求，超出一定值的所节约的成本，则由赖德和施乐分享。

司机的地理位置从战略角度予以安排，车辆沿着闭合线路行驶，沿途装载施乐众多供应商所提供的零部件，为这些供应商提供服务。拖车则由赖德的牵引车拖拉到 Webster 的赖德物流中心——一种既迅速又有效的“接力”。远方供应商处的组件由赖德负责安排 LTL 公共承运人运达。类似地，赖德安排整车公共承运人，及时地直接将货物运送到施乐企业内相应的接收地点。

来自太平洋周边国家的组件通过海运集装箱运到温哥华港口，然后通过铁路运输横跨加拿大。施乐通过 Fritz 公司处理进出口业务。在多伦多的铁路终点，集装箱转到赖德的卡车上再运至物流中心。施乐在加拿大的制造厂也通过赖德管理的卡车把组件运送到物流中心。同样地，来自欧洲的海运集装箱到达新泽西州的纽约港后，也通过赖德卡车或赖德安排的运输公司运到物流中心。

进货物流系统的“核心”是距离 Webster 仅仅一英里远的物流中心。在这里，赖德的专家管理这个系统、监控系统状态，并做出相应的调整和改进。该中心也作为一个“分转站”，将进入站的货物重新配载，准备运出，将其及时运输到施乐企业合适的接收地点。

随着赖德物流系统的实施，施乐做出了一系列改进。Webster 现在收到货物的批次少了，消除了在 Webster 拖车堵塞的现象，施乐接收部门的工作量得到了平衡，大大提高了运输的可预测性，减少了内部波动，并且提高了客户发送的及时性。总之，赖德系统减少了库存水平，缩短了订单周期，提高了质量，更好地整合了货物入站和制造之间供应链上的物流流动。所有这些都导致了施乐降低成本、改进服务。自第一次有效实施该系统以来，通过连续的系统再造，几年来，赖德已经证实可以帮助施乐连续提高生产率。

赖德和施乐的关系继续发展。1996 年，赖德从施乐获得了另外一笔业务，为客户交付中心提供管理成品、备件和消费品的配送服务。1998 年的夏天，赖德开始负责施乐遍布美国的 20 个高周转率的零件中心的运行。目前，赖德管理施乐 38 个不同项目，为赖德带来了 6,000 万美元的业务。赖德也参与了施乐的产品开发过程，帮助确定潜在产品的总启动成本，包括决定物流成本的大小。赖德和施乐一起继续工作，寻找新的供应链改进机会，按预期设想，赖德将继续获得施乐 10 亿美元左右的年物流预算。

数据来源：Gregory P. Konezny and Martin J. Beskow, Third-Party Logistics: Improving Global Supply Chain Performance (Minneapolis, MN: Piper Jaffray. Inc.. January 1999), pp.24-25. Reprinted by permission of U.S. Bancorp Piper Jafray. Inc.

1. 确定问题。问题可能来自于运输系统的一个或多个成员——客户、承运人或托运人。客户是否以一个合理的成本按时收到未损坏的货物、得到充分的服务？承运人是否具备规定线路的灵活性和操作能力，以低成本交付产品？运量是否妨碍了以富有竞争力的价格保证一定服务水平发送产品？承运人的设施满足相应渠道成员的要求吗？问题也可能发生在卖方的运营中。设施和站台装备可能装载过度或使用不足，组织可能负责管理和计划问题，也可能就是一个运作不良的物流系统。

成本和服务目标

2. 制定运输目标。这些目标应该集中在两个方面。第一个是客户服务水平——一致、快速的交付，以及一些额外提出的服务。第二个应该集中在组织总体物流过程的成本目标上——订单处理、信息沟通、仓储、库存、运输和损坏货物的退回，企业应该从经济性和有效性两个方面出发，建立每一功能的目标。

3. 收集相关信息。这个步骤要求收集与库存数据、运输过程、产品性质、起点和终点、数量和重量以及和产品运输有关的成本等各个方面相关的数据。管理者在评估客户投诉、定量化的服务水平数据和竞争对手的行为时，应该要接纳客户的观点。

4. 确定目前的成本。采用总成本方法是必要的，它不仅决定了运输的成本，而且包含了总体的物流网络的成本。营运成本应该包括订单处理、包装、装载、运输、损坏商品和退货的成本。此外，直接和库存相关的库存投资、保险、税收、库存风险和工程成本也应该考虑在内。这些现有成本确认后，被用来与自营运输方法和其他可能方法的成本进行比较。

检查定性和定量的数据

5. 分析现有的营运。对现有营运的分析包括检查组织收集的定量和定性的数据，从中试图发现不好的成本/服务关系。这个步骤包括：客户订单模式、运输方式、周期性或季节性的变化和回程中潜在载货的分析，还包括吨英里成本的估计和对超出标准的特别运输成本的审核。

三种基本的可选择的方法

6. 制定可行方案。这个步骤一开始对有问题的成本服务水平进行审核；随后，管理者提出解决这些问题的可行性方案。在这个步骤中，总是有三种基本的可选择的行动方案：(1) 什么都不做；(2) 把手头资本投资在组织中其他可能得到更高收益率的领域；(3) 投入资金改进现有的系统。

改进配送方式不一定对自营运输也做出改进。事实上，组织可以做出调整——如改进订单处理，新运输费率的谈判，或改进包装——所有这些都可能带来和自营承运运输或租赁同样的好处，但其成本却要低得多。

7. 决定自营车队的成本。组织应该考虑所有与自营运输有关的成本，以及这些成本对公司总成本的影响。[①] 任何由于自营运输而导致的库存、人力或生产上的附加成本的降低或增加，都应该从总成本中扣除或增加。自营运输的成本包括设备、劳动力和诸如维护、保险和税收等其他开支。

8. 考虑非直接因素。许多非货币因素可能影响转换到自营运输的决策，包括公司形象、竞争、车辆广告的价值、对雇员和工会的影响、发展和控制这个系统所要求的管

① 有关泊雷特（Playtex）家庭用品公司检查其私人承运人运输运营情况的有趣讨论，请参阅 Lisa H. Harrington, "How to Get the Most from Your Private Fleet Dollar." Traffic Management 30, no.1 (January 1991), pp.39-43.

理技能、承运人接受剩余运量的意愿、费率谈判的可能以及公司关于设备选择、维护和更新的政策，同时也必须考虑到许多不在公司控制范围内的因素，如法律的、经济的和技术的环境。

9. 总结方案。总结应该列出下列三种方法的成本、资本需求和非直接因素（利、弊）：（1）现有方法；（2）一种可以采用的方法，它是对现有营运的一个不大的改变，但它是一种改进；（3）自营运输。

10. 决策。最后一个步骤是在上述总结和其他输入信息，如内部管理、外部专家以及其他公司有关自营运输的经验的基础上做出决策。除了定量的信息之外，没有决策是不带主观色彩的，其中许多因素取决于决策者是否愿意承担一定程度的风险。

在有关运输选择决策的讨论中，可以看到一个组织必须进行成本/收益分析来决定是否应该使用自营运输。任何财务分析都应该考虑货币的时间价值。表 9.5 说明了必须进行的现金流分析。

表 9.5 转换到自营运输决策的财务研究

	数 额	
资本需求		
购买或租赁车辆的成本	______	
设施维护成本	______	
终端设施成本	______	
年现金流入		
使用公共运输公司节约的费用	______	
销售损失的减少	______	
由于更有效的安排路程导致的库存运输成本的节约	______	
总计		
年现金流出		
燃料	______	
劳动力——司机	______	
劳动力——维护和终端	______	
保险——卡车	______	
——司机	______	
——维护和车站设施	______	
执照费	______	
零部件供应	______	
车辆	______	
管理	______	
行政——账单、电话、会计	______	
总计		______
年现金流入 - 年现金流出		______

现金流因素

组织必须计算整个投资决策期的净现金流（现金流入减现金流出），并用企业对于新投资的最小可接受收益率贴现，这些贴现现金流之和必须和初始的资本投入相比较，以决定这个投资在财务上是否合理。

实施和控制

如果组织做出了自营运输的决策，下一步工作就是设计实施计划和系统控制的步骤。实施首先要检查负责自营运输的组织或小组的结构，管理者将任务分配到小组或个人，形成一个项目同步实施的时间表。考虑到风险，大多数组织开始小范围内试运行，再对结果立刻进行评价，随后对计划进行修正。这样的过程重复进行，一直到计划完全得到实施。

参照标准值评估各个指标

对自营运输的控制应该集中在参照标准值评估各个工作指标，它要具有能够辨别特定问题的能力。如果管理者要使用总成本方法来计算产品和客户的成本，它可以计算每英里的成本，明确与产品发送相关的固定成本，然后再加上每英里的可变成本。这个信息对于比较预算支出和实际支出，或者比较自营运输与运输公司的统计值和行业平均值也是有用的。然而，由于各行业、各组织对成本和服务的要求的多样性，只能获得有限的信息。

租　赁

设备和/或人力（如司机）的租赁是自营运输所重点关注的。采用租赁方法，进入比较容易，并可以预测成本和服务水平。在签订一个提供完全服务的车队合同时，即使最没有经验的管理人员也可以知道运输服务的确切成本，并且能够相应地对之做出预算。

租赁的另外一个优势在于可以适用于商业周期和季节性，通过特别的租赁协议，它具有调整车辆数的能力。而且，如果车辆数量较少，组织可以避免在车辆保养设施上投资。此外，还考虑运输设备的废弃问题。新技术可能使旧的车辆老化，或者组织的发展使其配送和运输系统不再适合发展的需要。许多公司可以提供租赁设备，包括赖德、彭斯科卡车出租（Penske Truck Leasing）和罗林斯租赁（Rollins Leasing）。

惠而浦的优质快递项目

例如，彭斯科是一个具有 115,000 多辆卡车、在全美大约有 4,000 个服务地点的卡车租赁公司，它为惠而浦公司提供车辆，作为惠而浦公司“优质快递”项目的一部分，负责把该公司的产品运送到美国各地。该项目包括 8 个区域配送中心，54 个地方配送中心，具有 450 辆卡车、1,200 辆拖车和大约 1,500 名雇员的自营承运车队。①

如果可以获得资本，并且经证明在车辆上的投资可以得到一个满意的收益率，那么对自营承运车队的所有权可能是相当吸引人的。其他的好处包括：通过互惠方式以一定的折扣购买到所需设备的能力、对目前拥有设备的使用、提高灵活性、随意使用以及为客户提供目前不可能实施的特殊服务的可能性。

租赁方法

当托运人从其他地方获得司机和设备，或者出租司机和设备给需要租用的承运人时，就发生了其他的租赁形式，组织可以采用“单一出处租赁”和“航次租赁”。这些选择赋予了托运人拥有私人车队的灵活性，并且提供了缩减营运成本的额外机会。这两种租赁方法定义如下：

单一出处租赁：自营承运人从同一组织租赁司机和设备，租赁期限至少 30 天。

航次租赁：自营承运人向提出租赁申请的承运人出租其司机和设备，期限少于 30 天。

---

① 摘自彭斯科卡车租赁公司于 1998 年 12 月 21 日发布的新闻。

第三方资产贷款

第三种获得设备的方法，从现金流角度看也是特别吸引人的方法，是采取从金融机构吸取第三方资产贷款，该贷款包含了在设备使用寿命结束时经销商的“返销保证”。这种类型的租赁在计算机设备购买时相当普遍。在这种方法下，每月支付全部购买价格的利息，但仅仅支付购买价格和返销价格之间差额的那部分本金。这大大地减少了组织的现金流费用。而且，如果企业和金融机构建立了高信用等级，企业还可以得到低的利率。通过这种方法，一个国家服装零售商在22辆卡车拖车的三年期资产贷款的利息支出方面可以节约250,000美元。此外，由于从挑选出的经销商处获得相当于每辆拖车购买价格58%的返销担保，公司减少了风险。[①]

自营承运运输对那些充分利用其好处的托运人而言存在很多机会。对其他人来说，租用的承运人（运输公司和合同承运人）提供了最多的机会。

合作伙伴/联盟。有效的物流网络要求托运人和承运人之间建立合作关系。而在托运人和承运人之间的真正战略关系是极少的。一旦合作关系发生，托运人和承运人就成了合作或联盟的一个部分。贯彻了这个理念的公司包括布莱克—德克（Black & Decker）、GTE、BM、宝洁、麦卡逊（McKesson）、塞特恩（Saturn）、施乐和3M。

塞特恩和赖德形成合作关系

塞特恩有“世界级”的生产营运线，它由赖德专用物流系统提供卡车配送支持。“在一个固定价格合同下，赖德通过调整线路选定计划和车辆追踪能力来满足塞特恩准时（JIT）制造所要求的15分钟发送。”[②]部分原因是因为彼此合作，塞特恩每年的库存周转次数达到300次。

托运人和承运人在3M的合作关系

3M长期以来一直和运输承运人建立起高质量的关系，3M延续了20世纪80年代早期的托运人—承运人合作项目，公司从中获益匪浅：

- 使用更少的承运人/供应商——承运人的数量从1,200多个减少到不足30
- 运输成本降低10%左右
- 准时发送提高了大约98%
- 运输索赔额减少了20%
- 生产率提高了50%

建立业务联盟的步骤

业务联盟的建立是一个过程。一般地，这个过程具有三个阶段，包括8个步骤。[③]图9.3描述了物流联盟建立的阶段和步骤。

“合作伙伴关系”是一种哲学

很多情形下，由于托运人和承运人之间对于理念、实践和哲学的不同，他们的行动并不一致，有时，“我们以前从来没有那样做过”的想法损害了协作关系，他们之间的不同导致了运输系统的效率低下以及托运人和承运人之间的冲突。

① 有关第三方资产贷款的资料，来自极限商店公司的前任总裁、阿拉巴马大学的杰·U·斯德林教授。

② A.T.Kearney Inc. Converging Technologies and Value Creation, Position paper No.97-3 (1997), p.4.

③ Prabir K. Bagchi and Helge Virum. “Logistical Alliances: Trends and Prospects in Integrated Rurope.” Journal of Business Logistics 19, no.1 (1998), pp.205-8.

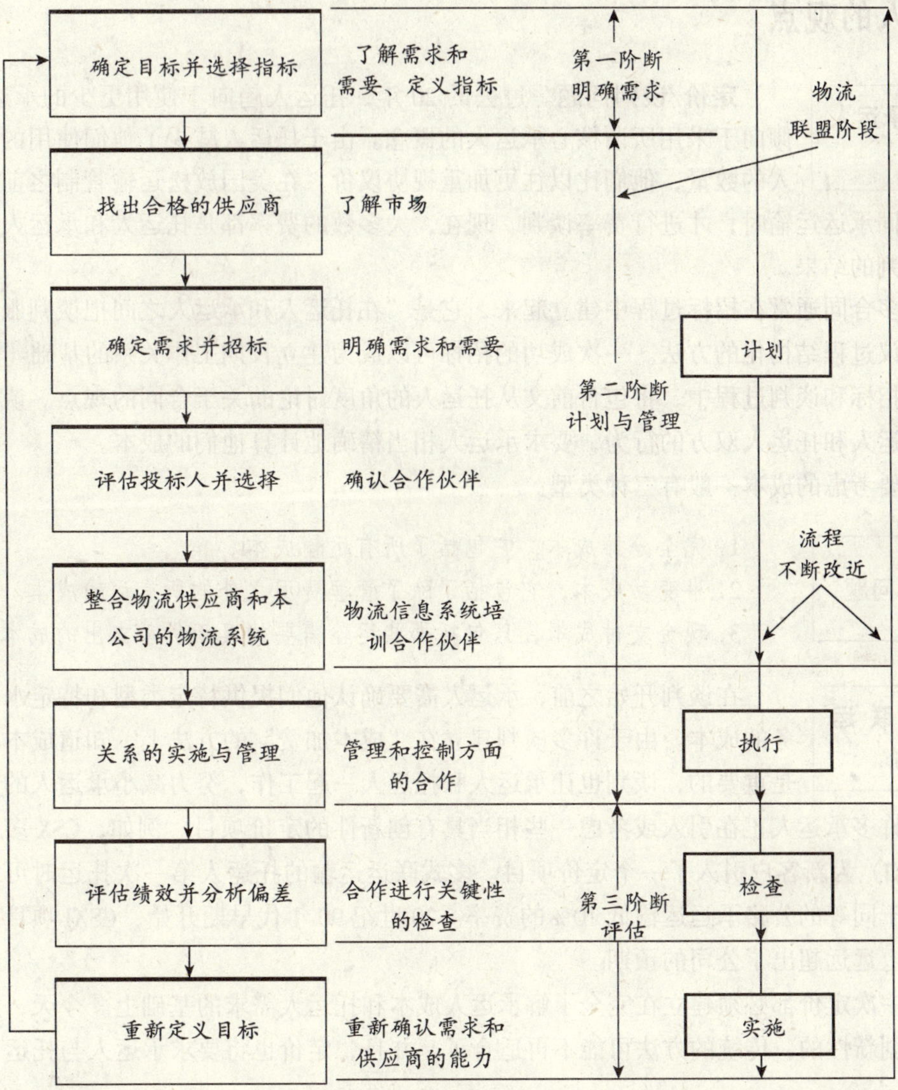

资料来源：Prabir K.Bagchi and Helge Virum，“Lgistical Alliances：Trends and Prospects in Integrated Europe，” Journal of Business Logistics 19，no．1(1998)，p．209.

图9.3 物流联盟建立的步骤

本质上，成功的合作或联盟不仅仅是一组计划、项目和方法。与营销的概念一样，“合作伙伴关系”是一种贯穿整个组织的哲学，它是一种生活方式，这种方式已经成为公司开展业务方式的一部分。本书第12章介绍了一个模型，管理者利用此模型可以决定何时适合合作，如果要合作，怎样组织这一合作过程。

承运人的观点

核心承运人概念

定价/谈判问题。过去的20年，托运人趋向于使用更少的承运人，倾向于采用所谓核心承运人的概念。由于托运人减少了他们使用的承运人的数量，他们比以往更加重视协议价。在美国放松运输管制之前，只有在合同承运运输时，才进行费率谈判。现在，大多数的费率都是托运人和承运人之间直接谈判的结果。①

许多合同通常在招标过程中建立起来，它是“在托运人和承运人之间把谈判服务—价格协议过程结构化的方法。一次成功的招标可以成为建立长期工作关系的基础。”②

在招标和谈判过程中，将包含前文从托运人的角度讨论的关于合同的观点。谈判过程是承运人和托运人双方的行为，要求承运人相当精确地计算他们的成本。

需要考虑的成本一般有三种类型：

成本问题

1. 完全分摊成本，它包括了所有运输成本。
2. 半变动成本，它包括了除了管理费用之外的所有运输成本。
3. 现金支付成本，只包括那些运输需要的真正货币支出的成本。

CSX联运的定价

在谈判开始之前，承运人需要确认他们提供特定类型和特定水平服务的成本。由于许多谈判建立在“成本加费”的方法上，知道成本基数是重要的，谈判也让承运人和托运人一起工作，努力减小承运人的成本基数。许多承运人正在引入或考虑一些相当具有创新性的定价项目。例如，CSX多式联运（CSXI）为新客户引入了一个定价项目。多式联运运输的托运人第一次托运时可以获得相对于同等的公路承运运输低10%的费率。20世纪90年代早期开始，CSXI项目在市场反应上远远超出了公司的预期。③

每一次定价都必须建立在完全了解承运人成本和托运人需求的基础上。今天，定价必须是创新性的，传统的方法可能不再适合了。并且，定价也将要求承运人与托运人相互合作。

线路制定和计划。考虑到在设备上的大额资本投资和营运支出，承运人很久以来就认识到好的线路制定和计划对公司的利润和客户服务而言相当重要。当许多运输车辆、客户和路程组合存在时，线路制定和计划的过程十分复杂，通常使用计算机模型来决定

---

① 有关托运人—承运人协商问题的讨论，请参阅 Joseph V. Barks. “Who's Getting a Bad Deal?” Distribution 93, no.3 (March 1994), pp.34-38; Roger J. Bowman. “Risk and Reward: How Shippers Are Negotiating the Best Possible Transportation Deals in a Time of Radical Change.” Distribution 95, no.4 (April 1996), pp.42-49.

② Watkins Motor Lines, Inc. 的定价系统发布于经理 Jim Bowers 在1999年的 Central Florida Roundtable of the Council of Logistics Management 上所做的报告。

③ “CSXI Offering 10% Rate Reductions for New Customers,” OnTrack 5, no.5 (March 20, 1991), p.4.

最优线路和计划。[①]

好的线路制定和计划可以带来收益

在很好地完成线路制定和计划决策后，公司内会发生什么？承运人和营运自有车队的公司是可以从中获益的。例如，通过预先安排特定市场区域的货运，当发送次数减少时，就可以提高车辆的负载系数，[②] 结果节约了承运人的成本。减少装载和发送次数，在发送同样数量的货物运输时，可以减少工作量。因此，运输的成本降低了，而生产率则被提高了。[③]

另外一个例子是对某些货运，用固定线路代替可变线路，并改变客户的交货时间。如果客户愿意接受非高峰时间的货运，承运人就具有一个大的交货时间宽度，因此就可以提高车辆使用，减少每次运输的设备成本。[④]

巴斯金—罗宾斯的线路制定和计划的计算机化

一般而言，改进线路制定和计划带给承运人的好处包括：更好地使用车辆、改进客户服务、运输支出更低、减少设备投资资本和提高决策能力。例如，巴斯金—罗宾斯（Baskin-Robbins）是美国一家具有 2,500 家商店的冰淇淋制造商，它采用了计算机进行线路制定和计划，最终减少了 10%的卡车车辆运行里程，相当于每年节约了 180,000 美元的成本。[⑤]

服务提供。在运输业出现的一个基本的变化是承运人和托运人之间相互合作，发展针对托运人特别需要的一系列的服务。

传统意义上的装载和交付领域中，索赔、可用设备、在途时间、服务的一致性、竞争市场的压力要求承运人必须提高服务水平和服务一致性，承运人有必要发展客户服务包，以满足客户日益增长的需求。这样的改进对托运人是有益的，而对承运人来说，为了保持竞争力和利润率，他们更有必要最大化其效率和生产率水平。

在所有运输方式中均可找到承运人提供更高水平传统运输服务的例子。A·P·米勒—马士基班轮公司（Moller-Maersk Line）和海陆服务公司（Sea-Land Service Inc.）（两家国际远洋运输商）为了提高服务水平，开始了一项船舶共享计划，在太平洋和亚洲区域内的货运航线上彼此共享 50 艘船舶。这个计划减少了需要配置的船只数，并使得横渡太平洋的航线增加到每星期 5 次。但同时，马士基和海陆在其他领域继续竞争。[⑥]

马士基海陆公司的成立

这种关系在 1995 年发展成一种营运联盟。1999 年末，马士基合并了其国际业务，并成立了一家新公司马士基海陆公司。一夜之间，这家新公司变成了美国最大的旗舰营运商，控制了 12%的全球份额，拥有

---

① 有关自动化线路确认与计划方案的例子，请参阅 Tzong-Ru Lee and Ji-Hwa Ueng, "A Study of Vehicle Routing Problems with Load-Balancing", International Journal of Physical Distribution and Logistics Management 29, no.10 (1999), pp.646-58.

② 负载系数的定义是运输工具中利用的空间占总可利用空间的比例，一般而言，负载系数高，表明有效地使用了该运输工具。

③ A.T.Kearney Inc, Measuring and Improving Productivity in Physical Distribution Management (Chicago: National Council of Physical Distribution Management, 1984), pp.176, 178.

④ 同上，p.182。

⑤ "Routing Software Prevents Scheduling Meltdown." Logistics Management 35, no. 6 (June 1996), p.85-S.

⑥ Elizabeth Canna. "The Maersk/Sea-land Deal." American Shipper 33, no.5 (May 1991), p.43.

250多只船和500,000多个集装箱。[1]

非传统的服务

承运人已经开始进入非传统的领域，如仓库、物流咨询、进出口业务和设施地点分析。例如，CSX公司具有超过100亿美元的年收入，它提供包括铁路、卡车、驳船、海洋集装箱、联合运输和配送仓库的一条龙服务。CSX下的一些营运公司包括：CSX运输（铁路）、CSX联合运输（铁路/卡车）、客户化运输（合同物流）和CSX占少量股份的美国商业航运（驳船）。1999年，公司兼并了另外一家大的铁路运输公司——联铁的一部分业务，进一步大大扩展了其业务范围。[2]

承运人扩大服务范围

这种趋势可能继续下去，承运人将扩大其传统和非传统的服务范围，并实质上发展成物流服务供应商。此外，竞争压力也迫使承运人提高服务水平。

竞争。自20世纪70年代末美国运输业放松管制以来，承运人面临着日益激烈的竞争环境。放松管制最大的结果之一，是市场进入享有更大的自由度，大大增加了大多数运输方式上竞争对手的数量。

竞争已经增加了

不同运输方式之间的竞争也增加了。各种运输方式承运人灵活定价和提供多种多样服务的能力创造了更富竞争性的环境。特别在航空—公路和公路—铁路之间，不同运输模式之间的竞争加剧了，并且可能变得更激烈。

竞争对手也比过去强多了。由于联合运输合并（如CSX—联铁的合并）及其良好的市场效果，出现了许多大的地区和国家承运人，它们主要集中在铁路、公路和航空业，并且在它们的目标市场各自成为市场领导人。

航空承运人和电子商务

此外，网上购物和电子商务的增加，为航空承运人带来了全球性的运输机遇，这是航空承运人相对于海洋承运人的竞争优势。据估计，潜在的全球电子商务市场的1/3位于北美之外，转换成超过1,000亿美元的市场。在2000年，DHL全球快递、FedEx和UPS引入了技术，为国际电子商务托运人的发送需求提供服务。[3]

承运人对营销的认识

营销活动。承运人已经认识到需要更加重视营销活动而不只是销售活动。许多因素促成了这种认知，如经济的放松管制、技术进步、承运人的合并和兼并、外包的日益增加及更高水平的竞争。

所有运输方式的承运人都制定了他们的市场目标、目的、战略和战术。但那些更为成功的承运人从销售导向调整为市场导向，前者对客户要求做出反应，而后者对客户需求做出预测。销售导向的承运人关心的是他们提供的运输服务，很少试图将他们的服务

---

① Chris Gillis and Philip Damas. “Maersk Sealand: After the Deal.” American Shipper 42, no.2 (February 2000), pp.52-58.

② CSX公司1999年年报（http: //www.csx.com）.

③ Gordon Forsyth. “Uncovering Cost,” American Shipper 42, no.2 (February 2000), pp.24.

整合到客户的营运活动中，而市场导向的承运人将他们自己看做是他们客户总体物流活动的一个部分。

市场细分

许多市场导向的承运人建立了市场细分策略，使他们在面临日益激烈的竞争时扩大了规模并提高了利润。一种典型的方法是按照地理位置细分市场，其他方法包括基于客户所需的服务水平进行的市场细分等。与需求的价格弹性很相似，运输市场也存在服务弹性，需求量随价格变化而波动[①]。可以证明，对承运人服务的需求是随提供的运输服务水平和服务范围的变化而变化的。

承运人的营销活动将继续得到重视，部分原因是因为市场结构发生了改变。市场中存在一定的机会使得承运人获得更高利润和更多市场份额，但机会只给予那些客户导向型的公司。同时，承运人必须培训他们的销售人员出售“增值”服务，而这是一种不同于传统的承运人销售策略的销售方法。

运输生产率

托运人和承运人都很关注减少成本和提高运输生产率的问题，通过改进许多战术或战略可以降低成本，具体方法如下所示：

成本改进的可能

战术方法

- 了解目前的费率，并且倾向于选择能够提供稳定服务水平、成本较低的承运人
- 确保费率符合合同规定，并且这些价格具有竞争力
- 确保拥有一个核心承运人的项目
- 控制货物入厂运输费用
- 监控承运人的绩效
- 消除运费单审核的功能

战略方法

- 调查自动化装载计划工具的使用情况
- 把订单录入与费率和运输时间结合起来
- 为采购职能提供运输资源
- 分析企业适合维持自营承运车队的业务场合
- 寻找可以和承运人一起努力，挖掘降低他们所提供的服务成本的机会[②]

提高生产率对于任何成功的物流系统都绝对重要，通过正确做事（即效率）和做正确的事（即有效）可以实现提高生产率，主要通过尽可能大幅度提高托运人和承运人的

① 价格需求弹性，是指数量变化率与价格变化率的比率，价格弹性大于1表示销售量增加（减少）的幅度高于价格提高（降低）的幅度，价格弹性小于1表示销售量增加（减少）的幅度低于价格提高（降低）的幅度。

② Transportation Management, document published by PricewaterhouseCoopers LLP (1999), unnumbered.

生产率来提高运输系统的效率。

提高生产率可以被分成三种情况：

提高生产率的可能

1. 运输系统的设计及其方法、设备和作业流程的改进（如入厂运输合并、公司经营长途货运、本地装载和发送运营、购买租赁运输）。
2. 改进劳动力和设备的利用（如散货业务、车辆的回程利用、线路制定和计划系统、追踪和监控系统、客户交付时间、运输合并/共享和司机使用）。
3. 改进劳动力和设备的绩效（如司机作业标准、第一线管理的改进、运输数据库的建立、鼓励更高生产力、安全性的激励补偿和提高燃料使用效率的计划）。[1]

评估承运人的效率

从托运人的角度，评估承运人经济性和有效性的指标包括：索赔和/或损失比例、在途时间可变性、准时装载和发送的比例、每吨英里成本、单据准确率和客户投诉次数。在许多组织中，这种数据不是以正式报告的方式出现的，因此，在评估承运人的绩效时也采用非正式的方式。

承运人同样也进行类似评估，虽然他们是从服务的供应方面而不是从接受方面来评估他们自己的服务。此外，一些承运人从通车车道、托运人、销售人员或终点等方面估算财务贡献，这些估算结果主要用在内部绩效评估上，但特殊情形下可能由客户提供，例如费率谈判或合作安排。数据收集的确切形式与获取某些格式的信息的需求相比而言，不是那么重要。根据科尔尼公司（A.T.Kearney）：

生产率评估阶段

> 运输评估几乎总是根据具体公司的具体信息进行的……（图9.4）表示了一个具有代表性的有效评估方法的发展过程。这个发展过程可以看做由四个不同的阶段组成。
>
> 阶段Ⅰ是建立和使用以金额表示的原始数据。这些数据的特征是它们通常是由其他的职能领域提供的（如销售或财务）；它们本质上都是财务数据，并且评估时间相对较长（如每月或每季）。在这个阶段，通常把这些成本数据和某些总体产出量如销售额相比较。因此，阶段Ⅰ的常见评估可能是总的运输成本占销售额的百分比。通常，首先计算出厂运输，只有那些较为先进的公司才可以有效地收集有关入厂运输成本和流量的信息。
>
> 阶段Ⅱ为运输活动确定实物指标和活动预算。在整个运输活动中，按较短的时间间隔（如天或星期）来记录如重量、停泊点、订单、英里等的数量。这里，这些实物单位可以按照运输劳动力和非劳动力成本计算，记录每磅、每英里、每停泊点、每吨英里的成本，拥有这个信息可以对各时间段上的活动进行预算。
>
> 阶段Ⅲ的一开始，建立运输整体业务的经验“目标”或历史“目标”。这些目标可以以实物单位或阶段营运成本的形式表现，但无论何种形式都可以进行指标的评估（实际值相对于标准值）……下一步工作是对每一工作建立劳动力和非劳动力输入量的工业设计标准，通常更为复杂，对运输的要求接着就可以转化为用工作的标准时间、车辆负荷或美元成本等表示，建立了这种标准，通过比较作业与可变

[1] A.T.Kearney.Inc., Measuring and Improving Productivity, pp.174-85.

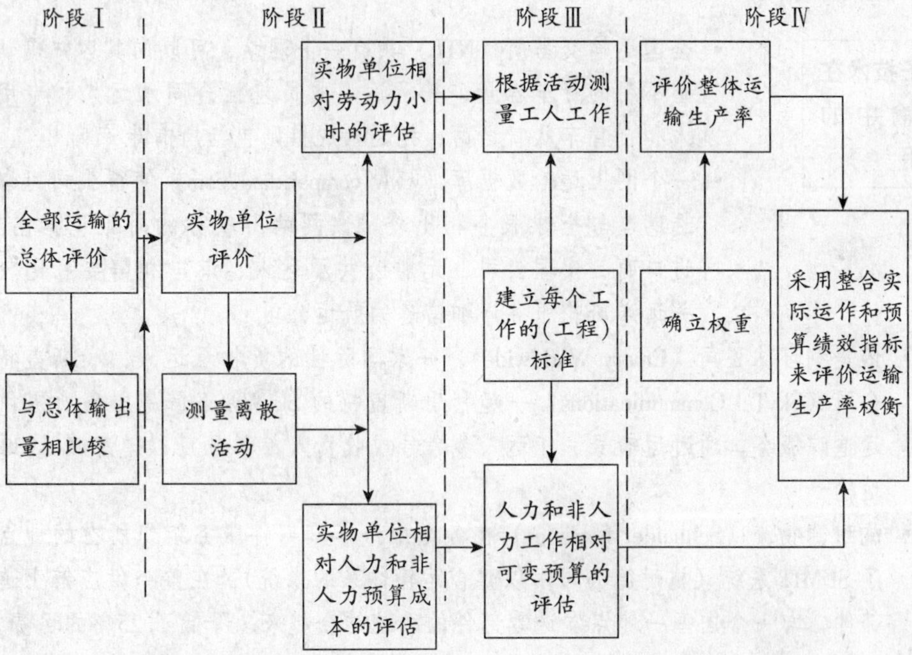

数据来源：A.T.Kearney Inc, Measuring and Improving Productivity in Physical Distribution (Oak Brook, IL: National Council of Physical Distribution Management, 1984), pp.173.

图 9.4　运输生产率评估的发展过程

(如产量相关的) 预算，使得评估人工和非人工的作业成为可能，这里包括了实际成本相对于可变成本的分析，并且强调了对预算变化原因的差异分析（如标准与实际单位成本、标准与实际输出量)。

阶段Ⅳ是生产率评估系统的最后一步。在阶段Ⅳ中，实际评估数据和财务数据结合起来，为管理层提供关于运输营运的总体情况。采用这种评估系统，管理层能够控制正在运行的体系，并且测试其他可行方案，来探讨是否取舍现有营运。[①]

生产率评估允许决策者更好地计划、实施和控制运输网络，许多重要结果则可以直接利用计算机技术得到。

技术问题

物流管理，尤其是在交通运输管理中，使用电子商务和计算机非常普遍。例如，公司使用网络传送电子邮件、追踪货运、获得行业和承运人的新闻和信息以及搜索数据库。[②] 据估计，承运人和他们的客户间的所有交易中，50%是通过网络处理的。[③] 电子技

① A. T. Kearney. Inc., Measuring and Improving Productivity, pp.171-72, 174.

② Steven Salkin, "Back to Basics," Logistics Management and Distribution Report 38, no.4 (April 1999), p.99.

③ Scott Moscrip. "What's It to Me? Internet Expertise Boosts Fleet Efficiency-And Job Security," Business Trucking 37, no.10 (October 1999), p.35.

术的一些具体应用如下所示：

电子技术在运输中的使用

- 全国运输交易所（NTE）具有一个网站，可以向其客户确认和出售不用的货车容量，其承运人成员包括合同承运人、专用承运人和自营车队营运商，托运人成员则包括所有生产商①
- 一个网上运输数据库（www.compairdata.com）使得公司可以把被选港口与全球服务相比较。该网站所服务的对象包括出口商、进口商、代理公司、无船公共承运人、港口和需要可比较的有关远洋班轮服务详细信息的航运公司②
- 依美利环球公司（Emery Worldwide），一家国际性的货物承运人，和斯盖特通讯公司（SkyTel Communications）一起利用斯盖特的SkyWriter信息服务所提供的货运追踪服务。通过运输号、托运人参考号或收货人参考号可以追踪多达30次的运输③
- 施耐德物流（Schneider Logistics）在各通用汽车零部件服务组织所在的地点安装了SUMIT系统（施耐德公司用以整合运输体系的系统），在整个供应链上追踪零部件，与一个向每一地点发送零部件的系统结合起来，降低了25%的运费支出，缩短了一半的定货周期，并且减少了库存水平④
- RPS有限公司是FDX公司的一家子公司，它具有一个称为Custom-CLEAR的软件包，该软件包存储出口商的有关国际运输的电子数据，并产生相应的文件⑤
- 美国运输部有一个网上图书馆站点（http://ntl.bts.gov/tris），它包括了世界上最大的运输参考文献数据库⑥
- 在20世纪90年代，UPS每年在技术上投资10多亿美元，使该公司可以和客户更好地进行电子联络⑦

四种类型的运输软件

一般地，计算机化的运输活动可以分成四类：运输分析，交通线路确认和计划，费率的维持和审核和车辆保养。20年来，安达信咨询公司（Andersen Consulting）每年都对物流系统的计算机软件进行调查，描述了以上四类运输活动：

1. 运输分析。通过提供如承运人运作、运输方式、航线使用、货运保险惯例和返航等关键绩效指标的历史数据报告，这类软件允许管理层监控成本和服务。

---

① "Up Front." Logistics Management and Distribution Report 38, no.3 (Marchl 1999), p.3.

② "Compare Global Shipping Services on the Internet." American Shipper 41, no.4 (April 1999), p.4.

③ Peter Bradley. "Carriers Serve Up New Menu Choices." Logistics Management and Distribution Report 37, no.11 (November 1998), p.78.

④ A.T.Kearney, Inc..Converging Technologies and Value Creation, p.2.

⑤ "RPS Introduces International Shipping Software," Logistics Management and Distribution Report 38, no.4 (April 1998), p.97.

⑥ "DOT Announces New Internet Library Site," National Industrial Transportation League Notice 64 (January 14, 2000), p.2.

⑦ Troy J.Strader, "Electronic Commerce in the Transportation Industry," Transportation Trends 1.no.3 (September 1999), p.7.

2. 交通线路确认和计划。这类软件提供的信息包括船舶停泊点的次序和时间顺序、路程决定、运输文书准备和船舶的可使用情况。
3. 费率的维持和审核。这类软件系统实现对费率数据库的维护或者进行运单审核，把实际运单的费率和数据库中计算出来的最低可行费率相比较，随后，系统可以支付、授权支付或者汇报异常情况。
4. 车辆保养。这类软件通常提供的信息包括车辆保养计划和报告。①

有些情况下，组织可以使用运输管理系统（TMSs）。这些系统确定把产品运输到最终用户手中的最优方法，操作流程如下："TMS 从一个订单管理系统（OMS）处获得订单，然后确认符合发送要求的运输日期、检查费率、指定承运人，并且，在把订单发送到仓库管理系统（WMS）进行处理前建立装载和发送计划。一旦处理了订单、确定货物准备装运时，由 TMS 管理货物发送和运费支付。"②

帕米达控股公司使用计算机系统

帕米达控股公司（Pamida Holdings）是一家在 15 个州拥有商店的日用品零售商，为其运入运出货物的线路确认和计划配套了一个计算机化的运输管理系统，系统运行后的 90 天内就节约了六位数的支出。③

供应链管理软件

在一项对国家最大的运输和服务供应商的信息总监和财务总监的调查中，毕马威（KPMG），一家全球性的会计、税收和咨询公司，发现超过一半的大公司计划在供应链管理（SCM）软件上投资。在运输业，未来软件投资可能出现的领域包括航空（货物追踪、人员计划、供应链计划、飞行计划），海运（水路和陆路运输计划、运输追踪/扫描），铁路（铁路车厢和机车管理）和公路（订单输入和管理）。④

组织内和组织之间计算机使用的水平都是不同的。尽管存在这样的差异，很明显，技术的应用仍快速发展，在运输领域尤其如此。这种趋势很有可能还要持续下去。⑤

国际运输

尽管航空和水路运输可能是国际运输中最为重要的运输方式，货物的国际运输可以采用任何一种基本运输模式，而国内运输中最重要的运输方式是公路、铁路和水路运输。

---

① Richard C. Haverly and James F. Whelan, Logistics Software (New York: Andersen Consulting, 1996), p.9.

② "Glossary of Supply Chain Terms," Supply Chain Yearbook 2000 (Winter 2000), p.76.

③ Deborah Catalano Ruriani, "Pamida's Big Payoff," Inbound Logistics 16, no.8 (August 1996), pp.32-35.

④ Strategic Technology: A Survey of Top Transportation and Logistics Service Providers, report published by KPMG LLP (1999), p.12.

⑤ 有关在卡车运输中使用技术和 Internet 的讨论，请参阅 Leslie Hansen Harps, "1-Trucking : Web Powers U.S.Truckers," Inbound Logistics 19, no.9 (September 1999), pp.30-42.

全球运输设施的不同

从全球范围看，各国运输设施有着巨大的差异。图 9.5 比较了不同国家的铁路设施。各种运输模式也随着地区的不同而不同，物流管理者在这些地区配送货物时，必须分析这些方式。税收、运输补贴、法规、国营承运人、地理情况以及其他因素之间的不同，对入厂、出厂货物中运输模式和承运人的选择有着十分重要的影响。

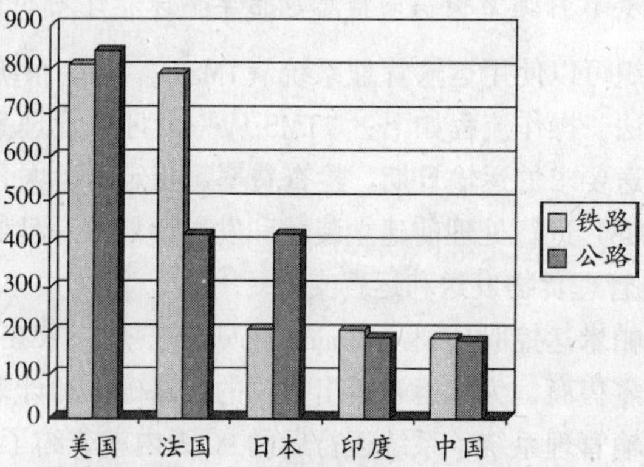

数据来源：Excel Logistics data as reported in Beth M. Schwartz, "Asia's Bumpy Road to Recovery," Transportation & Distribution 40, no.10 (October 1999), p.48. Reprinted from various editions of Transportation & Distribution and Industry Week. Copyright 1995 permission granted by Penton, Cleveland, Ohio.

图 9.5 全球的铁路和公路设施(公里/百万人)

正如第 8 章中所提到的，在欧盟，铁路系统是国有机构或者其附属机构，比起美国，其设备、铁轨以及其他设施相对较好，因此，欧盟（EU）的铁路服务通常比美国好。由于日本和欧洲的海岸线和内陆水道的长度和特性等条件比美国或加拿大好，水路运输的使用情况也比美国多。跨越国界的运输机构则因为各国运输系统的不同，需要全面地评估不同的运输方案、成本与服务。

通常而言，国际运输成本在商品价值中所占的比重要高于国内运输，其原因主要是由于运输距离长、管理要求不一以及国际运输必须涉及的文书工作。①

交通运输管理决策中，物流管理者必须意识到国内外运输市场存在着差异，采用混合运输方式时，运输模式的可行性、费率、管制条例、服务水平以及其他特性都因市场的不同而不同，知道并了解这点非常重要，只有这样，才可以针对具体国际市场建立优化的运输网络。

评估国际运输方案

当物流管理者评价国际运输方案时，他们通常采用如下决策指标：降低运输/配送成本、减少员工、集中发展核心业务、兼并外部企业以及利用供应商的物流信息系统。② 本书的第 13 和第 14 章中，将进一步阐述各种国际运输问题。

---

① Paul S. Bender, "International Logistics," in The Distribution Management Handbook, ed. James A. Tomplins and Dale Harmelink (New York: McGraw-Hill, 1994), pp. 8.5-8.6.

② Gregory E. Burns "Freight Forwarding / Logistics: Toward a New Era in Transportation", excerpt from industry report by Gerard Klauer Mattison & Co. (June 1997), Exhibit 24.

技　术

对数字化托运人的帮助

目前，在日常交通运输管理工作中，零担（LTL）托运人积极利用网络服务，大多数承运人有自己的网站，利用这些网站为其客户企业的物流管理者提供许多有用信息，承运人所提供的部分网络服务如下：

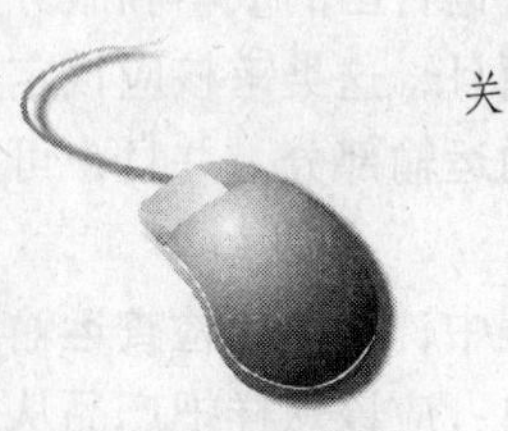

- 接收通用的或客户化的运输报价和费率
- 提出装载请求：发送点、目的地及其他运输信息或者安排装载时间
- 填写并发送有关装船的表格
- 追踪托运货物
- 接收重大事件的自动电子邮件通告，包括发送确认或可能延误的通知
- 采用电子通讯方式，接洽从销售至应收款整个过程中所有与运输相关的各部门
- 发生货损货差时找回有关信息
- 实现电子支付
- 文件检索
- 生成承运人报告卡片。托运人也可以根据价格、准时率、索赔要求或者其他用来追踪承运人运作状况的指标下载并处理托运信息

资料来源：Jim Thomas，"Cyber Carriers，" Logistics Management and Distribution Report 38，no. 4（April 1999），p. 53.

全球化

任何人都可以在网上销售，但你能够进行全球交付吗？

诸如 etoys.com 和 toysrus.com 等电子零售商，主要在北美运输货物，有一部分商品则被运往英国。不能实现全球化货物发送的主要原因是国际配送的成本昂贵，难以用合理价格进行高质量货物交付，并且难以从分散在全球的客户手中获取报酬。

一个纽约公司，Syntra 技术公司建立了一个被称为"全球物流系统（GLS）"的网站。GLS系统的一个用户——摩托罗拉，降低了其全球运输成本，库存水平从45天降至5天，并把订货周期缩短了一半。根据最近的一个报道：

> 在国际订单落实之前，就必须考虑起始点和终点以及运输途中经过的国家。GLS不仅考虑了托运的是什么，还考虑了收货的国家或个人，以及实现该订单必须经由的途径。
>
> 与国内托运不同，国际运输公司可以通过多种运输方式运输货物。全球性的运输公司应可以分析各种运输方式的不同组合，确定最有效的运输方案。通过发送协同信息，GLS可以预定多种运输模式，设计理想的产品运送过程，根据订单所处的情况，预先航运通告整个供应链中的承运人，加强对任何问题或者任何可能发生的延迟的预先反应。

数据来源：Connie Gentry，"Anyone Can Sell on the Web. But Can You Deliver Worldwide?" Inbound Logistics 19，no 12（December 1999）pp. 44-45. Reprinted with permission from Inbound Logistics Magazine-www.inboundlogistics.com.

运输审核

不存在一个运输系统可以在所有组织中通用，因为任何组织都有自己独特的产品、市场、客户和工厂，企业必须根据自己的成本和服务建立一套优化系统。企业可以对物流系统的任何部分进行审核，而且，这类审核应该定期进行。对运输系统的审核可以帮助企业了解其物流网络中不同的运输部分，并且，可以辨认并精确处理运输决策问题中的重要环节。

运输审核的组成

在审核过程中，企业应检查运输系统的成本和服务。理论上讲，运输决策相当简单：应该怎样把产品从供应商处转移到客户企业、又从客户企业转送到消费者手中？但是，很不幸，实际总是比理论复杂，客户订单的数量和到达时间不一样，他们订购不同的产品，而且，他们所处的位置也各不相同。其他复杂的因素如多个采购点、不同库存水平以及不同的运输方式/承运人方案及特性等。

企业计划、执行和控制自身的运输体系时必须考虑许多因素。产品的具体种类对运输方式或承运人的选择有影响，一些产品，由于其形状、重量、耐用性及价值等因素，某些运输方式不太适合，所以，为了提供最佳的成本和服务组合而选择合适的运输方式和承运人时，组织应特别重视有关产品—运输方式的配合问题。

类似地，识别所有潜在模式或承运人的特性也是重要的。通常，企业可以采用多种运输方案，为了实现优化决策，企业就一定要充分了解每一种方案。

即使已建立了一个特殊网络，仍应长期监视和评价系统。运输系统的完全审核，所采取的步骤包括：识别运行标准、衡量成本与服务、计划、实施与控制整个运输网络等，评价工作必须完全覆盖企业的物流系统。审核本身提供了无数机会来改进运输运作系统的效率和效果。

运输审核的好处

此外，审核运输系统可以帮助组织建立一个运输业务计划。这种计划勾画了一个与卖主、供应商和客户进行业务往来的方案。一个成功的业务计划通常包含如下内容：

- 从内、外部客户处了解有关他们对服务和成本要求的信息
- 把客户对服务和成本的要求与承运人市场的信息进行比较
- 为了及时完成业务计划，设定与文化、环境及道德、管理等一致的目标
- 评价承运人的短期能力
- 作为一个投资项目来评价承运人的长期能力
- 确认客观上可以提供最佳服务并且对企业的业务感兴趣的承运人
- 与承运人签署包括成本和服务目标的合约①

不仅仅审核运输

运输审核的一个重要部分是衡量客户对承运人及其所提供的服务的看法。在本章的附录中，给出了一份有关运输客户服务的问卷，列出了有效选择和评价一个公路零担承运人所必需包含的信息。需要注意的

① As Stated in Transportation Business Planning, a publication of 3M, St.Paul, Minnesota (updated pamphlet).

是，运输部分不能单独检查，在问卷调查中有许多关于物流系统其他部分的问题，同时，还要考虑到市场因素（如产品、价格和促销），涉及这些问题的主要原因是任何利用问卷调查结果所做的运输决策无疑会影响到物流的其他领域。

类似地，也影响到营销等领域。由于企业的资源是有限的，就必定会存在取舍问题。在一个领域多花费的资金，意味着在另一个领域降低开销。为了使正确的运输决策与组织的其他活动一致，运输管理层就必须获取多方面的信息。

当然，问卷调查的多样性对其他运输方式、承运人和各种情况都是可行的。不管使用何种方式，定期收集有关的服务信息非常重要，而且，运输方式/承运人的运作也要符合企业及其客户的需求。

创造性解决方案

罗门 & 哈斯公司怎样利用技术和重组节约1亿美元

罗门 & 哈斯公司（Rohm & Haas）是北美一家化学品制造商，全球营业额达40亿美元，它利用各种运输模式配送产品。它的产品包括一些专用化学品，用于丙烯酸涂料、防漏产品、地板上光剂、滑润剂、水质软化和纯净产品、乙烯壁板、乙烯真空成型包装、印刷电路板及半导体等。

为了降低成本并改进公司全球物流系统的管理水平，罗门 & 哈斯公司委托一家第三方物流公司来解决公司的供应链管理问题。传统上，罗门哈斯公司自行开发计算机软件，为适应各地的条件，系统会进行相应修改，结果导致数据格式不太标准，而且，由于地点、产品线路等等原因，很难比较各种运作效果。

经过几年努力，罗门 & 哈斯公司开发并实施了一套全球计算机系统网络，第一次实现了从全球各处汇总统一格式的数据，结果，把几个公司的业务集中了，在欧洲和北美两个地区，合并了应付账款和其他财务指标。但是，即使全球物流体系实施之后，仍存在一些问题。

正如罗门 & 哈斯公司物流与供应链部门的主任所说：“1991～1994年，我们认识到，一旦对一个大的计算机系统进行投资，总不能建立一个与系统完全一致的业务流程……如果你还没有按系统要求训练员工——你将有一个系统，但为了使它有效运行，每个人都必须做额外的工作。”

利用作业成本法，罗门 & 哈斯公司发现他们在供应链上花费了8亿美元，与他们的第三方物流一起合作设定的一些方案有：

1. 改进运输中物料和供应产品的装卸作业。
2. 平衡运量，减少委托的货运运输公司。
3. 通过设定规则改造主要业务活动，令员工意识到“关注数字”的重要性。

罗门 & 哈斯公司在计算机系统和业务重组方面所采取的所有变革，从公司8亿美元的费用中节约了1亿美元。

数据来源：Adapted Robert Mottley, “How Rohm & Hass Saved $100 million,” American Shipper 41, no. 4 (April 1999), pp. 27-30. Reprinted by Permission of American Shipper.

小结

本章回顾了运输的一些基本管理文件和管理活动，包括托运人和承运人的主要运输管理策略。从托运人的角度看，最为重要的因素是货物的入厂与出厂运输、运输方式/承运人的选择、合同、外包、自营承运人/租赁承运人、战略伙伴与联盟；承运人则主要关注定价/谈判、线路与计划、提供的服务、竞争与市场活动等问题。

本章讨论了有关运输生产率的问题，并分析了几个技术创造利润的案例，从中可看出计算机技术在交通运输管理中的未来作用。在讨论企业的运输流程时，我们提出运输审核是一种很有用的工具。

推荐阅读材料

Bowman, Robert J. "Small-Shipment Carriers Pick up the Pace – and Diversify Offerings." Global Logistics & Supply Chain Strategies 4, no.4 (May 2000), pp.60-68.

Boyson, Sandor, Thomas Corsi, Martin Dresner, and Elliot Rabinovich. "Managing Effective Third Party Logistics Relationships: What Does It Take?" Journal of Business Logistics 20, no.1 (1999), pp.73-100.

Crowley, James A. "Virtual Logistics: Transport in the Marketspace." International Journal of Physical Distribution and Logistics Management 29, no.7 (1998), pp.547-74.

D'Este, Glen. "An Event-Based Approach to Modelling Intermodal Freight Systems." International Journal of Physical Distribution and Logistics Management 26, no. 6 (1996), pp.5-16.

Ernst & Whinney. Transportation Accounting and Control: Guidelines for Distribution and Financial Management (Oak Brook, IL: National Council of Physical Distribution Management, 1983).

Forsyth, Gordon. "Meet the Digital 3PL." American Shipper 42, no.4 (April 2000), pp.18-26.

Hanna, Joe B., and David J. Bloomberg. "An Examination of Risk and Resource Sharing Behavior Between LTL Trucking Companies and Warehouse Providers." Journal of Transportation Management 9, no.2 (Fall 1997), pp.16-24.

Kasarda, John D. "Transportation Infrastructure for Competitive Success." Transportation Quarterly 50, no.1 (Winter 1996), pp.35-50.

McConville, Daniel J. "Private Fleet Leasing: Two Sides to Teamwork." Distribution 96, no.3 (March 1997), pp.40-46.

Morash, Edward A., and Steven R. Clinton. "The Role of Transportation Capabilities in International Supply Chain Management." Transportation Journal 36, no.3 (Spring 1997), pp.5-17.

Nielsen, Lise Drewes. "Flexibility and Innovation in the Supply Chain—A Case Study of Transport Activities." In Proceedings of the 11th Annual Conference for Nordic Researchers in Logistics, ed. Everth Larsson and Ulf Paulsson (Lund, Sweden: Lund Institute of Technology, 1999), pp.61-76.

Richardson, Barbara C. "Transportation Ethics." Transportation Quarterly 49, no. 2 (Spring 1995), pp.117-26.

Rinehart, Lloyd M., and David J. Closs. "Implications of Organizational Relationships. Negotiator Personalities, and Contract Issues on Outcomes in Logistics Negotiations." Journal of Business Logistics 12, no.1 (1991), pp.123-44.

Swartz, George J., and William E. Miller. "The Three Dimensions of Third-Party Selection and Implementation." Proceedings of the Annual Conference of the Council of Logistics Management (Oak Brook, IL: Council of Logistics Management, 1997), pp.461-74.

Van Doselaar, Karel, Kees Kokke, and Martijin Allessie. "Performance Measurement in the Transportation and Distribution Sector." International Journal of Physical Distribution and Logistics Management 28, no.6 (1998), pp.434-50.

Van Hoek, Remko I. "The Role of Transportation in Customized Supply Chains." Journal of Transportation Management 11, no.1 (Spring 1999), pp.50-64.

Weart, Walter. "Intermodal: What Now?" Inbound Logistics 20, no.3 (March 2000), pp. 24-35.

Wicker, Gary. "How to Become a Carrier-Preferred Shipper." Proceedings of the Annual Conference of the Council of Logistics Management (Oak Brook, IL: Council of Logistics Management, 1998), pp. 565-71.

Wisner, Joel D., and Ira A. Lewis. "A Study of Quality Improvement Practices in the Transportation Industry." Journal of Business Logistics 18, no.1 (1997), pp.179-97.

问题与习题

1. 运输承运人越来越趋向于市场导向，请辨别导致这一倾向的主要因素，并描述运输业中的主要营销活动形式。在新的市场环境中，承运人的销售队伍起到什么作用?

2. 大多数运输管理者都相信在选择是否改变运输方式时，一般而言，服务相关的因素比成本相关的因素重要。请说明企业在JIT环境中运行时，服务因素是如何比成本因素重要的。

3. 在评价运输模式时，服务稳定性远比在途时间重要，请区别这两个定义，并说明服务稳定性更为重要的可能理由。

4. 自营承运不仅是一种运输决策，同时也属于财务决策，如果企业要确定是投资建立自有运输车队，还是与一个运输承运人建立合作伙伴/战略联盟关系，那么它在决策时应该考虑哪些因素?

5. 随着承运人和托运人合作程度的加深，战略伙伴关系和联盟越来越重要了，请指出托运人和承运人建立这种关系时可以得到的一些好处。

6. 对托运人而言，运输审核的作用如何? 怎样把运输审核与物流和组织的其他职能联系起来? 运输审核的主要内容是什么?

附录 运输服务质量问卷样本

托运人选择和评价一般商品公路零担承运人的调查

杰克逊维尔北佛罗里达大学管理、营销与物流系

第一部分：选择和评价一般商品公路零担承运人所考虑的因素

说明：下面列出公路零担承运人通常向其客户提供的不同因素。本部分问卷有两个目的，下面将分别解释这两个目的。不要对 UPS 或 RPS 等小包裹投递服务进行评价。

第一个目的是列出所在企业选择新的公路零担承运人时，或者评价现有承运人业务时所要考虑的不同因素，请在 1~7 中圈出最代表这些因素对你所在公司重要程度的数字，如果一个因素对公司的业务没有用，或者在评价承运人时一点都不重要，请在 1 上打圈（不重要）。如果目前承运人并没有提供某项内容，请按如果存在这项服务则对你的公司所产生的重要程度进行评价。7（非常重要）赋予那些可能导致重新评价承运人，或者一旦该项因素不满意导致放弃这个承运人的因素。

第二个目的是评价目前所使用的三个零担承运人，请在下面表示“承运人 A”“承运人 B”、“承运人 C”的空白处填上你的公司最常采用的三个公路零担承运人（如果所用的承运人数目不到三个，请对你所委托的运输公司进行评价）。随后，在标识“绩效印象”处填上 1~7 中的一个数字，这一数字最能代表该公司的实际运作情况，如果某个承运人运作不良，请在相应处填上“1”；运作优秀，则填上“7”。如果承运人不提供某项服务，则在相应处写上“NA”，意思是没有得到。

所委托的零担承运人：

承运人 A（此承运人为你的公司运输的货物最多）= ____________

承运人 B（此承运人为你的公司运输的货物次多）= ____________

承运人 C（此承运人为你的公司运输的货物第三）= ____________

例子：	重要性 不重要						非常重要	对承运人的绩效印象（1~7级）		
考虑因素	1	2	3	4	5	6	7	A	B	C
• 运输中的条形码	1	2	③	4	5	6	7	NA	2	NA
• 在途时间可靠性	1	2	3	4	5	⑥	7	5	7	6

	重要性 不重要						非常重要	对承运人的绩效印象(1~7级)		
考虑因素	1	2	3	4	5	6	7	A	B	C
1. 承运人货损货差的历史情况	1	2	3	4	5	6	7	__	__	__
2. 费率变化提前通知	1	2	3	4	5	6	7	__	__	__
3. 提供当日发送	1	2	3	4	5	6	7	__	__	__
4. 发送及时性	1	2	3	4	5	6	7	__	__	__
5. 承运人对客户投诉的及时反馈	1	2	3	4	5	6	7	__	__	__
6. 调度员素质										

	重要性							对承运人的绩效印象(1~7级)
	不重要						非常重要	
— 对承运人能力的了解程度	1	2	3	4	5	6	7	___ ___ ___
— 计划更改时能够迅速通知客户	1	2	3	4	5	6	7	___ ___ ___
— 诚实	1	2	3	4	5	6	7	___ ___ ___
— 关心/投入	1	2	3	4	5	6	7	___ ___ ___
— 友好性	1	2	3	4	5	6	7	___ ___ ___
7. 承运人销售代表所能提供的帮助/建议：								
— 运输方案	1	2	3	4	5	6	7	___ ___ ___
— 库存管理	1	2	3	4	5	6	7	___ ___ ___
— 客户报告(即在途时间分析)	1	2	3	4	5	6	7	___ ___ ___
— 货物抵达的即时系统	1	2	3	4	5	6	7	___ ___ ___
— 费率与税率	1	2	3	4	5	6	7	___ ___ ___
— 物流培训计划	1	2	3	4	5	6	7	___ ___ ___
— 客户服务问题	1	2	3	4	5	6	7	___ ___ ___
— EDI信息系统与应用	1	2	3	4	5	6	7	___ ___ ___
— 为降低货损对货物的包装	1	2	3	4	5	6	7	___ ___ ___
8. 竞争性费率	1	2	3	4	5	6	7	___ ___ ___
9. 以磁盘形式获得费率的可能	1	2	3	4	5	6	7	___ ___ ___
10. 解决运作问题时与承运人的单独接触	1	2	3	4	5	6	7	___ ___ ___
11. 费率结构的简单和清晰程度	1	2	3	4	5	6	7	___ ___ ___
12.（在线终端）的电子界面								
— 装载	1	2	3	4	5	6	7	___ ___ ___
— 单据	1	2	3	4	5	6	7	___ ___ ___
— 追踪	1	2	3	4	5	6	7	___ ___ ___
13. 承运人销售代表给你打电话的频率	1	2	3	4	5	6	7	___ ___ ___
14. 最低费率	1	2	3	4	5	6	7	___ ___ ___
15. 费用早支付或提前支付享受的现金折扣	1	2	3	4	5	6	7	___ ___ ___
16. 承运人具有足够的利用不同公司的业务安排	1	2	3	4	5	6	7	___ ___ ___
17. 从承运人处可以得到的文献/信息								
— 路线指南	1	2	3	4	5	6	7	___ ___ ___
— 定价	1	2	3	4	5	6	7	___ ___ ___
18. "公开价值"费率的可得性	1	2	3	4	5	6	7	___ ___ ___
19. 承运人在处理货损货差索赔的协助	1	2	3	4	5	6	7	___ ___ ___
20. 装载时指定的数字	1	2	3	4	5	6	7	___ ___ ___

	重要性							对承运人的绩效印象(1~7级)		
	不重要						非常重要			
21. 开票人员的素质										
— 对开票手续的熟悉程度	1	2	3	4	5	6	7	___	___	___
— 从速跟踪能力	1	2	3	4	5	6	7	___	___	___
— 诚实	1	2	3	4	5	6	7	___	___	___
— 对我的业务的熟悉程度	1	2	3	4	5	6	7	___	___	___
— 关心/投入	1	2	3	4	5	6	7	___	___	___
22. 直接交付能力	1	2	3	4	5	6	7	___	___	___
23. 下达装载通知时应提供的信息:										
— 计划装载时间	1	2	3	4	5	6	7	___	___	___
— 计划发送时间	1	2	3	4	5	6	7	___	___	___
— 费率信息	1	2	3	4	5	6	7	___	___	___
24. 及时装载性	1	2	3	4	5	6	7	___	___	___
25. 用于跟踪的条形码	1	2	3	4	5	6	7	___	___	___
26. 承运人提供的招待	1	2	3	4	5	6	7	___	___	___
27. 承运人面对问题/投诉的态度	1	2	3	4	5	6	7	___	___	___
28. 托运人进行的预防投诉计划[即卡车防盗、观测设备、统计过程控制(SPC)]	1	2	3	4	5	6	7	___	___	___
29. 对投诉的迅速反应	1	2	3	4	5	6	7	___	___	___
30. 单据问询时的快速、准确的反应	1	2	3	4	5	6	7	___	___	___
31. 促销礼物(咖啡杯、高尔夫球、日历等)	1	2	3	4	5	6	7	___	___	___
32. 一旦不属于客户服务反馈范围,销售代表的可接触程度	1	2	3	4	5	6	7	___	___	___
33. 重新协商费率的意愿	1	2	3	4	5	6	7	___	___	___
34. 承诺在途时间长度(从装载到发送)	1	2	3	4	5	6	7	___	___	___
35. 可能的话,发生延迟时的提前通知(如气候、设备故障等)	1	2	3	4	5	6	7	___	___	___
36. 货物运单上所涉及的提货单或控制号码	1	2	3	4	5	6	7	___	___	___
37. 司机在装载货物时定期/按计划签到	1	2	3	4	5	6	7	___	___	___
38. 为解决单据问题单独与承运人接触	1	2	3	4	5	6	7	___	___	___
39. 运输抵押	1	2	3	4	5	6	7	___	___	___
40. 服务关键环节的频率	1	2	3	4	5	6	7	___	___	___
41. 完全/清晰/合法的货物运单	1	2	3	4	5	6	7	___	___	___
42. 司机的素质	1	2	3	4	5	6	7	___	___	___
— 对承运人能力的熟悉程度	1	2	3	4	5	6	7	___	___	___

	重要性 不重要						非常重要	对承运人的绩效印象(1~7级)		
—处理问题的能力	1	2	3	4	5	6	7	___	___	___
—诚实	1	2	3	4	5	6	7	___	___	___
—对问询的反应	1	2	3	4	5	6	7	___	___	___
—提供帮助	1	2	3	4	5	6	7	___	___	___
—友好性/礼貌程度	1	2	3	4	5	6	7	___	___	___
—从事内部运输的意愿	1	2	3	4	5	6	7	___	___	___
—外表	1	2	3	4	5	6	7	___	___	___
—制服	1	2	3	4	5	6	7	___	___	___
43. 快速获得以下状态信息的能力:										
—货运追踪	1	2	3	4	5	6	7	___	___	___
—发送	1	2	3	4	5	6	7	___	___	___
—COD运输	1	2	3	4	5	6	7	___	___	___
44. 对你和你的客户的优先级	1	2	3	4	5	6	7	___	___	___
45. 宽广的覆盖范围										
—你主要的运输起点/终点	1	2	3	4	5	6	7	___	___	___
—边远区域	1	2	3	4	5	6	7	___	___	___
46. 在竞标报价时快速、综合的反应(即合同折扣)	1	2	3	4	5	6	7	___	___	___
47. 对(ETA)查询反应的准确性	1	2	3	4	5	6	7	___	___	___
48. 承运人设备的清洁程度	1	2	3	4	5	6	7	___	___	___
49. 承运人商誉	1	2	3	4	5	6	7	___	___	___
50. 承运人的财务情况	1	2	3	4	5	6	7	___	___	___
51. 承运人的发送能力:中午以前	1	2	3	4	5	6	7	___	___	___
下午5:00后	1	2	3	4	5	6	7	___	___	___
52. 承运人针对具体以及/或特别需求提供客户化服务的能力										
—处理紧急托运	1	2	3	4	5	6	7	___	___	___
—处理危险品	1	2	3	4	5	6	7	___	___	___
—坚持特殊运输指示	1	2	3	4	5	6	7	___	___	___
—处理COD托运	1	2	3	4	5	6	7	___	___	___
—确定线路/重新计划	1	2	3	4	5	6	7	___	___	___
—内部运送	1	2	3	4	5	6	7	___	___	___
53. 承运人提供令人满意的保险服务	1	2	3	4	5	6	7	___	___	___
54. 与承运人的交情	1	2	3	4	5	6	7	___	___	___
55. 承运人发送货物时保护货物的能力	1	2	3	4	5	6	7	___	___	___
56. 准确填写单子	1	2	3	4	5	6	7	___	___	___
57. 托运分批进行的频率较低	1	2	3	4	5	6	7	___	___	___

	重要性							对承运人的绩效印象(1~7级)		
	不重要						非常重要			
58. 运单附有送货确认报告	1	2	3	4	5	6	7	___	___	___
59. 装载延迟提前通知的快速性	1	2	3	4	5	6	7	___	___	___
60. 承运人有关 COD(货到付现)/拒绝收货/返货/货主不明货物的政策	1	2	3	4	5	6	7	___	___	___
61. 运输时间的一致(可靠)性	1	2	3	4	5	6	7	___	___	___
62. 承运人处理所有客户问讯的能力										
— 单点接洽	1	2	3	4	5	6	7	___	___	___
— 直接反馈	1	2	3	4	5	6	7	___	___	___
63. 实施并完成运输的能力	1	2	3	4	5	6	7	___	___	___
64. 准确计算费率	1	2	3	4	5	6	7	___	___	___
65. 发送前处理电话业务的能力	1	2	3	4	5	6	7	___	___	___
66. 安全管理标准	1	2	3	4	5	6	7	___	___	___
67. 销售代表在谈判中有权定价	1	2	3	4	5	6	7	___	___	___
68. 承运人提供正式报告的能力										
— 填表准确性	1	2	3	4	5	6	7	___	___	___
— 投诉经验	1	2	3	4	5	6	7	___	___	___
— 发送及时性	1	2	3	4	5	6	7	___	___	___
— 装载及时性	1	2	3	4	5	6	7	___	___	___
— 运输时间	1	2	3	4	5	6	7	___	___	___

第二部分：对整个运作体系的评价

1. 请指出每个承运人目前承担贵公司运输业务的实际比重，以及在理想状态下，你所希望该承运人承担的运输业务比重（总计 100%）。

	目前%	理想（期望）%
承运人 A（承担贵公司运输业务量最多的承运人）	______%	______%
承运人 B（承担贵公司运输业务量次多的承运人）	______%	______%
承运人 C（承担贵公司运输业务量排名第三的承运人）	______%	______%
其他承运人	______%	______%
	100 %	100 %

2. 请在下面横线上标出你对承运人的满意程度，如果对承运人的运作特别不满意，则在最靠近左边的地方打上标记（标识差），如果对承运人特别满意，则在最靠近右边的地方打上标记（标识极好），在中间标识满意的地方，意味着承运人的运作是令人满意的。

承运人整体运作情况

	差	满意	极好
承运人 A	|————	————|————	————|
承运人 B	|————	————|————	————|
承运人 C	|————	————|————	————|

3. 是否会向其他托运人推荐该承运人？

承运人 A	承运人 B	承运人 C
____是	____是	____是
____否	____否	____否

4. 是否曾经向这些承运人反映过他们的服务问题？

承运人 A	承运人 B	承运人 C
____是	____是	____是
____否	____否	____否

5. 目前，主要零担承运人每月的准时发送货物的比例为多少？

承运人 A	装载______%	发送______%
承运人 B	装载______%	发送______%
承运人 C	装载______%	发送______%

6. 对这三个你所评价的承运人，请对定价最低的承运人的打分为0%，对其他承运人，指出你为他们支付的额外费用所占的比例，如果两个承运人的比例相同，请给他们打同样的分。

承运人 A	装载______%
承运人 B	装载______%
承运人 C	装载______%

第三部分：对公路零担承运人的期望运行水平

按你对零担承运人的要求，回答下列问题。

1. 目前，你所在部门与主要零担承运人的销售代表每月接触多少次？

________每月的当面访谈________每月的电话访问

2. 你所在部门希望与主要零担承运人的销售代表每月接触多少次？

________每月的当面访谈________每月的电话访问

3. 目前，你所在部门与主要零担承运人的销售代表每月接触的最低次数是多少？

________每月的当面访谈________每月的电话访问

4. 你希望承运人销售代表的反馈时间为多长？

a. 紧急情况______分钟　　b. 非紧急情况______分钟

5. 一旦价格变动，希望承运人提前多长时间发出通知？______天

6. 你希望从承运人接到通知到装载货物之间的平均周期为多长？______小时

7. 对一个预计发生的延迟，你认为可以接受的最长延误时间是多少？______小时

8. 主要公路零担承运人提供哪些项目？

______%提前支付享受的现金折扣

______%折扣

9. 承运人按规定时间要求发送货物的比例是多少？______%

10. 产品抵达时，多少产品受保护？______%

11. 产品受保护的期望比重是多少？______%

12. 评价承运人采用（从中选择一个）：

a. 正规流程/系统______　　b. 不正规流程/系统______

13. 评价承运人的频率是（从中选择一个）：

经常______　每周______　每月______　每年______　从不______

14. 及时发送到贵公司意味着增减（请填写确切数字）：

______分　______小时　______天

15. 希望你的主要公路零担承运人每月准时发送货物的比例应是多少？

装载________% 发送________%

16. 希望你的主要公路零担承运人每月准时发送货物的最低比例应是多少？

装载________% 发送________%

如果承运人的服务能够符合你的要求，在费率上，你可以接受的提高幅度是多少？______%

	强烈不同意						强烈同意
18. 在今后五年中,选择零担承运人时,条形码将越来越重要	1	2	3	4	5	6	7
19. 我要求从承运人处得到书面服务标准	1	2	3	4	5	6	7
20. 今后三年里,我不会再委托不使用统计过程控制方法提供运行报告的承运人来承担公司的运输业务	1	2	3	4	5	6	7

第四部分：统计数据

本部分提供的信息，旨在帮助市场细分并为前面部分提供更有意义的分析。如果没有确切数据，请提供近似数据。

1. 公司年总销售收入大概是多少？$______
2. 公司（部门）介入这一业务的时间多长？（如果答案是四年或四年以下，则不用回答问题3。）______年
3. 公司在过去五年里销售平均年增长率为多少？______%
4. 公司年货运支出大约是多少：公司总计？$______ 本地区？$______
5. 公司有多少制造地？______
6. 该承运人为公司提供的入厂运输占总数的百分比是多少？______%
7. 该承运人为公司提供的出厂运输占总数的百分比是多少？______%
8. 请指出你所在公司产品或原材料转移的比例，通过

	入厂（吨）所占的比例		出厂（吨）所占的比例	
	现在	1995	现在	1995
公路零担承运人	______	______	______	______

9. 每月总的零担货物托运量为多少？

______入厂货物______出厂货物

10. 你的零担货物重，要求特别服务的“紧急”订单所占的比例为多少？

入厂______% 出厂______%

11. 你有多少典型的零担货物？______磅
12. 你的典型零担货物的平均价值是多少？$______
13. 请给出以下托运人的总评价。

	评价所需信息不足	非常不好						非常好
承运人：		1	2	3	4	5	6	7
AAA库珀	______	1	2	3	4	5	6	7
奥特曼	______	1	2	3	4	5	6	7
本顿兄弟	______	1	2	3	4	5	6	7
卡罗莱纳	______	1	2	3	4	5	6	7
混装	______	1	2	3	4	5	6	7
艾斯岱	______	1	2	3	4	5	6	7

	评价所需信息不足	非常不好						非常好
盖特	________	1	2	3	4	5	6	7
老多明尼	________	1	2	3	4	5	6	7
欧发耐	________	1	2	3	4	5	6	7
罗德威	________	1	2	3	4	5	6	7
斯莫里	________	1	2	3	4	5	6	7
东南	________	1	2	3	4	5	6	7
南方货运	________	1	2	3	4	5	6	7
超级运输	________	1	2	3	4	5	6	7
崔沙斯	________	1	2	3	4	5	6	7
沃特金斯	________	1	2	3	4	5	6	7
耶罗	________	1	2	3	4	5	6	7
其他(请自行给出)________	________	1	2	3	4	5	6	7

14. 你所在的行业？(请给出下列行业占你业务的比例)

汽车	________%	医疗设备	________%
化学/塑料	________%	军事	________%
计算机	________%	纸张类产品	________%
建筑	________%	汽油	________%
消费品	________%	医药	________%
教育	________%	零售	________%
食品	________%	电信	________%
工业器材	________%	________	________%
设备仪器	________%		100%

15. 你的职位或头衔？________________________

16. 请指出你所承担的职责（检查所有工作）

______接受账单	______国际运输	______采购
______客户服务	______库存控制	______运输—接收
______配送	______物料管理	______运输
______选择运入货物的承运人	______选择运出货物的承运人	______仓储

17. 你的邮政区号的前三位是什么？________

谢谢您参与并配合这次调查工作，对于您在此所花费的时间，我们表示衷心感谢。请把问卷装入所提供的回邮信封中，寄到：

道格拉斯·M·兰伯特博士和詹姆士·R·斯多克博士

佛罗里达州杰克逊维尔圣约翰斯·本拉夫路 4567 号北佛罗里达大学商学院管理、营销和物流系

CHAPTER 10

仓 储

本章大纲

本章目标

- 说明为什么仓储在物流系统中是重要的
- 区分现有的仓储设施的类型
- 分析仓储的主要功能
- 比较公共仓储和自营仓库
- 分析与仓储设施设计相关的问题
- 描述与国际性仓储有关的问题
- 概要说明生产率及财务/控制等问题在仓储管理中的重要性

引　言

仓储是生产者与客户之间的一个主要联系纽带

仓储是每一个物流系统不可缺少的组成部分。它在以可能的最低总成本提供令人满意的客户服务方面具有举足轻重的作用（见图 10.1）。仓储是生产者与客户之间的一个主要的联系纽带，在过去几年里，仓储从企业物流系统中一个相对较小的方面发展成为其最重要的职能之一。我们可以这样定义仓储：仓储是企业物流系统的一部分，在原产地、消费地，或者在这两地之间存储物品（原材料、部件、在制品、产成品），并且向管理者提供有关存储物品的状态、条件和处理情况等信息。我们也用到过配送中心（DC）这个词，但它们两个意思并不完全相同，仓库是更具有广泛意义的词汇。

> 仓库存储所有物品，配送中心（DCs）仅仅保持最低存货水平的高需求物品，仓库通过四个循环环节来处理大部分产品：接收、存储、运输及分拣，配送中心（DCs）则在两个环节内处理产品：接收及运输。仓库所履行的活动附加值很少，而配送中心（DCs）则具有高附加价值，包括有可能的最终装配。仓库成批地进行信息数据的收集，而配送中心（DCs）则实时收集数据。仓库主要是在达到运输要求时实现运营成本最小化，而配送中心（DCs）则主要是在达到客户交货要求时实现利润最大化。[①]

仓储的本质及其重要性

仓储是用来在物流过程中的所有阶段存储库存的。简单地讲，存在两种基本存货类型：(1) 原材料、部件、零件（实物供应）；(2) 产成品（实物分销）。同样也存在在制品库存，尽管在许多企业里，在制品库存只占有公司库存投资很小的一部分。

为什么要持有库存？

为什么有必要持有库存呢？概括地说，库存仓储之所以重要是因为以下几个原因：

1. 获得运输经济性。
2. 获得生产经济性。
3. 利用数量折扣以及提前购买的优势。
4. 维持供应源。
5. 支持公司客户服务政策。
6. 适应变化的市场条件（例如：季节性、需要波动、竞争）。
7. 克服生产者与消费者之间的时空差异。
8. 达到与满意的客户服务水平相匹配的物流成本最小化。

① Richard L. Dawe, "Reengineer Warehousing," *Transportation and Distribution* 39, no.1 (January 1995), p.102.

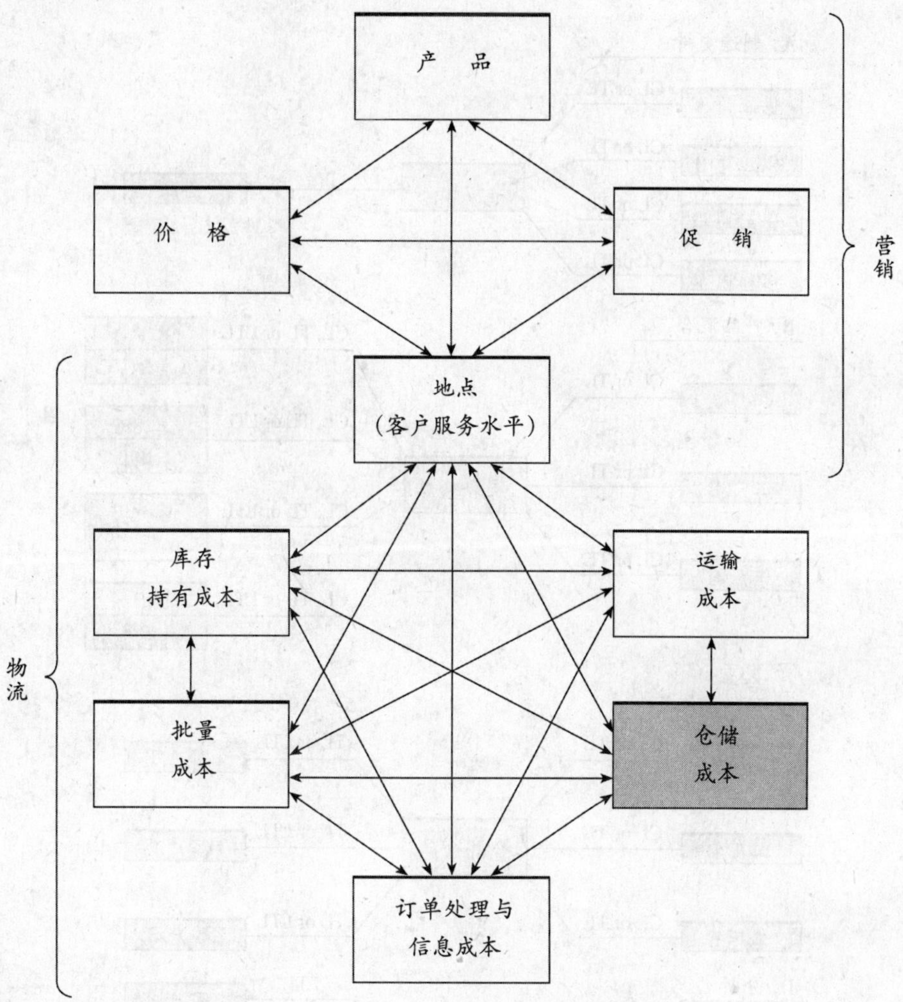

营销目标:将资源分配给营销组合,使企业的长期收益最大化。

物流目标:在给定客户服务水平下使总成本达到最小,其中:总成本=运输成本+仓储成本+订单处理与信息成本+批量成本+库存持有成本。

资料来源:摘自 Douglas M.Lambert,The Development of an Inventory Costing Methodology:A Study of the Cost Associated with Holding Inventory(Chicago:National Council of Physical Distribution Management,1976),p.7.

图 10.1　物流系统中所需的成本权衡

9. 支持供应商与客户的准时制计划。

为什么使用仓储?

图 10.2 表明了仓储在一个典型的物流系统中的作用。仓储可以用来配合组织生产;它可以集中由不同的生产设施提供的产品,运输给同一个客户;分拆大量货物或将大量发货分成小批量发货,以满足许多客户的需要;也可以将一些小量运输集合或合并为大量运输。

为了支持生产运营管理,仓库经常充当来自供应商的原材料的入厂统一接收点,如图 10.2A 中所示,企业从不同的供应商处订购原材料、零部件,供应商以整卡车(TL)或者整货车(CL)运到离工厂较近的仓库,这些物品再由仓库运到制造工厂。

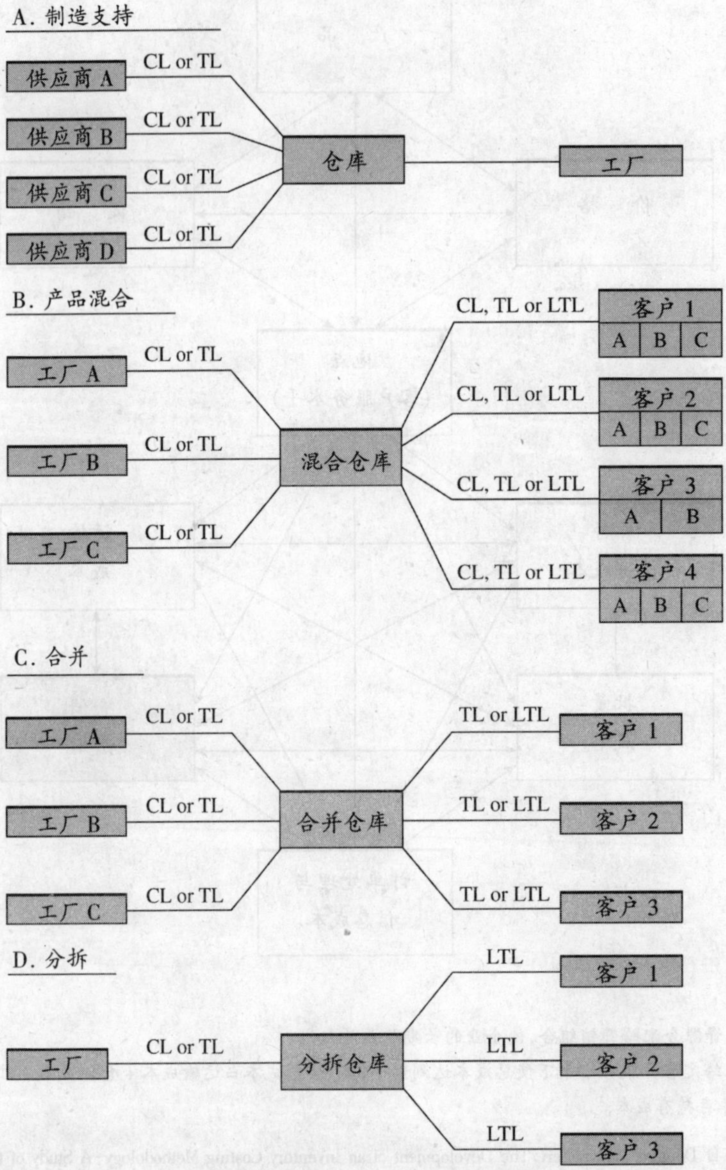

图 10.2 仓储在实物供应及实物分销中的作用

混合仓库

从出货的方面来说，仓库可用于产品混合、出库联合和/或分拆。产品混合（图 10.2B）常涉及从不同地点的工厂（例如工厂 A、工厂 B、工厂 C）运输产品（例如产品 A、B、C）到一个仓库中心，各工厂生产公司产品的一部分，产品通常是大批量地运往仓库中心，而客户对不同产品的订单可以集中一起运输。

当仓库用于出库联合（表 10.2C）时，它就是从几个制造地以整卡车运输（TL）或整货车运输（CL）运往一个仓库中心。仓库然后合并或集中来自不同工厂的产品，运给客户。

拆装仓库

拆装仓库（图10.2D）是从制造工厂中接受大量产品运输的设施。几个客户订单结合起来，一次性从工厂运输到拆装仓库。当仓库接到货物后，将它分解成小的零担运输，并将它们送到由该仓库服务的客户手中。

合并仓库

对于实物供应系统和实物分销系统来说，都可能存在运输经济性。在实物供应系统中，若干供应商的小订单可以运到靠近供应源的合并仓库，用这种方法，生产商可以获得工厂的整车运输，这些工厂实际上离仓库较远。仓库靠近供应源，这样仅在短途中才需要使用零担费率，而从仓库到工厂的长途中则可以使用整车费率。

仓库在实物分销系统中也可以取得类似的运输经济性。在包装品行业，制造商经常有分布在不同地点的工厂，每个工厂只生产公司全部产品系列的一部分产品。[①] 这些公司通常还保留几个地区性仓库，从那些仓库中，所有产品系列的产品都可通过混合运输来提供给客户。每个工厂制造的产品通常会从工厂到地区性仓库使用满车装载的铁路运输。客户订单，包括产品系列的不同产品，则由卡车进行整车运输或者零担运输。使用地区性仓库比直接运给客户的运输成本低，这种成本的节约常常比由于仓储和相关的存货持有所导致的成本增加要多得多。

由于生产的产品数量与现有需求相接近，少量生产可以使得整个物流系统中存货持有水平最小化，但是与少量生产运作相关的准备成本和产品线变换成本将会增加。同样，如果工厂接近其生产能力限度生产，那么经常性的产品线变换将使制造商不能满足产品需求。这样的话，销售机会损失的成本——可能导致销售利润的损失——会非常巨大。

相反，每条生产线上进行产品的大批量生产将导致较低的单位成本，并且在给定生产能力的情况下将会有更多的产出。然而，较长的生产运转将导致更多的库存和增加对仓库的需求。因此，为了实现最低的总成本，节约的生产成本必须与增加的物流成本相比较。

如果公司要获取原材料、零部件以及产成品购买的数量折扣优势，仓库同样显得很有必要。获得折扣，不仅每单位价格降低，而且如果由公司负责运费，运输成本也会由于大量购买而下降。制造商、零售商或者批发商也都可以获得同样的折扣。然而，这些成本节约同样需要与更多存货所导致的成本的增加进行权衡。

在仓库中持有存货对于维持供应源来说是必要的。例如，购买时机和购买数量对于维持供应商来说非常重要，特别是在短缺时期。考虑到运送损失、供应商缺货或者公司某个供应商出现罢工等等，持有一些可能会供应不足的物品同样非常必要。

客户服务政策，例如24小时送货标准，可能需要许多地区性仓库，从而使得达到服务标准的总成本最小。变化多端的市场条件可能也要求必须在该地区存储产品，主要原因在于公司不能准确预测客户需求以及零售商和批发商的订货时间。通过在地区性仓库内持有一些多余的存货，公司可做出快速反应，来满足预料之外的需求。不仅如此，持有多余存货，制造商也能够在仓库重新补货之前履行客户的订单。

---

① 这些工厂通常是指"集中型工厂"。集中型工厂的描述，请参看W.Skinner，"The Focused Factory"，*Harvard Business Review* 52，no.3（May-June 1974），pp.113-21.

大部分公司通过使用仓库来实现规定的客户服务水平下的最低物流成本。仓储的应用使得管理者能够选择运输模式和存货水平，当与通讯和订单处理系统以及产品替换相结合时，企业能够在提供满意的客户服务水平的同时达到成本的最小化。

影响公司仓储策略的因素包括：所在产业，公司理念，可用资金，诸如大小、易损性、产品系列、替代性、淘汰率等一些产品特征，经济条件，竞争，需求的季节性，JIT项目的实施，技术，电子商务[①]的应用以及所用的生产流程。

影响仓储的因素

人们已经发现影响仓储性质和重要性的四个主要因素，它们分别是：

- 时间是有效仓储最重要的因素。因此，最好的仓储运营计划必须缩短订单周期每一环节的时间
- 质量与准时同样重要，如今，仓库服务的使用者期望近乎完美的绩效水平
- 仓储的重点是为了提高资产生产率。其三种关键职能是减少总成本、重复使用和再循环
- 进入21世纪后，仓库管理者必须开发一种新型的劳动力，对于管理者和劳动力的要求也都将发生显著变化[②]

其他一些影响21世纪仓储的因素包括：通过通讯和增值服务更加关注客户的需求、运作和时间的压缩（如更频繁的运输、更快的存货周转率、更小的订货批量）、物流系统内连续的信息流和产品流、接驳式转运、电子追踪和产品控制、客户化的仓储服务（诸如根据需求包装、贴标签、用托盘装运）、自动化程度以及人力资本和管理者领导力的重要性的提高。[③]

仓储类型

直接存储送货

总的来说，公司可有几种仓储选择。一些公司将产品直接卖给客户（这个过程称作直接存储送货），因此在该地区的仓库就可以取消。邮件－订购目录公司，是仅在原产地区附近某处（如销售总部或者工厂）才有仓储的一个例子，而大多数的公司都是在工厂和客户之间的某点存储产品。

当公司决定在某个地区存储产品时，它必须选择是租用空间，称之为公共仓库，还是拥有或者租赁空间，称之为自营仓库。

公司在选择公共仓库还是自营仓库时，必须考虑到重要的客户服务和财务因素。这些方面将在本章后面详细讨论。现在只指出目前存在的一些公共仓库的类型。本章后面，我们将分析选择一种仓库类型而不是其他类型的特殊原因。

---

① 参见“E-commerce and Warehousing,” *Warehousing Forum* 14，no.11（October 1999），pp.1-3.

② 源自Bernard J.La Londe在*Warehousing Forum* 7，no.9（1992）上的一篇文章，另见Kenneth B.Ackerman，*Warehousing Profitably：A Manager's Guide*（Columbus，OH：Ackerman Publications，1994），p.11.

③ Brian Hudock，“10Trends Warehouses Must Follow for 21st Century Success,” publication of Tompkins Associates（1999）. 另见“21st Century Corporate Strategy in the Warehouse,” *Warehousing Forum* 15，no.7（June 2000），pp.1-2.

公共仓库类型

公共仓库有六种类型：(1) 制造性产品的一般产品仓库，(2) 需冷藏或冷冻的产品存储仓库；(3) 保税仓库；(4) 家用物品或者家具仓库；(5) 特殊产品仓库；(6) 大量存储仓库。每种类型都给用户提供了广泛的特色服务。

一般产品仓库可能是最普通的仓库形式。实际上，它可供制造商、分销商以及客户存储任何形式的产品。

冷藏或者冷冻仓库提供了可控温的存储环境。通常，它用来保存易腐的产品，诸如水果和蔬菜。然而，很多其他物品——例如冷冻食品、一些药品、照相纸和胶片以及皮毛——也需要此类设施。

一些大众产品或者特殊品种的仓库被称为保税仓库。这些仓库向美国财政部承担履约保证，将他们的仓库置于财政部的某个代理机构的监护之下。诸如进口烟草和酒精饮料之类的货物就是在该类仓库中存储。政府保留对这些货物的控制权，直到它们经过分销到达市场。此时，进口厂商必须向国内税务服务局缴纳关税。保税仓库的优势就是物品直到销售时才需缴纳进口关税。

家用产品仓库用来存储个人资产，而不是商用产品。资产长期以临时滞留的形式存储在仓库中。在这种类型的仓库中，可有几种存储选择。一种就是开放存储概念。物品在仓库的开放空间中每个月以立方英尺或者立方米来计算存储费用。第二种存储类型是私有空间或者地下室存储，它提供给用户可以锁住的私有空间或者地下室来保存这些物品。第三种类型，容器式存储，给用户提供一个可以打包的容器。容器式存储比开放式存储提供了更好的产品保护。

特殊产品仓库可用于存储一些特定的农业产品，例如谷物、羊毛和棉花。一般来说，每个仓库只存储一种类型的产品，并且提供了根据针对特定产品的特殊服务。

大量存储仓库提供了液体的罐式存储，以及诸如煤炭、沙子和化学物品等固体货物的开放式或者保护式仓库。这种仓库提供的服务包括将大量或者混合的化学类物品与其他物品送入填充鼓中，生产出新的化合物或者混合物。

接驳式转运

另外，仓库类型也存在着一些其他选择，包括接驳式转运和契约式仓储等其他形式的公共仓储。接驳式转运力图缩短产品的存储时间。这里，仓库实质上成为了一个配送混合中心。产品大量运入，并马上进行分解，以正确的种类和数量进行混合，再运输给客户。从理论角度来看，产品从未进入过仓库。

接驳式转运对于很多零售商来说是一种重要的选择。例如，Laney & Duke，一家位于佛罗里达杰克逊维尔的第三方仓储公司，它负责处理汉斯牌（Hanes）产品，将商品贴上标签，放置在吊架上，并且装在箱中，运往沃尔玛的各个分店，来补充那些已经卖出去的货物。拖车离开杰克逊维尔到达沃尔玛的配送中心，产品从接驳式站台上用卡车运向各个分店。到了商店打开箱子，再将这些服装挂在陈列支架上。

契约式仓储

契约式仓储是一种用户和仓储服务提供商之间的合作协议。它被定义为：

长期互利的协议，向客户提供独特和客户化的仓储和物流服务。在这种情况下，供应商和客户共担风险，共同运营。它关注生产率、服务和效率，而不是费用和费率结构本身。[①]

契约式仓储的增长在总体上已经超过了公共仓储，并且在可预见的将来可能继续成为非所有权仓储的主要形式。

仓储运作

仓储在公司的物流系统中具有举足轻重的作用。与公司其他的活动相结合，它给公司客户提供了可以接受的服务水平。

仓储任务

仓储承担了多种任务，包括：

- 收货，存放
- 存储，存货追踪
- 订单录入
- 拣货，上架，装载
- 接驳式转运
- 退货处理/赔偿
- 包装
- 少量的装配，混合，供应，配套
- 贴标签，收缩包装
- 展厅/促销
- 拆装和合并
- 运输（自有车队或者外部承运商）
- 进/出口服务
- 交付凭证
- 追踪/客户服务/票据
- 服务报告/承运监督
- 选址
- 房地产管理
- 网络分析
- 系统开发[②]

所有这些服务主要强调产品流而不是存货。大量原材料、零部件以及成品从仓库中

① Kenneth B. Ackerman, "Contract Warehousing-Better Mousetrap, or Smoke and Mirrors?" *Warehousing Forum* 8, no.9 (August 1993), p.1; 也参见 Thomas W. Speh et al, *Contract Warehousing: How It Works and How to Make It Work Effectively* (Oak Brook, IL: Warehousing Education and Research Council, 1993).

② Arnold Maltz, *The Changing Role of Warehousing* (Oak Brook, IL: Warehousing Education and Research Council, 1998), p.35.

的迅速有效流动，以及存储产品及时准确的信息是每个仓库管理者努力的目标。

仓储功能

仓储的三种功能

仓储有三种基本功能：搬运、存储和信息传递。搬运功能如今成为了关注的焦点，因为组织致力于提高存货流动性以及从制造地到最终用户的订单处理速度（见图10.3仓储职能和流程的概括）。

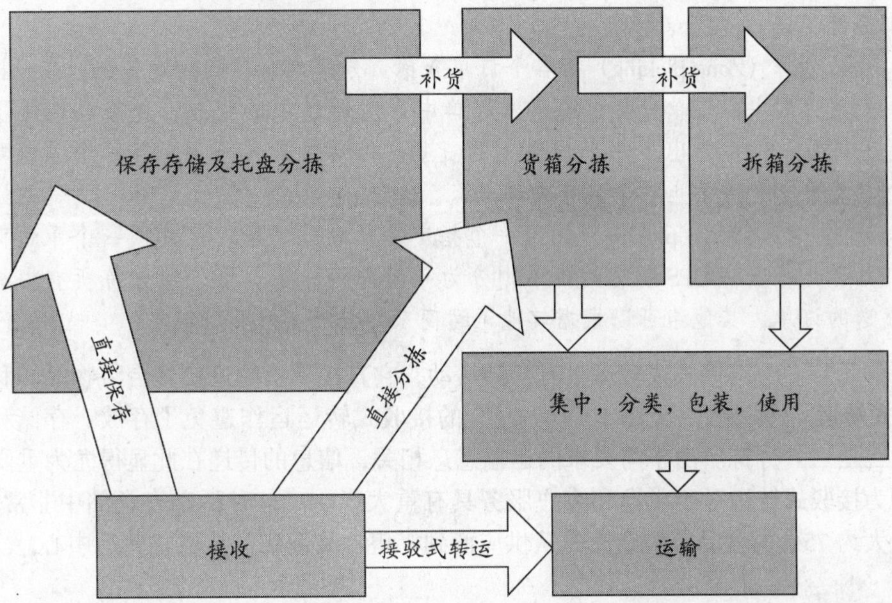

资料来源：A.Thompkins, John A.White, Yavuz A.Bozer, Edward H.Frazelle, J.M.A.Tanchoco, and Jaime Trevino, *Facilities Planning*, 2nd ed.(New York: John Wiley & Sons, 1996), p.392.

图10.3　仓储的典型职能和流程

搬运。搬运功能又可以划分为几种活动，包括：

- 接收
- 转移或者存放
- 客户订单分拣/挑选
- 接驳式转运
- 运输①

接收活动包括运输承运商的卸货，也包括更新仓库中的存货记录，检查是否存在破损情况，以及根据订单和运输记录进行货品数量的确认。

转移或者存放包括：将产品移动到仓库进行存储的物理移动，将产品搬运到进行特殊服务（例如合并）的地方的移动，以及出厂运输的搬运。客户订单分拣或者订单挑选是主要的搬运活动，涉及按照客户的需要对产品重新分类。包装指令也在这里产生。

① 参见James A.Tompkins et al., *Facilities Planning*, 2nd ed.(New York: John Wiley & Sons, 1996), pp.389-450.

订单分拣方法

订单分拣的任务可分为四类：全面分拣、批处理分拣、分区分拣以及分波分拣。

- 全面分拣（Discreet picking）是挑选货物的一种方法。一个订单分拣员全面负责一个订单，并负责订单从开始到结束的履行过程
- 批处理分拣（Batch picking）时，订单分拣员负责一组订单，比如说一打订单。批处理清单包括整个订单组里每种存储单元的物品总数。订单分拣员接收这一批的订单，负责分拣物品并将物品送到站台，然后将它们在各个订单之间进行分配
- 分区分拣（Zone picking）将各个订单分拣员分派到仓库的指定区域。在分区订单处理计划中，订单分拣员挑选出订单中指定通道中的货物，并将其传给下一个分拣员，他挑选出下一个通道上的货物，然后依次传下去。在这个系统中，订单几乎总是由不止一个人来处理
- 分波分拣（Wave picking）按照一个指定特征划分运输，例如同一个承运商。比如说，可以将UPS所有的订单划分为一组进行分拣。第二组分拣所有由邮局运送的订单，其他组可以根据其他承运商来划分①

接驳式转运

接驳式转运没有存储活动，它直接从货物进货站台将物品转移至出货站台（见图10.4）。完全的接驳式转运运作避免了存放、存储和订单分拣。由于与要求的运输息息相关，信息的传递在此显得尤为重要。

因为接驳式转运对于成本和客户服务具有重大影响，这种活动在仓储中非常普遍。例如，大约75%的食品分配仓库是从供应商到零售食品商店的接驳式转运中心。②

在一个接驳式转运系统中，整个托板可以从接收站台经过仓库地面，直接运输发货站台（左边）。而箱子却必须首先经过一个分类系统（右边）。

资料来源：James Aaron Cooke, "Cross-Docking Rediscovered," *Traffic Management* 33, no.11 (November 1994), p.51.

图10.4　接驳式转运的工作机制

去除转移和货物的卸货工作减少了成本和物品在仓库中停留的时间，这提高了客户的服

① Ackerman, *Warehousing Profitably*, p.232.

② Grocery Warehouses Turn to Cross-Docking, *Traffic Management* 34, no.2 (February 1995), p.77-8.

务水平。①

什么情况下应考虑采用接驳式转运?

当公司具有如下两项或者两项以上的因素时，可以考虑接驳式转运：

- 当接受到存货时，已知其目的地
- 客户马上要接收这些存货
- 每天运输的地点少于200个
- 每天产量超过2000包
- 70%的存货可运性高②
- 你接收的货物的批量很大
- 存货在到达站台之前已贴标签
- 一些存货对时间很敏感
- 分配中心快要达到其能力限度
- 至少有些存货是预先定价的③

最后一种移动活动——运输，包括准备货物和将配齐的订单物品搬运到承运商的运输设备中，并调整存货记录，检查要发货的订单，还包括替特定客户进行物品的分类和包装。产品置于箱、包或者其他容器中；放置在托盘上；进行包装（比如，用塑料薄膜包装）；并标记运输所需的信息，比如原产地、目的地、发货人、收货人（客户）以及包装内容。

临时存储

存储。仓储的第二种功能——存储——可以在临时或暂时基础上来执行。临时存储强调仓库的搬运功能，只存储基本的库存补充所需的货物。临时存货存储的范围取决于物流系统的设计以及组织在提前期和产品需求方面所面临的变动性。接驳式转运的目标之一就是只运用仓储的临时存储功能。

暂时存储

暂时存储是存储超过正常补货所需数量的存货。它也指缓冲或者安全库存。导致暂时存储的最普遍的情况是：(1) 季节性需求；(2) 不稳定需求；(3) 产品条件，例如水果和肉类；(4) 投机或者提前购买；(5) 特殊交易，例如数量折扣。

信息传递。信息传递是仓储的第三种功能，它与搬运和存储功能同时产生。管理者通常需要及时和准确的信息，因为他们力图控制仓储活动。有关存货水平、产量水平

---

① 关于接驳式转运的文献有很多。有兴趣的读者可直接参看下列资料：Tom Andel, "Define Cross-Docking Before You Do It," *Transportation and Distribution* 35, no.11 (November 1994), pp.93-98,; *Crossdocking in the'90s*, Monograph Series No.M0020 (Raleigh, NC: Tompkins Associates, undated); Lisa Harrington, "Cross Docking Takes Costs Out of the Pipeline," *Distribution* 92, no.9 (September 1993), pp.64-66; "Implementing a Cross-Docking Program," *Distribution Center Management* 30, no.5 (May 1995), p.3; and James T.Westburgh, "Cross Docking in the Warehouse-An Operator's View," *Warehousing Forum* 10, no.9 (August 1995), pp.1-3.

② 理论上，所有的产品都可以在仓库中通过传送带搬运。然而，有些产品用这种方式搬运更加容易一点。例如，纸板箱中的物品更容易通过传送带进行搬运，也就是说，它们的“可运性高”。重的物品或者不规则形状的物品用这种方式搬运则较为困难。

③ "Receiving Is Where Efficiency Starts," *Modern Materials Handling* 50, no.5 (Mid-April 1995), p.9.

(即仓库流动的货物数量)、存货地点、进货和出货运输、客户数据、设施空间利用情况、人事等信息，对于仓储运营的成败来说至关重要。组织越来越依赖于运用电子数据交换（EDI）等计算机化的信息传递、互联网以及条形码来提高信息传递的速度和准确性。

尽管公司做出很多努力来减少文书工作，文书的数量仍然非常庞大。由于这个原因，以及其他一些原因，公司试图在尽可能的情况下实现事务性工作的自动化。电子化通讯的发展（例如 e-mail）有助于减少仓储各方面的事务性活动。

成功地实施上述所有的仓储活动可以消除检验的需要。然而，在任何仓储运营中，误差和错误都是在所难免的，通常有必要周期性地对以前的工作进行检查。在某些情况下，当员工被授权在他们各自的范围内对仓储进行质量控制时，这种检查活动可以降低到最小程度。不仅是个人，团队也可以执行这项活动。

无效仓储举例

在仓储中，消除搬运、存储以及信息传输中的任何无效率都是很重要的。这些无效率以多种形式表现，例如：

- 多余或过多的搬运
- 空间和体积的不合理利用
- 由于设备过时而引起的过高的维修成本和故障
- 延时接收和运输站台条件
- 日常交易中落后的计算机化信息处理

今天具有竞争力的市场不仅要求改进包装和运输系统，而且要求更加精确和准确的搬运、存储和检索系统，因此，这对于仓储运营来说，人工（非自动化）和自动化处理系统的最优组合显得至关重要。这些问题将在第 11 章全面展开。下面比较公共仓储与自营仓储。

公共仓储与自营仓储

仓储最重要的决策之一是选择公共设施还是自营设施。为了从成本和服务角度两方面都做出合适的决定，物流管理人员必须了解每种选择的利弊，以及它们隐含的财务问题[①]。本章附录 A 给出了所需的财务分析类型。

许多公司通常发现结合使用公共仓储和自营仓储是有利的。在仓库处理的货物量很大的情况下，采用自营仓库是合理的，此时自营仓库可以实现物流的最低成本。公共仓储——外包的形式之一，可以用于仓库的货物量不足以使自营仓库合理的情况和/或用于存储高峰时期的需求量。公共仓库一般根据存储或处理的箱数或重量来收取费用。因此，当仓库活动量足够大时，公共仓库的成本高于自营设施的成本，这使得自营仓库更

① 参见 James Aaron Cooke, "Getting the Right Fit," *Traffic Management* 34, no.2 (February 1995), Warehousing and Distribution Supplement, pp.78-80.

加具有吸引力。

公共仓储的优势和劣势

优势。公司选用公共仓库将在以下几个方面取得比自营仓库更大的利益：(1) 节约资产；(2) 满足需求高峰期对仓库空间需求增加的能力；(3) 减少风险；(4) 规模经济；(5) 灵活性；(6) 税收优势；(7) 详细了解成本。

节约资本

公共仓库的优势之一，是使用者不需要进行资本投入。使用者避免了在建筑物、土地和材料搬运设备方面的投资，以及与运营启动和雇佣、培训员工相关的成本。

满足高峰需求

如果某个组织的运营受季节性的影响，选择公共仓库将使企业可以通过签订协议获得满足高峰需求所需的存储空间。相反，自营仓库在可存储的最大产品数量上存在限制，并且有可能在一年中的一部分时间里不能得到充分利用。因为很多公司都经历由于业务周期或需求或生产的季节性、促销以及其他原因所导致的库存水平的变动，公共仓库提供了根据存储量的变化而变动存储成本的优势。

公司通常都会计划建成寿命周期长达20至40年之久的配送设施。因此，投资自营仓库，管理者将承担这样的风险，那就是由于技术或者公司规模的改变而引起的设备过时。采用公共仓库，使用者可以在短期之内转而使用其他的仓库设施，通常只需30天。

规模经济

公共仓库可以获得对一个小公司而言不可能得到的规模优势。公共仓库同时处理许多公司的存储需求，这些数量足以使得雇佣全职的仓储人员成为可能。另外，仓库建设成本是非线性的，公司需要偿付建成一个小设施的额外费用。规模经济还来自于更昂贵却更加有效的物料搬运设备的使用，来自于提供了管理专家和其他方面的一些专家。

公共仓库也能够比私营仓库提供一些更加经济的专业服务。这些专业服务包括：

- 拆箱处理，指分解制造商货物的数量，以便于能够履行订购数量不到整箱货物的订单。
- 制造商的产品运输包装。如Eexl物流公司，一家公共仓库和物流服务公司，向California Growers联合公司提供了一系列的该项服务。产品在没有贴标签的状态下运到亚特兰大的分销中心，当从客户那里接到订单时，Exel再给产品贴上标签
- 集中破损的产品，制造商可以采用整车运输收回产品。除了必要的文档记录和预先包装之外，公共仓库还经常执行破损产品的修补工作
- 设备维护和服务
- 为拥有一定程度或者高度的季节性产品系列的制造商，提供产品的存货分析。存货分析涉及刚好在最大季节销量到来之前集中整卡车存货运到公共仓库
- 拆装服务。制造商集中了市场上不同客户的订单，并且以整车运输的费率将它们运输到公共仓库，在公共仓库订单被分解，提供当地送货服务

公共仓库非常灵活，适应性强。例如，PRISM团队服务，一家加利福尼亚的食品仓库公司，强调增值服务，例如及时送货，工厂生产支持以及出口运输。[①]

规模经济来源于公司的零星运输与其他使用同一个公共仓库的非竞争性公司运输之间的联合。公共仓库可以一次集中运输某个客户向不同制造商的订购的产品。这导致了低的运输成本，并避免了客户接收站台上的拥挤状况。另外，如果制造商们使用同样的仓库设施，那么客户在公共仓库中挑拣订单产品时，可以在同一站就获得不同制造商的产品。

灵活性

公共仓库可以提供的另一项大的优势是灵活性。如果业务情况要求公司必须改变地点，那么拥有或者持有长期租赁合同的仓库将变成一项负担。公共仓库仅需要短期合同以及短期承诺。公共仓库使用的短期合同使得公司可以在市场变化（例如人口转移）、不同运输模式的相对成本、产品销售量或者公司财务状况变化的情况下，很容易更换仓库地点。

不仅如此，使用公共仓库的公司不必因为公司规模的改变而雇用或者解雇员工。因为公共仓库在必要的时候可以提供额外的服务人员，公司不必雇用额外的全职工作人员。

公共仓库使得制造商可以对仓库地点进行试验，以便确定它对整个物流系统的贡献程度，并可以在成本节约目标或者绩效目标没有实现的情况下，相对简单地中断仓库运营。

税　收

对很多州来说，如果公司在该州不拥有资产时，公司肯定会具有优势，因为拥有资产意味着公司在该州做生意，因而必须交纳州内各种税收。这些税收相当多。因此，如果公司目前在某个州不拥有实际的资产，使用公共仓库是有利的。除此之外，一些州并不收取在公共仓库中存货的资产税，这种税收保护可以应用于常规仓库库存和转移中的库存。有些州颁布的自由港条款允许存货在一年之内免税。最后，制造商不需交纳房地产税。当然，公共仓库必须交纳房地产税，并将此项成本纳入仓库费率中，但是由于有大量货物的流通，此成本分摊到流通的每单位货物上时就小得多了。

存储和搬运成本

当制造商使用公共仓库时，制造商可以确切知道存储和搬运成本，因为每个月公司都会收到账单。制造商也可以预测不同活动水平下的成本，因为这些成本都是预先知道的。当公司自己运营仓储设施时，公司往往很难根据产量的变动确定固定成本和变动成本。

通讯问题

劣势。有效通讯常常是公共仓库面临的一个问题，因为并不是所有的计算机终端和系统都是相容的。仓库运营者可能不愿意为了一位客户而增加一个终端。此外，缺乏标准化的合同协议使合同中对业务的沟通变得很困难。然而，由于电子商务、电子数据交换、互联网和内部网的出现，许多问题

① Ann Saccamano, "California Warehouse Operator Emphasizes Tailored Services, sans Bells and Whistles," *Traffic World* (May 8, 1995), pp, 66-67.

已得到了解决。[①]

专业化服务的可得性

专业化服务在特定地点也许并不总是存在的。许多公共仓库的设施仅提供当地服务，这对在整个地区或者全国进行分销的公司来说用处很有限。因此，希望通过公共仓库进行全国性分销的公司发现必须与不同的仓库运营者打交道，必须监督不同的合同式契约。不仅如此，一些公共仓库不提供某些服务，除非有相当多的客户要求他们这样做。有时候，公共仓库和客户将合作开发一项新的服务，共同提供资金支持。

空间的可得性

最后，公共仓库的空间不是在公司随时随地想要的时候都有。空间的短缺在一定的市场将会季节性的出现，这对公司的物流战略和市场战略都存在负面影响。除非组织与短缺地区的一家公共仓库发展了良好的关系，否则公司将找不到仓库空间，或者仓库空间的价格将非常高。

自营仓库的优势和劣势

控制程度

优势。在自营仓库中，拥有货物的公司可以对他们的存储、搬运和管理施加更高水平的控制。公司直接控制产品和对产品负责，直到通过交货，客户取得产品的所有权。高控制水平使公司可以更容易将仓库功能整合纳入公司整体的物流系统中。

灵活性

有仓库控制，也就有了灵活性——不是更快减少或者增加存储空间的灵活性，而是根据客户的特定需求和产品特性设计与运营仓库的灵活性。有些公司的产品具有高度的专业性，要求特殊搬运和存储，这些组织将会发现，由于设备或物料搬运的局限，公共仓库并不可行。在这些例子中，公司必须使用自营仓库或者直接运输给客户。仓库还可以通过扩张或修缮来进行调整，促进产品的变化，另外自营仓库也可以改造成制造工厂或者分公司。

成 本

自营仓库另一项突出的优势是，在长期看来自营仓库比公共仓库的成本低。如果公司流通量和利用率（也就是高的存货周转率）足够大，运营成本将会下降15%到25%。通常可接受的自营仓库利用率的行业标准是75%到80%。如果组织达不到至少75%的利用水平，则公司更适合使用公共仓库。

人力资源

使用自营仓库，公司可以更好地利用其现有的人力资源。公司可以利用技术专家的专业知识。不仅如此，在仓库中工作的人员都是公司的员工。公司自己的员工管理仓库，通常会更加精心的进行存储和搬运。而另一方面，一些公共仓库允许公司在存储和搬运自己产品的时候使用自己的员工。[②]

---

① 关于因特网及电子商务在存储中的作用，参见 George Anders，“Virtual Reality：Web Firms Go on Warehouse Building Boom，” *The Wall Street Journal*（September 8，1999），pp. B1 and B8；Rebecca Quick，“Behind Doors of a Warehouse：Heavy Lifting of E-commerce，” *The Wall Street Journal*（September 3，1999），pp. B1 and B3；“Webhousing，” *WERCSheet* 23，no.4（April 2000），pp.1-5；and Doris E. Kilbane，“Terms of Endearment，” *Operations & Fulfillment* 8，no.3（May/June 2000），pp110-20.

② 仓储中人力资源问题的探讨可参见“Alternatives to Traditional Labor，” *WERCSheet* 20，no.6（June 1997），pp.1-4.

税收利益

一个组织在拥有自己仓库的时候也可以实现税收利益。建筑物和设备的折旧可以大大降低设施或器械在其生命期内的成本。

最后，自营仓库还可能具备一些无形的好处。当公司从自营仓库中分拨产品时，公司可以给客户一种公司运营持续性和永恒性的印象。客户将公司看成是稳定的、可信赖的、持久的产品供应商。这可以给组织带来潜在的市场优势。

灵活性

劣势。自营仓库主要的缺点同于它的优点之一——灵活性。自营仓库可能由于固定的规模和成本而代价高昂。不管公司的需求水平如何，自营仓库的能力在短期内是不变的。自有设施不可能扩张，也不能通过合同来满足根据可能发生的需求涨落变化。需求低的时候，公司同样要承担固定成本，以及与空闲仓库空间相联系的低生产率。然而，如果公司可以出租部分空间，这种劣势可以达到最小化，这实质上像是一个公共仓库。

如果公司仅仅使用自营仓库，它同样在战略选址时会失去灵活性。市场规模、地点和偏好的改变非常迅速，不可捉摸。如果组织在仓库结构上不能够适应这种变化，就可能失去有价值的商业机会。如果自营仓库不能适应公司产品组合的变化，客户服务和销售也可能会下降。

投 资

由于涉及成本，许多组织都无法提供足够的资金用于建设或购买自己的仓库，投资于工厂所需的设备或者新产品。自营仓库是一项长期而且通常是风险性的投资，并且由于其客户化的设计也很难再卖出去。自营仓库的起动费用昂贵，还得花很多时间来雇佣和培训员工以及购买物料搬运设备。另外，取决于企业的性质，如果将资金投入到可以产生利润的其他机会中，投资回报可能会更高。①

仓储设施的设计

物流管理人员面临的重要决策之一便是怎样确定组织仓库的规模和数目。并且，这些设施应该怎样选址？最后，每个仓库必须根据效率最大化和生产率最大化的原则进行布置和设计。怎样解决这些问题的举例将会在本章末附录 B 中探讨。

仓库规模和数目

决定仓库设备的规模和数目是相互关联的，因为它们通常具有反向关系，也就是说，随着仓库数目的增加，仓库的平均规模将会下降。一般的趋势是在组织的配送系统

---

① 关于公共仓库与私营仓库决策的探讨，参见 Cooke，"Getting the Right Fit"；James Aaron Cooke，"How to Pick a Public Warehouse，" *Traffic Management* 33，no.1（January 1994），Warehousing and Distribution Supplement，pp.14-16；C. Alan McCarrell，"Monitoring Public Warehouses，" *Warehousing Forum* 8，no.4（March 1993），pp，1-4；Hugh L. Randall，"Contract Logistics：Is Outsourcing Right for You?" in *The Logistics Handbook*，ed. James F. Robeson and William C. Copacino（New York：Free Press，1994），pp.508-16；and William G. Sheehan，"Criteria for Judging a Public Warehouse，" *Warehousing Forum* 11，no.5（April 1996），p.3.

中拥有较少但是规模较大的仓库。[①]

影响仓库规模的因素

许多因素会影响仓库应有的规模，但是我们首先有必要确定怎样来衡量仓库规模。仓库规模通常是用地面空间的平方尺数来进行定义，有时也用整个设施的立体空间来定义。公共仓库经常在宣传和促销活动中使用地面平方尺数。不足的是，平方尺数测量忽略了现代仓库的垂直存储能力。因此，立体空间测量得到了发展。立体空间是指仓库设施可用的空间数。这是较为合理的规模测量方法，因为它比平方尺数更多地考虑到了仓库的可用空间。

影响仓库规模的一些重要因素如下：

1. 客户服务水平
2. 所服务市场的规模
3. 投入市场的产品数目
4. 产品大小
5. 所用的物料搬运系统
6. 吞吐率（存货周转率）
7. 生产提前期
8. 规模经济
9. 库存布置
10. 通道要求
11. 仓库中的办公区域
12. 使用的支架和货架类型
13. 需求的水平和方式

通常，随着公司服务水平的提高，公司需要更多的仓储空间来存储更高水平的库存。随着公司服务于更多的市场，它会需要更多的存储空间，除非使用接驳式转运或者提高库存周转率。当公司拥有多种产品和产品类别时，特别是当这些产品互不相同时，公司将需要更大的仓库以便于维持每种产品的最低存货水平。通常来说，当产品更大、吞吐率低、生产提前期很长、使用人工物料搬运系统、仓库含有办公区域、销售以及计算活动或者需求不稳定和不可预测时，公司将需要更大的仓库空间。

仓储规模和物料搬运设备

举例来说，我们考虑仓库规模与所用的物料搬运设备类型之间的关系。正如图10.5所示，仓库所用的叉车类型在很大程度上影响了所需存储区间的空间大小。由于存在不同起重能力的起重机，当起重设备带来空间更有效率利用的时候，公司可以使用更昂贵的设备。图10.5中的四个例子说明了这样一个事实，即仓库布置和仓库搬运系统相互关联。最简单的卡式叉车类型——平衡式叉车，需要10,000平方英尺的空间以及144英寸的通道宽度。价格大约在30,000美元左右，是最便宜的一种叉车。塔状叉车处理相同数目的产品时仅需要3,070平方尺，但价格却高达95,000美元或更多。[②] 仓库决策者必须分析不同的可用系统的成本，从成本/服务角度确定最具优势的方案。

需求也是仓库规模的影响因素之一。当需求变动较大或者不可预测时，存货水平由

① "Facility Trends 1997-1999," *WERCwatch Report* (March 1999), p.1.

② 参见 Thompkins et al, *Facilities Planning*, p.237.

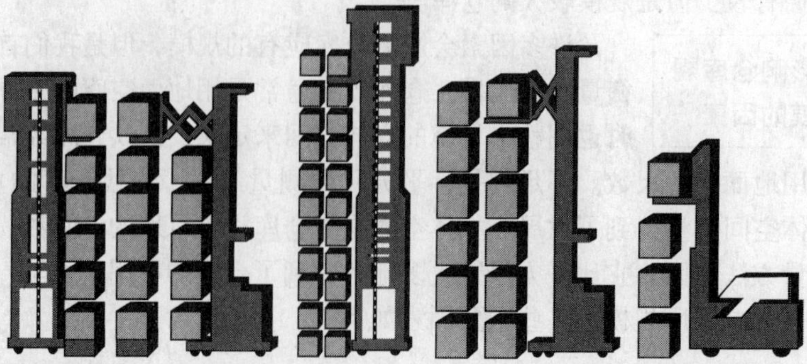

卡车类型	深度触及式	塔　　式	平　伸　式	平　衡　式
所需空间	5,500 平方英尺	3,070 平方英尺	6,470 平方英尺	10,000 平方英尺
通道宽度	102 英寸	66 英寸	96 英寸	144 英寸
地面空间节约	45%	70%	33%	—

资料来源：James Aaron Cooke，"When to choose a Narrow-Aisle Lift Truck，" *Traffic Management* 28，no.12(December 1989),p.55.

图 10.5　狭窄通道叉车可以减少仓库地面空间

于安全库存的需要变得很高。惟一的例外是组织可以迅速生产补货来满足规定的客户服务需求。这将导致对更多空间和更大仓库的需求。

需求与仓库规模

仓库空间不一定是指自营仓库。实际上，许多组织结合使用自营仓库和公共仓库。图 10.6 表明了需求和仓库规模之间的关系。表中所示的假设的公司使用自营仓库来存储 36,000 单位的存货。这使得设施在全年中除了七月和八月都得到充分利用。在存货需求超过自营仓库空间的月份，可以从一个或多个公共仓库中租用短期存储空间。实际上，公司设计的自营设施可以满足最大为 36,000 单位的存货水平。

存货速度（用周转率来衡量），以及在最大程度上"直接送货"给客户（通过一个地区性仓库或者批发商的仓库），这两者也会对仓库规模具有较大影响。惠而浦公司开发了一个计算机程序来模拟这两个特征，以及它全部的渠道网络（包括批发分销商）所要求的存储空间（立方）。公司计算出它控制的每个工厂和/或每个批发商的仓库所需的平方尺数。然后在每种主要产品的基本存储空间要求的基础上增加空间，从而为通道和站台以及垂直和水平存储站中不用的（空闲的）部分提供场地。通过处理计划销售量、存货周转以及直接运输给客户的流经存货，它能够精确计算出将来所需的仓库空间。[①]

表 10.1 列出影响存储空间要求的一些因素。另外，也表示出了一些可以减少物品所需的存储空间的建议。尽管表 10.1 中的内容是针对美国而言的，它们也适用于分布在世界上任何地方的仓库。

① 阿拉巴马州立大学教授及前任惠而普公司物流规划部长 Jay U.Sterling 提供说明。

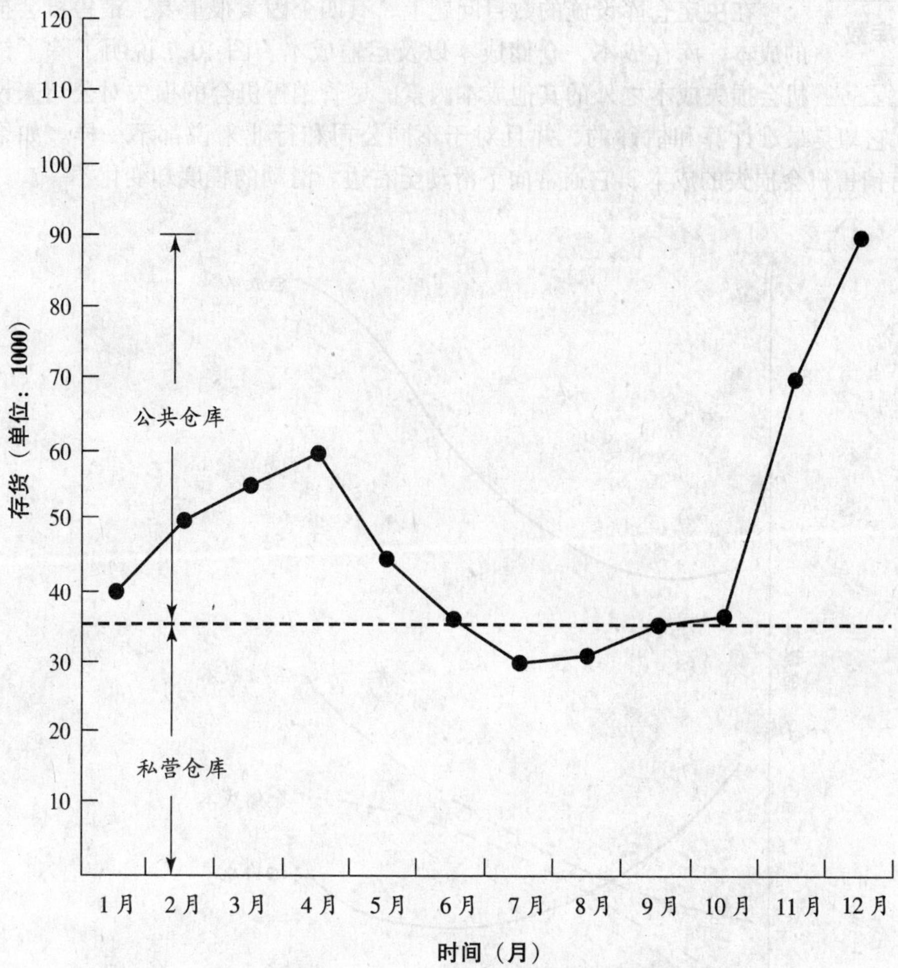

图10.6　需求与仓库规模之间的关系

表10.1　存储空间需求的决定因素

以下情况增加存储空间需求	以下情况减少存储空间需求
市场或者公司扩张	产品或销售减少
较短的产品生命周期	存储单位数目的减少
库存存储单元数目增加	需求变动较少(包括较长的产品生命周期)
基于快速反应的直接交货	客户处理存储交货
消除分销商	制造批量规模较小
扩展至特定产品	交易数量较少
出口/进口货物	存货周转较高
产品流程加长	信息较完善
最小制造批量规模的增加	快速运输
更快反应时间的要求	接驳式转运
通货膨胀或者提前购买	承运商合并

资料来源：摘自 Arnold Maltz，*The Changing Role of Warehousing*（Oak Brook，IL：Warehousing Education and Research Council，1998），p.9.

影响仓库数量的因素

在决定仓库设施的数目问题上，有四个因素很重要：销售机会损失的成本，库存成本，仓储成本以及运输成本。图 10.7 说明了除了销售机会损失成本之外的其他成本因素。尽管销售机会的损失对公司来说至关重要，它却是最难计算和估计的，并且对于不同公司和行业来说都不一样。如果图 10.7 中有销售机会损失的成本，它通常向下滑动至右边。滑动的程度却变化不一。

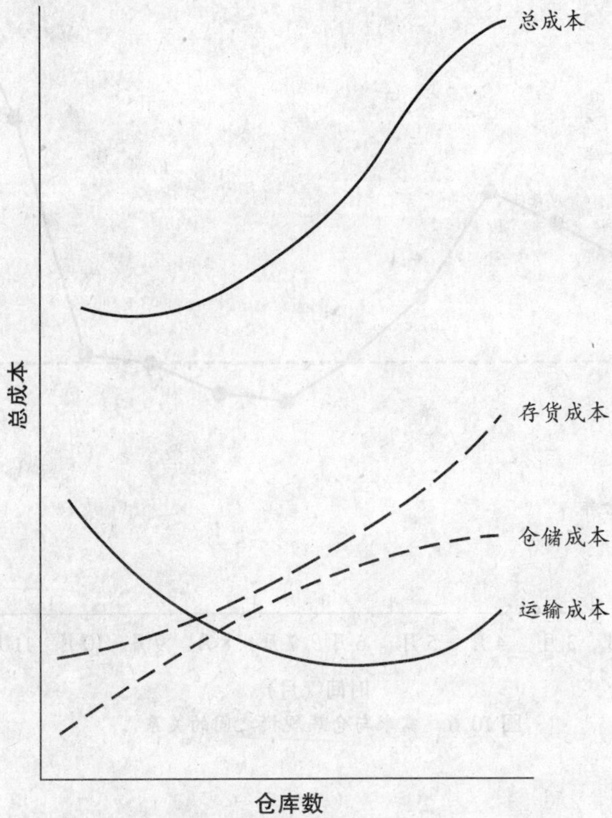

图 10.7 物流总成本与仓库数目之间的关系

图中剩下的部分对于不同的公司或者产业来说都是一致的。库存成本随着设施数目的增加而增加，这是因为组织通常在每个地点都持有最低数量（安全库存）的所有产品（尽管有些公司有专门的仓库存放特定的产品或者产品类别）。这意味着存储的货物中既有周转快的又有周转慢的，因此需要更多的总空间。仓储成本同样也会增加，因为更多的仓库意味着拥有、租赁或者租用更多的空间。在拥有一定的仓库数目之后，成本增加的趋势将会减缓，特别在公司租赁或者租用空间时更是这样。当公司在多数地点获得仓库空间时，公共仓库和契约仓库通常提供数量折扣。

运输成本刚开始随着仓库增加而降低，但是最终如果使用太多的设施，成本曲线则将会由于进出运输成本的总和而向上走。公司必须关注产品的整体运输成本，而不仅仅是从货物到仓库的搬运成本。总的来说，使用较少的设施意味着要在制造商或者供应商那里进行拆装运输。运输通常以整车（TL）或车辆荷载（CL）为基础计算费率，这两种运输方式都会减少每单位的成本。客户订单到来时，产品采用零担运输（LTL）运出仓库，但费率较高。当仓库数量增加至一定程度时，公司可能不能如此大量的进行产品运输，而且可能要付给承运商更高的费率。产品从仓库到客户手中的本地运输成本也会由于本地货车运费的最低额度而增加。

如果不考虑销售机会损失的成本，图10.7中所示的成本表明拥有较少的仓库优于拥有较多的仓库。然而，客户服务也许是公司营销和物流系统最重要的组成部分。如果销售机会损失的成本非常高，公司可能希望增加仓库数目。因此总存在成本/服务之间的权衡问题。管理者必须确定满意的客户服务水平，只有这样才能确定服务这些客户的最优仓库数目。

影响仓库数目的其他因素是：客户购买方式、竞争环境以及计算机和其他信息技术的使用。如果客户频繁地订购少量产品，组织有时候需要更多的接近市场的仓库。当竞争水平很高时，组织通常拥有更多的仓库。如果竞争对手更快的供货给客户时，公司将被迫也提供这种服务水平，除非公司拥有其他不同的竞争优势。如果运输和订单传递的速度慢、没有效率或者不确定，惟一的选择便是增加仓库。

通过改善仓库布置和设计、存货控制、运输和接收以及信息传播，计算机和信息技术有助于使公司的仓库数目达到最小。信息替代库存，与更加有效的仓库一起，可以减少服务公司客户所需的仓库数目。

选址分析

哪里是仓库选址的最佳地点？

哪里将是建设仓库的最佳地点，能够服务最多的美国客户？如果公司希望在运营其物流系统的一个或多个仓库时，将设施建在离其潜在客户最近的地方，那么许多地点都是可行的。表10.2说明了在给定不同仓库布局的情况下的最佳选址。平均来讲，印第安纳州布卢明顿市（Bloomington，Indiana）比其他地方更接近于大多数的美国人口。①

耐克欧洲

随着欧盟（EU）的建立，耐克欧洲启动了一项新的战略，将消除分布在欧洲大陆的20多个仓库，整合成为一家独立运营的仓库设施。设计新的仓库设施是用来处理耐克所有的衣服和公司大部分的鞋袜。到1994年年底，新的仓库设施在比利时的Meerhout开张。该设施总共占地70,000平方米。一篇描述这座仓库设施的文献写到：

> 仓库的中心是高达30米的隔间存储单元（总共14,000平方米，包括鞋袜），它有10个储藏库和检索机器或者塔式起重机可以用来搬运服装。在总共超过20,000种产品（存储单位）中，快速移动的产品可以存储在托盘上，而移动较慢的产品可以单独用盒子存储。这样可以存储700万种衣服。②

耐克（欧洲）仓库选择了最佳的地址。它离高速公路、内陆航运（运河）以及铁轨终端都很近，并且在一个小时之内就可以到达安特卫普（Antwerp）国际机场。

① "The 10 Best Warehouse Networks for 2000," Chicago Consulting（http：//www.chicago-consulting.com/10best.htm）.

② "Nike's Dream," *Logistics Europe* 3，no.1（February 1995），p.32.

表 10.2 美国最佳仓库地址（2000）

网络中的仓库数目	最短平均距离(英里)	最佳的仓库地址
1	797	印第安纳州布卢明顿
2	486	俄亥俄州奇利科西
		加利福尼亚莫哈韦沙漠
3	376	宾夕法尼亚州阿伦敦
		加利福尼亚莫哈韦沙漠
		田纳西(州)麦肯泽
4	315	宾夕法尼亚州希尔顿
		加利福尼亚莫哈韦沙漠
		伊利诺伊州芝加哥
		密西西比州梅里第安
5	265	新泽西州麦迪逊
		加利福尼亚莫哈韦沙漠
		伊利诺伊州芝加哥
		得克萨斯州达拉斯
		佐治亚州梅肯
6	237	新泽西州麦迪逊
		加利福尼亚州帕萨迪纳
		伊利诺伊州芝加哥
		得克萨斯州达拉斯
		佐治亚州梅肯
		华盛顿州塔科马
7	218	新泽西州麦迪逊
		加利福尼亚州帕萨迪纳
		伊利诺伊州芝加哥
		得克萨斯州达拉斯
		佐治亚州盖恩斯维尔
		华盛顿州塔科马
		美国佛罗里达州累克兰
8	203	新泽西州麦迪逊
		加利福尼亚州帕萨迪纳
		伊利诺斯州罗克福德
		得克萨斯州巴勒斯坦
		佐治亚州盖恩斯维尔
		华盛顿州塔科马
		美国佛罗里达州累克兰
		科罗拉多州丹佛
9	188	新泽西纽华克
		加利福尼亚州帕萨迪纳
		伊利诺斯州罗克福德
		得克萨斯州巴勒斯坦
		佐治亚州盖恩斯维尔
		华盛顿州塔科马

（续）

网络中的仓库数目	最短平均距离(英里)	最佳的仓库地址
10	174	美国佛罗里达州累克兰 科罗拉多州丹佛 俄亥俄州曼斯菲尔德美国 新泽西纽华克 加利福尼亚州阿尔罕布拉 伊利诺斯州罗克福德 得克萨斯州巴勒斯坦 佐治亚州盖恩斯维尔 华盛顿州塔科马 美国佛罗里达州累克兰 科罗拉多州丹佛 俄亥俄州曼斯菲尔德美国 加利福尼亚州奥克兰

资料来源："The 10 Best Warehouse Networks for 2000," Chicago Consulting（http//www.chicago-consulting.com/10best.htm）.Reprinted by permission of Chicago Consulting, Chicago, IL.

选址决策可以从宏观和微观的角度进行思考。宏观角度从地理上分析在哪里选址(在大的区域)，可以加快原材料供应源的寻找过程以及改进公司市场供给（提高服务和/或降低成本）的问题。微观角度则分析在大的地理范围内如何确定具体的仓库地址。

市场定位仓库

从宏观的角度出发，爱德加·胡佛（Edgar Hoover）提出三种选址战略类型：（1）市场定位；（2）生产定位；（3）迅速定位。[①]市场定位战略将仓库定位在离最终用户最近的地方。这使得客户服务水平达到最高，并使公司可以达到规模效应——从工厂或者供应源到每个仓库地点的整车（TL）或者车辆荷载（CL）运输。影响将仓库选在服务市场地区的因素包括：运输成本、订货周期、订单大小、本地运输可得性以及客户服务水平。

生产定位仓库

生产定位将仓库选在接近供应源或者生产工厂的地方。这些仓库一般都不能提供与市场定位型的仓库一样的客户服务水平，然而，它们可以作为不同工厂制造的产品的集中地。对于生产多种产品的公司来说，运输经济来自于将运输合并成整车（TL）或者车辆荷载（CL）运输。将仓库选在接近生产地点的影响因素包括：原材料的易损性、产品组合中的产品数目、客户订购产品的分类以及合并运输费率。

迅速定位仓库

最后一种选址战略将地点选在最终用户和生产者之间。迅速定位的客户服务水平明显高于生产定位而低于市场定位。如果公司必须提供高水平的客户服务和提供来自于不同生产地的不同产品时，公司往往选择这种选址方式。

另一种宏观角度是运用以下三种战略进行选址：[②]

---

① Edgar M.Hoover, *The Location of Economic Activity*（New York: McGraw-Hill, 1948), p.11.

② 这种探讨基于 Roger W.Schmenner 所提出的制造工厂选址战略。*Making Business Location Decisions*（Englewood Cliffs, NJ: Prentice Hall, 1982), pp.11-15.

1. 产品仓库战略。
2. 市场区域仓库战略。
3. 通用仓库战略。

产品仓库战略

在产品仓库战略中，公司仅仅在一个仓库中持有一种产品或者产品组合。因此每个仓库拥有许多该种产品的存货，但是几乎没有其他产品的存货。当公司仅有几种周转率高的产品或者产品组合时，这是一种有效的战略。如果公司有一些重要的客户在仓库所服务的市场地区需要一些特定的产品，或者如果公司制造具有独特运输分类和规模/重量/可运性等特征的产品，公司也可以考虑产品仓库战略。这种战略也可以用于新产品推广。运用这种战略的产业包括农业设备、工具、电子、服装以及一些纺织行业。

市场区域仓库战略

市场区域仓库战略在特定的市场设立完整的仓库。每个仓库设施存储公司的所有产品，因此客户可以从任一仓库中获得订单的所有产品。运用这种战略的行业包括饮料、食品、纸叶、玻璃、化工以及家具等。

通用仓库战略

通用仓库战略在仓库拥有所有产品方面与前种战略类似。区别在于：每个仓库都可以服务于某个地理市场中的所有市场。消费包装品制造商通常使用这种战略。

范萨伦模型

最后一种宏观方法包括结合使用了一些经济地理学家的理论。许多理论都以距离和成本为基础来考虑。范萨伦（Von Thunen）倡导一种以成本最小化为基础的设施选址战略。[①] 具体地来说，他认为在选择农业产品的仓库地点时，必须使运输成本达到最小化以使得农场主的利润最大。他的模型假设市场价格和产品成本都是相同的（或者近似）。既然农场主的利润等于市场价格减去产品成本和运输成本，那么最优的选址将是支出运输费用最少的点。

韦伯模型

韦伯（Weber）也提出一种基于成本最小化的选址模型。[②] 根据韦伯的模型，最优的选址地点应该是“运输成本——即将原材料运到工厂以及将产品运给最终客户的运输成本最小化”。[③] 韦伯根据原材料对运输成本的影响，将原材料分为两种类型：定位型和加工特征型。定位型是指原材料的地理可获得性，具有广泛可获得性的物品，其设施地点选择的约束因素很少。加工特征型考虑原材料的重量在加工中是否增加、保持不变还是减少。如果减少，设施必须靠近原材料源地，因为成品的运输成本会因为重量减少而降低。相反，如果加工产生更重的成品，设施就要接近最终客户。如果加工对于重量不产生影响，则选在离原材料源地和最终产品市场相等的地方。

胡佛模型

其他地理学家将需求和利润因素包括进了地址决策中。胡佛（Hoover）研究了选址分析中的成本和需求因素。他的理论再一次强调了最优选址中的成本最小化。不仅如此，胡佛还发现运输费率和距离并不

---

① 参见 *Von Thunen's Isolated State*，trans. C. M. *Warnenburg* and ed. Peter Hall（Oxford，England：Pergamon Press，1996）.

② 参见 *Alfred Weber's Theory of the Location of Industries*，trans. Carl J. Friedrich（Chicago：University of Chicago Press，1929）.

③ John J. Coyle. Edward J. Bardi，and C. John Langley，Jr.，*The Management of Business Logistics*，6th ed.（St. Paul，MN：West，1996），p.474.

是线性相关的，也就是说，费率随着距离增加而增加的幅度减小。距离增加而费率的增加减缓，这支持了将仓库地址选在分销渠道的最终端，而不是在中间某个地点的结论。从这方面来讲，胡佛并不完全赞同韦伯的观点。

格林哈特模型

格林哈特（Greenhut）拓展了前辈的工作，他考虑了公司的特定因素（例如环境、安全）以及选址中的赢利性因素。根据格林哈特的理论，最优的设施选择应该是利润最大化的地点。①

重心法

另一种简化了范围的方法，是以运输成本为基础进行选址。重心法（Center-of-Gravity Approach）将仓库或分拨中心选在产品于制造工厂及市场之间进行搬运的运输成本最小点。这种方法相对简单。假想两条绳子通过一个结连接在一起，并在一块圆形的板上展开，每根绳子终端的重量都不相等。开始，结点可以在圆形的中央，重量释放后，绳子将会转到使得重量达到平衡的那一点。增加绳子终端的不同重量可同样会导致结点的转移（假定结点相同）。如果重量表示运输成本，那么仓库地点就是结点在释放重量后停下来表示的重心那一点，或者说仓库地点就是运输成本最小的那一点。②

这种方法提供了仓库选址问题的一般解法，但是它必须考虑采用诸如地理、时间以及客户服务水平等因素来进行修正。

选址分析的微观观点

从微观的观点来看，必须观察一些特定的因素。③如果公司想要运用自营仓库，必须考虑：

- 服务于这一地点的承运商的质量和运输的多样性
- 可用劳动力的质量和数量
- 劳动力的成本
- 工业用地的成本和质量
- 扩张潜力
- 税收结构
- 建筑法规
- 社区环境的性质
- 建设成本
- 仓库设施的成本和可用性
- 地方性的资金成本
- 当地政府的税收优惠

① 参见 Melvin L. Greenhut, Plant Location in Theory and in Practice (Chapel Hill: University of North Carolina Press, 1956).

② 与重心法类似的探讨，参见 Philip B. Schary, *Logistics Decisions* (Chicago: Dryden Press, 1984), p.423.

③ 仓库选址的综合探讨，参见"A Guide to Site Selection in the'90s," *Traffic Management* 34, no.9 (September 1993) Warehousing and Distribution Supplement, pp.20-23; Thomas L. Freese, "Site Selection," in *The Logistics Handbook*; ed. James F. Robeson and William C. Copacino (New York: Free Press, 1994), pp.604-31; Steve Harris, "Site Unseen," *Operations & Fulfillment* 8, no.1 (January/February 2000), pp.54-57; Tan Miller, "Learning about Facility Location Models," *Distribution* 92, no.5 (May 1993), pp.47-50; and Robert Pano, "Pull Out the Stops in Your Network," *Transportation and Distribution* 35, no.8 (August 1994), pp.38-39.

如果公司想使用公共仓库，必须考虑到：

- 仓库设施特征
- 仓库提供的服务
- 运输承运商的可得性和接近性
- 当地货车费率水平
- 其他公司运用该设施情况
- 计算机服务和信息沟通的可得性
- 存货报告的类型和频率

斯曼勒（Schmenner）提出可以应用于仓库选址决策中企业选址研究的八步法（参见图10.8）。[①]它已经被应用于设施的选址。其流程包括以下八个步骤：

斯曼勒选址八步法

1. 当公司做出在一个新地点建设设施的初步决定后（还没有确定下来），它请求公司中其他会受这个决策影响的人提出建议。
2. 管理层指派一个集体团队来考察候选地址，收集其所选指标的信息，如可获得性、人员需求、运输情况、设备、环境因素以及要存放的货物。
3. 公司组建一个独立的工程队，从地形学、地质学以及设施设计等方面来考察候选地址。
4. 公司团队提出选择新地址的关键性指标，这些指标要考虑到公司运作的各个职能领域。
5. 团队根据其提出的关键性指标来评价地理区域，识别潜在的候选地址。
6. 团队找出在可接受地区的具体地点，通常，它会选择十个或更少的地点来作进一步的考察。
7. 公司团队用一些重要因素来考察每个可能的地点。团队经常去地点现场进行考察，并且排列出候选地点的次序。
8. 团队从候选地点当中选择一个特定的地点。这个决策通常是由受直接影响最大的人来做出，一般是高级物流执行官。

该流程中的每一步都是相互作用的，它从一般到特殊逐步发展。它可以是高度正式流程也可以是非正式流程。该流程也可以在组织层面进行集中，在部门或者职能层面进行分散，或者是两者的结合。然而，重要的是，即使各个公司之间存在差异，大多数的公司在选址决策时都会遵循某种类型的逻辑流程。

在一些案例中，公司采用计算机将这些方法实现模块化。计算机化的选址模型可以分为四类：平面模型、仓储模型、网络模型和离散或混合—整数规划模型。

平面模型

平面模型最简单。这是一种最优化模型，因为它试图找出设施的最佳地点：

通常，一个平面模型问题涉及一个或多个新设施在平面上的选址，其成本取决

① 摘自Schmenner，*Making Business Location Decisions*，pp.16-21.

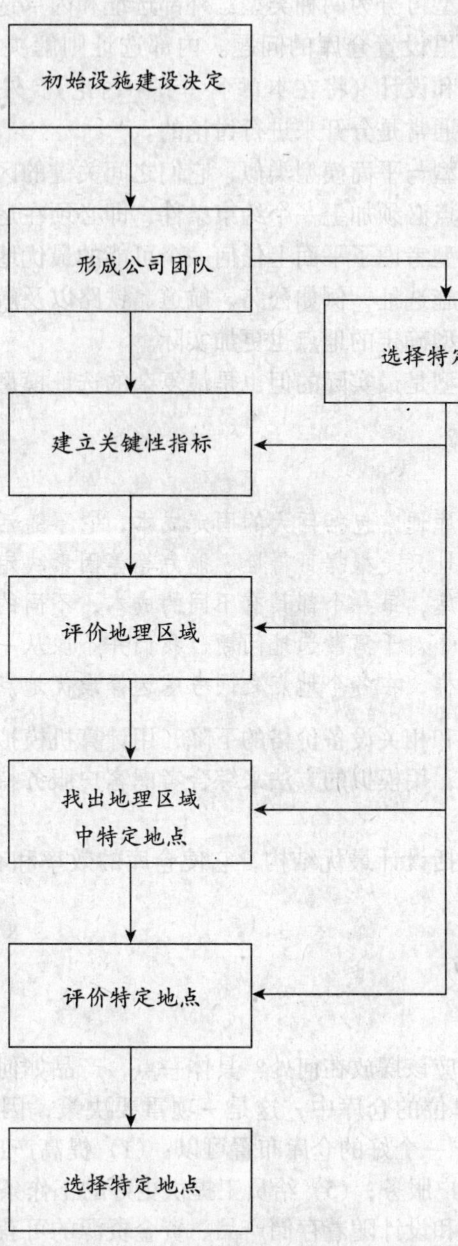

资料来源：根据 Roger W. Schmenner 建议的选址法，*Making Business Location Decisions*（Englewood Cliffs，NJ：Prentice Hall，1982），pp.11-15.

图 10.8 选址法

于新设施与现有设施平面地点之间所选择的特定“平面”距离（例如欧几里得距离）。新设施应该选在使总成本最低的地方。①

平面模型在找出设施的大概地点时是非常有帮助的，并有广泛的用途，而找出更加具体的地址时则需要更加复杂的模型过程。

---

① Richard L. Francis，Leon F. McGinnis，and John A. White，“Location Analysis，” *European Journal of Operational Research* 12，no.3（March 1983），p.222.

仓储模型

仓储模型可分为两种类型：外部选址和内部选址。外部选址模型解决究竟在哪里设置仓库的问题。内部选址则解决仓库内的物品位置问题，即布置和设计（将在本章下一节中讨论）。外部模型通常是离散或混合－整数模型，尽管它们通常是分开来进行讨论的。

网络模型

网络模型与平面模型类似，它们之间关键的区别是：网络模型中可能的选址地点必须加上一个约束条件，即必须在运输网络上或者在其附近。平面模型考虑了平面上任何一个可能的最优地址，而网络模型只是在不同的运输网络上进行设施选址，例如公路、航道、铁路以及航空。因此，可选地点的数目更加有限，然而该模型确定的地点也更加实际。

离散模型

离散模型是最实际的但也是最复杂的选址模型。它综合了固定成本和可变成本。

> 建成和运营一家仓库通常包括巨大的固定成本，它不随活动水平而改变。在很多案例中，仓库候选地址只是根据可得性、能力等等因素决定的几个有限的特定地点，这些地点要成为仓库，每一个都具有不同的成本，不同的运营成本，不同的运输成本，不同的能力……对于离散选址问题，我们并不像从一些有限数目的候选设施中选择一个新设施那样，在各个地点之间考虑选择最优地点。[①]

随着技术发展、计算机和相关设备价格的下降，用计算机模拟来进行选址变得更加容易和便宜。由于这些因素，用模拟的方法来综合考虑客户服务特征和各个地点的成本数据是可行的。

与选址相关的决策还包括设计最优结构，它使仓库的效率和有效性都得到最大化。这便是仓库布置和设计决策。

仓库布置和设计

组织的物流系统中物品应该摆放在何处？具体一点，产品如何放置在仓库之中？在平均容纳大约22,000存储单位的仓库中，这是一项重要决策，因为它对系统效率和生产率具有关键的影响作用。[②]一个好的仓库布置可以：(1) 提高产出；(2) 改进产品流；(3) 降低成本；(4) 改进客户服务；(5) 给员工提供更好的工作条件。[③]

组织中最优的仓库布置和设计随着存储产品、资金资源的可获得性、竞争水平和类型以及客户需要的不同而不同。此外，在劳动力、设备、空间以及信息之间还存在各种不同成本权衡问题。[④]例如，就像前面图10.5所讨论的那样，购买昂贵但是更有效的物料搬运设备可以影响仓库设施的最优规模。为了降低人工成本和提高生产率而安装的自

---

① Richard L. Francis, Leon F. McGinnis, and John A. White, "Location Analysis," *European Journal of Operational Research* 12, no.3 (March 1983), p.240.

② Philippe R. Hebert, "Manage Inventory? Better Find It First!" *Transportation and Distribution*, Buyer's Guide Issue (July 1995), p.8. Also see James M. Apple, Jr., "Thoughts on Warehouse Layout," *Warehousing Forum* 15, no.1 (December 1999), pp.1-4

③ Greg Owens and Robert Mann, "Materials Handling System Design," in *The Distribution Handbook*, ed. James F. Robeson and William C. Copacino (New York: Free Press, 1994), pp.519-45.

④ 参见"Storage/Staging: Planning Pays Off," *Modern Materials Handling* 50, no.5 (Mid-April 1995), pp.12-15.

动传送系统也可以影响仓库的结构。

在仓库中，随机型和专用型存储是产品摆放和安置的两种类型。

随机型存储

随机型存储。随机型，或者浮点型，它是将货物存储在距离最近的可用位置，箱子里或者支架上。接着根据先进先出（FIFO）原则把产品拿走。这种方法可以最大限度地利用空间，虽然它在订货—分拣点之间的运输时间更长。随机系统通常使用一个计算机化的自动存储和检索系统（AS/RS），这使得人工和处理成本达到最小。

专用型存储

专用型存储。在专用型或者定点型存储中，产品存在仓库中的固定地点。专用存储型方法可以使用三种做法，包括按照零部件代码序列、利用率或者活动水平（例如将产品按照他们的活动水平或者吞吐率来分组）来存储货物。①

兼容性

就仓库的总体布置而言，产品可以根据它们的兼容性、互补性或者大众性来进行分组。兼容性是指产品存放在一起的和谐程度。例如，在美国，根据一些州的法律，医药产品不能和袋装农业化工品放在一起。很多年前，在新型涂料发明前，人们发现不能将汽车轮胎和消费电器放在一起。汽车轮胎释放出来的化学气味与电器涂料色素产生反应，发生了轻微的颜色变化。电器只得重新喷漆或者折价出售。

互补性

互补性是指两种产品会在多大程度上一起订购并且一起存储。计算机磁盘驱动器、CD-ROM 以及显示器；钢笔和铅笔；桌子和椅子就是互补性产品的例子，它们通常被存放在一起。

大众性

大众性与这样一个事实有关，即产品具有不同的存货周转率和需求率。另外一个表示周转率的词就是速度。需求量很高的物品应该靠近运输/接收站台，移动缓慢的物品则应该放在仓库内较远的地方。

运用计算机，可以将仓库中的产品进行分组，以达到以下目标：②

- 移动快的货物接近出货卡车站台。这使得物料搬运设备的日移动距离达到最小
- 移动慢的货物远离出货运输站台。这保证了物料搬运设备水平移动长度达到最小
- 仓库中间地区留给：周期性接收的批量产品、运输前要重新进行修改的产品，与移动快的产品相兼容的产品以及移动快的产品存放区域放不下的物品
- 通道分配给将产品运进运出站台地区最有效的设备
- 存储地区布局应与每种主要产品的速度和尺寸相匹配，而不是采用相同尺寸设计存储箱、支架以及地面存储地区。这使得有效的立体空间可以得到最大化的利用，因为产品不仅需要与每个货架的宽度相匹配，而且需要与每个存储狭槽

① For a brief discussion of random and dedicated storage, see Hebert, "Manage Inventory! Better Find It First!" pp.7-9.

② 关于如何通过计算机的应用将仓库中产品分组的探讨，参加 Richard A. Parrott, "Automated Space Planning for Warehousing," *Transportation and Distribution* 33, no.7 (July 1992), pp.54, 56; and Tompkins et al, *Facilities Planning*, pp.418-34.

的深度和高度相匹配

仓库重新设计举例

图 10.9 描述了重新设计之前之后 40′×40′的存储区域。

为了完成仓库内部的重新设计，对所有的存储单位（SKU）进行了 12 个月份的数据分析。收集了以下数据：接货和发货的总次数；平均每日、每周、每月的接货和发货的规模和频率；每天、每周、每月接收和分拣的产品数目以及物料搬运能力。

之前：所有的产品采用标准通道和深度

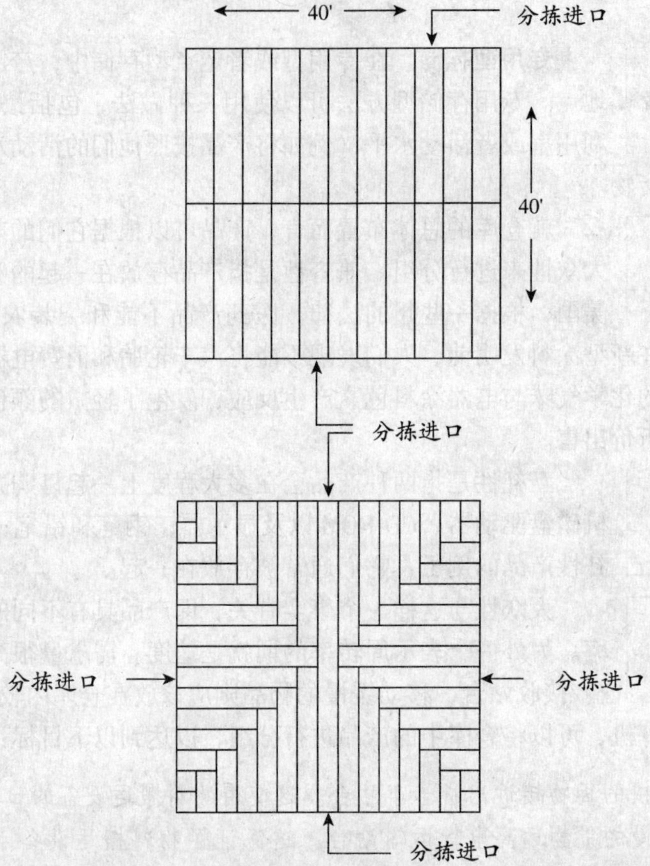

之后：所有仓库的宽度和深度根据接受量（规模）、订单分拣的速度（频率和规模）以及产品尺寸（宽度）而变化

资料来源：Professor Jay U .Sterling，University of Alabama，and former director of logistics planning for Whirlpool Corporation .

图 10.9 两种仓库结构

采用这种技术，一家耐用消费品的制造厂商可以将其主要的配送中心的有效能力提高 20%，因此提前几年完成预定的扩展计划。同时公司每年在人工和外部租赁仓储上节约了 200,000 美元。①

① 阿拉巴马州立大学教授及前任惠尔浦公司物流规划部长 Jay U.Sterling 提供说明。

除了内部空间的布置以外，分析仓库的外部格局同样重要。外部布置比较关键的四个方面是：卡车站台、铁路要求、外部安全措施以及物理特征，比如房顶和窗户。举例说明，表10.3分析组织如何确定一家典型仓库中的卡车通道的数目，相似的分析可以应用于仓库布置和设计的其他方面。

表10.3　一个仓库外部布置分析的例子

我们来看一个假设的仓库，年处理量为6,000,000箱。该仓库运营采用每天两班制，每周五天工作制。70%的进仓货物运输和90%的出仓货物运输是通过卡车完成的。

卡车进货运输卸货率为200箱每人时，出货运输装货率为175箱每人时。进货和出货卡车均装载500件货物。由于每月的卡车流量不同，需要设定25%的安全水平。

为了确定卡车通道的数目，你可以遵循如下的计算步骤：

步骤Ⅰ：确定进货需求

a：经过卡车的进货百分比×总进货

70%×6,000,000=4,200,000箱

b：进货箱数/每卡车装载箱数

4,200,000/500=8,400次进货卡车

c：每卡车所用时间

每卡车箱数/进货生产率

500/200=2.5小时每进货卡车

d：总进货卡车时间(b×c)

8,400×2.5=21,000小时/年

步骤Ⅱ：确定出货要求

a：卡车的出货百分比×总出货

90%×6,000,000=5,400,000

b：出货箱数/每卡车装载箱数

5,400,000/500=10,800出货卡车

c：每卡车所用时间

每卡车箱数/出货生产率

500/175=2.85小时每进货卡车

d：总出货卡车时间(b×c)

10,800×2.85=30,780小时/年

步骤Ⅲ：总要求时间

进货时间	21,000小时
出货时间	30,780小时
小计	51,780小时
考虑高峰期安全因素(25%)	21,945小时
总时间	64,725小时

步骤Ⅳ：每年可用时间

52周×每天小时数×周天数

52×16(2班)×5=4,160

步骤Ⅴ：所需入口

所需卡车时间/年可用时间

64,725小时/4,160小时=15.5或16个通道

资料来源：Howard P. Weisz, "Analyzing Your Warehouse's External Layout," WERCMemo, no.4 (March 1985), pp.1-2. 仓储教育及研究委员会授权使用。

设施设计的整个领域——规模和仓库数量、选址分析、仓库布置和设计——是仓库管理中重要却复杂的部分。

最近几年中，全球问题开始在仓库决策中扮演重要角色，因为组织试图使他们的物流网络达到最优化。

仓储的国际因素

通常，产品是存储在其最终消费之前的某一点。由于每个市场地区的特定状况，产品可能在分销渠道的不同点来进行存储。

对位于亚洲的组织来说，仓储地点可以选在孟买、香港、吉隆坡、马尼拉、墨尔本、上海、新加坡和/或东京。在南美，可以选择布宜诺斯艾利斯、波哥达、加拉加斯和/或里约热内卢。非洲仓库可选在开罗、开普敦、金夏沙、拉各斯和/或乃洛比。在西欧，诸如菲利普（电子）、雀巢（食品）以及柏斯多普（化工）等组织必须在遍布西欧的工厂和仓库中存储多种产品，以便覆盖整个欧盟市场。

许多组织拥有国外市场，例如荷夫曼—拉洛克（Hoffman-LaRoche）（医药）[1]以及生命保健（Life Fitness，运动性自行车），这些公司必须确定服务于世界各地不同地区的仓库的数目，因为客户可以方便地买到当地竞争对手的相似产品。在仓库最优选址策略中，必须考虑每个地区的细微差别。现举例如下：[2]

遍布全球的仓储举例

- 荷夫曼—拉洛克（Hoffman-LaRoche）将几个仓库合并成只有两个仓库：一个负责北欧，一个负责南欧和世界其他地区。1993年初，欧洲联盟的形成使得这种做法成为可能。
- 生命保健（Life Fitness）将其在欧洲的仓库、办公室以及展厅集中在鹿特丹。它将销向欧洲的大众产品的存货集中起来，这使得公司能够在削减成本的同时提高了用户满意水平。

仓储需求随全球而变化

由于不同的文化、技术、能接受的操作、竞争等等，仓储要求可能随着世界不同地区的变化而变化。例如，在日本、欧洲以及其他地方，零售网络是由许多小商店组成，每个仅有很小的库存存储能力。结果，每个商店经常从分销商、制造商或渠道中其他中介那里订货。存储的压力通常是由制造商或其他渠道成员而不是由零售商来承担。在美国，零售商店数目少，规模大，存储功能很容易从渠道中介那里直接转移到零售商身上。

一个地区可用的运输设备类型可以影响仓库决策：“一些国家运货车辆的巨大差异使得仓库标准化设计异常困难，也使得有效装货卸货成为一种挑战。许多国家的仓库直接从地面装货，而有些国家则甚至不使用托盘。”[3]

---

① 参见“Logistics Package,” *Logistics Europe* 3，no.4（August 1995），pp.30-32.

② Tom Andel，“Make the World Your Warehouse,” *Transportation and Distribution* 38，no.8（August 1997），pp.88-92.

③ Tom Andel，“Make the World Your Warehouse,” *Transportation and Distribution* 38，no.8（August 1997），p.92.

全球化

BBN 通讯服务世界全球客户

BBN 通讯（位于马萨诸塞剑桥市）是一家制造高价值电信和网络设备的公司，“包括允许公司卫星办公在局域网络上连接所有的计算机、与主机进行通信和信息共享的部件”。公司正在寻找可以提高北美和欧洲的客户服务水平的途径。

“BBN 通讯的远程仓储方案是基于部件的当天运输和交货基础上的。BBN 已经在伦敦和斯图加特建立仓库来存储其高价值材料。这些地点不仅为部件管理者提供了满意水平，也使得 BBN 的销售人员工作容易多了……在欧洲经济共同体（EEC）内部使用某个地点来储存部件存在着隐含的成本节约。人们不知道某个部件可能运送到哪个国家，而在每个国家都建成仓库是很不现实的。通过在 EEC 内建设部件库，BBN 只需在材料运输到（其他国家）以及存放到部件库中时才支付关税。

欧洲部件库如此成功，因此（公司）正在考虑在亚洲建一个类似的仓库，或许在新加坡或许在香港——利用自由港的优势，同样也会为存储和分销网络带来成本节约。”

资料来源：Renee Sall，“Case Study：BBN Communications”，*Export Today* 9，no.6（July/August 1993），P.45.

当一家国际性公司在国外市场上需要仓储设施时，它会在一些工业化国家找到大量的非常完善和现代的仓库。在日本和西欧，组织利用高—立体的自动化仓库。这主要是由于很高的土地成本和人工成本，需要公司建高一点的仓库，并运用自动化来减少人工。

仓储的质量和可得性差异巨大

另一方面，在一些欠发达地区，存储设施可能根本不存在或者是在可得性和完善性方面很有限。在后一种情况，产品包装或者运输容器可能必须充当仓储的作用。包装的问题将在第 11 章中介绍。

在美国，许多公共仓库提供诸如合并和分拆、客户宣传、交通管理、包装、进出口协助以及产品标签等等功能。其他国家的许多公共仓库也可以提供存储之外的服务。[①]

正如所有的物流活动一样，仓储和存储活动在每个市场需要不同的管理。认识到存储活动的不同并由此调整组织的战略是物流管理者的责任。

仓库生产率

为了获得物流的效率最大化，物流系统的每个组成部分都必须在最高水平上来管

① 墨西哥的例子，参见 Russ Dixon，“Logistics in Mexico：The Warehouse Solution，” *Export Today* 9，no.6（July/August 1993），pp.38-39.

理。这意味着必须取得高生产率水平，尤其是在仓储领域。仓储中取得的生产率对于组织（从降低成本角度）和对客户（从提高客户服务水平角度）来说都很重要。

生产率可以用多种方式来定义，但是大多数的定义包括：实际产出和实际投入因素、利用率和仓库绩效：

生产率	生产率是实际产出和实际投入之间的比例。诸如每人工—小时处理物品数和每机器—小时挑选的产品数。
利用率	利用率是使用能力和可用能力之间的比例。诸如仓库中使用的托盘比例和实际工作的员工—小时与可用的员工—小时的比例。
绩　效	绩效是实际产出和标准产出（或者标准时间对实际时间）之间的比例。诸如每小时分拣的物品与计划每小时的标准的比例，以及实际的资产收益率与预算资产收益率的比例。①

生产率的任何一种定义可能包括所有的三部分，因为它们是相互关联的。②“你不能管理你不能衡量的东西”，这种表达在仓储中与其在其他方面一样正确。大多数的组织用多种衡量方法来检查仓库生产率，这些方法日趋完善。③

此外，绩效数据必须是可以获得的，而且能够作为纠正活动的基础。仅仅意识到这些问题是不够的。组织在任何可能的情况下采取合适的行动来改进落后的绩效是非常必要的。因此，决策战略必须在问题发生之前制定。这就是超前计划和事前管理的实际意义。

在公司衡量仓库的生产率方面，没有一种是最好的方法。管理活动是由一系列因素决定的，例如客户服务水平（如运输绩效、失误率、订货周期时间），存货准确性（如所有仓库地址中每个存储单元的正确数量），空间利用（如正确存货、设施的平方尺数或者可用立方数），人工生产率（如吞吐率）。④这些因素都得到了广泛的接受，然而，我们必须能够正确指出问题的因果。一旦能够指出因果，组织便可以采用不同的控制和纠正活动来提高仓库的生产率。

就仓储对成本和服务的影响而言，它是物流流程中非常重要的组成部分，因此管理者要密切关注提高仓库生产率。⑤提高生产率可以有很多种方法，包括：措施相关计划、

① A.T.Kearney, Inc., *Measuring and Improving Productivity in Physical Distribution* (Oak brook, IL: National Council of Physical Distribution Management, 1984), p.188.

② 不同的生产率测量方法的探讨，参见 Kenneth B.Ackerman,“Meeting the 'Process Needs' of Warehousing.” *Warehousing Forum* 9, no.5 (April 1994), pp.1-3.

③ 多种生产率测量的方法和系统见于“Benchmarking Warehouse Operations,” *WERCwatch* (November 1999), pp.1-11;“Establishing Metrics to Improve Performance,” *WERCSheet* 22, no. 2 (November 1999), pp.8-11; and “A Measure of Excellence,” *WERCSheet* 21, no.8 (September 1998), pp.8-10.

④ “*The Journey of Warehousing Excellence*, Monograph Series No. M0003 (Raleigh, NC: Tompkins Associates, undated), p.22; 也可参见 Kenneth B.Ackerman,“Benchmarking the Holy Grail,” *Warehousing Forum* 11, no.2 (January 1996), pp.1-2; and “How to Benchmark Warehouse Operations,” *Distribution* 91, no.9 (September 1992), pp.60-64; and Catherine Cooper and Steve Mulaik,“Warehouse Management: Killer Clues,” *Operations & Fulfillment* 8, no.1 (January/February 2000), pp.12-22.

⑤ 关于提高仓库生产率的不同方法的探讨，参见 Ackerman, *Warehousing Profitably*, pp.11-16.

设备相关计划、系统相关计划以及培训/激励相关计划。[1]

措施相关计划

措施相关的计划涉及的内容有：仓库的三维空间利用，仓库布置和设计，措施和过程分析，小订单的批量分拣，联合搬运/分拣，包装，[2]单元化，存货周期清点，产品线过时，标准化包装以及仓库合并。具体地讲，以下的相关措施计划已经被证实可提高生产率：

1. 通过在具有标准设备和货架的场所安装狭长通道设备和支架来拓展现有仓库的存储能力。
2. 使用减少服务给定数目的存储单元所需通道的搬运设备，在可移动箱子和支架上来存储物料。
3. 运用可变高度存储支架来配合多余的托盘，可以达到更大的空间利用率。
4. 在一些小的分拣地区安装中间层，这可以使得在相同平方尺（米）的区间里具有更大的分拣能力。
5. 将快速移动（高周转率）的产品靠近运输和接收站台，使仓库内运输时间最短。
6. 将需相同搬运的产品放置在一起，能够最大化地利用设备和人员。
7. 开发工作简化程序，提高员工绩效水平。
8. 用批分拣或者间断分拣处理移动慢的货物。
9. 运用物料搬运设备在同一次运送中进行存放和分拣处理，提高设备利用率。
10. 用伸展和收缩包装降低产品搬运要求和运输破损情况。
11. 将一次运输中的个别货物组成大的单元。这种综合可以将搬运成本减少至90%。
12. 对每年的实物库存采用库存周期清点，而不是缩短运营，以改进人工成本和存货可用性。
13. 启用程序，来检查产品是否过时并确定物品是否可以从存货中清除。
14. 取消一些布置随意或者不经济的仓库。

设备相关计划

设备相关计划包括：运用视觉监视器、自动标签设备、计算机生成存放和分拣目录、自动化物料搬运设备、通信设备、计算机、AS/RS、传送带以及传输设备。许多在仓库中使用的特定设备类型将在第11章中做解释，但是与设备相关的特殊操作如下：

1. 在自动化仓库中运用电子监视设备来登记和运送纸板箱。
2. 在运送目录上运用自动标签来减少地点差错和提高人工生产率。
3. 在线产生由计算机排序的存放和分拣目录，减少物品查询时间。
4. 利用自动化物料搬运设备，而不是标准（非自动化）的搬运设备。

---

① 这种材料解释出自 A.T.Kearney，Inc.，*Measuring and Improving Productivity in Physical Distribution*，pp.227-34. 由物流管理委员会，即前国家物理分拨管理委员会授权。

② 包装包括用来保护产品免受不可抗力的影响，以及在运输和存储过程中保持产品完整性的伸缩胶带，它被设计用来替代僵硬的通常是皱巴巴的包装。

5. 安装通信装置，方便物料搬运者与仓库人员进行日常联系。
6. 在仓库运营的各个阶段使用计算机，提高信息传输的速度和准确性。
7. 自动化或者半自动化仓库运营，减少人工成本，提高效率。

系统相关计划

系统相关计划包括：仓库中路线安排/定位系统、地理或分区分拣以及产品在仓库中随机定位。本章前面给出了一些特定的订单分拣方法，其他可用的方法如下所示：

技　术

呜呜声响的软件——保时捷

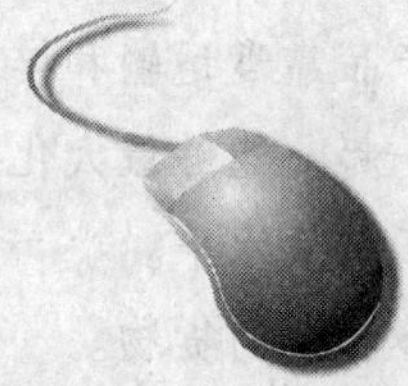

在我们这个依赖于汽车的社会里，当车辆在修理工厂中等待部件的时候，人们讨厌步行。正是由于这个原因，豪华车制造商保时捷(Porsche) 决定换掉发动机，也就是说它找到一种方法可以提高将其部件交给北美销售商的速度。

保时捷在北美市场中内华达州的利诺有一个部件仓库。这个仓库设施存储价值共计1,800万美元的部件存货，大约是35,000个存储单元，每天大约平均需要履行500个订单。除了标准的维修物品如过滤器和垫圈之外，仓库中还存有发动部件、电器系统、传输器、发动线和离合器。

大部分的部件直接从德国通过海运运到西海岸，接着用卡车运输至内华达州的分拨中心。作为一项规则，部件分别在德国包装，再集中装到更大运输集装箱中以便于海洋运输。

当保时捷的管理人员开始寻找可以提高零售商部件服务水平的方法时，他们便快速得出这样的结论：仓库管理系统（WMS）软件不仅可以提供关于分销中心中存储部件的更加精确的信息，而且避免了对书面记录的需求。

除了软件之外，公司还安装了射频数据收集（RFDC）系统，可以实时处理存货控制。当工人在接收地区检验条形码时，信息已经通过电波传给了仓库中负责部件记录的计算机。

WMS和RF系统一起加速了部件接收的流程。过去，保时捷运一批货需要10天，现在仅需要3天，几乎可以同步获取零件来满足订单。软件的应用不仅是提供存货状态的可视性，它还在部件接收和运输中提高了汽车制造商的准确性。这意味着保时捷可以给销售商提供部件的实时的可得性信息。结果，它减少了运输差错率，减少了销售损失。仓库吞吐量也提高了17%。

资料来源：James Aaron Cooke, "Software with a Vroommmmmmmmmm", *Logistics Management* 37, no.8 (August 1998), p.103.

1. 用计算机路线安排/定位系统来提高仓库效率和有效性水平。
2. 通过设计的人工标准的应用，监督人工效率。
3. 采用程序来提供更加稳定的待履行的订单。待履行的订单可以通过延长仓库持有订单的时间来解决，这样可以平衡负荷，或者可以鼓励客户订货次数减少，并在固定日期大量订货。
4. 在仓库中的特定区域分拣货物，并在集中的地区进行合并。
5. 运用计算机随机分派物品至可用的存储空间，使得仓库立体利用率提高。

培训/激励相关计划

培训/激励相关计划包括：员工培训、管理发展计划、激励系统以及奖励认可。[①] 这些规划可以提高仓库生产率：

1. 定期开展有关关键仓库任务方面的正式培训，以便提高员工生产率和安全性。
2. 正式培训管理人员，提高领导能力和沟通能力。
3. 实施奖励/激励系统，对高于特定标准的绩效提供奖金或者其他奖励。
4. 为出色地完成指定任务的员工提供特定的奖励来表示认可。

大部分组织都可以单独实施前面所有的规划。然而，大多数企业将结合采用几种方法来提高仓库的生产率。

仓库的财务因素

仓库财务控制与物流生产率和公司赢利能力紧密相关。[②] 在多种仓储活动被适当整合成一个整体系统之前，管理者必须知道每项活动的成本。这就是财务会计和控制技术之所以重要的原因。

被证明在仓储活动的财务控制方面非常成功的一种方法是作业成本法（activity-based costing，ABC）。准确及时的财务数据使仓库管理者能够对仓储活动进行恰当地计划、管理以及控制。许多公司中使用的成本系统，通常不能在仓储决策中提供正确形式的财务数据。要识别仓储成本如何影响公司整体的赢利性以及某个领域的成本变化如何影响另一领域，通常是比较困难的。

很多公司实施 ABC 法来获得更多的仓储成本信息。一位作者曾经这样描述 ABC 法：

作业成本法

ABC 仅仅追踪了特定产品、服务或者客户的管理费用和直接成本。成本追踪遵循两个阶段流程。第一阶段根据在履行特定仓储活动中消耗的每种资源数量来分配资源成本。第二阶段将仓储活动的活动成本根据产品、服务或者客户所消耗活动的实际消耗量来分配。[③]

ABC 分解了传统的成本科目，重新用成本来表明资源实际上是如何消耗的。（图 10.10）比较了这两种方法。

仓库会计和控制的四种水平

从仓库会计和控制角度来说，公司经常处于不同的水平。以下列出四种不同的水平：

---

① 与仓储相关的培训问题的详细探讨，参见 Stephen A. LeMay and Jon C. Carr，*The Growth and Development of Logistics Personnel*（Oak Brook，IL：Council of Logistics Management，1999），Chapter 5，“Warehousing，” pp.89-127.

② 关于高层管理人员感兴趣的与仓储相关的一般财务问题，参见 James D. Krasner，“Satisfying the Chief Financial Officer，” *Warehousing Forum* 10，no.7（June 1995），pp.1-2.

③ Terrance L. Pohlen，“Activity Based Costing for Warehouse Managers，” *Warehousing Forum* 9，no.5（May 1994），pp.1-3；也可参见 Lisa Ellram et al.，“Understanding the Implications of Activity-Based Costing for Logistics Management，” *Management*（*Oak Brook*，*Il*：*Council of Logistics Management*，1994），pp. 11-25；and “Use ABC to Improve Supply Chain Management & Rednce Logistics，” IoMA's Report on *Managing Logistics*，Issue 99-07（July 1999），pp.2-3.

仓储成本一般分类账观点	
存储和搬运	$ 40.1
一般管理	30.9
卡车运输和送货	14.5
合并运费	2.4
增值服务	3.3
总共	$ 91.2

仓储成本基于活动的观点	
干货存储	$ 25.0
冷冻存储	8.1
接收	20.0
运输	18.8
开票	3.2
运货	6.0
包装/印刷	1.8
合并运费	3.0
物料搬运设备	5.3
总共	$ 91.2

资料来源：Terrance L. Pohlen, "Activity Based Costing for Warehouse Managers," *Warehousing Forum* 9, no. 5(May 1994), pp. 1.

图 10.10 传统成本方法与作业成本法的比较

创造性解决方案

更少的存储，更好的分销

林肯电气（Lincoln Electric）是世界上先进的焊接技术设备制造商和供应商。公司曾经遍布全国建成了36到40个小型的地区仓库。它设计的定价策略是为了鼓励大订单，以便简化生产和对最终用户和存储分销商的运输。

由于公司当地的仓库并没有大到可以满足不断增长的分销网络的需求，公司决定将其分销集合为为数不多的几个大型的、存储条件良好的地区分销中心。

最早的分销中心于1989年底建在俄亥俄州的克利夫兰。这之后又增加了许多新的中心来覆盖整个国家的其他部分，与之相应的一些地区仓库被关闭，因为这些仓库是多余的。这种合并不仅减少了库存在多个地点的分散程度，而且提供了重新集中仓库设施的机会。

公司目前有6个新的地区分销中心，分散在美洲各地，其中2个在加拿大。其余的将计划建在费城和墨西哥以及欧洲部分地区和南美。美国分销中心的规模从30,000到100,000平方英尺，拥有员工数为3个到十几个。

为了更快地发展，一些新的分销中心的运营采用外包形式，尽管每处至少有一名林肯电气的员工。

通过与分销商更有效的合作以及帮助他们能够更好地服务最终用户，林肯电气可以更有效地满足所有弧光焊接市场的更广泛的需求。独立的焊接分销中心可以仅容纳较低水平的存货，而依赖于林肯电气分销中心来提供客户需求的大部分物品，时间通常是在24小时到72小时。

客户可以在最短的延迟时间内获得运营所需的更多产品。分销商可以提供更好的客户服务，并在保持较少存货和依赖分拨中心作为后备的同时，更加频繁地周转存货。

通过改进他们服务客户的方式，林肯电气获得更高效率、更多销量和更加积极的客户关系。

资料来源：John J. Hach, "Less Warehousing, Better Distribution," *Transportation and Distribution* 36, no.3 (March 1995), pp.108-15. 不同版本的"*Transportation & Distribution*"以及"*Industry Week*"的再版。1995年由 Penton. Cleveland, Ohio 授权。

- 水平Ⅰ：用单个分配原则来进行仓库成本的分配
- 水平Ⅱ：从仓库的主要职能角度（如处理、存储和管理）来整合仓库成本，对

于每种职能用不同的分配原则来分配成本

- 水平Ⅲ：从每种职能主要活动的角度（如接收、搬运、订单分拣）来整合成本，每种活动用不同的分配原则来分配成本
- 水平Ⅳ：用矩阵的形式进行成本分组，反映每种主要活动、自然损耗以及成本行为类型。运用一些分配原则，每种成本类别都采用了不同的分配方法，它反映了在成本目标中仓储特征的关键性差别①

通过一项对19个行业中的140家公司的调查，安永华明会计公司指出与仓库财务和控制相关的五个关键问题：

1. 仓库网络的布局——数目、规模以及选址——随着不同行业和同种行业中的不同公司而（变化）很大。
2. 公司销售产品或者进行促销的方法是成功公司仓库网络结构和职能中的主要决定因素。
3. 具体的仓库网络和仓库定位管理一般都会随其外部环境和压力的变化而发展——而不是战略分销计划的结果。
4. 分销网络中独立仓库的职能可以分成几大类（例如储存、合并和分销），为了能进行有效管理，每一类职能都需要不同类型的信息。
5. 仓库运营管理中包含一些独立活动，这些活动应该从运营和财务两种角度单独进行分析。②

这就是财务和控制的内容。简单地说，它就是在需要的时候拥有正确的财务数据类型，这些数据要能够在组织中尽可能多的部门中进行应用。最后，这些数据对于在仓储活动中以及在其他物流职能中进行必要的成本/服务权衡是至关重要的。如何准确决定物流成本是第16章的主题。

小结

本章中，我们描述了物流系统中仓储的重要性。规模经济、成本以及客户服务是最重要的考虑因素。公司可选择的类型包括公共（租用）仓库和自营（所有或者租赁）仓库。物流执行官必须理解每种可选仓库类型的优势和劣势，以便做出最优的仓库管理决策。

仓储的主要职能包括搬运、存储以及信息传递。搬运包括接收、传输、订单分拣以及运输。存储可以是临时的，也可以是暂时的。信息传递是仓库中发生的所有活动的纽带。这种活动可以在国内也可以在国际间发生。

仓储设施设计是仓库管理的一个重要问题。与仓库规模和数目、设施选址、布置和设计相关的决策对于组织满足客户和获取利润具有重大影响。本章介绍了与每个决策领

---

① Ernst and Whinney, *Warehouse Accounting and Control*: *Guidelines for Distribution and Financial Managers* (Oak Brook, IL: National Council of Physical Distribution Management, 1985), p.50. 由物流管理委员会，即前国家物理分拨管理委员会授权。

② 同上，p.22.

域相关的不同方法、技术和建议。这些主题引导我们探讨了关于仓库生产率、会计和控制等问题。

· 在仓库中，可以使用手工（非自动化）或者自动化物料搬运设备。根据标准设备所履行的职能，可以将其分成：存储和订单分拣、运输和分类或者运输。自动化设备包括自动化存储和检索系统（AS/RS）、传送带、传输带和监测系统。这些项目将在第 11 章中进行分析。

推荐阅读材料

Ackerman, Kenneth B. "The Deming Management Message: It Can Work in Your Warehouse!" *Warehousing Forum* 11, no 4 (March 1996), pp.1-2.

——. "The Fundamentals of Warehousing." *Warehousing Forum* 14, no. 12 (November 1999), pp.1-2.

——. "Leadership in the 21st Century Warehouse." *Warehousing Forum* 7, no.6 (May 1992), pp.1-3.

——. *Warehousing Profitably: A Manager's Guide* [*An Update*]. Columbus, OH: Ackerman Publications, 2000.

Baker, C.M. "Case Study: Development of National Parts Distribution Center." *Proceedings of the Conference on the Total Logistics Concept*. Pretoria, Republic of South Africa, June 4-5, 1991.

Ballou, Ronald H., and James M.Masters. "Commercial Software for Locating Warehouse and Other Facilities." *Journal of Business Logistics* 14, no.2 (1993), pp.71-107.

Britt, Frank F. "A Profit Center Approach to Warehousing." *WERC Research Paper*. Oak Brook, IL: Warehousing Education and Research Council, 1990.

Cooke, James Aaron. "Re-inventing the Public Warehouse." *Logistics Management & Distribution Report* 39, no.5 (May 2000), pp.44-50.

Cooper, Catherine, and Steve Mulaik. "Warehouse Management: Killer Clues." *Operations & Fulfillment* 8, no.1 (January/February 2000), pp.12-22.

"Getting the Right Fit." *Traffic Management* 34, no.2 (February 1995), Warehousing and Distribution Supplement, pp.785-805.

Harmon, Roy L. *Reinventing the Warehouse: World Class Distribution Logistics*. New York: Free Press, 1993.

Ho, Peng-Kuan, and Jossef Perl. "Warehouse Location Under Service-Sensitive Demand." *Jounral of Business Logistics* 16, no.1 (1995), pp.133-62.

Maltz, Arnold B. "The Relative Importance of Cost and Quality in the Outsourcing of Warehousing," *Journal of Business Logistics* 15, no.2 (1994), pp.45-62.

——. "Warehouse Systems and the Year 2000: What You Need to Do Now!" *WERC Special Report*, January 1997.

"Mastering Technology." *WERCSheet* 22, no.1 (January 1999), pp.14-15.

"Mining for Gold," *WERCSheet* 23, no.1 (January 2000), pp.8-11.

Napolitano, Maida. *Using Modeling to Solve Warehousing Problems*. Oak Brook, IL: Warehousing Education and Research Council, 1998.

Newton, Chris. "Warehousing Isn't Just About Storage Anymore." *The Report on Supply Chain Management*, Published by ARM Research, Inc. (October 1999), pp.1-28.

van Oudheusden, Dirk L., and Peter Boey. "Design of an Automated Warehouse for Air Cargo: The Case of the Thai Air Cargo Terminal." *Journal of Business Logistics* 15, no.1 (1994), pp.261-85.

Pavis, Theta. "A New Era of Customer Service." *Warehousing Management* 7, no.2 (March 2000), pp.20-24.

Robeson, James F., and William C. Copacino, eds. *The Logistics Handbook*. New York: Free Press, 1994, especially Section VI, "Distribution Facilities Management," pp.517-643.

Rogers, Dale S., and Patricia J. Daugherty. "Warehousing Firms: The Impact of Alliance Involvement." *Journal of Business Logistics* 16, no.2 (1995), pp.249-69.

Setting Continuous Improvement Priorities in Warehouse Operations, Monograph Series No. M0016. Raleigh, NC: Tompkins Associates Inc., undated.

Speh, Thomas W. *How to Determine Total Warehouse Cost*. Sarasota, FL: DCW-USA, Inc., 1990.

——. *Warehouse Inventory Turnover*. Oak Brook, IL: Warehousing Education and Research Council, 1999.

——et al. *A Guide to Effective Motivation & Retention Programs in the Warehouse*. Oak Brook, IL: Warehousing Education and Research Council, 1999.

Tompkins, James A. "Enhancing the Warehouse's Role through Customization." *WERC Special Report*, February 1997.

Tompkins, James A., and Dale Harmelink, eds. *The Distribution Management Handbook*. New York: McGraw-Hill, 1994, especially Part 3, "Warehousing," pp.16.1-22.36.

"Trends in Warehouse Management Systems." *Information Systems and Logistics: A Canadian Perspective*. White Paper published by Sistema Logistics, 1999, pp.3-4.

"Warehouse Management Systems-The State of the Industry." *Parcel Shipping & Distribution* 6, no.11 (October 1999), pp.22-26.

"Warehousing After 2000." *Warehousing Forum* 14, no.3 (February 1999), pp.1-2

"Warehousing's Evolution: Meeting Demands in the New Millennium." *WERCSheet* 23, no.6 (June 2000), pp.1-5, 7.

"What If? Today's Simulation Packages Can Give You the Answer to That and More." *WERCSheet* 22, no.10 (November 1999), pp.8-10.

"What's Your Pleasure? Today's Warehouses Deliver Service as Well as Product." *WERCSheet* 23, no.1 (January 2000), pp.1-4.

"WMS + TMS = Success." *WERCSheet* 23, no.2 (February 2000), pp.1-4.

问题与习题

1. 仓储用于物流过程中的所有阶段存储库存。既然持有存货的成本很高，为什么公司必须存储每种类型的存货？
2. 区分公共仓库和自营仓库。每种类型的优势和劣势各是什么？
3. 讨论在仓储中进行成本权衡分析的意义。至少给出两个例子，说明公司决定结合使用公共仓库和自营仓库，而不是只用公共仓库或者自营仓库时所进行的成本权衡。
4. 仓储的三种基本功能是什么？简单描述每种功能。
5. 指出和讨论一些影响组织仓库规模大小的较为重要的因素。
6. 解释下列设施选址战略类型之间的区别：(a) 市场定位；(b) 生产定位；(c) 快速定位。
7. 仓库布置和设计怎样影响生产率和效率？
8. 生产率被定义为实际产出和实际投入之间的比例。从仓储功能的角度来说，一个组织怎样衡量其存储设施的生产率水平？

附录 A　案例研究——公共仓库与自营仓库

本案例强调的是租赁或自营仓库与公共仓库的比较。此外还说明了对特定成本的处理会影响分析的结果。

大纲

公司的仓储设施在大西洋中部地区已经达到存储能力。目前，公司拥有并管理着两处仓库，并使用了大约 150,000 平方英尺的公共仓库空间。最紧迫的需求在于超额存储，目前超额存储主要由公共仓库处理。预计超额需求在以后几年中将会大量增长。

承担解决空间需求问题的特别工作组在一开始就需要考虑大量可供选择的方案。估计在大西洋中部地区大约需要 210,000 平方英尺仓储空间。最后只剩下以下两种方案：(1) 使用公共仓库；(2) 以每平方英尺 2.75 美元租用 210,000 平方英尺空间 5 年，5 年后重新选择方案。

财务分析

方案 1：公共仓库

A. 年费用：

管理费用，每年	=	$　760,723
存储费用，每年	=	413,231
汇总	=	$ 1,173,954

B. 根据地区内公共仓库提供者的详细调查确定公共仓库费用。上面分析的费用根据已知公共仓库服务提供者中费用最低者的费率计算。

方案 2：租用新仓库

A. 根据过去的经验以及对给定市场中支出水平的预测估计费用。

估计年管理费用——新仓库：= $　309,914

B. 对新仓库的投资：

1. 资本化的租金

　a. 年租金　= $　577,500

　b. 577,500 美元的 10 年年金现值　= $ 3,547,600

2. 租金资本化，即将租用的资产（仓库）看做固定资产，未来支付的租金的现值看做债务。租金资本化是出于财务会计标准委员会审计的需要，而将其用在该分析中是为了，将未来支付的租金与公司通过借贷筹资来购入自营仓库相联系。最后的效果是将租金看成资产。这种情况下，公司认为对资产的投资就是未来支付的租金的现值（如将要在注释中讨论的，并非所有财务分析会如此看待租金）。决定租金现值的贴现率一般就是资金的税后成本，并根据项目风险进行调整。

资料来源：Reprinted with permission from *The Financial Evaluation of Warehousing Options: An Examination and Appraisal of Contemporary Practices*, Thomas Spch and James A. Blomquist, © 1988, Warehousing Education and Research Council, 1100 Jorie Blvd., Oak Brook, IL 60523-4413.

3. 新仓库需要的其他固定资产：

搬运设备	$ 170,800
计算机系统	26,740
货架	252,000
合计	$ 449,540

4. 新仓库的启动成本：

产品搬运	$ 10,500

5. 初始现金支出 $ 460,040

租用仓库较使用公共仓库每年节约

公共仓库每年的成本	=	$ 1,173,954
自营仓库每年的成本	=	309,914
每年的节约	=	$ 864,040

看上去自营仓库低估了成本，但是没有将每年的租金成本反映在年运作成本的原因是租金被资本化并被看做投资。

10 年的现金流量（000s）

年份	初始费用	资本化租金	较公共仓库节约的租金	税前现金净流量	税法折旧*	扣除折旧的节约额	税 39%	扣除折旧和税金的节约额	折旧	税后现金净流量
0	$ 460	$ 3,548	$ 0	($ 4,008)	0					($ 4,008)
1	0	0	864	864	$ 136	$ 728	$ 284	$ 444	$ 136	580
2	0	0	864	864	109	755	294	461	109	570
3	0	0	864	864	71	793	309	484	71	555
4	0	0	864	864	50	814	317	497	50	547
5	0	0	864	864	45	819	319	500	45	545
6	0	0	864	864	25	839	327	512	25	537
7	0	0	864	864	22	842	328	514	22	536
8	0	0	864	864	3	861	336	525	3	528
9	0	0	864	864	0	864	337	527	0	527
10	0	0	864	864	0	864	337	527	0	527
合计	$ 460	$ 3,548	$ 8,640	$ 4,632	$ 461	$ 8,179	$ 3,190	$ 4,989	$ 461	$ 1,442

* 这里将货架、搬运设备和计算机硬件的折旧作为一个科目，是为了反映了折旧抵税对现金流量的影响。

例如：	**第 1 年**
节约	$ 864,040
折旧	− 135,839
净利（税前）	$ 728,201
联邦税（39%）	− 283,998
折旧	+ 135,839
税后现金流量	$ 580,042

投资收益率

内部收益率（IRR）

A. 节约额现金流量：

年	节 约
0	($4,007,640)
1	580,042
2	569,222
3	554,768
4	546,741
5	544,587
6	536,774
7	535,654
8	528,146
9	527,065
10	527,065

B. IRR（税后） +6.13%

净现值（NPV）

A. 贴现率：11%（税后）

B. 10年节约额现金流量（贴现率为11%）的 NPV =（$692,941）

决策

使用公共仓库。租用仓库的 IRR 和 NPV 不符合公司的标准。

讨论

有意思的是租用仓库每年产生了显著的运作节约，然而尽管这些运作节约非常大，它并不能产生超过公司最低预期资本回收率的投资收益率。

包括在公司原始分析中的成本元素都是“硬通货”，并没有考虑边际收益。分离的职能具有自己的资金“池”，但分散的项目均必须满足适用于所有资本项目的最低预期资本回收率。

案例研究中的租金资本化回顾了一些基本财务概念。正如案例中所描述的，租金被看成资产，同时未来支付的租金的现值在资产负债表中表示为一项资产。有意思的是公司在他们的现金流量分析中将资本化的租金值看成投资。也就是说，资本化的租金被看成主要的现金流出而不是用来确定收益率的现金节约。

许多经理会认为资本化租金的现值不应被看做大块的现金流出（即作为投资）。每年支付的租金的现值实际上是资产负债表中的一个项目，但从现金流量的角度看，每年支付的租金应被看做当年的现金流出。如果对选择租用空间还是使用公共仓库方案的分析改成将支付的租金看成年现金流出，设备费用和启动成本 460,040 美元看成初始投资，就会得到一个截然不同的决定。下表显示了改动后的分析。

利用每年支付的租金作为 10 年现金流量分析（千美元）

年份	公共仓库年成本	租用仓库每年成本（租金成本+管理成本）	初始投资	税前节约:租用仓库较公共仓库	税后节约（减税金加折旧）
0			$ 460		
1	$ 1,174	$ 888		$ 286	$ 228
2	1,174	888		286	217
3	1,174	888		286	202
4	1,174	888		286	194
5	1,174	888		286	192
6	1,174	888		286	184
7	1,174	888		286	183
8	1,174	888		286	176
9	1,174	888		286	175
10	1,174	888		286	175
在 1~10 年中租用仓库较公共仓库节约的现金的净现值(最低资本预期回报率为税后 0.11)					$ 1,624,998
内部收益率(租用仓库较公共仓库,税后)					29,99%

注意租用仓库较公共仓库节约的净现值为 160 万美元，而在原来的分析中净现值为负。修改后的 IRR 将近 30%，而原来的 IRR 只有 6.13%。很明显分析结果支持租用仓库。

本案例说明了对成本不同的处理方式如何影响财务分析的结果。在这个例子中，对支付的租金处理的变动影响了最终分析。最终的结果给出的建议是：所有涉及仓储分析过程的人员必须经常质疑并仔细地评估将变动成本因素概念化并带入分析过程的方法。

附录 B　案例研究——仓库合并

这个案例的焦点是企业仓库网络的重置。该案例说明了许多企业采用的保守方法认为在定量财务分析中应包括服务和收益的影响。有趣的是，这种方法不考虑第三方仓储，即使企业的销售量变动很大。

大纲

企业的配送中心（DCs）接近了其最大的存储能力，销售计划表明现存设施无法处理该销售量。一个知名咨询公司最近开展的客户服务研究指出，更多的客户需要的订货周期时间远比公司目前提供的订货周期时间宽松。因而，公司有可能削减一定数量的配送中心并接受较长的订货周期时间以削减成本。

资料来源：Reprinted with permission from *The Financial Evaluation of Warehousing Options*: *An Examination and Appraisal of Contemporary Practices*, Thomas Speh and James A. Blomquist, © 1988, Warehousing Education and Research Council, 1100 Jorie Blvd., Oak Brook, IL 60523-4413.

目前，亚特兰大的南区配送中心提供了最低的总交付成本，且如果扩大亚特兰大配送中心的服务区就会降低总配送成本。扩大配送中心服务区和增加订货周期时间所节约的资金，可以用来增加亚特兰大配送中心有限的存储和吞吐能力。

配送环境

公司制造种类广泛的产品，并通过杂货店、零售药店、批发商和大卖场来分销。通过以下峰值描述其吞吐能力：

- 每天装运的箱数在80,000至740,000之间变动
- 销售高峰在每季度末，每天的处理量将是平时的4倍
- 存储的托盘数量在平均水平上有±15%的变动
- 在高峰存储的5到6个月里，配送中心接近其最大能力

每年，物流部处理超过120万张、1,100种产品的订单。运输主要通过卡车：每年约需8,000车次拖车运输。统计下来，每年约3亿磅重的货品装运到国内4万多家客户。

系统重构分析

分析过程的第一阶段是利用一个网络优化模型来评估24个网络配置方案。最优配置方案较目前减少了2个配送中心。建议的方案包括：

- 关闭宾西法尼亚州首府哈里斯堡的全线配送中心
- 关闭马里兰州首府巴尔的摩的出口配送中心
- 扩大亚特兰大配送中心150,000平方英尺（1/3），并使该配送中心服务东北地区和出口客户

巴尔的摩配送中心用于处理出口配送并用来获取整合的收益。每年中心会装运略多于1,800次、包含3,000张订单和400万磅重的货品。几乎有2/3是由公司其他配送中心发出的。按照目前的意见，这个配送中心的业务将并入亚特兰大配送中心。将国际配送集成到新的亚特兰大配送中心将使总成本缩减。

该建议主要的好处集中在如下几点：

- 扩大存储能力以适应长期增长
- 消除了使用亚特兰大仓库空间的需求
- 减少了运作成本
- 减少了安全库存
- 扩大了处理高峰存储和吞吐的能力
- 通过更高的空间利用率和改进的分拣精度增强了服务水平

分析的最后一方面是资本支出和回报率分析。

财务分析

项目将在1988年4月开始，估计在1989年6月30日结束。项目涉及将亚特兰大配送中心扩建150,000平方英尺。

与方案相关的现金流量

A. 投资（千美元）

扩大亚特兰大配送中心150,000平方英尺	$4,450
道路和卡车停车点	400
排水系统	120
建筑设计	249
意外事故	497
传输系统	2,100
总投资资金	$7,816
($4,005,000将在1988年投入)	
($3,811,000将在1989年投入)	

B. 一次性（启动）支出（千美元）

解雇	$670
重置	150
闲置	360
杂项	400
合计	$1,580

解雇支出包括不从原配送中心转移至扩建后亚特兰大配送中心的雇员的安置成本。

重置支出包括库存从旧地点转移至新地点的成本。

闲置支出由售出或转租哈里斯堡配送中心之前的设施维护费用组成。

C. 年净运作节约①（千美元）：

	哈里斯堡	巴尔的摩	亚特兰大	汇总
工资/津贴	$463.00②	$38.60③	—	$501.60
租金支出	490.00	124.00	—	614.00
运作支出	551.20	49.80	$60.40④	661.40
运输⑤	130.00	—	—	130.00
年净节约				$1,907.00

① 这些节约是"净"值的。即，从其他两个中心的节约中减去新扩建中心的运作成本得到的数据。

② 包括每小时23个抵税、18个不可免税和4个免税的人员。

③ 没有反映人员的减少，但是包括了由于在亚特兰大工资标准降低而产生的节约。

④ 亚特兰大的工厂仓库不会用于配送。

⑤ 运输包括从工厂到配送中心和从配送中心到客户。130,000美元的节约是一个净值，它反映了与新亚特兰大配送中心相关的从工厂到配送中心运输成本的大幅减少，以及从配送中心到客户运输成本的轻微增长。

D. 资产清算(千美元):

净账面价值:	
租入资产改良	$ 129.00
机器与设备	478.50
器具装置	76.20
总账面价值	$ 683.70
减:转移至新配送中心:	
计算机系统	($ 175.40)
货架	(67.70)
叉车和卡车	(26.70)
传送带	(66.70)
标签印制机	(16.20)
转移汇总	($ 352.70)
清算资产的价值:	
($ 683.70 − $ 352.70)	$ 331.00
减:估计销售收益:	−31.00
与资产清算相关的净损失	($ 300.00)

E. 营运资本:

库存的缩减(安全库存)	$ 2,075.00

F. 由于库存缩减产生的年支付现金的节约:

利息率 = 13%	
节约($ 2,075@.13)	$ 270.00

合并到一个配送中心使得安全库存减少产生两个效果:

(1) 库存减少导致一次性现金流入,同时,

(2) 引起由于年利息支出的减少产生的年现金流入。

G. 年折旧额(千美元):

第1年	$ 100
第2~9年	$ 269

计算现金净流量,1988~1996年

A. 数据(千美元):

	1988	1989	1990	1991	1992	1993	1994	1995	1996
折旧	$ 100	$ 269	$ 269	$ 269	$ 269	$ 269	$ 269	$ 269	$ 269
税率*	46.6%	46.6%	48.5%	48.5%	48.5%	48.5%	48.5%	48.5%	48.5%
递延税金①	($ 5)	$ 98	$ 207	$ 135	$ 85	$ 48	$ 48	$ 48	$ 3

* 分析是基于1987年的税率。

① 在第三行中所示的递延税金是由于对应纳税金采用两种方式计算导致的结果。对于内部报告,资产尽可能地按照其真实价值估价。对外(即联邦税),资产会在合法的条件下尽可能的加速折旧。如果某项资产折旧的速度快于其实际折旧,就会在两个价值间产生差异。递延税金反映了该差异对现金流量的影响。

B. 现金净流量计算范例:

1. 现金净流量将包括:

运作节约 +库存节约(利息) =总节约 -折旧 =税前利润 -联邦税	计算运作利润
=税后利润 +折旧 +递延税金 =现金净流量	加折旧和递延税款得到"现金净流量"

2. 考虑1990年(千美元):

运作节约	$1,907
+库存节约	+270
=总节约	$2,177
-折旧	-269
=税前利润	$1,908
-联邦税(48.5%)	-925
=税后利润	$983
+折旧	+269
+递延税金	+207
=现金净流量	$1,459

C. 年总现金净流量(千美元),1988~1996年

	1988	1989	1990	1991	1992	1993	1994	1995	1996
运作节约	$0	$1,430	$1,907	$1,907	$1,907	$1,907	$1,907	$1,907	$1,907
库存节约(利息)	0	270	270	270	270	270	270	270	270
一次性支出	—	(1,580)	—	—	—	—	—	—	—
资产损失	—	(300)	—	—	—	—	—	—	—
折旧	(100)	(269)	(269)	(269)	(269)	(269)	(269)	(269)	(269)
税前利润	(100)	(449)	1,908	1,908	1,908	1,908	1,908	1,908	1,908
联邦税	(47)	(209)	(925)	(925)	(925)	(925)	(925)	(925)	(925)
税后利润	(53)	(240)	983	983	983	983	983	983	983
折旧	100	269	269	269	269	269	269	269	269
递延税金	(5)	98	207	135	85	48	48	48	3
现金流入	42	127	1,459	1,387	1,337	1,300	1,300	1,300	1,255
资本支出	(4,005)	(3,811)	—	—	—	—	—	—	—
转换为营运资本	—	2,075	—	—	—	—	—	—	—
现金净流量	($3,963)	($1,609)	$1,459	$1,387	$1,337	$1,300	$1,300	$1,300	$1,255

投资收益率

收益率分析

A. 净现值（千美元）：

1. 现金净流量

年　份	现 金 流 量
1988	(3,963)
1989	(1,609)
1990	1,459
1991	1,387
1992	1,337
1993	1,300
1994	1,300
1995	1,300
1996	1,255

2. 最低预期资本回收率 = 14%

3. 净现值@14%　　　= $ 1,449.80

B. 内部收益率　　　=　　20.3%

C. 回收期　　　　　=　　5.7 年

决定

当满足以下条件时扩建亚特兰大配送中心：

内部收益率（IRR）> 最低回报率和净现值（NPV）> 0

讨论

有趣的是目前的网络无法适应企业销售量的预期增长。在这个现金流量分析中仍然没有考虑边际收益。但是可以找到一个包含边际利润的案例，因为，如果不对仓储网络能力进行扩充，销售不可能增长。

这里给出的方法反映了大多数企业在分析仓储资本项目时基本上采取保守姿态。然而，有观点认为，可以通过临时仓储或增大现有系统生产能力来处理超额销售。这样，销售逐渐增长的问题仍难以解决。

新配送中心的一个显著优点是增强了客户服务水平。将要安装在亚特兰大配送中心的新设备预期能提高订单完成百分比和订单分拣精度。顾客非常关注订单完成和订单精确度。但是，服务水平的提高并没有被量化或在财务分析中正式地表现出来。而且几乎没有经理会愿意承担将提高服务水平的效果反映到收益所产生的风险。同样显而易见的是，在现金流量分析中，不要求增加销售量或提高服务水平会产生正的净现值。但是，如果这个项目处于边缘位置，与增加销售量和提高服务水平相关的现金流量会将项目向有利的方向推进。

这个分析最引人关注的方面在于没有考虑将第三方仓储放在可行的方案集合中。案例中描述的状况表明了需求量是极易改变的，这导致需要为应付高峰期而建造超额仓储能力。可能有观点认为这种情况恰恰适合于第三方仓储，对第三方仓储来说，某个委托人的高峰需求可以用另一个委托人的低谷需求来弥补。在这种情况下，与第三方仓储相比，根据节约额来计算自有配送中心的投资收益率将非常有趣。这里，由于自有配送中心需要超额能力，节约可能并不显著。尽管企业文化可能支持自营仓库，调查第三方仓储的财务影响还是有意义的。

CHAPTER 11

物料搬运、计算机化和包装

本章大纲

本章目标

- 描述各种类型的非自动化和自动化物料搬运系统
- 分析准时制造环境中仓储的作用
- 分析包装在仓储和物流中的作用
- 概述在仓库管理中计算机和信息技术的作用

引　言

仓储在营销和物流战略中的重要性日益提高。那些将仓储作为一种获得竞争优势的手段的人们把传统的仓储观念（例如管理库存）扩大到包括信息流的管理。在现代的仓库中，计算机化和自动化成为成功物流的必要因素，从而最终获得竞争的成功。

本章综合了影响仓储决策的一些关键要素。在第 10 章中讨论到，一些公司倾向于把仓储决策与仓库自动化、物料搬运系统、包装和仓库计算机化的决策割裂开来，然而正如本章所要说明的，这些决策都是紧密联系的。

物料搬运设备

物料搬运费用每年超过 500 亿美元

物料搬运协会（The Materials Handling Institute）——一个物料搬运设备系统制造商行业贸易协会——估计："在工厂和仓库中，每年用于移动、储存、控制、装箱和物料分组的硬件和软件的费用超过 500 亿美元。许多公司市场的扩大和市场多样化的增加，得益于仓库和分销运营条件的重大变化（如缩短了的订单周期，降低了的库存水平，缩小了的订货批量，SKU 增多）。"①

物料搬运设备系统通常代表一个公司较大的资金开支。像有关仓库的数量、规模和选址的决策一样，物料搬运的决策也影响到物流运作的许多方面。

手工或非自动化系统

手工或非自动化物料搬运设备是传统仓库的支柱工具，即使随着仓库的不断自动化，它们还将可能继续发挥重要的作用。一般来说，手工系统最适用于货物吞吐量中等的仓库。由于手工系统应用了最具柔性的搬运系统，因此在订单分拣上提供了极大的灵活性。

根据功能不同可将手工非自动化物料搬运设备分为以下三类：（1）存储和订单分拣；（2）运输与分拣；（3）发运。

存储和订单分拣设备

存储和订单分拣设备包括：货架、棚架、抽屉和操作员控制的设备如叉车。图 11.1 列出了若干种动力和非动力驱动的叉车及其变体。这些设备在普通的仓库作业中都很常见。

平衡升降车（Counterbalanced lift truck）是一种普通类型的叉车。它可以通过液丙烷、汽油或柴油引擎或者电池来驱动。该设备具有三个或四个轮子和气胎或垫胎。牵引车（Tow Tractor）是动力自给的、由操作员驾驶的一种牵引车，常用于牵引货车和卡车。

托盘车或货板车（Pallet track or jacks）是进行单元装载的基本工具，能够搬运重达 1,000 磅的货物。在通道狭窄的仓库，伸臂直达车（Reach truck）对于物料搬运、存储及存取托盘非常适用。而侧载升降车（Side-loading lift trucks）则为超窄通道，且高度在 25

① Edward H. Frazelle and James M. Apple, Jr., "Materials Handling Technologies," in *The Logistics Handbook*, ed. James F. Robeson and William C. Copacino (New York: Free Press, 1994), p.547.

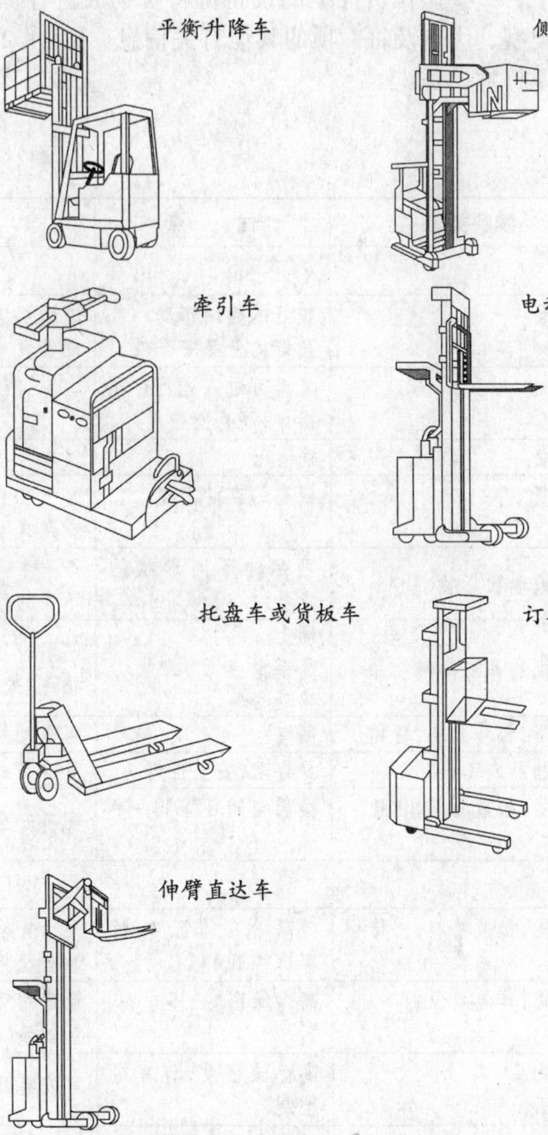

资料来源：*Modern Materials* Handling (http://www.manufacturing.net/magazine/mmh/glossary/egtruck.htm).

图 11.1　动力驱动与非动力驱动的叉车

英尺甚至更高的仓库运作而设计的。滚杆或货叉允许侧载升降车堆垛托盘而无需转动。电动跨立式叉车（Electric-powered rider straddle trucks）适用在狭窄通道的存储货架中搬运托盘。该设备的负载能力大约有两吨。图 11.1 所示的最后一种叉车是订单拣货车（Orderpicker truck）。该设备的操作者（拣货员）和货叉同处在一个升降台上，当货叉被提升时，拣货员也同时上升。然后，拣货员从存储货架或棚架上挑拣物品放到托盘或便携箱中。另外，还有许多其他常用的叉车。①

① 各种叉车和相关设备的例子可参见网址：http://www.manufacturing.ner/maga/inc/mmh/glossary/egtruck.htm. 各种仓储和配送设备的成本概况可参见 *Rules of Thumb*（Woodbridge.NJ：Gross & Associates.1999）。

表 11.1 描述了许多不同类型的物料搬运设备。存储货架通常存储托盘化和单元化的货物。大多数情况下，一些操作员操纵的设备都将货物放进存储货架上。表 11.1 列出了存储物料的不同类型、优点及每一项的其他有关信息。图 11.2 到图 11.6 也给出了一些常用的存储及订单拣货设备。

表 11.1 仓库存储指南

设 备	物料类型	优 点	其他考虑因素
手工			
货架:常规托盘货架	托盘货	较好的存储密度 良好的产品安全性	通过双倍深度装载可以提高存储密度
驶入式货架	托盘货	叉车可进入进行存取操作,高存储密度	叉车只能从一个方向进入存取
驶出式货架	托盘货	同上	叉车可以从两个方向存取
高层货架	托盘货	极高的存储密度	常用在自动仓储系统,当用于货架式仓库时,具有承载优点
悬臂式货架	长型或卷状货物	可存储不同形状的货物	每一个不同的 SKU 可存储在不同的架子上
堆叠式货架 重力式货架	不规则物品或易碎物品	同上 高存储密度,靠重力移动货物	不用时可以扁平堆叠起来,货物可"先进先出"或"后进先出"
棚架	托盘货,松散物料,货箱	便宜	可与抽屉结合使用
抽屉	小件物品或工具	易存取,安全性好	可分类成许多 SKU
移动式货架或棚架	托盘货,松散物料,货箱	楼层空间可降低一半	配备安全装置
自动			
单元负载自动仓储系统	托盘货,松散物料,货箱	极高的存储密度,计算机控制	用于货格式货架的仓库时具有承载优势
巷道车(cart-in-lane)	托盘货,其他单位货	高存储密度	最适用于只有几个 SKU 的大量物品
轻负载自动仓储系统	小件物品	高存储密度,计算机控制	可安装几个不同的结构
水平旋转式货架	小件物品	零件易存取,相对便宜	可在顶部之间堆垛
垂直旋转式货架	小件物品或工具	高存储密度	既用于存储,也是多层设施中的传输系统
人骑式机械(man-ride machines)	小件物品	很灵活	可与高层棚架和组合抽屉一起使用

注：本表对各种存储设备的使用提出一般的指导，使各种设备在仓库中得以最佳利用。在确定使用任何设备之前应与设备供应商作更详细的研究。

资料来源："Storage Equipment for the Warehouse," *Modern Materials Handling*, 1998 *Warehousing Guidebook* 40, no.4 (Spring 1985), p.53. *Modern Materials Handling*, Copyright 1985 by Cahners Publishing Company, Division of Reed Holding, Inc.

存储货架

图 11.2 列举的存储货架在大多数仓库设施里都能找到。它们可以是长期的也可以是临时的，并且是放置在仓库中以用来存储产品。它们可以说是一个仓库的“标准”或“基本”的组成部分。物料搬运设备如叉车都能够方便地进入所有这些存储货架存取货物。

图 11.3 所示的重力式货架（Gravity flow racks）常用于存储高要求的物品。那些尺寸、形状统一的产品适合这种类型的存储系统。物品从后部放进向前倾斜的货架，然后滑向前方订单分拣人员能够够得着的地方。

贮物柜货架系统

贮物柜货架系统（Bin Shelving System）适用于小部件存储。图 11.4 所示的是一个典型的贮物柜仓库结构。由于物品是手动挑拣的，因此系统的高度必须在员工身体可及的范围内。一般地，贮物柜的立体空间不能全部利用，所以存在空间浪费。比起其他的存储系统，贮物柜货架系统的价格相对便宜，但是除了小部件存储，它的应用有所限制。

组合存储

图 11.5 的组合存储（Modular Storage）抽屉和橱柜也用于小部件存储。在功能上它们与贮物柜货架系统类似，但它们需要较少的空间并且允许把物品集中在拣货员容易获取的地方。拉出抽屉，然后拣货员就可以挑拣货物。在设计上，组合存储抽屉必须低于楼层，通常是在低于楼层 5 英尺的高度，从而便于拣货员挑拣货物。

前面描述的存储系统都是静止不动的，因此可以归类为“固定”系统。那么另外一类位置不固定的就称为“可移动”系统。图 11.4 所示的贮物柜货架系统可以从固定系统改造成可移动系统，如图 11.6 所示。在贮物柜货架中，底部安装的轮子可以使贮物柜沿着地面上的轨道移动，不存取货物时，由于贮物柜不需要完全宽度的通道就可以把它们堆叠到一起，从而最大限度地利用空间。

拣货员使用一些订单拣选方法从各种存储系统拣选产品。在手工系统中，拣货员来到仓库“或者边走边挑选，或者使用机械化的设备将货物运载到货位上”。[①] 在许多情况下，拣货员从重力存储货架上提取物品（见图 11.3）。

运输与存储设备

拣货员可以选择大量的动力或非动力驱动的设备来运输、分拣存储在货架、棚架和抽屉里的物品。这些运输分拣设备有：叉车、平台车、手推车、起重机和拖车。除了运输分拣功能，这些设备还都具备其他多种功能，如订单拣货功能。

手工分拣物品是仓储中劳力密集型的工作。它要求根据顾客的订单先分离物品，然后重组挑选的物品。拣货员手动地检查物品，然后将它们放到托盘上、薄衬纸上或者放进集装箱以备发运到顾客手中。这个过程非常费时并且还伴有人为的错误。因此，大多数公司都在努力尽可能地减少人工分拣工作。

将产品发运到顾客手中，涉及产品的发运准备以及使用前面讨论的各种设备将产品

---

① “Orderpicking Systems to Boost Productivity,” *Modern Materials Handling*, 1985 *Warehousing Guidebook* 40, no.4 (Spring 1985), p.56.

装载到运输设备上。此外，诸如托盘、托盘化工具、打包机械和包装材料等用品也很重要。正如前面我们所说的，手工非自动化设备常常与自动化设备结合使用。

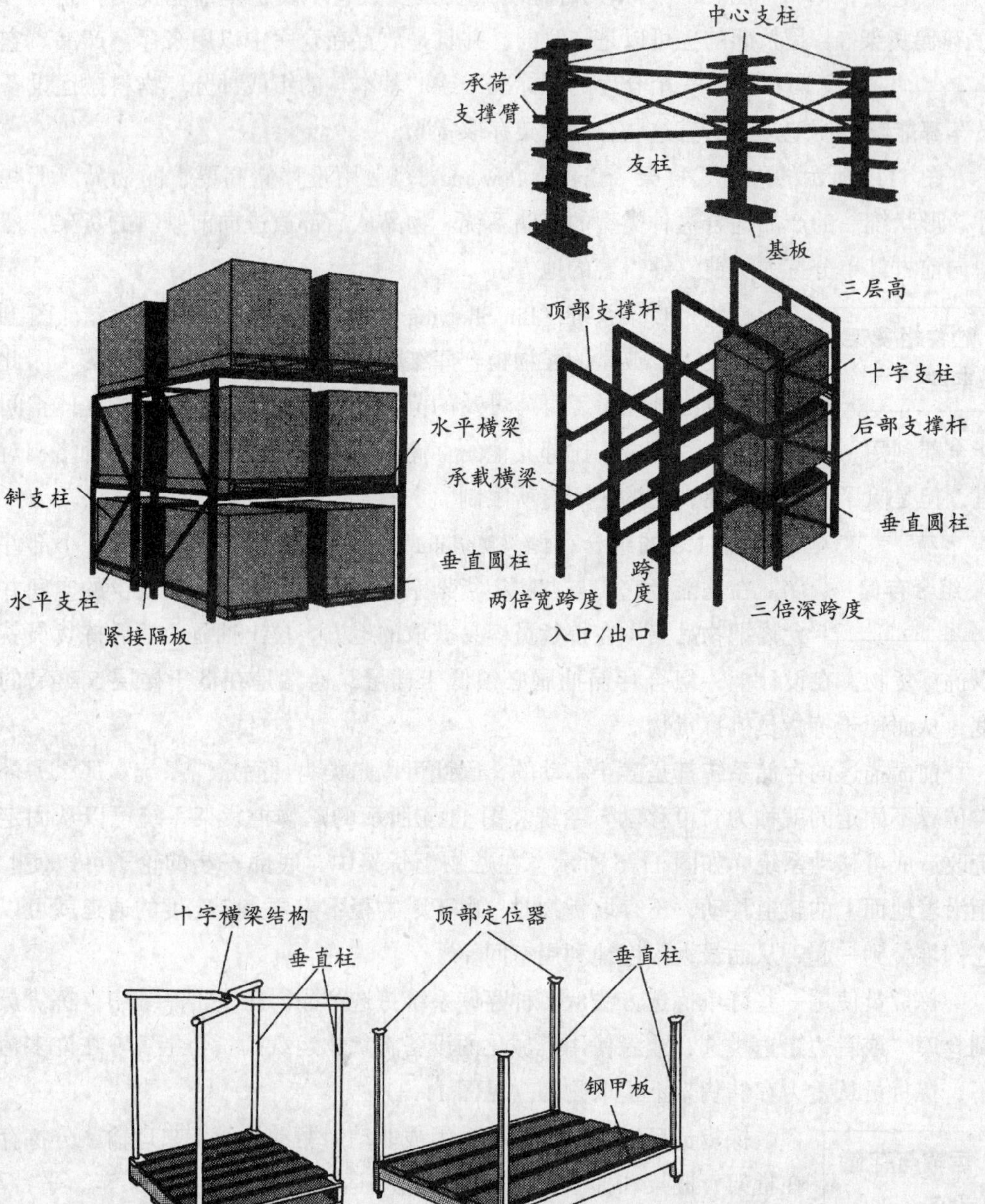

资料来源："The Trends Keep Coming in Industrial Storage Racks," *Modern Materials Handling* 40, no.9(August 1985), pp.54-55. *Modern Material Handling*, Copyright 1985 by Cahners Publishing Company, Division of Reed Holdings, Inc.

图 11.2 非自动化存储单元——存储货架

资料来源：Department of the Navy, Naval Supply Systems Command, Publication 529. From Edward H. Frazelle, *Small Parts Order Picking: Equipment and Strategy* (Oak Brook, IL: Warehousing Education and Research Council, 1988), p.3. Reprinted with Permission.

图 11.3　重力式货架

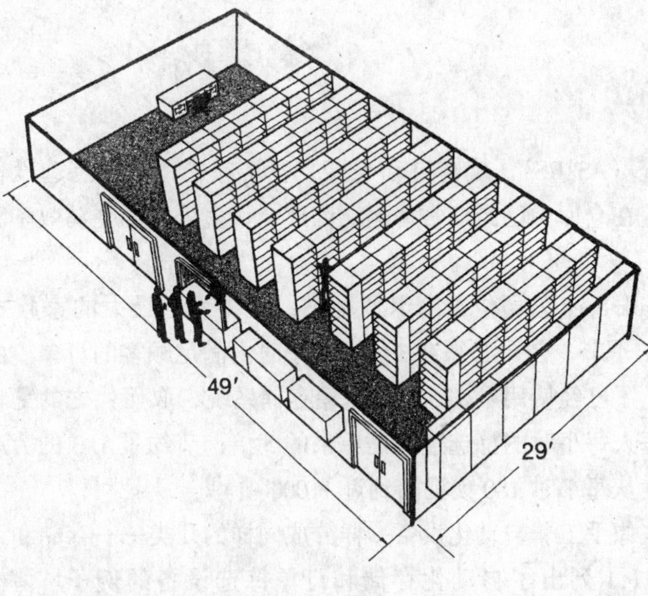

资料来源：Edward H. Frazelle, *Small Parts Order Picking: Equipment and Strategy* (Oak Brook, IL: Warehousing Education and Research Council, 1988), p.1. Reprinted with Permission.

图 11.4　贮物柜货架系统

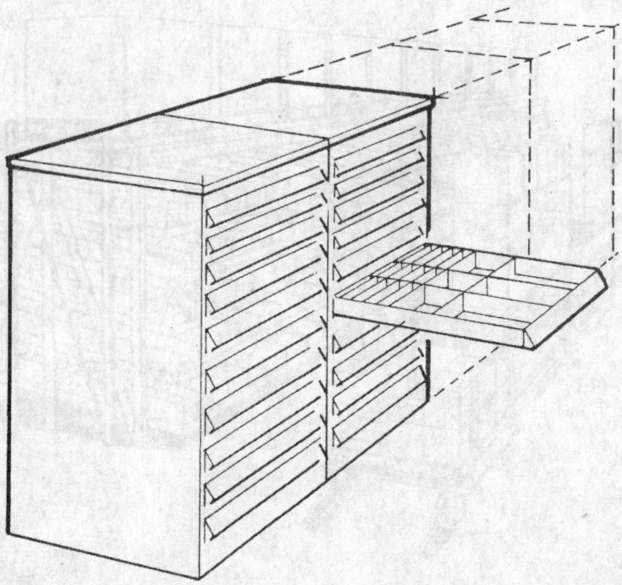

资料来源：Department of the Navy，Naval Supply Systems Command，Publication 529. From Edward H. Frazelle, *Small Parts Order Picking*：*Equipment and Strategy*（Oak Brook，IL：Warehousing Education and Research Council，1988），p.2. Reprinted with permission.

图 11.5 组合存储抽屉和橱柜

自动化系统

自动仓储系统（AS/RS），旋转自动仓储，容器拣选和物品拣选设备，输送带，自动机械和扫描系统在仓库中已经非常普遍。因此，许多公司的仓储效率和生产率都得到了提高。

举例来说，Park Seed 公司位于南卡罗林纳，是世界上最大的家族式邮购公司。在 12 月到 4 月的繁忙季节，公司必须在 24 到 36 小时内满足顾客的订单。由于业务的不断增长，该公司换下了已经使用了 125 年的木箱存储系统，取而代之的是自动化水平旋转自动仓储。结果每人每小时的拣选速度是原来的 5 倍，节约了 1/3 的劳动力。与旧的系统相比，拣选速度从每小时 180 项提高到近 1,000 项。①

自动化设备也像手工非自动化设备一样分成同样的几类——存储和订单拣选、运输分拣、发运。表 11.1 列出了自动化存储和订单拣选设备的例子。博士伦（Bausch & Lomb）、赤腊角机场（Chek Lap Kok，香港地区）、康柏、通用电气、耐克、佰德电脑（Packard Bell）、Posten PaketFrakt（瑞典）、Rothmans Tobacco（荷兰）、丰田和许多其他的公司都使用了自动化系统并取得了极大的成功。

① Ed Romaine，“How One Company Increased Its Pick Rate，” *Parcel Shipping & Distribution* 2，no.4（July-August 1995），pp.27-28.

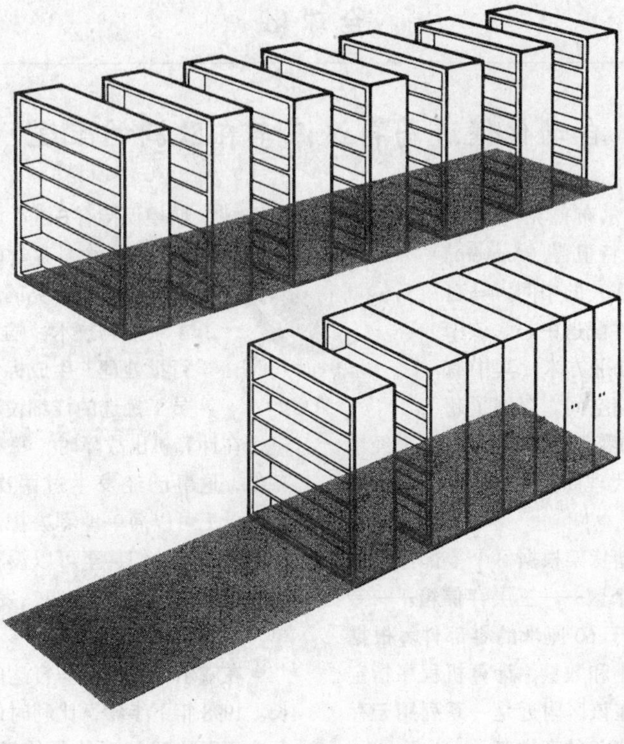

资料来源：Courtesy of White Storage & Retrieval Systems. From Edward H. Frazelle, *Small Parts Order Picking: Equipment and Strategy* (Oak Brook, IL: Warehousing Education and Research Council, 1988), p.8. Reprinted with Permission.

图 11.6　贮物柜棚架存储

举例来说，佰德电脑使用自动化物料搬运设备促进了公司在法国翁热市（Angers）的计算机的制造。正如一位作者所描述："系统由 5 个装配站、32 个模块化的、可互换的输送工作站组成，在那里进行计算机的装配和测试。那是一个协调的生产测试系统。"①

丰田汽车销售公司（Toyota Marketing Company）在南非的零件配送中心花费了 560 万美元部分地实现了自动化，增加了辅助的存储搬运设施，引进了新的存取仓储和订单处理系统，建设了一个高层散装仓库。收益不小：

1. 订单处理生产率提高了 300%。
2. 产品破损率下降了 50%。
3. 存货准确率和服务水平提高了 65%。
4. 取消了 3 个员工的工作，同时另外 3 位员工安排到更需要的岗位上②。

① "Total Solutions: Problem Solving with Materials Handling Systems," *Modern Materials Handling* 50, no.7 (June 1995), p.22.

② C.M. Baker, "Case Study: Development of National Parts Distribution Center," *Proceedings of the Conference* on the Total Logistics Concept (Pretoria, South Africa, 1991).

全 球 化

自动化促进马自达汽车在欧洲的配送

在比利时的威尔布鲁克（Willebroek），大约位于安特卫普（Antwerp）和布鲁塞尔（Brussels）的中间，马自达汽车有一个零部件配送中心。该中心总共占地 230,000 平方米，其中有 40,000 平方米的仓储空间，存储了超过 115,000 种不同的零部件，服务于 32 个经销商和大量的马自达代理商。95%的产品利用卡车发运。

在仓库中，存储货架根据每个零部件的特性仔细布置。有一个区——三层存储箱——专门用来存储尺寸小于 60 厘米的零部件。根据订单频率、零件大小和数量，计算机程序指定它们的存储位置。在该区附近是一系列用于存储 1 米多高、80 厘米长的高货架。

为服务于马自达欧洲的顾客，威尔布鲁克最近采取了更负责的做法。它尽力使经销商和代理商们确信不会有滞销的产品，而那在贩卖修理用零件的市场中要占 75%。在给予威尔布鲁克更多的零件流控制的同时，代理商的存储空间大大地释放出来。

1993 年，马自达欧洲零部件中心持有 7.8 个月的零件存货。而在 1998 年底，这个数字为 4.1 个月，大大降低了。到 1999 年底，马自达期望仅持有 3.3 个月的存货，直至到最后 2.5 个月存货的目标。

威尔布鲁克的运作全过程都采用了条形码技术。输入的订单在晚上进行批处理，生成标签和为第二天早上员工拣选的详细说明书。

在计算机出故障时，每一个条形码可作为备份，这事已经发生过两次了。在这种条件下，员工可以简单地剥去拣选标签，继续操作而不中断。他们甚至可以没有发货单就进行货物的包装发运。在欧盟，发运都不需要发货单。

在威尔布鲁克，马自达的生产率稳步地增长。1998 年下半年，比利时的配送中心创造了每人每天处理 84 项物品的纪录，而在 1992 年，只有 53 项物品的处理能力。公司现在的目标是 90 项物品。

资料来源：摘编自 Robert J. Bowman. "Lean on Automation, Mazda's Spare Parts Center Covers Europe," Global Logistics and Supply Chain Strategies 3, no.2 (March 1999), pp.18-26. Reprinted by permission of Global Logistics & Supply Chain Strategies, SupplyChain.com, and Supply Chain e-Business.

自动化系统的优点

自动化系统对于仓库运作有几点优点：节约了运作成本，提高服务水平，通过更准确及时的信息加强控制。然而，自动化系统并不是尽善尽美的。

自动化系统的缺点

公司选择自动化物料搬运系统所面临的典型的问题有：初始的资金成本，设备停工时间，维修中断，有关软件的问题（如文档不全、不兼容、故障），能力问题，对环境变化的反应缺少灵活性，维护成本，用户接口/培训，员工的接受程度和系统过时（见表 11.2）。①

初始的资金成本开支是最大的障碍。举例来说，轻负载自动仓储系统（见图 11.7、

① Kofi Q. Dadzie and Wesley J. Johnston, "Innovative Automation Technology in Corporate Warehousing Logistics," *Journal of Business Logistics* 12, no.1 (1991), p.72.

图 11.8）的存取设备可以在存储通道的水平方向、垂直方向同时移动，将货箱运输到系统一端的订单拣货站，同时从订单拣货站运回货箱。然而，一个轻负载自动仓储系统一般的成本却在每通道 150,000 美元到 300,000 美元之间。①

表 11.2　仓库自动化系统在运作和实施中的问题

问　题	所占百分比
1. 设备成本/财务合理性	19.0%
2. 设备的停工时间或可靠性问题/维修中断	10.0
3. 有关软件的问题，如文档不全、不兼容、故障或修改	8.0
4. 能力问题，如应用有限/与现有系统的集成问题	8.0
5. 对环境变化反应缺少灵活性/不适用于季节性强的业务	6.0
6. 维护成本/维护的零部件	5.0
7. 用户接口/系统操作的培训/从手工系统到自动化系统的过渡	5.0
8. 员工对自动化系统的接受程度	4.0
9. 没问题/适应得很好	4.0
10. 缺少高层管理的支持	3.0
11. 系统过时/需要更多最新的自动化/需要更进一步的自动化	3.0

资料来源：Kofi Q. Dadzie and Wesley J. Johnston, "Innovative Automation Technology in Corporate Warehousing Logistics," *Journal Business Logistics* 12, no.1 (1991), p.72.

资料来源：Department of the Navy, Naval Supply Systems Command, Publication 529. From Edward H. Frazelle, *Small Parts Order Picking*: *Equipment and Strategy* (Oak Brook, IL: Warehousing Education and Research Council, 1988), p. 6. Reprinted with permission.

图 11.7　轻负载自动仓储系统

---

① Edward H. Frazelle, *Small Parts Order Picking*: *Equipment and Strategy* (Oak Brook, IL: Warehousing Education Research Council, 1988), p.6.

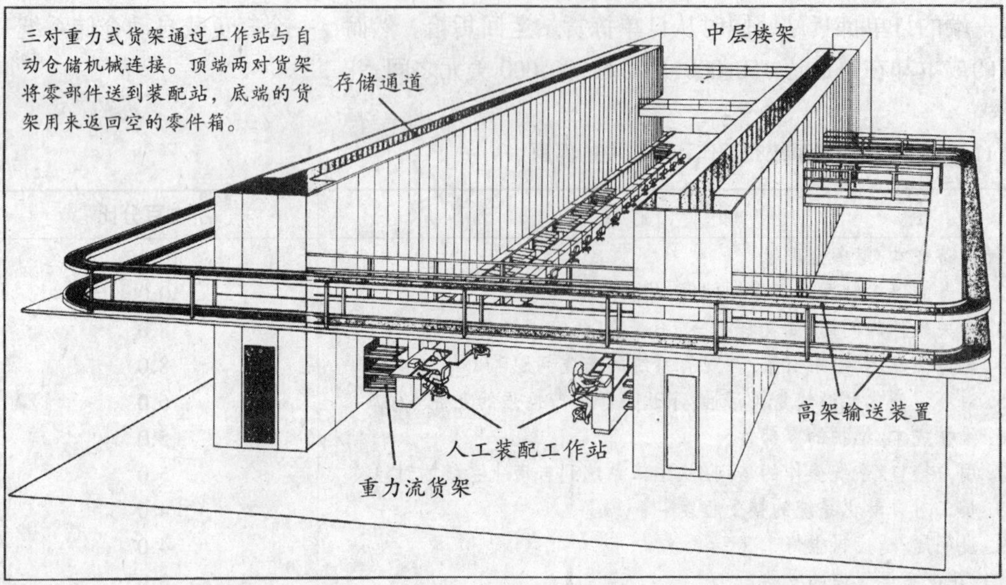

资料来源："Mini-Load AS/RS Trims Inventory, Speeds Assembly," *Modern Materials Handling* 39, no.13(September 21, 1984), pp.48-49. Modern *Materials Handling*, Copyright 1984 by Cahners Publishing Company, Division of Reed Holding, Inc.

图 11.8 苹果计算机公司使用柔性轻负载自动仓储系统实现库存最小化

这样的一个系统可描述如下：

一个单元负载自动仓储系统的例子

当挑选的单元是一个满托盘或是类似大小的负荷，AS/RS 能以最小的空间实现货物存取的完全自动化。单元负载自动仓储系统被安装在100英尺的高度，它的通道只比存储的货物宽几英尺。存取机械的操作速度比工业卡车要快得多，并且在水平方向和垂直方向同时移动。单元负载自动仓储系统在库存成本、货流处理成本和空间成本比较高的时候使用。在完全自动化的系统中，自动仓储系统配备传送带、自动导向车或电动单轨系统。[①]

旋转自动仓储

自动仓储系统（AS/RS）的另一种形式是旋转自动仓储。[②]旋转自动仓储是储存并旋转传送为订单拣选的物品的机械装置。最常用的旋转自动仓储结构是水平和垂直系统。旋转自动仓储系统已经成功地应用于许多公司，包括法国李维斯公司（Levi Strauss France）和美国 Raytheon 公司。[③]

水平旋转自动仓储

水平旋转自动仓储（见图 11.9）是可调节架上的旋转贮物箱的连接系列，由安装在顶部或底部的电动机驱动。它以每分钟约 80 英尺的速度绕着与地面垂直的轴旋转。水平旋转自动仓储的成本最低超过 7,000

---

① *The Warehouse-Manager's Guide to Effective Orderpicking*, Monograph Series no. M0008 (Raleigh, NC: Tompkins Associates, n.d.), p.21. 销售 AS/RS 的公司网站上显示，较旧的系统可以升级，成本在 5,000 美元到 200,000 美元不等，主要取决于系统的复杂程度。

② 见"Materials Issues: Carousels," *WERCSheet* 22, no.10 (November 1999), pp.13 and 16.

③ 关于 Levi Strauss France 公司的圆盘传送系统的简要讨论见"Flexible Fashion," *Logistics Europe* 3, no.3 (June 1995), p.33.

美元每单位，有的超过 30,000 美元。有时候，二手的设备可能成本稍低一点。①

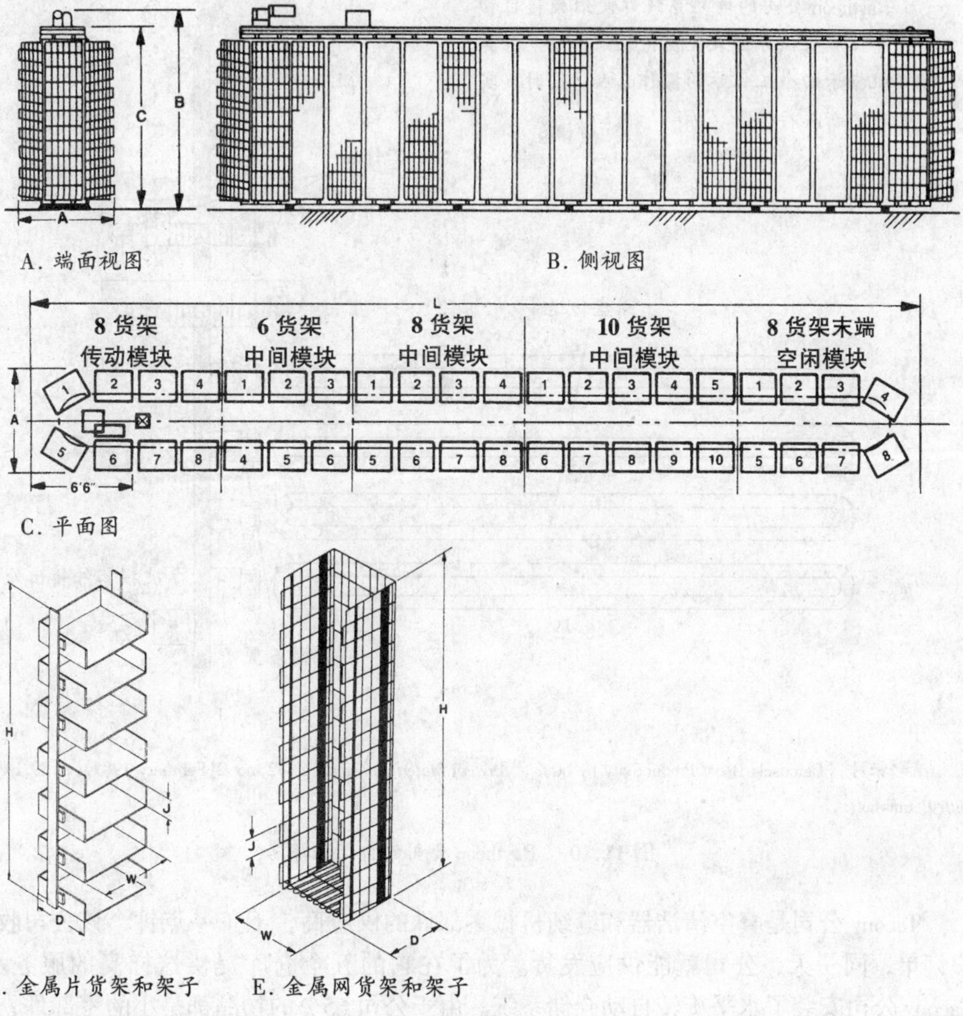

资料来源：Courtesy of SPS Technologies, Inc. From Edward H. Frazelle, *Small Parts Order Picking: Equipment and Strategy* (Oak Brook, IL: Warehousing Education and Research Council, 1988), p.4. Reprinted with Permission.

图 11.9　水平旋转自动仓储

Raytheon 公司的电磁系统部门（ESD）安装了一套水平旋转自动仓储系统并取得了显著的效果。ESD 的生产率提高了 60%，库存准确率从原来的 85% 提高到将近 98%。②ESD 系统如图 11.10 所示。

Camco 有限公司是加拿大最大的专业设备制造商，它安装了一套垂直旋转自动仓储系统，使公司的小部件和订单拣选操作的生产率提高了 200%。③

① 见 Edward H. Frazelle and James M. Apple, Jr., "Materials Handling Technologies." in *The Logistics Handbook*, ed. James F. Robeson and William C. Copacine (New York: Free Press, 1994), p.574; and SJF Material Handling Inc. (http://www.sjf.com).

② "Carousels Boost Productivity by 60%," *Modern Materials Handling* 42, no.2 (February 1987), p.59.

③ "Appliance Maker Gets Higher Warehouse Productivity," *Material Handling Engineering* 42, no.7 (July 1987), p.50.

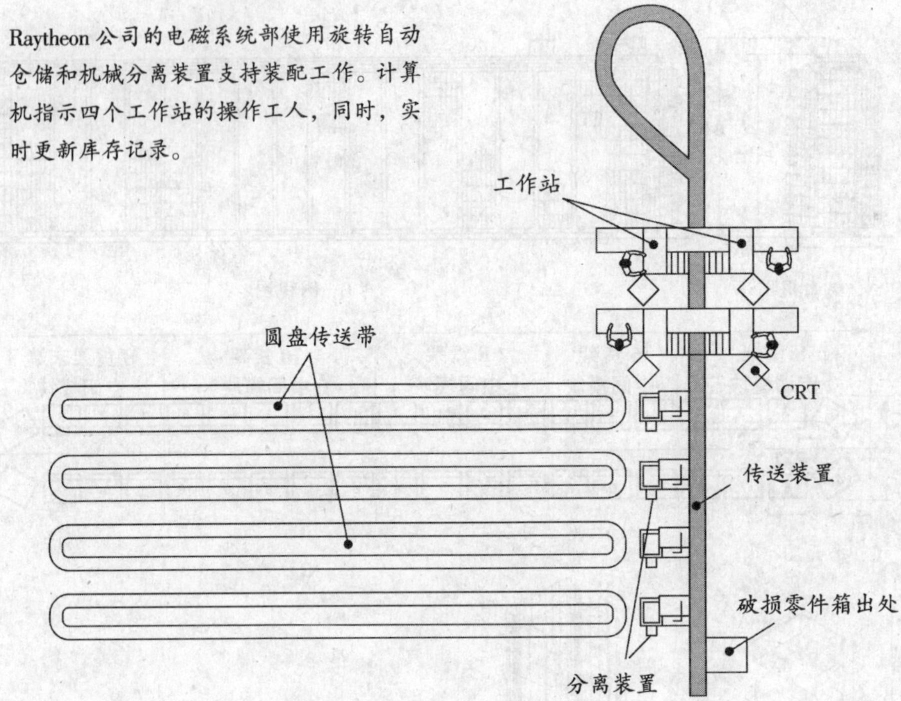

资料来源："Carousels Boost Productivity by 60%," *Modern Materials Handling* 42, no.2(February 1987), p.59. Reprinted with Permission.

图 11.10　Raytheon公司的自动化库房

Tacony公司是真空清洁器和缝纫机械零部件的供应商，下午一点钟，该公司收到客户订单，同一天，公司就能供应发货。为了在它的五个仓库提供这样高的服务水平，Tacony公司安装了水平旋转自动仓储系统。由于公司65%的物品都是小的零部件，水平旋转自动仓储系统非常适合。结果，订单拣选人员的拣选速度从原来的每天350～400个物品提高到每天拣选900～1000个物品。[①]

垂直旋转自动仓储

垂直旋转自动仓储（见图11.11）可以看成是水平旋转自动仓储沿一端翻转并装入金属货架的装置。像水平旋转自动仓储一样，订单拣货员在一个或多个传送带上操作。他们操作设备工作表面上的键区，既可以通过计算机控制标记旋转自动仓储，也可以手动标记。[②]一套垂直旋转自动仓储的成本在10,000美元以上。[③]

运输分拣活动一般与存储、订单拣选活动结合在一起。三种最常用的运输设备是输送带、自动导向车系统（AGVSs）以及操作者控制的手推车和牵引车。分拣设备可以专门化，如具有内置转向机械的倾斜托盘分拣机（tilt-tray sorter），或者分拣设备与其他部

① "Ready for the Future," *WERCSheet* 22, no.11 (December 1999), pp.6-7.
② Frazelle, *Small Parts Order Picking*, pp.4-5.
③ Frazelle and Apple, "Materials Handling Technologies," p.575.

资料来源：Courtesy of Kardex Systems, Inc. From Edward H. Frazelle, *Small Parts Order Picking: Equipment and Strategy* (Oak Brook, IL: Warehousing Education and Research Council, 1988), p.5. Reprinted with Permission.

图11.11 垂直旋转自动仓储

件装配在一起，如输送装置和转向器。①

Pic'N'Save 使用输送分拣系统每分钟搬运 100 箱

Pic'N'Save 公司——统一百货公司（Consolidated Stores）的一个分公司，开发了输送分拣系统使得每分钟能够搬运 100 多箱货物。公司在一个工作日能发运 68,000 箱的货物，这是在普通条件下很高的生产率水平。但对于 Pic'N'Save 公司来说，更加突出的是公司仓库里很少会多次存储同种物品。公司从制造商那儿购买清仓物品（过剩物品，断码物品和款式过时的物品），因此存货商品种类繁多。箱装的货物先存储在预存货区，然后运输到四层高的拣选区。经过拣选后，物品送到汇合区域进行分拣发运。②

许多其他的公司在仓储作业中使用输送装置。德国建材供应公司（Moderne Bauelemente）服务于 1,000 多家的建筑商，产品超过 100 万种的窗框、门及一些附件。在公司的两个配送中心，输送装置将托盘化的产品运输到自动化高层存储区域，那里拥有

---

① "Transportation and Sorting—Keys to Thoughput," *Modern Materials Handling*, 1985 *Warehousing Guidebook* 40, no.4 (Spring 1985), p.75.

② "How We Sort Up to 135 Cases per Minute," *Modern Materials Handling* 40, no.6 (May 1985), pp.60-63.

3,650个托盘货位，可以存储一个月的库存量。[①]

欧洲的家具制造商IKEA在瑞典的仓储部门安装了一套输送系统。带条形码的托盘进入IKEA的系统，由输送装置将它们送到存储货位上。计算机不仅控制存储过程，而且控制拣选次序。该公司在提高拣选效率和降低库存成本上已经取得了重大的进步。[②]

自动导向车系统（AGVS）

自动导向车系统“由电池驱动，无人驾驶，任务的分配、路径的选择以及定位都是由计算机控制”。[③] 自动导向车系统通常用于如AS/RS的自动仓库作业中。AGVS的优点包括“较低的搬运成本，减少了搬运引起的产品破损，提高了安全性，与其他自动化系统的接口能力强以及可靠性好。”[④]AGVS的单一低端型号的成本约为30,000美元，更高级的型号则要大约70,000美元。[⑤]

美宝莲使用AS/RS和AGVS拣选9,000项物品

化妆品制造商美宝莲（Maybelline）公司联合使用了AS/RS和AGVS系统。这一系统使每天的物品拣选数量增加了50%多。在繁忙的日子，大约拣选9,000个物品。图11.12说明了美宝莲的运作情况并描述了系统的一些细节。[⑥]

自动机械

在物料搬运的许多阶段，自动机械是另一种类型的搬运设备。此前，自动机械已经在制造过程应用了相当的时间。然而，机器人技术的发展已经使自动机械在更广的领域得到应用。[⑦] 物料搬运自动机械也将继续在许多领域得到应用（见图11.13）。

发运自动化

发运的自动化已经出现。受自动化影响程度最大的两个发运活动是包装和光学扫描。前面我们已经讨论了通过式和旋转拉紧包装，在本章后面我们将对包装作进一步讨论。

发运自动化的另一个内容是文件管理。随着仓库的其他部分实现自动化，公司需要对跟踪技术和信息系统实现计算机化。位于澳大利亚墨尔本的A.B.Oxford冷藏公司使用射频移动数据终端[⑧] 和条形码扫描来管理冷冻和冷藏食品的存储。[⑨]
物品进入仓库，经过条形码扫描由计算机分配存储货位。另外，数据收集成为仓库信息系统的一部分，仓库信息系统用途很广，包括许多有关业务文档的准备等。

---

① “Building Success.” *Logistics Europe* 3, no.5 (October 1995), pp.29-32.

② Bill Redmond, “Under Pressure,” *Logistics Europe* 5, no.1 (March 1997), p.35.

③ David R. Olson, “Material Handling Equipment,” in *The Distribution Management Handbook*, ed. James A. Tompkins and Dale Harmelink (New York: McGraw-Hill, 1994), p.19.17.

④ Less Gould, “Selecting an AGVS: New Trends. New Designs,” *Modern Materials Handling* 50, no.6 (May 1995), pp.42-43.

⑤ James Aaron Cooke, “Should You Automate Your Warehouse?” *Traffic Management* 34, no, 11 (November 1993), pp.6-S-8-S.

⑥ Gary Forger, “How Maybelline Ships Smaller, More Frequent Orders,” *Modern Materials Handling* 50, no.Z7 (June 1995), pp.48-50.

⑦ 自动机械如何在物料搬运环境中使用的讨论，见“Smooth WIP Flow with the Right Handling,” *Modern Materials Handling* 50, no.5 (April 1995), pp.23-26.

⑧ 全面了解仓库射频数据通信，见 Bruce Richmond, *Radio Frequency Data Communication for Warehousing and Distribution* (Oak Brook, IL: Warehousing Education and Research Council, July 1993).

⑨ “RF Pacesetter Applics Hands-On Handling Experience,” *Logistics and Materials Handling* 3, no.7 (February 17, 1995), pp.21-24.

资料来源：Gray Forger，"How Maybelline Ships Smaller，More Frequent Order，" *Modern Materials Handling* 50，no.7（June 1995），P.49

图 11.12　美宝莲使用 AS/RS 和 AGVS

计算机文件管理

许多公司都在使用各种文件管理程序。不管是荷兰的 Avia Presto 公司（货物空运搬运）[①]，英国皇家海运公司（Royal Marines of Britain）[②]，还是英国石膏石灰生产公司（British Gypsum Plaster Production）Soar 站点上的 Barrow 公司[③]，这些采用这种技术的公司都认识到物料搬运自动化过程带来的好处，这些好处包括：生产率的提高，运作费用的降低，空间利用率的提高，顾客服务水平的提高以及物料流动更畅通。[④]

---

① Moyette Marrett-Gibbons，"Freight Files Faster with Bar Code，" *ID Systems* 4，no.7（September 1996），pp.46-49.

② Paul Quinn，"Bar Code Moves Military Munitions，" *ID Systems* 4，no.7（September 1996），pp.42-44，54.

③ News release of British Gypsum，February 25，1993，未编号。

④ 例如，见 Tom Andel，"Automatic Data Identification：For Your Own Good，" *Transportation & Distribution* 34，no.10（October 1993），pp.76-88；James Aaron Cooke，"Getting Your Money's Worth from Auto ID，" *Traffic Management*，*Warehousing and Distribution Supplement*（March 1992），pp.17-19；Gary Forger，"Our System Eliminates Errors and Cuts Our Customers' Cost，" *Modern Materials Handling* 50，no.6（May 1995），pp.S-10-S-11；and "Wrap It All Up the Right Way in Shipping，" *Modern Materials Handling* 50，no.5（April 1995），pp.31-34.

仓库中导向车和机器人技术——艺术家般的构思。图中自动导向并且程序化的叉车正在将货物堆垛到托盘货架上。支撑车上的自动机械可升可降；它正从重力式货架上拣取货物堆到托盘货架上去。

资料来源："Warehousing Flexibility Aided by Robots," *Material Handling Engineering* 40, no.9 (September 1985), p.103. Artwork by Steven Martin. Reproduced by permission of St. Onge Company, York, PA.

图 11.13 仓库中的自动机械

一个公司在哪些方面得益于物料搬运的自动化，好处有多少，各个公司不尽相同，这要取决于公司的产品特征，劳动力密集程度，现有的顾客服务水平以及公司现有的专业水平等各方面因素。

准时制造环境中的仓储

随着制造业公司和商业公司采取并实施准时制（JIT）方案，物流功能如仓储受到了直接影响。由于 JIT 强调降低库存水平及物流系统更快的反应速度，这对于仓储提出了更高的要求，以实现效率和效益的最大化。一些新的要求如下：[①]

① 见 Robin G. Stenger and Robert E. Murray, "Using Warehousing Operatings to Support a Just-in-Time Manufacturing Program," *WERC Technical Paper* No.20 (Oak Brook, IL: Warehousing Education and Research Council, 1987), pp.1-2; and Louis Giust, "Just-in-Time Manufacturing and Material-Handling Trends," *International Journal of Physical Distribution and Logistics Management* 23, no.7 (1993), pp.32-38.

JIT 对仓储和物料管理提出新的要求

- 对质量的全面保证——仓库员工必须按照顾客指定的水平完成任务（入库和出库）
- 降低产品批量——物品以更小的批量包装，仓库发货批量更小并且进行托盘拼装
- 消除没有附加价值的活动——明确并消除不必要的低效率的物理移动和搬运活动，从而改善设施布置，实现仓库运作效率

Zytec 公司在仓库中使用 JIT

Zytec 公司是计算机和医疗设备供应商的电源生产商，它成功地运用仓储作业支持 JIT 制造系统。在实施 JIT 之前，公司的仓储情况描述如下：

> Zytec 的原材料和外购零部件无法控制。零件箱填满通道，堆到了另外两幢楼里。现场计算机结算很少正确，导致 MRP 系统可信度极低。人们不能相信系统，购买代理商购买多余的库存避免缺货。生产线由于缺乏零部件停工，之后当零部件畅通供应时，则要加班工作。三个库存分析员每天工作 13 个小时来纠正已由两个全职循环计数员检验过的现场库存结算。虽然这样，库存运作丝毫不见起色。①

确认问题，找出仓储低效的原因之后，公司改变操作流程和程序。结果，原材料存货降低了 500 万美元（从 880 万美元降到 380 万美元），库存的准确率从 98.5% 提高到 99.6%。库存人员只需一个，而不是原来的三个。

Rio Bravo Electricos 公司在墨西哥使用 JIT

墨西哥 Juarez 地区的 Rio Bravo Electricos 公司为通用汽车生产的货车装配电子装配电路，它大约每小时向它的 36 个子装配线和装配线供应零件。在 JIT 环境下，一个装配电路可以在一个小时内装配完毕。②

Delphi Packard 电子系统公司及其 JIT 配送中心

同样的，Delphi Packard 电子系统公司（Delphi Packard Electric System），也是一家电子装配电路的制造商，在它的配送中心使用了 JIT，能在 24 小时内将 99% 的产品搬运出库。在一篇有关该公司的文章中描述道："公司设立于得克萨斯的配送中心 EI Paso 在近 10 年来，随着每年发货数量和仓储数量的增加，仓储空间却在逐步缩减。"③ 图 11.14 对 Delphi Packard 的 JIT 配送中心做了一个简要的概述。

---

① Stenger and Murray, "Using Warehousing Operation," p.2.

② Karen A. Auguston, "Feeding the JIT Pipeline from Across the Border," *Modern Material Handling* 50, no.6 (May 1995), pp.34-35.

③ Karen A. Auguston, "A focus on Throughput Scores a JIT Success," *Modern Materials Handling* 50, no.6 (May 1995), pp.36-38.

系统快照

公司:Delphi Packard电子系统公司
配送中心地址:EI Paso,德克萨斯
总面积(平方英尺):343,611
系统启用日期:1995年1月
搬运的零件类型:部件和已装配的电子线束
部件运作管理:Pat Baudendistel
成品运作管理:Richard Doyle
成品配送中心统计数据:
存货单元数量:1,899
每天出库的拖车数量:30~50
直接转运的订单比例:75%
订单发运准确率:近100%
库存准确率:近100%
准时发货率:近100%
满托盘装运比例:90%
场地设备:Rite-Hite Corp., Milwaukee, Wisc.
托盘货架:Ridge-U-Rack, North East, Penn.
托盘:宝石集装箱公司, Naperville, Ill.
镭射扫描仪:LXE, Norcross, Ga.
叉车:皇冠设备公司, New Bremen, Oh.
订单选货车:Clark物料搬运有限公司, Lexington, Ky.

Delphi Packard电子公司的部件配送作业和成品配送作业共用组合分段运输/配送设施。为提高吞吐量,设计者将月台数量加倍,并减少了存储空间。

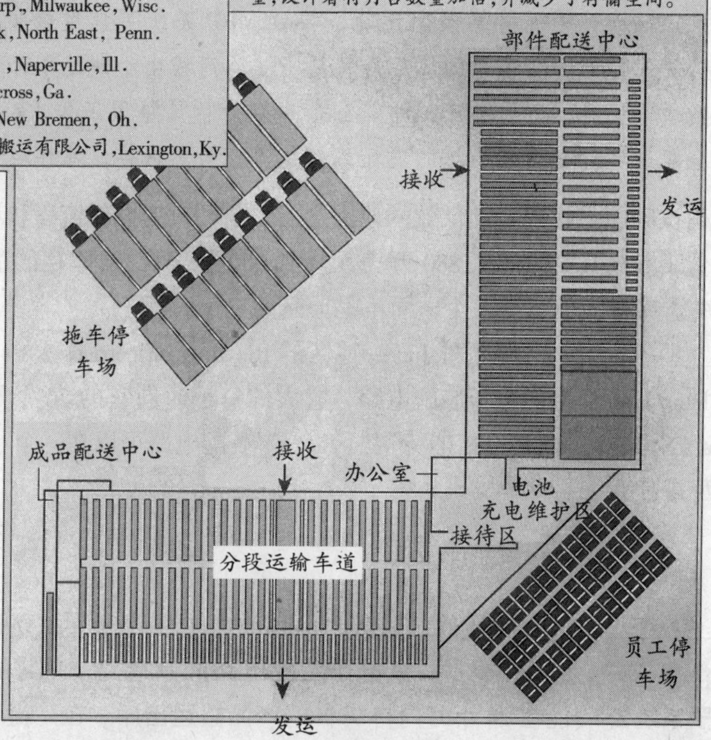

资料来源:Karen A. Auguston. "A Focus on Throughput Scores a JIT Success," *Modern Materials Handling* 50, no.6 (May 1995), p.37.

图11.14 一个快速搬运、高吞吐量的布置设计

包装

包装是仓库管理和物料管理的一个重要方面,它和仓库的效率和效益密切相关。优良的包装能使服务水平、成本和便利性得到优化,同时对设施布置、设计以及仓库的总

体生产率都有积极的影响。

包装的功能

包装的两个基本功能：营销和物流

包装有两个基本的功能：营销和物流。在营销方面，包装可以向顾客提供产品的有关信息，并通过颜色、尺寸等宣传产品。“包装是一位‘无言的销售人员’，它是公司和顾客之间的最后接触……顾客通常会根据他们对产品的印象来选择购买产品，这些印象会受到产品包装的强烈影响，如品牌、颜色和外观等。”①

从物流的角度来说，包装的功能是组织、保护、识别产品和物料。与此同时，包装会占用一定的空间，并增加重量。因此包装的行业使用者尽力发挥包装的优势，同时将增加空间和重量这样的缺点减少到最小。我们正在向理想的几种包装类型靠近，包括：波纹状集装箱（Corrugated containers）、泡沫（Foam-in-place）包装、拉伸包装纸以及皮带材料（Strapping）。另外，由于逆向物流的问题②，环境因素也很重要。

除了包装的一般功能外，以下是包装的六个特殊功能：

- 封装——在把产品从一个地方移动到另一个地方之前，必须将它们封装起来。如果包装破裂，物品将会损坏、丢失，有毒物料还会污染环境
- 保护——必须保护包装的物品，以免因外部环境的影响而受到破坏或损失，如潮湿、灰尘、昆虫和污染物
- 分配——要使产品便于管理、达到适合顾客使用的尺寸，就要把工业产成品进行分配。也就是说，将制造出来的大量产品分配为更适合顾客使用的较小的数量份额
- 单元化——产品初级包装后可以通过二次包装成套（例如装进瓦楞箱），然后成组装进拉伸包装纸托盘，最后几个托盘拼装到集装箱中，这就减少了产品搬运的次数
- 便利——包装能使产品更方便地使用，方便了顾客
- 交流——包装使用清晰的、容易理解的符号，如通用产品编码（UPC）③

包装的设计应该为实现最高效率的存储服务。优质的包装与公司的物料搬运设备要有良好的接口，并使存储空间，运输单元和重量限制得到有效的利用。

---

① Rod Sara, “Packaging as a Retail Marketing Tool,” *International Journal of Physical Distribution and Logistics Management* 20, no.8 (1990), p.30.

② 见 Judith E.M.Klostermann and Arnold Tukker, eds., *Product Innovation and Eco-Efficiency* (Dordrech, The Netherlands: Klower Academic Publishers, 1998); and James R.Stock, *Development and Implementation of Reverse Logistics Programs* (Oak Brook, IL: Council of Logistics Management, 1998).

③ Gordon L.Robertson, “Good and Bad Packaging: Who Decides?” *International Journal of Physical Distribution and Logistics Management* 20, no.8 (1990), pp.38-39.

包装的权衡

一个通过包装节省成本的例子

在物流决策中，人们通常忽略或不重视包装的权衡。然而，和所有的物流决策一样，包装对成本和顾客服务水平都有影响。从成本的角度来说，假设某公司使用 12″×12″×8″大小的纸箱，而不是 12″×12″×16″的纸箱。再假定小箱子的成本不到 30 美分。小箱子也只要更少的填充物，这能节省半立方英尺、价值 50 美分的填充材料。在这个假设中，每一个纸箱节约了 80 美分。把它乘以一年里使用的几百个、几千个、几百万个包装纸箱，节约的成本将会非常可观。①

在减少成本的同时，由于顾客能用更少的空间来存放和原先一样多或更多的产品，使他们更好地利用空间而节约了成本，因此顾客服务水平也随之提高。客户可能也意识到供应商比以往减少了部分发运或分批发运的次数，因为运输车上能装下更多的产品。

由于当前环境问题很关心包装材料的回收和再次利用，包装日益受到人们的关注。② 有效的包装的投资能在多方面节约公司的资金，如：

良好包装的好处

- 更轻的包装材料能节约运输成本
- 包装尺寸的仔细规划能使仓库和运输空间得到更好地利用
- 更多的保护性包装能减少损失，减少特殊搬运
- 具有环保意识的包装能节约处理废弃物的成本，并能提升公司的形象
- 可回收的包装可以节省成本，同时减少了废物排放，有利于保护环境③

以下是一些由于改进包装而节省成本和（或）提高客户服务水平的具体例子：

- 在重新设计了包装以更好地适合标准托盘的尺寸后，一家冷冻食品供应商和一家烘烤食品公司每年各节省了 300 万美元和 100 万美元的运输费用。托盘上能放置更多的物品，每一辆卡车上能放置更多的托盘，这样就极大地减少了整车运输的数量
- 在减少了包装之后——不危及产品的安全，一家制药公司在一条生产线上的运输费用降低了 25%
- 一家电子元件制造商改变了某些产品的包装，以反映客户订单的平均数量。客户的需求量增加，同时，每份订单中产品数量的减少提高了库存和订单的准确率，并降低了包装和运输成本④

表 11.3 列出了包装和物流成本权衡的一些例子。正如在表中所看到的，包装和运

① Toby B. Gooley, "Is There Hidden Treasure in Your Packaging?" *Logistics Management* 35, no.12 (December 1996), p.23.

② John H. Sheridan, "Pollution Prevention Picks Up Steam," *Industry Week* (February 17, 1992), p.48; and Tom Andel, "Don't Recycle When You Can Recirculate," *Transportation and Distribution* 31, no.9 (September 1991), pp.68-72.

③ 关于回收集装箱的讨论，见 Tom Andel, "Conversion to Returnables Wins Believers," *Transportation & Distribution* 36, no.9 (September 1995), pp.94-100; and Leo Kroon and Gaby Vrijens, "Returnable Containers: An Example of Reverse Logistics," *International Journal of Physical Distribution and Logistics Management* 25, no.2 (1995), pp.56-68.

④ Gooley, "Is There Hidden Treasure in Your Packaging?" p.20.

输、存货、仓库和信息系统有许多重要的接口。[①]

实例 11.1 中讨论了由于"绿色运动"的兴起，包装物料和其他物流方面之间的一些权衡。

表 11.3　包装成本和其他物流职能的权衡

运输	
增加包装信息	减少发运延迟，减少对遗失的发货的跟踪
增加包装防护	减少运途中的损坏和偷窃，但增加包装的重量和运输成本
提高包装的标准化	减少搬运成本，车辆装、卸货的等待时间；增加了对托运人运输方式的选择，减少了对特殊运输设备的需求
库存	
增加产品保护	减少偷窃、损坏、保险费，增加了产品的售量，增加产品价值和运送成本
仓储	
增加包装信息	减少订单填写时间和人工成本
增加产品保护	增加产品的可堆垛性，但通过增大产品的尺寸而降低了空间利用率
提高包装的标准化	减少了物料搬运设备的成本
通讯	
增加包装信息	减少了有关产品的其他信息，如对遗失货物的电话跟踪

包装的物流功能：传达信息、保护、标准化包装尺寸、提高搬运效率。

资料来源：Professor Robert L. Cook，Department of Marketing and Hospitality Services Administration，Central Michigan University，Mr. Pleasant，MI，1991.

包装设计

影响包装设计的因素

在设计最理想的包装时要考虑些什么？从实际应用方面来看，一个好的包装设计的决定因素包括：(1) 标准化；(2) 价格；(3) 产品或包装的适用性；(4) 安全程度；(5) 搬运能力；(6) 产品的可包装性。如今，还要考虑再次使用性和可回收性。随着仓库的自动化程度和计算机化程度的提高，高效地使用存储空间和传递信息也是非常关键的。企业对这些因素的权重考虑以及成本/服务水平的权衡因公司、行业、地理位置的不同而不同（见实例 11.2）。

包装和物流成本的权衡

例如，由于产品的差异（如成本、物理属性等），一家食品生产企业要比一家计算机制造商更关心使运输和存储成本最小化的包装。由于计算机系统具有易碎、昂贵的特点，计算机制造商则更强调包装的安全

① 具体公司的例子，见"Foam Protection Serves Electronic Part Well," *Transportation & Distribution* 29，no.3 (March，1989)，pp.57-58；Ronald Kopicki，Michael J. Berg，and Leslie Legg，*Reuse and Recycling——Reverse Logistics Opportunities* (Oak Brook，IL：Council of Logistics Management，1993)；Paul R. Murphy，Richard F. Poist，and Charles D. Braunschweig，"Role and Relevance of Logistics to Corporate Environmentalism：An Empirical Assessment," *International Journal of Physical Distribution and Logistics Management* 25，no.2 (1995)，pp.5-19；and Helen L. Richardson，"Stop Damage at the Source," *Transportation & Distribution* 29，no.3 (March，1989)，pp.30-32.

性。

另一个例子是一家关于最近刚建成自动化仓库的公司。这样的仓库就非常关注物料搬运的能力、立体空间的利用率，以及便于设备读取的信息的传递能力。

相反，与欧盟（尤其是德国）有业务往来的公司通常会很关注包装的再次使用性和可回收性，因为那里的环境法律非常严格。包装的最终决策需要一种系统的方法，以了解实际的总成本开支。

实例 11.1

绿色制造具有重要的物流内涵

为拆卸而设计正成为制造领域非常热门的新趋势。它的目的就是对产品进行设计、开发和生产，使产品达到使用寿命时，能够减少由此产生的浪费。这包括对产品及其零部件进行重复利用、重新磨光，或将其安全地分解。这对一个公司如何来设计它的物流和采购系统也有很大的意义。

德国是绿色运动的领头人，他们要求制造商回收他们的产品包装。为达到这个要求，制造商们联合起来组成了一家私人公司，专门来收集、再生和分解包装材料。在最初的两年里已经将包装材料的浪费降低了4个百分点。

这对物料搬运设备和包装设计也有很大的意义。例如，很多公司已经在设计使用更少包装的产品了。高露洁和其他一些制造商正在使用一种能够立在牙膏帽上的牙膏管设计，这样就不需要盒子包装了。

惠普公司（HP）也用“绿色”方法来设计工作站，这对物流也很有意义。HP为每一个部件和连接处都使用了带有断流器的聚丙烯泡沫底盘，代替了以往的金属内部“框架”来固定部件。这是一种非常有效的保护措施，外部的包装能减少30%。产品比以前更轻，这也节省了运输成本。拆卸的时间缩短了90%。

由于零部件可以再次使用，如何来运输、储存和处理那些无法再使用的物料和存货，还需要进一步探索。其中，物流将在这个过程中发挥关键的作用。

资料来源：Gene Bylinsky, “Manufacturing for Reuse,” *Fortune* (February 6, 1995), pp. 102-12. Copyright 1995 Time, Inc. Reprinted by permission.

影响产品包装的因素有很多，比如销售渠道和（或）制度上的要求等。这在零售业通常也是如此。例如，当激光唱片（CD）刚问世时，零售商关心的是CD能否放在原先用于摆放照相册的货架上，同时还关心由于体积小而引起的盗窃。为解决这个问题，他们选择了比较大的、对环境不友好的包装。在石油行业里，最初将石油用塑料瓶包装进行销售是非常困难的。零售商们不想存储这些东西，因为他们认为原先的纸板盒能更好地利用仓库棚架的空间。当然，在这些例子中，考虑的更多的还是使包装的成本最小化。①

① Example provided by Dr. William A. Cunningham, Air Force Institute of Technology, Wright Patterson Air Force Base, Ohio.

实例 11.2

设计最优的包装

根本的目的就是设计一种包装，使其能对营销和物流系统的所有要素——服务、成本和便利性等因素进行优化。广义地说，优良的包装从产品的设计开始，直到包装的分解或重新使用。

狭义地说，包装集中于运输集装箱，如波纹状箱子（Corrugated box）、船运箱、车装集装箱、卡车、有盖漏斗车或油槽车等。同时，也涉及内包装或保护物以及个别消费者的包装。

包装设计涉及对产品的正确标识，如尺寸、类型和物品编码的地点或通用产品编码（UPC），以及其他能确保正确挑选、分拣和发运的包装信息。它还关系到运输的密度和空间利用。为合适的托盘模式和有效的存储而设计合适的包装尺寸和可堆放性，从而满足仓储的需要。在不同形式的机械自动化的工作量稳定性和一致性方面，包装设计也将影响物料的搬运。最后，在客户将货物接收以及将货物与他们的库存操作系统结合的能力方面，特别是非满箱的订单挑选上，包装设计也会影响客户的配送系统。

产品的保护不仅应用于制造商的仓库中，也应用于火车、卡车或其他形式的运输方式，应用于许多不同形式的机械化或自动化物料处理的客户仓库中，应用于客户销路或其他终端环境。由此，配送与包装的相互作用变得复杂起来。

包装也必须考虑总的物流成本，包括运费、物料搬运费用、存储有效性，以及分解、处理包装和装配件或其他产品配制品的最终成本。

包装的无形作用是为客户提供的便利——那些难以测量的最终利益——这是很重要的，它能使商品的销售、产品或客户配送系统的其他方面相互促进。

包装的物料和生产成本当然也是任何一个包装系统的主要因素，但最优的系统是那种在最低成本的条件下，能满足我们的所有需求的系统。很明显，这涉及很多事情，而不仅仅是简单的设计。

这意味着你必须缓解矛盾，评价权衡，达到一个合理的平衡。这意味着你必须对基本的生产制造、营销和物流的假设提出问题，消除无效的要求，而满足有意义的需求。

这意味着你必须根据包装成本和所要求的产品保护，来衡量库存、运输和物料搬运的成本。这也意味着你必须根据分销商和零售商的需求来考虑制造的效率和市场决策，你必须乐于在某一领域投入费用，以便在另一个领域带来你迫切需要的利益，由此而获得实实在在的市场优势。

资料来源：Adapted from John F. Spencer，A Picture of Packaging in the Context of Physical Distribution，" *Handling & Shipping* 18，no.10（October 1977），p.54. Reprinted with permission from the October 1977 issues of *Handling & Shipping*. Copyright © Penton Publishing.

宝洁公司（P&G）对包装决策的结果进行了检查。该公司开发了一个名为“直接产品赢利性（Direct Product Profitability）”① 的程序，检验整个分销渠道的包装成本。宝洁公司得到的一些结果如下：

① 见 Martin Christopher，“Integrating Logistics Strategy in the Corporate Financial Plan，” in *The Logistics Handbook*，ed. James F. Robeson and William C. Copacino（New York：Free Press，1994），especially pp.255-57.

宝洁公司实行的包装更改

- 一种象牙牌洗发水瓶重新设计成直角形状后，减少了存储空间，并且为经销商节省了29美分/每箱
- 汰渍粉末清洁剂重新配方后，宝洁公司缩小了盒子的尺寸，但并不减少每盒能洗涤的衣物数量。宝洁能从每箱装12盒增加到14盒，因此减少了搬运和存储。[①] 在上世纪90年代，公司发明了更小的包装，在减小了箱子尺寸的同时仍然维持了可洗涤衣物的数量

包装、仓库搬运系统，以及所有的库存业务都集成于公司的物流系统，而且都必须得到有效的管理（见实例11.3中的一些例子）。完善的信息系统能提高这些系统的效益。

包装的设计应该促进企业实现物流效率和效益达到最优水平。如果企业的管理没有对包装问题给予足够的关注，其物流将会受到影响。同样，计算机技术、信息技术和仓库管理技术将对物流的运作产生积极的影响。

实例 11.3

运输商进入包装业

运输商是包装改进信息极好的来源，这或许会让一些货主感到奇怪。一些大的货车运输公司和小包装运输商向客户提供免费或收费的服务，像包装测试、分析和咨询等。

例如，UPS、CF MotorFreght 和联邦快递都设有包装测试的实验室。它们的包装工程师使用标准的测试方法来判断货主的包装是否能经得起运输的颠簸。比如联邦快递在美国雇用了大约50名包装工程师。UPS在美国和加拿大设有4个包装实验室，而 CF MotorFreght 在公司的总部也有一个实验室。

运输公司涉足包装业中是件很有意义的事。通过向货主提供包装事宜的信息帮助他们改进包装，运输公司能减少损失和货物的破损率，以及由此付出的赔偿。为了更好地利用托盘和拖车的空间而改变包装的尺寸，运输公司同样能获益。

运输商的实验室和包装的制造商没有什么联系，因此从这种意义上说，运输公司的实验室是比较独立的。实际上，有许多独立的包装测试实验室已经获得了政府机构的认证，被认为是符合专业测试标准的，这些政府机构包括美国运输部，以及国际安全运输协会（ISTA）、国家汽车货物运输协会（NMFTA）等工业团体。这些团体都能向货主提供经过认证的测试机构的名单。

资料来源：Toby B. Gooley，“Is There Hidden Treasure in Your Packaging?” *Logistics Management* 35，no.12（December 1996），p.20.

① “Packaging/Handling Interaction Gets a Boost，” *Material handling Engineering* 40，no.3（March 1985），p.48.

计算机技术、信息和仓库管理

计算机和仓库管理

我们在第 10 章中已经了解到，仓储的基本活动有物料的搬运、存储和信息的传递。计算机技术和信息系统已广泛地应用于这些活动。各种技术在生产计划与控制、库存管理、劳动生产力和客户服务等方面的创新和实施都取得显著的成果。

信息与计算机技术在仓储和物流过程中发挥重大的作用，并且每天都在不断的发展。技术变革的速度越来越快，物流的主管人员会发现他们经常这样说：

> 你肯定以前曾经历过这些情况——你购买了一项技术或一个软件，将它掌握，然后过了六个月你发现它事实上已经过时了。在投资了时间、金钱和精力后，为了使仓库管理继续向前发展，又得重新从最新的和最好的技术、软件开始。①

当然，始终处于最新技术的前沿是不容易的，但这对一个成功的仓库管理却是很必需的。仓库将不断地实现计算机化，使用计算机系统进行信息的管理。图 11.5 反映了仓储在一个典型的供应链中所处的重要地位。有关典型的流程涉及采购订单信息和销售订单（或退货）信息。

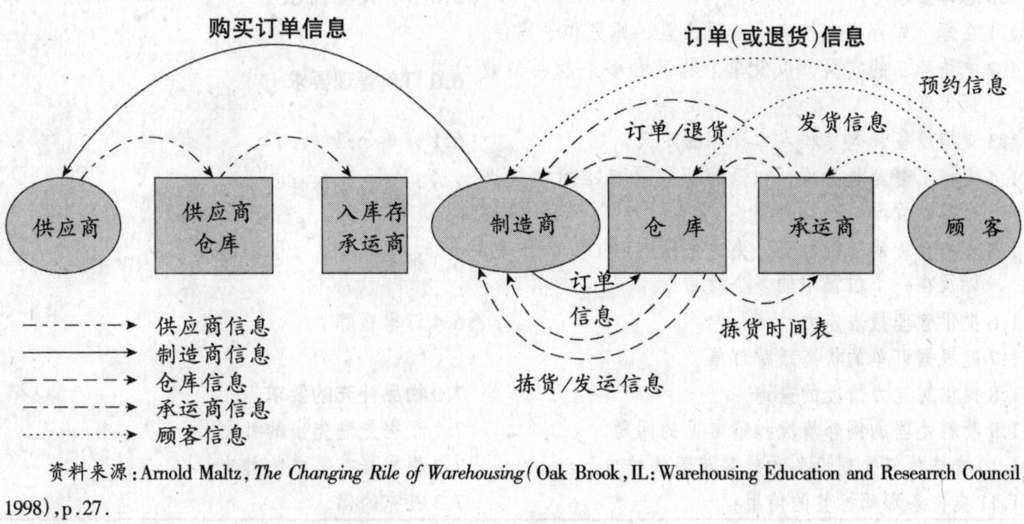

资料来源：Arnold Maltz, *The Changing Rile of Warehousing*(Oak Brook, IL: Warehousing Education and Researrch Council, 1998), p.27.

图 11.15　供应链中的信息流

在当今的现代化仓库中，以下这些技术非常常见：

① "Mastering Technology," *WERCSheet* 22, no.1 (January 1999), p.14.

库存技术

- 仓库管理系统（WMSs）[①]
- 无线电通讯和库存更新
- 条形码读取和标签生成设备
- 电子数据交换接口（EDI）和互联网
- 运输管理系统（TMSs）
- 企业资源计划（ERP）系统的接口
- 生产率跟踪软件
- 作业成本管理软件[②]

仓库管理系统（WMS）

在计算机化仓储运作中，仓库管理系统（WMS）是一个关键的要素。在某些例子中，WMS的实施能将运营费用减少50%。据一位作者所述："实施WMS最好的方法就是根据企业的实际需求，对企业的运作做细致的检查。这……就像把一个新的软件系统的设计文档化。目的……是为了证明什么样的结果是必须的。"[③]

WMS 应用举例

表11.4列出了WMS中包含的要素及组成部分。

在仓储作业中使用WMS和其他技术的例子有很多，例如惠普公司（HP）、马来西亚航空公司、德州仪器（TI）和联合利华（印度）公司等安装的系统。

表 11.4 库存管理系统模型的要素

1.0 总体要求	5.6 合并处理流程
1.1 在每个库存中支持多个地理位置、库房和子库存	
1.2 支持物品的定义，以及单个物品和多个物品的数量位置	**6.0 订单管理要求**
1.3 支持设备、仓库和人力资源的定义	6.1 订单分组
1.4 支持工时测量标准，以及根据这些标准对绩效进行跟踪管理	6.2 订单数据统计
1.5 支持存货的随机位置，先进先出（FIFO）的处理，以及在一个位置中的多个物品	6.3 报表
1.6 提供管理报表能力	6.4 订单跟踪
1.7 能根据订单的状态跟踪订单	
1.8 提供对能力情况的查询	**7.0 物品补充的要求**
1.9 物料处理的例外情况和不常见的问题	7.1 根据先进先出的补充
1.10 支持物料处理设备和射频装置的接口	7.2 根据当前需求的补充
1.11 支持条形码标签的使用	7.3 补充的确认

① 有关WMS的概况，见Mohamed Y. Amer, Chris Brumett, and Ronald D. Chase, "Zen and the Art of WMS Package Selection," *Proceedings of the Annual Conference of the Council of Logistics Management* (Oak Brook, IL: Council of Logistics Management, 1998), pp.631-41. For a specific example of how a WMS was installed at Kraft Foods, see "A Network Redesign Spells Good Things for Kraft Foods," *WERCSheet* 22, no.1 (January 1999), p.11, 16.

② Arnold Maltz, *The Changing Role of Warehousing* (Oak Brook, IL: *Warehousing Education and Research Council*, 1998), p.18.

③ Robert L. Olsen, "WMS—To Buy or Build," article published by Tompkins Associates (1999), unnumbered.

（续）

2.0 库存地点和管理要求	**8.0 分拣的要求**
2.1 物品的识别和跟踪	8.1 序列分拣
2.2 库存的实物盘点	8.2 与波动分拣不同
2.3 支持周期盘点	8.3 分拣的隔离
2.4 库存的准确率	8.4 分拣的确认
2.5 物品的历史信息	8.5 射频设备的使用
2.6 产品价值分析（ABC 分析）	8.6 仓管员的工作计划
2.7 被分配的和可用的库存	8.7 订单的完整性
2.8 隔离的或“暂停”的库存	8.8 例外
2.9 仓储地点	8.9 有效的分拣
2.10 仓储地点的定义	
2.11 仓储地点的控制	**9.0 员工管理要求**
2.12 仓储存放率	9.1 确定资源需求
2.13 先进先出控制	9.2 工作流程的检测
2.14 支持集装箱的尺寸和设备	9.3 工序标准
2.15 报表能力	9.4 管理报表
3.0 库存地点/管理要求的假设	**10.0 发运要求**
	10.1 流动装运（Fluid Loading）
4.0 接收的要求	10.2 订单的分段运输
4.1 入库的提前通知	10.3 确认整张订单
4.2 多种接收的类型	10.4 识别例外和物品短缺
4.3 物品的可用量	10.5 打印载货单和其他拖车装载所需的文档
4.4 例外情况、物料处理和报表	10.6 和库存、发票系统的接口
4.5 条形码标签	10.7 通过 EDI 至指定目的地
4.6 多次接收	10.8 装载的传递
4.7 采购订单的对账	10.9 取消订单或产品的分配
4.8 接收检验	10.10 分拣的状态
	10.11 订单和物品的验证
5.0 废品处理要求	
5.1 直接处理	**11.0 工作流管理**
5.2 物料处理例外	11.1 每天、每班次的工作量
5.3 库存更新	11.2 例外
5.4 报废的确认	11.3 在制品（Work in progress）
5.5 多个堆放地点	11.4 未来的工作量

资料来源：Ken Ackerman, *Warehousing Profitably: A Manager's Guide* [*An Update*]（Columbus, OH: Ackerman Publications, 2000）, pp.310-11.

惠普在华盛顿州卡玛斯（Camas）的工厂中生产喷墨打印机。零部件存放在一个现场的仓库和一个 12 英里之外的仓库中。为了管理生产车间中零部件的流转，惠普公司使用了一套库存管理系统（WMS）。WMS 记录下从库存转入生产车间的物料的搬运过程。除了能记录这些物料，WMS 还能根据工厂的订单来判断要把哪些物料发到车间里去。

惠普的两个库存管理系统独立运行，但又可以互相传递信息。一套系统运行生产现场的库存，另一套系统负责检查生产车间之外的那个工厂。系统能提供准确、最新的库存信息和所有部件的存储位置。结果，现在 90%以上的订单在被确认后的 10 分钟内就能上生产线准备生产了。①

马来西亚航空公司是东南亚最大的航空公司，也是亚太地区第一家在货物跟踪和库存运营中使用高级条形码、客户机/服务器技术的航空运输公司。② 其他各种行业的公司，包括玩具零售商、血液检测实验室和教科书出版商等，也都使用了类似的技术来提高物料搬运的效率。③

德州仪器（TI）在办公用品的订单下达管理中已经将电子数据交换接口（EDI）和条形码连接起来，效果很好。公司的库存占用资金减少了 200 万美元，所占用的库存面积也减少了 40,000 平方英尺，重新安置了 11 名办公用品管理人员，并将整个周期时间减少了 1/3。

技 术

麦卡逊公司的全面革新

旧金山的医药分销商麦卡逊（McKesson）公司拥有遍布美国的 36 个仓库，可以存储 22 亿美元的存货。过去，公司使用人工库存控制系统；如今，公司实施了重组，改变仓储系统，逐渐从手工系统过渡到了自动化。

公司使用了仓库管理系统（WMS）、条形码技术和射频（RF）设备。公司要求员工实现无纸办公，所以大量地使用了扫描仪、天线、显示器等设备。新的设备和系统使麦卡逊公司随时都能了解到“什么货物由谁搬运到什么地方了”。

重组后得到的结果如下：

- 生产率提高了 8%，即节约了 800 万美元
- 缺货率降低了 70%，即节约了 150 万美元
- 拣货错误率降低了 42%
- 存货匹配率提高了 26%
- 盘赢（比实际持有更多的存货）调整改善了 74%
- 盘亏（比实际持有较少的存货）调整改善了 34%
- 供应和维护费用节省了 100 万美元
- 库存成本节省了 1,700 万美元

资料来源：“A Complete Overhaul，” *WERCSheet* 21，no.10（November 1998），pp.1-2，5.

通过对来货的条形码控制，采购部门和整个物料职能部门能得到更准确的、实际接收的账目信息。条形码输入的错误率在万分之一到百万分之一之间，而人工输入数据的错误率在 1/25 或 1/30。会计部门通过这些数据能自动地生成发票，并使采购订单和接收情况匹配。因此，条形码代表了企业信息系统在逻辑上的一种扩展，以及与 EDI 的一

① James Aaron Cooke，“Parts to Go!” *Logistics Management* 35，no.4（April 1996），p.87-S.

② Airline Adopts Barcoding，*Logistics and Materials Handling* 4，no.2（April 21，1995），p.39.

③ 见“Accurate Data Cuts Warehouse Costs by $ 1 Million Annually，” *Modern Materials Handling* 50，no.6（May 1995），p.S-17；“Barcodes to Track Blood，” *Logistics and Materials Handling* 4，no.2（April 21，1995），p.41；and “Tracking What's Hot in Toys，” *Logistics and Materials Handling* 4，no.2（April 21，1995），p.40.

种连接。[①]

联合利华（印度）公司是一家消费品生产商，已经从射频鉴别技术的应用中获益匪浅。据一位观察员所述："在一家位于米兰附近的 Elida-Gibbs 工厂中，一个仓库工作人员现在一天就能处理 350 个或更多的货盘。而在以前，三个工人一整天也只能处理 200 个货盘。"[②]

联合利华的系统在仓库中使用射频（RF）技术给产品分配某一特定的托盘。数据通过射频传递到公司的计算机系统，该系统储存着条形码标签中的信息，如托盘的说明，托盘中装有多少箱子，订单的目的地是哪里，产品在什么地方装运，以及托盘在库存中的什么地方等。当产品要发运时，射频技术会通知有关人员在什么地方已经装载了托盘。因为数据是电子化传输的，所以系统"不需要人工输入和纸面上的工作。每一个拖车的发运都会自动地打印出装载清单。"[③]

在过去的 20 年中，信息传递领域取得了富有意义的技术进步。物料的搬运和仓储活动都需要在使用机器和设备的地方以自动化标准实行计算机化。同样也有一个电子化标准，这需要有计算机之间的接口以及数据的传输。[④]

电子商务、互联网和仓储

旧技术何时以及是否需要更新，这是一般的物流主管人员，特别是仓库经理要面对的一个重要问题。这在电子商务领域更加明显，在此领域中，电子数据交换接口（EDI）的评估与互联网的使用相关。同样地，企业将同时使用这两种技术，正如某些企业同时使用公共的和私有的仓库，或使用有合约的和普通的运输公司一样。两种技术都在个体、部门、企业以及和供应链的其他成员之间进行数据的传递。最近有一篇文章提出这样的观点：

> 电子商务最初的目的是提高企业之间数据交换的能力。其中的方法有数据的批交换和直接录入。因此，我们所熟悉的并已使用多年的 EDI 标准保留了最初的独特和恰当的位置。互联网通过提供更快、更便宜的通讯方法，同时减少电子邮件附件的数据传输扩展了 EDI 的可用性……而且，互联网给电子商务带来了普及性和便利性，这驱动了一个重要的零售市场，并为那些依靠直接访问数据的专业企业开拓了新的能力。（因此）我们要回答的问题的答案就是，这两种技术并不在同一个市场中进行竞争，而是共同合作来增强我们不断扩展的全球商务。[⑤]

信息在仓库管理中是非常重要的。准确和及时的信息能使一个企业实现仓库的最小化，改善运输工具的路线和计划，通常还能提高客户服务水平。一个典型的仓库管理系统可以通过以下三种方法获得改进：（1）减少直接人工；（2）提高物料搬运设备的效率；（3）提高仓库空间的利用率。

这为工业网络带来了快速的发展——一个将计算机、外围设备、可编程控制器和其他的智能装置连接起来的硬件和软件的解决方案。事实上，它们所控制的物料搬运和仓

---

① Ed Hatchett，"Combining EDI with Bar Coding to Automate Procurement，" 1992 *NAPM*（Tempe，AZ：National Association of Purchasing Management，1992），pp.45-50.

② Alain Berthon，"Smart Move，" *Logistics Europe* 4，no.4（September 1996），p.69.

③ 同上，p.70.

④ 见 Amy Zuckerman，"Warehousing at 65 MPH，" *Supply Chain Technology News* 2，no.7（July 2000），pp.36-38.

⑤ Robert L. Olsen，"EDI versus the Internet，Do We Understand the Question?" article published by Tompkins Associates（1999），未编号。

储设备是相互联系的。

局域网

计算机网络是一个允许数据在不同类型的设备之间传输的通讯系统，这些设备装置包括：计算机终端、字处理器、条形码阅读机、自动机械、传送装置、自动导向车以及AS/RS等。在局域网（LAN）中，设备位置相互靠近，仓储中经常使用局域网。图11.16显示的是一个局域网的例子。

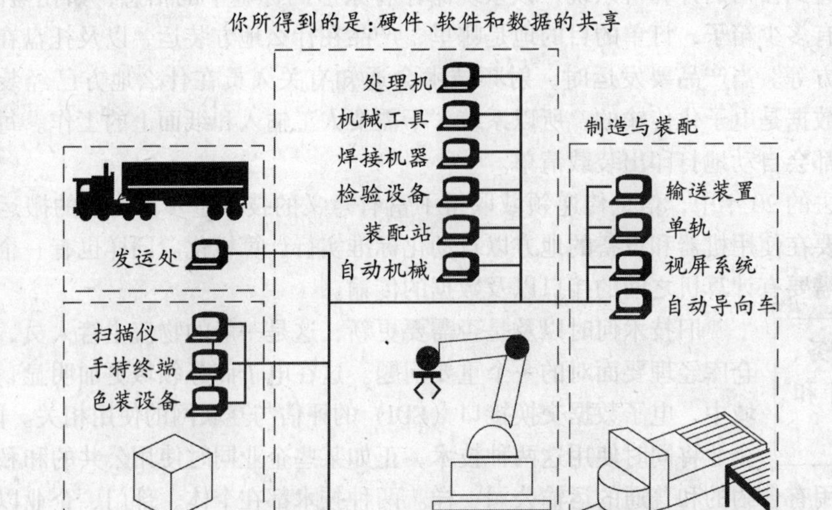

一个局域网(LANs)可以连接来自不同制造商的计算机和类似计算机的设备，每一个制造商都有自己的通讯协议。这就意味着不兼容的设备也能够相互“交流”，信息共享，就像一个大的内存和处理机。因此，大量的计算机化的搬运设备和系统能够连接成一个电子集成的制造作业。

资料来源：“Local Area Networks – The Crucial Element in Factory Automation,” *Modern Material Handling* 39, no.7 (May 7, 1984), p.51, *Modern Materials Handling*, copyright 1984 by Cahners Publishing Company, Division of Reed Holdings, Inc.

图 11.16 局域网(LANs)的例子

无论企业使用什么方法，其目的都是一样的：更好地控制信息流，以及实现仓库设备效率和效益的最大化。

创造性解决方案

为投资回报而设计

你的任务是改善你的配送作业。你的 CEO 设定了目标，要求生产率提高 20%，库存和订单的准确率达到 99.9%，生产能力和货物吞吐量要能满足每年 15% 的增长速度，并且要减少客户的订货周期。没有多余的资金用来增加仓储空间，但有人告诉你，实现自动化是问题的解决方法。

为达到你的目标，你该如何选择合适的技术？当与其他内部投资建议书相比较时，你如何提高项目投资资金回收的机会？

为投资回报而设计（Design for Payback）……是要求对改进计划的每一个要素都进行投资回报分析的一个概念，而不仅仅是衡量整个项目的投资回报率。……DFP 要求将你的投资投向那些具有最大节省潜力的部件，以提高生产率、准确率和货流处理能力。

一家大型服装公司曾考虑采取“分拣到传送带”的技术来实现满箱拣货的自动化，即将货箱从托盘上拣选到临近的传输带上。根据帕雷托法则（Pareto's Law），他们计划在三层的“分拣到传送带”模块上安排 900 个 SKU，每个 SKU 配以 2-4 个托盘。这个系统预算成本 290 万美元，并需要 35,000 多平方英尺的空间。然而，根据 DFP 的思想分析 SKU 标准周转率后，他们发现只有前面的 200 个 SKU 的数量值得实施“分拣到传送带”技术，对每个 SKU 来说，由于生产率的提高，第 200 个 SKU 正好在两年内回收投资。整个模块的成本花费 450,000 美元、1.4 年回收，同时还节省了 1/4 的仓储空间。

资料来源：Fred Kimball, “Design for Payback: A Model for Selecting Warehouse Automation Technology Based on Return on Investment,” *Proceedings of the Annual Conference of the Council of Logistics Management* (Oak Brook, IL: Council of Logistics Management, 1998), pp.643 – 49.

小结

在本章中，我们讨论了物料搬运系统及其设备。研究了非自动化和自动化设备这两种情况，并提供了仓库中几类常用设备的例子。根据不同的功能，非自动化物料搬运设备可以分成几类：如存储和订单拣选、运输分拣及发运。自动化设备包括：AS/RS，旋转自动仓储，输送装置，自动机械和扫描系统等。

在 JIT 的生产方式中，仓储和物料搬运是重要的物流活动。JIT 强调降低库存水平和快速响应的物流系统。因此，对实现仓储效率效益的最大化提出了更高的要求。

包装决策通常与仓储和物料搬运联系在一起。我们研究了很多有关包装的成本和服务方面的情况。对环境的关注也是物流管理人员面临的问题，特别是包装材料的重新使用和回收。

在第 12 章，我们将会研究物流过程中采购的作用。因为采购回来的物料通常都是放置在仓库中的，所以本章讨论的仓储知识能帮助我们更好地理解物流系统中的采购过程。

推荐阅读材料

Ackerman, Kenneth B. "The Changing Role of Warehousing." *Warehousing Forum* 8, no.12 (November 1993), pp.1-4.

——. "Receiving and Shipping Systems." *In The Distribution Management Handbook*, ed. James A. Tompkins and Dale Harmelink. New York: McGraw-Hill, 1994, pp.17.1-17.33.

"All Wrapped Up." *WERSheet* 22, no.2 (January 1999), pp.1-3.

"Analyze This." *WERSheet* 22, no.5 (May 1999), pp.1-2, 5.

Andel, Tom. "The Environment's Right for a Packaging Plan." *Transportation & Distribution* 34, no.11 (November 1993), pp.66-74.

Anderson Consulting. *Warehousing Systems and the Supply Chain: A Survey of Success Factors*. Oak Brook, IL: Warehousing Education and Research Council, 1998.

"An Inside View of the Scanning Market." *WERSheet* 23, no.7 (July/August 2000), pp.1-3, 7.

Bhardwaj, S.M. *The Pallet Storage System Selection Process*. Oak Brook, IL: Warehousing Education and Research Council, 1990.

Cooke, James Aaron. "How to Choose the Lift Truck That's Right for You." *American Public Warehouse Register*, 14th ed. (1995), pp.34-35.

Cooper, Catherine L. "The Human Side of WMS Implementations." *Warehousing Forum* 15, no.3 (February 2000), pp.1-3.

Forger, Gary. "We Turned an AS/RS into a Materials Control Center." *Modern Materials Handling* 50, no.7 (June 1995), pp.54-55.

Frazelle, Edward H., and James M. Apple, Jr. "Material Handling Technologies." In *The Logistics Handbook*, ed. James F. Robeson and William C. Copacino. New York: Free Press, 1994, pp.547-603.

Hall, Graig T. "The Impact of Electronic Commerce on Warehousing." *Warehousing Forum* 13, no.10 (September 1998), pp.1-3.

Harmon, Roy L. *Reinventing the Warehouse: World Class Distribution Logistics*. New York: Free Press, 1993.

Harps, Leslie Hansen. "Working Webbed-up Warehouses: WMS Lessons Learned." *Inbound Logistics* 20, no.5 (May 2000), pp.48-60.

Moore. Alicia Hills, and Karen Nickel Anhalt. "Manufacturing for Reuse." *Fortune* (February 6, 1995), pp.102-12.

Napolitano, Maida. *Using Modeling to Solve Warehousing Problems*. Oak Brook, IL: Warehousing Education and Research Council, 1998.

Nofsinger, John B. "Storage Equipment," In *The Distribution Management Handbook*, ed. James A. Tompkins and Dale Harmelink. New York: McGraw-Hall, 1994, pp.18.1-18.29.

Olson, David R. "Material Handling Equipment." In *The Distribution Management Hand-*

book, ed. James A. Tompkins and Dale Harmelink, New York: McGraw-Hall, 1994, pp.19.1-19.29.

"On the Cutting Edge of Fashion… and Logistics—boo.com" *Channels* 5, no.1 (2000), pp.8-9.

Owens, Greg, and Robert Mann. "Materials Handling System Design." In *The Logistics Handbook*, ed. James F. Robeson and William C. Copacino. New York: Free Press, 1994, pp.519-45.

Speh, Thomas W.; Jane C. Haley; Kelly A. Logan; and Mindy S. West. *A Guide for Evaluating and Implementing a Warehouse Bar Code System*. Oak Brook, IL: Warehousing Education and Research Council, February 1992.

Stilwell, E. Joseph; R. Claire Canty; Peter W. Kopf; and Anthony M. Montrone. *Packaging for the Environment: A Partnership for Progress*. New York: AMACOM, 1991.

Stock, James R. *Development and Implementation of Reverse Logistics Programs*. Oak Brook, IL: Council of Logistics Management, 1998.

Tompkins, James A. "Measuring Warehousing Performance: How Are You Doing?" *Proceedings of the Annual Conference of the Council of Logistics Management*. Oak Brook, IL: Council of Logistics Management, 1994, pp.437-49.

"Try to Plan in Orderpicking Productivity." *Modern Materials Handling* 50, no.5 (April 1995). pp.19-22.

Twede, Diana, ed. *Logistical Packaging Innovation Symposium Proceedings*. Oak Brook, IL: Council of Logistics Management, 1991.

"What Matters Most." (http://www.manufacturing.net/magazine/mmh/archives/2000) *Modern Materials Handling* (January 1, 2000).

问题与习题

1. 比较自动化物料搬运系统与非自动化物料搬运系统的优点。
2. 自动化物料搬运系统的主要障碍和问题是什么？这些障碍是如何影响自动化物料搬运系统的使用的？
3. JIT、仓储和物料搬运是如何联系在一起的？也就是说，JIT 如何影响仓储和物料搬运？
4. 包装由两个基本功能：营销和物流。比较包装在这两种功能中的作用。
5. 讨论一下影响仓储和物料搬运的一般的和特殊的信息技术和趋势。

CHAPTER 12

采 购

本章大纲

本章目标

- 说明更好的管理采购活动如何能够提高收益率
- 介绍采购功能必须完成的活动
- 描述准时制生产方式对采购的影响
- 说明如何管理采购成本
- 说明如何衡量和评估采购绩效
- 介绍战略性采购的概念
- 描述电子化采购如何协助采购
- 描述一个用于开发和实施供应商伙伴关系的模型

引　言

在美国，生产厂商的采购部门每年购买的物品价值超过16,000亿美元。[①]另外，州和联邦采购超过12,000亿美元。[②]如何花费这笔巨额资金是采购部门和高层管理者都非常关心的问题。采购费用一直都是商业中花费最大的一项成本，这一事实说明必须要有提高采购效率的可靠措施。表12.1给出了全美制造部门的采购数据，采购的原材料平均占销售额的53%，范围则从27%变动到83%。考虑资本设备费用时，平均比例将提高到56%。随着公司对更高的效率要求做出反应，如果公司要与外国生产厂商进行竞争的话，很有可能在所使用的工序中不再计划增加额外的劳动力成本。同样，许多公司［例如，包括朗讯科技公司（Lucent）和莎拉李公司（Sara Lee Corporation）的例子］正在外包部分或全部的制造业务。这样，原材料/销售收入的比例将会提高。对于任何成本占公司销售额一半以上的职能，都将会吸引大多数管理者的注意。在本章中，我们将分析采购所面临的挑战，了解公司是如何处理这一重要问题的。

采购活动

联合信号公司的物料管理计划

虽然"购买"和"采购"两个术语在范围上有所不同，但是它们经常是可以互换使用的。购买通常是指原材料的实际购买及与购买过程有关的活动。将来，购买将发展成为我们在第2章中描述过的供应链管理中的采购过程。在采购中，活动被视为是过程导向和战略性的。从结构上来说，商品组、产品供应组、交叉职能团队比过去更加流行了。采购过程本身已经不再是交易导向了，主要依靠应用好的信息系统，强调与更少的供应商保持更加密切的关系，考虑全球范围内的原材料供应源。[③]

在1995年联合信号公司（AlliedSignal）股东年会的发言中，拉里·博士德（Larry Bossidy）提供了有关这些改变的一个例子：

> 我们的生产率计划的第二个推动力在于原材料管理计划，自从1992年开始制定以来，该管理计划已经产生了很大的效果。在我们的许多生产线中，22个多职能团队与海外的原材料供应商保持着密切的关系。
>
> 三年前，我们从9,500个供应商中精选了3,500家比较好的供应商，给他们更多的业务量，作为回报，我们的产品赢得了更好的质量、较低的价格、更快的反应

---

① U.S. Bureau of the Census, 1993 *Annual Survey of Manufacturers*（Washington, DC: U.S. Government Printing Office, Statistics for Industry Groups and Industries, M93（AS）-I, 1993）, pp.1-5, 1-8, and Appendix; as reported in Michiel R. Leenders and Harold E. Fearon, *Purchasing and Supply Management*, 11th ed.（Burr Ridge IL. Irwin/ McGraw-Hill, 1997）, pp.10-11.

② Leenders and Fearon, *Purchasing and Supply Management*, p.513.

③ 同上。

能力和不断提高的生产率。[①]

表12.1　制造企业的原材料成本与行业运输价值的比例，1993年

标准行业代码	行业	原材料成本（百万美元）*	新资产费用（百万美元）①	总原材料和资产费用（百万美元）	行业运输价值（百万美元）②	原材料/销售额比率	总采购/销售额比率
20	食品和同类产品	$257,293	$9,389	$266,682	$423,257	61	63
21	烟草制品	7,581	388	7,969	28,384	27	28
22	纺织品	43,411	2,450	45,861	73,951	59	62
23	服务及其他纺织物	37,169	961	38,130	73,997	50	52
24	木制品	57,430	1,951	59,381	94,547	61	63
25	家具及装置	23,435	973	24,408	47,349	49	52
26	纸及相关产品	74,136	7,364	81,500	133,486	56	61
27	印刷和出版	55,785	4,874	60,659	172,737	32	35
28	化学,同类产品	144,094	15,679	159,773	314,744	46	51
29	石油和煤制品	119,863	6,304	126,167	144,715	83	87
30	橡胶和其他塑胶产品	59,636	4,995	64,631	122,776	49	53
31	皮革产品	5,491	131	5,622	9,991	55	56
32	石头、粘土、玻璃	29,509	2,417	31,926	65,574	45	49
33	初级金属	86,939	4,726	91,665	142,384	61	64
34	预制金属	86,829	4,913	91,742	175,137	50	52
35	机器,除了电子	138,398	7,931	146,329	277,957	50	53
36	电子、电器产品	105,331	9,985	115,316	233,343	45	49
37	运输设备	250,829	11,408	262,237	414,614	60	63
38	医疗器械和相关产品	44,477	4,431	48,908	136,916	32	36
39	其他生产加工产品	19,213	933	20,146	42,426	45	47
所有运作制造企业							
1981		$1,193,969	$78,632	$1,272,601	$2,017,542	59	63
1983		1,170,238	61,931	1,232,169	2,054,853	57	60
1985		1,276,013	83,237	1,359,250	2,279,132	56	60
1987		1,319,803	78,648	1,398,451	2,475,901	53	57
1989		1,503,558	97,187	1,600,745	2,793,015	54	57
1990		1,554,284	101,953	1,656,237	2,873,502	54	58
1991		1,503,925	98,916	1,602,841	2,826,207	53	57
1992		1,572,520	103,211	1,675,731	3,004,861	52	56
1993		1,646,850	102,201	1,749,051	3,128,284	53	56

＊指一年中为消费和投入生产的物品所实际已付和应付的直接费用，包括运费和其他在企业取得原材料过程中所发生的直接成本。生产者计算原材料或消耗燃料的成本，而不管这些物品是否由个体企业从其他公司购入，从同一公司的其他工厂转入的或是从库存中取得的。它不包括所使用的服务（例如，广告、保险、电话）和研究开发的成本，以及工厂咨询服务的成本。它也不包括用于工厂扩建或固定资产折旧所使用的原材料、机器和设备。

①包括花费在添置固定资产和生产企业的主要改造项目、用于替代目的和增加工厂生产能力的新的机器和设备（如果这些费用可以计入固定资产账户）上的资金。

②收到的或可以收到的净销售值，FOB价格，折扣、折让后的价格，不包括运费和消费税。然而，在产品通常是由生产企业运输的情况下，例如，烘烤产品，运输价值主要是根据物品的交付价格计算的。

资料来源：U.S.Bureau of the Census，1993 Annual Survey of Manufactures（Washington,DC：U.S.Government Printing Office,Statistics for Industry Groups and Industries，M93（AS）-I，1993），pp.1-5，1-8，and Appendix；as reported in Michiel R.Leenders and Harold E.Fearon，Purchasing and Supply Management，11th ed.（Homewood IL.Richard D.Irwin，1997），pp.10-11.

---

① "Chairman's Remarks，" in 1995 *Annual Meeting/First Quarter Report*，AlliedSignal，Morristown，New Jersey，p.6，as quoted in Leenders and Fearon，p.4.

采购的目的

采购的目的是：

1. 为组织的运作提供其所需要的不间断的原材料、物品和服务。
2. 将存货投资和损失降到最低的程度。
3. 保持和提高质量。
4. 寻找或开发具有竞争力的供应商。
5. 尽可能使所购买的产品标准化。
6. 以最低的总成本购买所需的产品和服务。
7. 提高组织的竞争地位。
8. 与组织内的其他职能部门取得融洽的、有利于提高生产效率的关系。
9. 以尽可能低的管理成本实现采购的目标。①

影响公司实现其目标的基本采购活动包括：供应商的选择和评估（采购）、质量控制、预购。

采购的战略作用

采购的战略作用在于以支持组织的整体目标的方式，执行与采购相关的活动。采购通过其作为组织跨边界的职能之一的关键作用，对组织的战略成功做了许多贡献。

接近外部市场。通过与供应商的外部接触，采购能够取得有关新技术、潜在新材料或服务、新的供应货源和市场条件的改变等各方面的重要信息。通过传递这些竞争信息，采购能够帮助重新制定组织的战略，以充分利用市场机会。

供应商开发和关系管理。采购能够通过识别和开发新的和已存在的供应商来帮助支持组织战略的成功。在新产品和服务开发的早期取得供应商或是变更已有的供应商，能够缩短开发时间。压缩时间——将新的想法迅速带入市场——对于这些想法的成功可能是非常重要的，有可能使组织成为市场的领导者或创新者。

影响公司取得其目标的所有活动中，采购活动主要有：供应商的选择和评估、进程管理（采购）、全面质量管理、采购计划和研究。

采购的作用是操作性的和战略性的

与其他职能的关系。采购的作用范围包括支持作用到战略作用。从采购活动为其他职能领域提供价值的角度来讲，在重要的决策中应考虑采购的影响，同时采购应在早期参与影响采购活动的决策。获得更多的信息使得采购职能可以更好的预测和支持其他职能部门的需要。这种支持反过来又导致了更大的认可与参与。

采购和物流需要与入厂物流和相关的原材料物流密切合作。以下部分主要涉及产品和服务的采购，也涉及物流服务采购和管理与物流服务提供商之间的关系。

---

① "Chairman's Remarks," in 1995 *Annual Meeting/First Quarter Report*, AlliedSignal, Morristown, New Jersey, p.6, as quoted in Leenders and Fearon, pp.35-37.

供应商的选择与评估

采购过程的12个步骤

在获取的过程中，最重要的活动可能就是从许多潜在的卖主中选择最佳的供应商。购买的过程是复杂的，因为在进行决策时，必须考虑各种参与者。这个过程包括决策制定者和决策影响者，形成了决策制订单元（DMU）。这个过程有许多步骤，包括以下12步：识别需求、建立说明书、研究备选方案、建立联系、设立采购和使用标准、评估备选采购活动、确定可获得的预算、评估特殊备选方案、与供应商协商、购买、使用和进行采购后评估。[①] 在采购过程中进行所有12项步骤可能是没有必要的，除非决策是全新的。如果以前已经进行了决策（例行性采购），那么这其中的许多步骤就可以跳过。

采购经理在制定采购决策时，可能会考虑以下的一些或所有要素：

制定采购决策时所考虑的变量

- 提前期
- 提前期的变动性
- 按时交付的百分比
- 库存可获得性的百分比
- 订货/通讯的方便性
- 加急的能力
- 由于卖主的差错、不完全发货和/或延迟交货所引起的停工时间
- 产品可靠性
- 维修或操作的方便性
- 由于错误的零部件或原材料而引起的产品故障
- 质量不合格品
- 技术规格
- 提供的技术/培训服务
- 价格的竞争性
- 销售员的自信
- 与供应商之间的以往经历
- 供应商的整体声誉
- 融资条款
- 购后服务
- 供应商适应买方公司需要的灵活性
- 工程/设计能力

在一项有关采购经理的研究中，怀特（White）列出了几乎所有公司都需要购买的6种主要产品：（1）零部件；（2）原材料；（3）运行物品；（4）支持设备；（5）工艺设备；（6）服务。每种产品可能在以下4种购买情况下采购：

---

① Yoram Wind, "The Boundaries of Buying Decision Centers," *Journal of Purchasing and Materials Management* 14, no.2 (Summer 1978), p.24.

四种购买情况

1. 例行性订单情况——包括以前产品已经订购了许多次、订单的程序已经是基本确定的情况。
2. 程序性问题情况——包括非例行性采购和可能需要员工学习如何使用产品的情况。
3. 绩效问题的情况——包括设计用来代替目前产品的非例行性采购，但是必须进行绩效测试的情况。
4. 政策问题的情况——包括产品的使用可能会影响公司的许多部门的非例行性采购的情况。因此，整个公司内的许多人可能会参与到决策制定过程中。[①]

在20世纪80年代和90年代，人们对提高生产率的重视程度不断提高，这使得管理主要集中于采购功能和开发少数但是关系密切的供应商。[②] 为了决定供应商的绩效对生产率的影响，必须衡量和评估绩效。接下来，公司应该能够利用这些数据来识别可以与哪些供应商开发长期的合作关系，识别问题以采取正确的行动，实现生产率的提高。[③]

应该对各个供应商的绩效进行评估

可能有许多种评估的程序，并不存在所谓最好的方法。重要的是要确保使用了一些评估的程序。表12.2给出了一个评估程序的例子。管理人员必须识别能够提供所采购的物品的所有潜在的供应商。下一步是开发一系列属性，用于评估每一个供应商。一旦已经决定了属性，应用每个属性来衡量各个供应商的绩效（例如，产品可靠性、价格、订货的方便性）。在举例中使用了5分制（1 = 最差，5 = 最好），但也可以使用其他的分数制。

依据每一个属性对供应商进行评估之后，管理者必须决定每个属性对于公司的重要性。例如，如果产品可靠性是对于该公司最重要的属性，那么这个属性应该给予最高的重要性等级。如果价格没有产品可靠性这么重要，管理者应该赋予价格一个较低的重要性等级。任何对于公司来说不重要的属性应该给予0分。[④]

接下来的一个步骤是，确定每个属性的加权综合值。这个值是通过供应商在每个属性上的得分乘以属性的重要性计算得到的。每个供应商的各自属性加权综合值相加，可以得到一个可以用来与其他供应商进行比较的总分数。综合分数越高，供应商就越能满足采购公司的需求和条件。这种方法的主要好处之一是：使管理者形成影响采购决策的重要因素，对于已经存在的方法、假设和程序提出了质疑。

---

① Reprinted by permission of the publisher from "Decision Making in the Purchasing Process: A Report," *AMA Management Briefing*, by Philip D. White, pp.15-17, © 1978 by AMACOM, a division of American Management Association, New York. All rights reserved.

② Robert E. Spekman, "Strategic Supplier Selection: Understanding Long-Term Buyer Relationships," *Business Horizons* (July-August 1988), pp.75-81; and William F. Given, "Improving Your Supplier Relationships," *NAPDM Insights* (September 1994), pp.8-9.

③ Thomas C. Harrington, Douglas M. Lambert, and Martin Christopher, "A Methodology for Measuring Vendor Performance," *Journal of Business Logistics* 12, no.I (1991), p.83.

④ 在某种购买情况下，某些属性可能对公司来说是不重要的，但是在其他时期，它们又比较重要或非常重要。因此，为了消除为每一个购买情况设立不同的表格的需要，在评分表格中包括所有潜在的属性是必要的。

表 12.2　一个典型的制造公司的供应商评估

因素	供应商评分 (1=最差,5=最好) 1 2 3 4 5	(×)	属性对您公司的重要性 (1=最差,5=最好) 1 2 3 4 5	(=)	加权综合分数 (0=最小,25=最大)
供应商 A					
产品可靠性					
价格					
订货方便性					
.					
.					
.					
售后服务					
供应商 A 的总分					
供应商 B					
产品可靠性					
价格					
订货方便性					
.					
.					
.					
售后服务					
供应商 B 的总分					
供应商 C					
产品可靠性					
价格					
订货方便性					
.					
.					
.					
售后服务					
供应商 C 的总分					
决策规则:选择具有最高综合分数的供应商					

某家组装健康医疗设备的公司通过使用供应商绩效评估方法，结果导致了供应商数量减少，与现有供应商的关系更为密切，在前几个月中零部件库存就减少了 34%。[①] 在使用了季度绩效报告这种方法两年后，零部件库存减少了 60%以上。

国际采购

当在国际市场上采购原材料时，供应商的选择程序更加困难。然而，更多的公司正在从国外市场上采购原材料、零部件和半成品，主要是因为考虑了成本和获得性因素。当一家公司使用国外供应商时，它应该懂得一些与国际采购相关的问题。

① Harrington, Lambert, and Christopher, "A Methodology for Measuring Vendor Performance," pp.97-98.

全球化

实施全球采购战略

基于办公用品全球采购协议实施的成功，埃尔莎格贝利工序自动化公司（Elsag Bailey Process Automation N.V.，简称EB）的采购员目前正在从北美和欧洲的全球供应商那里采购电脑、电子设备和运输服务。这些全球采购协议使得自动化系统和产品生产商的采购成本每年减少了1,500万美元。公司美国地区的采购总监理奇·海德（Rich Heider）说，大部分的节省是由于全球的许多EB生产厂的联合采购。他说进一步的成本节约将来自于采购和规格变化的标准化程度的提高。海德在EB的俄亥俄州威克利夫（Wickliffe）工厂工作。

EB在荷兰阿姆斯特丹（Amsterdam，Netherlands）的生产厂为以下加工行业生产自动化系统和提供服务——电动机、化学品、金属和矿物质、石油和天然气、纸浆和纸、食品和饮料、以及环境服务。除了威克利夫工厂，其他的地区的办公室位于德国法兰克福（Frankfurt，Germany）、意大利热那亚（Genoa）和新加坡。位于20个国家的大约有40个运作公司组成了EB工序自动化公司。在美国，这些公司包括费希尔波特（Fischer Porter）、沃名斯特（Warminster）、帕（Pa.）、应用自动化公司、巴特而斯维尔·奥克拉（Bartlesville Okla）。1997年的收入是15亿美元。在过去的四年中，EB公司的规模扩大了3倍。像许多跨国公司一样，EB最近的增长主要来自于它已收购的许多小企业。最近，公司自身被瑞士苏黎世ABB集团兼并。

……为了平衡不断增加的采购力量，EB有远见地在1997年制定了有望减少采购成本、提高与供应商之间的关系的战略。这个努力包括形成全球采购团队，海德是其中的成员之一。他和EB美国公司采购部门、欧洲公司采购部门的其他代表，以及公司的两个高级集团副总裁一起组成了这个团队。

EB公司希望通过全球采购实现的好处之一是使“地理位置变得透明”。海德解释说，这意味着公司打算将其产品设计成恰好能够满足全球范围内使用这种产品的顾客的需要，而没有任何质量或是交货的问题。

海德和全球采购团队的其他成员认为不危害公司向它的客户准时交货的能力是最重要的。开始时，团队估计每年的办公用品、个人电脑、电子设备、运输服务、公司旅行等的采购额为1.2亿美元（EB的采购报表的总量是每年5亿美元）。采购团队第一个改革的是办公用品的采购。

为了370万美元的办公用品的采购，EB的采购战略是减少供应商的数量，使每天申请者订购的产品标准化。同时，采购员努力不断的提高顾客的满意度和内部采购程序的效率。费希尔波特工厂的采购经理、办公用品全球采购的负责人鲍勃·麦克爱维（Bob McAvoy）说，“即使是办公用品采购也面临着在全球范围内统一采购的挑战。”这些挑战包括收集有关公司的采购活动的数据，满足不同组织的顾客需求。代表美国采购业务的团队——比尔·曼宁应用自动化公司（Bill Manning of Applied Automation）也是如此。

德国爱克布恩市哈特曼波润公司（Hartmann & Braun GmbH & Co. KG）的采购经理沃理奇·纽曼（Ullrich Neumann）说：“在德国，我们向位于7个地点的27个不同的供应商采购办公用品。”在全球采购团队中，沃理奇·纽曼代表了EB欧洲的采购部门。

（续）

另一个挑战是确定规格。海德说，“在美国这不是一个大问题，但是我们不得不考虑加拿大使用评价系统这个事实，这使得价格的比较非常复杂。在德国、法国和意大利，例如粘合剂、纸、钢笔和铅笔等物品的规格是不同的。”海德回忆道，EB在美国之外的采购业务对于本土的供应商是忠诚的。例如，既然团队最终选择的供应商在加拿大没有业务，它想要底特律的工厂来服务这个地点。海德说：“在国家这一层次，包括加拿大在内，采购员都是国家主义的。”

全球采购团队采用的供应商的选择标准是随着商品的不同而不同的。成员决定这些标准。在团队寻找办公用品的供应商的过程中，选择标准包括竞争性的价格、质量、为公司所有的美国和加拿大、德国工厂交货的能力。纽曼说：“除了办公用品供应商，优化顾客满意度也是非常重要的。”

最后，团队选择了BT办公用品国际公司(BT OPI)，1998年1月与供应商签订了合同。团队采用英语进行谈判，使用美国货币。最后，团队计划在欧洲使用欧元与欧洲的供应商进行交易。与BT OPI的合同的执行是本地化。例如，位于德国的公司通过BT OPI在欧洲的分公司Hartman & Cie采购办公用品。纽曼说：“作为我们组织变更的一部分，我们决定让使用者负责向供应商直接下订单。使用这种方法，采购可以将力量集中于更加重要、战略性的问题上。”

例如，在美国费城的EB工厂内，申请者使用由BT OPI提供的在线购买程序。他们从400个不同产品的标准化的清单中选择。申请者在其他办公室里通过使用标准化单子来打电话和传真订单。

海德说：“我们从统一采购中学到了许多，这些知识能够用于我们的其他采购。我们更好地了解了我们自己。现在，我们了解了我们的年消费情况和我们的供应商基础。我们已经改进了通讯，对产品规格取得了更好地理解。在检查我们的供应商基础方面，我们正在研究供应商除了提供给我们采购的数量折扣，还能够做些什么来减少我们的成本。”

对于电脑设备——团队的另一个早期变革——EB的战略是通过使用网络购买个人电脑来改进内部流程，个人电脑用于公司的自动化产品的生产。以竞争性的成本向全世界各个地点提供高质量的产品，构成了全球采购团队对于个人电脑供应商的选择标准。这一次，团队选择了康柏/DEC、戴尔。个人电脑的标准化，包括使用自动化系统提供商所提供的产品。海德说：“这就是我们所做的，除非我们的顾客坚持我们使用另一个原始设备制造商（OEM）。我们将通过统一我们的采购量，将我们的成本节约转移给我们的顾客。”

海德说，为电子元件和电脑设备设定标准，“强迫我们检查规格。为了这样做，我们与工程部门建立了密切的关系，他们已成为供应商管理团队的一部分。在工程部门的协助下，我们能选择使我们进一步减少成本的替代产品”。EB公司还有2个有关电子元件的全球协议，以及3个有关连接器的全球合同。前者是在德国谈判的。

另外，团队还分析全球的运输服务。海德说：“我们大量出口。我们将66个运输服务供应商减少到3个。我们在运输方面已经取得了很好的成功。”

为了衡量供应商的绩效，EB公司使用的一个衡量标准是满足服务要求的能力。例如，对于电子元件，公司与3个主要供应商开展了从装卸月台到库存的质量项目。订货被运到一个地点，每个月进行正式的绩效评估。

资料来源：Susan Avery, “Office Supplies: First Step in a Global Buying Strategy,” Purchasing 126.no.4 (1999), pp.81-84.

当进行海外采购时，容易忽视一些隐藏成本。采购员必须比较国内供应商与国际供

应商的到岸总成本。以下是推荐的需要考虑的要素清单：①

成本要素清单

- 美元价格（如果是以另一种货币报价的话）
- 海关经纪人的佣金
- 支付成本和财务费用的条款：信用证费用、转换成本、汇率差异
- 征收的外国税收
- 额外库存和相关的库存持有成本
- 额外劳动力、文件
- 过期、磨损、损坏、税收、由破坏或被盗所引起的损失、更长的运输时间框架、管理成本、商业旅行
- 包装、标志、容器成本
- 咨询或检验费用
- 海上保险费
- 客户文件费
- 进口关税
- 运输成本，包括：从生产商到港口、海运费、从港口到公司工厂、运输代理人的费用、港口搬运费用、仓库成本

与供应商的合适选择与评估有关的回报是非常显著的。正如我们在第1章所了解的，物流成本的节约是提高利润的重要来源。同样，采购活动对公司的利润也有积极的影响。不仅原材料成本的减少能够提高所生产和销售的产品的单位边际利润，而且较低的原材料采购成本也会减少存货的投资。供应商的更好的物流服务同时也使得所需的存货减少，从而减小资本的投入。另外，因为生产过程能够顺利进行，避免了生产的减速或停工，因此，也有可能提高客户服务水平。服务水平的提高能够导致更多的销售量，有时也会导致更高的销售价格。因为有效的采购管理能够提高采购的原材料的质量，所以由产成品的质量不合格而导致的顾客投诉也很少发生了。

全面质量管理

物品的采购价格只是总成本的一个要素

虽然成本是原材料采购的一个重要考虑因素，但是质量管理也是非常重要的。物品的初始采购价格只是总成本的一个因素，例如，有些物品比其他物品更容易制造，因此能够节约生产成本。高质量的原材料只需较少的加工过程，或者有更长的生命周期，导致较低的总生产成本或较高的产成品价格。公司必须在加工过程中的要素——价格、成本和得到的价值之间取得平衡。②

在确定了所需要的质量水平、制定了规格之后（通常由制造部门来完成）采购部门有责任确保得到了最优的原材料。必须将正确的质量说明书交给供应商。应该选择能够

① Victor H.Pooler, Global Purchasing: Reaching for the World (New York: Van Nostrand Reinhold.1992) .p.41.

② 有关采购方面的总成本问题的全面讨论，参见 Lisa M.Ellram Total Cost Modeling in Purchasing (Tempe, AZ: Center for Advanced Publishing Studies, 1994).

提供满足说明书要求的最佳的成本—质量组合的供应商。

厂商不必为了取得比规格质量要求更高的原材料而支付更高的价格，除非有合理的营销或物流原因而必须这样做。采购的原材料的质量超出需要的水平将会增加产品不必要的成本。①

供应商认证比检查活动更好

公司可以保证质量的一个方法是对即将到来的物料进行检查。但这要求很高的成本而且又浪费时间，检查又需要人力资源的参与和足够的空间，可能还要求有测试设备。另外，由于等待检查，入库存货会堆积或耽搁。由于这些原因，采购经理们采用供应商认证这个方法，在认证的过程中，采购方企业的成员对供应商的质量水平和工序进行严格地评估。如果供应商"通过"了评估，采购组织将不再检查该供应商供给的物料。

预购

除了紧急采购之外，如果物料、零部件和组件在需要之前就可以买到的话，所有的采购活动都是指预购。更确切地说，预购应定义为在目前的需求之前大规模地对物料进行的采购，即在需要和使用之前的采购。

预购的理由

本质上说，公司为什么要预购有两个主要的原因：第一，预购使上涨的物料成本的影响最小化。至少在直到存货中的物料用光的一段时间内，公司可以受到保护，不受市场价格提高的影响。第二，预购提供对未来供应的不确定因素的保护。随着获取的不确定因素变得越来越普通，预购也越来越受人欢迎。尤其是在零售中特别普遍，在这个行业里，制造商们为了完成销售目标，他们在季度末提供特殊的价格。

预购的缺陷

虽然预购有很多优势，它也有一些不利之处，很多公司都是在预期价格上涨的情况下实施预购的，然而由于技术进步、竞争压力以及其他原因，有时物料价格实际上会下跌。这样公司就存在为物料采购支付不必要的更高费用的风险。另外一个被忽视的不利因素是：随着拥有更多的存货，存货成本也变多。预购所节约下来的资金必须要比额外的存贮成本高。

表12.3给出了一个库存持有成本在预购决策中所起的作用的一个例子。在这个实例中，某公司每个月购买一次，货物价值为2,000美元。这个价值2,000美元的采购指这个公司每月对这项物品的使用量。卖方的销售人员声称下个月价格将上浮10%，这就促使销售经理考虑预购。如果这个公司购买一个月的量，第一个月的平均存货就是1,000美元。但是在购买价格上没有节约成本。库存持有成本将是每月25美元(是平均存货水平的30%，即1,000/12)，以后11个月就是302.50美元(30% × ＄1100 × 11/12)。既然这个公司不用预购所需的存贮成本是327.50美元，这样下去净收益就是零。然而，如果采购经理如果只要两个月的供应，通过预购就可以在订货成本上省下20美元，在购买成本上省下200美元，总共就省下220美元。存贮成本的增加是47.50美元(＄375.00 - ＄327.50)，从而导致可以省下172.50美元（＄220.00 - ＄47.50)。然而，

① Donald W. Dobler and David N. Burt, *Purchasing and Supply Management*, 6th ed. (New York: McGraw-Hill. 1996). pp.160-176.

如果采购经理购买相当于9个月的量，从订货成本和购买成本上省下的成本全部被额外的库存持有成本所抵消掉。

表 12.3 使用库存持有成本评价预购

采购的物品的供应月数	价值	平均存货（1/2×订货批量）	减少下单次数节省的订单处理成本	采购价格的节约	库存持有成本的增加：由于提前期内的库存持有成本(0.3×平均存货×月数/12)	库存持有成本的增加：假设采购额为 $ 2000/月，余下月份的库存持有成本	库存持有成本的增加：减去没有预购情况下的库存持有成本	预购的净节约
1	$ 2,000	$ 1,000	$ —	$ —	$ 25 *	$ 302.50①	$ 327.50	$ —
2	4,000	2,000	20	200	100	275.00	327.50	172.50
3	6,000	3,000	40	400	225	247.50	327.50	295.00
4	8,000	4,000	60	600	400	220.00	327.50	367.50
5	10,000	5,000	80	800	625	192.50	327.50	390.00
6	12,000	6,000	100	1,000	900	165.00	327.50	362.50
7	14,000	7,000	120	1,200	1,225	137.50	327.50	285.00
8	16,000	8,000	140	1,400	1,600	110.00	327.50	157.50
9	18,000	9,000	160	1,600	2,025	82.50	327.50	−20.00
10	20,000	10,000	180	1,800	2,500	55.00	327.50	−247.50
11	22,000	11,000	200	2,000	3,025	27.50	327.50	−525.00
12	24,000	12,000	220	2,200	3,600②	—	327.50	−852.50

假设：

1. 每月使用量 = 2000
2. 期望价格提高 = 10%
3. 库存持有成本 = 30%
4. 订货成本 = 20.00 美元
5. 卖方支付运费

* $ 1000 × 30% × 1/12 = $ 25

① $ 2200/2 × 30% × 11/12 = $ 302.50

② $ 1000 × 30% × 12/12 = $ 3600

如表 12.3 所示，最优的预购就是准备5个月的供给量，这将导致380美元的净节约值。然而，如果采购经理仅仅通过单位采购价格来判断，他或她将会购买12个月的供给量，对于公司来说就是852.50美元的费用。也就是说，购买12个月的供给会使公司的税前利润减少852.50美元。这个例子说明了在预购的决策中必须考虑库存持有成本。因为库存所占用的资金不能用于其他用途，因此，公司必须在预购之前预期未来的资金需要。

成本权衡是成功管理采购职能的一个关键。通过思考有关图 12.1 中表示的成本权衡问题，管理者应该使总成本最小化而不是减少某一方面的成本。这是很重要的，因为任何企图降低单个成本因素的做法实际上就会增加总成本。

准时制采购

准时制（JIT）制造与其说是一种具体的技巧，还不如说是一种经营业务的哲学理

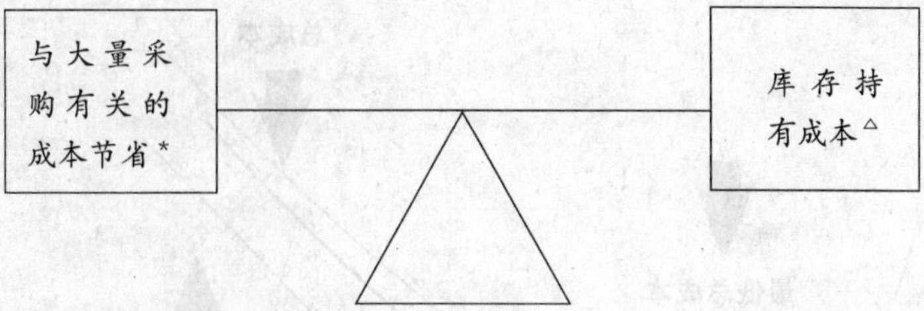

* 与大量采购有关的成本节省包括：

更低的单位采购价格
更低的运输成本
更低的仓库搬运成本
更低的订货处理成本
更低的批量生产成本
更低的缺货成本

△ 库存持有成本包括：

与存货投资相关的资金成本
库存服务成本(保险和税金)
存贮空间成本
存货风险成本

资料来源：Douglas M. Lambert and Jay U. Sterling, "Measuring Purchasing Performance," *Production and Inventory Management Review* 4, no.6(June 1984), P.52. Reprinted with permission form *P & IM Review*, June 1984. Copyright 1984 by T.D.A. Publications, Inc. Hollywood, FL.

图 12.1　采购经理人员应考虑的成本权衡

念。JIT 理念注重于对浪费的区分和消除，无论浪费存在于制造系统的什么地方。持续改进的观念成为主要的管理重点。

JIT 的实施结果

通常来说，JIT 的实施涉及引入制造的“拉动”系统（使产量和已知的需求相匹配），实施 JIT 的好处包括：原材料、在制品和产成品的节省、生产时间的显著缩短以及生产所需空间的减少。

一个采用 JIT 的公司可以在质量方面得到最大程度的提高。JIT 强调消除浪费，包括供应商，目标在于减少整个供应链中的浪费和成本。如果某个制造商决定它不再存贮原材料，而由它的供应商来存贮，整个供应链上的成本下降了，这是因为存货的附加值变少了。而且，如果供应商持有存货，库存的现金价值就等于供应商实际支付的原材料的成本加上制造成本。客户库存的现金价值等于供应商的销售价格。

JIT 在康柏

这方面的一个例子是康柏公司，康柏要求其供应商在靠近公司的生产线附近的一个仓库内放置一定量的存货，这样供应商可以在出现问题时做出快速反应。将所有这些库存消除是有利的，因为在短期内额外的库存持有成本会被卖方消化，但最终，这些成本会以更高的价格转嫁给到买方。供应商需要减少自己的制造和供给提前期。

在 JIT 系统中，订货成本得到减少，因此，由于批量减小所获得的库存持有成本的节约没有被采购订单成本的增加所完全抵消。图 12.2 表明了订货成本的下降如何使总成本曲线向左下方移动，导致经济订货批量的减小。另外，在 JIT 中，所有的努力都是用于提高卖方的质量水平。

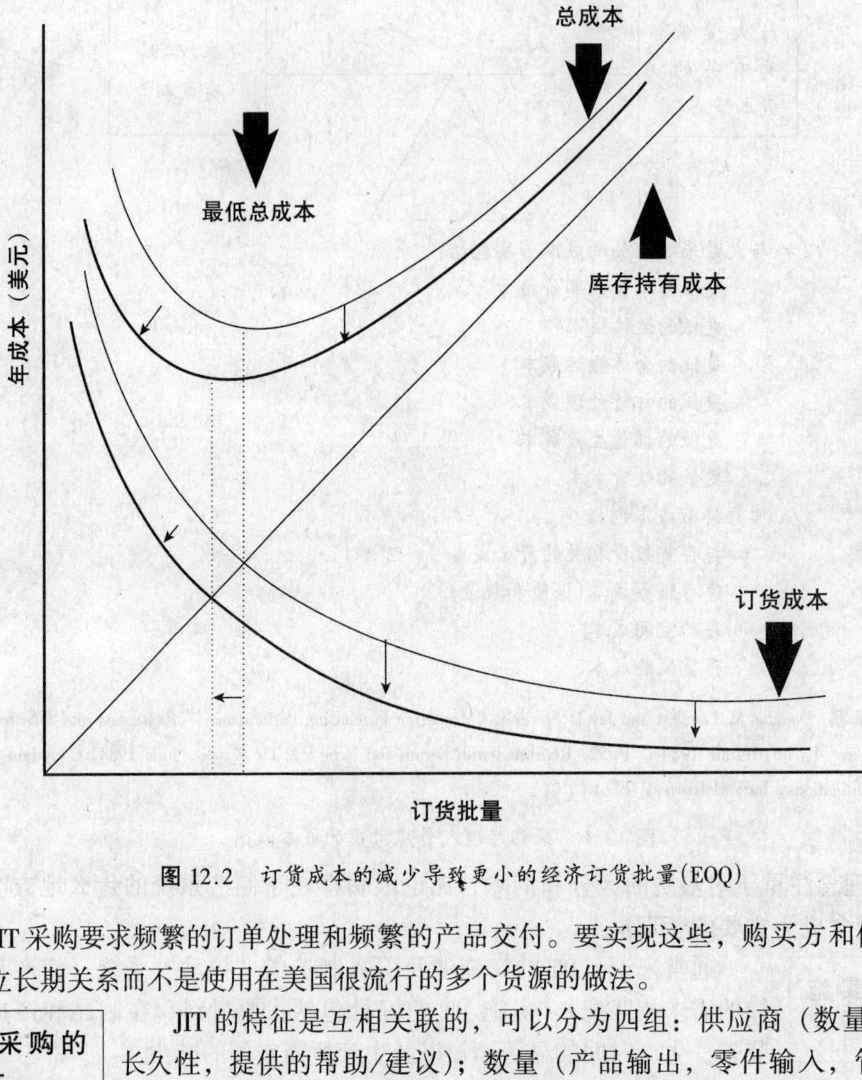

图 12.2 订货成本的减少导致更小的经济订货批量(EOQ)

JIT 采购要求频繁的订单处理和频繁的产品交付。要实现这些，购买方和供应方必须建立长期关系而不是使用在美国很流行的多个货源的做法。

JIT 采购的特征

JIT 的特征是互相关联的，可以分为四组：供应商（数量，位置，长久性，提供的帮助/建议）；数量（产品输出，零件输入，管理的合同，采购的文书工作）；质量（规格的协调，控制）；运输（入厂运输和运输/存贮模式）。①

实施 JIT 的困难

实施 JIT 的困难

实施 JIT 的困难的一个最常提到的原因就是缺乏来自供应商的合作，这是由于对供应商系统需要的变化所造成的。除了从传统的质量检查控制做法转变到实施统计过程控制，供应商被要求制造与通常的规模不同的批量，还会被要求根据精确的时间安排频繁的交付小批量的订单。供应商和购买方通常被要求提供给对方访问主生产计划系统、工作场地安排以及物料需求计划系统的权限。

① 摘自 Richard J. Schonberger and James P. Gilbert, "Just-in-Time Purchasing: A Challenge for U.S Industry," *California Management Review* 26, no.1 (Fall 1983), pp.58-63.

买方和供应商沟通的重要性

沟通是成功实施 JIT 的关键

在实施 JIT 情况下，买方和供应商之间紧密频繁的联系是必不可少的。供应商可以得到买方对长远的生产计划的展望。通常这个展望跨越几个月的时间，但是最近几个月的计划是冻结的。这样供应商可以在无存货的生产模式下获得原材料，并且在没有存货堆积的情况下为买方提供产品。供应商提供每天进度的更新、生产计划以及存在问题。买方和供应商必须合作并且互相信任对方，这样才能转换到 JIT 运作。

对于采购和物料经理来说，供应商的选择、单个供应源、供应管理和供应商沟通是 JIT 实施中的重要问题。与供应商的选择有关的问题包括：质量控制方法、供应商的邻近情况、制造的灵活性和时间的可靠性。

JIT 制造商和供应商通常建立由长期独家供应的合同支持的紧密的合作关系。术语"合作伙伴关系"经常应用于 JIT 的买方—卖方关系。合作伙伴关系在这一章的后一部分将详细描述。

一旦选择了供应商，不断进行的绩效评估可能导致供应商认证——指定那些质量、及时交付和可靠性已经证明在长期一段时间内可接受的供应商。

在实施 JIT 情况下，采购部的重点不仅仅是处理订单，而且要对供应商进行选择以及进行长期合约的谈判。在很多情况下，这些紧密的联系是通过电子数据交换支持的，电子数据交换促进了信息的及时、准确地发送。以下几节将涉及一般的采购，对 JIT 采购的成功是很重要的。

供应商选择

供应商和买方工厂的邻近

通过与一些附近的供应商建立长期关系，管理者可以促进 JIT 采购。目标就是要实现关于原材料的不间断供应的牢固的、稳定的协议。JIT 采购越接近于单件交付，对生产率和避免次品的贡献也越大。但是单件交付的运输成本很高，除非供应商和购买方在地理位置上相互临近。例如，如果某个制造商在离供应商的工厂很近的地方建了一个组装工厂，供应商可以用小型车每天向装配线多次供货，而不需要用 40 英里的卡车装载量进行小频次地交货。因此，与小批量有关的减少运输成本的一种方式就是缩短供应商与买方工厂之间的距离。

集中的工厂

供应商—买方邻近的潜在优势在美国和日本一样适用，然而大多数美国的工厂把垂直集成看做是使公司成长和成功的一条理想的途径。不过，在更狭窄集中的地区开发特殊的制造能力，可以推行这种方式。集中化的工厂提供建筑和运营成本方面的显著的成本节约。这个方法降低了支持少数几个具有高度竞争力的供应商的集成的作用。日本的制造商倾向于避免垂直集成。相反，他们开发总装能力，而将尽可能多的制造业务外包给专业公司。这有助于巩固公司与可靠的供应商之间的采购协议。

采购协议

JIT 采购协议

平稳、重复的主生产计划促进了 JIT 采购。产品的重复制造使对单个零部件的需求变得比较平稳。这个对零部件的稳定需求对运输数量、集装箱和采购文书工作具有影响。在日本，JIT 采购协议通常几乎不涉及文书工作。采购单与综合订单类似，可以规定总数量，但是供应商交付的数量要与计划或每日的生产需要一致，计划或每日的生产需要由购买方工厂电话通知。JIT 采购协议不允许变动。在大多数情况下，买方希望并且得到准确的数量。有了采购协议，可以节省为每份订单协商和定价所花费的许多时间。

价值分析

所描述的价值分析

在美国，价值分析是一个受重视的购买行为，由于对 JIT 采购感兴趣的原因，它引起更多的关注。当为采购协议协商时，供应商得到买方的详细规格，并给出一个报价。如果价格太高，买方可能会参观供应商的工厂，检查供应商的工序。目标是找出供应商的成本超过价值增值的方面，如果可能的话，为了减少供应商的成本和报价，买方会最低限度地修改规格要求。

“松散”的工程规格/早期供应商参与

一般来说，美国的工程师会指出要购买的零部件的几乎每个设计特征方面的公差。然而，许多公司在实施的时候更像日本人，日本企业更看重物品的实际性能，而不怎么看重是否与设计规格严格相一致。在供应商是专家的前提下，买方允许供应商进行创新。

早期供应商参与计划

让供应商参与设计过程的概念通常被称为早期供应商参与（ESI)。这个概念已经在鲍士（Bose)、克莱斯勒（Chrysler)（由 Neon 工厂引入）和海瑞·戴维森（Harley Davidson）应用得很成功。并行工程是一种早期供应商参与类型，在这个工程中，买方和卖方公司的工程师为了产品开发或改进产品而一起工作。

工程和质量上的紧密协作所带来的好处很重大。工程师和质量控制人员可能经常参观供应商的工厂，解决工程上的问题，在遇到问题之前发现潜在的质量问题。施乐(Xerox）公司针对关键的供应商，采用了这些方法，结果导致更好的供应商的质量，更快的反应能力，更强的竞争力。

入厂运输的控制

诸如交付和路线之类的入厂运输决策经常是由供应商的交通运输部门来制定的。经常有这样一种情况：物料以“FOB”方式购买，买方从发货日起就拥有货物，支付库存持有成本。[①]

JIT 采购需要稳定、可靠的入厂交付

JIT 采购需要稳定、可靠的入厂交付。目标就是要避免物料过早到达而引起的过量的库存持有成本；避免由于货物延迟而导致的生产制造的停顿。因此，买方公司必须参与选择运输模式和具体的运输承运人。例如，CTI 和赖德集成物流（Ryder Integrated Logistics）：（1）检查制造商的生产计划；（2）通知需要的供应商；（3）计划原料的收集；（4）挑选和对物料进行时间排序；（5）把它们直接交付到 JIT 生产线。[②]

供应商开发

供应商开发被定义为：

供应商开发的定义

建立和维持有竞争力的供应商网络，提高对于采购组织迎接不断增加的竞争挑战所需的各种供应商的能力的系统化的组织努力。[③]

有时，组织发现它们当前的供应商不能够支持严格的 JIT 质量和满足交付要求，这种组织可能会寻找其他供应商，或与供应商共同开发支持 JIT 所需的技能。随着组织与供应商形成长期的关系，组织在供应商开发上所付出的努力也越来越多。克莱斯勒就是这样一个例子，在公司采用创新性的采购模式、物流和诸如 JIT、供应商开发和早期供应商参与等措施之前，公司的运作一直很差。

JIT 采购的好处

买方的好处

JIT 采购对买方的最重要的好处在于 JIT 使库存降低成为可能。它还有质量和生产率方面的好处。另外，可以减少与采购相关的文书工作。传统的批量规模经济表明：更小的批量意味着需要处理更多的订单，因此会增加订单处理成本。但是 JIT 采购起最佳作用的环境，却是这样一种情况：

- 买方的生产计划相对平稳，所以物料的需求也是平稳的、可预测的
- 将更大的、更稳定的订单交给了少数几个供应商，从而激发了供应商的良好的绩效和忠诚
- 采购协议是长期的，只需要很少的文书工作。他们提供频繁的小批量交付，这样可以及早暴露质量问题
- 供应商对改进集装箱和标签的需要及时做出反应[④]

因此，平稳的需求、更少的供应商、长期协议和更少的质量问题，常常会导致更低的订单处理成本。

---

① FOB 条款在第 7 章中给出。

② Information obtained from CTI and Ryder Integrated Logistics.

③ *NAPM Dictionary*（Tempe，A Z：National Association of Purchasing Management.1993），p.22.

④ 同上，p.65.

供应商的好处

供应商也可以从 JIT 采购中获得好处。供应商获得一份独占的（或几乎是独占的）、长期的、不变的合同，这就为供应商提供了削减最高生产能力的机会，维持一批训练有素的员工，减少存货，与自己的供应商实施 JIT 采购计划。

JIT Ⅱ

JIT Ⅱ是采购关系中一种创新类型，它把 JIT 哲理应用在采购职能中。和 JIT 差不多，JIT Ⅱ也是要消除浪费、冗余、过量的文书工作，以及提高质量、快速反应能力和采购领域的创新。它代表了卖方和买方之间的一种联盟关系。JIT Ⅱ这一术语在博士公司（Bose）被用来形容这种关系。[①]JIT Ⅱ的开发步骤如表 12.4 所示。

在 JIT Ⅱ中，供应商把它的一个称为驻厂代表或驻厂的雇员安排在买方公司的办公室，取代了采购员、计划员、销售人员。除此之外，JIT Ⅱ的并行工程和持续改进方面将 JIT Ⅱ与其他的供应商关系区分开来。已经与鲍斯公司建立这种驻厂关系的供应商之一是 G&F 公司，一家制造注入模具的公司。驻厂代表下订单，实施并行工程，可以接近鲍斯的所有设施、信息和雇员。供应商的好处包含：与客户之间的更多的集成、改进的沟通方式、更有效的管理流程以及“销售努力”方面成本的节省。[②]

表 12.4 JIT Ⅱ信息流的步骤

步骤 1、2:	供应商给销售代表重新分配新的责任，客户重新分配采购员。
步骤 3:	在完全的 JIT Ⅱ实施中，客户将物料计划员分配到新的岗位上。
步骤 4:	在客户的地点，供应商把采购员、计划员、销售人员替换成一个全职的专业人员。在鲍斯公司，供应商的专业人员被称为驻厂代表或驻厂。虽然供应商用驻厂代表替换了采购员，但这一步实际上是帮助公司现有的采购人员，因为有更多的人来从事整个部门的工作量。
步骤 5:	驻厂代表一星期在客户所在地工作 40 小时，通常是在采购部。
步骤 6:	客户赋予驻厂代表计划和采购系统范围内的权力。驻厂代表直接根据客户的 MRP(或类似的)系统工作，利用客户的采购单来向他或她自己所在的公司下原材料订单。注意：客户一般不准驻厂代表向其他公司下订单。
步骤 7:	客户提供给公司内部代表一个雇员徽章(或同等物)，允许他们自由接触客户的工程和制造人员。当不对物料作计划和下单时，驻厂代表和客户的设计员工实施并行工程。
步骤 8:	客户和供应商知道前面还有更多路要走，JIT Ⅱ会对双方的组织带来很多变化。

资料来源：Purchasing，May 6，1993，p.17.

① Lance Dixon and Anne Porter Millen，*JIT Ⅱ*：*Revolution in Buying and Selling*（Newton.MA：Cahners.1994），pp.9-15.

② 同上，pp.143-50 和 159-60.

采购研究和计划

重要的环境考虑因素

在商业环境下，不确定性因素使关键物品的采购决策更为复杂，这些决策所带来的影响持续时间更长。[1] 重要的环境考虑因素包括：供应的不确定性和关键物品对国外货源的依赖性、关键商品的价格上涨、提前期的长度和变化、能源供给不足或价格上涨以及加剧的全球竞争。

变化的环境使采购管理部门有必要执行更有效地研究供应市场和计划的工作。采购部门需要为公司内部的不同部门（包括最高管理层、工程和设计部门、制造部门）提供有关供应条件的信息，例如可得性、提前期和技术。这些信息在制定长期战略和短期决策时很重要。应该找出有可能发生可得性、定价、质量等方面的问题的关键物料，以便管理者能够在问题变得严重、代价高昂之前采取相应措施。

采购的战略计划

采购的战略计划包括物料的筛选、风险评估、战略制定和实施，决定：(1) 物料瓶颈是否会危害到当前或将来的生产；(2) 是否应该引进新产品；(3) 物料质量是否有望可以得到改变；(4) 价格是否可能上涨或下跌；(5) 预购是否合适，这都是很重要的。管理层必须制定详细的计划，保证物料供应链能够不间断地运转。

用于辨别重要购买所使用的典型标准是产品成本的百分比、总采购费用的百分比以及高利润的最终物品的使用。用于确定供应市场上风险的标准包括：供应商的数量、供应商的原材料的可获得性、供应商的成本和利润需要、供应能力和技术发展趋势。采购越重要，供应商市场风险越大，采购所需要的重视程度也越高。

风险评估

风险评估要求采购员确定可能发生的最好和最坏的情况的概率。应该为预料到事件制定供应战略。在任何给定战略或情况下，分析这些问题可以帮助采购经理确信他们已经考虑了重要的问题。[2] 某个特殊战略的实施需要高级管理层的参与以及公司总体商业计划的集成。

采购成本管理

采购部门，像其他职能部门一样，必须管理和减少成本。采购可以通过一系列方法来减少管理成本、购买价格和库存持有成本，但是最流行的还是采购成本降低计划、价格变化管理计划、大量（时间和数量）合同和系统契约以及无存货采购。[3]

---

① 该材料摘自 Robert M. Monczka, "Managing the Purchasing Function," in *The Distribution Handbook*, ed. James F. Robeson and Robert G. House (New York: Free Press, 1985), pp.478-80. Copyright © 1985by the Free Press, a Division of MacMillan, Inc. Used by permission of the publisher

② 需要了解有关采购研究和计划的进一步的讨论，请参见 A.J. van Weele, *Purchasing Management: Analysis, Planning and Practice* (New York: Chapman and Ho. 1994), pp.97-176: and Leenders and Fearon. *Purchasing and Supply Management*, pp.463-78.

③ Monczka, "Managing the Purchasing Function," pp.480-83.

成本降低计划

一个有效的采购成本降低计划需要最高管理层的支持、对成本降低或避免的定义、有效的目标设定、检查和批准成本降低或避免、降低到具体目标的衡量、报告和实现绩效评估过程中的成本降低或避免。[①]

对于一个成功的成本降低计划，最高管理层必须传达经济良好和萧条的时候成本节约的需要。还必须明确地确定成本降低的目标，从而可以衡量成绩和评估绩效水平。例如，在很多公司中，成本降低被定义为相对于以前所支付的价格的下降部分，成本避免被定义为以前支付的费用和实际支付的差额。管理层必须根据成本降低的机会，和供应商一起制定成本降低计划。

成本降低和成本避免计划可能包含下列项目中的任一项：

- 供应商开发
- 发展竞争
- 对供应商的成本降低的需求
- 在新产品设计和设计变更中的早期供应商参与
- 物料替换
- 标准化
- 制造与购买分析
- 价值分析，包括供应商参与
- 废料的减少
- 公差的改变
- 付款方式和条款的改进
- 大量购买
- 工序的变化

每个技巧的适用性随着购买条件和供应商关系类型的不同而变化。

价格变化管理

采购经理必须面对卖方价格上涨的挑战，不能把它当作暂时的成本。和供应商合作，将价格限制在一个合情合理的、公平的水平上是很重要的。而且，采购部门必须建立一个系统化的方法来处理供应商的所有价格上涨的要求。至少，该系统应该要求采购部：

- 确定价格变化要求的原因
- 指明在总价值方面对公司的影响
- 要求供应商判断价格变化的合理性
- 请管理层检查价格的变化
- 制定处理价格上涨的战略

① Monczka, "Managing the Purchasing Function," pp.480-83.

创造性的解决方案

公司如何通过加入采购联合组织削减成本

凯文·瓦格斯（Kevin Vargas）每年为Comdisco公司在伊利诺斯州绍姆堡（Schaumburg）的电脑修理工厂购买价值100万美元的断路开关和电线。作为一个32亿美元的电脑租赁公司的高级采购经理，他有实力和供应商讨价还价。但是瓦格斯认为他找到了一个方法使他的实力达到“超级规模”。他正在测试在线采购集团，通过购买巨大数量的设备，获取大量的折扣。潜在的节约额为每年200,000美元。

1英里之外的芝加哥的另一个郊区，博伊西·卡斯凯德（Boise Cascade）办公产品公司对在线采购集团很感兴趣。但是这个30亿美元的文具用品供应商却不仅仅希望节约大量成本，它还希望促使这些在线采购集团的形成。随着采购代理商在由富国（Wells Fargo）公司和大通曼哈顿（Chase Manhattan）公司经营的网站上的联合，博伊西公司突然有更多的人来卖它的物品了，他们都涌到了少数几个网站上。博伊西公司估计在2000年，公司的2.5亿美元的净销售额将翻一倍多。

Comdisco公司和博伊西·卡斯凯德公司可能永远也不会有业务往来。但这两家公司都在积极开拓网上交易业务。大型的采购集团和联合组织正在将公司的采购联合起来，获取更好的交易或特殊待遇。对于卖方来说，也有所回报。他们通过快速接触大型的和明确的购买方的联合组织，降低了成本。

更优的价格

获利最多的是那些把购买方和供应企业拉在一起的组织。我们可将他们称作市场制造者。他们涉及各个行业，从银行巨头大通曼哈顿到电信巨头日本（Nippon）电报电话公司再到运输大王SAIR集团。1999年10月18日，purchasecenter.com开始运营，该网站聚集了工业物品（如钻头和发动机）的买主和卖主。每个人都希望通过收取交易费而在该行动中分得一杯羹。但是他们在运营所需产品上也获得了更优的价格。电子商务分析家提姆马那韩说，公司“不能只挣钱，还应该省钱”。

网络出现之前，这样的采购集团根本不存在。随着网络的出现，许多相差巨大的组织可以联合起来要求高折扣。这可能听起来不稀奇，但是，根据基准合作（Benchmarking Partner）公司（马萨诸塞州剑桥市的一个研究咨询公司）报导，包括从门房用品到电脑键盘等日常用品，通常占公司经营成本的35%。通过与其他需要相同物品的公司联合采购，市场制造者声称他们可以将总的采购成本降低多达10%。

在电子化道路上继续前进

一些公司将成本节约看得比优惠的价格更重。摩托罗拉公司曼斯菲尔德互联网和网络部的战略采购经理吉姆·里姆普斯（Jim Limperis）并不确信使用purchaseingcenter.com可以省下钱。但是里姆普斯声称依然很感兴趣，因为这可以使他能够在一定程度上自动地进行2.7亿美元的年采购量，这样可以使公司的员工解放出来干别的事。他说，“如果你可以帮助我减少一个每年需要支付费50,000美元工资的采购员，我可以安排他在其他部门，让他参与设计开发。从长远来看，就会有更多的费用省下来。”

资料来源：摘自Kevin Ferguson，“Purchasing in Packs,” *Business Week*, November1, 1999, pp.EB33, 34, and 38.

为了限制价格上涨，管理层应该要求设立价格保护条款和30天、60天或90天的价格上涨声明。作为价格变化管理的一部分，采购必须决定工程变化对产品成本的影响，这样以便决定要对哪个工程进行改变。

数量合同

累计折扣

数量合同是指在一段时间内将不同业务单位或公司的不同部门或不同物品的采购需求进行集中采购的一种方法。联合采购的结果是：买方对卖方的影响能够导致采购价格的下降和管理成本的减少。累计数量折扣允许买方联合某一段时间内的采购数量，当整个年份中，当企业下额外订单时，后续的购买能够获得更低的价格。许多公司正在采用这种方法来支持JIT采购中更小的、更频繁的购买。

在非累计折扣中，价格是根据每份订单的采购数量确定的。当对某种特定物品的采购价格进行分析时，人们常常能识别出让供应商提供半年或合同报价的机会。由于生产或采购的规模经济的结果，采购数量的增加能够促使供应商降低成本和价格。另外，在获得更多的业务量的前提下，供应商可能愿意接受较低的单位利润。

历史采购模式应该可以从电脑生成的需求计划和供应商获得。管理者需要系统地、定期地分析公司的历史采购记录，获取数量折扣的新的机会。

系统合同和无库存采购

系统合同，或者有时也称综合订单，是减少与物料相关的成本（例如单位采购价格、运输费用、库存费用以及管理费用）的一种方式。系统合同是针对某一段具体的时间内，为给定数量的采购安排的一种合同。按照订货要求，卖方把产品提供给各个工厂所在地，并在采购过程中安排付款。据某个观察者称，“虽然这个约定的数量没有法律约束力，但通常来说，这已经可以足够保证卖方向其供应商进行数量采购了。这些数量采购有助于降低买方的最终成本。一个关键的优势在于在整个合同有效期内，约定的价格是固定不变的。”①

系统合同常常指的是无库存采购，它意味着公司没有持有所采购的物料。虽然系统合同可能会或可能不会导致“零”库存，系统合同的基本原则对于无存货采购是必要的。系统合同和无库存采购的目标在于：

系统合同和无库存采购的目标

- 更低的库存水平
- 减少供应商数量
- 减少管理费用和文书工作
- 减少小金额的采购数和采购员必须处理的申请（从而可以增加用于其他关键活动的时间）
- 向供应商提供高金额交易的机会
- 向用户提供及时的物料交付

① Joseph L. Cavinato, *Purchasing and Materials Management* (St. Paul, MN: West Publishing, 1984), pp.29-30.

- 尽可能地使采购物品标准化[①]

系统合同和无库存采购系统最适用于频繁采购的、管理处理成本相对于产品的单位价格要高的低价值物品。在许多情况下，管理费用、处理费用、库存持有成本的总费用可能超过物品的成本。系统合同可以导致更多的供应商折扣，降低处理成本，提高产品可得性。这两个系统都要求进行以下工作：找出适当的供应商；供应商的选择；使用采购和订货的标准目录；确定订单通讯方式；辨别可接受的接货区域（船坞，仓库等）；监控供应商在确定的交付参数（4、8、24或48小时）内的交付绩效情况；确定付款方式，累积收据，支付给定时期内（例如30天）的全部物品的货款。[②]

通常，合约的时间长度从一年到三年不等，还包括价格保护条款。采购人员应该有权力试销物品，从而确保供应商的单位价格是合理的。

采购绩效的衡量和评估

管理人员必须找出执行采购活动以及衡量和评估采购绩效所需的信息。[③] 为了衡量和评估采购绩效，管理信息系统应该包含以下数据：

衡量和评估采购绩效的数据

- 采购物品的数量和种类
- 所需数量
- 需要物品的日期
- 采购申请收到或授权的日期
- 采购申请或授权号
- 提供的供应商
- 提供供应商的日期
- 需要供应商报价的日期
- 供应商的报价
- 供应商的价格折扣计划
- 采购单号码
- 采购单下单的日期
- 单位采购价格
- 采购的年需求数量或百分比
- 计划的单位采购价格
- 供应商名称
- 供应商地址
- 供应商的承诺发货期
- 供应商的提前期（采购物品的天数或周数）
- 采购物品收到的日期

---

① Monczka, "Managing the Purchasing Function," pp.482-83.
② Monczka, "Managing the Purchasing Function," p.483.
③ 本节中的材料摘自同上文献，pp.486-92.

- 收到的数量
- 接受或拒收的采购物品（单位/批量）
- 存贮位置
- 买方
- 工作单位
- 要求的价格变动
- 要求价格变动的有效日期
- 价格变动被批准的日期
- 运输到达的地点①

不同管理层的信息需要是不同的

通常，采购衡量和评估报告的主要使用者包括：高层经理、公司职能经理、运营部门经理以及工厂和运营单位的中层经理。

每一组使用者需要的信息是不同的。例如，高层管理者可能希望了解本公司采购部门和其他公司采购部门的对比情况，采购部门的有效性如何。公司职能经理，例如，公司采购副总裁，可能想知道完整的职能状况；政策和程序审计以及关键定量指标的检查，例如库存、小量采购以及管理预算指标。运营部门的采购部门经理可能需要一系列定期报告的指数，来监控绩效，在必要时采取补救措施。

绩效评估

关键绩效指标

蒙克卡（Monczka）、卡特（Carter）和霍格兰德（Hoagland）发觉采购组织使用许多关键绩效指标来控制采购，包括：价格有效性；成本节省；工作量；管理和控制；效率；卖方质量管理和交付；物料流控制；规章、社会和环境指标；采购计划和研究；竞争；库存和运输。②

价格有效性。价格有效性指标是用来确定：(1) 相对于计划的实际价格指标；(2) 相对于市场的实际价格指标；(3) 在购买群体和地点中的实际价格指标。可以为每一种物品和总采购预算计算采购价格与计划价格的差异。典型的指数是按照以下方法衡量价格差异：(1) 实际的单位成本减去计划成本；(2) 价格差异百分比（实际单位成本比上计划成本）；(3) 长期的价格差异（实际的单位成本减去计划成本，乘以估计的年需求量）。

成本降低与成本避免

成本节省。成本节省指标包括成本降低和成本避免。以单位库存存储单位计算，当新的单位成本比老的单位成本低时，成本降低就产生了。当新的单位价格比平均报价低时，成本避免就产生了，甚至有时新的单位价格比旧的单位价格还高。

---

① 同上，pp.486-87. From *The Distribution Handbook*, ed. James F. Robeson and Robert G. House. Copyright © 1985 by The Free Press, a Division of Macmillan, Inc. Used by permission of the publisher.

② R. M. Monczka. P. L. Carter, and J. H. Hoagland. *Purchasing Performance: Measurement and Control* (East Lansing: Michigan State University, Graduate School of Business Administration, Division of Research, 1979).

工作量。工作量可以分为三类：(1) 流入工作量，用来衡量到达采购部门的新工作；(2) 当前工作量，用来衡量积压的工作；(3) 完成工作量，用来衡量已经完成的工作。[①] 流入工作量指标包含收到的工作数，例如采购申请次数，收到的采购信息查询次数，以及收到的价格查询次数。当前工作量经常根据积压的工作来衡量，例如手头处理中的采购申请单和手头处理的货物。完成工作量的指标包括：已下单的采购订单、已订购的物品、采购金额、签订的合同以及签署的价格协议。

管理和控制。管理和控制通常是通过使用采购职能部门的年度管理预算来实现的。最普通的方法是以当前的预算为基础，然后根据商业预测、预期的工作量和经济形势进行上下调整。

效率。效率指标将采购产出和采购输入联系起来。这些指标包括一个产出和输入的两因素指标，以及有多个产出和输入的多因素指标。普通的两因素指标包括：每个采购员处理的采购订单数、每个采购员采购的物品种类数、每个采购员采购的金额、每个采购员的采购变更通知数、每个采购员签订的合同数、平均的未决定的订单合约数、每项物品的人工工时数、每份采购单的人工工时数、每份合同的人工工时数、每份采购订单的管理费用、每份合同的管理费用以及单位采购金额的管理费用。[②]

卖方质量和支付。卖方质量指标包括：接收或拒收的物品（件数、订单数、运输次数或价值）的百分比；从某个供应商采购的单位产品的总采购成本；缺陷出现的频率和严重程度。卖方交付通常是根据产品交付是否及时、提前或延期来进行衡量的。

物料流控制。衡量从供应商到采购方组织的物料流的报告可以分为四类：(1) 未完成的采购订单以及订单的到期日；(2) 已经过了到期日还未完成的订单；(3) 急需的订单；(4) 采购员和供应商在预定的日期交货的能力。

规章、社会、环境指标。许多指标可以用来说明采购部门是否执行规章、社会、环境目标。这方面例子包括：(1) 向小企业和少数民族所有的企业的采购；(2) 在劳动力过剩的地方的采购；(3) 少数民族雇员的数量和所占的比例。

采购计划和研究。通常来说，采购计划和研究，可以在每年制定的采购计划的数量（包括产品的可供应情况和价格预测），价格预测的精确度（实际价格与预测价格的比较），提前期的预测准确度（实际提前期与预测提前期的比较）以及已完成的制造与购买研究项目数的基础上，对采购计划和研究进行评估。

竞争力。竞争力指标衡量采购方组织在供应市场上已开发替代供应商和改进采购价

---

① R.M.Monczka.P.L.Carter, and J.H.Hoagland. *Purchasing Performance*: *Measurement and Control* (East Lansing: Michigan State University, Graduate School of Business Administration, Division of Research, 1979), p.490.

② 同上。

格和条款的程度。竞争力指标可能包括：年度采购金额、年度合同采购量占总采购量的百分比、向单一供应源采购的数量（这样就限制了竞争）。

库存。存货指标包括存货的周转率、寄存以及存货的水平。

运输。运输指标用来决定优先运输所发生的花费。当采用非一般运输时，优先运输的费用就发生了。

采购对净资产收益率的影响

图 12.3 列举了采购影响净资产收益率的多种方式。首先，更好的管理采购能够导致更高的销售额（价格上涨的结果）、更多的数量，或者更快的新产品投放市场的时间。和其他费用一样，商品的销售成本也会减少。这些作用将导致更高的赢利水平。根据资产负债表，采购方面的出色的绩效会导致流动资产和固定资产的减少，从而加快资产周转率。更高的赢利水平和更高的资产周转率提供了促使资产收益率上升的推动力，再加上由偿还债务而引起的财会比例的降低，导致了更高的净资产收益率。

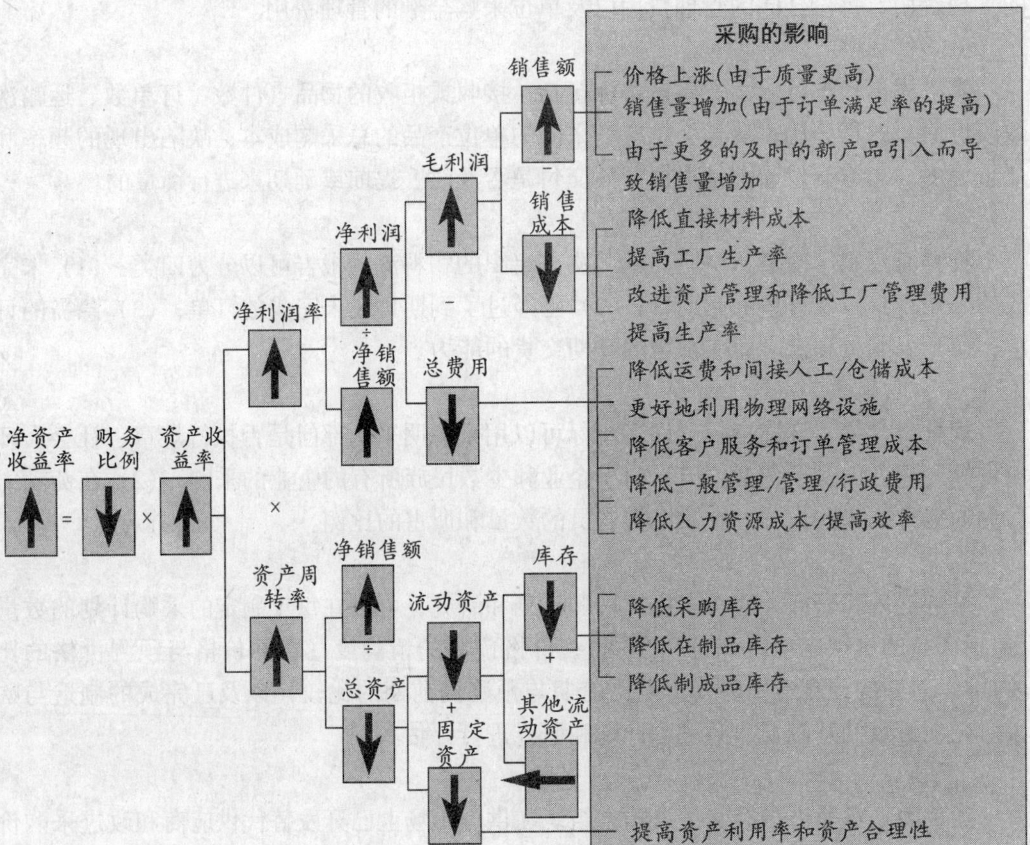

图 12.3 采购如何影响净资产收益率

战略性采购

很多行业的经理人员正在意识到，采购给他们的行业设计带来了价值增值的作用。[1]公司在外部采购上的支出和采购不断改变的性质，正在成为成功地促使企业利润成长的关键要素。在寻求利润增长的过程中发挥采购作用的关键在于，理解企业在采购活动中达到了何种程度的采购水平，以及这些能力与公司购买需要是否匹配。为了发挥采购的全部的价值增值潜力，领先的公司正在重新定义采购，把它看做是在战略性采购范围的一个关键步骤。战略性采购的一个关键基础是所有权总成本概念。

随着公司改变他们购买的东西，为了获取成本节约和成长机会，他们也必须改变他们的采购方式。一般来说，公司只看重采购价格，而不是从总成本角度来分析问题。那些过分看重采购价格的经理们没有考虑一些能够为供应商和买方提供的创新的、可持续的降低成本的机会的因素。这些因素包括：

- 供应商的经济情况和其他供应链的成本，例如运输成本
- 买方获取和管理产品和服务的成本
- 质量、存货、可靠性以及产品和服务寿命周期内的其他因素
- 产品或服务对外部和内部客户的价值

所有权总成本是一个关键指标

总成本观点的一个重要概念是所有权总成本。所有权总成本既考虑供应商的活动又考虑买方的活动，还考虑产品或服务的整个寿命周期内的成本。这个观点意味着需要理解与采购相关的一系列成本和价值关系。例如，从竞争经济学角度来看，对于买方来说，更加有效的做法是将其供应基础合理化，从而促使提高供应商的能力利用率，反过来，在保护供应商的可接受的利润的同时，又降低了采购价格。从生命周期所有权的观点来看，以更高价格购买高质量物品是合理的，因为初始的采购成本将最终被极少的制造缺陷、更低的库存要求和更低的管理费用所抵消。

采购路径

四种采购路径

通过四种具体的战略采购路径，可以实现所有权总成本的显著节约。四种采购路径中的三种——购买更少、更好地购买、更好地消费——体现了通过改进采购实现整体成本节约的简单而又有力的方法。在每一种情况下，可实现的节约数量是公司在路径上的位置、公司采购的复杂性和公司对实现成本节约的决心的一个函数。

成长的第四种方法——更好地销售——体现了一种新方法，在这种方法中，采购在促成最终能增强公司收入的供应商关系中起着重要作用。随着公司采购水平的提高，沿

[1] 本节摘自 Matthew G. Anderson and Paul B. Katz, "Strategic Sourcing," *The International Journal of Logistics Management* 9, no.1 (1998), pp.1-13.

着采购路径的节约成本和增加收益的机会显著提高。

细分采购

每个公司有其独特的采购，或购买物品和服务的业务。实际上存在三种细分采购业务的依据。前两种涉及相关采购项目的采购复杂度和对公司绩效的作用性质。采购的复杂性包括：诸如技术的复杂度、供应链整合范围问题以及生命周期管理和成本的相关程度等要素。收益影响/业务风险指标用于分析采购项目能够影响客户的价值感知的程度。第三个指标与竞争性经济潜力有关，也就是说，在给定与采购相关的行业的成本驱动因子和竞争动态的情况下，采购方能够获得的改善机会有多大。

细分采购业务

通过强调对潜在收入增长影响最大或对公司绩效带来最大风险的采购细分，采购部门的负责人已经加强了对价值增长的重视程度。例如，广告服务的采购对客户的价值感知具有重大的风险，而办公用品的采购仍然主要是一个成本问题。或者说，在高科技领域，新一代的半导体技术的采购可能在本质上是对公司前途的一个赌注。随着公司采购已经在技术和商业上越来越复杂，以及逐渐更多地依赖于上游供应链，采购的细分和确定优先级已经变得越来越重要。

采购过程的优点

采购负责人的工作

采购价值链一组过程的组合，通过这些过程，进行战略采购决策的制定，并为组织创造价值（图 12.4)。这些过程适用于所有的采购，虽然具体的方法、战略和最好的实践各不相同和体现细分矩阵表现的优先级和机会。采购负责人制定年度计划、开发需求、制定采购战略、评估和选择供应商、采购物料和服务以及管理供应商关系。

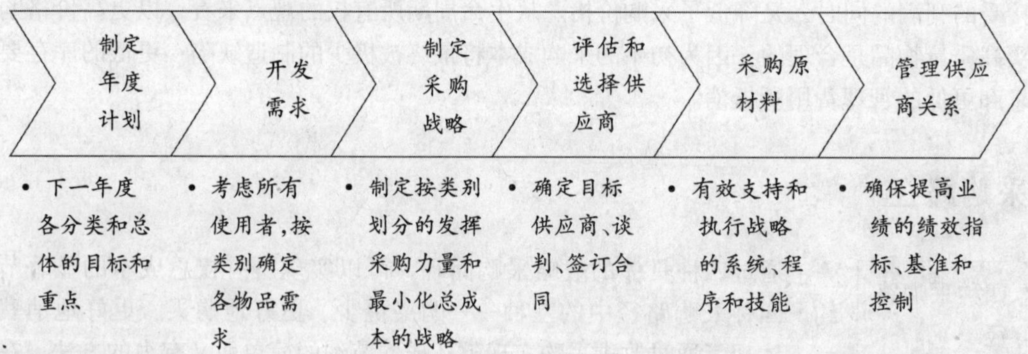

资料来源：Matthew G. Anderson and Paul B. Katz, "Strategic Sourcing," *The International Journal of Logistics Management* 9, no. 12(1998), p. 7.

图 12.4 采购价值链

技 术

电子采购

IBM公司的老板Lou Gerstner轻蔑地把成千上万家如雨后春笋般冒出来的".Com"公司形容为"暴风雨来临之前的萤火虫"。他说，当真正的大公司——全球1000强——抓住了互联网的力量，利用互联网改造公司的时候，暴风雨来了。这个星期目睹了两家世界最大的汽车制造商几乎同时宣布（很有趣）：他们正在把供应链全部搬到互联网上。Gerstner先生的暴风雨随着暴风的力量已经到达了。

1999年11月2日，福特，接着通用，宣布他们将把巨大的采购业务快速地转移到网上，通过庞大的在线市场，连接世界各地供应商、商业伙伴和客户。令Gerstner先生感到悲哀的是，两家公司都没有把IBM选为技术上的合作伙伴。而是，福特将和数据库市场的领头羊Oracle建立合资企业。通用汽车则已经选择了Commerce One来建立自己的网络，Commerce One是一家快速成长起来的基于网络的采购软件供应商。

这些站点预期在下一年的第一个季度完成并投入运行，Oracle将利用自己的软件建立AutoXchange，然后供福特公司使用（Oracle是次要的合作伙伴，但AutoXchange的管理层将由从Oracle公司和汽车制造商中抽调的人员组成）。Commerce One将建立通用汽车的Marketsite，并把该网站链接到被称作为全球贸易网的站点上，一个使用它的软件的全球B2B电子商务的门户网站。

这两项业务的绝对规模标志着电子商务已经到了成熟的年龄。AutoXchange将成为福特公司每年800亿美元的汽车零部件和原料采购的优先选择手段，所有这些零部件和原材料来自于30,000多家供应商。这样的业务可能仅仅是合资企业的开始。福特的扩展型供应链拥有30,00亿美元的年销售额，而且供应链上的成员企业将被鼓励（不是强迫，福特强调）通过AutoXchange相互交易。除了从采购和存货中创造的直接节约——据称高达20%——AutoXchange还会促使更短的产品周期。此外，AutoXchange还将协助供应链的成员之间的合作，特别是在开发新产品的时候。Oracle和福特声称欢迎汽车制造竞争对手使用AutoXchange市场。Oracle首席运营官Ray Lane估计，在几年内，AutoXchange可能会处理价值2,000亿美元的交易额。

AutoXchange获取大多数利润的途径在于，收取交易费用。它将向那些通过AutoXchange进行反向拍卖来处理过剩物品的公司收取佣金。它将通过为使用AutoXchange的公司管理供应链而收取费用。随着这个站点的扩大，它还能够吸引大量广告。

Lane先生预测，到第二年，AutoXchange将实现10亿美元的年销售额；四年后，其销售额可达50亿美元。毫不令人惊讶的是，快速地将业务面向其他企业的前景加快了福特和Oracle的发展步伐。即使根据当前（相对而言）萧条的互联网估价（priceline.com），一家机票拍卖公司，都比德尔塔（Delta）航空公司的价值高。因此，猜想AutoXchange与它的父母公司的传统业务具有同样的价值，也并不疯狂。

通用汽车的Marketsite被估计可以吸引与AutoXchange差不多同样多的销售量，通用汽车的交易站点将与GM的SupplyPower（为公司的供应商开设的一个新门户）并驾运行。通用声称，它将成为世界上最大的零部件、产品、原材料和服务的"虚拟市场"。作为一项激励，通用汽车还将把那些在该网站上交易的小公司的订单与公司自己的订单聚集起来，为他们提供一些采购力量。

（续）

Jac的电子贸易

与AutoXchange不同，Marketsite是通用汽车独家的，它并没有打算来吸引其他汽车制造商。通用汽车声称，公司想保持对门户的控制，而不是成为向公众提供服务的公司。但这是可以改变的。通用汽车肯定是在福特/Oracle的宣布下才做出反应，展示它的Marketsite计划的。通用汽车厌烦了福特老板Jac Nasser将福特公司描述为汽车行业拥抱互联网的先锋。通用汽车决定要为它自己获得引人注目的地位。

两家公司都表明各种行业中的大公司如何可能利用互联网，投入电子商务生态系统中，彻底改变交易的方式。虽然大型汽车制造商早就利用电子数据互换系统来连接大的供应商，但是电子数据互换系统本质上是僵化的——EDI提供了交易的基本信息，但它无法适应快速变化的市场，而且EDI对于小公司来说成本也过高。

资料来源："Riding the Storm," The Economist, November 6, 1999. pp.63-64.

电子采购

互联网已经在供应链中创造了大量的改进绩效的机会，尤其是在采购领域。软件公司，如Ariba和Commerce One，正在推进采购过程的集成和简化。本章中的创造性解决方案栏目和技术栏目给出了从电脑产品、办公用品到汽车等行业的公司如何利用互联网来集成和简化公司采购的例子。公司利用互联网，并不只是购买商品和服务，还用来管理物料，这体现了最重要的供应链关系。

2000年6月14日，有关媒体宣布，49家主要的消费品公司联合创建了Transora.com，这是一个全球的B2B的电子市场。[①] 参与这一项目的公司有：可口可乐、高露洁棕榄、ConAgra公司、Digeo PLC公司、General Mills公司、喜力国际公司、家乐氏公司、卡夫食品公司、M&M/火星有限公司、McCain食品有限公司、纳贝斯克控股公司、百事有限公司、宝洁公司、Ralston Purina公司、莎拉李公司、联合利华和Wm. Wrigley Jr.公司。按照参与的公司的数目来说，这是迄今为止最大的项目，许多企业还是激烈的竞争对手。

Transora将使消费品公司能够利用互联网简化与全球范围内的供应商、客户、分销商之间的业务交易。Transora将成为一家由该行业内的企业所有和投资的独立公司。到2000年6月底，49家消费品公司已经拿出了2.5亿美元资金投资于该风险企业。任何公司的最大股份为5%。投入的资金将用于建立基础设施和为新公司的启动提供资金。

投资方公司每年大约花9,000亿美元中的3,500亿美元用于货物和服务的行业采购。采购活动是比较分散的，制造商从超过200,000家供应商那里采购。行业经历了高涨的采购成本，这是由于信息不一致和不完全的结果。无效率的处理过程，例如缺乏集成和纸张化的系统，是行业所面临的挑战。

Transora将简化整个供应链中的交易，连接成千上万的贸易合作伙伴。供应商将以

① http://www.transora.com. 如需了解有关该行业项目的进展的最新信息，请访问Transora的网站。

更低的客户获取成本接触到更多的客户。制造商将与零售商和批发商一起从改进的客户服务中获益。零售商和批发商将能够简化他们的订货流程，提高订货的准确率。整个供应链中的参与方将从改进的连接、增强的自动化和改善的库存管理中受益。

“随着无边际的互联网连接得越来越紧密，Transora超越了全球的边界。”Diageo PLC公司的集团首席运营官保罗·沃尔什（Paul Walsh）说，“世界经济的连接越来越紧密，我们的公司越来越依赖于跨越国家边界的业务和市场。Transora提供了一个共同的市场，在这个市场中，我们的公司可以无缝地、有效率地进行交易和管理业务。”①

包装消费品公司有着共同的顾客、供应商和制造过程。Transora将为公司之间的全球合作提供可能，提供与互联网上的一系列服务和交易之间的非凡的连接，提高效率，改善与顾客和消费者之间的相互作用。电子交易市场有望通过在整个供应链中，乃至最终到消费者，提供重大的利益，来引导消费品行业的转型。市场上的“杀手应用”包括：消费者促销；合作计划预测和补货/卖方管理的存货/基于扫描器的交易；行业能力管理以及端点对端点的物流。

Forrester研究公司预计，到2003年，互联网上的B2B交易额将达到13,000亿美元。②Ariba是一家领先的软件提供商；下面一段文字摘自Ariba的网站，提供了公司软件解决方案的一些背景信息：

> Ariba的B2B电子商务解决方案降低了成本和简化了供应链，为所有的贸易伙伴都提供好处。采购方组织使用Ariba的解决方案，通过引导与最佳供应商进行交易而减少成本，通过主持为其他公司提供采购服务的电子交易市场而参与新的受益机会。供应商参与Ariba的电子商务解决方案，通过与现有的客户更有效的交易以及把范围延伸到新的潜在客户来增加他们的潜在收入。网络市场的缔造者们使用Ariba的综合电子市场的配置解决方案来建立高效的、功能齐全、可升级的网络市场。Ariba的解决方案利用了Ariba的网络平台，为采购者、供应商、增值服务供应商和网络市场缔造者提供降低成本、增加收入的机会以及竞争优势。③

下面一段引文摘自Commerce One：

> Commerce One提供给客户企业目前可获得的最全面、完整的交互式的电子采购解决方案。通过Commerce One的解决方案，包含Commerce One的BuySite电子采购应用和Marketsite全球贸易门户的访问权，从采购申请到支付的整个采购周期实现完全的自动化。信息通过行业领先的XML技术（可扩充的标志语言）瞬时从用户的桌面直接发送到供应商的后台办公室。④

---

① 同上。

② Dow N. Bauknight, “The Supply Chain’s Future in the E-Economy,” *Supply Chain Management Review* 4, no.1 (2000), p.34.

③ Ariba, Inc.（http://www.ariba.com）.

④ Commerce One, Inc.（http://www.commerceone.com）

供应商关系管理

供应商伙伴关系已经成为有关公司之间关系方面的最热门的话题。商业的压力，例如缩短的产品生命周期和全球竞争，使业务变得越来越复杂，费用也越来越昂贵，对于单个公司来说，已经无法单独经营下去。尽管人们对合作伙伴关系很感兴趣，但对于构成合作伙伴关系的要素和合作伙伴关系的适用情况仍然存在大量的疑惑。本节将给出一个模型，可以用来鉴别合作伙伴关系是否适用，如果适用，如何实施这种伙伴关系。

当前对于伙伴关系有无数种定义，我们喜欢采用下面这种：

伙伴关系的定义

伙伴关系是基于相互信任、开放、共担风险、共享收益的一种特定的企业关系，这种关系导致比两家公司在不存在合作伙伴关系条件下一起合作所取得的企业绩效要高。①

伙伴关系的类型②

组织之间的关系可以在从保持距离的关系（包括一次性交易或多次交易）到两个机构的纵向一体化范围之间变动，如图 12.5 所示。组织之间大多数关系都属于那些保持距离的关系，在这种关系下，两个组织互相交易，常常持续很长一段时间，包含多种交易，但不会有共同承诺或联合运作的意识。在保持距离的关系中，卖方通常为各种顾客提供标准的产品或服务，客户接受标准的条款和条件。当交易结束时，关系也就随之结束。虽然保持距离的关系在很多情况下是适用的，但也有时候一种更紧密的、更集成的关系——被称为合作伙伴关系，能为双方公司提供重大的利益。

伙伴关系和合资企业不同，合资关系涉及双方的共同所有权。伙伴关系和纵向一体化也有区别。一个管理得好的合作伙伴关系可以提供与合资企业或纵向一体化类似的收益。例如，百事可乐选择收购饭馆，例如 Taco Bell、比萨饼、肯德基炸鸡，这样能保证它的产品在这些地方的销售。可口可乐则通过和麦当劳建立合作伙伴关系取得了相似的结果，而可口可乐并没有付出纵向一体化的代价。

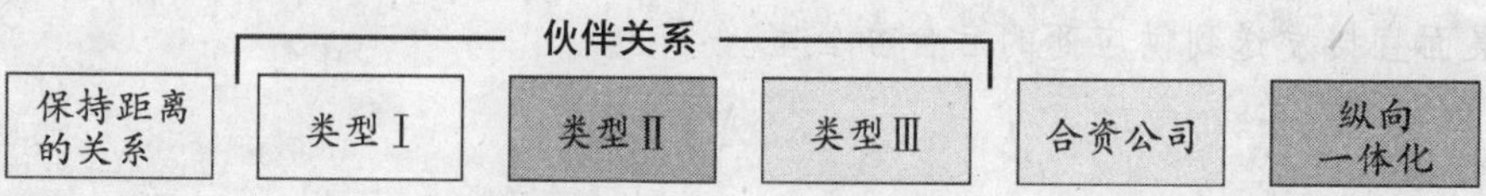

资料来源：Douglas M. Lambert, Margaret A. Emmelhainz, and John T. Gardner, "Developing and Implementing Supply Chain Partnerships," The International Journal of Logistics Management 7, no.2(1996), p.2.

图 12.5　伙伴关系的类型

---

① The Global Supply Chain Forum, Fisher College of Business, The Ohio State University, 2000. All rights reserved.

② 本节和下一节摘自 Douglas M. Lambert, Margaret A. Emmelhainz, and John T. Gardner. "Developing and Implementing Supply Chain Partnerships," *The International Journal of Logistics Management* 7, no.2 (1996), pp1-17.

存在三种类型的合作伙伴关系

虽然大多数的伙伴关系具有共同的要素和特征，但不存在一种适用于所有情况的理想的或基准的关系。因为每种关系都有其自身的激发因素及其独特的运行环境，伙伴关系的持久程度、范围、强度和紧密性会随情况和时间而变。研究表明，存在三种类型的合作伙伴关系：

类型Ⅰ：处于这种关系中的组织互相将对方看做是合作伙伴，在有限的基础上协调活动和计划。这种合作伙伴关系通常有一个短期的目标，只涉及双方组织中的一个部门或一个职能领域。

类型Ⅱ：参与的组织超越了活动的协调，达到了活动的集成。虽然并不期望伙伴关系会永久持续下去，但这种合作伙伴关系是长期的。公司内有多个部门和职能参与伙伴关系。

类型Ⅲ：组织共享高水平的集成。每一方把另一方看做是自己公司的一个扩展。通常，这种合作伙伴关系不存在到期日。

大多数关系是保持距离的关系

通常的说，一个公司会具有整个关系范围内的多种关系，大多数关系并不是合作伙伴关系，而是保持距离的关系。在属于合作伙伴关系的关系中，占的比例最大的是第一种关系，第三种关系只占有限的一部分。第三种合作伙伴关系应该用于那些对组织长期的成功具有关键作用的供应商或客户。前面描述的可口可乐和麦当劳之间的关系被认为是第三种合作伙伴关系。

伙伴关系模型

驱动因素为建立伙伴关系提供动力

图 12.6 所示的合作伙伴模型有三个导致结果的主要要素：驱动因素、促进因素、和组成要素。驱动要素是建立合作伙伴关系的强制性的原因。促进因素是促进合作伙伴关系的成长和发展的支持性的公司环境因素。组成要素是用于建立和维持合作伙伴关系的共同的活动和过程。结果反映合作伙伴关系的绩效。

四种类型的驱动因素

驱动因素。双方都必须相信他们将在某个或多个方面获得重大的好处，而且相信离开了合作伙伴关系就这无法获得这些好处。驱动建立合作伙伴关系愿望的主要潜在利益包括：（1）资产/成本效率；（2）客户服务的改进；(3) 营销优势；（4）利润的稳定性/增长（见表 12.5 的例子）。虽然强大的驱动因素的存在对于合作伙伴关系的成功很必要，但是驱动因素本身并不能确保成功。驱动因素带来的利益必须可以维持一段较长时间。如果，例如，从关系中获得的营销优势和成本效率可以很容易被竞争者所模仿，那么长期合作伙伴关系成功的概率就会降低。

在评估一种关系的时候，管理者如何知道是否有足够的驱动因素推动合作伙伴关系？首先，驱动因素必须存在于每一方。两方的驱动因素完全一样是不太可能的，但是这些驱动因素必须对双方都是强大的。其次，驱动因素必须足够强大，为每一方提供通

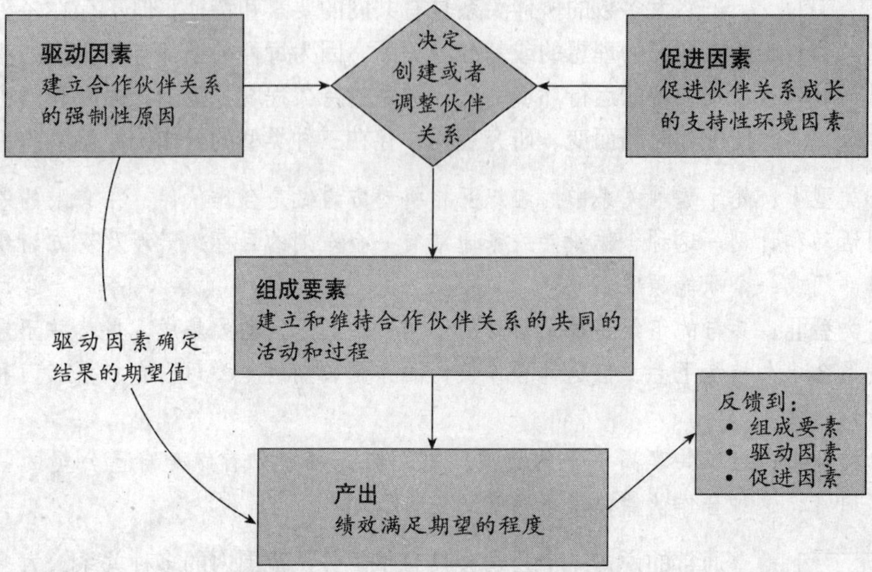

资料来源：Douglas M. Lambert, Magaret A. Emmelhainz, and John T. Gardner, "Developing and Implementing Supply Chain Partnerships," The International Journal of Logistics Management 7, no. 2(1996), p.4.

图 12.6 伙伴关系的形成过程

过加强关系可以实现的重大的期望利益。每一方应该独立地评估其具体的驱动因素的力量。

促进因素衡量环境的支持作用

促进因素。驱动因素为形成合作伙伴关系提供了动机。但即使存在对建立合作伙伴关系的强烈愿望，如果公司环境并不支持紧密关系的话，成功的概率就会减小。就与一对有很强欲望结婚的情侣的关系可能会因家属不同意、不同的交流方式、相异的价值观而停止一样，公司之间的关系也会被敌意的环境所牵制。相对而言，一个能促进双方集成的支持环境将会促进合作伙伴关系的成功。

四种类型的促进因素

促进因素是公司环境的组成要素，这些因素能促使合作伙伴关系的成长和加强。它们是良好关系的基础。在短期内，促进因素是无法发展的；它们要么存在要么不存在。它们存在的程度常常决定了合作伙伴关系是成功还是失败。促进因素包括：(1) 公司的和谐性；(2) 相似的管理哲理和技巧；(3) 相互关系；(4) 对称性（详见表 12.5）。

促进因素应用于两个潜在合作伙伴的组合的环境中。因此，与由各个公司经理评估的驱动因素不同，促进因素必须共同评估。有关公司价值、公司理念和目标的讨论常常导致关系的改善，即使没有采取更深一步的建立合作伙伴关系的步骤。促进因素越积极，合作伙伴关系成功的机会就越大。

表12.5 伙伴关系的驱动因素、促进因素和组成要素

伙伴关系的驱动因素

- 资产/成本效率：这种关系会大量减少渠道成本或提高资产利用率(例如，产品成本，分销成本的节省，搬运成本的节省，包装成本的节省，信息处理成本的节省，管理效率以及专用于关系的资产)的可能性是多少？
- 客户服务：这种关系显著增加由客户衡量的客户服务水平(例如，改进的及时交付，更好地采取行动，无文字订单处理，准确的订单交付，改进周期时间，提高满足率，客户调查结果和处理过程改进)的可能性是多少？
- 营销优势：这种关系将导致很大的营销优势的概率是多少？例如，新市场进入，促销(联合做广告，销售推广)，价格(价格优势)，产品(联合开发的产品创新，品牌优势)，地点(扩大的地理范围，市场渗透)，获得技术的能力，创新潜力。
- 利润稳定性/增长：这种关系带来利润的增长或利润更少波动的可能性是多少？例如，成长，周期平稳，季节平稳，市场份额的稳定性，销售量以及对供应的保证。

伙伴关系的促进因素

- 公司的和谐性：两个组织在以下两方面相互平稳协调的可能性是多少？(1)文化，例如，双方公司都很看重遵守诺言，坚定不移的目的，把员工看做是长期财产，以及将外部有关人员看得很重要；(2)经营，例如，战略计划和目标的一致性，对伙伴关系的承诺以及愿意进行变革。
- 管理理念和技巧：两个公司的管理理念和技巧相匹配的概率是多少？例如，组织结构，全面质量管理的使用，高级管理层的支持程度，使用激励的方式，团队工作的重要性，对于“人事变动”的态度，以及对雇员授权的程度。
- 相互关系：双方具有建立相互关系所需的技能和倾向的可能性是多少？管理层是否善于为双方考虑和采取行动，站在其他公司的角度考虑问题，表达他们的目标和分享期望，以及采取更长远的观点，或者说管理层是否愿意共享财务信息和整合系统？
- 对称性：在下列影响关系是否成功的重要因素中，双方相似的概率有多大？销售的相对规模，在各自行业中相对的市场份额，财务实力，生产率，品牌形象/知名度，以及技术的复杂度。

伙伴关系的组成要素

- 计划(方式、水平和内容)
- 联合运作控制(衡量方法和变革的能力)
- 沟通方式(非常规的和日常的：组织、平稳的流、电子沟通)
- 风险/收益的共享(对损失的容限、承担责任、致力于公平)
- 信任和致力于对方的成功
- 合约的形式(时间框架和覆盖范围)
- 范围(分享合作伙伴的业务、价值增值和关键活动)
- 投资(财务、技术和人力资本投资)

伙伴关系的产出

- 整个绩效产出(增加利润、随时间的利润的平稳水平)
- 过程的产出(提高服务、减少成本)
- 竞争优势(市场定位、市场份额、获取知识的程度)

资料来源：摘自 Douglas M. Lambert，Margaret A. Emmelhainz，and John T. Gardner，“Developing and Implementing Supply Chain Partnerships，” *The International Journal of Logistics Management* 7，no.2（1996），pp.5-13.

驱动因素和促进因素决定伙伴关系的类型

如果双方都很实际地期望从合作伙伴关系中获益，并且如果公司环境起着支持的作用，那么合作伙伴关系就有所保证。任何一种类型的合作伙伴关系的适用性是驱动因素和促进因素的联合力量的作用。强大的驱动因素和强大的促进因素的结合可能产生第三种关系，而弱小的驱动因素和弱小的促进因素只能产生保持距离的关系。尽管从所有对有关集成关系和联盟的重要性的报导来看，经理们应该试图把所有的公司关系转变为第三种合作伙伴关系，而实际上并不是这种情况。在形成伙伴关系的过程中，更多并不意味着更好。建立合作伙伴关系的目标不应该是建立第三种类型的伙伴关系，而应该是在给定的驱动因素和促进因素的条件下，确立最适合的伙伴关系类型。实际上，在弱小的驱动因素和/或促进因素的情况下，试图建立第三种类型的伙伴关系很可能会出现负面的效果。因为缺少必要的基础。首先确定某种具体类型的合作伙伴关系是合理的和应该执行，然后下一步就是要实实在在地将合作伙伴关系付诸实施。这是通过组成要素来完成的。

对驱动因素和促进因素的评估是用来决定合作伙伴关系的潜力的，而组成要素则是描述已经施行的关系的类型。

管理控制组成要素

组成要素。组成要素是指在整个合作伙伴关系的存在过程中，管理层建立和控制的活动和过程。组成要素使关系变得可操作，有助于经理们创造建立伙伴关系的利益。每一种合作伙伴关系都有同样的基本组成要素，但是组成要素的实施和管理的方式是变化的。组成要素包括：计划、联合运作控制、沟通、风险和收益的共享、信任和责任、合同形式、范围和财务投资（详见表12.5）。

产出衡量结果

产出和反馈。无论实施的是何种类型的合作伙伴关系，必须对关系的有效性进行评价和尽可能调整。有效的衡量和反馈的关键在于合作伙伴关系的驱动因素在一开始是如何发展的。在一开始，与每个驱动因素相关的衡量标准必须得到明确。这些明确的指标然后就成为合作伙伴关系产出的评价标准。反馈可以指模型中的任何一步，能够定期更新驱动因素、促进因素和组成要素的状态。①

小结

在本章中，我们了解了对采购过程进行更好的管理如何能够导致赢利水平的提高。我们描述了采购职能必须执行的活动，研究了准时采购的含义。因为采购的原料成本体现了企业经营中的一项重大的成本，我们对采购成本的管理和采购绩效的衡量和评估给予了足够的重视。最后，我们提出了一个模型，这个模型可以用来决定合作伙伴关系是

① 如需了解有关如何开发和实施成功的伙伴关系的更多的信息，请参阅 John T. Gardner, Douglas M. Lambert, and Margaret A. Emmelhainz, *Partnership Facilitator's Guide: Developing and Implementing Successful Partnerships in the Supply Chain*, The Ohio State University/University of North Florida, 1999 <http://www.logisticssupplychain.org>.

不是适用，如果适用，如何使这种关系为两个组织提供最大化的利润。

在第13章中，我们将研究如何将你学到的理念应用于全球市场。

推荐阅读材料

Anderson, Matthew G., and Paul B. Katz. "Strategic Sourcing." *The International Journal of Logistics Management* 9, no.1 (1998), pp.1-13.

Chandrashekar, Ashok, and Thomas C. Dougless. "Commodity Indexed Surplus Asset Disposal in the Reverse Logistics Process." *The International Journal of Logistics Management* 7, no.2 (1996), pp.59-68.

Corini, John. "Integrating e-Procurement and Strategic Sourcing." *Supply Chain Management Review* 4, no.1 (2000), pp.70-75

Dixon, Lance, and Anne Millen Porter. *JIT II: Revolution in Buying and Selling*. Newton, MA: Cahners, 1994.

Dobler, Donald W., and David N. Burt. *Purchasing and supply management*, 6th ed. New York: McGraw-Hill, 1996.

Ellinger, Alexander E.; John C. Taylor; and Patricia J. Daugherty. "Automotive Replenishment Programs and Level of Involvement: Performance Implications." *The International Journal of Logistics Management* 10, no.1 (1999), pp.25-36.

Festervand, Troy A., and David B. Meinert. "Purchasing Intelligence Systems in Small Manufacturing Firms: Present Status and Future and Future Direction." *The International Journal of Logistics Management* 3, no.1 (1992), pp.37-45

Fontanella, John. "The Web-Based Supply Chain." *Supply Chain Management Review* 3, no.4 (2000), pp.17-20.

Harrington, Thomas C.; Douglas M. Lambert; and Martin Christopher. "A Methodology for Measuring Vendor Performance." *Journal of Business Logistics* 12, no.1 (1991), pp.83-104.

Hines, Peter. "Network Sourcing in Japan." *The International Journal of Logistics Management* 7, no.1 (1996), pp.67-72.

——. "Internationalization and Localization of the Kyoryoku Kai: The Spread of Best Practice Supplier Development." *The International Journal of Logistics Management* 5, no.1 (1994), pp.67-72.

Kaplan, Steven, and Mohanbir Sawhney. "E-Hubs: The New B2B Marketplaces." *Harvard Business Review* 78, no.3 (May-June 2000), pp.97-103.

Leenders, Michiel R., and Harold E. Fearon. *Purchasing and Materials Management*. 11th ed. Burr Ridge, IL: Irwin/McGraw-Hill, 1997.

Leenders, Michiel R., and Anna E. Flynn. *Value Driven Purchasing*. Burr Ridge, IL: Irwin, 1995.

Newbourne, Paul T. "The Role of Partnerships in Strategic Account Management." *The International Journal of Logistics Management* 8, no.1 (1997), pp.67-74.

Raedels, Alan R. *Value Focused Supply Management*. Burr Ridge, IL: Irwin, 1995.

Tersine, Richard J., and Albert B. Schwarzkopf. "Optimal Transition Ordering Strategies with Announced Price Increases." *The International Journal of Logistics Management* 2, no.1 (1991), pp.26-34.

Thompson, Kenneth N. "Vendor Profile Analysis." *Journal of Purchasing and Materials Management* 26, no.1 (Winter 1990), pp.11-18.

Turban, Efraim; Jae Lee; David King; and H. Michael Chung. *Electronic Commerce: A Managerial Perspective*. Upper Saddle River, NJ: Prentice Hall, 2000.

问题与习题

1. 解释为什么在很多公司里采购是一个具有重要作用的领域。
2. 解释在采购过程中，为什么供应商的选择和评估常常被认为是最重要的活动。
3. 物料的国际采购比国内采购要难得多。在国际采购中影响物流经理的最重要的问题是什么？
4. 解释预购的概念以及它与总成本权衡分析的关系。
5. 用类似于表 12.3 中所表示的形式，在给定下列信息的条件下，决定最佳的预购（以月计）：
   - 每月使用 4000 美元
   - 预期价格将上涨 10%
   - 库存持有成本为 40%
   - 订货成本是每份订单 25 美元
   - 卖方支付运费
6. 准时制采购的主要优势是什么？在实施 JIT 系统时可能会遇到什么困难？
7. 对成本进行衡量为什么是一项重要的采购管理行为？
8. 你认为在 12 个采购绩效指标中，哪些对管理层的用途最大？为什么？
9. 解释电子商务如何可能改革大多数主要公司的采购方式？
10. 如果两个公司在考虑建立一种合作伙伴关系，为什么每一方必须拥有强大的驱动因素？
11. 本章认为大多数公司的关系是一种保持距离的关系。你怎样看待这种情况？

CHAPTER 13

全球物流

本章大纲

本章目标

- 介绍主要的国际供应链渠道战略——出口、许可证经营、合资经营、独资经营、进口和对等贸易
- 识别一些影响全球物流的不可控因素
- 识别一些出口业务涉及的环节和主要的组织
- 定义并讨论一些与全球物流活动有关的基本术语

引 言

许多公司在他们所属国以外的原料市场或产品市场都有大量并且不断增长的业务。现在的商业环境已经使得国内和国际物流的界限变得模糊。成功的企业已经意识到要生存和发展，必须突破原有的战略、政策和规划，用全球化的眼光看待业务、客户和竞争。

现在越来越多的企业由物流管理人员负责定义全球市场。表 13.1 和表 13.2 分别列出了世界上最大的制造型企业和服务型企业。这些公司可能是欧洲、亚洲或北美洲处于领先地位的企业，但是它们的市场是国际化的。例如在 1999 年，宝洁公司 380 亿美元的年收入中，大约有一半是从国际运作中获得的。宝洁大约 300 种品牌的产品在 140 多个国家销售。与之类似，惠普在 1999 年 430 亿美元的收入中，大约 55%来自于北美以外 120 多个国家。[①]

新的市场正在开放，而现存的市场正在向全球扩展。工业化国家的经济已经成熟，也就是说他们的经济增长已经放慢。因此这些国家正在世界上的其他国家和地区寻求更多的市场机会。全球金融网络的发展促进了这种跨国扩张。[②] 此外，制造型企业增加了从其他国家采购原料和部件的数量（特别是全球采购）。

许多公司的全球物流运作正在发生重大变化。美国 1999 年对远洋船公司进一步放松管制为国际货主提供了重构现有供应链的新机会。其结果是订货周期时间的缩短和运输成本的下降。而且随着美国不断向以技术和服务为基础的经济转变（特别是本国生产较少的产品而更多地从国外采购的经济形态），很明显，许多公司的全球物流将变得更加重要。

全球市场会比国内市场发展更快

在某种程度上，国际市场会比国内市场带来更大的销售量。为了支持非国内市场，一个企业必须要拥有能够满足每一个市场特殊需求的供应链网络和物流系统。例如，在非洲、南美或亚洲的发展中国家里，供应链中经常拥有大量的中间供应环节（中间商）和数量更多的小型零售商。在这种经济形态下，运输和仓储设施一般来说供应不足，非熟练工队伍庞大，并且没有物流支持系统。

在高度发达的国家里，例如日本、加拿大、美国和大部分的西欧国家，供应链和物流系统非常完备。进入这些国家的公司将面临一个拥有良好运输系统、高技术的仓储设施、训练有素的工人和各种各样物流支持系统的经济环境。

---

① 见 Procter & Gamble's 1999 annual report（http：//www.pg.com/investor）and Hewlett-Packard's 1999 annual report（http：//www.hp.com/abouthp/company-facts/index.html）.

② David C.Shanks，"Strategic Planning for Global Competition，" *The Journal of Business Strategy* 5，no.3（Winter 1985），pp.80-89.

表 13.1　世界最大的企业——制造业（1998 年）

制造业排名	总排名	公　　司	总　部	行　　业	销售额（百万美元）
1	1	通用汽车	美国	汽车制造及零部件	178,174
2	2	福特汽车公司	美国	汽车制造及零部件	153,625
3	5	皇家壳牌集团	荷兰/英国	石油精炼	128,922
4	7	埃克森(Exxon)	美国	石油精炼	122,379
5	11	丰田汽车公司	日本	汽车制造及零部件	95,137
6	12	通用电气	美国	电气	90,840
7	14	IBM	美国	计算机,办公设备	78,508
8	17	戴姆勒—奔驰	德国	汽车制造及零部件	71,561
9	18	大宇集团	韩国	汽车制造及零部件	71,525
10	20	英国石油	英国	石油精炼	71,193
11	21	日立	日本	电气	68,567
12	22	大众	德国	汽车制造及零部件	65,328
13	23	松下电气工业公司	日本	电气	64,281
14	24	西门子	德国	电气	63,755
15	25	克莱斯勒公司	美国	汽车制造及零部件	61,147
16	26	美孚公司	美国	石油精炼	59,978
17	29	菲利浦莫利斯公司	美国	烟草	56,114
18	30	索尼公司	日本	电气	55,033
19	31	尼桑汽车公司	日本	汽车制造及零部件	53,261
20	33	菲亚特集团	意大利	汽车制造及零部件	52,569
21	34	本田汽车公司	日本	汽车制造及零部件	48,876
22	35	联合利华	英国	食品	48,761
23	36	雀巢	瑞士	食品	48,254
24	39	波音公司	美国	航空	45,800
25	40	德士古公司	美国	石油精炼	45,185
26	41	东芝公司	日本	电气	44,467
27	44	艾尔夫能源公司	法国	石油精炼	43,572
28	46	丰田电力公司	日本	公共事业	42,997
29	47	惠普	美国	计算机,办公设备	42,895
30	49	杜邦	美国	化学	41,304
31	52	富士通	日本	计算机,办公设备	40,613
32	53	莱茵集团	德国	公共事业	40,233
33	54	NEC	日本	电气	39,927
34	55	皇家飞利浦电气	荷兰/英国	电气	39,188
35	61	ENI 集团	意大利	石油精炼	36,962
36	62	法国电气	法国	公共事业	36,673
37	63	雪铁龙公司	美国	汽车制造及零部件	36,376
38	64	宝洁	美国	消费品	35,764
39	65	雷诺汽车	法国	汽车制造及零部件	35,624
40	66	委内瑞拉国家石油公司	委内瑞拉	石油精炼	34,801
41	69	宝马汽车公司	德国	汽车制造及零部件	34,692

（续）

制造业排名	总排名	公司	总部	行业	销售额（百万美元）
42	71	SK	韩国	石油精炼	33,816
43	72	美国石油公司	美国	石油精炼	32,836
44	74	TOTAL 集团	法国	石油精炼	32,741
45	75	苏伊士里昂水务	法国	能源	32,627
46	77	巴斯夫公司	德国	化学	32,178
47	78	标致公司	法国	汽车制造及零部件	32,004
48	80	拜耳集团	德国	化学	31,731
49	83	ABB	瑞士	工业和农业设备	31,265
50	85	三菱电气	日本	电气	30,967

资料来源：公司年报和网上信息：http：//www.pathfinder.com/fortune.

表 13.2 世界最大的公司——服务业（1998 年）

服务业排名	总排名	公司	总部	行业	销售额（百万美元）
1	3	三井物产	日本	贸易	142,688
2	4	三菱商事株式会社	日本	贸易	128,922
3	6	伊藤商事忠株式会社	日本	贸易	126,632
4	8	沃尔玛百货公司	美国	百货	119,299
5	9	丸红株式会社	日本	贸易	111,212
6	10	住友公司	日本	贸易	102,395
7	13	日商岩井	日本	贸易	81,894
8	15	日本电话电报公司	日本	通讯	76,984
9	16	AXA	法国	寿险	76,874
10	19	日本人寿保险公司	日本	寿险	71,388
11	27	美国邮政总局	美国	邮政服务/递送	58,216
12	28	安联保险	德国	保险	56,785
13	32	美国电话电报公司	美国	通讯	53,261
14	37	瑞士信贷集团	瑞士	银行	48,242
15	38	第一互助人寿保险公司	日本	寿险	47,442
16	42	国家农场保险公司	美国	财产保险	43,957
17	43	费巴集团公司	德国	贸易	43,881
18	45	日本东棉株式会社	日本	贸易	43,400
19	48	住友人寿保险公司	日本	寿险	42,279
20	50	西尔斯锐步公司	美国	百货	41,296
21	51	德国银行	德国	银行	40,792
22	56	德国电信	德国	通讯	38,969
23	57	ING 集团公司	荷兰	寿险	38,674

（续）

服务业排名	总排名	公　　司	总　部	行　　业	销售额（百万美元）
24	58	旅行者集团公司	美国	各种金融服务	37,609
25	59	汇丰控股	英国	银行	37,474
26	60	普天寿保险公司	美国	寿险	37,073
27	67	东京银行—三菱公司	日本	银行	34,750
28	68	花旗银行	美国	银行	34,679
29	70	农业信贷银行	法国	银行	34,015
30	73	麦德龙 AG	德国	百货和药品	32,790
31	76	凯玛特公司	美国	百货	32,183
32	79	阿尔卡特公司	法国	通讯	31,847
33	81	美林公司	美国	证券	31,731
34	82	日绵公司	日本	贸易	31,362
35	84	明治人寿保险公司	日本	寿险	31,047
36	86	意大利忠利保险	意大利	财产保险	30,816
37	87	J·C·派尼公司	美国	百货	30,546
38	88	Amedal 国际公司	美国	财产保险	30,520
39	90	大通曼哈顿公司	美国	银行	30,381
40	91	贝尔大西洋公司	美国	通讯	30,194
41	94	教师保险和养老金协会(TIAA)	美国	寿险	29,348
42	96	家乐福	法国	百货和药品	29,003
43	97	ABN－AMRO 控股	荷兰	银行	28,946
44	98	法国 Gan 银行	法国	银行	28,937
45	99	法国兴业银行	法国	银行	28,725
46	101	VIAG 联合工业企业股份公司	德国	贸易	28,581
47	104	普天寿公司	英国	寿险	27,906
48	105	韩国现代集团	韩国	贸易	27,838
49	106	联邦抵押协会(FNMA)	美国	各种金融服务	27,777
50	107	代顿哈得逊公司	美国	百货	27,757

资料来源：公司年报和网上信息：(http: //www.pathfinder.com/fortune)

在本章中，我们将讨论国内和国际物流的相似之处和不同点（见表 13.3）。我们将学习如何评价全球物流环境。这些知识将成为我们第 14 章所要主要讨论的全球物流运作管理的基础。

表 13.3 国内和国际物流的比较

	国 内	国 际
成本	大约占现在美国 GNP 的 10%	估计大约占当今世界 GNP 总量的 16%
运输方式	主要是公路和铁路	主要的是空运和海运,以及大量的联运
库存	水平比较低,反映在快速、较短的提前期要求和强大的运输能力	水平比较高,反映在较长的提前期、较大的需求和运输不确定性
代理商	使用程度一般,多数在铁路运输	对货代、集运代理商和报关行的依赖程度很大
财务风险	最小	很高,归因于货币的不同、通货膨胀水平,不履约的追索权很小
货物风险	最小	很高,归因于时间较长、难度较大的运输、频繁的货物搬运和基础设施开发的不同水平
政府代理机构	主要用于危险品运输和有重量、安全法规、一些关税要求的货物运输	涉及许多代理机构(例如海关、商业部门、农业部门、运输部门)
管理	所需的单据最少(例如采购订单、提单、发票)	大量的纸面工作;美国商业部估计每票货物的平均纸面工作成本为 250 美元
交流	语音和书面信息传递很多,电子数据交换的使用正在增长	语音和书面信息传递的成本高,效率低下;正在向电子交换发展,但是标准的不同阻碍了大范围的使用
文化差异	相对同种的文化对产品要求很少的改动	文化的差异要求很强的对市场和产品的适应能力

资料来源: Adapted from William W. Goldsborough and David L. Anderson, "The International Logistics Environment," in *The Logisitics Handbook*, ed. James F. Robeson and William C. Copacino (New York: Free Press, 1994), p.677.

国际供应链战略

许多因素都会影响一个公司进入国际市场的决策,包括:

影响公司进入全球市场的因素

- 市场潜力
- 地理条件的复杂程度
- 由于经验曲线效应和规模经济引起的生产能力过剩和低成本地位的优势
- 产品在国内市场已经到了产品生命周期的末端,但是在国际市场上将获得发展
- 新产品和新想法
- 国内市场上国外企业的竞争①

企业进入国际市场还有一个原因是原料、零部件或生产线的采购。例如一些原料,如石油、铝矿石、铀矿和特殊食品的可获得性都有地域的限制。企业会在海外建立设施

① 见 Vern Terpstra and Ravi Sarathy, *International Marketing*, 7th ed. (Fort Worth, TX: Dryden Press, 1997), p.24.

或者进口以满足国内需求，由此涉及国际运作。

开始进入国际市场的公司有许多战略可供选择：

国际市场进入战略

- 出口
- 许可证经营
- 合资
- 独资
- 进口
- 对等贸易和关税退税

选择以上一种或几种进入战略需要考虑一些因素的影响，包括公司参与国际市场的承诺、风险的类型和等级、对国际运作希望达到的控制程度和利润潜力。①

国际物流交易的主要参与方

在每一种战略中还可以有一些选择。图 13.1 显示了国际物流交易（包括产品流和信息流）中一些主要的参与方。本章将会对这些参与者中的一部分进行讨论，其他的将在第 14 章中讨论。一些组织与物流有着特殊的联系（如内陆运输商和国际运输商），而其他对物流过程的一些因素产生影响（如国外银行、国外政府机构）。

国际供应链中各种物流活动的成功完成将在多方面促进全球市场的发展。例如快速可靠交付的门到门货运服务使得订单提前期能够得到准确预测。物流还使得公司能够通过整合、进入过去无法到达的新市场，向国际市场提供良好的售后服务及调换服务。一旦抓住了机会，无论竞争有多么激烈，由于物流服务带来的高水平的客户服务，海外市场将会牢牢抓在手中并获得拓展。

出口

最常见的进入国际业务的方式是出口。出口需要的知识、承担的义务最少，风险也最小，因为国内公司可以让国际货运代理商、分销商、贸易公司或其他公司承担物流和销售的工作。

出口的优势

出口与其他战略相比有许多优势，比如更大的灵活性和较低的风险。举个例子，由于公司在国内制造产品，让出口中间商负责产品的国外分销，公司不需要在国外市场上投资建立生产和物流设施。

由于没有海外投资，政治风险将是一个次要因素：公司不需要担心东道国将其收归国有。同时如果国外市场不能满足公司的利润和/或销售扩张需求，撤出也相对容易。对于一个希望在外国市场上拓展生产和营销运作的企业来说，出口也不失为一个获得经验和考察市场的极好的方法。

---

① 有关市场进入战略和相关主题的讨论，见 Raphael L. Brown，*A Study of the Relationship Between a Firm's Market Entry Strategy and Environmental Analysis in Foreign-Based Multinational Firms Operating in the United States*，unpublished D.B.A. dissertation，Nova Southeastern University，Ft. Lauderdale，FL（1998）.

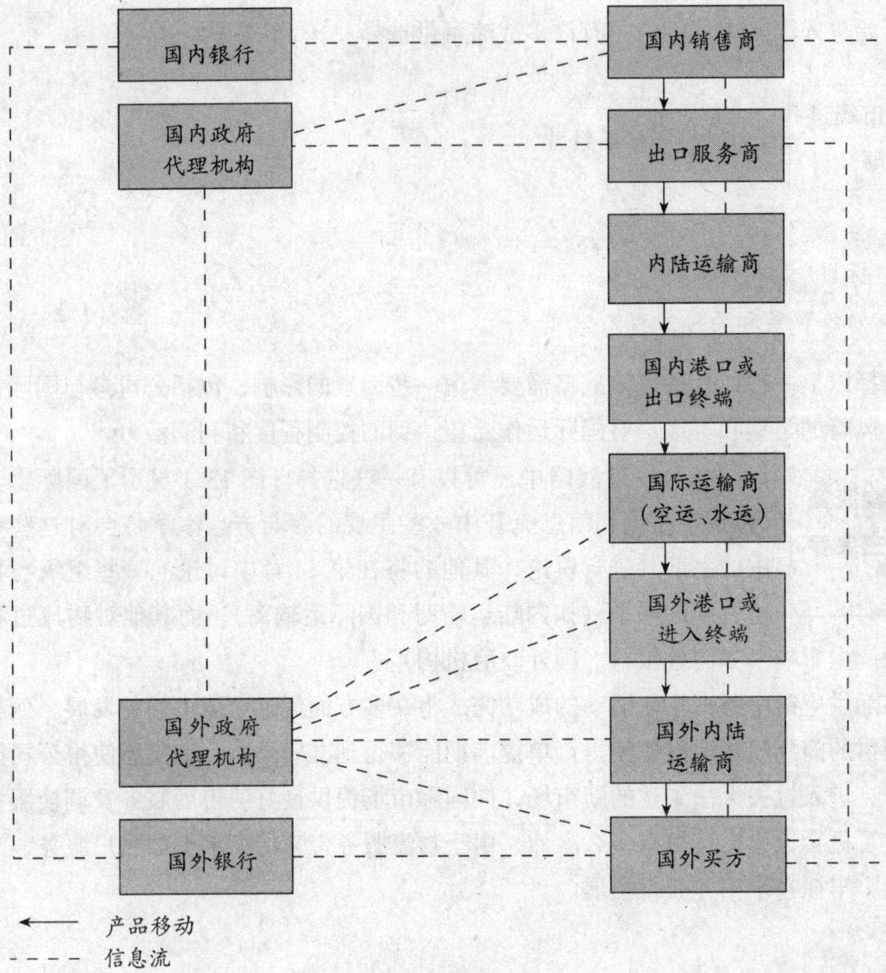

图 13.1 国际物流交易的主要参与方

出口的缺点

出口也不是没有缺点。有时出口使得公司无法与海外市场中的其他公司竞争。例如关税(对进入一个市场的产品征收的税)、进口配额(对进入一个市场产品的数量限制)或不利的汇率可能对出口过程产生负面影响。此外,国内的公司对出口产品的定价、促销或分销几乎没有控制。国际市场上的成功很大程度上依赖于出口中间商的能力。

管理人员必须认识到出口不像它一开始出现时那样简单:无论有没有中间商,公司都要负责计划编制、包装设计、销售谈判、财务监督、融资、保险和各种单据的处理。物流从计划编制开始就要不断地考虑。有出口业务的公司通常需要与大量提供各种出口服务的中间商打交道。

许可证经营

许可证经营的定义

许可证经营涉及一个协议，在这个协议中一个国家的一个公司（被许可公司）被授权“使用另一个国家的许可公司提供的生产技术、流程、商标、专有技术、辅助技术、销售策划知识或其他技术”。[①] 许可证经营让国内企业对产品的分销有了更好的控制，因为分销战略通常是与国外合作伙伴先期商讨的内容之一。这种特殊的物流任务由使用已经在国外建立起分销系统的被许可公司承担。

许可证经营的优点

与出口类似的是，许可证经营不需要大量的资金投入，因此减少了风险，增加了灵活性。许可证经营通常是中小企业采取的战略。如果外国市场有很高的关税壁垒或严格的进口配额，这种方式会非常成功。

许可证经营的缺点

尽管许可证经营为国内企业带来了良好的灵活性，这并不意味着许可协议能够很快终止。尽管与被许可公司签订的协议中包含终止或取消条款，在做出终止决策和实际终止日期之间有一段时滞，通常比出口状态下的时间要长得多。

许可证经营的另一个潜在的严重缺陷是被许可公司可能成为竞争对手。当被许可公司开发了自己的专有技术和专业知识，他们可能会终止许可协议，开始与许可公司竞争。

合资经营

如果一个公司希望对国际运作施加比许可证经营更强的控制，又不想在外国市场上建立独立的制造厂或其他设施，它可以采取合资经营。

合资经营比出口或许可证经营的风险高、灵活性低，因为它与国外合作伙伴建立了权益地位。[②] 然而，由于在国外企业中占有股份，国内企业能够对供应链和物流战略施加大量的管理。这种管理发言权的增强的确给国内企业带来了更多的负担——也就是说，它要求公司更加了解所服务的国际市场。这种选择也导致了国内公司承担更大的风险，同时也提供了更多回报（即利润）。

如果公司管理者希望对它在国外市场的产品分销施加大量的控制，合资经营可能是惟一的市场进入方式。如果外国政府禁止国外企业建立全资子公司更是这样。这些限制更多地出现在欠发达国家（LDCs）。这些国家经常试图使用国外投资，发展本国的工业和零售业。[③]

---

① David L. Anderson and Dennis Colard, “The International Logistics Environment,” in *The Logistics Handbook*, ed. James F. Robeson and William C. Copacino (New York: Free Press, 1994), pp.658-59.

② 有关与合资经营相关的风险的讨论，见 Eric Farnsworth and Larry Sher, “Protecting Your Interests in a Global Environment,” *World Trade* 12, no.11 (November 1999), pp.86-90.

③ 有关发展中国家的合资经营的讨论，见 Dianne J. Cyr, “Implications for Learning: Human Resources Management in East-West Joint Ventures,” *Organization Studies* 17, no.2 (Spring 1996), pp.207-26; Roger W. Mills and Gordon Chen, “Evaluating International Joint Ventures Using Strategic Value Analysis,” *Long Range Planning* 29, no.4 (1996), pp.552-61; Anthony J. F. O'Reilly, “Establishing Successful Joint Ventures in Developing Nations: A CEO's Perspective,” *Columbia Journal of World Business* 23, no.1 (Spring 1988), pp.65-71; and Gregory E. Osland and S. Tamer Cavusgil, “Performance Issues in U.S.-China Joint Ventures,” *California Management Review* 38, no.2 (Winter 1996), pp.106-30.

独资经营

独资经营获得最高的回报，但风险最大

全资拥有一个国外的子公司为国内企业带来对国际营销和物流战略最高程度的控制。独资经营可以通过收购或扩张实现。沃尔玛成功地在全球市场营销中同时采取了两种战略（见“全球经营”）。由于收购能够使得国外市场的启动成本最小（例如设施的选址和建造、雇佣员工、建立供应链合作伙伴关系），因而很有优势。全资经营比其他的市场进入方式要求更多的国际市场的知识，因而所冒的风险也更大。公司要对产品的营销和分销全面负责。

在国外市场上全资经营使得企业在价格上更有竞争力，因为它消除了从国内工厂到国外市场的运输成本。关税和其他进口税也得到了规避。

独资经营的缺点

独资经营的缺点在于缺乏灵活性，因为公司对国外市场承担长期的义务。固定设施和设备在销售获利润下滑、竞争升级或其他不利条件下无法快速处置。

另一个缺点是存在政府对外资企业收归国有的风险，在政治不稳定的国家尤其如此。同时由于投资是以当地货币而不是本国货币计价，汇率的波动也改变了外国投资的相对价值。

公司使用不止一种进入战略

通常情况下，公司使用不止一种进入战略。市场、产品、经济条件和政治环境随着时间变化，因此最优进入战略也会变化，而且适用于一个国家的市场进入战略也不一定适用于其他国家。

对于考虑出口、许可证经营、合资经营或独资经营的企业来说，需要建立一套评价各种选择的正式流程。每一种市场进入战略可以用一套管理标准进行评价。在建立标准时必须设计所有的业务功能（如财务、制造、销售、物流），并对它们进行评价。只有对每一种市场进入战略进行全面分析后，公司才能对国际运作的方式做出选择。

进口

进口是从国外采购货物。所进口的货物能够立即用于生产过程，或者直接销售给客户，或者运输到另一个进口港，或者存储在保税仓库中（在那里货物将存放到关税付清为止），或者放置在保税区里（那里的货物免交关税，除非因为使用或销售而进入关境）。

报关行

许多公司利用报关行完成货物向美国的进口。这些报关行简化了产品的移动，保证了进口单据的准确和完备。报关行由美国财政部海关服务处（U.S. Customs Service of the Department of Treasury）颁发许可证。正如一本教科书所说的：“许多报关行帮助客户选择运输方式和合适的船舶公司。他们帮助进口方确定最佳运输路线，还估计装卸成本，通过汇票、信用证保险完成货款支付，并在不止一个目的港的情况下完成货物的二次交付。”①

对等贸易和关税退税②

对等贸易的定义

对等贸易指企业从一个国家进口某些产品同时向这个国家销售其他一些产品。③ 对等贸易基本上就是指存在以物易物的任何交易。对等贸易是国家国际收支平衡问题以及该国家产品需求不足导致的。可能进行对等贸易的国家通常缺少外汇或缺乏信用，无法筹集到贸易流动资金。这样的国家将会尽力拓展它的出口或为新产品开发市场。

对等贸易的五种形式

对等贸易的五种基本形式是：实物交易、产品返销、补偿贸易、互换采购、转换贸易。④ 实物交易——最简单的一种对等贸易形式，相同价值的产品发生交易，但是当中没有货币的参与。在产品返销的协议中，负责销售的公司提供设备或者整个工厂，并许诺购回特定部分的产品：许多欠发达国家非常看重产品返销协议，因为这些协议保证了这些国家能够使用西方的技术并获得稳定的市场。如果实物交易协议被描述为所交易的货品的价值占所销售的货品的价值的比例，这就是补偿贸易协议。

互换采购在交易过程中需要更多的现金，在更短的时间里将较少量的货物流向跨国企业，以及与初始的交易无关的产品。转换贸易为了方便交易的进行，至少要涉及一个东道国以外的企业。为了使用硬通货进行采购或分销，对等贸易的产品或跨国公司的产品运往第三国。尽管对等贸易协议可能会非常复杂，但还是在国际市场上为企业提供了低成本采购的机会。在一些情况下，对等贸易可能是企业进入一个市场的惟一选择。

关税退税

企业为制造进口货物或者出口包含进口原材料的产品能够获得退税的优惠。退税，通常也称为关税退税，是退还进口货品关税的一种方式。如图 13.2 所示，关税退税涉及许多步骤，要花费非常多的时间。尽管许多公司仍然手工完成退税的处理工作，一般的公司通常是自动完成的。在美国，每年有超过 30 亿美元的关税退税没有申报，原因是文书工作没有做好。⑤ 尽管如此，如果一个公司能够利用关税退税的优惠，将大大降低成本。

全球市场——不可控因素

以任何形式进入国际市都必须意识可能对公司的物流系统产生影响的因素。一些因

---

① R. Neil Southern, *Transportation and Logistics Basics* (Memphis, TN: Continental Traffic Service, Inc., 1997), p.295.

② 本节摘自 Lisa M. Ellram and Laura Birou, *Purchasing for Bottom Line Impact* (Burr Ridge, IL: Irwin, 1995), p.61.

③ 见 Kwabena Anyane-Ntow and Santhi C. Harvey, “A Countertrade Primer: A Look at a Growing Trend That Demands Management Accountants' Attention,” *Management Accounting* 76, no.10 (April 1995), pp.47-50; and John N. Pearson and Laura B. Forker, “*International Countertrade: Has Purchasing's Role Really Changed?*” *International Journal of Purchasing and Materials* Management 31, no.4 (Fall 1995), pp. 38-44.

④ Kenton W. Elderkin and Warren E. Norquist, *Creative Countertrade* (Cambridge, MA: Ballinger, 1987), p.152.

⑤ Martha L. Celestino, “International Trade Logistics Software Solutions,” World Trade 12, no.5 (May 1999), p.62.

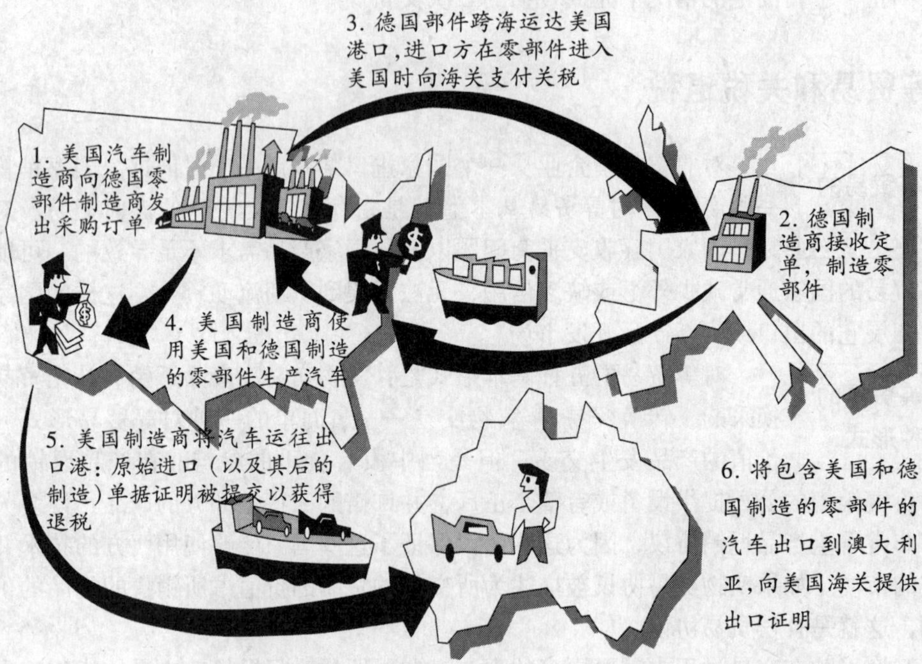

资料来源：Lisa H. Harrington, "How to Take Advantage of Duty Drawback," *Traffic Management* 28, no.6 (June 1989), p.121A.

图 13.2 关税退税的运作机制

素可以为物流运作管理人员控制，另一些则不能。然而，这些不可控因素在任何国际市场营销策略中必须要说明并处理。图 13.3 给出了物流管理人员运作的环境。

任何影响跨国企业物流战略但又不在物流管理人员直接控制之下的因素都可视为不可控因素。企业经营环境中主要的不可控因素是外国市场的政治法律体系、经济条件、竞争程度、技术可获得性、外国市场的地理分布和不同目标市场的社会和文化标准。

不可控环境的特点

不可控环境的特征是不确定性和在很多情况下的不稳定性。① 物流管理人员必须在这样的环境中决策，包括成本/服务水平权衡、制定并实施客户服务计划并衡量物流过程的成本要素。

详细分析全球物流中的每一种不可控因素不是本章讨论的范围。许多国际市场营销和管理方面的教科书都对这些因素进行了详细的论述。② 这些不可控因素会对物流管理人员的行为产生影响，必须在企业的全球供应链网络的规划、实施和控制中进行考虑。下面的这几节简要介绍了全球物流决策中必须考虑的多种因素。

① 许多著作已对不可控环境的各个方面进行了研究，并分析了不可控环境对组织的影响。在这方面的一些使人感兴趣的和广泛学习的观点包括 John Naisbitt and Patricia Aburdence, *Megatrends 2000: Ten New Directions for the 1990s* (New York: Avon Books, 1990); and William J. Bennett, *The Index of Leading Cultural Indicators* (New York: William Morrow, 1994).

② 见 Philippe-Pierre Dornier, Richard Ernst, Michel Fender, and Panos Kouvelis, *Global Operations and Logistics* (New York: John Wiley & Sons, 1998); Vern Terpstra and Lloyd C. Russow, *International Dimensions of Marketing* (Cincinnati, OH: South-Western, 2000); and Terpstra and Sarathy, *International Marketing*, 7th ed.

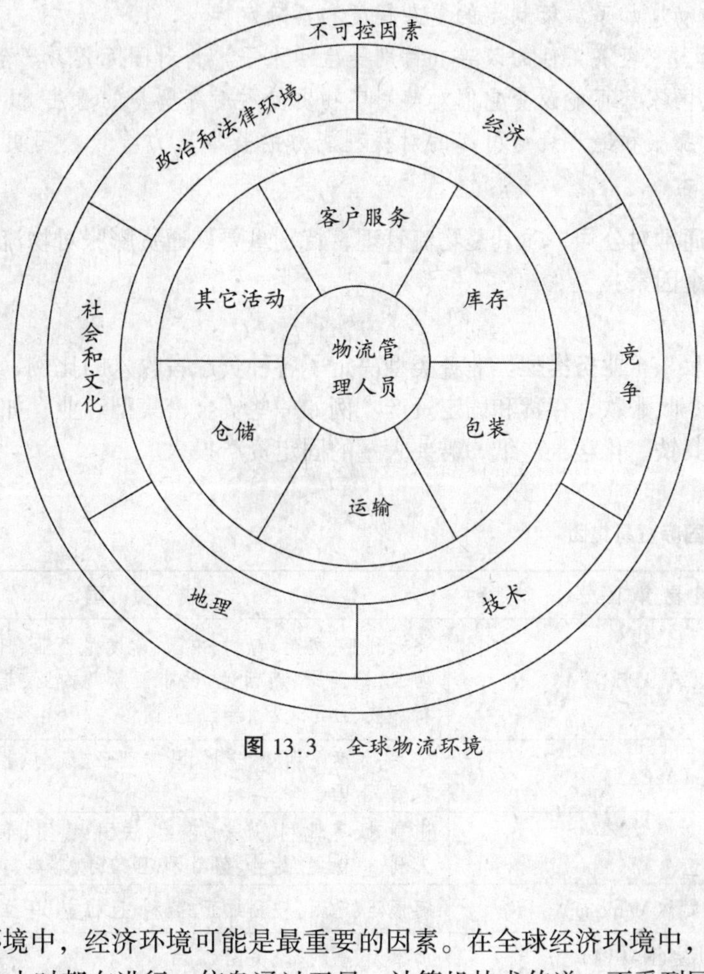

图 13.3　全球物流环境

经济因素

在外部环境中，经济环境可能是最重要的因素。在全球经济环境中，经济活动一周 7 天、一天 24 小时都在进行。信息通过卫星、计算机技术传递，不受到国界的阻碍。经济环境对物流的一些影响如下：

经济对物流的影响

- 公司在提高价格时可能会遇到困难，因此必须关注内部运作效率，包括物流费用的效率
- 一些市场的低成长速度更加需要物流管理人员在规划中更加小心谨慎，保证每一美元的物流花费都产生最大的生产率
- 在通货膨胀的时期里，为了满足资金流的需求而支付的高额短期借款利息也导致了对物流效率更高程度的关注
- 一些国家或地区的恶劣的投资环境需要很高的投资回报率，积累留存收益以便于再投资，并吸引可利用的投资资金
- 贸易集团的发展会对物流产生全方位的影响①（见表 13.4 中主要的贸易集团的

① 有关贸易集团如何影响全球化组织的讨论，见 Naresh K. Malhotra，James Agarwal，and Imad Baalbaki，"Heterogeneity of Regional Trading Blocs and Global Marketing Strategies: A Multicultural Perspective，" *International Marketing Review* 15，no. 6（1998），pp. 476-506. 有关南锥共同市场的物流影响的详细讨论，见 Jose G. Vantine and Claudirceu Marra，"Logistics Challenges and Opportunities within Mercosur，" *The International Journal of Logistics Management* 8，no. 1（1997），pp. 55-66；and Michael Berzon，"Mercosur Passes Test，" *American Shipper* 42，no. 4（April 2000），pp. 47-58.

列表）

- 汇率波动增加了决策制定的复杂程度和不确定性
- 欠发达国家经济条件的改善（特别是生活水平）将对国际贸易产生影响
- 公司或国家都可能改变它们对使用实物贸易和对等贸易的看法
- 由通货膨胀和经济衰退引起的对获利能力的长期压力导致公司更加强调利润和降低成本

通货膨胀通常对公司，尤其是物流管理，特别重要。通货膨胀对物流的特殊影响将取决于以下五个因素：

业务类型

业务类型。业务类型决定了各种资产占收入的比例，包括现金、应收账款、存货和固定资产。例如一些资金密集型产业，如基础设施、钢铁、化学、造纸，需要大量的固定资产投入。

表 13.4 主要的国际贸易集团

贸易集团	成员国
亚太经济合作组织(APEC)	澳大利亚、文莱、智利、中国、印度尼西亚、日本、韩国、马来西亚、墨西哥、新西兰、巴布亚新几内亚、菲律宾、俄罗斯、新加坡、台湾地区、泰国、美国
东南亚国家协会(ASEAN)	文莱、印度尼西亚、老挝、马来西亚、缅甸、菲律宾、新加坡、越南、泰国、
欧盟(EU)	比利时、奥地利、丹麦、芬兰、法国、德国、希腊、爱尔兰、意大利、卢森堡、荷兰、葡萄牙、西班牙、瑞典、英国
南方共同市场(简称 Mercosur)	阿根廷、巴西、玻利维亚、智利、巴拉圭、乌拉圭
北美自由贸易协定(NAFTA)	加拿大、墨西哥、美国
南部非洲发展集团(SADC)	安哥拉、博茨瓦纳、莱索托、马拉维、毛里求斯、莫桑比克、纳米比亚、南非、斯威士兰、坦桑尼亚、赞比亚、津巴布韦
世界贸易组织(WTO)	134 个成员国

资料来源：各种网上资源，包括 http://www.mercosurinvestment.com/，http://eurapa.eu.int/europedirect，http://wwwt.nando.net/newsroom/ntn/biz/020997/biz5-10158.html。

库存价值评估方法

库存价值评估方法。后进先出（LIFO）或先进先出（FIFO）库存价值评估方法的选择对于一些公司非常重要。在通货膨胀的经济环境下，由于价值评估方法对公司的利润影响很大，因此使用合适的价值评估方法显得尤为重要。这时 LIFO 由于销货成本与当前重置成本比较接近，因此是最合适的方法。另一方面，FIFO 方法由于使用旧的成本与当前的收入相匹配，比 LIFO 方法能够给企业带来更大的利润。

经营期限和财产使用年限

经营期限和财产使用年限。经营期限对企业非常重要，它取决于资产的使用年限和再投资需求。由于工厂和设备相对比较新，通货膨胀通常只对新业务的收入和早期的业务增长造成了中等程度的影响。

通货膨胀能够以多种方式影响早期业务的收入。这取决于固定资产是否将要被重置。一些早期业务（例如钢铁企业）有大量的再投资需求。许多这类的公司拥有大量的旧固定资产存量，由通货膨胀引起的收入扭曲现象严重。一些企业（例如煤矿）在他们的资源耗尽后将退出这个市场，使得价格水平调整或当前成本下降变得没有意义。

支出构成

支出构成。很明显通货膨胀不会以相同的方式影响所有类型的支出。一些企业的能源、环境和人力成本的上升远远超过了消费物价指数的增长。然而由于计算机和信息系统技术的发展，信息的单位成本下降了。因此，收入扭曲的程度取决于公司各种成本的多少以及通货膨胀率。

公司的资本结构

公司的资本结构。资本结构对于公司来说是非常重要的，因为如果公司的货币资产超过了债务的话，公司将因此遭受损失。如果公司的货币债务超过资产，理论上公司将因通货膨胀而收益。

通常经济资源对公司是一个约束。经济资源在通货膨胀和萧条时期的可获得性和价格限制了公司能够和不能够做什么。例如，物流服务成本的上升将导致公司减少客户服务活动或在预算上无法满足成本上升的地方减少开支。较高的利率增加了库存持有成本，因此对于公司来说，在库存量和可销售数量方面，增加了提供相同水平客户服务的成本。

经济和其他环境因素的内在联系

应当记住经济环境影响着其他经济因素，同时也受其他经济因素的影响。相互关系如下：

- 技术的改变（如合成燃料的推出）将改变主要原材料的成本，或者可能带来所需原料类型的变化
- 法律法规环境的变化（例如新政府首脑的选举，或货币政策、税法的变化）将改变通货膨胀率或货币实际成本
- 人口结构的变化（如退休年龄人口数量的增加）将影响联邦支出的变化方向
- 社会变化（如对环境重要性的态度的变化）将改变环境法规影响产品分销、特别是逆向物流活动的方式

竞争

企业面临来自许多方面的持续上升的竞争压力。在美国一些行业的制造商发现它们与亚洲和欧洲的同行相比，处于一个不利的竞争地位。例如微波炉市场上，微波炉于1945在美国发明，并在1955年推向市场，现在事实上被日本制造商控制。美国制造的计算机的国内市场份额已经下降了许多。类似的趋势还发生在半导体、机械工具、服装、工业机械、家用电器和电话设备行业中。

美国的制造商试图在几个不同的领域——制造、研究开发、市场营销、物流——以几种方式进行应对。从物流的角度来看，应对措施包括：

全 球 化

沃尔玛在欧洲

沃尔玛是世界上最大的零售企业，全球年销售额超过1,650亿美元(2000年)。这家公司由沃尔玛超级市场、超级购物中心和山姆俱乐部组成。在一个典型的超级市场中，销售额的40%是日用品，20%是服饰，25%是干货，15%是新鲜食品。沃尔玛超级市场中的产品包含10,000SKU（库存单位）的食品和80,000SKU的非食品。

在2000财务年度，国际销售额为230亿美元。预计到2005年，国际销售额将占沃尔玛全部收入的20%。现有数以千计的库存地点：在国内有超过3,000个，美国以外有超过1,000个，包括墨西哥、加拿大、波多黎各、中国和韩国。沃尔玛通过建立新的超级市场和收购其他的连锁超级市场进行国际扩张，例如它收购了德国的Werkauf和Interspar等高级百货连锁店，以及加拿大的Woolco连锁折扣百货商店。

为什么沃尔玛具有如此的国际扩张热情？财务结果表明，答案在于国外市场的发展潜力。沃尔玛成功的一些原因包括：

- 山姆·沃尔顿具有灵感的领导力
- 注重合作的组织结构
- 强烈的客户服务导向
- 适合当地市场的聚集库存和“商店内库存”的运营方式
- 低成本战略
- 创新和二次发明的能力
- 持续的品牌推广
- 库存周转率最大化的目标
- 供应商合作伙伴关系
- 高效的物流系统
- 大量的内部沟通
- 体现沃尔玛在地点、价格和产品分类方面优势及其对消费者的影响

尽管沃尔玛已经在国际化的前沿获得成功，它仍然要面对挑战。欧洲的竞争对手，如家乐福、麦德龙、Ahold、Sainsbury和Tesco也很强大，拥有大量的市场份额。国家之间的文化差异将影响沃尔玛建立一个像可口可乐和麦当劳那样成功的全球品牌的能力。

当沃尔玛面对一个竞争日趋激烈的全球市场的时候，历史表明它将会主导这些挑战。

资料来源：Stephen J. Arnold， “Research Note: Wal-Mart in Europe,” *International Journal of Retail & Distribution Management* 27， no.1 （1999）， pp.48-51； and the Internet home page of Wal-Mart （http://www.walmartstores.com）.

从物流的角度应对竞争

- 增加跨国合作、联盟、兼并和/或收购的数量
- 将许多过去基于国内的公司向国际市场拓展
- 24小时运营的全球通讯网络的开发
- 在主要国际市场上建立国家和地区仓库
- 寻找和发展与在全球范围内提供运输、存储、物料搬运和其他服务的物流服务供应商的合作关系

非传统竞争

非传统形式的竞争也越来越多地出现。例如在珠宝零售市场，消费者越来越多地通过如因特网、目录陈列室、折扣商店、百货公司和日用品商店购买珠宝，而越来越少地通过传统的渠道，例如珠宝商店。使用了这些非传统的分销形式后，物流活动也有必要做出变化。[1] 例如因特网销售中服务水平变得更加重要，因为客户在购买前无法看到和触摸产品。进行这种电子商务的公司通常使用快速交付系统。[2]

技　术

NAFTA 和技术的结合缩短了海关滞留

今天，超过 150 万车进入加拿大的货物的单据，在货物到达边境前就由海关进行处理，缩短了货物到达边境的滞留时间。

五年前，进入墨西哥意味着三到四天的清关。今天从美国进入的 90% 的货物由墨西哥海关在边境 20 秒或更少的时间完成清关操作。

美国、加拿大和墨西哥的最终目标是实现清关操作的完全自动化。加拿大海关目前正在实施 Customs 2000 的应用工作，目标是使得它的海关系统无纸化。一个促进加拿大自动化进程的工作是 Pre-Arrival Review System（PARS）和 Inland Pre-Arrival Review System（INPARS）的应用……通过 PARS 和 INPARS，货物的信息从船公司传到代理商或准备清关单据并将其交给加拿大海关进行检查或处理的指订单位。这些系统允许代理商在货物到达之前准备好清关单据以备海关检查……这使得货物在途中的时候纸面上的错误就可以得到纠正，而不必在货物到达边境的时候发生滞留。

自动化已经在过去的五年里为墨西哥海关提供了帮助。通过墨西哥海关的车流量增长了 300%，而通过自动化，代理商的人员配备下降了 60%。

资料来源：Robert B. Carr, "Don't Let Borders Be Barriers," *Transportation and Distribution* 36, no.3 (March 1995), pp.65-70.

技术

阿尔文·托夫勒（Alvin Toffler）在他 1970 年出版的书《未来冲击》中分析了技术发展带来的变化，并预言了技术加速发展的速度。在 1980 年，托夫勒在《第三次浪潮》中分析了从农业经济到工业经济再到信息经济的转变。然后在 1990 年出版的《大未来》（Powershift）中，他连同其他一些出版物，分析了在世界经济的许多领域技术如何影响

① 有关杂货零售部门的非传统物流管理的一个有趣的例子，见 Douglas A. Blackmon, "Launching Barksdale, Version 4.0," *The Wall Street Journal*, September 7, 1999, pp. B1 and B4.

② 见 George Anders, "Virtual Reality: Web Firms Go on Warehouse Building Boom," *The Wall Street Journal*, September 8, 1999, pp.B1 and B8.

了力量和财富增长的机制。[①]

技术带来的收益

约翰纳·耐斯比特（John Naisbitt）在《大趋势》中，类似地发现了从工业社会到信息社会的巨大转变。[②] 当然大多数的技术进步很大程度上来自于计算机、数据通讯和信息系统的发展。计算机软件和硬件性能的大幅度提升，加上制造成本的下降，导致它们的广泛接受和应用。技术发展已经对商务各个领域产生了巨大的影响，包括物流。

这方面的例子包括：在仓库布置和设计、运输路线规划和排序中使用图形技术，通过互联网和电子数据交换（EDI）进行全球数据交换，物流系统的计算机仿真，客户服务研究中的数据收集和分析，以及卫星通讯。

与技术有关的问题

然而技术的发展也不是没有问题。新技术加快了产品的更新，使得缺乏效率的物流系统更加成为瓶颈。由于对产品的需求时间变短了，产品不能够再在运输工具或仓库中被滞留，因为销售机会的损失是无法弥补的。

随着技术发展速度的较快，更多的产品将被技术淘汰。因此公司密切注视技术环境的变化是非常重要的。这被称为“技术预测”，应当成为企业环境分析活动的一个不可或缺的部分。

地理环境

不同地区的地形影响了产品在地区间的运输方式。各个国家人口聚居中心的分布形式有着显著的不同。正如一位作者所说的：“在考虑各大洲之间的物流时，地球表面的弯曲成为重要的因素。距离并不与平面地图一致……像阿拉斯加这样的地方，在两维的地图中似乎是在世界的外围，但是从球体的角度去看，可能会在中心。”[③]

水运和空运被广泛使用

正如第 8 章所讨论的，国际运输基本上采用空运和海运的形式，除非国家之间是接壤的。在这些情况下，可以使用汽车、铁路和内河航运的形式。跨越国境，距离将从几英里到几千英里不等。

一个产品的运输可能穿越多个国家。同时，一个国家中或国家之间的地形也千差万别，例如西欧和南非。在一些情况下，两点之间的最短距离不是直线距离，特别是当可能的运输路线必须穿越山地的情况下。

最后，由于在一个国家中市场被分割在几个地理区域，在其他国家中又高度集中，物流网络通常也不相同。运输方式/运输工具的选择、仓库的选址和库存量将不可避免地受到公司目标市场的分散程度的影响。

① Alvin Toffler，*Future Shock*（New York：Random House，1970）；Alvin Toffler，*The Third Wave*（New York：William Morrow & Co.，1980）；Alvin Toffler，*Powershift：Knowledge，Wealth，and Violence at the Edge of the* 21st *Century*（New York：Bantam Books，1990）.

② John Naisbitt，*Megatrends：Ten New Directions Transforming Our Lives*（New York：Warner Books，1982）；以及 John Naisbitt and Patricia Aburdence，*Megatrends* 2000：*Ten New Directions for the* 1990s（New York：William Morrow，1990）.

③ Paul S. Bender，“International Logistics，” in *The Distribution Management Handbook*，ed. James A. Tompkins and Dale Harmelink（New York：McGraw-Hill，1994），p.8.5.

社会和文化

一个公司运作的社会和文化环境是极为重要的，因为它影响了个人、团体和社会的生存原因和行为方式。这个环境包括：人们如何表达自己的想法、如何思考、行为方式、如何表达和解决问题、员工与所服务公司的关系、运输系统的组织方式、经济和政府系统如何结合并发挥作用。

由于许多原因，尽管对于物流管理人员来说，市场全球化和这些市场的文化差异是重要的，认识和了解社会文化环境却变得越来越难。

社会文化环境的组成方面

全球化企业的社会文化环境包含这样几个方面：语言、教育、宗教、价值观、技术、社会组织、政治、基础设施的发展、法律法规体系。单独一个方面，或几个方面综合，将从多方面对物流管理产生影响。

例如语言的不同将对编写培训手册、书面的政策与程序、开发在不同国家和地区内部或之间进行产品移动的策略造成困难。世界各个地区产品零售形式的不同使得采取的措施也不同（例如大型综合商店和小型家庭店铺）。人们对家庭、宗教、道德、价值观和教育的观念将会影响他们作为消费者对特定产品和服务的看法，影响特定零售方式的选择，影响所采取的经营策略。[①]

不同的社会文化环境需要不同的战略。对于物流管理人员来说，影响战略和日常决策的社会和文化趋势是他们特别感兴趣的。这些趋势包括：

社会和文化趋势

1. 对于客户来说，最有价值的产品将是时间而不是金钱。对于人们和企业所从事的活动来说，创造财富比“创造时间”要简单地多。
2. 从工业经济到服务经济的不断转变将改变人们对世界的看法。在许多国家，如法国、德国、瑞典、英国和美国，大多数人受雇于服务和/或信息部门。这反映了更高层次服务和信息消费的趋势。
3. 近乎瞬时获取信息的能力已经影响了许多不同的领域，如对国内国际产品市场的结构、劳动力外包、用于生产制造的原料和部件、对世界市场、政府和产品的个人观点。

公司必须持续审视社会文化环境的变化。同时除了发现趋势以外，认识它们对企业问题的影响，如赢利能力、供应链管理战略、产品开发战略、分销渠道选择、市场细分策略和促销工作，也是非常重要的。

政治和法律

当一个公司的运作仅限于一个国家时，物流管理人员只需要考虑一套法律法规，尽

① 例如，1977 年的国外腐败法案（Foreign Corrupt Practices Act of 1977）禁止美国的经理人员采用贿赂手段，而国外的竞争对手没有这项限制。在世界的某些地方，贿赂和“恩赐”是基本的商业手段。

管它们可能会非常复杂。全球化公司必须在由各种法律法规构成的许多不同的法律体系下运作。有时候，当外国政府拥有或扶持当地竞争对手的时候，政治和竞争环境将发生交叉。

在短期，公司受到诸如法律法规、外国市场的政治气候、消费活动水平、反垄断法的司法解释、贸易壁垒和运输法规这些因素的影响。在长期，公司意识到环境的变化和趋势。例如，在美国，20世纪70年代到80年代早期的运输商，特别是公路、航空和铁路运输商，不得不密切注视法规的放松。运输法规的放松在许多国家也有可能发生。

特殊利益集团、行业协会、公司、政府和政府代理机构、司法部门将对政治法律环境产生影响。这些实体将产生直接的（如利益集团进行游说，试图争取某项法律的通过）或非直接的（如英国议会或美国国会提议或通过与物流有关的法律）影响。现在，这在欧洲更加明显，环境法规已经对商业的各个方面产生了巨大的影响，包括物流。①

对于物流管理来说，政治法律环境对企业战略和运作的影响是非常重要的。通常物流管理人员必须回答三个问题：

三个重要问题

1. 政治法律环境影响了哪些供应链、企业和/或物流战略？
2. 现有的和预期的政治法律环境的变化和趋势将对财务产生什么影响（例如成本）？
3. 政治法律环境的变化和趋势会为企业带来什么机遇？

政治法律对物流的影响

政治法律环境对企业活动的影响包括：营销组合、国际化运作、收购和兼并战略、竞争反应和人员管理决策。具体的影响包括以下一个或几个方面：（1）特定的营销和物流活动可能会被禁止；（2）一些活动可能会被要求或强制进行；（3）一些活动可能会以某种方式限制进行。

例如，美国大部分与商业有关的立法都趋向于维护竞争、保护消费者权利和保护环境。一些商业活动可能会被强制进行，如在包装上列出产品成分；为支持产品和服务承诺保存文本证据；在国外市场上分销产品时使用政府规定的运输方式以及遵守东道国在出口、合资和独资运作方面的法规。此外，与供应链伙伴的交流和联合决策可能会受到反托拉斯司法的影响。

政治法律环境也会从财务角度影响企业。政治风险的形式很多。一个国家的政治力量能够对投资的预期现金流产生负面影响，破坏投资决策的假设。例如，一个新的执政党，或者联合执政政府的新领导可能会决定通过改变许可制度，或者改变对国外资本权益的限制、对当地合作伙伴的要求、公司税制，来改变运作和投资的基本原则。

政治法律事件和趋势对公司来说并不一定意味着麻烦和成本上升。如果管理人员能够认识并做出反应，它们将会带来机遇。由于环境立法的加强，许多公司，例如 Genco Distribution System，Universal Solution，USF Logistics 和 Burnham Corporation 已经成为逆向物流服务的主要供应商。从历史上来说，国际货运代理商和其他涉足全球商务的机构都从复杂的国际单证、关税和其他贸易限制以及通关要求中获益。

① 见 Judith E.M.Klostermann and Arnold Tukker，eds.，*Product Innovation and Eco-Efficiency*（Dordrecht，The Netherlands：Kluwer Academic Publishers，1998）；and James R.Stock，*Development and Implementation of Reverse Logistics Programs*（Oak Brook，IL：Council of Logistics Management，1998）.

出口基础

专业出口公司

许多公司都专门从事出口运作。这些公司中最多的是：

- 出口分销商
- 报关行
- 国际货运代理商
- 外贸公司
- 无船承运商（NVOCC）

其他使用较少的公司包括出口代理商、出口商和国外采购代理。[①]

出口分销商

一些全球销售的公司通常使用出口分销商提供的服务，有时这些出口分销商被称为出口管理公司。出口分销商的特点是：（1）位于国外市场；（2）以自己的账户购买产品；(3) 负责产品的销售；(4) 与国内企业保持持续的合同关系。分销商通常获得特定区域的独家代理权，并被禁止代理竞争对手公司的产品。

出口分销商的功能

出口分销商拥有以下一种或几种功能：

- 获取并维持协议规定的渠道运作和销售水平
- 获取进口业务，并负责处理通关
- 为向供应商支付获取必要的外汇
- 维持必要的政府关系
- 维持库存
- 提供仓储设施
- 操作或监督内陆货运和交付功能
- 进行改包装操作
- 进行信用管理
- 获取市场信息
- 提供各种售后服务

① 有关出口代理商的选择的决策制定过程的讨论，见 Toby B. Gooley，“Do You Need an Export Intermediary?” *Traffic Management* 34，no.9 (September 1995)，pp.67A-69A.

报关行

报关行的功能

正如我们前面在讨论进口时所简要提到的，报关行有两个主要功能：(1) 帮助货物通过海关；(2) 处理随同国际货物的必要单据。

对于许多公司来说，处理随同国际货物的大量单据和表格是很头疼的。加上不同国家各种各样的通关流程、限制和要求，帮助出口货物通过边境的工作需要专业机构——报关行来完成。通常来说，如果一个公司向具有不同进口要求的多个国家出口，或者公司有很多品种的产品（如汽车零部件、电子设备、食品），报关行应当成为公司国际供应链网络的一部分。

报关行的选择

在选择报关行时，公司应当考虑很多因素。通常包含以下一些必须提出的最重要的问题：

- 报关行在处理特定产品和/或运输方式方面是否专业？
- 报关行在业内经营了多长时间？
- 报关行拥有哪些资源来保证快速通关和产品交付？
- 报关行在发生搬运或通关延误的情况下如何通知客户？
- 在记录保存方面报关行能够提供什么帮助？
- 报关行是否有计算机化的系统或电子数据交换系统来加快单据准备和传输，并/或进行通关操作？它能够提供什么信息？[①]

国际货运代理商

国际货运代理商的功能

在许多公司中，国际货运代理商在出口战略中扮演着重要的角色。[②] 他们能够将产品从制造地运送到客户所在的地方。他们有大量运输方式选择方面的知识，能够承担单据处理的任务。[③]

国际货运代理商通过使用由制造厂直接装运货物到客户手中的方式，加快了产品从制造地到客户所在地的运输，消除了二次搬运。他们也能够提前获得运输通知，加快通关速度和准备必要的单据。[④] 国际货运代理商也负责规划运输路线，协调产品存储，组织分拣包装操作，并为它们的客户提供全方位的物流服务。下面这段话描述了一个货运代理商提供的服务：

---

① *Freight Facts* (New York: Port Authority of New York and New Jersey, 1989), pp.28-29.

② 货运代理商也能够在国家内部充当重要角色。有关欧洲的例子，见 Robert J. Bowman, "Frans Maas Keeps Parts Flowing to AutoEuropa," *Global Logistics and Supply Chain Strategies* 2, no.9 (November 1998), pp.58-64.

③ *Freight Facts*, p.9.

④ William W. Goldsborough and David L. Anderson, "Import/Export Management," in *The Logistics Handbook*, ed. James F. Robeson and William C. Copacino (New York: Free Press, 1994), p.683.

Fritz 公司向西尔斯提供运输代理服务

Fritz 公司，一家美国的报关行和货运代理商，为西尔斯（Sears，Roebuck & Company）提供广泛的服务。除了为所有从远东进口的西尔斯的产品提供标准的报关服务外，Fritz 与香港和新加坡经营向东航线的船公司谈判并管理合同，预订货物，将货物整合为集装箱运输，管理运往美国西尔斯分销中心的货物，并提供货物在运输过程中的方位信息。①

企业由于以下原因使用货运代理商：降低运输和分销成本、解放或减少工作人员、处理物流运作使得它们能够关注核心业务、获得外部知识、改善客户服务和满意度、避免支出并提供物流信息系统。②

几乎每一个全球化的企业都需要国际货运代理商提供的服务，即使它们拥有自己的出口操作团队或部门。在这种情况下，货运代理商在装运港或最终目的地帮助协调货物的运输。

外贸公司

外贸公司的功能

大多数的外贸公司基本上都有出口的业务，尽管一些公司也从事进口业务。外贸公司不仅实现货物或服务的买方和卖方的匹配，还管理着出口安排、文书工作、运输和外国政府需求。

出口外贸公司法

在美国由于 1982 年的立法，出口外贸公司变得更加重要。出口外贸公司法案（The Export Trading Company Act）允许金融机构（例如银行和银行持股公司）拥有或参股出口外贸公司。③ 这种从属关系使得现金流、支付条件、信用和其他与出口有关的金融问题降到了最低。此外，法律允许外贸公司进行大范围的产品和服务的出口，以支持全球贸易。

外贸公司尽管没有被美国公司大量使用，但是由于出口外贸公司法的存在，外贸公司仍将成为公司的一个选择。

无船承运商

NVOCC 的功能

无船承运商（NVOCC），有时被称为 NVO，“将不同货主的小件货物整合为满载集装箱货物，并承担所有国际货物从出口港口开始的所有责任，包括文书工作和运输”（见图 13.4）。④

不同货运代理商的 NVOCC 有几个方面的不同。一个远洋货运代理商通常是货主的代理商，而不是船公司。一些基本的操作包括：准备和填写出口和银行单据，以及代表货主进行运费的谈判。另一方面，NVOCC 也会是一个普通的承运商，货运代理商通常是他们最大的客户。

---

① 同上，p.694.

② Gregory E. Burns，“Freight Forwarding/Logistics：Toward a New Era in Transportation.” White Paper published by Gerard Klauer Mattison & Co.（1997），Exhibit 24，unnumbered.

③ 见 Export Trading Company Act of 1982，P.L.No.97-290.

④ Southern，*Transportation and Logistics Basics*，p.297.

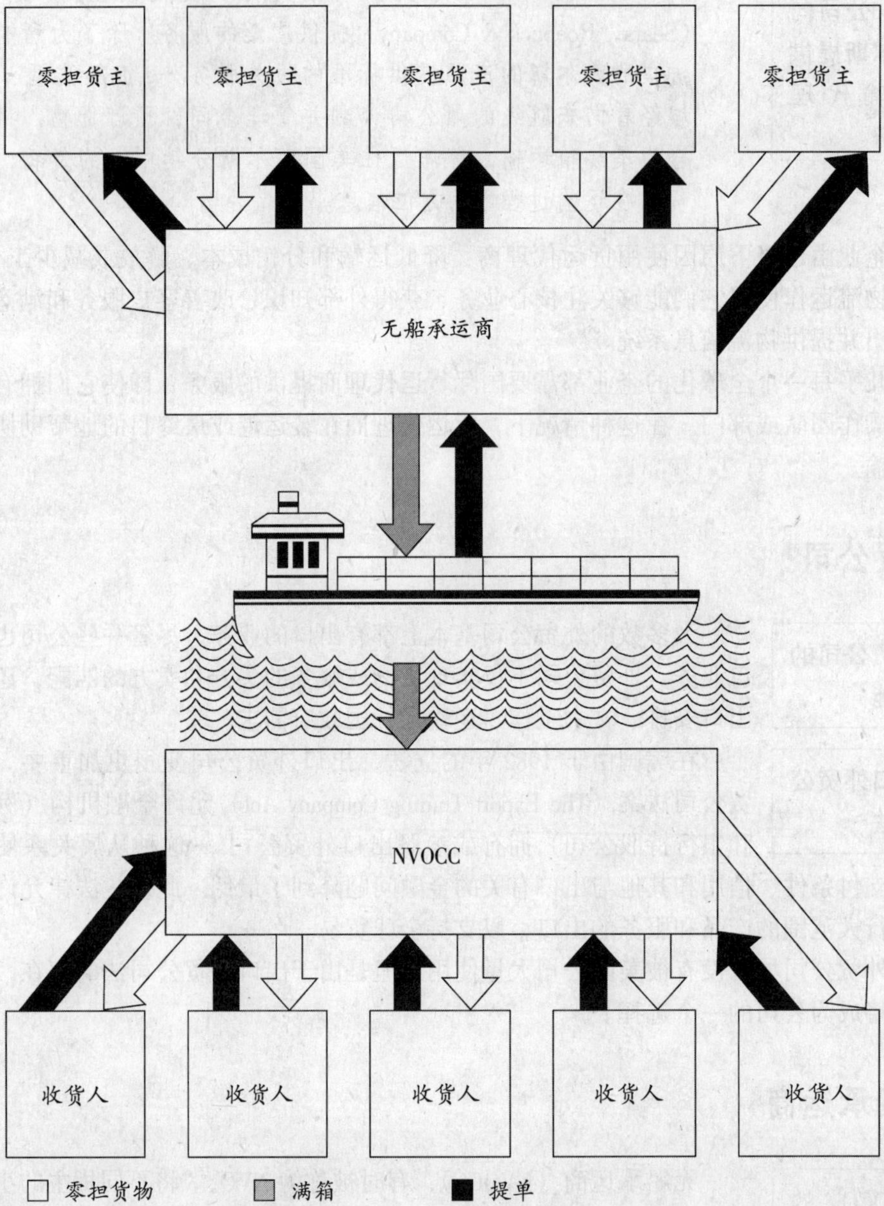

资料来源：Toby B.Estis, "NVOCC's: A Low-Cost Alternative for LCL Shippers," *Traffic Management* 27, no.6(June 1988).p.87.

图 13.4 NVOCC 的工作机制

单据

国际物流重要的内容之一就是在货物到达外国市场之前、之中、之后必须完成的文书工作。尽管单据并不是全球物流中最重要的内容，但也是不可或缺的。国际单据比国内单据复杂得多，因为每一个国家或地区都有自己的规范和要求。需要绝对的准确；错误会导致货物的耽搁或资金上的损失。详细介绍现有的各种出口单据并不是本书讨论的范围。但是，一些广泛使用的单据如下所述：

广泛使用的出口单据

- 航空货运单。出具单位：航空公司、集货公司。用途：每一家航空公司都拥有自己的航空货运单，但是其格式和编号系统已经由航空业进行了标准化，以实现计算机化。与海运提单相同，它是货主与船公司之间的承运合同
- 原产地证明。出具单位：出口商或代表出口商的货运代理商。用途：一些国家要求证明产品的原产地。用于统计分析或计算关税，特别是在贸易协定的规定下
- 商业发票。出具单位：产品销售商。用途：按照发票进行支付。用于在目的地的货物通关
- 码头收据（D/R）。出具单位：出口商或代表出口商的货运代理商。用途：没有标准格式，但是必须包含货物说明、实物详述和运输信息。货主和船公司都使用，以说明货物特征、条件，并交给船公司
- 海运提单（B/L）。出具单位：船公司。用途：每一个船公司都有自己的提单格式。作为船公司和货主的承运合同，规定各方的法律义务和责任范围。提单能够用于将货物的所有权转交给文件中指定名称的单位。明确货物的细节，如件数、重量和目的地
- 装箱单。出具单位：出口商。用途：提供货物中每一个包装所含货物的细节信息。目的地的海关部门在清关和查验过程中将使用这些信息。在理货清单中有损毁或数量不足的情况下，装箱单将没有价值
- 货主出口声明（SED）。出具单位：出口商或代表出口商的货运代理商。用途：法律规定任何价值超过 2,500 美元或任何需要有效进口许可证的货物
- 即期汇票，远期汇票。出具单位：出口商或代表出口商的货运代理商。用途：国外买主要求的支付方式。指示买方银行收取货款；当货款收集到后，银行将运输单据交给买方。买方银行然后将款汇到卖方银行。即期汇票在买方银行受到后就要支付。远期汇票延长了信用期，国外银行立即发出单据，但是稍后取得货款
- 有效出口许可证。出具单位：美国商业部。用途：对国家安全、外交政策战略或保护战略性原料的国内供给具有重大影响的产品出口需要有效出口许可证。拥有有效出口许可证，企业可以向特定团体出口特定产品①

贸易条款

贸易条款，或者是运输条款，是对实际出口文件的重要概括。运输条款在国际运输中比在国内运输中更加重要，因为国外运输伴随着一些不确定性和无法控制的问题。这些销售条款规定了谁对各个分销阶段负责，谁承担什么风险，以及谁支付各种各样的运

① "Ten Key Trade Document," *Traffic Management* 29, no.9 (September 1990), pp.53 and 55.

费。

INCOTERMS

下面的内容以及表 13.5 归纳了美国出口最常用的运输条款。在国际上，INCOTERMS（国际商会国际贸易术语解释通则）与原产地或目的地的 FOB 相当，由国际商会开发并定义。[①] 对 INCOTERMS 的介绍见本章附录。

表 13.5　在不同的贸易条款下，谁承担费用？

成本项目/术语	内陆运输工厂 FOB	内陆运输装运点 FOB	船运或空运装运港 FAS	目的港 CIF
出口包装*	买方	卖方	卖方	卖方
内陆运费	买方	买方	卖方	卖方
港口费用	买方	买方	卖方	卖方
货运代理费	买方	买方	买方	卖方
领事签证费	买方	买方	买方	卖方
轮船或飞机装运费	买方	买方	买方	买方+
远洋运输费	买方	买方	买方	卖方
货物保险	买方	买方	买方	卖方
关税	买方	买方	买方	卖方
货物所有权转移	当货物在内陆运输工具（卡车、火车等）上或内陆运输商手中	当货物在运输工具旁或在航空或远洋运输商手中	当货物在装运港的飞机或远洋货轮上	当货物在装运港的飞机或远洋货轮上

* 谁承担包装费用？这个费用应当明确达成一致。包装费用有时会引起争议。

\+ 卖方有责任安排领事发票（以及其他买方政府要求的文件）。根据官方定义，卖方支付费用，但是有时候在实际操作中，由卖方支付。

资料来源：Philip R.Cateora，*International Marketing*，9th ed.（Burr Ridge，IL：Richard D.Irwin，1996），p.367.

最常用的运输条款

- 出口原产地（Ex Origin）。原产地必须是工厂、车间等。卖方承担买方收货前发生的成本和风险。买方根据单据支付，在货物检查无误后必须提走货物，并且必须支付所有的出口税
- 内陆运输 FOB（FOB Inland Carrier）。卖方安排将货物装上火车车皮、卡车等。卖方提供清晰的提单，并承担货物放置在内陆运输工具上之前发生的所有损失
- 美国港口船运 FOB（FOB Vessel U.S.Port）。这个价格包含了所有涉及使用驶往指定港口的船完成货物交付的所有费用。买方必须向卖方提供关于开船日期、船名、停靠码头等方面的充分信息。买方承担由于延期或无船导致的成本
- 航运或空运美国港口 FAS（FAS Vessel U.S.Port）。与船运 FOB 类似，但是特定的港口附加费例如重物装运费，将由卖方支付。当货物还在驳船中或在吊装设备中的时候，买方承担损毁及损失。装运费用也由买方支付
- 船运外国港口 FOB（FOB Vessel Foreign Port）。这个价格包含所有直到货物在目的

① 有关国际贸易法律和条款基础的讨论，见 James Giermanski，"Can You Talk International Trade?" *Transportation and Distribution* 35，no.7（July 1994），pp.34-36.

地国家卸货点的运输费用。卖方负责到该卸货点的所有保险费用。船一到达外国港口，买方立即开始承担风险

- 内陆运输目的地 FOB（FOB Inland Destination）。这个价格包括所有直到货物到达进口国指定内陆收货点的费用
- 成本加运费（C&F）。这个价格包括所有到达目的的运输费用。卖方还需要支付出口税和相关费用。买方支付办理原产地证明、领事发票和其他买方国家进口要求的文件的费用。卖方必须提供这些，但是由买方支付。买方承担从装船点起的所有保险费用
- 到岸价（CIF）。这个价格包括货款、运费和海运保险。卖方支付所有的税款和费用，包括海运保险和战争险。买方支付进口所需的所有证书或领事文件的费用。尽管卖方支付保险费，买方在卖方将货物装上运输工具后开始承担所有风险①

创造性的解决方案

宝丽来（Polaroid）全球物流策略

宝丽来是一家年销售额达 20 亿美元（2000 年）的全球化公司。它一半的收入来自美国以外的市场。这家公司是全球领先的一次成像数字影像设备公司，产品包括照相机、胶卷和数字外围设备。

公司从 1997 年起开始实施了一项三年计划，以提升公司在全球超过 20 个国家的客户服务水平，加快库存周转，提高运作效率。详细的目标如下：

- 客户交付实现率达到 95%
- 将缺货超过 10 天的产品数量减少 50%
- 到 1999 年，将库存周转率从 20 多次提升到 40 次以上
- 1997 年运作效率提升 10%，1998 年提升 8%，1999 年提升 6%

宝丽来采取的第一个步骤是更加关注公司在运输操作、生产计划编制、库存管理等方面的全球协调和集成。第二步，公司根据特定产品和客户群开发物流规划。第三步，对仓库和配送中心进行评估，以保证操作过程的最优。第四步，重组流程，使其更加符合需求驱动、处理更快、更灵活。

宝丽来的努力换来了订单实现率从 89%上升到了 91%。产品满足率上升了 9%，达到 94%。此外运输和仓储成本下降了 1,300 万美元。

资料来源："Polaroid's Three-Step Approach to Successful Global Logistics," IOMA's Report on Managing Logistics, Issue 99-09（September 1999），pp.4-5; and the Polaroid website(http://www.polaroid.com/index.html).

① Thomas A. Foster, "Anatomy of an Export," *Distribution* 79, no.10（October 1980），pp.76-77. 有关这些及其他进口/出口条款的定义，见 "Export/Import Terms You Need to Know," *Traffic Management* 19, no.9（September 1990），pp.37-41.

自由贸易区

自由贸易区（FTZs），有时被称为对外贸易区。企业将货物运到自由贸易区，来延迟或减少关税或其他赋税的上缴。在美国有超过225个自由贸易区，为超过3,500家公司提供服务，涉及的产品超过1,600亿美元。[①] 在自由贸易区中的产品不需要缴纳关税或其他赋税，直至它们运出自由贸易区到达目的地国家。在自由贸易区中，公司通常在货物转运之前完成处理、装配和再包装工作。

当产品进口到美国，与美国的产品结合，然后再进行出口时，进口商或出口商能够免除在国外港口缴纳美国进口货物的关税，消除关税退税的工作。正如本章前面部分所解释的，这是政府针对进口而后又出口的产品进行的退税。

多数自由贸易区未被充分利用

尽管使用自由贸易区有很多潜在的利益，大多数的自由贸易区都没有得到充分利用，大量的土地被浪费。不同的自由贸易区提供的设施、服务质量千差万别。希望利用自由贸易区的管理者，为了确定自由贸易区的潜在使用价值，不得不一个个地考察这些自由贸易区。[②]

小结

越来越多的公司将它们的运作扩展到全球市场。由于公司向各个国家的客户提供服务，他们必须建立物流系统向客户提供他们所需的产品和服务。虽然全球供应链系统的组成部分可能与国内系统相同，但是管理和运作国际网络是有很大不同的。

为了实现全球化，企业必须能够协调一系列复杂的活动——营销、制造、财务、采购——使得总物流成本最低。这将为企业在国际目标市场上带来最大的市场影响和竞争优势。

在本章中我们考察了公司向全球市场扩张的原因。公司可以通过出口、许可证经营、合资、独资、进口或对等贸易和关税退税进入国外市场。作为出口操作的一部分，我们讨论了出口分销商、报关行、国际货运代理商、外贸公司和无船承运商各自扮演的独特角色。此外我们还关注了单据和使用自由贸易区的重要性。

国际物流管理者必须管理好市场上各种各样的影响物流的不可控因素——政治和法律的、经济的、竞争的、技术的、地理的、社会和文化等因素。每一种不可控因素都进行了简要的讨论。

有了本章的知识作为背景，我们现在可以讨论如何来管理全球市场上的物流活动。

---

① "Is an FTZ Right for You?" *WERCSheet* 22，no.5（May 1999），p.5.

② 有关自由贸易区在全球营销战略中的作用的研究，见 Tom Andel，"Site Here and Zone Out，" *Transportation and Distribution* 37，no.8（August 1996），pp.52-54；and William Armbruster，"The Competitive Edge，" *Journal of Commerce and* Commercial 409，no.28806（September 11，1996），pp.1C-2C. 有关自由贸易区的其他信息，见国家自由贸易区协会的网站（http：//www.imex.com/naftz/html）.

推荐阅读材料

Babbar, Sunil, and Sameer Prasad, "International Purchasing, Inventory Management and Logisitics Research: An Assessment and Agenda," *International Journal of Physical Distribution and Logistics Management* 28.no.6 (1998), pp.403-33.

Bowman, Robert J. "Calling All Partners." *Global Logistics & Supply Chain Strategies* 4.no.6 (July 2000), pp.10-20.

Fawcett, Stanley F., and Laura M. Birou, "Exploring the Logistics Interface Between Global and JIT Sourcing." *International Journal of Physical Distribution and Logistics Management* 22.no.1 (1992), pp.3-14.

Gillis, Chris. "NVOs Take on Automation." *American Shipper* 42.no.8 (August 2000), pp.15-20.

Gilmore, James H. "Designing a Distribution Strategy for Canada." CCA White Paper published by Cleveland Consultion Associates, undated, 12 pages.

Luk, Sherriff T.K. "Structural Changes in China's Distribution System." *International Journal of Physical Distribution and Logistics Management* 28.no.1 (1998), pp.44-67.

MacDonald Mitchell E. "Who Does What in International Shipping." *Traffic Management* 30.no.9 (September 1991), pp.38-40.

Murphy, Paul R., and James M. Daley. "EDI Benefits and Barriers: Comparing International Freight Forwarders and Their Customers." *International Journal of Physical Distribution and Logistics Management* 29.no.3 (1999), pp.207-16.

Pearson, John N., and Jake Semeijn. "Service Priorities in Small and Large Firms Engaged in International Logistics." *International Journal of Physical Distribution and Logistics Management* 29, no.3 (1999), pp.181-91.

Razzaque, Mohammed Abdur. "Challenges to Logistics Development: The Case of a Third World Country—Bangladesh." *International Journal of Physical Distribution and Logistics Management* 27, no.1 (1997), pp.18-38.

Sawyer, Richard. "lost at Sea?" *Operations & Fulfillment* 8.no.4 (July/August 2000), pp.12-22.

Stapleton, Drew M., and Virginie Saulnier. "Defining Dyadic Cost and Risk in International Trade: A Review of INCOTERMS 2000 with Strategic Implications." *Journal of Transportation Management* 11, no.2 (Fall 1999), pp.25-43.

Ülengin, Füsun, and Nimet Uray. "Current Perspectives in Logistics: Turkey as a Case Study." *International Journal of Physical Distribution and Logistics Management* 29.no.1 (1999), pp.22-49.

U.S. Department of Commerce. *A Basic Guide to Exporting*. Washington, D.C.: U.S. Government Printing Office, September 1986.

Zahn, Sherrie E. "Choosing a Market Entry Strategy." *World Trade* 12, no.5 (May

1999), pp.40-46.

——. "Top Markets for Trade & Expansion." *World Trade* 12, no.6 (June 1999), pp.38-48.

——. "The World Trade Top 100". *World Trade* 12, no.11 (November 1999), pp.46-60.

Zinn, Walter, and Robert E. Groose. "Barriers to Globalization: Is Global Distribution Possible?" *The International Journal of Logistics Management* 1, no.1 (1990), pp.13-18.

问题与习题

1. 越来越多的公司开始涉足国际营销和物流运作。请分析一下影响公司进入国际市场的因素。
2. 选择进入全球市场的公司有几个战略可供选择：(a) 出口；(b) 许可证经营；(c) 合资；(d) 独资；(e) 进口；(f) 对等贸易。请简要讨论每一种战略，包括优点和不足。
3. 请介绍下面每一种出口组织在全球物流中扮演的角色：(a) 出口分销商；(b) 报关行；(c) 国际货运代理商；(d) 外贸公司；(e) 无船承运商。
4. 考虑一下各种影响公司的不可控因素，从总体上分析一下每一种因素如何影响国际物流活动：(a) 经济；(b) 竞争；(c) 技术；(d) 地理；(e) 社会和文化；(f) 政治和法律。
5. 识别并描述在国际物流中使用较多的运输条款或贸易条款。
6. 讨论公司如何将自由贸易区作为全球物流网络的一部分加以利用。
7. 简要定义和描述对等贸易和关税退税在物流方面的意义。

附录　基本知识：关于 INCOTERMS，你需要知道多少？

定义

INCOTERMS（International Commercial Terms，国际贸易条款）是国际通用的标准化的“贸易条款”，它规定了国际贸易中买卖双方责任。此外，INCOTERMS 使用 13 个条款明确划分了买卖双方承担的国际商品运输的货款、风险、海关和保险责任。因此，我们强调 INCOTERMS 仅仅处理在销售合同下买卖双方的关系，并不直接与承运合同相关。

起源

INCOTERMS 最早是由巴黎国际商会（International Chamber of Commerce，ICC）在 1936 年作为一套解释贸易条款的国际规则提出的。这些规则被称为“INCOTERMS 1936”，之后进行了不断的修订。1953 年、1767 年、1976 年、1980 年、1990 年都进行了修改和增添。最近的一次是 2000 年，目的是使得这些规则与当前的国际贸易运作相吻合。

INCOTERMS 的使用

必须要强调的是，当公司在他们的销售合同中使用 INCOTERMS 时，他们应指明使用当前版本的 INCOTERMS。希望使用 INCOTERMS2000 的买方和卖方应当清楚地写明它们的合同受“INCOTERMS2000”规范控制。进而，根据 INCOTERMS 关于使用地名的规定，要正确使用 INCOTERMS，目的港名称或目的地名称必须保证有效（例如 EXW La Crosse，WI—INCOTERMS 2000；FAS Norfolk，VA—INCOTERMS 2000）。

四组条款

所有的条款被分成四个不同的组：E、F、C 和 D。

E 组。E 组代表“出”（Ex），卖方承担的责任最小，而买方承担的责任最大。在这一组，卖方的责任仅仅是将有效的货物在协议地点提供给买方，地点通常是卖方指定的。

F 组。F 组代表在主要的运输过程中卖方不承担主要运费。因此卖方只需要将货物交付到买方指定的船公司手中。也就是说，卖方不承担主要的运费，只承担运输之前的费用。

C 组。C 组代表“货款”或“运费”，也就是说卖方承担订立合同的费用并支付主要运费。但是卖方不承担货物损坏损失的风险，或者其他在货物运出或分拨后发生的费用。

D 组。最后，D 组表示“交付”，包含五种 INCOTERMS“到达”条款，在这些条款中卖方负责承担运费，并且负责将货物运送到目的地国家。买方必须承担将货物运送到目的地国家的所有费用和风险。

两大分类

从交付的角度来看，INCOTERMS 可以分为两大类：

"发运合同（Departure contracts)"。买方负责将货物交付到出口国或装运国的指定地方。因此买方承担所有跨越边境以前的所有费用。发运合同涉及E、F、C组。注意C组的条款经常被误解为"到达合同"；然而必须要强调的是在C组中，与F组一样，卖方在发运国完成合同的履行。因此C组下的合同应当归类在"发运合同"中。

"到达合同"。卖方承担将货物交付到海外地点的所有费用和风险。换句话说，卖方负责将货物运送到协议地点或者边境或目的地国家国内的地点（DAF)。因此卖方即使没有承担全部、也承担了大部分的运输费用。"到达合同"只涉及D组的术语。

进而，船公司和货运代理商可以根据以下的选择对INCOTERMS做出解释：

"预付运费"。卖方在货物发运前支付主要运费。因此卖方承担主要运费。它适用于C组和D组。

"待收运费"。主要运费在目的地是待收或应付的，因此买方承担主要运费。它适用于E组和F组。

INCOTERMS 2000

为了适应技术发展和贸易条款在全球越来越广泛的使用，INCOTERMS根据21世纪的需求进行了修订。修订工作是由贸易条款工作组（Working Party on Trade Terms，WPTT）负责的。这是一个由来自世界各地的40位贸易专家组成的小组。WPTT是隶属于国际惯例委员会的一个小组。国际惯例委员会是巴黎国际商会的一个组成部分。

为了满足新千年的要求，从1999年起，经过对销售条款进行了为期两年的修订后，ICC现在推出了它的新版本：INCOTERMS 2000。INCOTERMS 2000适用于从1月1日开始订立的合同，并且只能够在2000年1月以后订立的有效合同中引用。

各方的标准职责。正如在定义中所强调的，INCOTERMS依赖于销售合同，与承运合同不发生直接联系，因此任何一方的基本职责在国际销售合同中应当重点说明。

卖方的标准职责：

1. 包装和书写标识。卖方必须根据运输的要求对货物进行包装，但是仅限于卖方在销售合同履行完毕之前已经知道运输条件的情况下。此外，标识的书写必须适当（特别是在处理危险品时)。
2. 检查。卖方承担所有的必须的检查操作的费用，例如质量、体积、重量和数量的检查。这些检查对于根据买方要求交付货物来说是必须的。
3. 实物与合同规定一致。卖方提供的货物必须与销售合同的规定相一致。而且卖方必须根据合同要求提供商业发票或其他可以证明货物与合同规定一致的文件。
4. 通知买方。卖方必须通知买方货物到达的时间和地点。

买方的标准职责：

1. 根据价格支付货款。付款方必须根据销售合同规定的价格支付货款。
2. 领取货物。买方必须在货物到达INCOTERM条款中指定的地点后领取货物。

资料来源：Drew Stapleton and Virginie Saulnier. Third Annual International Business and Economics Conference Proceedings, De Pere, WI. USA (2000).

CHAPTER 14

全球物流战略

本章大纲

本章目标

- 了解一些影响全球物流活动的可控因素
- 了解与全球物流有关的组织、财务和管理问题
- 分析主要市场如北美、环太平洋、西欧和东欧的物流状况
- 分析组装工厂的运作，并提供一些例子

引　言

20世纪出现的最重要的现象之一是商业组织扩展到了世界的各个地方。例如：

- 将近37%进入欧洲的海运货物都要通过鹿特丹（Rotterdam）港，也就是500万个集装箱的货物，总重达3.1亿吨①
- 目前美国向非洲出口的货物比向前苏维埃加盟共和国出口的货物多45%②
- 由于成立了北美自由贸易区（North American Free Trade Agreement，NAFTA），美国和加拿大的货车可以进出墨西哥，提供跨边界的货运服务。同时墨西哥的货车也获得同样的权力提供同样的服务，进出美国和加拿大③

今天，许多公司在国外都有大片而且不断扩大的市场。例如美国最大的零售商中，有35家每年都会进入一个新的市场。他们的增长速度平均比仅在一个国家中经营的零售商快40%。④这里还有其他一些全球扩张的例子：

全球扩张的例子

- Weber-Stephens，一家在高质量烧烤架及其配件制造领域的领先企业，每年从位于美国的配送中心向澳大利亚和新西兰出口超过15,000只烧烤架⑤
- Circle International，一家第三方物流服务供应商，在其位于新加坡的亚洲总部开设了一个200,000平方英尺的配送中心。在2001年，DHL全球快递公司和UPS全球快递公司也相应各自设立面积达100,000和285,000平方英尺的新配送中心⑥
- Adobe System，Inc.一家排版和影像软件技术全球供应商，与Sykes——一家主要的封装服务供应商——结成合作伙伴关系，由Sykes管理其在欧洲的3,000个SKU⑦
- Donaldson Company，一家为汽车废气控制、厂内空气清洁系统提供气压过滤器以及为计算机驱动器、机舱和半导体处理器提供过滤器的制造商，在美国以外的

---

① Thomas A. Foster，"Into the Heart of Europe，" *Logistics Management and Distribution Report* 38，no.7（July 1999），p.E-7.

② Lara Sowinski，"Shipping to Africa Is About More Than Transport，" *World Trade* 12，no.8（August 1999），p.56.

③ David G. Waller，Robert L. D'Avanzo，and Douglas M. Lambert，*Supply Chain Directions for a New North America*（Oak Brook，IL：Council of Logistics Management，1995），p.3.

④ "Bridging Technology & Logistics，" *Special Grocery Manufacturers of America Report*，Information Systems and Logistics Distribution Conference（1998），p.4.

⑤ "Weber-Stephens，the World Famous Barbecue Manufacturer，Partners with ANZDL to Ensure Its Third Largest Market Sizzles，" *Global Logistics & Supply Chain Strategies* 3，no.6（July 1999），p.63.

⑥ Patrick Burnson，"Asia's Economic Rebound Signals Change in Logistics Strategies，" *Logistics Management and Distribution Report* 38，no.9（September 1999），p.98.

⑦ Hans Kühn，"Making Supply-Chain Planning Work in an Outsourced Environment，" *PRTM's Insight* 11，*no*.2（*Summer* 1999），*p*.48.

销售量占到了 40%，其中加拿大占了很大的一部分①

- Jabil Circuit，Inc. 为原始设备制造商（OEMs）设计制造电子线路板和系统，年收入达 20 亿美元。它的工厂分布在美国、苏格兰、巴西、中国、匈牙利、马来西亚、墨西哥和意大利。大约 30% 的收入来自北美以外的地区②

在这一章中，我们将讨论国内和国际环境下物流管理的相同点和不同之处，并看看如何在全球市场中制定和发展实用的物流战略和规划。

全球物流问题

全球物流的关键问题

管理全球供应链比管理纯粹的国内网络复杂得多。管理人员必须正确分析国际环境，规划国外物流系统，并开发合适的控制流程，监控它的成功或失败。图 14.1 列出了一些国际物流管理人员必须提出——并解答的——关于组织全球物流活动的问题。这些问题可以分为以下五类：（1）环境分析；（2）计划；（3）结构；（4）计划实施；（5）物流计划的控制。③

全球物流管理流程

图 14.1 所描绘的过程的总体目标在于为每一个国际目标市场开发最优的物流系统。它涉及分析每一个市场的不同特征、开发一套能够实现组织目标的方案或战略。在有了一套目标或战略的情况下，管理者确定恰当的组织结构和供应链结构。当这些建立起来后，管理者将推行最优的物流网络或系统。最后一个步骤是衡量和评价系统的绩效，为调整和修改系统向战略计划过程提供反馈。

与国内物流管理一样，成本/服务权衡分析是全球物流管理不可或缺的一个部分。能够正确识别、评估和应用最优成本/服务组合对组织和客户来说，无论运作局限于国内还是国际性的，都是非常重要的。两者之间主要的差别仅仅在于每一种成本和服务因素的重要性不同。

一些非常重要的成本和服务因素与反应时间、订单完整性、运输准确性和运输条件有关。④同国内市场相比，国际市场的销售量和成本对较长的反应时间不敏感，因为客户知道订单周期比较长，而且不如在国内市场可靠。然而，新技术使得企业和第三方有能力开发和拓展它们的全球物流能力。

---

① Toby B. Gooley, "Logistics Boosts Donaldson's Northern Exposure," *Logistics Management and Distribution Report* 37, no.5 (May 1998), pp.56-60.

② http://www.jabil.com.

③ Warren S. Keegan, *Global Marketing Management*, 5th ed. (Englewood Cliffs, NJ: Prentice Hall, 1995), p.37.

④ Paul S. Bender, "International Logistics," in *The Distribution Management Handbook*, ed. James A. Tompkins and Dale Harmelink, (New York: McGraw-Hill, 1994), p.8.7. 另外见 Lara Sowinski, "Letters of Credit: Technology Puts a New Spin on an Old Document," *World Trade* 12, no.11 (November 1999), pp.80-84.

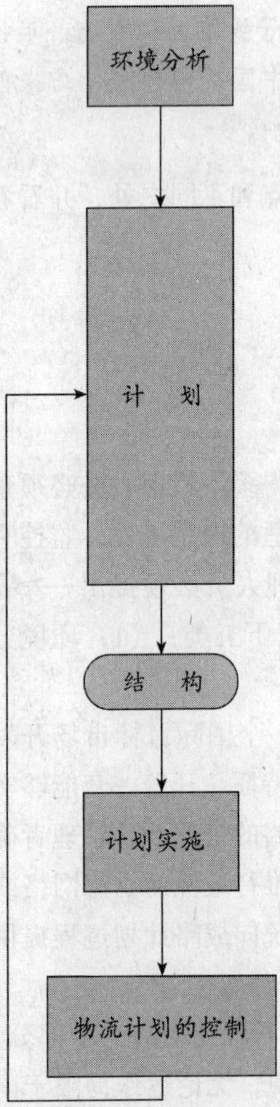

分析、计划和控制的关键问题

环境分析

1. 每一个国家市场的特点是什么？每一个市场与其他国家市场的共同点是什么？
2. 为了物流操作和/或者物流计划，公司是否应当集中国内市场？

计划

3. 由谁做出物流决策？
4. 关于物流市场的主要假设是什么？它们是否有效？
5. 目标市场的客户服务需求是什么？
6. 对于公司来说，能够为每一个目标市场提供的物流系统的特征是什么？
7. 相对于每一个目标市场现有的和潜在的竞争，公司主要的优势和劣势在哪里？
8. 在已经有了各种物流方案和我们对机会、风险和公司能力评价的情况下，我们的目标是什么？
9. 目标市场的损益状况和资金状况如何？对公司的实物分销系统会有什么影响？

结构

10. 为了以最优的途径达到我们的目标，在我们已经有了必要的技能和资源的情况下，我们应当如何构建物流组织？

计划实施

11. 在我们已经有了目标、结构和我们对市场环境评估的情况下，我们如何制定有效的物流运作计划？特别是针对每一个目标市场，我们应当采取什么样的运输、库存、包装、仓库运作和客户服务战略？

物流计划的控制

12. 我们如何衡量和监控计划的绩效？应当采取什么样的措施将实际的和预期的效果结合在一起？

资料来源：摘自 Warren J. Keegan, *Global Marketing Management*, 5th ed., p.37. Copyright 1996. Reprinted by permission of Prentice Hall, Inc., Upper Saddle River, NJ.

图 14.1　全球物流管理流程

响应时间

有许多原因导致了全球物流的响应时间更长，更不稳定：

- 距离更长
- 大量的国际货物运输是通过海上进行的，速度比较慢，不如路运（或空运）一致性好
- 通常需要更多的单证和手续，例如信用证和领事签货证，这可能会花费大量的时间①

① Paul S. Bender, "The International Dimension of Physical Distribution Management," in *The Distribution Handbook*, ed. James F. Robeson and Robert G. House (New York: Free Press, 1985), p.784.

订单完整性

运输准确性

运输条件

与国内物流相比，由于高得多的缺货成本和加急运输费用，订单完整性在全球物流中重要得多。在提高订单完整性时，必须权衡订单处理和运输费用。每次都发运完整的订单会比较贵，但是这样的一个较高水准的服务水平可以通过非完整订单或部分订单的成本判断其合理性。在处理运输准确性的问题时，也可以使用类似的逻辑。因为在国际物流中，运输错误的成本相对较高，最大程度的提高运输路线和货品项目的准确性是很重要的。一旦安排了运输计划，运输条件就成为一个重要问题。为了减少在运输和搬运中出现破损的概率，包装必须得到很好的保护。替换损坏货物的时间和成本是巨大的。

制定全球物流战略的指导原则

在制定全球物流战略时，可以使用一些通用的以及物流领域专用的指导原则。对于通用的管理原则来说，以下几点是相关的：

1. 认识问题。物流问题与维持对全球供应链的控制、获取和处理供应商信息以及处理与各种政府管理机构的关系有关。
2. 分析新情况、新机会带来的选择。与物流相关的选择包括：过期库存、运输方式或承运商的改变、托运和产品货物的重新组合和重新确定运输路线。
3. 准备好快速实施计划、规划和战略。例如那些与新的跨边界限制或机会有关的计划，电子信息流，不同市场之间语言、规章制度和货币的不同。[①]

下面所列出的是专用于物流领域的指导原则，它们会对参与到全球物流中的企业有用：

开发全球物流战略的指导原则

1. 物流规划的制定必须结合到公司的战略规划过程中。例如，杜邦，价值 400 亿美元的化学品巨人，最近在 100 个国家运营的 30 个主要业务中推行了“全面供应链管理”。这项工作的目的是让公司更多地着眼于市场和消费者，包括化学产品以及产品制造中所需物料的及时供货。为了达到这样的目标，物流人员已经被分派到各个业务单位，帮助组织从设施选址到向消费者交付货物的一系列活动。
2. 物流部门必须有一个清晰的远景目标作为指引，必须定期衡量运作产出。巴克斯特保健公司（Baxter Healthcare Corporation），一个价值 80 亿美元的全球企业，通过与 Trammel Crow——一家房地产企业签订一个独特的协议，实现了这个目标。在 20 世纪 80 年代末，巴克斯特开始改进它的物流运作。公司的目标是将原料和产品的处理空间从 650 万平方英尺提高到 900 万平方英尺。不仅如此，巴克斯特还希望将拥有运作设施的城市总数从 50 个降低到 40 个，将运作设施从 91 处减少到 49 处。巴克斯特以减少成本 1,500 万美元为目标，签订了一个为期 7

① Perry Ziff, “Global Commerce Management: Executing a World of Opportunity,” *Global Logistics and Supply Chain Strategies* 3, no.4 (May 1999), p.72.

年的合同。所有相关的物流成本和服务参数都被测算清楚。这个系统跟踪了劳动时间的降低、土地使用成本的降低、租赁费用的降低、收入以及税收鼓励。一个由两家公司的员工组成的正式指导委员会每季度开一次会，监控运作绩效和预期的改进。

3. 进口/出口管理必须有物流供应链各个环节——从开始到结束——集成管理的保证。在全球主要供应链结构和法规变化的情况下，这一点尤为重要。运输法规的松动使得在美国，以及欧洲、墨西哥、日本和其他地区，可以使用具有创造性的“门到门”服务和承运商一揽子价格方案。这让货主可以设计和管理它们的供应渠道，在可以接受的成本范围内按照客户的特别需求交付货物。
4. 必须抓住整合国内和国际物流运作的机会，使得公司可以通过运量获得全球承运商的服务。通常这需要改变公司的思维方式，但是只有那些朝这个方向努力的公司才能够抓住这样的大机会。一个好的起点是开列一个清单，比较一下国内和国际物流活动。①

使用以上原则，拥有良好的判断力和必胜信念的国际物流运作管理人员，比那些不具备这些特点的管理人员做得好得多。全球市场在快速变化，它肯定易于管理，为公司提供寻找全球市场的令人兴奋的机会和挑战。

全球物流组织

对于国际物流与国内物流来说，物流功能的正确组织管理同样重要。当一个物流公司进行全球化运作时，最好的组织形式通常只有一种，那就是计划和控制功能集中，运作功能分散。就结构来说，通常由一个中层或高层的管理执行官负责管理全球物流。成功的关键要素在于所有重要的国际物流环节是否都集中在一个执行官的管理之下。

在企业以通常的出口或许可证方式进入国际市场时，国内的运作将在公司中起到保持力量平衡的作用。显然，只有在发展的初期这种情况才是合理的。随着国际运作在销售量、利润上以及随后而来的重要性的增长，企业的全球组成部分将在企业决策制订中获得更大的关注。

全球物流应当集中运作还是分散运作

许多在全球市场上运作的公司将大量的物流活动集中起来，而其他则分散。例如，客户服务的控制和管理放在国外市场本地化运作时，表现得最好。另一方面，进入公司的物资流通常是集中的，主要因为技术能够克服距离的困难。此外，大多数的信息系统都是集中型的，使得公司能够跨越国界，进行集成物流决策。②

① William W. Goldsborough and David L. Anderson, “Import/Export Management,” in *The Logistics Handbook*, ed. James F. Robeson and William C. Copacino (New York: Free Press, 1994), pp:675-76.

② Alan Braithwaite, “Integrating the Global Pipeline: Logistics Systems Architectures,” unpublished paper, undated, 19 pages; 另见 Jonathan Reynolds, “Retailing in Computer-Mediated Environments: Electronic Commerce Across Europe,” *International Journal of Retail and Distribution Management* 25, no.1 (1997), pp.29-37.

全球化

“本地化”的全球分销

Hoffman-La Roche，一家瑞士的跨国企业，在集中化控制还是分散化控制它的维生素和精细化学品的物流方面采取了一种中间路线。

这家公司将储存和配送成品的职责赋予负责营销的区域经理。同时，公司在位于巴塞尔（Basel）的总部保留了承运商选择、费率谈判、原料供给和公司内部运输的功能。

Hoffman-La Roche 认为“本地化”的全球配送系统是在获得中央控制经济性的同时贴近客户的一种途径。

Hoffman-La Roche 在 1996 年将配送和库存控制的权利交给了区域经理。

这家公司有互相独立的业务单位（或产品部门），在美国和欧洲都拥有生产设施。

维生素和精细化学品的业务单位有三个地理区域——欧洲（在 Hoffman-La Roche，还包括非洲和近东）、美国和远东（包括大洋洲）。

在发生变革之前，这些区域经理已经被赋予了营销的责任。

总部控制全球范围内的成品从生产地点到位于荷兰 Venlo 的“全球配送中心”、从全球中心到三个地理区域的“地区配送中心”以及从每一个区域中心到区域内客户的物流和运输。

在欧洲，从区域配送中心到客户的配送通常使用卡车完成，从维生素和精细化学产品生产的生产基地只需一天就可以完成。但是在亚洲，需要进行海运，区域配送要花费两周时间。

资料来源：Philip Damas，“‘Localized’ Global Distribution,” *American Shipper* 39，no.2（February 1997），pp.36 and 38. Reprinted by permission of American Shipper.

影响全球物流战略和组织结构的因素很多：

影响全球物流战略的因素

- 快速的产品导入——在记录时间里，将产品带入许多地区的市场中
- 以市场需求为中心——用定制化的设计、包装、服务满足消费者的需求
- 快速反应交付——配送足够量的产品，满足消费者的需求
- 扩展服务领域——在交付产品的同时，提供创新、增值的服务（如产品配套服务或 24 小时消费者热线）
- 创新的渠道——使用层次最少的直接配送系统，以较低的成本快速送达客户①

当把这些战略作为一个整体来看时，为了适应这些变化的条件，物流组织的柔性和相应能力就显得非常明显和紧急。

① David L. Anderson and Dennis Colard，“The International Logistics Environment，” in *The Logistics Handbook*，ed. James F. Robeson and William C. Copacino（New York：Free Press，1994），p.647.

从财务的观点看全球物流

一个涉及全球物流的公司面临的财务环境与只在国内运作的公司是迥然不同的。无论公司是否涉足进口、出口、许可证交易、合资经营或直接建立独资公司，都要考虑到汇率、资金成本、通货膨胀对物流决策和运作的影响、税务结构和在国际市场上进行物流活动所涉及的其他财务方面的问题。①

对营运资金的考虑

全球物流运作需要在必要的情况下进行融资，为营运资金、库存、信用、建筑物和设备投资以及商品调整提供支持。对与一家由于距离、过境延迟和政府法规阻碍货物在国内和国家之间顺畅移动而造成时间滞后的公司来说，对营运资金的考虑是非常重要的。通常来说，国际运营比国内运营需要更多的营运资金。

库　　存

库存是全球物流非常重要的一个方面。由于运输时间、港口延误、海关延误和其他因素的影响，为了向国际市场提供服务，公司经常需要保持更高水平的库存。②

再者，由于在一些国家中存在高通货膨胀，库存对与全球化的企业有着巨大的影响。在一个高通货膨胀的经济环境中，使用正确的库存会计手段是非常重要的，因为它对利润有影响。后进先出（LIFO）的方式可能是最合适的战略，因为销货成本与当前的重置成本比较接近。相反，先进先出（FIFO）的方式产生一个比后进先出大的利润，这是过去的成本和当前的收入相对应的结果。

跨国公司的管理人员必须在库存管理中考虑成本权衡，以期在通货膨胀或其他情况下获得比较高的成本。这个成本权衡是过多的库存积累以及相关的库存持有成本和通过减少库存，降低库存持有成本之间的平衡，而减少库存持有将导致日后获取成本的上升。

投资于物流设施和网络

当管理者考虑直接投资于物流设施和网络时，国际融资计划中的资金预算部分将变得非常重要。资金预算过程中特别值得指出的一个方面是汇率波动对物流运作的影响。

与国内运营一样，国际市场上的客户直到它们的货物交付后才会付款。许多因素都会导致国际运输交付比国内运输花费更长的时间。出口必须要考虑到在产品运输、向收货人交付以及最终客户支付过程中可能发生的汇率波动。除非采取一些措施保护预期利润的情况下，汇率下跌将导致利润下降，或更加严重的情况，造成损失。③

信用证

为了保证国际客户为交付给他们的货物支付货款，信用证成为一种经常使用的工具。信用证是由有权为受到的货物支付货款的银行以买方的名义开具的文件。由银行向卖方支付，而非买方。图 14.2 表示了信用证的使用过程。有位作者曾经提出，“尽管它看起来更像是公司金融部门的事情，涉及到国际贸易的物流经理了解信用证如何使用是非常重要的。如果他们对信息理解错

① 见 Sherrie E.Zahn，“Tips from International Bankers，” *World Trade* 12，no.10（October 1999），pp.72-74.

② Goldsborough and Anderson，“Import/Export Management，” p.677.

③ 见 Patrick F.Rossi，“When the Money Comes，What Will It Be Worth?” *World Trade* 12，no.5（May 1999），pp.82-87.

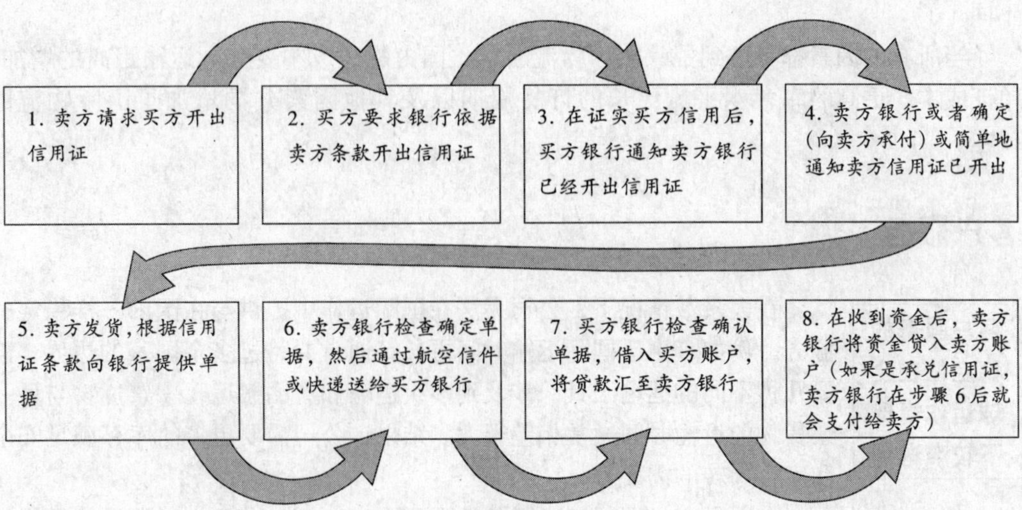

资料来源：摘自 James Aaron Cooke，“What You Should Know about Letters of Credit，” *Traffic Management* 29，no.9 (September 1990)，pp.44-45.

图14.2　信用证的运作机制

误，或没有根据信用证中的货运指示认真工作，公司将可能因为发出了货物，没有收到货款而遭受损害。”①

保险交易

在最近一段时间里，一些销售商使用保险交易来保证收到货款。这种支付保证的形式越来越流行，它与信用证相比具有比较低的管理费用。

全球市场——可控因素

当一个公司涉及到全球运作时，物流执行官的责任范围经常扩展到包括国际配送活动。几乎80%的物流执行官对与他们公司的全球配送运作负有直接的责任。②

全球物流成本通常较高

一个涉足全球营销的公司的管理者必须管理物流的各个环节，将成本降低到最低限度，为客户提供可接收的服务水平。然而，一个公司的成本/服务组合在国际市场上将千差万别。例如，物流成本占销售额的比例，在日本和美国要比在欧洲、澳大利亚以及英国高。③ 涉及国际物流的管理者——特别是那些在国外拥有子公司的企业——应当清楚地认识到国内和国外物流活动管理的

① James Aaron Cooke，“What You Should Know about Letters of Credit，” *Traffic Management* 29，no.9 (September 1990)，pp.44-45. 另外，见 Chris Gillis，“Automated Letters of Credit，” *American Shipper* 38，no.2 (February 1996)，p.52；Gordon Platt，“Benchmark Study Finds Letters of Credit Amassed More Than ＄1 Billion Last Year.” *Journal of Commerce and Commercial* 410，no.28840 (October 30，1996)，p.9C；和 Ira Weissman，“Letters of Credit—Doing Business in a Global Market，” *The CPA Journal* 66，no.1 (January 1996)，pp.46-49.

② Bernard J. La Londe and Terrance L. Pohlen，“The Ohio State University 1999 Survey of Career Patterns in Logistics，” *Annual Conference Proceedings of the Council of Logistics Management* (Oak Brook，IL：Council of Logistics Management，1999)，p.367.

③ Bender，“International Logistics，” pp.8.15-8.19.

不同。

当所有的因素都考虑到了，全球物流通常比国内配送成本要高。运输距离的增加、单证成本、更高的库存水平、更长的订货周期以及其他因素共同增加了国际物流的成本。

客户服务

客户服务的稳定性在全球运作情况下较难达到

在大多数情况下，公司无法在国际运作中提供与在国内一样稳定的服务。例如，由于国际运输时间更长，通常要跨过多个国家的边界，需要几种不同的运输工具，涉及到多次运输和产品搬运，一票货物与另一票货物的运输时间通常相差很大。结果，公司需要更多的库存满足安全和库存周转的需要。

在一些情况下，在国际市场上的客户服务水平要更高。例如在日本，那里的平均订货周期要比美国短。由于这两个国家地理条件、批发商和零售商的物质设施以及财务状况上的差异，大部分的消费品订货能够在 24 小时或更短的时间里送达。由于这个原因，许多跨国公司在国外市场上都直接投资建立自己的设施，使得在保证客户服务的基础上能够有效地完成订单。

客户服务成本相差很大

各个国家之间客户服务的成本有很大不同。公司必须分析各个国外市场的客户服务需求，开发能够为每一个区域提供最佳服务的物流规划。有时，由于竞争、独特的客户需求、政府法规和关税壁垒的缘故，公司不得不负担较高的物流费用。这导致了这些国际目标市场的赢利能力比较低。

HP 获得国际竞争优势

惠普（HP）公司是一个通过提升客户服务水平获得国际竞争优势的例子。HP 实施了紧密联系研发和制造的计划，并成功地降低了“从概念到交付”的时间。在这项成功的计划中，物流组织扮演了一个关键的角色。[①] 改进订单实现流程一直是公司主动采取的一个关键战略。公司设定了大大降低接收和处理客户订单时间和向这些客户运输产品的时间的目标。

Subaru of America（SOA）是通过提升客户服务水平获得国际竞争优势的又一个例子。SOA 通过重构物流网络改善了它的客户服务。公司因此减少了大量的运输费用，同时仓库的运作效率提高了 50%。[②] Subaru 通过提供一流的部件和汽车支持服务在业界占据了一席之地。

库存

全球物流的库存控制要求清楚国际和国内库存管理系统在以下方面的不同：

全球库存

国际系统通常在供应商和客户之间拥有更多的库存点和更多的层次。因此与国内系统相比，国际系统的多级库存系统更复杂，也更普遍。

① Anderson and Colard, “The International Logistics Environment,” pp.669-70.

② Lisa Harrington, “Customer Service Puts Subaru on Fast Track,” *Traffic Management* 24, no.10 (October 1985), pp.76 and 85.

在相同销售量的情况下，国际系统的在途库存要比国内运作高许多。这是由更多的库存点、更多的层次和更长的运输时间引起的。[①]

由于货物运输距离更长以及在货物的国际运输中正常出现的延误，公司在国际市场中不得不维持高于正常水平的库存。一般来说，国内公司的库存占资产总额的 10% 到 20%，而在国际市场中运作的公司的库存占其总资产的 50%或更多。对于一些高价值产品，库存持有成本和应收账款会非常高。

在零售市场上，人们的购物方式对全球化公司决定库存战略是非常重要的。美国公司能够对库存施加更强的控制力，因为它们可以通过使用折扣影响客户的订货量。而在国际市场上，这种做法可能不可行。

由于国外市场的情况可能会有所不同，为每一个市场区域制定合适的库存策略和控制流程对于公司来说就显得尤为重要。

运输

全球运输方式的不同

在国际环境下，运输方式的选择和运输管理比在国内环境中复杂得多。在国家之间或地区之间进行运输的最基本的方式是空运或水运。在一个特定的国外市场，这些模式和联运基本上是相同的，但是可能会有不同的特点。因此运输方式和运输工具的选择过程以及运输管理必须在国家或者区域的层面上管理。

世界各国运输基础设施有很大的差异。例如，在欧盟，很少有公司拥有自己的运输部门。在欧洲，运输更多的是以外包的形式运作。[②]还有许多美国以外的国家，运输资源由政府持有、运营。有时，国内的货主拥有较低的运输费率、设备的可得性以及其他优越条件。

欧洲的铁路服务通常要好于美国，因为政府或铁路系统的子公司拥有所有权，设备、铁轨、设施维护得比较好。日本和欧洲国家水运的使用程度大大高于美国和加拿大。由于海岸线和内陆水道长，而且适合运输，水运成为许多货主的一个选择。许多跨边境运输或在边境线内运输的公司需要彻底评估运输方式、成本和服务。

选择全球运输方式和承运商

正如在第 13 章中讨论的那样，许多公司会使用国际货运代理服务。选择国内运输方式和承运商所考虑的很多重要因素也能够应用于全球运输。例如，当公司选择国际货运代理时，专业性、服务可靠性、提供相关信息的能力、公司信誉、个人的关注、合理的价格以及代理商的财务状况都是最重要的因素。[③]最基本的差别在于各种国际货运选择方案的能力。

在进行运输决策时，物流决策制定者需要考虑国内与国际运输之间的许多差异。可获得的运输方式、承运商的费率和运输组合的其他方面在不同的市场可能是不同的。

---

① Bender, "The International Dimension of Physical Distribution Management," pp.785-86.

② 有关英国外包方面的讨论，见 John Fernie, "Outsourcing Distribution in UK Retailing," *Journal of Business Logistics* 20, no.2 (1999), pp.83-95.

③ Paul R. Murphy and James M. Daley, "Investigating Selection Criteria for International Freight Forwarders," *Transportation Journal* 37, no.1 (Fall 1997), p.32.

仓储

尽管仓储的基本活动在全世界是相似的，但仍然存在很多差异。国内和国际仓库管理的主要区别在于：所服务的市场大小、存储的产品的种类以及手工运作和自动化系统运作的不同。

下面是针对在全球销售的情况下使用仓库设施必须要回答的几个问题：

关于仓储的几个问题

- 使用当地仓库为市场提供公司的产品是否恰当
- 是否有足够的仓库运作人员
- 客户希望以多快的速度完成产品交付
- 是否可以使用第三方
- 使用公共仓库和自有仓库的相关成本是多少[①]

仓库所服务的市场区域

就物流网络所涉及的市场区域大小来说，欧洲和亚洲的市场比较小而且相隔紧密。主要是因为在这些地区人口密度比较高。[②] 在非洲、南美和澳大利亚，所服务的市场地理范围比较大，因为人口聚居中心相隔比较远。

在仓库和配送中心中存储的产品的数量和种类在不同的地区是不同的。在欧洲，与美国相比有更多的产品专用存储设施。在美国，仓储中通常存储有数量更大、种类更多的产品。例如，法国的超市配送商拥有生鲜食品、饮料和海鲜的专用仓库。[③]

自动化的使用

在工业化的国家和地区，自动仓库设施使用比较多。因为那里的劳动力成本相对于产品的其他成本来说比较高。[④] 在中国和印度以及其他亚洲和非洲国家里，因为劳动力成本比较低，自动化设施还没有得到广泛应用。同时世界上自动化系统的成本差异以及支持计算机和信息系统的可获得性的差异也影响了自动化系统的使用。

其他活动

全球货运需要更多的保护

包装。全球货运比国内货运要求对产品进行更多的保护。长距离运输以及多次搬运增加了造成货损、迟滞、被盗发生的可能性。[⑤] 通常来说，国际运输中的货物损失和/或损坏比国内运输要多。因此，全球化的货主必须更加注重包装的安全性。

---

① 有关这些问题中的某些问题的讨论，见 Tom Andel，"Making the World Your Warehouse，" *Transportation and Distribution* 38，no.8（August 1997），pp.88-92.

② 见 Fernie，"Outsourcing Distribution in UK Retailing，" pp.83-95；和 Robert Schipper，"Centralized vs. Distributed Warehousing in Europe：From Make-Hold-Sell to sell Source-Deliver，" *World Trade* 13，no.1（January 2000），pp.64 and 66.

③ Philippe-Pierre Dornier，Ricardo Ernst，Michel Fender，and Panos Kouvelis，*Global Operations and Logistics*（New York：John Wiley & Sons，1998），p.181.

④ 有关德国的仓库自动化的一个例子，见 Klaus Blumenschein，"Seeds for Germany，" *Logistics Europe* 5，no.4（September 1997），pp.56-58.

⑤ 见 Diana Twede，"Packaging，" in *The Logistics Handbook*，ed. James F. Robeson and William C. Copacino（New York：Free Press，1994），pp.457-58.

影响全球包装的因素

影响国际运输包装设计的主要因素有：运输方式/运输工具、搬运方式、气候、被盗的可能性、货运费率、关税和最重要的客户需求。

所有国际货运包装决策中最基本的一条是货物应当无损坏地到达目的地。物流执行官可以遵循一些基本的原则，为保证货物安全到达国外目的地提供帮助：

国际货运指导原则

- 了解产品
- 了解运输环境，根据运输途中最艰难的部分进行包装
- 了解供应商
- 为每一种运输方式确定发运国以及收货港可以使用的包装条款
- 在收货港安排适当的收货①

集装箱在国际范围广泛使用

为了方便产品的搬运和在运输存储过程中保护产品，许多公司转向使用集装箱。集装箱广泛使用于全球物流系统，特别是在水运是运输网络一部分的时候。② 许多公司采取了适合国际货物运输的集装箱规格标准（8′×8′×10′、20′、30′、40′）。③

使用标准化的物料搬运设备也开始普及起来。使用集装箱的优点在于：

集装箱的优点

- 由于集装箱的自然保护作用，货损减少了
- 由于越来越多地使用自动物料搬运设备，货物搬运的劳动力成本降低了
- 集装箱比其他的运输容器更加容易存放和运输，使得仓储和运输成本下降了
- 集装箱有各种尺寸，大多数都适合标准化的国际联运
- 集装箱可以在港口和仓储空间有限的地方作为暂存设施

集装箱的缺点

集装箱化也不是没有缺点。使用集装箱的主要问题在于世界的一些地方没有集装箱港口或终端。即便是有这些设施，它们也可能因为大量的进出货而超负荷运转。长时间的迟滞是很普遍的。加之建立一个基于集装箱的运输网络需要大量的资金投入。在公司能够进行集装箱化运作前必须在港口和终端设备、物料搬运设备、专用运输设备以及集装箱本身上花费大量的资金。④

贴标签

与包装相关的是贴标签。从成本角度来看，贴标签占全球物流成本的比重相对较小。然而，准确的标签对于及时高效的进行跨国货物运输是非常重要的。与贴标签相关的重要问题包括标签的内容、语言、颜色以及在包装上的位置。

---

① Betsy Haggerty, "How to Package Goods for International Transportation," *Inbound Logistics* 5, no.4 (October 1985), p.25；另外，见 David A. Clancy, "Develop a Global Package," *Transportation and Distribution* 31, no.10 (October 1990), pp.34-36.

② 有关水港如何处理远洋集装箱的讨论，见 Toby B. Gooley, "Follow That Container!" *Traffic Management* 34, no.9 (September 1995), pp.29-35.

③ 有关各种类型的集装箱及其使用以及全球运输的未来等方面的评论，见"Container Industry"栏目的几篇文章，*World Cargo News* 6, no.12 (December 1999), pp.35-43.

④ 见 John L. Kent and R. Stephen Parker, "International Containership Carrier Selection Criteria: Shippers/Carriers Differences," *International Journal of Physical Distribution and Logistics Management* 29, no.6 (1999), pp.398-408.

采购。传统上，企业从国内获得原材料、零部件、供应品和组件。然而，国际原料采购正越来越成为一种趋势。例如，美国的 Trek 自行车公司每星期都从台湾、新加坡、日本、中国、菲律宾的供应商那里进口 20 个集装箱的成品自行车和零部件。[①] 佳能使用当地的一些供应商为在日本以外的产品制造提供服务。在加利福尼亚的工厂，公司 30% 的采购来自于当地，这个比例在弗吉尼亚低于 20%，在德国为 40%。[②]

集成物流管理和成本收益分析的概念对国际物流也是非常重要的。然而，与进行一项活动发生的成本一样，每一个物流环节的相对重要性在不同的市场是不同的。这导致了每一个国际市场不同的成本/服务权衡。

网上信息资源

信息系统。对于一个第一次涉足国际物流的企业的物流执行官来说，从尽可能多的数据源中获得每一个市场关于业务条件和运作流程尽量多的信息是一个最好的建议。互联网是一个获得关于全球商务和物流几乎所有方面信息的非常有用的资源。网络的速度发展很快。事实上，网络流量每 100 天就翻一倍，电子商务是一个前途无量的全球产业。[③]

世界上的银行使用自动信息票据交换与其合作银行完成资金和支票的转账。与之相同，物流信息交换所为全世界的货主每天 24 小时提供货运信息。[④]

公司为了诸如订单处理、实时传送物流信息、内部网络通话、互联网接入以及电视会议的目的，大量使用卫星通讯系统。沃尔玛（Wal-Mart）是率先使用卫星通讯的企业之一。卫星通讯帮助企业实现了全球管理。[⑤]

ITL 软件

企业还在跨国制造和商务中使用国际贸易物流（International Trade Logistics，ITL）软件。国际贸易物流软件被用来“自动处理、跟踪和汇报大量的活动。这些活动通常（但并不总是）与供应链管理、仓库管理、库存管理以及运输管理信息系统相连。”[⑥] 例如，位于美国的 Xylan 公司，一家 60% 的收入来自国外的全球网络交换设备制造商，使用国际贸易物流软件，通过它的主页监控所有的库存点。这家公司还确认产品的运输、准备客户文件和加快货物通关。[⑦]

---

① Toby B. Gooley, “Keeping an Eye on Asia,” *Logistics Management and Distribution Report* 37, no.5 (May 1998), p.84.

② Anderson and Colard, “The International Logistics Environment,” p.666.

③ Ron Edwards, “Information Technology: The Key to Global Growth,” *World Trade* 12, no.7 (July 1999), p.68. 有关互联网如何应用于全球物流的讨论，见 Gerry Dempsey, “A Hands-On Guide for Multilingual Websites,” *World Trade* 12, no.9 (September 1999), pp.68-70.

④ 有关 Unisys 公司和奔驰汽车公司如何使用自动化信息系统和互联网将全球业务连接起来的例子，见 Lisa H. Harrington, “Traveling the Global Data Highway,” *Traffic Management* 29, no.4 (April 1990), pp.38-42; and Kurt C. Hoffman, “Mercedes Pares Parts Inventory of Its Latin American Operations,” *Global Logistics & Supply Chain Strategies* 4, no.5 (June 2000), pp.76-80.

⑤ Bruce Elbert, “Satellite Communications,” *World Trade* 12, no.5 (May 1999), p.35.

⑥ Martha L. Celestino, “International Trade Logistics Software Solutions,” *World Trade* 12, no.5 (May 1999), p.60.

⑦ 同上。

全球市场机会

三个地区占据了世界大部分的经济活动和国际贸易：北美、环太平洋/中国（包括日本）以及西欧。这三个地区创造了世界 80%的经济产出和 75%的出口。由于这个原因，我们有必要了解这些地区，以及其他一些发展中地区如东欧、前苏联和南美的商务和物流系统的基本特点。

北美

NAFTA 集成了加拿大、墨西哥和美国的市场

北美自由贸易协定（the North American Free Trade Agreement，NAFTA）创建了由加拿大、美国和墨西哥组成的北美共同市场。[①] 美国和墨西哥之间每年的贸易额超过了 1,500 亿美元，其中大约 750 亿美元是从墨西哥输往美国的。美国和加拿大之间每年的贸易总额超过 3,200 亿美元，大约 1,700 亿美元是从加拿大输往美国的。[②] 图 14.3 表示了从 1993 年至 1998 年，NAFTA 对美国向加拿大和墨西哥出口的影响。有意思的是，在 1999 年，墨西哥超过日本成为加利福尼亚最大的出口市场，出口额超过 140 亿美元。[③]

这个地区比欧盟和欧洲自由贸易区（the European Free Trade Association，EFTA）拥有更多的人口和内部经济产出。NAFTA 的前景是非常广阔的，因为它不仅直接影响了各种物流活动，还影响了加拿大、美国和墨西哥企业的供应链的构建。具体地来说，NAFTA：

NAFTA 导致的变化

- 消除了大量的关税和非关税壁垒（到 2004 年，所有的关税将被取消）
- 提升了运输商跨国运输的能力（特别是在美国和墨西哥之间，那里的跨国运输业务容易得多）
- 放宽对国外资本的限制（它允许美国和加拿大的企业在墨西哥建立公司或兼并墨西哥的公司）
- 使海关操作、本地装运规则以及包装和标签标准化[④]

加拿大和美国拥有世界上最先进的物流设施和系统。北美为这块大陆上的货主提供了运输服务供应商、良好的和有价格竞争力的仓储设施以及辅助服务的广泛选择。在北美可以找到公共的、合同的或专用的承运商，提供空运、公路、铁路、管道和水运运输

---

① 可以在网址 http://www.sice.oas.org 上找到北美自由贸易协定的全文。

② John Sweeney, *NAFTA's Three-Year Report Card: An "A" for North America's Economy* (Washington, DC: Heritage Foundation, May 1997); "Americas Watch: News from the Americas," *Inbound Logistics* 19, no.9 (September 1999), p.24; and "Canada: Between Good Neighbors, Fences Are Coming Down," *Global Logistics & Supply Chain Strategies* 4, no.6 (July 2000), pp.70-75.

③ "Americas Watch: California Exports Sunny," *Inbound Logistics* 20, no.3 (March 2000), p.14.

④ Waller, D'Avanzo, and Lambert, *Supply Chain Directions for a New North America*, pp.2-3.

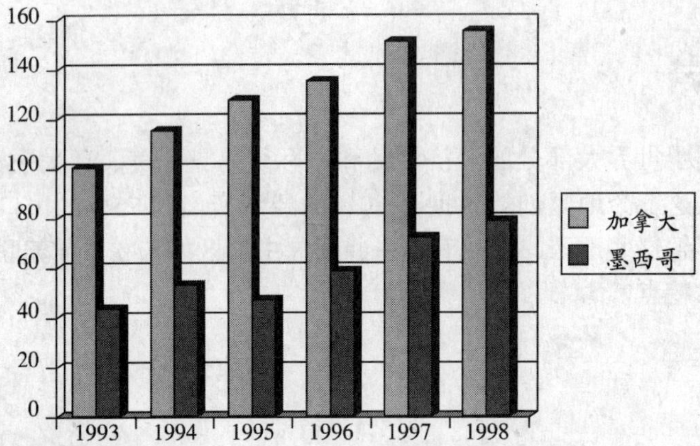

* 数字以10亿美元为单位

资料来源：US. Department of Commerce(1999).

图 14.3 NAFTA 对美国向加拿大、墨西哥出口的影响，1993～1998年 *

服务。由于美国和加拿大所有的运输资源都不是政府拥有的，在大多数情况下运输费率是可以谈判确定的，取决于货物类型（例如危险品和冷冻货品）和产品的特征（如每年的运量、季节性、运输批量和产品类型）。[①]

加拿大太平洋铁路与联合太平洋的合作伙伴关系

作为 NAFTA 通过后产生的一个结果，加拿大太平洋铁路（Canadian Pacific Railway）与联合太平洋（Union Pacific，美国公司）以及墨西哥国家铁路承运商——TFM——结成合作伙伴关系，在加拿大和墨西哥的16个点之间提供 TOFC 服务。这些联运货物的清关基本上都在始发地而非边境上完成。[②]

单位化（以托盘和薄衬纸的形式）和货运集装箱化在近几十年里已经非常普遍。在大部分产业链上托盘已经标准化（例如食品制造商）。集装箱，大部分为40英尺或更长，加上一些20英尺的，已经成为国际标准化组织制定标准的基础。

电子数据交换（EDI）、互联网和其他信息系统技术对物流运作的支持使得北美在几十年前就在物流领域处于领先地位。北美大陆是今天世界上这些技术的最大用户。

加拿大海关单据处理的电子化过程

有资料说，“超过150万票进入加拿大的汽车运输业务单据在货物达到边界之前就已经由海关处理了，当货物到达时缩短了货物放行时间。超过90%从美国运往墨西哥的货物在边境上只用20秒或更短时间就能够清关。”[③] 一个典型的例子是 Roadway Express 主页（www.roadway.com）允许客户通过公司的“E-Z Export”系统在网上完成报关单据。在美国和加拿大之间每年成千上万的货运业务中，超过96%在货物达到边界之前就已经清

① 有关 NAFTA 如何影响运输部门的讨论，见 Michael D. White，“NAFTA Shipping Still Negotiating the Curves,” *World Trade* 12，no.9（September 1999），pp.54-56.

② Michael D. White，“Wherever You Go，the Tune's the Same,” *World Trade* 12，no.5（May 1999），p.72.

③ Robert B. Carr，“Don't Let Borders Be Barriers,” *Transportation and Distribution* 36，no.3（March 1995），pp.65-70.

关。①

技　术

互联网软件降低成本

由于技术发展以及随后的技术在公司以及供应链上的应用，物流软件使用的增长速度越来越快。随着互联网对企业信息化能力的扩展，许多企业已经拓展了他们对互联网软件的使用。

RockPort Trade System 是一家通过利用快速增长的互联网应用而获得成长的公司。这家公司开发了一个复杂的客户端——服务器系统，叫做 RockWeb，这个系统用于管理集成供应链需求，如全球采购、结算和物流。

根据关于全球物流和供应链战略（*Global Logistics and Supply Chain Strategies*）的一篇文章所说的："在边缘和欠发达国家——或者希望在信息技术上花费最少的公司里——互联网能够带来很多的好处。供应商能够获得采购订单通知，制造日期可以变更，可以发出信用证通知，还可以接受原料，表格和发票可以打印出来。所有这些都不需要在技术上花费太多。"

资料来源：Russell W. Goodman，"Internet Cuts Costs, Spreads Availability of Export, Import Software，" *Global Logistics and Supply Chain Strategies* 3，no.1（January – February 1999），pp.62 – 70.

许多北美制造商、零售商和物流服务供应商使用 NAFTA 带来优势。这些前沿企业或称之为"最佳运作"的企业已经采用了以下一种或多种战略：

在 NAFTA 影响下前沿企业的战略

- 客户服务。最佳运作企业在三个国家以一致的、协调的方式管理关键客户。它们也在努力在这个集成的北美市场上提供更加统一的服务水平
- 制造。为了利用 NAFTA 市场和关税的优势，最佳运作的企业调整了它们的产品开发和制造策略
- 渠道设计。最佳运作企业在每一个北美国家建立市场研究团队，促进分销渠道的设计
- 采购。最佳运作企业定期检查和修改它们的采购战略。这意味着它们逐渐从海外供应商转向北美供应商
- 配送。最佳运作企业与它们主要的北美承运商制定核心运输计划。它们还制定包括联合运输的创新方法在内的跨边界的运输计划。最后它们还建立强大的边界机构，加快跨边界的产品流动
- 销售和营销。最佳运作企业针对北美特定的市场和客户制定销售和营销战略
- 组织。最佳运作企业建立内部的 NAFTA 单位，专注于管理 NAFTA 贸易区内的业务。它们还为它们的员工和供应商提供 NAFTA 的规章制度的培训②

① Anne Fitzgibbon，"Two-Way Transportation：US & Canada，" *World Trade* 13，no.2（February 2000），p.50.

② Waller D'Avanzo，and Lambert，*Supply Chain Directions for a New North America*，p.8.

已经抓住了NAFTA创造机会的公司包括Alamo Iron Works（一家配送企业）、Darco Southern（工业产品制造商）、Loctite公司（工业产品制造商）、NSK-RHP Canada（滚珠轴承制造商）、Rich Products（食品生产商）和Yellow Freight（卡车运输商）。①

环太平洋地区

在环太平洋地区涉及进口、出口、外协采购原料和市场进入的公司认识到，亚洲国家经济、政治和文化的不同对业务活动产生了巨大的影响。从富裕的日本到贫穷的印度和中国，这个地区为公司提供了无数严重的问题和巨大的机遇。②

亚洲的供应链很复杂

亚洲的供应链是很复杂的，尽管也可以管理。据估计，从中国每进口10亿美元的货物，如果通过高效的供应链管理，至少可以节省1,500万美元。③有很多关于在亚洲从事物流活动的问题可以进行研究，例如供应商的选择、运输方式/运输工具的选择、集运和分装的机会、中间商的使用、报关港的选择以及仓储和直接转运方式的选择。

亚洲有三个主要的物流中心：新加坡、香港地区和东京。“新加坡为东南亚以及印度和巴基斯坦提供服务，香港地区是北亚的一个采购点，而东京是日本的一个关键物流集散地。”④在亚洲的许多地区销售产品的公司发现那里的物流环境与北美和欧洲有相似之处。尽管文化和政治上有差异，运输设施在发展，有很大的仓储运作选择空间，自动化系统的实用已经非常普遍，客户服务的理念已经被物流服务供应商所接受并理解。

然而环太平洋地区和亚洲的欠发达国家并不是这样，如中国。在中国，很多物流活动都由政府管理和/或控制。尽管政府在经济和分销方面进行了一些改革，物料短缺、计划分配和价格双轨制（计划价格和市场价格）仍然是经济状况的特征。⑤

中国的物流选择

企业进入中国有更多的选择。图14.4和图14.5分别表示了消费品和工业品的分销渠道。两大渠道战略可以采用直接方式或间接方式使用。正如一位作者所解释的：“在国外企业决定通过短而直接的渠道向目标客户提供产品的情况下，他们可以选择通过销售部门或零售商、送货商店和展览会直接销售给目标市场的客户。或者公司可能选择间接渠道策略，将产品首先销售给销售代理或批发商，让这些分销商将产品通过他们自己的渠道销售给潜在的客户。”⑥

---

① 有关这些公司以及其他公司从NAFTA中受益的讨论，见James H. Gilmore，“Designing a Distribution Strategy for Canada,” CCA White Paper (Cleveland, OH: Cleveland Consulting Associates, undated); Toby B. Gooley, “How Rich Products Gets the Best of Both Worlds,” *Traffic Management* 35, no.2 (February 1996), pp.47—49; “NAFTA's Momentum,” *Industrial Distribution* supplement (May 1995), pp.S3-S12; and David Valdez, “Switch to Free Trade,” *Transportation and Distribution* 36, no.1 (January 1995), pp.53-58.

② 见Lara Sowinski, “China, India, and Australia: Huge Populations and a US-Friendly Market Urge Trade and Investment,” *World Trade* 12, no.10 (October 1999), pp.28-32.

③ John Kao, *Managing the China Supply Chain: A Monograph on Emerging Trends* (Chicago: A.T.Kearney, 1998), p.2.

④ Burnson, “Asia's Economic Rebound,” p.98.

⑤ 有关中国物流环境的分析，见Sherriff T.K.Luk, “Structural Changes in China's Distribution Systems,” *International Journal of Physical Distribution and Logistics Management* 28, no.1 (1998), pp.44-67. 另外，有关远洋运输行业的例子，见“China Opens Shipping Door,” *NITL Notice* 64 (March 3, 2000), p.3.

⑥ Luk, “Structural Changes in China's Distribution System,” p.59.

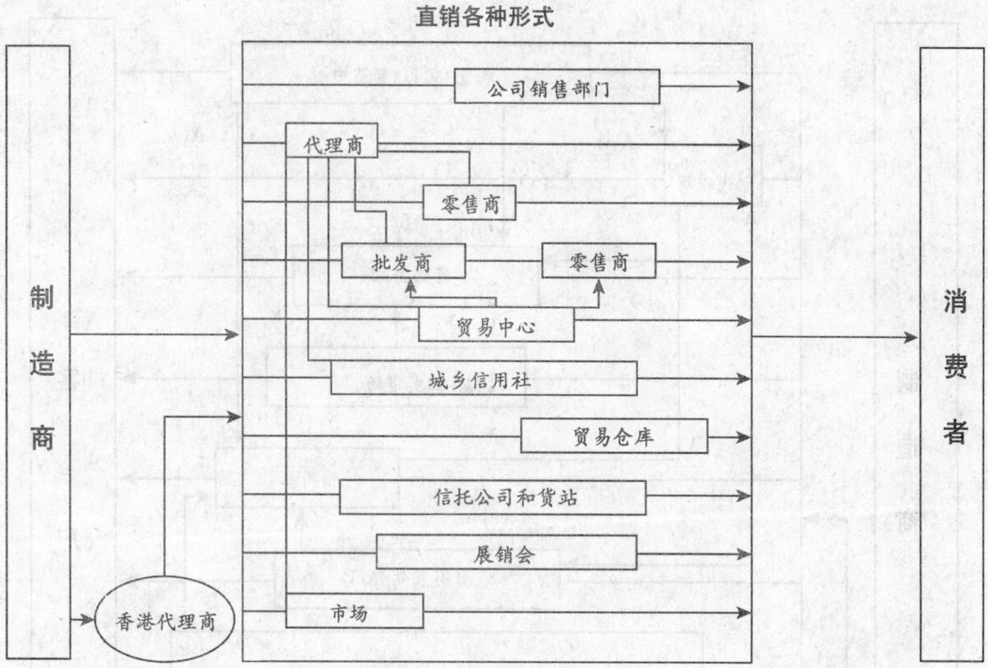

资料来源：Sherriff T.K.Luk，"Structural Changes in China's Distribution Systems，" *International Journal of Physical Distribution and Logistics Management* 28，no.1（1998），p.59.

图 14.4　中国消费品分销渠道

中国的物流挑战

试图进入中国市场的企业将会发现在物流方面存在很大的困难。同东欧和前苏联地区一样，情况正在改善，尽管很慢。但是分销渠道和基础设施的改变仍将会非常慢，企业需要在管理和财务方面具有足够的耐心。在像中国这样的国家做生意，很多年里都不会有大量的回报。公司不能像在世界其他地区的市场一样使用相同的财务标准评价中国的物流效率。

环太平洋的其他地区为全球化的公司带来了物流上的挑战。在 90 年代困扰太平洋地区的混乱的金融状况已经好转，带来了这个地区的恢复和发展。面对亚洲国家未来的市场潜力，公司更加谨慎。但是大多数公司都在这个地区扩大生产、销售和物流运作的规模。①

日本的分销系统

日本、韩国、澳大利亚和其他亚洲国家的市场很复杂，向北美和欧洲的工业化国家提供各种物流服务。例如，日本多年来一直拥有高效的运输和仓储设施以及良好的信息系统。然而，几十年来，过长的分销渠道一直是一个顽症，使得新的进入者要进入日本市场很困难。在 20 世纪 90 年代随着以更短和更直接的渠道为目标的运动，这种状况开始得到改变。这大大提高了物流的效

① 见 John Davies，"Trade in the Pacific May Be Poised to Makea Comeback，" *Global Logistics and Supply Chain Strategies* 3，no.4（May 1999），pp.62-68；and "Asia：For Asian Supply Chains，Good News and Bad，" *Global Logistics & Supply Chain Strategies* 4，no.6（July 2000），pp.58-69.

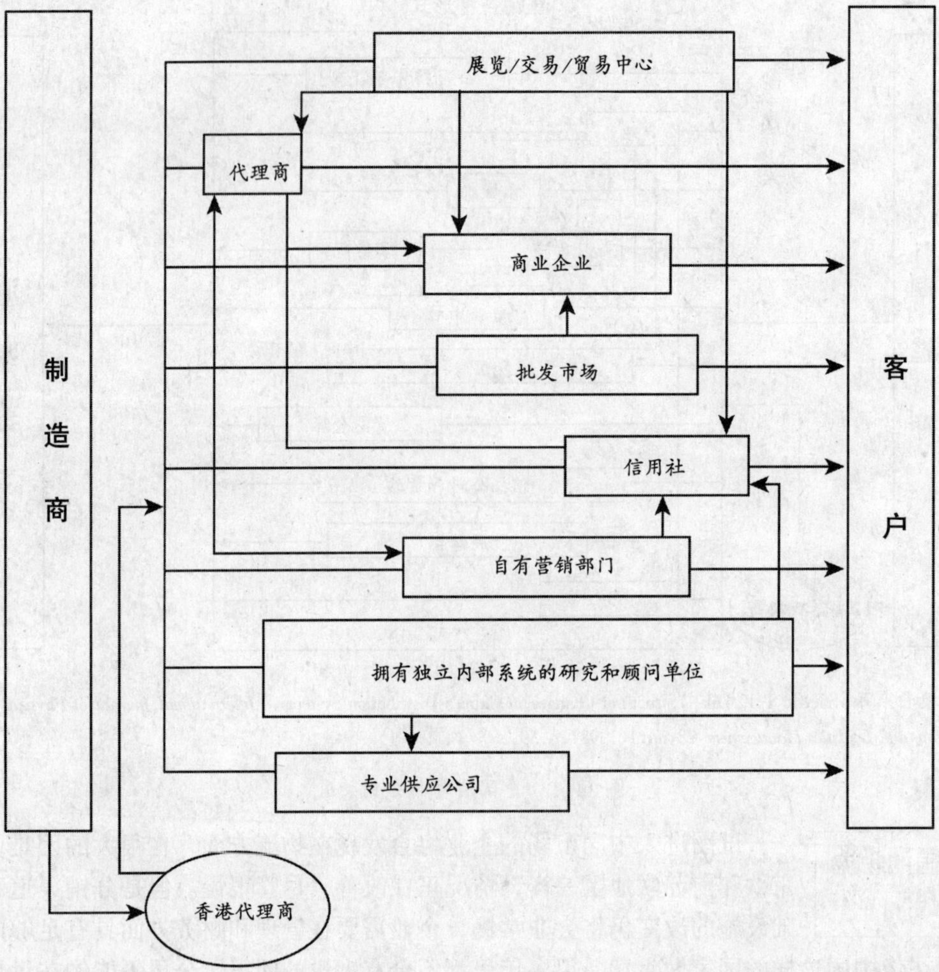

资料来源：Sherriff T.K.Luk，"Structural Changes in China's Distribution Systems，" *International Journal of Physical Distribution and Logistics Management* 28，no.1（1998），pp.60.

图 14.5　中国工业品和原料的分销渠道

率。例如直销和邮购的增长速度要比零售快。①

尽管日本是一个岛国，拥有5,000多个岛屿，大部分的人口居住在四个主要的岛屿上：北海道、本州、九州和四国。在这些岛屿中，本州拥有所有的主要城市和日本最多的人口。

日本物流的一些主要特点如下：

日本物流的特点

1. **运输方式**。国内运输90%的吨位都由卡车运输完成，这种情况似乎不会有什么改变。卡车运输需要运输省的许可证。许可证有几种类型：

① 见John Fahy and Fuyuki Taguchi，"Reassessing the Japanese Distribution System，" Sloan Management Review（Winter 1995），pp.49-61；and Lisa M.Ellram and Martha C.Cooper，"The Relationship between Supply Chain Management and Keiretsu，" The International Journal of Logistics Management 4，no.1（1993），pp.1-12.

- 长途运输卡车许可证。允许在主要地区之间运输（如从工厂到配送中心）
- 短途运输卡车许可证。允许在地区内运输（如从批发商到零售商）
- 地方运输卡车许可证。能够在任何地方运输，但是路线的起止点必须在一个制定的地区，而且只能为一个货主提供服务
- 定线运输卡车许可证。能够为多个货主提供许可路线上的运输服务

2. **物流中心地带**。日本的主要制造区是位于本州的东京—大阪—神户三角区。从东京到大阪大约是 500 公里。这个三角区包括东京周围的城区—Kanto（包括横滨和川崎），大阪周围的城区—关西（包括神户和京都）。
3. **交通拥挤**。三角区里公路和主干道的交通拥挤是一个关键的问题，特别是在主要城市周围，平均车速不超过每小时 15 公里。由于这个原因，及时制系统需要许多小型的设施和/或大量的小型车辆，以快速、可靠和经济地满足客户需求。
4. **配送系统**。不同产品的配送系统由于传统交易方式和分销渠道的不同而存在很大差异。
5. **分销渠道**。非传统的分销渠道，特别是无店铺的渠道，正在快速发展，并且经常是向日本市场引入新产品的最佳渠道。这些渠道包括邮购、目录销售、门到门销售、电视直销和售货机。
6. **共同配送**。共同配送十分普遍。当竞争对手向同一个店铺送货时，共享配送设施和车辆。
7. **托盘化**。大型公司趋向于使用 ISO 标准大小的托盘。然而，这并不普及。大量不同规格的托盘大大增加了物流运作的复杂性。
8. **仓库管理**。商业仓库有运输省和当地的运输管理机构监管。这些仓库与私有仓库、农产品仓库、合作仓库和公共仓库不同。公共仓库进一步分为通用仓库、冷冻仓库、露天仓库、储罐、固定系泊仓库（如用于存储圆木）和危险品仓库。运输省对它们采取不同的监管方式，批准它们运营。

马来西亚的物流活动

在环太平洋的其他地区，市场也在改变。这些改变对物流将产生重大的影响。马来西亚发展了一个成为 Cyber Jaya 的高速增长地区，这是耗资 385 亿美元的多媒体超级走廊（Multimedia Super Corridor，MSC）的一部分。这个区域处于领先产业经济气候下，是一个高科技中心，提供最新的计算机和信息系统。[①] 这个区域的建立使得全球公司的所有的业务职能（如物流、制造、营销）都能从使用高技术设备、软件和系统中受益。尽管这样的区域在亚洲发展缓慢并且受到一些限制，它还是表明太平洋地区将会为全球化的企业提供大量的潜在机会。在出现大发展时，物流系统也会向更加复杂的方向发展。

西欧

地理上，欧洲比北美小得多。大多数的欧洲人居住在半径为 500 英里的范围内。因

---

① Julian Weiss, "The View from Malaysia...The Quest for High, High Tech," *World Trade* 12, no.8 (August 1999), pp.43-44.

此，欧洲和美国的运输和配送方式是不同的。

1992 年的欧洲

随着欧洲统一市场和欧盟范围内欧元货币的使用，西欧获得了巨大的发展。根据"1992年欧洲年鉴"提供的信息，拥有超过3亿人的统一市场的建立对工商业产生了巨大的影响，不仅是在欧洲，而且影响到整个世界。"现在欧洲的土地面积于10年前没有什么两样，但是从物流的角度来看，所有的一切都变了。"[①]

欧盟物流正在变化

欧盟的变化对物流运作产生了非常重要的影响。随着欧洲一体化的进行，这些变化还会持续。下面的一些领域已经发生重大的变化：物流中心的集中、合作伙伴和战略联盟数量的增加[②]、外协和第三方的使用、泛欧运输网络的发展和物流管理的重构。

最重要的变化之一是用更少的配送点服务更大的区域。[③] 例如，柯达公司建立了一个物流网络，为斯堪的纳维亚和波罗的海地区提供服务。其他公司也相继采用了相同的跨国运作战略。在欧洲，通关条件被简化了。[④] 事实上，Becton Dickinson，一家医疗技术公司，关闭了它在欧洲的所有设施，将运作集中在一个地方。[⑤]

泛欧物流战略

通过建立泛欧物流战略，各行各业的公司都已经能够意识到成本和服务水平的改进。一家总部设在美国的医疗设备制造商将所有的物流运作集中在比利时的一个运作中心，降低了50%的库存水平，缺货减少了75%，总物流成本下降了20%。[⑥] 一项有趣的统计表明，大约950个欧洲的配送中心中，约有一半在荷兰。[⑦]

此外，自从欧洲一体化以来，跨国联盟的数量一直在增加。例如在荷兰，KLM Cargo（一家荷兰的航空货运公司）、Jan de Rijk（一家荷兰的运输和物流公司）和 Trailstar（一家跨欧洲的联运公司）将服务结合，开辟了阿姆斯特丹和意大利米兰之间的定期空运—铁路运输服务。[⑧]

在外协和第三方的使用方面，欧洲一直走在前列，但是这种做法正在获得更多的普及。[⑨] 正如一位观察家所说的："第三方物流企业，无论是欧洲的还是总部设在美国的，都在建立泛欧服务网络的方面取得进步。例如 Schenker International 和它的母公司 Stinnes AG. 以及瑞典的 BTLAB 之间的合作伙伴关系建立了欧洲物流业的一个巨头，在欧洲 30

---

① "Logistics in Europe: Tear Up the Old Maps," *Global Logistics & Supply Chain Strategies* 3, no.6 (July 1999), p.38; Lara L. Sowinski, "What's Europe Up To?" *World Trade* 13, no.1 (January 2000), pp.34-44; and "Europe: The Single Market Is Coming Together...Slowly," *Global Logistics & Supply Chain Strategies* 4, no.6 (July 2000), pp.42-57.

② 见 Prabir K. Bagchi and Helge Virum, "Logistical Alliances: Trends and Prospects in Integrated Europe," *Journal of Business Logistics* 19, no.1 (1998), pp.191-213.

③ 见 Toby B. Gooley, "Pan-European Logistics: Factor or Fiction?" *Logistics Management and Distribution Report* 38, no.3 (March 1999), pp.85-91.

④ "Logistics in Europe," p.38.

⑤ Derek Bell, "Integrated Diagnosis," *Logistics Europe* 5, no.1 (March 1997), pp.18-21.

⑥ Gooley, "Pan-European Logistics," p.86.

⑦ Francesca Cunningham, "Market Analysis: Benelux, Powerhouse of Europe," *Logistics Europe* 5, no.5 (October 1997), p.26.

⑧ "Air-Rail Shipments Becoming a Reality in Europe," *Logistics Management and Distribution Report* 37, no.3 (March 1998), p.83. 另见 Michael Babb, "TFGI/NDX Merger to Change European Intermodal Scene," *Logistics Management and Distribution Report* 37, no.10 (October 1998), pp.97-98.

⑨ Alan Waller, "Forging New Links," *Logistics Europe* 5, no.1 (March 1997), pp.12-16.

个国家雇佣了 2 万人，年收入超过 35 亿美元。”①

由于运输限制的放松、更多更优的运输路线和运输计划的机会以及泛欧服务的发展，泛欧运输网络也获得了发展。此外英吉利海峡海底隧道，被称为“隧道”，将英国和欧洲的其他地区连了起来，方便了英国与法国的货物运输。

由于欧洲一体化和一些东欧国家加入欧盟，现有的本地、地区和长途运输的平衡正在发生变化。目前本地运输（半径 75 公里）占 50% 到 70%，地区运输（半径 175 公里）占 20% 到 30%，剩余为长途运输（半径 300 公里）的运输格局预计将会发生重大变化——15% 到 30% 是本地运输，20% 到 35% 是地区运输，35% 到 65% 是长途运输。②

物流管理的重构

在很多管理领域都发生了物流管理的重构，如物流活动的管理。海关流程的取消导致了更高的运输、包装和贴标签的效率。技术进步在整个欧洲都得到了应用，而不是仅仅在单个国家。在统一的欧洲，订单处理、库存控制、仓库管理和计算机技术更加集中化。

物流控制更加集中化的组织变化已经影响了组织结构和工作范围。从 1992 年以来建立的组织结构倾向于更加广泛、对国界意识更加淡化、坐落在大陆上的一些中心点上。

总的来说，欧洲的竞争地位增强了。对于制造商、零售商、物流服务供应商来说，低下的运作绩效带来的惩罚更加严重。然而，对于那些能够在一体化的欧洲经济中应用优化的制造、营销和物流战略的企业来说，收益也是巨大的。

东欧

20 世纪末，前苏联和东欧发生巨变，包括柏林墙的倒塌、东欧和亚洲政治和经济边界的变化、民主德国和联邦德国的合并以及许多前苏联加盟共和国内的独立运动。

独联体

独立国家联合体（独联体，Commonwealth of Independent States，CIS），成立于 1991 年，包括五个基本地区：波罗的海国家（爱沙尼亚、拉脱维亚、立陶宛）、西部边疆（贝拉罗斯、摩尔多瓦、乌克兰）、外高加索（亚美尼亚、阿塞拜疆、乔治亚）、中亚（哈萨克斯坦、吉尔吉斯斯坦、塔吉克斯坦、土库曼斯坦、乌兹别克斯坦）和俄罗斯。这些国家中很多都在向自由市场经济的方向缓慢发展。

东欧和独联体的投资在增加，尽管不如前苏联解体时预测的那样快。Solvay，比利时领先的化学品和药品制造商，在保加利亚投资了 1.6 亿欧元。Saint-Globain 在波兰投资超过 9,000 万欧元建立新的平板玻璃制造厂。汽车制造商雷诺自从 20 世纪 50 年代就在斯洛文尼亚经营，自 1992 年以来，向这个国家投资了 2.3 亿欧元。③ 每年欧盟成员国的国外直接投资超过 90 亿欧元。自从 1989 年以来，总的国外直接投资已经超过 900 亿

① Gooley，“Pan-European Logistics，” p.89.

② Hanspeter Stabenau，“Germany，” *New Trends in Logistics in Europe*（Paris：European Conference of Ministers of Transport，1997），p.22.

③ *The East-West Win-Win Business Experience*：*Report from the European Round Table of Industrialists*（Brussels，Belgium：ERT，March 1999），pp.50，52 and 58.

欧元。每年欧盟向这个地区的出口达800亿欧元。[①]

中、东欧物流的挑战

敦豪速递公司对中东欧的分析表明，这个地区大多数国家的通关手续有着很大的不同。一些公司将那里的海关状况称为"官样文章的摇篮"。90%被调查的企业有通关方面的问题，包括"橡皮图章敲错了位置或者压的力量不够导致文件被退回，以及因为文件用黑色而不是蓝色墨水书写而被拒收"[②]。

与艰难的通关相伴的是几十年来共产主义统治而实际上没有管理所导致的糟糕的运输基础设施。缺少高质量的运输商，公路、铁路和港口设施不足，以及改善的前景不明朗，都使得在中东欧运输产品非常困难。除极少数情况外，根本没有客户满意和客户服务的理念，或被曲解了。在大多数地区几乎不可能使用复杂的物流技术、计算机化的订单处理和信息系统。

物流经理人员面临的重要问题

一个公司在这个地区销售和配送它的产品和服务会遇到很多问题。最重要的一个问题可能是很多东欧国家政治不稳定。正如90年代波斯尼亚和捷克共和国由于政治骚动导致的军事活动所证明的，公司必须清楚地意识到该地区国家的社会、经济和政治气候。

此外，一个市场之所以具有吸引力还依赖于其他因素，例如：

决定东欧单个市场吸引力的因素

- 国家的债务状况
- 金融系统的发展状况
- 企业以及产业的生产力水平
- 劳动力素质
- 基础设施状况
- 技术水平
- 管理技能
- 产品原料的供给
- 关于利润归国的法规[③]

由于机会巨大，许多公司将会发现进入东欧和独联体市场的收益会超出风险和成本。然而，这个过程将很慢。一些国家将提供更大的机会。波兰、匈牙利和捷克共和国的通关过程相对不太严格，具有发展比较好的物流系统。像惠普、麦当劳、Office Depot、必胜客以及Sun微系统公司已经进入了这些市场，并开发了高效的配送系统和网络。[④]随着时间的推移，情况会改变，公司定期单独分析每一个市场势在必行。

组装工厂的运作

世界上的许多公司已经涉足全球制造，也就是说它们在世界的不同地方都有生产设

---

① 同上，p.9

② "Survey Finds 'Red Tape Curtain' Slows Trade in Eastern Europe," Logistics Management and Distribution Report 37, no.3 (March 1998), p.84.

③ *The Iron Curtain Rises: Investment Opportunities in East Central Europe*, management report prepared by A.T.Kearney, Inc. (January 1991), p.6.

④ Andrea Knox, "Eastern Europe: The Center Holds," *World Trade* 12, no.7 (July 1999), pp.24-28.

施。当公司在多个地方有工厂时，它们会遇到不同的物流限制和机会。

在世界范围内制造产品的一个主要优点在于：公司由于会在降低制造成本，特别是劳动力成本方面，获得更大的机会。一项产业估计表明，在墨西哥——在那里已经建立了许多家制造工厂——开展业务的成本仅仅是在美国的 1/3。①

生产共享机会

共享生产拥有很多机会。美国的制造企业在建立制造共享设施时，传统上已经将目光瞄准了太平洋周边的国家。然而它们也在加勒比海周边国家、墨西哥、南美和欧洲国家建立制造共享设施。日本的公司已经在墨西哥开展业务。同样，一些欧洲公司也在墨西哥建立了许多产品制造设施，并开始利用东欧的制造机会。②

制造共享的一个例子是组装工厂，或称为双子工厂的运营。世界各国的公司“在墨西哥和美国交界处墨西哥一侧建立生产线和制造设施。特殊的提前通关降低了那些通常在货物跨越边境时应当缴纳的关税，这些都促进了制造共享。”③

三种类型的组装工厂

有三种类型的组装工厂：制造商拥有和运营、规避港公司运营和合同生产和装配。以下是对这三种类型的说明：

> 在制造商拥有和运营的情况下，投资公司将拥有组装工厂子公司，并承担所有法律和财务上的风险。规避港公司提供组装设备、厂房和劳动力，进行跨国运输，承担管理费用，并处理保险和偶然事件——以一次性费用结算。制造商提供用于生产产品的原料和部件、工厂设备以及制造技术。在规避港的运作方式下，公司保持了对生产制造许多方面的控制，但是承担有限的金融风险和法律责任。合同生产和装配组装工厂已经在墨西哥存在，以许可经营或来料加工的形式为外国生产成品。合同组装工厂根据订货合同生产，外国公司没有法律和财务上的风险。④

组装工厂的成本问题

从物流的角度来看，组装工厂的运作影响了各种物流活动的成本。通常，与仅在国内运作的公司相比，单证成本、库存成本、采购成本和运输成本在组装工厂的运作模式下比较高。订单处理、包装和仓储成本在两种运作方式下相同或组装工厂稍低一些。⑤因此，物流执行官通常会发现在组装工厂运作方式下，物流成本升高了。然而总的来说，因为制造环节的劳动力成本降低巨大，因此公司的总成本将下降。

公司在计划建立双子工厂运作方式的时候，必须与制造一样，考虑物流方面的问题。在墨西哥有超过 3,100 家组装工厂在运作，这个数据每年还在增长。随着公司在寻找获取竞争优势的过程对国际采购和制造选择方案进行评估，组装工厂运作方式对于许

① Martha L. Celestino, “Manufacturing in Mexico,” *World Trade* 12, no.7 (July 1999), p.36.

② Stanley E. Fawcett, “Logistics and Manufacturing Issues in Maquiladora Operations,” *International Journal of Physical Distribution and Logistics Management* 20, no.4 (1990), p.13.

③ 同上。

④ Celestino, “Manufacturing in Mexico,” p.38.

⑤ Theodore P. Stank and Charles W. Lackey, Jr., “Enhancing Performance Through Logistical Capabilities in Mexican Maquiladora Firms,” *Journal of Business Logistics* 18, no.1 (1997), pp.91-123; 另外见“Americas Watch: Spotlight on Mexico,” *Inbound Logistics* 17, no.1 (January 1999), p.40.

多公司来说将继续是一种可行的选择。[①]

创造性解决方案

创造性的自助托运商

在前苏联，由于运输面临大量的绊脚石——比喻但不夸张，托运公司有时采取了有创造性的想法和充满干劲的态度来交付货物。

位于休斯敦的IMC海运集团（一家船公司和项目货物管理公司）的经验，说明了向这个地区自助运输货物的情况。IMC拥有一份向西北西伯利亚的Ardalin油田运输10万吨油田设备的合同。但是没有路通往遥远的目的地，如何把设备运到那里？

由于这个冻土地带在夏季有水涝而且泥泞，因此只有在西伯利亚无情的冬季才能够将沉重的设备运过这片土地。IMC首先租用了一艘特制的破冰船将这些超大型的货物运往被冰雪包围的阿克汗格尔斯克，然后用卡车将货物运往一个就在北极圈北面的临时区域。最后的一段路要求公司自己开路通往目的地。工人们没有开挖易碎的冻土，而是在冻土上浇水，形成足够厚的冰层，支撑最重的设备。这些路是临时的，在夏天它们就会融化，不会留下永久的破坏。

堪萨斯城的Koch Supplies Inc. 在前苏联遇到艰难环境时也体现了相同的创造力。Koch制造和分销食品加工设备。这家公司设计了一种移动式的肉类加工工厂，并在独联体销售。所有的切割、处理和包装设备都装载在一个40英尺的海运集装箱内，并放在由加强轮胎支撑的底盘上。“在设备到达那里后，买方所要做的一切就是将它与加速器或发电机以及水源连起来。”项目计划员Jim Masterson说。

当然，到达那里只是问题的一半，Koch发现联运是问题的答案。根据最终目的地的不同，独立单元通过驮运从堪萨斯城运往东海岸或西海岸。Benjamin Khayr，一个俄罗斯人，Koch的出口经理和独联体项目的翻译，解释说，从那里集装箱装上驶往相应港口的船。到达海外后，运输方可以根据当地的条件选择铁路或公路继续运输。“我们甚至向法兰克福运输一个单位，然后用汽车运往哈萨克斯坦。”他说。联运集装箱和底盘使得物流具有柔性，为甚至是最远的地方提供现代的卫生食品加工。Khayer笑着说：“在西伯利亚，这种设备用来处理驯鹿肉非常受欢迎。”

资料来源：Toby B. Gooley, “Shipping to the Wild, Wild East,” *Traffic Management* 35, no.1 (January 1996), p.70A.

小结

成功的全球营销和物流运作是有可能的，但不能保证成功。国际拓展提供可观的潜在利益和及风险。然而，公司能够通过采取一些直接的措施提高成功的可能性。良好的计划、应用和控制对于国内物流运作是很重要的，但是对于全球运作来说更加关键。

总的来说，完成下面一些工作的公司更有可能在全球获得成功：

- 对全球扩张的潜在风险和收益进行自我评估

① 有关墨西哥组装工厂业务的信息，参考以下网址：(http: //www.maqguide.com)。

- 从政治风险[①]、货币风险、文化、竞争和其他各个国际目标市场的独特因素等角度，对这些市场进行分析
- 确定特定的市场进入战略
- 认真选择国外合作伙伴
- 调查和安排国外物流运作融资的所有方面
- 了解每一个目标市场的物流运作选择，包括：第三方服务供应商、内部物流运作能力和运输仓储选择
- 保证存在及时从国外客户收到货款的机制（例如信用证）[②]

总结物流在全球商务中的地位，我们可以发现五个主要的趋势：

1. 在世界范围内，整个供应链正在成为更重要的竞争因素。
2. 货主在采购、制造、配送和售后服务领域变得更加全球化。
3. 变化是由客户引起的，他们需要更好的服务、更快的交付、更少的库存和更低的价格。
4. 公司将外包作为满足这些新的客户需求的基本途径。
5. 最先进的信息技术是非常重要的。[③]

由于物流管理被看做是与向国外客户提供既定的服务水平有关的成本问题，识别影响执行这个过程的成本因素是非常重要的。因此，营销和物流的财务问题非常关键。

本章讨论了一些世界不同地区——北美、环太平洋、西欧和独联体的全球市场机会。除了识别这些地区的一些机会外，我们还介绍了试图进入这些市场的公司面临的许多挑战和劣势。

最后分析了组装工厂或双子工厂的运作。重点放在了在墨西哥设立装配和制造工厂的美国公司在物流运作上的启示。

推荐阅读材料

Anderson, David L., and Dennis Colard. "The International Logistics Environment." In *The logistics Handbook*, ed. James F. Robeson and William C. Copacino. New York: Free Press, 1994, pp.647-73.

Augustin, Siegfried; Peter G. Klaus; Ernst W. Krog; and Ulrich Mueller-Steinfahrt. "The Evolution of Logistics in Large Industrial Organizations in Europe." *Proceedings of the Annual Conference of the Council of Logistics Management* (Oak Brook, IL: Council of Logistics Management, 1996), pp.535-53.

Aurik, Jonan C., and Jan Van De Dord, "New Priorities in Logistics Services in Europe."

---

① 有关组织如何能够对各种政治风险作出反应的分析，见 Mel Mandell, "Avoiding Overseas Crises: Nothing Beats Being Prepared," *World Trade* 12, no. 10 (October 1999), pp.44-46.

② 摘自 Sherrie E. Zahn, "Building on Your Success: Using Your Strategic Plan for Implementation," *World Trade* 12, no.10 (October 1999), pp.50-52.

③ Robert J. Bowman, "Pulling Together," *Global Logistics & Supply Chain Strategies* 3, no.6 (July 1999), p.11.

Transportation and Distribution 35, no.2 (February 1995), pp.43-48.

Bagchi, Prabir K., and Helge Virum. "Logistical Alliances: Trends and Prospects in Integrated Europe." *Journal of Business Logistics* 19, no.1 (1999), pp.191-213.

Bender, Paul S. "International Logistics." In *The Distribution Management Handbook*, ed.James A.Tompkins and Dale Harmelink.New York: McGraw-Hill, 1994, pp.8.1-8.21.

Carter, Joseph R.; John N.Pearson.and Li Peng. "Logistics Barriers to International Operations: The Case of the People's Republic of China." *Journal of Business Logistics* 18, no.2 (1997), pp.129-44.

Das, Ajay, and Robert B.Handfield. "Just-in-Time and Logistics in Global Sourcing: An Empirical Study." *International Journal of Physical Distribution and Logistics Management* 27, no.3/4 (1997), pp.244-59.

Dittmann, Paul. "Planning for Logistics in a Global Corporation." *Proceedings of the Annual Conference of the Council of Logistics Management* (Oak Brook, IL: Council of Logistics Management, 1996), pp.589-95.

European Round Table of Industrialists. *Improved Investment Conditions: Third Survey on Improvements in Conditions for Investment in the Developing World*. Brussels, Belgium: ERT, 2000.

Fawcett, Stanley; Roger J.Calantone; and Anthony Roath. "Meeting Quality and Cost Imperatives in a Global Market." *International Journal of Physical Distribution and Logistics Management* 30, no.6 (2000), pp.472-99.

Fawcett, Stanley E.; Linda L.Stanley; and Sheldon R.Smith. "Developing a Logistics Capability to Improve the Performance of International Operations." *Journal of Business Logistics* 18, no.2 (1997), pp.101-27.

Fernie, John. "Quick Response: An International Perspective." *International Journal of Physical Distribution and Logistics Management* 24, no.6 (1994), pp.38-46.

Gilmore, James H. "Designing a Distribution Strategy for Canada." CCA White Paper published by Cleveland Consulting Associates, undated, 12 pages.

Glodsborough, William W., and David L.Anderson. "Import/Export Management." In *The Logistics Handbook*, ed.James F.Robeson and William C.Copacino.New York: Free press, 1994, pp.675-76.

Harrington, Lisa H. "Point-and-Click to Anyplace on Earth." *Supply Chain Technology News* 2, no.7 (July 2000), pp.40-44.

Hoffman, Kurt C. "Building a Global Logistics Network: The Virtual Model." *Global Logistics & Supply Chain Strategies* 4, no.4 (May 2000), pp.50-58.

Joung, J.K.; Patrick Lohier; Kevin McGahan; and Samuel Wlkin. "Whither Asia?" *World Trade* 12, no.8 (August 1999), pp.36-46.

"Latin America: A Fertile Ground for Efficient Supply Chains." *Global Logistics & Supply Chain Strategies* 4, no.6 (July 2000), pp.76-86.

MacDonald, Mitchell E. "Who Does What in International Shipping." *Traffic Management* 30, no.9 (September 1991), pp.38-40.

Min, Hokey, and Sean B.Eom. "An Integrated Decision Support System for Global

Logistics." *International Journal of Physical Distribution and Logistics Management* 24, no.1 (1994), pp.29-39.

Mottley, Robert. "Troika of Third Parties." *American Shipper* 38, no.11 (November 1996), pp.47-52.

Mulligan, Robert M. "EDI in Foreign Trade: Case Studies in Utilization." *International Journal of Physical Distribution and Logistics Management* 28, no.9/10 (1998), pp.794-804.

Nooyi, Raj, and Rajive Dhar. "Managing Consumer Returns Globally." *PRTM's Insight* 11, no.2 (Summer 1999), pp.16-20.

Pellew, Martyn, ed. *Pan-European Logistics*. London: Financial Times' Retail and Commerce Division, 1998.

Rinchart, Lloyd M. "Global Logistics Partnership Negotiation." *International Journal of Physical Distribution and Logistics Management* 22, no.1 (1992), pp.27-34.

Rodnikov, Andrei N. "Logistics in Command and Mixed Economics: The Russian Experience." *International Journal of Physical Distribution and Logistics Management* 24, no.2 (1994), pp.4-14.

Samiee, Saeed, and Kendall Roth. "The Influence of Global Marketing Standardization on Performance." *Journal of Marketing* 56, no.2 (April 1992), pp.1-17.

Schwartz, Beth M. "Asia's Bumpy Road to Recovery." *Transportation & Distribution* 40, no.10 (October 1999), pp.43-49.

Skjoett-Larsen, Tage. "European Logistics Beyond 2000." *International Journal of Physical Distribution and Logistics Management* 30, no.5 (2000), pp.377-87.

Sohal, Amirk S.; Robert Millen; Michael Maggard; and Simon Moss. "Quality in Logistics: A Comparison of Practices between Australian and North American/European Firms." *International Journal of Physical Distribution and Logistics Management* 29, no.4 (1999), pp.267-80.

Terpstra, Vern, and Lloyd C. Russow. *International Dimensions of Marketing*, Cincinnati, OH: South-Western College Publishing, 2000.

Van der Ven, A.D.M., and A.M.A. Ribbers, "International Logistics: A Diagnostic Method for the Allocation of Production and Distribution Facilities." *The International Journal of Logistics Management* 4, no.1 (1993), pp.67-83.

Vantine, José G. and Marra, Claudirceu. "Logistics Challenges and Opportunities within MERCOSUR." *International Journal of Logistics Management* 8, no.1 (1997), pp.55-66.

Vos, Bart. "Redesigning International Manufacturing and Logistics Structures." *International Journal of Physical Distribution and Logistics Management* 27, no. 7 (1997), pp.377-94.

Waller, David G.; Robert L. D' Avanzo; and Douglas M. Lambert. *Supply Chain Directions for a New North America*. Oak Brook, IL: Council of Logistics Management, 1995.

Whitehurst, JR., Clinton H. "Western Australia's Place in a Global Economy: A Logistics Point of View." The Strom Thurmond Institute working paper, Series #022195, February 1995.

问题与习题

1. 请解释为什么一个公司在世界市场上提供相同水平的客户服务要比在国内市场上困难。在什么情况下，公司才有可能在国际市场上提供比国内市场高的客户服务？
2. 说出导致物流过程的包装环节在全球物流系统中比在国内物流系统中更加重要的原因。
3. 讨论全球和国内物流中库存的相对重要性。在你的回答中，请考虑库存决策对企业战略地位的财务影响。
4. 讨论“信用证”在国际贸易中是如何使用的，并说明为什么它很重要。
5. 简要分析准备在下列地区进行物流运作的企业面临的机遇和挑战：
    - 西欧
    - 日本
    - 独联体和东欧
    - 中国

CHAPTER 15

有效物流组织

本章大纲

本章目标

- 说明有效物流组织是如何影响企业的
- 描述不同类型的物流组织结构
- 研究影响物流组织有效性的因素
- 研究最优物流组织的设计方法
- 指出能用来评价组织有效性的特征
- 评述与物流从业人员成长和发展相关的培训问题

引 言

质量、价值和客户服务已经成为高层管理者关注的焦点。然而，接受这些概念仅仅是客户满意和企业长期赢利能力方面的第一步。企业必须实施相应的策略、计划和方案以确保能交付令客户满意的质量、价值与服务。物流及其从业者在此过程中扮演了重要的角色。

新千年里，适应、持续改进、员工自治和目标的统一已经代替了优化设计、作业的一致性、命令和控制以及规模经济。自组织团队正在替代公司的等级制度，创新正替代资本而成为组织中最重要的资源。[①]

实施质量保证计划的障碍

在一项对200多家欧洲和美国的组织的研究中，人们发现制定高质量的计划存在几点障碍，其中前六个是关于员工和/或组织的问题。按照重要性顺序排列，它们是：（1）改变公司文化；（2）建立整个组织的共同远景；（3）建立员工对质量过程的所有权；（4）获得高层经理（自上向下）的委托；（5）改变管理过程；（6）培训和教育员工。[②] 上述问题表明个人和物流部门在物流战略管理中的作用尤为重要，这些作用将会在本章中进行探讨。

物流经理人员已经目睹了他们所从事的行业在过去的40年里取得了重大进展。物流活动曾经一度被分散在组织的各个部门，但现在物流成为一个高度结构化、计算机化，需要编制大量预算的职能领域。物流经理的作用已经远远不同于过去，而且在将来很可能有更大的不同。

物流经理面对众多问题

物流经理总是不得不面对众多的问题，包括：经济不确定性、通货膨胀、产品和能源短缺、环保、规章约束、全球竞争以及客户日益增长的需求与期望。作为一项职能，物流变得日益复杂，因此管理好它，特别是在供应链管理环境下，变得更加困难。

在本章中，我们将研究在一个企业里如何组织物流以及如何衡量其效果。我们还将了解有效物流组织的重要性和目前存在的组织结构类型，尽管还没有一个适用于所有企业的理想物流结构。我们还将了解如何评价不同的组织结构，以及描述可以用来发展有效率的和有效物流组织的方法。

有效物流组织的重要性

有效的和有效率的物流组织是供应链管理中至关重要的因素。企业面临的问题和挑战主要不在于战略决策的制定，而在于系统、结构、任务、人力、公司、文化、利润构

---

① Thomas Petzinger Jr.. "A New Model for the Nature of Business: It's Alive!" *The Wall Street Journal* (February 26, 1999), pp.B1 and B4.

② William R.Read and Mark S.Miller.The State of Quality in Logistics (Cleveland.OH: Cleveland Consulting Associates, 1991) .pp.12-13.

成等层面。① 从本质上来说，上述每一方面都是公司重要的战略资源和资产。它们组合在一起并相互影响以创建一个协同系统的方式是很重要的。因此，许多企业一直在进行重组，实质上是重新创建他们的组织系统而不是进行微小的改变。②

全球化

面向 21 世纪的组织

位于瑞典斯德哥尔摩的卡洛琳斯卡医院（The Karolinska Hospital）经历了一次重要的组织重组，在重组过程中围绕患者重新设计了传统结构。换句话说，把医院里的患者看成一个过程，包括挂号、手术等单独的步骤。

医院有 47 个独立部门而且高度分散。面向病人护理的客户服务水平是难以接受的。例如，一些患者从他第一次与医院接触到接受治疗要相隔 255 天，而治疗过程仅占全部过程的 2%。

医院缩减了部门的数量并且将保留的部门进行了重新设计。共形成了 11 个部门，设立了两个新的岗位：协调护士和首席医生。协调护士的责任是确保所有部门内和部门间的作业平稳进行。首席医生负责保持每个部门内高层次的医疗水平。组织重构的一个独特结果是：医生向护士汇报关于行政方面的问题。

取得的重要结果非常明显："等待手术的时间已经从 6 或 8 个月削减到 3 个星期。关闭了 15 个手术室中的 3 个，然而，每年仍多进行了 3,000 例手术，比过去增加了 25%。"

资料来源：摘自 Rahul Jacob. "The Struggle to Create an Organization for the 21st Century," *Fortune* 131. no.6（April 3, 1995), pp, 90-99. © 1995 Time, Inc. Reprinted by permission.

可以将发展"合适的"组织所面临的挑战比做军队领导者，为一个重要战役制定战略，并必须设计一个用来执行该战略的军队所面对的挑战。如果不能将不同的战斗单元以及支持他们的后勤服务恰当的配合，作战就无法进行，更不用说取得胜利。我们所说的设计不仅是组织结构的选择，还是对支持、计划和控制系统的设计，从而通过组织结构及其人员来执行企业的战略。

许多企业重组了其物流过程

阿特拉斯供应公司（Atlas Supply）成功地进行了过程重组。阿特拉斯供应公司是汽车零部件的分销商，成立于 1992 年，集成了两个被合并公司的分销和物流业务。它开发了一个共享系统，使得公司削减了超过 50% 的分销中心。运输成本降低超过 20%，其中包括减少空车返回而节约的 300 多万美元。这些节约是由于将许多与物流相关的活动放在单一的组织单元内，并将其他一些活动外包给第三方而产生的。③

① Tom Peters. *Tom Peters Live*（Boulder. CO：Career Track Publications，1991）.

② 参见 Michael Hammer and James Champy，*Reengineering the Corporation*：*A Manifesto for Business Revolution*（New York：Harper Business，1993）：and James Champy. *Reengineering Management*：*The Mandate for New Leadership*（New York：Harper Business，1995）.

③ Helen Richardson and Tom Andel.，"Celebrate Best Practices." Transportation and Distribution 35，no.10（October 1994），p.28.

许多不同的企业，如：艾博特实验室（Abbott Laboratories）、伊斯曼·柯达（Eastman Kodak）、国际商用机器公司（IBM）、卡珞琳斯卡医院（Karolinska Hospital，瑞典）、Maremount Corporation、米德·约翰逊公司（Mead Johnson）、洛姆 & 哈斯公司（Rohm and Haas）和尤尼鲁耶尔公司（Uniroyal），都经历过类似的改变，并且取得了与阿特拉斯供应公司相同的结果。

物流职能集成的趋势

历史上，物流职能分散于企业内部，通常没有专门的物流经理和物流部门来管理整个物流过程。这样的传统组织结构类似于图15.1所示的结构。然而，自20世纪60年代以来，物流管理的趋势转向将物流职能集成，由公司的一个高层经理负责，并实施集成化物流管理的概念（在第1章中曾经讨论过）。

表15.1列出了物流经理的工作范围及其权限。一般而言，物流经理的控制范围扩大了，包括：运输、仓储、库存、订单处理、包装、原材料处理、预测和计划以及采购等。①

无论是北美的物流经理还是世界其他地区的物流经理，他们的职责范围都在扩大。欧洲的物流经理在企业中的主要职责是：管理仓储、运输、库存、订单处理以及包装。此外，他们通常还要管理生产计划、采购、信息系统、客户服务以及生产控制等。②

表15.1 物流经理在选定的物流职能中进行控制

活　　动	占被调查企业百分比				
	1966[i]	1976[ii]	1985[iii]	1990[iv]	1999[v]
运　　输	89%	94%	97%	98%	90%
仓　　储	70	93	95	97	88
库存控制	55	83	81	79	74
订单处理	43	76	67	61	55
包　　装	8	70	37	48	39
采　　购	15	58	44	51	41

资料来源：i. John F. Spencer. "Physical Distribution Management Finds Its Level." *Handling and Shipping* 7, no.11 (November 1966), pp.67-99.

ii. Benard J. La Londe and James F. Robeson, "Profile of the Physical Distribution Executive." in *Proceedings of the Fourteenth Annual Conference of the National Council of Physical Distribution Management* (Chicago. IL: NCPDM, 1976), pp.1-23.

iii. *Data reported are for directors of logistics. From Bernard J. La Londe and Larry W. Emmelhainz.* "Where Do You Fit In?" *Distribution* 8, *no*.11 (*November* 1985), p.34.

iv. James M. Masters ans Bernard J. La Londe, "The 1990 Ohio State University Survey of Career Patterns in Logistics." *Proceedings of the Annual Conference of the Council of Logistics Management*. vol.1 (Oak Brook. IL: Council of Logistics Management, 1990), pp.33-52.

v. Bernard J. La Londe and Terrance L. Pohlen. "The 1990 Ohio State University Survey of Career Patterns in Logistics." *Proceedings of the Annual Conference of the Council of Logistics Management* (Oak Brook. IL: Council of Logistics Management, 1999), pp.359-77.

---

① 由于调查中的被访人群不一致，不可能直接比较调查结果。但是，大体上的趋势可以由这些数据来确定。

② Manfred Hessenberger, Nicholas Seiersen, and Frank Straube, "European Logistics Trends and Strategies," *Annual Conference Proceedings of the Council of Logistics Management* (Chicago. IL: Oak Brook. IL: Council of Logistics Management, 1997), p.125

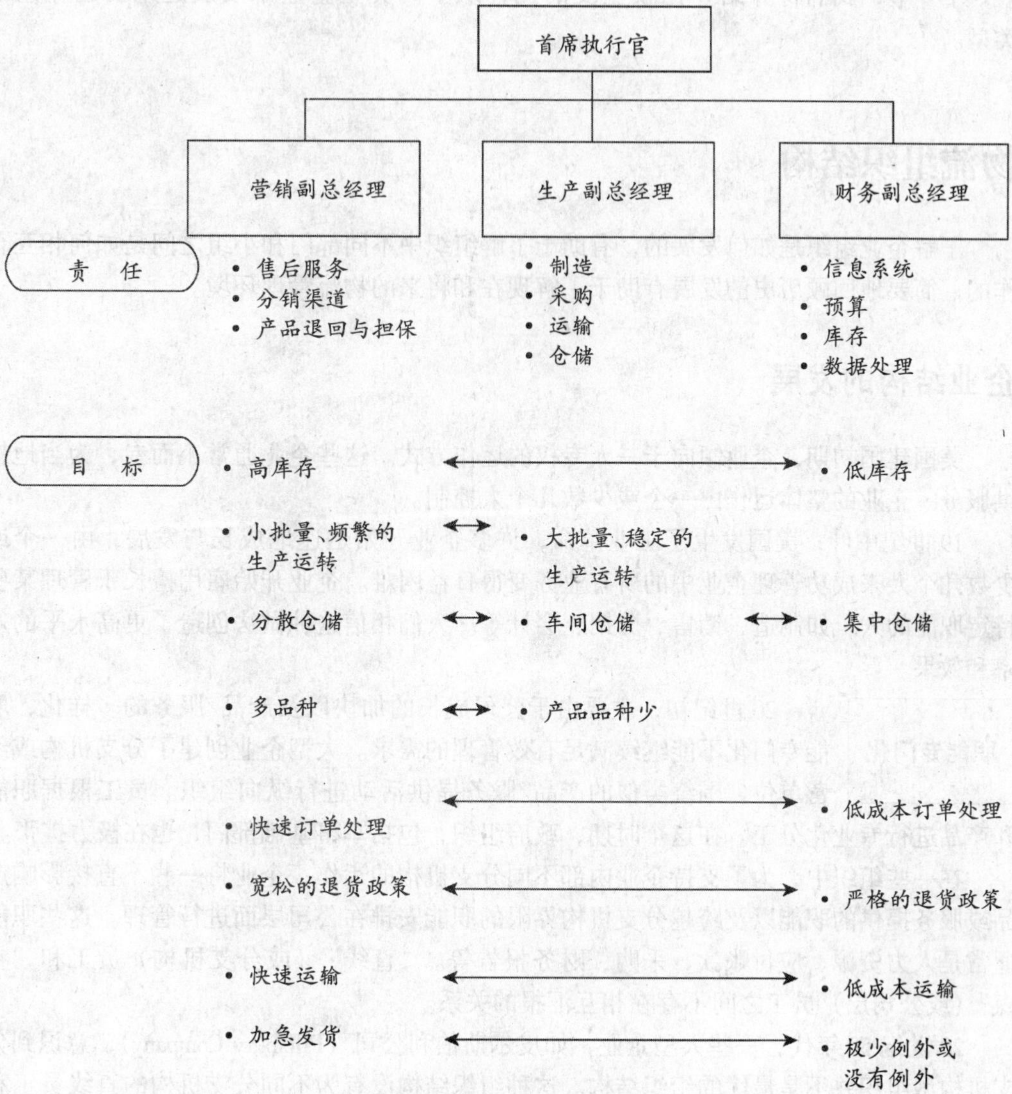

图 15.1　传统物流管理方法

集成物流职能的重要性开始受到关注。一些公司，如：惠而浦（Whirlpool）、强生（Johnson & Johnson）、胡克化学公司（Hooker Chemicals）和纳贝斯克（Nabisco），都设立了高级物流经理的职位，负责管理主要的物流职能。这种做法大大节约了成本。其他公司不会忽视这种成本节约，他们很快看到物流的集成与设立具有更宽职责的高级物流经理给企业带来的机会。①

① 这些早期物流集成案例，大部分来自多方面的专业杂志、会议陈述以及会议记录。特别参见由 Peter H.Soderberg——强生公司的物流和计划经理，在 1979 年 10 月得克萨斯州、休斯顿召开的货物流通管理国家委员会年会中所发表的"Assessing the Organizational Trade-Offs in the Distribution Strategic Planning Process"；Tomas J.Murray，"A Powerful New Voice in Management." *Dun's Review* 107，no.4（April 1976），p.70；and Nicholas J.La Howchic."Merging the Distribution Operations of Nabisco and Standard Brands，and Customer Service." *Proceedings of the Twenty-Second Annual Conference of the National Council of Physical Distribution Management*（Oak Brook.IL：NCPDM，1984），pp.179-96.

下一节，我们将介绍并比较主要的几种从不同类型企业中发展起来的物流组织类型。

物流组织结构

了解企业组织是如何发展的，有助于了解组织中不同部门和小组之间是如何相互合作的。简要地回顾历史的发展有助于了解现在和将来的物流管理环境。①

企业结构的发展

美国建国初期，企业倾向于一人专权的运作方式。这些企业通常小而专，为当地提供服务。企业的整体运作由一个或少数几个人控制。

19世纪中叶，美国发生了工业革命，许多企业开始迅速地成长与发展，由一个或少数几个人来成功管理企业中的所有业务变得日益困难。企业开始雇用擅长于管理某些特定职能的人，如制造、销售、分销、会计等。人们相信这种做法创造了更高水平的效率和效果。

职能专门化

20世纪初，主要由于公司成长的加快以及产品/服务的多样化，职能专门化不能继续满足有效管理的需求。大型企业创建了分支机构或经营单位，围绕类似的产品/服务提供活动进行纵向组织。员工根据职能和产品进行专业化分工。在这个时期，政府组织，包括军事基础部门，也在极力扩张。

在一些组织中，为了支持企业内部不同分支机构的运作，企业将一些不直接影响产品或服务提供的职能以及跨越分支机构界限的职能安排在公司层面进行管理。这些职能通常是人力资源、应付账款、采购、财务报告等。“直线”（或分支机构）员工和“参谋”（或公司层）员工之间不存在相互汇报的关系。

20世纪50年代，一些大型企业，如皮尔斯伯利公司（Pillsbury Company），意识到分支机构型组织并不是最优的组织结构。这种组织结构没有为不同分支机构的直线员工和公司层员工之间提供联系，因此丧失了作为大型组织一部分的协同能力。为了解决这个问题，许多企业开始采用其他的组织形式。

“空心公司”

新千年之初，关于优化组织形式的讨论仍然在继续。② 外包作为一种管理多种物流活动的可接受的方式，在企业中得到越来越多的运用。专家预测，一种“空心公司（hollow corporation）”将会发展起来。③ 这种空心公司是仅包含管理者和策划人员的小型组织，其他活动包括制造、物流、分销、制

---

① 见 Sww Lisa M. Ellram and Laura M. Birou. *Purchasing for Bottom Line Impact* (Burr Ridge. IL: Irwin, 1995), pp.84-87.

② 见 Ian I. Mitroff. Richard O. Mason, and Christine M. Pearson, “Radical Surgery: What Will Tomorrow's Organizations Looks Like?” *Academy of Management Executive* 8, no.2 (1994), pp.11-21; Thomas A. Stewart. “The Search for the Organization of Tomorrow.” *Fortune* 125, no.10 (May 18, 1992), pp.92-98; Donald Bowersox et al. *World Class Logistics: The Challenge of Managing Continuous Change* (Oak Brook. IL: Council of Logistics Management, 1995); and Carla Reed, “Becoming a Future Capable Company.” *Competitive Edge* (Summer 1999), pp.5-6.

③ 见 Ellram and Birou. *Purchasing for Bottom Line Impact*, pp.84-87.

单、销售、营销等，通过雇用外部公司完成。

虚拟企业

采用这种类型组织结构的基本原理是，组织应当专业化，并专注于他们做得最好的活动（他们的核心竞争力），雇用专业公司完成其他活动。这个概念的变形就是“虚拟企业”，即：大量企业集合在一起，在有限范围内进行某种产品或服务的开发、生产、销售和分销。这些企业建立了一种紧密的工作关系，但这种关系仅存在于产品或服务的生命期内。

一个企业可能同时处于基于不同产品和服务的多个关系中。这些企业很大程度上依赖于跨组织和跨职能的团队，关注的是最终交付给用户的产品或服务。这种类型的组织显然形成了联盟，比如苹果计算机公司（Apple Computer）、IBM 和摩托罗拉（Motorola）组成联盟，为新一代计算机开发微处理器和操作系统。①

电子商务时代的组织

在电子商务时代，这种“空心”和虚拟企业是可行的。客户并不关心企业是如何组织或集成的，他们关心的是所看到的结果，如产品质量、客户服务水平等。在电子环境中，电子邮件和因特网的运用使得企业内、企业间的通讯更加便利，传统上在企业内部执行的活动更容易外包。物流和其他职能的外包对组织结构以及活动之间的协调均有影响。②

大多数经理人都同意，物流活动的协调对任何组织，不论大小、结构、企业类型或地理位置，都十分重要。制造商、批发商、零售商都是物流活动的执行者，但他们通常采用不同的组织方式。制造商可以采用基于过程、基于市场或基于渠道的策略。这些策略的描述如下：

基于过程的策略

基于过程［策略］涉及将一组广泛的物流活动看做增值链进行管理。过程策略的重点是通过将采购、生产计划以及实物分销作为一个一体化系统而获得效益。

基于市场的策略

基于市场［策略］涉及对跨越多部门或跨越多经营单位的一组有限的物流活动进行管理。采用基于市场策略的物流组织追求：（1）联合装运不同经营单位或不同产品组的产品给客户；（2）采用一张订单发票，简化销售和物流的协调。通常高级销售主管和高级物流主管向各自的高级经理汇报。

基于渠道的策略

基于渠道［策略］关注于在零售商和分销商的联合下管理物流活动。渠道导向的策略更注重外部控制。一般来说，采用基于渠道策略的企业在其分销渠道中存在大量的向前或向下流动的产成品库存。③

由于批发商在供应链中的地位和所执行的活动性质不同于制造商，它们的组织结构也不同于制造商。除了传统的批发商职能之外（例如：运输、存储），当今的批发商还提供大量的增值服务，包括：轻加工和装配、定价、订单处理、库存管理、物流系统设

---

① William H. Davidow and Michael S. Malone, *The Virtual Corporation* (New York: Harper Collins Publishers, 1992).

② Ann Grackin, “Opportunities Flourish in the E-World,” *Competitive Edge* (Winter 1999), pp.9-11；又见 Leslie Hansen Harps, “outstanding Outsourcing,” *Inbound Logistics* 20.no. (July 2000), pp.78-84, 91-100.

③ Donald J. Bowersox et al., Leading Edge Logistics: Competitive Positioning for the 1990s (Oak Brook, IL: Council of Logistics Management, 1989), pp.34-35.

计以及促销材料的研制。①

零售物流

由于零售商直接面对最终客户，面临激烈的竞争，与制造商相比，他们通常更着重于库存、仓储和客户服务等活动。零售商比制造商和批发商更倾向于集中化。零售物流活动描述如下：

> 零售商的物流作业的地理位置集中并且高度复杂。零售分销仓库距零售商店所在地通常应不超过一至两天的行程。零售商分销系统的目标众所皆知，就是使得运输计划相对简单、直接。零售商通常从其分销仓库运输大量的存货单元，从而引起对复杂控制系统的需求。由于零售空间的高成本，库存输入渠道的概念在零售中非常重要。适时地向商店运送产品是保持商店的库存水平和库存周转率的必要条件。②

另外，许多零售商已经更多地采取由制造商“直达商店”交付的做法，并且通过第三方物流来完成大量的物流服务，代替自己去执行这些活动。

为达到多种物流活动之间的协调，可以从几个方面着手。一个基本的物流系统通常要考虑以下几点：

- 战略与作业的协调
- 集权与分权的协调
- 直线职能与参谋职能的协调

战略与作业的协调

战略与作业是指物流活动在企业中所处的地位。从战略上来说，确定物流在公司结构中相对市场、制造、财务/会计等其他活动的地位非常重要。但是，高级物流经理所管理的仓储、库存控制、订单处理、运输以及其他多种物流活动的作业结构，也是同样重要的。

集权与分权的协调

集权分布表现为有一个中央机构，最典型的是公司总部，来管理物流活动的系统，或者由一个部门或个人来控制物流作业职权的系统。由于形成了规模经济，将订单处理、运输或库存控制等活动集中规划，可以节省费用。物流活动的分权对产品或市场多样化的企业是有效的。随着计算机和信息系统技术的进步，通过集中的或分散的物流网络，企业能够提供高水平的客户服务。

直线职能与参谋职能的协调

在三种基本的组织结构中，物流活动可以是直线活动、参谋活动或直线与参谋相结合的活动。与销售或生产等活动一样，物流可以作为直线活动。在这些活动中，员工是去“做事情”，也就是说，执行多种任务。在参谋型组织中，订单处理、运输、仓储等直线活动可以包含在一个物流副总裁的管理范围之内，或分散在生产、市场、财务/会计等职能中。各种参谋活动辅助并协调直线职能。直线活动和参谋活动相结合使这两种组织类型相互融合，从而消除系统中固有的直线活动和参谋活动相互不协调的缺点。

---

① Donald J. Bowersox et al., Leading Edge Logistics: Competitive Positioning for the 1990s (oak Brook, IL: Council of Logistics Management, 1989), p.37.

② 同上，p.39.

物流作为一项职能

企业也可以采用其他组织方式。[①] 例如：将物流作为一项职能，一个项目，以及矩阵组织方式。图 15.2 给出了物流作为一项职能的组织设计。贝克特尔集团（Bechtel Group）就是采用职能化组织方式的公司。它主要为运输、航空、发电、建筑工业等行业提供技术、管理以及相关服务。[②]

有人认为如果企业将物流作为一项职能来看待，而不注意其他活动，那么结果远远谈不上最优。物流是一项交叉职能，因此，它需要一个不同的组织结构，而不是“职能筒仓”（functional silo）的方式。

物流作为一个项目

当物流作为一个项目来组织时（见图 15.3），分销活动承担了整个企业共同参与的项目中的角色。单个职能领域服从于项目。

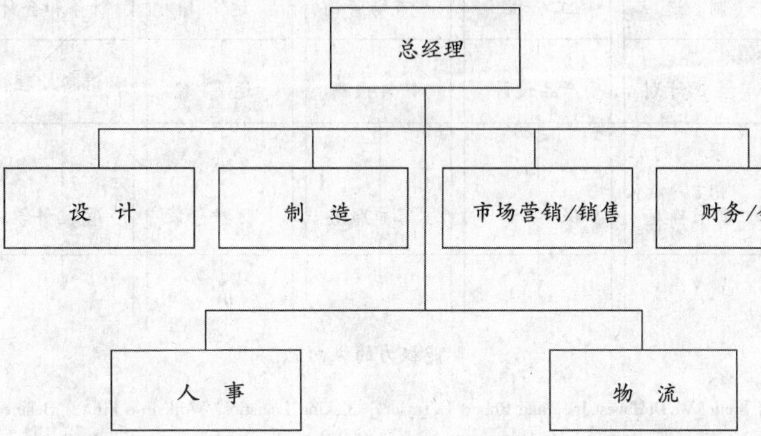

图 15.2　物流作为一项职能的组织设计

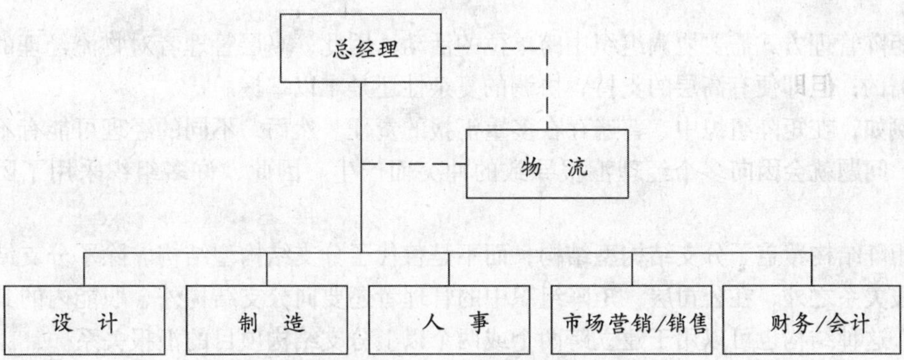

图 15.3　物流作为一个项目的组织设计

① 对不同组织形式的比较，见 Robert J. Kramer. *Organizing for Global Competitiveness*：*the Business Unit Design*. Report No.1110-95-RR（New York：The Conference Board，1995）.

② 同上，pp.15-17.

矩阵组织中的物流

可以证明，最优物流组织位于职能型和项目型两种极端方式之间。矩阵组织就是其中一种（见图 15.4）。采用矩阵组织方式的企业有阿西亚布朗勃法瑞公司（Asea Brown Boveri Ltd）（一家从事电气工程和设备的欧洲公司）、卡特彼勒公司（Caterpillar）（土方设备）、陶氏化学公司（Dow Chemical）（化学制品）和皇家荷兰壳牌集团（Royal Dutch/Shell Group）（石油、天然气、化学制品）。①

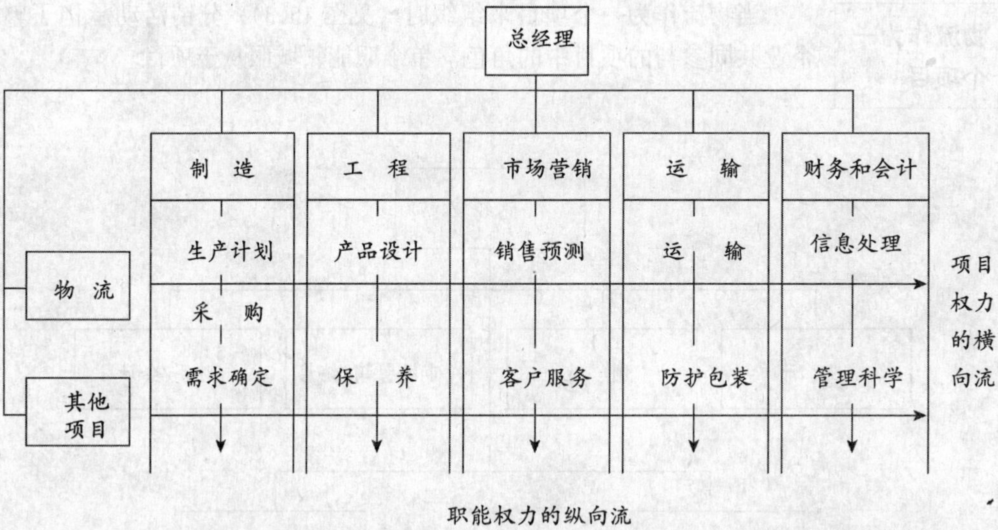

资料来源：摘自 Kaniel W.DeHayes.Jr., and Robert L.Taylor, "Making'Logistics' Work in a Firm." Business Horizons 15.no.3(June 1972), p.44. *Business Horizons*. 授权再版, Copyright 1972 by the Board of Trustees at Indiana University, Kelley School of Business.

图 15.4 矩阵组织中的物流

矩阵管理方式需要协调组织中跨单位的活动。因此，高层管理者对物流经理的支持是必需的；但即便有高层的支持，协调的复杂性还是难以掌握。

例如，在矩阵组织中，普遍存在多重汇报的责任。然而，不同的经理可能有不同的目标，问题就会因向多个经理汇报导致的冲突而产生。因此，许多组织采用了团队结构。

矩阵结构覆盖了分支结构型结构，而不是替代了分支结构型结构。除了分支结构内的汇报关系之外，在公司层，矩阵组织中的管理者还要向分支结构外、职能内的其他人汇报。这种结构也可以用于建立跨两个或两个以上分支结构项目的汇报关系。②

无论采用何种结构，都应将物流看做一个过程。在供应链管理环境中作为一个过程管理时，具体的组织结构常常呈现为多种形式。

① Robert J. Kramer, *Orgamizing for Global Competitiveness*: *The Matrix Design*. Report No.1088-94-RR (New York: The Conference Board. 1994).

② 同上。

团队组织

对一些工业企业来说，团队组织能够取得良好的效果。由于存在大量的覆盖几种职能领域的面向任务或项目的活动，团队结构尤其适用于高科技企业。团队结构同样支持目前许多公司所经历的组织层次"扁平"化。[1]

团队结构包括具有互补技术的一小群人、共同的目标、相互之间的责任以及达到他们的目标所需的资源和授权。它不同于工作组（工作组更像是传统的矩阵组织），人们在团队结构中为结果相互负责，而不仅仅是由个人负责。[2] 由于涉及员工的数量，在矩阵组织中，通常难以制定决策。因此，团队结构更加流行。

团队

团队被定义为"基于一个共同的目的，设定绩效目标以及相互负责的方法，具有互补技术的少数人。"[3] 一般存在两种类型团队：任务团队和工作团队。任务团队因特定的、明确的并具有清晰的最终目的而存在。而工作团队是持续进行的，更类似于一个具有特定的、持续的目标的分支结构。

任务团队

任务团队。虽然任务团队和特别委员会都关注于不连续的任务，它们行使的职责还是有所不同的。任务团队和特别委员会的关键区别在于，后者的成员主要作为个人行使职责，而不作为团队行使职责。特别委员会通过开会来决定必须做什么，但是每个成员独自完成整体的一部分，并且对相应结果独自负责。在任务团队中，员工是相互负责，许多工作通过联合其他团队成员共同完成。

另一个重要的区别是，任务团队"拥有"所从事的项目。例如，一个执行"承运认证"的任务团队将取得完全的授权去设计、实施这个项目，而不需要进一步的批准。然而，一个特别委员会在每一步继续进行之前，需要小组之外的其他团体，通常是高层管理者的批准。因此，任务团队与特别委员会相比，具有更高水平的任务和团体责任。

创建一个任务团队时，应当注意以下几点（适用于所有的团队类型）：

- 机会：团队存在的原因是什么？
- 过程：接下来的步骤是什么？将要回答什么问题？
- 成功的证据：期望的结果是什么？团队应该花多长时间来取得成功？
- 资源：团队所需的人员、时间、资金以及其他资源是什么？
- 约束：团队的期限有多长，具有的责任范围和权力范围以及预算是多少？
- 期望：团队所需取得的结果是什么？应该什么时候得出结果？[4]

---

① Donald J. Bowersox, Patricia J. Daugherty, Cornelia Droge, Richard B. Germain, and Dale S. Rogers, *Logistical Excellence: It's Not Business as Usual* (Burlington, MA: Digital Equipment Corp., 1992).

② Jon R. Katzenback and David K. Smith, "The Discipline of Teams." Harvard Business Review 71, no.2 (March/April 1993), pp.111-23.

③ 同上，p.111.

④ Jim Tompkins, *Goose Chase* (Raleigh, NC: Tompkins Press, 1997), pp.79-81.

工作团队

工作团队。回到上述的团队定义，工作团队也是自我指导的团队，通过承担共同目的和目标，区别于其他类型组织。这些跨职能的团体（可以描述为在取得授权的组织中被授权的人）常常围绕一个产品或一项服务提供进行组织，对该产品或服务的所有方面负责，从设计、开发到客户支持等活动。

工作团队框架的独特之处也在于它不是一种重叠其他组织形式的暂时结构。工作团队在实际中相对较少，对大多数组织而言，当工作团队确实存在，就代表了重大的变革。关键问题是，联合执行和广泛的跨职能交互作用和参与是否会比传统方式产生更好的结果。只有答案是肯定时，组织才会采用工作团队的形式。反之，委员会的形式就足够了。

克莱斯勒（Chrysler）是采用工作团队方式的一个企业。每一个汽车制造商的车型平台团队分别为新车型（如 Neon）的设计、开发、物流、工程、采购等方面负责。①

利用团队

组织可以在同一时间采用不止一种类型的团队。所采用的组织结构应该适合所执行的活动和组织文化。在发展到工作团队之前，组织常常先采用委员会形式，然后是任务团队。相反，组织也可能认为工作团队对取得更好的绩效未必有益。

与团队结构有关的问题

由于组织中大部分员工看重的是个人成果和个人责任，采用团队可能很危险，甚至会导致组织功能障碍。为了解决潜在的问题，大部分组织训练其员工工作为小组或团队中的一员来行使职责。培训可能包括评价多样性和个人差异②、团队相互作用、团队责任，甚至可能包括团队建设训练或工作场所之外的活动等主题。在开发团队和委员会时必须注意的其他问题包括：负责程度、职责和决策权力的范围、团队绩效对个人绩效评估的影响等。③

职能之间的协调是成功的关键

无论选择何种形式的结构，职能之间的关系仍然是物流工作的关键因素。与其他职能建立良好的工作关系，对物流经理的绩效极为重要。但是，企业完善其物流系统时，经常发现分散职权与流行的管理趋势背道而驰，比如自我指导团队。原因在于，“在授权时代，物流需要的是集权控制。”④因此，物流通常是矩阵团队的成员，既要向团队汇报又要向集中化物流职能汇报。在团队与集中化职能中，可以在整个公司范围内实施有效且高效率的策略。

---

① Thomas T. Stalkamp, “Beyond Reengineering: Developing the Extended Enterprise.” *NAPM Insights* (February 1995), p.76.

② 见 Lisa Harrington, “Why Managing Diversity Is So Important.” Distribution 92, no.11 (November 1993), pp.88-92; and Stephen A. LeMay and John C. Carr, The Growth and Development of Logistics Personnel (Oak Brook, II,: Council of Logistics Management, 1999).

③ 见 Susan Caminiti, “What Team Leaders Need to Know.” Fortune 131.no.3 (February 20.1995), pp.93-100: 和 Dawn R. Decter-Schmelz, “Applying Teams to Logistics Processes: Information Acquisition and the Impact of Team Role Clarity and Norms.” Journal of Business Logistics 18.no.1 (1997), pp.159-78.

④ Ronald Henkoff, “Delivering the Goods.” Fortune 130, no.11 (November 28, 1994), p.70.

存在最优的组织结构吗?

对多种企业组织类型的回顾，表明存在多种结构形式。企业可以成功地运用一种或多种组织结构。对一个企业来说，哪一种形式是最优的呢？这是一个很难回答的问题。与其调查多家企业的组织结构然后推测“理想”或“最优”系统，还不如采取一些经验措施，将组织结构与效率/生产率联系起来。显然，对企业来说，最好的系统是能够使其效率和效益最大化的系统。物流经理必须确定最适合企业的组织结构，并评估其结果。

物流组织过程中的决策制定策略

未来十年里，物流经理将面临新的挑战，物流系统更有效的运作变得愈发重要。为了迎接运营成本不断提高和客户对服务的需求不断增加等压力的挑战，物流组织必须进行变革。了解使组织有效的因素，以及认识这些因素如何相互关联，是开发为客户服务的组织的第一步。

物流宗旨陈述①

一般而言，宗旨陈述为企业制定策略、计划、战术提供了基础。总之陈述定义了一个组织的基本目的，确定组织运营的变量。

企业宗旨陈述为制定企业目标提供了起点，同样，物流宗旨陈述为经营策略提供指导。将物流宗旨陈述与一系列明确的绩效目标和评价系统结合起来，能够消除组织冲突，并为物流从业人员提供指导。

物流宗旨陈述的构成要素

企业宗旨陈述或物流宗旨陈述的构成要素非常类似。由于物流宗旨陈述仅仅是企业总体宗旨的一个构成元素，因此，虽然在特定的内容上有所不同，但它们都包括了相似的构成要素。典型的任务陈述包括 8 个关键构成要素（见表 15.2）。

表 15.2　企业和/或物流宗旨陈述的构成要素

- 目标客户和市场的说明
- 主要产品和/或服务的界定
- 地域范围的说明
- 核心技术的界定
- 对生存、增长和赢利能力等承诺的表达
- 企业哲学中关键元素的说明
- 企业自我概念的界定
- 企业预期的公众形象的界定

资料来源：摘自 John A. Pearce II and Fred David, “Corporate Mission Statements: The Bottom Line.” Academy of Management Executive 1, no.2 (1987), p.109.

---

① 这段材料基于 James R. Stock and Cornelia Dröge, “Logistics Mission Statements: An Appraisal.” in *Proceedings of the Nineteenth Annual Transportation and Logistics Educators Conference*, *ed*. James M. Masters and Cynthia L. Coykendale (Columbus. OH: The Ohio State University, 1990), pp.79-91.

根据表 15.2 指出的 8 个构成要素，企业宗旨陈述与物流宗旨陈述的相似性如下：[①]

- 目标客户和市场。目标市场的选择和每个细分市场策略的制定是企业活动的关键内容。在企业宗旨陈述中，客户和市场经常被提及。一项关于物流宗旨陈述的调查揭示，将近一半具有正式宗旨陈述的企业，在其宗旨陈述中提及了目标客户和市场。宗旨陈述的说明包括如下材料：

  以尽可能快速的、低成本的方式向客户和制造集团提交优质产品（医院供应公司）。为产品组和部门的现场作业单元提供一体化物流支持服务和物流设备(通讯系统制造商)。

- 主要产品/服务。与企业宗旨陈述类似，2/3 以上的企业在其物流宗旨陈述中包括了它们产品和服务的详细说明。事实上，与其他构成因素相比，制造商明显地更多提及其主要产品和/或服务。提及产品/服务的陈述例子如下：

  为企业成品和企业运营所必需的原材料、供应品的库存和商业流动提供及时、有效的服务（烟草公司）。在收到订单六个星期之内，以尽可能高效的方式，向客户交付我们的家具（家具公司）。

- 地域范围。一般而言，企业不会在其物流宗旨陈述中指定其目标市场的位置。

  为企业的全球范围内的计算机装配基地提供必要的零部件、工具、测试设备等服务（计算机制造商）。在全美国销售、生产和运送食品经营单位的产品(多种经营集团公司)。

- 核心技术。很少有企业在他们的物流宗旨陈述中提及核心技术，这可能是由于制造技术不同于物流技术。即使企业在其全面企业宗旨陈述中包含了与生产作业相关的核心技术（很少存在），在其物流宗旨陈述中也不会提及。然而，一旦提及核心技术，他们以类似于如下方式表达：

  集成分布式网络……通过单一运输网络结构、公共信息网、有效设备网、绩效评估和控制等来管理（计算机制造商）。

  管理……企业范围的运输网络和支持异地计算机系统，以确保产品安全交货（汽车制造商）。

- 生存、成长和赢利能力。几乎所有企业宗旨陈述都提及生存、成长和赢利能力的问题。由于一些企业没有认识到或很少认识到物流活动与企业利润、销售量、增长率等之间的直接关系，因此，仅有一半左右的企业在其物流宗旨陈述中提及以上因素也就不奇怪了。如果将物流看做降低成本的主要方法，而不是提高企业竞争优势的手段，公司管理者只能看见其间接的联系。管理层最多从降低成本可以增加净利润但不能增加销售量，从而也不能从根本上增加利润的角度来看待物流。涉及到生存、成长和赢利能力的物流宗旨陈述例子如下：

---

① 这段材料基于 James R. Stock and Cornelia Dröge, "Logistics Mission Statements: An Appraisal." in *Proceedings of the Nineteenth Annual Transportation and Logistics Educators Conference*, *ed*. James M. Masters and Cynthia L. Coykendale (Columbus. OH: The Ohio State University, 1990), pp.82-84.

提供及时、低成本的装运和交付；提高我们的地位……为我们员工提供职业发展（金属产品制造商）。

提供低成本的分销系统以提升我们的竞争地位并增加利润（食品公司）。

- 企业哲学。通过对物流宗旨陈述的研究得到一个值得注意的发现：很少有陈述包括全面的企业和/或物流哲学。只有不到10%的企业包括这种陈述。如果物流宗旨陈述提及企业哲学，则会包括物流能为企业创造竞争优势的理念：

物流可以在打造企业竞争优势的集成和区别战略中发挥积极作用（照明设备制造商）。

我们的宗旨是在恰当地点、恰当的时间，以恰当的成本，拥有恰当的产品（建筑产品制造商）。

- 企业自我概念。物流宗旨陈述是否包含企业如何看待自身的说明？大约 1/3 的企业提及了自我概念：

在客户需要时为他们提供所需的优质产品，使我们的服务优于我们的竞争者（光学制造商）。

通过降低成本和提高库存周转率，提供极具竞争力的服务水平，成为首选的物流和配送供应商（办公系统制造商）。

- 企业预期的公众形象。40%的物流宗旨陈述中界定了企业预期的公众形象。企业在其宗旨陈述中提及的公众形象仅仅是概括性的。企业想要达到的具体公众形象不会在其任务陈述中提及。例子如下：

目标是通过优质服务和专业人员来巩固并提高企业形象和市场份额（运动产品制造商）。为了提升企业形象，要保证物流是优秀的（制药企业）。

组织需要一个目的明确的陈述，以便开发企业日常作业中需要进行的物流活动的最优组合。总之，物流宗旨陈述是指导组织物流活动计划、实施和控制的重要文件。

最优物流组织的构成因素

有许多因素可以影响物流组织的效果。通常，影响组织效果的因素可以总结如下几点：（1）组织特征；（2）环境特征；（3）员工特征；（4）管理政策和惯例。①

结构和技术都是最重要的

组织特征。结构和技术是企业组织特征的主要构成因素。结构指不同职能领域之间存在的关系——职能间（营销、财务、运营、制造、物流）或职能内部（仓储、运输、采购、客户服务）。这些关系通常通过企业的组织结构图表现。结构变量可以是分权、专门化、正式化、控制跨度、组织规模、工作单位大小等。

① 见 Kim S. Cameron and David A. Whetten, eds., *Organizational Effectiveness: A Comparison of Multiple Models* (New York: Academic Press, 1983); and Richard M. Steers, *Organizational Effectiveness: A Behavioral View* (Santa Monia, CA: Goodyear Publishing, 1977).

技术定义为“组织用来将原材料转换为产成品的机制。技术可以有几种形式，包括使用材料的变更、对具有目标性活动产生影响的技术知识的变更等。”①

技 术

新技术正在改变我们的工作方式

为了在当今全球化、快节奏的环境中更有效地竞争，部门内、部门间以及组织的通讯与协调是生存的关键。技术正在迅速影响着组织的构建方式，以及有效的通讯和协调。

“群件”将是对个人和企业相互联系有重大影响的技术的一方面。群件是一种软件技术，它被定义为“一种以计算机为媒介的协作，它可以提高‘人到人’过程的生产率或功能”。群件分为以下几类：

1. 电子邮件。
2. 日程表/工作日程。
3. 分组文件处理。
4. 工作组设施和开发工具。
5. 集体决策和会议支持。
6. 信息共享/协商。
7. 工作流管理和业务流程设计。

斯伯丁公司（Spaulding Sports Worldwide）实施了一些群件解决方案，这使得他们的产品设计/实现过程从一年降低到六个月。斯伯丁公司实施了一个文件和图形管理系统……把设计/实现过程连成一体。“在软件初期投资上，我们为它一次性投入了100,000美元，”事业研究部H·奥海姆·布鲁克斯（H.Oldham Brooks）说，“在复制、邮寄和分发产品说明书上，我们每年花费85,000美元。”

群件技术的应用并不是可以解决一个组织面对的所有问题的方法，但是它能帮助一个企业“找到在［一个］企业、部门或工作组中改善协作、通讯和协调的方法”。

资料来源：David Coleman and Ronni T.Marshak, “Changing Your Organization with Groupware.” *Fortune* 130, no.6（September 1994）, unnumbered advertising supplement.

组织气氛和企业文化

环境特征。企业内部和外部因素影响组织的效果。内部因素称为组织气氛，基本上可以由物流经理控制。②有时也被称为企业文化。

组织气氛与组织效果有关。当从个人角度衡量效果时（如：工作态度、绩效、满意度、投入程度），尤为明显。

外部因素，有时称为不可控因素，包括政治和法律环境、经济环境、文化和社会环境以及竞争环境。

员工特征。有效组织的关键是那些在组织结构图上“填充框格（fill the boxes）”的

① Steers, *Organizational Effectiveness*, pp.7-8.

② F.T.Sepic, “Culture, Climate, and Total Quality Management: Measuring Readiness for Change.” *Public Productivity & Management Review* 18, no.4（Summer 1995）, pp.369-80; B.Schneider, “Creating the Climate and Culture of Success.” *Organizational Dynamics* 23, no.4（Summer 1994）, pp.17-24; and A.H.Church, “Managerial Behaviors and Work Group Climate as Predictors of Employee Outcomes.” *Human Resource Development Quarterly* 6, no.2（Summer 1995）, pp.173-82.

员工。员工完成各自工作责任的个人能力最终决定了任何组织的整体效果。

组织依恋和工作绩效

所有员工具有变动的长期态度、具体目标、需求和能力。即使在同样的工作环境中，这些因素的不同也会造成人们行为上的差异。这些差异会直接影响两个与组织效果相关的重要组织过程：组织依恋，或员工认同其雇主的程度和工作绩效。如果没有依恋和绩效，组织就不能达到一定效果。[①]

管理政策和惯例。宏观层次上的政策（如，在整个企业应用的那些政策）决定了组织的整体目标结构。微观（部门）层次上的政策影响企业不同职能各自的目标，如仓储、运输、订单处理、客户服务等。宏观和微观政策同样也影响组织程序和实践。计划、协调和促进目的导向的活动——这些活动决定组织的有效性，依赖于企业宏观和微观层次上采取的政策和惯例。

许多因素可以帮助物流经理改善组织的有效性。以下是其中最重要的6点：

改善物流组织有效性的方法

1. 战略目标设定。
2. 资源获取和利用。
3. 执行环境。
4. 信息沟通过程。
5. 领导和决策的专门知识。
6. 组织适应性和创新。[②]

战略目标设定

战略目标设定涉及建立清晰定义的两类目标：组织整体目标和员工个人目标。这两类目标必须一致并且针对最大企业/员工效益设定。例如，企业或许设定一个降低订货周期时间10%的整体目标，但是为了达到这个目标，每一个员工都要试图改进他或她在订货周期中的工作。

资源获取和利用

资源获取和利用包括人力资源和财务资源的利用，同样也包括技术的利用，使得最大程度达到企业目标和各项具体目标。包括以下几方面：拥有受过培训和经验丰富的人员来管理企业自有运输车队，为企业仓库采用合适的存储系统和检索系统，以及为了充分利用期货采购的机会、大规模存货和其他资本项目，而拥有必需的资金。

执行环境

执行环境牵涉到营造适当的组织气氛，以激励员工使得他们的效益最大化，乃至整个物流职能的效益最大化。可以用来开发以目标为指导的执行环境的战略，包括：(1) 正确的员工选择和安排；(2) 培训和发展计划；(3) 任务设计；(4) 绩效评价，与促进面向目标行为的奖励系统相结合。[③]

信息沟通过程

在任何组织中，信息沟通过程是影响物流职能效果一个最重要的因素。如果没有良好的信息沟通，物流政策和程序不能在组织中有效传递，同时也无法反馈那些政策和程序成功或失败的信息。物流领域的信

---

① 见 Garry D. Brewer, "Assessing Outcomes and Effects." in *Organization Effectiveness: A Comparison of Multiple Models*, ed. Kim S. Cameron and David A. Whetten (New York: Academic Press 1983), pp.207-14; and Steers, *Organizational Effectiveness*, p.9.

② Steers, *Organizational Effectiveness*. p.136.

③ 同前，p.142.

息流可以是自上向下的（老板—员工）、自下向上的（员工—老板）或是平级的（老板—老板或员工—员工）。

对全世界企业经理的调查发现，制定决策所需的信息，80%是组织中已有的。然而，38%经理指出，它们实质上浪费了大量时间试图去找到这些信息，68%的经理认为信息采集成本超过了信息对组织的价值。[①]

领导和决策的专门知识

在组织中高级物流经理所运用的领导和决策的专门知识的性质的重要性可与有效信息沟通相比（见表15.3）。许多企业的物流部门或分部是其高级物流经理的一个镜像。如果高级物流经理是一个能力很强并令人尊敬的人，一个能够制定深思熟虑的、合理的、一致的决策的人，那么向他或她汇报的物流组织或许将取得极好的效果。相反地，一个由缺乏必需的领导和决策技巧的经理领导的物流组织通常不会取得良好的效果。

表15.3 三种领导方式的比较

比较项	监督领导	小组领导	团队领导
变化	被动接受变化	鼓励变化	以团队工作创建变化
员工	指导员工	员工参与	帮助员工成长并获得协同作用
差异	最小化差异	允许差异	将差异作为团队资产来依赖
决策	解释决策	为决策提供依据	推动并支持团队决策
发展	培训员工	发展员工	发展员工和团队
协调	一对一管理	协调小组的工作	建立信任和团队认同
冲突	最小化冲突	忽略冲突	利用冲突作为学习机会

资料来源：Jim Tompkins. *Revolution*: *Take Charge Strategies for Business Success*（Raleigh，NC：Tompkins Press，1998），p.136.

组织适应性和创新

最后，组织适应性和创新是有效物流组织的一个重要特征。物流活动周围的环境需要持续地监视。当条件变化时，为了继续给企业和市场提供成本和服务的最优结合，物流必须适应环境并进行创新。不断波动的环境条件包括：运输规则变化、客户服务需求变化、企业目标市场竞争程度的变化、市场经济和/或财政转变以及技术进步等。然而，重要的是适应性和创新并不是偶然的、无计划的。

一个有效组织还必须表现其稳定性和持续性。它不仅要发现企业能够交付市场的独特产品或服务，而且要坚持，为客户提供价值。[②]

① Lisa Harrington，"Suddenly Everyone Wants a Portal." *Supply Chain Technology News* 2，no.1（January 2000），p.24.

② Michael Treacy and Fred Wiersema，"How Market Leaders Keep Their Edge，" Fortune 131，no.1（February 6，1995），pp.88-98.

开发最优物流组织的方法

组织随着时间而改变。为了反映环境或企业变化，企业或许不得不修改它的组织设计或结构。当物流经理试图构建一个新的组织单元或对已存在的组织进行重组，他们通常按以下步骤或顺序进行：

1. 研究公司战略和目标。
2. 按与公司结构相一致的模式组织职能。
3. 定义负有责任的职能。
4. 了解他们的管理风格。
5. 针对柔性进行组织。
6. 了解可用的支持系统。
7. 理解并制定人力资源配置计划，以便完成个人和组织目标。[1]

企业目标

企业目标。企业整体战略和目标给出物流的长期方向和中心。它们为企业每一项职能元素——财务、营销、生产和物流——提供根本基础和导向。物流结构必须支持企业整体策略和目标。因此，最重要的是，物流经理能完全理解他们的活动在执行企业战略中所扮演的角色。此外，物流组织结构必须与企业主要目标相一致。

企业结构

企业结构。当特定物流组织结构受企业整体结构影响时，物流就会日益集中化。[2]在汇报关系方面，如果企业是一个消费品公司，一般而言，物流将向营销小组汇报；如果企业是一个工业产品生产商，则物流将向制造、运营或管理层汇报。许多结合消费品和工业产品客户的企业中，物流通常是一项直接向首席执行官（CEO）汇报的独立组织活动。随着企业更加广泛的认识到物流的战略重要性，这个惯例正在逐步形成。[3]

成功的物流组织结构拥有大量的共同特征，尽管根据它们的组织图，看起来差异极大。通常，它们拥有以下特征：

成功物流组织的特征

- 正式的物流或物流渠道管理组织
- 政策制定和方向设置的集中方法
- 包含超出那些典型物流活动的活动和过程
- 面向物流战略的组织结构
- 无缝的、集成的物流过程
- 消除物流过程内和物流过程与企业其他职能/过程间的职能“筒仓”

---

① James P. Falk，“Organizing for Effective Distribution.” *Proceedings of the Eighteenth Annual Conference of the National Council of Physical Distribution Management*（Chicago，IL：NCPDM，1980），p.195.

② Henkoff，“Delivering the Goods.” p.70.

③ 参见 Helen L. Richardson，“Get the CEO on Your Side.” *Transportation and Distribution* 36，no.9（September 1995），pp.36-38.

- 物流过程持续改进所必需的适应并促进变化的能力[①]

职 责

职责。有人认为："引起更多冲突和难题的问题是对［物流］组织职能清晰的定义，尤其是在通过其他具有传统责任的子结构对物流组织重构时。"[②]重要的是，在一个分部或部门包含全部或大部分物流子职能。这样一种具有完全职责的组织结构为企业实行一体化物流管理和成本权衡分析的概念提供了可能。表 15.1 给出物流组织的部分职责说明。

对 100 多家美国企业进行调查，发现典型的物流对海外运输、企业内运输、仓储、国内运输、材料装卸和库存管理等负责。由于这些是基本的物流职能，因此由高级物流经理来管理十分重要。其他职能包括销售预测、原材料库存、国际物流活动等，对实行企业物流任务重要但不是必需的，因此物流通常不对其负责。[③]

管理风格

管理风格。高级物流经理的管理风格几乎与组织正式结构同样重要。由于最高管理层的改变，许多企业在人员、员工士气、劳动生产率等领域经历了重大变化。组织的重新组建并不一定会发生。高级物流经理以及他或她下一级管理者的管理风格和人格，均会对组织所有层次的员工的态度、动机、工作道德和劳动生产率产生影响。

管理风格是使得两个具有同样组织结构的企业的效率、生产率和赢利能力处于显著不同水平的无形原因之一。管理风格是企业物流任务成功的一个重要因素，是许多不同组织结构能够取得同等效果的主要原因之一。

柔 性

柔性。任何物流组织必须能够适应变化，这是不可避免的。缺少响应能力和适应性的组织经过一段时间后必然会失去其有效性。当物流组织难以预测其市场或企业将来的变化时，它必须能接受那些变化并以恰当方式对其做出响应。

支持系统

支持系统。由于物流活动的本质特性，支持系统是必须的。物流组织不能独自存在。必须有大量的支持服务和辅助专家来支持物流部门或分部。一个有效的管理信息系统（MIS）是有效物流网络的一个重要方面。其他可用的支持服务和系统包括法律服务、计算机系统、管理服务和财务/会计服务等。

人力资源因素

人力资源因素。或许一个有效物流组织中，最重要的因素就是人。是人从根本上决定了企业运作的有效程度。因此，在组建或重新组建一个物流组织的过程中，考虑员工技能和能力、工资标准、培训计划、甄

---

① Robert A. Novack, C. John Langley, Jr., and Lloyd M. Rinehart, *Creating Logistics Value: Themes for the Future* (Oak Brook, IL: Council of Logistics Management, 1995), p.88.

② Falk, "Organizing for Effective Distribution." p.188.

③ Bowersox et al., Leading Edge Logistics, pp.74-77.

选和保留过程以及其他与员工有关的问题，极其重要。

对一个成功组织来说，物流经理是尤其必须的。多产和高效的员工必须被有效地领导，而物流经理必须具备下列品质或特征：

成功物流经理的品质或特征

- 人格尊严和对商业道德的认知
- 激励员工的能力
- 编制计划的能力
- 组织的能力
- 自我激励
- 管理控制
- 有效口头沟通
- 监督能力
- 解决问题的能力
- 自信①

表 15.4 列示了成功的物流经理具有的大部分关键能力。成功的组织是那些成功地融合了组织结构、计划过程、员工和管理方式的组织。

表 15.4　物流经理需要具备的能力

- 运用监督、开发、招聘、甄选等能力，构建并维护一个物流组织
- 运用培训技能和培训资源来开发管理者和监督者，以运作和管理多种物流部门、设备、网络
- 运用决策技能来管理复杂、快速变化的业务
- 应用基本数学、统计、会计、预算和人力资源来制定目标并估量完成目标的进度
- 在管理和指导会议时运用技能收集决策所需的信息
- 运用书面和口头沟通技能将物流活动汇报给公司管理部门、客户以及其他有关者
- 应用仓储、库存控制、运输、制造、采购以及针对企业或工业其他领域的知识来制定运营决策
- 应用仓储、库存控制、运输、制造、采购知识等来制定战略计划

资料来源：Stephen A. LeMay and Jon C. Carr, The Growth and Development of Logistics Personnel (Oak Brook, IL: Council of Logistics Management, 1999), p.56.

成功企业的组织结构

成功企业组织结构的调查

虽然，面向企业的物流活动，没有惟一最好的组织形式，但我们还是可以从对成功企业组织结构的调查中获益。② 首先，作为纯粹的图形表示方式，组织结构图使人们可以了解企业的许多职能领域是如何相互关联，以及物流子职能之间是如何协调的。其次，对不同工业企业的组

① Paul R. Murphy and Richard F. Poist, "Skill Requirements of Senior-Level Logistics Executives: An Empirical Assessment," *Journal of Business Logistics* 12, no.2 (1991), pp.83-87; 又见 Jonathan L.S. Byrnes and William C. Copacino, "Develop a Powerful Learning Organization," *Transportation and Distribution Presidential Issue* 31, no.11 (October 1990), pp.22-25.

② 关于组织结构重要性的讨论，参见 Peter Drucker, *Management Challenges For the 21st Century* (New York: HarperBusiness, 1999).

织图观察说明，不存在惟一的理想结构。第三，由于不同行业类型的物流活动存在的共性，不同的组织图将会存在明显的类似之处。管理者根据经验发现，物流职能应该以特定的方式进行构建或组织。

来自三种类型的行业——化学制造、消费品和工业产品制造、大型综合商场——的典型的组织结构图如图 15.5 至图 15.7 所示。这些代表企业被同业者认为已经建立了有效的物流组织。

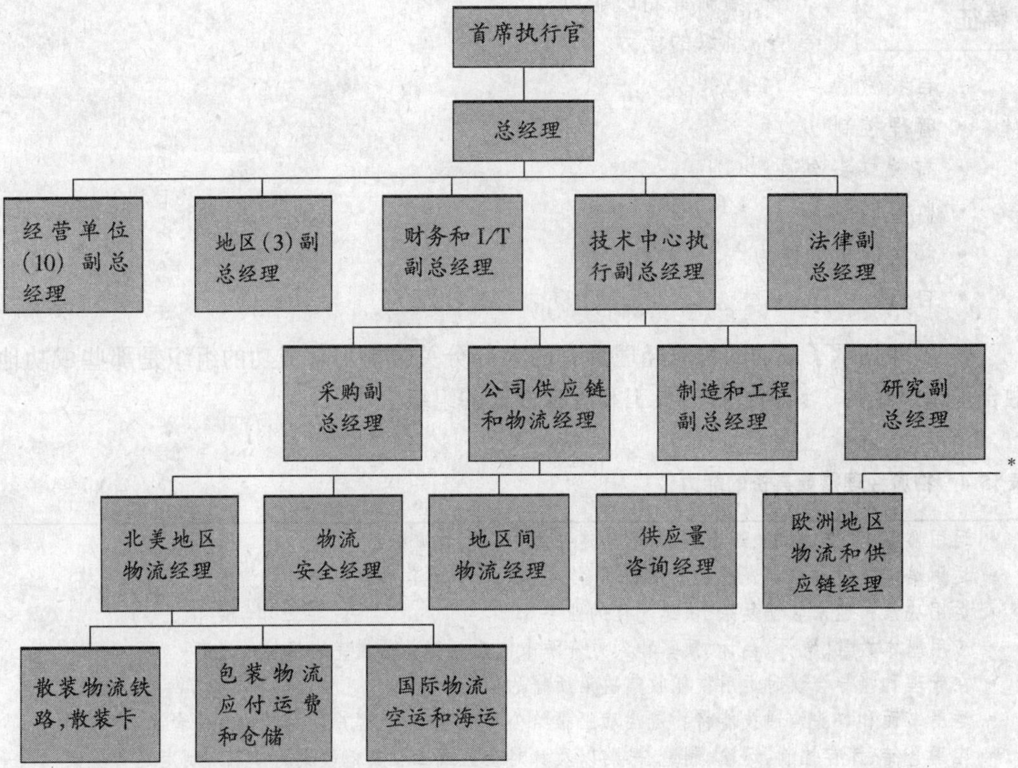

* 同样向欧洲地区业务经理汇报。

资料来源：洛姆&哈斯公司，经允许使用。

图 15.5 洛姆&哈斯公司

洛姆 & 哈斯公司的物流结构

洛姆 & 哈斯公司（Rohm and Haas Company）在世界 25 个国家拥有业务，是一家资产为 67 亿美元的专业化学品制造商。① 大约 40% 的销售来自于北美以外。1999 年，公司收购了 LeaRonal（电子化学）和莫顿国际（Morton International）（专业化学）。图 15.5 体现了它的物流活动，这是 1996 年为了将全部分销职能合并在一个供应链和物流主管下而重新组建的。公司在物流领域拥有 16 个生产点、30 个仓库和 400 名员工。洛姆 & 哈斯公司 1997 年的物流预算是 1.2 亿美元，它采用所有运输方式将其化学产品运送到世界各地分销中心。

3M 公司的物流结构

作为一家资产 160 亿美元，在世界 60 多个国家生产并销售其产品的创新高科技产品制造商，② 明尼苏达矿业制造股份有限公司（3M）所采用的组织结构如图 15.6 所示。由于存在大量的分部和产品，3M 公司

① 公司详细信息请见 http: //www.rohmhaas.com.

② 公司详细信息请见 http: //www.mmm.com.

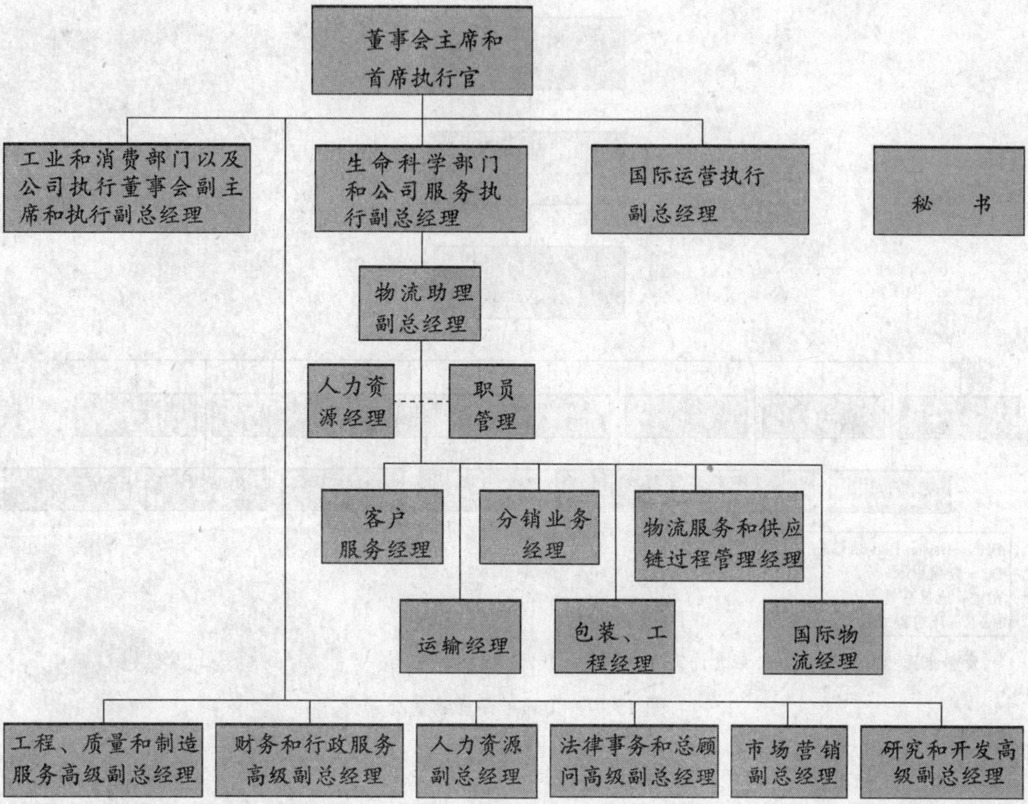

资料来源:3M 公司,经允许使用。

图 15.6　3M 公司

在全世界近 200 个国家雇用了大约 6,000 名物流员工为其客户服务。公司在美国运营 8 个仓库或分销中心，并拥有 15 个销售或订单登记点。

如 3M 组织图所示，要向物流汇报的一些职能，包括客户服务、运输、供应链管理和国际物流。每个仓库制定其库存控制决策。整体库存管理决策（如何时、何地、存储多少产品）是生产分部的责任。以这种结构，3M 适应了在全球市场的竞争。

Target 百货的物流结构

Target 公司（Target Corporation）由几个分部组成，包括 Target 百货、Dayton's、Marshall Field's、Hudson's、Mervyn's California 和 target.direct。公司主要是面向高端消费者的折价零售店，在美国 44 个州开设了 1,200 多个分店。1999 年销售额为 332 亿美元，是最大和最成功的高级折价零售商。[①] 公司雇用了 8,000 名物流员工并运营 10 个地区分销中心，其面积超过了 1,090 万平方英尺。

如图 15.7 所示，Target 公司组织图明显不同于那些制造公司，如洛姆 & 哈斯公司和 3M。零售商和制造商通常具有不同的组织结构，反映了它们市场和客户的不同。然而，这里描述的所有企业在其物流活动执行上都效果极佳，在每个案例中，高级物流经理都安排在组织的高层。

① 公司详细信息请见 http://www.targetcorp.com.

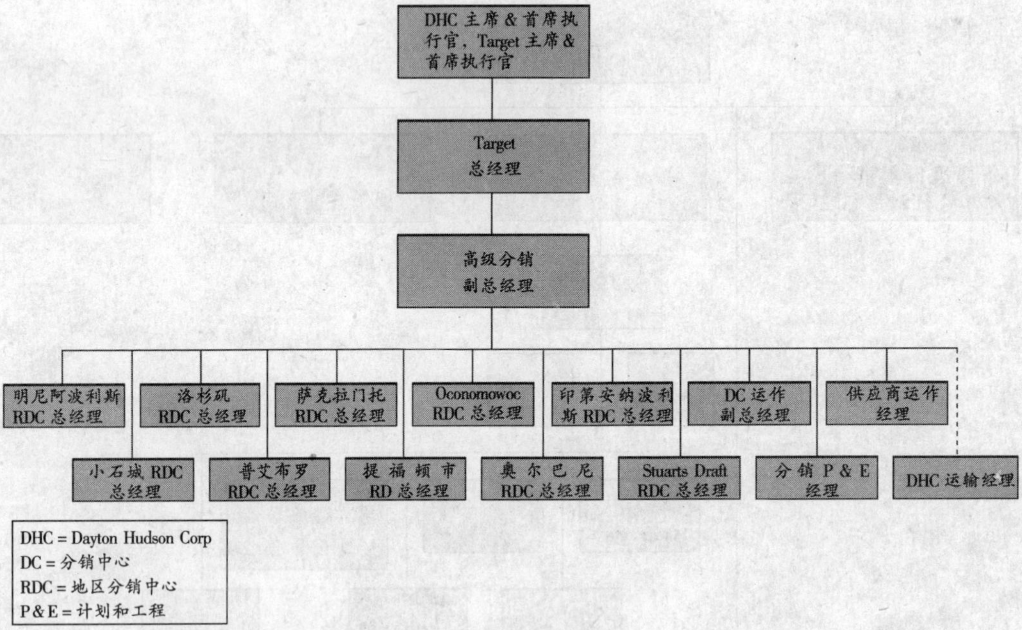

资料来源：Target Store Inc. 经允许使用。

图 15.7 Target 百货销售公司

物流组织的效果

组织绩效可以用多种标准进行衡量。目前，企业衡量绩效的多个尺度包括如下：

绩效衡量的例子

- 出厂运输成本
- 存货盘点的准确性
- 订单满足率
- 产成品库存周转率
- 按时交货
- 客户投诉
- 盘盈/短缺/毁损
- 缺货（产成品）
- 退货和折让
- 产品满足率
- 入厂运输成本
- 延期交货
- 库存过期
- 订货周期时间
- 来料质量
- 整体客户满意度
- 库存持有成本

- 单位物流成本与预算
- 发票准确度①

当然，尽管界定组织有效性的维度或因素是必要的第一步，但仅这样做还是不够的。接下来一步就是要区分这些因素的优先次序，制定具体衡量方法来评价它们各自的有效水平。重要的是管理者要确定他们想采用的衡量组织效果的指标，并区分它们的优先次序。大多数例子显示出，在评价过程中采用所有的衡量指标是不切实际的。时间和资金约束限制了采集和跟踪这些评价标准所需的全部数据。

另外，由于在评价过程中模型和趋势很早就表现出来，因此只检查一部分可用指标就足够了。特定的物流组织效果衡量指标的选择必须依赖于企业的具体特征和需求。或许最困难的过程是开发用于衡量组织效果标准所需的技术或程序。在这点上，存在大量可供选择的方法。

销售成本率

企业广泛地利用销售成本率来评价组织的有效性。无论企业采用哪种方法，必须回答一些问题，尤其是关于每项物流活动包含哪些成本的问题。举例来说："是采用销售净额还是销售总额？总成本中包括什么样的物流活动？管理者工资是否包含在内？是否包括库存持有成本？订单组合或服务水平上是否有变化？"② 除非在计算成本效果指标时，全部成本恰好正是物流成本所应包含的成本，否则不能简单地回答这些问题。如果管理者采用并实施一体化物流管理的概念，包含全部相关成本的可能性极大。

评价物流绩效指标必须同标准相比较

表 15.5 给出的指标必须同预定标准相比较来进行评价。这些标准或许从内部产生；也就是说，它们或许在组织内部制定，以使其与基准回报率、投资收益率以及其他财务绩效指标相一致。一些实例中，物流绩效标准也可以由外部产生。

许多物流经理认为，他们企业的标准应根据在那些同行业的其他企业或其他行业具有类似特征的领导企业来建立。存在很多赞成这种方法的观点，但主要的观点表明，一个组织应该最关心它的竞争地位，因此，竞争会影响管理者评价其企业有效性的方法。毕竟，在市场中，客户通过他们的日常购买间接评价企业的绩效水平(对物流绩效衡量的进一步讨论，见第 16 章)。

这种方法的局限性在于，每个竞争者采用不同的市场经营组合，或是面向不同的细分目标市场。一个企业或许在物流上的费用高于另一个企业，但它获得了更高的利润和销售。因此，直接在两个竞争者之间进行比较一定要谨慎。③

---

① CSC/University of Tennessee Logistics Survey (1998) published in James S. Keebler, Karl B. Manrodt, David Durtsche, and D. Michael Ledyard, Keeping Score: Measuring the Business Value of Logistics in the Supply Chain (Oak Brook, IL: Council of Logistics Management, 1999), p.59.

② A.T. Kearney, Inc., *Measuring and Improving Productivity in Physical Distribution* (Oak Brook. IL: National Council of Physical Distribution Management, 1984), pp.307-8; and Novack et al., *Creating Logistics Value*, pp.116-75.

③ 供应链中衡量组织效果的一个引人注意的衡量方法可以参考 Alan Braithwaite and Edouard Samakh, *The Cost-to-Serve Method* (Berkhamsted, UK: Logistics Consulting Partners Ltd., 1997).

表 15.5 物流管理评价的指标

1. 物流成本占销售的百分比
   a. 内部比较(如,分部之间)
   b. 外部比较(如,类似企业之间)
2. 特定物流职能的成本占销售的百分比或占物流总成本的百分比
   a. 内部比较(如,分部之间)
   b. 外部比较(如,类似企业之间)
3. 绩效
   a. 预算与实际对比,以货币、工时、职员总数或其他恰当方式表示
   b. 以恰当方法将劳动生产率、产出与投入比较
      (1)提供的服务
      (2)时间(订货周期、发票周期)
      (3)按时交货的可靠性
      (4)客户投诉水平
      (5)错误(发票、发运)
   c. 约束下的项目管理
      (1)时间约束
      (2)资金限制
      (3)预计效益(资金节约、生产率提高等)

资料来源:A.T.Kearney, Inc., *Measuring and Improving Productivity in Physical Distribution* (Oak Brook.IL: National Council of Physical Distribution Management, 1984), pp.307-8.

如何评价物流经理

对物流经理进行绩效衡量至关重要。一般而言,从下列三方面特征评价管理者:

1. 直线管理能力。这项指标用于评价物流经理对部门日常作业管理和实现生产率、利用率和包括预算在内各方面绩效目标的能力。
2. 解决问题能力。这与诊断作业中的问题,识别节约成本、改善服务或提高投资回报率机会的能力有关。
3. 项目管理能力。这涉及到安排并管理纠正问题、提高生产率、取得改进收益的项目的能力。①

360 度评估

许多组织采用一种称为 360 度评估的方法来评定其物流经理。制定决策通常含有老板、工人/同级人员和下属的匿名参与。当产生的结果更加定性而非定量时,这种方法会产生一幅清晰的画面——员工如何被所有层次的人了解,以及识别参与者之间的模糊区域和冲突区域。一旦克服了那些问题,管理者就会更加有效。采用有效的做法,最终结果将产生更为优秀的管理者。②

如果管理者想要衡量组织绩效,他必须采用各种因素。另外,这些因素必须是可以测定的,并需要建立绩效标准。最后,管理者应该将它的组织与同行业其他企业组织进行比较。很可能并不存在每个企业都会采用的惟一的理想组织结构。组织物流活动使其效果

① A.T.Kearney, Inc., *Measuring and Improving Productivity*, p.305.

② Stratford Sherman, "Leaders Learn to Heed the Voice Within," Fortune 130, no.4(August 22, 1994), pp.92-100.

最大化的最合理的途径是，理解这些影响组织绩效的因素，并将它们包含在计划、实施和组织控制中。

物流培训

员工物流培训是成功组织的一个关键因素。员工培训表现在改善个人绩效、道德、公司忠诚度、效率和效果上。具有综合培训计划的组织倾向于提供更高的客户服务水平、长期保留员工、比缺少这项计划的组织达到更高的整体赢利能力。下列统计数据为培训的重要性提供了证据，尤其涉及与雇用和保留员工有关的成本：①

培训的重要性

- 美国劳工部估计，替代一名老员工的成本是企业新员工年薪的1/3
- 在货车运输业，管理者估计替代每位司机的费用在3,000～5,000美元之间。一些大型货车运输公司采用每位司机6,000美元作为计划估计，而且所有这些数字或许都估计过低
- 一家大型保险公司估计，他们每个雇员的平均成本是35,000美元

许多环境因素突出了安置、雇用和保留最佳员工的需要。外包、缩小规模、员工流动、法律问题以及其他因素使得组织拥有尽可能有效的员工成为至关重要的问题。当然这点一直很重要，但在当今高度竞争、技术高度进步的全球社会中，这个问题更加重要。

物流培训主题

已经确定了几个关于物流培训的主题。以下主题对于员工雇用、保留、效率和效果等具有重大的意义：

- 今天的物流组织结构并不是过去的组织结构——或明天的组织结构。物流经理必须创建能够迅速适应快速变化的组织，并将其迅速加入组织知识库
- 企业不再能保证长期的雇佣，并且大部分员工期望在退休之前能更换几次工作和单位
- 即使当技术和竞争压力在削减物流组织的中层人员的时候，物流的作业层和管理层工作仍在扩展并承担新的任务
- 由于库存控制和客户服务正在成为更大的供应链组织的一部分，它们作为企业单独职能的特性正在逐步消失②

以下引文总结了这些主题：

> 物流组织不能轻视物流员工的成长和开发。培训应更加系统与正规，使得员工在任务发生改变、工作发生改变以及可用的劳动力发生改变的领域内迅速具备竞争力。当仅有的确定成为不确定时，适应性就成为了口号。物流经理必须承担制定培训任务的责任，与人力资源专家一起工作，以建设物流系统的人力方面。③

---

① 见 Joan Brannick, *Decreasing the Staggering Costs of Turnover in Your Organization*. 见网页 http://www.florida-speakers.com/turnover-costs.htm.

② LeMay and Carr, *The Growth and Development of Logistics Personnel*, pp.2-3.

③ Lemay and Carr, *The Growth and Development of Logistics Personnel*, p.35.

创造性解决方案

MegaProducts 的物流培训

MegaProducts 公司参加培训计划的规则非常简单——任何想要参加公司提供的培训计划的员工都可以。可以拨出工作时间进行有关工作的培训，且许多计划为大多数员工提供时间方便。

物流经理根据物流管理的需要制定一个培训计划。这个计划包括几个星期的活动，包括的主题为介绍大学物流的课程——采用练习方式——这些员工可以分析实用的、直接应用的例子。参与者包括：从营销部门新转到物流部门的管理者、仓库的长期操作员工、从一个职能领域刚提升的、现在负责几个职能领域的中层管理者等。培训的讲义由一家大型教科书出版社负责。公司负责员工的所有培训费用。

培训甚至超出组织的界限——向供应商和客户开放。一些中层管理者经过认证成为根源错误分析（RCFA）培训师。他们为自己的下属和客户提供课程培训，但同时也需要运输供应商接受这些课程。MegaProducts 对公司世界范围的全部承运商进行 RCFA 培训，并承担这些费用。

还存在其他需要的培训课程——尤其为那些接任新工作的员工。管理者提升职位前首先要经历几项培训，而且为了保持他们的技能，一直要接受新的培训。几年来，MegaProducts 的管理者每 10 个工作日中就有一天花在培训上。

公司鼓励制定个人发展计划——例如，压力管理、时间管理和沟通技巧等。物流经理支持有助于员工发展以及影响他们在家中和工作中的行为的培训。

MegaProducts 方法听起来可能成本较高——但是它的价值更高。考虑以下数字：公司全球所有非铁路运输的按时交货率超过 98%。不存在操作层、监督层、管理层的人员自愿跳槽现象。可以认为这些结果仅来自于培训吗？或许不是，至少在科学或理论上来看，不是。然而，培训进一步增加了已经很有价值的员工的价值。这个组织的高层管理者认为培训值得投资——在仓库内部、遍布整个组织直至超出组织界限。

资料来源：Stephen A. LeMay and Jon C. Carr, The Growth and Development of Logistics Personnel (Oak Brook, IL: Council of Logistics Management, 1999), pp. 8-9.

培训形式

许多公司认识到对员工培训的需求。它们采用表 15.6 列出的多种物流培训形式：录像、专业培训公司、大学和地区学院、因特网，以及其他形式。所有表中所示的形式均被有效地利用。为了确定这些形式的实用性和有效性，每种形式的培训结果必须是可测定的。然而，大约 2/3 的企业进行了需要评估的培训，只有 1/4 的企业开发了员工能力模型。[①]

基于 Web 的培训

尽管目前很少采用基于 Web 的培训，但由于个人和组织逐渐在他们的业务中利用 Web 技术，其应用将会明显增加。因特网在教育和培训中的使用将包含独立的物流相关课程和这项技术与其他更传统的媒体的集成。[②]

---

① Lemay and Carr, *The Growth and Development of Logistics Personnel*, p. 35.

② Laurie Joan Aron, "Online Learning Anytime, Anywhere," Inbound Logistics (February 1999), pp. 19-24.

表 15.6　物流组织采用的培训来源

培训来源	采用百分比
培训录像	61%
培训公司	55
大学	42
咨询公司	37
地区学院	36
其他形式(如,内部的)	22
基于 Web 的培训	12

资料来源：摘自 A.LeMay and Jon C.Carr, *The Growth and Development of Logistics Personnel* (Oak Brook, IL: Council of Logistics Management), p.34.

物流组织中所有层次的员工均会从培训计划中受益，培训计划为员工提供了影响其工作和福利的信息、技能和能力。多数组织中，物流经理一致同意，培训提高了员工的能力，使其以更有效的方式承担他或她的物流职能。

小结

圣经中有一句话，“没有远景，民族必消亡”[①]。具有清晰目的陈述、具体并可测定的目标、达到目标的策略和计划以及尽责员工的组织，毫无疑问将比不具备这些因素的其他组织获得更高的效率水平。

必然地，物流组织必须在成本和客户服务上更具效率。对影响企业组织效果因素的理解，连同改善那些反映企业弱势或不足因素的策略一起，有助于创建更为有效的物流系统。组织的变化为能够降低成本或改进服务的程序修正提供了基础。

本章讨论了企业具有有效物流组织的重要性。作为组织改进的结果，许多企业在其物流成本/服务组合表现出明显的改善。成功管理的最重要因素就是将全部物流活动集中于一个人、部门或分部管理范围内。

物流组织可以以几种方法构建，包括战略与作业、集权与分权、直线职能与参谋职能以及这些做法的多种结合。可能并不存在惟一理想的组织结构。然而，存在一些构成有效组织的重要因素。通常，影响组织效果的因素包括以下几项：组织特征、环境特征、员工特征、管理政策和惯例等。

可以采用多种方法衡量组织的有效性。每种方法都需要管理者确定影响组织有效性的因素，然后评价它们的相对重要程度。其次，这些因素必须是可以测定的，绩效是可以评价的。评估需要建立绩效标准。与组织有效性有关的是物流培训。员工培训在创建和保持一个有效和有效率的劳动力过程中具有极大的价值。

以本章和前章为背景，可以用已经学到的概念和原则来衡量物流活动的绩效。这将是第 16 章的主题。

① 《圣经》(《旧约全书》中的) 箴言篇 29：18。

推荐阅读材料

Bartlett. Christopher A., and Sumantra Ghoshal, "Changing the Role of Top Management: Beyond Strategy to Purpose," *Harvard Business Review* 72, no.6 (November-December 1994), pp.79-88.

Bowersox, Donald J,; David J. Closs, and Theodore P. Stank, 21st *Century Logistics: Making Supply Chain Integration a Reality*, Oak Brook, IL: Council of Logistics Management, 1999.

Bowersox, Donald J,; David J. Daugherty; Cornelia L, Droge; Richard N. Germain: and Dale S. Rogers, *Logistical Excellence: It's Not Business as Usual*, Burlington, MA: Digital Equipment Corp., 1992.

Cooke, James Aaron, "CEO's Seize Logistics Opportunities," *Traffic Management* 34, no.3 (March 1995), pp.29-35.

Covey, Stephen R, *The Seven Habits of Highly Effective People*, New York: Simon and Schuster, 1989.

——, *Principle-Centered Leadership*, New York: New York: Simon and Schuster, 1991.

Doctoroff, Susan, "Reengineering Negotiations," *Sloan Management Review* 39, no.3 (Spring 1998), pp.63-71.

Ellinger, Alexander E.; Patricial J. Daugherty; and Scott B. Keller, "The Relationship between Marketing/Logistics Interdepartmental Integration and Performance in U.S. Manufacturing Firms: An Empirical Study," *Journal of Business Logistics* 21, no.1 (2000), pp.1-22.

Ellram, Lisa M., and Laura M. Birou, *Purchasing for Bottom Lime Impact*, Burr Ridge, IL: Irwin, 1995, pp.80-92.

Fishman, Shirley R., and Allon Bross, "Developing a Global Workforce," *Canadian Business Review* 23, no.1 (Spring 1996), pp.18-21.

Gooley, Toby B, "Logistics in the Boardroom," *Logistics Management* 35, no.5 (May 1996), pp.51-52.

Gunn, Thomas G, *In the Age of the Real-Time Enterprise*, Essex Junction, VT: Oliver Wight Publications, 1994.

Henkoff, Ronald, "Delivering the Goods," *Fortune* 130, no.11 (November 28, 1994), pp.64-78.

Hoffman, Lowell M., and John Thompson, "Building Bridges between the Supply Chain by Creating a Flexible Organization Supported by Portable Executives," *Proceedings of the Annual Conference of the Council of Logistics Management*. Oak Brook, IL: Council of Logistics Management, 1997, pp.361-67.

Jackson, Thomas L., and Constance E. Dyer, *Corporate Diagnosis: Setting the Global Standard for Excellence*, *Portland*, OR: Productivity Press, 1996.

Kanter, Rosabeth M.; Barry A. Stein; and Todd D. Jick, *The Challenge of Organizational Change-How Companies Experience It and Leaders Guide It*, New York: Free Press, 1992.

Kohn, Jonathan W.; and Michael A. McGinnis, "Advanced Logistics Organization Structures: Revisited," *Journal of Business Logistics* 18, no.2 (1997), pp.147-62.

"Learning and Leadership," *Warehousing Forum* 14, no.8 (July 1999), pp.1-2.

Lynch, Clifford *F*, *Logistics Outsourcing-A Management Guide*, Oak Brook, IL: Council of Logistics Management, 2000.

Mitroff, Ian I.; Richard O. Mason; and Christine M. Pearson, "Radical Surgery: What Will Tomorrow's Organizations Look Like?" Academy of Management Executive 8, no.2 (1994), pp.11-21.

Ornatowski, Gregory K, "The End of Japanese-Style Human Resource Management?" Sloan Management Review 39, no.3 (Spring 1998), pp.73-84.

Pagonis, William G, Moving Mountain: Lessons in Leadership and Logistics from the Gulf war, Boston, MA: Harvard Business School Press, 1992.

Petzinger, Thomas, Jr, The New Pioneers: The Men and Women Who Are Transforming the Workplace and Marketplace, New York: Simon & Schuster, 1999.

Pfohl, Hans-Christian, and Hans Peter Buse, "Inter-organizational Logistics Systems in Flexible Production Networks: An Organizational Capabilities Perspective," International Journal of Physical Distribution and Logistics Management 30, no.5 (2000), pp.388-408.

Riggs, John, "Building a Core Strategic Vision," PRTM's Insight 11, no.1 (Spring 1999), pp.30-32.

Senge, Peter M, The Fifth Discipline: The Art and Practice of the Learning Organization, New York: Doubleday, 1990.

Stewart, Thomas A, "The Search for the Organization of Tomorrow," Fortune 125, no.10 (May 18, 1992), pp.92-98.

——. "Welcome to the Revolution," Fortune 128, no.15 (December 13, 1993), pp.66-78.

Williams, Lisa R.; Avril Nibbs; Dimples Irby; and Terence Finely. "Logistics Integration: The Effect of Information Technology, Team Composition, and Corporate Competitive Positioning," Journal of Business Logistics 18, no.2 (1997), pp.31-41.

问题与习题

1. 讨论企业组织结构和一体化物流管理概念之间的关系。
2. 多种物流活动的协调可以通过许多方法达到。在物流组织结构范围内，解释下列概念：
   a. 基于过程的策略、基于市场的策略、基于渠道的策略
   b. 战略与作业协调
   c. 集权与分权协调
   d. 直线职能与参谋职能协调
3. 并不存在惟一理想或最优的物流组织结构，这个观点经常被提出。你认为它是

否正确？简要说明你的观点。

4. 员工如何影响组织的有效程度和/或企业物流职能的生产率？

5. 物流宗旨陈述和企业宗旨陈述的主要价值分别是什么？

6. 确定如何在下列因素上评价企业物流管理者：

   a. 物流总成本

   b. 特定物流职能的成本

   c. 绩效

7. 确定员工培训在影响物流有效性和效率过程中的作用。

CHAPTER 16

物流绩效的财务控制

本章大纲

本章目标

- 说明物流成本如何影响客户和产品的赢利能力
- 说明大多数企业现有赢利报表的局限性
- 说明准确的成本数据的重要性
- 说明如何利用物流成本制定决策
- 说明如何衡量和控制物流职能的绩效

引　言

在第1章中，我们了解到物流成本占制造业成本的比例超过25%。因此，对物流职能进行更好的管理可以使得企业具有节约成本的巨大潜力，从而提高利润。在成熟的市场中，企业产品销售量很难能有大幅的增长，企业的利润也会随着成本的增加和竞争的加剧而逐渐衰退，因此有必要寻找一些方法来提高企业的生产率。

归根结底，企业的业务就是销售产品和服务给客户。没有对企业产品/服务及其客户赢利能力的准确衡量，管理者只是盲目地经营企业。然而，证据表明，在很多企业中，所需的成本数据是无法得到的。① 根据行业的不同，物流成本可能是客户和产品赢利能力的关键决定性因素。② 准确地衡量和控制物流成本为现金流和资产收益率的改善提供了相当大的潜力。在本章中，我们将关注于物流绩效的财务影响。

物流对客户和产品赢利能力的影响

管理者必须衡量客户和产品的赢利能力

对客户和产品的赢利能力的了解是经营管理的必要条件。表16.1举例说明了利用收入和可避免成本来判断细分市场赢利能力的推荐框架。只需要从收入中扣除变动生产成本，来确定生产贡献。下一步，诸如销售佣金、运费、仓储、订单处理等变动营销成本和变动物流成本，以及应收账款中的投资成本必须一并扣除。管理者应该核定应收账款的资金成本。然后，必须将每个细分市场发生的可分摊固定成本扣除，包括：坏账、促销费用、工资、库存持有成本等等。最后，管理者应该将企业资金的机会成本当作一项对被评估的细分市场所需的其他资产收取的费用。从财务绩效的观点来看，细分市场的净利大小决定了每个产品（产品组）或客户（客户群）的相关贡献。将每个细分市场的净利与对其将来增长的估计相结合，管理者将能制定使其利润最大化的战略。表16.1所示的成本/收入分析同样可以用来评价交易的相关产品的绩效。

---

① Douglas M. Lambert and Jay U. Sterling. "What Types of Profitability Reports Do Marketing Managers Receive?" *Industrial Marketing Management* 16, no.4 (1987), pp.295-303; Stephen Barr., "The Big Picture." *CFO* 12, no.7 (1996), pp.37-42; and Dick A. van Dame and Frank L. A. van der Zon. "Activity Based Costing and Decision Support," *The International Journal of Logistics Management* 10, no.1 (1999), pp.71-82.

② William C. Copacino. "A Cost-to-Serve Analysis Can Be an Eye-Opener." *Logistics Management and Distribution Report* 38, no.4 (1999), p.4.

表16.1 采用资产费用的贡献法

	公司合计	A细分市场	B细分市场	C细分市场
净销售				
产品销售成本(变动生产成本)				
生产贡献				
变动营销成本和变动物流成本				
销售佣金				
运费				
仓储(入库、出库)				
定单处理				
应收账款中的投资费用				
细分市场边际贡献				
可分摊固定成本				
工资				
细分市场相关广告费				
坏账				
库存持有成本				
细分市场可控利润				
细分市场占用的资产成本				
细分市场净利润				

假设：公共仓库用于储存地区库存

传统会计几乎没有给出不良绩效的有关线索

下面举例说明上述推荐的方法。传统会计数据表明，销售收入4,250万美元，税前净利润250万美元。当管理者认为这个利润数字不足时，传统会计关于这个具体问题无法给出线索。缺乏事实依据时，那些代表多种业务职能的经理们关于如何提高企业赢利能力的想法将会产生冲突。营销经理愿意增加广告预算来增加销售。财务副总裁认为公司已经在广告上花费了两倍于其应该花费的资金。销售代表想要更多产品，而生产经理认为已经存在了太多的存货单元（SKUs），因此不可能在生产中达到必需的效率。销售人员需要更低的价格，而财务副总裁认为价格已经太低了，上涨5%将会解决细分市场赢利能力的问题。每个人都对改善企业赢利能力持有自己的意见，这些意见依据的是他或她的经验和专家的意见。如果没有完美的信息，很难制定出可以对净利润产生期望影响的行动过程。然而，在数据不充分情况下，可以采用另一种根据客户类型进行赢利分析的贡献方法来诊断绩效不足的方面（见表16.2）。

在这个例子中，药店是制造商四个客户类型中最大的一类，但是该细分市场可控销售利润率最低，还不到利润排第二名的细分市场的一半，只有利润排第一的细分市场的37%。不过，该细分市场可控利润310万美元是相当大的，因此很难说放弃药店就是一个明智的决定。产品销售渠道矩阵分析表明产品组合并不是问题的起源。然而，并不是所有的药店都如此。企业将产品卖给国家连锁药店、地方连锁药店、个体药店等。将药店渠道进一步分类，可以看出，国家连锁药店的可控销售利润率，几乎与食品连锁店一样，比折扣店略高一些；地方连锁药店的利润率几乎与折扣店相同；小型个体药店则处于亏损（见表16.3）。

表16.2 按客户类型的赢利能力：贡献法（千美元）

	客户类型				
	公司合计	百货公司	食品连锁店	药店	折扣店
销售	$42,500	$6,250	$10,500	$19,750	$6,000
减：销货折扣、销货回报、销货折让	2,500	250	500	1,750	—
净销售	40,000	6,000	10,000	18,000	6,000
产品销售成本(变动生产成本)	20,000	2,500	4,800	9,200	3,500
生产贡献	20,000	3,500	5,200	8,800	2,500
变动销售和分销费用：					
销售佣金	800	120	200	360	120
运输成本	2,500	310	225	1,795	170
仓储管理	600	150	—	450	—
订单处理成本	400	60	35	280	25
应收账款中的投资费用	700	20	50	615	15
边际贡献	15,000	2,840	4,690	5,300	2,170
可分摊的固定成本					
(在会计期间内细分市场发生的特定费用)					
销售促销和岗位补贴	1,250	60	620	400	170
广告费	500	—	—	500	—
坏账	300	—	—	300	—
陈列费用	200	—	—	200	—
库存持有成本	1,250	150	200	800	100
细分市场可控利润	$11,500	$2,630	$3,870	$3,100	$1,900
细分市场销售可控利润率	27.1%	42.1%	36.9%	15.7%	31.7%

注：本方法可以修改为包括每个细分市场使用资产的费用和针对资产市价改变进行的扣除。结果将被认为是细分市场的净利润（剩余收入）。

资料来源：Douglas M. Lambert and Jay U. Sterling, "Educators Are Contributing to Major Deficiencies in Marketing Profitability Reports," Journal of Marketing Education 12, no.3 (Fall 1990), pp.43-44.

个体药店每年亏损8.5万美元的主要原因是，隔夜包装服务、第三方仓储、库存持有成本、小批量定单等有关的物流成本所导致的结果。这些客户经常拖欠货款，有些甚至从不付款，这就导致了高额坏账的产生。根据这些信息，管理者可以确定，如果通过药品批发商或内部销售和计划交货支持的地区仓库来为个体药店服务，将会对企业利润产生影响。管理者将会选择使企业长期利润得到最大提高的方案。

更多的企业采用将固定成本分摊到各个细分市场的完全成本会计系统而不是采用贡

献报表。[1]但是，由于细分市场的“共同”成本通常按武断的方式分摊，因此完全成本系统提供的信息是不准确的。它缺乏关于细分市场成本的可控性和成本特征的重要信息。例如，如果一个细分市场在完全成本的方法下，被认为是无利可图的，并且最终被放弃，那么固定成本就会简单地在剩余的细分市场中被重新分摊。

表16.3 按客户类型的赢利能力：贡献法（千美元）

	客户类型			
	所有药店	国家连锁药店	地方连锁药店	独立药店
销售	$19,750	$4,250	$5,500	$10,000
减：销货折扣、销货回报、销货折让	1,750	250	500	1,000
净销售	18,000	4,000	5,000	9,000
产品销售成本（变动生产成本）	9,200	2,100	2,600	4,500
生产贡献	8,800	1,900	2,400	4,500
变动销售、分销费用				
销售佣金	360	80	100	180
运输成本	1,795	120	200	1,475
仓储管理	450	—	100	350
订单处理成本	280	25	55	200
应收账款中的投资费用	615	20	35	560
边际贡献	5,300	1,655	1,910	1,735
可分摊固定成本（在会计期间内分公司发生的特定费用）				
销售推广和岗位补贴	400	90	110	200
广告费	500	—	—	500
坏账	300	—	—	300
陈列费用	200	—	—	200
库存持有成本	800	80	100	620
细分市场可控利润	$3,100	$1,485	$1,700	($85)
细分市场销售可控利润率	15.7%	34.9%	30.9%	—

注：本方法可以修改为包括每个细分市场使用资产的费用和针对资产市价改变进行的扣除。结果将被认为是细分市场的净利润（剩余收入）。

资料来源：Douglas M. Lambert and Jay U. Sterling, “Educators Are Contributing to Major Deficiencies in Marketing Profitability Reports.” Journal of Marketing Education 12, no.3 (Fall 1990), pp.44-45.

研究发现，在多数企业经理人员所用的赢利报表中存在下述缺点：

企业赢利报表的缺点

1. 采用完全生产成本（有时包括给车间的利润）来计算产品销售成本。
2. 将诸如开发、销售和管理等营业费用，通常以销售百分比为基础，全部分摊在产品中。

① Lambert and Sterling, “What Types of Profitability Reports Do Marketing Managers Receive?” pp.295-303.

3. 没有将运输、仓储、销售佣金和销售推广等成本在报表中作为单独的项目列出。
4. 当营销成本和物流成本可以明确地看做企业的开支，它们常常以销售百分比为基础，被分摊在产品中。
5. 经常在术语上存在不一致。当经理提到边际贡献时，实际上经常用的是生产贡献的数字。
6. 存货占用费用、应收账款费用、其他资产占用费用等机会成本在赢利报表中没有出现。
7. 没有在会计期间超过一年的报表中进行通货膨胀的调整。
8. 没有调整报表以反映重置成本。[①]

成本分摊扭曲赢利能力

总之，成本分摊方法会严重扭曲细分市场的赢利。"极度扭曲的产品成本会导致管理者选择失去竞争力的策略，比如对那些赢利能力高的产品不再重视并定价过高，对复杂的、无利可图的产品线扩大投入。当产品成本扭曲后，经理缺少可供选择的信息资源，因此，企业仍采用这种失败的策略。"[②]

表16.4说明，如果采用平均成本计算，表16.2所包含的客户赢利能力分析将如何变化。到目前为止，药店显示出最大的利润。药店的销售利润率与其他客户群相比令人较为满意（食品连锁店销售利润率的82%），但其可控销售利润率不到食品连锁店的一半（43%）。由于制造、营销、物流等成本在全部产品中分摊不同，采用两种会计方法获得结果的不同对产品赢利能力分析产生极大影响。许多企业采用按照销售百分比分摊的方法，如果表16.4中的成本按这种方法来分摊，那么4类客户的销售利润率就会相等。

现有赢利报表的局限性

研究表明，在美国多数企业中，经理所使用的细分市场赢利报表存在各方面的不足。[③]大部分细分市场的赢利报表是以成本平均分摊为基础的，而不是根据交易的发生直接分摊的。期间成本（如固定的制造费用和管理费用）按照直接工时、销售收入或销售成本等方式武断地分摊给客户和产品。存货和应收账款所涉及的投资的机会成本没有包含在报表中。最后，关键的营销和分销成本因素也经常被忽视。事实上，《财富》杂志关于1,000家企业的调查报告中，根据企业报表中所包含的成本类别和所采用的成本分摊方法，仅有16%的企业具有相对全面、精确的赢利报表。有趣的是，这些企业的平均资产收益率要比其他84%的企业高出50%。

问题的一个原因是"完全成本计算"

制造商碰到的许多问题是由于采用"完全成本计算"方法造成的，全部间接成本（比如管理费用）以武断的方式分摊到每一产品组或客户群。从而，许多公司将管理控制集中在错误的目标：直接制造人工或销售额。基于这种控制的奖励制度驱使管理者追求只代表全部成本的一小部分（人工）的简单化目标或全身心的销售成果（销售额）。他们忽视

① Lambert and Sterling, "What Types of Profitability Reports Do Marketing Managers Receive?" pp.295-303.

② Robert S. Kaplan. "One Cost System Isn't Enough," Harvard Business Review 66 (January-February 1988), pp.61-66.

③ Lambert and Sterling. "What Types of Profitability Reports Do Marketing Managers Receive?" pp.295-303.

了更有效的竞争方式，比如：强调产品质量、准时交货、缩短提前期、快速产品革新、柔性制造和分销、有效利用稀缺资产等等。

表 16.4　按客户类型的赢利能力：完全成本法（千美元）

	客户类型				
	所有公司	百货公司	食品连锁店	药店	折扣店
净销售	$40,000	$6,000	$10,000	$18,000	$6,000
产品销售成本(完全生产成本)	25,000	3,750	6,250	11,250	3,750
制造毛利	15,000	2,250	3,750	6,750	2,250
减:费用					
销售佣金	800	120	200	360	120
运输成本(美元/箱)	2,500	375	625	1,125	375
仓储管理(美元/立方英尺)	600	90	150	270	90
订单处理成本(美元/定单)	400	30	50	300	20
促销费用(销售百分比)	1,250	187	312	563	188
广告费(销售百分比)	500	75	125	225	75
坏账(销售百分比)	300	45	75	135	45
管理费用(销售百分比)	6,150	922	1,538	2,768	922
净利润(税前)	$2,500	$406	$675	$1,004	$415
销售利润率	6.3%	6.8%	6.8%	5.6%	6.9%

资料来源：Doulas M. Lambert and Jay U. Sterling, "Educatiors Are Contributing to Major Deficiencies in Marketing Profitability Reports," *Journal of Marketing Education* 12, no.3 (Fall 1990), p.49.

会计系统为什么不充分?

不幸的是，由于下列原因，大多数经理不知道他们企业产品或服务的真实成本，不知道如何最有效地降低费用，或不知道如何给其赢利最多的业务细分市场分配资源。[①]

- 会计系统的设计是为了向企业股东、债权人、政府机构报告企业运营的总体收益
- 会计系统的计算是为了提供企业运营的历史记录。由于通过单个细分市场不能得到产品的成本，因此将企业的全部成本、费用分摊在不同的业务细分市场。因为共同的成本被分配到多个细分市场，其过程必然是主观的和武断的

① 同上，pp.96-103; Thomas S. Dudick. "Why SG&A Doesn't Always Work." *Harvard Business Review* 65, no.1 (January-February 1987), pp.30-35; Robert S. Kaplan. "How Cost Accounting Distorts Product Costs." *Management Account*, April 1988, pp.20-27; John J. Wheatley. "The Allocation Controversy in Marketing Cost Analysis." *University of Washing to Business Review* 20, no.4, (Summer 1971), pp.61-70; Ford S. Worthy. "Accounting Bores You? Wake Up." Fortune. October 12, 1987, pp.43-50; and Lambert and Sterling. "What Types of Profitability Reports Do Marketing Managers Receive?" pp.295-303.

- 会计系统一般以总科目记录营销成本和物流成本。很少将成本与职能、单独的产品或客户联系起来。会计系统不能在交易被记录时或交易发生时确定这些费用。即使获得详细信息，也会因为将汇总数据结转到下一期，而常常丢失信息。一旦进行数据汇总，惟一的分解办法就是采用使利润扭曲的分摊方法
- 赢利报表除了包括固定成本、配套产品/服务的共同成本和管理费用，并没有体现细分市场对企业利润的贡献。但是，高层管理通常鼓励这种方法，因为害怕了解变动成本可能将导致不现实的低价。然而，在大多数情况下，价格是根据市场情况而不是根据成本来制定的
- 在大多数标准成本会计系统中，固定成本与变动成本同样处理。这就掩盖了固定成本的真实特征

准确的成本数据的重要性

一体化物流需要准确的成本数据

计算机、运筹学、系统方法为物流领域带来了高速处理和数学逻辑，它不仅带来运输策略、库存控制技术、仓库选址策略、订单处理系统、物流通讯的改变，而且满足了在一体化框架下管理与这些职能相关的成本的愿望。但是，缺乏足够的成本数据阻碍了物流管理发挥其全部潜力。通常，会计人员不能跟上物流的发展。因此，一些必要的成本分析并没有实现。

编制产品和客户赢利报表需要准确的成本数据，采用总成本分析法成功实施一体化物流管理概念也需要准确的成本数据。物流运作管理和控制同样也需要准确的成本数据。

总成本分析

总成本分析是物流管理的关键

管理物流职能的关键就是总成本分析。[①] 也就是说，给定客户服务水平的条件下，管理者应该使物流总成本最小化，而不是试图使其个别活动的成本最小化。采用非综合性方法进行物流成本分析的主要缺点在于：在物流职能中努力降低个别成本，可能不如将系统看做一个整体进行优化，且会导致总成本增大。

一些适用于降低仓储、运输或库存成本等个别活动成本的技术并没有使物流总成本相应降低。一项成本的降低总是导致一项或多项其他成本的上升。例如，将全部产成品集中在少数配送中心，可能使得仓储成本最小化，增加库存周转率，但是它会导致运输成本的增加。同样地，大批量订购的优惠价格产生的节约，可能会被库存持有成本的增加完全抵消。因此，为了使总成本实现最小化，管理者必须了解配送职能中权衡的作用。

① 这部分摘自 Douglas M.Lambert and Howard M.Armitage. “Distribution Costs: The Challenge.” Management Accounting 60, no.11 (May 1979), pp.33-34: and Lambert and Sterling. “What Types of Profitability Reports Do Marketing Managers Receive?” pp.295-303.

成本权衡是必要的

在物流系统的多种因素中采用成本权衡分析是必要的。例如，如果库存持有成本的降低程度大于其他职能的个别成本上升程度之和（图 16.1），或提高客户服务水平可以使得整体收入取得较大幅度的上涨，那么利润就会得到提高。如果要进行有效的权衡分析，管理者必须能够说明每一项因素的相关成本，并且能够解释每一项成本的改变对总成本的影响。

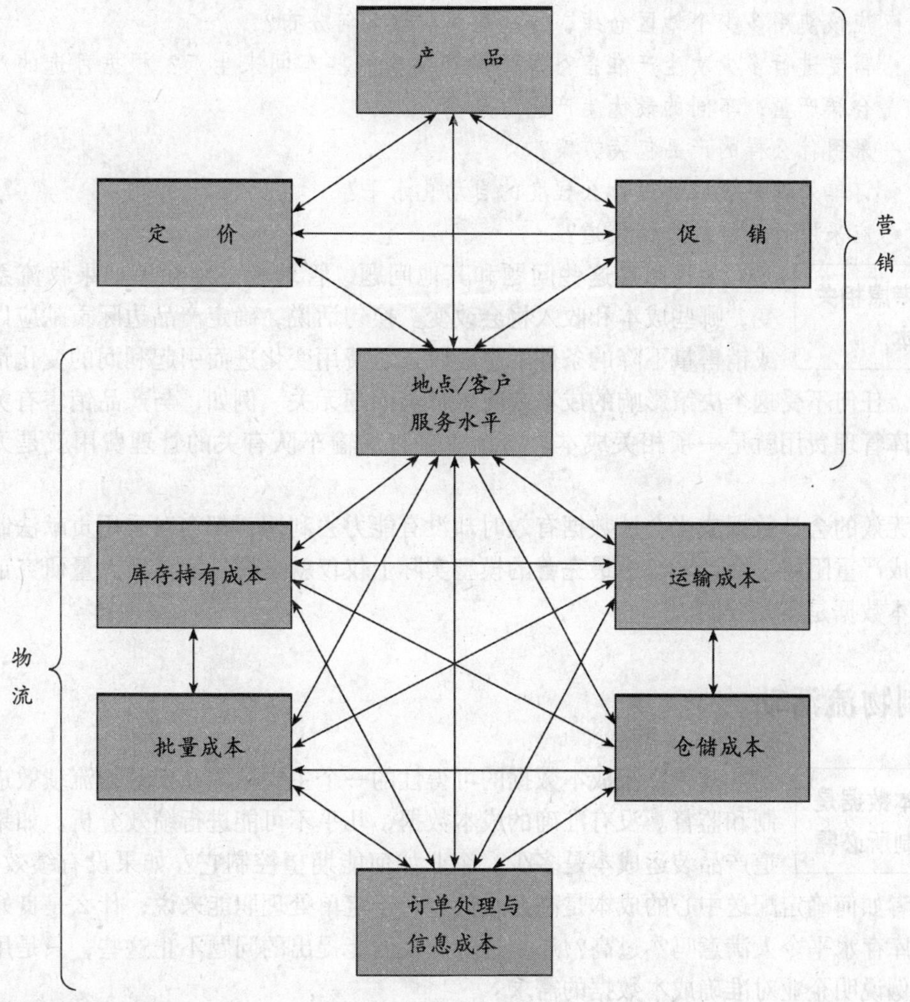

营销目标：将资源分配给营销组合，使企业的长期收益最大化。

物流目标：在给定客户服务水平下使总成本达到最小。

总成本 = 运输成本 + 仓储成本 + 定单处理与信息成本 + 批量成本 + 库存持有成本

资料来源：摘自 Douglas M. Lambert. The Development of an Inventory Costing Methodology: A Study of the Cost Associated with Holding Inventory (Chicago: National Council of Physical Distribution Management. 1976), p.7.

图 16.1 营销活动和物流活动中所需的成本权衡

管理者决策需要完善的成本数据

会计数据的质量影响管理者在开拓市场、利用革新的运输系统、选择公共承运者还是自行运送、增加交货量或增加库存量、改变分销中心的布局、重构库存的等级、改变包装、决定定单处理系统自动化程度等方面的能力。会计系统必须能够为回答下列问题提供信息：

- 物流成本如何影响产品、销售区域、客户、销售人员的贡献？
- 与提供额外客户服务水平相关的成本是多少？什么样的权衡分析是必需的，增加的收益或亏损有多少？
- 最优库存量是多少？存货水平对存储方式的变化或客户服务水平的变化的敏感性如何？存货的持有成本是多少？
- 采用什么样的运输方式组合/是否应该采用承运商？
- 应该使用多少个地区仓库，这些仓库应该如何分布？
- 需要进行多少次生产准备？每一种产品由哪些车间来生产？根据可选的产品组合和产量，车间的最优生产能力是多少？
- 采用什么样的产品包装方案？
- 订单处理系统应达到什么程度的自动化水平？
- 应采用什么样的分销渠道？

仅考虑相关成本

为了回答这些问题和其他问题，管理者必须知道如果物流系统改变，哪些成本和收入将会改变。换句话说，确定产品边际贡献应以产量或销售量下降的条件下企业收入、费用变化进而引起利润的变化情况为基础。任何不受这个决策影响的成本或收入都与问题无关。例如，与产品销售有关的公共仓库管理费用就是一项相关成本。与企业自有运输车队有关的管理费用就是无关成本。

无效的会计数据或当会计数据有效时却没有能力去利用，都会对采用贡献法制定决策造成严重阻碍。会计系统中最完善的模型实际上仅仅就是会计输入。大量研究证明物流成本数据是不充分的。①

控制物流活动

成本数据是控制所必需

改善物流成本数据的可得性的一个主要原因在于对物流绩效进行控制和监督。没有准确的成本数据，几乎不可能进行绩效分析。如果不知道产品装运成本是多少，企业如何能期望控制它？如果没有绩效衡量，管理者如何确定配送中心的成本是高还是低？对于定单处理职能来说，什么是良好的绩效？库存水平令人满意吗？过高？还是过低？我们能提出的问题不止这些，只是用它们来举例说明企业对准确成本数据的需求。

下述引文描述了面向管理和物流控制的有效衡量方案的重要性：

> 如果没有衡量方案，影响忙碌的管理者行为的“自然”因素将造成负面影响。只有出错时，问题才会引起管理者的注意。这种情况下，几乎不会加强正面结果。一个正式的衡量方案有助于管理者集中注意力于正面以及提高雇员的士气……一旦

---

① 参见如 David Ray. “Distribution Costing and the Current State of the Art.” *International Journal of Physical Distribution* 6, no.2 (1975), pp.75-107; Michael Schiff. *Accounting and Control in Physical Distribution Management* (Chicago: National Council of Physical Distribution Management. 1971), p.4-21; Douglas M. Lambert. *The Distribution Channels Decision* (New York: The National Association of Accountants; and Hamilton. Ontario, The Society of Management Accountants of Canada. 1978), pp.88-91, 102-11; and Douglas M. Lambert. *The Product Abandonment Decision* (New York: The National Association of Accountants, and Hamilton. Ontario; The Society of Management Accountants of Canada, 1985), pp.98, 127-32.

确立了计划，就可以衡量实际结果并将其与计划进行比较，找出需要管理层注意的因素。[①]

全球化

一个公共系统

当伊斯曼·柯达公司决定在全球竞争中采用强硬手段后，这个胶片和图像处理公司将注意力集中在一体化物流方式上。在全球柯达公司中发动的一项运动是建立一个公共系统，这个系统可以处理全球客户对柯达公司产品和服务 90% 的需求。为了促进这项运动，柯达将其全球最大的几个仓库由多主机转变为单一的基于客户机/服务器的仓储管理系统，这看起来更加有效。

柯达全球仓储信息中心（KWWIC）计划的驱动因素是，开发确保所有仓库以同一种模式运作的一致的业务流程和监控内外部绩效的模型。KWWIC 追求更高水平的准确率和生产率、实时数据接口、ABC 成本核算数据、改进的度量标准、简化的系统、每天运行 24 小时、每周运行 7 天的能力，以满足客户的需求。该计划还要求进行软件的修改，并扩展了数据采集射频（RF/DC）。

“围绕着柯达的全球物流，每个国家都在将自己初始系统向自动化本地仓库推进。”柯达公司国际产品管理发展经理格斯·霍德（Gus Holderer）解释说，“我们看到多个系统遍布于我们的工厂，导致了地域上劳动和重大开支的重复，其中每一处都需要投入。同时，我们对改变我们的计算机体系结构非常感兴趣，并且需要一个能够给我们带来变化的 RF 伙伴。”

为了促进系统的建立，柯达将其全球最大的几个仓库由多主机转变为单一的基于客户机/服务器的仓储管理系统（WMS），这带来了极大的成本节约。这是为了支持新的全球供应链战略，以及利用仓储自动化技术的进步。客户机/服务器应用可以加速配送处理和劳动密集型流水仓储任务。

“我们的目标是使每一个仓库承担额外的增值责任，比如：柔性贴标、配件准备/装配、批量跟踪、标注日期、交叉配送，以及多变的分拣策略。”霍德说，“我们还想利用包括 RF 终端、AGVs（自动导向车系统）、条形码、高速传送带和电子商务等一系列物流技术。”

资料来源：摘自“Focusing on a Successful System,” *Automatic I.D.News* 14，no.11（October 1998），pp.40-43.Reproduced by permission from *Auto ID News*.Copyright 1998 by Advanstar Communications，Inc.retains all rights to this article.

案例研究

由于物流成本持续增加，对管理者能够说明每一项因素的相关成本的要求变得更加重要。[②] 了解每一项因素成本的改变如何影响总成本和利润也十分必要。根据公司性质，

---

① A.T.Kearney.*Measuring Productivity in Physical Distribution*（Chicago：National Council of Physical Distribution Management，1978），pp.18-19.

② 这段材料摘自 Douglas M.Lambert and Howard M.Armitage，“Managing Distribution Costs for Better Profit Performance，” Business 30，no.5（September-October 1980），pp.46-52.Reprinted by permission from Business magazine.

估计物流成本占总销售的15%到50%是很平常的。然而，既然管理者对物流成本的计算通常都是不正确的，这些数据最多只是有根据的推测。从公司的立场来看，不能确定并管理物流成本将会导致企业错失良机并付出昂贵的代价。以下四个实例将用来强调说明与大多数物流会计系统有关的问题。

平均运输成本扭曲了细分市场的赢利

案例1：平均运输成本对客户/产品赢利能力的影响。在大多数企业中，运输成本是一项主要费用，但是，极少数会计系统根据客户或产品来跟踪企业的真实运输成本。如果管理者试图确定这些成本，通常会根据全国平均值进行计算。然而，这些平均值并不能体现将每单位产品送交其目的地所需的真实成本；因此在此基础上的赢利能力计算显然是错误的。

例如，A公司的管理者采用全国平均运输费率来计算客户和产品的赢利能力。全国平均运输费率由所有企业运输成本占总销售收入的百分比决定。这种方法认为，产品由公共承运商从芝加哥运送到纽约和从芝加哥运送到洛杉矶的费用是相同的——销售额的4%，企业使用自备的交通设备在芝加哥地区内交付的费用也一样。不管采用什么样的产品运输方式、装运货物的体积大小或是运输距离的长短，采用的运输成本指数均为4%。

这种方法的错误之处有三点：第一，管理者不能确定单个产品或客户的赢利能力。采用平均处理方法掩盖了一个事实，就是交付少量产品和向远距离客户交货可能是无利可图的，从而降低了企业的整体收益率。第二，对全部产品采用相同的运输费率忽视了诸如重量、体积和运输距离等产品特性对运费率的影响，从而忽视了它们对产品和客户赢利能力的影响。最后，管理者不知道面向客户的真实交货成本，这就很难在当前方案成本和替代方案成本之间做出一个权衡分析。替代方案就是，先整车运送到西海岸(the West Coast)的一个地区仓库，然后通过机动车辆运输承运商分别送货到当地客户处。在这家公司，根据相同的销售百分比分摊运输费用导致了错误的客户和产品赢利能力指数，并降低了整体绩效。

区分固定成本和变动成本是一个问题

案例2：不能区分固定成本和变动成本。B公司的管理者采用一种从销售中扣除生产成本、物流成本、营销成本来计算每种产品净利润的产品报表(product reporting statement)。利用利润表来制定关于产品绩效的可接受性、配套营销的分配和产品停产等决策。每种产品分摊的物流成本采用ABC分析法计算。A类产品分摊一定量的物流成本，B类产品分摊的成本是A类产品的二倍，C类产品分摊的成本是A类产品的三倍。这些被分摊的成本包括随活动变化而变动的成本，比如，仓储人工、存货供应、运费等。也包括在任何活动水平下都保持不变的固定成本(例如，公司调拨、折旧和企业运输队的管理费用)。公司的几种产品，包括销售额排名前10位中的产品，表现为亏损，因此成为即将放弃生产的候选。但是，分析表明大部分物流成本连同大约30%的生产成本是固定的，即使该产品终止生产，也不会有所节约。事实上，如果终止这些产品的生产，企业的整体利润也将随之下降。因为，与这些产品相关的所有收入会消失，但不是所有的成本都会节约，无论产品是否会被停产，占企业成本大部分比例的固定成本仍会发生——在这个例子中确实存在。如果企业不继续生产这些产品，固定成本将会在剩余产品中重新分配，这很有可能导致更多的产品表现为无利可图。

大多数物流成本系统依靠分配

案例3：分配的缺陷。大多数物流成本系统仍处于初始阶段，很大程度上依赖于分摊成本来确定诸如产品、客户、地区、分部或职能等细分市场的绩效。在C公司中，这样的分摊导致了错误的决策和公司利润的损失。C公司是一个多分部企业，生产并销售高利润的药品和大量低利润的包装物。公司拥有大量由公司职员管理的地区存货中转仓库。这些受气候控制的设施是为药品业务设计的，比包装物更需要安全和保管惯例。为了充分利用这些设施，企业鼓励非制药部门将它们的产品储存在这些分销中心内。尽管当工作量增加时，加班和/或临时工是必要的，但仓库的运营成本主要还是固定成本。企业的政策是按照所占用的面积将成本在分部用户间进行分摊。由于制药业仓储的需求，这项费用相对较高。此外，企业基于分散的利润中心管理各分部。

销售相对体积大、低价值消费品的分部的物流副经理意识到如果利用公共仓库，同等服务的成本将会大幅度降低。为此，他将该分部的产品从公司仓库中撤出，开始利用在其销售地区的公共仓库。尽管企业分销中心处理和储备的产品量大为减少，但由于高额固定成本，从这些设施发生的总成本来看，其成本节约额极小。因此，几乎不变的成本在剩余的更少的使用者中分摊，这更加吸引其他分部为获得更低的成本而利用公共仓库。

结果是，企业总仓储成本增加而不降低。企业仓储成本大部分是固定成本。空间是否全部占用并不会显著改变这些成本。当非制药分部转向公共仓库，不但发生额外的公共仓储费用，而且企业自有仓库的总成本几乎保持不变。实际上，物流成本系统促使分部物流经理不是从公司整体利益最优来行动，从而使得总成本上升。

案例4：控制不足。成本控制和关键职员的动机是各项企业活动的关键因素。物流活动也不例外。然而，在其他职能领域成功运用的控制概念，并没有在物流活动中广为采用。一些人认为物流不同于其他职能，不能用相同的方式对其评估。但是，在多数案例中，这项提议从来没有被尝试过。一个特例就是弹性预算概念的应用。

在物流活动中缺少控制技术的应用

D公司保持着对部门仓储成本的年度预算。这些成本包括变动成本和固定成本两部分。月度预算等于年度预算12等分。比较每月的实际成本发生额与月度预算，并将差额记录为异常，管理者根据这些差异采取相应措施。然而，D公司的销售是季节性的，某些月份的销售额要远远大于其他月份。在销售旺季，实际库存成本事实上总是高于预算，反之，在销售淡季，实际库存成本往往低于预算。相反地，从生产率的角度评价，却会得到不同的结果。在销售旺季生产率上升，销售淡季生产率下降。

在这种情况下，成本控制和员工激励都没有得到充分的关注。将年度预算12等分与每月的实际成本发生额相比较，意味着管理者试图在两个不同经营活动水平下进行成本比较。然而，当且仅当每月实际经营活动等于年度经营计划的1/12时，每月实际成本才与计划成本相同。一个更可接受的方法是承认某些成本是可变的，会随着产出的不同而上升或下降。采用弹性预算方法，可以反映在不同经营运作水平下成本应该是多少，这为真实衡量效率和生产率提供了可能，并提供了更有意义的绩效评价。

解决成本数据不足的问题

物流成本通常包含在汇总账户中

获得物流成本的一个困难之处在于它们是以一系列汇总账户而不是以职能进行分组。汇总账户用来在企业利润表和资产负债表等财务报表中分类汇总成本。例如，企业支付的全部工资可能汇总在一个工资账户。无论这些工资是否支付给生产人员、营销人员、物流人员或财务人员，都必须加总到一起，在期末汇总反映在财务报表上。① 其他汇总账户的例子包括：租金、折旧、销售费用、管理费用、利息费用等。在一个具有很强财务会计倾向的企业里，诸如仓储和运输等物流成本完全可能在汇总账户中不被单独列示。相反，它们可能被包含在管理费用、销售费用或其他各项费用等不同的成本账户中。此外，还存在一个倾向，尤其在运费的处理上，那就是放弃了权责发生制的待摊概念，将一个期间的成本同另一个期间的收入相配比。例如，不管订单什么时候作为收入确认，运费一旦支付就直接记入当期成本。这些约束使得管理者难以确定物流的支出，进而控制其成本或进行权衡分析。

会计数据必须经过处理以满足物流的要求

既然大量需要的信息已经以一种或几种形式存在，所面临的挑战就不是寻找新的数据，而是处理在会计系统中已存在的数据来满足物流职能的需要。② 通过改善物流成本数据的有效性，管理者能够更好地制定作业和战略决策。只有当管理者知道不同经营活动水平的成本水平应该是多少时，他才能检测到异常的成本水平并加以控制。如图 16.2 所示，可以通过标准成本、预算、生产率标准和/或统计过程控制对物流绩效进行监督。③ 其他解决成本数据不足问题的方法包括计算机管理信息系统、作业成本法，以及自动订单处理系统等。

标准成本和弹性预算

通过标准成本和柔性预算改善控制

通过预先确定标准成本和弹性预算来进行成本控制是目前可采用的控制方法中最全面的一种。标准可以被定义为衡量绩效的基准或“规范”；标准成本就是在企业有效运营时的成本。采用例外原则进行管理时，管理者将他们的注意力放在那些标准的偏离上。弹性预算适用于一系列活动。在给定活动水平条件下，管理者能够确定成本应该是多少。标准成本试图确定成本应该是多少，而不是根据过去成本的特征预算将来的成本。因此，标准成本的应用代表了一种解决物流成本问题直接、有效的方法。

---

① Wibur S. Wayman, “Harnessing the Corporate Accounting System for Physical Distribution Cost Information.” Distribution System Costing: Concepts and Procedures, Proceeding of the Fourth Annual James R. Riley Symposium on Business Logistics (Columbus. OH: Transportation and Logistics Research Foundation, 1972), p.35.

② 我们将在本书中描述一个记录会计数据的系统必要形式。

③ 以下关于标准成本、预算和生产率标准部分摘自 Lambert and Armitage, “Managing Distribution Costs for Better Profit Performance.” pp.50-51. Reprinted by permission from *Business* magazine.

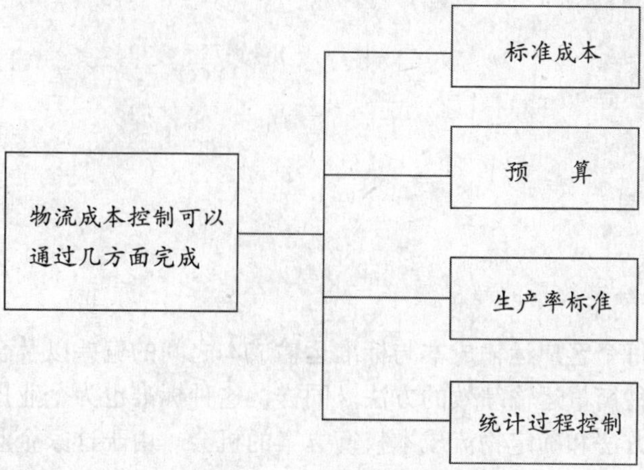

图 16.2　控制物流活动

利用标准成本进行决策需要以系统的观点看待物流运作，这样才能选定可以达到希望效果的最有效的方法。会计人员、物流人员以及工程人员必须协调工作，采用回归分析、工时和动作研究、效率研究等方法，以便制定不同物流成本中心中面向不同经营水平的一系列弹性预算。目前已经能够设定诸如库存分拣、装货、收货、补货、存储和包装等仓储操作的成本标准。另外，在订单处理、运输甚至行政职能方面也已经成功运用了标准。然而，标准的运用还并不普遍，部分原因在于人们认为物流成本不同于其他经营领域的成本。这个观点或许有点价值，但从物流活动的本质特征而言，它是重复性操作，这种特征有助于利用标准进行控制。标准成本法没有得到普遍接受的一个更有说服力的原因是，人们只是最近才认识到物流成本控制的重要性。但是，主管会计和工业工程师认为大部分企业已经在生产领域应用了标准成本的概念，经过努力，它会扩展到物流领域。

一个运输费标准的计算机系统

由于对物流效果的衡量比对生产效果的衡量要复杂得多，因此开发面向物流的标准成本可能会更复杂。例如，分拣职能的标准成本开发中，最终控制的衡量标准可以是根据每张订单的标准成本、每条订购项的标准成本、每一装运单位的标准成本，或是每批货物的标准成本。尽管复杂性增加，物流活动中的工作测度确实在增加。① 在一个成功实施的案例中，企业采用标准成本和标准路线概念的计算机系统来处理 25,000 条路线和 8 种不同的运输方式。企业可能的组合达到 300,000 种，系统定期升级。处于任何位置的职员都可以从计算机获得最优的发货方法。每月计算机按客户打印输出下列信息：

- 目的地
- 送交客户的标准运输成本
- 送交客户发生的实际运费

① 案例见 Ernst and Whinney，*Transportation Accounting and Control*：*Guidelines for Distribution and Financial Management*（Chicago：National Council of Physical Distribution Management，and New York：National Association of Accountants，1983）；Ernst and Whinney. *Warehousing Accounting and Control*：*Guidelines for Distribution and Financial Managers*（Chicago：National Council of Physical Distribution Management，and New York：National Association of Accountants，1985）.

- 送交到仓库的标准运输成本
- 总货运成本
- 装运起点
- 销售门市部
- 发货方法
- 货物包装容器
- 装运重量
- 每重量单位给定数量的超出量

另有月报列出每个客户运输成本与标准运输成本之间的偏差以及合计差异。这个系统为企业提供了一种衡量运输绩效的方法。同样，这种标准也为企业提供了一种确定单个客户赢利能力的方法和确定物流成本权衡方案的机会。由于这家企业将标准概念作为管理信息系统整体的一部分，因此可以较容易地确定系统改变——比如一个改良的、自动化的订单处理系统——对运输成本的影响。①

图 16.3 描述了将标准的使用作为一种管理控制系统。如图所示，标准可以来自正式的调研、基本原理/直觉，或是两者的结合。一旦设定了标准，企业必须将实际绩效与详细标准相比较，来判断它是否可以接受。如果绩效可以接受，就认为系统是在控制之下，这是控制过程的终点。这种观点的本质是管理者基于例外原则的运作——只要企业经营效果令人满意，系统中就不用改变（“满意”的衡量建立在标准之上）。

必须分析差异，确定其发生原因

绩效与标准完全相等是极其不可能的。一旦发生差异，程序将差异分解为一个个组成部分，试图确定其发生的源头。例如，标准可能是一个销售区的运输预算总数。

如果实际发生额超出了预算，管理者则需要了解在数量和效率两方面分别分析的差异。除非将差异分析成各种有意义的原因，否则管理者不可能知道如何采取措施。

下一个问题是观察到的差异是否大到足以被认为是重要的。这个问题可以通过严格统计条件、设定关于标准的质量控制限制来解决。根据标准偏差可以这样做：仅在低于标准时进行限制，或无论低于或高于标准都要限制。后者，如果绩效超出标准，管理者可以决定提高标准或因此奖励绩优员工。得到更多关注的是那些低于标准的绩效偏差。

许多物流是以统计显著性来衡量偏离标准的程度。但是，同需求获取活动一样，根据他们的实际显著性判断偏差可能更有意义。一种灵敏度分析的形式：经理需要得知偏差对底线绩效或净利润的影响有多重要？无论怎样进行评估，偏差不是显著的就是不显著的。如果是不显著的，就认为绩效是可接受的，控制过程结束。如果是显著的，下一个问题就是是否需要采取措施。

偏差可能是显著的，但是通过分析它、解释它，管理者可能判定它是不可控的。如果这样，接下来不需要采取措施，控制过程即将结束。如果需要采取措施，它将是两种类型之一：标准制定错误，必须更改标准；或过程本身不能得到满意的结果，因此应该并且必须更改。根据选定的行动，返回到适当的层次。如果过程更改，标准不变，就再次将实际绩效与标准相比较。如果标准改变，而过程不变，由行动阶段产生反馈，系统

---

① Schiff, *Accounting and Control in Physical Distribution Management*, pp.4-63—4-70.

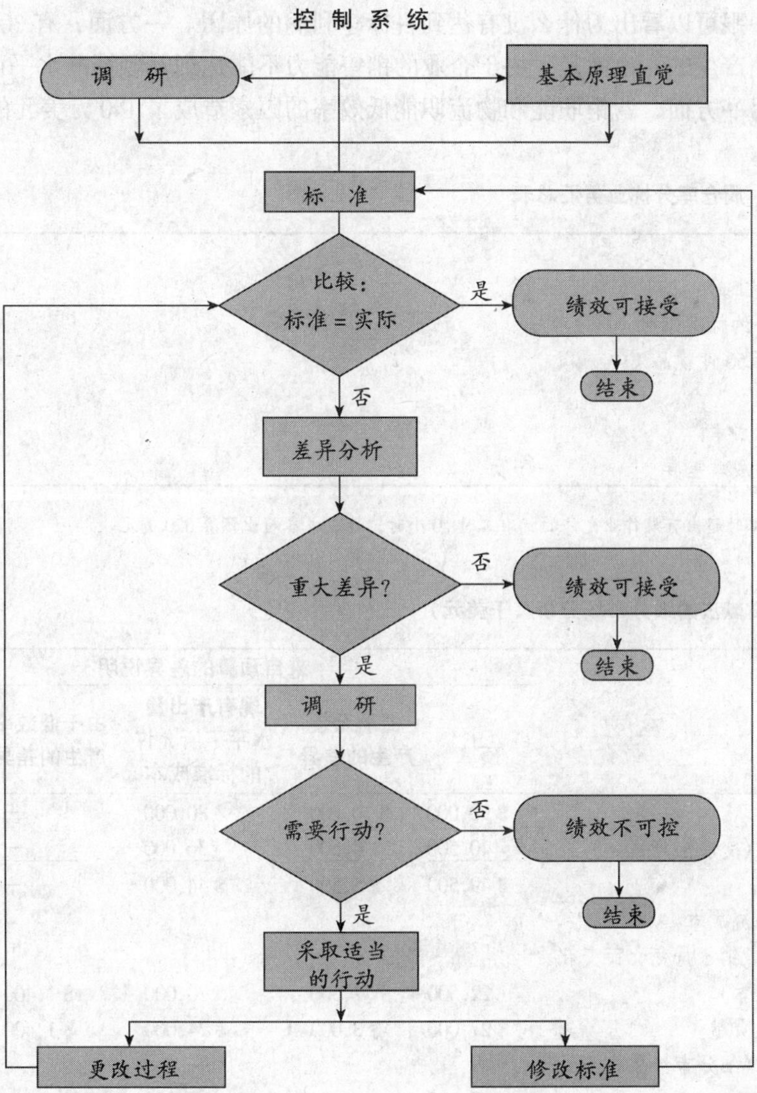

资料来源：Richard J. Lewis and Leo G. Erickson. "Distribution System Costing: An Overview," in *Distribution System Costing: Concepts and Procedures*, ed. John R. Grabner and William S. Sargent (Columbus. OH: Transportation and Logistics Research Foundation. 1972), p. 17A.

图 16.3　管理控制系统中标准的应用

再次循环。[①]

标准成本的优点

标准告诉管理者完成所选行动的期望成本，并通过比较以确定经营中是否存在低效问题。例如，表 16.5 给出了一个在运作水平上有用的报表样例。表 16.5 说明了分拣活动的库存人工为什么高出预算 320 美元。物流成本能够以部门、分公司、职能、产品组或合计进行汇报，与标准成本相比

① Richard J. Lewis and Leo G. Erickson, "Distribution System Costing: An Overview," *in Distribution System Costing: Concepts and Procedures*, ed. John R. Grabner and William S. Sargent (Columbus. OH: Transportation and Logistics Research Foundation, 1972), pp. 18-20.

较，并作为周或月绩效报表的一部分。表 16.6 显示了企业总裁感兴趣的汇总。这个报表使得总裁一眼可以看出为什么没有达到目标净利润的原因。一方面，有 300 万的差异是由于无效而产生的，也就是，由于企业的销售能力不能达到其预算的水平而造成的净收入下降。另一方面，营销职能和物流职能低效率的因素造成了 140 万美元的差异。

表 16.5 第____周仓库分拣业务汇总表

周分拣物品	14,500
分拣活动总计工时	330
分拣绩效允许的标准工时	
基于每小时 50 件物品	290
工时差异	40
每工时的标准成本	$ 8
低效率造成的成本差异	$ 320*

* 由于分拣工时超出有效作业允许的标准工时 40 小时，造成成本超出预算 320 美元。

表 16.6 采用贡献法的细分市场分析（千美元）

	来自预算的差异说明				
	预算	由于无效产生的差异	现有产出量水平下所允许的标准成本	由于低效率产生的差异	实际结果
净销售	$ 90,000	$ 10,000	$ 80,000	—	$ 80,000
产品销售成本(变动生产成本)	40,500	4,500	36,000	—	36,000
生产贡献	$ 49,500	$ 5,500	$ 44,000	—	$ 44,000
变动营销和物流成本（随细分市场销售量变化而变化的现金支出成本）*	22,500	2,500	20,000	$ 1,400	21,400
细分市场边际贡献	$ 27,000	$ 3,000	$ 24,000	$ 1,400	$ 22,600
固定成本分摊(细分市场整个会计期间发生的成本)+	6,000	—	6,000	—	6,000
细分市场可控利润	$ 21,000	$ 3,000	$ 18,000	$ 1,400	$ 16,600

注：可以在诸如产品、客户、地理区域或分公司等细分市场上进行这样分析。

假设：由于销售量降低，导致实际销售收入减少。每单位产品的平均销售价格保持不变。（如果每单位产品的平均销售价格改变，就要计算一个额外差异——市场差异。）

预算和实际结果之间 440 万美元（2100 万美元 - 1660 万美元）的利润差额可以通过下列差异来解释：

a. 无效——不能达到销售目标	$ 3,000 万
b. 达到销售 8,000 万美元的经营水平的低效率	1,400 万
	$ 4,400 万

* 这些成本可能包含销售佣金、运输成本、仓库管理成本、定单处理成本、应收账款成本等。

\+ 这些成本可能包含工资、细分市场相关广告费用、坏账成本和库存持有成本等。当且仅当仓库由该经营细分市场单独所有，才能包含与企业自有经营设备相关的固定成本。

本章附录给出一个如何为仓储开发标准成本和弹性预算的例子。

预算惯例

可以利用预算达到控制

从概念上说，针对控制目的，标准成本通常是较好的手段。然而，有些情况利用标准并不合适，尤其在任务不是重复的或工作单元测评很难进行的情况下最为突出。在这些情况中，仍然可以通过预算惯例来达到控制。预算成功的程度依赖于各项成本行为模式是否可以预知和预算是否有弹性以反映操作条件的变化。

许多物流预算是静态的。也就是说，它们是针对预算的产出水平制定的计划。如果实际活动和预算的活动恰巧一致，管理者能够对成本进行现实比较并建立有效控制。但是，这种实例非常少见。季节性因素或内部因素总是导致不同的活动水平，仅当报表系统可以将实际成本与目前经营水平下应有成本相比较时，才可以确定企业的物流运作效率。

例如，一个企业的仓库估计或预算每星期可以完成 10,000 个项目，但是实际的能力可能只有 7,500 个项目。将 10,000 个项目的预算成本与 7,500 个项目的实际成本相比较就会导致一个错误的结论：既然加班、临时工、包装、邮递、订单处理等费用少于预算，则运作是有效的。相反，弹性预算会指出工作量为 7,500 个项目时成本应该是多少，并且得到以货币衡量的关于工作效率的真实结果。

成功实施弹性预算的关键在于对成本行为模式的分析。大多数企业中，很少在物流职能中展开这种分析。主管会计和工业工程师的专家意见在应用分布图和回归分析等工具来确定成本中固定因素和变动因素的过程中可能是无效的。这些技术是利用历史成本来确定单位活动的变动率和总固定成本因素。一旦完成这些工作，面向控制的弹性预算就成为可能。但是，不同于工程标准，这些技术是基于历史成本行为模式。毫无疑问其中保留了无效率的因素。因此，基于历史数据的成本预算与其说是每项活动的成本应为多少，不如说估计成本将是多少。

生产率标准

生产率

物流成本同样可以通过生产率来控制。这个比率表示为：

$$生产率=\frac{产出量}{输入量}$$

例如，仓储运营可以利用下列生产率形式：

$$\frac{本期装运订单量}{本期接收订单量}$$

$$\frac{本期装运订单量}{本期平均装运订单量}$$

$$\frac{本期装运订单量}{本期直接人工工时}$$

面向运输的生产率可以包括：[1]

$$\frac{\text{运输的吨/英里}}{\text{总实际运输成本}}$$

$$\frac{\text{服务的站点}}{\text{总实际运输成本}}$$

$$\frac{\text{送达目的地的装载量}}{\text{总实际运输成本}}$$

可以形成生产率的运输资源输入包括人工、设备、能源和成本。表 16.7 说明了这些输入和运输活动之间的具体联系。指标中的 X 表示该活动的输入可以衡量。表 16.8 显示仓储活动/输入指标。

表 16.7 运输活动/输入指标

活　动	人　工	工　具	设　备	能　源	合计(成本)
制定运输策略	—	—	—	—	X
自有长途运输车队					
装货	X	—	—	—	X
长途运输	X	—	—	X	X
卸货	X	—	—	—	X
小计	X	—	X	X	X
自有提货/送货车队					
转运前	X	—	—	—	X
开始行驶	X	—	—	X	X
行驶途中	X	—	—	X	X
站点停靠	X	—	—	—	X
转运结束	X	—	—	—	X
小计	X	—	X	X	X
外包运输作业					
装货	—	—	—	—	X
长途运输	—	—	—	—	X
卸货	—	—	—	—	X
铁路车队/航运船队管理	—	—	—	—	X
运输/交通管理	—	—	—	—	X

资料来源：A.T.Keamey, Inc., Measuring and Improving Productivity in Physical Distribution (Oak Brook.IL: National Council of Physical Distribution Management, 1984), p.144.

这种方式的生产率测算已经在大多数物流活动中实行。在缺乏标准成本计算的系统中，指标提供了关于运作效率的一些指导方针，因此结合预算惯例和弹性预算使用效果

① A.T.Kearncy, Inc., *Measuring and Improving Productivity in Physical Distribution* (Oak Brook.IL: National Council of Physical Distribution Management, 1984), p.170.

显著。此外，这种方法很容易被管理者和职员所理解。[①]但是，生产率测算也有它的缺点：

生产率测算的三个缺点

1. 由于效率低下和无法预测将来的物流成本，生产率的衡量以实物单位和实际货币损失来表现。这使得企业难以对系统任何可以提高生产率的改变进行成本验证。
2. 很少将计算出的实际生产率与标准生产率相比较。例如，生产率衡量可能采用将本期装运定单量与本期直接人工工时相比，但是它并没有指出它们之间的关系应该是多少。如果没有工作测定或一些成本预算形式，就不可能知道有效运作的生产率标准应该是多少。

表 16.8　仓储活动/输入指标

活　动	人　工	工　具	设　备	能　源	财　务	合计(成本)
企业自有仓库						
收货	X	X	X	—	—	X
入库	X	—	X	—	—	X
储存	—	X	—	X	—	X
补货	X	—	X	—	—	X
订单选择	X	—	X	—	—	X
核对		—	X	—	—	X
包装和贴标	X	X	X	—	—	X
分段运输和定单合并	X	X	X	—	—	X
发货	X	X	X	—	—	X
记录和管理	X	—	X	—	—	X
小计	X	X	X	X	X	X
公共仓储						
储存	—	—	—	—	—	X
装卸	—	—	—	—	—	X
拼装	—	—	—	—	—	X
管理	—	—	—	—	—	X
小计	—	—	—	—	—	X

资料来源：A.T.Kearney.Inc.，*Measuring and Improving Productivity in Physical Distribution*（Oak Brook.IL: National Council of Physical Distribution Management.1984），p.195.

---

① 更多制定生产率的资料请参考 A.T.Kearney.Inc.，*Measuring and Improving Productivity in Physical Distribution*; and Howard M.Armitage. "The Use of Management Accounting Techniques to Improve Productivity Analysis in Distribution Operations." *International Journal of Physical Distribution and Materials Management* 14, no.1 (1984), pp.41-51.

3. 最后，在某些情况下，输出水平的变化可能会扭曲生产率的测量。这种扭曲是由于对固定因素和变动因素的描述太少而产生的。因此，生产率衡量常常没有得到有效利用。例如，如果装运100张订单表示100%劳动利用率，且本期收入100张订单，那么生产率的衡量可以由以下比率表示：

$$\frac{\text{本期装运订单量}}{\text{本期接收订单量}}$$

这个例子中，生产率是100%。但是，如果收到150张订单，装运100张，生产率就会是66.67%，即使效率或生产并没有真正下降。

统计过程控制

统计过程控制十分普遍

在日本，对增强产品和服务质量的统计方法的使用存在高度的技巧。[①] 在北美的汽车制造厂、高科技公司以及一些消费品制造商中，这些方法的应用正在增加。成功物流管理的产出是物流所能提供的客户服务水平。尽管许多企业对其按时送货的比例或来自特定供应商的平均订货周期进行衡量，但是在物流管理中还很少用统计过程控制技术来获得进一步的结论。

统计方法的应用为传统管理控制过程提供了又一个可供选择的方案。统计过程控制(SPC)需要在制定决策前就了解过程本身的变动因素。例如,为了分析来自不同供应商的交货时间,有必要知道从采购订单发出到收到货物的平均交货时间和可能的交货时间偏差。

图16.4显示了SPC的步骤。作为传统的控制方法，前三步是：

1. 设计系统。
2. 建立标准。
3. 执行过程。

一旦前三个步骤完成，SPC需要提出以下问题：一、测量结果是否“在控制中”？就是说，测定数据是否在平均数附近合理范围内？二、是否在处理能力之中？即，观察到的变化幅度是否在预先设定的处理范围之内。三、测量结果是否满足标准？仅当这三个问题的回答都为“是”时，才能认为过程本身在控制之中。

利用控制图确定显著差异

控制图或许是获得这些问题答案的最广泛应用的统计方法。控制图可以对控制上限和控制下限内的过程行为衡量进行检验。控制上下限从统计得来，用来辨别观察值与期望值存在显著差异的界限，以及问题所在。可以通过使用有组织的、高效的方法来寻求解释。

图16.5给出了两个根据实际物流相关数据绘制的控制图的应用。A图根据距离260英里的两个城市之间运输时间数据（分钟）绘制。一旦辨明并分离出三个失控点（例如，那些控制极限外的点），就要着手调查来确定它们失控的原因并消除这些原因。

图16.5的B图根据特定发货人运货单出错的百分比绘制。在这个例子中，所关

① 这段材料摘自C.John Langley，Jr.，“Information-Based Decision Making in Logistics Management，” International Journal of Physical Distribution and Materials Management 15，no.7（1985），pp.48-52.

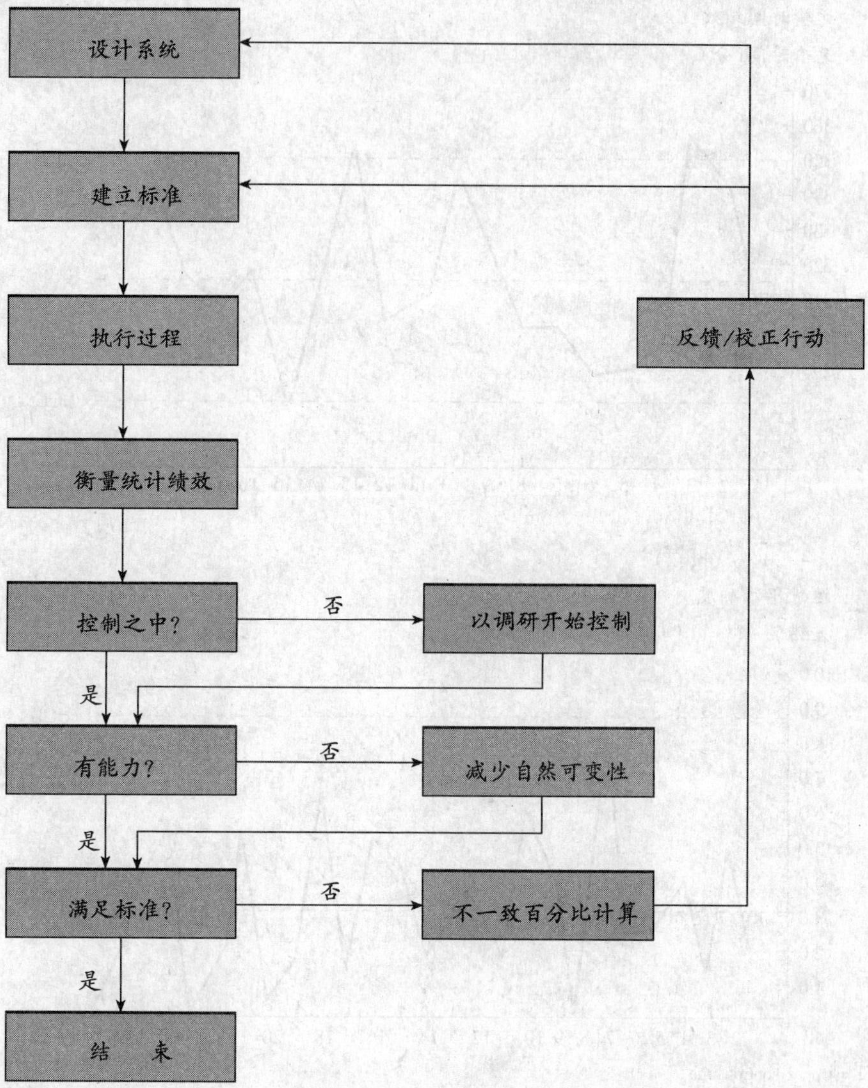

资料来源：C.John Langley.Jr.，"Information-Based Decision Making in Logistics Management," *International Journal of Physical Distribution and Materials Management* 15,no.7(1985),p.50.Copyright MCB University Press Limited.

图 16.4　统计过程控制(SPC)

心的是那些误差百分比过高的点。观察 B 图可以看出,在统计意义上仅有一个百分比过高的点作为失控点标出。在这个例子中,后续研究辨识并消除了问题产生原因。

尽管这两个例子相对比较简单，但物流管理中的任一项活动都可以采用这种方法。潜在的应用领域不仅包括运输，还包括仓储、物料处理、包装、存货控制、订单处理以及客户服务等方面。大量证据表明，通过统计方法的应用可以在这些领域节约大量成本[1]。

① Langley."Information-Based Decision Making." pp.49-52.

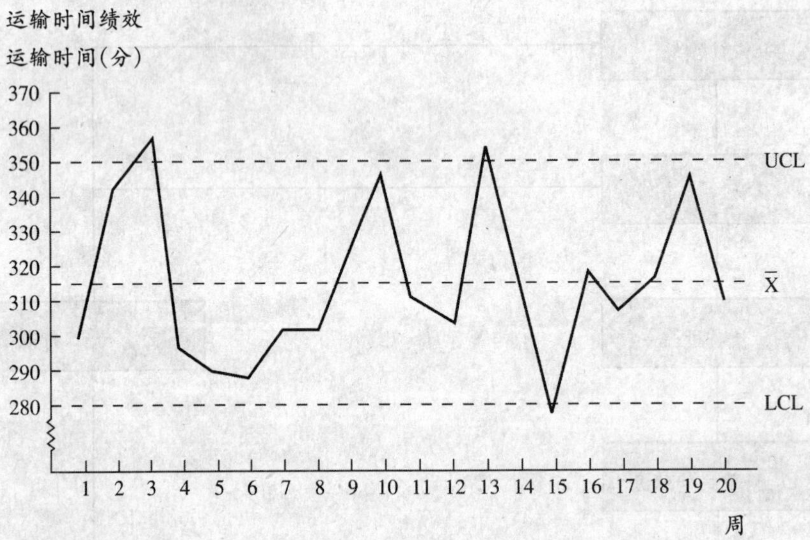

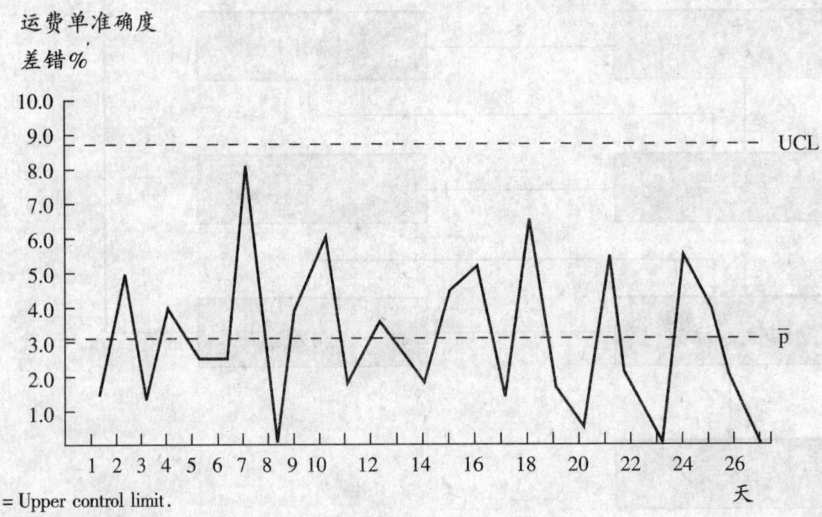

注：UCL = Upper control limit.

LCL = Lower control limit.

$\overline{X}$ = Mean(of measurements).

$\overline{P}$ = Mean(of percentages or proportions).

资料来源：C.John Langley.Jr.,"Information-Based Decision Making in Logistics Management," *International Journal of Physical Distribution and Materials Management* 15,no.7(1985),p.51.Copyright MCB University Press Limited.

图 16.5 控制图举例

成功的先决条件

成功运用 SPC 需要若干先决条件：一、承认统计方法只是一种帮助企业提高其工作质量的工具是非常重要的。SPC 提供了在详细审查条件下对多种过程行为颇有价值的理解。二、高层管理人员的支持对成功是必要的。有效运用 SPC 方法可能涉及企业文化变革。

技　术

促使管理者制定绩效指标

无论是建立绩效指标，还是跟踪物流，没人怀疑这些工作是需要技术才能做好的。看起来，使得技术和物流最终走在同一条路上，目前是最好的时机。"企业正在对自己的组织展望未来，所以它们对合作非常有兴趣。有许多超出企业资源计划的新领域存在。"麻省理工运输研究中心主任约斯·赛菲说，"他们想将自己的系统与供应商结合起来。"

克莱斯勒公司 MOPAR 零部件分部经理安·汤姆兰诺维奇（Ann Tomlanovich）同意，过去 5 年中技术正经历着巨大的飞跃。MOPAR 一直广泛使用绩效标准并在这个领域里不断提高自身。它刚刚建立了一支以获得度量标准为第一目标的物流与订单流团队。"技术使我们真正可以这样做。"汤姆兰诺维奇说，"五年前已经可能获取一些相关信息了，但是比现在要困难得多，我们也无法获得度量，如事件跟踪。"

过去 MOPAR 的度量更像是对企业历史的简单印象。这是不够的，"我们知道自己的度量标准不能包含更多的意义"，汤姆兰诺维奇说，"供应链呈现出多样化的特点，依靠静止的度量已不能告诉我们路在何方了。"现在公司正在脱离静止的历史印象和过时的显示绩效的度量标准。"我们现在认为，存货来自哪里并不是问题，重要的是它什么时候到达。因此就存货储存地点而言，如果它能够快速移动，仓储成为第二位。"她说。

据汤姆兰诺维奇称："每个企业都已经重组它们的信息系统。现在我们开始想要利用它们并优化我们所做的工作。在 20 世纪 90 年代，这将是企业重组效果的指示信号。"

资料来源：摘自 Ann Saccomano，"*Technology Meets Logistics.*" *Traffic World* 256，no.2（1998），pp.30-32。

统计方法必须是全面质量管理中的一部分

成功运用 SPC 的企业有来自高层管理人员的涉入和承诺，并需要全部有关人员熟悉不同方法的知识。最后，应该将统计方法的运用看做全面质量管理计划的一个关键因素。质量管理计划的其他因素可能还包括质量政策的建立、一定时期目标和各项具体目标的设定、监督培训、质量意识和由于误差消除计划和绩效管理等。

物流管理中质量问题常常与生产率联系在一起。然而，人们的注意力通常放在确认特殊数据和信息需求上，而不关注一旦获得这些信息、用这些信息去做什么。

只有在这个方面取得了更大进步，提高生产率的好处才能继续表现为一种尚未充分开发的资源。

成功运用 SPC 方法依赖于及时、正确、可用的信息。因此，为了提高生产率、改善质量，SPC 提供了物流和信息系统合作的机会。

物流成本和企业管理信息系统

制定信息丰富的决策需要准确成本

当管理者能够将实际成本与一系列预先确定的标准或预算相比较，企业就可以获得相当大的节约；而在决策制定领域，会有更多利润提高的机会。如果管理者想要制定信息丰富的决策，它必须能够在一些方案中选择，如：采用额外公共承运商还是扩大企业自有运输车队，增加交付次数还是增加库存，扩大或合并地区仓库，将订单处理和信息系统自动化等。增加或减少销售区、销售人员、产品或客户，需要了解现存的细分市场表现如何，如果选择给定的方案，收入和成本将如何变化等情况。因此，管理者需要一个能够集合全部数据的数据库，以便获得诸如客户、销售人员、产品、销售区或分销渠道等单个细分市场的常规信息。系统还必须存储固定因素和变动因素的数据，以便计算出与选定策略相关的收入和成本的增加。

原始凭证

在每个业务中都会发生几种不同类型的交易，每种交易都会产生原始凭证（比如，客户订单、提单、开给客户的销货发票和来自供应商的进货发票）。另外，企业还进行种种内部交易活动，它们都有各自的凭证（如，自有运输车队活动的“行程报告”、销售人员的“访问报告”、仓库工时卡等）。其他成本根据标准成本系统、工程时间研究或统计估计（如，多元回归技术）得出。其成功的关键是原始凭证电算化。

模块化数据库系统

能够生成物流成本信息和利润贡献报表的最有前景的数据库系统形式之一就是模块化数据库（图 16.6）。[①] 它是一个中心存储系统，原始凭证以编码形式存于数据库中。可以根据职能、子职能、客户、销售区、产品、收入或费用、分销渠道、运输方式、承运商、收入或费用或其他一大群可能发生

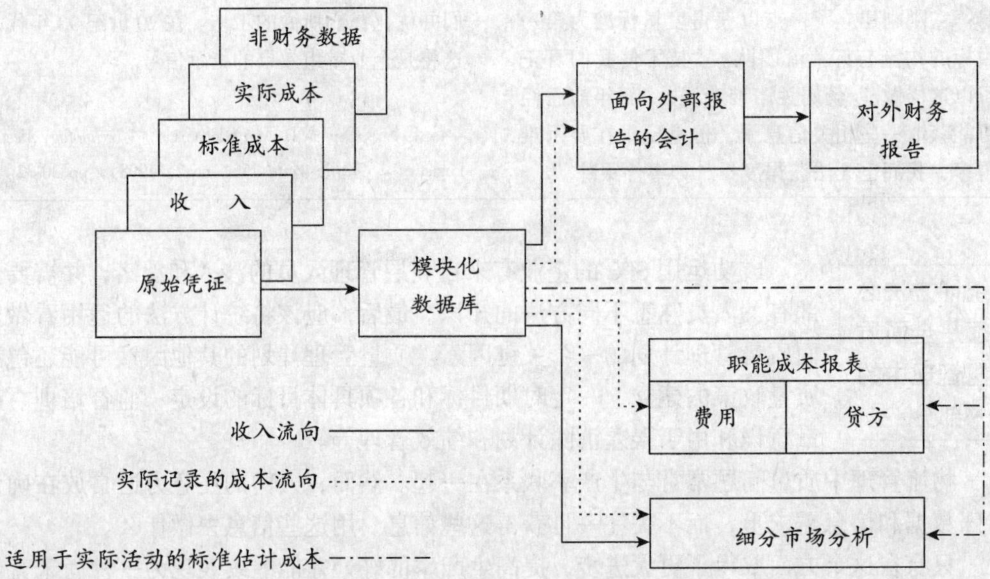

资料来源：摘自 Frank H.Mossman.Paul M.Fischer.And W.J.E.Crissy.“New Approaches to Analyzing Marketing Profitability.”*Journal of Marketing* 38,no.2(April 1974).p.45.

图 16.6　用于汇报成本和收入流的模块化数据库系统

的事物来编码。例如，客户订单信息可以根据表 16.9 所列示的项目来记录。系统能够存储大量数据并为了制定决策或对外财务报告允许从不同模块中快速汇集和提取信息。

① 参见 Frank H.Mosman, Paul M.Fischer, and W.J.E.Crissy, “New Approaches to Analyzing Marketing Profitability.” *Journal of Marketing* 38, no.2 (April 1974), pp.43-48.

与标准成本相结合的模块化数据库能够生成职能成本报表和细分市场贡献报表。系统记录仓储和运输等职能的实际成本，然后将这些实际成本与预先确定的标准成本相比较。客户或产品等单个细分市场的收入记录在细分市场的贷方，标准成本加上可控制差异记录在细分市场的借方。

表 16.9　模块化数据库中按照客户订单可能记录的信息

客户代码	销售人员代码
客户名称	销售区
订单号	地区
以前的订单号	部分延期交货订单号
客户订单号	信贷限额
客户发票地址	未付贷款
客户交货地址	预付/待收运费
客户订货日期	期限
所需交货日期	关于发货和产品替代的说明
产品保存日期	数量、产品编码、单价
送交分销中心日期	包装和发货说明
分拣/包装日期	运输商品种类
装运日期	承运商
时间、日期和操作	提货单号
优先码	

模块化数据库能够收集每一次交易的全部收入和成本并根据职能活动对它们综合分类（如，销售、广告/促销、运输、仓储、订单处理等）。这种技术通常被称为责任成本会计，主要用于根据企业主要活动类别和活动子类别，比如制造、研制开发、营销/销售、物流等，制定年度预算和每月差异报表。除了能够算出单个客户、生产线、销售区和/或分销渠道的赢利能力，数据库还允许使用者模拟权衡方案，确定所提议的方案在总成本变动上产生的效果。图 16.7 概要说明模块化数据库生成报表的能力。为了实施模块化数据库方法，有必要收集原始成本数据，并将它们分解为固定——变动和直接——间接成本。换句话说，数据必须经过充分提炼以形成有意义的模块。完全实施一体化物流管理概念以及在战略和作业计划领域制定富含知识的决策需要一个复杂的管理信息系统。

尽管模块化数据库概念在文献中的描述已经超过了 25 年，但是对企业实践调查和营销管理课本的回顾显示出，很少有集成操作系统可以在及时准确基础上报告细分市场的赢利能力。① 为什么存在这种情况？多数管理者错误地认为生成管理业务的报表需要与估算存货价值和向美国国税局或证券交易委员会报告结果一样，采用相同的会计管理（如，分摊所有的成本）。管理者还认为只利用变动成本和直接固定成本或许会促使销售人员以次优价格定价。会计人员通常反对一个分散经营的会计系统。如果高层管理者和会计人员能够将不同细分市场的累积结果与总公司损益数据结合，他们或许会觉得这样

① Douglas M. Lambert and Jay U. Sterling. "Educators Are Contributing to Major Deficiencies in Marketing Profitability Reports." *Journal of Marketing Education* 12, no.3 (Fall 1990), pp.42-52.

更为合适。管理者常常未能辨别固定成本和变动成本特性上的区别，同样也未能辨别直接费用和间接费用的差异。因此，他们未能理解贡献报表的用处和目的。最后，数据处理人员常常列举创建分配直接成本给特定产品和细分市场所需的数据库和操作系统的困难，以阻碍这些报表的制定。在当今信息技术环境下，这些理由不再有效了。

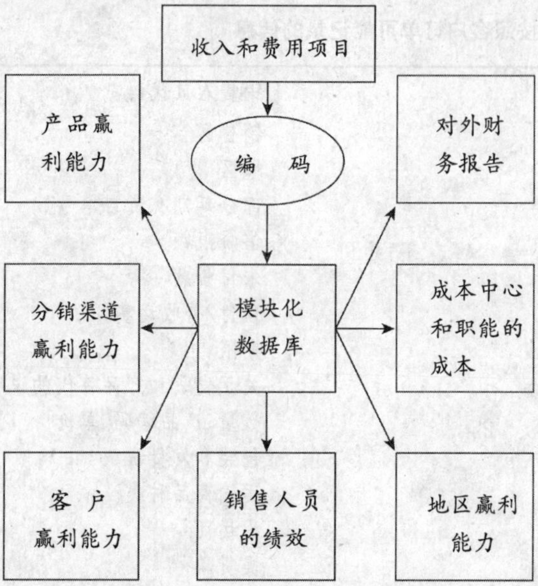

图 16.7 模块化数据库生成报表的能力

具有了来自模块化数据库的信息，管理者能够评估不同细分市场的赢利能力。此外，数据库还允许使用者模拟权衡方案，并确定所提议的策略和系统的改变对总成本的影响。

衡量物流绩效的关键

衡量物流绩效的关键在于一个集成的、内容广泛的计算机数据文件。为了跟踪一张订单以及它的相关成本——例如，从出发点到客户收讫——有必要在物流信息系统中访问大量文件：

- 尚未完成的订单（面向延期交货）
- 已注销订单（订单历史文件）
- 装运证明（提货单）
- 已付运费单

就当今数据处理能力而言，自动从这些和其他必要文件中（比如：库存、客户零售反馈数据、损坏报告书/赔偿要求、账单/发票文件）访问数据成为可能。通过这些文件，能够建立一个浓缩的“物流绩效”数据库文件。这将在常规基础上提供衡量总体和单个活动所需的全部信息。这在过去需要花费几年协同规划的努力和大量的资源，现在用个人计算机和标准统计包只需大约几个星期或几个月就可以了。一家主要生产消费品的公司利用这种方法仅用了一份共同“物流绩效文件”就创建了该公司一系列超过 50 个的报表。报告的不仅仅是物流成本，用同样的这份数据文件还可以生成财务、客户服务或有关生产率的报表。

作业成本法

作业成本法需要对成本动因的辨识

成本数据不充分的问题正日益受到关注，作业成本法就是解决这个问题的一个方法。[①] 制造业企业的传统会计系统是基于直接人工将工厂/公司的管理费用在产品中分摊。这种分摊在过去或许会产生较小的扭曲。然而，生产线和渠道的激增，管理成本随之显著增加，这使得采用传统分摊方法变得非常危险。库珀（Cooper）和卡普兰（Kaplan）推荐一种基于活动系统的辨识方法来确认特定产品（或客户）对间接资源的需求。[②] 他们推荐按照以下三条规则来确定个别产品对间接资源的需求：

- 关注价格昂贵的资源
- 强调随产品和产品类型不同而消费量变动显著的资源
- 关注那些需求与传统分摊方法无关的资源，如直接人工或物料成本[③]

他们认为成本跟踪过程，从资源开始到活动，然后从活动到特定产品（或客户），不能如同外科手术般精确。但是，他们还认为，采用作业成本法使得产品（或客户）对组织资源实际需求在 5%或 10%范围内基本上正确，要优于采用落后的分摊技术或包含间接、共同成本的错误（可能差不多达到 200%）。

采用作业成本法/管理（ABC/M）的最大挑战之一，就是企业资源计划（ERP）实施的增加。安装这个涉及公司所有运作的软件，会将企业的注意力和资源从 ABC/M 等的“变革驱动”转移至诸如财务、人力资源和制造/物流等基础应用。因为害怕受强大的 ERP 实施的冲击，许多负责 ABC/M 实施的人员都延迟或放弃了自己的项目。但是，一旦 ERP 系统实施完，企业注意力将转向对所收集数据的利用。ERP 供应商 SAP AG 已经对 ABC 技术进行直接投资，成为基于视窗（Windows-based）ABC/M 应用软件的开发商和生产商。ABC Technologies 的 Oros 应用软件与 SAP 的 R/3 CO-ABC 相结合显示了如何构建企业范围的 ABC/M 环境。[④]

作业成本法是另一种分摊方法

作业成本法的主要缺点是，它只不过是另一种成本分摊方法，而任何分摊方法都是武断的。《管理会计》杂志 1991 年的一篇文章，对在物流中采用作业成本法的潜在相关问题进行了十分清楚地阐述。[⑤] 这篇文章描述了在营销中应用作业成本法，并提出物流是其应用的一个最有效领域。但是，文章所用的例子仅仅是采用平均成本，其中销售额的 5%作为销售成本，每销售 1 单位产品的广告费用是 40 美分，运送 1 磅产品的仓储成本为 10 美分，每销售

---

① Terrance I. Pohlen and Bernard J. La Londe. “Implementing Activity-Based Costing (ABC) in Logistics.” *Journal of Business Logistics* 15, no.2 (1994), pp.1-23; and van Damme and van der Zon. “Activity Based Costing and Decision Support.” pp.71-82.

② Cooper and Kaplan. “Measure Costs Right: Make the Right Decisions.” pp.96-103.

③ 同前，p.98.

④ Russell Shaw. “ABC and ERP: Partners at Last?” *Management Accounting* 80, no.5 (1998), pp.56-58.

⑤ Ronald J. Lewis. “Activity-Based Costing for Marketing.” *Management Accounting* 73, no.5 (November 1991), pp.33-38.

1单位产品的包装和装运成本为20美分，每份定单分摊的行政费用为20美元。[①] 很明显，以这种方法进行作业成本法表现出一个平均成本系统，这个系统包含本章前面所阐述的问题。例如，在运输成本分摊到客户和/或产品之前，需要通过起点和终点的邮政编码以及装运批量分类来确定运输成本。

创造性解决方案

必能宝有限公司（Pitney Bowes Inc.）的作业成本法

必能宝公司的一个8人团队打算通过客户端成品的安装进行定单管理和原材料获取，以此确定以斯坦福德——一家位于康涅狄格的邮递系统公司在物流上的花费。

“我们必须注意在组织内部我们在做什么，并给出其成本，因为人们接近这些过程时可能看不到成本的存在，”这个拥有35亿美元的公司的一体化供应链执行理事比尔·欧洛夫林（Bill O'Loughlin）说。欧洛夫林监管着这个交叉职能团队的工作，这个团队包括来自财务、制造、销售和其他职能领域的成员。

事实上，必能宝公司的许多运输成本很容易确定——他们记录在总账中。仓储和分销成本也同样记录在总账中。真正的挑战在于揭示返工成本，可怕的是这部分成本几乎涉及企业首次产出的30%。你如何对计划外的变更和频繁的装配线重置分摊成本。库存中原材料和产成品的持有成本如何确定。当订单错误或缺少重要条款时，怎样确定额外的客户安装成本？

必能宝公司的解决方法就是采用作业成本法。ABC是“对过程进行成本核算的最正确方法”，欧洛夫林说。有了ABC方法的帮助，欧洛夫林的团队花了几乎不超过一个月的时间就给出了安装总成本的初步数字，然后又花了几个月时间重新核对和整理直至最后。必能宝公司得到了可以衡量改进起源的基准，和关于用集成的思想看待供应链的重要的信息。

“我们需要一个通用的数字，随着时间迁移，我们希望改进这个数字，”欧洛夫林说。“我们的目的是制定与巩固我们的供应链过程相匹配的物流决策，而不是只注重短期内在这或那节约了一点成本，却忽略了过程其他部分的影响所造成的空白。”

资料来源：摘自 Stephen Barr.“The Big Picture.” *CFO* 12，no.7（July 1996），pp.37-42.

随着决策而相应改变的收入和成本是相关联的

最重要的规则就是，在细分市场报表中，仅包含那些随着细分市场收入丧失也随之消失的成本。根据这项规则，我们推荐一种混合体系，结合基于活动系统提供的详细生产成本构成和贡献方法中辨别出的营销和分销成本因素来计算细分市场的利润。

细分市场赢利报表

负责产品和客户经营细分市场的管理者需要了解他们决策的财务含义。经理必须懂

① Ronald J. Lewis.“Activity-Based Costing for Marketing.” *Management Accounting* 73，no.5（November 1991），p.35.

得会计术语，了解贡献分析的优点，识别有效和无效会计数据之间的区别，并能够在工作中访问相关数据文件。由于美国制造商在寻求成为世界一流水平运营商过程中面临的一个主要障碍是对变革的抵制，因此，高层管理，包括首席执行人员的支持和积极参与是必要的。

管理企业需要核算单位贡献报表

一旦生成细分市场贡献报表，管理者就可以开始正确评定其可选战略，比如：要撤销哪条产品线，或缺乏弹性产品的定价是否可以提高，或大量生产产品的定价是否可以降低等。可以将更多重点放在那些最有赢利性的细分市场上。为了消除无赢利性的项目，可以采用“80-20 分析法”对产品线进行正确地评估。已经开发并采用细分市场利润表的企业能够识别那些毫无赢利性的或不能满足企业财务目标的产品和客户。具有讽刺意义的是，在此之前，仅仅根据产品/客户的销售量和毛利，企业就认为它们是赢利的。即使拥有有效的财务信息，美国企业也很难与国外竞争者竞争。采用无效的信息几乎不可能进行有效的竞争。

明尼苏达矿山机械公司（3M）是一家已开发了定制化的赢利能力分析的公司。管理者现在能够了解制造、分销、营销成本是如何影响产品和客户等细分市场的赢利能力。根据 3M 的物流计划和分析经理凯伦·麦德森的看法，关键促进因素是数据有效性、数据准确性和目前发展水平的系统能力。一个大容量的数据仓库与作业成本法相结合，使得 3M 可以跟踪服务客户和销售个别产品的成本。①

订单处理系统的角色

订单处理系统能够在两个主要方面影响物流

订单处理系统能够在两个主要方面影响物流职能的绩效：第一，系统能够通过为企业销售预测软件包提供客户名称、客户所在地、客户需求项目、客户销售额、销售模式（当项目被订购）、订货数量、销售人员销售额和销售数据等数据，来改善管理信息系统的质量。

第二，客户订单是使得物流职能处于运转的信息。订单处理系统提供信息的速度和质量对整个物流过程的成本和效率有直接影响。缓慢的、不稳定的信息沟通将会导致客户流失或高额的运输、库存、仓储成本。由于生产线频繁改变，还可能会造成生产效率低下。在订单处理和信息沟通系统中采用最新技术能够带来物流绩效的显著提高。

小结

物流成本能够对企业客户和产品赢利能力产生显著影响。然而，仍有许多企业没有可以用来判断客户和产品赢利能力的准确数据。为了达到成本最小的物流水平，同样需要准确的成本数据。成功实施一体化物流管理依赖于对有关成本的充分认识。管理物流

① Karen K. Madsen. “Integrated Supply Chain Metrics: An Industry Perspective.” Measuring Logistics Performance Seminar. The Ohio State University/University of North Florida, May 17-19, 2000.

运作也需要成本数据。

通过本章，我们了解了物流成本如何使得经营细分市场毫无赢利性，贡献报表如何指出提高细分市场赢利能力的方向。我们还了解了如何利用物流成本制定决策，利用不准确的成本数据会导致什么样的错误决策。我们利用标准成本和弹性预算、预算惯例、生产率标准以及统计过程控制来检查对物流绩效的衡量和控制。最后，我们描述了如何用模块化数据库系统和作业成本法生成细分市场的赢利报表。

在第 17 章中，我们将了解管理者如何衡量并推销物流所提供的价值。

推荐阅读材料

Armitage，Howard M．"The Use of Management Accounting Techniques to Improve Productivity Analysis in Distribution Operations．" *International Journal of Physical Distribution and Materials Management* 14，no 1（1984），pp.41-51.

Braithwaite，Alan and Edouard Samakh．"The Cost-to Serve Method．" *The International Journal of Logistics Management* 9，no.1（1998），pp.69-84.

Cooper，Robin．"You Need a New Cost System When…" *Harvard Business Review* 67，no.1（January-February 1989），pp.77-82.

Cooper，Robin and Robert S.Kaplan．"Measure Costs Right：Make the Right Decisions．" *Harvard Business Review* 66，no.5（September-October 1988），pp.96-103.

Davies，Gary and Eliane Brito．"The Relative Cost Structures of Competing Grocery Supply Chains．" *The International Journal of Logistics Management* 7，no. 1（1996），pp.49-60.

Ellram，Lisa M．"Framework for Total Cost of Ownership．" *The International Journal of Logistics Management* 4，no. 2（1993），pp.49-60.

Ellram，Lisa M.and Arnold B.Maltz．"The Use of Total Cost of Ownership Concepts to Model the Outsourcing Decision．" *The International Journal of Logistics Management* 6，*no*.2（1995），*pp*.55-66.

Ernst and Whinney. *Transportation Accounting and control：Guidelines for Distribution and Financial Management*.Oak Book.IL：National Council of Physical Distribution Management，and New York：National Association of Accountants，1983.

——. *Warehouse Accounting and Control：Guidelines for Distribution and Financial Managers*.Chicago：National Council of Physical Distribution Management，and New York：National Association of Accountants，1985.

Kaplan，Robert S．"One Cost System Isn't Enough．" *Harvard Business Review* 66，no.1（January-February 1988），pp.61-66.

——．"How Cost Accounting Distorts Product Costs．" *Management Accounting* 70（April 1988），pp.20-27.

Keebler，Jame S.；Karl B.Manrodt；David A.Durtsche；and D.Michael Ledyard. *Keeping Score：Measuring the Business Value of Logistics in the Supply Chain*.Oak Brook.IL：Council of Logistics Management，1999.

La Londe，Bernard J. and Terrance L. Pohlen. "Issues in Supply Chain Costing." *The International Journal of Logistics Management* 7，no.1（1996），pp.1-12.

Lambert，Douglas M. and Jay U. Sterling. "What Types of Profitability Reports Do Marketing Managers Receive?" *Industrial Marketing Management* 16，no.4（1987），pp.295-303.

McIntyre，Kristic：Hugh A. Smith；Alex Henham；and John Pretlove. "Logistics Performance and Greening Supply Chains：Diverging Mindsets." *The International Journal* of Logistics Management 9，no.1（1998），pp.57-68.

Mentzer，John T. and Brenda Ponsford Konrad. "An Efficiency/Effectiveness Approach to Logistics Performance Analysis." *Journal of Business Logistics* 12，no. 1（1991），pp.33-62.

Mossman，Frank H.；W.J.E. Crissy；and Paul M. Fischer. *Financial Dimensions of Marketing Management*. New York：John Wiley and Sons，1978.

Novack，Robert A. "Quality and Control in Logistics：A Process Model." *International* Journal of Physical Distribution and Materials Management 19，no.11（1989），pp.1-44.

Roth，Harold P. and A. Faye Borthick. "Are You Distorting Costs by Violation ABC Assumptions?" *Management Accounting* 71（November 1991），pp.39-42.

Tyndall，Gene R. and John R. Busher. "Improving the Management of Distribution with Cost and Financial Information." *Journal of Business Logistics* 6，no.2（1985），pp.1-18.

Webber，Mary Margaret. "Calculating the Cost of Variances in the Supply Chain." *Industrial Marketing Management* 29，no.1（2000），pp.57-64.

Worthy，Ford S. "Accounting Bores You? Wake Up." Fortune，October 12，1987，pp.43-44，48-50.

问题与习题

1. 解释为什么在客户和产品的赢利报表中包含物流成本是重要的？
2. 大多数企业与细分市场赢利报表相关的问题是什么？
3. 为什么说在物流职能管理中采用正确成本数据极其重要？
4. 采用平均成本数据制定决策的问题是什么？
5. 无法区分固定成本和变动成本如何阻碍有效管理实践？
6. 武断地分摊物流成本有什么问题？
7. 准确成本数据怎样有助于激励员工？
8. 为什么许多企业难以获得物流成本数据？
9. 解释说明可以用于控制物流活动的四种方法。它们各自的优点和缺点是什么？
10. 什么是作业成本法？它的优点有哪些？作业成本法可能的局限性是什么？
11. 订单处理系统如何改善物流信息系统的质量？
12. A 公司的成品发运仓库最近改用标准成本系统来进行成本控制和绩效衡量。每包装并发运 1,000 集装箱产品，该仓库预计的变动成本结构如下：

材料:集装箱 1,000 箱,5 美元/箱	$5,000
纸箱 20,000 箱,20 美分/箱 (每集装箱容纳 20 个纸箱)	4,000
人工:200 小时,5 美元/小时	1,000
变动管理费用(与直接人工工时成正比)	200
合计	$10,200

根据上期情况，本期活动预算水平是包装发运 1,000 集装箱产品。本期实际结果如下：

实际发运:1,100 集装箱 采购和使用的材料:	
集装箱:1,100 箱,5.10 美元/箱	$5,610
纸箱:22,300 箱,22 美分/箱	4,906
人工:210 小时,5 美元/小时	1,050
变动管理费用	230
合计	$11,796

指出由于集装箱、纸箱、人工、变动管理费用以及成品发运仓库总变动成本的无效和低效率所造成的差异。解释你的答案如何为管理者提供更有用的信息，而不仅仅是将预算指标与实际结果相比较。

13. 给出南部制造公司的下列信息，说明新的订单处理系统对公司净资产收益率的影响：
    a. 销售额 20,000 万美元。
    b. 税后净利润 800 万美元。
    c. 资产周转率是 2.5。
    d. 财务比例系数 2。
    e. 所得税税率 50%。
    f. 新系统为管理者编制物流计划提供额外的 4 天。
    g. 作为交付给存储点的库存变动成本减少 300 万美元。
    h. 公司存货费用是 45%，其中的 40%是税前贷款利息，5%为非利息因素。
    i. 通过额外的计划时间，使得运输合并成为可能，每年将减少运输费用 850,000 美元。
    j. 将减少 200,000 美元的仓储成本。
    k. 新订单处理系统将会比现存系统每年多付出 300,000 美元。
    l. 与新系统有关的软件成本在第一年将增加 100,000 美元。
14. 对于南方制造公司，实施新订单处理系统使净资产收益率（由 13 题中得到的答案）增长成为可能。为了实现净资产收益率的同等增长，销售增长百分比应为多少？

附　录

为仓储制定标准成本和弹性预算①

第一步是定义运行特性。在仓储中可能用来衡量活动的单位有订单、箱、装运、存货单位、单品（line item)、到货或外包装纸箱。仓储操作的基本组成元素包括：收货(卸货与记录)、装运（记录和订单合并)、货物入库、补货、订单分拣和二次包装。图 16A.1 描述了这个过程。

图 16A.1 列出了仓储的所有基本职能。我们得到了一个 45 天的例子，积累了运作中各重要职能的数据。表 16A.1 显示了例子的结果。另外，表中包括了每天平均观测值以及标准离差，可以用它们来衡量平均值附近的变化或集中度。标准离差越大代表每天活动的偏离越多。例如，收货职能的标准离差高于订单分拣职能。逻辑上，因为收货活动倾向于波动。另一方面，装运职能相对稳定，每天单品数的标准离差很小。

图 16A.1　运行特性

一般活动	职能	计量单位
车辆到达 协助卸货与码垛堆积 移至收货垛堆点 完成登记 移至存储点	收货	到达批数 收货件数
提货点补货	重新进货职能	存货单位
分拣客户订单 纸箱包装 完成登记 订单转移	订单分拣和装运职能	分拣单品 包装件数 准备的提单 装运件数 已装运订单

① 材料摘自 Howard M. Armitage and James F. Dickow. "Controlling Distribution with Standard Costs and Flexible Budgets," in *Proceedings of the Seventeenth Annual conference of the National Council of Physical Distribution Management*（Chicago：NCPDM，1979)，pp.116-20.

表 16A.1　活动水平（45 天的样本）

职　能	计量单位	平均(每天的单位数)	标准离差(每天的单位数)
收货职能：			
到货批次	批	18	14
卸货数	件	735	731
入库数	件	735	731
补货职能：			
数量	存货单位	200	0
装运职能：			
分拣订单	单品数	279	72
包装	件	85	37
订单	订单数	113	31
大批量运输	提单	61	14
小批量运输	件	83	24
装载	件	863	198

既然描述了过程——已经知道了运行特性和活动水平——下一步是制定活动的标准。通常根据经验制定。可以基于工业标准、工程研究或历史数据制定这些标准，但在这个例子中，通过对运作的观察和判断进行估计的经验方法更加合适（参见表 16A.2）。

表 16A.2　活动标准—经验数据

运 作 职 能	计量单位(每工时)	时间标准(每小时计量单位)
仓储：		
收货		
卸车	件	250
检查货物	件	167
登记职能	件	500
入库	件	150
装运		
订单分拣	单品	30
按订单包装	件	22.7
UPS/小批量运输	件	100
大批量运输	提单	15
存储		
大体积货品	熟练工人数	70
质量保证和上架货品	熟练工人数	50

现在已经确定了日常活动、近似的活动水平以及过程的知识。用这些信息来制定标准成本（参见表 16A.3）。

表 16A.3 里的信息包括标准时间和工人每小时工资，可以根据计量单位来计算增加的成本。每个活动的计量单位可能不一样，在这个例子中包括件、存货单位、单品和装运批数。在某些例子中，可以将某些活动放到一起，就像收货职能一样，但是不是所有情况

都可以这样。通过将每工时人工成本除与估计标准时间,可以得到每计量单位的标准成本。

表 16A.3　标准成本

职　能	计量单位	日常活动（计量单位）	标准时间（每 L-H 计量单位）	工时工资（每 L-H $）	标准成本（每计量单位 $）
收货:					
卸车	件	735	250	7.50	3.0c/件
检查货物	件	735	167	7.50	4.5c/件
登记职能	件	735	500	7.50	1.5c/件
入库	件	735	150	7.50	5.0c/件
					14.0c/件
补货:					
补货	SKU	200	50	7.50	15.0c/SKU
装运:					
订单分拣	单品数	279	30	8.00	26.7c/单品
按单包装	件	85	23	7.50	32.6c/件
小批量运输	件	83	100	8.00	8.0c/件
大批量运输	运数	61	15	8.25	55.0c/运数

L-H = 工时。

如果对仓储操作使用弹性预算，可以用标准成本制定弹性预算。表 16A.4 包含了这样的例子。

表 16A.4　弹性预算的应用

职　能	计量单位	标准成本（$/U/M）	周汇总			
			活动(U/M)	标准成本($)	实际成本($)	偏差($)
收货:	件	0.14	4,200	588	800	212U
补货:	SKU	0.15	1,000	150	100	50F
装运:						
订单分拣	单品	0.27	1,430	386	450	64U
包装	件	0.33	350	116	100	16F
小批量运输	件	0.08	500	40	25	15F
大批量运输	运数	0.55	400	220	150	70F
				1,500	1,625	125U

根据上表，本周收到 4,200 箱，补了 1,000 存货单位等等。这些活动水平乘上每单位标准成本，得出每项活动的标准总成本。表中还显示了本周发生的实际成本，并计算了偏差（有利的或不利的）。根据本周的活动水平，计算出不利的净偏差 12.5 美元。由于活动水平显著高于活动平均水平，如果使用固定预算，不利的偏差会更大。制定标准成本并使用其制定弹性预算，为管理者进行个体绩效衡量提供了一个工具。将最小化不利偏差作为一个目标，一旦实现，将使利润大为增加。

CHAPTER 17

物流价值的衡量与推销

本章大纲

本章目标

- 介绍衡量物流价值的各种方法
- 指出每种方法的优缺点
- 解释物流如何影响股东价值
- 证实企业在衡量和推销物流价值方面的失败如何导致次优的绩效水平
- 解释价值创造是一个动态目标

引　言①

以下情况有何相似之处？

1. 一家主要的耐用消费品制造商为其独立经销商实施了快速交付系统，使这些客户无论身处美国何地，均可在48~72小时内收到货物。公司的区域配送中心和送货车辆由第三方物流企业运作。在为改善财务绩效而实施EVA（经济增加值）评价指标之后，公司又将服务时间降低到24~48小时，同时公司放弃了原来的三家物流公司，转向另一家第三方物流公司。
2. 根据一家物流咨询公司的建议，一家主要的化学公司撤消了物流部门。咨询公司认为，在公司各部门均有物流职能的情况下，物流部门没有存在的必要。结果，55岁的公司物流副总裁（曾担任公司某部门主管）和很多下属踏上了重新谋职之路。

在两个案例中，物流提供的价值均未被衡量和推销。在第一个案例中，公司销售人员没能得到培训去说服客户认同物流的经济价值，即更高的库存周转率及由此所导致的单位产品的库存持有成本的降低。事实上，营销组织仍刺激这些客户大量购买。而且，物流也忽视估计有多少销售量是由快速送货系统所导致的。因此，销售的增加都被归功于销售部门。在这种情形下，物流的价值既没有被外部客户所接受，也没有得到内部高层管理者的认可。

在第二个案例中，物流价值在公司内部的推销是失败的。公司的物流部门未能适当地展示自己对公司财务绩效的贡献和由此可见的存在价值。

必须在公司内部和外部进行物流价值的衡量与推销

不能想当然地认为客户（本章中，我们指企业客户而非消费者）会理解所提供的价值并愿为之向供应商付出补偿。必须定期向客户表明由物流所创造的价值，也必须向组织内的高层表明这一点。当一切进展顺利时，组织内的高层很容易忽视物流并低估其重要性。因此，物流管理必须将物流创造的价值在公司内部进行衡量并推销，同时也通过供应链对外进行衡量和推销。本章将探讨衡量的各种方法，分析每一方法的利弊，并提供建议，当物流价值一旦被认可后，应如何进行推销。

关键价值指标

随着客户要求供应商提供更多的增值服务，对于企业来说，越来越重要的是要具备以对客户有意义的指标衡量这些服务的价值的能力。否则公司利润将受到蚕食，因为公司花费成本向客户提供了服务却未得到适当的补偿。在多数场合，为了实现更高水平的

① 本章基于道格拉斯·M·兰伯特和瑞南·伯得罗格鲁所著《物流价值的衡量与推销》，载于《国际物流管理杂志》，第1~11期，2000年，1-17页。

客户满意度，花费更多的资金是必要的。但是如果客户不能购买更多或支付更多，那么公司的股东将遭受损失。如增值服务不能引起价格的提高，公司利润将会减少。仅仅列举向客户提供的优越服务并假定客户会理解这些服务的财务收益是不够的。例如，客户可能在承认某公司比竞争对手提供更短的提前期、更高的满足率和更准时的产品和服务交付水平的同时，抱怨价格太高。为了说明额外费用的合理性，有必要将更好的客户服务转换成财务收益（如存货周转率的提高），和以库存持有成本的降低来冲抵价格的提高，或者也可以说明更好的客户服务如何促进了销售。衡量价值通常的选择方法包括：

衡量价值的选择方法

1. 客户满意度。
2. 客户的价值增值（CVA）。
3. 总成本分析。
4. 获利能力分析（包括收入分析）。
5. 战略利润模型。
6. 股东价值。

接下来将详细描述每种方法。不过首先应注意，客户满意度是财务术语中最难以定量化的，而股东价值是最全面的财务测度。在可口可乐和通用电气之类的公司，高层已经深知股东价值是公司绩效的最佳衡量指标。股东价值是比赢利能力更好的衡量指标，因为在短期内，利润可以被操纵，而且每股收益也未考虑产生这些收益所要求的资产投资的多少。股东价值则考虑了与利润相关的全部现金流、损失和资产负债表，也考虑了现在和将来。将来的现金流在风险调节的基础上被贴现成净现值。因此，股东价值不仅考虑了利润，而且考虑了为产生这些利润，现在和将来所要求的投资规模。这一长期导向，意味着管理层不大可能做出短视的决策。

客户满意度

重视客户满意度的四个理由

当企业成功地履行了在营销组合中所有组成要素方面（包括产品、价格、促销和地点）的契约时，就出现了客户满意。正如第 1 章中所述，地点代表了制造商在客户服务方面的支出，这可以被认为是物流系统的产出。至少存在四个有关公司应致力于客户服务的原因：首先，满意的客户通常比较忠诚，会进行重复购买；其次，吸引一个新客户的成本是保留一个老客户成本的 5 倍；第三，决定转向其他组织购买的客户很可能将其不满传递给其他客户；第四，就相同的销售增加量而言，销售给现有客户所获得的利润高于销售给新客户所获得的利润①。因而，许多企业定期进行研究，以决定客户需求和确定客户服务水平，从而使管理者能确定收入方面的效益和物流成本之间的权衡。

管理者可运用第 3 章介绍的客户服务督察，来确定客户购买决策中至关重要的服务要素和评价市场中每一主要供应商的服务水平。这些数据可用于确定改进客户对公司服务之印象的途径。客户满意度是一个关键的衡量指标，因为它允许管理者使公司提供的

① James L. Heskett, W. Earl Sasser, Jr. and Leonard A. Schlesinger. The Service Profit Chain (New York: The Free Press, 1997), pp.57-59.

服务与客户需求保持一致。更高的客户满意度将通过更好的服务导致收入增加或成本降低，对客户的财务绩效产生直接影响。然而，更高的客户服务水平通常也会增加供应商的成本。此外，通过对物流的投资，实现比竞争对手更高水平的客户服务，企业可以有效地、大幅度地提高市场份额。客户满意度衡量的优点在于：(1) 实施较为简单；(2) 使管理者能够使公司服务与客户需求保持一致。

衡量公司相对于竞争对手的绩效

尽管客户满意度的衡量和管理有许多种方法，通常认为最好的方法是，衡量公司相对于某个具体的竞争对手的绩效，并找出能体现公司差异化机会的差距。通常客户满意度衡量通过调查来收集数据。表 17.1 给出了所能提供的信息类型。该调查评价了客户服务和其他营销组合因素，和第 3 章介绍的类似。表左侧的两栏表明，因素的排名不受这些问题在调查问卷中的顺序所影响。

在这一例子中，18 个具有最高的客户重要性得分的因素中，有 12 个属于客户服务方面（与物流相联系）的因素。这一结果表明了客户服务在公司营销中的重要性。客户重要性评级的较小标准差意味着被调查者对某个因素的重要性的评价波动不大。对标准差较大的因素，应该运用人口统计信息决定哪个客户需要哪种服务。

公司或许不能从更高的客户满意度中获益

客户有可能在认识到公司优越服务的情况下，仍不愿支付额外的费用或增加购买来回报公司。例如他们可能会说："是的，你们提供的服务比竞争对手要好，这很好，但是你们的价格太贵了。"如果服务的改进不能转化为客户的财务收益，则销售量的增加或价格的提供将不可能很大，这一改进甚至不值得。更高的供货率、及时的送货和更少的等待，对客户具有成本和收入方面的好处，这一点必须做出估计。如果管理者不能将这些财务收益进行衡量并使客户接受，那么只能依赖客户自己去认识这些价值了。

我们对许多行业的研究表明，对某个供应商给予较高评价的客户将更多地从该供应商处购买所需的产品，而且更有可能支付较高的价格。但是这仅存在于少数公司中，从而表明供应商通常并未从改进的绩效中得到适当补偿。尽管客户满意度是很好的指标，但是客户满意度指标并没有表明公司向客户提供的服务的财务收益，因而不能使管理者按照利润最大化的方式调整公司的努力方向。

客户满意度衡量本身并不足以在公司内部使人们承认物流的价值。将客户服务绩效和相关成本与收入及成本联系起来是非常重要的。否则，管理者可能只看到物流的成本，而对与一流的客户服务相联系的收入创造能力视而不见。

客户价值增值

客户价值增值（CVA），另一个流行的衡量尺度，也集中于客户满意度概念。CVA 是营销学中诞生的概念，用于测量最终用户的价值，但现在正被盖尔（Gale）等咨询师应用于对 B2B 业务的咨询①。客户满意，正如客户价值增值所表明的，是通过向客户提供价格之外的价值而实现的。事实上，正如诺曼（Naumann）在《创造客户价值：通向

① Bradley T. Gale, Managing Customer Value (New York: The Free Press, 1994).

竞争优势之路》一书中所指出的，价格仅仅是价值的一部分①。客户感兴趣的是以好价格获得高质量产品。他们运用产品和服务属性来评价将收到的利益。所观察到的利益除以所观察到的付出（即相关成本与风险）即为预期的客户价值（见图 17.1）。

表 17.1　某种零售消费品供应商绩效因素重要性比较

排名	项目	描述	重要性		业绩									
					供应商 1		供应商 2		供应商 3		供应商 4		供应商 5	
			均值	标准差	均值	标准差	均值	标准差	均值	标准差	均值	标准差	均值	标准差
1	30d	销售队伍的素质：诚实性	6.6	1.0	5.8	1.3	6.1	1.4	5.9	1.5	5.4	1.8	5.6	1.7
2	19	价格竞争力	6.5	0.8	5.3	1.6	5.9	1.2	5.9	1.2	5.1	1.8	5.3	1.7
3	40	满足订单的准确性	6.5	0.8	6.0	1.3	6.1	1.0	5.8	1.3	5.7	1.2	6.0	1.1
4	10	对对手降价的反应	6.4	1.0	5.1	1.6	5.0	1.8	5.2	1.8	4.6	1.8	4.8	1.9
5	33	供应商运货条款：预付	6.3	1.3	6.4	0.9	6.5	0.8	6.8	0.4	6.5	1.0	6.2	1.3
6	6c	对 ASAP 或紧急订单承诺的提前期	6.3	1.9	5.6	1.4	5.8	1.4	5.7	1.2	5.6	1.3	5.6	1.5
7	4	供应商承担运输成本和有关损坏或差错引起的处理成本	6.3	1.4	5.9	1.6	6.1	1.8	5.9	1.7	15.6	1.8	5.8	1.7
8	15	调价的提前通知	6.3	1.0	5.2	1.5	5.1	1.5	5.0	1.5	4.8	1.7	5.2	1.6
9	43c	对紧急/ASAP 订单的高供货率	6.2	1.2	5.8	1.3	6.0	0.9	5.6	1.3	5.6	1.3	5.9	1.1
10	25b	供应商处理缺陷产品退货的能力	6.2	1.2	5.5	1.7	5.8	1.8	5.4	1.5	5.4	1.8	5.5	1.5
11	3	处理紧急订单能力	6.2	1.0	5.4	1.6	5.0	2.0	5.6	1.1	5.1	1.8	5.5	1.6
12	43b	对广告促销订单的高供货率	6.2	1.4	5.5	1.5	5.8	1.0	5.6	1.2	5.3	1.4	5.8	1.1
13	43a	对正常重复订单的高供货率	6.2	1.3	5.6	1.4	5.7	1.0	5.7	1.2	5.5	1.1	5.8	1.1
14	6a	对正常重复订单的承诺时间	6.1	1.1	5.4	1.5	5.7	1.6	5.8	1.0	5.3	1.2	5.5	1.4
15	2	包装质量与耐久性	6.1	1.2	5.7	1.4	5.7	1.3	6.0	0.8	5.9	1.1	5.8	1.2
16	47	供应商对客户指定运输要求的遵守	6.1	1.2	5.4	1.5	5.5	1.6	5.3	1.5	5.3	1.5	5.5	1.5
17	6b	对广告促销订货的承诺提前期	6.1	1.5	5.4	1.5	5.5	1.5	5.5	1.2	5.5	1.2	5.6	1.4
18	34	对供应商代表求助的及时反应	6.1	1.2	5.5	1.0	5.9	1.3	5.8	1.1	5.4	1.6	5.6	1.5

资料来源：道格拉斯·M·兰伯特和瑞南·伯得罗格鲁所著《物流价值的衡量与出售》，载于《国际物流管理杂志》，第 1～11 期，2000 年，第 4 页。

① Earl Naumann, Creating Customer Value: The Path to Competitive Advantage (Cincinnati. OH: Thompson Executive Press, 1995).

管理者提升客户价值的方法有两种：一是提高与产品或服务属性相关的质量；二是降低交易成本、生命周期成本或风险。产品质量和服务质量是支撑价格的基础。如果公司生产出低质量产品或提供较差的服务，则基于价值的价格就会下降。同样，给定产品和服务质量，则过高的定价将导致价值降低，销售就会受到影响。因而，从公司角度而言，“关键在于找到增加产品价值的方法，使得价值增量所产生的溢价超过相应的成本增加。”①

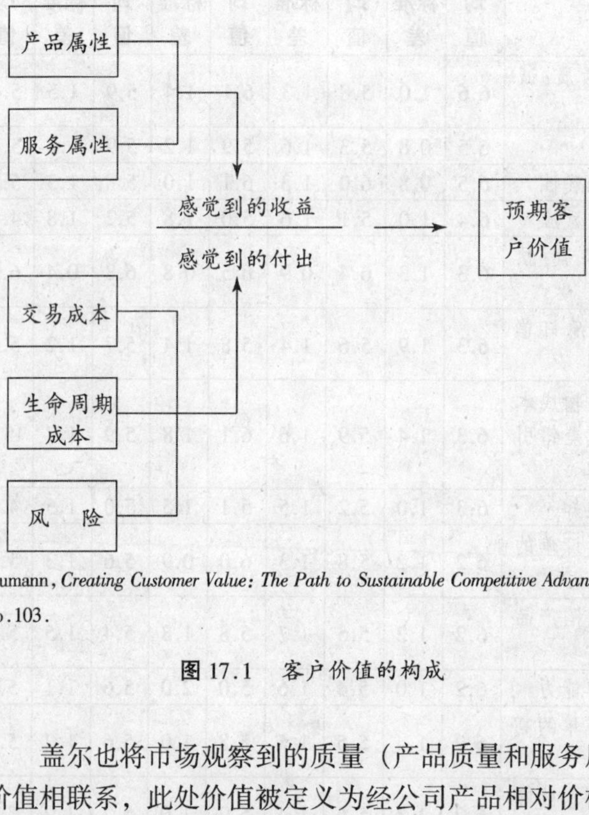

资料来源：Earl Naumann, *Creating Customer Value: The Path to Sustainable Competitive Advantage*(Cincinnati, OH: Thomson Executive Press, 1995), p.103.

图 17.1 客户价值的构成

价值等于相对于价格的质量

盖尔也将市场观察到的质量（产品质量和服务质量）与优越的客户价值相联系，此处价值被定义为经公司产品相对价格调整后的市场观察到的质量水平（见图 17.2）②。盖尔认为，客户根据价值购买。价值等于相对于价格的质量。质量包括产品和客户服务的所有非价格属性。质量、价格和价值是相对的，也就是说，客户对质量、价格和价值的评价依赖于公司相对于竞争对手的绩效。

图 17.3 说明了盖尔关于公司如何为客户创造价值及如何运营才能带来利润、成长和股东价值等结果的观点。第一步是理解在明确的市场中的客户需求。也就是说，管理者应识别客户细分市场，并决定每一细分市场的客户是如何进行购买决策的。根据这些信息，再结合有效的设计和质量控制，公司就可以提供客户所需的高质量。接下来，管理者就要借助广告和其他通讯方式，告诉客户公司听取了客户意见并满足客户需求，这将带来市场所观察到的质量。有效的设计和质量控制结合起来产生低“质量成本”和成

① Earl Naumann, Creating Customer Value: The Path to Competitive Advantage (Cincinnati. OH: Thompson Executive Press, 1995), p.101.

② Gale, Managing Customer Value.

- 客户根据价值购买
- 价值等于相对于价格的质量
- 质量包括产品和客户服务的所有非价格属性
- 质量、价格和价值是相对的

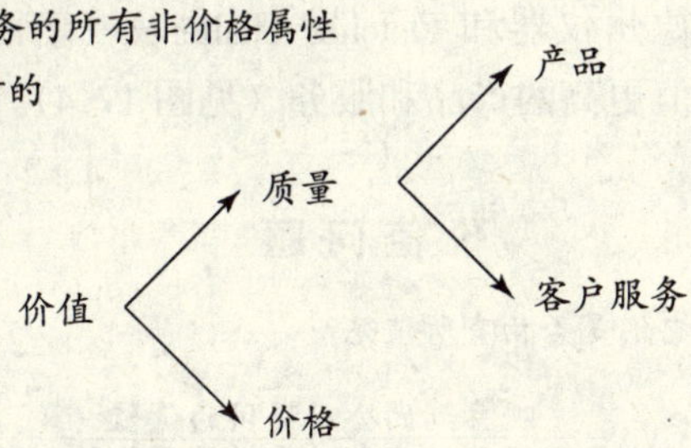

资料来源：Bradley T. Gale, Managing Customer Value (New York: The Free Press, 1994), p.29.

图 17.2　客户如何在竞争的供应商中做出选择

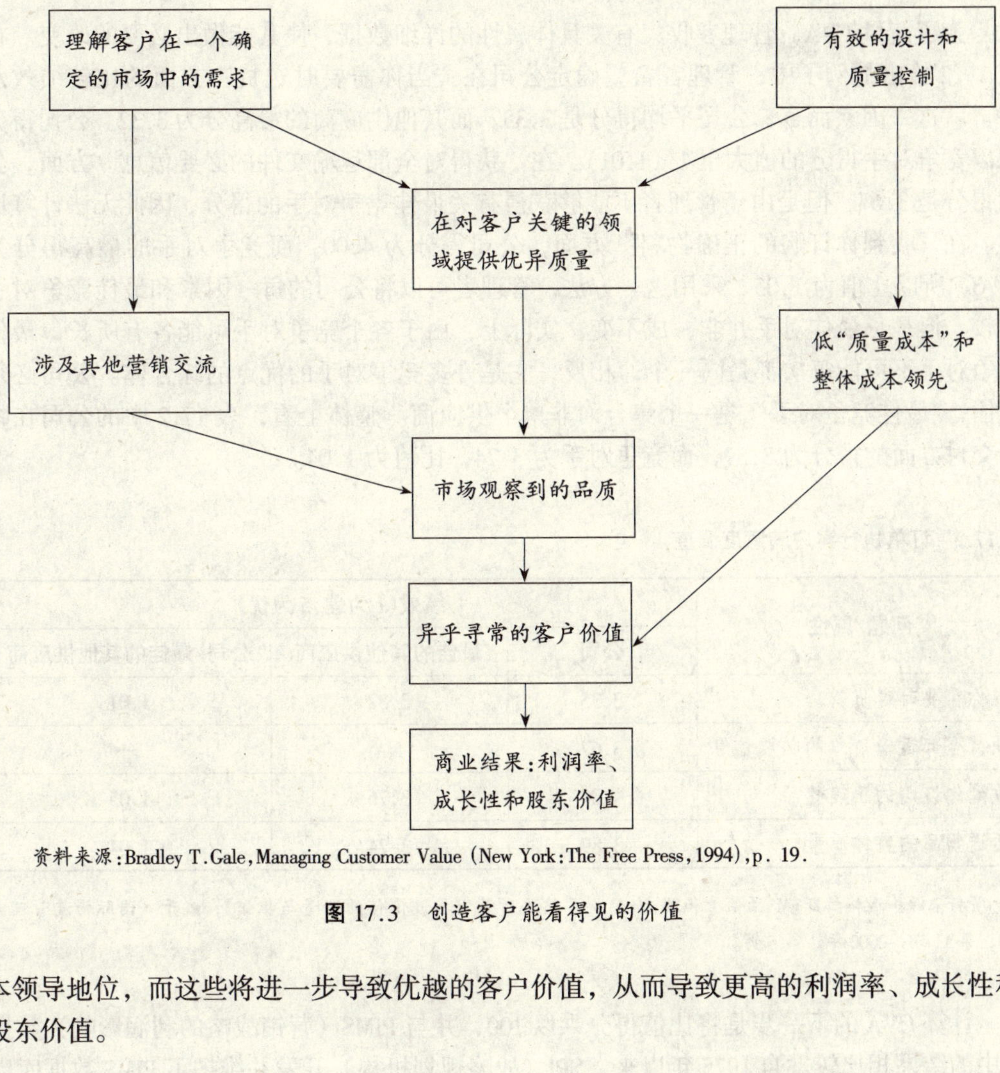

资料来源：Bradley T. Gale, Managing Customer Value (New York: The Free Press, 1994), p. 19.

图 17.3　创造客户能看得见的价值

本领导地位，而这些将进一步导致优越的客户价值，从而导致更高的利润率、成长性和股东价值。

许多大公司都采用CVA指标

那些提供的产品和服务的价值比客户能从竞争对手处购买到的更高的价值公司，将获得更大的销量、更高的利润、更高的市场份额和更高的股东价值。客户价值增值是指公司提供的价值除以竞争对手提供的价值。朗讯、德州仪器和 Fletcher Challenge（新西兰）等公司运用这一指标向客户提供比竞争对手价值更高的产品和服务（见图 17.4）。

价值问题

考虑你购买的产品和服务，它们是否物有所值呢？

$$\text{CVA}=\frac{\text{观察到的公司提供的价值}}{\text{观察到的竞争对手提供的价值}}$$

资料来源：道格拉斯·M·兰伯特和瑞南·伯得罗格鲁所著《物流价值的衡量与推销》，载于《国际物流管理杂志》，第 11 期，2000 年，第 5 页。

图 17.4 CVA 的计算

为了衡量 CVA，管理者收集有关具体属性的详细数据，使其能做出必要的改变。在表 17.2 给出的例子中，管理者希望确定公司在“当你需要时送货”方面的比较绩效水平。就这一因素而言，公司平均得分是 3.35，而其他供应商的最高分为 3.32。公司得分除以竞争对手得分的值大于 1（1.01）。在“获得对全部运输文件的必要信息”方面，公司得分是 3.67，但是由于管理者不能够获得有关最佳竞争对手的得分，因此无法计算比值。在“收到你订购的正确物料”方面，公司得分为 4.00，而竞争对手的最高得分为 3.76，所以比值为 1.05。采用这一方法，管理者可以将公司的每一因素和最佳竞争对手比较。但是，最佳对手并非一成不变。实际上，由于各个竞争对手可能各有所长，最佳竞争对手不可能每次都是同一个，相反，它是许多竞争对手的优点的综合体。公司必须记住，“最佳竞争对手”是一个集合而非单个供应商。整体上看，表 17.2 中的公司在物料交付方面的得分为 3.89，而竞争对手为 3.74，比值为 1.04。

表 17.2 订单执行客户满意度调查

问题/属性	绩效(1 为差,5 为优)		
	公司	最佳的其他供应商	公司/最佳的其他供应商
在你需要时送货	3.35	3.32	1.01
获得全部运输订单的必要信息	3.67	NA	—
收到你订购的正确物品	4.00	3.76	1.05
运送物品的整体质量	3.89	3.74	1.04

资料来源：道格拉斯·M·兰伯特和瑞南·伯得罗格鲁所著《物流价值的衡量与推销》，载于《国际物流管理杂志》，第 11 期，2000 年，第 6 页。

计算 CVA 的下一步是将比值得分乘以 100，并与 PIMS（营销战略的利润影响）数据库中的结果相比较。自 1975 年以来，SPI（战略规划机构）开发并维护了 PIMS 数据库以用于战略分析和研究。SPI 的会员公司提供了各地区、各国和国际市场的许多行业中成千上万家公司的详细信息，既包括财务数据，也包括竞争环境、客户、市场和经营等情况。PIMS 的分析单位是战略业务单位（SBU）。每一业务是一个部门、一种产品线或母公司中的其他利润中心。数据库中的业务可被分成以下类别：(1) 耐用消费品；(2) 非耐用消费品；(3) 资本品；(4) 原材料和半产品；(5) 零部件；(6) 供应或消费品；(7) 服务；(8) 批发和零售配送。样本见表 17.3①。如果公司得分超出最佳对手得分 10%，则该公司属于"世界级公司"：PIMS 数据库中有 15%属于此类。超出比例在 3%～10%，则属于"高于平均"：25%的公司属于此类。数据库中的"平均"和"低于平均"的公司分别占 20%和 40%。

表 17.3　CVA 值的分布

级　别	CVA 值	企业比例
世界级	>110	15%
高于平均	103-110	25
平均	98-102	20
低于平均	<98	40

资料来源：PIMS 数据库

CVA 分数不易转化为客户的财务收益

问题在于，尽管成为"世界级"需要成本，但这些 CVA 得分很难转化为客户利益，从而使客户愿意支付额外的成本或增加购买。例如，公司要提高多少分才能使 1%的提价显得正当呢？实现这一目标付出的代价是多少？

总成本分析

在将价值推销给客户方面，前述两种衡量方法的缺点是都将客户服务经济收益或 CVA 的确定留给了客户。许多客户不会做这些。与前文提到的一样，一些客户可能在承认服务不错的同时，叫嚷价格过高。如果管理者期望客户支付更高的价格，就必须用财务指标向客户表达优越服务所带来的收益。

客户必须评价与供应商相关的全部成本

在本书定义中，总成本分析涉及在实现给定客户服务水平的条件下，如何实现物流总成本的最小化，包括：运输、仓储、存货、订单处理、信息系统及与购买和生产有关的批量成本。该方法的基本原则在于，管理者应降低物流的总成本，而非单项或几项活动的成本。某项物流活动成本的降低，可能导致其他物流活动成本的增加，从而导致总成本的增加。从客户价值观点看，只分析购买价格是不够的：客户必须评估与购买产品相

① 有关 PIMS 数据库的解释，参见 Robert D. Buzzel，Bradley T. Gale and Ralph G. M. Saltan，"Market Share: a Key to Profitability"，Harvard Business Review 55，No. 1（January and February）1975，p.105. 有关 PIMS 的最新资料可登录 www.thespinet.org/db.html。

关的全部成本，将产品价格和送货的物流成本结合起来考虑，以决定选择何家供货商。总成本分析可进行扩展，包括与所有权相关的全部成本，而不仅限于与物流相关的成本。这被称为“所有权总成本”①。

技　术

忠诚保健公司

忠诚保健公司（Allegiance Healthcare Corporation）位于伊利诺斯州的麦哥罗城，生产并销售自己和全球1,000多家公司的手术用产品。该公司是从巴克斯特保健公司（Baxter）剥离出来的，于1988年首次开始实施其称为“价值连接”的无存货计划。现在公司服务于超过150家美国的急救医院，并在他们需要的时间和地点供应产品。在快速发展的保健市场中，除上述医院之外的20个客户也已经签约（次级急救中心、诊所和治疗救护场所）。

忠诚公司以客户所适用的单位向其运输产品。针对大约12家医院中的每一家，大约有30名忠诚公司雇员一年365天地履行承诺，向急诊室、实验室和其他地点及时运送产品。

通过对最先进技术的运用，“价值连接”计划在首次送货中满足率达到了98%以上。定价准确度达90%，超出了客户在面对数个供应商时的预期。忠诚公司将其高准确度归功于客户的合作、一体化的EDI网络和灵活处理订单和发票的电子化系统。忠诚公司分销副总裁托尼·克斯曼指出“现在我们有96%的客户订单是从EDI网络中接收的。我们有同样比例的订单是通过电子化方式向我们的供应商发送的。”

忠诚保健公司成功的秘诀在于其一体化的系统，满足了每分钟都生死攸关的客户的需求。在传统的配送系统中，货车简单地在医院后门卸下一周甚至一月的货物供医院储存。在重要产品被使用时，有多种方法可以跟踪存货情况。托尼·克斯曼说“我们发现，最缺货的往往是医院最需要的，而不需要的却常常积压成堆。然而护理者关心的有关供应的问题是：他们希望物品在客户需要时能及时从货架上得到。”

为设计一种新的系统，跟踪何时及何地需要，一家公司做了可行性研究，包括：现场采访、数据收集、需求评估和趋势预测等。一旦客户决定采用“价值连接”计划，一个实施小组就会负责整个过程。一个由忠诚保健公司和医院双方组成的监督委员会监督安装过程并对处理订单的效率做出评估。

忠诚保健公司估计“价值连接”计划可使客户每年节省50万美元或更多，这些节省来自补充过程的及时性、多供应商的联合、使用不再需要的库存满足其他医院的需求。

在提供先进的存货技术和与客户协同工作的过程中，忠诚保健公司掌握了订单处理技术。忠诚保健公司明确地意识到，这一过程的延伸就是产品的标准化。公司雇佣了医疗经理，通常是有经验的护士或医师，来观察物资的流动或消费情况。例如，若某客户使用三种导管，忠诚保健公司就会建议使用一种通用的导管。正如托尼·克斯曼所说：“我们的标准化能力进一步为客户创造了价值，同时也提高了我们的效率和收益。这是一种B2B的营销。”

资料来源：Robert Hiebler, Thomas B. Kelly, and Charles Ketteman, Best Products: Building Your Business With Customer Focused Solutions (New York: Simon & Schuster, 1998), pp.125-27.

表17.4列出了总成本分析中可能包括的成本。总成本分析的目标是向客户表明与

① Lisa M. Ellram, “Framework for Total Cost of Ownership”, The International Journal of Logistics Management 4 No.2 (1993), pp.49-60; and Lisa M. Ellram and Arnold B. Maltz, “The Use of Total Cost of Ownership Concepts to Model the Outsourcing Decision” The International Journal of Logistics Management 6, no.2, (1995), pp.55-66.

公司提供的更佳服务有关的财务收益。例如，有必要将供应满足率、等待时间和准时等比竞争对手更好的绩效转化为存货周转优势，从而降低每单位库存的持有成本。管理者不是告诉客户，公司的服务如何优于竞争对手，而是应向客户表明这种服务如何影响存货投资。例如，如果一件物品售价为 100 美金，而客户的库存持有成本为 36%，则与一次库存周转有关的成本为 36 美金，再除以存货周转次数，即得到每单位的成本。如果公司提供的更好的服务使客户存货周转 12 次，而竞争对手为 6 次，则每单位的库存持有成本分别为 3 美金和 6 美金。每单位节省的 3 美金可被作为向客户收取更高价格的依据。

表 17.4　总成本分析

购买价格，加上：
运输成本
库存持有成本
与可选销售条款相关的成本
订货成本
接收成本
质量成本（退货等）
退货成本
其他成本（因情况而异）

资料来源：Douglas M .Lambert and Renan Burduroglu，“Measuring and Selling the Vale of Logistics”，The International Journal of Logistics Management II，no.1（2000），p.7.

总成本分析既可用做公司内部也可用于公司外部的物流绩效的一个衡量指标。物流成本是公司成本的重要部分，而物流资产也在公司资产中占据相当比例。因此降低与物流有关的总成本代表着为公司创造价值。

然而最终目标并非在于通过将成本转化成另一形式来降低某一个组织的成本。正确的目标是降低供应链的总成本。总成本分析作为价值创造的内（从公司高层管理者角度）外（从客户角度）衡量指标的缺陷在于，忽视了收入含义。而且，物流专家越是关注成本削减以证明其存在的必要性，管理者就越会简单地将物流当成一个成本削减机会。如果物流专家希望获得其成就的价值认可，总成本分析不是理想的选择。

赢利分析

从顾客角度看，总成本分析假定所考虑的供应商是收入中立的，也就是说，供应商的选择将不会影响销售收入水平。如果不是这样的话，总成本分析作用不大。例如，如果东芝因为贴了“Intel Inside”的标记而销售了更多的笔记本电脑，则英特尔公司不会希望顾客将英特尔微处理器的总成本比做一个高级微型设备的微处理器的总成本。

细分市场赢利分析考虑了收入含义

当供应商选择中存在收入含义时，采用了贡献法的细分市场赢利分析是更佳的价值衡量方法。根据这一方法，从收入中只扣除变动的付现成本和可避免的固定成本。为了让某项成本在报告中呈现，它必须在收入失去时消失。细分市场赢利分析（参见第 16 章）有助于管理者精确地评价战略选择，例如增加或取消何种产品线、是否应提高收入弹性很低的产品的价格或降低产量很高的产品的价格？由于客户服务水平影响客户购买水平，细分市场赢利分析不仅考虑了对成本的影响，也考虑了对收入的影响。因此，公司就可以将稀缺资源分配给高赢利的细分市场，而撤消或重组不赢利的细分市场（参见表 17.5）。细分市场可以是供应商 A、B 或 C。这里的问题是：客户从这些供应商的产品中获得了多少收入？与这些供应商相关的付现成本是多少？

表 17.5　细分市场赢利分析：一种考虑了所用资产的成本的贡献法

	供应商 A	供应商 B	供应商 C	供应商 D
销售				
销售成本				
毛利				
加上				
折扣				
市场开发基金				
位置津贴				
合作广告				
净利润				
可变营销与物流成本：				
运输				
接收				
订单处理				
其他成本(视情形而定)				
贡献利润				
可分配的非变动成本：				
工资				
广告				
库存持有成本减去：				
应付账款费用				
其他成本(视情形而定)				
可控利润				

资料来源：道格拉斯·M·兰伯特和瑞南·伯得罗格鲁所著《物流价值的衡量与推销》，载于《国际物流管理杂志》，第 11 期，2000 年，第 8 页。

细分市场赢利报告可用于分析公司提供给客户的价值建议的收入和成本含义。该方法可用于内部衡量物流对业务细分市场的赢利能力的影响，如客户、交易类型、地理区域、销售区域和产品。

战略利润模型

战略利润模型考虑了资产的利用

总成本分析和细分市场赢利分析的潜在局限是，没有衡量企业中可能涉及的除存货和应收账款之外的其他资产的成本。战略利润模型表明了资产管理和利润管理如何影响资产收益和净资产收益，进而影响股东投资收益和利润留存（参见图 17.5）。资产和现金流管理的一般做法是减少应收账款和存货投资。但是必须注意，在没有改善物流系统效率的情况下，这两种做法都可能对公司绩效带来灾难性的后果。实际上，大量降低库存水平而不考虑对其他物流成本的影响，有可能导致总体物流成本的显著上升。同样，减少应收账款而不改进物流系统，也会对客户产生负面影响，导致销售收入减少。战略利润模型帮助管理者确定与现金流及资产运用相关的决策的总体影响。

物流可降低流动资产和固定资产

图 17.5 列出了物流对净资产收益水平产生贡献的各种途径。首先，更好的物流管理（如提前期、存货的可得性、满足率等）会导致更高的价格、产量和产品更快地打入市场，从而带来更高的销售水平。由于存货和应收账款减少，更多的资金可投入制造设备，提高生产速度和效率（更低的劳动成本、物资耗费和能源消耗），最终降低销售成本。由于物流的改进，销售产品的成本也可能通过采购成本的降低而减少。通过改善物流的各方面，可以实现总费用的下降。这些活动将产生更高的赢利水平。在资产负债表方面，更高水平的物流可降低流动资产和固定资产的水平，从而提高资产周转率。更高的赢利能力和资产周转率为资产收益率的提升提供了两大动力。这与偿还债务导致的负债率的降低相结合，又将导致更高的净资产收益率，尽管增加的收益没有将现金再投资于业务发展的收益那样高。通常而言，现金充足的公司不是那些价格收益比很高的公司。

现金的再投资是公司最常使用的选择。因物流改善而减少资产所提供的现金，可以投资于具有更高生产率的现代化工厂、新产品或其他能满足最低收益要求的投资。在这种情形中，对净资产收益的全部影响都来自损益报表的变动。由于库存和应收账款的减少而获得的现金投资于其他生产率更高的资产，资产周转率保持不变。结果，财务比例也维持在原有水平。但是在这种情况下，对销售和成本削减程度的影响会更显著，净资产收益率的增加服务也高于前一种情况（偿还债务）。应该注意，如果固定成本上升，则营业杠杆上升，从而可能导致更高的风险和更低的价值。

战略利润模型可用于衡量物流价值并将其推销给客户。它在向管理者表明物流在公司获取成功中有多么重要，同样行之有效，但是也并非没有问题。首先，有必要估计物流在产生收入方面的作用。客户满意度调查在这方面很有用，第 16 章描述的成本衡量系统能提供成本数据。有关库存水平和其他资产的信息可从物流信息系统中获得。

尽管战略利润模型与迄今为止所讨论的价值衡量方法相比，具有更多的优点，最近的有关公司财务方面的文献却一致表明，在衡量战略的财务结果方面，股东价值是比传统的会计指标更好的衡量指标。

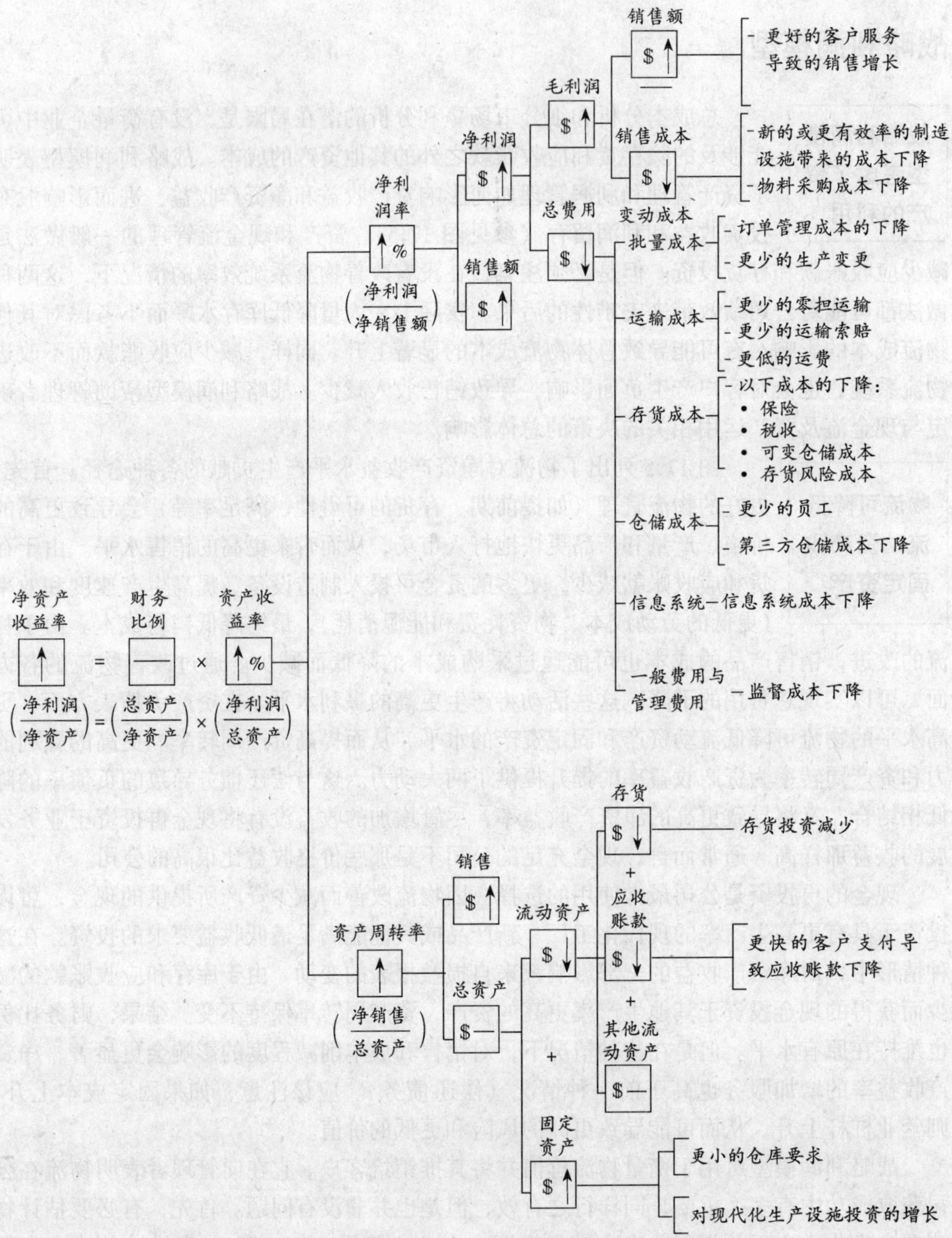

资料来源：Douglas M. Lambert and Renan Burduroglu, "Measuring and Selling the Value of Logistics," The International Journal of Logistics Management 11, no. 1 (2000), p. 9.

图 17.5 物流对净资产收益率的影响

股东价值

业务的价值等于未来现金流量的净现值

股东价值作为一种分析企业价值和衡量各种战略和投资如何影响公司的总价值的可靠和一致的方法，变得更加普遍[1]。根据股东价值理论，当一项业务的收益达到或超过能正确反映投资风险的资本成本时，这项业务就创造了价值[2]。它是建立在一条重要假设之上的，即一项业务的价值等于其未来现金流量根据适当的资本成本贴现的现值。通过关注现金流量，股东价值克服了传统财务指标的缺陷。而且，通过采用现值法，该模型也承认了对货币的时间偏好和投资风险。它以一种客观的框架将管理决策和价值联系起来，并通过计划过程和几个关键的价值指标分析了管理决策的价值。

由于在决策支持运用中的缺陷，对会计的传统关注多年来饱受评判。传统的方法是后视的和短视的，而决策是前视的并关注长期结果。

科普兰（Copeland）、科勒（Koller）和穆因（Murrin）对为何应采用股东价值作为衡量手段给出了如下解释：

为何对价值进行评价？

> 经验证据表明，增加的股东价值与其他利益相关者的长期利益没有冲突。成功的企业为所有利益相关者创造了更大价值：客户、工人、政府（通过纳税）和资本提供者。然而还有其他原因——本质上更概念化但同样有说服力——来采取强调股东价值的体系。首先，价值是我们所了解的最好的绩效评价指标。其次，在公司的利益相关者中，只有股东在追求自身利益最大化的过程中能促进其他利益相关者的利益最大化。最后，那些不执行价值评估的公司会发现资本流向了他们的竞争对手[3]。

他们为价值为何是最佳的指标提供了论据：

价值是最佳的指标

> 价值（贴现后的现金流）之所以最佳，是因为它要求完全信息的惟一指标。要理解价值创造，必须采用长期观点，必须管理资产负债表和收入报表的现金流，必须理解如何在风险调整的基础上比较不同时期的现金流。显然没有完全信息是无法做出良好决策的，而其他指标均不要求完全信息[4]。

管理者制定的每一项决策均在公司评估中得到反映。没有其他单个指标有这么全面。根据科普兰、科勒和穆因的观点，如果实施适当，价值不可能是短期的，而其他指标可能是短期的：

---

① Martin Christopher and Lynette Ryals，"Supply Chain Strategy：Its Impact on Shareholder Value"，The International Journal of Logistics Management 1，no.1（1999），pp.1-10.

② Francis V. McCrory and Peter G. Gerstberger，"The New Math of Performance Measurement"，The Journal of Business Strategy 13，no.2（March-April 1992），pp.33-38.

③ Tom Copeland，Tim Koller，and Jack Murrm，Valuation Measuring and Managing the Value of Companies（New York：John Wiley and Sons，1994），p.22.

④ 同上，p.23.

价值与其他财务指标的比较

每股收益或股本收益通常被以短视的方法运用——最多只要求未来几年的信息。而且，盈余倾向于主要关注收入报表的管理，而对现金流的实际金额和时间重视不够。如果只运用于短期，即使 ROIC（投资资本收益）与资本成本之差也可能是一个不良的指标，因为它鼓励投资不足（“收获”业务以提升 ROIC）。如果价值经理称职，结果应反映在 MVA（市场价值增值）中。其他绩效指标，如收益的增长、股本收益及资本成本和资本收益之差没有价值创造那么全面，与公司的实际市场价值的关联度也较低。[①]

除了测量对公司的价值之外，它也可用于测量对客户的价值：

对客户的价值

对客户的价值等于客户对公司的产品和服务愿意支付的价值减去公司收到的收益的差额的现值。经济学家称之为消费者剩余。在其他因素不变的情况下，如公司提高产品价格，则消费者剩余减少，而股权价值提高。当然，价格的上升常导致更低的销售额，因此对消费者和股东的价值效应很大程度上取决于产品需求曲线中蕴含的价格—数量关系[②]。

表 17.6 包含了对表现未来预测的收入报表和资产负债表的估计。这些信息是估算各种利益相关者对公司的权益所必需的。

在当今动荡的环境中，为股东创造财富的能力对公司的存活至关重要。现在公司能够获得数量日增和日趋精密的财务方法，这迫使经理将财务和经营战略结合起来。西北大学的阿尔佛雷德·莱波波特（Alfred Rappaport）和斯特恩·斯图尔特（Stern & Stewart）公司的约耳·斯特恩（Joel Stern）将价值评估的概念运用到业务实践中，并使这些知识为众多公司所享用。事实上，对文献的全面浏览表明，有关管理者应如何将公司绩效和股东价值创造联系起来的两个最主要学派分别是：莱波波特创建的股东价值分析（SVA）[③] 和斯特恩创建的经济增加值（EVA）[④]。向客户展示公司的物流运作如何影响股东价值将成为评价物流财务效应的最终指标。

股东价值方法

价值的七大驱动因素

在阐述 SVA 的基本假设时，莱波波特注意到“业务的价值等于现金流按照适当的资本成本贴现后的现值”，并指出了推动业务价值的七个驱动因素：销售增长率、经营利润率、现金税率、固定资本需求、运营资本需求、资本成本和计划时期[⑤]。其目标在于从价值角度考虑战略选择，从而使价值最大化。该方法承认改善历史现金流的重要性，并声称股东收益和现金流指标间的关

① Tom Copeland, Tim Koller, and Jack Murrm, Valuation Measuring and Managing the Value of Companies (New York: John Wiley and Sons, 1994), p.22.

② 同上，p.24.

③ Alred Rappaport, Creating Shareholder Value: The New Standard of Business Performance (New York: The Free Press, 1986).

④ Joel M. Stern, “One Way to Build Value in Your Firm: a la Executive Compensation”, Financial Executive (Novermebr-December 1990), pp.51-54.

⑤ Rappaport, Creating Shareholder Value.

系优于传统的会计指标。对某项战略预期应用的时期而言，SVA 通过以资本成本贴现自由现金流量而得到股东价值。而且为了计算计划时期以外的现金流，可以运用一个无期限的模型，这一模型将去年的预测经营利润除以加权资本成本。该方法考虑了资本的机会成本，而且价值只有在收益超过资本成本时才会增加。尽管该方法具有承认某项战略在当前计划期之外的价值，并导致从公司角度对各种投资选择进行更好的判断，但是它未能显示计划期之外的真正价值，原因是收益被假定等于公司的资本成本，而忽视了计划期之外的额外销售可能产生高于资本成本的价值收益这一事实。

表 17.6　财务估算（百万美元）

对客户的价值	现在	将来	
收入分配表	1,100	4,400	→消费者剩余之现值
销售收入	1,000	4,000	
－劳动力成本	(400)	(1,600)	→劳动者权益
－产品与服务成本	(300)	(1,200)	→供应商权益
－折旧	(100)	(400)	
经营收入	200	800	
－利益费用	(50)	(200)	→债务权益
可税收入	150	600	
－税收	(75)	(300)	→政府权益
净收入			
－留存	(40)	(160)	
红利	35	140	→股东权益
资产负债表			
资产			
现金	50	200	
应收账款	200	800	→营运资本的使用
存货	250	1,000	
净资产、工厂与设备	1,000	4,000	→实物资本的使用
总资产	1,500	6,000	
负债			
应付账款	100	400	→营运资本来源
利息	150	600	
债务	500	2,000	→债务来源
留存利润	500	2,000	→股权来源
普通股本	250	1,000	
总负债			

资料来源：Tom Copeland, Tim Koller, and Jack Murrin, Valuation: Measuring and Managing the Value of Companies (New York: John Wiley and Sons, 1994), p. 24.

EVA 理论认为股东衡量价值创造

EVA 是 SVA 的一种替代。EVA 通过计算绩效差——即资本收益超过资本成本的差额（该差额乘以投资资本即为每一时期的 EVA）——来得出股东价值。这些单独的 EVA 数字然后被贴现并求和，得出增值。该增值加上投资资本即决定了普通股价值。斯图沃特[①]、米尔斯和普林特[②]及厄巴[③]的文献详细地说明了计算 EVA 的步骤。EVA 方法认为股东衡量的是价值创造而非价值保存。它剔除了维持工厂和设备所需的全部资本费用和红利，因为股东投入资金是为了获得更优的投资回报[④]。

创造性解决方案

EVA 的计算

EVA 通过明确地将资本成本作为考核因素，迫使经理关注资本成本，从而赋予公司领导让赢利超过资本成本的明确责任。

这个过程如何完成？尽管被赋予了各种名称，实际上存在三种价值创造手段：阻止破坏而非创造价值的行为；改进已经在创造价值的行为；投资于收益高于资本成本的资产或业务。

基本的 EVA 计算始于公司的税后净营业利润，并进行调节以消除可能的会计扭曲。例如，会计准则规定研究开发成本作为费用开支；考虑到研究开发成本的长期效应，EVA 的创造者斯恩斯特公司主张将该费用在若干年内摊销。

调节的最佳数量和类型因行业和公司而异。斯恩斯特公司资深副总裁厄巴（Al Ehrbar）就是否进行调节提出了三项标准：运营经理会理解这一改变吗？这是否影响他们的决策？最后，能获得必要的资料吗？若其中任何一个问题的答案是否定的，则最好别去改变这些数字。

下一个问题是计算投资于业务的资本金额。该数字既包括了固定资产（如机器设备）又包括了运营资本资产（如现金、存货和应收账款）。

现在来确定资本费用，它等于公司债务和股本的加权平均成本。债务部分很简单，等于公司的利息。股本的成本计算有点麻烦，因为它随公司业绩、市场风险和企业所处的行业而变化。正常情况下，会计师和分析师承担这一任务。

最后一步：将资本费用乘以投资资本额。从经调整的净营业利润中减去这一数字。正的结果表示公司在为股东创造价值，而负的结果意味着该采取些措施了。

资料来源：Karen M. Kroll，“EVA and Creating Value,” Industry Week，April 7，1997，p.102. Reprinted from various editions of Transportation and Distribution and Industry Week. Copyright 1995 permission granted by Penton，Cleveland，Ohio.

---

① G. Bennett Stewart III，The Quest for Value：A Guide for Senior Managers，2nd ed.，（New York：HarperCollins，1999）.

② Roger Mills and C. Print，“Strategic Value Analysis”，Management Accounting 73，no.2，(February 1995)，pp.35-36.

③ Al Ehrbar，EVA：The Real Key to Create Wealth (New York：John Wiley and Sons，1998.)

④ Jeffery M. Kanter and Matthew P. Ward，“Long-term Incentives for Management，Part 4：Performance Plans，” Compensation and Benefits Review 22，no.1 (January- February 1990)，pp.36-49.

经济利润模型

其他几项研究也试图对股东价值作出探讨。在完成麦肯锡公司的一项公司财务方面的专门报告后，科普兰、科勒和穆因又提出了几种价值评估方法①。实际上，它们代表了基于 DCF（贴现现金流）的两个定价框架，即实体 DCF 模型和经济利润模型。实体 DCF 模型将公司权益评估为公司经营的现值（等于预期的将来现金流的现值）减去优于普通股的债务和其他权益的现值。而在经济利润模型中，公司价值等于资本投资的金额加上增值或折扣（等于每年创造的现金流的现值）。换言之，经济利润等于资本收益与资本成本之差乘以投资资本额。在理解某一年度的公司业绩时，经济利润模型特别有用，而实体模型则没有这一效果。

物流如何驱动价值

尽管表达形式和名称各异，这些模型几乎和 SVA、EVA 没有区别。科普兰、科勒和穆因强调了基于价值的管理的重要性，并指出了这一概念中的三个层次的价值驱动因素：一般的、业务单元特有的和运营的。尽管一般驱动因素与莱波波特的著作中所提到的关键价值驱动因素一致，这些作者却又进一步指出了其他各种水平的价值驱动因素，并将其全部与运营层次的战略和决策联系起来。例如，如将物流视作业务单元特有的指标，则一般价值驱动因素将包括销售增长率、现金税率、经营利润率、固定和运营资本需求、资本成本和计划期等。物流的业务单位特有的价值驱动因素可能还包括物流服务的质量、物流总成本、下单—交付周期。运营价值驱动器可能包括：在整车货中混合装载产品的能力、订单满足率、订单周期的一致性、库存持有成本、运输成本和仓储成本等。

阿扎克（Arzac）提出了一个公式，用以评价业务单位而非整个公司的价值创造潜力或破坏潜力②。价值创造以 ROE（预期股本收益率）、股本成本、预期公司成长性及预期在 ROE 和股本成本间保持正差额的时期来表示。然而，为了将其转换成单位的 EVA，必须计算 ROE 和单位的加权股本和债务成本（WACC）之间的差。而且为估算业务单位对股东股本价值的贡献，还应将投资收益加到 ROI 和税后债务成本之差上，再乘以负债/股本比率。

价值评估需要三个阶段现金流

韦金斯（Wiggins）、凯尔（Kare）和玛德拉（Madura）以四项原则为基础提出了一个定价模型：投资者只为预期产生收益的投资支付；投资者寻求的收益是现金；货币具有时间价值；投资者是厌恶风险的③。业务的价值评估通过将三个阶段的现金流相加而完成：在被评估的业务被购买时或随后不久发生的现金流，在短期内的每一年中发生的现金流和在短期结束后的第一年的现金流。该模型相对于其他价值评估技巧有几大优点。它很灵活，能通过改变要求的收益率而适应许多不同的环境（如风险）。因素之间的关系，如随时间而下降的销售成本占销售额的比例，可在不同时期进行显著的调整。韦金斯、凯尔和玛德拉的公式参见图 17.6。

---

① Tom Copeland, Tim Koller, and Jack Murrm, Valuation Measuring and Managing the Value of Companies 2nd ed. (New York: John Wiley and Sons, Inc., 1995).

② Enrique R. Arzac, "Do Your Business Units Create Shareholder Value?" Harvard Business Review 64, no. 1 (January-February 1986), pp.121-26.

③ C. Donald Wiggins, Dilip D. Kare, and Jeff Madura, "A Universal Valuation Model for Closely Held Business", Valuation 40, no.1 (1996), pp.38-57, at p.39.

业务价值 = 短期的现值 + 长期的现值

$$= CF_0 + \left[\sum_{t=1}^{n} \frac{CF_t}{(1+k_e)^t} + \left(\frac{CF_{n+1}}{k_e - g_1} \times \frac{1}{(1+k_e)^n}\right)\right] \times IPAF$$

其中：

CF_0 = 从资产或业务产生的向股东流入或流出的初始现金

CF_t = 对短期 n 内每一年 t 的独立预测的流向股东的现金流

n= 预计现金流特征不同于长期的短期年数

k_e = 给定业务风险，投资者要求的股本收益率

CF_{n+1} = 在长期内的第一年中股东可得的现金流

g_1 = 现金流的长期增长率

IPAF = 年内现金流特征调整因子

资料来源：C. Donald Wiggins, Dilip D. Kare, and Jeff Madura, "A Universal Valuation Model for Closely Held Business", Valuation 40, no.1 (1996), p.42. Reprinted by permission of American Society of Appraisers.

图 17.6 价值评估模型

股东价值评估相对于传统会计指标的优点

一些采用股东价值评估技术的公司报告了给人印象深刻的结果。例如，美国银行公司（Bank American Corporation）从亏损状态转身，被迫停止向股东支付红利，并面临第一州际银行（First Interstate Bank Corporation）的敌意收购威胁①。在其复苏之途中，除了关注基本的理念之外，该银行集中于如何最大化股东价值。通过出售资产和发行资本证券，它很快就改善了资本比率。在三年中，其主要资本比率从 6.29%窜升至 9.60%，普通股股价从每股 6.88 美元升至 30 美元的高位。

韦尔德（Wilde）、唐斯涛（Tunstall）和斯密斯特（Smist）研究了 RBOC（地区贝尔经营公司）从 AT&T 中剥离后的财务状况②。他们发现，尽管在剥离后的六年间，其不变美元值的盈余保持了稳定，其股价平均升幅达 125%。作者将股票业绩与经营业绩联系起来，发现通过在战略、经营和行业层次上致力于创造股东价值而非集中于基于增长的会计指标是 RBOC 成功的原因。

在资源分配决策中采用 EVA

劳什（George Lorsch）是阿姆斯壮国际工业公司（Armstrong World Industries Inc.）的董事长兼 CEO，他解释了 EVA 的运用如何在资源配置和投资决策中帮助了公司③。从最简单意义上讲，EVA 是一种让管理者用以业务扩张和运营的资本成本负责的指标，并表明管理者是否在为股东创造价值。它迫使管理层关注重要的事情，例如成长性、经营利润、税收和资本成本。劳什赞同 EVA，是因为它包含了在 ROA 的计算中的许多共同要素，使经理更容易实施。

① A.W. Clausen, "Strategic Issues in Managing Change: The Turnaround at Bank America Corporation," California Management Review 32, no.2 (Winter 1990), pp.98-105.

② Dean L. Wilde II. Brooke W. Tunstall, and James P. Smist, "Investing for the Future: Assessing Shareholder Value of the Regional Bell Operating Companies", Interfaces 22, no. 4 (July-August 1992), pp.60-69.

③ "George Lorsch Explains Economic Value Added," Management Review 84, no. 9 (September 1995), pp.50-52.

斯特恩指出，最大化股东价值的最佳策略是向管理层提供 EVA 激励，使其做出符合长期价值的决策[①]。他举了“应用电力公司（Applied Power）”的案例，该公司位于威斯康辛州，是一家规模为 4.2 亿美元的水压设备制造商。该公司采用基于 EVA 的计划和激励方案后，在 1987～1989 年间的年复合收益率高达 56.9%，而标准普尔的同期收益仅 6.6%。

股东价值评估的缺点

有关股东价值评估的三个问题

尽管许多研究者认为股东价值评估优于传统方法，但它也有缺点。这一技巧最引起担心的是其应用，主要涉及三个方面：贴现率、计划期和预期现金流。

米歇尔（Michel）对许多流行的商业理论提出了批判，包括莱波波特的 SVA 方法。[②] 他认为，基于股东价值的数量体系鼓励了 CEO 根据提升股东价值的程度判断业务，有时为获得成功而牺牲公司的最佳利益。

同样，戴维林（Davlin）[③]、戴（Day）和法赫（Fahey）[④] 强调了选择适当的贴现率、计划期和预期现金流的重要性。他们强调计划期的关键作用，因为通过 SVA 评估的价值有一些存在于计划期末的残值中。他们试图通过将股东价值与公司战略目标联系起来，来解决这一问题。尽管这两个概念运用了不同的价值含义（即 SVA 力图最大化股东收益而战略分析，力图为客户创造优异的价值），但它们从长期还是趋向一致的。事实上，作者指出，一个成功的商业战略，既可以增强企业竞争优势，又可以实现更高的股东价值。

物流如何影响 EVA

物流可在四个方面影响 EVA：收入增长、经营成本削减、运营资本效率和固定资产效率（参见图 17.7）。[⑤]

收入增长

物流所提供的客户服务能够对销售量和保留客户产生重大影响。尽管计算销售量和

---

① Stern，“One Way to Build Value in Your Firm”.

② Robert Michel，“Times Change，but Do Strategists?” Journal of Business Strategy 14，no.2（March- April 1993），pp.12-15.

③ Godfrey Devlin，“A Strategy for Shareholder Value”，Accountancy 103，no.1146（February 1989），pp.89-90.

④ George S. Day and Liam Fahey，“Putting Strategy into Shareholder Value Analysis”，Harvard Business Review 68，no.2（March-April 1990），pp. 156-62.

⑤ Christopher and Ryals，“Supply Chain Strategy：Its Impact on Shareholder Value”，pp.3-5.

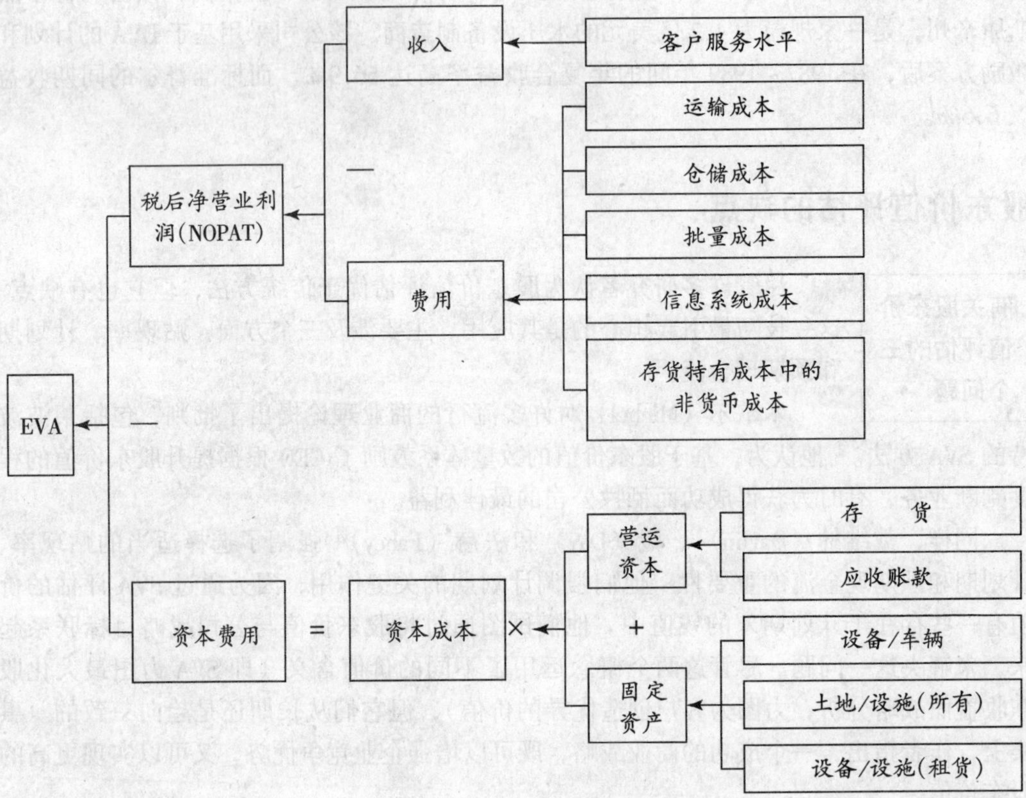

资料来源：Douglas M. Lambert and Renan Burduroglu, "Measuring and Selling the Value of Logistics," The International Journal of Logistics Management 11, no. 1 (2000), p. 13.

图 17.7 物流如何影响 EVA

服务之间的关系并非总是可能的，但有许多研究表明两者之间存在着正相关关系①。当然存货被清空的情况所产生的影响可能是非常惊人的。例如，康柏公司报告称，由于一种畅销产品在客户需要时供不上货，导致公司在 1994 年损失了 5 亿 ~ 10 亿美元的销售②。

优质客户服务提高客户忠诚度

优异的客户服务（表现为可靠性和反应力）能增强客户忠诚度。有关资料表明，客户忠诚度越强，销售额就越高。特别是当客户愿意将更多购买转移到该供应商处时，效果更为显著。

① Eugene W. Andersen, Claes Fornell, and Donald R. Lehmann, "Customer Satisfaction, Market Share and Profitability: Findings from Sweden", Journal of Marketing 58 (July 1994), pp.53-64; and Coca-Cola Retailing Research Council and Andersen Consulting, The Retail Problem of Out-of-stock Merchandise, 1996.

② Fortune, November 28, 1994.

运营成本削减

很大一部分成本是由物流驱动的

通过物流削减运营成本的潜力是非常大的。在一个典型企业中，成本中的很大比例是物流行为所驱动的。运输成本、仓储成本、批量成本、信息系统成本和库存持有成本的非货币要素必须加以考虑。通常，上游的物流成本在最终产品的供应链总成本中占有相当大的比例。

人们已认识到，供应链中的时间压缩不仅可增强客户服务，而且可通过减少不创造价值的活动而降低成本。①

运营资本效率

长渠道导致更多存货

物流管理主要与企业中的运营资本要求相联系。根据定义，较长的供应链产生更多的库存。订单满足率和发票准确度直接影响应收账款，而采购政策则影响现金流。通过供应链中的时间压缩及随后的现金—现金循环的减少，运营资本需求可大大降低。

令人吃惊的是，很少有公司知道其产品的现金—现金循环时间（即从支付现金购买物资和部件到出售最终产品并收回现金所经历的时间）。在许多制造行业中，现金—现金循环周期可能在 6 个月以上。通过削减供应链中不创造价值的时间，即可减少运营资本。

固定资本效率

物流是密集型固定资产

物流本质上是“密集型固定资产”的活动。货车、配送中心和自动搬运系统都需要大量投资，因此常常会降低投资收益率。在传统的多级物流系统中，工厂仓库、地区性配送中心和本地仓库——它们都代表了大量的固定资本投资——并不少见。

第三方物流蓬勃兴起的动力之一就是对降低固定资产投资的渴望。由于认识到资本投资的融资成本有时会高于所带来的收益，这日益推动了人们优化配送网络和生产设施的决策。

推销价值优势

衡量价值应从客户的角度出发，这一点至关重要。一旦价值被衡量了，就必须推销给客户。在这一阶段，必须确认在客户公司中，究竟是谁应收到有关信息，销售队伍必须找出合适层次的经理人员。

---

① Thomas H. Davenport, Process Innovation (Cambridge, MA: Harvard Business School Press, 1993.)

从计划目的出发，必须认识到价值是一个动态的目标。我们只能期望客户为超越竞争对手的服务支付额外的费用。随着竞争对手的进步，公司也必须改进。如果竞争对手能赶上的话，今年代表增值的服务到明年就未必如此。

销售队伍的作用正在变化

此外，销售队伍的作用也在不断变化。销售人员必须逐渐成为客户的顾问。就所销售的产品和服务而言，他们必须比客户更了解客户的业务，而且他们必须不断努力寻求为客户创造价值的新方法。由于这些原因，有关如何衡量和推销物流价值的知识应成为销售人员培训的必要部分。

在公司内部推销物流提供的价值也是很关键的。客户满意度调查应被用于估计物流对收入的影响。物流绩效测评应考虑到物流对运营费用、运营资本、固定资产的影响。否则，物流组织及其计划将被置于危险境地。高层管理队伍中的每一位都必须了解物流是如何对公司股价做出贡献的。

小结

各种衡量物流价值的方法的优缺点总结在表 17.7 中。在公司中最常见的价值测度是客户满意度。[①] 但是，这些是财务导向最低的测度，很少使客户支付额外的费用或以更高的交易量回报供应商。有时人们采用总成本分析，但是如果预期客户为增加价值的服务支付溢价，则总成本分析就不是理想的供应商业绩测量指标。在组织内应用总成本分析来研究物流的价值反而强化了物流仅仅是成本中心的观点。

价值需用财务指标衡量

在物流绩效与公司收入相关的情况下，总成本分析就失效了。例如，如果公司正通过零售商销售某消费品，价值测度应为利润贡献。供应商所做的任何帮助公司客户改善对最终用户的服务的行为都增加了价值。但是每一行为都必须分析其财务影响。如果对购买者的判断仅基于利润和存货周转，则组织就有必要提高销售量。其中必须采用一个教育过程。购买者将按照会得到好处的方式购买。如果他们根据毛利而非赢利水平做出购买决策，那就是他们购买的方式。但是公司越来越愿意根据存货持有单位提供贡献报告，并测量与不同供应商相关的成本与收入。一旦出现这种情况，购买者将更愿考虑其供应商选择的成本和收入的含义。他们将考虑在其报告中出现的运输成本、仓储成本和其他成本，并估计供应商对其收入的影响。

我们相信，股东价值是最全面的测度。有必要进一步研究如何才能衡量物流对股东价值的影响及与衡量相关的成本。确定物流对客户公司的价值和供应商公司的价值的影响有何成本与时间含义？根据价值对市场进行细分是否可行？另一要点是，价值是变动的目标，客户只为收到的价值增值支付额外的费用。如果竞争对手也在前进，则今年代表价值增加的东西明年未必继续如此。不断创新和为客户寻求价值增加的途径是公司永恒的任务。一旦完成了这一点，必须向客户展示他们所收到的价值。最后，还应向公司

---

① James S. Keebler, Karl B. Manrodt, David A. Durtsche, and D. Michael Ledyard, Keeping Score: Measuring the Business Value of Logistics in the Supply Chain (Oak, Brook, IL: Council of Logistics Management, 1999), p.61.

内其他部门的负责人展示这些为客户提供的价值如何增进了股东价值。至此，本章开篇所描述的那些场景才会得以避免。

表 17.7 各种价值测度的优缺点

价值测度	优 点	缺 点
客户满意度	• 通过收入和总物流成本而直接影响利润 • 提高市场份额 • 使服务与客户需求一致 • 相对容易获得这些测度 • 客户填写调查表完成这一工作	• 依赖客户来决定满意水平是否能支持所支付的溢价或向供应商进行更多的采购 • 依赖物流之外的管理者确定对收入的影响(通常并不发生)
客户价值增值	• 基于价格之外的价值能带来更高销售、更高利润率和更高股东价值的想法 • 相对容易获得这些测度 • 客户通过填表方式完成这一工作	• 依赖客户来测量客户增值水平是否能支持所支付的溢价或向供应商处进行更多的采购 • 未能测量提供更多的客户增值所带来的财务影响
总成本分析	• 考虑了价格和有关成本 • 经理可通过降低物流成本而提升利润	• 未考虑与物流有关的服务的收入含义 • 因为必须针对单个客户实施获得成本信息更为耗时 • 强化了物流只是必须削减的成本的观念
细分市场赢利分析	• 考虑了收入和所支付的成本	• 未考虑所使用的除存货和应收账款之外的资产的成本 • 需要供应商的收入和成本数据:客户未必有或愿意共享这些数据 • 要求精密的会计系统
战略利润模型	• 测量净利润、ROA 和净资产收益率 • 辅助经理的现金流评估和资产使用决策	• 未考虑现金流的时间价值 • 在短期内易被操纵 • 除收入和成本之外,还需知道有关资产的情况
股东价值	• 认识到了资金的时间价值与投资风险 • 对现金流的关注消除了传统财务方法的缺陷	• 在折扣率、计划时期和预期现金流等方面存在执行问题(业务战略与股东价值缺少关联) • 最为数据密集型的方法 • 需一定成本和时间

资料来源：Douglas M. Lambert and Renan Burduroglu, "Measuring and Selling the Value of Logistics," The International Journal of Logistics Management 11, no.1 (2000), p.15.

推荐阅读材料

Bovel, David, and Joseph Martha. Value Nets, New York; John Wiley & Sons, 2000.

Christopher, Martin, and Lynette Ryals. " Supply Chain Strategy: Its Impact on Shareholder Value." The International Journal of Logistics Management 10, no.1 (1999), pp.1-10.

Copeland, Tom; Tim Koller; and Jack Murrin. Valuation: Measuring and Managing the

Value of Companies, 2nd ed. New York: John Wiley & Sons, 1995.

Day, George S. The Market Driven Organization: Understanding, Attracting and Keeping Valuable Customers. New York: The Free Press 1999.

Heskett, James L.; W. Earl Sasser Jr.; and Leonard A. Schlesinger. The Service Profit Chain. New York, The Free Press, 1997.

Hiebeler, Robert; Thomas B.Kelly; and Charles Ketternor. Best Practices: Building Your Business with Customer Focused Solutions, New York, Simon & Schuster, 1998.

Kaplin, Robert S.; David P. Norton. The Balanced Scorecard. Boston, M.A.: Harvard Business School Press, 1996.

Keebler, James S.; David A. Durtsche; Karl B. Manrodt; and D. Michael Ledyard. Keeping Score: Measuring The Business Value of Logistics in The Supply Chain. Oak Brook, IL: Council of Logistics Management, 1999.

Simchi-Levi, David; Philip Kaminsky; and Edith Simchi-Levi. Designing and Managing the Supply Chain. Burr Ridge, IL: Irving/McGraw-Hill, 2000.

Slywotzky, Adrian J., and David J. Morrison. The Profit Zone. New York, Times Books, 1997.

Steward G. Bennett III. The Quest for Value. New York: HarperCollins, 1999.

Wiggins, C. Donald; Dilip D. Kare and Jeff Madura. "A Universal Valuation Model for Closely Held Business." Valuation 40, no.1 (1996), pp.38-57.

问题与习题

1. 为什么需要测量物流为客户所提供的价值?
2. 为什么客户服务和客户满意度是衡量向客户提供的价值的最常用的指标?
3. 对本章所涉及的各种价值测度方法，给出该方法适用的具体场景。
4. 物流的哪一部分对价值（以净资产收益率为尺度）的影响更大?为什么?
5. 在总成本分析 、细分市场赢利分析、战略利润模型和股东价值中，你认为价值的哪种测度方法最佳?
6. 你认为在执行财务导向的价值测度时会遇到哪些问题?请分别从公司内部和外部考虑。
7. 本章中提到价值是个变动的目标?这意味着什么?请举例说明价值是变动的目标的情形。

CHAPTER 18

战略物流计划

本章大纲

本章目标

- 说明如何制定战略物流计划
- 说明物流督察如何用于制定物流目标与战略
- 表明未来物流专业人员将面临的挑战

引 言

许多因素预示着下一个十年对于物流经理来说，必定是一个挑战与机遇并存的时期。多数公司在成熟的市场中相互竞争的事实、公司对建立客户忠诚度的希望以及人们对物流成本和资产对公司赢利的影响的认识，已经导致高层管理者提高了对物流在实现股东价值中的重要作用的认识。此外，供应货源、生产、需求和竞争的全球化已经使高层管理者对物流的兴趣不断增加。物流专业人员面临的挑战与机遇也达到了前所未有的程度。为了成功地迎接这些挑战、充分抓住面临的机遇，物流经理人员必须参与战略计划的制定过程。在本章中，我们将分析物流督察的重要性，以及追踪战略物流计划的制定过程。此外，我们还将表明和探索物流经理人员在未来将会面临的主要挑战。

什么是战略计划？

库珀（Cooper）、英尼斯（Innis）和狄克逊（Dickson）将战略计划定义如下：

> 结合主要股东的利益和未来的期望，提出组织的长期目标（我们希望实现什么）和在长期计划时期内实现这些目标的主要的必要步骤（如何实现目标）。[①]

公司的宗旨和战略计划为策略性计划和日常运作提供了方向和指导。公司的管理者可能会将公司的长期目标定为：通过强调客户需求和利用市场机会，实现可持续发展的竞争优势。“战略计划应该既要预测到目前客户的服务期望，又要预期到未来客户的服务期望。”[②] 战略计划过程还应该包括战略的主要变动所涉及的财务问题和所需要的资源。

物流战略计划被定义如下：

物流战略计划的定义

> 一个通过提高价值和客户服务而实现竞争优势的统一、综合和集成的计划过程，该计划过程通过对物流服务的未来需求进行预测和对整个供应链的资源进行管理（如何实现目标），导致优越的客户满意度（我们希望实现什么）。这种计划过程是在公司总体目标和计划的背景下进行的。[③]

这一定义包含三个主要的要素：（1）长期目标（客户满意度，竞争优势，供应链管理）；（2）实现目标的方法（价值，客户服务）；（3）实现这些目标的过程（预测，管理，涉及公司目标）。[④] 战略计划涵盖 5 年或更长的时期。

---

① Martha C. Cooper, Daniel E. Innis, and Peter Dickson, Strategic Planning for Logistics (Oak Brook, IL: Council of Logistics Management, 1992), p. 3.

② 同上。

③ 同上，pp. 4-5.

④ 同上，p. 5.

计划的重要性

在变化的环境中，战略计划使风险最小化

战略计划的制定以及计划的不断评估和修正，对于业务长期赢利性的发展是必不可少的。[①] 商业环境的变化速度使那些忽视考虑其他未来方案的公司，增加了商业失败的风险或市场地位的损失。在缺少计划的情况下，管理者必须将他们的许多时间花在充当“消防员”的角色上——对危险做出反应，而不是通过预测变化和制定战略来对付危险。

运作计划和战略计划

基本上有两种类型的计划：运作计划，涵盖 1 年或 2 年；战略计划，涵盖 5 年或更长的时期。战略计划“可被看做是一组路标，使运作计划保持在满足目标的轨道上。运作计划则必须详细制定，说明如何实现目标，并判断预算……费用。”[②]

制定计划，需要管理者评估各种方案的可行性和预测可能会产生的问题与机遇。在这个过程中，管理者的观念应从危机管理或对环境的变化做出反应，向对变化进行计划转变。通过对变化进行计划，管理者能够预测资本需求，以及在必要的时候，安排融资。考虑这样的例子：某个制造商制定整个货物合并运输计划，将货物运输到某个主要的零售连锁企业的 2,000 多家商店。如果在下一年的谈判中，连锁企业希望产品交付到其配送中心，但需要降低价格，那么公司的营销部门应该如何做出反应？许多问题需要进行回答。该连锁企业的业务对于公司的总体市场渗透目标的重要程度如何？该业务是赢利的吗？如果接受新的条件，业务会赢利吗？如果接受连锁企业的条件，那么会对公司其他客户的成本或交付频率产生什么影响？非连锁客户的赢利会发生什么变化？这些客户对公司的长期赢利水平的重要程度如何？连锁企业未来的需求可能是一种什么样的情况？为了以有效的方式对连锁企业的要求做出反应，管理者必须事先回答这些问题，并在计划制定过程中考虑物流因素。传统的强调销售的做法，可能会使许多管理者在面临类似的情况时，为了保护销售量而在不考虑对公司的总体赢利情况的条件下接受连锁企业的条件。

计划的一个主要优势在于，当管理者建立基准目标时，他们能够评估公司的进展情况，并根据需要采取补救措施。因此，正如斯特恩（Stern）所陈述的，“计划提供了一种管理哲理，一种日常的运作指南，一种评估个人绩效和公司总体绩效的基础。”[③]

---

① 本小节的部分内容摘自 Douglas M. Lambert and James R. Stock，“Strategic Planning for Physical Distribution，” Journal of Business Logistics 3，no. 2（1982），pp. 26-46.

② Mark E. Stern，Marketing Planning：A systems Approach（New York：McGraw-Hill，1966），p.4.

③ 同上。

公司计划过程

在计划过程中，必须紧密协调营销、制造和物流

物流计划是公司总体计划的一个重要组成部分。如我们在第1章和第2章中所分析的，在计划过程中，营销和物流必须紧密地协调，生产也是这样。物流计划来源于营销计划，营销计划必须以公司的目标和战略为基础。图18.1提供了体现公司总体计划过程中的物流计划、供应链和公司环境的一个有效的框架。该图表明所有的计划工作都必须在以下约束条件下进行：

- 政治和法律环境
- 社会和经济环境
- 技术环境
- 竞争环境

在制定战略物流计划之前，必须实施公司计划制定过程中的以下步骤：

公司计划制定过程的步骤

- 评估消费者和/或行业客户的需要
- 找出可能的目标市场
- 评估目标市场
- 选择目标市场
- 制定供应链目标和战略
- 提出和评估供应链结构的替代方案
- 选择供应链结构

尽管用来说明计划制定过程的例子是一个从制造商角度来考察的消费品例子，但是模型同样适用于供应链中的其他成员，例如零售商和批发商，也适用于其他工业产品和服务。

消费者评估和潜在目标市场的识别

对消费者进行的评估可能由以下一个或多个因素引起：新产品的引入；市场份额、销售量、赢利能力和投资收益率等方面的绩效不足；消费者购买方式的改变或者消费者市场结构的变化。为了进行评估，管理者必须确定是否有可能满足足够大的客户细分市场（目标市场）的需要，产生期望的利润率。必须确定有针对性的客户群或细分市场，从而可以回答以下问题：

- 谁购买或将会购买？
- 他们为什么购买？
- 他们什么时候购买？
- 他们在什么地方购买？

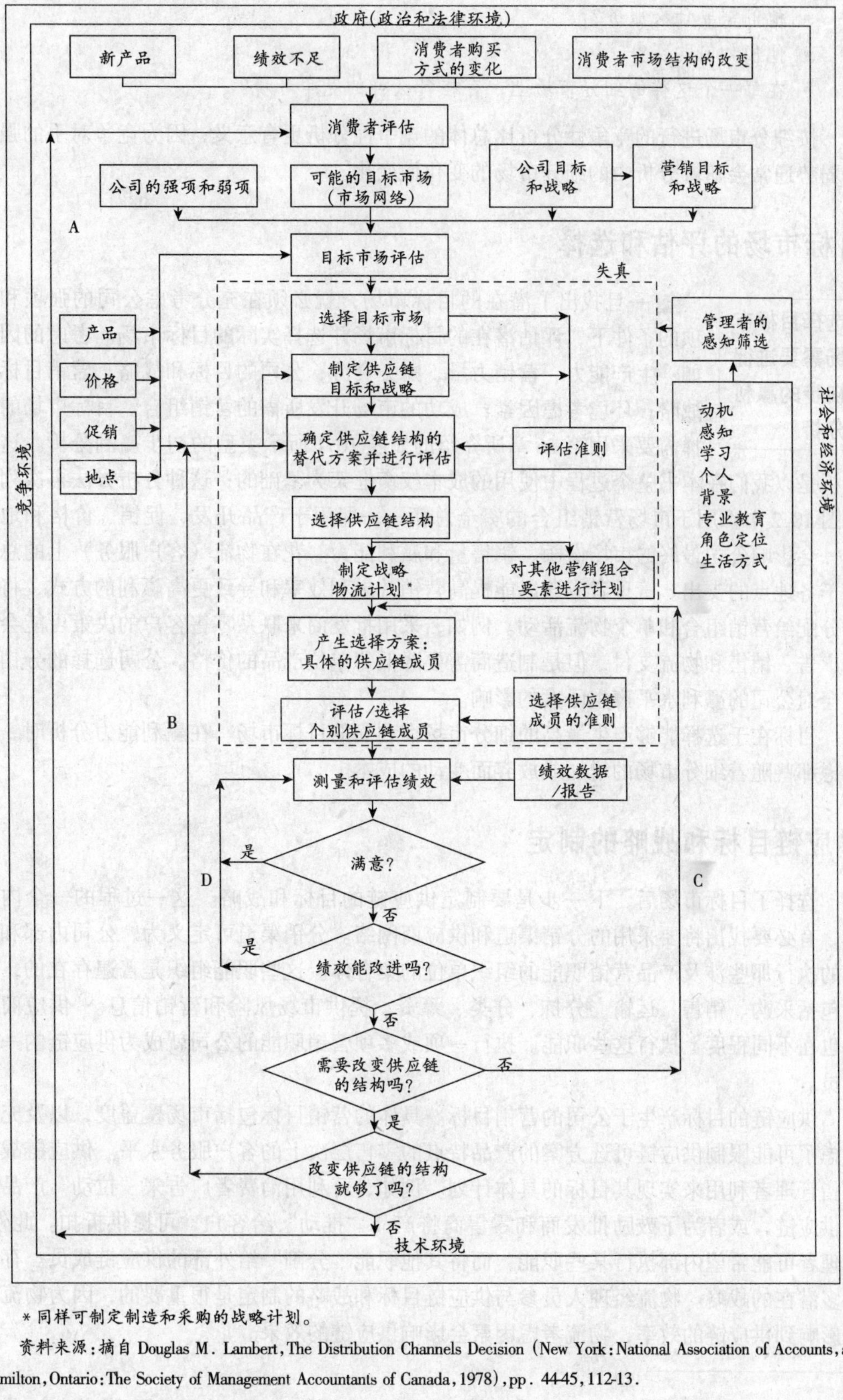

*同样可制定制造和采购的战略计划。

资料来源：摘自 Douglas M. Lambert, The Distribution Channels Decision (New York: National Association of Accounts, and Hamilton, Ontario: The Society of Management Accountants of Canada, 1978), pp. 44-45, 112-13.

图 18.1　供应链设计、评估和修正模型

- 他们需要什么服务?
- 他们如何购买?
- 在每一个这样的细分市场上，存在什么样的竞争环境?

按细分市场进行的竞争性分析比总体的竞争性分析更有意义，因为竞争对手的强项和弱势通常会随着分析中的细分市场的变化而变化。

目标市场的评估和选择

选择目标市场需要进行初步的赢利分析

一旦找出了潜在的目标市场，就必须在充分考虑公司的强项和弱项的条件下，评估潜在的目标市场并选择实际的目标市场。考虑的因素如：生产能力、营销力量、财务资源；公司的目标和战略；营销目标和战略；环境考虑因素；成功的市场开发所需的营销组合。目标市场的选择需要采用第16章所介绍的如表16.1所示类型的初步赢利分析。这种分析是以我们在本书整个过程中使用的成本权衡框架为基础的；这种分析方法再次列举在图18.2中。用于市场营销组合的资金总额——即用于产品开发、促销、价格和地点——会影响公司最终的市场份额、销售量和赢利能力。花在物流（客户服务）上的总额等于各地点的支出。管理者应该以能提高营销效果和效率和导致更高赢利的方式，将资金分配给营销组合和单个物流活动。例如，采用批发商来联系零售客户的决策可能会降低广告、销售和物流支付，但是制造商需要降低每单位产品的价格。公司选择的分销渠道会对公司的赢利水平产生巨大的影响。

目标在于选择能够产生最高的细分市场净利润的目标市场。在赢利能力分析时，只考虑那些随着细分市场的增加或放弃而变动的成本。

供应链目标和战略的制定

选择了目标市场后，下一步是要制定供应链的目标和战略。这一过程的一个内容是，有必要找出将要采用的分销渠道和供应商网络。分销渠道可定义为，公司内部和外部的执行那些涉及产品营销职能的组织单位的集合体。这些职能组织是普遍存在的，它们包括采购、销售、运输、分拣、分类、筹资、提供市场风险和营销信息。[①] 供应商网络也在不同程度上执行这些职能。执行一项或多项营销职能的公司就成为供应链的一个成员。

供应链的目标产生于公司的营销目标。具体的营销目标包括市场覆盖度，以及充分考虑了可能限制供应链可选方案的产品特点的零售层次上的客户服务水平。供应链战略是指管理者利用来实现其目标的具体计划。例如，可利用消费者广告来“拉动”产品通过供应链，或者为了鼓励批发商和零售商将产品“推动”给客户，可提供折扣。此外，管理者可能希望内部执行某些职能，而将其他职能“分割”给外部的供应链成员。存在许多潜在的战略。物流经理人员参与供应链目标和战略的制定是很重要的，因为物流成本影响到供应链的效率，物流考虑因素会影响供应链的效果。

---

① Fred E. Clark, Principles of Marketing (New York: Macmillan, 1923), p. 11; and Robert Bartels, Marketing Theory and Metatheory (Homewood, IL: Richard D. Irwin, 1970), pp. 166-75.

全球化

如果宝洁公司不是全球化的，那么还会有谁呢？

是否存在真正的全球化公司？向某个品牌跨国公司咨询该问题，可能的答案会是没有。

以宝洁公司为例，宝洁是生产诸如汰渍牌洗衣粉、品客（Pringles）牌薯片以及可以在厨房的洗涤槽中发现的任何东西的制造商。在160个国家中有业务，年收入达380亿美元，宝洁看起来当然像一个全球化的公司。实际上，宝洁公司表现得也像一个全球化公司。仅公司的年运输预算就有20亿美元。每天，宝洁公司利用350个远洋集装箱、9,000个火车车皮、97,000辆卡车运送2,900万箱产品。也就是说每天要向全球运送130,000个远洋集装箱，以及800,000次跨越国界的运输。

即使是这样，宝洁公司还是回避将自己描述为全球化的。“我们正在努力变成一个全球化的公司，”宝洁公司的国际服务经理迈克尔·巴（Michael Barr）说，“有一些事情我们实现了全球化。我们全球性地协商海洋运输，但是我们仍不具备一个能够使我可以确定例如日本的一个工厂经理是否采用了正确的承运商的系统。”随着宝洁公司坚持追求一个称为“组织2005”的包罗万象的公司战略，这种情况会得到改变。宝洁指望这项行动会刺激长期的6%～8%的年销售增长率。公司想要到财务年度2004年将每股的收益除去原始成本增加到每年13%～15%。

这项行动的一项内容是，宝洁将使其全球结构从基于4个地理区域的结构转变成基于产品的结构。新的结构将形成7个全球业务单位，负责在所在地建立市场和在消费者中建立品牌意识。在生产方面，宝洁说公司将使全球的生产线标准化，更好地调整总体的制造能力。

公司甚至正在改变它支付广告费用的方式。在下一个7月份开始，宝洁将以全球品牌销售额的某个百分比来向广告代理机构支付广告费用，而不再实行目前所采用的根据媒体开销来支付佣金。宝洁公司说，这一转变跟上了“组织2005”重组项目，其目的在于通过更高的全球品牌意识来刺激宝洁公司的顶级产品系列的销售额。“组织2005”项目对于宝洁来说，是一项巨大的投资。这一行动的税后总成本将达19亿美元。它将影响到全球的15,000个职位。

巴说，“组织2005”也体现了对宝洁公司的文化一次重大的挑战。他说：“它涉及到伸展、革新和速度。其中部分内容与创造全球业务单位有关。通过（管理）全球品牌，使我们更加容易地处理运输问题。”

全球业务单位将从共享的服务中心获得管理支持。这些中心将充当业务单位的物流和行政管理的机构。服务中心的成立意味着宝洁内部的员工“必须判断我们所做的事情，”巴说，“我们必须使他们满意，否则的话，他们会去找其他人的。”

尽管宝洁的业务单位现在具有外包物流的选择权，巴说他并没有发现第三方物流服务提供商中存在一个真正的全球竞争对手。他说：“如果他们具有任何可靠性的话，他们会承认在某些方面不如其他公司强。”

那是一个公正的评价，某一位第三方物流经理对此表示同意。Exel物流公司的高级副总裁克里斯·芒罗（Chris Munro）说：“在这一业务领域，有许许多多有关全球化的讨论，但是很少有公司是真正全球化的。他们可能具有全球化的品牌，但是事实上，他们是在地区的基础上开展业务的。即使Exel也不是全球化的，尽管我们在30个国家开展业务。”

资料来源：Ann Saccomano, Traffic World 260, no. 2 (October 11, 1999), pp. 22-24.

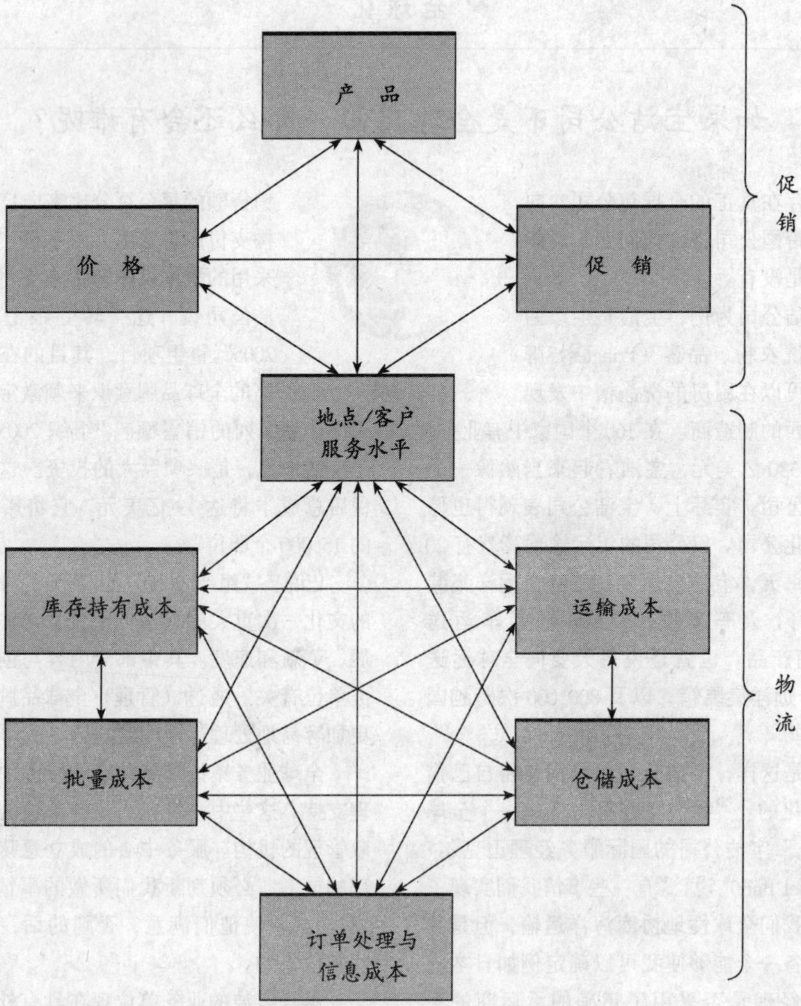

营销目标：将资源分配给营销组合，使企业的长期收益最大化。

物流目标：在给定客户服务水平下使总成本达到最小，其中总成本＝运输成本＋仓储成本＋订单处理与信息成本＋批量成本＋库存持有成本。

资料来源：摘自 Douglas M. Lambert, *The Development of an Inventory Costing Methodology: A Study of the Cost Associated with Holding Inventory* (Chicago: National Council of Physical Distribution Management, 1976), p. 7.

图 18.2 物流中所需的成本权衡

供应链结构替代方案的识别和评估

营销职能可以内部执行或外部执行

供应链结构的本质影响到交付和信息传递的速度和一致性、职能绩效的控制和运作的成本。在选择供应链结构时，管理者可能会内部执行所有的营销职能，或可能会选择让外部的供应链成员执行一种或多种职能。可以认为，供应链的设计人员可以获得许多种可选方案。然而，在大多数情况下，在制定决策时，并不是所有的可选方案都是已知的或可以获得的。因此，决策可能不是最优的。即使管理者在某个特定时期，做出了最优的供应链决策，但未预料到的环境变化可能会引起对决策的重新评估。

供应链结构的选择

在选择渠道结构时，考虑潜在的赢利能力是很重要的

应该利用表 16.1 介绍的细分市场赢利性分析报告形式，对各种供应链结构进行详细地评估。管理者应该选择最能满足公司目标和营销目标的方案。为了满足全国覆盖度的目标，可以采用多种供应链。例如，在某些地理区域内，业务量可能允许公司向零售商进行直接销售，而在其他地区，只有当采用批发商或分销商才能满足公司的投资收益率目标。此外，在思科（Cisco）系统和北电（Nortel）系统的例子中，供应商可以直接将产品运送给客户。物流考虑因素会同时影响供应链结构的效率和效果，因此在选择供应链的结构时，必须考虑物流因素。

最后，管理者必须对营销组合的各种组成要素进行计划。此时，可以制定战略物流计划。

战略物流计划的制定

有效物流计划的制定依赖于来自营销、制造、财务、会计和物流方面的几种关键的输入。

营销输入

营销必须为所采用的每一种供应链，提供产品、定价和促销战略建议。这将包括产品系列的全部信息，连同计划的产品引进和产品淘汰；定价计划，包括数量折扣和销售条款；如果可以获得，按地理区域、客户类型和客户区分的月销售量预测；根据客户类型和地理区域区分的客户服务政策。计划的客户服务政策对于物流战略家来说是特别重要的，他们应该参与这些政策的制定工作。客户服务政策应该包括客户类型或地理基础上的以下要素：订单发送的方法，订单输入，订单处理；期望的订货周期时间；可接受的订货周期时间变动水平；在库库存的可获得水平；加急和转运方面的政策以及产品替代政策。

制造输入

制造输入应该提供生产设施的清单，包括制造能力和每种产品的计划生产。当产品可以在一个以上的工厂进行制造时，物流和制造部门必须在充分考虑销售量预测和必要的成本权衡的情况下，确定最经济地生产产品的地方。

采购输入

应该以支持组织的总体目标的方式执行采购与寻找供应货源有关的活动。采购能够提供有关新技术、潜在的新材料或服务和新的供应货源的信息，这些信息将促使公司能够利用市场机会。采购必须识别供应商网络，并在接受来自物流和其他职能领域的输入之后，选择各个供应商。

财务/会计输入

财务/会计是执行细分市场分析和成本权衡分析所需的成本数据的来源。此外，财务/会计必须提供有关公司最低投资收益率和为物流资产（如库存、设施和设备）提供融资的资本的可获得情况方面的信息。

物流输入

物流必须提供信息，描述：与产品在工厂和各地的储存地点有关的现有物流网络；供应商与工厂之间、工厂与配送中心之间、配送中心与客户之间的运输连接；配送中心在规模、数量和产品组合等方面的运行

特征。此外，物流必须识别与物料流动和储存相关的成本。

一般来说，物流所需的成本包括：各地的储存和搬运的固定和变动成本；供应链中节点之间的运输成本；订单处理成本；库存持有成本和购买/采购成本。

战略物流计划应该包括以下内容：①

战略物流计划的组成

1. 管理总评，用一般术语描述物流战略及其与其他主要的企业职能之间的关系。
2. 与产品和客户两者的成本和服务有关的物流目标的陈述。
3. 对支持总体计划必需的客户服务、库存、仓储、订单处理和运输战略等的描述。
4. 为计划、相关成本和时间安排及其企业影响提供详细文件描述的主要物流规划或运作计划的概要。
5. 对必要的劳动力和资本需求的预测。
6. 详细说明运行成本、资本需求和现金流的物流财务报表。
7. 描述物流战略对企业利润、客户服务绩效以及对企业其他职能等方面的影响。

供应链物流成员的评估与选择

一旦制定了战略物流计划，管理者必须制定出执行物流战略计划的运作程序或方法。在此阶段，管理者必须提出关于各个供应链成员（如承运商和仓储管理商）的替代方案。管理者必须评估供应链的成员，并选择那些满足评估标准的成员。选择和评估标准已在本书前面第 2 章开始的章节中讨论了。

绩效评估与供应链的改进

物流输入

物流战略计划的成功实施要求及时评估绩效和在绩效不满意时做出改变。供应链的总体绩效应该采用表 16.1 所表示的赢利分析框架按客户细分市场分别进行评估。

当绩效水平没有达到满意的程度时，管理者必须确定在现有的供应链的成员条件下，是否能够提高绩效水平。如果绩效水平可以提高，管理者必须采取所需的改变，并持续地监督绩效情况（见图 18.1 中 D 环）。如果绩效水平在现有的参与者结构中不能够提高了，并且不需要进行结构改变，那么管理者应该考虑其他可选择的供应链成员，并进行替代（见图 18.1 中 C 环）。如果找不到替代成员，或者需要进行供应链结构的改变，那么需要对供应链的目标和战略进行检查，在此处，重复计划制定过程（见图 18.1 中 B 环）。如果供应链结构的变化并没有产生必要的绩效水平，那么管理者必须重复整个计划制定过程（见图 18.1 中 A 环）。在任何情况下，战略物流计划应该每年进行重新评估，来适应消费者的需要、营销战略、经济环境、竞争环境、政府法规以及可以获取的公司资源等方面的变化。

---

① 摘自 Robert E. Murray，"Strategic Distribution Planning: Structuring the Plan，" Proceedings of the Eighteenth Annual Conference of the National Council of Physical Distribution Management，1980，pp. 220-21.

技　术

名字有什么内容?

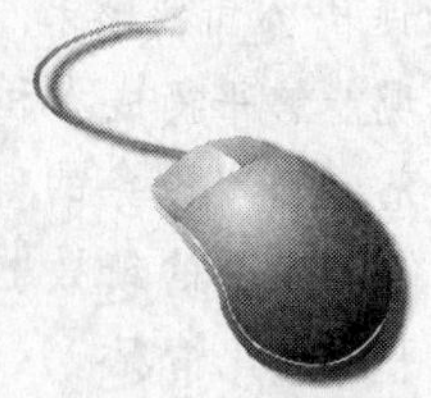

"2000物流"是一家刚成立的第三方物流企业，宣称能够处理电子化零售商放弃自己执行的任何任务。

总部位于纽约的白色平原公司（White Plains）的物流高级副总裁道格拉斯·克沃查克（Douglas Kowalchuk）说："我们处理任何事情，从消费者将购物车里的商品结完账到商品交付。我们还处理逆向物流。"

"2000物流"开始的时候是互联网零售商WorldSpy.com的内部物流业务部门，World-Spy.com（于1999年）创办成一种在线的购物商场，通过直接向消费者销售产品，帮助传统的制造商与电子化零售商进行竞争。在过去18个月中，"2000物流"通过管理WorldSpy的物流业务，磨炼了它的服务能力。

"WorldSpy可能是"2000物流"曾经拥有的最差情况的客户，"克沃查克说，"WorldSpy具有他们希望采购和储存在仓库中的货物；他们希望制造商仍具有仓库中的货物的所有权，而WorldSpy代表制造商充当第三方仓储代理；货物将直接从制造商的仓库运输；制造商说，货物'通过正规的分销商，我们将在后端支持你们。'"

"2000物流"声称，公司能够提供信用卡处理；假货检验；核准；分拣、包装和运输；客户服务；呼叫中心；逆向物流；包装服务。

公司已经开发了专用的信息技术来解决在线支付，由于销售的速度，在线支付对于电子化零售商来说绝对必要，克沃查克说："商家获得的好处……在于他们实时地得到了支付。货物一旦发货，在6个小时之内资金就进入了商家的账户，最长的时间也就是24小时。因此，不存在什么应收账款。"

传统的制造商在与在线竞争对手竞争时，面临许多劣势。克沃查克说，渠道冲突——是制造商跳过他们的分销商、批发商和零售商时出现的棘手问题的一种温和的说法——和客户服务是两大严重的问题。

随着零售世界适应新的商务方式，这些问题将最终会消失。但是仍存在一个问题，这个问题在没有竞争的情况下是不会消失的。

"目前，主要的制造商无法将一件商品送到你的家里，"克沃查克说，"例如电子公司——目前让这些公司往你家送一部随身听几乎是不可能的。其成本几乎与运输一整卡车货物的成本一样多。"

WorldSpy在10月份将"2000物流"剥离成一个独立的子公司。克沃查克说，风险资本家正在开始表示兴趣，公司已有超过1,000家预期的客户。

资料来源：Gordon Forsyth, American Shipper 42, no. 1 (January 2000), p. 15。重印得到了American Shipper杂志的许可。

外包订单履行服务

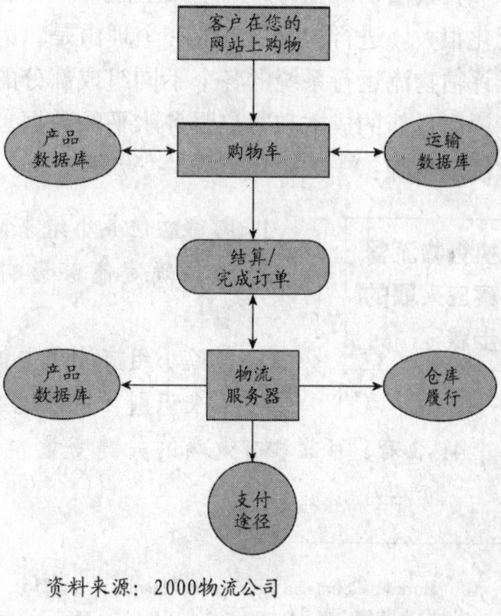

资料来源：2000物流公司

战略物流计划的制定

制定战略物流计划需要以下条件：[①]

战略物流计划的条件

- 彻底理解和评价公司战略和营销计划，从而提供正确的战略计划建议和实现能够平衡成本和服务效果的物流系统
- 客户服务研究，确定服务的哪些要素是关键的、服务是如何评估的、期望什么水平的绩效、公司的绩效水平与具体的竞争对手的绩效水平的对比情况
- 识别与可选的物流系统相关的总成本，选择满足公司、营销和客户要求的最低成本的网络

当总体的公司战略和营销计划已经确定，物流计划者必须评估基本的方案，并推荐能够以最低的总成本满足客户要求的系统结构。因此，整个过程必须以识别和支持客户服务目标和战略为起点。管理者能够利用客户服务调查来确定公司客户的具体需要和要求——以及公司相对于竞争对手的绩效水平。调查可以用面对面的采访来加以补充。制定计划时，必须考虑客户的具体需求、竞争性服务水平、变化的环境条件和公司愿意提供的服务数量。

在许多公司中，收集这样的信息可能是一个困难的过程。这里，物流督察（在第3章中首次描述）具有重大的好处。

物流督察[②]

督察活动应在日常的基础上进行，尽管督察之间的时间间隔可能在不同的公司之间变化很大。进行物流督察的一个理由是，为了寻找提高生产率的机会，建立一个能够用于评估物流运行系统的各个不同组成部分的数据库。因此，有必要识别、收集和分析最能说明目前的成本和客户服务水平的数据。在制造环境下进行物流督察时，管理者应采取以下步骤：

执行物流督察应采取的步骤

1. 应建立任务小组来协助检查过程。
2. 必须确定能够影响物流或者被物流影响的目前的公司战略和目标。
3. 任务小组应构建关键的问题，充当内部和外部督察采访的基础，用来识别目前系统中的弱点以及推荐改进措施。
4. 准确、可靠和有效率的关键变量和评估指标必须由主要的客户细分市场识别和产生。

---

① Murray，“Strategic Distribution Planning.” p. 216.

② 本小节摘自 Jay U. Sterling and Douglas M. Lambert，“A Methodology for Assessing Logistics Operating Systems，” in International Journal of Physical Distribution and Materials Management 15，no. 6 (1985)，pp. 1-44.

5. 应该执行客户期望和要求的外部督察，确定公司的绩效水平、竞争性惯例以及所需要的绩效水平和具体的服务水平。
6. 应该对目前的物流绩效执行内部督察。这种督察涉及两个不同的过程：
   a. 与来自整个公司不同职能的代表进行个人面谈。
   b. 对公司记录和交易数据进行取样，从而能够从统计上对现有的运行系统进行分析，并准确地描述绩效水平。
7. 必须识别和分析成本与服务的权衡方案。
8. 必须对第 3 步中识别的问题加以解决，识别现有系统的改进机会和变革方向，并将其推荐给管理层。
9. 对推荐的变革后存在的系统进行描述，并预测期望的绩效水平。

图 18.3 总结了这些步骤。这一过程将在以下章节中加以描述。

物流任务小组。公司应该利用任务小组的方法，因为任务小组的成员直接参与到决策的制定过程，并认识到他们负责实施推荐的建议。任务小组方法会引起一定水平的责任心，而当推荐的战略和系统变革是由外部机构提议的，或者由公司内部某个不参与职能的实际日常运作的个人提议的，要达到责任心是不可能的。

> **任务小组应该包括来自物流和公司其他职能的代表**

任务小组需要包括两种类型的人：那些参与管理物流活动的人，如运输、仓储、私有车队运营、客户服务和库存管理；以及那些经常与物流发生相互作用的其他的职能部门的人。因此，应要求审计办公室、营销/销售、制造和采购部门的代表参与任务小组。来自管理信息系统部门的代表也是很重要的。这些职能部门的参与提供了几点好处：可以更多地接触公司范围的数据；有助于建立组织之间的合作；可以拓展视野；最终的推荐意见将更加实用和更加容易实施。

公司战略的检查。公司的某一职能可能会在没有考虑对公司的总体宗旨和目标的影响的情况下，过于频繁地制定目标、战略和运行系统。例如，公司可能希望每年的增长率为 15%，实现 10%的税前利润，把新的投资收益率定为税后 25%，每年至少引进五种新产品。这些目标将对由物流职能控制的每一项活动和产出产生影响。如果预测的投资收益率只有 10%或者额外的库存将使利润降低到目标水平之下，那么提议扩展仓库网络是没有用的。

> **公司战略检查的三个很好的理由**

因此，公司的宗旨、公司的目的和目标以及公司的制造、营销和采购战略必须在物流督察的初始阶段加以分析。这一程序有助于识别：(1) 在接下来的督察检查阶段需要解决的关键问题；(2) 将用于比较目前的物流绩效与客户需求的关键指标；(3) 潜在的可选战略。

关键问题的构造。在试图采访客户和内部操作人员之前，以及在评估目前的物流绩效之前，任务小组应该准备问题清单，如果这些问题得以适当解决，将促使公司在其服务的市场上实现明显的竞争优势。这些问题应该涉及面很广，从而它们不会制约任务小组的特权。这些问题必须考虑公司的宗旨和目标，并提出高层管理所关心的各方面的问题。以下问题可作为一些例子：

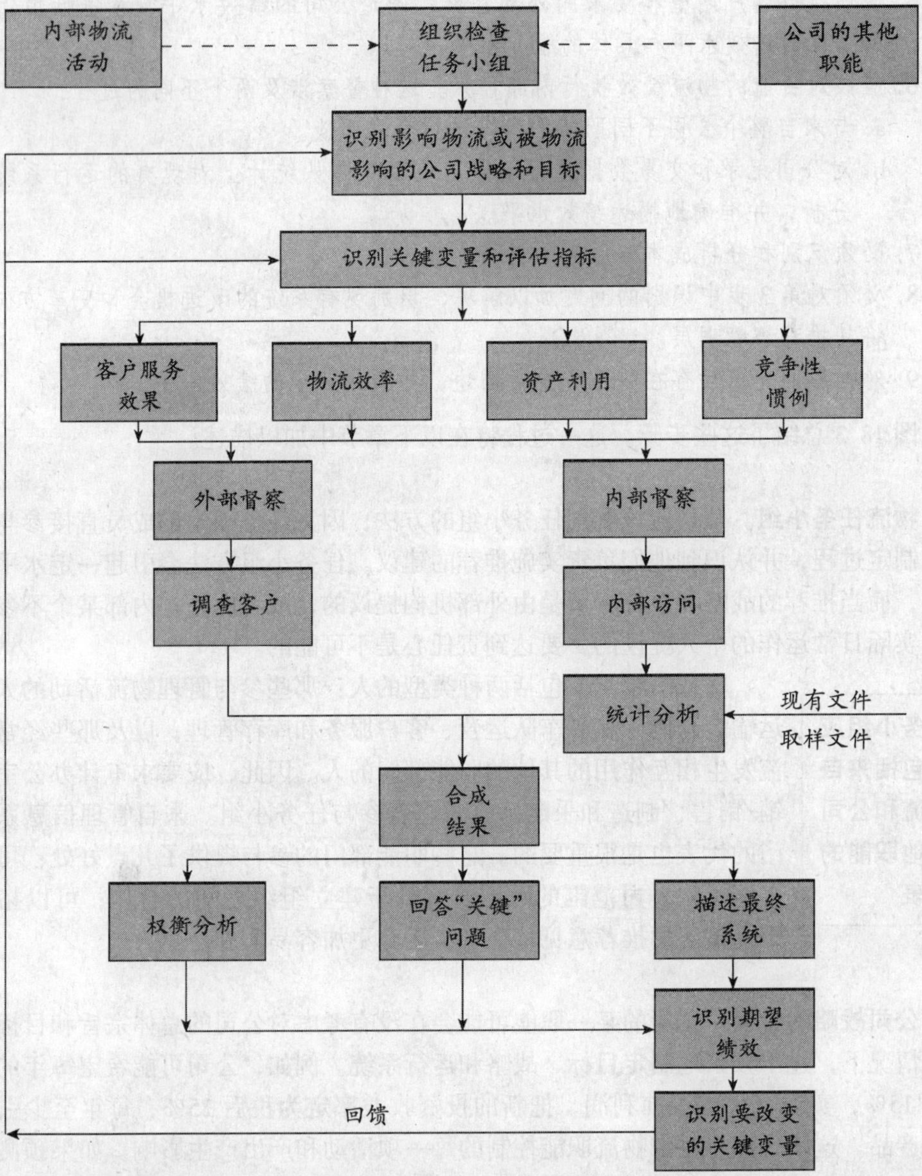

资料来源：Jay U. Sterling and Douglas M. Lambert, "A Methodology for Assessing Logistics Operating Systems," in International Journal of Physical Distribution and Materials Management 15, no. 6 (1985), pp. 13.

图 18.3　物流督察：概念模型

- 在每一个细分市场的结构中，可能产生什么变化，以及这些变化将如何影响每个细分市场的相对重要程度？
- 目前，竞争对手采用什么样的供应链，以及公司可以从什么地方获取不同的优势？
- 实现公司目前的订货周期时间和满足率标准，会使公司成为其行业中的领先企业吗？
- 应制定什么样的总体客户服务战略，这些战略如何根据客户细分市场有所区别？

- 公司如何以积极的方式对客户提出的降低库存或其他成本的要求做出反应？
- 为了领导行业对客户需要做出反应，公司必须满足什么样的订单处理系统的要求？
- 公司应采用集中型仓储网络还是分散型/地区性仓储网络？
- 公司如何提高其仓库的生产率，需要采用什么评估指标？
- 如何在不对客户服务水平产生不利影响的情况下，降低运输成本？
- 小订单是个问题吗？在未来，这种情况可能会怎么变化，管理者应该实施什么战略来使相关成本达到最小？
- 公司应该在私有车辆方面扩大投资、缩小投资，还是保持投资不变？
- 对于公司物流业务来说，最佳的降低成本的机会是什么？
- 公司的物流组织如何最佳地与制造、营销、采购和财务/会计组织合作？
- 是否存在将公司的分支机构/独立的运行部门的物流业务合并的机会？

必须识别的四类变量

识别关键变量。一旦已经识别了关键的问题，任务小组可以识别具体的变量和评估指标，这些变量和评估指标如果能够获得，它们将使任务小组能够成功地回答问题，并开始重组公司的物流战略。这些变量涉及定量和定性的数据，并能够划分成四大类：

1. 客户服务效果，例如：
   - 订货周期时间，包括总的订货周期时间和订货周期的每个组成要素的时间
   - 满足率（交付的产品占订购的产品的比例）
   - 对客户询问的反应能力
   - 调整订购数量的能力
   - 改变要求的交付日期的能力
   - 与生产计划相互作用的能力
   - 替代产品或延期订购物品的能力
2. 物流效率，或者与以下职能活动相关的成本：
   - 运输
   - 仓储
   - 库存管理
   - 生产计划和安排
   - 采购
   - 订单输入和订单处理
3. 资产的利用，例如：
   - 库存
   - 仓储设施
   - 自有车辆运作
4. 与客户服务属性和资产利用有关的竞争性惯例和绩效。

外部督察。外部督察可能包括：全面的邮件调查（如第 3 章所描述的），或者有选择的与能够代表公司所服务的不同细分市场的客户之间进行的深入访问，例如原始设备

制造商、自有商标的零售商、批发商或者大型的大规模零售商；年采购额的差异；地理位置。其主要的目标是反映公司的总体业务/产品组合。这是通过收集关于供应商与客户物流系统之间的相互作用的具体信息以及确定主要的竞争对手的物流/客户服务效果来实现的。应该进行考虑目前和将来的竞争环境和客户服务要求的调查。物流督察会包括许多基本的问题，以及一些行业/具体情况特有的问题。表 18.1 提供了在竞争性分析中需要包括的基本调查问题。

表 18.1 中的许多问题可以根据客户细分市场、按订单生产的产品与按库存生产的产品、渠道细分或产品系列/产品组进一步区分。理想地来说，在访问过程中，公司的身份不应该被揭露，从而能够收集客观的行业范围的数据。为此，在执行物流督察时，能够得到大学研究人员或咨询师的帮助常常是更加合适的。深入的访问可能提供足够的数据来继续进行物流战略的制定，或者管理者可以利用它们作为全面的邮件调查的基础。

表 18.1　竞争性分析的问题样本

1. 您向您的主要供应商订购产品的频率是多少？
2. 这些订单典型的大小是多少？
3. 当从您的主要供应商补充库存时，您遇到的典型的提前期为多长？
4. 在您要求的交付日期正常交付的产品占订购产品的比例是多少？
5. 您喜欢什么样的提前期？
6. 您的订单最终交付的比例为多少，通常需要多长时间才能收到您的所有订货？
7. 您的每个主要的供应商目前在订货周期（提前期）时间和满足率方面的绩效如何？
8. 如果某个供应商不能够在您要求的“需要日期”执行订单，您选择以下方案的次数的百分比为多少：
   a. 取消订单？
   b. 向供应商要求延期订货？
   c. 要求替代产品？
   d. 延期订货，同时将订单提交给另一个供应商？
9. 您利用以下技术来将订单发送给您的主要供应商的次数的百分比为多少：
   a. 在线终端？
   b. 互联网？
   c. 固定费用长途电话服务（800 电话服务）？
   d. 由您支付费用的电话？
   e. 邮件？
   f. 传真？
   g. 手工交给销售人员？
10. 您的供应商有采用“预定交付”计划的吗？是哪些供应商？
11. 您会将您的多大比例的订单归为紧急订单（尽可能快得运输）？
12. 您的主要供应商定期地为您提供以下的书面信息/报告吗？
    a. 关于已发送的订单的确认通知？
    b. 未完成的订单的状态报告？
    c. 产品的可获得情况/库存状态数据？
    d. 运输信息的提前通知？
13. 您的主要供应商为大批量订货提供激励措施（例如先付运费、数量折扣、货物损坏的索赔处理或延长支付条款）吗？
14. 您的主要供应商提供何种类型的条款？您喜欢什么条款？

（续）

15. 在采购您需要的主要部件/产品时，您通常使用几家供应商的货源？
16. 您采用什么准则来选择供应商？
17. 在过去三年中，与您经常有业务往来的供应商的数量变动多少？
18. 您预测这种变动在将来会如何变化？
19. 那些一致地为您提供理想的/满意的客户服务的供应商与那些没有提供满意服务的供应商的区别性特征或服务是什么？
20. 在过去的12个月至18个月中，您的主要供应商如何提高关于您发出的订单的客户服务、交付和信息等方面的绩效？
21. 至于目前您还没有获得的物流/客户服务，您喜欢供应商提供什么服务？
22. 您提供给您的客户的正常/公布的提前期是多少？
23. 您的客户采用什么方法将他们的订单递交给您？
24. 您已经经历或正在经历您的客户的订货特点的改变吗？
25. 您具有能够按单个物品识别现有库存余额、订单余额和延期订货余额的计算机化的库存记录/客户订单状态系统吗？
26. 您的库存存储单元、产品、产品系列的年库存周转次数为多少？
27. 在库存管理中或当您向您的主要供应商订货时，您使用或者正在考虑使用“准时制/零库存”理念吗？
28. 您执行权衡分析来权衡数量折扣或提前购买的经济性与增加的库存持有成本吗？
29. 您尝试为快速移动的物品和数量低的物品持有不同的安全库存吗？
30. 在过去5年中，您所在的企业的平均年增长率为多少？您预计在未来的5年中，这种增长率会是多少？
31. 在过去的12至18个月中，您向您的主要供应商订购原材料的方式是否发生了显著的改变？

内部督察：个人采访。除了利用外部督察，那些分析物流绩效的人员还应该收集来自与公司的管理者之间的深入采访的信息。具体地来说，需要为以下每一种管理职能准备正式的采访提纲：

为每种职能准备正式的采访提纲

- 客户服务/订单管理
- 运输（入厂/出厂）
- 仓储运作
- 库存管理和预测
- 产品计划和安排
- 购买/采购
- 营销/销售
- 财务控制/会计
- 数据处理

本章最后的附录A至I包含了采访提纲的例子。它们包括了在内部督察访问过程需要回答的最重要的一些问题。

内部督察：公司记录的取样。各种类型的原始资料可充当物流督察的定量阶段的基础数据。这些原始资料的获取可以从现有文件中提取数据，或利用取样技术进行收集。以下代表了可能的数据来源：

内部督察：可能的数据来源

1. 现有文件。
   a. 订单历史记录和/或未完成的订单文件。
   b. 提单和/或运输货单的数据文件。
   c. 自有车队的行程报告。
   d. 仓库工作时间卡或工资记录。
2. 原始资料。
   a. 在选定的时间段内所有运进和运出的拖车货物的信息，包括原始地和目的地的邮政编码、货物、拖车体积利用百分比、产品到达的损坏情况。
   b. 仓库用于收货、存放、分拣、包装、运输、清理、存货重新整理的工作小时。
   c. 自有车队的数据，包括：路线、行驶英里数、空车英里数、拖车体积利用百分比、运输重量和发生的固定和变动成本。
   d. 支付给公共、合同和铁路承运商的运输费用（预先的单据），根据商品代码、实际重量、亏损重量、方式、承运商名称以及发运点/目的地邮政编码汇编。
   e. 从订单中提取的订货周期和满足率信息和/或按客户细分市场运输和汇编的物品、产品组、运输和订购的数量、客户订货的日期、接到货物的日期、库存担保/保留的日期、发送到配送中心的日期、分拣日期和运输日期等信息。

有了以上概括的原始资料和基于计算机的统计软件，就有可能有效地进行广泛的分析。该阶段生成的报告可以划分成以下几大类：

能够获取的报告类型

- 拖车、箱式货车或有篷货车在公司的每个设施送进和运出的重量、体积和商品/产品的种类
- 公司的每个设施进出的供应链流量和零部件数量
- 公司设施和内部活动的仓库工作小时和工资账目
- 接受（目的地）和发货（原始地）的地理分布
- 如果合适的话，自有车队或合同承运商的运输路线、行驶英里数、成本/收益和拖车的构成
- 根据运输模式、承运商、地理区域和重量折扣种类划分的由公共承运商和合同承运商运输并得到支付的入厂和出厂的运输数量
- 有关周期时间和服务评估指标的订单历史数据，例如满足率和准时交付

编码结构举例

为了有助于各种分析，应该为所有的原始资料开发共同的编码结构。共同的代码为细分市场（例如地理区域、公司位置、产品组、客户和客户细分市场）和总体市场提供了识别产品流、正确的物流成本和关键的客户服务评估指标的能力。数据收集中的任何问题都应该被完全记录下来。以下代表了一般编码结构的一个例子：

1. 所有的交易都应该包括所涉及的邮政编码的前三位数字。
2. 可以将所有运输所涉及的运输方式汇编成一位数字的表格，例如：
   a. 自有车队
   b. 合同承运商
   c. 公共承运商
   d. 本地货车运输

e. 铁路运输
f. 平板车装运
g. 空运
h. 空运快递包裹服务
i. 经纪人
j. 运输代理人

3. 公司的每个发货和收货地点应该用一个惟一的代号来识别。
4. 运输所涉及的承运商的名称应该能被识别。这可以通过构建一个 3 位数或 4 位数的前后参照的编码系统来实现。
5. 应该对客户进行研究，从而有逻辑地将客户重新划分到有意义的细分市场中。
6. 收货应该被划分成有代表性的商品，例如钢铁、铜、塑料、发动机、包装和退货等。在这一方面，1 位数的按字母顺序的代码已证实是最有用的。
7. 库存储存单元（SKU）应该按以下方式分类：
   a. 快速移动的产品与缓慢移动的产品
   b. 品牌
   c. 客户组
   d. 产品类别/组

   通常通过选择模型中或存储代码中的某些字段，结合客户代码分类，来实现库存存储单元的分类。

综合过程。一旦完成内部督察和外部督察步骤，有必要识别成本与服务的权衡机会；解决在关键问题阶段构造的问题；描述所推荐的战略，包括为了准确地报告物流系统的效果所需要对现有评估指标做出的改变。

如果取样过程足够全面，那么就应该可以进行能准确预测替代战略和权衡的影响的统计分析。例如，在给定一系列的满足率的条件下，可利用回归分析来预测期望的订货周期时间。或者在实际的安全库存水平的基础上，准确地预测满足率。类似地，可预测各种规模或重量的运输成本和运输时间。这种分析在确定公司的配送中心将零担（LTL）订单保留多长时间来合并成整车（TL）运输方面是很有用的。同样，管理者可以利用方差统计分析（ANOVA），来识别各种客户、产品或其他细分市场是否需要或采用显著不同的订货周期时间、满足率、订货批量、产品组合、加急/紧急订单、运输方式、按订单制造与库存产品、损坏的预防技术。

所有这些数据对于制定有效率的和有效的物流战略是必要的。前文所描述的分析方法有可能推荐物流战略，识别目前的物流运行系统需要进行具体改变，描述哪些关键变量需要调整，以及为公司提供市场竞争/差异优势。

外部督察使管理者能够比较公司在客户认为最重要的那些属性方面相对于主要的竞争对手的绩效。与内部督察相结合，外部督察使管理者能够识别绩效方面的主要差距。然后，为了消除差距，建立起超越行业竞争对手的竞争优势，公司应尽全力来识别世界一流的实践和流程，不管这些实践和流程在什么行业得到成功实施。

物流计划

物流计划以客户服务目标和战略开始

物流决策的制定通常是有层次的，但是以重复的方式进行，从战略的（企业目标、营销战略、服务要求）到结构的（制造/购买、设施的数量/地点/规模、运输方式等等）到职能的（地点选择、库存调度、承运商/供应商选择等等）到作业层次的（作业政策、作业控制规则、作业程序、路线安排和计划）。这一过程表示在图 18.4 中。制定物流战略涉及到 8 个主要领域的集成：（1）客户服务；（2）供应链设计；（3）网络战略；（4）仓库设计与运作；（5）运输管理；（6）物料管理；（7）信息技术；（8）组织和变革管理（见图 18.5）。

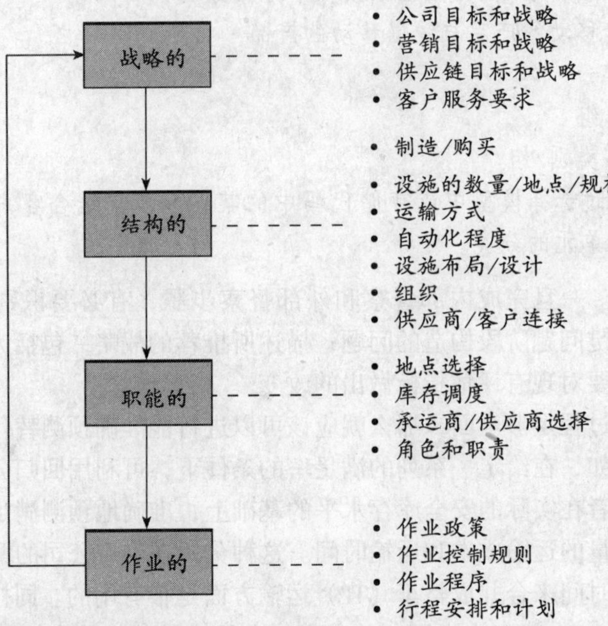

物流决策的制定通常是有层次的，但是以重复的方式进行。

资料来源：William C. Copacino, Andersen Consulting, 2000。所有版权归作者所有。

图 18.4 制定物流决策

物流战略提出的代表 8 个主要领域的相应问题包括以下内容：[1]

8 个相应的问题

1. 每个客户细分市场的服务要求是什么？
2. 在各种供应链成员中，如何实现运作的集成？
3. 什么样的供应链结构最能够使成本实现最小化，并提供具有竞争力的服务水平？
4. 什么样的物料搬运/存储技术将有助于在设施和设备方面最佳投资水平的条件

① William C. Copacino, Andersen Consulting, 200.

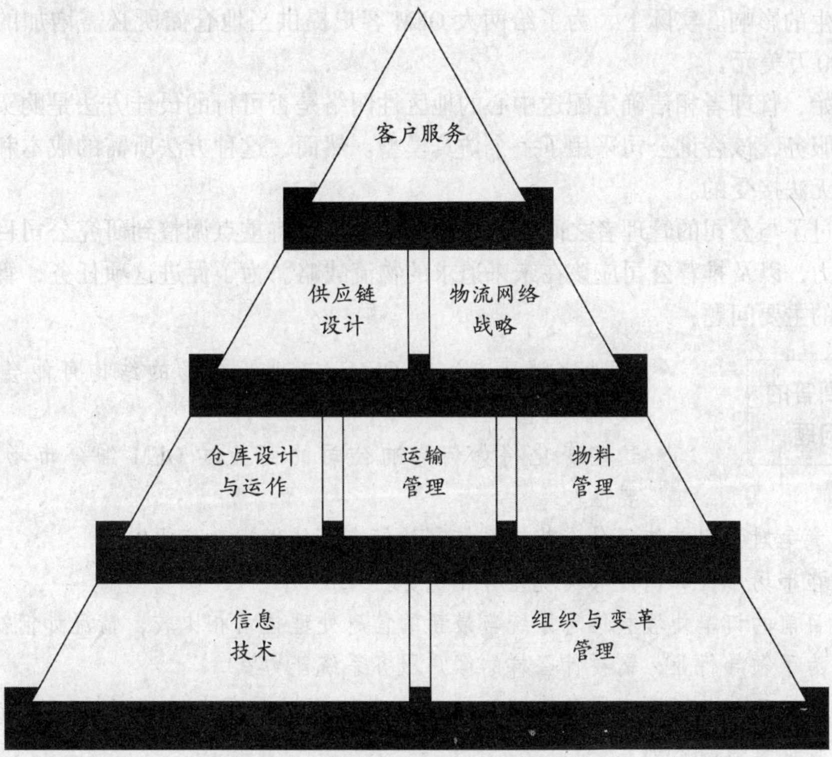

资料来源：William C. Copacino，Andersen Consulting，2000。所有版权归作者所有。

图 18.5 物流战略集成 8 个主要的领域

下，实现服务目标？

5. 是否存在降低短期和长期运输成本的机会？

6. 目前的库存管理程序能够支持更加严格的服务要求吗？

7. 需要什么样的信息技术来实现物流运作的最大效率？

8. 应该如何组织资源来实现最佳的服务和运作目标？

图 18.4 中依次列举的这些问题的答案为制定物流计划提供了基础。

一个行业例子

某一家年收入达 10 亿美元的公司的一个 50,000 万美元的部门制定了一项战略物流计划，该公司生产和分销用于家电产品制造的工业产品。① 一个主要的目标是识别公司目前的客户服务绩效。公司在中西部、西南部和西海岸地区经营制造和仓储设施。公司将产品销售给原始设备制造商（OEM）以及批发商和零售商。

公司承受了来自 OEM 客户对当地仓储不断增长的压力，这些客户正在他们自己的公司中尝试着实施准时制库存管理。大型的 OEM 客户希望公司将仓库设置在临近其工

① 该例子摘自 Douglas M. Lambert and Jay U. Sterling, "Developing a Logistics Strategy: A Case Study." unpublished manuscript.

厂的位置，从而可以缩短提前期。管理者关心的是这一决策将对公司的库存水平和物流运作产生的影响。实际上，为了给两大 OEM 客户提供当地仓储所必需增加的库存将达到约 200 万美元。

开始，管理者相信确定配送中心的地区性网络是否可行的最佳方法是购买某个咨询公司的服务，该咨询公司采用了一个仿真模型。然而，这种方法所需的成本和时间证明是让人无法接受的。

经过了与公司的管理者之间的初始的讨论，项目将重点调整到研究公司目前的客户服务能力，以及推荐公司应该在未来追求的物流战略。为了促进这项任务，管理者指出了以下的主要问题：

必须回答的主要问题

- 商业（消费者）和 OEM（工业）市场的结构可能会产生什么变化？
- 这些变化将如何影响公司的商业和 OEM 细分市场的相对重要性？
- 竞争对手目前使用什么物流系统？他们有可能做出改变吗？
- 在市场中，如何能够实现差异化优势？
- 目前的订单处理和信息系统与最新的信息处理技术相比较，情况如何？
- 为了领导行业，需要什么样的客户服务系统能力？
- 应该实施什么客户服务战略？这些战略如何根据客户细分市场、产品类别和订货批量有所区别？
- 三周的订货周期标准会领导行业吗？
- 零星订单问题的程度如何？在将来，可能发生如何变化？对付这一问题，需要采用什么战略？
- 为了积极地对准时制库存计划或要求做出反应，需要进行哪些改变？
- 公司应该实施集中型仓储战略，还是应该实施分散型/地区性仓储战略？
- 如何能够提高配送中心的生产率？需要采用什么绩效评估指标？
- 物流组织如何最佳地与制造和营销连接？

为了回答这些问题，需要进行内部督察和外部督察。内部督察的目的在于对公司在主要的客户服务方面的实际绩效进行量化，例如订货周期和在库库存的可获得情况，以及识别各种物流运作部门之间和物流与公司的其他职能（如制造、营销/销售、财务/会计）之间目前和潜在的问题/冲突。外部督察的目的在于识别客户在对供应商进行评估的过程中所使用的客户服务要素，以及确定公司及其竞争对手的相对绩效水平。

内部督察

内部督察的完成经过了两个阶段。在第一阶段中，与客户服务、运输、仓储等职能进行 7 次深入的采访，与财务/会计、预测、制造、生产计划、库存管理、采购和营销职能之间进行 11 次采访。在采访过程中构建和采用了全面的采访纲要①；所有采访都有录音记录。在完成采访之后，对信息进行综合，总结主要的意见和问题。

① 见本章后面的附录 A 至 G。

创造性解决方案

合作是发展的途径

戴尔计算机公司的创始人兼首席执行官、1998 年工业周刊的首席执行官迈克尔·戴尔说道："合作是新竞争的需要。"实际上，戴尔正在采用一个全新的耐用产品生产的供应链合作模型来支配个人计算机行业。

合作已经成为许多供应链改进活动的口号。但是谈论合作行为是容易的，而要实现它（如戴尔已经做到的）却是很困难的。

合作策略从一种称为合作型预测和补货（CFAR）的预测技术开始。CFAR 又导致合作型计划、预测和补货（CPFR）。后一种方法认为单独的预测是不能为改进供应链管理提供充足的基础的。毕竟，预测是对未来的预言，没有人能够知道未来会发生什么。我们能够做的最多的也就是分析过去发生了什么，考虑今天的环境如何变化。从这一点上，我们能够开展合作来形成关于未来如何不同于过去的某种意见。

信息共享对于合作是必不可少的。除非所有"边界"之间存在着大量的信息共享——包括公司之间和公司内部——否则供应链的合作就会受到阻碍或停止。在《供应链管理评论》杂志 1998 年秋季号的专栏中，伯纳德（Bernard La Londe）谈到，信息共享是可靠的供应链关系特征的五大基石之一。没有合作性的共享信息，伯纳德写道，企业和职能部门的集体智慧就无法用来解决问题。人们必须愿意一起工作，提高他们影响的供应链的每一部分的运作水平。

互联网能够对信息共享的能力产生深远的影响，然而许多人仍然没有充分地信任互联网，没有将它用于关键任务的应用。有一个这么做的人是迈克尔·戴尔，他说："真正的潜力在于它（互联网）在转换传统的供应商—销售商—客户链内部的关系和创造能够在组织之间共享价值等方面的能力。那些将自己定位在与供应商和客户建立'信息伙伴关系'和将互联网公司作为公司战略的一个组成部分的公司——不仅仅是一个附加物——具备从根本上改变全球竞争面貌的潜力。"（《工业周刊》，1998 年 11 月 16 日）。

但是合作首先是关于人们在相互信任的环境中共同工作，共同地对知识进行互补。合作要求广泛的共享。在博士公司开创的称为 JIT-Ⅱ的概念中，早期的领导者通过将供应商的员工安排在客户的办公室中来实现这种要求的。这种类型的紧密接触在两个方面是有利的。它建立了信任关系，因为日常的个人接触有助于消除关系中的秘密和隐藏的日程。它也能够促使供应商和客户更快地对问题和机遇做出反应。领先的企业如 IBM、哈尼维尔（Honeywell）和联合信号（Allied Signal），已经利用 JIT-Ⅱ尽力培养更高水平的信任关系。

当公司能够将合作和信任与技术相结合时，他们的供应链绩效将向前有一次巨大的跨越。

资料来源：John L. Mariotti, Supply Chain Management Review 3, no. 1 (Spring 1999), p. 75.

内部督察的第二个阶段由两个月的客户订单运输样本构成。这是必要的，因为公司不具有包含识别订货周期时间、订货周期的变动性和满足率所需的所有数据的订单历史文件。在整个系统中，订单从运输追溯到订单的获取。样本由两个月内的所有运输数据构成。对于每一次运输，需要检查公司的记录，确定以下时间：

- 客户服务中从订单接受到客户服务订单收集之间的时间
- 订单收集到订单发送给配送中心之间的时间
- 订单发送给配送中心到配送中心进行分拣之间的时间
- 配送中心订单分拣到包装之间的时间
- 订单包装到运输之间的时间

这些信息根据库存种类、客户类型、邮政编码、所需日期、承诺日期、运输日期、重量、运输地点和方式分别进行收集。样本可能并不完全代表年业务情况，但是如果存在某种偏见，管理者认为它是保守的，因为在一年中的其他高峰期内，有可能出现更多的缺货现象和更长的提前期。

外部督察

外部督察由与挑选的 OEM 和商业客户之间深入的采访构成。对客户进行挑选，使他们能够代表公司的业务。告诉被采访的个人，采访者正在进行有关准时制库存管理系统的研究。收集有关销售商所采用的降低客户库存的方法的信息。采访被设计来收集有关销售商与客户物流系统之间的相互作用以及主要的销售商的效果等具体的信息。采访者也问一些有关目前和将来的竞争环境和客户服务要求等问题。

通过将产出与内外部督察相比较，管理者能够为以下客户服务范畴识别公司目前的绩效水平、客户期望和需要改进的方面：

- 内部职能的订货周期时间，以及订单发送时间和向外的运输时间
- 订货周期时间的变动范围
- 准时交付的绩效水平
- 运输的产品占订购的产品的百分比
- 订单的数量和频率
- 不同规模类别（重量）的运输数量

根据督察结果和部门“在主要市场中维持领先地位和在竞争加剧、技术快速变化、越来越重视产品质量和服务的市场环境中维持要求的利润”的宗旨，推荐以下物流战略：

推荐的物流战略

支持部门的战略重点，为客户订单提供可靠的提前期，为“A”类物品提供高水平的库存可获取性，提供所有订单的服务的一致性，以及以成本效益的方式对客户查询和紧急需求提供反应和灵活性。客户服务的改善可以通过采用最新的技术提高物流生产率来实现。

根据推荐意见，“A”类物品应实施战略，建立 2 周的订货周期，以从客户发出订单到客户收到所订购的产品之间的时间长度计算。2 周的订货周期伴随着库存可获得性标准为 98%。即客户将在发出订单的 2 周时间内以 98% 的概率完整地收到他们的订货，具有很高的准时绩效水平。对于“B”类物品的相应标准为 6 周，订单完整的概率为 99%。

为了实施这一战略，推荐以下变革：

推荐的变革

- 实施自动化订单处理系统
- 实施内部销售/电话销售计划
- 修改目前针对批发/零售客户的销售条款

- 实施正式的生产和库存战略和建立客户服务与生产计划之间的程序和职责
- 修改用于将订单发送给配送中心的系统
- 实施预定的交付计划
- 更新仓库管理系统
- 设计和实施物流的综合绩效评估指标

估计的节约额

成功实施这些推荐的变革使公司成为在客户服务方面的行业领先企业。此外，由于订单输入和订单处理成本的降低、生产停顿时间的减少、货物出厂运输的合并、入厂运输的合并和路线安排、仓库搬运活动生产率的改进和技术、原材料、在制品和完工产品库存的减少、报酬条款的变化所导致的加班时间的减少，公司将实现的年成本节约额保守地估计在 200 万美元至 400 万美元范围内。更为乐观的估计为每年节约 1,000 万美元。

额外的收益

除了可定量化的收益，研究指出了许多不能用财务指标来量化，但能使公司进一步提高更有效地服务于商业和 OEM 客户的能力的机会。这些机会包括：

- 减少安排生产所需的工作
- 减少原材料和在制品库存
- 降低因过多的加急零部件订单所引起的管理成本
- 消除关于路线安排和仓库运输计划方面的重复工作
- 由于更短的和更加稳定的提前期而消除了客户的安全库存
- 由于在线的替代产品信息和更加准确的产品可获得信息而增加了订货数量
- 实施预定的交付和修正的销售条款，平稳了运输活动
- 为客户提供更加可靠和一致的服务
- 减少了入厂和出厂的损坏
- 缩短了入厂和出厂的运输时间
- 加强了对销售商的运输政策的控制
- 减少了销售商的包装、路线安排和时间安排方面的差错

公司发生的成本

与实施变革相关的一次性成本估计在 130 万美元至 150 万美元之间。这些成本主要体现在新的在线交互式的订单处理和仓库管理信息系统。研究花费的公司预算外成本大约为 30,000 美元。

未来的挑战

许多体现物流专业人员面临的未来挑战的话题在本书前面的章节中已得到了相当多的关注。然而，还有两个新出现的问题，这两个问题对于那些在物流、供应链管理和电子商务等领域工作的人来说，代表了特别重大的挑战，同时又是机遇。

供应链管理[①]

尽管许多管理团队已经在他们的公司范围内成功地实施了集成化物流管理理念，但是在整个供应链中成功实施的例子相对很少。然而，经理人员正在逐渐意识到不断出现的互联网络竞争模式，懂得跨越供应链成员之间的关键业务流程的成功集成和管理将决订单个企业最终的成功。供应链的管理不能任由机会控制。为此，经理人员正努力理解和决定如何来管理公司的供应链网络，并实现供应链管理的潜能。物流经理人员必须在跨越职能部门的团队中充当关键的角色，这种跨越职能部门的团队实施第 2 章中所描述的供应链管理的流程方法是必需的。

如所描述的，供应链管理涉及三个紧密相关的要素：（1）供应链网络结构；（2）供应链业务流程；（3）管理组成部分。公司内部和公司之间的活动/流程的结构对于创造优越的竞争性和赢利性是至关重要的。成功的供应链管理要求公司与关键的供应链成员之间实现业务流程的集成。当供应链没有得到集成、没有进行适当地简化和管理时，就会导致许多摩擦，从而会导致珍贵的资源的浪费。成功的供应链管理的一个先决条件是，协调公司内部的活动。实现这一条件的一个方法在于识别关键的业务流程，并采用如第 2 章中所描述的跨职能团队来对这些业务流程进行管理。

营销研究人员在我们现在所指的供应链管理的关键方面的研究中处于最重要的地位，尤其是在有关识别分销渠道的成员方面。然而，他们强调的是客户的制造商，而忽视了供应商网络。我们的供应链管理方法确保包括供应商和客户。尽管营销战略的制定已经考虑内部和外部的制约因素，供应链管理更加强调对这些因素进行明确的评估。此外，营销和销售人员的传统角色正在发生变化。团队力量在新产品的开发和营销中和现有产品的管理中变得越来越普遍。公司销售团队的角色正在转变为为客户评价和推销有价值的建议（见第 17 章）。越来越多的销售人员必须充当一名咨询师，他们应该懂得什么能给客户带来价值，并与他或她所在公司内部的其他员工共同合作来为客户提供价值，然后将这些价值销售给客户。

供应链管理的实施涉及到识别供应链的成员，与哪些成员实现连接是关键的，需要与这些关键的成员实现哪些流程方面的连接，以及每个流程的连接应用什么类型和水平的集成。目标在于不仅仅简单地为公司而是为整个供应链网络（包括最终客户在内）创造最大的价值。因此，供应链流程集成和再造活动应该将目标定在，提高跨越整个供应链成员企业的总流程的效率和效果。

需优先考虑的活动是开发一个能够引导管理者尽力识别和管理他们的供应链的标准模型。对供应链管理给出定义比实施这一概念要容易得多。那些想要实施供应链管理的经理们面临着许多挑战。以下这些代表了那些希望实施供应链管理的人必须回答的关键问题，也代表了研究者们的研究机会：[②]

---

① 摘自 Douglas M. Lambert and Martha C. Cooper，“Issues in Supply Chain Management，” Industrial Marketing Management 29，no. 1 (2000)，pp. 81-82.

② 摘自 Douglas M. Lambert and Martha C. Cooper，“Issues in Supply Chain Management，” Industrial Marketing Management 29，no. 1 (2000)，pp. 81-82.

1. 第 2 章所介绍的关键业务流程之间存在什么样的关系？为了在公司内部实施过程方法，您如何从功能型仓库所有者获得大宗购买？如何鼓励公司内的各种参与者朝着一个共同的目标一起努力？营销报酬结构和制造报酬结构常常趋向于相互矛盾，但是公司具有总体的赢利目标。答案是否在于类似的报酬结构，或者报酬结构制约了总体的绩效，或者过程小组能提供集成的机制吗？除了内部集成，如何实施组织之间的变革管理？
2. 如何对现有的供应链进行规划？规划应该包括所有相关的公司或只包括主要的公司吗？还有其他方法可用来决定哪些公司应该或不应该成为供应链规划的一部分？基于供应链形状——即水平结构、垂直结构和核心公司在供应链中的地位——的良好的供应链管理实践的含义是什么？(见第 2 章)
3. 在消费者层次或供应链末端的有价值的建议是什么？什么样的供应链构架最适应实现有价值的建议？供应链中的各个公司如何共担成本和分享收益？
4. 采用什么指标来评估整个供应链、单个成员企业或成员企业的子公司的绩效水平？实施面临的潜在障碍是什么，如何克服这些障碍？
5. 对现有供应链进行规划和对它进行修改以实现在给定的期望产出的条件下的最佳供应链的过程是什么样的？
6. 销售队伍的角色如何进行改变，以促进存在较强的购买方—销售方关系的情况和采购职能机械化的情况？
7. 什么决定了与这些关键的成员的连接过程？公司应该如何决定哪一个内部过程与哪些供应商和客户连接？什么决策准则决定了谁的内部业务流程在整个或部分供应链中占有主导地位？
8. 什么因素决定适用于每种过程连接的集成类型/水平？为公司提供一些有关应用什么层次的管理组成部分来实现期望的关系和连接管理的指导方针是很重要的。

为了在供应链中实现最有效率和有效的产品流，有必要集成供应链中跨越公司的关键业务流程。无法实现这一点将导致分割的破坏性的市场方法。例如，可能存在诸如季度末向客户发货的营销计划，这就破坏了设计来降低客户库存、提高客户服务和增加客户和供应商的赢利水平的快速反应物流计划。供应链管理的实施是实现集成物流管理的关键，集成物流管理即指从供应点到消费点的集成物流和信息流。信息是供应链管理和物流的一个主要的使能器，它把我们带到了第二个未来的挑战，即电子商务。

电子商务①

互联网使接近广大的贸易伙伴和快速、低成本地交换详细信息成为可能。信息和通讯技术正在迫使管理者重新确定他们的业务战略，重新思考他们在技术方面的应用，以及检查他们与供应商和客户之间的关系。互联网使许多不能够利用 EDI 进行信息交换的公司实现了电子化的信息共享。

电子商务正通过连接供应商和客户的信息网络的力量来提供价值，同时对物质网络

① 摘自 Gary J. Cross, "How E-Business Is Transforming Supply Chain Management," The Journal of Business Strategy 21, no. 2 (March-April 2000), pp. 36-39.

中的活动进行重新定义和/或削减。供—需拍卖、合作型产品设计、跨企业的工作流流程、需求管理合作是一些信息如何改造供应链的例子。然而，在1999年圣诞节期间的缺货现象使电子化零售商（e-tailer）和其他零售商清楚地认识到，订单履行过程对于公司的成功是很关键的。

一些公司，如戴尔、思科和IBM，已经发现降低库存、精益生产、需求合作和按订单生产业务导致了更低的成本和对客户需求变化的更高的反应能力。例如，IBM已经从供应链集成和电子商务中实现了巨大的收益。自从1994年以来，IBM已经将库存贬值减少了80,000万美元，将准时交付水平从90%提高到了98%，并将订单执行时间从两周缩短到实时。此外，IBM还将商品和服务的采购成本降低了42亿美元。在1999年，IBM在互联网上购买了价值约120亿美元的商品，IBM估计公司的电子化采购将在2000年达到290亿美元。①

据波士顿咨询集团预测，企业之间基于互联网的电子商务将从1999年920亿美元上升到2003年的20,000亿美元。在同一时期内，通过私有网络进行的EDI交易估计将从5,790亿美元上升到7,800亿美元。在2003年，全美企业与企业之间交易量的约1/3将通过互联网来进行。②

图18.6提供了一个来自美国服装行业的例子，该例子说明供应链的四个层次（纤维供应商、布料制造商、服装制造商、零售商）如何利用销售点数据来使制造与物流作业同步进行，从而为客户提供更高水平的服务，同时降低成本。互联网提供的工具将促进供应链的其他活动，例如设计、延迟、寻找供应源、合作计划、预测与补货。

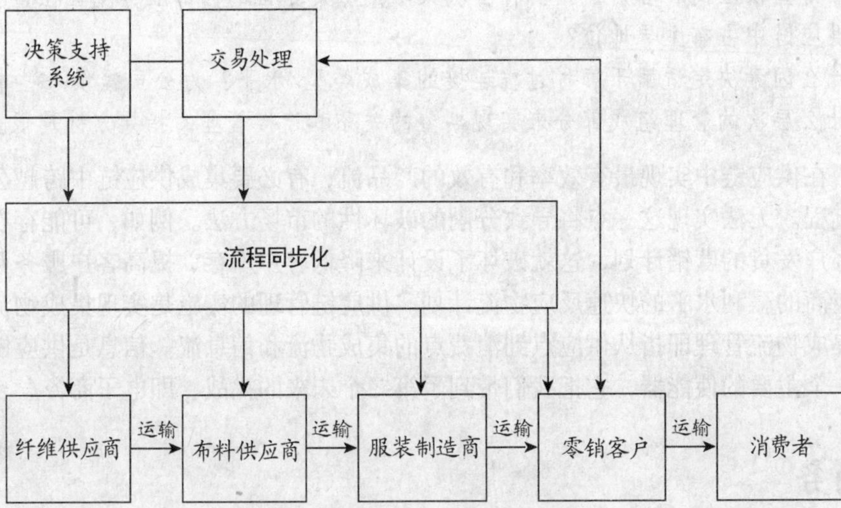

图18.6 利用信息促使供应链的集成

互联网的宽带和有效性使具有单向、线性、串联的信息流的供应链转化成贸易网络，供应链的所有成员都可以获得有用形式的信息。例如，贸易伙伴将能够通过网络将

① 摘自Gary J. Cross, "How E-Business Is Transforming Supply Chain Management," The Journal of Business Strategy 21, no. 2 (March-April 2000), p. 37.

② 同上。

他们的计划和执行系统相互连接。

以下是行业协会和联盟将互联网应用于行业所采取的三项行动：

汽车网络交易市场（ANX），这是由汽车制造商及其供应商共同发起的一项行动，计划开发一个安全、高性能和高度可靠的外部网络，成员企业可以利用该网络交换计算机辅助设计和制造系统产生的大量设计数据。汽车行业的经理人员相信，汽车及其零部件的合作设计将会减少汽车供应链中的时间和成本。

罗塞塔网络（Rosettanet），这是高技术和电子行业的一项行动，该行动的重点在于建立业务流程集成的标准和工具，通过标准化的界面流程，使供应链成员企业之间实现更加复杂的知识交换。其中一个例子是自动更新分销商的在线目录中的制造商的产品信息。这一过程的自动化通过提高速度和准确性，使整个行业都有所获益。

Transora①，这是消费品行业的一项行动，Transora 是一个企业和企业之间的全球化电子化市场，该市场将使制造商能够利用互联网来简化与其全球的供应商、客户和分销商之间的业务交易过程。Transora 是一家独立的公司，由行业内的公司所有和投资。在 2000 年 6 月，49 家消费品公司已经投入了将近 25,000 万美元的资金来资助该风险企业。这些公司具有相同的客户、供应商和过程。Transora 将允许跨越公司的普遍的合作，提供一批基于互联网的服务和交换的连接，提高效率，改进与客户和消费者之间的交互作用。电子化市场有望引导整个消费品行业的改革，它在许多方面为整个供应链提供突破性的收益，最终将收益传递到消费者，所涉及的方面包括：消费者促销；合作型计划、预测和补货/供应商管理库存/以扫描技术为基础的交易；行业能力管理；端点到端点的物流。

在未来，供应链将采用网络化的技术和业务流程来对消费者和客户需求做出反应，在更高的效率和反应能力的水平上优化结构和绩效。未来的供应链将显示出三个特点：②

- 它们将能够访问有关能力、生产量、库存和计划等方面的大量信息，这些信息能够在设备、服务器和优化代理器之间进行交换，从而增强管理能力
- 它们将被设计用来满足客户的需要，并在客户需要的时候提供产品
- 它们将通过合作和共享知识，以最低的耗费或资产来服务于客户的需要

在供应链成员企业之间、供应商网络中以及整个行业市场上，新的方法正在不断地被开发出来。公司的成功需要对组织未来电子商务角色的规划，执行这一规划的能力，以及随时间变化做出调整的能力。如果要实现全部潜力，物流需要参与整个过程。

那些积极主动地对这些挑战做出反应的公司将实现营销的优势，增加市场份额，提供优惠价格。此外，对赢利性方面的潜在的负面效应将会减小，因为可以避免高成本的短期反应。

① 如需了解有关这项主要的行业行动的发展的最新信息，请访问 Transora 的网站（www.transora.com）。
② 同上。

小结

自从集成化物流管理概念（最初被称为集成化的实物分销管理）的提出和该领域提供第一门课程以来，40 多年已过去了。以后的重点将在于开发赢利性的业务市场，许多市场缺乏成长性和全球化趋势的发展将使物流职能成为大多数公司内部的一个焦点。物流专业人员面临的挑战与机遇达到了前所未有的程度。接受这些挑战并寻找创造性的解决方案所带来的回报是巨大的。我们希望在本教科书中提供的材料能够鼓励聪明的年轻人在该领域寻求职业，同时也希望能为从业人员提供一些有助于他们进行日常管理活动的参考。

推荐阅读材料

Anderson, David L., and Hau L. Lee. "The Internet-Enabled Supply Chain: From the 'First Click' to the 'Last Mile.'" In Achieving Supply chain Excellence Through Technology, vol. 2, San Francisco: Montgomery Research, Inc., 2000, pp. 15-20.

Bovet, David, and Joseph Martha. Value Nets. New York: John Wiley & Sons, Inc., 2000.

Bowersox, Donald J., David J. Closs, and Theodore P. Stank. 21st Century Logistics: Making Supply Chain Integration a Reality. Oak Brook, IL: Council of Logistics Management, 1999.

Chandrashekar, Ashok, and Philip B. Schary. "Toward the Virtual Supply Chain: The Convergence of IT and Organization." The International Journal of Logistics Management 10, no. 2 (1999), pp. 27-40.

Christopher, Martin, and Lynette Ryals. "Supply Chain Strategy: Its Impact on Shareholder Value." The International Journal of Logistics Management 10, no. 1 (1999), pp. 1-10.

Cooper, Martha C., Daniel E. Innis, and Peter Dickson. Strategic Planning for Logistics. Oak Brook, IL: Council of Logistics Management, 1992.

Davis, Stan, and Christopher Meyer. BLUR: The Speed of Change in the Connected Economy. Reading, MA: Addison-Wesley, 1998.

Davis, Stanley M. Future Perfect. Reading, MA: Addison-Wesley, 1987.

Day, George S. The Market Driven Organization: Understanding, Attracting, and Keeping Valuable Customers. New York: The Free Press, 1999.

Gudmundsson, Sveinn Vidar, and Rita Walczuck. "The Development of Electronic Markets in Logistics." The International Journal of Logistics Management 10, no. 2 (1999), pp. 99-114.

Hamel, Gary. Leading the Revolution. Cambridge, MA: Harvard University Press, 2000.

Hanman, Stephen. "Benchmarking Your Firm's Performance with Best Practice." The International Journal of Logistics Management 8, no. 2 (1997), pp. 1-18.

Holmstrom, Jan; William E. Hoover, Jr.; Eero Eloranta; and Antti Vasara. "Using Value Reengineering to Implement Breakthrough Solutions for Customers." The International Journal of Logistics Management 10, no. 2 (1999), pp. 1-12.

Porter, Michael E. Competitive Advantage: Creating and Sustaining Superior Performance. New York: The Free Press, 1998.

——. Competitive Strategy: Techniques for Analyzing Industries and Competitors. New York: The Free Press, 1998.

Quick Response in the Apparel Industry. Boston, MA: Harvard Business School, 1990, pp. 1-18.

Stank, Theodore P.; Patricia J. Dougherty; and Alexander E. Ellinger. "Marketing/Logistics Integration and Firm Performance." The International Journal of Logistics Management 10, no. 1 (1999), pp. 11-24.

Sterling, Jay U., and Douglas M. Lambert. "A Methodology for Assessing Logistics Operating Systems." International Journal of Physical Distribution and Logistics Management 15, no. 6 (1985), pp. 3-44.

Taylor, David H. "Measurement and Analysis of Demand Amplification Across the Supply Chain." The International Journal of Logistics Management 10, no. 2 (1999), pp. 55-70.

Towill, Denis R., and Peter McCullen. "The Impact of Agile Manufacturing on Supply Chain Dynamics." The International Journal of Logistics Management 10, no. 1 (1999), pp. 83-96.

问题与习题

1. 为什么计划是物流经理的一项重要活动?
2. 营销计划在战略物流计划的制定过程中起什么样的作用?
3. 你认为物流战略计划过程中最重要的要素是什么？为什么？
4. 制定物流战略需要执行什么督察?
5. 解释测量和评估单个渠道成员的绩效的重要性。
6. 你认为未来物流经理面临的最重大的挑战是什么？为什么？
7. 在整个供应链中将制造和物流作业同步化的好处是什么？

附录 A

客户服务/订单管理督察

1. 您具有书面的客户服务政策吗?
2. 客户收到服务政策的副本了吗?
3. 您能为我们提供您公司认为的客户服务的定义吗?
4. 您按产品或客户提供不同水平的客户服务吗?请加以解释。
5. 您的客户服务标准改变吗?改变的频率有多频繁?
6. 如果您公司指定某一特定的领域为客户服务(或客户关系、分销服务等):
   a. 多少人被分配到该领域?
   b. 描述这些人的主要职责。
   c. 该领域向什么部门报告?
   d. 如果可能的话,请为我们提供所有职位描述,包括客户服务/客户关系?
7. 您多少时间对您公司的订货周期时间进行评估?
8. 说明(在以下选项中画上合适的字母)以下日期中哪些项是您评估的内容:
   a. 客户订单准备。
   b. 您收到订单。
   c. 客户服务部门处理和发送订单。
   d. 配送中心收到订单。
   e. 订单分拣和/或包装。
   f. 配送中心运输订货。
   g. 客户收到订货。
9. 订单处理是集中在某一个地方还是分散的?
10. 平均每天、每周、每月您处理多少份订单?
11. 通常一份订单的价值为多少?有多少项产品?
12. 公司的户外销售人员下的订单占总客户订单的百分比是多少?
13. 内部销售人员/订单文员(他们通过向客户打电话来获取订单)下的订单占总客户订单的百分比是多少?
14. 在没有公司户外销售人员或内部销售人员的辅助下,客户自己通过在线下的订单占总客户订单的百分比是多少?
15. 有关订单输入的方法:每个客户细分市场如何输入订单?如果他们采用多种方法的话,请说明通过各种方法输入的订单占其输入的总订单数的百分比。
16. 公司中存在多少个订单输入的地方?

资料来源:附录 A-G 摘自 Jay U. Sterling and Douglas M. Lambert, "A Methodology for Assessing Logistics Operating Systems," *International Journal of Physical Distribution and Materials Management* 15, no. 6 (1985), pp. 29-44, 作者对以下文献进行了改写和扩充: Douglas M. Lambert and M. Christine Lewis, "Meaning, Measurement and Implementation of Customer Service," *Proceedings of the Nineteenth Annual Conference of the National Council of Physical Distribution Management*, 1981 (Chicago: National Council of Physical Distribution Management, 1981), pp. 569-95.

17. 订单一旦被公司接受，订单接受人员会：

——填写一份预先印制好的订单表格？如果是的话，请提供一份复印件。

——通过脱机的数据终端将订单输入计算机？

——通过在线的数据终端将订单输入计算机？

订单输入方法	户外销售人员		客户		内部销售订单文员	
	整个公司	本地	整个公司	本地	整个公司	本地
邮件	___%	___%	___%	___%	___%	___%
电话(由客户支付话费)	___	___	___	___	___	___
免费电话(800 电话)	___	___	___	___	___	___
利用互联网在线	___	___	___	___	___	___
EDI	___	___	___	___	___	___
传真	___	___	___	___	___	___
手递给户外销售代表/办公室	___	___	___	___	___	___
其他(请注明)						
总计	100%	100%	100%	100%	100%	100%

18. 订货系统自动地：

——检验信用？

——检验库存的可获得情况？

——将库存分配给订单？

——进行产品替代？

——为订单定价？

——确认交付日期？

——尝试增大订单规模来实现有效率的批量？

19. 以下参考文件是手工的还是计算机化的？(选一项)

	手　工	计算机化
文件	___	___
客户	___	___
产品	___	___
产品模型词典	___	___
价格(标准数据)	___	___
价格(特殊报价/项目数据)	___	___
促销	___	___
库存平稳表	___	___
运输计划	___	___
订货历史	___	___
装载单	___	___
运费支付数据	___	___
生产计划	___	___
信用	___	___
其他(请注明)	___	___

20. 订单如何处理?
——批处理
——单个处理(在线、实时环境)
21. 订单处理系统如何将订单信息提供给:
a. 运输,用于确定路线装载顺序和运输日期?
b. 仓库,用于分拣和包装?
22. 销售人员或客户接到订单确认信息吗?(选项,并填写问题。)
销售部门________ 什么时候?________ 如何发送?________
客户________ 什么时候?________ 如何发送?________
两者都有________ 什么时候?________ 如何发送?________
两者都没有________
23. 您为客户提供单点联系,或是否有特定的部门来处理不同类型的询问/投诉?
24. 您为客户提供网页吗?如果是的话,您如何让他们知道您的网页?
25. 您的竞争对手是否为那些希望在下单后与公司就有关订单的某些方面进行联系的客户提供一套确定的联系方法?
26. 您有没有对客户订单处理成本进行预先计算?
27. 您有没有计算缺货的标准成本(失去销售机会的成本)?
28. 您对延期订货采用标准成本吗?
29. 描述运输路线分配中采用的准确程序?
30. 您如何决定您是否答应客户变换到一个需预先支付运费的非标准化的承运商的要求?
31. 谁决定是否应该计算加急费用?
32. 多少比例的订单需要加急服务?
33. 在处理以下类型的订单/订单调整时,采用什么准则?
a. 要求额外费用和/或特殊、非标准化的运输方式。
b. 修改/调整生产计划。
c. 拆分运输。
34. 您试图为不同的客户区分不同的服务(区分优先次序)吗?
35. 营销部门是否已经告诉客户服务部门它所期望的对不同客户——具体和/或不同的客户群——所提供的服务标准?
36. 什么因素可以区分"合作"型客户和"非合作"型客户?
37. 您如何看待您与生产计划和规划部门之间的界面?
38. 您为生产计划部门提供什么数据?
39. 为鼓励客户——尤其是那些零担运输的客户——采用预定的交付计划,做了哪些努力?
40. 订单如何实际发送到配送中心?
41. 请描述在发送给配送中心前的分类/准备(分拣清单)工作所遵从的准确程序?

附录 B

运输（入厂与出厂）督察

1. 每年花费的运输总费用为多少？
   a. 来自供应商的入厂运输 ________美元
   b. 运往客户的出厂运输 ________美元
2. 以下项目占您的总入厂运费债务多大的百分比？
   a. 由收件人付款（由您支付）？
   b. 由供应商预先支付，运费包括在产品的单价中？
   c. 由供应商预先支付，运费加到发票中和/或单独开具发票？
3. 制成品的出厂运输成本分配到各个客户和产品线吗？
4. 将出厂运输成本分配到产品/客户或其他有意义的细分市场所采用的基础是什么？（直接根据运输发票，或根据销售量、单位销售量或其他基础来分配）
5. 这些成本适用于占不同比重的各种模式（公共承运商和私有车队）吗？
6. 谁选择运输方式、路线和向客户进行出厂运输的承运商？
7. 谁将搬运指令传递给仓库？
8. 路线和承运商的检查和选择频率为多少：在订单运输时或是定期的？
9. 每份订单的承运商的选择是根据运输的规模来进行的吗？
10. 确定“优先承运商”所采用的基础是什么？
11. 订单变更和加急或“急需”订单如何影响运输方式/路线/承运商的选择过程？产生的频率怎样？
12. 原材料和零部件的入厂订单是否在接受之前由公司运输人员进行检查，为了：
    a. 确定和告诉供应商成本最低的运输方式和承运商？
    b. 确定在需求数量大的都市区将零担数量合并成整车运输的机会？
    c. 计划仓库劳动力和物料搬运设备的需求？
    d. 识别需要加急服务来满足预订的生产运转的“优先”物料？
    e. 识别返回装载（回程）的候选私有车队或合同承运商？
13. 在大多数地区中，出厂零担客户运输是否被合并？以及是否采用“预订交付”计划来保证准时、一致的出厂运输时间？
14. 如果有的话，在什么程度上，公司与公共承运商协商入厂、出厂和/或公司之间的运输转移的运输费率？
15. 这些费率是如何进行协商的？
16. 目前与您有业务往来的承运商的数量有多少？
    a. 公共____________
    b. 合同____________
    c. 铁路____________
17. 在您看来，目前大量的公共/合同承运商的数目能否减少到可行的少数几个，但仍可以在所有地理区域上实现可接受的服务水平？

18. 如果目前还没有使用合同运输，为了进一步降低目前的公共承运商的成本和提高运输时间，能否建立一个可行的合同服务补充公司目前的运输网络？
19. 装载清单的准备是通过某种类型的计算机程序来进行的吗？
20. 是否存在计算机化的“装载清单”？如果存在的话，可以容易地访问哪些数据来提供有关以下哪些方面的计划和绩效评估工具：
    a. 运输路线、方式和成本
    b. 仓库处理和运输周期时间
    c. 渠道产品流
    d. 入厂和出厂运输的合并
21. 采用以下方式的运输量占总的出厂运输的百分比是多少？
    a. 火车
    b. 卡车
    c. 预订售货部
    d. 其他（请注明）
22. 以今年运输的总产品的百分比来表示，多少产品是转运的？
23. 路线出现改道的频率多大？是什么原因？决策过程？
24. 您解决路线中的延误问题的程序是什么样的？决策过程？通讯过程？订单跟踪能力？
25. 您回程拉货吗？请解释回程的类型、调度过程和经济的合理性。
26. 运费打入产品的价格吗？或客户另外支付运费吗？
27. 客户选择运输方式吗？承运商？
28. 今年您支付的运输滞期费有多少？运输滞期的原因？
29. 今年您支付的扣押费有多少？扣押的原因？
30. 您向客户出厂运输的销售条款是什么？
31. 运费中的多大比重归因于公司运作的运输（自营车队）？
32. 与公司运作的车辆有关的运输成本包括哪些种类？
33. 您将公司运作的车辆用于什么方面？公司内部的运输？从公司到客户的运输？请解释。
34. 有关自营车队运作的管理：
    a. 年行驶里程为多少？
    b. 空驶里程为多少（英里数和占总里程的百分比）？
    c. 通过自营车队运输的入厂和出厂产品的百分比？
    d. 拖车与拖拉机的比例为多少？如果大于 3:1，拖车用来干什么？
    e. 如何安排行程？
35. 为了将非生产性的使用减少到最小程度，是否识别自营车队的拖车移动、使用和非使用的情况？（例子：拖车用作储存和公司之间的转移。）
36. 是否开发最优化的路线和装载技术，来最大化地利用自营车队拖车的能力，最小化空驶里程，提高仓库劳动效率，使相对于公共承运方式的成本节约额达到最大？
37. 在主要的大城市或本地，入厂的零担原材料和零部件是否进行合并，大量发送到工厂？

附录 C

仓库运作督察

1. 您使用多少个仓库？
   a. 数目______
   b. 地点______
   c. 总平方英尺______
   d. 上升限度（平方英尺）______
2. 为了计划和安排路线将货物运送到适当的设备，制造和运输人员是否与主要的销售商进行联系？
3. 在最终处理之前移动超过一次的原材料/在制品和制成品库存的百分比为多少？
4. 是否存在占了这些移动中的大部分的某些特定的公司设施、产品种类和/或地理位置上的供应地/目的地？
5. 选择现有的仓库设施和场地所采用的标准是什么？
6. 公司在有关合并运输或现有设施的重新部署方面有什么样的政策？
7. 在整个公司中，仓库管理政策、程序和财务记录是否保持统一？它们可以满足目前和将来的需要吗？
8. 仓储费用中包括哪些成本项？
   a. 直接人工。
   b. 物料运输设备。
   c. 器械。
   d. 管理工资：
      (1) 文员。
      (2) 管理者。
   e. 固定折旧/租赁费用：
      (1) 建筑/设施。
      (2) 自动传送装置等。
   f. 各种办公用品和费用。
   g. 维护：
      (1) 建筑。
      (2) 设备。
   h. 数据处理：
      (1) 终端。
      (2) 公司计算机费用。
      (3) 电话线路。
      (4) 公司的管理费用。
9. 以下成本用于评估仓库的绩效吗？

a. 每平方英尺的成本。

b. 每单位的成本。

c. 每单位的直接人工成本。

d. 加班时间占直接人工时间的百分比。

e. 固定成本与变动成本。

f. 其他：________

10. 存在用于管理仓库活动（整个地）和安排/计划劳动力和物料搬运设备需求的系统和/或控制器吗（选择使用的方面）?

a. 卸货。

b. 拆箱。

c. 包装。

d. 装车。

e. 处理来自客户的退货。

f. 处理向供应商的退货。

g. 将货物储存到仓库。

h. 从仓储中取出订货。

i. 填写装货清单。

j. 库存重新部署/重新整理/核对。

k. 内务处理。

l. 器械（物料输送器）。

m. 维护。

11. 您的年仓储成本总计为多少?

12. 总仓储成本中有多少百分比的成本归因于：

a. 工厂内仓库? ______%

b. 厂外仓库（私有)? ______%

c. 厂外仓库（公共)? ______%

13. 是否利用标准成本来花费仓储成本，如下所示?

a. 总成本。

b. 直接人工。

c. 物料搬运设备。

d. 公共仓储。

14. 您与公共仓库建立了什么类型的搬运费用的支付协议？什么类型的储存费用的支付协议?

15. 公共仓库中的每单位搬运费用为多少？每单位的储存成本为多少?

16. 采用什么样的技术和/或系统来评估每个配送中心内部各部门的绩效水平，以及执行直接人工活动的各个员工的绩效水平?

17. 每个地点接到和发出的零担运输的拖车的百分比为多少，目前合并成整车运输的程序和工具是什么?

18. 货物损坏是一个问题吗？如果是的话，采用了何种预防或改进技术?

19. 是否对有关以下内容的缺货和损坏进行确定、记录和解释：

a. 入厂接货?

b. 内部配送中心的活动?

c. 出厂运输?

d. 客户接货?

20. 对于针对原材料、零部件和/或成品采购，供应商的差错是否被记录下来，以及当接受到的数量与采购订单的数量存在偏差、供应商没有遵守包装和路线要求、存在质量问题时，是否向供应商收取费用?（如果是的话，请在相应选项上画圈，并加以说明）。

a. 原材料。

b. 在制品。

c. 维修零部件。

d. 制成品。

21. 在将接受的货物分配到储存地和从库存中提取订货时，使用什么逻辑和程序和/或运行系统?

22. 是否使用某些逻辑方法（比如 ABC 分析法）来布置储存地点和将产品分配到仓库（例如，快速移动的物品存放在离运输装卸月台最近的储存位置)?

23. 库存是如何根据库存存储单元来控制：

a. 储存场所的分配?

b. 现有储存场所的平衡?

c. 准备分拣清单?

d. 准备装货清单?

e. 准备包装清单?

f. 准备序列号码列表?

g. 识别缓慢移动的货物?

(1) 按场所。

(2) 按库存存储单元。

24. 仓库库存的实物盘点的频率多大（包括定期的抽样盘点)?

25. 是否定期检查仓库场所，进行库存核实?

26. 仓库库存重新部署或合并的频率多大?

27. 订单是否批量分拣? 如果是的话，分拣清单是如何制定的，由谁制定?

28. 分拣后，包装清单的副本是否发送给：

a. 开票部门?

b. 运输部门?

c. 销售部门?

d. 客户服务部门?

附录 D

库存管理和预测督察

1. 您的原材料年平均库存为多少?

a. 单位数______
b. 每单位的交付成本______
c. 年周转次数______

2. 您的完工产品的年平均库存为多少？
   a. 单位数______
   b. 每单位的变动交付成本______
   c. 年周转次数______
3. 您公司向多少家供应商采购原材料和零部件？这些供应商位于什么地方？
4. 通常您订购原材料的频率有多频繁（根据主要的商品种类和地理区域进行区分）？
5. 在确定采购单上订货发布量时（对于每一类主要的产品）是否采用最低数量或固定数量？这些数量如何进行计算（采用计算机或手工）？
6. 主要供应商的按产品类型的平均提前期为多长（从向供应商发出采购单的日期到工厂接受到货物为止的时间）？
7. 是否定期获得时间同步的订单信息？如果是的话，这些报告公布的频率为多少？
8. 这些订单报告是从数据处理系统中自动产生的吗？信息提供给配送中心的员工吗？
9. 与定期发送的一揽子采购单、承运商具体要求、费用退回（包装/数量差错，损坏/不合格产品，错误路线，延期交付）相关的采购订单有什么样的政策？
   a. 一揽子采购订单。
   b. 承运商的具体要求。
   c. 费用退回。
   d. 包装/数量。
   e. 损坏/不合格产品。
   f. 错误路线。
   g. 延期交付。
10. 描述以下在预测/生产计划/生产安排/完工产品库存控制过程等方面的公司每个职能部门的准确职责：
    a. 采购。
    b. 主计划。
    c. 生产。
    d. 销售。
    e. 营销。
    f. 物流。
    g. 其他（请描述）。
11. 制成品的库存水平目标是定期建立的吗？由谁？在什么水平（库存存储单元、产品、产品线）？
12. 您的主要产品类别的标准的产品可获得性/服务水平为多少？

种　类	现有库存的可获取的百分比	现有/未来生产的可获取的百分比	
		百分比	周数

13. 谁负责建立产品水平的预测？这些预测涉及的时期有多长？编制的频率如何？
14. 配送中心（DC）的库存水平如何？供应的周数？平均的库存单位数？每单位产品的变动交付成本？
15. 库存文件如何更新来反映接受的产品和发运的产品？
16. 关于配送中心的库存补充，您怎么知道何时应该订购产品？您如何知道应该订购多少产品？您如何将您的补货需要发送给工厂？请加以解释。
17. 产生关于库存的什么样的正式报告？
18. 在计算库存持有成本时，您包括了哪些成本项目？

成本种类	检查是否包括在库存持有成本中	成本项占库存成本的百分比
资金成本	______	______%
税收	______	______%
保险	______	______%
变动储存成本	______	______%
废弃成本	______	______%
缩水成本	______	______%
损坏	______	______%
重新部署成本	______	______%
总的持有成本	______	______%
交付到配送中心的以变动成本计量的平均月库存 ______		

19. 财务部门分析公司产品销往的行业吗？
20. 描述统计预测系统及其构成部分。
21. 库存存储单元的短期预测值以什么样的频率发送给生产部门？
22. 对订单处理系统产生的报告中的订单每天都进行检查吗？
23. 哪一个部门决定或设定库存水平？库存水平是以覆盖/满足率目标为基础的吗？
24. 如何按库存存储单元和种类测量满足率？
25. 在检查来自客户服务部门的日/周订单接受报告中是否遇到问题？
26. 在预测大客户的销售额时，遇到什么类型的问题？
27. 短期预测是从客户订单中得到吗？如果是，请解释这一过程。
28. 客户变更订货数量和预测值或要求加急服务的主要原因是什么？
29. 谁决定 ABC 产品的分类？
30. 平均每周您要对您的预测值进行多少次调整？
31. 如何提高预测的准确性？

附录 E

生产计划/安排督察

1. 请详细描述生产计划过程：过程中的步骤，输入（类型和来源），输出，所有界面——信息输入和输出的地方，决策点。
2. 描述以下在预测/生产计划/生产安排/完工产品库存控制过程等方面的公司每个职能部门的准确职责：
   a. 采购。
   b. 生产。
   c. 远程主计划。
   d. 销售。
   e. 营销。
   f. 物流。
   g. 财务与行政管理。
3. 在交换与生产计划有关的信息时是否存在瓶颈或其他问题？
4. 本年度您经历的停工时间占可用的生产时间的百分比有多大？停工的原因？成本？
5. 一次生产运转平均需要多少时间？产量多少？
6. 生产运转时间在不同产品和/或客户之间是否有显著的差异？
7. 在交换与物料计划有关的信息时是否存在瓶颈或其他问题？
8. A、B、C类产品是如何确定的？采用什么准则？由谁决定 A、B、C 类产品？
9. 定期确定完工产品的库存水平目标吗？由谁确定？在什么层次上（库存存储单元、产品、产品线）？
10. 主要的产品类别的正常的制造提前期为多少？计划需求确定的频率为多少？
11. 从初始信息发送（确定生产需求）到实际生产之间的某一特定时期内的哪一段时间允许调整计划（关于：增加、删减、数量变化、推进/拉动调整）？
12. 目前，生产计划变更的频率和程度如何？谁参与这一决策？
13. 您的主要产品类的标准的产品可获得性/服务水平为多少？
14. 哪些职能部门最有资格进行有关生产计划变更要求的必要决策/权衡？
15. 在实际生产之前的 1 个、2 个、3 个星期内，计划变动的时间的百分比为多少？
16. 如果在 1 周、2 周、3 周内不进行变更，能够实现多少成本节约？
17. 生产线速度调整的典型的比例为多少？
18. 生产数量变更的主要原因是什么？
    a. 库存短缺（记载差错和/或迟到的零部件）。
    b. 生产速度变化（增加的零部件没有准时达到）。
    c. 固定时期内的生产变动。
19. 多少比例的生产计划问题与以下有关：
    a. A 类物品？

b. B 类物品？
c. C 类物品？
20. A 类物品典型的生产频率为多少？
21. 哪些客户给您带来了有关生产变更方面的最多问题？
22. 目前不能获得的哪类报告对您最有益？
23. 哪些问题是由固定时期内的生产变更所引起的？
24. 多少比例的采购需求（数量）是加急的（即，要求在供应商规定的提前期内）？
25. 来自供应商的加急订单有哪些不同的种类？
26. 您的多少比例的需求是准时交付的（标准提前期或加急订单的协商提前期）？
27. 如何能够减少加急订单的比例？
28. 您如何决定路线指令和有关需求的运费条款？

附录 F

营销/销售督察

1. 请描述营销/销售组织。
2. 您的部门具有正式、书面的长期战略计划吗？
   a. 如果有的话，请描述该战略/计划。
   b. 战略计划隔多长时间进行更新？
   c. 输入是由营销部门以外的组织提供的吗？营销部门为其他部门的计划提供输入信息吗？
   d. 我们可以要一份该计划的副本用于研究吗？
3. 从一个营销人员的角度来看，您认为您公司在每个主要的细分市场上的强项和弱项是什么？
4. 您的业务的多少比例来自于以下各个主要的细分市场？
   a. OEM ______%
   b. 贸易/批发______%
   c. 商业______%
   d. 国际______%
   e. 零售______%
5. 请描述在预测/生产计划/安排过程中，您的角色、职责和作用。
   a. 关于目前的程序，您特别喜欢什么？
   b. 您认为您希望改正的弱点/缺点是什么？您将如何实施这些改正措施？
   c. 您认为目前的流程执行得怎样，以及如何提高以下各项：
      (1) 预测的准确性？(请说明实际实现的百分比与您希望达到的标准水平)。
      (2) 时间调度（计划的与实际的绩效）？
      (3) 主要产品类别的提前期/固定时期？
      (4) 机器的停工时间？(这是一个问题吗？)
      (5) 零部件的缺货？(这是一个问题吗？)

(6) 在固定的X周时期内的生产变更?
(7) 供应商零部件的延迟交货?
(8) 变动的需求/订货方式?
(9) 客户服务——满足具体的客户需要的愿望?
(10) 信息系统数据库?
(11) 利用客户的销售额来预测(相对于根据工厂向客户的运输量来预测)?
(12) 其他?(请加以描述)

6. 您的组织常常代表客户与客户服务部门进行调解以下方面:
a. 调整订单?
b. 在相互竞争的客户之间重新分配库存?
c. 生产计划变更来处理紧急/关键的订单?
d. (对加急运输) 撤消运输条款和/或额外运输费用?
e. 退回商品的要求/问题?
f. 错误运输的产品/订单?
g. 在运输途中损坏的订货(包括可视和隐藏的损坏)?

7. 关于客户服务,您的主要客户细分市场需要什么:
a. 订货周期时间(从某个客户发出订单到该客户收到产品为止的时间)?
b. 订单满足率(在客户要求的交付日期内客户收到的产品占订单的比例)?
c. 订单完整性比例(客户最终收到的产品占订单的比例)?
d. 订货周期的一致性(随时间变化经历的提前期的变动与要求的交付日期的比较)?

8. 您认为目前公司在有关这些评估方面做得怎么样,如何提高绩效水平?

9. 谁为包含各种产品组/族的产品确定ABC分类?
a. 确定ABC分类采用什么准则和分析工具?
b. 在这一过程中,您如何与其他部门合作?

10. 谁负责为您的每个主要的细分市场建立有关以下方面的"销售条款和条件":
a. 支付期/折扣?
b. 整车运输/数量折扣?
c. 运输条款?
d. 退回商品政策?
e. 损坏与运输条款政策?

11. 总体上,您的条款如何有效,以及以上组成内容如何能够提高?在您看来,配送中心在每月末运输的大量业务是一个问题吗?如果是的话,如何能够减缓该问题?

12. 您觉得您组织有关物流执行的活动或与物流相联系的活动的主要问题是什么?您希望看到与以上提出的问题有关的哪些方面得到改变?

13. 从市场营销人员的角度来看,您觉得您所在的行业在未来的5至10中在以下方面会出现什么变化?
a. 市场/细分市场的成长。
b. 人口和/或地理特征方面的变动。

c. 产品组的变动、成长和衰退。

d. 新产品/产品删除。

e. 客户服务要求。

f. 竞争性环境。

g. 对营销组合中的各个组成要素的重视程度。

14. 您如何看待客户服务应该加以组织，更好地为客户提供服务?

15. 您为其他职能部门的长期计划提供输入信息吗?

16. 在制定您部门的长期计划时，您得到来自其他部门的输入信息吗?

17. 您可能遇到的生产问题的原因是什么?

18. 描述每个细分市场在目前和预期未来 5 年的有关以下方面的市场环境:

a. 贸易/渠道结构。

b. 竞争性环境。

c. 产品线/组合。

d. 定价策略。

e. 促销计划。

f. 销售支持组织。

19. 关于促销计划，请描述您如何在以下方面与物流/客户服务部门之间沟通/合作。

a. 时间安排（包括逐步引入/逐步撤除）。

b. 不同产品经理/客户细分市场经理之间的协调活动。

c. 定价范围管理。

d. 用于支持由促销活动增加的销售量的库存需求。

e. 特殊发运/运输条款。

f. 特殊支付，延期条款。

g. 需要考虑的库存存储单元。

附录 G

财务控制/会计督察

1. 是否为每种职能建立标准，从而对物流系统的总体绩效水平进行评估并与这些标准进行比较?

a. 客户服务。

b. 库存管理。

c. 运输。

d. 仓储。

e. 订单处理。

f. 其他（请加以说明）。

2. 您公司公认的物流成本的组成部分是什么，这些物流成本如何收集或计算?

3. 去年您公司的总销售量大约为多少?

4. 在过去的 5 年时间内，您公司经历的总销售额的平均年增长的百分比为多少?

5. 去年您公司的税后净利润占销售额的百分比为多少?

6. 在过去的5年内，您公司经历的平均税后净利润占销售额的百分比为多少？
7. 去年你公司的净价值收益率为多少？
8. 在过去的5年内，您公司经历的平均净价值收益率为多少？
9. 您公司的总资产中现金占了多少比例？
10. 您公司的总资产中库存占了多少比例（原材料、在制品和制成品）？
11. 您公司的制成品库存的平均年库存周转率为多少？您是如何计算的？
12. 总资产中应收账款占了多少比例？
13. 您公司在新投资上的最低可接受收益率为多少（税后）？
14. 您公司的总体市场份额为多少？（请包括您的主要业务活动）。
15. 在控制物流费用时，您采用标准成本吗？
16. 如果存在差异，您会采取什么纠正措施，纠正的频率如何？
17. 在您看来，您公司应该连续地汇编哪些具体的报告，来有效地评估总体的物流组织的绩效水平，以及关键的单个职能的绩效水平？
18. 请描述目前正使用什么步骤、程序、系统等来：
    a. 建立有关人数、预算和绩效评估的部门标准。
    b. 确保可行的、成本最低的合同/公共承运商的服务。
    c. 提供管理报告/控制。
    d. 使昂贵的、重复的产品移动减少到最小程度。
    e. 使用自动化的运费审计和/或支付技术。

附录 H[①]

采购督察

1. 您在原材料和在制品库存方面的平均投资和主要的商品种类的平均库存周转为多少？
2. 您公司向多少家供应商采购原材料和零部件？
    a. 多少家供应商的供货量占了您的采购量的80%？
    b. 在过去两年中，供应商的数目和您与前几位供应商的业务量如何变化？
3. 对于每种主要的类别/商品，您采用多少家供应商的产品，这些供应商位于什么地方？

商品种类	使用的数量	地理位置

4. 您采购原材料的频率如何（按主要的商品类别）？

商品种类	频率	订货数量/重量

① 资料来源：阿拉巴马大学 Jay U. Sterling 教授。

5. 在确定采购单上的订货发送数量时（每种主要的产品类），采用最低数量或固定数量吗？这些数量是如何计算的（利用计算机或手工）？

商品种类	基础	如何计算

6. 主要供应商的按产品类别的平均提前期为多少（从采购订单向供应商发出的日期直到工厂收到货物）？

商品种类	平均提前期

7. 是否可以定期获得原材料和零部件的与时间同步的订单信息？如果是的话，这些报告公布的频率为多少？请描述。
8. 这些推荐的订单报告是从数据处理系统中自动生成的吗？
9. 与以下有关的采购订单政策是什么：定期发送的一揽子订单；订单规格；供应商退款（包装/数量差错，损坏/不合格品，错误路线，延迟交付）。
10. 您在库存补充时通常遇到的提前期为多长（从下单的时间到收到产品的时间之间的天数/周数）？请按主要的供应商或产品类别列举。
11. 您需要/希望的提前期的长度为多少（从订单发出到收到订货）？
    a. 主要的供应商______
    b. 其他供应商______
12. 您订购的多少比例的物品是在您所要求的日期内正常交付的？请根据主要的供应商或产品种类列举。
13. 您将多大比例的订单归为紧急/尽快运输的订单？这在不同的供应商和不同产品种类之间是否有着显著的变化？（请加以解释）
14. 如果某个供应商不能够在期望的日期执行订单，那么您采用以下方法的次数的百分比为多少：
    a. 取消订单并寻找一个替代的供应商？______%
    b. 向供应商延期订货？______%
    c. 要求替代产品？______%
    d. 其他？（请注明）______%
15. 这会随供应商来源的不同而变动吗？（请加以解释）
16. 您的多大比例的采购需求是加急的（即，要求在供应商规定的提前期内）？______%
    a. 请描述来自供应商的不同种类的加急订单（例如，通过电话在正常系统中处理的订单，要求尽快交付的订单，小批量紧急订单，等等）。
    b. 加急订单的比例是不是太高？
17. 您会从您的主要供应商得到定期的报告，给您提供以下信息：
    a. 订单状态？是______否______
    b. 各种物品的可获得情况？是______否______
    c. 通过模型推荐存货平衡点（根据您的库存水平）？是______否______

18. 如果问题 17 的答案是“是”的话，您是如何获得这些信息的？您获得这些数据的频率有多快？
19. 在过去的 12 个月中，您的供应商是如何提高他们的交付和信息（订单等）处理系统的？
20. 您能够确定您想要从您的主要制造源订购的产品的可获得情况吗？是______否______如果是“是”的话，怎么确定的？
21. 如果零部件/原材料不能够获得，您能够确定什么和什么时候您的主要制造源将制造需要的产品？是______否______
22. 您是如何能够与您的主要制造源进行沟通来获得以上信息的？
23. 您的多大比例的零部件/原材料是通过以下运输方式得到的？
    a. 私有车辆______%
    b. 公共/合同承运商______%
    c. UPS ______%
    d. 铁路______%
    e. 平板车（背负式运输）______%
    f. 空运快速______%
24. 您和您的供应商之间采用预定的交付计划吗（例如，在每周预定的某天批量订购您的需求）？如果是的话，和谁？这个计划是如何运行的？它在帮助您管理您的库存中如何有效？
25. 您的供应商为大量订购提供激励措施（如预付运输、数量折扣、损坏的索赔处理）吗？如果是的话，按供应商分别加以解释。
26. 您试图要持有不同水平的安全库存（例如，快速移动的产品与需求量低的产品）吗？如果是的话，在确定哪种产品要维持库存而不是只根据需要订购时，您采用哪种类型的逻辑？
27. 您通常维持的手头库存的平均供应天数/周数/月数为多长？
    a. 它：太高？______太低？______
    b. 这一数值随着主要的商品和/或供应商的不同而变化吗？（请加以解释）。
28. 您进行某种类型的权衡分析来权衡数量折扣的经济性/提前购买与增加的持有成本吗？
29. 您的主要供应商提供什么类型的条款？

供应商	商品	条款

30. 您希望从您的主要供应商获得什么样的支付条款？
31. 您定期评估您的主要供应商的绩效水平吗？（请加以说明）。
32. 您公司的管理层评估的采购职能的绩效水平如何？
33. 在以下情况，您采用的主要准则是什么：
    a. 选择供应商？
    b. 评估供应商的绩效？
34. 哪些为您提供一致的期望的/满意的客户服务的供应商相对于那些没有提供一致

的让人满意的客户服务的供应商，有哪些区别性的特征？

35. 在过去的 12 至 18 个月内，您的主要供应商是如何提高他们的客户服务、交付和与订单有关的信息的？

36. 您希望供应商提供哪些目前您还不能获得的服务（有关物流/客户服务的）？

37. 您已经改变了或您正在考虑改变向您的供应商订购产品的方式吗（例如，库存订货的产品与按订单制造的产品，降低提前期，更高的期望的满足率）？

38. 您采用以下技术来向您的主要供应商发送订单的次数的百分比为多少？

订单发送技术	供应商			
	A	B	C	D
在线信息终端	____	____	____	____
传真	____	____	____	____
800 免费电话	____	____	____	____
由您付费的电话	____	____	____	____
邮件	____	____	____	____
手递给销售代表	____	____	____	____
EDI	____	____	____	____
互联网	____	____	____	____
其他(请注明)	____	____	____	____
总计	100%	100%	100%	100%

附录 I[①]

综合/高级管理督察

1. 您销售多少种产品系列？

   ________产品系列________年销售额________您业务的百分比

2. 描述您服务的主要行业中的总体竞争环境。
3. 您的总体营销战略是什么？
4. 谁是您的主要竞争对手？他们销售什么产品？销售给谁？
5. 您的主要竞争对手是如何分销他们的产品的？
6. 您的主要竞争对手提供独特的营销/分销服务吗？请加以解释。
7. 为什么您的客户愿意从您的竞争对手购买产品而不向您购买？
8. 您的主要市场中占有的市场份额估计为多少？
9. 描述您服务的主要行业中使用的营销渠道（中介和/或零售商）。
10. 您公司的物流有关的战略是以书面的形式确定和/或详细说明的吗？

    是________否________如果是的话，请对它进行总结。

① 资料来源：阿拉巴马大学 Jay U. Sterling 教授。

11. 实物分销/物流职能是如何组织的?
12. 典型的与分销/物流相关的活动列举在下表中。对于每一项活动，请用（√）表示您公司是否：

 a. 将这些活动/职能包含在总体的公司范围内和/或集中型分销/物流组织中（例如，公司）。

 b. 将这些活动/职能包含在分散型分销/物流组织中（例如，部门或业务单元运行组）。

 允许在两栏中都打勾。

活　动	包含在分散型组织中	包含在集中型组织中	这些活动是否不向两者汇报?
物流战略的制定	______	______	______
物流督察	______	______	______
系统建模和/或仿真	______	______	______
物流绩效评估报告	______	______	______
物流组织特有的会计/财务报告系统	______	______	______
客户服务战略的制定	______	______	______
客户服务督察	______	______	______
运输战略的制定	______	______	______
运输系统/网络分析	______	______	______
私有车队管理	______	______	______
公共和/或合同承运商管理	______	______	______
运输成本会计系统	______	______	______
费率/费率表/费率维护	______	______	______
费率谈判	______	______	______
车辆路线安排和计划	______	______	______
运费支付/督察系统	______	______	______
运输索赔管理	______	______	______
车辆派遣	______	______	______
车辆训练	______	______	______
车辆融资(例如,租赁与购买)	______	______	______
仓储战略的制定	______	______	______
仓库地点布局	______	______	______
仓库空间预测研究	______	______	______
自动化存储和检索(AS/AR)系统	______	______	______
仓库传输系统	______	______	______
仓库搬运系统设计与规范	______	______	______
仓储劳动力管理	______	______	______
仓库空间管理	______	______	______
仓库通道位置记录	______	______	______
仓库存储和搬运费率计算/谈判	______	______	______

13. 画出您公司的组织结构图（或提供一份复印件）。表明物流、营销、生产、采购和高层管理等职能部门，或者其同等的职能。包含您公司目前称作客户服务

（或客户关系，分销服务等）的任何职能部门。如果您公司细分物流活动，表明它们向什么部门报告。用虚线表明参谋的职责，用实线表明直接的职责。如果以上描述的公司职能的大多数方面已包括在公司的一个部门或分支结构中了，那么您可以只描述该部门或分支结构。

活　动	包含在 分散型组织中	包含在 集中型组织中	这些活动是否 不向两者汇报？
公共与私有(公司所有)仓储分析	______	______	______
自动化订单输入/处理	______	______	______
在线的通讯网络/系统	______	______	______
需求预测	______	______	______
正式的产品层次上的预测	______	______	______
向配送中心和/或客户的库存调度	______	______	______
库存跟踪/记录	______	______	______
配送需求计划(DRP)系统	______	______	______
能量管理	______	______	______
危险物料	______	______	______
劳动力管理			
招聘/安置	______	______	______
培训	______	______	______
监督	______	______	______
激励	______	______	______
工作评估/生产率	______	______	______
遵守安全制度	______	______	______
法律和行业关系	______	______	______
国际物流			
U.S. 到 P.O.E.	______	______	______
海外分销	______	______	______
专用的和/或分配给物流的数据处理系统(MIS)	______	______	______
包装设计	______	______	______
计算机辅助设计和制造(CAD/CAM)系统	______	______	______
采购系统	______	______	______

14. 是否为每种物流职能设立标准，从而可以评估物流系统的总体绩效，并将其与这些标准进行比较？

15. 您具有记录分销有关的交易的自动化文件吗？

a. 订单。

是______否______注释：________________

b. 装货单。

是______否______注释：________________

c. 运费发票。

是______否______注释：________________

d. 按库存存储单元划分的库存。

是_____否_____注释：________________

e. 仓库活动。

是_____否_____注释：________________

16. 在您看来，您公司应该连续汇编哪些具体的报告，来有效地评估公司的物流组织的总体绩效水平，以及关键的单个职能的绩效水平？

报　告	包括的关键评估指标
________________	________________
________________	________________
________________	________________

17. 您希望获得哪些类型的目前还不能获得的绩效数据？

18. 您觉得存在哪些与营销/生产/物流有关的问题？

19. 请描述目前正使用什么步骤、程序、系统等来：

a. 建立部门组织的标准。

b. 确保可行的、成本最低的合同/公共承运商的服务。

c. 建立有效率的仓库搬运和装货程序。

d. 提供管理报告/控制。

e. 采用最新的物流概念和服务。

f. 对调整的需求和变化做出反应。

g. 使高成本、复杂的多分销渠道的使用减少到最低程度。

h. 建立客户服务标准。

i. 安装仓库劳动力计划程序。

j. 使用管理/预定的运输计划。

k. 使用自动化的运费发票督察和/或支付技术。

l. 协商/实施有关入厂采购订单的有益的运输条款（关于原材料和零部件）。

m. 设计和实施在线的订单输入系统。

n. 安装有关订单输入的电话通讯系统。

o. 设计按库存存储单元和型号划分的自动化的与时间同步的生产与库存计划程序。

案例1　地平线食品公司①

“那么，为什么我们今天早上要开会呢?”罗杰·本纳特（Roger Bennett）问到。“我们是不是最终得承认，我们的销售系统有问题?”罗杰是新任命的品牌经理，提升前，他是一名销售人员，因此他急于解决在与客户交流的过程中，他曾经遇到过的一些问题。“如果我们不能告诉我们的客户准确的送货时间，我们怎么能继续销售我们的商品呢?”

“我想你已经猜出了问题的所在。”生产计划经理莎莉·瑞恩（Sally Ryan）回答道，“我们接到那么多关于特殊生产的订单要求，正是为了满足这些商品的存货要求使我们不能制定一个像样的正常生产计划。”生产计划组看起来已经变成了一个危机中心，订单像潮水一样从销售部门涌来。

当他们两个走进会议室时，财务总监梅尔·扬（Mel Young）抬起头来，“也许你们有谁能告诉我公司里到底是怎么一回事。我支付一些金额巨大的账单来外租仓库，为的是增加我们的库存能力。同时，我不得不提高流动资本投入，以使我们的手头能有足够的存货，但是看起来，我们永远都没有足够多的存货。难道我们不能在公司里采取一些控制措施吗?”

罗杰抢先回答道，“梅尔，你知道我们的组织方式。我们让生产部门负责供应市场，让营销部门负责联系客户。莎莉，我不得不对你说抱歉，但当我还是一名销售人员时，我从来都不能确定生产部门是不是能给我足够的支持。”

罗杰的话音未落，莎莉已经开始有点恼火，“罗杰，我不能责怪你，因为你在这个位置并没坐多久，但在我看来，营销部门一直处于失控状态，虽然并不那么严重。你手下的人想要所有的东西——整个产品系列、大量的存货——但你却不能明确地告诉我，客户到底想要买什么，以及他们计划何时取货。”

背景

地平线食品公司（Horizon Foods Corporation）是一家规模相对较小的精制食品加工公司，它有一条大型生产线，每年在国际市场上的销售总额为3亿美元。公司通过食品中间商网络来销售它的产品，这些中间商代表公司将食品销售给食品零售连锁店。地平线公司的产品以异国风味的精制食品为主，包括色拉调味料、意大利面拌酱和精制腌制食品的佐料。公司在广告上的投入较少——约为销售额的2%，而将促销精力主要投放在对中间商的支持上，公司向中间商提供摆放在销售网点的展示商品，与当地零售商合作进行广告宣传，同时也举行各种优惠的促销活动，让利给中间商。零售商大多喜爱地平线食品公司的产品，因为它们的产品质量很好。然而，地平线公司并不是这个市场中的惟一成员；近年来，争夺商店货架之战愈演愈烈。随着其他公司也开始供应完整的产品系列，地平线公司直接面对的竞争对手越来越多，战况也变得越来越激烈了。中间商们

① 此案例由俄勒冈州立大学商学院 Philip Schary 教授撰写。

报告说，对连锁的零售小店提高服务变得压力重重。他们说道，一些零售商开始就最近频频出现的缺货问题提出异议。其中有一些零售商有时会嘀咕，如果服务再没有起色，他们也许会转向其他的品牌。

公司由两家工厂负责产品的生产：一家在弗雷斯诺（Fresno）的加利福尼亚中央河谷（Central Valley of California），另一家位于伊利诺斯州，芝加哥以南60英里。工厂从其他食品供应商处购买配料，避免罐头公司所经历的季节性高峰。工厂大批量进货，目的在于降低生产成本，同时确保产品质量的稳定性。包装完毕后，工厂请承运商将货物送至市场，通常，一辆卡车会装着不同的产品。存货分散放置在乡间二十几个租赁仓库里。食品中间商致电给客户，明确订单要求，然后使用传真机联系这些仓库。在收到订单后，这些租赁仓库就会着手安排货物的运送。地平线公司的产品包装良好，并不是易变质的食品。订单通常都不大，每次在5至6箱，即150至200磅之间。每个租赁仓库都会使用他们自己选择的承运商来递送货物。运费则记在地平线公司的账上。运输成本很高，因为这些都是小批量的运输。货物的交付计划随着承包商的不同而不同，有些服务既快又可靠，而有些则极不稳定，以至于被客户评价为糟糕的交付服务。虽然地平线公司的两家工厂都位于农业地区，然而因为季节的因素，很多生产所需的配料还是要从很远的地方运过来。

地平线公司的管理层主要分为两大部门。其一是营销部门；其二是生产部门。除此之外，还有一些成员较少的部门，如人事、采购和财务。在两大主要部门中，生产部门成立时间较长。营销部门几乎是作为一个事后补充才成立的，为了在公司中树立威信，它也经历了一段不怎么好过的日子。生产部门的主要职责是制定生产计划、安排货物向仓库的转移，以及维护仓库中的存货。

营销部门内有两名品牌经理负责在市场上宣传公司的产品。他们负责产品促销、清点存货、提供销售支持以及产品的买卖。同时还有一名全国销售经理，他的职责是与食品中间商保持联系，在各租赁仓库之间进行调度，同时安排送货。这种将送货与生产部门及仓库服务剥离的做法常常会带来麻烦，使很多产品没有足够的存货量，以至于不能满足顾客的需要。

挑战

就在这时，公司总经理哈罗德·赛逊斯（Harold Sessions）走了进来，“我很高兴地看到，我们最终能把这个问题挑明了说。也许我们终于能在这个问题上采取一些措施。在这个产品运送过程中，我们需要一些更好的控制手段。而我之所以选择你们，是因为你们看起来真正关心这件事，并且愿意为它做些什么。那么现在，关于解决这个问题，你们有何建议?”

问题

1. 地平线食品公司服务的市场有何特征?
2. 地平线食品公司正面临着什么问题?
3. 您认为此问题存在的原因是什么?

4. 为了取得“产品运送过程中的控制”，您有何建议可以提供给这个任务小组？

案例2　联合化工[①]

1992年5月15日，荷兰高达省（Gouda）BV联合化工（Unichema BV）总经理简·卢威克（Jan Löwik）先生正在与公司高层管理人员商议运作策略。这个小组正在回顾满足客户需求的重要性、存货控制在满足这些需求中所起的作用、生产线改装过程中发现的问题以及公司资产的约束。

以下片断摘自他们的谈话：

商业/财务经理H·H·奥特（H.H. Ott）：

我在对公司绩效的最近一次分析中指出，我们在降低成本上取得了一些进步。但是，我们仍旧没有尽可能有效地管理我们的资产，在这点上，我再也不能更多地强调我们所承受的压力了。

物流经理H·G·泰恩·巴吉（H. G. ten Barge）：

在这方面，我们最新实施的物流系统对我们帮助很大。这个系统也使我们能直接同客户对话，帮助我们向客户提供他们所需要的产品，但是，还有一些遗留问题存在。就在上星期，我们就碰到了一个原本可以避免的问题。

我们正在生产一种编号为1761的产品（一种销售给少量顾客的特殊产品），我们请销售人员预测在接下来的几个月里客户对于这种产品的需求量。从销售部门返回的答案为10吨，于是我们就生产了10吨，清理了设备，为生产另一批产品做好了准备。几天后，一位我们极为重要的客户打电话来订购40吨1761号产品，而且要求尽可能得快。为了满足他的需要，我们不得不改装生产线，因此损失了两天的生产量，这当然会导致成本的增加。我们必须要想办法避免此类不愉快的意外再次发生！

销售经理格里姆先生（Griem）：

我同意我们应该响应并预料到客户的需要，但我们总要面对不愉快的意外事件。只要我们能够保留更多的存货或增加生产上的灵活性，我们就应该能处理好这些情况。另外，我感到忧心的是，物流部门与客户之间正在发展直接的联系，这使得销售部门正在成为多余。我认为，应该由销售部门主要负责与客户的交流，这样才能确保持续性的良好关系。

简·卢威克一边思索着公司业务的变化本质，一边研究着每位经理的发言。响应客户的需求仍然应该摆在优先级别的第一位，同时还有对于资产的合理利用，但是如果要

---

① 此案例由汤姆斯·E·沃尔曼（Thomas E. Vollmann）教授及朴尔·V·詹恩斯特（Per V. Jenster）教授撰写。其目的是作为课堂讨论的基础，而不是说明对某一管理问题的处理是否有效。

在顾及这些事项与获得令人满意的生产量及利润之间找到平衡点，那么就不可能不影响到整个公司的运作方式。他将身体靠在椅背上，说道：

> 先生们，所有这些顾虑都并非没有理由。但是，使现实变得复杂的原因是，我们的一些大客户看来已经明确表现出在业务中使用准时供货（JIT）方式的兴趣。他们意识到，应该在投入的资产上获得更高的回报，并将减少库存视为达到此目标的重要方式之一。我们的任务就是明确如何才能最好地满足这种需要……当然同时，在我们自己的资产投入上取得更高的回报。

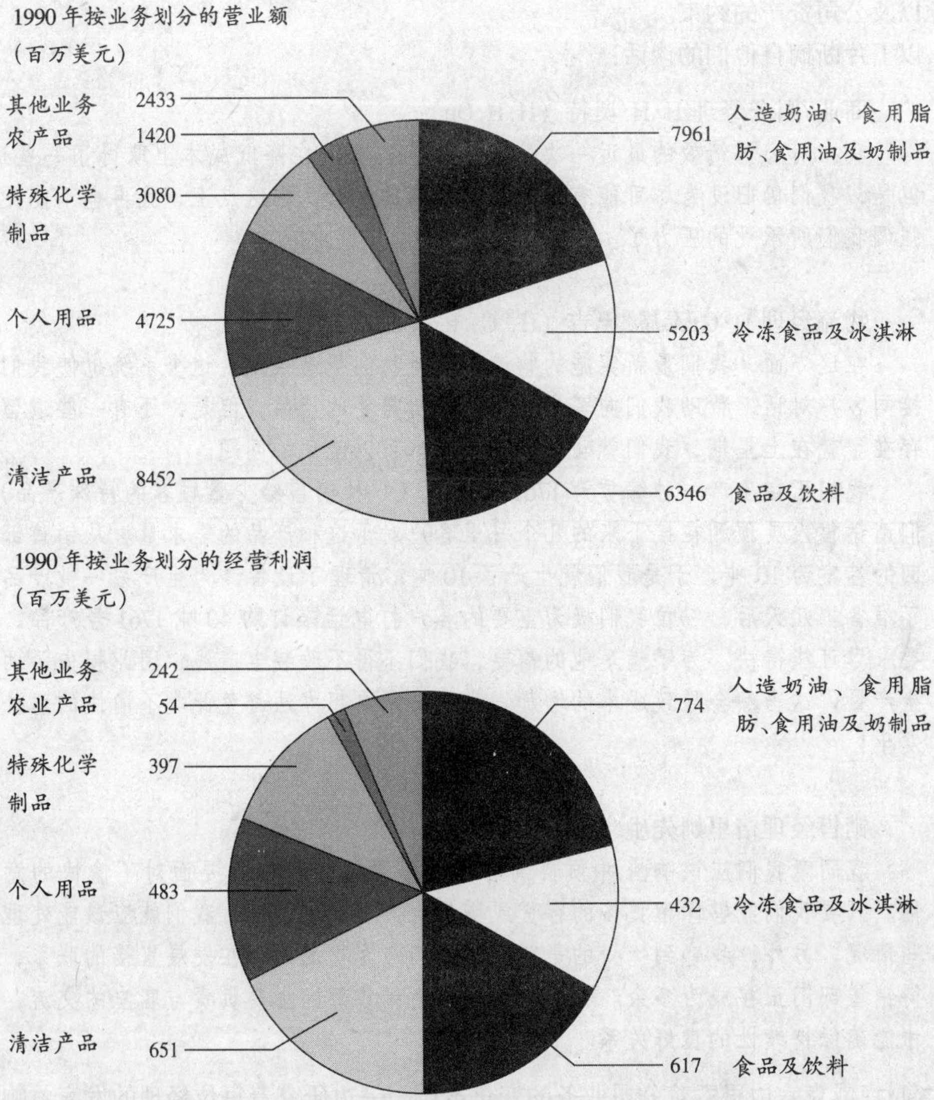

图1 联合利华的营业额及经营利润，按业务分类

联合利华

1992年，联合化工是全球最大的食品及个人护理用品生产商联合利华的附属公司。

1990年联合利华的营业总额（销售额）为396亿美元，其中：21%来自于清洁产品，20%来自于人造奶油、奶制品及食用油，16%来自于食品和饮料，13%来自于冷冻食品和冰淇淋，12%来自于个人用品，8%来自于特殊化学制品，剩下的10%来自于农业产品及其他业务（关于按行业划分的营业额及利润，参见图1）。其生产及经营特殊化学制品的企业主要有国家淀粉化学有限公司（National Starch），奎斯特国际公司（Quest International），科世飞化工（Crosfield Chemical）以及联合化工国际公司（Unichema International）（参见图2）。联合利华的主要业务是经营食品、饮料、清洁产品及个人用品领域中的品牌产品。

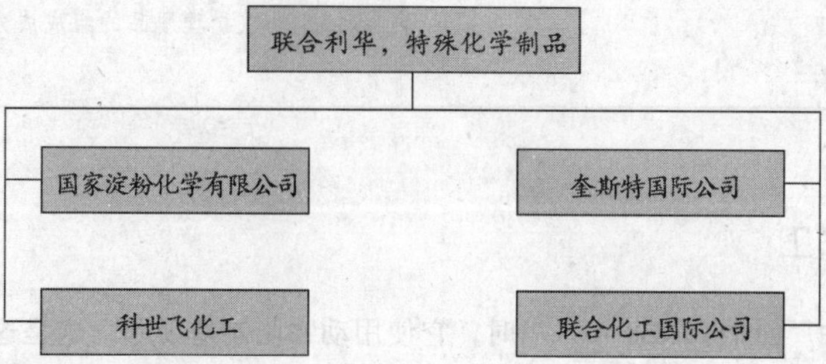

图2　联合利华，特殊化学制品

联合化工国际公司

总部设在荷兰高达省的联合化工国际公司每年生产50万吨油类化学制品，客户遍及世界各地（参见图3）。油类化学制品是从蔬菜或动物的天然油及脂肪中提取出来的。这类产品对环境无害而且用途广泛，可以应用于各种不同的领域。油类化学制品可以用来生产经蒸馏及分馏的脂肪酸、硬脂、油酸脂、甘油及像酯、氨基化合物、二聚脂肪酸

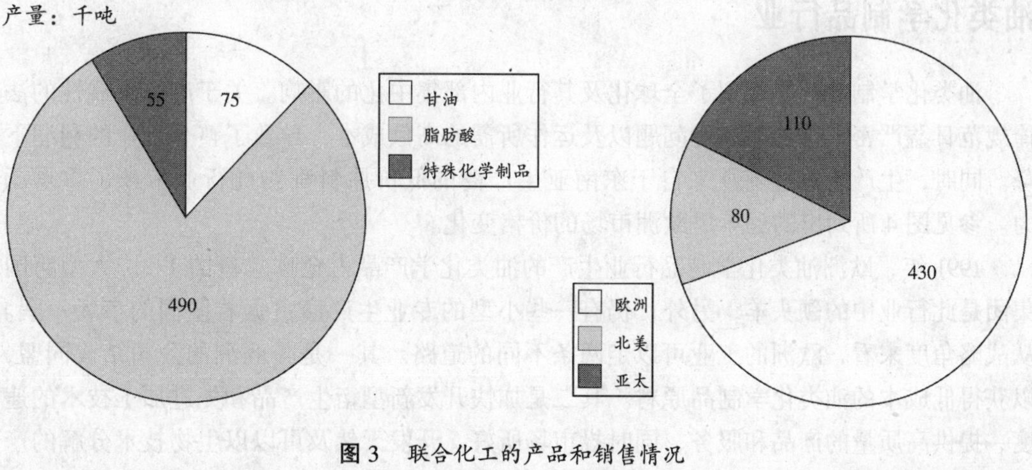

图3　联合化工的产品和销售情况

及肥皂条之类的功能性产品。酯有多种用途，其一是作为易分解的人造润滑剂的基本生产原料。联合化工生产的油类产品应用范围很广——可以用于生产聚合物、化妆品、橡胶、纺织品、皮革制品、纸张及润滑剂（表1列出的产品清单）。联合化工共有9个生

产基地，跨越了四大洲。高达省的BV联合化工是最大的生产基地，共有大约430名工作人员，另外有120名员工直接向公司总部汇报，这些员工也在当地工作（如发展部、市场部，等等）。

表1　联合化工的产品

联合利华,特殊化学制品	功能性产品
甘油	聚合化学制品
催化剂	润滑剂
脂肪酸	个人护理用品的组成成分
肥皂条	

BV联合化工

高达蜡烛厂创立于1858年，当时，它使用动物脂制造硬脂，这是这个工厂最初的生产活动。1929年，这家蜡烛厂与另外一家蜡烛厂合并，成立了高达阿波罗公司（Gouda Apollo），继续生产蜡烛。渐渐地，在将动物脂加工成蜡及羊毛软化油的过程中，这种全新的油类制品加工工业得到了发展。1960年，联合利华与美国的埃默利工业公司（Emery Industries）共同创办了联合利华—埃默利公司，而高达阿波罗则成为了合资公司的核心企业。合资公司连续开发了一系列独特的生产过程和与众不同的产品。1980年，联合利华买下了埃默利的股份，成为了公司的惟一持股人，而BV联合化工的名字从那时起一直沿用至今。蜡烛的生产活动于1983年停止；1992年，公司生产的油类化学制品超过了200种，产品销往世界各地。

油类化学制品行业

油类化学制品行业受到了全球化及其行业内部集中化的影响。关于产品可靠性的法律规范日益严密，再加上环境问题以及运作所需的高额成本，导致了整个行业的利润下降。同时，生产能力过剩及来自于东南亚生产商的低价原料都给此行业带来了重重压力。参见图4所列出的五年里欧洲市场的价格变化。

1991年，欧洲油类化学制品行业生产的油类化学产品占全球总量的1/3。大型跨国集团是此行业中的领头羊，另外，仍有一些小型的专业生产商占据着坚固的市场一隅。从战略角度来看，欧洲的工业可以走两条不同的道路。其一是与亚洲的公司结成同盟，以获得低成本的油类化学制品原料。其二是加快开发新型衍生产品和先进加工技术的速度、提供高质量的产品和服务，同时投市场所好，开发天然及可以以生物技术分解的产品。人们相信，未来公司是否能成功，完全建立在掌握机会的灵活性及坚实的技术基础之上。

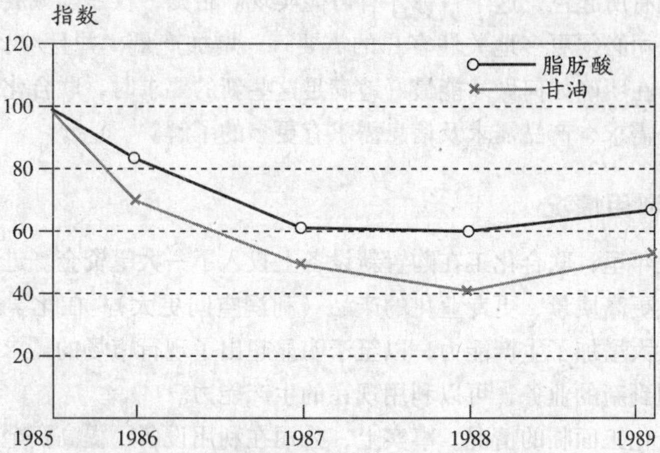

图 4　欧洲脂肪酸及甘油产品的价格，(1985 = 100)

需要高效率

顾客的需要及市场的压力促使油类化学制品行业的成员必须更有竞争性，对客户的需求反应更为迅速。顾客需要更低的价格、更短的交付提前期、更准确的送货时间、更好的质量和更高的可依赖程度。油类化学制品的生产商日益意识到自己必须加快对客户需求的反应速度，在降低价格的同时保持并改善自己的业务水平。

及时供补

为了提高制造效率，越来越多的生产商采纳了准时制（JIT）的概念。JIT 的最终目标是零库存、零补货提前期、零错误、通畅的物流过程、灵活的生产功能以及浪费情况的杜绝。因为缩短了生产周期、减少了库存和劳动力成本，空间需求变小了，质量控制成本降低了，总成本也随之降低。JIT 的实施对生产计划和控制系统的方方面面都产生了影响，同时也重新定义了生产过程和工作绩效的评估标准。

联合化工的压力

重重压力促使联合化工的管理人员对他们的经营方式进行根本性的评估。从财务角度上看，以有限的资本获得最大回报的要求变得越来越迫切。另外，对最大利润的追求和现实中日益缩小的利润空间、市场上愈演愈烈的竞争大战，以及相对而言较无起色的销售状况都在无形中催促着联合化工加大步伐朝更高的生产效率迈进。物流部和财务部的分析都显示，真正可能削减的支出来自于库存方面的原料成本和投入资本。很快地，管理人员将焦点集中在物流计划和库存管理之上，他们发现，如果提高这两个环节的工作效率，就可以削减开支。然而，问题在于仅仅依靠削减成本还不足以获得期望中的资本收益率。在做了大量的分析之后，卢威克先生和他的管理小组开始相信，削减成本可以将资本收益率提高大约 6 至 7 个百分点，而公司的目标是 15 个百分点的上升幅度。

只有当市场情况有所起色，这个目标才有可能实现。否则，仅靠削减成本是不可能达到最终目标的。公司必须更多地关注客户的需要——增加产量，并且/或者向客户提供新的产品及服务。在明确如何做才能最好地满足这些新的要求时，联合化工意识到公司必须对客户的业务需求、产品需求及信息需求有更多的了解。

生产能力利用情况

在过去的五年里，联合化工在购置新设备上投入了一大笔资金。进行投资的主要目的是为了能提供更高质量、更专业化的产品（利润空间更大）。在化学工业上的资金投入典型表现在大大增加了生产能力，以至于明显超出了现行市场的需求额度。公司期望不久后就能吸引到新的业务，可以利用现在的生产能力。

这就是联合化工面临的情况。事实上，公司在利用设备、提高资金投入的收益率上承担着很重的压力。同时，联合化工希望能尽可能高效率地利用它的设备，不仅仅保证资金的回收，还要获得最大的资金收益。表 2 显示的是 1991 年四个酯生产单位的运作结果。我们可以看到，四个工厂中的每一家，最多生产时间不超过 8,726 个小时。国家规定的假日（以及假期后用于恢复生产的时间）需要从中减去，同时需要减去的还有无订单的日子（酯生产单位 1 和单位 4）。剩下的时间再减去各种导致生产能力损失的原因，计划中的（标准原因）以及实际原因。如果因为一批产品在前一个机器上耽搁，或者因为后续设备还在生产另外一批产品，而使某家酯生产单位中的某件设备处于停滞状态，此时就发生了物流损失。最后一栏显示的是四家工厂各自的总体差异（小时）。

表 2　1991 年酯生产单位

	酯生产单位 1		酯生产单位 2		酯生产单位 3		酯生产单位 4	
	标准	实际	标准	实际	标准	实际	标准	实际
最多生产时间	8,736	8,736	8,736	9,736	8,736	8,736	8,736	8,736
国家规定假日	192	225	192	255	192	232	192	241
订单数量		1,178		0		0		1,413
可用生产时间	8,544	7,333	8,544	8,481	8,544	8,504	8,544	7,082
工厂假日	0	0	0	0	0	0	0	0
列行检查	0	24	336	868	336	729	281	310
各种设备调整	468	685	133	523	133	335	218	577
设备故障	126	1,049	124	288	124	261	125	433
物流损失	678	1,163	682	684	682	907	678	641
实现的生产能力	7,272	4,412	7,269	6,118	7,269	6,272	7,242	5,121
差异(标准—实际)	−2,860		−1,151		−997		−2,121	

联合化工的反应

决定工厂运作情况的是顾客的需求而不是生产能力，正是在此基础上才能推动效率的提高。联合化工一旦在这个看法上取得了一致意见，就开始着手寻找可以改善的环节。在工作的过程中，对于那些可以在公司里营造顾客至上的氛围的改变，上级管理层不懈余力地给予支持。最大的变化影响到了生产、物流、销售和客户服务等各大领域。生产——原来推动公司的作用力——开始向二级过程转变，而由物流取代了它原先的位置。在现实中，这意味着物流部门与客户直接接触，并建立了由客户需求决定生产计划的过程。这一过程在公司里形成了新型的优先级别，也使各部门的职能发生了明显的变化。

物流、生产和销售

在新的系统中，物流部门担任的是一个在客户及生产部门之间运作的协调者。物流部门为销售部门服务，而生产部门又为物流部门服务，从而使得生产过程为客户要求所驱动。然而，这种定位上的变化也促使着销售人员要对原先的职能做出相应的调整。以前，客户与公司间的联系，主要或者有时仅仅依靠着销售人员来维系。而在新的系统中，物流部门接过了日常客户服务的责任，他们与客户直接联系，明确他们的特定需求及准确的要货时间。如果要使用最少的库存来获得一个生产周期中最经济的成本，这种信息是极其关键的。了解客户需要何种商品，以及他们什么时候需要这些商品能使生产部门制定最为高效率的生产计划。事实上，新方法的核心内容就是这一过程。

将客户的需要与生产计划紧密联系起来是联合化工的基本应对措施之一。但这并不是惟一的应对措施。很多准时制的基本原理也被加以应用。这些努力包括试图缩短在生产不同产品时进行设备调整所需要的时间。譬如，有四家单位负责酯的生产，它们彼此之间在一定程度上可以互相替换。不过，新竣工的一号酯工厂，生产能力是二号、三号或四号的两倍。后三个单位中有一个用来生产可食性产品的添加剂，另一个用来生产小批量的产品，并因此不得不经常调整其设备。但使这家单位频繁改变工作方式的目的是为了使其他单位能以最高的效率运作。

JIT理论的其他方方面面也正在被加以研究应用。公司采用全面质量管理，目的在于杜绝错误、最小化产品差异以及排除任何意外情况。工作步骤的叙述经过完善，变得更加精确，使得加工所需时间趋向标准化。工人接受了其他工种的培训，可以胜任更多的工作任务，当他们采用能生产系列产品的组合型设备进行工作的时候，这点就变得特别有用。其他生产实践中的变化包括将原先一些由员工完成的工作——譬如，设备维护及质量检查——归为“直接劳动力”活动一类中去。

在新的物流系统改变了销售队伍的职能——即将他们与日常客户分离开——的同时，新系统也给了他们一个新的机会，集中发展伙伴关系，帮助客户了解联合化工在哪些新产品、新领域中能提供新的研发支持及各种其他支持。举一个例子来说，某位客户专业生产无环境危害的个人护理产品。于是联合化工与这位客户之间建立某种关系，由联合化工——使用它在油类化学制品领域的广泛知识——代替这位客户进行基础研究及开发工作，而客户所要做的就是决定它的产品应该拥有哪些特性，而无需亲自研究获得这些特性的方法。但是，由物流部门负责日常客户交流并建立这种伙伴关系，对此，从销售部门也传来了一些不同意的声音。譬如，一位销售人员这么说道：

虽然我知道客户需要越来越短的交货时间，我仍然认为应该由销售小组来负责与客户的日常联络，继续承担接订单的任务。我不喜欢由物流部门在这方面起主导作用的想法。如果我要与我的客户建立伙伴关系，我不会选择让别人插在我们之间。

数据处理

在准时制和物流系统实行的过程中，联合化工还发现，改革的进行依赖于工厂的整体自动化程度、生产过程中使用的技术、机器设备的安全装置以及计算机控制系统。这需要持续性的努力。很多计算机程序都需要进行修改，以适应新的变化。在高效率地运作生产单位上，软件所起的作用非常关键——目的在于将生产计划与客户的实际需求更有效地契合——它能提供对生产车间里发生的问题进行分析及自我修订所必需的数据。另外，在有可能削减开支的财务环节及其他特定领域，计算机能生成所需的数据。

人事

联合化工对客户的要求做出响应，进行了一系列的变化，这影响了人们工作的方式，也同时影响了人事部门的工作，因为工作绩效评估及工作要求描述都有所改变。工作绩效评估原本是建立在产品生产成本之上的，现在则需要侧重于对客户要求的反应速度。另外，从前直接劳动力成本与间接劳动力成本之间存在着明确的界限，而这一点在新环境里也变得不那么重要了。同时，在评定个人或公司的绩效是否成功时，客户的满意度日益变得更为重要。个人评定和职业发展都需要反映出这些新导向，工作评估则需要和新的优先级别相对应。

工作职能和责任角色在 JIT 系统下也要做出相应转化。工作职能变得更灵活。计算机系统的升级换代降低了公司运作对人力因素的依赖程度。人事经理说道：

我们需要把工作重心放在产品的质量及稳定性上，这就促使我们重新定义特定的工种。

伙伴关系

公司应该自觉加快对客户需求的响应速度，这也促使了公司找出其他一些可以加以改变的领域。为了更好地满足客户，联合化工必须检查所有的环节，找出其中能给及时送出所需货物带来影响的部分。譬如，联合化工必须做到交付客户需要的货物，货物必须准时到达，到达时状态良好，同时司机必须能在不同国家过境时，使货物顺利通过海关的检验。联合化工与一些运输商订有协议，因此，要确保支付最少的关税、提供最佳的交付服务，一种方法就是选择一些运输商，与之建立伙伴关系。这使得联合化工与运输商之间建立起一种都以客户为工作中心的相互关系。联合化工开始回顾一年里的运输商投诉事件，并对运输商使用的货车提出了整洁度的要求，并加以监督。通过这些措施，联合化工得以提高其交付绩效。

联合化工对与某些客户建立伙伴关系更感兴趣。只要知道了每位客户使用其产品的准确信息和问题所在，联合化工就能更高效地为每一位客户度身提供产品（解决问题的方法）。同时，这种伙伴关系也能使联合化工了解到哪一种产品对哪一位特定的客户来说是最为关键的。

联合化工还致力于同供应商之间达成伙伴关系，这样，他们可以共同考虑解决问题的方法。这些伙伴关系包括了共享有关生产计划、需求期望和关键产品的信息，联合化工内部的问题也能由大家一起商议。

伙伴关系计划使得联合化工能更好地满足客户的需要，同时在削减成本及缩短生产周期上获得更高的效率。与有限的客户、供应商、销售商及运输商合作使得联合化工制定出更好的生产计划表，将客户的实际需求融于生产实践中去，同时与物流部门协调一致。通过直接与客户交流，能全面了解他们的需要以及在产品、包装、送货及服务方面发现的问题，这使得联合化工能根据订单要求相应地多生产产品，而不再将产品堆积在仓库中等待订单的到来，这既节省了时间及库存持有成本，也缩短了生产周期。

要全面了解客户的需要，重要的是要切实知道客户是如何使用这些产品的。卢威克先生举了一个例子：

> 一位长期客户一直有规律性地订购一种产品，这种产品的颜色需要使用一种成本很高的特殊加工程序。有一天，某种生产过程使得这个产品的着色不合规格。因为时间紧迫以及客户的要求，这批产品就被发货了。然而，我仍然感到很不安，并最终决定前去拜访这位客户，为这批不合规格的产品道歉。我发现，这位客户将这种特殊产品用于一个污水加工厂，没有人会关心产品是哪种颜色。如果这位客户的业务需要一开始就为我们所知的话，这种产品将能使用日常加工程序来生产，并能因此节约很多设备调整所需要的时间和财力。

为了能够继续加强与客户间的联系，联合化工开发了一种伙伴关系评定计划。在这个计划中，每位客户都有一本小册子，在其中写明了他的特定需要及其他要求。销售小组于是就能使用这本小册子与客户一起商议解决问题的方法。这本小册子是整个公司里的质量推动器，目的就在于为客户提供更高质量的服务和产品。

ABC 分析法

最近，联合化工发展了一种针对客户及产品的 ABC 分析法。ABC，或称帕累托（Pareto）分析法的理论基础是，大部分的业务通常是由一小部分客户带来的。①

使用 ABC 分析法来分析联合化工的客户，发现 1992 年公司有大约 250 名客户。其中前 50 位（20%）的购货量占销售总额的 80%，其后 50 位占据了另外 15%，而剩下的 150 位客户总共只占有年销售总额的 5%。联合化工希望与前 50 位（A 级）客户达成伙

---

① 这个概念在各种领域中广泛应用，譬如：
- 质量管理：大部分的废品都是由极少一部分残次原因所造成的
- 大学校友会中极少一部分人捐赠了大量的校友会礼物
- 在很多国家中，20%的啤酒消费者喝掉了 80%的啤酒

伴关系，向他们提供特殊的服务，并主动与他们一起解决问题。表3列出的是联合化工250位客户的10%抽样。

表3 客户ABC分析样本（10%抽样）

客户编码	1992年购买总额(单位:荷兰盾)
A级客户	
1	3,548
2	1,072
3	513
4	320
5	216
B级客户	
6	115
7	91
8	75
9	55
10	42
C级客户	
11	31
12	26
13	20
14	14
15	9
16	6
17	5
18	3
19	2
20	1
21	1
22	1
23	0
24	0
25	0

对产品进行ABC分析发现联合化工主要有61种产品：其中16种占据了1991年销售总额的80%，另外11种占据了15%，而剩下的34种产品占据了销售总额的最后5%。表4给出的是使用ABC分析法对联合化工产品进行分析的概况。如图所示，1992年，产品的销量（单位：吨）并不完全符合先前的ABC分类（譬如，六号产品是A类产品，但在1992年其销量为零）。

表4　产品的ABC分析

	客户购买等级	1992年(单位:吨)
A类产品		
1	A,B	2,890
2	A,C	867
3	A,B,C	1,686
4	A	1,572
5	A,C	406
6	A,B	0
7	A	1,256
8	A	1,080
9	A,B,C	821
10	A	1,161
11	A	789
12	A,B	629
13	A	287
14	A,C	357
15	A,B,C	408
16	A	272
B类产品		
17	A,C	394
18	A,C	238
19	A	297
20	A	255
21	A	204
22	A	340
23	A,C	17
24	A	129
25	A,B	294
26	A	17
27	A,C	141
C类产品		
28	C	212
29	A,B	102
30	A,C	68
31	A,C	54
32	A,B	43
33	A	0
34	A,C	177
35	A	54
36	C	1,836
37	C	26
38	C	680
39	B	9
40	B,C	17
41	A	9
42	A,C	0
43	A	340
44	A,C	0

（续）

	客户购买等级	1992 年(单位:吨)
45	C	0
46	C	0
47	A,C	17
48	A,B	0
49	A,B	2
50	B	0
51	C	0
52	C	0
53	C	0
54	C	0
55	B,C	0
56	C	0
57	C	0
58	C	0
59	C	0
60	C	0
61	C	0

三大挑战

与世界各地的许多其他公司一样，联合化工面临着日益激烈的竞争、缩小的市场、国际化的客户群和不断更新的技术。这些因素促使管理层重新审视公司内部和外部的运作方式。虽然在了解客户上公司已经向前迈进了一大步，但显然，在这方面还有很多地方需要改进。技术人员与客户之间的联系需要加强，这使得销售队伍与技术人员的工作职能变得更加复杂。同时，随着客户的经营业务不断变化，联合化工还必须适应不断变化的产品要求，时刻准备好为客户提供研发支持。成本的压力和市场的不景气给联合化工的客户带来了不利的影响，这也进而影响到联合化工。

客户所需要的是可以完全放心的准时送货服务，为了满足这一需要，联合化工就要不断改进技术，使自己的产品更符合市场的要求，杜绝各种各样的产品问题，另外以技术能力为依托缩短设备改装时间，从而加快自己的反应速度。同时，物流（以及生产计划部门）的管理人员还面临着另一个挑战，即尽可能高效率地利用机器设备，从而获得最高的资产收益率。所有的这些问题都需要新的解决方式。而升级的软件程序可以更快地找出问题所在，同时提出更好的解决方法。工厂里的自动化数据整理是与特定问题环节的财务数据直接相关的，目的在于从这些环节中找到削减开支的途径。不仅如此，物流部门现在负责与客户直接沟通，承担的销售任务也已经不仅仅是接订单那么简单。更深层次的目的是要非常专业地帮助客户定义他们的需要，以及明确联合化工要怎样做才能更高效地满足他们的需要。

上文已经说到，伙伴关系在满足客户需要、建立彼此间的联系上变得越来越重要。同客户、供应商、销售商等等建立外部联系会改变公司内部的人事职能定义。但这种关系从员工投入的时间及精力上看起来是代价昂贵的。每一个特定的客户关系都需要指定特定的员工来负责。联合化工希望能通过在伙伴关系上投入精力，获得应得的回报。随着外部关系的建立，销售小组的工作职能发生了典型的变化。原来由他们负责的接订单及确定问题等任务如今已转移给像物流这样的部门。联合化工想在能获得更高效率的环节使用它的销售力量。随着很多大型竞争对手也与客户建立起了伙伴关系，要想在如今的市场里吸引到新的客户变得越来越困难。联合化工需要找到新的方法来克服这些障碍——而与此同时，也给他们的竞争对手带去更多的麻烦。

联合化工在寻找方法建立自己的新型伙伴关系，在这种伙伴关系中发展能吸引客户的与众不同之处，同时，利用这种伙伴关系使自己在竞争中始终处于不败之地。

任务

卢威克先生很高兴已经看到了目前为止所取得的进步，他希望在此基础上能获得更大的成功。关于工作小组，他最初的想法是：

> 我认为至今为止，我们的工作完成得相当棒，我们应该为取得的进步感到骄傲。但是现在还不是坐下来休息的时候。我们需要加倍努力，将每个人的力量联合起来，以取得更强大的协同效应。让我听听，你们对实现公司目标有何看法。

案例 3　贝恩公司[①]

贝恩公司（L.L.Bean，Inc.）坐落在缅因洲的自由港市（Freeport），直销各类专用商品。公司于1912年由莱恩·L·贝恩（Leon L. Bean）创立。莱恩对野外活动非常热心，因为拥有缅因洲打猎许可证获得者的通讯录，他可以推销一种优质轻型防水靴——“缅因

① 注：案例中参考了由伯纳德·J·拉朗德（Bernard J. La Londe）、玛萨·C·库柏（Martha C. Cooper）和汤姆斯·G·诺德威尔（Thomas G. Noordewier）合著的《客户服务：一种管理视角》（Customer Service：A Management Perspective）一书中第117页至120页的案例研究内容，但在此基础上进行了大幅的修改。修改的依据来自于贝恩公司公开发表的资料以及来自于公司网站 www.llbean.com 的信息。

打猎靴”，并创立了这家以自己名字命名的公司。在这双靴子的宣传小册子前三页里，贝恩保证“在任何方面的绝对满意程度”。这家公司在创业初期就明确了以产品质量和优质服务为经营的基准。

在接下来的几年里，贝恩公司发展迅速，每年邮寄1.5亿份产品目录（共有50种不同的产品目录），1998年公司的年销售额超过了10.3亿美元。产品介绍根据季节的变化而不同，既有代表了所有产品领域的全面介绍，也有诸如打猎、钓鱼、运动用品及家具等产品的分类介绍。在最近20年左右的时间里，贝恩公司的销售增长率远远超出了邮递直销行业的平均年增长率。在1965年和1979年之间，公司的年销售增长率在20%～25%之间，而20世纪90年代初期，这个数字在17%和18%左右。公司的销售总额由1993年的8.5亿美元升至1998年的10.3亿美元。

为了满足顾客的需要，贝恩公司共有超过16,000个不同的产品种类。这些产品通过产品目录、零售和仓储式销售点以及公司网站进行销售。为了支持如此繁多的产品种类，贝恩公司一共管理着10万个库存单位（SKU）。1998年，公司总共向它的顾客交付了1,100万个包裹，12月11日是公司最忙的一天，在那天里，公司总共交付了199,196个包裹。位于缅因洲自由港市的订单履行中心负责处理所有包裹的接收和发送。生意最忙的时候，这个中心共有2,800名员工。

产品/服务理念

贝恩公司的竞争对手包括日常商品直销巨头（如Nordstrom公司、J.C.Penney公司以及Sears公司），以及一系列专业商品直销商（如Lands'End、Eddie Bauer、Orvis、Lillian Vernon以及The Gap）。1995年，贝恩公司启动了自己的公司网站www.llbean.com，并于1996年开始网上销售的业务。公司遭遇到来自很多销售相似产品的电子零售商的竞争，其中一些电子零售商是传统零售公司新拓展的业务。贝恩公司主要的零售店位于缅因州的自由港，而工厂及仓库则分布在缅因州、新罕布什尔州、特拉华州及俄勒冈州。1992年，贝恩公司与西友百货（Seiyu Ltd.）以及松下电器携手，在日本东京开设了第一家零售商店。至今为止，公司在日本的零售商店总数已经超过了20家。贝恩公司产品目录的制作及零售网点的经营是由位于自由港及其周围地区的配送系统所支持的，包括缅因州的波特兰市（Portland）、路易丝顿城（Lewiston）以及瓦特维尔市（Waterville）。公司在缅因州自由港的最大零售商店拥有10.9万平方英尺的营业面积，每年都吸引350多万人次的顾客前来购物和参观。最新开张的L.L.儿童商店与旗舰零售商店相邻，1998年的顾客人数超过了68万人次。

贝恩公司之所以能获得成功，核心原因就是公司所奉行的产品质量、服务质量双重最优化的理念。这种理念通过“贝恩公司的黄金准则”自然而然地具体化了：

> 在获得合理利润的基础上销售商品。如果善待你的顾客，他们总是会给予你更多的回报。

在贝恩公司的企业目标中，也可以看到关于产品/服务质量理念的正式表达：

向从事户外活动的顾客直接销售质量高、性能价值高的休闲产品，给予他们我们所乐于接受的最优质的服务。在全面质量管理的原则指引下，我们将抱有一种高产量、高效率的态度来完成这一使命。

顾客服务

虽然产品质量是贝恩公司成功的关键，公司得以吸引及留住顾客的直接原因却是对于顾客服务的重视。(比如，"善待你的顾客"，"提供最优质的个人服务")。贝恩公司的服务核心是"百分之百的保证。"没有任何附加条件，公司对售出的每一件商品都承诺确保满意。如果有顾客出于任何原因而对一件产品表示不满，贝恩公司都承诺对商品进行调换或全额退款。事实上，贝恩公司的承诺如下：

> 我们的产品保证在任何方面都能使您百分之百的满意。如果不是这样，您可以于任何时候将任何于我处购买的商品退回。我们会按您的希望换一件商品给您、退回您的购物款或将钱返回至您的信用卡上。我们不希望您从贝恩公司购买到任何不能使您感到完全称心的产品。

在公司位于缅因州的顾客服务部门，通晓多门外语的客户服务代表一天 24 小时、一年 365 天地工作，从无间断。除了帮助顾客解决他们关于订单情况、退货及特殊要求的问题，顾客服务代表还向他们提供能满足特定要求的户外运动用具及装备清单。1998 年，公司一共接听了 150 万份免费的产品目录咨询电话和客户服务电话。在 1998 年最忙的一周里，贝恩公司的订单部门一共接听了 80 万个电话，其中最忙的一天接听了 148,506 个电话。同年，贝恩公司在网站上增加了一些顾客服务，包括：设计个性化签名、印在所购物品上、改裤长、赠送礼品包及礼品卡以及增加付款形式。

贝恩公司在缅因州自由港市还设有一家专门处理客户退货的退货中心。大多数的退货原因是因为尺寸不合。为了保证快速送货，大多数商品由联邦快递公司承接运送任务。贝恩公司的产品可以投递到世界上除了古巴及朝鲜以外的所有国家。

问题

1. 根据文中所述的信息以及您自己的理解，您认为哪一条"顾客需求"是最主要的，是贝恩公司所必须满足的?
2. 为每一个文中所提到的在服务过程中出现的顾客需求，提议一个适当的"建议衡量标准"，可以通过这些标准来衡量顾客的需求是否得到了满足。合理选择在进行衡量时所需要得到的数据，同时为获取这些必要的信息设计一种方法。您觉得对于您所选择的每一条衡量标准，合理的"目标价值"是什么?

贝恩公司

顾客服务：关键衡量标准

顾客需求	建议衡量标准	目标价值

3. 您认为贝恩公司的管理执行人员在最终决定将客户需求放在首位之前，还应该先得到一些什么信息，以及与每一条信息相关的特定衡量手段？

案例4 曼特尔科公司：SAP方案[①]

1996年3月23日，曼特尔科公司（Metalco）的高层执行人员（被称作为G14的管理小组）在澳大利亚西部的佩思市（Perth）召开了常规性的季度会议。根据会议的日程，有好几件事需要商议，但其中有一件却在这一天抓住了大多数人的注意力。这项涉及2,350万美元的方案是指由SAP AG软件公司为整个公司设计一个综合管理信息系统（IMI计划）。这项方案是由西澳大利亚分部的总经理安德鲁·默里（Andrew Murray）所提出的（见表1）。

曼特尔科公司是于1933年在澳大利亚成立的。公司几乎是由清一色的澳大利亚人拥有且管理的，它是澳大利亚最大的企业之一。曼特尔科公司生产传统的附加价值较低的矿石产品。它主要的业务是对石油及以镍、金为主的矿石进行勘探、开采、生产及加工。1995年公司的销售收入恰好超出22亿澳大利亚美元（AUS），资产总额为60亿AUS（见表2）。公司共有长期及临时员工约6,300人。分部主要位于澳大利亚，公司也有兴趣在海外建立分厂。

① 注：艾尔佩斯·默里（Elspeth Murray）在赛德·赫夫（Sid Huff）教授的指导下完成了这份材料，目的是为了课堂讨论。作者并不试图说明在对某一管理问题的处理是否有效。为了保密起见，作者可能隐去了一些真实的姓名及其他相关信息。

公司以四名执行总监为首，由一个行政办公室及三个自治权较高的业务单位组成。洛伊德·琼斯（Lloyd Jones）是管理总监。所有分部的管理者向分部执行总监凯斯·斯密士（Keith Smythe）汇报。最主要的运作单位是西澳大利亚分部（WA Ops），美洲曼特尔科分部及东澳大利亚分部（EA Ops），每个分部都有自己的总经理。WA Ops 以及美洲曼特尔科还有很多独立的经营单位——矿区、冶炼厂及精炼厂——其中 WA Ops 的下属经营单位就目前来讲是最多的。丹·马西森（Don Matheson）是公司的财务总监。勘探总监罗伊·伍德赛德（Roy Woodside）则接受所有勘探人员的汇报。执行小组（G14）由管理总监、执行总监及总经理们组成。

曼特尔科公司在 20 世纪 80 年代的发展极其迅速，这主要是因为公司在 60 年代和 70 年代期间的矿石勘探十分成功。与在勘探方面的投入相对比，公司在技术革新及经营创新上重视不够。在为新工厂及新设备选用相应的技术时，公司的态度非常保守。这使得曼特尔科公司的矿石加工及流程控制技术比起大多数其他工厂来落后了很多年的水平。虽然有一些矿区的机械化程度和工作效率很高，但是在其他一些矿区，情况则并非如此。研发经费只占总收入的极少一部分，面临类似情况的还有公司的信息系统。事实上，曼特尔科公司的信息系统已经被普遍认为远远落后于此行业中的领先者。

为了能试图弥补信息系统的不足，自 20 世纪 90 年代以来，曼特尔科公司就先后发起了一系列信息系统方案。这些计划包括：

- 更好地利用现有系统的方案——该方案计划对现有的信息系统进行更好的利用（由财务部发起）。
- 清除瓶颈方案——该方案目的在于缩短管理汇报所需的时间（由财务部发起）
- 劳动力管理系统——一项全新的薪资及人事系统（由人力资源部发起）
- 重新编写维护管理系统——与另一家澳大利亚大型金属工业公司合伙进行的项目，通过重写这一核心系统使它更便于使用（由合作伙伴发起）
- 升级通讯网络——这是一项推动客户机—服务器环境的方案［由管理信息系统（MIS）发起］

至今为止，曼特尔科公司所启动的最大、最雄心勃勃的计划是全面经营系统（TOS）。这项计划自 1992 年开始，其建立有以下几个目标：

- 为公司业务的有关部分提供标准化的定义及流程——保证信息被全面记录、系统分析、汇报与实际情况没有出入，同时，使用最经济的方式达到这一目标
- 及时、高效地实施该系统——这包括了实际上的实施、使用者的培训、实施支持以及标准的信息
- 协助公司内部的汇报，使之更加迅速及时
- 推广曼特尔科公司的信息管理及汇报政策

在整个公司范围里实施 TOS 的原先预算是 500 万美元，需时 2 年。到了 1996 年 7 月 1 日，该系统仅在公司1/3的地方完全投入使用，就已经花费了 1,200 万美元。而在这些使用该系统的地方上，对系统表现的不满之音随处可闻。事实上，曼特尔科的经营经理们对本公司的信息系统（IS）小组及他们的产品从来都没有好感，他们不得不请外部的

咨询小组来修补 TOS 系统，甚至公开比较各自所请的咨询小组的业绩记录。

曼特尔科近来组织了一个 MIS 小组。到了 1994 年，MIS 小组成了公司里的一个核心小组，它一方面要为曼特尔科公司的信息技术（IT）制定策略，一方面又要在公司里建立信息系统。小组在公司里有过一段曲折的经历，最初因为不能在时间或预算上建立信息系统，小组在公司里的口碑不良，并且一直未能扭转局面。到了 1995 年 1 月，小组主任德·汉森（Des Hanson）因在曼特尔科公司内部信息系统的发展问题上与高层管理人员产生分歧而辞职。汉森推崇一种强大的集权化的 IS 小组，而琼斯则坚持，这样一种结构在过去从来就没有成功过。

琼斯将汉森的辞职看成是一个在曼特尔科公司中彻底改变 MIS 结构的大好机会。由各经营部门共同承担对信息系统所负的责任，而信息小组也彻底分散化，从前小组的成员都各自成为不同部门的员工。不过，一个小型的公司小组还是保留了下来，以协调不同部门间的有关 IS 的活动，以保证在整个公司里达成一种一致性。除了这些结构上的改变之外，曼特尔科公司还通过了一项新政策，即公司将不会再自行设计任何系统。将软件解决方式外包成了首选方案，而如果在软件升级上有任何特殊要求，公司会请第三方来解决。

虽然 TOS 方案遇到了上述问题，事实上公司内部在信息系统上普遍遇到了类似的一些问题，西澳大利亚分部总经理安德鲁·默里对自己所提出的方案——整合管理信息（IMI）计划——充满信心，认为此方案绝不会重蹈覆辙。默里承认，IMI 计划不仅仅会改变现有的经营方式，还需要使用全新的电脑硬件设备及软件来支持新方式。然而，他仍然认为，选择全球最大的企业综合信息系统供应商 SAP AG 作为软件提供者能降低同时推动上述进程所担的风险。在任何情况下，默里都感到实施该计划的利益远远大于风险。

然而，并不是每一个高层管理人员都持有默里对于此计划的热情态度，而执行小组也听到了关于高层竭力否定该计划的传言。虽然没有人对该计划的成本提出过质疑，但确有人感到此系统所带来的好处不足以盖过其高达 2,350 万美元的支出。一些工厂的主管人员相信，他们现用的信息系统比 IMI 计划所能给予的还要好。另外一些管理人员则对曼特尔科成功实施这项庞大计划的能力表示担忧，而且，就算这项计划能付诸实施，曼特尔科员工是否有能力挖掘其全部潜力也是一个问题。事实上，他们感到这 2,350 万美元花在哪里都比用于这项计划更值得。一位高层管理者坦言道，他很难开口向下属基层经理解释，为什么他认为极其重要的现有生产资产升级一事将面临拨款上的大额削减。

虽然来自管理小组的抱怨不断，默里却认为对项目预付款的评估已经清楚地显示出曼特尔科将获得的利益以及此项目自身所带的风险。虽然项目小组仍在进行该计划的细节工作，默里对他们的能力已有充分的信心，认为在预算范围内按时完成新系统绝对不成问题。同样重要的是，默里坚信这项计划的实行对于曼特尔科公司跨入 21 世纪而言是极其关键的，该计划是必经之路。

表 1

G14 成员备忘录

致： 所有 G14 成员
日期： 1996 年 3 月 23 日
来自： A. D. 默里
主题： 关于综合管理信息（IMI）计划的推行建议

附件列出的是曼特尔科公司关于即将在公司内部推行的一项全新信息系统的建议。就公司范围内的业务流程进行检查之后，我相信此项新信息系统可以使曼特尔科公司作为低成本生产商跨入下一个世纪。

我们进行了极其细致的成本—利益分析，以及这项投资所蕴含的风险。我乐于全心支持这项计划的执行。您可以在文件中找到关于我们所做分析的总结。

这项计划总耗资 2,350 万美元，这对于曼特尔科公司而言是一笔巨大的支出。然而我们相信，现在进行这项投资对于我们的未来是极其关键的。如果没有这个系统，我们想在 2000 年之前成为一个低成本、高质量的生产商这一主要战略目标是难以实现的。

你们中的大多数人都已经意识到，我们现有的信息技术程度已经落后于此行业中的领先者，比如 BHP。在遭遇到我们也面临着的金属价格大跌时，他们的低成本优势使他们的股票价格得以不受影响。我们相信，他们之所以能始终保持着最低的成本，他们所使用的信息系统是关键。

此致

安德鲁·默里
WA Ops 总经理

执行计划总结
综合管理信息（IMI）项目

概要

IMI 项目代表了曼特尔科公司在信息系统资源开发上的一个极大投入。过去，曼特尔科从未在信息系统上下过大手笔，而 IMI 项目代表了一种全新的实践。过去，曼特尔科在开发信息系统上遵循的是一个公司一个系统的准则，而很少关注到各个公司之间对信息的交换及共享。因此，在曼特尔科内部有 32 个独立的信息系统，且彼此之间都不能共享信息。公司与公司间的定义法则不同，而且在信息的管理上投入了令人吃惊的重复劳动。除此以外，原有的信息系统主要以汇报工作而不是管理公司日常业务为目的。发起 IMI 项目就是为了对目前的状况进行必要的纠正。具体说来，项目的目标如下：

目标：

- 对生产数据进行在线、即时的读取
- 在线、即时的管理汇报能力
- 各个公司之间相同的定义标准

（续）

执行计划总结
综合管理信息（IMI）项目（续）

初期利益：

有形利益：

- 5年内共节约1,000万美元的劳动力成本
- 5年内增加获利5,000万美元

无形利益：

- 致力于追求更高的商业效率

初期成本估算

2,350万美元——开发费用

项目评分摘要

分　类	重要性	×	得分	=	加权得分
经济影响力	10		5.0		50
战略匹配度	2		4.0		8
竞争性优势	2		5.0		10
管理信息	2		5.0		10
竞争反应能力	2		5.0		10
组织风险	−1		1.0		−1
战略性IS构造	3		5.0		15
定义不确定性	−2		2.0		−4
技术不确定性	−2		4.0		−8
IS基础设施风险	−2		5.0		−10
最终项目得分					80*

* 关于项目得分，详情请参阅附表

G14成员的行动响应

关于实施建议中项目所需的成本及可能的利益，以上摘要在初期需要的基础上给出了准确的估算。请G14成员加以考虑。

琼斯先生 管理总监	斯密士先生 运营经理
斯密士先生 运营总监	伍德赛德先生 勘探总监

（续）

IMI 项目评分过程

经济影响力

	开发费用	第 1 年	第 2 年	第 3 年	第 4 年	第 5 年
成本	$23,500.00					
利益		$24,100.00	$11,695.00	$11,695.00	$11,695.00	$11,695.00
利益总和	$70,880.00					
净现值@10%	$55,610.52					
投资收益率	60.32%					
经济影响力得分：5						

注：与其他在信息系统上的投入比较，IMI 项目在经济利益方面的得分要高出很多。因此，该项目在经济影响力上得到了满分五分。

战略匹配度

战略匹配度的得分取决于建议中的项目和既定战略目标的吻合程度。如果项目是组织战略一个必不可少的组成部分，或者是组织战略的一个关键环节，那么它的战略匹配度得分就会较高。战略计划将列出当前计划中包含的、且在这一项中起评分作用的战略目标。评分标准如下：

得分	描述
0	该项目对于完成任何所列出的公司或部门的战略目标没有任何直接或间接的关系。
1	该项目对于完成任何所列出的公司或部门的战略目标没有任何直接或间接的关系，但可以推动经营效率。
2	该项目对于完成任何所列出的公司或部门的战略目标没有任何直接或间接的关系，但对于另一个（另一些）能部分实现某个战略目标的系统而言，该项目是必不可少的前提条件（必要条件）。
3	该项目对于完成任何所列出的公司或部门的战略目标没有任何直接或间接的关系，但对于另一个（另一些）能实现某个战略目标的系统而言，该项目是必不可少的前提条件（必要条件）。
4	该项目对于部分实现某个明确的战略目标有直接作用。
5	该项目对于实现某个明确的战略目标有直接作用。

战略匹配度得分：4

（续）

竞争力优势

竞争力优势的得分取决于建议中的项目直接或间接提升组织竞争能力的程度。比如，一些项目所提供的信息能明显地降低组织的经营成本，那么，它们在竞争力优势这一项上的得分就会较高。

得分	描述
0	该项目并不支持公司竞争力的提高。它对于经营成本只有极少影响或根本没有影响。
1	该项目通过推动经营效率间接地提高了经营单位的竞争性地位，它对于增强公司运作的有效性没有任何影响。
2	该项目通过推动某个关键战略领域中的经营效率而直接提高了公司的竞争性地位。
3	该项目大量削减了经营成本，使得公司的竞争能力有了少许的提高。
4	该项目大量削减了经营成本，使得公司的竞争能力有了一定的提高。
5	该项目大量削减了经营成本，使得公司的竞争能力有了显著的提高。

竞争优势得分：5

管理信息

在管理人员及副总裁对自己的经营策略进行评价及设法使自己的工作更有效时，该项目能否向他们提供必要的管理信息、给公司带来显著的利益，这项得分即基于此标准。

得分	描述
0	该项目对于核心活动的管理信息支持（MISCA，management information support of core activities）没有关系。
1	该项目与 MISCA 没有关系，但能提供一些与企业核心活动有关的功能性信息。
2	该项目与 IMSCA 没有关系，但能提供一些直接支持核心活动的功能性信息。
3	该项目与 IMSCA 没有关系，但能提供一些进行核心活动不可或缺的信息。这种信息本身具有可行性。
4	该项目对于将来 MISCA 的提供不可或缺。
5	该项目对于当前 MISCA 的提供不可或缺。

管理信息得分：5

（续）

竞争响应能力

这一项的得分反映了公司如果不执行这项计划而要承担的风险。

得分	描述
0	在不影响竞争性地位的前提下，该项目的执行可以延后至少12个月；或者，现行的系统及程序可以带来几乎相同的结果，是否执行该项目不会影响到公司的竞争性地位。
1	该项目的延后不会影响竞争性地位，为了得到同样的结果只需花费极少的劳动力成本。
2	该项目的延后不会影响竞争性地位，但是，为了得到同样的结果，需要花费一定量的劳动力成本。
3	如果延后执行该项目，公司仍旧可以在不影响其竞争性地位的前提下对必要的变化进行响应；如果不执行新系统，公司对竞争环境里的变化进行快速有效响应的能力不会受到明显的削弱。
4	该项目的延后执行可能会导致企业的竞争劣势，或者丢失可能提高竞争能力的机会；或者，企业内部现行的成功活动可能会因为缺乏建议中的系统而受到限制。
5	该项目的延后执行将会导致企业的竞争劣势，或者丢失可能提高竞争能力的机会；或者，企业内部现行的成功活动一定会因为缺乏建议中的系统而受到限制。

竞争响应能力得分：5

公司风险程度得分

这一项的得分取决于系统对于新技术或未经验证的技术，对于管理层能力和经验的依赖程度。

得分	描述
0	公司拥有完整的计划可以执行建议中的系统。管理层职能明确，整个过程中的每一个环节都有记录。对于计划中可能出现的意外情况有事先准备，项目主管对项目负责。事先明确市场的需要，在此基础上生产产品及增加产品的附加值。
1至4分	1~4分基于事先准备程度与风险大小的总体评估。以下清单可以用来作为打分依据。

	是	否	未知
完善的商业计划	X		
管理层职能明确	X		
对于意外事件有计划中的应对方式	X		
记录每一个环节		X	
可能用户的接受培训程度	X		
有项目主管	X		
产品市场定位明确		X	
事先了解市场需要	X		

对于每一项回答为“否”或“未知”的选项，加上5分。

5分	公司对于执行此建议中的系统没有任何计划。管理人员对自己的职责不清。整个过程中没有进行相应的记录。没有明确的主管人员对项目负责。产品或附加值没有明确的市场定位。对市场的了解不够。

公司风险程度得分：1

（续）

战略性 IS 构造

这一项得分反应了该系统与 IS 及 IT 战略的吻合程度，得分依据为 IS 及 IT 系统的详细结构。

得分	描述
0	建议中的项目与 IS 及 IT 系统的结构无关。
1	建议中的项目是该结构中的一部分，但无明确的优先地位。
2	建议中的项目是该结构中的一部分，但收益率较低，且不是执行其他结构项目的必要先决条件。
3	建议中的项目是该结构中的主要部分，收益率中等，且不是执行其他结构项目的必要先决条件，不过，它与先决项目间有着某些联系。
4	建议中的项目是该结构中的主要部分，但收益率较高，且不是执行其他结构项目的必要先决条件，不过，它与先决项目间有着某些联系。
5	建议中的项目是该结构中的主要部分，是首先执行的部分，且是执行其他结构项目的必要先决条件。

战略性 IS 构造得分：5

定义不确定性

这一项得分衡量了该项目中的某些细节定义不足，以及/或者未经通过检验的程度。

得分	描述
0	需求切实且通过检验。细节问题切实且通过检验。经检查过的方面没有任何疑问。不需要任何变化的可能性高。
1	需求比较切实。细节问题比较切实。没有通过正式的检验。经检查过的方面没有任何疑问。发生非正常变化的可能性较低。
2	需求比较切实。细节问题比较切实。经检查过的方面没有任何疑问。发生非正常变化的可能性较低。
3	需求比较切实。细节问题比较切实。经检查过的方面没有任何疑问。改动几乎是必须的，而且最好立刻完成。
4	需求并不切实。细节问题并不切实。方方面面十分复杂。改动几乎是必须的，甚至在整个计划进行的过程中。
5	需求未知。细节问题未知。方方面面可能十分复杂。可以边进行计划边改动，但问题的关键是需求未知。

定义不确定性得分：2

（续）

技术不确定性

这一项得分衡量的是系统对新型的或未经测试的技术、硬件、软件以及系统的依赖程度。

需要技术

1. 不管是员工还是管理人员都不需要新的技能。对于这个系统，大家都有经验。
2. 员工需要一些新的技能，而管理人员不需要。
3. 员工及管理人员都需要一些新的技能。
4. 员工需要一些新的技能，而管理人员则需要大量的新技能。
5. 员工需要大量的新技能，而管理人员则需要一些新的技能。
6. 员工及管理人员都需要大量的新技能。

硬件依赖程度

1. 硬件被应用于一个相似的环境中。
2. 硬件在应用中，但这是一个不同的环境。
3. 硬件存在且经过了测试，但并没有在运行中。
4. 硬件存在但在公司中未加以利用。
5. 一些关键的特征还未经测试或应用。
6. 管理信息系统的配置不满足关键需求。

软件依赖程度（不包括应用软件）：

1. 标准软件，没有任何疑问，不需要任何程序编制工作。
2. 标准软件在使用中，但是需要复杂的程序编制工作。
3. 软件与软件间需要一些新的转换方式，复杂的程序编制工作也许是需要的。
4. 软件的应用需要一些新的特性，软件与软件间的复杂转化也许是需要的。
5. 需要一些如今并不支持的特性，在多媒体方面状态方面需要进行适当的加工。
6. 在多媒体状态方面需要进行大量的加工。

应用软件：

1. 程序存在，只需进行最少量的修改。
2. 可以购得只需进行最少量修改的程序，或者可以在现有程序的基础上进行适当的修改，或者可以自行对软件进行最简单化的开发。
3. 可以购得需要进行适量修改的程序，或者要对现有的程序进行大量的修改，或者可以自行开发设计最简单但需要一定编程量的软件。
4. 可以购得程序，但转化的复杂程度高，或者可以自行开发软件，但有一定的难度。
5. 没有可购买的软件包，也没有现有的程序，需要复杂的设计及编程，有一定的难度。
6. 没有可购买的软件包，也没有现有的程度，即使将任务外包，也还需要复杂的设计及编程。

需要技术：	5
硬件依赖程度：	5
软件依赖程度：	3
应用软件：	3
总计：	16

技术不确定性得分：16/4＝4

（续）

IS 基础设施风险

这一项的得分取决于向另外一些先决服务或环境设施所进行的技术领域方面的投资程度。

得分	描述
0	这项系统使用现有的服务及设备。不需要对 IS 的前提设备进行投资（例如：数据库管理）；除了直接属于该项目的有关部分，计划中没有先期成本。
1	为了运行该项目，需要对现有的计算机服务传递系统的某个环节进行修改。除了项目的直接成本，相关的先期投入比较少。
2	为了运行该项目，需要对现有的计算机服务传递系统的一些环节进行少许修改。同时该项目也需要一些先期成本。之后，为了将该项目与主导的 IS 环境整合，其他一些投资也许也是必要的。
3	为了运行该项目，需要对现有的计算机服务传递系统的一些环节进行相应修改。同时该项目也需要一些先期成本。之后，为了将该项目与主导的 IS 环境整合，其他一些投资也许也是必要的。
4	为了运行该项目，需要对现有的计算机服务传递系统的一些环节进行修改。同时该项目也需要一些向人力、软件、硬件及管理层进行先期投资。这些投资并不包含在项目的直接成本中，但为了营造出项目所需的环境，这些对 IS 设备的投资是必需的。
5	为了运行该项目，需要对现有的计算机服务传递系统的一些环节进行大量修改。同时该项目也需要大量向人力、软件、硬件及管理层进行先期投资。这些投资并不包含在项目的直接成本中，但为了营造出项目所需的环境，这些对 IS 设备的投资是必需的。

IS 基础设施风险得分：5

表 2

合并资产损益表（百万美元）

	1995	1994
经营收入	2242.5	1697.2
异常项目前的经营利润（损失）		
集团	433.9	127.8
附属公司	0	0
	433.9	127.8
异常项目	0	(0.7)
所得税前的经营利润（损失）		
集团	433.9	127.1
附属公司	0	0
	433.9	127.1
经营利润及异常项目的应付所得税（支出）		
集团	(109.8)	(3.5)
附属公司	0	0
异常收入所得税（支出）/贷方		
集团	(18.6)	5.8
附属公司	0	0
	(128.4)	(9.3)
所得税后经营利润	305.5	136.4
税后外部股东经营（利润）损失及特殊项目	(7.5)	(4.4)
税后曼特尔科公司合伙人经营（利润）损失及特殊项目	298	132
财政年度开始时预留的利润		
集团	186	132.4
附属公司	0	0
	186	132.4
全部款项	484	264.4
提供或支付股息	(221.9)	(78.4)
财政年度结束时预留的利润		
集团	262.1	186
附属公司	0	0
	262.1	186
每股基本收益	26.9 美分	13.2 美分
异常项目前每股基本收益	28.6 美分	12.6 美分
资本支出	613	769

案例5　吉尔斯实验室①

吉尔斯实验室（Giles Laboratories）的所有股权归其母公司：全球型企业赛柏制药集团公司（Thurber Pharmaceutical）。吉尔斯实验室配送服务部门总监保罗·麦克诺顿（Paul McNaughton）正因为高层管理人员想要减少公司在美国各地所维护的地区性仓库数目而心事重重。高层管理者相信公司在不影响销售经营的条件下可以减少配送所需的设施。他们发现吉尔斯的仓库比母公司还要多，而后者的产量及销售业绩都比吉尔斯更好。同时，他们也发现吉尔斯的竞争者所拥有的仓库都要比吉尔斯少，而所占的全国市场份额却相差无几。

1996年初，吉尔斯实验室有37个地区性仓库，其中33个是租借来的。其余的4个仓库虽然归母公司所有，但双方之间所订立的合约与其他租借来的仓库一模一样。除了这37个地区性仓库，吉尔斯实验室拥有4个自己的工厂仓库，为那些位于厂房周围的客户及地区性仓库提供服务。

1996年3月，麦克诺顿所面临的一个棘手问题就是要将位于俄亥俄州哥伦布市的租借式仓库退掉，而使用位于印第安纳州印第安纳普利斯的工厂仓库直接为那里的客户服务。这就意味着，位于印第安纳普利斯的库存设施其服务范围要扩至俄亥俄州德顿市（Dayton）以外。与哥伦布市仓库所签订的合同有效期截止于8月中旬。

赛柏制药集团公司

吉尔斯实验室是赛柏制药集团公司下属的集团公司之一，虽然母公司专业生产一系列处方药，但子公司的产品范围较大，涉及食品及其他日常消费品。

每个子公司都以独立的公司实体运作，各有自己的一套管理班子，在制定市场推广的相关政策上，也享有较宽松的自由度。赛柏对下属子公司的控制主要体现在跨公司政策的制定上以及对重大投资决策的管理上。一个国际分部负责对位于外国的子公司的生产状况及销售情况进行监督。

吉尔斯实验室的背景资料

吉尔斯及其主要的竞争者占营养健康类食品市场75%的份额。其中，吉尔斯占到了全部市场的40%。

① 注：本案例在写作过程中受到了一家未署名公司的协助。由俄亥俄州立大学营销物流专业的阿尔伯特·M·兰多里斯（Albert M. Ladores）在伯纳德·J·拉伦德（Bernard J. La Londe）教授的指导下撰写。由道格拉斯·M·兰伯特（Douglas M. Lambert）修改。

产品系列

吉尔斯主要生产 35 类产品，都来自于同一个基础原材料大项。产品的不同主要在于添加剂及卡路里含量的不同。呈液体浓缩物或粉末状的成品被包装在不同规格的罐子中。

印第安纳普利斯工厂是公司所有的四家工厂中最大且历史最长的工厂，主要生产 25 种产品。其他的三家工厂每一家最多生产 12 种产品。

销售运作

公司 90% 的产品通过零售网点销售，其中最重要的就是百货商店、药品批发点、连锁药店及连锁超市。剩下的则直接销往医院，供处于康复期的病人使用。公司产品的需求不受季节变化的影响。

销售人员把工作的重点放在医疗工作者、医院及主要零售网点上。他们的工作主要是通过提高产品的销售量及帮助零售商经营来推广产品。在绝大多数情况下，他们不负责接受订单。

配送组织

配送服务总监麦克诺顿先生向公司副总汇报，其在公司中所处的地位与主管会计及生产总监相当。他主要负责四方面的工作：配送、经营计划、采购及生产计划，每一项工作都由一名经理负责并直接向他汇报。配送服务总监对大多数的物流职能有控制权，除了各工厂的运货及收货以外，这是由各工厂的经理所负责的，再由他们向生产总监汇报。

所有的销售人员都在位于印第安纳普利斯的公司总部工作。各工厂运货及收货的协调工作由工厂经理负责。

配送政策及实践

吉尔斯实验室在配送上遵循他们的传统方式，即通过租借来的公共仓库进行配送。这一点是与母公司拥有及控制仓库的系统大为不同的。但是，吉尔斯已经开始通过一系列的工作，测试继续只采用公共仓库来进行交易的系统是否实用。

吉尔斯目前拥有 4 所工厂仓库、4 所为母公司所有的仓库及上文所述的 33 所专门存放日常用品类产品也向其他日常用品行业公司提供服务的公共仓库。吉尔斯从来没有完全占有过某一个租借来的地区性仓库全部的空间。它在每一家公共仓库中的储存量在 3,000 至 10,000 英担之间。同时，吉尔斯也没有与其任何一家兄弟公司共同使用某一家公共仓库。

大部分公共仓库的租金至少每年商谈一次，两年后续约的合同极少。仓库对于每 100 磅运至仓库的货物收取一笔存放费用及手续费，在任何情况下，租金都是一次性付清。像具有特殊要求的产品及电话费这样的附属支出，则另立账单。对于每英担超出规定月存放额度的货物，公共仓库会要求公司支付一笔数额较小的赔偿金。在工厂仓库中，最主要的付费规则为，按每月平均库存量全部制造成本的 1.5%收取储存费用及搬运费。全部成本包括了管理费用及其他固定成本，以及占吉尔斯全部成本 80%的直接可变成本。

高层管理者认为针对医院的服务水平有必要维持在百分之百的水平之上。这是因为他们通常认为医院的库存管理比较差劲。事实上，他们取得了 98%左右的服务水平。消费者产品取得了 96%的服务水平，离 98%的目标相差不多。配送经理说，进行这种研究，是为了决定在考虑了配送成本（包括库存成本）及实际服务需要的基础上所能得到的最佳服务水平。他解释到在 1996 年之前，公司并没有对存货的成本进行记录，虽然曾经在工厂扩建的计划中使用过一个数据，但他也不能肯定这个数据是如何得到的。（“也许是将当时的货币价值应用于存货的全部生产价值。”）然而，一名在吉尔斯工作的配送分析员最近刚完成了业余 MBA 的学习，就吉尔斯的库存情况进行了一项研究。表 1 给出的是关于这项研究的一份备忘录纲要。

除了某些地区性仓库有自己经营的货车队，从地区性仓库通过机动车向客户运输货物的价格是按照货车运输的市场价或商议好的合同价所收取的。这些客户送货服务都遵循 FOB（离岸价格）的准则。15 箱以下的订单是不被接受的，而遇到满载订单（4 万磅），地区性仓库的主管应该向总部汇报，以查看是否有从最近的工厂仓库向其直接发货的可能。公司产品的单价因为订单大小的不同而不同：从 15 箱到 49 箱一个价，50 箱及以上另一个价。

从工厂仓库向地区性仓库转移的运输计划是由总部制定的。主管对仓库的送货收据、内部流动库存量以及能表现出送货量的提单进行分析，然后向配送经理汇报，以在必要的环节进行修改。每一个地区性仓库的库存需要是由通常的使用量（或存货量）决定的，每过一阵子就要进行检查，在必要的时候做一些改动。

与公共仓库进行沟通的方法主要是电话及传真，但是公司也已经开始在主要市场所在地安装直线数据传输装置。从处理零售网点来的订单到最终落实订单之间一般以三天为目标，而实际上平均需要用五天。在处理医院的订单上，目标是一天，而通常需要用两天。

哥伦布市仓库的情况及数据

哥伦布市的地区性仓库是为整个都市及其周围半径 40 英里范围内的地区提供服务的。其中偏远地区的需求依赖于批发商从哥伦布市批货。配送经理估计，明年向哥伦布地区送货的月平均额将超过 15,000 箱。如今送货量的 1/3 来自于密歇根工厂，每批送货量为 40,000 磅，运费为每英担 70 美分。其余来自于印第安纳普利斯工厂仓库，租用公共货运车，最低起运量为 40,000 磅，运输费用为每英担 60 美分。每英担 60 美分的定价主要建立在，通过合约所订立的、从印第安纳普利斯至哥伦布每 40,000 磅货物每英里收费 1.4 美元的基础之上。就这个个案而言，机动车货运不比火车货运合算。从密歇根所运来的产品中不包括印第安纳普利斯本地制造的。

表 1　吉尔斯实验室办公室间备忘录：

吉尔斯实验室
办公室间备忘录

时间：1996 年 1 月 30 日

致：　配送服务部总监保罗·麦克诺顿先生

来自：分析员卫斯理·斯科特（Wesley Scott）

主题：存货成本记录

在计算存货成本时，必须考虑以下四个基本成本种类：(1) 资本成本；(2) 库存服务成本；(3) 库存空间成本；(4) 库存风险成本。

向库存投入的资本是附属于存货的真实成本。货物的存放占用了原本可以进行其他投资的资金。这一推理既符合内部筹集的资金，也适用于从外部资源所获得的资金。因此，必须计算公司资本的机会成本，以正确反映所涉及的真实成本。

为了计算吉尔斯实验室资本的机会成本，主管会计约翰·默恩容（John Munroe）先生接受了咨询。吉尔斯的资本成本即支付给其母公司赛柏制药的费用。目前，这笔费用为营运资金税前的 10%。但是，由于资本限额，现今进行新投资所缴纳的费用上限一般为税前 30%（税后 15%）。为了证实收益率，公司对大多数的项目进行事后审计。这是由公司政策决定的，大多数的计划都获得了理想的收益率。偶尔，吉尔斯的管理人员会缴纳 40% 的上限额，以确保达到 30% 的公司规定比例。

但是，看起来 30% 的限额也应当被应用于库存，因为赛柏制药在现金上并不宽裕，在遇到资本限额的情况时，向库存进行投资就阻碍了在其他投资上可以获得的 30% 的费用。赛柏只向库存收取 10% 的回报。因此，在这项研究中，资金成本以税前 10% 计算。然而，这是一项高层管理者必须解决的问题。

资本的机会成本只应当被应用于对库存进行的现金投资。这是库存所引起的直接可变费用。也就是说，获得在集散中心 FOB 模式下产品的平均可变成本是非常必要的。独立的成本项目及最终库存持有成本百分比如下：

库存持有成本

成本项目	占库存价值的百分比
资本成本	10.00
库存服务成本	
税	1.80
保险	0.26
仓储成本	
公共仓库（仅指在反复存放的情况下）	2.94
工厂仓库	无
库存风险成本	
过期	0.80
贬值	0.58
损坏	0.63
重置（转运）成本	未知
总计	17.01*

*　存货价值按照集散中心 FOB 模式下的可变成本计算。

麦克诺顿先生正在审查一项关于不再租借哥伦布市公共仓库的计划。来自于密歇根的货物可以转由印第安纳普利斯发送，而运费维持不变。这样一来，印第安纳普利斯可以用货车向哥伦布市的客户送货，而运费则有所升高。新的运费与运量大小之间的关系通过以下表格列出：

占满载量的百分比	每英担价格
40%@	$0.60(TL)
35	1.5(LTL)①
25	2.4(LTL)

在新的计划中，公司将会和另一家货运公司订立合同，以便为哥伦布地区的客户送货。这家货运公司愿意为LTL的运输方式及市内货运提供更优惠的价格。另外，它愿意将自己在哥伦布中转站的100平方英尺的空间在不收取任何其他费用的基础上供吉尔斯使用。较低的运费也为公司省下了一笔小钱。如果公司与哥伦布仓库重新谈判，估计能将存放费用定在每箱25美分，另加在存货流动不足每年12次的情况下收取的存货处罚金。

平均一箱吉尔斯产品重约25磅，全部生产成本在18美元左右。向批发商及连锁店出售的价格平均为每箱24.90美元左右。像销售佣金、促销资助及当地运货费用之类的营销可变成本平均为每箱1.66美元。

当审查这一计划时，麦克诺顿先生注意到如果去除哥伦布仓库的话，整个存货系统将会在生产成本上一次性削减135,000美元。虽说这个数据只是个估计值，他依然感到备受鼓舞，因为这一数据得到了他部门所有员工的共识。这笔削减主要来自于印第安纳普利斯所生产的产品。

当然，去除仓库计划也并非没有让人怀疑的地方。现在还不清楚，在处理由哥伦布地区发出的订单时，需不需要额外的人手。看起来，现行的系统已经满负荷启动。另外，要说服销售部门将服务时间从一天拉长至二三天也会是一个问题。最主要的问题在于如何向位于哥伦布东北190英里的匹兹堡送货，其与印第安纳普利斯之间的距离为171英里。公司总裁希望麦克诺顿先生在年内退掉至少五个地区性仓库，而哥伦布仓库因为租赁合同第一个到期而首当其冲。

问题

1. 退掉哥伦布仓库会给公司的财务情况带来怎样的变化？
2. 如果：
   - 运费有变化
   - 仓库的储存费用有变化
   - 印第安纳波利斯需要额外的人员

① Less-than-truckload：零担运货。

您的分析会有何种变化？

3. 如果由您负责运输，您会选择哪一种做法？如果您负责库存，您又会选择哪一种做法？
4. 您如何将客户服务的考虑因素加入您的分析中去？如果要改变您对问题1的回答，公司的销售额应该有怎样的变化？
5. 在向哥伦布地区的客户提供服务时，是否有其他更好的办法？
6. 吉尔斯的货运计划应不应该有所变动？如果应该的话，您会给出怎样的建议？
7. 是否还有其他什么问题值得讨论？

案例6　惠普斯波坎市分公司[①]

克丽丝·兰索姆（Chrissy Ransom）跌坐在椅子中，眼睛盯着桌上乱成一团的文件。现在只不过是下午四点，但二楼的大厅里已经差不多空无一人了。在斯波坎市，七月就意味着要赶在天气变坏之前抓住夏季最美丽的时光。特别是到了星期五，办公室早上七点不到就全是人了，员工们早早赶来上班，为的是能在下午三点前离开。兰索姆原先计划好了和她新一任丈夫去他们的河边小屋过周末。然而这一天的工作看来没有协调好，每一件都要赶时间完成，她不得不打消了度过一个轻松周末的计划。

过去的六个月是兰索姆记忆中最疯狂的六个月。事实上，她两个月前正匆匆忙忙地筹备自己的婚礼，这一切看起来都是如此的不可思议。工作中，不断的有新项目堆积到她的办公桌上。惠普的斯波坎市（Spokane）分部曾经艰难度日，而现在，业务状况看起来正在抬头。1994年的前半年订单不断，而不断改善的经营状况使得分公司开始变得生机勃勃。然而，随着生意的好转，库存的压力开始变大，很多订单都不能完成。对于他们这种根据订单进行生产的企业而言，无法满足订单的需求是一个挥之不去的顽疾。尽管在过去的十年里，斯波坎市分公司进行了多种革新，但依旧无法将及时交付的绩效提高到70%以上（在客户所期望的日子之前将货物由工厂送至）。更糟的是，目前，惠普正在整个公司中努力推行低存货的实践。年初的现金短缺迫使一直有着充足现金的惠普公司为了发工资而不得不筹集了一笔短期贷款。正是这一现金危机使得公司总裁路·普拉特（Lew Pratt）决定要减少存货。

惠普公司

1939年，威廉·惠利特（William Hewlett）和大卫·帕克德（David Packard）共同创建了惠普公司，总部设在加利福尼亚的帕洛阿图市（Palo Alto）。在接下来的50年中，公司稳步成长，从最初制造电子测试及测量仪器发展到后来生产计算机及其外围设备，这些已经成为公司目前销售的主要产品。1994年，惠普在全球有50多个经营网点，全年

① 本案例由达特茅斯学院的泰克管理学院（Tuck School of Business）教授M·艾里克·詹森（M. Eric Johnson）撰写。其目的是作为课堂讨论的基础，而不是说明对某一管理问题的处理是否有效。一些姓名及事实经过了修改。版权属于M·艾里克·詹森2000年2月28日。

的计划收益为250亿美元。

惠普的组织结构是依据产品类别和职能来划分的。测试及测量组织（TMO）在五个产品集团中排位第二，1994年的订单总额估计在28亿美元。20世纪90年代初期，虽然全球的飞机/防御市场不断萎缩，TMO仍旧在1994年上半年表现出了强劲的向上势头，而且就整个一年看来，前景十分乐观。另外整个公司中，在改善资产结构方面的进步稳定——应收账款、地产、工厂及设备、库存占经营收入的百分比都比1993年同期有所下降。“我们开始等待重点整治库存给我们带来的好处。”普拉特说道，“但在这方面，我们要做的工作还多着呢。”

斯波坎市分公司

斯波坎市分公司生产一系列无线电频率（RF）测试仪，包括讯号产生器、通讯测试器、调制分析仪、测试接收器、声音分析仪及收发器系统。这些产品是用来测试及校准无线电频率通讯设备的，比如，双向无线电（如对讲机、警方装备及航海用品）、手机和传呼机。斯波坎分公司的客户大多是无线电通讯设备的大型国际出售商，像AT&T、摩托罗拉、爱立信、诺基亚及太平洋电信（Pacific Telesis）。其他的主要客户包括美国军方、通用电器、索尼、松下及日立公司。

斯波坎分公司属于惠普公司的测试测量集团，由迪克·安德森（Dick Anderson）掌管。由于商业环境的不断变化，这个集团在过去的五年中为了赢利而艰苦经营。斯波坎分公司在结束1993年财务年度的时候，销售额达到了14,200万美元，而原材料存货价值超过了2,200万美元。因为公司是按订单要求制作产品，即客户对公司十种主要的产品类别可选择上千种的不同设置，因此，公司是没有成品存货的。值得关注的是，随着销售额的上升，库存量也在不断增长，到了1994年3月，公司的库存量价值已经快接近2,400万美元了。

集团生产经理唐·斯克里布纳（Doug Scribner）正在努力工作，想方设法削减集团的生产成本，在很多情况下，这就意味着削减库存。年初，斯波坎分公司的生产经理丹·尼尔森（Dan Nelson）采取了一些新措施，想一方面减少存货，另一方面提高订单的完成状况。克丽丝·兰索姆是公司的采购及计划经理，她向尼尔森汇报，目前，由她负责带领一个小组解决库存问题。采购就是负责保持来自700家供应商的18,000种零件的库存量。解决问题小组又被称为减少库存开支（RID）小组，由来自生产部、计划部、财务部、市场部及采购部的成员组成。

丹·尼尔森在生产经理这个位子上已经坐了十年多了，他发起过很多针对生产过程的修改及改进活动。最新的一次，斯波坎分公司尝试使用工人小组来生产整套原本由专业生产线来生产的仪器。这需要生产部门做出大量的工作，生产过程要更有弹性，且消除不同设备间的安装需要。虽然斯波坎在库存上曾经做过努力，但与减少库存间的差距看来没有任何缩短。尼尔森相信确实存在减少库存的机会，只不过他没有找到。最近，他曾听到来自其他分部的演讲，关于它们是如何对从产品设计到供应商关系的整个过程进行分析，在此基础上削减存货——这种分析方法被称为供应链分析。尼尔森相信这种方法对斯波坎也一定有效，那年夏天，他甚至还赞助了由战略计划及模拟集团（SPaM）召开的一个关于供应链的学术研讨会。

供应链分析和战略计划及模拟集团（SPaM）

SPaM因为成功地开展及设置供应链的革新而在整个公司享有盛名，它在计算机外围设备上的成功尤为显著，比如，激光打印机及喷墨打印机。这一次两天的研讨会是由SPaM设计的，意在帮助其他分部进行供应链的革新项目。这次研讨会的关键部分是最后的半天时间。届时，与会者分成小组，利用他们在研讨会上得到的见解来直击经营上出现的问题。克丽丝·兰索姆计划好了利用这段时间与RID小组好好谈谈，改善他们的任务计划。

研讨会于五月召开，会议结束后，公司将目光集中到10031号产品上，检查其供应链问题。10031号产品的供应链相对而言还是很直接的（参见图1）。其中的印刷电路板含有惠普的主导技术，是由惠普的表面固定技术中心（Surface Mount Technology Center）生产的，SMTC离斯波坎分公司仅一墙之隔。SMTC曾经属于斯波坎分公司，但不久前，它成了一家独立的经营单位，为斯波坎及其他分部进行电路板组装服务。10031号产品的许多其他零件从很多其他的供应商处获得，而斯波坎则最终对所有的零件进行组装，并直接送往最终用户。

供应链调度委员会的核心人物为丹·尼尔森、杰克·康德（Jack Condor实物配送及订单处理经理）、瑞克·多兰（Rick Duran采购经理），以及布莱克·格林（SMTC物料经理）。克丽丝·兰索姆作为项目小组的领导者，要协调好新供应链项目及现有小组之间的沟通问题。项目计划将10031作为排头兵，通过对它所进行的简短研究为将在1995年进行的全面供应链研究打好基础。SPaM同意在整个夏季中支持兰索姆的小组，每两周开一次会。兰索姆的RID小组所分配到的任务是要为这一个小型项目收集尽可能多的必需数据。

整个六月和七月，小组都在努力工作，为10031号产品的计划及生产过程收集数据。很明显，这个过程刚开始几周，SMTC就开小差而无法全心投入。SMTC正在将单位迁至斯波坎分公司中的一幢新楼里，因而不能为这项计划投入高效率的人力。结果是，项目的重点落到了斯波坎自己的经营过程中来。

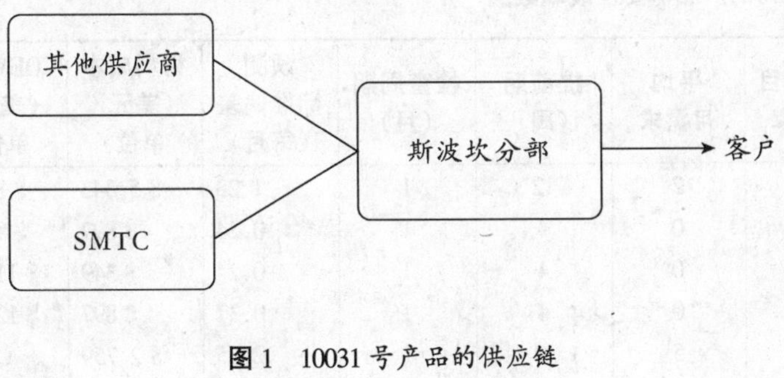

图1 10031号产品的供应链

斯波坎的库存控制

虽然整个集团都普遍认为斯波坎的库存太多，但没有确凿的证据证明它可以在不损害订单履行情况的前提下减少库存。事实上，有人认为斯波坎应该将经营重心放在订单履行上，因此，它需要更多的库存。产品所需要的很多零部件需要至少提前 16 至 20 周订货，而斯波坎需要的零部件种类繁多，生产不同配置的产品需要不同的部件。还有人认为是一些不可靠的供应商造成了大部分的订单问题。他们相信一些从可靠的供应商处获得的零部件可以减少存货，而从不可靠的供应商处获得的零部件则应当增加。还有一些人觉得是生产能力及计划上的问题导致了很多订单无法履行。最终，有人提出，很多时候，生产仅仅因为所需零件缺货而耽搁了下来（尽管从系统上看，零件依然还有存货）。

第一次会议之后，人们开始了解到对于很多供应链中的重要环节认识不够。当地分部的专家了解他们自己的步骤，但没有人了解不同的步骤之间的相互作用关系，也没有人对于整个系统的全貌有一个完整的概念。因此，项目小组将他们的初步目标定为掌握供应链的整个流程，了解存货与订单履行之间的关系。对于以下的几点，他们认为尤其重要：

1. 订单预测过程。
2. 订单处理过程。
3. 生产计划过程。
4. 采购过程。

另外，他们也希望能通过收集来自信息系统及整个生产周期中的数据，来对 10031 号产品所需的特定零件的库存水平进行调查。最近，他们计划调查整个生产过程本身，希望能借此找到造成订单履行问题的根本原因，同时证明库存问题到底是不是一个关键因素。

小组在整个六月及七月间经常碰头，收集关于供应链的信息，对此进行讨论。当斯波坎小组正在收集数据，为每一个环节制作流程图时，由玛格丽特·萨莎（Marguerita Sasser）领导的 SPaM 项目小组对这个分公司设计了一个综合库存模型，以他们的订单履行目标为基础对斯波坎的库存需要进行估计（参见表 1）。

表 1 斯波坎分公司的产品需要及成本数据

产品	目标项目满足率	平均月需求	提前期（周）	检查周期（月）	预测标准偏差（每月）	材料成本（美元/单位）	ICOEM 成本（美元/单位）	总成本（美元/单位）
10001	90%	2	12	1	1.23	\$5,343	\$3,182	\$8,525
10002	90%	0	4	1	0.24	\$897	\$9,782	\$10,679
10003	90%	0	4	1	0.24	\$349	\$11,375	\$11,724
10004	90%	0	4	1	0.37	\$897	\$12,837	\$13,734
10005	90%	5	14	1	2.65	\$2,759	\$0	\$2,759
10006	90%	4	7	1	2.47	\$152	\$12,153	\$12,305
10007	90%	1	15	1	0.41	\$11,273	\$1,119	\$12,392
10008	90%	1	14	1	0.77	\$13,229	\$352	\$13,581
10009	90%	1	12	1	0.15	\$35	\$7,351	\$7,386
10010	90%	1	12	1	0.33	\$5,337	\$7,927	\$13,264

（续）

产品	目标项目满足率	平均月需求	提前期（周）	检查周期（月）	预测标准偏差（每月）	材料成本（美元/单位）	ICOEM 成本（美元/单位）	总成本（美元/单位）
10011	90%	8	13	1	1.94	$683	$0	$683
10012	90%	22	10	1	5.66	$429	$744	$1,173
10013	90%	3	11	1	4.10	$633	$1,052	$1,685
10014	90%	3	14	1	3.36	$1,642	$565	$2,207
10015	90%	2	6	1	1.03	$82	$799	$881
10016	90%	14	11	1	8.47	$3,588	$0	$3,588
10017	90%	29	11	1	11.57	$4,431	$206	$4,637
10018	90%	9	18	1	5.13	$5,401	$1,340	$6,741
10019	90%	1	9	1	3.42	$1,111	$598	$1,709
10020	90%	0	12	1	0.78	$5,379	$0	$5,379
10021	90%	2	12	1	2.08	$3,470	$151	$3,621
10022	90%	80	10	1	24.32	$1,983	$0	$1,983
10023	90%	10	10	1	3.05	$1,535	$0	$1,535
10024	90%	41	16	1	12.24	$1,340	$0	$1,340
10025	90%	157	15	1	22.20	$94	$0	$94
10026	90%	48	15	1	9.84	$119	$0	$119
10027	90%	31	19	1	13.13	$2,341	$0	$2,341
10028	90%	9	19	1	3.50	$2,449	$0	$2,449
10029	90%	26	12	1	5.00	$49	$0	$49
10030	90%	6	19	1	1.25	$2,244	$0	$2,244
10031	90%	169	15	1	11.75	$3,621	$0	$3,621
10032	90%	1	15	1	0.50	$2,961	$0	$2,961
10033	90%	1	15	1	0.50	$10,800	$0	$10,800
10034	90%	12	19	1	5.09	$6,197	$0	$6,197
10035	90%	30	17	1	23.15	$3,862	$0	$3,862
10036	90%	1	17	1	0.50	$6,460	$0	$6,460
10037	90%	11	16	1	7.67	$6,227	$0	$6,227
10038	90%	0	15	1	0.86	$5,465	$340	$5,805
10039	90%	1	14	1	1.01	$6,043	$555	$6,598
10040	90%	1	14	1	1.77	$6,115	$359	$6,474
10041	90%	2	16	1	8.12	$6,123	$158	$6,281
10042	90%	8	13	1	5.84	$5,689	$702	$6,391
10043	90%	3	13	1	1.39	$6,081	$702	$6,783
10044	90%	3	8	1	3.36	$699	$0	$699
10045	90%	0	12	1	0.39	$12	$0	$12
10046	90%	0	12	1	1.09	$514	$0	$514
10047	90%	1	14	1	0.82	$121	$0	$121
10048	90%	1	12	1	0.84	$124	$0	$124
10049	90%	1	12	1	0.63	$124	$0	$124
10050	90%	1	9	1	0.72	$579	$133	$712
10051	90%	2	12	1	2.46	$96	$624	$720

（续）

产品	目标项目满足率	平均月需求	提前期（周）	检查周期（月）	预测标准偏差（每月）	材料成本（美元/单位）	ICOEM 成本（美元/单位）	总成本（美元/单位）
10052	90%	0	14	1	1.64	$6,035	$6,535	$12,570
10053	90%	0	6	1	0.27	$8,447	$13,895	$22,342
10054	90%	0	8	1	0.20	$12,361	$35,210	$47,571
10055	90%	0	6	1	0.41	$13,657	$15,860	$29,517
10056	90%	70	13	1	20.67	$925	$0	$925
10057	90%	0	16	1	2.37	$4,588	$702	$5,290
10058	90%	0	14	1	4.88	$8,762	$864	$9,626
10059	90%	0	13	1	0.19	$6,087	$702	$6,789
10060	90%	12	12	1	1.62	$4,888	$527	$5,415
10061	90%	11	16	1	2.20	$5,946	$951	$6,897
10062	90%	2	13	1	1.32	$6,428	$1,132	$7,560
10063	90%	10	18	1	3.30	$8,670	$1,117	$9,787
10064	90%	3	18	1	1.68	$9,278	$1,140	$10,418
10065	90%	7	14	1	1.81	$9,141	$1,309	$10,450
10066	90%	1	12	1	0.38	$667	$0	$667
10067	90%	3	18	1	3.83	$136	$0	$136
10068	90%	1	12	1	0.45	$1,064	$0	$1,064
10069	90%	5	11	1	4.56	$12,734	$1,381	$14,115
10070	90%	5	12	1	2.13	$16,487	$1,609	$18,096
10071	90%	2	12	1	1.59	$9,344	$702	$10,046
10072	90%	5	12	1	1.95	$11,711	$702	$12,413
10073	90%	62	15	1	20.59	$2,834	$0	$2,834

汇总信息

临近傍晚，四周变得宁静。克丽丝·兰索姆重新坐到椅子上，继续研读报告。离小组提交初始报告的 7 月 30 日期限只剩一周了，她正努力想把所有的信息汇总到一起。那天上午，萨莎曾打过电话给她，讨论 SPaM 库存模型的最初结果。萨莎提到他们依然需要完成很多敏感性测试，但模型已经显示出斯波坎可以在削减一半存货的基础上改善订单完成状况。乍一看，这个结果很让人吃惊，但兰索姆并不感到奇怪。她早就怀疑斯波坎的库存量大大超过了实际需要。事实上，这个小组在项目开始初期就发现很多订单问题并不都与库存有关（参见图 2）。一位操作工人说她想不起来生产线是何时停下的，因为他们早就没有这种部件了。更可能的是，他们只是不能及时快速地找到这一部件。

周期清点信息显示出大家共同的疑点。实际库存的数目经常与系统库存有出入（表 2 列出了一个例子）。有时，仅仅是因为找不着零部件，但更多的时候，数据库出错才是根本原因。

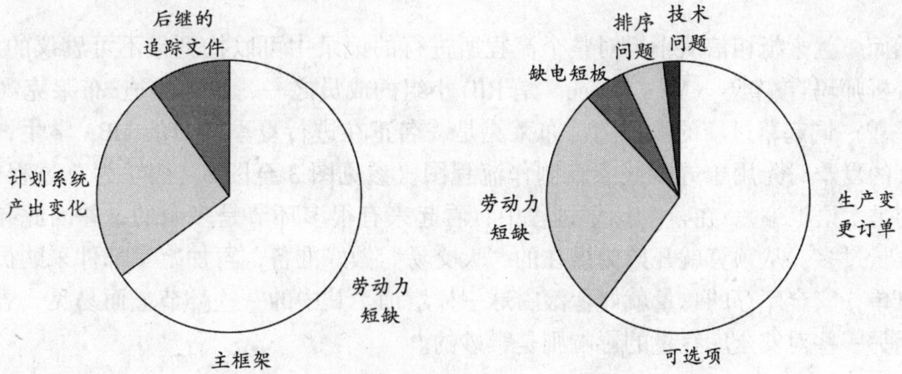

图 2　因送货拖延而导致订单的重新确认

表 2　10031 号产品——典型零部件的周期清点举例

	10031 号产品六个部件的周期清点比较											
	A		B		C		D		F		G	
日期	系统现有	实际现有	系统现有	实际现有	系统现有	实际现有	系统现有	实际现有	系统现有	实际现有	系统现有	实际现有
6/20 8:00 AM	473		48		389		203		369		3130	
6/20 12:00 PM	473		48		389		203		363		3121	
6/20 4:00 PM	473		48		389		203		363		3121	
6/21 8:00 AM	473	476	48	49	389	322	203	250	361	377	3121	2925
6/21 12:00 PM	472		48		371		196		351		3029	
6/21 4:00 PM	472		48		371		196		351		3029	
6/22 8:00 AM	471		41		371		196		359		2995	
6/22 12:00 PM	471		41		371		196		359		2995	
6/22 4:00 PM	471		41		371		191		357		2920	
6/23 8:00 AM	470	569	35	36	362	361	178	248	347	297	2835	2776
6/23 12:00 PM	470		35		392		178		347		2825	
6/23 4:00 PM	470		35		393		178		347		2825	
6/24 8:00 AM	467		35		386		169		332		2764	
6/24 12:00 PM	467		35		392		169		332		2764	
6/24 4:00 PM	467		35		392		169		332		2764	
6/27 8:00 AM	458		35		394		449		317		2683	
6/27 12:00 PM	458		35		378		445		317		2618	
6/27 4:00 PM	458		35		378		445		317		2618	
6/28 8:00 AM	458	562	35	28	378	126	445	665	311	386	2603	2496
6/28 12:00 PM	458		35		372		437		307		2553	
6/28 4:00 PM	454		29		372		435		298		2531	
6/29 8:00 AM	454		29		372		435		297		2533	
6/29 12:00 PM	454		29		372		435		297		2531	
6/29 4:00 PM												

然而，兰索姆相信从小组对整个流程所进行的记录中可以找到最不可思议的发现。财务分析师玛吉·奎恩（Magi Queen）是 RID 小组的成员之一，她与辛迪·布莱克（Cindy Black）曾一同起草过新的流程图。布莱克是一名正在进行夏季实习的 MBA 学生，她把大部分的夏季时光用于寻找线索，制作流程图（参见图 3 至图 6，图 7 为总过程概览，表 3 则是术语汇编）。在整个计划过程中，看起来有很多环节是多余的，并因此导致安全库存量过多。从预算就开始为潜在的"大交易"做好准备，再加上零部件采购员过早地下订单，安全库存的总量就好像滚雪球一样增加。其中的一些环节显而易见，容易理解，而另一些对安全库存量的影响则是微妙的。

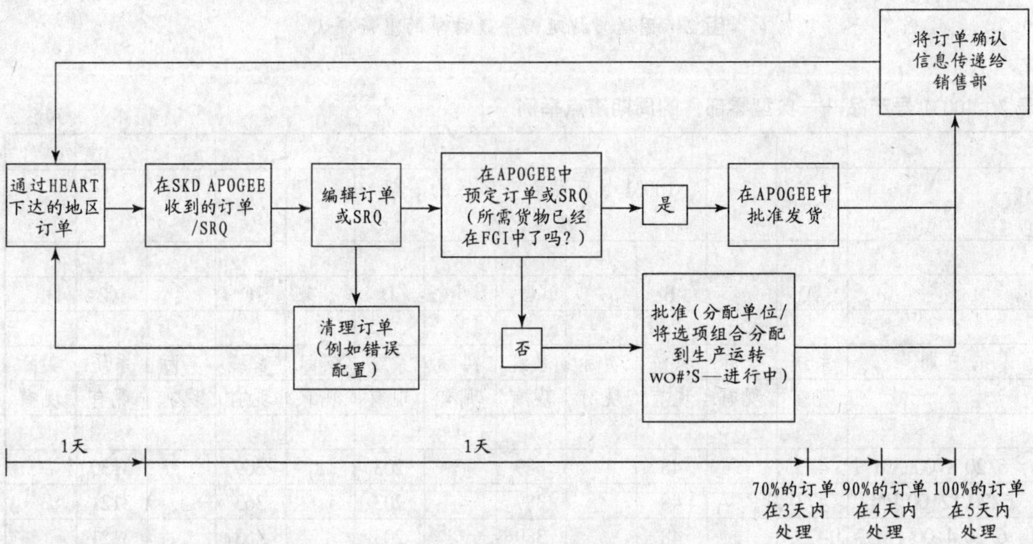

图 3 订单处理流程图

比如，在初始计划安排过程中，计划者有目的性地增加了预算中的产量，为增加部分提高了库存需要。一项建立在所需统计差异基础上的模型（FLEX 模型）为初始计划增加了需求量，使得月生产量更有弹性。当这些增加的产品与预算合并，通过 MRP 分解过程使得对零部件的需求上升。MRP 系统的产物推动了采购系统（POPLAN），增加了零部件的安全库存。采购员采纳了 POPLAN 需要更多零部件的警告，同时又依靠他们自己的判断力来决定准确的订单大小及时机。最后，有关 MRP 系统所使用的参数问题构成了矛盾的核心，也许就是这一点导致了一些零部件的库存过多。

一个被称为最小/最大（MIN/MAX）的过程使人更加不解，这个过程需要进行很多不同的选择。因为预算是建立在一般帮助水平上的，因此在保持适当部件库存方面，对可选部件组的预见是相当重要的一步。对于每个可选部件，最大化参数代表了（预测中的）产品中需要选择的那部分——推动了可选零部件的需求量。当产品中包含了一个可选零部件，那通常就会舍弃掉一个标准零部件。最小化参数明确了不需要的标准零部件的数量，减少了标准零部件的需求。因为最大化参数总是要比最小化参数定得高，零部件需求量就总是被夸大了。再加上零星的部件需求总是被凑整，这就更加夸张了实际需

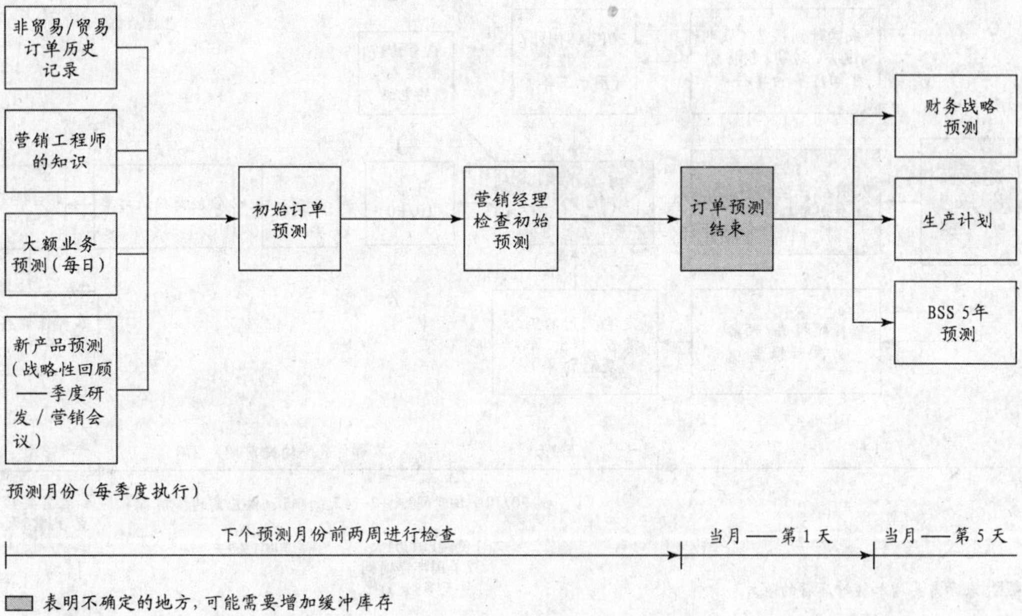

图4　订单预测过程流程图

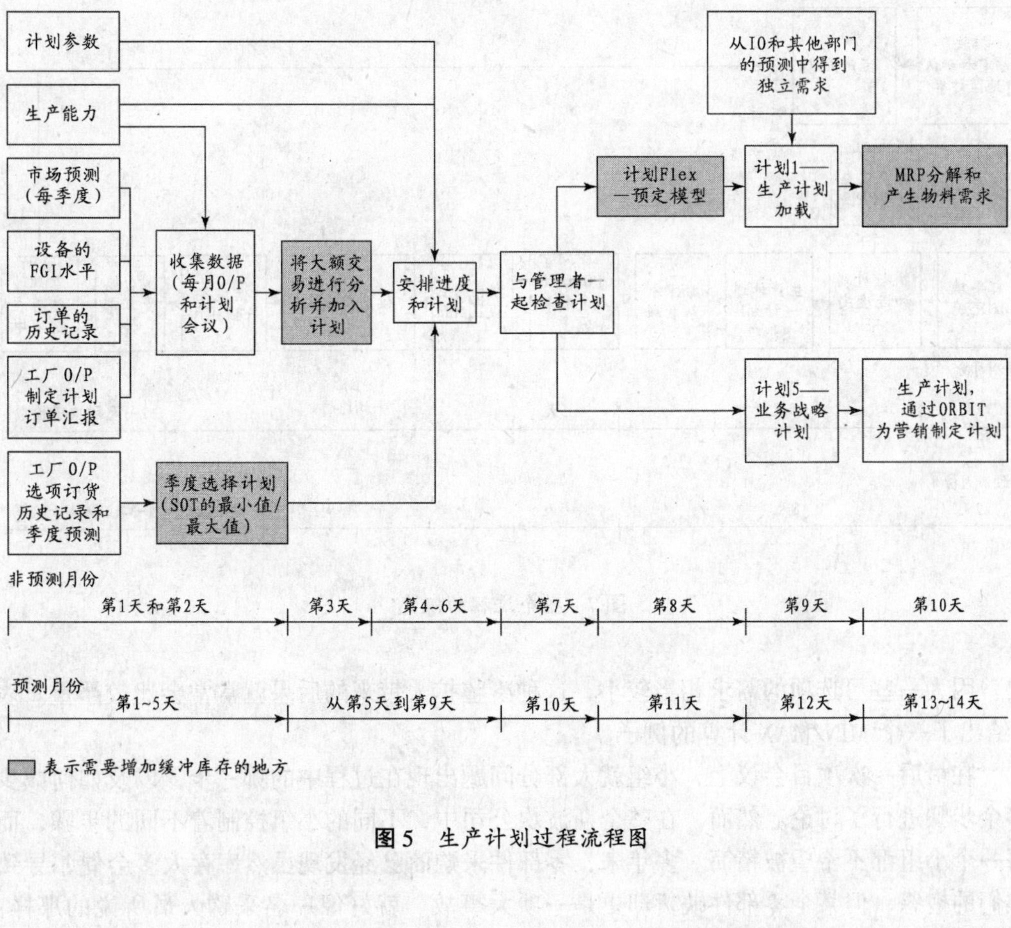

图5　生产计划过程流程图

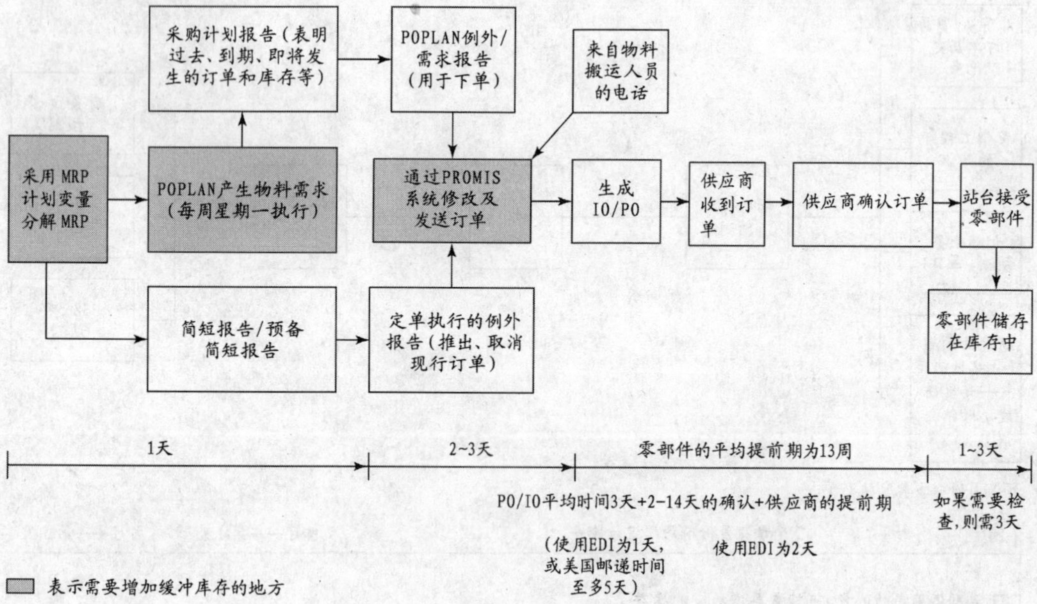

图6　采购过程的流程图

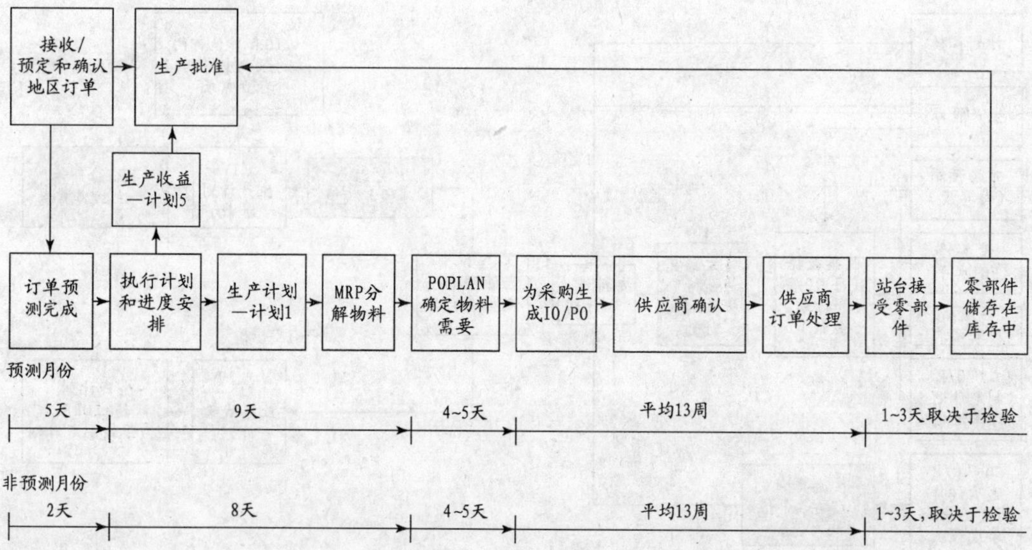

图7　整个过程的概览

要。因为一些可选项的需求相当较小，这种凑整扩大带来的后果就常常会比较严重。表4给出了一个MIN/MAX计算的例子。

在最后一次项目会议上，小组就大部分问题出现在过程中的哪一步，以及如何减少多余步骤进行了讨论。然而，在整个斯波坎公司中，不同的小组控制着不同的步骤，而每一个小组都不希望被精简。多年来，零部件采购商已经发现虽然库存太多会偶尔导致人们的抱怨，但某个零部件缺货却更是一项大事故。就好像一名采购人员所说的那样：

“如果我有太多的存货，我的老板也许只会偶尔说上几句，但一旦我这部分缺货，那我就别想活了！”主生产计划员也受此影响。他们相信他们的FLEX模型能保护他们免受需求波动的影响，使他们能对从营销部门过来的紧急需求做出响应。

使事情更糟的是，几周前丹·尼尔森提出了辞职，这使得公司上下颇为震惊。公司不得不开始寻找新的生产经理。因为没有强大的项目负责人，要进行大型变动就变得十分不易。克丽丝·兰索姆知道多余的环节一定要被剔除，代之以单一的安全库存方针，但是在这样的战略上取得一致意见、得到所需的支持及找到负责人都不是容易的事。

表3　流程图中所使用的术语汇编

订单输入

HEART惠普所使用的订单输入系统。全世界的销售人员将客户订购惠普产品的订单输入HEART。该系统对数据进行处理并通知相关的惠普分部。之后，各分部确认客户的订单，并将关于交货日的信息通知销售人员。

SRQ代表计划内要求。这是销售办公室根据一个即将到来的确认订单所做的订单预订。这种要求是为了满足及时给客户送货。

(SKD) APOGEE是惠普的订单预订系统。它是ORBIT预订系统的临时替代品。

WO #——工作订单号。

预测过程

Big Deals指的是一位客户所下的大订单。

BSS——经营战略概要（惠普对经营计划的称法）。

制造计划过程

Planning parameters包括了目前成品的库存量、延期交付订单、预测订单量、生产能力、原材料采购提前期及计划目标。

FGI——成品库存。

O/P——订单处理。

MIN/MAX指的是可选计划过程（见表4）。

FLEX模型（或保留模型）由主生产计划员掌握（参见文字叙述）。

ICOEM指的是客户化的零件，由惠普购买并储存。这些零件随同某些设备一起销售，如图表2所示。

Plan1——主生产计划中的物料计划（生产计划再加上FLEX所增加的部分）。

Plan5——主生产计划中的生产计划。

IOs——内部订单。

ORBIT是惠普的一个订单预订系统，缩写代表订单需求、存货及存货跟踪管理。

采购过程

POPLAN系统用于处理从MRP产生的零部件需求信息、综合库存信息，它能向采购人员建议零部件采购计划。

Short/Preshort report——每日向采购人员所作的快速汇报。

PROMIS系统目的在于帮助惠普在分部及全公司内监控及管理采购活动。

EDI——电子数据交换系统（用来电子化传输订单及预算）。

表 4 最大化/最小化计算的一个例子

最大化/最小化应用于计算可选零部件的物料需求举例：

在这个例子中，A 部件及 B 部件都用于标准产品中。但是，在 001 号可选项中，A 部件未使用而换用 D 部件。使用最大化%来表现一个可选项所支持的零部件的物料需求，表现为用最大化百分比乘以产量大小。从中得到每一张订单中可选项 X 的“最大”生产百分比。而最小化%用来去除在 X 可选项上未经使用的标准产品上所有的部件。从中得到每一张订单中可选项 X 的“最小”生产百分比，表现为从总产量中减去最小化百分比与产量大小的乘积。

假设：每个标准产品中使用每一个部件的数量为 1

批量规模 = 10

001 号可选项：最大化% = 70%

最小化% = 35%

产品结构：

8920A 标准	001 号可选项
+ A	+ D
+ B	− A

001 号可选项分解，告诉采购员需要：

+ D = 7 部分 D（10 的最大化百分比 70%）

− A = 6 部分 A（10 的最小化百分比 35% 为 3.5 个。约合为 4 个，从总产量 10 中减去 4。净剩额表示采购员需要采购 6 个 A 零件。）

因此，这使可选组合具备了柔性，从而可能生产 6 个完整的 001 号选项和 1 个可能的第 7 种选项 001，因为零件 D 已采购，并且是该选项的独特零件。从物料的观点来看，一种选项中独特的零件是一种会制约其生产的物料。

案例 7 蓝德纳建筑产品公司[①]

蓝德纳建筑产品公司（Ladner Building Products）位于魁北克蒙特利尔市，是一家建筑材料经销公司。戈登·史蒂芬斯（Gordon Stephens）是该公司的一位物流分析师。副总裁兼物流与物料经理唐·特纳（Doug Turner）请他对公司的物流实践进行分析并准备一份报告。唐特别想知道在哪些环节可以进行修改，以节约成本、改善公司的绩效，或同时达成这两个目标：

① 注：P·弗兰萨·詹森（P. Franser Johnson）教授撰写本案例，目的是作为课堂讨论的基础，而不是说明对某一管理问题的处理是否有效。作者可能对一些姓名及其他信息进行了修改，以保护机密内容。

> 在蓝德纳，我们在物流上花了不少的钱——特别是在我们业务的最尾端——配送环节。现在我不相信我们已经做到了最好。我们的送货绩效有所进步，但我们还有很长的路要走。然而，我们所面临的最大问题就是我们的成本实在太高了。我不知道是不是应该向客户多收一些送货费来简单解决问题，或者还有别的方法。

这是 1998 年 8 月 24 日，星期一。戈登知道唐并不是想要一个仅仅总结了蓝德纳物流成本的报告——他期望戈登能给如何找到潜在的问题出谋划策。虽然唐给了这份报告两星期的准备时间，戈登依旧认为他应该好好利用这段时间，将他前几天收集的信息进行分析，并寻找其他任何可能需要的数据。

建筑材料行业

加拿大的建筑材料行业包括了三大主要产品系列：日用产品、工业产品及关联产品。国内林业产品行业为包括木材及三夹板在内的日用产品提供了一个很有竞争性的供应基础。这些产品的价格来自商品交易所，比如芝加哥贸易委员会或温尼伯商品交易所。

一些工业用品，比如硬木三夹板及碎料板，本质上而言也是日用产品。但是，其他像 formica coutertops 等则是生产出来的产品，有着经精心核算的定价结构。加拿大的建筑材料分销商主要使用国内的供应商作为工业产品的主要来源。

关联产品包括金属器具、紧固件、室外室内维修及保养物品。通常，加拿大建筑材料分销商所销售的关联产品只有一半来自于国内供应商。美国供应商占据了这个市场的 40%，剩下的 10%来自于其他国家的供应商。通常，建筑材料分销商和关联产品供应商谈定一个一年内不变的价格。

加拿大的建筑材料经销公司主要向两大客户群提供服务：中间商及工业用户。中间商包括大型采购集团和零售连锁店。比如家用五金器具公司（Home Hardware）这类采购集团是由独立的零售商为了能降低成本及获得产品的多样性而联合在一起。大型的零售连锁店包括像 Home Depot 及沃尔玛之类的公司。

在工业用户这方面主要包括住房预先建筑公司、轮船及娱乐设施制造商和橱柜及家具制造商。这一类中的大部分公司只有一个生产点。

三类产品中的每一类产品在中间商及工业用户中都有市场。需求总是随着季节波动，从 5 月至 11 月会完成大约 2/3 的销售活动。

建筑产品分销行业的竞争是十分激烈的，利润空间很小。经营利润指的是产品的采购价与客户购买价之间的差异，这一数据为 10.5%。大多数的公司在某一地区中参与竞争，有些公司专做某一特殊产品的生意，并因此导致了一个按地域及产品类别划分的市场。没有一个公司在市场中占垄断地位，而蓝德纳是加拿大为数不多的全国性建筑材料公司之一。它的市场份额估计为 4%至 5%。

蓝德纳建筑产品

蓝德纳公司于 1986 年开始经营，为一家大型林业产品公司销售及分配产品。起初，蓝德纳的产品种类局限于它母公司所制造的产品，比如胶合板及厚木板。1989 年，为了改善蓝德纳的财务状况，扩大市场占有率，公司聘用了新的管理人员。这以后，蓝德纳的产品种类惊人增长，更多的建筑材料被列为它的经营范围，这种增长在关联产品及工业产品方面尤显突出。

到了1998年8月，蓝德纳已经拥有15个销售中心，遍及加拿大各地。公司的销售网络主要划分为五个区域：英属哥伦比亚区（British Columbia)、普莱里斯区（Prairies)、渥太华区（Ontario)、魁北克区（Quebec）以及大西洋区。每一个区域都有一名总经理领导，他负责公司在此区域的损益。蓝德纳共有385名员工分布在各销售中心，并在奎北克的蒙特利尔总部有35名管理人员。图1提供了该公司的组织结构图。

1997年蓝德纳的销售总额为49,500万美元，经营亏损190万美元。虽然加拿大总的经济势头还算强劲，但公司近四年来却从不曾赢利。

蓝德纳销售超过15,000个品牌产品及私人商标产品。虽然蓝德纳的股东仍旧是它最大的供应商，但公司现有的供应商总数大约为500家企业。公司的产品主要分为七大类：日用产品、工业用品、外部装饰材料、内部装饰材料、紧固件、橱柜及保险类产品。表1给出了每一类产品的例子。

每一个区域大约有3,000个库存存储单元（SKU)。但是，因为区域与区域间的各种差异，公司的全部仓库单位中只有3%为全部五个区域共用。

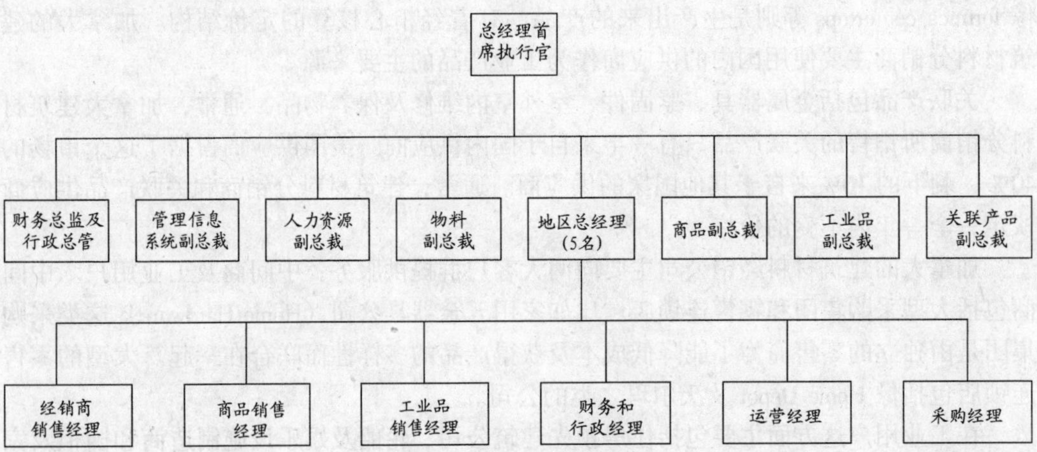

图1 组织结构

表1 产品分类

产品种类	例子
日用产品	三夹板、适应性条纹板、木材
工业产品	Formica、碎料板、硬木三夹板
关联产品	
外饰	乙烯树脂外墙板、沥青屋顶板
内饰	壁带、主轴、圆柱、护墙板
紧固件	钉子、螺丝
橱柜	木柜、钢丝柜、壁橱组件
保险类产品	门锁、暗锁、门把手

公司有三名产品副总裁：日用产品副总裁、工业用品副总裁及关联产品副总裁。产品副总裁负责寻找及发展供应商、与其商议供货合同。区域性分部则在这些合同的基础上下订单及安排运货。

各产品小组的销售份额差异很大。比如，日用产品占全年销售金额的40%，同时占有蓝德纳所有库存存储单元的10%。而工业类产品占全年销售金额的20%，同时占有30%的库存存储单元。

客户基础

蓝德纳共有5,120名客户，送货地址共为8,525个。一个客户可以有几个送货地址，每一家对产品、送货方式及送货量都有不同的要求。正是由于这些不同，即使在给大型的、全国性的连锁企业送货时，也很难确定最小订货批量。客户的订单及送货要求随着送货地址的不同而不同，只有很少的客户要求将货物送至他们的配送中心。

公司和大约20家采购集团及1,000家大型零售商交易，这些客户占有36,500万美元的销售额，送货地址为4,360个。中间商客户利用他们的购买力获得平均1%的总量折扣。

向4,100家工业产品客户所进行的销售活动彼此之间差异极大——一些工业产品客户属于蓝德纳最大的客户群，而另一些则非常不起眼。大多数这类产品的客户只有一个送货点。

蓝德纳的地区性工业客户及中间商客户销售小组按客户群的不同分别处理各自的需要，而日用产品则是个例外。地区性销售小组既有内部销售代表，也有外部销售代表。内部销售代表通过接听客户电话及接收客户传真来处理订单，而外部销售代表则与客户直接会面，商议新的订单、处理客户投诉，同时收集市场活动的信息。

日用产品的价格是以国际商品交易所发布的价格为基础的，因此，它的管理与其他销售活动不同。如果蓝德纳的日用产品销售人员同时用电话与供应商及客户联系，共同商议采购价格及销售价格的话，这只是一件再寻常不过的事。日用产品的利润空间为7%至9%不等。

工业类产品和关联产品的利润空间比日用产品大一些。工业类产品的利润空间为12%至15%，而关联产品则为20%至28%。通常，销售量大的产品利润较少。

大批量的日用产品、工业产品或关联产品订单可以从蓝德纳的供应商那里直接发货，而不必经过它的配送中心。这种“直接工厂”发货通常是整车运输，运费由客户支付。

1997年，“直接工厂”发货的销售额接近1,300万美元。使用这种方式发货的利润空间通常比从配送中心发货低四个百分点。

唐·特纳在考虑，公司是否能更好地对客户及产品的多样性进行管理：

> 我们是否能针对我们的客户群设立一些参数？也许我们不应该接受小额订单，而将一些客户让给Home Depot公司，在处理小额订单上，Home Depot公司比我们在行。现在我们的销售人员所享受的灵活性太大了，他们喜欢通过电话联系，对这种

“电话直销”的游戏乐此不疲。困难在于，销售人员的业绩考评是以产品销售毛利为基础的，而忽略了订单处理、库存及运输的相关费用。

地区性运作

蓝德纳的分权组织机构使得五个地区总经理和他们的员工享有很大的自主权（参见图1）。在与客户商议各项安排及制定配送政策时，各地区分部的管理者可以依据各地区的竞争激烈程度而享有灵活性。

每个地区分部都有一名运营经理、一小群采购人员、几个产品销售经理以及一名财务经理，所有这些人员向地区总经理汇报。销售人员与客户商议包括价格及送货在内的订单条款。地区运营经理负责存货控制、仓库的运行及出货管理。作为蓝德纳财务计划过程中的一部分，运营经理们共同商订三大产品领域内的年度经营预算，并要为自己的绩效负责。预算主要以历史业绩为基础，并根据地区性销售预料中的变化进行调整。

地区采购经理负责安排供应商的送货，包括进货管理。除了一些特殊的、小额的地区性需求以外，采购经理都要参与在公司总部进行的全国性合同的商议过程。

地区销售部门在与客户商议订单条款时决定送货所需费用。销售代表可以根据情况给予客户一些运费上的折扣。折扣的原因很多，包括大批量的订单、促销或仅仅因为产品价格的压力。

物流与物料管理

唐·特纳领导着蓝德纳的物流与物料部门。1990年，他加入公司时就任当时新增的岗位，负责全国范围内的物流活动。在加入蓝德纳之前，唐在运输及物流方面拥有丰富的经验。

唐向公司董事长及总裁肯·雅各布（Ken Jacobs）汇报。肯于1997年1月加入蓝德纳，此前，他在位于渥太华的一家大型工业制造企业中就职，在产品营销方面拥有丰富的经验。肯是带着扭转蓝德纳不佳财务业绩的使命走马上任的。

蓝德纳内部有几名成员共同对公司的物流活动负责，包括唐·特纳、戈登·史蒂芬斯以及运输经理比尔·杰金斯（Bill Jenkins）。戈登在蓝德纳工作了一年，在重回学校攻读MBA之前，他就职于一家有名的咨询公司，一拿到MBA学位他就加入了蓝德纳。

唐的总办公室小组负责设立与物流相关的业绩目标、指导方针、地区分公司的经营政策并帮助他们履行。比如，唐和肯·雅各布一起将目标客户服务水平提高到95%，这一百分比是根据品种满足比率（LFR）测算的①。接下来唐就要和地区总经理及他们的员工一起工作，以达到这一目标。

① $LFR = \frac{\text{满足的品种数}}{\text{订购的品种数}}$

配送系统

运费往往能反映出各地不同的行业定价实践。事实上，各地的客户运费政策有所不同。唐就此请戈登在准备他的报告时更多地关注一下渥太华地区。他对这个地区特别感兴趣，因为这个地区的运费占整个公司运费的40%。

渥太华地区1997年的销售额为11,700万美元，其中2,800万美元的货物是直接从供应商处发送的。其他的货物出自它的四个配送中心。在渥太华地区，蓝德纳91.5%的销售是从它的四个配送中心发送出去的。通常运输收费为销售额的1.5%的单一费率。根据该地区的财务报表，戈登发现1997年渥太华分部从它的配送中心发送了81,346批货物，该年的客户运费折扣为418,000美元。

蓝德纳并没有自己的货运队伍，它与三家地区性运输公司订立合同，处理向不同省市发送的货物。渥太华地区将自己的运货地点划分为两大组：本地及周边地区。不管是本地还是周边地区的运货，公司都使用货柜拖车的高速公路运输，载货量为72,000磅。因为蓝德纳的一些产品非常沉重，参与载货的货车通常在还没装满的情况下就已经达到最大承重能力。

戈登知道在渥太华，对于本地货运，运输公司每小时收费34美元，外加每公里0.37美元。对于周边地区货运，运输公司每次卸货收费17美元，外加每公里0.87美元。戈登收集了一次典型的本地货运数据（参见表2）以及另一典型的周边地区货运数据（参见表3）。1997年，渥太华分部在运货上总共支付给货运公司282.7万美元。

蓝德纳的一些客户愿意自己取货，而不使用公司的送货系统。1997年间，渥太华地区配送中心销售额的8.5%是自行取货订单，全年总量为11,224张订单。

在自行取货方面，除了付款条件，蓝德纳并没有很多相关政策。一些长期客户可以商议适当的赊账限额，并将利息打入订单总额中去。而其他的客户则应当在配送中心当场用现金或支票结算。

其他考虑因素

戈登感到蓝德纳的运量之大，足够使它能与运货商之间商议一个更有竞争力的费率。因为包括运输在内的物流代表了蓝德纳开支的一个重要部分，戈登能够了解为什么肯·雅各布在努力改善公司财务业绩的过程中将物流及原料管理视为关键环节。

戈登知道几年前，蓝德纳将客户要支付的送货费用从订单额的1%上调至1.5%。这引起了市场的极大抵触情绪，特别是渥太华地区的中间商们。他们中的一些因此至今都不从蓝德纳进货。但是，最终蓝德纳的大部分竞争者也都这么做了。

当戈登坐下来检查这些信息时，他意识到自己应该好好想想，他的建议可能会对公司内部其他经营活动带来怎样的影响，对于市场销售、地区经营、采购等等。因为肯·雅各布对公司的分权结构推崇备致，戈登知道在向蓝德纳物流实践提出建议的同时，他也应该对公司其他成员可能提出的问题做好充分的准备。他怀疑自己是否应该去收集更多的信息，而哪一类信息可以支持他对潜在变动将要提出的建议呢。

表 2 渥太华配送中心一次本地运货示例

活动	发票号	重量(磅)	公里	时间(小时)	销售额	客户支付	总成本
装货			0	2.0	$ 0	$ 0	$ 62.00
卸货 1	35061	14,399	8	2.25	1,120.46	0	79.46
	35069				457.64	0	
卸货 2	34243	795	40	1.25	287.20	4.31	57.30
卸货 3	33673	467	25	1.0	286.08	4.29	43.25
卸货 4	34920	132	15	0.75	525.60	7.88	31.05
卸货 5	34977	215	4	0.75	64.50	0.97	26.98
卸货 6	33617	4,425	4	0.75	960.00	14.10	26.98
	35104				806.40	12.10	
卸货 7	35086	15,322	10	0.75	4,778.28	71.67	29.20
返回			51	1.5		0	69.87
总计		35,755	157	11.0	$ 9,286.16	$ 115.62	$ 432.09

表 3 渥太华配送中心一次周边地区运货示例

活动	发票号	重量(磅)	公里	时间(小时)	销售额	客户支付	总成本
装货			0	1.25	$ 0	$ 0	$ 0
卸货 1	35974	5,040	31	1.5	1,680.00	25.20	43.97
卸货 2	36069	744	67	1.75	616.80	9.25	75.29
	34837				218.42	3.28	
	36202				92.55	1.39	
卸货 3	36354	216	27	1.0	153.00	2.29	49.49
卸货 4	35497	8884	37	1.25	1,519.00	0	49.19
	35738				34.10	0.51	
卸货 5	35876	368	17	0.5	153.09	2.30	31.79
	35766				112.80	1.69	
卸货 6	36383	1366	8	0.75	509.74	7.65	23.96
卸货 7	31266	5	13	0.5	143.27	2.15	28.31
卸货 8	34941	3,888	4	0.5	658.80	9.88	20.48
卸货 9	31202	1,385	23	0.75	2,595.84	38.94	37.01
	35736				364.32	5.47	
卸货 10	36007	10	42	1.0	80.80	1.21	55.34
返回			160	2.75			139.20
总计		21,906	429	13.5	$ 8,933.03	$ 111.21	$ 543.23

案例 8　KKC 计算机公司的联合配送[①]

KKC 公司是主要的电子产品生产商，它所生产的两大类计算机产品（A 类和 B 类）具有很高的价值和技术含量，公司分别从两个生产基地（洛杉矶和旧金山基地）向 7 个美国主要市场销售产品：亚特兰大市场（ATL）；丹佛市场（DEN）；底特律市场（DTW）；休斯顿市场（HOU）；泰瑞豪特市场(HUF)；小石城市场(LIT)及明尼阿波利斯市场(MSP)(参见图 1)。因为计算机的生产地离市场距离较远，公司的一大主要目标就是要在使运输费用最小化的前提下，准时交付产品。历史上，公司一直是每天将产品从生产基地直接空运至美国各个主要市场。表 1 给出了主要市场对每类产品的日需求。

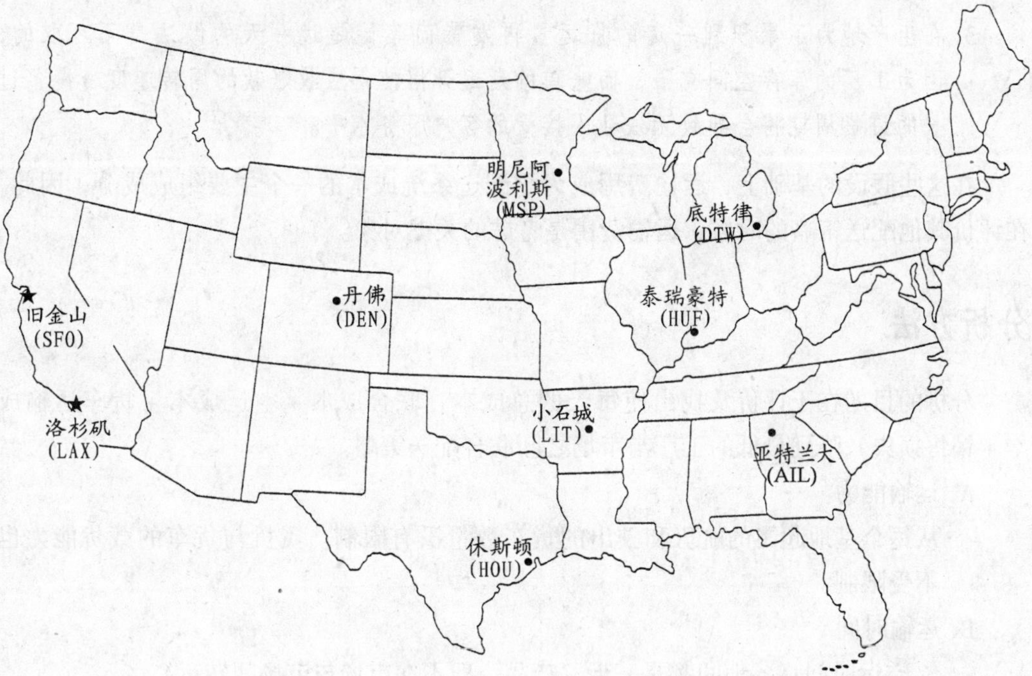

图 1　主要的西部市场

表 1　平均日需求，按产品/市场划分（单位：件*）

产品	市场							总计
	DTW[△]	HOU	LIT	DEN	MSP	ATL	HUF	
A(LAX)	31	22	11	22	11	23	10	128
B(SFO)	24	13	9	18	9	22	5	100
市场总计	55	33	20	40	20	45	15	228

*　每件重为 100 磅。

△　城市缩写指：DTW 底特律，HOU 休斯顿，LIT 小石城，DEN 丹佛，MSP 明尼阿波利斯，ATL 亚特兰大，HUF 泰瑞豪特。

① 注：此案例由密歇根中心大学罗伯特·L·库克（Robert L. Cook）教授撰写。

顾客在收到计算机产品后，公司立即向客户开出账单。因为大部分的销售是以交付的成本为基础的，因此公司承担了货运破损风险、失窃风险及在途库存的资金成本。这样，除了使运输成本降到最低的目标以外，销售条款和高产品价值都要求公司具备以下的运输目标：(1) 加快应收货款的周转；(2) 将因为运输时间延长和多次搬运而造成的货物破损和失窃率降到最低点；(3) 使在途库存投资降到最低。公司希望能拥有一个运输速度快、在途库存少的配送系统，这就导致了下列的配送政策或措施：

1. 包括订单处理在内的订单周期中，在所有可以控制的环节中杜绝可能的拖延。
2. 不需要任何仓库设施，因为它们会导致库存量上升，也会带来更高的产品破损风险。
3. 在生产地为了累积到一定的货运量再发货而等待超过一天的做法是不可取的，因为工厂的库存空间有限，而账单的延迟开出使得应收账款的周转速度变慢，过长的订货周期将会导致无法让人接受的客户服务水平。

在这些假设的基础上，运输费用成为了配送系统成本的一个主要组成成分，因此，在评价其他配送策略的时候，运输费用是考虑的关键对象。

分析方法

分析的目的在于评价及找出使每天的总成本（联合成本 + 空运成本 + 货车运输成本 + 销售损失）降到最低的工厂与市场之间联合配送策略。

A. 运输能力

从每个基地起飞的航班和驶出的货车数量没有限制。飞机与货车的载货能力也不受限制。

B. 运输时间

1. 空运时间：各地间都是一天（产品一般不在市场与市场间转运）。
2. 联合运输时间：如果联合的话，时间为一天。
3. 卡车运输时间（参见表 2）：

运输时间在各城市间分别计算；在飞机降落的城市，当天就能够交付；这样的话，本地送货时间为零天。

运输举例：所有产品空运至旧金山（SFO），分类，接着从旧金山（SFO）空运至明尼阿波利斯（MSP），第一辆满载货车［送货点：明尼阿波利斯（MSP）、泰瑞豪特（HUF）、亚特兰大（ATL）］途经明尼阿波利斯（MSP）、泰瑞豪特（HUF）、亚特兰大（ATL）。第二辆满载货车将货物送至丹佛（DEN）及休斯顿（HOU）。运输时间如下所示：

表 2　货车运输时间（天）

起止点	LAX*	SFO	DTW	HOU	LIT	DEN	MSP	ATL	HUF
LAX	0	1	7	7	6	4	6	7	6
SFO	1	0	7	7	6	4	6	7	6
DTW			0	3	2	3	2	2	1
HOU			3	0	1	0	4	2	2
LIT			2	1	0	2	3	1	1
DEN			3	3	2	0	2	3	2
MSP			2	4	2	2	0	3	2
ATL			2	2	1	3	3	0	1
HUF			1	2	1	2	2	1	0

*　城市缩写指代参见表 1

第一辆货车的送货时间为：

	空运(从 LAX 至 SFO)	联合	空运(从 SFO 至 MSP)	货车运输(从 MSP 至 HUF)	货车运输(从 HUF 至 ATL)	总时间
至 MSP	1	1	1	—	—	3 天
至 HUF	1	1	1	2	—	5 天
至 ATL	1	1	1	2	1	6 天

第二辆货车的送货时间为：

	空运(从 LAX 至 SFO)	联合	空运(从 SFO 至 MSP)	货车运输(从 MSP 至 DEN)	货车运输(从 DEN 至 HOU)	总时间
至 DEN	1	1	1	2	—	5 天
至 HOU	1	1	1	2	3	8 天

C. 目前的客户服务

目前的客户服务水平为每天处理 100% 的件数（每天 14 批货物通过空运的方式从工厂抵达市场，再在当地进行零担货运）。

D. 成本

1. 空运成本。表 3 总结了从洛杉矶（LAX）和旧金山（SFO）至每个城市的空运费率，按四个重量级表示。
2. 货车运输成本。表 4 描述的是在两个城市间零担货运的每百磅费用。整车运输的费率按表 4 给出的费率的 50% 计算。

表 3　每百磅空运费用*

100 至 1,200 磅*

起止点	LAX△	SFO	DTW	HOU	LIT	DEN	MSP	ATL	HUF
LAX	—	8	40	43	46	44	48	45	50
SFO	7	—	42	45	46	45	50	44	53

1,201 至 2,399 磅

起止点	LAX	SFO	DTW	HOU	LIT	DEN	MSP	ATL	HUF
LAX	—	7	35	38	43	39	46	40	49
SFO	6	—	37	40	44	41	47	41	52

2,400 至 13,499 磅

起止点	LAX	SFO	DTW	HOU	LIT	DEN	MSP	ATL	HUF
LAX	—	7	28	30	34	29	37	29	40
SFO	5	—	30	32	36	31	38	33	44

13,500 至 25,000 磅

起止点	LAX	SFO	DTW	HOU	LIT	DEN	MSP	ATL	HUF
LAX	—	6	21	23	28	22	30	24	34
SFO	4	—	25	27	30	26	30	26	36

*　每件产品重 100 磅。

△　城市名缩写指代参见表 1。

表 4　城市间的零担货运费率（每百磅）*

100 至 1,200 磅*

起止点	LAX△	SFO	DTW	HOU	LIT	DEN	MSP	ATL	HUF
LAX	6	7	39	36	40	34	38	41	39
SFO	7	6	40	38	41	36	39	45	42
DTW			6	15	13	14	11	10	8
HOU			15	6	10	14	16	11	13
LIT			13	10	6	12	13	9	9
DEN			14	14	12	6	11	15	12
MSP			11	16	13	11	6	15	13
ATL			10	11	9	15	15	6	9
HUF			8	13	9	12	13	9	6

*　费率单位为美元/百磅。

△　城市名缩写指代参见表 1。

当一辆货车装载着60台以上的计算机开始送货旅程的话，就可以采用整车运输费率。例如，如果明尼阿波利斯（MSP）、泰瑞豪特（HUF）及亚特兰大（ATL）的市场需求量需要通过空运至明尼阿波利斯（MSP），再从那里使用一辆货车运输的话，那么这三次送货都可以采用整车运输（80单位）和整车运输费率。

另外，每一次货运的费率总是以初始起运点为基础［即，对于上文所述的满载情况而言，三次费率的计算为：明尼阿波利斯（MSP）至明尼阿波利斯（MSP），明尼阿波利斯（MSP）至泰瑞豪特（HUF），以及明尼阿波利斯（MSP）至亚特兰大（ATL）］。注意与运输时间不同，运输费率不从一个城市累积到另一个城市［即，明尼阿波利斯（MSP）至亚特兰大（ATL）的费率为15美元而不是22美元。］

上述例子中的整车运输费率的正确计算如下：

(TL)　（从MSP至MSP）　（从MSP至HUF）　（从MSP至ATL）
0.5［(20件×6美元每天)＋（15×13美元）＋(45×15美元)］＝495美元

3. 联合成本。每次当产品被运到一处（运往不同市场的不同产品或数量），相关的产品就发生每件1美元的费用。比如，如果所有的A产品与B产品都经过空运集合到明尼阿波利斯（MSP），然后在那里按照城市不同进行分拣，联合成本应该是228件×1美元/天＝228美元。这是在任何情况下的最大联合成本。
4. 销售损失。这项成本以因送货速度太慢而引起的损失占客户销售损失的百分比为基础进行计算。每件产品的价格为100美元。

- 100%的顾客无法接受七天的送货时间
- 20%的顾客无法接受六天的送货时间
- 5%的顾客无法接受五天的送货时间
- 1%的顾客无法接受四天的送货时间
- 0.5%的顾客无法接受三天的送货时间

计算举例：在第6天将45件产品送至亚特兰大（ATL）：

（45×100美元/件）×0.20＝900美元销售损失

案例9　幸运混合咖啡公司

幸运混合咖啡公司（Favored Blend Coffee Company）是一家享有盛名的咖啡生产商，它的产品销往全国各地的消费者及企业。销往消费者市场的咖啡用幸运混合的品牌通过批发商、连锁店及其他百货商品零售商进行。销往企业市场的咖啡则由公司直接销售，或用最佳混合的品牌通过中间商销售。除了包装大小及风格的不同以外，两种品牌的产品生产线是一模一样的。不管是幸运混合还是最佳混合牌的咖啡，都提供包装大小不同的研磨咖啡和速溶咖啡。两种混合咖啡由同样的生产工厂生产，由同样的物流系统配送。

在1990年之前，幸运混合咖啡公司一直生意兴隆、发展迅速。销售增长速度为平均每年5%。虽然利润的增长率没有销售的增长率高，但也呈现出向上的势头。在1990年的年终管理会议上，管理层对销售及利润上的持续增长可能表示乐观的态度。然而，到了1992年中期，这一乐观态度遭遇到严重的挫折。虽然幸运混合的两大产品销售额继续增长，但1991年的利润额却大幅下降，在1992年的第一季度里，公司尝到了自1929年以来第一次的亏损滋味。业务数据分析清楚地表明，利润下降的一大主要原因就是物流成本。与1990年相比，1991年的运输成本上升了4个百分点，库存成本上升了3个百分点，到1992年第一季度为止，成本的上升趋势还未能有所扭转。比起1990年，1991的年底成品库存量上升了8个百分点。到1992年第一季度末，因为生产计划的减少，库存被迫进行调整。

1992年4月，幸运混合公司的总经理及首席执行官史密斯（Smith）先生召开了一次全体管理层会议。虽然整个小组都意识到在物流上存在着问题，但当大食品连锁商店将幸运混合咖啡从它的商品清单中清除出去时，这个问题上升到了一个新的高度。大食品连锁商店的首席执行官通知了史密斯先生，传言幸运混合咖啡公司存货供应量不足，再加上极不稳定的送货情况，这才迫使他们做出此决定。由于幸运混合咖啡公司的管理小组显然没有能力扭转目前的不利情况，史密斯先生接受了董事会的意见，决定请独立咨询师来对公司及其配送结构进行研究和分析。

在四月份的会议上，史密斯公布了他的决定，雇用物流专业公司——艾伯管理咨询公司（Able Management Consultants）的服务。市场部副总裁对此决定举双手赞成。但配送服务总监及财务副总裁对此却持反对意见。在他们看来，只要在全公司范围内实行适当的营销及客户服务政策，该问题就能被解决。他们怀疑，一个所谓的高能力专家是否真的拥有食品分销领域的足够知识，能足以进行一项有意义的调查。双方进行了激烈的讨论，在某一时刻，生产部的副总裁这样评论道："我们最不需要的就是更多的理论：上次我们所请的所谓专家在这里度过了三周时间，然后告诉我们一些我们早就知道并且告诉过他们的东西。我们需要的是行动，不是研究。"两个小时的讨论以后，史密斯用下述评价结束了这次会议：

> 你们中的一些人对于顾问的评价也许是对的，但坦白地说，我觉得你们在进行自我防卫，你们所列举的事实不能支持你们的观点，而现实情况正在越变越糟。我会致电给艾伯的总部，因为我和他们很熟，我会把这里的事实告诉他们，然后看看如果艾伯接手此事，他会有何种安排。

案例情景

您就是艾伯咨询公司的领导者。史密斯先生将幸运混合所遇到的困难向您做了介绍，并给了您以下的情况简介。您的首要任务就是回答在此案例后所列出的问题。

史密斯向艾伯管理咨询公司领导者提交的情况简介

幸运混合咖啡公司的产品销往全国，在费城、新奥尔良及洛杉矶都经营着加工厂。每一家工厂基本上向国内固定范围内的地区供应产品。这些综合加工厂的经营内容包括接受从海外运抵的生咖啡、对其进行混合、烘烤、研磨、加工及包装，然后发货。一旦包装完成，咖啡要么就被直接运往客户所在地，要么被运往遍及整个市场领域的各家仓库，等待发货。通常在生产过程中，总是先生产统一大小包装的产品，直到满足了每周需求量以后再按计划加工其他大小包装的产品。

近年来，因为扩大了生产能力，将更多的空间用于放置生产即溶咖啡的设备，使得每个加工厂的库存空间及运输能力都受到了一定的削弱。虽然公司致力于在厂房、工厂范围内及周边地区寻找更多的空间，却毫无结果。作为空间不足的权宜之计，配送服务部门热衷于使用铁路作为主要的运输方式，仅仅因为他们发现装满的车厢，能将其用做临时仓库。为了这一增加的空间，公司所要支付的费用不算很大，因为在延期运货的相关报价中有48小时的免费时间，再加上所有的加工厂都是早上八点开工。这样一来，在计算延期运货相关费用之前，公司可以有几乎三天的免费库存时间。H·J·斯彼德（H. J. Speedy）先生是幸运混合咖啡公司配送服务部门总监，他对自己利用了这一政策感到非常自豪，并多次在公司会议上提到这一点。

虽然咖啡的消费量基本上是可以预测的，但来自客户的订单依然显得反复无常，因此不管是直接从工厂或是从仓库的出货都没有规律可言。公司试图对订单情况进行预测，然而，结果却并不理想。当工厂没有足够库存空间时，配送服务部门尝试着利用仓库作为出货的阀门。公司总共使用了30家公共仓库用于货物的配送。

然而，虽然有计划中的供应安排，但是，一些仓库的超载情况十分严重，而另一些却依然显得空空荡荡。在任何时候，在任一仓库，幸运混合及最佳混合这两种品牌的咖啡总不能达到令人满意的组合，也没有足够的不同包装和不同研磨等级的产品。结果，为了满足客户的需要，往往要在仓库间紧急运输产品。

配送的物理模式多年来一直是市场部与分配服务部之间矛盾的源头。通常情况下，使用以下两种配送方式：

1. 从工厂向客户直接送货，大多使用整车送货的方式，较少使用零担送货的方式。
2. 使用整车送货方式将产品从工厂送至位于市场所在地的公共仓库，再使用零担送货的方式将货物从公共仓库送到客户所在地。

从工厂向客户整车直接送货的方式曾经非常重要，因为总体而言其成本较低，因而很受配送服务部门的欢迎。但是，近年来在商界，降低存货水平的原则普遍流行，为了与此趋势靠拢，客户们对于购买足够保证整车送货量的大批货物有些迟疑。配送服务部门遇到了越来越多的客户关于使用货车及时递送小批量货物的要求。从1991年与1981年的货运量报告对比中，可以看到这一趋势的发展势头。在1981年，公司所有加工厂生产的咖啡中，80%是通过铁路运输的方式发送到客户所在地，只有20%是通过货车发送的。到了1991年，这个比例正好相反。

史密斯先生花了大量的时间与配送服务部门及市场部门一起工作，试图找到解决成本日益攀高问题的途径。总的来讲，配送服务部门认为市场部没能启动行之有效的价格激励机制来鼓励大批量采购，同时，销售人员又纵容客户过度地指定货运的条件和路线。而市场部又反过来指出，问题的源头是日益增多的私营竞争对手以及其他各种全国知名的咖啡品牌。“竞争使得客户对服务的需要提高了，我们没有其他的选择，如果我们想要做成这笔生意，就一定要努力达到这样的服务水平。”

问题

1. 如果艾伯公司得到了这项任务，在修补幸运混合公司经营漏洞的时候，哪一种物流系统的设计原则会给予他们指引和帮助？
2. 史密斯先生相信艾伯管理咨询公司应该有能力处理这样一个来自食品行业的任务，那么各个物流系统之间是否有足够的相似性能支持他的这一感觉呢？你作为艾伯管理咨询公司的总经理，将向幸运混合公司的管理层提供什么事实、原理或一般性的理由来获取这项任务？
3. 幸运混合公司全国各地共有30家仓库，却依然经常要在仓库间转运货物，或在时间紧迫的情况下，从工厂向客户发货，那么您认为导致这一情况的原因是什么呢？请尽可能明确地指出导致各个仓库备货种类花色上不足的实际原因。
4. 配送服务部门使用火车车皮当做仓库，您认为他们的这一政策会给整个系统带来怎样的影响？同时，也请考虑到运输费用及仓库的租赁费用近来都有所增加的事实。

案例10　海岸物流公司:打造第三方物流服务模式①

海岸物流公司（Coastal Logistics Inc.）是一家新成立的公司，计划向位于墨西哥湾旁的石油平台经营者提供物流服务，现在，海岸物流的管理层必须决定公司的下一步应该怎么走。历史上，每一家石油公司自行提供物流服务。而海岸提出，通过合并各家石油公司的物流操作，它可以利用“资源共享”来削减物流成本。这个案例的目的在于评估资源共享这一理论的经济可行性，并决定海岸是否应当继续执行原计划，将它自己打造成墨西哥湾的主要物流服务提供者，如果海岸决定继续执行的话，请为它设计一项切实可行的履行计划。

定义问题

当听到艾莉小姐号轮船广播，宣布开往墨西哥湾尤金岛的航程时，海岸物流公司的业务发展总监乔·罗斯（Joe Ross）从货物清单中抬起头来。附属石油公司（AOC）物流部的几名员工才刚离开乔所在的位于摩根市海岸基地的临时办公室。从下午至晚上，他们一直在商议一项计划，根据这项计划，在AOC的帮助下，把海岸物流公司建成墨西哥湾的一家第三方海运物流服务供应商。这些计划与AOC目前服务于自己平台的物流政策大相径庭。该计划不仅要求AOC将自己的物流资源转移给海岸物流公司，而且会给物流操作带来全新的概念。乔知道当艾莉小姐号轮船完成她三天的送货行程，再次回

① 注：该案例由得克萨斯州农业与工程大学的副教授E·鲍威尔·小鲁滨逊（E. Powell Robinson Jr.）及助理教授安东尼·D·罗斯（Anthony D. Ross）合作撰写，提供给学校的物流管理委员会使用。

到港口的时候，他应该要么已经谈成了这笔交易，正在 Crwafish Cavern 餐厅里庆祝，要么就在返回位于克里夫兰（Cleveland）的公司办公室的路上。

乔将注意力重新收回到艾莉小姐号的货物清单上。这一次送货行程中，艾莉小姐号使用了船上 55%的甲板空间和 30%的散装货运力。对于在墨西哥湾航行的供应船只而言，这是一种典型的装载方式，在海岸公司将自己打造成本地第三方物流服务供应商的计划中，这种装载方式显得尤为重要。乔又给自己倒了一杯咖啡，重新一头埋进成堆的货物清单、地图、船只航行路线及其他经营数据中去。今天看来又要熬夜了，但在明天下午的会议上，他必须要清楚地表明资源共享会带来的经济利益，同时为建立海岸物流服务提供商的地位达成一项实施计划。乔知道，虽然他们就原则问题都表示了同意，但他最好还是要说服 AOC 物流小组，使他们相信所有的数字都是正确的，这才能保证计划的成功，如果计划告吹，他可担不起这个责任。

公司概况

近海石油行业由几家类似 AOC 的主要石油公司及一些较小而独立的经营者组成。一旦一块油田被定为开采目标，石油公司就确认勘探打钻点，通常地点离海岸 20 至 100 海里左右，在那里建筑钻井平台。如果勘探结果令人满意，那该平台就被改建成生产平台，以开发原油及天然气。反之则将该平台转移到另一地点继续勘探。

和它的竞争对手一样，AOC 一直专注于勘探及生产活动，而对经营成本重视不够。然而，自 1986 年以来，平稳的原油价格大幅下跌，再加上 1990 年以来的成本迅速上涨，使得控制经营成本的需要被推到了最高点。所有经营成本中，物流成本占到了 16%，因此，削减物流开支对降低成本的影响重大。1996 年，AOC 在沿海经营基地上投资了 100 万美元，而仅在摩根市沿海基地的船只运营这一方面就又投资了 1,200 万美元。另外，石油价格的小幅反弹又激励了勘探及生产活动，这又加重了原本不足的海运物流资源所背负的压力。船只的租赁费用从 1993 年的 200%上升到 1996 年的 300%。

20 世纪 90 年代早期，艾贝迪恩服务公司（Aberdeen Service Co. Ltd.）为北海的石油平台经营者建立了第三方合同制物流服务（CLS），同时说明了此项服务会给石油行业带来的潜在经济效益。CLS 将物流支持这一责任从石油公司转移到了一家物流专业公司。这就允许了石油公司能将管理精力及资本更多地投入于勘探及生产经营的活动中去。承包商对物流资源进行管理，而这些物流资源是由它的客户群所共享的，这就降低了所有参与的石油公司的总成本。艾贝迪恩服务公司所提供的 CLS 实践将物流成本降低了大约 30 个百分点，差不多使每个参与的石油公司的利润空间上升了 12 个百分点。这些利益来自于营运资本的释放、规模经济、资源的更佳利用及管理地位的改善。虽然任何一家石油公司都能独立地享受到其中的一部分利益，然而，只有当公司与公司间形成了相互配合的协同作用和规模经济时，才能实现成本节约的好处。因为受到竞争及反垄断法的限制，主要的石油公司间达成资源共享协议的进程受阻，而依赖第三方提供物流服务是一条释放潜在利益的途径。

1996 年初，海岸物流公司以合资公司的形式出现，探索向墨西哥湾近海石油勘探及生产基地提供物流服务的可能性。海岸的两家投资商都有从事近海石油行业的记录，他们将墨西哥湾视为一片沃土，相信在此也可以蓬勃发展在北海地区成功实现资源共享概念。海岸公司的远景目标是成为“墨西哥湾的 UPS”。为了实现这一目标，海岸将试图在墨西哥湾的各个主要港口建立海岸基地业务处。

海岸公司成立时采用了基本的管理模式，它的管理层包括一名总经理、一名物流及信息系统总监及一名市场总监。其他的人手会在需要时增加。在最初的创业阶段，在软件开发及技术支持方面，公司会依赖于它的母公司。来自每个母公司的代表一起成立了董事会，监控海岸公司的进步。董事会希望海岸公司能在三年内创造利润。一成立，海岸就在工业贸易博览会上宣传资源共享的理念，并积极联系各个石油平台经营者。同时，为了管理近海基地及海运船只，它开始开发一个名为集成物流管理系统（ILMS）的地理信息系统（GIS）软件项目。在协调物流服务方面，ILMS 将会成为集成物流信息及实际情况的关键部分。

AOC 对资源共享的理念较早地表现出兴趣，它与海岸的管理人员会晤过数次，共同探索其潜在利益，研究将其付诸实施的方式。历史上，每家石油公司都使用自己的物流设施，哪怕利用率很低。海岸物流向 AOC 提议，将它的近海基地及海运资源都转让给海岸。然后，海岸会使用这些资源为 AOC 及这个地区内的其他石油平台经营者提供物流服务。这能提高资源的利用率，并降低物流成本。海岸和石油平台经营商能共同享受因为生产效率提高、物流成本降低所带来的好处。另外，石油公司可以从管理自己的物流活动中解脱出来，这使得他们能专注于进行主营业务，即石油的勘探及生产。计划书遵循了艾贝迪恩服务公司在北海地区实施项目的基本准则。

1996 年中期，AOC 和海岸公司共同组成了一支研究小组，目的在于证实资源共享理念的经济可行性。在第一次小组会议上，成员们决定对路易斯安那州摩根市的近海基地业务处进行一次试调查。除了 AOC 以外，还有另外一些主要以及独立的石油平台经营者在那里设有近海基地，他们也对该项目表示了一定的兴趣。其中有两家独立经营公司，石油资源公司（PR）和海湾能源公司（GEI）曾与海岸物流联系过，提及过他们对降低物流成本的需求，同时鼓励海岸在他们的生产区域内建立第三方业务部。这两家公司都许诺参与这项可行性研究项目。

商业环境：摩根市的物流活动

石油生产平台既有手工操作的，也有无人操作的。手工操作的平台上通常有 2 至 10 名工人。这批工人负责进行开发石油及天然气所必须的所有活动，然后再将石油及天然气送至岸上的加工工厂。这些活动包括了控制生产过程以及维护资本密集型的生产设备。无人操作的石油平台所需的服务是由离其最近的手工操作平台提供的。工人们按照不同的班次进行工作。一个典型的班次是连续上 7 天班后休息 7 天，上班时每天工作 12 小时。换班时，工人乘坐直升机或小船往返于平台和近海基地。

生产平台需要一系列的物品，其中包括饮用水、燃料、润滑油、各种设备、备件及零散物品等。因为平台上的库存空间有限，需要每星期补充各种物品。另外，有时还需要紧急递送一些零部件。生产过程中所有的副产品（比如：替换下的零部件、垃圾和损坏的工具）需要运回近海基地再行处理。表 1 至表 6 给出了为了满足 AOC、PR 和 GEI 的生产平台每周的平均需要，要提供多少大小的货船空间。数据（平方英尺）包括装载运往平台的补给所占的出发甲板空间，装载运回近海基地的副产品所占的返程甲板空间，装载运往平台的饮用水及柴油燃料所占的出发货舱空间。在表格中，出发指的是在近海基地装运的运往平台的货物，而返程指的是在生产平台上装运的运回近海基地的物品。各个生产平台之间的货运要求有很多不同，影响因素主要包括无人操作平台的数目多少、工人的多少、设备的新旧、平台上是否装备淡水生成装置以及平台是使用开发出来的天然气为燃料，还是使用从近海基地运输过来的柴油为燃料。

手工操作平台的主管为他的平台小组制定工作计划，协调各项生产及维护活动。他明确补给需求，向岸上的供应商开出补充物品清单，然后与岸上的快递小艇安排送货事宜。

岸上设施包括小船码头、仓库、货船的载货及卸货设备以及行政办公室。近海基地的员工包括了一名主管、一名物流协调者、两至三名快递员、几名码头工人以及秘书人员。近海基地的快递员是联系平台的主要窗口，他收到从陆地向平台的发货清单，把东西在近海基地仓库里配齐，按照不同的目的平台摆放得整齐有序，然后协调向平台的发货。AOC 为自己的生产平台提供着完整的陆上物流服务。然而，一些中型公司通常只有一家近海基地办事处，而且所有的码头空间、仓库、上/下货设备都是从大型经营者手中租过来的，而小型经营者只好按照自己的需要购买船坞服务。

表 1　各生产平台每周的典型需求

生产平台编号	出发甲板空间	返程甲板空间	饮用水	柴油燃料
EI105	328	244	820	0
EI126	163	50	0	0
EI128	616	450	974	0
EI240	236	190	1,820	0
GC18	400	281	2,600	0
G120	153	114	0	0
G176	59	37	1281	0
G194	328	244	820	0
SM10	335	284	0	810
SM132	426	293	2,200	284
SM205	163	150	2,716	0
SM243	177	200	1,845	0
SP10	426	293	2,614	284
SS182	177	166	1,845	960
SS219	16	0	974	0
SP72	335	260	1,281	810
VR215	300	244	1,200	750
VR271	410	250	900	920
WD34	29	24	256	0

向生产平台提供物流服务的船只主要分成两类——员工船及补给船。两种船只都有特定的装备，用来适应不同货物的特征。船里有用来放置饮用水、燃料及钻泥的大型容器，外部的甲板空间用来运输钻井钢管、大型设备以及各式工具，内部的货舱用来放置杂物、零散物件及小型工具。员工船比补给船小得多，平均只留下 1,450 平方英尺的甲

板空间来放置货物。但是，员工船的速度快得多，而且航行每固定距离的耗油量较少。员工船主要用于支持生产平台，行驶在固定的航线上。通常在一条航线中会抵达一至六个平台，以每个平台的需求量大小、离近海基地的距离远近及送货船只的装载能力为基础。如果有需要，员工船可以向平台紧急送货。补给船的平均载货甲板空间为3,300平方英尺。因为它们载货量大、航行速度较慢，主要用来支持钻井平台。一个钻井平台需要大约2只专门的补给船和1.25只员工船对其进行支持。

每个平台上都备有起重机，以便装卸货物。船上备有抽水机，用来卸载大量液体货物。只要船员熟悉此平台，而且天气条件及平台停泊条件许可的话，船只可以一天24小时装卸货物。只要可能，送货总是安排在白天进行。所有的船上人员包括一名船长、一名大副及几个甲板手。通常在四至六人之间。船员的工作时间变化很大，一次行程最多为两星期。一般的路线需一至三天。大多数石油公司通过订立长期合同获得船只服务，合同中包括船只的维护及船员的工资。但是，如果遇到紧急情况或一次性的送货需要，也可以通过支付当天的“即时”价格来租用船只。即时价格根据可供应船只的多少及需求量变动。通常，即时价格要比长期合同中订立的每日价格贵一倍。因为20世纪80年代末及90年代初期的造船业萎缩，90年代末的船只供应变得很紧张。现在要获得一张长期租船合同，平均要提前24个月预订。表2给出的是在摩根市近海基地经营的两种船只的典型行驶特征和租赁费用：分别是长度为135英尺的员工船及长度为180英尺的补给船。

表2　典型客船及补给船的行驶特征

特　征	员工船	补给船
长度	135英尺	180英尺
开放式甲板空间	1,450平方英尺	3,300平方英尺
柴油燃料容量	10,800加仑	43,700加仑
饮用水	15,000加仑	15,000加仑
行驶中耗油量	每天100加仑	每天160加仑
停泊中耗油量	每天50加仑	每天50加仑
平均行驶速度	每小时18英里	每小时10英里
燃油成本	每加仑0.75美元	每加仑0.75美元
长期租赁合同	每天2,100美元	每天7,250美元
即时租赁费率	每天4,200美元	每天14,500美元

一次送货的路线起点为近海基地，在这里给船装载货物。像饮用水、燃料和钻泥等大批量货物则通过抽水机装运进船只的货舱里去。船身分成隔开的大容器用来储存这些大批量的液体物品。另外一些像钢管、钻井部件及生产设备之类的物品则在近海基地利用起重机放置于船只的甲板上。货运装载完毕，船只从河流航行至河海分界浮标，从这里开始它的送货航程。河海分界浮标离摩根市的近海基地大约为42英里，行程2.5小时。送货航程遵循特定的平台抵达顺序。在抵达最后一个目的地后，船只返回河海分界浮标，再从那里航行至近海基地，在那里卸下来自平台的物品。

分析：基准研究

调查小组的第一个目标是记录目前AOC、PR以及GEI的物流过程及成本，作为进行对比的基准。调查小组将工作重点落在生产平台的送货系统上。小组鉴定出两大类主要成本：送货航线成本及近海基地运行成本。然后小组设计了一个从公司中收集相关数据的策略。为了获得船只成本及其经营数据，船长按要求在航海日记中记录下船只两个月内每天24小时的活动情况。航海日记记录下船只装卸货的次数、行驶时间、在平台及近海基地停留的时间、维修时间及恶劣天气情况下多停留的时间。同时，日记还跟踪了所有柴油及润滑剂的使用情况。这有利于对行驶中的耗油量及停泊状态中的耗油量进行分别计算。根据航海日记可以计算送货船的使用费率。总结数据见表3。

表3 船只的平均利用率

活　动	生产平台路线	钻井平台路线
停泊在近海基地	40%	18%
在近海基地上/下货	2	14
行驶时间	37	23
在平台上/下货	13	17
停泊在平台	8	28
维修/天气因素停航	0	0

1996年8月间，AOC、RP及GEI的规律性送货航线如表4所示。每一次送货起止地都是摩根市近海基地。在将石油平台加入线路中去时，最小的送货成本是考虑的关键，其中包括了船只租赁成本及运营成本。为了保证有足够的甲板空间来盛放从石油平台送回来的副产品，出发货物最多只能占船只甲板空间的85%。另外，三家公司尝试着为他们的船只设计每天一次的24小时送货路线，每条线路中至少有3小时用于装卸货及停靠在近海基地。表4列出了停靠平台的顺序及船只的利用空间。

表4 目前送货路线上的船只利用情况

路线代码	送货路线	向外甲板空间	向内甲板空间	水	燃料
AOC-1	SB – E1240 – SM205 – GC18 – SB	55%	43%	61%	0%
AOC-2	SB – SP10 – SP72 – SB	59	40	49	3
AOC-3	SB – SS182 – G194 – G120 – SB	45	36	25	6
PR-1	SB – SM10 – SM132 – SB	53	40	20	6
PR-2	SB – SS219 – G176 – SB	6	3	21	0
GEI-1	SB – EI105 – EI128 – WD34 – SB	75	55	19	0
GEI-2	SB – SM243 – VR215 – VR271 – EI126 – SB	81	57	37	11

艾莉小姐号是一艘长135英尺的员工船，她是AOC的长期租赁船只，但每星期三天AOC将其转租给另一家石油平台经营者。AOC行驶三条计划好的日常路线：周三的AOC-1，周四的AOC-2以及周六的AOC-3。另外，每月一次，艾莉小姐号还会为正位于

某一油田上方的漂浮舢板（Jack-up barge）送货。漂浮舢板指的是一处吃水较浅的结构，可以从一个石油平台转移至另一个石油平台，用来临时增加一个固定平台的存货空间或工作空间。漂浮舢板的供货需求平均占用200平方英尺的甲板空间。每次漂浮舢板所在位置都不相同，向它送货的安排是加入到某次日常送货安排中去的。

PR和GEI共同使用一艘135英尺长的员工船：詹尼斯小姐号。PR拥有这艘船的长期租赁合同。每一家公司每周两天使用该船向他们的生产平台送货。另外，PR还一周两天利用该船向它的一个钻井平台送货。如果有需要，每家公司都能选择周日使用该船。在周日使用该船的公司需支付这一天的租金，如果没有公司在周日使用该船，那么PR支付当日租金的70%，GEI支付剩下的30%。平均每家公司一个月里都会有一个周日要使用该船。

表5对在表4中列出的七天送货路线进行了分析。它显示了每条线路上使用的船只、停靠的平台数量、路线总长度、船只行驶时间以及在平台、近海基地的停泊时间。它还给出了与路线相关的船只租赁费用及燃油费用。计算假设为：在每一个平台上停靠1.5小时用于上/下货；每加仑燃油成本0.75美元；每只船每日租金为2,100美元。注意在图表5中，船只的日租金是按照航行路线的实际耗时计算的，最小计算单位为24小时。艾莉小姐号在行驶时，平均速度为每小时22英里，耗油量为每小时100加仑，停靠在平台或近海基地时耗油量为每小时50加仑。詹尼斯小姐号在行驶时，平均速度为每小时18英里，耗油量为每小时110加仑，停靠在平台或近海基地时耗油量为每小时50加仑。

表5 目前送货路线分析

路线代码	船只名称	所经平台数量	航行路程	航行需时（小时）	平台停泊（小时）	近海基地停泊（小时）	船只租赁费用	行驶中耗油成本	平台停泊时耗油成本	近海基地停泊时耗油成本	路线成本总计
AOC-1	艾莉	3	319	14.5	4.5	5.0	$2,100	$1,088	$169	$188	$3,544
AOC-2	艾莉	2	213	9.7	3.0	11.3	2,100	726	113	424	3,363
AOC-3	艾莉	3	345	15.7	4.5	3.8	2,100	1,176	169	143	3,588
PR-1	詹尼斯	2	226	12.6	3.0	8.4	2,100	1,036	113	317	3,565
PR-2	詹尼斯	2	306	17.0	3.0	4.0	2,100	1,403	113	150	3,765
GEI-1	詹尼斯	3	333	18.5	4.5	3.0	2,275	1,526	169	113	4,083
GEI-2	詹尼斯	4	284	15.8	6.0	3.0	2,168	1,302	225	113	3,807

基准研究法并没考虑到对零部件及钻井平台所需的支持材料进行紧急送货的情况，但是研究小组的成员们认为，同改善生产平台补给所达到的成本削减一样，提高对钻井平台的支持效率也能达到成本削减的目的。

近海基地的合并是第二个潜在的降低成本之处。AOC近海基地的年运行成本包括了人员工资、保险费用、税收、设备的分期还款及各种设施的成本，大约为每年100万美元。近海基地既支持生产平台，也支持钻井平台的工作。研究小组认为近海基地一般管理费用的40%可以转向提供生产平台所需的物流过程。PR每月支付给AOC6,000美元，向其租借船坞空间及上/下货服务，但自己近海基地办公室的每年维持费用却仍有14万美元，GET的近海基地是为生产平台服务的，每年的运作费用为18万美元。而如果使用单一的合并运作方式，那么按计划，近海基地每年的运作费用达 62 万美元。由于剔除了重复的员工、设备及相关设施从而达到了节省成本的目的。

目前系统的合并与执行

乔又一次审视了表 4 及表 5 中列出的路线信息。他知道应该有一条更好的路线。他立刻开始在海岸物流为三家公司统一服务的基础上来重新设计这七条路线。设计一旦完成，他就可以对其绩效进行分析，并将其同目前的行驶路线做比较。为了使工作更简便，他先画了一张表格，以清楚地获得近海基地与所有平台间的距离，以及各平台间的相互距离，如同表 6 给出的那样。一旦完成了这部分的分析，他就可以将工作重点转移到执行计划的制定中去。这项计划中的一大重要环节就是如何对每个服务中的石油平台进行定价。PR 的物流协调人员芬丹·希拉（Funda Sila）早就提出过可以将 WD34 号平台加入 AOC-3 路线中去，以获得更高的服务效率。她还想知道，如果将其加入 AOC-3 路线中去，送货价格有何变化。今晚是注定要熬夜了，但是乔心中对明天能在 Crawfish Cavern 饱餐一顿充满了信心。

表 6　近海基地与各平台间的距离

起/止	E1105	E1126	E1128	E1240	GC18	G120	G176	G194	SM10	SM132	SM205	SM243	SP10	SP72	SS182	SS219	VR215	VR271	WD34
E1105	0																		
E1126	6	0																	
E1128	6	3	0																
E1240	39	42	45	0															
GC18	84	87	90	60	0														
G120	102	108	111	119	116	0													
G176	95	107	110	105	88	28	0												
G194	91	92	95	98	74	46	20	0											
SM10	35	38	35	35	95	133	123	123	0										
SM132	70	74	77	35	74	154	133	126	53	0									
SM205	79	76	79	47	56	146	128	119	72	25	0								
SM243	42	38	41	56	116	137	133	133	25	70	94	0							
SP10	49	54	54	67	77	56	46	49	81	98	109	91	0						
SP72	36	42	49	67	81	53	45	53	81	102	105	88	14	0					
SS182	39	42	42	39	49	81	63	60	67	70	74	77	35	38	0				
SS219	46	49	49	35	39	91	70	63	67	67	91	81	42	45	11	0			
VR215	60	63	66	46	98	158	147	140	28	32	60	46	105	108	84	81	0		
VR271	81	84	87	56	98	175	158	151	52	25	49	70	119	122	95	88	25	0	
WD34	109	112	115	130	123	11	35	52	144	165	165	144	63	66	91	98	168	186	0
近海基地	56	59	62	84	132	147	140	149	69	104	132	70	95	104	92	96	102	91	156

案例11 Sun Microsystems的供应商管理（A）[①]

迪克·艾伦（Dick Allen）正在翻阅最近的季度报告：Sun系统不断地快速成长，连续突破收入水平和利润水平记录。作为内存部全球产品经理，他和他的小组目前每年采购量超过了10亿美元。他重新审视Sun与其供应商之间的紧密关系：Sun依赖于供应商，以保证它的产品永远处于技术的最前沿。而供应商们也需要通过Sun将他们的最新技术推向市场。

他将季度报告推到一边，继续完成他的下一项任务，也就是计算他的供应商们的全球绩效总得分。Sun用记分卡过程来管理与供应商之间的关系，这种记分卡过程非常成功：一些Sun的供应商们也已经开始使用这种过程来管理他们自己的供应商，而在另一些供应商公司内部，高层执行人员50%的奖金开始与他们公司的记分卡绩效挂钩。然而，迪克依然怀疑到底记分卡过程是不是他与供应商合作的最佳途径。

公司背景

Sun系统公司是企业计算产品的领头供应商，很多储存、处理和发送信息的网络工作站和服务器都采用它的产品。Sun的计算机系统被广泛应用于很多高要求的商业及技术环境中。公司的目标是成为向常规用途的计算提供通行无阻的技术的领头供应商。公司的竞争对手及其市场份额如表1所示，而Sun的财务状况如附表1所示。

表1 工作站产品市场份额，全球（1995年第2季度；全部送货量=220,000）

销 售 商	市 场 份 额
Sun	34%
惠普	20
IBM	14
DEC	11
硅图(Silicon Graphics)	7
其他	14

资料来源：数据调查。

Sun对成本极其重视，公司的经营活动是围绕着成本核心展开的。虽然公司持续快速发展，其股票交易的价格/投资收益比率却更类似于一家典型的成熟企业。Sun相信

① 注：本案例由David Farlow（95级MBA）、Glen Schmidt（博士生）和Andy Tsay（95级博士生）在斯坦福商学院研究生院Charles A. Holloway、Kleiner、Perkins、Caufield和Byers管理学教授的指导下撰写的。本案例主要用于课堂讨论的基础，而并非用于说明对某种管理情景的处理是否有效或有效率。

按照它未来几年的发展势头，股票交易的价格/投资收益比率翻番速度将变得更快，而华尔街的分析家们则认为工作站发展将受到个人计算机技术不断更新的威胁。[①] 因此，压力重重的Sun如果要保持如今的利润增长势头，必定要在提高销售收入的同时降低成本。为了获得最高运作效率，全球运营（WWOPS）管理层致力于每年都降低成本及员工数量。目标与绩效的对比按季度进行检查，而每月更新的汇报都要被送至管理者手中，以确保他们了解最新信息。

商业模式

Sun努力确保自己的产品有2~3个关键的与众不同之处，处于同行业的领先地位。而在所有其他方面，Sun用低成本及高质量直接参与竞争，因为它承担不起将其产品的每一个方面都特殊化所需的资源。生产标准化产品能使用行业标准，包括标准配件及标准供应商。标准化使得多类产品使用同一部件，扩大了生产规模，使得降低成本成为可能。Sun认为只要自己能将资本投入到正确的处于前列的差异特性中去，再在其他方面与竞争对手抗衡，那么就可以获得成功。公司产品的关键差异特性在于：

- 可量测性：从手提电脑至大型系统（Sun所有的生产线的共同点）
- 开放式系统：与行业标准相一致
- Sun独有的技术：SPARC微处理器结构及Solaris运行软件

Sun战略的核心是在生产中使用“杠杆模型”。1994年，公司年销售额为47亿美元，在全世界一共雇有13,000名员工，其中参与内部生产过程的生产线员工不到1,000名。Sun将大规模的生产任务外包，与此相对应，公司将它的战略重点放在向供应商的投资上，以此来增加其供货商的生产及技术能力。大多数关于业务范围的决策是根据战略因素制定的，而不是由成本分析推动的。另外，Sun与它的供应商之间一定要在达成一致战略目标的基础上建立稳固的关系，这一点至关紧要。

在杠杆生产模型中，需要考虑三个层次上的“制造还是购买”的选择：

1. 购买部件/系统；内部组装。Sun公司早期曾使用这种杠杆策略（主要是完工产品的最后一步），而现在生产过程中很少使用这种策略。举例说来，和DEC不同，Sun没有集成电路的“铸造厂”。但是，Sun和一些供应商有合作关系，他们愿意制作集成电路、网络系统或其他能使Sun的产品一直处于领先地位的组件。Sun相信这么做可以使公司不用负担支持资本基础设施建设的成本，可以使Sun前进的脚步更轻快。作为对合作者的回报，Sun会与其分享自己的技术发展方向，并且承诺将是合作者最新技术的最大买家。
2. 制作和购买部件/系统；内部组装。虽然Sun致力于将生产过程外包，然而对于一些像CPU电路板的部件，它还是使用“制作和购买”的方式。Sun之所以使用这种双重模式，并不仅仅为了提高自己的生产能力，也是为了能保证它自己对技术的理解正确，此设计可以有效地通过可生产性（DFM）及可测试性（DFT）的检验。（如果产品设计不完善，无法通过生产及测试过程，就会造成损失。）

① Sun公司的主要竞争对手（惠普、IBM及DEC）产品种类多样，因此受到此市场风险较少。

这种策略降低了公司的风险，因为更多的部件及生产活动被外包了。这么做对Sun公司内部生产支持的依赖缩小了。而偶尔，也会有在绝对保密的情况下开发一种新产品的需要，内部生产能力富裕可能完全满足这种需要。另外，这种策略还能使Sun公司对生产能力的利用一直维持在一个较高的水平上（只需把超过内部生产能力的那一部分外包就可以了）。

3. 购买完整的系统。除了少数的一些成熟产品以外，这种策略是不被使用的，原因如下：首先，通过内部的最后组装，Sun能够最终控制客户的满意程度，因为在送货前，它可以进行最后一次的质量检测。因为组装过程也并不是特别的资本密集型过程，因此只需相对较少的花费就能完成。其次，Sun掌握着系统集成的技能，它并不放心让供应商在这项专长上的能力。第三，Sun更加清楚客户的需要，因此能更快地做出响应。尽管通常向供应商发出订单的提前期为14至16周，而Sun的交付目标为自客户下订单起的5日内。Sun相信，和将最终组装步骤委托给不同的供应商相比，内部组装（以及对系统进行不同配置以增加产品的灵活性）这一策略能使它以更低的库存量对客户需求做出更快的响应速度。

值得注意的是以上这种杠杆策略指的是生产过程，而不是设计与开发过程。如果对于保证公司在技术层面上的领先地位而言，一些零部件/系统的初次上市是极其重要的话，Sun会全面负责这些零部件/系统的设计和开发，以及与系统的整合。

供应商管理组织

Sun系统公司由一系列拥有核心技术的公司组成，像SPARC微处理器公司及Solaris运作系统公司。公司的结构并不紧密，但目标却高度一致。其硬件生产主要由Sun系统计算机公司（SMCC）提供，该公司结构为根据产品不同及职能不同划分的矩阵结构。Sun的生产结构最近由强调区域独立性的模型合并成集中管理的集团，被称为全球运作集团。通过整合成一个国际型运作单位，Sun希望能改善内部及供应链的协调能力。公司结构的这一调整剔除了运作过程中的重复环节，从而减少了20%的员工。员工数量的重要性甚至超过了成本，因为在华尔街分析师的眼里，销售额与员工数量之比是一项证明生产效率高低的重要数据。

供应商管理副总裁与斯各特·麦克纳里（Scott Mcnealy）（公司董事长、总裁、首席执行官）差两级，他通过全球运营副总裁和SMCC公司的总裁向麦克纳里汇报。供应商管理副总裁接受六名全球商品总经理（GCM）的汇报，每人都要对上百万美元的采购负责，所采购的商品范围包括内存、大型存储器、显示器、ASIC、输入/输出设备及电源变压器、外部生产以及非核心产品。①

这些商品中其实只有三类才是真正的商品（内存、大型存储器及显示器），而其他的产品都需要根据Sun的产品进行定制。对于这些各类“商品”，每件产品或每块电路板上的安装数量都有很大的不同。比如，每块主板上可以只有五块ASIC，但却需要300件内存部件。

① 非核心产品指所有不涉及GCM的产品，包括PCB、背板、电路板的零件（如逻辑晶体、复合硅片）、互联产品（电缆）以及软件复本。

每名 GCM 都有 10 至 30 年的行业经验，虽然他们不接受任何人的直接汇报，但却是各自商品小组的领导者。商品小组负责商品零件从“采购”至“付款”的整个过程，包括：

- 作为 Sun 与其供应商之间的联系人
- 与供应商建立关系
- 了解供应商的技术能力及生产能力
- 了解在此商品领域的未来技术发展方向

图 1 显示了公司的矩阵结构，直线责任按产品不同分成四大类：（1）台式产品；（2）立式产品及服务器；（3）制图；（4）外围设备。

图 1　SMCC 的矩阵组织

Sun 大部分的员工都有两名上司，就像迪克所说的：“这种（矩阵结构）可能会因为上司的不同要求发生冲突，带来一些麻烦……但是当我站在一旁观察这一系统的运作，我认为它的运作达到预期设想，而所有的这些麻烦都太微不足道了。”

每一个 GCM 所领导的小组中都有几名商品经理（以及其他的小组成员）。商品经理（CM）的直接上层管理者是相应的产品小组经理。产品小组经理主要负责产品的设计，而 GCM 们则负责控制 Sun 与其供应商共同遵循的设计方针。迪克的内存商品小组（参见表 2）中包括这种平行的策略、项目及地区小组（分别位于美国及苏格兰的小组）。

表 2 内存商品小组的组织结构

<table>
<tr><th>小 组</th><th>小组成员</th></tr>
<tr><td>战略小组
(平均每周会面一次,会议时间为 2 小时)</td><td>• 先进计算机工程技术
• 运作零部件工程技术
• 材料
• 关键零件的计划
• 市场推广
• 供应商管理</td></tr>
<tr><td>地区小组
(平均每周会面一次,会议时间为 1 小时)</td><td>• 运作零部件计划
• 材料
• 供应商管理</td></tr>
<tr><td colspan="2">加州的米尔皮特斯市 ←→ 苏格兰的林里斯格市
区域间的电话会议</td></tr>
<tr><td>项目小组
(为了解决实际问题按需求举行多次会议)</td><td>• 关键零件的计划
• 材料
• 供应商管理
• 其他(按需求)</td></tr>
</table>

商品经理（CM）的职责

CM 在位于所在地的组装工厂工作（加利福尼亚州的米尔皮特斯市或苏格兰的林里斯格市)，对给定的一组零部件（及其一组供应商）负责。另外，每名 CM 对这些供应商中的一部分负有全球性的责任。譬如，如果一名全球性供应商遭遇到送货问题，无法向两个工厂之一送货，那么当地的 CM 就应该处理这个问题，但如果该问题影响到了两个工厂，那么就应该由对这家供应商负有全球性责任的 CM 来处理该问题。

CM 们并不仅负责维持与供应商之间的联系，他们还应该对供应商的技术及生产能力有全面的了解。他们还负责调查未来可能启用的潜在供应商的生产能力。迪克将他们的职责简单归列如下：

- 收集关于将来技术发展趋势及潜在供应商生产能力的信息。
- 与供应商建立联系。
- 使用记分卡及详细的“行动细项”清单来监控供应商。
- 作为 Sun 与其供应商之间的联系人/纽带。
- 在公司内部推广供货商。

CM 们努力将大部分的工作时间用于和 Sun 的供应商们直接联系。一名 CM 这么说道，“我大约把我工作时间的 60%用于处理供应商事务……另外 30%用于参加内部会议。我要参加很多固定会议：供应计划会议、美国经营会议、资格认证会议。剩下的 10%，我则用于制作文件和报告。”

Sun 公司的 CM 们的工作方式并不遵循老路，因为他们通常没有采购背景，而是具有一般的经营及技术背景。他们在设计小组与供应商之间扮演着管家的角色，当双方有需求时，就由他负责安排会面。“我不希望我们的工程师老被供应商打扰。通过确保由商品经理来安排供应商及 Sun 工程师之间的会面，我希望能对整个过程有一个更好的控制。”迪克·艾伦说。

供应商管理过程

表 3 总结了供应商管理过程中的典型活动，列出了 Sun 在每项活动中所要完成的任务。每一项活动在下文中将会进一步介绍。

表 3　供应基础管理模型

建立长期联系			• 共享信息及策略 • 开发技术能力 • 聆听供应商的意见		
明确需求	**选择供应商**	**与供应商进行沟通**	**协商条款**	**联络供应商**	**物流管理**
“我们想要什么”	“谁能向我们提供它”	“这是我们想要的”	“我们要多少，何时，以何种价格……”	“这就是目前的进展状况”	“控制物流”
• 建立产品需要 • 理解技术走向 • 制定 3 至 5 年战略	• 决定制作还是购买 • 选择一名还是多名供应商 • 了解供应商的技术能力和生产能力	• 记录产品需要 • 制定 RFQ	• 就合同达成协议	• 管理记分卡 • 与供应商保持联系	• 传递预测值 • 控制库存成本 • 管理产品生命周期的末端

明确需求

每一个商品小组通常都有一个“1 级”供应商的核心组（每一个供应商至少提供这个商品小组中总产品价值的 15%），商品小组与这个核心组合作密切，Sun 将这种关系视为共生关系。Sun 与核心组成员分享开发信息，使这些供应商们能在第一时间知道 Sun 的技术需要。Sun 是新技术的最早采纳者之一，通常也是新技术的主要买家。因此，Sun 能从这种共生关系中受益，使自己处在科技前沿的地位，而供应商们也能从中受益，使自己的新技术尽快面市。

在早期的开发过程中，Sun 与一名供应商就一项产品的开发过程一起合作，但通常不订立任何形式的合同，也没有任何形式的资金流动，合作过程建立在双方良好的意图之上。有时，供应商在开发一个部件上花费了大量的资源，最终 Sun 却没有加以应用，在这种情况下，Sun 支付赔偿金。

Sun 需要不断地改善每季度的经营业绩，虽然此方面压力颇重，供应商管理组织仍旧需要关注长期（五年）战略，以确保自己能了解将来的技术发展趋势。在发展这项战略的过程中，迪克拜访了公司位于世界各地的供应商，以增进 Sun 对未来科技潮流的理解，同时也使得公司能就自己期望中的技术发展方向与供应商进行沟通，施加一定的影响。

Sun的技术开发开放到了一种极端的程度，所有的新技术在这里都是“拱手送人的”，因为它相信新技术越被推广，使用者越多，Sun的成本就越低。Sun相信凭它在利用新技术上的更多经验，它就能拥有竞争优势，能够在激烈的竞争中一直位于前列。比如，内存小组最近开发出一种3D-RAM的技术，这种3D-RAM的框架是由Sun开发出来的，但在硅层面上的设计及最终的生产都是由三菱公司完成的。Sun鼓励三菱将3D-RAM商业化，将其推向开放式市场，甚至提供给自己的竞争对手。

“好点子是留不住的，对Sun而言，真正有意义的是抢先登台的机会。”迪克说。

选择供应商

迪克·艾伦将自己视为“老派”供应商管理理论的推崇者之一，在那种理论中，“只有竞争才能迫使人们坦诚……当供应商们只担心自己何时能赢得合同，而并非能否赢得合同时，他们就会变得懒惰起来了。”他认为，就算与供应商建立战略关系，与其分享信息，还是能够推动竞争的。他在内存商品方面有三名1级供应商，他会使用他们负责主要的外包生产。接着，根据记分卡过程得到各个供应商在产品价格、生产能力、技术水平及过去绩效方面的竞争力大小，他再在此基础上给予每一名1级供应商“一片馅饼”（整个生产计划的10%至40%）。然而，有时（比如，当4兆DRAM被16兆的DRAM取代时），就算所有供应商的生产能力加到一起也不足以满足Sun公司的生产需要。

找到一名新的供应商需要从六个月至一年不等的时间，因为资格认定过程包括了不可缺少的管理层研究时间，以及对供应商厂房和技术部门进行造访评定的过程。整个过程的估计直接成本，包括管理时间及出差费用，总共大约为50万美元。

大型存储器类商品主要有三名供应商，彼此之间的关系是传统型的，大家均分任务。

在显示器及ASIC方面，通常只使用一名供应商。在显示器这一块，Sun有自己具体的（定制的）监视器模型，通常只使用一家公司来生产绝大多数的监视器产品。在ASIC这一块，Sun所有供应商中的任何一家，三菱、LSI或者AT&T，都能完成一个整体项目。因为这种产品有一定的“应用规格”，为一个项目挑选单一的供应商也能降低开发成本。然而，不同的项目会使用不同的供应商。

因为ASIC商品小组倾向于从每项ASIC设计过程一开始就选订单一的供应商，这会使得供应商失败的可能性不断提高。但是，Sun尝试在决策过程中考虑供应商的生产能力及技术能力的评估结果，以此降低风险。一旦合同交给了供应商，Sun就会提供给供应商12个月的滚动预测报告，借此促使供应商在生产最初订单前就开始晶片制作过程(通常晶片制作会比生产第一个ASIC提前12周开始)。

当一位GCM和他或她的商品小组选定了一名新的供应商时，Sun就会组建一支项目小组，与自己的工程部和供应商一起工作，就设计、流程及生产的各个环节达成一致，目的就是要使来自供应商的部件能符合双方协议的质量性能要求、送货条件和价格目标。

与供应商进行沟通

Sun有很详细的部件规格，这是由公司的工程部制定的，写在报价单要求（RFQ）

文件中。在内存商品这一类中，RFQ 通常有 15 至 20 页之多，列出了电力、机械以及环境规格。商品小组根据不同供应商的能力决定将 RFQ 发给哪些供应商。因为 Sun 与其供应商之间的合作紧密，他们也不会是第一次接触到这些规格。

一旦收到来自供货商的报价单，商品小组就要对其进行严格地检查。报价单会接受仔细的研究，以找出任何与 RFQ 不符的地方。这些不符合规格的地方要接受修改，而最终根据供应商的要价及生产能力决定哪一家中标。

协商条款

迪克将公司的供应商视为平等的合作者，一起做生意的目的是为了双方都能更有竞争性，"Sun 与供应商会签订协议，然后将其放入抽屉里。"迪克喜欢 3 到 4 页的协议，而不是那些法律人员所青睐的包罗所有偶然情况、长达三四十页的文件。商品小组认为一种成功的持续型关系是建立在通过好几年积累起来的彼此信任上，而不是法律合同上的文字。

一旦商品小组收集了来自各个供应商的投标书，它就开始与供应商进行协商，以获得"最终的、最优惠的"价格。一些商品小组将投标价格与供应商记分卡中的所有权成本价格总和（详情见后）相乘，计算出一个"有效价格"。虽然商品小组不可能根据这个计算出来的价格决定最低中标价格，但是，它对于供应商却是一个重要的指示，告诉他们根据记分卡的显示，他们能进一步改善自己的绩效。

Sun 与供应商就送货条件及目标性能达成一致，同时也就 Sun 列出的四个季度滚动价格目标达成共识，在这个目标中，每过一个季度，产品价格就要下降 3 至 6 个百分点。

联络供货商（记分卡）

根据迪克的说法，"Sun 宁愿使用记分卡来影响供应商的绩效，而不是使用合同及诉讼。"

在管理与供应商之间的关系中，记分卡是一种最详尽最鲜明的工具。整个过程被清楚的定义，每一个供应商都按照几个标准进行打分。每一项标准都有各自的重要程度，打分的基础为一系列明确的原则，这些原则可能与商品小组所使用的不同。供应商根据是否达到了绩效目标而被评分，分数一定，就由商品小组进行记录，再与供应商本人进行讨论。目标应该是可以达到的、赋有挑战性的，而且为实现更重要的目标铺设了道路。

附录 2 表示的是一张记分表样本，来自于 Sun 的 WWOPS：电子部件的记分表计算（一本 60 页厚的文件）。在这项综合绩效矩阵表中，主要有四大类评分标准，满分为 100 分：数量（30 分），订货提前期/送货/灵活程度（30 分），技术（25 分）以及支持（15 分）。

因为一名指定的供应商可以向一指定地点运送不同的零部件，或者向不同的指定地点送货，在计算这名供应商的全球得分时，就要使用一种"累积"的过程。比如说，在数量标准中使用累积过程，那么，每一个零部件先依据制订好的原则得到一个数量积分。这个零部件的数量积分再被总共的购买数量（即从该供应商处所采购的全部商品数量）平均一下，得到每个零件所特有的质量累积得分（在某些情况下，也会使用美元价值对这些零件进行均分)。各个零件的累积分数相加，得到此供应商的供货得分。然后，再按照一个全球性的累加过程，通过购买数量（或美元价值）对其进行均分，得到这个供应商的全球供货质量得分。

全球得分需要考察四项主要标准，然后将每一项相加，得到总绩效矩阵，然后与价格指数（这就将价格列为第五项主要标准）相乘得到一个总分。最后，计算所有权总成本（TCOO）：TCOO＝［（100－得分）/100］＋1。

TCOO给出的解释是纯表面化的。比如，一名供应商如果得到86分，相对应的TCOO为1.14分，那么商品经理也许会通知此供应商，Sun与它之间每一美元的交易，实际上给Sun带来了1.14美元的成本。迪克·艾伦认为，“最好的进货渠道就是那些离1最接近的供应商。”

Sun按季考察每一名供应商的得分情况，每一次与供应商的会面都要达成一个行动计划。每过六个月，Sun还会与供应商就记分卡情况进行副总裁级的对话。通过对话交流一些更高层次的事宜，比如关于双方关系的总体状况。一些供应商甚至还会就绩效能力准备他们自己的记分卡，与Sun对他们的打分进行比较。

为了突出相关绩效能力，每一名供应商的记分卡结果都会与当季此商品领域中其他供应商所取得的最高得分进行比较，这种比较以图表的形式展示给每一名供应商：“记分卡的涉及范围很广，能够全面体现供应商的特点，而上司对糟糕得分的反应也会使下属们有所顾忌。”

记分卡的得分情况也并不总是会影响交易水平。如果一家供应商在技术或生产能力上不能满足需求，那合同也可能会被转至另一家供货商的手中，哪怕它在记分卡上的总体绩效相对较弱：“在某种情况下，分数最低（即所有权成本最高）的供应商拥有最高美元价值的合同。上述过程未能在这种情况中起作用，那是因为我们的供应商在技术能力上有差异。”一位商品经理说道。

记分卡过程曾经是高度保密的内容，但Sun不久前将这一过程公布于众，因为供应商们都迫切想使用记分卡方式来管理他们自己的供应商。Sun每年都会更新评分标准和均分方式，而今年，供应商们也将信息反馈给了Sun。

与供应商间的密切联络也涉及到了新产品引进（NPI）过程，这项过程是由一名专职的NPI项目经理负责的。“NPI是一个很难进行管理的过程。设计小组的成员们往往都想能转移到下一个热点产品的设计中去，而因为这个原因，NPI经理们总是在失去他们小组中的技术专家。”迪克·艾伦说道。

在NPI项目上与供应商合作也会带来一系列问题：“对于我们来说，要使一个特定的内存芯片符合要求，我们要生产100批芯片。当一枚芯片的售价为5美元时，最简单的算术都会告诉我们成本有多高。我们并不像其他公司那样，将生产符合要求芯片的重担转嫁在供应商身上，我们给他们的订货单是建立在他们通过资格认定的基础上的。如果他们无法通过此要求，那么他们可以把成本加在我们身上……今年初，因为供应商无法达到要求，我取消了一笔价值数千亿美元的合同：我们给了他们三次机会，但他们还是做不到。”

物流管理

关键零件计划小组负责制定对大批量产品需求的预测（80－20规律在此体现：Sun

80%的采购金额集中在20%的零部件上)。这些预测(通常每12个或18个月更新一次)的使用者为原料部,它负责对每天经过SunMRP系统流动的原料库存进行管理,然后再通过CM们转交给供应商。因为预测是在不断更新的,CM们通常会等到有重大变化时再通知供应商。

商品小组还负责对产品生命周期的最末端进行管理:"Sun是自己最大的敌人——我们在管理生命周期末端上有很多不足。我们常常过快地宣布新产品,结果造成人们大量需求这些准备不足的产品,而对现有产品的兴趣则降低到接近零点。"

虽然原料小组每天都对库存进行管理,却依然由GCM负责建立库存战略,而原料小组的绩效考评则部分来自于库存成本。在库存管理上最困难的阶段出现在产品周期的最末端,在这个阶段中,很难预测产量的下降速度到底会有多快。而产量通常都不会慢慢下降,而往往是一下子就跌到零点。WWOPS手边常常会出现一些关于他们早已不需要的零部件的订单(因为订单提前期过长)。当这些问题出现时,Sun会与供应商一起讨论解决问题的方法。Sun也许可以取消一部分的订单,或者为自己所不需要的产品提供其他新的分配渠道。

建立长期关系

Sun的供应商在帮助公司一直位于技术水平的最前沿上功不可没。Sun与供应商之间的关系主要建立在相互信任的基础上,Sun与供应商之间分享很多技术及战略信息。在产品的开发阶段,这种关系并不依赖于涉及金钱的合同,而是一种将新技术推向市场可以给双方带来利益的共识。

供应商管理组织最近开始尝试一种倾听"供应商心声"的活动,在这项活动中,公司将供应商们请到一起,请他们提出在与Sun的关系中比较重要的事宜,并按重要程度排序。供应商们很感谢公司能给他们这种提供反馈信息的机会,而现在商品小组正在对所提出的问题一个个加以解决,而其中最大的问题就是对Sun零部件需求预测的不满。

有关记分卡的事宜

迪克意识到他在一家复杂的公司中处理一个复杂的过程,他很怀疑记分卡过程是否正在促使供应商们寻找得分的捷径,而非真正提高自己的绩效能力。比如,有人很担心:"供应商们如果将订货提前期拉长就能得到高分……而另一些为了帮助Sun而接受上涨需求而没有达到这一目标的供应商就会受到不公正的待遇。"

迪克所面临的另一项问题是对一些核心商品供应商的管理,这些供应商将大批量的产品运送至Sun的供应商,而不是直接向Sun送货。在这种情况下,Sun怎么样才能确保这些供应商得到有效的激励,并认可他们给Sun的产品及利益带来的相关贡献呢?

迪克注意到当他的供应商们遇到问题时,他的管理层会对记分卡的情况给予更多的关注,而如果供应商们的记分卡绩效不错时,就不会引起管理层的注意。他很想了解供应商们会怎么认识这种态度。

最后,看起来记分卡过程对产品开发及实施所需的时间长短定义混乱。建立一致标准、收集数据、将结果汇报给管理层以及给予供应商反馈信息将是一场持久战。迪克没有明确的数据可以用来判断记分卡过程给公司带来的利益,他很想知道在这一点上可以有何改进。

附表 1:Sun 系统公司的财务信息(单位:百万美元,不包括每股价值,截至 6 月 30 日。)

	1990	1991	1992	1993	1994	1995	增长
收入	$ 2,646	$ 3,221	$ 3,589	$ 4,309	$ 4,690	$ 5,902	15%/年
美国	51%	49%	50%	52%	49%	49%	
欧洲	27%	30%	28%	27%	26%	26%	
世界其他市场	22%	21%	22%	22%	25%	25%	
销售成本	1,399	1,758	1,963	2,518	2,753	3,399	18%/年
研究开发	302	356	382	445	455	520	11%/年
销售、常规支出及行政成本	588	812	983	1105	1205	1483	
经营收入	177	295	261	241	277	500	
利息支出	23	11	6	2	(6)	(23)	
税	34	94	82	67	88	167	
净收入	$ 111	$ 190	$ 173	$ 157	$ 196	$ 356	15%/年
每股收益	$ 1.21	$ 1.85	$ 1.71	$ 1.49	$ 2.02	$ 3.61	14%/年
股价(高)	$ 34.38	$ 38.63	$ 35.88	$ 41.00	$ 31.38	$ 51.38	
股价(低)	$ 13.00	$ 15.00	$ 20.75	$ 25.00	$ 18.25	$ 19.25	

合并资产负债表(6 月 30 日)

	1993	1994	1995
资产			
流动资产			
现金、现金替代品、短期投资	$ 1,139	$ 883	$ 1,228
应收账款净值	627	853	1,042
库存	256	295	320
其他	250	274	345
流动资产总计	$ 2,272	$ 2,305	$ 2,934
工厂、地产及设备净值	348	360	429
其他资产净值	147	233	181
总资产	$ 2,768	$ 2,898	$ 3,545
负债及股东利益			
流动负债			
短期借款	$ 91	$ 79	$ 51
应付账款	270	364	304
应偿还负债	393	501	688
应付所得税	93	94	143
其他流动负债	100	110	145
流动负债总计	$ 947	$ 1,148	$ 1,331
长期负债及其他责任	178	122	91
股东利益	1,643	1,628	2,123
负债及股东利益总计	$ 2,768	$ 2,898	$ 3,545

附表 2:记分卡概要(参考 Sun 的 WWOPS:电子零部件的记分卡计算)

电子零部件的 SMCC 记分卡总结列于本附录的最后。如下所示,四大标准使供应商的绩效得分最大值为 100 分:

- **质量**满分为 30 分,包括验货(0 至 - 8 分),总失败率(0 至 20 分),验证失败/重新测试(0 至 2 分),失败行动/纠正性行动(0 至 8 分),清除或停止送货(0 至 - 10 分),PPA、DOA 或其他实际问题(0 至 - 10 分)。
- **订货提前期/送货/灵活性**分别为 10 分、15 分和 5 分。
- **技术**由产品技术(0 至 10 分)以及生产技术(0 至 16 分)组成。
- **支持**分为原料/采购方面(0 至 10 分)和持续性技术支持(0 至 5 分)两大类。

下面列出了一项简单的关于订货提前期的评分,以帮助理解评分方法及积累过程。

根据订货提前期的评分方法,对供应商实际提前期与承诺提前期进行了比较。承诺提前期指的是经供应商同意的送货所需时间,而实际提前期指的是实际所需的送货时间,订货提前期是由商品小组所制订的。订货提前期的评分计算如下:

订货提前期评分方法

实际提前期	提前期得分(最多 = 10 分)
小于或等于承诺提前期	10.0
少于 5% 的送货超出承诺提前期	6.6
5% 至 9.9% 的送货超出承诺提前期	5.0
10% 至 14.9% 的送货超出承诺提前期	3.3
15% 至 24.9% 的送货超出承诺提前期	2.0
25% 或更多的送货超出承诺提前期	0.0

商品小组会根据提前期时间的竞争性基准、价值链分析、SMCC 工厂及客户对订货提前期的要求来制定订货提前期目标。对于一种零部件的所有供应商,目标都是一样的,该目标能反映出将订货提前期缩短至最少所需的技术水平。

就算实际提前期通常都短于承诺提前期,SMCC 仍将根据供应商的承诺送货时间进行打分。同时,对此负责的 GCM、CM 或采购员/计划者都应当与供应商之间就如何提高承诺提前期进行商议。

根据上述打分法,关于一项产品的零部件提前期得分计算示例如下。在这个例子中,订货提前期目标时间为 30 天。

订货提前期得分及一名供应商的综合累积成绩计算

Sun 零部件编码	所需零件数量	平均实际提前期(天)	与目标 30 天相差	百分之几的送货位于 30 天之内	提前期得分	供应商的提前期累积得分
17560	20	30	0	0%	10	(20/210)10 = 0.95
17575	70	30	0	0%	10	(70/210)10 = 3.33
17585	10	45	15	50%	0	(10/210)0 = 0.00
17590	30	37	7	20%	2	(30/210)2 = 0.29
17595	80	30	0	0%	10	(80/210)10 = 3.81
总计	210					8.4

GCM 们通过平均各个供应商的累积得分计算提前期的全球累积得分。全球累积得分同样也是通过四大主要标准得到的,然后相加得到综合绩效矩阵。

价格指数示例如下,由每名供应商所提供的零部件数量决定,供应商累积得分与全球累积得分由相应的总额计算得到。

价格指数,由目标价格与实际价格的比率决定

(目标价格)/(实际价格)大于或等于	(目标价格)/(实际价格)小于	价格指数
1.00	n/a	1.00
0.99	1.00	0.99
0.98	0.99	0.97
0.97	0.98	0.94
0.96	0.97	0.91
0.95	0.96	0.88
0.94	0.95	0.85
0.93	0.94	0.83
0.92	0.93	0.81
0.91	0.92	0.80
0.90	0.91	0.79
0.89	0.90	0.79
0.88	0.89	0.78
0.87	0.88	0.77
0.86	0.87	0.76
0.85	0.86	0.75
0.84	0.85	0.74
0.83	0.84	0.73
0.82	0.83	0.72
0.81	0.82	0.71
0.80	0.81	0.70
0.00	0.80*	目标/实际 - 0.12

* 价格指数最小值为0.50。

在计算记分卡得分时,将价格指数与质量、订货提前期/送货/灵活性、技术与支持这四项全球累积得分相乘。

记分卡得分计算示例

分类	全球得分
质量	27分
订货提前期/送货/灵活性	26分
技术	20分
支持	15分
表现力矩阵总分	**88分**
价格指数	0.98
记分卡得分	88(0.98) = **86.24**

最后,计算所有权(TCOO)总成本:

$$TCOO=[(100-得分)/100]+1$$

上述示例中的TCOO计算如下:

$$TCOO=[(100-86.24)/100]+1=\mathbf{1.14}$$

电子零部件的SMCC记分卡总结

电子零部件的记分卡 供应单位总结或全球结果 记分对象:	商品打分:		季度: 财务年度: 完成日:		
大类	小类	数据或评价	最高得分	实际得分	最终打分
质量	验货		(8.0)		
	全面失败率(RPM/DPM)		20.0		
	验证失败/重新测试		20.0		
	失败行动/纠正性行动		8.0		
	清除或停止送货		(10.0)		
	PPA、DOA或其他实际问题		(10.0)		
	质量得分总计		30.0		分
订货提前期/送货/灵活性	订货提前期时间		10.0		
	准时送货		15.0		
	灵活性		5.0		
	得分总计		30.0		分
技术	产品		9.0		
	生产		16.0		
	技术得分总计		25.0		分
支持	原料/		10.0		
	采购				
	持续技术支持		5.0		
	支持得分总计		15.0		100分
绩效矩阵总分			100.0		
价格指数			1.0		
得分=绩效矩阵×价格指数			100.0		
所有权总成本=[(100-得分)/100]+1			目标=1.0		
早先绩效矩阵得分: 早先价格指数: 早先所有权总成本:					

案例 12 劳拉·阿什利公司与联邦快递的战略同盟[①]

总部位于英国的劳拉·阿什利公司（Laura Ashley）是一家国际性服装及饰品零售公司，1992 年 3 月，它与物流界领头人物联邦快递公司物流服务部（BLS）公开宣布了彼此间将建立战略同盟关系，自此，LA 的全球配送活动将由 BLS 负责。这次联手的导火索是 LA 新上任的首席执行官杰米·麦克斯明（Jim Maxmin）于 1991 年 12 月向董事会递交的一封信，在信中，他这样描述到："我们公司现有的配送及库存设施存在着很大的不足之处，我们在发货、库存水平、利润空间、补足存货需求等等（都没有足够的）控制系统。"携手的目的是为了能通过提高送货的可靠性、速度及频率来提升 LA 客户服务水平。根据一项雄心勃勃的实施计划，1992 年 9 月前公司的仓库系统将会整体合并，而到 1993 年 9 月，现有的邮件订货运作方式将会得以改善，保证 48 小时内货物抵达任何目的地。

期待中的合作将会给双方带来让人振奋的进步，但也同时蕴含着风险。对于 LA 而言，同盟关系能保证高效率、低成本的配送，这能使公司在市场上更加具有竞争力，同时也能改善它如今在零售业方面的经营方式。对于 BLS 而言，同盟代表着一个在全球范围内充分利用公司业务能力的机会，从中进一步提升自己的专业技能，为了在将来打开新的潜在市场做好准备。但是另一方面，如果同盟失败，LA 的配送系统会受到持续性效率低下的影响，而 BLS 的伙伴关系想法也会受到重创，这可是它在近阶段想大力发展的业务。同盟关系是公开的，因此任何所遇到的困难都会使双方非常难堪。

虽然已经宣布了同盟关系，参与此计划制定过程的双方领导者依然不太清楚它最终会给 LA 和 BLS 带来什么，而且也不知道如果该项目成功，接下去的正确发展方向又是什么。

劳拉·阿什利公司

伯纳德·阿什利及劳拉·阿什利夫妇在位于伦敦的阁楼住所中给餐桌制作台布时产生了创建公司的念头。1953 年，他们共同创建了劳拉·阿什利，一家专用品零售商店，主要经销高档女性时装、针织材料及家庭装饰产品。公司的产品以充满传统英国乡村的生活气息而闻名。就像杰米·麦克斯明所注意到的那样：

---

① 注：此案例由研究助理罗伯特·安东尼（Robert Anthony）在盖瑞·劳福曼（Gary Loveman）教授的指导下撰写。其目的是作为课堂讨论的基础，而不是说明对某一管理问题的处理是否有效。此案例参考了由格劳莉亚·夏克（Gloria Schuck）博士与索沙那·赞勃夫（Shoshana Zuboff）教授合著的《劳拉·阿什利公司：与联邦快递的战略同盟》，哈佛商学院案例编号 493-018。

在过去50年中极少有大品牌诞生，其中保留至今依然全球知名的品牌则更少了。劳拉·阿什利代表着英国文化的精髓，任凭时间流逝，它却永远充满魅力。它就是英国浪漫主义的代名词。

LA根据客户生活风格的不同划分它的市场。与许多竞争者不同，LA不针对特定的地理范围或年龄组设计不同的产品，而是为拥有一定风格的客户制造从小到大一生中所需要的产品。这类客户通常属于高层次的客户，“对时尚很敏感但并不追赶时尚。”1991年的市场调查显示公司的客户之间有许多类似之处，就像在1992财务年度的年度报告中所写的那样：

劳拉·阿什利公司的典型客户是一名教育程度高，相对较富裕的女子。她自信、关心各种思潮、喜欢旅游、崇尚自然的美丽，同时也留心时尚的变化。她注重家庭、健康、环境、人际关系以及各种责任。作为劳拉·阿什利的顾客，她大方但不浪费，相信品质、服务、价值以及可以持久的东西。因为我们愿意将价值与其分享，她才会忠于劳拉·阿什利的产品。

高层次的店内个人服务对于劳拉·阿什利的顾客们是极为重要的，它是维护品牌形象不可或缺的一部分。虽然公司绝不会推行“强卖”政策，但它却积极鼓励客户与商店服务员之间进行更多的交流，形成相互影响的关系。通常情况下，店铺内的营业员都是那些与LA的客户有同样品味及兴趣的女性，而且她们在与客户建立个人关系上也有着很强的能力。

20世纪80年代末期和杰米·麦克斯明的加盟

1990年，LA在全世界各地经营着481家零售店，而在1986年，这个数字为231家（参见表1、表2）。然而，虽然LA在市场上的品牌战保持持续成功的势头，但是公司在20世纪80年代末的财务绩效却是一场灾难（参见表3）。上任于1990年的财务总监安德鲁·赫金森（Andrew Higginson）总结到，“销售额不断上升，利润却少得可怜，所使用的资本已经无法控制。而我们所有的问题都来自于内部。”

表1　1990年LA商店数据（以千平方英尺计的零售面积）

	1986	1987	1988	1989	1990
商店数量	231	292	365	439	481
零售净面积	357	492	630	738	816

资料来源：1990年年报。

表2　1989/1990地理分析（以平方英尺计的零售面积）

	商店数量	零售面积
英国	184	393,700
北美	185	255,600
欧洲	65	99,000
澳洲	23	34,800
日本	24	33,300

资料来源：1990年年报。

表 3　劳拉·阿什利的财务概况（单位：百万英镑）

	至 1 月 25 日止的 52 周				
	1992	1991	1990	1989	1988
销售额	260.7	327.5	296.6	252.4	201.5
经营利润	1.1	5.3	6.1	23.6	23.8
附属店的利润(亏损)	3.6	0.1	(0.2)	—	—
特许权收入	0.3	0.3	1.1	1.6	1.7
应付利息净值	(2.3)	(12.4)	(8.6)	(4.9)	(2.4)
特殊事项前的利润(亏损)	2.7	(6.7)	(1.6)	20.3	23.1
特殊事项*	(11.8)	(4.8)	(6.7)	—	—
税前利润(亏损)	(9.1)	(11.5)	(8.3)	—	—

*　包括重建费用、系统费用、削减存货及其他一次性事件。

资料来源：1992 年年报

早在 1986 年，“当时，公司正处在全盛时期”。一项 LA 报告指出了公司内部存在的根本性缺陷。这包括：对内部生产的过分依赖、严重的资金短缺现象、经营过程过于资本密集、太多短期借贷以及现金外流过快。另外，公司的发展过快，进一步给经营管理带来了压力，以至于到了 20 世纪 80 年代末，LA 内部发展成了一个结构不恰当、代价昂贵的等级制度。在信息技术上的投资落后于公司的增长速度，在有些环节中就算存在着信息系统，整个系统也不够完整。

同时，到了 1990 年，LA 的供应链发生了巨大的变化，使公司结构更加复杂。为了削减对内部生产的依赖，公司开发了一套大型的、全球性的第三方生产资源网络系统，到了 1990 年，公司自己的工厂只生产全部销售额的 42%，这一数字在 1986 年为 100%。然而，由于系统与管理实践并没有很好的契合，以至于整个转换过程没有取得最佳的效果。结果造成了各种物流关系与产品种类的大杂烩，很难管理，且常常效率低下。

麦克斯明这样解释：

> 公司的结构过度复杂。每一个经营部门（欧洲大陆、英国以及美国）有它自己的一套垂直等级制度，因此，各种职能及系统都重复了，也使得彼此间的沟通乱七八糟。一般行政支出水平是如此得高，以至于现有的毛利或销售额根本无法满足。虽然品牌在全世界受到欢迎，但各地店铺及业务部门所销售的产品中只有不到 5% 的款式相同。由于以上的所有原因，我们忽视了客户的真正需要及他们的生活风格，也忽视了我们自己的传统。

1991 年 9 月，伯纳德·阿什利将执行总裁的责任转交到索恩家用电器国际公司（Thorn EMI Home Electronic International）的前任执行总裁麦克斯明的手上。麦克斯明立刻发起了战略及组织结构上的改革措施，目的在于塑造 LA 的品牌，重新使公司赢利。措施包括积极精简业务部门以及分散决策权，这项活动被称为简单化、集中化以及行动起来（SFA）过程。将战略重点放在开发品牌、配送系统及信息系统上。麦克斯明的目标是要使 LA 成为一家“由战略领导、以竞争为核心、以市场为立足点、由员工推动、优秀运作的”公司。

重塑活力过程中的第一步是公司结构的重组，重组的目的是增强公司的全球协调能力。来自于各地业务部的经理们组成一支全球运作执行（GOE）小组，以纵观全球各部门间的相互关系，同时，英国的两级当地管理层和美国的一级当地管理层被解除，一共解散了100名高层及辅助层的管理人员。另外，奖金的多少与全球业绩挂上了钩，开发了统一的交易方式，实行了一致的财务系统。各地商店中金字塔式的报告结构在英国被削减至两层，在美国则被削减至一层。

SFA改革方案给予最前线的服务人员以一定的权力，在各个层次上都提高了培训水平，同时整合了信息技术，在使服务简单化的同时提高了服务水平。一个提高利润的项目（PIP）正在10家商店中进行试运作，在这些商店中，店员们设计出一系列能提高销售量的新点子，比如，举行时装表演这样的特殊活动，或对橱窗进行特别的装饰，陈列要能反映出当地客户不同风格的组合。进行PIP的商店在试运作年度中的销售量超过预算62%至70%。参加店内培训的员工包括了一线服务人员，也包括整个公司中其他部门的人员。技术主要旨在帮助商店提高根据及时、准确的信息制定决策的能力。麦克斯明提到：

> 我已经告诉了每一个人必须面对复杂结构的挑战……我们需要简单化经营方式及我们所有的业务……（通过PIP）我们使员工们在如何工作上有更多的发言权，我们让他们自己思考将顾客吸引进商店的点子。我只要求他们遵循四条规则：(1)全心热爱顾客，要能通过顾客的眼睛看到问题。如果我们的某些行为不能对我们的服务水平做出贡献，那么我们就不应该有这样的行为。(2)使用你的常识。如果你觉得一些指令过于呆板，那么你就应该向有关人员指出，并建议一种更好的完成方式。(3)把你的意见提出来。(4)我们中的每一人都应该致力于构造一个公开、坦诚、值得信任的结构。只有这样，我们才能削减成本。

品牌管理方面战略重点的制定是为了纠正已开发品牌中的弱点，同时在全球范围内打响其知名度。虽然LA在本地市场上占有6%至7%的市场份额，但品牌并没有随着传统客户群的增长而有所进步。在一些产品上（比如，花型裙装），存在过多的重复，产品的花样范围不够大，不能反映顾客上班及休闲时的不同生活风格。因此，麦克斯明决定拓展LA品牌在如今服装及装饰领域的覆盖率。同时寻找在某些如桌布、婚礼服、瓷器等领域中的经营机会，这些产品可以在LA自己的零售配送结构之外销售。

在系统开发上的战略重点以向零售商店提供信息流为目标，旨在使整个经营过程更加“透明”。人们认为，透明化，再加上一定程度的授权，是获得最高顾客服务水平的关键。

历史上，LA系统的开发是为了给独立的业务部门提供信息。为了服务独立业务部门而设计的系统重复率高，造成LA1990年在信息系统上的开销达到同行业企业的两倍。在接下去的两年内，公司会花大力气在整个经营过程中推行统一的系统。将于1992至1993年引进公司的主要软件包括：一个交易计划系统、一个群体财务/执行信息系统、一个电子销售网点（EPOS）系统、一个全球采购订单系统、一个生产及英国配送系统。装置在个人电脑上的销售网点（POS）注册系统将会被引入每一家商店，这使得每个人都可以查看到公司的数据。LA期望通过一笔大型投资将公司的系统转化成统一的模式，同时也期待着在这之后，能大量削减每年的信息系统成本。

配送环节上的战略重点在于对库存、补货及送货操作进行一番彻底调查。借用麦克斯明的话，“这是一场大灾难，完全失控。”全球财务部的特殊项目总监菲尔·贝克（Phil Baker）领导着一支国际小组，负责评估各种解决问题的方式。小组的任务是开发一项系统，能保证99%的供货率，24～48小时的送货时间，同时降低50%的资本占用。目前供货率为80%，同时公司运作着一条大型的、资本密集型的供应链，仓库里存放着从产品设计阶段一直到销售阶段18个月的存货。LA想对配送环节进行改革，这才促使了与BLS间达成战略同盟关系的想法。

联邦快递与商业物流服务

联邦快递（FedEx）由弗莱德里克·W·小史密斯（Fredric W. Smith Jr.）成立于1971年。他所设计的那个全国范围内的空运服务网络类似于车轮的轮辐，而田纳西州的孟斐斯就是车轴。联邦快递将车轴用作所有包裹的中央处理中心，首创了次日货物抵达的先河。到了1991年，公司已经成为了次日送货行业中最主要的运输者。

联邦快递以其在物流领域中的专业技能以及卓越的追踪系统著称。它在全世界共有员工9万名，经营着444架飞机及3万辆取货车与送货车，共有1,300多个业务部门，服务范围达176个国家。联邦快递在美国创造了次日送货的市场，而现在，它想将这一实践扩展到其他国家，主要是在远东地区，另外则在欧洲，不过1991年，它在欧洲的经营几乎没有获得什么利益。联邦快递公布自己在1991年中的营业额为77亿美元，经营利润为2亿8千万美元，与前一年相比，它的经营利润有了大幅下降。一方面，联邦快递受到了商业条件不景气的影响，另一方面，它也对自身的基本绩效不够满意，在1992年的财务年度中，它发起了一些新的举措来削减一般行政支出及管理费用。

联邦快递于1987年12月开始经营企业物流服务业务，为全世界的公司提供专业物流服务。在美国、欧洲及远东都有服务部门。BLS以提供高质量的服务著称，它的长期战略是“与联邦快递的其他主流业务相互配合，发展泛欧公司物流服务，拓展联邦快递所能提供的服务范围，同时通过最大限度地使用联邦快递的全球网络提高这些公司物流服务水平。”正如一名BLS经理所解释的那样，“BLS是一家精品店，一家客户化的店。我们会用在大型合同中所订立的方式向您提供服务，而不是使用传统的一次一个包裹的标准方式。”BLS在全球一共有员工4,000名（940人在英国），在欧洲，它一共有1,100辆货车及1,750,000平方英尺的仓库面积，由75个租赁制仓库及配送中心组成。BLS全球的营业收入约占联邦快递全球总收入的6%至7%。

BLS在英国共有三个主要的业务部。通过它“系统直线”的服务方式，BLS对建立在高级信息技术基础上的合同制库存管理系统进行计划、实施并运作。系统直线服务是根据客户的个人需要所贴身剪裁的，这些需要包括仓库的位置及规格、库存系统、车辆要求、递送路线、安排计划以及提供高素质的劳动力。服务市场包括汽车行业、家用电器、电脑及玩具，客户中包括来自于各个行业领域的领头羊。

“零件库”服务通过运作由约200家公司共同使用的现买现付的配送中心，向全球范围内的高价值产品提供低风险的快速配送。它的客户包括国际上的领先高科技生产商，他们从菜单式选择项中挑选购买相应的服务，菜单选项包括取货、储存、库存管理、通关/行政、客户服务支持、国际快递及空运，再加上最终的地面送货。BLS的系统管理服务能支持如家具及家用电器之类的大型沉重物品递送上门，系统管理既能提供货物的专送，也能提供小客户的合并送货。

BLS服务中有三要素，具有物流专家提供的竞争性优势：运输，主要是通过联邦快递的网络系统；仓库储存以及信息系统。BLS的全球公司开发总监比尔·帕森斯（Bill Parsons）将仓库储存及信息系统定义成“纯粹的增值”：

> 库存往往在客户经营结构的最末端。但因为它位于我们工作的最前端，我们开发出的系统及库存能力是我们的客户所无法比拟的。正是我们的系统使我们得分，使我们位于竞争的前列。信息的重要性是不容置疑的，它就和物流一样重要。信息流应该走在物流的前面，只有这样才能使你的实践操作最精确、更接近最优化。

查尔斯·科克斯（Charles Kirks）是BLS欧洲副总裁，他解释到，BLS向客户们提供伞状的信息系统，可以“从头到尾地照料库存系统”：

> 我们有管理库存的系统。我们的仓库运作系统可以像管理店面一样管理仓库。最主要也是最重要的是，通过我们这个无所不在的网络，您能轻易地知道包裹们正处在整个系统中的哪个位置。……（能）知道每件物品每天所在的位置……我们这里全知道。
>
> 有时会有一名客户过来，说他对想从BLS处得到什么已经有了一个明确的概念。他说他想要“运输”。其实除了我们，还有很多优秀的运输服务者，况且现在的市场疲软，有些公司开出了极低的价格。如果他要的只是电脑系统，那么，有的是人可以满足他的需要。但是，如果他想要有人能同时满足三大要素，并将服务同联邦快递所提供的整个国际化的运输网络挂钩，那么没有人能取代BLS！如果他想要同时享受到这三种服务，而且他想要别人替他管理——那么我们是最好的选择。我们最后定位成了一个通用承包商，首先利用BLS的全球性资源，然而再利用联邦快递的全球性资源。

劳拉·阿什利的机会

1991年就快过去了，劳拉·阿什利内部的所有人员都清楚地意识到公司的配送过程简直是一团糟，同时它的运作及物流的跟踪记录也问题百出。LA分配系统中存在的问题包括货物流动不足，订货方式老套，提前期过长，以及屡屡不能遵守送货约定。关于配送系统漏洞的传言四起。菲尔·贝克作为配送部的协调人员在项目开始时这么说道，“目前，我们的状况正好与服务最大化、成本最小化相悖。”

LA一共维护着八个仓库。最大的一个位于Newtown（英国），其他的则分别位于Milton Keynes（英国），Veldhoven（荷兰），Mahwah（新泽西），加利福尼亚，加拿大，巴黎以及澳大利亚。公司是按照地理位置组织的，位于美国、英国及欧洲大陆的各个区域战略业务单位（SBU）独立地运作自己的业务。它们的库存、系统及采购都是独立运作的。这给配送系统带来了一些问题。首先，SBU的地方观念导致库存的流动性极低，SBU对这种看法表达了不同的意见，并在他们所有的仓库中堆满了存货。

其次，因为SBU独立管理物流，这使得运输系统一直不能发挥其应有的最佳水平。麦克斯明形容到，在一个“呆板的”配送产品流动过程中，“一件在香港生产的T恤会被送至Newtown，再从那里送回日本销售。”虽然事实上LA在供应链的每个环节中都配备存货，它的平均缺货率也要接近20%。贝克这样评价道：

所有的线路都有不同的运输者。我们有队伍壮大的配送承包商及不同的供应商。对他们进行管理非常困难。我们不断地与他们重新协商以便获得最好的价钱。彼此独立的市场不能理解全球性的供需关系。

我们在全世界都有经营机构，而且我们也有能符合各个市场要求的各级商品。供应链中有存货、市场上有存货、工厂里也有存货。

麦克斯明在讲述配送效率低下时，说了这么一个小故事，这是他从加利福尼亚一名店员那儿听来的：

有位顾客为一种名叫“玉米花”的织物图案等了一年的时间，而且最终，她仍然为我们能找到她所需要的东西感激不已。事实上，商店早就没有了这种图案的货品，在此期间，商店给总部办公室发了17次传真，却没有得到回音。商店在所有可能的地方寻找，最终在圣地亚哥找到了这种织物。而当我回到英国时，工厂经理告诉我他有两万七千米这样的织物，都堆在仓库里快一年了。

贝克发现补货系统正在按照一种效率极低的传统方式和过时的优先级别进行着：

如今公司所使用的补货系统是从公司还很小型时开始一直沿用至今的。在这个系统的习惯及实际操作中，惟一了解公司需求及采购的途径就是亲临店铺查看货品情况，然后将商店所需要的产品汇报给总部，如果一家商店去年进了10件同样的商品，那么每售出一件都可以自动补货。事实上也许一年才能售出一件商品，但同样也会很快补货。在计算过程中，他们忽略了销售率。

牛津广场分店每星期销售25件商品，库存量为100件：他们每星期都会下订单，要求补充25件商品，而在加的夫分店，他们的库存量只有5件，卖完这5件后他们才会下订单，要求再补充5件。而总部的仓库中只存有20件货品，而按照目前的优先级别，应该先将货物运至牛津广场分店，因为那家商店的销量较大。

送货问题层出不穷。送货设备看上去就好像“比萨斜塔”一样，衣服皱巴巴而且有污点，同时货物往往要么是在商店没有足够人手处理货品时到达，要么是在没有足够储存空间时到达。结果就使得整个商店变得乱七八糟。LA效率低下的配送系统所带来的最大麻烦就是不能遵守对客户的承诺。贝克观察到“人们认为80%的准时抵达率就已经不错了；他们从没想过对此有任何质疑。从来都没有什么标准化。客户被认为是总会带来麻烦的人，他们的需要及关心变成了令人恼火的源头。”1991年10月11日的经营每周更新汇报总结了LA当时所处的状况：

我们所有的经理能不能做到向顾客明确，在收到家具订单后客户所得到的送货日只是一个大概的日子，而非承诺的送货日？顾客们应该被告知，关于送货的安排会在近期内确认。这是非常重要的，因为很多顾客认为家具一定会在送货日那天抵达，而一旦情况并非如此时，他们就会感到非常不高兴。

为了解决配送系统的成本高及效率低下的问题，LA发起了SFA、以提高全球范围内协调能力为目标的结构建设以及战略性的配送改革。

战略同盟

1991年10月至1992年3月间，同盟计划的实施即将开始。LA和BLS达成了一个综合性的协议，通过这项协议，BLS会接管LA位于Newtown和Wales的仓库以及LA所有的配送活动。这项过程是由杰米·麦克斯明提议的，他很快将这一项目转交给全球执行运作小组加以实施。GOE小组与一支由联邦快递业务发展总监比尔·帕森斯领导的BLS小组一起制定初始解决方案，到了1991年12月，成立了一支合作经营及系统小组，对这些解决方案进行仔细研究，并做好在1992年3月执行这项计划的准备。

根据解决方案，将会成立一家由BLS拥有并管理的新公司，打造一个新的管理系统，并将其与现行系统整合，同时不断地对各项安排进行评估。同盟关系故意建立在一个松散的结构上，使得它能随着基础经验的积累而不断地朝正确的方向进步，这也使得双方都能更加重视伙伴关系中的战略本质。整合活动的预期进程如下：

- 1992年9月：全球仓库的重组结束
- 1993年2月：BLS/LA信息技术系统整合
- 1993年9月：确保LA全球范围内的24或48小时内的送货
- 1993年9月：全球邮递能力得以加强

LA期望同盟关系能大量节省营运资本，降低配送成本，同时提高对顾客的服务水平。而BLS也期待着同盟关系能帮助它明确一个有着巨大成长潜力的未来商业领域。

同盟的发起

一加入LA，杰米·麦克斯明就开始整理可以解决公司配送系统问题的各种方式方法。他们可以着手重组现有的运作结构，可以编写新的综合配送程序，也可以取消所有的仓库，将配送系统转移到第三方专家的手中。麦克斯明深切地感受到，从头开发一个必要的系统“将花上100年”的时间，而重组公司的配送结构也不是公司的“核心能力”，因此，他决定到LA外部寻找帮助。1991年10月，他找到联邦快递，就共享两家公司资源的可能性进行了探索：

> 我有个念头，那就是在LA与联邦快递之间建成一种“战略同盟”。我与（联邦快递的资深副总裁）汤姆·奥立弗（Tom Oliver）会过面，他给我留下了很深的印象。在你的商业历程中，你总会碰见一位让你马上将其列入与众不同之类的人物。我拿起电话把我的想法告诉了他。他对此很感兴趣，说道我们应该建立同盟。这是我们对话的关键部分，其余的都留给我们的公司去办了。

麦克斯明接着就与GOE小组会面，向他们解释了自己对这一战略同盟的认识。LA不会为自己的配送运作寻找一个很高的投标价格，与此相反，它想与BLS达成一种“双赢的业务伙伴关系”。这种伙伴关系最少10年，没有明确的终止日。麦克斯明描述了GOE小组听到他的想法后所作出的反应：

> 一开始大家都表示了怀疑……他们的经验告诉他们应该在几周内与联邦快递订立合同，对每一条、每一款进行仔细的研究。我告诉他们这一次我不想这样做，我

不想与律师、合同以及所有这种繁杂的形式打交道。伙伴关系应该像一本打开的书——没有秘密、没有出乎意料。我不停地说你们应该拥有信心，并且包容一种做生意的新方式……一种与众不同的完成方式……应该将目光投至21世纪，而不要总是回顾20世纪。

1991年11月，BLS欧洲副总裁查尔斯·科克斯与LA就达成交易事宜进行了会晤。对于LA的态度，科克斯感到十分惊喜：

我们在推广战略同盟上作了很多尝试，但通常的情况是，你去一家公司，然后会面就变成了一次“运输经理听证会”。运输经理说他想要的是每公里货运的最低价，当然，你就达不成协议。运输经理们不需要增加的价值。但是在LA，我从没遇到过一个运输经理……在与我们会面之前，他们早已做出决定，要大刀阔斧地改革配送系统和向顾客提供服务的方式……他们只想要我们立刻行动。这是一次天堂里的婚姻。这些人真心地希望由我们来做我们所擅长的东西。

11月29日，LA的贝克及BLS的帕森斯就GOE小组的解决方式“预览”、行动的初始日程安排、责任及最后期限做了陈述。双方的工作目标是在1992年3月前签署一项“全球合约”，从那时起就开始项目的实施。在陈述前，LA与BLS的小组成员们就最终协议开发阶段的共享信息达成了共识。目的在于建立彼此间的依赖，使双方都能把工作的重心放在彼此都能获益的领域。然后，在1991年12月3日，LA在给联邦快递的信中明确地写到，只要董事会批准，同时双方能达成肯定的协议，那么自己期待着与BLS一起共同打造这一“全球物流伙伴关系。”

解决方案

为了建立同盟关系，就需要制定LA配送系统的组织方法、对向BLS的转移实施进行事先计划，同时，还需要制定一个综合系统，该系统将成为新配送单元的核心。这些工作需要一个彼此合作的跨职能项目小组来完成，这个小组的成员为双方公司的关键管理人员。小组由一个主导委员会及其所领导的次级委员会组成，贝克和帕森斯主要负责最终协议的开发。

为了达成最终的目标，将成立一家新的公司——LA配送有限公司，并“出售”给BLS，以后LA有关配送的所有事宜都将由这家公司管理。LA将关闭自己在Mahwah及Veldhoven的仓库，而Newtown的库存设施将被定为所有产品流动过程中的“处理中心”，同时，位于美国市场的卫星式处理中心定址在孟菲斯。货船的运输可以通过库存系统，也可以在可能的情况下直接由生产商处运向货船。正如帕森斯所解释的，“如果拥有纽带，您可以在全球范围只有一家仓库，联邦快递就有这根纽带、有飞机。我们还有物流及库存会计系统的支持。”

LA配送部门的员工会被转移到新的公司。BLS和LA会一同致力于保证这次转移能够平稳进行。杰米·麦克斯明亲自向员工保证，他们会得到关心，BLS会向它们提供完整的上岗项目及所需的培训。虽然LA的老员工们对此表示怀疑和失望，但是他们中的很多人依然认识到，自己可以借此机会加入一家以配送管理为核心业务的优秀企业。

在新公司的运作中，BLS的两大系统起着至关重要的作用。BLAST提供发票，并负责为发送货物提供需要的纸箱，而联邦快递的COSMOS追踪系统则通过一个独有的编码系统提供有关货物所处位置的信息。这些系统将与 LA 的商店存货及仓库的库存系统连接，以提供从下订单至货物送抵的整个过程中有关库存的完整信息。系统的整合将在 1992 年底前进行。与此同时，BLS 正在开发一个仓库管理系统（WMS），这个系统可以"动态地"管理人事、储存、工作质量以及产品保护。1993 年 2 月，WMS 将和 LA 的采购计划系统、采购订单管理系统以及核心零售系统（用于管理商店库存、补货和财务）整合，以将决策的制订建立在库存和库存管理的基础上。贝克解释到：

> 商店及仓库将通过 BLAST 及 COSMOS 联系起来。位于这两者间的过程就是处于转移途中的货品，而且我们也有能力跟踪任何时刻货物所处的位置。我把它称为 GIT，也就是转移中货物的管理。事实上我们所有的是一个封闭的回路。这些流动事实上更新了商店的库存。那么，通过检查仓库库存、店铺库存以及 GIT 库存，您最终得到的就是一个"全球库存系统。"

一旦系统形成（计划完成日是 1993 年），LA 就可以在 24 至 48 小时内对它位于世界各地的商店补充货物。每一家商店都在全球库存控制系统的网络中，通过这个系统它可以清楚地看到供应链中的货物情况。人们预期供应链的简单化可以降低 10% 至 12% 的配送成本。贝克解释了它的重要性：

> 通过 BLS 及联邦快递的系统，我们拥有了透明度。目前我们对自己业务的审视就好像在雾里看花。这层雾就是我们自己的内部组织。我们正在使用联邦快递的系统，作为驱散云雾的一种方法。我们在世界各地拥有很多供应商及配送承包商……我们愿意支付额外的费用以获得这种技术会给予我们的透明度和简单化。

协商条款

虽然 BLS 及 LA 就同盟的基础达成了一个简单的共识，然而伙伴关系的建立对双方而言都是很具挑战性的。具体的困难包括为双方的交易建立激励制度以及究竟如何严密地定义条款内容。科克斯这么描述到：

> 在整个协议中几乎都没有提到价格。事与事之间彼此相关。每件事都是另外一些事的某种职能表现，因此，基准因素会随着时间的推移而变化。因为我们已经处理过太多具有普遍性的事情，在目前情况下，我们只可能以达成这样大致的一个协议。在这份协议中没有数字；每件事都是另外一件事的职能。协议并没有给出答案。它只是给出规则，因为特定内容会随着时间而改变。

项目小组就定义服务质量指标的细节问题展开工作，并在协议中加入惩罚性措施，然而最终，它还是决定只使用双方同意的指标来衡量进步程度。贝克就惩罚性措施的取消给出了以下的解释：

> 建立惩罚制度对我们而言没有任何好处，因为惩罚不能挽救我们的服务。没有一种惩罚可以使一个已经离开我们的顾客回头。一天结束后，我们会发现拥有一种惩罚结构是毫无意义的，因为我们还是失去了这名顾客。

合同的最终制订是一大挑战，因为双方的法律顾问都提出建议，认为应该更加严密地定义条款，而这一点却不能获得双方公司的认同。在整个过程中，双方的律师都强调应该在明确双方共同利益的前提下制定协议条款，这样才能保证同盟取得成功。一位律师这么说道：

> 一开始有两种方案，我们的和他们的。我相信他们认为这一切都应该更直接、更简单，也许因为大家就合作问题已经谈过很多次，并一同工作过。然而，我从这次联姻开始就加入了这个项目，一直看着它完成！不管一开始一切看起来有多好、大家有多么合作、伙伴能给予多大的帮助，他们还是应该在实际条件下冷静地审视他们之间的关系。他们应该在整个项目无法进行的假设下看待这种关系，同时将这种情况下的后果考虑进去。

BLS 和 LA 同意建成一种最少 10 年的“透明、合作的投资关系”。每一方都有权力检查另一方的业务情况，同时建立了一种体制，用来处理一些双方无法达成共识的问题。从根本上讲，两家公司已经在业务过程中可能出现的各种事宜“同意达成一致”。LA 的财务总监赫金森这么说道，

> 我们希望合同只是作为退路使用。我们订立合同时的意图其实是想把合同放在抽屉里永远都不要再拿出来，因为当你有一天要把合同拿出来时，其实你已经不得不承认双方的关系出现了一点问题。

麦克斯明这么说道：

> 问题一定会出现，而人们也一定会说：“瞧，我提醒过你。”我会对问题的出现感到遗憾，并且竭尽所能来弥补它，但我不会对它丧失信心，我知道我们的同盟关系是会起作用的。
>
> 我们将配送及物流部门独立出来，形成一种战略同盟关系。这是一种系统伙伴关系，一种商业伙伴关系。我们影响到的是 LA 整个业务流程，因此，它并没有一个存在的界限，没有时间范围，没有人对此感到担心。你可以设定必须达到的业务标准，但是这并不需要用合同的形式加以限制。没有必要回过头去翻看合同，并指出，你违反的是第 82 条。这并不是制订这项合同的精神。

同盟关系的松散本质使得双方间的高度信任变成了关键因素。“我们都在一条船上。”一位 LA 经理这么说，“每天结束的时候我们都必须相信，大家都在向着同一个目标工作。”另一经理这么说，“你需要信任，并不是那种幼稚的信任方式，而是一种坦诚的信任——你信任的同时仍要保持警惕。你知道哪方面最可能出问题，你就在那方面多用些心以维护双方的这种信任。”要做到如此并不总是那么简单。

有时，项目小组就某个细节问题的安排产生了分歧，影响了工作进度。在这种时候，两家公司的领导者们就会加入，向彼此的员工重申双赢政策是双方建立伙伴关系的目标。麦克斯明回忆起 1992 年 1 月的一天，他与小组成员会面，要求他们将工作重点放在同盟关系的战略层面上来：

> 我通常会避免出席一切可以不出席的会议。基本上，我看到了这项计划在公司内部管理层的犹豫和波动中前进着。每个人都有他们自己的保留意见。1 月份，他们开始担心送货箱子的尺寸问题，而项目在这个问题上停滞不前。我不得不和小组成员坐下来好好交谈，让他们把注意力集中到那些真正应该关心的事情上去。我问他们，是不是有什么系统、政治、经营过程或商业问题说我们不能建立同盟关系。

你们发现有什么问题会给我们的项目运作带来实际损害？同时，我还请他们明确因为项目的停滞不前使成本不断上升，而我们是会削减成本的。这才是我惟一关心的事情。

怀疑的来源多种多样。双方的管理者常常怀疑在整个协商过程中，是否被对方所利用，如果是这样的话，他们何时、通过何种方式才会知道。杰米·麦克斯明开始收到一些他称之为“防守文件”的东西，这些文件来自于一些LA的管理者，他们热衷于指出交易中出现的所有风险。一名LA小组成员描述了这些防守文件所带来的反响：

杰米拒绝倾听任何不同的意见。我们都在货车及车棚的相关事宜上踟蹰不前，但杰米全都视而不见，说这次同盟一定会成功。杰米致力于推动此项目，他愿意就此承担风险，还取下了我们的眼罩，使我们看到了新的可能性。

在这种支持的基础上，项目小组的成员重新承认，通过双方共同的努力可以取得更多的可能性，同时愿意忽略很多关于风险及效益的具体分配问题。然而，一些项目小组的成员们仍然对协议的最终签署持怀疑的态度。“这样好的结局会是真的么?”他们这么想着。

然而，在整个过程的最终阶段，对于将建立战略同盟关系作为在市场上取得竞争性地位的手段，双方管理者都大为赞赏，同时对同盟关系的成功表示出充分的信心。一名LA小组的成员这么说道：

战略同盟关系的概念就是我们一起工作，以取得一个具有竞争性的地位。但是目标的定义不够明确，因为要定义这些目标，我们就需要知道我们的最终目的在哪里……杰米的观点是我们不需要知道我们能做到多好，也不需要知道我们最终能走多远。与我们之间能合作到多好以取得竞争性优势相比较，特定目的的存在变得不那么重要。

BLS的总裁罗伯特·梅（Robert May）对BLS的全球运作负责，他这样总结到：

（这）就是BLS一直努力打造的项目——一种同盟关系，双方一起合作发展彼此的业务。它代表了两家公司的进步，每家公司都认识到对方的技能，愿意让这些技能为自己服务，将自己推向真实意义中的国际水平。BLS在世界范围内的各个经济市场上都相当成功。与LA的合作给了我们一个机会，向全世界宣布，联邦快递/BLS是世界范围内的惟一一家有能力提供客户化解决方式的公司。LA有远见，可以看到这种能力的存在，愿意使用这种能力来建立他们自己的竞争优势。

LA和联邦快递将他们合作的细节视为保密的内容。他们将这次同盟关系视为双方各自极好的机会，同时，相应的，这次极其复杂的结构组织过程也给他们带来了宝贵的经验。事实上，LA将会支付BLS在管理LA全球物流系统时所承担的直接成本，同时支付此成本的一定百分比作为BLS的管理费用。LA会支付给BLS货运费用，当然，考虑到LA的货运量，BLS会给予其市场价格的一定折扣。同时就货运费用制定一种规则，以激励BLS进一步改善自己的运作方式。BLS有两年的时间来稳定自己的物流实践，在这两年内，如果LA同意投资一项经过改善的项目，那么大多数情况下，利益将由双方分享。耗时更长的项目，考虑到LA投入的资金，大部分甚至全部的利益会积累在LA的账下。另外，合同也明确当同盟失败时，LA将会获得的保底净值，这将便于LA转投另一个方案。

结语

LA与BLS都期待着从同盟关系中获得“大量且实际”的利益。对于LA而言，它能在短时间内获得一个新系统、得到经营业务的新方法且表现更出色、同时还能释放资本，将其集中投入到能获得更多价值的活动中去。同时，LA已经被人视为英国的一个东山再起的例子，而从同盟关系中获得的更多正面动力能帮助它稳定投资者的信心。对于BLS而言，这次联手为它打开了一扇新的大门，通向服装行业、通向欧洲大陆，使它通过利用现有的国际负载能力建立业务的全球性本质，同时，获得一家颇受好评的公司的特许权也使自己加入了这一阵营。

而另一方面，任何一家公司或双方的业务失败都会给彼此带来灾难性的打击。联邦快递的可依赖性会受到极大的威胁，而正是这种声誉支持着它80亿美元的业务。对于LA而言，它整个业务的基础结构会受到严重损害。

除了机遇和风险，同盟关系还有潜力往更加具有创造力的方向发展。比如，LA已经计划于1993年通过大量扩张自己的邮递业务来充分利用新的配送能力。同时，新的配送能力还能给予第一线的服务者更多权力，从而推动服务水平的提高，另外，在LA产品领域扩展的同时降低库存量。显然，全球伙伴关系的想法可以被BLS应用于其他行业的其他客户。随着这次合作的潜力正在被进一步的发掘，双方都可以清楚地看到更多独特的合作优势，LA可以从中获益，而BLS更可以将其推广给其他客户。

案例13 SKF[①]

Svenska Kullagerfabriken公司（SKF）是全球最大的轴承生产商，它于1907年成立于瑞典。到了1910年，公司在法国和德国都建立了销售点，业务人员最远在赫尔辛基和墨尔本工作。在英国和美国，都有它的子公司。

第一家英国工厂成立于1911年，而第一家德国工厂成立于1913年。1916年，SKF购买了它自己的第一架钢铁设备。美国汽车产业的快速成长促使SKF在康乃狄格州的哈特福特市建立了位于美国的第一家工厂。在两次世界大战之间，公司的业务有了更大的发展，包括并购了美国市场上的另一家竞争对手，并且在法国建立了第二家工厂。第二次世界大战的到来给公司的繁荣发展带来一个休止符，和其他国际工程集团一样，SKF的经营被摆到战争的立足地上。长达五年的战争结束后，虽然SKF的地位不比当时的其他国际集团差，但要重新适应正常生活却是一个艰难的历程。德国工厂自20世纪30年代起就已经不在SKF的管理之下，当时已经接近倒闭。SKF位于法国的单位也在炮火中遭受了严重的损失。

① 注：此案例由位于英国格连菲尔德市（Cranfield）的格连菲尔德管理学院马汀·克里斯托夫（Martin Christopher）教授撰写。

日益激烈的竞争

20世纪60年代初期的竞争正变得前所未有的激烈。SKF决定要花大力气打造它的普通市场运作方式。1965年，公司接管了一家意大利轴承生产商RIV，获得了10家当地工厂和分别位于西班牙和阿根廷的两家工厂，通过这一步骤部分达成了它的上述目标。10年后，意大利轴承市场的67%属于RIV-SKF。与其同时，法国的SKF公司开始扩张，一部分的原因在于自己出口需要的日益增长。ADR及RKS两家子公司以令人满意的速度发展着。

在整个60年代与70年代中，SKF收购了很多公司，有些是从事轴承生产的，而另一些则不是。虽然SKF的经营范围广泛，但滚轴轴承仍然占其业务量的70%。

1973年，一项对于SKF在欧洲轴承行业所处地位所进行的调查显示，SKF是一个分裂的组织，它在瑞典、联邦德国、英国、法国及意大利拥有五家大型工厂及市场推广单位，但彼此间缺乏必要的协调。SKF的市场地位很高，主要是因为他们的产品十分多样(50,000个品种)，足以满足客户的各种需要。其中很多产品产量很小，主要是为个别客户度身定制的。另外，位于欧洲各地的工厂能生产几乎所有的产品。这种市场策略促进了小批量的生产。

20世纪70年代早期，SKF感受到了来自一个陌生的竞争对手的压力：日本。日本的两大通用机械生产商辅友（Fuyo）及住友电工（Sumitomo），将大量的资本投入轴承生产公司，包括光洋精工（Koyo Seiko）、椿本精工（Tsubakimoto Precision Products）及其他很多公司。这就意味着日本生产商可以以一种侵略性的定价战略打入欧洲市场。使用大批量生产，即每一种规格的产品都有很大的产量，日本生产商的生产成本要远低于SKF。虽然他们的产品种类较少——只有10,000种，而不像SKF生产50,000种不同类型的产品——但是，他们却能以等同于SKF的生产成本的价格销售自己所有的产品。

问题：

讨论SKF可以采取哪些措施，与日本竞争对手给欧洲市场所带来的威胁相抗衡。

案例14　宝洁：通过流程再设计提高客户价值[①]

宝洁公司（P&G）是向杂货零售商和批发商供货的最大的制造商之一，并且在品牌消费品制造商如何进行市场定位的策略设计方面是一个领先者。宝洁的流程创新是由其

① 注：该案例是研究人员西奥多·H·克拉克（Theodore H. Clark）在詹姆斯·L·麦肯尼（James L. McKenney）教授的指导下准备的，该案例的目的在于作为课堂讨论的基础材料，而不是用来说明对某种管理有效或无效的处理方法。

工作重点所驱动的，宝洁的工作重点在于通过消除渠道中不增加价值的过程，提高客户价值。宝洁在组织、程序和政策方面的变革不但影响到公司本身，还影响了整个渠道。这些变革是受某种共识所支配的，这种共识认为制造商、分销商和零售商在进行将无效率驱逐出杂货分销系统的全行业方法设计时，必须相互合作。

许多导致组织和渠道转变的变革最初被看做是对信息系统的革新（例如，开发系统，将现有的业务自动化）。随着人们认识到，宝洁品牌的成功依赖于消除所有那些对忠于品牌的消费者不提供价值的过程，突破性的变革也就产生了。20 世纪 70 年代后期和 20 世纪 80 年代，零售业疯狂的促销活动在忠于品牌的消费者中间引起了强烈的反对意见，他们感觉天天都没有获得公平合理的价值。宝洁公司的研究表明，公司用于促销的钱只有不到一半是转移给消费者的，并且价格的波动不但引起了宝洁公司的制造和分销系统的需求变动和许多无效率的活动，同时也引起了整个杂货供应链的需求波动和无效率。

因此，宝洁公司重新设计了策略，研究如何将自己定位成一个品牌消费品制造商。宝洁公司采取的行动分为两大类——参与行业范围的效率改进活动和改变定价策略——这两项措施对于提高其品牌的价值都是必要的。随着新定价策略的实施，宝洁公司还在与零售业——包括其他制造商——的合作过程中承担起领导角色，大大加速更加有效率的系统、策略和实践在杂货渠道中的应用（图 1）。这些行业范围的变革，导致了宝洁公司和零售商在向消费者提供价值的有效性方面得到了显著地提高。

公司与行业背景

在 1993 年，宝洁公司 300 亿美元的销售额在美国与世界其他国家各占一半。在 150 多年的经营过程中，宝洁公司已经在积极和成功地进行高质量消费品的“世界级”的开

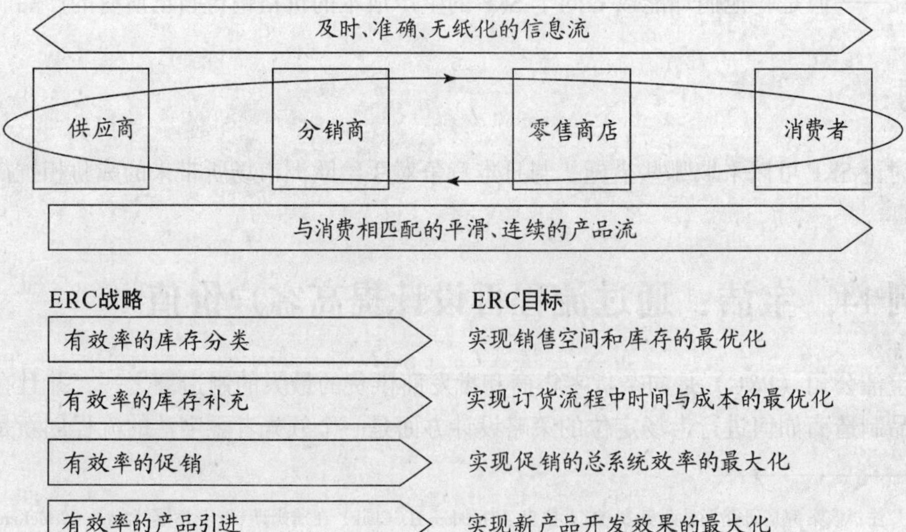

资料来源：宝洁公司。

图 1　ECR 的思维——一个连续的渠道过程

发和营销方面建立了声誉。在公司发展的历史中，宝洁公司强调给消费者提供能带来良好的价值的出色的品牌产品。

宝洁公司在第二次世界大战之后的成长来自于三方面：兼并、开发和营销新的品牌产品、国际性扩张。宝洁公司的兼并对象包括邓肯·海因斯（Duncan Hines）和海因斯—帕克食品公司（Hines – Park Foods）（粮食产品）、W·T·扬食品公司（W. T. Young）（花生油和果仁）、J·A·福尔杰（J. A. Folger）（咖啡）、次氯酸钠化学品公司（Clorox Chemical Co.）（漂白剂）。在1957年，美国联邦贸易委员会（FTC）起诉宝洁公司，迫使次氯酸钠化学品子公司从宝洁公司剥离出去。这有力地终止了宝洁公司20多年来通过兼并战略所获得的成长，迫使公司的管理者采用开发新产品和国际性扩展战略来发展公司。

宝洁公司的国际性战略在于将美国的核心业务——肥皂、牙膏、尿布和洗发香波——复制到世界的其他地方。公司的国际销售额从1953年的几乎为0增加到了1985年的40亿美元。在此扩展期间，现有的品牌占领了新的地区，宝洁公司把公司的经理们派到美国、欧洲和亚洲之间的不同地方进行轮换。在20世纪80年代期间，宝洁国际公司转变为针对每个市场的需要开发和销售产品。这种越来越强调对全球消费者需要的理解和满足的做法，促使宝洁公司将其国际销售额从1985年的40亿美元（占销售额的31%）扩大到1993年的150亿美元（占销售额的50%）。宝洁国际公司1983年至1990年期间的总经理埃德·阿提特（Ed Artzt），在1990年被任命为公司的执行总裁。

到1993年，宝洁公司的产品系列包括了许多种类的产品，公司组织成5大产品部：保健/美容；食品/饮料；纸类；肥皂；特殊产品（如化学品）。每一个产品部门根据产品类别进行组织，每一个产品组负责一组品牌。大多数的新品牌是在对现有产品进行改进或者延伸的基础上开发出来的。有几种新产品，如帮宝适（Pampers）一次性尿布和品客（Pringles）薯片，是开发来满足现有产品尚未提供的基本消费者需要的。广泛的市场研究、低成本和有效的广告以及积极的研发投入，使宝洁公司在美国市场上的销售额从1955年10亿美元将近增加到了1985年的90亿美元。

宝洁公司的大多数产品类别的竞争是比较集中的，在每一个产品类别中，2个或3个品牌产品生产商控制了总品牌产品销售额的50%以上的份额。尽管一些私有商标的产品的销售量的增加正在侵蚀一些产品类别中的主要品牌产品的市场份额，但是对于其他制造商来说，任何产品类别中的前3个品牌的集中现象也是很典型的。对于某些产品来说，例如肥皂或尿布，宝洁公司与另外一个竞争对手控制了70%多的市场。消费者对宝洁产品的强有力的需求拉动为公司在与零售商和批发商交易过程中提供了优势。

宝洁公司的产品通过多种渠道进行销售，其中在产品销售数量方面最重要的凡个渠道是杂货零售商、批发商、超级市场和俱乐部商店。尽管宝洁公司与零售商和批发商之间的关系并不总是那么的和谐，但是宝洁公司的管理层认识到，为了在市场中获得成功，既要满足消费者的需要，又要满足渠道的需要。宝洁公司产品的需求主要是由最终消费者拉动通过渠道的，而不是通过贸易推动的，贸易商经常持有宝洁公司的产品，是因为消费者需求和竞争的必要，而不是因为贸易商作为渠道的一个合作伙伴，对宝洁公司有强烈的忠诚心。在20世纪80年代期间，宝洁公司与贸易商之间的关系主要是基于双方之间在短期行动和促销方面的谈判。在这一时期内，促销活动的增多是一种趋势，宝洁公司与其他制造商为了获取零售商的货架空间和在各种促销期内的促销展示区相互竞争。到1985年为止，提前购买促销商品已经成为行业的惯例做法，许多品牌的库存超过了3个月的供应量。

定价与促销

产品促销在一定程度上已经存在几十年了，但是在20世纪70年代才得到显著发展，部分原因在于尼克松总统为了试图降低通货膨胀而在1971年提出的强迫实施价格控制的措施。高通货膨胀与相对低的利息成本以及大幅度的促销折扣相结合，使提前购买对于整个链条中的企业来说很具有吸引力。产品采购成本在很大程度上取决于制造商所提供的不同的折扣和其他激励，以致要在任何一个时候确定货架上的单个产品的实际成本变得不可能。不能够理解成本以及从积极购买中所获得的折扣导致了渠道强调“为获取利润而购买”而不是“为获取利润而销售”。

这种对大量促销活动以及相伴随的提前购买的依赖性，增加了零售商的库存，也要求制造商维持大量的库存，以便能够满足促销期间由提前购买所人工造成的高需求。消费者需求的变动因商店的促销而增大，而制造商需求的变动则进一步因零售商的提前购买活动而增大，使制造商很难准确地预测需求的变化。总需求的不确定性以及周期需求的巨大波动，不仅增加了制造商的库存需求，而且导致了更高的制造成本，这在一个直接拉动的需求环境中是完全可能的。

20世纪90年代的渠道转变改革的目标之一，在于开发与渠道中的合作伙伴更加合作和相互有利的关系，用合作来替代谈判，从而有效率地、更好地满足消费者的需要。通过将消费者的忠诚与改进的渠道效率和关系相结合，宝洁公司认为自己产品的市场份额将会增长，而渠道和消费者的服务成本将会下降，使渠道中的所有成员都能够受益。

零售分销渠道

零售杂货店是宝洁公司产品销售的最重要的渠道，由制造商、分销商和零售商店组成（图2）。大约有一半的零售杂货店的销售量是通过连锁店销售的，这些连锁店有它们自己的产品分销和仓储系统；另一半是通过批发商销售的，批发商主要为小型的连锁店和独立零售商店提供服务。

杂货零售商的利润率是很低的，通常为税前销售总额的1%～3%。商品的单位价格低，而销售数量大，使得商店的运营利润高度依赖于有效率的运作。每个店铺的总销售量和零售空间的每平方英尺的总销售量是影响零售商赢利能力的关键因素。因为广告对于大多数销售商来说是一项很高的成本，因此通过调节地区性（如报纸）广告的固定成本，地区市场份额是影响零售商赢利能力的一个关键因素。

超型市场（如沃尔玛）和俱乐部零售商（如萨姆俱乐部）以很低的利润供应有限种类的宝洁公司的产品和其他杂货渠道产品，从而使它们能够为消费者提供具有吸引力的价格。这种形式的零售商在20世纪80年代期间得到快速发展。尽管俱乐部商店只能提供有限的可供选择的产品，而且提供的服务要比传统的杂货零售商少，但是在俱乐部低价格的吸引力足够抵消其带来的不便的情况下，还是有很大一部分消费者愿意放弃去杂货店购买商品，而去俱乐部商店采购。1992年由食品营销协会（Food Marketing Institute）出版的一份有关杂货商品分销渠道的麦肯锡研究报告，证实了这些形式的销售商更有效率的分销和买卖，使它们能够向消费者提供比传统的杂货零售商更低的价格。这一研究起到了唤醒杂货业的作用，表明为了迎接来自这些快速成长的其他形式的销售渠道的挑战，杂货业的现有流程需要进行改进。

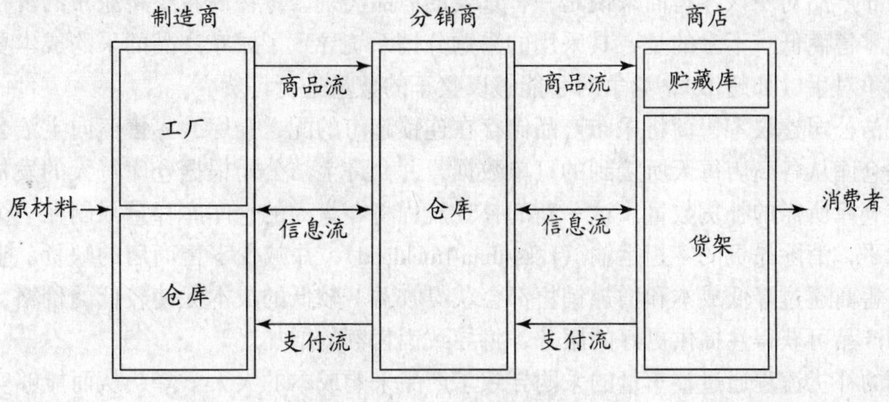

商品流是频繁的而且是大量的，可以由渠道成员的自有卡车进行运输或者由第三方来运输。

在20世纪90年代初期，信息流对于大多数渠道成员来说是很少的，主要是通过语音电话、邮寄或者面对面的交谈来进行信息的交换。

资料来源：宝洁公司。

图2　杂货业功能价值链的简化图

提高渠道的效率和服务水平

在20世纪80年代中期，宝洁公司的管理层启动了几个项目来提高整个渠道的服务水平和降低整个渠道的成本。第一个项目集中于通过连续补充计划（CRP）来提高供应物流和降低渠道库存。第二个项目是通过对订货和开票系统的修改来改善对渠道客户的总订货周期和服务质量。

早期的物流改进试验

在1985年，宝洁公司与一个中等规模的零售连锁企业进行了补货的渠道物流管理的新方法试验。这一试验涉及到采用电子数据交换（EDI）每天将仓库向每个商店的产品发货数据从零售商发送给宝洁公司。然后，宝洁公司利用发货信息而不是根据零售商产生的订单来确定向零售商的仓库发运的产品数量。产品订货数量由宝洁公司计算，目标在于提供充足的安全库存，同时将物流总成本最小化，并消除零售商仓库中的多余库存。

这一初始试验的结果在降低库存和提高服务水平（例如更少的缺货现象）以及为零售商节约劳动力等方面，给人留下了深刻的印象。除了其他的节约，零售商能够通过这一流程重组，消除几个采购岗位。然而，对于宝洁公司来说，从中所获的收益是不清楚的，新的订货流程比旧的订货流程对宝洁公司来说成本更高，在旧的订货流程中，由零售商确定订货数量。

新的订货流程的第二次试验是在一个大型的超型市场进行。在1986年，宝洁公司与该零售商的管理层接触，提出了彻底改变尿布的订货和分销方式建议，尽量减少零售商店的缺货，降低产品的采购成本，并使总的库存最小。有限的仓库能力迫使零售商小批量采购宝洁公司的尿布产品，然后直接运到每一个零售商店。零售商店经常出现缺货问题，而这些运送到商店的小订单的成本对于宝洁公司和零售连锁企业来说都是很高的。尿布产品对于该零售商来说是一种重要的产品类别，零售商希望将尿布的价格定得比其他零售商低。不幸的是，其采用的采购分销系统导致了尿布产品的采购成本要高于其他竞争对手（如超市），竞争对手能够以整车的数量进行订货。

宝洁公司建议零售商将尿布产品储存在连锁超市的配送仓库，零售商向宝洁公司提供有关仓库从各商店每天所接到的订单数据，并允许宝洁公司根据仓库每天的发货数据来确定仓库所需的补货数量。这一新的补货流程将零售商的仓库库存量限制在一个可接受的水平，消除昂贵的零担运输（Less-than-truckload），并减少零售商店的缺货。宝洁公司和零售商通过降低成本和增加销售都会获得收益。较低的成本促使较低的价格，通过更高的产品可获得性提供更好的服务，将导致销售额的增加。

新的补货流程通过整车量的采购导致了产品采购成本的大大下降，从而能够实现较低的零售定价。在没有增加库存水平或者缺货的条件下，零售连锁企业能够扩大商店内宝洁公司尿布的库存储存单元（SKU）。较低的价格与减少的库存以及商店中扩大的库存储存单元一起，显著地增加了宝洁公司通过零售商店销售的尿布数量。这个新的流程体现了渠道订货和物流方面的一个主要的变革，并为后来的连续补货计划（CRP）建立了基本的原则。第二次的试验证实了，通过减少渠道成本和增加销售量，物流创新在为零售商和制造商提供共同的收益方面存在着潜力。

在 1988 年年初，来自宝洁公司和另外一家超型连锁店的高层经理进行了会晤，讨论改进渠道中的物流的策略。由于快速成长，零售商的仓库成了一个制约因素，该零售商很大程度上依赖于高成本的零担运输来满足需求。零担运输对合作双方来说都是昂贵的，并使零售商很难增加尿布的销售量。在会议期间，超型市场的执行总裁建议宝洁公司利用零售商的实际销售数据，在准时制的基础上，在需要的时候进行运输。促销活动将被不变的折扣所替代，这将导致一个等价的净价格，使零售商消除提前购买的动机。

一个由多职能部门的员工组成的工作小组共同制定出实施这一新流程的许多细节。由于双方高层经理致力于快速实施，并且建立在宝洁公司与其他两家零售商合作的经验基础之上，连续补货计划的实施总共只花了不到两个月的时间。在 1998 年 4 月，宝洁公司开始根据零售需求数据运送产品，为零售商自动地下订单。需求的信息通过传真和电话发送，直到 EDI 连接的建立。

CRP 改革的推广

与主要的超型市场之间的 CRP 的成功实施使其他零售商对这一新的流程产生了兴趣。到 1990 年，大多数超型市场已经全面实施了 CRP。在 1990 年和 1991 年，三家杂货连锁企业与宝洁公司之间采用了 CRP，这一改革证明了，这些较早采用 CRP 的杂货零售商，在降低库存和缺货水平方面取得了高度成功。CRP 的采用以尿布产品开始，随着整个渠道中共同成本的降低得到了证实，CRP 的应用快速地扩展到其他的产品。与早期的合作伙伴之间的 CRP 的实施成功，使尿布产品组的领导在 1991 年投入了 150 万美元作为开发基金，来将最初的 CRP 系统扩展成一个能够推广到很多客户的更加强大的生产系统。CRP 的最初使用者的销售额和利润的增加，足以证明由这一单个产品类别提供的整个开发成本的合理性。

尿布产品组利用 CRP 作为一种向零售连锁企业销售扩展的尿布产品系列（男婴尿

布和女婴尿布）的工具。新的产品系列使早已拥挤的产品类别中库存存储单元的总数增加了一倍，但是需要更好地对客户需要做出反应和对付竞争压力。CRP 使尿布产品的销售队伍能够为客户提供一个在为零售商降低库存水平和缺货的同时，管理增加了的库存存储单元的解决方案。因为扩展产品库存存储单元的一个障碍在于由此导致的所需库存的增加，CRP 证明在新的尿布产品系列的营销方面是有帮助的。

在 1992 年，另外 14 家杂货零售企业实施了与宝洁公司之间的 CRP，而现有的 CRP 用户则继续将 CRP 的使用扩展到新的产品系列。在 1993 年，又有 15 家新的杂货零售连锁企业或杂货零售连锁企业的部门采用了 CRP。到 1994 年 7 月为止，总共有 47 家渠道客户采用了与宝洁公司之间的 CRP，宝洁公司超出 26%的销售量是通过 CRP 来进行订货的。随着这些客户将 CRP 的使用扩展到新的产品系列和多个配送中心，预计到 1995 年年底，这些客户的总 CRP 需求将增加到宝洁销售额的 35%。主管客户服务的副总裁拉尔夫·德雷厄（Ralph Drayer）预计，到 1995 年年底 CRP 的使用将达到 50%或者超过美国产品的运输总量。

CRP 计划对宝洁及其分销商的一个重要的收益是增加了销售额。在 1993 年期间，通过 CRP 零售商销售的宝洁公司产品的销售额，比通过未实施 CRP 的零售商销售的销售额平均要多增加 4%。尽管部分差别可能归因于实施 CRP 的零售商的快速发展，德雷厄认为其中一部分增长是由于缺货的减少、零售价格的下降以及商店中可供选择的产品种类的增多而从竞争性产品中所获取的。然而，即使 4%的销售增长中只有 1%归因于竞争份额的增加，这也体现了宝洁公司的一个巨大的竞争性和经济性的进步。一个食品部门的经理说他将“通过扩展 CRP 比通过（产品）系列的延伸获得更多的市场份额。”

EDI 的作用

在宝洁公司开始扩大与零售商之间的 EDI 应用来提高订货的效率时，与订货质量有关的问题大量增加。在手工处理中，销售代表或客户服务代表经常能够抓住一些问题，通过手工对零售商的订单进行调整，再输入宝洁公司的系统。一些调整工作导致了以后收集阶段的一些误差，但是至少订单被输入进了系统并进行发货。把这部分人工缓冲工作去掉，引起了一些问题，因为大多数的 EDI 订单不能够在没有人工干预的条件下进行处理。这些与客户之间的早期的 EDI 的试用，给宝洁公司增加了成本，而不是节约成本，因为大多数的订单必须通过手工重写和重新键入订货、发货和账单系统（OSB)。在没有对流程进行重新设计的情况下，利用 EDI 来进行订货，不能为宝洁公司或者客户提供利益，尽管它确实也突出了问题和误解。

EDI 体现了宝洁公司提高订货过程效率战略的一个重要组成部分，并且对于 CRP 的实施，是不可缺少的，但是 EDI 本身不能被认为在提高效率和订货质量方面的工作中是特别重要的。宝洁公司的一个经理将 EDI 描述成“一种使能技术”，如果在没有对组织之间的流程和政策进行变革的条件下实施，EDI 只不过体现了“一种复杂的电子传真”。另外一位经理解释：“EDI 是一个简单的电子信封，而不是一个系统。它不能调整任何东西，就其本身而言，EDI 并不是一个解决方案。然而，当与流程和系统重组平行实施时，EDI 能够成为一个强有力的工具。”

在宝洁公司，EDI 的一个重要作用在于为 CRP 的运行提供一个基本的平台。一位经理将 CRP 描述为“双向的 EDI，与双方公司的系统有着紧密的连接。”当然，CRP 不仅需要系统变革，而且在CRP中，每个组织的系统之间的相互连接程度，要比在没有CRP客户的EDI中紧密得多。两个公司的系统之间由EDI促使的连接，导致了公司之间大量数据的无误差的自动交换。CRP大大增加了渠道中公司共享的数据量，这使得EDI成为有效运行不可缺少的技术。尽管早期的CRP试验利用传真和电话来发送数据，宝洁公司的几位经理表示，没有EDI的CRP是不可行的：

> （手工输入数据的）问题在于任何失误都将有可能导致缺货。在一个没有EDI的环境中，（数据输入的）键入误差风险实在太大了。你还有大量数据需要输入，这将需要广泛的手工支持。没有EDI的CRP是不可行的。

EDI通过降低交易成本为公司提供经济效益，即使在没有投入CRP的情况下，这也促使了EDI的采用。尽管CRP的潜在收益比EDI订货的潜在收益要大得多，但是转移到CRP所面临的风险，要比许多零售商愿意承担的风险大。EDI为那些希望在没有对实施CRP所需的管理和政策进行变革的条件下从技术上为新时代做准备的公司，提供了简单的第一步。

德雷厄观察到，CRP的成功实施需要高层管理参与创新，以及两个进行系统连接的组织的管理者之间建立相互信任的关系：

> 那些已经做出互助决定的企业将会发展CRP。有了CRP之后，你不可能保持独立……这不是你在客户与供应商之间仅仅建立联系那么一回事。你需要理解所需要进行的管理变革。

订货、发货和账单系统

在1987年，宝洁公司的管理层通过了一项主要的决议，重新改写整个订货、发货和账单系统（OSB），这一工作经历了几年的时间，花费了几千万美元，才得以完成。当时所使用的系统是在20世纪60年代期间开发的，并经过了多次升级。原有的批处理系统既没有效率，也没有什么效果；对该系统的升级是考虑到宝洁公司为了能够提供客户所需要的服务水平的竞争需要而进行的。OSB系统支持宝洁公司在为渠道成员提供服务方面的所有活动，包括定价、订货、发货、开票以及单独的信用系统。OSB项目集成了许多原先不能在职能部门和产品部门之间一起运行的相互分离的系统，使宝洁公司能够提高协调性和总体的服务水平。

OSB开发小组的宗旨在于理解业务是如何运作的，然后将现有的流程自动化，使其具有足够的灵活性来满足不同部门和职能的各种不同的需要。在一些情况下，为了简化设计和将业务的执行改善成在整个组织中具有共同的水平，允许采用标准化。系统削减了现有流程的大量的复杂性问题，消除手工处理的步骤，但不是对现有的流程进行重新设计。

系统的重新改写以及对硬件基础设施的同时更新是必要的，但是由于存在复杂的定价和促销方式，仍存在其他显著的提高绩效的机会。1998年（在OSB改写之前）的流程和绩效水平如图3所示，1992年（在OSB改写之后）的可比较的资料如图4所示。在1992年，客户的发票扣除额仍相当大，尽管新系统已经在这一方面解决了一些问题。尽管新系统确实改善了订单发货的质量，但是现行的定价和促销策略和过程问题仍造成了扣除额。很明显，涉及到定价和促销的OSB系统的前端需要进行修改。

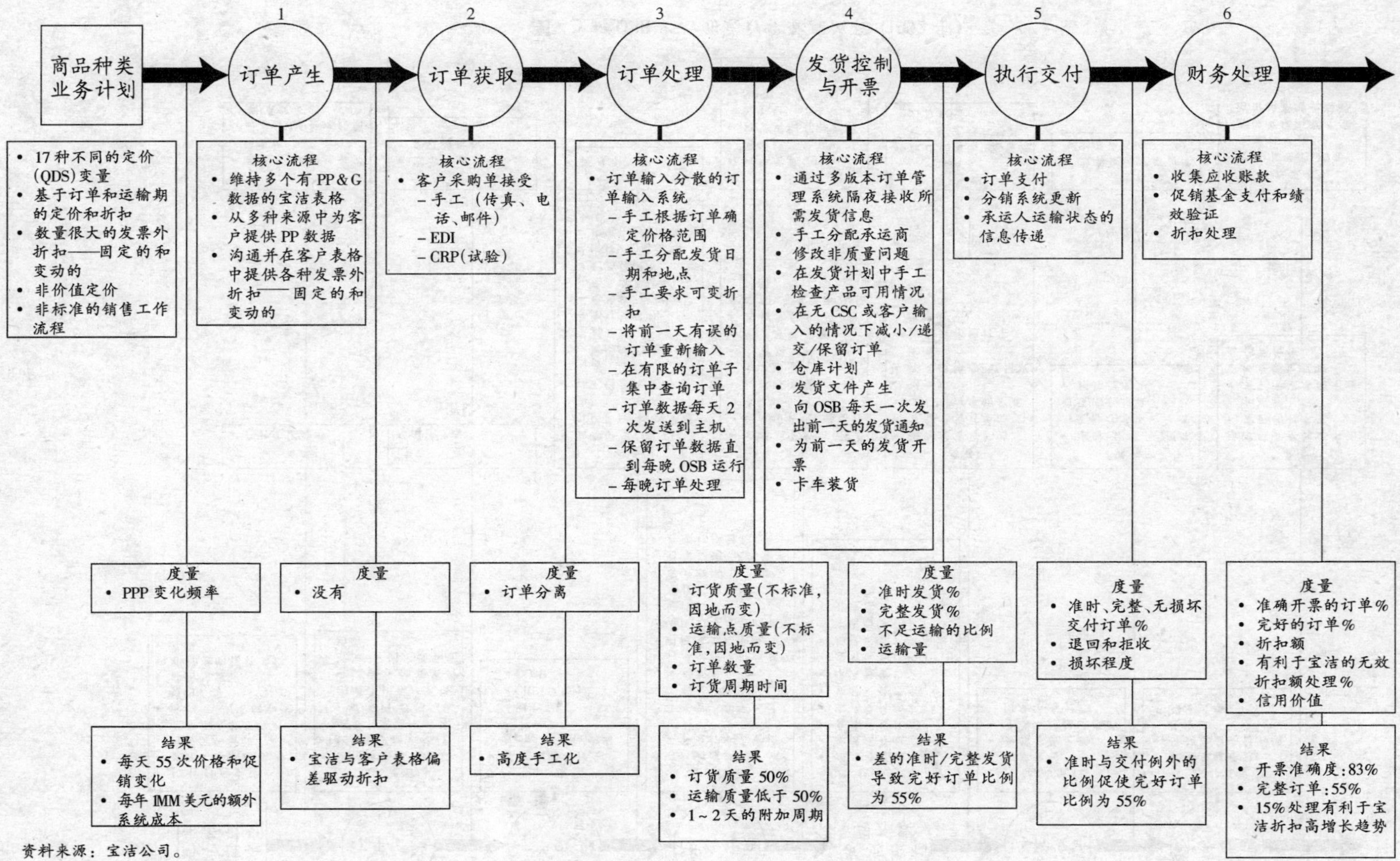

资料来源：宝洁公司。

图3 新OSB之前的总订单管理流程（1988年）

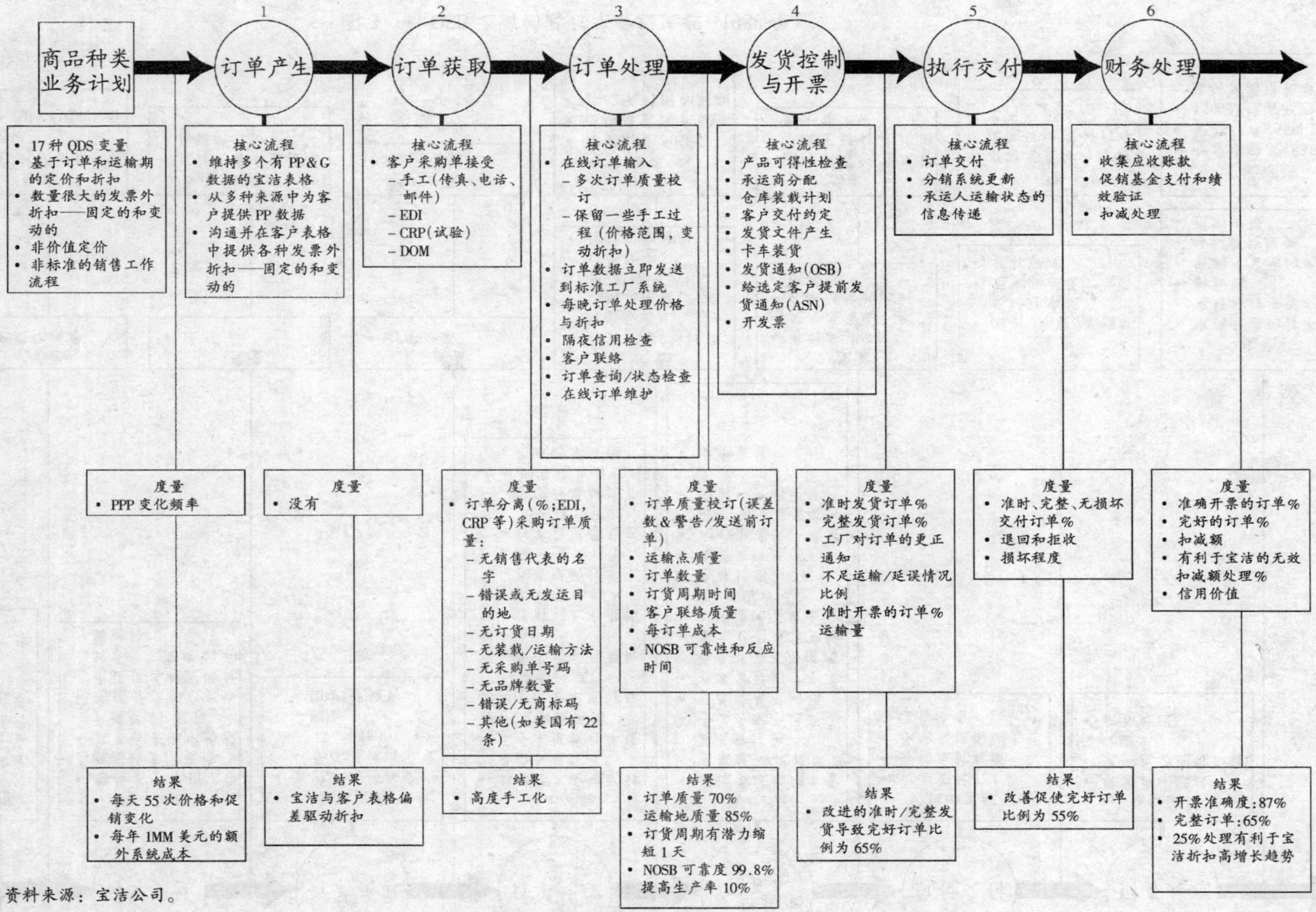

资料来源：宝洁公司。

图4 新OSB之后的总订单管理流程（1992年）

整个订货流程的重新设计

宝洁公司的管理者认识到他们需要改进整个订货流程，从定价策略和惯例开始。提高采购质量，需要一个更为简单的定价结构，客户能够在他们的系统中理解和跟踪这种定价结构。由负责全美业务的执行副总裁德克·贾格（Durk Jager）提出的新定价结构，显著地简化了新 OSB 系统能力的扩展，并体现了公司战略和政策方面的一个重大的变革。定价策略的变革对于改进客户价值和建立起品牌忠诚度是很关键的，它有利于 OSB 系统的扩展，提高开票的准确性和减少发票折扣。定价策略的变革与系统的改进相结合，使宝洁公司与渠道客户都获得了收益。

整个组织中的流程与政策的标准化和简化工作在阿提特和贾格的领导下得到了快速发展。向传统的流程和政策挑战变得让人可以接受和受人欢迎，只要所提议的变革能被证明可以通过消除不为渠道或产品增加价值的流程或成本来提高消费者价值。一位经理观察到：

> 贾格使变革更快地发生。思想在组织中涌现，变革的步伐大大加快了。

订货流程的重新设计涉及到系统与业务流程变革的结合，系统与业务流程必须仔细集成。新订货流程的一个关键要素是为产品定价和产品规格开发共同的数据库。对进行业务流程简化和采用共同的数据库的共识，根植于“简化，标准化然后机械化”的哲理。开发的用于简化定价的共同数据库被设计成可以直接通过电子化的方式将数据提供到客户自己的系统中。对于那些利用新的定价数据库来核实或确认采购订单信息的零售商来说，这导致发票扣减的大大减少。

系统、战略、组织和政策方面相结合的变革，导致了宝洁公司的总订单质量有了显著提高（图 5）。从 1992 年到 1994 年，发票出错的概率降低了 50%多，在同一时期内，以有利于宝洁公司的方式解决的发票争议问题的比例增加了 300%多。第一年光从增加的发票扣减中节约的成本，就足够偿付新定价系统的整个开发成本。宝洁公司的客户服务小组也能够集中精力提供更好的服务和营销新产品，而不是花费很多时间用于解决开票的问题。宝洁公司对总订货流程的重新设计，要求公司的体系、政策和系统进行基本的变革，但是在减少成本和提高质量方面产生了巨大的收益。除了减少发票扣减额外，重新设计过的业务流程使宝洁公司能够降低整个订货流程中的成本。

定价方法的根本性调整

增加客户价值和品牌忠诚度的长期战略目标、CRP 对简单和稳定的定价方法的需要以及降低定价方法的复杂性、提高订货流程的质量的需要，都支持用一个简化的“价值定价”程序替代现有的定价结构的决策。这一新的定价程序最初被应用到洗涤剂产品的定价，这种新的定价方法被接受了，总体上没有遇到很多反对。随着定价方法的变革总体上被人接受，尽管不是被全部接受，价值定价方法逐渐被用于更多的产品（表 1）。在 1993 年下半年，宝洁公司几乎所有的产品都朝着价值定价法的某些形式发展。

向价值定价法的转变体现了政策方面的一个根本性的变革，这个转变主要是由对频繁而又复杂的促销活动正在侵蚀宝洁公司品牌价值的担忧而驱动的。在 20 世纪 70 年代

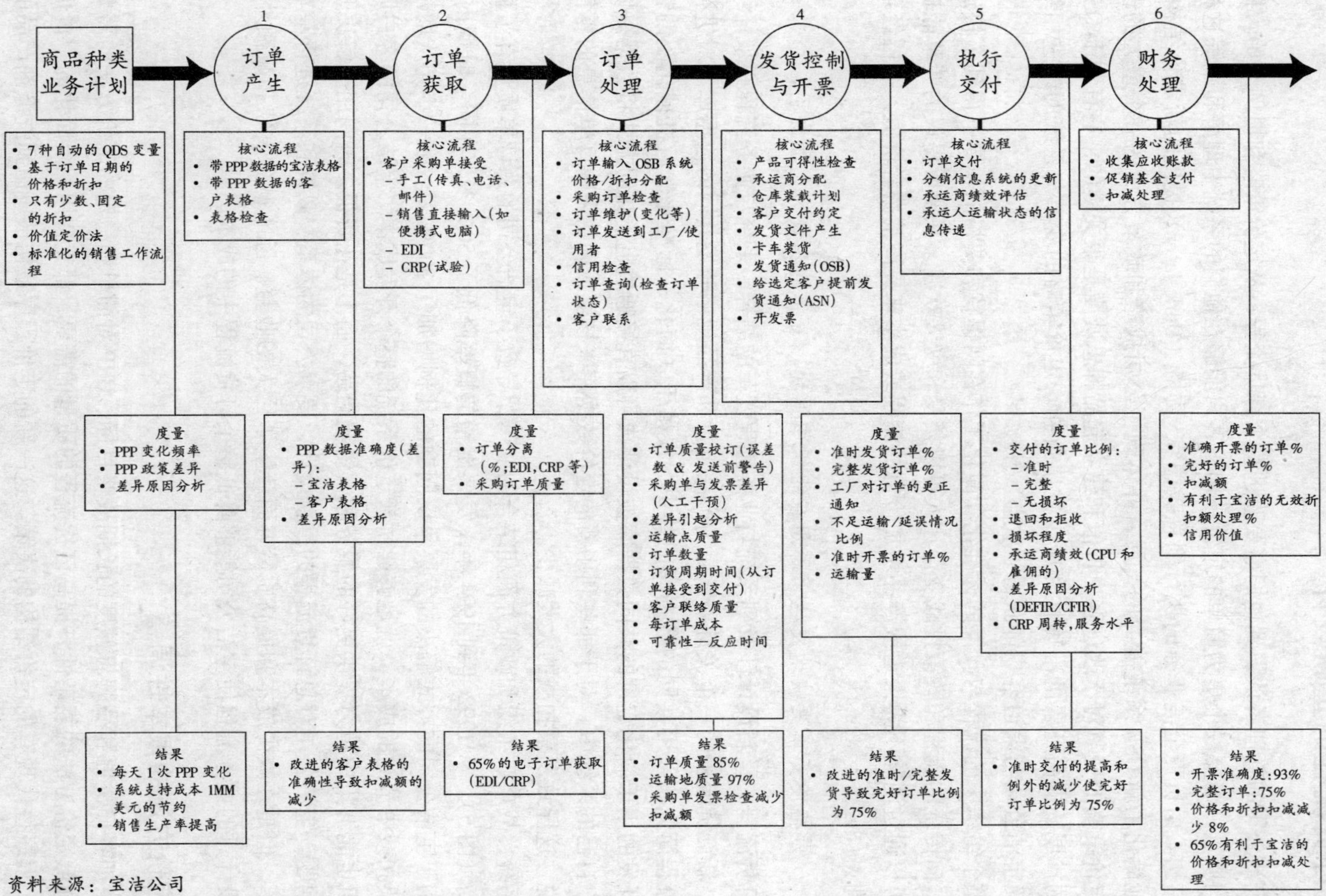

资料来源：宝洁公司

图5　重新设计之后的总订单管理流程(1992年)

和 80 年代期间，由于不断的促销活动而引起的价格的疯狂波动，品牌忠诚度在美国不断下降。频繁的促销只满足了那些对价格非常敏感的消费者，而对那些忠于品牌的消费者来说，则起到了一种抑制的作用。价值定价法消除了零售商提前购买的动机，从本质上提供不变的采购成本以及伴随一些灵活的折扣或提供用来开展零售商店促销的基金。

表 1

价值定价法开始日期	产品品牌或类别	占宝洁公司总发货量的比例%
1991 年 7 月	所有洗涤剂产品，一些条形肥皂产品，一些邓肯·海因斯产品	8.2%
1991 年 8 月	Metamucil	0.6
1991 年 11 月	Bold，液体 Bold，Cascade，液体 Cascade，所有 Bounce 产品，绒毛毯柔软剂，所有 Comet 产品，Mr. Clean，所有 Spic 和 Span 产品，Top Job，Lestoil，Gain，Ivory Snow，Dash，Dreft，双氧水	11.3
1992 年 2 月	潘婷，液体舒服佳	1.0
1992 年 4 月	Luvs，帮宝适	7.0
1992 年 7 月	香料除臭剂，Downy Ultra and Regular，Secret，Sure，Bounty	12.8
1992 年 10 月	Always，Attends（零售）	2.0
1992 年 11 月	液体 Cheer，液体汰渍	4.3
1993 年 1 月	Prell，Cinch	0.5
1993 年 3 月	汰渍洗衣粉，Cheer Powder，Era	10.2
1993 年 5 月	Puffs	1.0
1993 年 7 月	海飞丝，Charmin/白云，Scope	8.9
1993 年 8 月	夏威夷五味酒	1.3
在 1993 年 8 月不具有发票外折扣的总产品数量		69.1

资料来源：宝洁公司。

价值定价法为 CRP 客户提供了重要的好处，鼓励扩大采用 CRP。与最先几个消费者之间的 CRP 实施需要建立新的净定价法条款的原型，为了消除提前购买的动机，这些条款需要消除变动折扣和促销。在采用鼓励无效率的采购实践（例如提前购买）的定价结构的条件下，想要提高渠道的物流效率几乎是不会有什么收益的。因为缺乏能够消除提前购买动机的标准化的定价结构，宝洁公司推广 CRP 的努力一直受限制，直到公司对定价结构进行了重新设计。

价值定价法的实施使宝洁公司的价格变动次数从 1992 年的每天 55 次减少到 1994 年初的每天少于 1 次。在 1994 年 7 月，采用变动促销激励的最后几类产品的所有还保留的变动促销折扣都被消除，并且地理差别定价也被消除了。暂时的价格下调或特别促销只允许用来应付宝洁公司品牌受到的严重竞争威胁，而且还必须得到贾格的批准。

尽管新的定价方法具有明显的优势，但是宝洁公司的一些高级经理们对定价哲理的变革仍然存在相当大的抵制情绪，因为这种新的定价方法与他们在其职业生涯中创造新的品牌和加强宝洁公司产品的市场所采用的高—低定价策略是完全对立的。贾格注意到，新的定价方法确实使宝洁公司失去一些销售额，但是由促销创造的收入的增加额，实际上要花费宝洁公司更多的成本来产生。因此，尽管与采用促销定价法可能产生的销售额相比，新定价方法下的销售额要低一些，但是其利润要强一些，而且将公司更好地定位在：为忠于品牌的消费者提供根据价值定价的产品的基础上构造公司的未来。

领导杂货业渠道的改革

与零售商、批发商和其他制造商、行业贸易协会和咨询公司合作，宝洁公司参与了渠道创新中的有效消费者反应（ECR）方法的开发，这一方法将使杂货零售连锁企业能够有效地与其他低成本的零售形式展开竞争。ECR成为杂货零售渠道中一系列提高效率的创新活动的一面旗帜（请再参见图1）。各种形式的行业联合委员会纷纷成立，协调各方的力量来探索渠道流程的改进机会。

CRP是ECR的一个重要组成要素。1993年1月出版的库特·桑蒙协会（Kurt Salmon）的ECR报告，指出杂货行业实施ECR计划要实现的300亿美元的成本节约额的38%，可以通过采用更加有效率的补货来实现。许多杂货零售渠道的成员能够通过采用CRP立即实现显著的成本节约，而不需要等待ECR方案的其余部分的完全实施。很显然，宝洁公司是CRP和其他ECR方案实施的领先企业，公司希望在整个行业中加快ECR和CRP实施的步伐。

从品牌管理到类别管理的变革

在20世纪80年代后期，宝洁公司的管理层在其品牌管理结构方面进行了一次提高协调和效率的巨大变革。多种品牌被归到各个产品类别中，每一个产品类别由一个类别经理负责，类别经理管理整个产品类别中的每一个品牌。在超过50多年的时间里，品牌管理方法在宝洁公司中起到了很好的作用，而且宝洁公司被认为是品牌管理的优秀楷模企业。类别管理的引进对于一个在20世纪30年代就开创品牌管理的企业来说，确实是一个巨大的转变。

类别管理方法为宝洁公司产品线的重构提供了更多的灵活性。在以前的结构下，品牌的重新构造或者合并是很难实现的。品牌经理仍然负责广告和有限的促销活动，但是类别经理制定总体的定价和产品政策，使宝洁公司能够消除较弱的品牌。例如，将白云（White Cloud）品牌合并到Charmin产品线将引起白云品牌经理的反对，但是会得到向纸类产品部门经理进行工作汇报的卫生纸产品的类别经理的强烈支持。类别管理还避免了在同一渠道中的相似品牌产品之间，为争夺广告和分销资源而导致的冲突。

向类别管理的转变，是与公司将运营和产品线简化和标准化的努力相一致的。当库存存储单元并不为消费者提供显著的增值价值，那么就可以消除许多不必要的库存存储单元。同时，随着新产品的开发和现有产品线的延伸，可以增加新的库存存储单元。总体上，在20世纪90年代早期，宝洁公司提供的库存存储单元的数量基本保持不变，但是库存存储单元的重新构建为消费者提供了更多的具体符合他们需要的产品选择，并消除了在简单的标签或包装差异基础上形成的产品种类的增多。

制造与计划的改进

尽管CRP最初的好处是减少了库存、缺货和搬运与运输成本，但宝洁公司的客户对CRP应用的增加，为生产和原材料采购提供了巨大的成本节约机会。根据宝洁公司的经理们估计，纸类产品至少10%的生产成本是为应付产品需求变动所需的过剩能力成本。价值定价法通过消除提前购买所引起的信息歪曲，减小了需求的不确定性，CRP则进一步减小了需求的不确定性，并使由产品创新或定价变动引起的需求信息几乎能得到立即反馈。

CRP给生产成本和库存节约带来的潜在好处是相当大的。库存或生产方面的节约不是自动的，但是向一个更加稳定的环境的转移，使宝洁公司能够与供应商进行更有吸引力的定价谈判，并能够更有效率地利用内部生产能力。在某些情况下，从价值定价法、合理化的产品线、CRP订货和显著提高的流程可靠性中所获得的效率，导致可以消除整个生产工厂中的过量生产能力。在20世纪90年代期间，由于新政策和流程引起的运营改善的结果，宝洁公司的许多工厂被认为应该关闭。在1993年，宝洁公司花费几乎相当于一年利润的费用，来反映公司关闭不需要的工厂和减少总的雇佣水平所引起的实际成本与估计成本（表2）。

通过采用CRP引起的尿布生产成本节约额的估计，是根据具有不同的CRP客户应用水平的多个订货工厂的经验来进行的。这一分析的结果如图6所示，体现了CRP在生产过程方面应用的早期效果。尿布产品经理认为，随着宝洁公司协力合作，更好地利用从CRP订货数据中获得的有关需求的改善信息，宝洁公司将实现进一步的成本节约。通过与供应商之间的更加有效的谈判，以及更好地利用实际需求数据进行计划和安排，在生产中还可以实现额外的成本节约。

表2　宝洁公司部分财务统计数据

	1987	1988	1989	1990	1991	1992	1993
净销售额	$17,000	$19,336	$21,398	$24,081	$27,026	$29,362	$30,433
净收入	$786	$1,020	$1,206	$1,602	$1,773	$1,872	$2,015
每股净收入	$1.13	$1.49	$1.78	$2.25	$2.46	$2.62	$1.87
净收入占销售额的%	4.6%	5.3%	5.6%	6.7%	6.6%	6.4%	6.6%
普通股每股红利	$0.68	$0.69	$0.75	$0.88	$0.98	$1.03	$1.10

注：这些数据除去了用于重组（关闭工厂和减少员工）的一些特殊费用：1987年459美元和1993年1,746美元，以及1993年反映会计变革的925美元的费用。

资料来源：宝洁公司。

客户与类别管理

行业联合ECR方案的第二重要的方面是零售商从购买者向类别管理者的转变，在20世纪90年代早期，在一些行业领导企业中正在发生这种转变。尽管这一转变所带来的成本节约与通过采用CRP所产生的成本节约相比，没有那么显著或容易量化，但是这种向类别管理的转变所带来的潜在利润的提高能够很容易地超过CRP的成本节约。在零售连锁企业中，类别管理者负责所有商店的某个产品类别的总体利润。由类别管理者替代购买者，需要具备新的技术和能力，因为购买者主要关心的是成本或促销交易，而类别管理者则既要负责利润，又要满足消费者的需要。从购买者向类别管理者的转变，对于处于角色中的个人和整个组织来说，体现了一种新的思想。如果没有执行总裁强烈的要求以及变革的命令，很少的购买者能够转变到这种新的角色中去，很少的组织能够在采购和商品销售中进行这种转变。

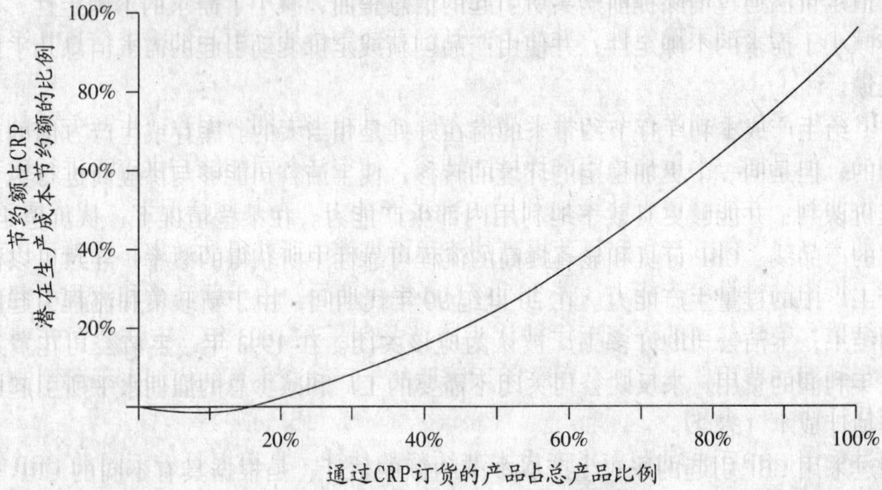

资料来源:根据采访宝洁公司的制造和产品类别经理而得到的估计数据。

图6 采用 CRP 订货后预计制造成本节约

向类别管理的转变，对零售商和宝洁公司都有好处。类别管理者的工作更好地定位在，掌握产品类别中的每一种产品产生的真实成本和利润。宝洁公司的客户服务小组与类别管理者能够利用可靠的经济分析，证实他们管理的品牌应该被分配更多的货架空间或种类，因为宝洁公司品牌的每单位货架空间的零售利润比该类别中大多数其他产品要高。此外，类别管理者能够意识到由宝洁公司定价政策和物流计划的简化所带来的储存和搬运成本的节约。

将 CRP 出售给 IBM

在 1993 年下半年，宝洁公司宣布将 CRP 出售给 IBM 公司的子公司——集成系统解决方案公司（ISSC）。宝洁公司的程序将作为 IBM 公司提供的一种服务，由 IBM 公司提供给所有的制造商，宝洁公司则将其 CRP 系统的维护和运行业务外包给 ISSC。在两个星期内，拉普公司（Ralston Purina）与 IBM 签约，成为 IBM 公司的第一位客户，到 1994 年年中时，其他五家制造商也已成为 IBM 公司的 CRP 系统的客户。许多其他的大型制造商表示对 IBM 提供的服务感兴趣，IBM 提供有经验的运行人员，可以使制造商以较低的成本，快速实现 CRP 的能力。IBM 公司提供的这种 CRP 服务可以使零售商以同样的形式与多家供应商相互作用，在行业中创造了一种强大的标准化动力。IBM 公司提供的 CRP 服务通过减小 CRP 采用的障碍，增加了 CRP 对制造商和零售商的吸引力。

宝洁公司将 CRP 出售给 IBM 公司的决定主要是根据战略判断做出的，而不是从经济的合理性角度来分析的。随着使用 CRP 系统的客户和其他制造商的总数的增加，宝洁公司及其实施 CRP 的客户所获得的净收益也随之增长。因此，对于宝洁公司来说，更重要的是认识到这种创新正在快速地被整个行业所采用，而不是尽力通过成为创新的技术领先者而获取优势。将 CRP 出售给 IBM 增加了其他制造商采用 CRP 的可能性，IBM

为这些企业提供了获取完整的CRP服务，并加快启动的能力。

此外，与IBM公司建立的协议降低了宝洁公司CRP的运行成本，因为IBM提供的服务合同成本，比采用宝洁公司内部的员工和系统所发生的系统运行成本要少。IBM计划利用IT服务合同约定的、由IBM管理的柯达公司系统运行中心的多余能力，来运行CRP应用程序。因此，IBM公司能够利用另外客户的MIS外包业务没有充分利用的能力，来运行外包的CRP业务。在为大型的制造商提供CRP外包服务的同时，IBM也获得了机会，证实了为多家潜在客户提供外包MIS服务所带来的潜在收益，随着时间的发展，这些客户可能会对能够与CRP应用程序相连接的进一步的外包服务感兴趣。总之，宝洁公司将CRP出售给IBM公司，为双方都提供了战略上和运作上的好处，并提供了建立第3方平台的可信性，增加了CRP对整个行业的吸引力。

贾格认为宝洁公司通过将专有的CRP出售给IBM公司所失去的任何技术优势，将由消费者所获得的收益和公司通过使整个杂货行业拥有CRP所获得的收益所抵消。宝洁公司的客户对CRP采用的增加，将使公司及其客户能够改进内部流程和降低成本。贾格解释道：

> 通过消除不增加价值的过程，通过在渠道中以最低的价格为消费者提供最好的产品，我们最终将在市场中获胜。

问题：

1. 宝洁公司采用的与分销渠道有关的主要决策是什么？一个中等规模的制造商能否采用这种方法？请描述一下零售商面临的实施问题。
2. 在宝洁公司取得的成就中，新的信息技术起着如何重要的作用？
3. 在什么程度上，宝洁公司已经将其战略转变到利用ECR？
4. 宝洁公司下一步该怎么走？

案例15　福特汽车公司：供应链战略[①]

供应链系统的主管特里·塔凯（Teri Takai）在她的日历上留出了这段时间来思考准备向其高级经理们提出的建议。高级经理们所提出的问题被普遍认为是对福特的前途具有极其重要的意义：公司该如何利用不断出现的信息技术（例如互联网技术）和来自高新科技行业的思想来变革与供应商之间的相互作用方式？对于这一问题，特里·塔凯领导的小组成员有着不同的观点。

一些人认为新技术不可避免地会使全新的商业模式得到盛行，福特需要从根本上重

① 注：罗伯特·D·奥斯汀（Robert D. Austin）准备该案例的目的在于作为课堂讨论的基础材料，而不是用来说明对某种管理的有效或无效的处理方法。

新设计其供应链及其他活动，否则的话，将面临落后的危险。这一群体赞成“虚拟一体化”，参考如戴尔等公司的供应链构建福特的供应链。戴尔公司通过大胆地利用技术，减少了流动资金和降低了库存过时的风险。[①] 该主张的支持者认为尽管由于历史原因以及由于汽车产品的内在复杂性，汽车行业十分复杂，但是没有理由认为这种商务模式不能为福特公司应尝试的方向提供一个概念性的蓝图。

另一群体比较谨慎。这一群人认为汽车行业与相对较新的行业，如计算机制造业之间的差别是很重要和巨大的。一些人注意到，例如相对于戴尔计算机公司，福特的供应商网络具有更多的层次和涉及更多的公司，并且福特的采购组织历来就比戴尔的采购组织起着更加显著和独立的作用。在仔细分析的时候，这些差别以及其他方面的不同引起了许多复杂的问题，因此很难确定合适和可行的流程重新设计的范围。

在阅读她领导的小组所提供的文件时，特里·塔凯想起了首席执行官雅克·纳塞（Jac Nasser）最近在全公司范围内对股东价值和客户反应所做的强调。人们普遍承认，戴尔在这些方面已经取得了成功，但是同样的方法对于福特来说是否能够取得同样的结果呢?

公司与行业背景

位于密歇根州的迪尔伯恩市（Dearborn），福特汽车公司是世界上第二大实业公司，年收入超过1,440亿美元，大约有37万员工。业务跨越200个国家。尽管福特汽车公司从其金融服务子公司中获得巨大的收入和利润，但是公司的核心业务仍然保持在设计和制造消费者市场中销售的汽车。自从1903年亨利·福特创立公司以来，公司已经生产了26,000万多辆汽车。

在过去20多年中，汽车工业的竞争变得更加激烈。自20世纪70年代以来，三大美国汽车制造商——通用（GM）、福特和克莱斯勒——目睹了其国内市场被外国汽车制造商（如丰田和本田）侵占的过程。随着发展中国家和工业化国家认识到汽车制造所带来的财富及创造就业的效应，纷纷发展和扩展他们自己以出口为导向的汽车工业，汽车工业还面临着不断增长的过剩能力。

尽管汽车制造商在不同的地区有着不同的市场形象，但是汽车工业内部争夺优势的斗争正在快速变成全球化。面临着在大幅度降低汽车开发成本和生产成本的同时，继续保持提高质量和缩短周期时间的需要，福特汽车公司以及其他大型的汽车制造商正在寻找方法利用其规模和全球形象。实现规模优势的做法之一在于进行行业合并活动。在1998年的夏季，克莱斯勒与戴姆勒—奔驰合并，形成了一家更为全球化的汽车制造商。在1999年初，福特宣布公司将收购瑞典的沃尔沃，在这一方面还有其他交易的一些传闻。

先前，在1995年，福特已经着手了一项称为“福特2000”的富有挑战性的重组计划，该计划包括将福特的北美、欧洲业务以及国际汽车业务合并成单个全球性的组织。

① 本案例中所涉及到的有关戴尔的信息是福特公司通过公共信息源获得的，包括戴尔的1997年年报、戴尔公司的网站（www.dell.com），以及琼·玛格丽塔（Joan Magretta）在《哈佛商业评论》1998年3～4月号上发表的题为《虚拟一体化的力量：与戴尔计算机公司的迈克尔·戴尔的一次采访》（The Power of Virtual Integration：An Interview with Dell Computer's Michael Dell）的文章（再版号98208）。

“福特2000”要求通过将公司的组织和流程进行重组和全球化，实现成本的显著下降。产品的开发活动被合并到五个汽车中心（VC），每一个汽车中心负责开发针对某一特定消费者细分市场的汽车（其中一个汽车中心位于欧洲）。通过实现流程和产品在全球内的标准化，福特打算消除组织和流程方面的冗余，实现在制造和采购方面的巨大的规模经济。主要的重组项目是围绕公司的主要流程发起的，例如从订单到交付（OTD）以及福特生产系统（FPS），项目目标在于将从订单到交付的时间从60天减少到15天。

福特的新全球化方法要求应用技术来克服通常由地理位置对信息流施加的约束。位于不同大陆的工作小组需要一起工作，就好比他们都在同一幢大楼里一样。此外，在几乎每一项重组项目中，信息技术（IT）都已经成为一项关键的使能技术。重组的成功与公司的IT工作组之间的联系在“福特2000”重组项目中得到了充分的体现——在流程重组组织中考虑了IT。在供应链领域中，大家普遍同意采用IT来显著地加强物流和减少库存——正如有句话所说的：用信息来代替库存。

随着“福特2000”项目的开展，互联网革命也在同步开展，这为企业内部和企业之间的流程重组创造了新的机会。在1995年年中，福特汽车公司创建了一个公共互联网网站；到1997年年中，该网站访问量已经达到了每天100万次。全公司范围内的内部互联网是在1996年年中创建的，到1997年的1月份，福特汽车公司已具备了B2B的能力，企业内部互联网可安全地拓展到企业的边界之外，形成企业外部互联网，有能力将福特与其供应商连接起来。福特与克莱斯勒、通用汽车合作，建立汽车网络交易市场（ANX），汽车网络交易市场的目的在于建立供应商网络中的技术标准和流程方面的一致性，从而那些早已被迫要求降低成本的供应商不必通过不同的方式与每一家汽车制造商交互作用。

在1999年1月1日，杰克·纳塞接替了亚历克斯·托洛曼（Alex Trotman）的首席执行官的职位。在整个“福特2000”计划的开展过程中，纳塞一直是托洛曼的副手，是一个长期享有名声的现实的降低成本的能手和有才能的领导。在接任之前，纳塞就已经开始将高级管理层的管理重点放在股东价值上。在1995年至1999年期间，福特汽车公司目睹了那些比福特物质资产少、收入和利润低得多的公司实现的市场价值总额大大超出了福特。公司的参谋人员开始研究例如思科（Cisco）和戴尔的模式，尽力分析福特是否能够用这些新公司所采用的方式来产生股东价值。

当时间接近1998年年底时，福特汽车公司已经积聚了69亿美元的利润，公司员工享受了创纪录的利润分配，销售利润率（1997年为3.9%）有稳步的上升趋势。公司的卡车业务位于全球第一。公司代替了克莱斯勒，成为美国汽车工业单车利润（1,770美元）最高的企业，并且成为1997年J.D.发动机首次质量研究中质量提高幅度最大的汽车制造商（位于第4名，仅次于本田、丰田和尼桑）。

福特现有的供应链与客户反应的积极措施

福特正在采取许多积极措施，这些措施的目的在于促使公司在集成包括供应商和客户在内的扩展型企业方面获得成功。此外，在任何虚拟一体化战略中，有一些历史因素需要加以考虑。

福特现有供应基础

在许多方面，现有的供应基础是历史的产物。随着公司逐年扩大，供应基础也不断扩大，到20世纪80年代时，在公司复杂的商务关系网络中，存在着几千家生产物料的供应商。在挑选供应商时，主要的依据是成本，几乎不考虑供应链的总体成本，其中包括处理这样巨大的供应商网络的复杂性。

在20世纪90年代初开始，福特开始积极努力地减少与公司直接交易的供应商的数目。公司不鼓励提供单个部件的供应商之间的激烈的价格竞争，而是朝着与一些能够提供整个汽车子系统的很有能力的供应商建立起更长期的关系方向发展。这些"一级"供应商将负责管理与为子系统提供零部件的大量供应商——二级供应商及以下的供应商之间的关系。福特通过提供包括准时制（JIT）库存、全面质量管理（TQM）以及统计过程控制（SPC）等一系列技术来帮助供应商提高他们自己的运营水平。福特希望通过用紧密的关系和长期的承诺来换取来自供应商每年的价格的下降。虽然一级供应商具有相当先进的信息技术能力（许多供应商通过电子数据交换连接与福特进行交互作用），但他们没有能力以福特自身能够的速度投资于新技术。IT的成熟度（对技术的理解以及技术的现代性）也随着供应链的级数的下降而快速下降。正如塔凯领导的团队中谨慎的成员所经常观察到的，这种供应基础在本质和复杂性方面都不同于戴尔的供应基础。

戴尔与福特之间的另一个主要的区别是组织方面的。在戴尔，采购活动向产品开发组织汇报。而在福特，采购在组织上是独立于产品开发的，并且自史以来以及到目前为止，都是福特汽车公司内的一个强大的组织。由于福特采购的物料和服务的数量巨大，采购成本的微小的下降也会导致非常显著的成本节约。因此，在几乎每一个产品决策中都会紧密地涉及到采购。因为价格谈判只属于采购机构的职责范围，因此设计师被建议避免与供应商进行价格商议。在更为虚拟集成的系统中如何进行采购还是一个不清楚的问题。

福特生产系统

"福特2000"计划产生了五个主要的全公司范围内的重组项目。其中之一便是福特生产系统（FPS）。在丰田生产系统的基础上进行大致修改，福特生产系统是一个吸取全球性的内部和外部专业知识的横跨若干年的项目。福特生产系统是一个目的在于使福特制造业务更加精益、反应力更快和更有效率的集成化系统。它集中于生产过程的关键特征，期望实现平稳生产和变成一个在整个过程中具有同步生产、连续流和稳定性特点的更多基于拉动的系统。福特生产系统的一个重要组成部分是同步物流（SMF），福特汽车公司将其定义为"利用柔性和精益制造概念，由固定、连续和平衡的汽车计划所驱动而产生连续的物料流和产品流的过程或系统。"同步物流的一个关键在于内嵌式车辆排序（ILVS），这是一个利用车辆工序内存储装置（例如储藏库和ASRS）① 和计算机软件来确保车辆是按命令顺序装备的。通过确保以命令顺序装配，福特汽车公司能够提前几

① "储藏库（bank）"是一个存储区，为了将已部分装配完的汽车以不同于其进入时的顺序移动（即重新排序），可以在这个区域对他们进行调整。自动存储和检索系统（ASRS）实质上是一个多级储藏库（汽车完全是依次堆放在其他汽车的顶部）；一个普通的储藏库提供某种重新排序的柔性，而一个自动存储和检索系统则提供了在任何时候访问任何汽车的能力。如想像的，为了存放大量汽车，并且允许随机访问，一个自动存储和检索系统必须非常大（大约需具有几层高的建筑物的规模）。

天准确地告诉供应商什么时候和什么地方需要某种零部件，从而显著地降低了缓冲库存。如果这样排序的装配线能够保持平衡，并且是经过仔细预测的，那么在整个供应链中都将体会到所带来的收益。可以设想这样的景象，卡车在其生命周期内连续处于运动之中，在供应商和福特之间处于连续环路中，只停下来加油或者更换司机，向运转得像经过细致调音和平稳工作的精确乐器的工序喂料。

从订单到交付

福特的另一个关键的过程重组项目是从订单到交付（OTD）。OTD项目的目标在于将从客户订单的下达到完工产品的交付的时间缩短到15天——相对于现在的45～65天的绩效水平来说是一次显著地下降。福特在进行重组时，采用的是整体性的方法。1997年和1998年所进行的试验研究找出了整个福特供应链中的瓶颈，包括福特的营销、物料计划、汽车生产以及运输过程。福特实施改善的OTD过程的方法依赖于以下几个因素：（1）正在进行中的经销商对客户需求的预测——在实施OTD之前，福特在需求预测时从来没有正式地让经销商参与进来；（2）通过在每一个装配工厂的订单储藏库中保持最低15天的汽车量，来增加制造的稳定性——订单储藏库的间隙充满了根据历史购买方式而“建议”的经销商订货量；（3）地区性的“混合中心”，使通过铁轨运输的成品车的计划和交付实现最优化；（4）强劲的订单修改流程允许在不需要递交新订单的情况下对汽车的颜色及装饰进行修改。OTD项目的设想是要创造精益、柔性和可预测的流程，协调福特所有的零部件方面的工作，实现在正确的时间、正确的地点为客户提供正确的产品。福特汽车公司认为这一设想的成功将提供更好的质量、更高的客户满意度、改进的客户选择、更好的工厂生产率、供应基础的稳定性以及更低的经销商成本和公司成本。

福特的零售网络

1998年7月1日，在新成立的福特投资企业公司的指导下，福特在俄克拉何马州（Oklahoma）的塔尔萨市（Tulsa）开始了其福特零售网络（FRN）的第一份风险投资。成立福特投资企业的目的在于利用北美的零售汽车分销系统不断变化的局面。福特投资企业公司有两个主要的目标：（1）成为零售分销方面最佳实践的试验地，并将那些实践在整个经销商网络中推广；（2）创建一个可选的分销渠道来与诸如汽车帝国（AutoNation）等公共零售链进行竞争。福特零售网络的所有权随市场的不同而不同；在一些市场上，福特拥有“多数”所有权，而在其他市场上，福特则拥有“少数”所有权。在纽约的罗彻斯特市（Rochester），福特与FRN Republic——另一家大型的公共所有的企业，结成合作伙伴。福特零售网络的原则之一是将当地市场中福特的所有经销商买下来，从而经销商将与“真正”的竞争对手（即通用汽车、丰田和本田）竞争，而不是相互竞争。最重要的目标是为了客户能够得到最高水平的待遇以及创造使他们想再次光临的体验。所有的展厅都具有一致的外观，而对于不同的福特品牌——福特、墨丘利（Mercury）、林肯（Lincoln）和美洲虎（Jaguar），进行个性化的内部布置。展厅的个数被合并，从而可以集中资源创造超众的销售体验，而服务机构的数量则得到增大，以便更加接近于客户人口中心。福特期望通过规模经济和更多地利用互联网，实现人员和广告成本的节约，以及提高库存的效率。同时，福特相信福特零售网络将不仅增加新车和旧车业务的机会，而且还将增加零部件和服务业务、车身修理业务以及福特的信用业务。

戴尔的集成化供应链

参见《哈佛商业评论》1998 年 3 ~ 4 月号，第 72 至 84 页上《虚拟一体化的力量：与戴尔计算机公司的迈克尔·戴尔的一次采访》的文章。

决策

塔凯仔细阅读了她的职员提供的准备得很整齐的文件。在许多方面，戴尔与福特之间有着广泛的比较（图 1）。虚拟一体化将需要对基本的运作进行变革；其中一些被设计来实现从“推动”流程向“拉动”流程转变的变革，在另一份文件中进行了说明（表 1）。不管她做出什么样的决定，她都必须进行快速决策。同质量与过程领导层的副总的会议早已安排好了，推荐的建议将由此向上传递，最终传给纳塞。

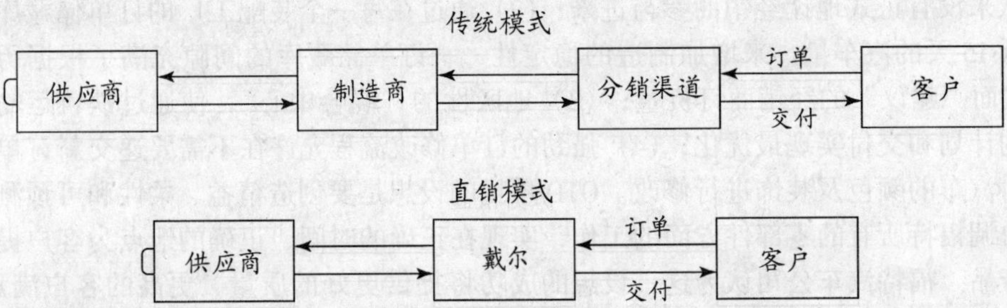

比较指标(最近的财政年度)	戴　尔	福特	
		汽　车	金融服务
员工	16,100	363,892	
资产(百万美元)	4,300	85,100	194,000
收入(百万美元)	12,300	122,900	30,700
净收入(百万美元)	944	4,700	2,200
销售利润率	7.7%	3.8%	7.2%
现金(百万美元)	320	14,500	2,200
制造设施	3(得克萨斯州、爱尔兰、马来群岛)	180(北美、南美、欧洲、亚洲、澳大利亚)	
市场资本(百万美元)	58,469	66,886	
P/E	60	10*	
5 年平均收入增长率	年 55%	年 6%	
5 年平均股票价格增长率	年 133%	年 33.4%	

* 减去企业的副产品收入。

资料来源：1998 年度戴尔财务报告，1997 年度福特财务报告，《华尔街杂志》。

图 1 戴尔与福特的比较

企业模型比较

戴尔与福特的企业模型的高层次比较如下表示。除了没有经销商渠道，其他主要的区别还包括戴尔只拥有装配工厂——所有的零部件/和装配生产都是由戴尔的供应商承担的，以及戴尔的销售、研发和制造运营活动的集成程度更高。支撑戴尔成功的所有运作法则在福特的突破性目标和关键的业务计划中都有其相对应的部分。

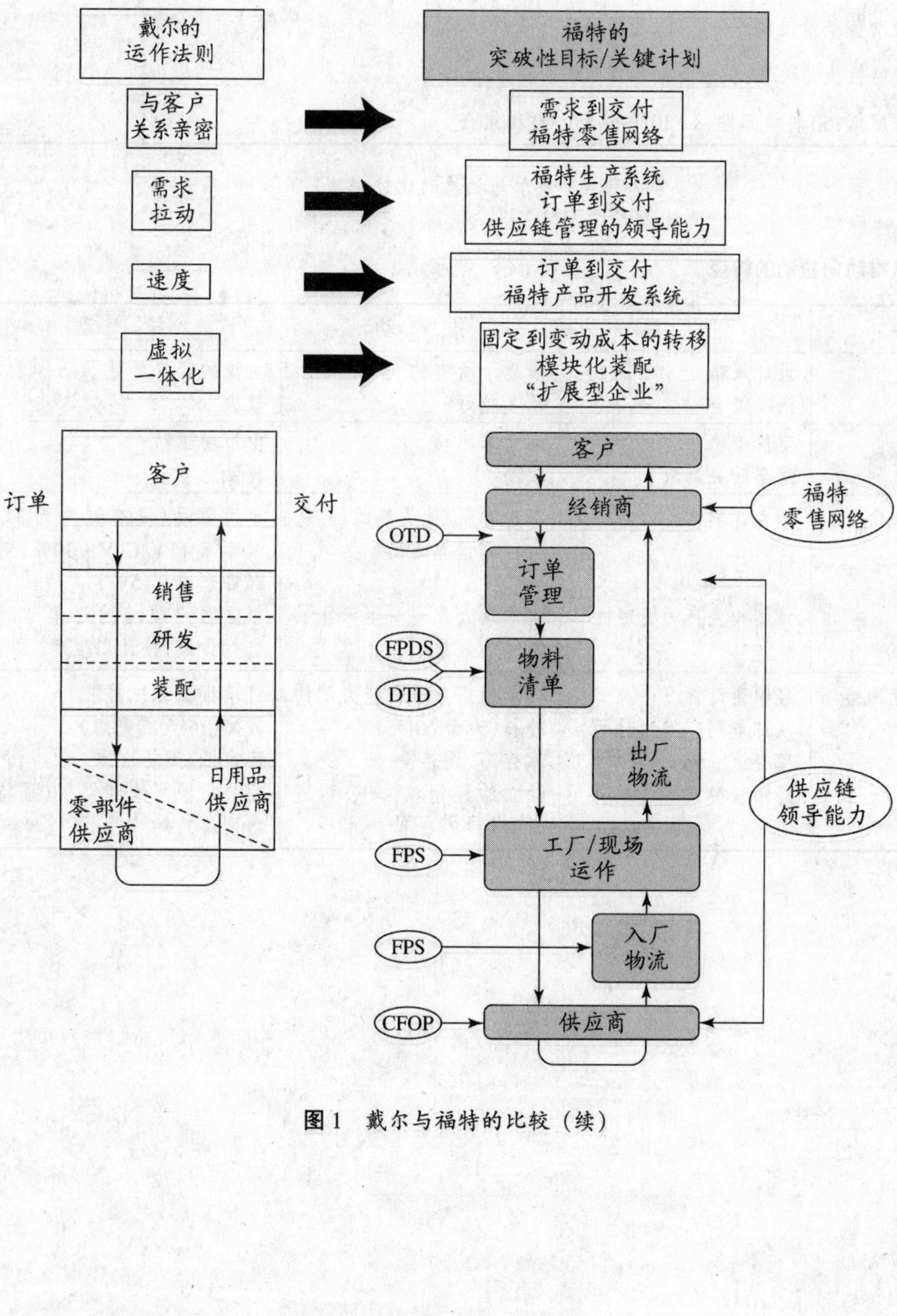

图1　戴尔与福特的比较（续）

戴尔的流程	福　特
库存为供应商所有,直到库存用于生产	
供应商维持邻近的运输点,交付时间为15分钟到1个小时	√
外部物流供应商惯于管理入厂供应链	√
客户经常购买具有高可获得性的个人计算机来平衡供给与需求	√
需求预测很关键——需求变化信息在戴尔与供应商之间能够立即共享	
需求拉动整个价值链——"信息替代库存"	
注重战略性伙伴关系:供应商数量由200家减少到47家	√
复杂程度低:50种零部件,8~10种键盘,100种组合	

图1　戴尔与福特的比较（续）

表1　从推动向拉动的转变

	过　程	推　动	拉　动
设计	设计策略 汽车组合	取乐于所有的人 越多越好	主流的客户需要 最少
市场营销	定价策略 汽车购买刺激	由预算驱动 较高	由市场驱动 较低
制造与供应	能力计划	多种物料/能力制约因素,由计划预算驱动	市场驱动(没有制约因素,对汽车来FPV/CPV+10%,对零部件来说+15%)
	计划和生产的稳定性	生产最大化——生产能够制造的数量	根据客户驱动的订单储藏库进行计划,按计划生产
经销商网络	经销商订货 从订单到交付的时间 库存 经销权模式	订单根据分配和能力制约 较长(大于60天) 库存高、周转慢 独立的经销权,与公司进行商议	订单根据客户需求 较短(15天或更短) 库存低、周转快速 由公司控制的经销权(福特零售网络)

财经易文　学习的伙伴

书　名	作　者	定 价
定位理论精选		
《定位》(Positioning)	Ries & Trout	39.80
《营销战》(修订版)(Marketing Warfare)	Ries & Trout	39.80
《营销革命》(Bottom-up Marketing)	Ries & Trout	39.80
《新定位》(The New Positioning)	Trout	39.80
《市场领导者》(The Market Makers)	Spulber	
向大师学管理系列		
《杰克·韦尔奇领导艺术词典》(Jack Welch Lexicon of Leadership)	Krames	32.00
《质量无泪》(Quality Without Tears)	Crosby	39.80
《六西格玛基础教材》(The Six Sigma Basic Training Kit)	Juran	80.00
《六西格玛是什么》(What is Six Sigma)	Pande	15.00
《情境领导者》(The Situational Leader)	保罗·赫塞	18.00
当代管理精选		
《战略物流管理》(Strategic Logistic Management)	Stock	80.00
《绩效！绩效！》(Coaching for Improved Performance)	Fournie	24.80
《并购成长》(Digital Deals)	Geis	29.80
成功与自我发展系列		
《外企面试宝典》(More Best Answers to the 201 Most Frequently Asked Interview Questions)	DeLuca	25.00
《人才心理测评》(Psychological Testing at Work)	Hoffman	25.00
《职业经理自我发展手册》(The Manager's Self-development Guide)	Pedler	
麦格劳－希尔 EMBA 教育系列		
《EMBA 销售管理》(Sales Management)	Calvin	

书　名	作　者	定价
《EMBA 财务管理》(Finance and Accounting for Non-financing Managers)	Weston	
《EMBA 兼并与收购管理》(Mergers and Acquisitions)	Weston	
《EMBA 公司战略管理》(Corporate Strategy)	Colley	
《EMBA 人力资源管理》(Human Resource Strategy)	Dreher	
向大师学投资系列		
《向格雷厄姆学思考,向巴菲特学投资》(How to Think Like Benjamin Graham and Invest Like Warren Buffett)	Cunningham	29.80
《巴菲特怎样选择成长股》(How to Pick Stocks Like Warren Buffett)	Vick	29.80
《基金大师伯格论投资》(John Bogle on Investing)	Bogle	
当代投资精选		
《财务报表分析与证券定价》(Financial Statement Analysis and Security Valuation)	Penman	98.00
《投资艺术》(Winning the Loser's Game)	Ellis	19.80
《技术分析手册》(Technical Analysis from A to Z)	Achelis	
《麦格劳-希尔投资者指南》(The McGraw-Hill Investor's Desk Reference)	William	
IT 管理		
《海阔天空——我在 DELL 的岁月》	方国健	20.00
战略管理/文化生活		
《心时代——一个情感化的世界及其经济图景》	曹世潮	20.00
广告图书馆		
《颠覆广告》(Disruption)	让-马贺·杜瑞	40.00

财经易文企业培训经典书目

书　　名	作　者	定价
《定位》(Positioning)	Ries & Trout	39.80
《营销战》(修订版)(Marketing Warfare)	Ries & Trout	39.80
《杰克·韦尔奇领导艺术词典》 (Jack Welch Lexicon of Leadership)	Krames	32.00
《质量无泪》(Quality Without Tears)	Crosby	39.80
《六西格玛是什么》(What is Six Sigma)	Pande	15.00
《六西格玛基础教材》(The Six Sigma Basic Training Kit)	Juran	80.00
《并购成长》(Digital Deals)	Geis	29.80
《绩效！绩效!》 (Coaching for Improved Performance)	Fournie	24.80
《营销革命》(Bottom-up Marketing)	Ries & Trout	39.80
《新定位》(The New Positioning)	Trout	39.80